BROCKHAUS ENZYKLOPÄDIE
JAHRBUCH 1993

BROCKHAUS ENZYKLOPÄDIE

JAHRBUCH 1993

F.A. BROCKHAUS

Leipzig · Mannheim

Redaktion:
Heike Krüger, Mathias Münter-Elfner,
Heike Pfersdorff M.A.
und
Dipl.-Phys. Martin Bergmann, Dr. Petra Kohnen-Seeker,
Klaus M. Lange, Johannes-Ulrich Wening

Die Deutsche Bibliothek – CIP-Einheitsaufnahme

Brockhaus-Enzyklopädie: in 24 Bd. – 19., völlig neu bearb. Aufl. – Mannheim: Brockhaus.
18. Aufl. u.d.T.: Der große Brockhaus
ISBN 3-7653-1100-6 Hldr.
ISBN 3-7653-1200-2 Hldr. (mit Vorauslexikon)
Jahrbuch 1993. [Red.: Heike Krüger ...]. – 1994
ISBN 3-7653-1903-1 Hldr.
NE: Krüger, Heike [Red.]

© F.A. Brockhaus GmbH, Mannheim 1994. ISBN 3-7653-1903-1
Typographische Konzeption: H.P. Willberg, Eppstein
Satz: Bibliographisches Institut & F.A. Brockhaus AG (DIACOS Siemens) und Mannheimer Morgen Großdruckerei und Verlag GmbH
Druck: Klambt Druck GmbH, Speyer
Papier: 135 g Offsetpapier holzfrei mattgestrichen, chlorfrei, der Papierfabrik Håfreström, Schweden
Bindearbeit: Großbuchbinderei Lachenmaier, Reutlingen
Printed in Germany

VORWORT

In einer Welt voller rascher Veränderungen wächst das Bedürfnis nach Vergewisserung und Vergegenwärtigung auch der unmittelbaren Vergangenheit. Der Verlag F. A. Brockhaus beginnt daher in diesem Jahr mit der Herausgabe der Jahrbücher zur Brockhaus Enzyklopädie, die künftig jährlich im März erscheinen werden. In dem vorliegenden JAHRBUCH 1993 hat es die Redaktion zusammen mit über 100 Autoren unternommen, Personen, Ereignisse und Entwicklungen des vergangenen Jahres darzustellen und zu erläutern.

Die klare, auch optisch hervortretende Gliederung in fünf Hauptteile ermöglicht den Zugriff auf das vergangene Jahr unter verschiedenen Gesichtspunkten: Während der *Einleitungsessay* das Jahr aus der persönlichen Perspektive der aktiven Politikerin betrachtet, bietet die *Chronik* das ganze Panorama des Weltgeschehens in chronologischer Ordnung. Das *Lexikon A–Z,* das den größten Raum des Buches einnimmt, erläutert aktuelle Begriffe und Schlagwörter und stellt Menschen vor, die 1993 neu oder in besonderer Weise hervorgetreten sind; es gibt Auskunft über Organisationen und Institutionen und berichtet über sämtliche Staaten der Erde. In zehn eigens für das Jahrbuch verfaßten Essays nehmen prominente Autoren zu aktuellen Themen Stellung. An das Lexikon A–Z schließt sich das Verzeichnis der *Verstorbenen* an. Den Schluß des Bandes bildet das *Personenregister.* – Die zahlreichen, fast ausschließlich farbigen Bilder, Graphiken und Karten dokumentieren ihrerseits umfassend das vergangene Jahr.

Politik und Wirtschaft im nationalen und internationalen Rahmen werden ausführlich dargestellt. Breiten Raum nehmen aber auch Ereignisse und Entwicklungen in der Gesellschaft, in Kultur und Sport, in Forschung und Technik, in Kirchen und Medien, im Umweltschutz und im Recht ein. Neuen Wörtern und den Bestsellern des Jahres sind eigene Übersichten gewidmet – ebenso wie Katastrophen und Unglücksfällen.

Bei der Festlegung der Stichwörter wurde einerseits die Brockhaus Enzyklopädie, andererseits der aktuelle und allgemeine Sprachgebrauch berücksichtigt. Zahlenangaben beruhen auf den zuletzt verfügbaren Daten; liegt der Bezugszeitraum, wie in einigen Ausnahmefällen, weit zurück, wurde er angegeben.

Der Verlag dankt allen Autoren, allen Firmen und allen Mitarbeitern, durch deren Zusammenwirken dieses Jahrbuch entstanden ist. Wir sind gespannt auf das Echo unserer Leserinnen und Leser.

Mannheim, im Januar 1994   F. A. BROCKHAUS

INHALT

Essays und Übersichtsartikel

›Neue Unübersichtlichkeit‹ – so überschrieb JÜRGEN HABERMAS die Brüche und Änderungen in unserer Gesellschaft. ›Neue Unübersichtlichkeit‹ setze ich im Rückblick über 1993 und will doch ein paar Orientierungspunkte, Nachdenkstationen zu gewinnen suchen.

Jahr der Rücktritte? KRAUSE, WOLF, ENGHOLM, MÜNCH, gar der honorige SEITERS – kein Abgrund moralischer Verkommenheit, wohl aber ein Mangel an Takt, ein Mangel an der Fähigkeit, die Welt mit den Augen der anderen, den Augen der ›kleinen Leute‹ zu sehen – da gehörten für mich die ›Nicht-Rücktritte‹ – LAFONTAINE wie SÜSSMUTH – durchaus dazu. Aus dem Gemenge leiten nicht wenige Bürger und Bürgerinnen ein Politikerbild ab, das eine seltsame Spannung zeigt. ›Die‹ Politiker, die sind Schurken, aber dem, der da vor den Bürgern sitzt, spricht man Rechtschaffenheit nicht ab. Und – konkret mit vielen hundert Besuchern beim Tag der offenen Tür erprobt! – die Aufforderung, die Hand zu heben, wenn man zwei Wochen lang nichts als die Wahrheit gesagt hat, endet bei null erhobenen Händen. Das muß uns das Normalmaß menschlicher Beurteilung zurückbringen. Es muß dem Politiker bewußt sein, daß er oder sie so etwas – wohl doch nicht so Altmodisches – wie Vorbildfunktion zu erfüllen hat, und es muß den Bürgern deutlich werden, daß Kritik am andern kein Alibi fürs eigene Nichtstun ist. Neue Unsicherheit, die zur Wahlabstinenz führt, bringt Randgruppen in Machtpositionen. Hier ist, vor dem Wahlmarathon-Jahr 1994, das Bündnis aller Demokraten gefordert.

Der Umgang mit Grundsatzfragen

Wie gehen wir mit Grundsatzfragen um – das ist eine 1993 bewegende Frage, deren Zukunftsträchtigkeit ich nicht unterschätzen möchte. Nehmen wir das Asylrecht, Artikel 16 GG, fügen wir getrost die Frage der doppelten Staatsbürgerschaft und die des ›Deutsch-Werdens‹, der Einbürgerung, hinzu. Ob die Ergänzung des Artikel 16 das Problem der Asylbewerber lösen, den Ansturm der Armutswelle aufhalten kann, sei dahingestellt, aber die Unverhältnismäßigkeit in den Auseinandersetzungen ließ mich erschrecken.

Da wird derjenige, der bei voller Wahrung des politischen Asylanspruchs das Grundgesetz ergänzen will, zum Nazi gestempelt, derjenige, der die doppelte Staatsbürgerschaft als EINE konfliktlösende Möglichkeit vertritt, zum vaterlandslosen Gesellen erniedrigt – und über das fast nur ethnisch begründete Einbürgerungsrecht gibt es keine öffentliche Diskussion. Das war 1848 anders! In der Paulskirche konnte man hören (und lesen!), daß jeder in Deutschland Lebende Deutscher ist.

Wie sagte mir der Vertreter der deutschen Minderheit in Polen, nahe Kreisau, auf meine Bemerkung, daß es hier ja bald keine Deutschen mehr geben werde? Er meinte trocken: ›Bald keine Polen! Jeder hat doch einen

Hanna-Renate Laurien, geb. 1928. Pädagogin und Politikerin (CDU). Kultusministerin von Rheinland-Pfalz. In Berlin Schulsenatorin, seit 1991 Parlamentspräsidentin

deutschen Verwandten!‹ Aus dem Rückblick erwächst die Zukunftsforderung: offenes, öffentliches, nicht-diffamierendes Nachdenken über die Staatsbürgerschaft.

Nebenbei bemerkt: Als ich einen mir von Fußball wie Tanz bekannten türkischen Verein aus Berlin-Kreuzberg (Wrangelstraße) ins Abgeordnetenhaus geladen hatte, stellt man mir am Schluß stolz drei junge Mädchen vor, die ›gerade Deutsche geworden‹ sind.

Vermitteln wir solchen Stolz?

Flüchten wir uns ob der erschreckenden Gewaltausbrüche in die ›Negativ-Nische‹? Ob wir Solingen, Mölln, Rostock nennen, ob wir das unfreundliche, nur vermeintlich harmlose Beiseiteschieben des Schwarzen in der U-Bahn, der Japanerin im Einkaufsladen nehmen – es steckt darin viel ›Unübersichtliches‹.

Demokratie gegen Gewalt

Deutschland und die Gewalt, das hat durch die Hitlerdiktatur einen unüberhörbaren Klang. Unsere Geschichte muß uns wachsam bleiben oder werden lassen! Es war ein US-Journalist, der mir bewußt machte: Es hat rassistische Untaten in den USA, in Frankreich gegeben, aber nur in Deutschland Friedensdemonstrationen – ich erinnere an die Lichterketten gegen Ausländerfeindlichkeit und Fremdenhaß, an denen Hunderttausende teilnahmen. Sie sagten damit: ›Schaut her, wir stehen zu dieser Demokratie, sie ist die unsere.‹ Das muß nun aber auch im Alltag gelten. Ich könnte gute Beispiele anführen, wie Schulen, Jugendklubs sich ganz konkret mit der Gewalt in ihrem Umfeld auseinandergesetzt haben – mit Erfolg! –, es würde den Rahmen des Rückblicks sprengen, die Akademietagungen, Studentenversammlungen, Artikel, zu nennen, die sich mit dem Gewaltproblem, mit Analyse wie ›zögernder‹ Therapie befassen. Ein Rückblick, der in die Zukunft weisen möchte, kann nur fordern: Wir müssen uns offen und öffentlich mit der Gewalt in uns, mit der Aggression in unserem Alltag befassen, und – vielleicht für manchen Leser, manche Leserin ein zu großer Sprung, den ich aber für unerläßlich halte: Wir werden ein offenes Nationalbewußtsein, ein freundschaftsbereites Selbstbewußtsein nur gewinnen, wenn wir bereit sind, mit unserer geschichtlichen wie unserer persönlichen, durchaus alltäglichen Schuld umzugehen. Der ›kollektive Antifaschismus‹, den RICHARD SCHRÖDER als eine der erheblichsten Verfehlungen der Ex-DDR bezeichnet hat, deckte die persönliche Auseinandersetzung zu, und er deckte zu, was an Untaten, getarnt als Antifaschismus – etwa in Sachsenhausen – zu DDR-Zeiten geschah. Wir dürfen weder die eine Diktatur gegen die andere aufrechnen, noch dürfen wir die Auseinandersetzung mit einer von ihnen totalisieren. Das waren Beweggründe, die HANS-JOCHEN VOGEL, FRIEDRICH SCHORLEMMER und mich dazu bewogen, im Sommer den Verein ›Gegen Vergessen, für Demokratie‹ zu gründen, Mitglieder zu werben, Zeitzeugen zu suchen, Erinnern nicht zuerst GEGEN, sondern FÜR etwas einzusetzen. Wir haben die Namen vieler Menschen, die in der NS-Zeit Widerstand leisteten, längst nicht so verbreitet, wie es jeder Franzose mit den Angehörigen der Résistance für selbstverständlich hält. Wer kennt MUTTER ELISABETH, Ravensbrück, die sich – wie

Zahlreiche Einzelaktivitäten und zentrale Großkundgebungen machen den baden-württembergischen Aktionstag ›Gegen Haß und Gewalt‹ am 21. Januar zu einer in Deutschland bislang einzigartigen Aktion

MAXIMILIAN KOLBE – opferte? Es gehört zu unserem Umgang mit unserer Geschichte, vom ›anderen Deutschland‹ Zeugnis zu geben. Sehr gern bin ich daher der Aufforderung gefolgt, ins Kuratorium Kreisau einzutreten. Kreisau – Treffpunkt des Moltke-Widerstandes, heute Zeichen der Versöhnung von Deutschen und Polen, künftige Stätte der Jugendbewegung.

Die Regeln des Miteinander

Wir werden bei der Frage nach der Gewalt auch erzieherisch nicht weiter kneifen dürfen. Ich vermisse die differenzierte und hilfreiche Diskussion. Unerläßlich nach meiner Meinung, ganz schlicht über den Umgang miteinander – in Familie, Beruf, Partei, auch Kirche – zu reden und zu begreifen, daß in freiheitlichen Gesellschaften, die niemals nur EIN Weltbild verordnen, die Verfahrensregelungen existentiell sind! Die Achtung der Menschenwürde, der Meinungsfreiheit setzt ein ICH voraus, das seine Existenz nicht ohne WIR begreift. Egoismus und isolierte Selbstentfaltung führen den einzelnen und die Gemeinschaft ins Leere. Auch die Wahrnehmung von Pflichten wieder selbstverständlich werden zu lassen, erfordert mehr Anstrengung, als dieser Satz vermuten läßt. Die Dezember-Urteile mit Höchststrafen für die Täter von Mölln sind nicht das Ende der Auseinandersetzung.

Nun hatte ich im Zusammenhang mit unserem nationalen Bewußtsein doch noch auf die Neue Wache zu sprechen kommen wollen. Fürchten Sie nun nicht die Wiederholung aller Argumente pro und contra KOLLWITZ, nicht die Darlegung des Streits um die Inschrift. Gewiß, man hätte formulieren können: ›Den Opfern der Gewalt. Den Toten der Kriege ...‹ Aber ich finde es schmählich, daß Gebrüll und Spektakel selbst solch eine Stunde des Gedenkens beeinträchtigen. Dies war schon schmerzlich bei der Einweihung des in alter Pracht hergestellten Berliner Domes, es war bar jeder Würde am Volkstrauertag.

Nach langem Meinungsstreit und von Protesten begleitet wird am 14. November die Neue Wache in Berlin als Gedenkstätte eingeweiht. Im neugestalteten Innenraum des Schinkel-Baus steht die vergrößerte Kopie von Käthe Kollwitz' Plastik ›Trauernde Mutter mit totem Sohn im Arm‹

Selbstverständlich gehört zur Frage unseres Umgangs mit unserer Geschichte auch die Auseinandersetzung mit unserer jüngsten Zeit. Die Stichworte prasseln auf uns ein: HONECKER in Chile, Mauerschützenprozeß, Rückgabe von Mauergrundstücken, Millionen aus Brüssel für Berlin-Brandenburg, Kalifusion und Bischofferode, Streik der Ostmetaller, großartiger Aufbau der Bundeswehr in den jungen Ländern; verbesserte Straßen, gesicherte Renten, hohe Arbeitslosigkeit.

›Neue Unübersichtlichkeit‹ ...

Lassen Sie mich sehr persönlich feststellen: In der Berliner Frauen-Union, in meiner Partei, im Parlament erfuhr ich: Es gibt mehr Miteinander, als die veröffentlichte Meinung vermittelt. Allerdings: Es gibt auch ein gnadenloses Ausschlachten von Vergangenheit, um Gegenwartskämpfe auszutragen. Daß STOLPE dies übersteht, läßt für mich nur Rückschlüsse auf sein ›Bestehen‹ der DDR-Diktatur zu ...
Als Vorstandsmitglied des IB (Internationaler Bund Jugendsozialarbeit), vor allem in Berlin-Brandenburg, wo wir 35 000 neue Ausbildungsplätze geschaffen, Werbellinsee (GOEBBELS, MIELKE, HONECKER, MARGOT HONECKERS ›Kinderland‹), Bogensee ebenso wie Pinnow, Frankfurt/Oder übernommen haben, begegne ich jungen Menschen voll Lerneifer, Umschulungswillen und treffe auf gutes Selbstbewußtsein – bis es zum Vergleich mit dem Westkollegen kommt ... ›Wir sind doch bloß zweite Sorte ...‹ Ich wünschte mir – immer wieder gerät der Rückblick zum Ausblick –, daß so viele Menschen aus den ›alten‹ Bundesländern in die ›jungen‹ führen, wie ich Dresdenern, Erfurtern, Schwerinern, Magdeburgern in meinem herrlichen Urlaub im Lamer Winkel in Bayern begegnet bin. Wo ist die Neugier der ›Wessis‹ auf die ›Ossis‹? Auf die verschiedenen Biographien? Auf die neuen Landschaften? Wer kennt nicht Maria Laach – aber wer kennt Paulinzella, Quedlinburg, Jericho? Solche Besuche täten auch den ›Bonnern‹ gut, die das würdelose Hauptstadttheater aufführen. Rund 7 100

von gut 30 000 Beamten sollen nach Berlin – Kosten- und Wirtschafts-argumente sind bis zum Übermaß ausgetauscht, Verzögerungs- und Steige-rungstaktiken enthüllt. Übrigens: mit dem Umzug des Berliner Parlaments in den ehemaligen Preußischen Landtag haben wir ein Zeichen gesetzt: Es geht zügig – zwei Jahre – und kostenbewußt: 4 285 DM/m^2. Warum hat in einer Frage des Umgangs mit unserer Geschichte, mit unserer Nation, mit unserer Einheit die Kostenfrage den ersten Platz? Europa endet nicht mehr am Rhein, nicht an der Elbe, auch nicht an der Oder. Das läßt auch unsere Verantwortung wachsen – und ich lasse alles aus, was zu den Blauhelmen, zu Somalia und Mogadischu zu sagen wäre. Es würde uferlos.

Wenden wir uns noch einmal dem deutsch-deutschen Gespräch zu. Wenn wir miteinander reden, spüren wir, daß uns die Einheit etwas wert ist. Zorn über das Erstergebnis der Potsdamer Kommunalwahl? Es war wohl – auch – der Effekt: Der PDS-Mann ist einer von uns, wir waren alle kein Volk von Widerständlern. RICHARD SCHRÖDER hat in Bonn am 1. November 1993 bei der ersten öffentlichen Veranstaltung von ›Gegen Vergessen, für Demokratie‹ kritisch bemerkt, daß man in der DDR für den sicheren Ar-beitsplatz, für den Kitaplatz Freiheit preisgegeben habe.

Die Bedeutung von Freiheit und Miteinander

Es muß uns gelingen, die Kostbarkeit und die Bedeutung von Freiheit er-fahrbar zu machen. Der Vergleich mit den Nachbarn drängt sich auf: Po-len, Ungarn, Tschechische Republik, Slowakische Republik, Bulgarien – von der ehemaligen Sowjetunion ganz zu schweigen – haben eine andere

Rund 1,9 Millionen Brandenburger sind bei den Kommunalwahlen am 5. Dezember aufgerufen, Landräte, Bürgermeister, Gemeindevertretungen und Kreistage zu wählen. Die SPD wird stärkste, die PDS vor der CDU zweitstärkste Partei

Dimension von Problemen zu bestehen. Und unsere kleinkarierte Grämlichkeit, auch unser offenbar unersättliches Wohlstandsbegehren läßt uns Kostbarkeit und Köstlichkeit von Freiheit übersehen. Allerdings: Bei meinen Freunden und Mitarbeitern – Ost wie West – ist dies Gefühl vorhanden!

Noch mehr begegne ich – nach anfänglichen harten Rissen – dem Miteinander und der Freude an der Freiheit in meiner (katholischen) Kirche. Als wir vom Zentralkomitee deutscher Katholiken 1992 das Dialogpapier über den Umgang miteinander in der Kirche in Gang setzten, hieß es: ›Typisches Westdenken, keine Einheit!‹ Heute ist es, ergänzt, erweitert, verändert, UNSER Papier, unsere Leitlinie. Und beim Berliner Bistumstag, der immer zwischen den Katholikentagen stattfindet, spielte ›Ost – West‹ nur eine untergeordnete Rolle. Ich fühle mich als Diözesanratsvorsitzende des Bistums Berlin-Brandenburg so ›Ost‹ wie ›West‹.

Rückblick 1993 – das ist für mich aus der Sicht der Christen die gute, auch auf das Miteinander von Ost und West gerichtete Erfahrung des Evangelischen Kirchentages in München. Es war ökumenische Gemeinsamkeit!

Rückblick 1993 – das ist für mich auch die Publikation des ›Weltkatechismus‹, dessen Lektüre mein ganzes Pfingsten und dann die Diskussion mit EUGEN DREWERMANN füllte. Viel Gutes und Selbstverständliches steht darin, Hierarchie der Wahrheiten – nicht alles ist gleich wichtig. Aber insgesamt, und jetzt durch die Moralenzyklika ›Splendor veritatis‹ noch verschärft: Keineswegs darf alles erlaubt sein, was bezahlbar ist, aber hier wird statt der Befähigung zum Umgang mit der Freiheit die Angst vorm Übertreten der Regel, der Norm gepflegt. Gehorsam ist da die erste Tugend. Ich danke den drei deutschen Bischöfen, die ein warmherziges Hirtenwort über den Umgang mit wiederverheirateten Geschiedenen veröffentlicht haben, und ich danke den Theologen, die den Vorrang von Liebe und Erbarmen verkünden, sich als Vermittler verstehen, nicht jeden Dissens als Widerspruch zur Kirche verstehen, heute noch PAULUS für seinen Dissens mit PETRUS danken. Ich fühle mich in meiner Pfarrei, in meiner Kirche zu Hause und kann mich von dem Entsetzen, von dem ich bewußt bisher noch nicht gesprochen habe, nur mit ihr und in ihr befreien.

Es geht um Bosnien, Kroatien, Serbien – ich bin schon Anfang des Jahres LEA ROSHS Aufruf mit Frauen aus allen Berliner Parlamentsfraktionen gefolgt und nach Zagreb gefahren. Ich bin in Projekten dort und in Sarajevo engagiert – aber die Ohnmacht der Friedfertigen erscheint unüberwindlich. Ich weiß! Hier ist nicht die Frage nach Gott zu stellen, der uns Menschen diese Erde in Freiheit überantwortet hat. Es bleibt die Frage nach dem Menschen. Die begleitet uns auch ins Kommende.

Neue Unübersichtlichkeit? RABIN und ARAFAT, KOHL in China – neue Hoffnung?

JANUAR

1. Europäische Gemeinschaften. Für 340 Millionen Verbraucher in den EG beginnt der Binnenmarkt. Künftig soll es für Personen, Güter und Dienstleistungen keine Grenzen mehr geben.
Deutschland. Eine Fülle gesetzlicher Neuregelungen gilt mit Jahresbeginn. Die Mehrwertsteuer steigt auf 15 %, die dritte und letzte Stufe der Verpackungsverordnung (Grüner Punkt) wird wirksam, die 0,8-Promille-Grenze im Verkehr gilt nun auch in Ostdeutschland, die vor allem von den Ärzten bekämpfte Gesundheitsreform tritt in Kraft. Die Preise der Bahnen werden erhöht.
Tschechische Republik/Slowakische Republik. Die Teilung der früheren Tschechoslowakei ist vollzogen. Die beiden neuen Staaten sind in einer Vielzahl von Verträgen miteinander verbunden und bilden eine Zollunion.
Deutschland. Aus Protest gegen Gewalt und Rassismus bilden rund 300 000 Menschen aus dem Ruhrgebiet in Essen eine Lichterkette. An einer ähnlichen Aktion nehmen am 9. Januar in Köln rund 40 000 Menschen teil.

3. Januar
Wirtschaftsminister Jürgen Möllemann (FDP) nimmt seinen Hut. Wegen der sogenannten Briefbogenaffäre tritt er von seinem Amt zurück

3. Abrüstung/START II. Der amerikanische Präsident BUSH und der russische Präsident JELZIN unterzeichnen in Moskau das START-II-Abkommen zur Verringerung der strategischen Atomwaffen.
Angola. Bei Kämpfen zwischen der UNITA und Regierungstruppen werden bis zu 400 Zivilisten getötet. Die ehemalige Guerillaorganisation weigert sich, die Ergebnisse der ersten freien Wahlen vom September 1992 anzuerkennen, aus denen die Regierungspartei und Staatspräsident DOS SANTOS als Sieger hervorgegangen waren.
Deutschland. Bundeswirtschaftsminister MÖLLEMANN tritt als Folge der am 20. 12. 1992 bekanntgewordenen sogenannten Briefbogenaffäre zurück und erklärt außerdem seinen Verzicht auf eine Kandidatur für den Parteivorsitz der FDP.

4. Somalia. In der äthiopischen Hauptstadt Addis Abeba beginnt eine UNO-Friedenskonferenz, bei der sich die Vertreter der 14 somalischen Bürgerkriegsparteien erstmals an einem Tisch begegnen. Nach schwierigen Verhandlungen wird am 15. Januar eine Minimalvereinbarung über einen Waffenstillstand unterzeichnet. Die Kämpfe gehen trotzdem weiter.
Zentralasien. Die Staaten der Region bilden eine ›Zentralasiatische Union‹, mit deren Hilfe unter anderem ein gemeinsamer Markt geschaffen werden soll, um die sozialökonomischen Probleme zu lösen.
Großbritannien. Der in Liberia registrierte Tanker ›Braer‹ (44 989 BRT) wird in einem schweren Sturm nach einem Maschinenausfall manövrierunfähig, läuft bei den britischen Shetlandinseln auf Felsen und schlägt leck. Die Besatzung kann in Sicherheit gebracht werden; fast die ganze Ladung von 85 000 t Rohöl läuft aus. Anhaltende Stürme verhindern eine Umweltkatastrophe.

5. Deutschland. Das Bundesinnenministerium meldet für das Jahr 1992 die Rekordzahl von fast 440 000 Asylbewerbern. Das bedeutet gegenüber 1991 einen Zuwachs von 71,1 %. Er wird vor allem mit den Zuwanderungen aus den Ländern des ehemaligen Ostblocks und der Fluchtwelle aus dem ehemaligen Jugoslawien begründet.

6. Indien. In den westindischen Städten Bombay und Ahmadabad beginnen mehrtägige blutige Auseinandersetzungen zwischen Muslimen und Hindus, die Hunderte von Todesopfern fordern. Mehr als 150 000 Muslime fliehen aus den Städten.

7. Polen. Das Parlament verabschiedet nach fast vierjähriger Debatte ein Gesetz zum Schwangerschaftsabbruch, das eine soziale Indikation nicht mehr vorsieht.

8. Bosnien-Herzegowina. Der bosnische Vize-ministerpräsident TURALIĆ wird bei Sarajevo von serbischen Soldaten aus einem UNO-Fahrzeug gezerrt und vor den Augen französischer Blauhelme ermordet.

10. Jugoslawien. Aus der Stichwahl um das Amt des Präsidenten der Teilrepublik Montenegro geht der bisherige Präsident BULATOVIĆ als Sieger hervor. Beim ersten Wahlgang am 20. 12. 1992 hatte keiner der neun Kandidaten die nötige absolute Mehrheit erhalten.
UNO/Deutschland. UNO-Generalsekretär BOUTROS GHALI führt bei seinem ersten Besuch in Bonn Gespräche mit Mitgliedern der Bundesregierung und des Parlaments und verlangt die Mitwirkung Deutschlands bei UNO-Blauhelmoperationen. Er deutet jedoch auch Verständnis für die deutsche Verfassungslage an.
Ukraine/Israel. Als erstes Staatsoberhaupt einer ehemaligen Sowjetrepublik trifft Präsident KRAWTSCHUK zu einem Staatsbesuch in Jerusalem ein, in dessen Verlauf er mehrere Abkommen über bilaterale Beziehungen unterzeichnet.

12. Januar
Das Tauziehen um die
abgeschobenen Palästinenser geht
weiter. Der Rat der Arabischen Liga
fordert von der UNO
Zwangsmaßnahmen gegen Israel

12. Arabische Liga. Der Rat der Liga fordert auf seiner Sondersitzung in Kairo von der UNO Zwangs-maßnahmen gegen Israel, damit die am 17. 12. 1992 in die Sicherheitszone zwischen Israel und Libanon abgeschobenen Palästinenser zurückkehren können.

Deutschland/Honecker-Prozeß. Die 27. Große Strafkammer des Berliner Landgerichts stellt das bereits am 7. Januar vom Verfahren gegen die Mitangeklagten KESSLER, ALBRECHT und STRELETZ abgetrennte Verfahren gegen den früheren Staats- und Parteichef der DDR, HONECKER, wegen der Todesschüsse an der innerdeutschen Grenze ein. Zuvor hatte das Berliner Verfassungsgericht einer Beschwerde stattgegeben und befunden, daß in dem Verfahren gegen den Krebskranken die Menschenwürde verletzt worden sei. Am 13. Januar verläßt HONECKER Deutschland und fliegt zu Frau und Tochter nach Chile.

12. Januar
Am Tag nach seiner Haftentlassung trifft der ehemalige Staats- und

Parteichef der DDR, Erich Honecker, bei seiner Frau Margot in Santiago de Chile ein

13. Irak. Die USA, Frankreich und Großbritannien bombardieren Raketenstellungen im Süden des Irak, der einem Ultimatum vom 6. Januar nicht nachgekommen war. Er war aufgefordert worden, seine Luftabwehrraketen aus der Flugverbotszone südlich des 32. Breitengrades zurückzuziehen. In den vorangegangenen Tagen waren außerdem Hunderte von Irakern in den kuwaitischen Teil der entmilitarisierten Zone zwischen beiden Ländern eingedrungen, um zurückgelassene Waffen zu holen. Der Weltsicherheitsrat hatte die Grenzverletzungen scharf verurteilt.

UNO. In Paris beginnt eine dreitägige Konferenz, in deren Verlauf 130 Staaten die UNO-Konvention über Verbot und Vernichtung von chemischen Waffen unterzeichnen. Die meisten arabischen Staaten nehmen an dem Treffen nicht teil, da sie ihre Unterschriften von einem Atomwaffenverzicht Israels abhängig machen.

Europäischer Wirtschaftsraum. Als letztes der EFTA-Länder ratifiziert Island mit 33 gegen 23 Stimmen der Parlamentsabgeordneten den Vertrag über die Schaffung des EWR.

14. Dänemark. Ministerpräsident POUL SCHLÜTER tritt zurück und zieht damit die Konsequenzen aus der Kritik an seinem Verhalten im sogenannten Tamilenskandal, in dem es um die Verhinderung des Nachzugs von Familienangehörigen tamilischer Flüchtlinge geht. Sein Nachfolger wird POUL NYRUP RASMUSSEN, der am 25. Januar die erste sozialdemokratisch geführte Regierung seit 1982 vorstellt.

Deutschland. Der Bundesrat stimmt nach dem Bundestag der Verlängerung der Kronzeugenregelung um drei Jahre zu.

15. Italien. In Palermo wird der meistgesuchte Mafioso Italiens, der seit 25 Jahren im Untergrund lebende SALVATORE RIINA, verhaftet.

Deutschland. Bundesverteidigungsminister VOLKER RÜHE stoppt wegen unaufgeklärter Bestechungsvorwürfe vorerst das Bauprogramm für das Höhenaufklärungsflugzeug ›Lapas‹. In der sogenannten Amigo-Affäre um die bayerische Flugzeugfirma wird wegen des Verdachts der Bestechlichkeit u. a. gegen Mitarbeiter des Verteidigungsministeriums ermittelt. In die Affäre verwickelt wird auch Bayerns Ministerpräsident MAX STREIBL.

Deutschland. Der Bundestag beschließt eine zum 1. 7. 1992 rückwirkende Anhebung der Abgeordnetenbezüge (Diäten und steuerfreie

Kostenpauschale) um 460 DM auf 16 353 DM. Bündnis 90 und die PDS stimmen dagegen.

16. Deutschland. Das Nachrichtenmagazin ›Der Spiegel‹ löst mit einem Bericht über angebliche Verbindungen des saarländischen Ministerpräsidenten LAFONTAINE und des SPD-Fraktionschefs KLIMMT zur Unterwelt, wodurch die Politiker erpreßbar seien, die sogenannte Rotlichtaffäre aus.
Bündnis 90/Die Grünen. Mit großer Mehrheit beschließen die Mitglieder der beiden Parteien auf getrennten Parteitagen in Hannover den Zusammenschluß zu einer gemeinsamen neuen Partei unter dem Namen ›Bündnis 90/Die Grünen‹.

19. Israel. Durch die Aufhebung des umstrittenen Kontaktsperregesetzes von 1982, das Begegnungen mit feindlichen Organisationen untersagt, macht das Parlament den Weg frei zu direkten Gesprächen mit der PLO, deren Vorsitzender JASIR ARAFAT in der Nacht zum 22. Januar sein erstes Interview im israelischen Fernsehen gibt.
Afghanistan. Mudjahedingruppen, vor allem die Kämpfer von GULBUDDIN HEKMATYAR, beginnen eine Großoffensive auf Kabul, in deren Verlauf nach UNO-Schätzungen bis zu 5000 Menschen ums Leben kommen.

20. USA. Der Demokrat BILL CLINTON wird als 42. Präsident vereidigt und ins Amt eingeführt. Zu seinen ersten Amtshandlungen zählen die Aufhebung von Beschränkungen beim Schwangerschaftsabbruch und der Versuch, die Diskriminierung von Homosexuellen in der Armee abzuschaffen. Wegen des anhaltenden Widerstands der Militärs wird eine Entscheidung über dieses Problem jedoch verschoben.

21. Frankreich/Deutschland. Bei Feiern zum 30jährigen Bestehen des Deutsch-Französischen Vertrages versichern Staatspräsident MITTERRAND und Bundeskanzler KOHL in Bonn, beide Länder wollten die gute Zusammenarbeit auf allen Ebenen weiter ausbauen und damit Schrittmacher für die Einigung Europas sein.
NATO. Der britische Feldmarschall SIR RICHARD VINCENT übernimmt in Brüssel offiziell sein Amt als Vorsitzender des Militärausschusses.
Deutschland. Mehr als eine Million Menschen beteiligen sich in Baden-Württemberg an den Veranstaltungen und Demonstrationen eines landesweiten Aktionstages gegen Fremdenhaß und Ausländerfeindlichkeit.

22. Deutschland. Die am 19. Januar im Zuge einer Kabinettsumbildung von Bundeskanzler KOHL vorgestellten vier neuen Minister werden im Bundestag vereidigt. Der FDP-Politiker GÜNTER REXRODT löst den zurückgetretenen Wirtschaftsminister JÜRGEN MÖLLEMANN (FDP) ab, WOLFGANG BÖTSCH (CSU) ersetzt CHRISTIAN SCHWARZ-SCHILLING (CDU) als Postminister, JOCHEN BORCHERT (CDU) wird als Nachfolger von IGNAZ KIECHLE (CSU) Bundesminister für Landwirtschaft und Forsten, MATTHIAS WISSMANN (CDU) folgt als neuer Bundesminister für Forschung und Technologie HEINZ RIESENHUBER (CDU) im Amt. Außenminister KLAUS KINKEL (FDP) wird Vizekanzler.
Kroatien. Über ein Jahr nach dem offiziellen Waffenstillstand flammt der Krieg erneut auf. Die kroatischen Verbände starten eine Offensive, um das von Serben besetzte Hinterland der dalmatinischen Küste zurückzuerobern.
GUS. Bei einem Gipfeltreffen der Gemeinschaft Unabhängiger Staaten in Minsk kommt es zwischen den Mitgliedern zu einem Bruch. Die Ukraine, Moldau und Turkmenistan weigern sich, ein Grundlagenabkommen zu unterzeichnen. Auch über die zwischen Rußland, Kasachstan und der Ukraine umstrittene Kontrolle über die Atomwaffen der früheren Sowjetunion wird keine Einigung erzielt.

23. Österreich. Etwa 250 000 Menschen treffen sich in Wien zur größten politischen Kundgebung seit dem Zweiten Weltkrieg, dem ›Lichtermeer gegen Ausländerfeindlichkeit und Fremdenhaß‹. Anlaß ist das am nächsten Tag beginnende, von der FPÖ initiierte Volksbegehren ›Österreich zuerst‹, für das 417 000 Menschen, knapp 7,4 % der Stimmberechtigten, votieren.

25. Togo. Bei einer Kundgebung der Opposition anläßlich des Besuchs einer deutsch-französischen Vermittlergruppe, die sich um eine Beilegung der innenpolitischen Krise bemüht, richtet die Polizei ein Blutbad an, bei dem über 20 Menschen erschossen werden.

20. Januar
›We are the world‹ singen Bill Clinton (2. von rechts) und Tochter Chelsea (2. von links) zusammen mit Michael Jackson (links) und Diana Ross (rechts) am Lincoln-Denkmal nach dem umjubelten Einzug Clintons in Washington

30. Januar
Mit Kundgebungen und dem aus brennenden Kerzen gebildeten Schriftzug ›Nie wieder‹ vor dem Brandenburger Tor erinnern rund 100 000 Berliner an die Machtübernahme durch die Nationalsozialisten und demonstrieren gegen Ausländerhaß und Rechtsextremismus

UNO/Irak. Der Weltsicherheitsrat verlängert die Sanktionen gegen den Irak, die in der Folge des Golfkriegs verhängt worden waren.

Polen/Deutschland. Bundesverteidigungsminister RÜHE und sein polnischer Amtskollege ONYSZKIEWICZ unterzeichnen in Bonn einen Vertrag über die militärische Zusammenarbeit zwischen beiden Ländern.

26. **Niederlande/Deutschland.** Zum Abschluß seines zweitägigen Staatsbesuchs in den Niederlanden gibt Königin BEATRIX einen Empfang für Bundeskanzler KOHL.

Tschechische Republik. VÁCLAV HAVEL wird mit 109 von 200 Stimmen des Parlaments zum ersten Präsidenten des Landes gewählt.

27. **Rußland/Indien.** Der russische Präsident BORIS JELZIN besucht Neu-Delhi, wo er ein neues Abkommen über Freundschaft und Zusammenarbeit unterschreibt und ungeachtet amerikanischer Einwände Kooperationen im Rüstungsbereich vereinbart.

28. **Deutschland.** BERNHARD JAGODA wird als Nachfolger von HEINRICH FRANKE in sein Amt als Präsident der Bundesanstalt für Arbeit in Nürnberg eingeführt.

Israel. Der Oberste Gerichtshof weist alle Einsprüche zurück und erklärt die am 17. 12. 1992 verfügte Massenausweisung von Palästinensern für rechtens.

Zaire. Eine Meuterei von Soldaten, die gegen die Auszahlung ihres Solds in neugedruckten, von Geschäften nicht akzeptierten Banknoten protestieren, fordert mehr als tausend Menschenleben. Ausländer werden evakuiert. Frankreich und Belgien verlegen Truppen in den benachbarten Kongo.

Deutschland. Der Bundessicherheitsrat entscheidet gegen ein Rüstungsgeschäft mit Taiwan. Für das Geschäft, das unter anderem einen Auftrag für die Lieferung von U-Booten im Wert von mehreren Milliarden DM umfaßt, hatte sich der niedersächsische Ministerpräsident SCHRÖDER eingesetzt. Dadurch war es zu einer Koalitionskrise zwischen SPD und Grünen in Niedersachsen gekommen.

30. **Deutschland.** LOTHAR BISKY wird auf dem Bundesparteitag der PDS als Nachfolger von GREGOR GYSI mit 92 % der Delegiertenstimmen zum neuen Bundesvorsitzenden gewählt.

Deutschland. Am 60. Jahrestag der Machtübernahme durch die Nationalsozialisten demonstrieren Hunderttausende von Menschen gegen Rechtsextremismus. Am Brandenburger Tor in Berlin werden aus tausend brennenden Kerzen die Worte ›Nie wieder‹ gebildet.

FEBRUAR

1. **Deutschland.** Politiker der SPD und der Grünen in Schleswig-Holstein fordern die endgültige Stillegung des Atomkraftwerks Brunsbüttel, in dessen Rohrleitungssystem im Herbst 1992 Risse an Schweißnähten entdeckt worden waren. Das Bundesumweltministerium beteuert, daß die Sicherheit des Kraftwerks nicht gefährdet sei.

2. **Rußland/Deutschland.** Staatspräsident JELZIN und Bundeskanzler KOHL rufen in einem in Moskau und Bonn parallel veröffentlichten Briefwechsel zum 50. Jahrestag des Endes der Schlacht um Stalingrad zu Versöhnung und Partnerschaft auf.

Philippinen. Nach rund acht Jahren der Ruhe bricht der Vulkan Mayon wieder aus. Nach offiziellen Angaben kommen dabei 73 Menschen ums Leben; mehr als 60 000 müssen evakuiert werden.

3. **Weißrußland.** Das Parlament hebt das Verbot der Kommunistischen Partei auf.

Deutschland. Bundesverteidigungsminister VOLKER RÜHE verhängt aus Kostengründen einen generellen Auftragsstopp für alle Rüstungsvorhaben und Infrastrukturmaßnahmen der Bundeswehr. Verzichtet wird auch auf den umstrittenen Höhenaufklärer ›Lapas‹ des bayerischen Flugzeugherstellers BURKHART GROB.

Katholische Kirche. Papst JOHANNES PAUL II. startet zu seiner 57. Pastoralreise, der zehnten nach Afrika, die ihn nach Benin, Uganda und in den Sudan führt.

Deutschland. Im Zuge laufender Ermittlungen des Bundeskriminalamts wegen Volksverhetzung und Aufstachelung zum Fremdenhaß werden in neun Bundesländern Wohnungen und Geschäftsräume von Skinheadmusikern, Produzenten und Schallplattenfirmen durchsucht. Dabei werden Munition, Sprengstoff und große Mengen von Ton- und Bildträgern sichergestellt.

Deutschland. Die Berliner Polizei hebt einen international agierenden rechtsextremistischen Waffenhändlerring aus, an dem auch Mitglieder der Freiwilligen Polizeireserve (FPR) Berlins beteiligt sind. Nach weiteren Berichten über eine Unterwanderung der FPR durch Kriminelle und Rechtsradikale findet eine Überprüfung statt, nach der einige Hilfspolizisten vom Dienst suspendiert werden.

Deutschland/USA. Bundesaußenminister KLAUS KINKEL reist zu seinen ersten Konsultationen mit der neuen Regierung nach Washington, wo er mit Präsident CLINTON, Außenminister CHRISTOPHER und Verteidigungsminister ASPIN u. a. über die Lage auf dem Balkan spricht.

4. **Österreich.** Die Freiheitliche Partei Österreichs (FPÖ) spaltet sich, der liberale Flügel sagt sich von ihr los und gründet als ›Liberales Forum‹ eine eigene Parlamentsfraktion.

5. **UNO.** Der Sicherheitsrat billigt einstimmig die stufenweise Entsendung einer bis zu 3 600 Mann starken bewaffneten Friedenstruppe an die Grenze zwischen dem Irak und Kuwait.

   Togo. Unter deutsch-französischer Schirmherrschaft kommen in Straßburg Vertreter der Regierung und der Opposition zu Vermittlungsgesprächen zusammen, die jedoch keine Einigung erbringen. Auch die zweite Runde in Colmar am 8. Februar bleibt ergebnislos.

   Zaire. Nach gewaltsamen Ausschreitungen, die Hunderte von Menschenleben gefordert haben, setzt Staatspräsident MOBUTU Ministerpräsident TSHISEKEDI ab, den er für die Unruhen verantwortlich macht.

   USA. Präsident CLINTON unterzeichnet ein Gesetz, das in der Vergangenheit zweimal am Veto seines Vorgängers BUSH gescheitert war. Es sieht vor, daß Arbeitnehmer künftig nach der Geburt eines Kindes oder zur Versorgung kranker Familienangehöriger zwölf Wochen lang unbezahlten Urlaub nehmen können.

6. **Belgien.** Das Parlament billigt den ersten Artikel der künftigen Staatsreform und leitet damit den Übergang zu einem Bundesstaat ein. Kernpunkt der Reform ist eine größere finanzielle und politische Autonomie für die Regionen Flandern und Wallonien.

   Deutschland/Bosnien-Herzegowina. Eine Transall der Bundeswehr, die sich an der internationalen Luftbrücke für das belagerte Sarajevo beteiligt, wird über kroatischem Gebiet beschossen, ein Hauptfeldwebel schwer verwundet. Kroatische Serben werden dafür verantwortlich gemacht. Die Luftbrücke wird daraufhin vorübergehend eingestellt.

   Frankreich. In Paris gehen Zehntausende von Menschen gegen Rassismus und Fremdenhaß auf die Straße.

7. **Kroatien.** Aus der Wahl zur Regionalkammer des Parlaments und den gleichzeitig stattfindenden Kommunalwahlen geht die alleinregierende Kroatisch-Demokratische Gemeinschaft als Siegerin hervor.

   Kroatien. Mit der Veranstaltung ›Internationale Frauensolidarität‹ protestieren in Zagreb Politikerinnen und Abgesandte aus 15 europäischen Staaten gegen die fortgesetzten Massenvergewaltigungen im Bosnischen Krieg, von denen nach Berichten rund 20 000 Frauen betroffen sind.

8. **Ruanda.** Nach einem Massaker an der Tutsibevölkerung im Januar, das nach offiziellen Angaben 300 Menschenleben gekostet hat, bricht mit einer Großoffensive der Tutsirebellen der Bürgerkrieg erneut aus.

9. **Niederlande.** Das Parlament billigt ein heftig umstrittenes Gesetz zur Erleichterung der ärztlichen Sterbehilfe.

   Frankreich/Vietnam. Als erster westlicher Staatschef seit dem Indochinakrieg trifft FRANÇOIS MITTERRAND zu einem Staatsbesuch ein, während dessen er die Verdoppelung der Wirtschaftshilfe ankündigt.

   Deutschland. Die Gesellschaft für deutsche Sprache gibt in Dresden das Unwort des Jahres 1992 bekannt. Es heißt ›ethnische Säuberung‹.

   Deutschland. Eine Koalitionsrunde unter Bundeskanzler KOHL stimmt den Plänen von Verkehrsminister KRAUSE zur Bahnreform grundsätzlich zu. Die zur Finanzierung vorgesehene Erhöhung der Mineralölsteuer und Erhebung einer Autobahngebühr mittels einer Vignette lösen in weiten Kreisen heftige Kritik und Widerstand aus. Trotzdem billigt das Bundeskabinett das Gesetzespaket am 17. März.

10. **Madagaskar.** Bei der Stichwahl um das Präsidentenamt setzt sich Oppositionsführer ALBERT ZAFY gegen den seit 17 Jahren autoritär regierenden DIDIER RATSIRAKA mit großer Mehrheit durch.

    Deutschland. An der CSU-Mehrheit im Bayerischen Landtag scheitert die Forderung der Oppositionsparteien nach einem Rücktritt des in die sogenannte Amigo-Affäre verwickelten Ministerpräsidenten MAX STREIBL.

7. Februar
An der Veranstaltung ›Internationale Frauensolidarität‹ in Zagreb nehmen auch Bundestagspräsidentin Rita Süßmuth (Mitte) und die Hamburger Bischöfin Maria Jepsen (links) teil. Rechts im Bild der kroatische Parlamentspräsident Stipe Mesić

11. **Großbritannien.** Es wird bekanntgegeben, daß Königin ELISABETH II. künftig ihr gesamtes Privateinkommen versteuern wird.

    Deutschland. Ein mit einer Schreckschußpistole bewaffneter Äthiopier entführt den in Frankfurt am Main mit Ziel Kairo gestarteten Lufthansa-Airbus ›Chemnitz‹ nach New York, wo sich der Entführer widerstandslos den Behörden ergibt.

12. **Italien.** Der ehemalige Gewerkschaftsvorsitzende GIORGIO BENVENUTO wird zum Vorsitzenden der Sozialistischen Partei Italiens (PSI) gewählt, nachdem

17. Februar
In der ›Nacht der 1 000 Feuer‹
blockieren mehr als 20 000
Demonstranten die Bundesstraße 1
bei Dortmund, um gegen den
drohenden Verlust ihrer Arbeitsplätze
zu protestieren

sein verschiedener Vergehen beschuldigter Vorgänger BETTINO CRAXI am Vortag zurückgetreten war.
Deutschland. Eine zwischen den Regierungsparteien und der SPD ausgehandelte Kompromißformulierung über die Aufnahme des Umweltschutzes als Staatsziel in das Grundgesetz scheitert in der gemeinsamen Verfassungskommission von Bundestag und Bundesrat knapp an der CDU/CSU.
Mali. Der frühere Militärdiktator MOUSSA TRAORÉ und drei Angehörige seines Regimes werden zum Tode verurteilt. Ihnen wird die Ermordung von mehr als 300 Menschen bei der Zerschlagung von Oppositionsbewegungen zur Last gelegt.

14. Litauen. Der Vorsitzende der sozialdemokratisch orientierten Litauischen Demokratischen Arbeiterpartei und frühere KP-Chef, ALGIRDAS BRASAUSKAS, wird zum ersten Staatspräsidenten seit dem Zweiten Weltkrieg gewählt.
Rußland. Auf einem sogenannten Wiederherstellungs- und Vereinigungskongreß in der Nähe von Moskau wird eine neue Kommunistische Partei gegründet.
Zypern. Aus der Stichwahl um das Amt des Präsidenten geht der konservative Politiker GLAFKOS KLERIDES als Sieger hervor.

15. Niger. Bei den ersten freien Parlamentswahlen seit mehr als 20 Jahren gewinnt das Oppositionsbündnis ›Kräfte des Wandels‹ die absolute Mehrheit.
Slowakische Republik. Im zweiten Wahlgang wird der Wirtschaftsexperte MICHAL KOVÁČ zum Staatspräsidenten gewählt.
Philippinen. Angesichts eines drastischen Anstiegs der Verbrechensrate führt die Regierung die Todesstrafe wieder ein.

17. Deutschland. Angesichts drohender Massenentlassungen in der Stahlindustrie setzen zehntausende Stahlarbeiter im Ruhrgebiet mit einer ›Nacht der tausend Feuer‹ eine Serie von Protestaktionen fort. In Chemnitz demonstrieren gleichzeitig rund 10 000 Menschen für den Erhalt wichtiger Industriestandorte auf dem Gebiet der ehemaligen DDR.
Deutschland. Die Weizsäcker-Expertenkommission zur Überprüfung der Parteienfinanzierung legt ihren

Bericht vor, dessen Vorschläge auf eine Begrenzung der seit Jahren überproportional gewachsenen Zuwendungen zielen. Außerdem soll die Verwendung der Gelder für die Wähler durchsichtiger gemacht werden. Das Bundesverfassungsgericht hatte 1992 wesentliche Teile der staatlichen Parteienfinanzierung verworfen und eine Neuregelung verlangt.
Deutschland/Asien. Bundeskanzler KOHL beginnt, begleitet von einer Wirtschaftsdelegation, eine Reise nach Indien, Singapur, Indonesien, Japan und Süd-Korea.
Ägypten. Trotz heftiger Proteste unterzeichnet Staatspräsident MUBARAK eine Gesetzesänderung, mit der ein weiteres Vordringen islamischer Fundamentalisten in den Berufsvereinigungen verhindert werden soll.

26. Februar
Besonders in den neuen
Bundesländern löst die von der
Bundesanstalt für Arbeit verfügte
Aussetzung von neuen ABM Proteste
aus

20. Südafrika. Staatspräsident DE KLERK ernennt erstmals drei Farbige zu Ministern, erklärt aber gleichzeitig, daß die Ernennung eines Schwarzen zur Zeit ›eher schaden als nützen‹ würde.

21. UNO. In der einstimmig verabschiedeten Resolution 808 spricht sich der Sicherheitsrat für die Schaffung eines Kriegsverbrechertribunals aus, das der strafrechtlichen Verfolgung von Personen dienen soll, die für schwere Verletzungen der Menschenrechte auf dem Gebiet des früheren Jugoslawien seit 1991 verantwortlich sind.

22. Hoechst AG. Bei einem Unfall im Frankfurter Stammwerk werden über Wohngebieten rund 10 t umweltschädlicher Chemikalien freigesetzt. Wochenlange Entgiftungsarbeiten sind notwendig.

23. Taiwan. Der frühere Diplomat und Außenminister LIEN CHAN wird zum neuen Ministerpräsidenten gewählt.

24. Kuba. Bei der Wahl zum Volkskongreß erhalten alle Kandidaten die erforderliche Mehrheit von 50 %. Aus Protest gegen die Regierung geben allerdings 7 % der Wähler ungültige Stimmzettel ab.
Somalia. Die Anfang des Monats erneut aufgeflammten Kämpfe erreichen einen Höhepunkt, als Banden ausländische Botschaften angreifen, um damit gegen die angebliche Parteilichkeit der internationalen Hilfstruppen zu protestieren. In Mogadischu kommt es auch zu Plünderungen.

25. Indien. Mehr als hunderttausend Anhänger der extremistischen Hindupartei BJP nehmen in Neu-Delhi an einer verbotenen Demonstration teil, mit der sie den Bau eines Tempels auf dem Gelände der im Dezember 1992 zerstörten Moschee von Ayodhya erzwingen wollen. Bei Zusammenstößen mit den Sicherheitskräften gibt es Hunderte von Verletzten.

26. USA. Eine Autobombenexplosion unter dem zweithöchsten Gebäude der Welt, dem New Yorker World Trade Center, fordert fünf Menschenleben; es gibt mehr als tausend Verletzte, das Gebäude wird schwer beschädigt.
Ägypten. In einem Café in der Kairoer Innenstadt kommen bei einem Bombenanschlag islamischer Extremisten drei Menschen ums Leben, 19 werden verletzt.
Deutschland. Die Bundesanstalt für Arbeit in Nürnberg bestätigt eine an die Landesarbeitsämter ergangene Weisung, mit der die Bewilligung neuer ABM-Stellen im gesamten Bundesgebiet gestoppt wird. Diese mit fehlenden Geldmitteln begründete Maßnahme wird nach anhaltenden Protesten am 13. März zurückgenommen.
Türkei. Die Parlamentspräsidenten von neun der elf Mitgliedsstaaten der Schwarzmeer-Wirtschaftsgemeinschaft (BSEC) unterzeichnen in Istanbul eine Deklaration über die Gründung einer Parlamentarischen Versammlung.

27. Deutschland. Die Ministerpräsidenten der Bundesländer einigen sich in Potsdam auf ein gemeinsames Konzept für die Verhandlungen mit der Bundesregierung zum Solidarpakt. Dazu gehören die Forderungen nach Steuererhöhungen vor 1995 und nach einer Aufstockung des Fonds Deutsche Einheit.

26. Februar
In der Tiefgarage des World Trade | Centers in New York explodiert um
12.18 Uhr Ortszeit eine Autobombe

28. USA/Bosnien-Herzegowina. Die US-Luftwaffe beginnt mit der Versorgung Ostbosniens aus der Luft, nachdem Lebensmittelkonvois der UNO wiederholt von Serben blockiert worden waren.
Rußland. Bei den ersten Präsidentenwahlen in der russischen Kaukasusrepublik Inguschien wird Generalmajor RUSLAN AUSCHEW mit überwältigender Mehrheit zum Staatsoberhaupt gewählt.
USA. Bei einer Schießerei zwischen der Polizei und Mitgliedern der fanatischen religiösen Sekte der Davidianer kommen in Waco im Bundesstaat Texas mindestens 15 Menschen ums Leben, darunter vier Polizisten. Rund 100 Davidianer unter ihrem Anführer DAVID KORESH verschanzen sich in ihrem Anwesen und leisten der Polizei wochenlang bewaffneten Widerstand.

MÄRZ

3. Jugoslawien. Das Parlament wählt eine neue Regierung unter RADOJE KONTIĆ als Ministerpräsident. Dessen Vorgänger MILAN PANIĆ kehrt als Geschäftsmann in die USA zurück.
Deutschland/Rußland. Bundeskanzler KOHL macht auf der Rückkehr von seiner Asienreise Station in Moskau, um Präsident JELZIN der internationalen Unterstützung bei dessen Reformversuchen zu versichern.

4. Sambia. Wegen eines geplanten Putsches wird der Ausnahmezustand über das Land verhängt, die Regierung erhält weitreichende Vollmachten.

Deutschland. Der ehemalige RAF-Verteidiger KLAUS CROISSANT wird von einem Berliner Strafsenat wegen Agententätigkeit für die DDR zu 21 Monaten Freiheitsstrafe auf Bewährung verurteilt.

Deutschland. Unter dem Motto ›Kette des Auf-Ruhrs‹ protestieren Tausende von Stahlkochern in mehreren Städten des Ruhrgebiets erneut gegen drohende Massenentlassungen.

6. **Angola.** Die Guerillaorganisation UNITA erobert nach eigenen Angaben die zweitgrößte Stadt des Landes, Huambo.

7. **Deutschland.** Bei den Kommunalwahlen in Hessen ist die SPD überraschend hoher Verlierer. Gewinner sind bei einer niedrigen Wahlbeteiligung von 71,3 % außer Grünen und FDP vor allem die Republikaner, die sich um 7,6 % auf 8,3 % verbessern.

Schweiz. In einer Volksabstimmung sprechen sich die Schweizer für eine Erhöhung der Benzinpreise um 20 % und die Zulassung von Spielbanken aus. Eine Initiative zum Verbot aller Tierversuche scheitert.

13. März
Nach strapaziösen Beratungen zum Solidarpakt einigen sich Bundesregierung, SPD und Bundesländer auf Grundzüge des Solidarpakts. Im Bild Bundeskanzler Kohl während einer Rede von Finanzminister Waigel

8. **Portugal.** Ein neues Ausländergesetz tritt in Kraft, das die Einreisebestimmungen und Kontrollen für Reisende aus Ländern, die nicht der EG angehören, erheblich verschärft.

Deutschland. Eine Anweisung von Bundesarbeitsminister BLÜM wird bekannt, die das Ziel hat, mehr Arbeitslose in kurzzeitige Saisonarbeit oder unbeliebte Tätigkeiten zu vermitteln: Die Arbeitsämter sollen Arbeitserlaubnisse für Ausländer nur dann erteilen, wenn Deutsche oder Ausländer mit bereits bestehender Arbeitserlaubnis für die ausgeschriebene Tätigkeit nicht zur Verfügung stehen.

9. **Malaysia.** Das Parlament beschließt, daß die Privilegien der neun Sultane des Landes, die bisher über der Verfassung standen, stark eingeschränkt werden.

Ruanda. Der zwischen der Regierung und den Rebellen der Patriotischen Front (FPR) in der tansanischen Hauptstadt Daressalam ausgehandelte Waffenstillstand tritt in Kraft. Dessen ungeachtet gehen die Kämpfe vorläufig weiter. Am 20. März beginnt Frankreich vereinbarungsgemäß mit dem Abzug seiner Truppen.

10. **Schweiz.** Zum zweiten Mal in seiner Geschichte wählt das Bundesparlament eine Frau in den Bundesrat. Die Sozialdemokratin RUTH DREIFUSS übernimmt das Innenressort.

Deutschland. Etwa 60 Sozialdemokraten gründen aus Protest gegen die Asyl-, Flüchtlings- und Sicherheitspolitik der SPD die linke Initiative ›Lübecker Kreis‹, die innerparteilichen Widerstand organisieren will.

UNO. Die Menschenrechtskommission in Genf verurteilt in schärfster Form die schweren Menschenrechtsverletzungen in Birma (Myanmar) und im Irak.

Litauen. Der Landwirtschaftsexperte ADOLFAS SLEZEVICIUS wird zum neuen Ministerpräsidenten gewählt.

11. **USA.** Der Senat stimmt der Ernennung von JANET RENO zur ersten Justizministerin in der Geschichte des Landes zu.

12. **Indien.** In Bombay detonieren an 13 wichtigen Gebäuden, darunter der Wertpapierbörse, Sprengstoffladungen, durch die mehr als 300 Menschen getötet und über 1 200 verletzt werden.

13. **Australien.** Aus den Parlamentswahlen geht die Labor Party zum fünften Mal in Folge als Siegerin hervor. PAUL KEATING bleibt Regierungschef.

Deutschland. Bundesregierung, oppositionelle SPD und Bundesländer einigen sich auf Grundzüge für den angestrebten Solidarpakt. Sozialhilfe und Arbeitslosengeld werden nicht gekürzt, ein Solidaritätszuschlag von 7,5 % auf die Lohn- und Einkommensteuer soll ab 1. Januar 1995 erhoben werden.

14. **Andorra.** In einer Volksabstimmung wird die erste demokratische Verfassung, die das Feudalsystem abschafft, Menschenrechte und politische Freiheiten garantiert und die Souveränität auf das Volk überträgt, angenommen. Als Amtssprache wird das Katalanische festgelegt.

15. **China.** Die Plenarsitzung des Volkskongresses wird eröffnet. In mehr als zweiwöchigen Verhandlungen billigen die Delegierten die Verankerung der sozialistischen Marktwirtschaft in der Verfassung. JIANG ZEMIN wird zum neuen Staatspräsidenten gewählt und als Vorsitzender der Militärkommission bestätigt.

Deutschland/Hoechst AG. Bei einer schweren Gasexplosion wird im Frankfurter Stammwerk der Hoechst AG ein Arbeiter getötet, ein weiterer schwer verletzt. Es war der schwerste in einer Serie von Störfällen, die sich seit dem 22. Februar ereignet hatten.

16. **Kuba.** Der neukonstituierte Volkskongreß in Havanna bestätigt FIDEL CASTRO als Staatschef.

Rußland. Es wird offiziell bekanntgegeben, daß in den Jahren 1964 bis 1991 rund 4 900 Atomcontainer und 16 Atom-U-Boote, davon sechs nicht entsorgte, im Nordmeer versenkt worden sind.

Algerien. Der frühere Hochschulminister LIABES wird in Algier erschossen. Am nächsten Tag wird ein Regierungsberater ermordet. Nach Rundfunkberichten sind innerhalb von drei Monaten 85 muslimische Extremisten, 30 Angehörige der Sicherheitskräfte und 18 unbeteiligte Personen getötet worden.

20. März
Vor dem Außenministerium in
Moskau versammeln sich Anhänger
von Präsident Jelzin zur
Unterstützung seiner Politik

17. Deutschland. Die Ausländerbeauftragten von Bund, Ländern und Gemeinden fordern nach einer Konferenz in Weimar das kommunale Wahlrecht auch für Ausländer aus Nicht-EG-Staaten.

18. Zaire. Nach der Ernennung von FAUSTIN BIRINDWA zum Ministerpräsidenten durch Staatspräsident MOBUTU hat das Land nun zwei Regierungschefs, da das Parlament weiterhin an ETIENNE TSHISEKEDI festhält.

19. Deutschland. Berichte über ABM-Zuschüsse für eine Hilfe in seinem Privathaushalt lösen die sogenannte Putzfrauenaffäre um Bundesverkehrsminister KRAUSE aus und bringen ihn in erhebliche Bedrängnis.
Georgien/Rußland. Die georgische Luftabwehr schießt über der um ihre Unabhängigkeit kämpfenden Teilrepublik Abchasien ein russisches Kampfflugzeug ab. Die Kämpfe zwischen abchasischen und georgischen Truppen um die abchasische Hauptstadt Suchumi hatten an Heftigkeit zugenommen. Georgien wirft Rußland vor, Abchasien zu unterstützen.

20. Rußland. Nachdem der Volksdeputiertenkongreß am 13. März versucht hatte, Präsident JELZIN zu entmachten, verhängt dieser eine Präsidialherrschaft über das Land und setzt für den 24. April eine Volksabstimmung über seine Regierung und eine neue Verfassung an.

El Salvador. Mit den Stimmen der konservativen Parteien verabschiedet das Parlament ein Amnestiegesetz für politisch motivierte Verbrechen während des zwölfjährigen Bürgerkriegs, gegen das Kirche und Opposition scharf protestieren.

23. Deutschland. Der Wehrbeauftragte des Bundestags, ALFRED BIEHLE, legt seinen Jahresbericht vor, in dem er die Bundeswehr als zur Zeit nicht einsatzfähig bezeichnet und über Verstöße gegen die Grundrechte in der Truppe berichtet.
Deutschland. Der schleswig-holsteinische Sozialminister GÜNTHER JANSEN tritt als Konsequenz aus der am 1. März publik gewordenen sogenannten Schubladenaffäre, in der es um Geldgeschenke an UWE BARSCHELS ehemaligen Medienreferenten PFEIFFER geht, zurück.
Deutschland. Der Bund und die Stadt Berlin beschließen den endgültigen Abriß des asbestverseuchten Palastes der Republik, ehemals Sitz der Volkskammer der DDR.

24. Israel. Die Knesset wählt den ehemaligen Verteidigungsminister ESER WEIZMAN zum neuen Staatspräsidenten.
Südafrika. Staatspräsident DE KLERK gibt zu, daß das Land in der Vergangenheit sechs Atombomben gebaut habe. Inzwischen seien sie wieder vernichtet worden.
Deutschland. Das Bundeskabinett beschließt den Einsatz von Maschinen der Bundesluftwaffe bei Hilfsflügen für Ostbosnien.

25. Togo. Ein Putschversuch hoher Offiziere scheitert, über das Land wird eine nächtliche Ausgangssperre verhängt.
Philippinen. Die in vier überwiegend muslimischen Provinzen abgehaltenen Kommunalwahlen werden von Bombenterror begleitet. Bereits der Wahlkampf hatte Menschenleben gefordert. Als verantwortlich gelten muslimische Fanatiker.
Deutschland. In einer Regierungserklärung zum Solidarpakt verlangt Bundeskanzler KOHL mehr Flexibilität der Tarifpartner, ein Überdenken der Arbeitszeitregelungen und die Korrektur von Fehlentwicklungen bei den Sozialleistungen.

26. Deutschland/USA. Bundeskanzler KOHL fliegt zu seinem ersten Treffen mit Präsident CLINTON nach Washington.

27. März
Der bei dem Bombenanschlag der RAF auf die Justizvollzugsanstalt
Weiterstadt bei Darmstadt entstandene Sachschaden wird auf ca. 100 Mio. DM geschätzt

21

UNO/Somalia. Der Weltsicherheitsrat beschließt die Entsendung einer mehr als 30 000 Mann starken Truppe (UNOSOM II) nach Somalia, um die von den USA geführten internationalen Truppen zum 1. Mai abzulösen.

27. Deutschland. Ein RAF-Kommando ›Katharina Hammerschmidt‹ verübt auf die neue, noch nicht belegte Justizvollzugsanstalt Weiterstadt in Hessen einen Bombenanschlag, bei dem ein Sachschaden in Höhe von 100 Millionen DM entsteht. (BILD S. 21)
Lesotho. Die linksgerichtete Basoto Congress Party gewinnt die ersten Parlamentswahlen im Königreich seit 23 Jahren mit großer Mehrheit.

28. Frankreich. Nach der ersten Runde der Parlamentswahlen am 21. März erringen die bürgerlichen Parteien auch in der zweiten Runde eine überwältigende Mehrheit. Die bislang regierenden Sozialisten müssen die schwerste Niederlage ihrer Parteigeschichte einstecken. Am 29. März ernennt Staatspräsident MITTERRAND den Neogaullisten ÉDOUARD BALLADUR zum neuen Premierminister.
Niger. Aus der Stichwahl um das Präsidentenamt geht der sozialdemokratische Oppositionspolitiker MAHAMANE OUSMANE als Sieger hervor.

29. Bosnien-Herzegowina. Aus dem von Serben eingeschlossenen Srebrenica, wo sich mehr als 60 000 Menschen aufhalten, evakuiert die UNO etwa 2 300 Frauen, Kinder und Verwundete. Beim Ansturm auf einen Konvoi werden mehrere Menschen zu Tode getrampelt. Eine Massenflucht in die muslimische Stadt Tuzla setzt ein.
Elfenbeinküste. Meuternde Elitesoldaten besetzen den Präsidentenpalast in Abidjan, um eine Solderhöhung durchzusetzen, geben aber bereits nach zwei Tagen wieder auf.

30. Israel. Als Antwort auf die Welle der Gewalt, die seit Monatsbeginn 15 Israelis und 26 Palästinensern das Leben gekostet hatte, verhängt die Regierung eine Sperre über die besetzten Gebiete. Die dort lebenden rund 1,7 Millionen Palästinenser dürfen die Grenzen nach Israel nicht überschreiten.
Bosnien-Herzegowina. Im ersten öffentlichen Prozeß wegen Kriegsverbrechen werden in Sarajevo zwei

30. März
Die beiden serbischen Soldaten Borislav Herak (links) und Sretko Damjanović (Mitte) werden im ersten Kriegsverbrecherprozeß des / bosnischen Bürgerkriegs wegen Mordes in 27 Fällen, Vergewaltigung in 17 Fällen und Raubes zum Tode verurteilt

serbische Soldaten von einem Kriegsgericht zum Tode verurteilt.
Niederlande/Deutschland. Bundesverteidigungsminister RÜHE und sein Amtskollege TER BEEK vereinbaren in einer in Bonn unterzeichneten gemeinsamen Erklärung den Aufbau eines gemeinsamen Korps, das 1995 einsatzbereit sein soll.

28. März
Der Wahlniederlage der französischen Sozialisten folgt die Ernennung des / Neogaullisten Édouard Balladur zum Ministerpräsidenten

Ägypten/Deutschland. Staatspräsident MUBARAK warnt bei seinem Besuch in Bonn vor einer Überbewertung der Anschläge muslimischer Fundamentalisten in seinem Land, die sich gegen Touristen richteten.
Pakistan/Deutschland. Ministerpräsident NAWAZ SHARIF spricht in Bonn mit Bundeskanzler KOHL über den Ausbau der Wirtschaftsbeziehungen.
Deutschland. Bundesverteidigungsminister RÜHE legt die endgültige Standortplanung der Bundeswehr für West- und Ostdeutschland vor, nach der 28 der 745 Standorte aufgelöst werden sollen.

31. UNO. Bei Stimmenthaltung Chinas verabschiedet der Sicherheitsrat die Resolution 816 über die militärische Durchsetzung des Flugverbots über Bosnien-Herzegowina, nach der NATO-Piloten künftig Militärmaschinen abschießen können, die ohne Erlaubnis der UNO das Land überfliegen.
Deutschland. Das Bundeskabinett beschließt ein auf eine drastische Verringerung des Mülls und eine weitgehende Wiederverwertung von Altprodukten zielendes neues Abfallgesetz.
Deutschland. Der brandenburgische Landtag verabschiedet gegen die Stimmen von CDU und PDS/Linke Liste ein Kommunalwahlgesetz, das vorgezogene Kommunalwahlen am 5. Dezember vorsieht.
Deutschland. Nach Vorwürfen des Landesrechnungshofes wegen der Verhandlungsführung der Regierung von Mecklenburg-Vorpommern bei der Übernahme

und Verpachtung der Mülldeponie Schönberg tritt Umweltministerin PETRA UHLMANN zurück. Zuvor war ihr umstrittener Staatssekretär PETER-UWE CONRAD entlassen worden.

Moçambique. Regierungstreue Soldaten bringen Unruhen in der Präsidentengarde unter Kontrolle. Rund 1 200 Gardisten, die im Zuge der allgemeinen Demobilisierung entlassen werden sollten, hatten höhere Beihilfen für die Rückkehr ins Zivilleben gefordert.

APRIL

1. Bosnien-Herzegowina. Das Land klagt vor dem Internationalen Gerichtshof in Den Haag Rest-Jugoslawien wegen systematischen Völkermordes an der bosnischen Bevölkerung an. Zwei Millionen Bosnier seien vertrieben worden, 250 000 Zivilisten ermordet, 50 000 Frauen vergewaltigt.

Südafrika. Mehrparteienverhandlungen über den Aufbau der Demokratie beginnen. Die 26 teilnehmenden Delegationen repräsentieren das gesamte politische Spektrum des Landes.

USA/Rußland. Die Präsidenten CLINTON und JELZIN kommen im kanadischen Vancouver zu ihrem ersten Gipfeltreffen zusammen. Sie rufen eine neue Ära der Kooperation aus und bekräftigen in der gemeinsamen ›Deklaration von Vancouver‹ ihre Verpflichtung zur Partnerschaft und zur engen Zusammenarbeit in der Abrüstung, der Nichtverbreitung von Massenvernichtungswaffen und der Lösung internationaler Konflikte. CLINTON legt ein 1,6-Milliarden-Dollar-Programm zur Unterstützung der russischen Reformen vor.

Aserbaidschan. Nach massiven Angriffen armenischer Truppen in der umkämpften Enklave Bergkarabach wird über Aserbaidschan der Ausnahmezustand verhängt. Die Türkei droht indirekt mit einer militärischen Einmischung in den Konflikt.

Frankreich. Nach der Niederlage bei den Parlamentswahlen stürzen die Sozialisten die Parteiführung. Vorläufiger Parteichef wird der ehemalige Premierminister MICHEL ROCARD.

4. Deutschland. Zum Abschluß einer Reise, die ihn nach Australien und Neuseeland führte, besucht Außenminister KINKEL Vietnam, dem er Hilfe beim Aufbau der Wirtschaft zusagt.

5. WEU. Die Westeuropäische Union beschließt, sich an der Überwachung des Embargos gegen Rest-Jugoslawien mit Patrouillenbooten auf der Donau zu beteiligen.

Deutschland/Rumänien. Bundesumweltminister TÖPFER und sein Amtskollege AUREL ILIL unterzeichnen in Bukarest ein Kooperationsabkommen im Bereich Umweltschutz. TÖPFER informiert sich außerdem über den Stand des Rücktransports illegal aus Deutschland nach Rumänien gebrachten Giftmülls.

6. Rußland. In der westsibirischen Plutoniumfabrik Tomsk 7 ereignet sich eine Explosion, die als das schwerste Atomunglück seit Tschernobyl eingestuft wird. Menschen kommen nach offiziellen Angaben nicht zu Schaden. Ein 120 bis 200 km² großes, unbewohntes Gebiet wird radioaktiv verseucht.

Deutschland. In einer vom Bundesverfassungsgericht veröffentlichten Entscheidung wird der Einsatz von Beamten bei rechtmäßigen Streiks als verfassungswidrig bezeichnet. Damit wird eine anderslautende Entscheidung des Bundesarbeitsgerichts aufgehoben.

Japan. Außenminister WATANABE tritt aus gesundheitlichen Gründen zurück. Zu seinem Nachfolger wird KABUN MUTO ernannt.

Kroatien. Vertreter Kroatiens und der Serben in der Krajina unterzeichnen ein Abkommen zur Beilegung des Konflikts.

Algerien. Einer der geistigen und militärischen Führer des ›Heiligen Krieges‹ der algerischen Fundamentalisten, OMAR AL-EULMI, wird von Sicherheitskräften erschossen.

7. Deutschland. Das Bundesverwaltungsgericht bestätigt vorläufig das Ende 1992 ausgesprochene Verbot der drei rechtsextremistischen Gruppen Nationalistische Front, Deutsche Alternative und Nationale Offensive.

1. April
Der amerikanische Präsident Clinton (links) und sein russischer Amtskollege Jelzin bei einem Spaziergang während ihres ersten Gipfeltreffens in Vancouver

8. Makedonien. Unter der provisorischen Bezeichnung ›ehemalige Jugoslawische Republik Makedonien‹ wird das Land als 181. Mitglied in die UNO aufgenommen

Indien. In Kaschmir beginnen mehrtägige Zusammenstöße zwischen Armeeangehörigen und Aufständischen, die mindestens 60 Menschenleben fordern.

Deutschland. Das Bundesverfassungsgericht lehnt Anträge von SPD und FDP auf eine einstweilige Anordnung gegen die am 2. April vom Bundeskabinett beschlossene Beteiligung deutscher Soldaten an AWACS-Aufklärungsflügen zur Durchsetzung des Flugverbots über Bosnien-Herzegowina ab. Die Verfassungsmäßigkeit der deutschen Beteiligung ist mit dem Richterspruch jedoch noch nicht geklärt.

9. Mali. Die Regierung tritt nach den schwersten Unruhen seit Einführung der Demokratie 1990 zurück. Schüler und Studenten hatten am 5. April die Präsidentenresidenz angegriffen und an mehreren Regierungsgebäuden Brände gelegt, um höhere Stipendien zu erzwingen.

10. April
Chris Hani, der Führer der Kommunistischen Partei Südafrikas, liegt ermordet in seinem Haus in Boksburg bei Johannesburg

10. Südafrika. Der schwarze Generalsekretär der Kommunistischen Partei, CHRIS HANI, wird bei Johannesburg erschossen. Als mutmaßlicher Täter wird ein Mann polnischer Herkunft festgenommen. Der Weltsicherheitsrat verurteilt die Tat. Protestaktionen in den schwarzen Siedlungen, Ausschreitungen bei Trauerkundgebungen und am Rande eines Generalstreiks am 14. April fordern mehrere Menschenleben.
Deutschland. Die traditionellen Ostermärsche und andere Friedensaktionen beginnen, an denen sich bis zum 12. April rund 80 000 Menschen beteiligen.

12. Bosnien-Herzegowina. NATO-Flugzeuge beginnen mit der Überwachung des Luftraums über dem kriegserschütterten Land. In weiten Teilen entbrennen schwere Bodenkämpfe.

14. G 7/Japan. Die Außen- und Finanzminister der sieben führenden westlichen Industrienationen kommen zu einer Sonderkonferenz über Finanzhilfen für Rußland in Tokio zusammen. Sie beschließen, noch vor der russischen Volksabstimmung am 25. April bis zu 30 Milliarden Dollar zur Verfügung zu stellen. Zuvor hatte Japan beschlossen, seine Hilfe nicht mehr von der Rückgabe der vier umstrittenen Kurilen-Inseln abhängig zu machen.

15. Kolumbien. Bei einem Sprengstoffanschlag in Bogotá werden 15 Menschen getötet und mehr als hundert

zum Teil lebensgefährlich verletzt. Bis Ende des Monats kommen bei Anschlägen mindestens 14 weitere Menschen ums Leben. Die Attentate werden der Drogenmafia zugeschrieben.

16. Deutschland. Der Bundesrat stimmt in einer Sondersitzung den Solidarpaktvereinbarungen für den Aufbau Ostdeutschlands grundsätzlich zu. Weitere Themen sind die Arbeit der gemeinsamen Verfassungskommission sowie die Kostenverteilung zwischen Bund und Ländern bei der Ausführung von Bundesgesetzen.

17. USA. Nach siebentägiger Beratung erklären in Los Angeles die Geschworenen im Prozeß um die Mißhandlungen von RODNEY KING zwei der vier angeklagten Polizisten für schuldig. Die beiden anderen werden vom Vorwurf freigesprochen, KINGS Bürgerrechte verletzt zu haben, als sie ihn 1991 bei der Festnahme zusammenschlugen. Der Freispruch der Polizisten in einem vorausgegangenen Prozeß hatte im Mai 1992 schwere Rassenunruhen mit 53 Toten ausgelöst.
Rußland. Der Präsident der Tschetschenischen Republik, DUDAJEW, löst das Parlament auf und führt eine sogenannte Präsidentenherrschaft ein. Das Parlament widersetzt sich und wendet sich an das Verfassungsgericht.

18. Italien. Eine zweitägige Volksabstimmung, deren Hauptthema eine Wahlrechtsreform ist, beginnt. Knapp 83 % der Wähler sprechen sich für die Einführung eines Mehrheitswahlrechts bei den Wahlen zum Senat aus. Auch die anderen sieben Gesetzesvorhaben, darunter die Streichung der staatlichen Zuschüsse an die Parlamentsfraktionen und die Abschaffung von drei Ministerien, erhalten überwältigende Zustimmung.
Pakistan. Präsident GHULAM ISHAQ KHAN entläßt zum zweiten Mal innerhalb von knapp drei Jahren die Regierung und löst das Parlament auf. Damit beendet er vorläufig den Machtkampf mit Ministerpräsident NAWAZ SHARIF.

19. USA. Nach 51 Tagen Belagerung eines Anwesens in Waco (Texas), in dem sich fanatische Anhänger der Davidianer-Sekte verschanzt haben, greift das FBI den Komplex mit Tränengas an. Die Sekten-

17. April
In Los Angeles wird vor der Urteilsverkündung im Rodney-King-Prozeß die Nationalgarde in Alarmbereitschaft versetzt; im Bild Gardisten bei einer Übung für den Ernstfall

19. April
Flüchtlinge aus Srebrenica werden
nach ihrer Evakuierung nach Tuzla
von UNO-Soldaten in ein
Auffanglager gebracht

angehörigen legen daraufhin Brände, die das gesamte Anwesen bis auf die Grundmauern vernichten. Mehr als 80 Menschen, darunter 17 Kinder, kommen ums Leben.

UNO/Bosnien-Herzegowina. Die Friedenstruppen nehmen die vereinbarte Luftbrücke zur Evakuierung von Verwundeten aus der Stadt Srebrenica in Betrieb. Die Luftbrücke ist Teil des unterzeichneten Kapitulationsabkommens für den Ort.

21. **Brasilien.** Bei einer Volksabstimmung über die künftige Staats- und Regierungsform spricht sich die Mehrheit der Bürger für die Beibehaltung der Republik und der Präsidialdemokratie aus und erteilt den Monarchisten eine Absage.
Deutschland. Das Bundeskabinett einigt sich auf die Entsendung deutscher Soldaten nach Somalia zur Unterstützung von UNO-Hilfstruppen. Der Bundestag billigt die deutsche Teilnahme an der UNO-Mission und an AWACS-Einsätzen über Bosnien-Herzegowina mit der Mehrheit der Koalitionsfraktionen.

22. **Frankreich/Deutschland.** Beim ersten Besuch von Premierminister ÉDOUARD BALLADUR in Bonn bekunden der neogaullistische Regierungschef und Bundeskanzler KOHL ihre Entschlossenheit, die Freundschaft zwischen den beiden Ländern auch nach dem Regierungswechsel in Paris fortzusetzen.
Deutschland/USA. Zwei deutsch-amerikanische Armeekorps werden mit militärischem Zeremoniell in Giebelstadt bei Würzburg in Dienst gestellt. Diese ersten gemeinsamen Verbände sollen laut Verteidigungsminister RÜHE ein zentrales Element in der neuen NATO-Verteidigungsstruktur sein.

23. **Eritrea.** Eine dreitägige Volksabstimmung beginnt, bei der sich 98,8 % der Stimmberechtigten für die Unabhängigkeit des Landes aussprechen.
Deutschland. Das Landgericht Kiel spricht den ehemaligen Barschel-Mitarbeiter und stellvertretenden schleswig-holsteinischen Regierungssprecher HERWIG AHRENDSEN vom Vorwurf der Abgabe falscher eidesstattlicher Versicherungen frei.

24. **Großbritannien.** Bei einer Bombenexplosion im Londoner Bankenviertel wird ein Mensch getötet,

40 weitere werden verletzt. Die Schäden an den Geschäftsgebäuden werden auf rund 750 Millionen DM geschätzt. Die Untergrundorganisation IRA bekennt sich zu dem Anschlag.

25. **Rußland.** Bei einer Volksabstimmung spricht die Mehrheit der Wähler Präsident BORIS JELZIN das Vertrauen aus. Hingegen werden vorgezogene Parlamentswahlen abgelehnt, da hierfür nicht die absolute Mehrheit der Wahlberechtigten gestimmt hat.
Albanien. Papst JOHANNES PAUL II. stattet der Hauptstadt Tirana einen eintägigen Besuch ab.
Deutschland. Im zentralen Grundbucharchiv der ehemaligen DDR in Barby/Elbe (Sachsen-Anhalt) vernichtet ein Feuer einen Teil des Archivgutes. Eine bislang unbekannte ›Ostelbische Autonome Gruppe‹ bekennt sich zu der Brandstiftung.

24. April   im Londoner Bankenviertel bietet sich
Nach dem Bombenanschlag der IRA   ein Bild der Verwüstung

Deutschland. Die Deutsche Soziale Union (DSU) beschließt auf ihrem fünften Parteitag in Leipzig die sofortige Ausdehnung auf die westlichen Bundesländer und löst damit den Bruch mit ihrer Schwesterpartei CSU aus. Neuer DSU-Bundesvorsitzender wird der sächsische Landesvorsitzende ROBERTO RINK.

26. **Deutschland.** Die bis zum 28. April andauernde Urabstimmung über den Arbeitskampf in der

ostdeutschen Metall- und Stahlindustrie beginnt. Die rund 100 000 Arbeitnehmer stimmen mit überwältigender Mehrheit für einen Arbeitskampf.

Bosnien-Herzegowina. Das selbstannante Parlament der bosnischen Serben lehnt die Unterzeichnung des Vance-Owen-Friedensplans ab. Daraufhin treten am 27. April die vom Weltsicherheitsrat am 17. April beschlossenen scharfen Sanktionen in Kraft.

26. April
Rund 100 000 IG-Metall-Mitglieder in Ostdeutschland entscheiden in einer

Urabstimmung über den Arbeitskampf zur Durchsetzung des vereinbarten Stufentarifvertrags

27. Schweden/Deutschland. König KARL XVI. GUSTAV und seine deutschstämmige Frau SILVIA treffen zu einem offiziellen Besuch ein, der sie nach Bonn, Sachsen-Anhalt, Berlin und Mecklenburg-Vorpommern führt.

Costa Rica. Bewaffnete Männer besetzen das Gebäude des Obersten Gerichtshofs in San José und nehmen 18 Richter und fünf Justizangestellte als Geiseln. Nach der Übergabe eines Lösegelds in Höhe von 150 000 Dollar werden die Geiselnehmer am 30. April von der Polizei überwältigt.

Naher Osten. In Washington beginnt nach viermonatiger Verhandlungspause die neunte Runde der Friedensgespräche.

28. Deutschland/Tunesien. Bundespräsident VON WEIZSÄCKER beginnt einen Staatsbesuch in Tunesien, wo er Staatspräsident BEN ALI weitere deutsche Hilfe bei der Entwicklung des Landes zusagt.

Deutschland. Das Bundeskabinett beschließt gesetzliche Regelungen zur Umsetzung der internationalen Basler Konvention zum Verbot illegaler grenzüberschreitender Müllschiebereien. Vorgesehen ist unter anderem, daß deutscher Müll nicht mehr in Staaten außerhalb der EG und der EFTA exportiert werden darf.

Sambia. Die Fußballnationalmannschaft kommt auf dem Flug zum WM-Qualifikationsspiel in Senegal beim Absturz der Maschine ums Leben.

29. Deutschland. Mehrmonatige Feierlichkeiten zum tausendjährigen Bestehen Potsdams werden mit einer Festveranstaltung eröffnet.

Deutschland. Kanzleramtsminister SCHMIDBAUER und der Vizepräsident des iranischen Parlaments, HASSAN ROHANI, verständigen sich in Bonn auf eine Intensivierung des Dialogs zwischen beiden Ländern. Die iranische Parlamentsdelegation trifft am 30. April mit Bundeskanzler KOHL zusammen.

China/Taiwan. Bei zweitägigen Verhandlungen in Singapur werden engere Beziehungen zwischen beiden Staaten vereinbart, die dem Abbau von Spannungen dienen und die Zusammenarbeit auf technischem, wissenschaftlichem und kulturellem Gebiet fördern sollen.

30. Polen. Das Parlament beschließt nach monatelangem Tauziehen die beschleunigte Privatisierung von 600 großen und mittleren Staatsbetrieben.

MAI

1. Frankreich. Der frühere sozialistische Premierminister PIERRE BÉRÉGOVOY begeht Selbstmord. Er war nach der schweren Wahlniederlage seiner Partei im März zurückgetreten.

Sri Lanka. Bei einem Anschlag in Colombo werden 26 Menschen getötet, darunter Staatspräsident PREMADASA, dem der Anschlag galt.

Ukraine. Die Kommunistische Partei wird in der ehemaligen Sowjetrepublik wieder zugelassen.

Belgien. Die noch aus der Nachkriegszeit stammende staatliche Preisregulierung wird fast vollständig abgeschafft.

Deutschland. Aufrufe zur Solidarität mit den streikbereiten Metallarbeitern in den neuen Bundesländern und Hinweise auf die Bedeutung des Tarifkonflikts im Osten für die Tarifautonomie im ganzen Bundesgebiet stehen im Mittelpunkt der Demonstrationen zum Tag der Arbeit.

3. Deutschland. BJÖRN ENGHOLM tritt wegen einer 1987 vor dem Kieler Untersuchungsausschuß zur Barschelaffäre gemachten Falschaussage als SPD-Bundesvorsitzender und schleswig-holsteinischer Ministerpräsident zurück und verzichtet auf seine Kanzlerkandidatur.

Kirgisien. Die mittelasiatische Republik löst den Rubel durch eine eigene Währung, den Som, ab.

4. USA/Somalia. Nach fünf Monaten beenden die USA ihre Operation ›Restore Hope‹ in Somalia und übergeben der UNO das Kommando über die multinationalen Truppen. Diese haben, erstmals seit Gründung der UNO, das Mandat, über die Selbstverteidigung hinauszugehen und Milizen oder Banden zu entwaffnen.

Deutschland. Das Hamburgische Verfassungsgericht erklärt die Bürgerschaftswahl von 1991 wegen einer undemokratischen Kandidatenaufstellung bei der CDU für ungültig. Dadurch muß erstmals in der Bundesrepublik eine Landtagswahl aufgrund eines Gerichtsbeschlusses wiederholt werden.

Andorra. Die in einer Volksabstimmung am 14. März angenommene erste demokratische Verfassung des Landes tritt in Kraft.

Großbritannien/Ungarn. Königin Elisabeth II. trifft zu einem viertägigen Besuch in Budapest ein.

6. Bosnien-Herzegowina. Das selbstannante Parlament der bosnischen Serben lehnt den am 2. Mai von Serbenführer KARADŽIĆ unterzeichneten Vance-Owen-Friedensplan ab. KARADŽIĆ hatte seine Unterschrift unter Vorbehalt der Zustimmung des Parlaments geleistet.

Deutschland. Bundesverkehrsminister KRAUSE tritt nach mehreren Affären um angebliche ungerechtfertigte Bereicherung aus öffentlichen

Mitteln zurück und legt am 14. Mai auch sein Amt als CDU-Landesvorsitzender in Mecklenburg-Vorpommern nieder.

Peru. Ein Putschversuch der Militärs gegen Staatspräsident FUJIMORI scheitert.

Armenien/Aserbaidschan. Armenien lehnt den von Rußland, den USA und der Türkei vorgelegten Friedensplan zur Beendigung des Krieges um Bergkarabach ab.

Großbritannien. Bei Regionalwahlen und einer Unterhausnachwahl erleiden die regierenden Konservativen eine verheerende Niederlage; ihre parlamentarische Mehrheit reduziert sich auf 19 Sitze.

7. Deutschland/Polen. In Bonn wird ein Asylvertrag unterzeichnet, der Grundlage für Abschiebemöglichkeiten von Asylbewerbern in den östlichen Nachbarstaat ist.

Djibouti. Aus der ersten freien Präsidentenwahl geht der seit 1977 regierende Staatschef GOULED APTIDON als Sieger hervor. Die Opposition, die die Abstimmung zum Teil boykottiert hatte, spricht von Wahlbetrug.

8. Belgien. Der Übergang zu einem Bundesstaat wird rechtskräftig. Die Staatsreform sieht eine größere Autonomie für Flandern, Wallonien und die Region Brüssel vor.

4. Mai
Ihr erster Besuch in Osteuropa führt die britische Königin Elisabeth II. und Prinz Philip nach Budapest, wo sie von Staatspräsident Göncz (links) empfangen werden

9. Paraguay. Der für die Colorado-Partei angetretene JUAN CARLOS WASMOSY MONTI wird zum neuen Präsidenten des Landes gewählt.

Senegal. Aus den Parlamentswahlen gehen die regierenden Sozialisten mit großer Mehrheit als Sieger hervor. Am 15. Mai wird der Vizepräsident des Verfassungsgerichts, das die Rechtsgültigkeit der Wahlergebnisse überprüfen sollte, ermordet.

10. Kanada/Deutschland. Der scheidende Premierminister MULRONEY trifft bei seinem Abschiedsbesuch in Bonn Bundespräsident VON WEIZSÄCKER und Bundeskanzler KOHL.

11. UNO. Zum ersten Mal seit mehr als neun Jahren verhindert Rußland mit einem Veto eine Entscheidung des Weltsicherheitsrats – die Verlängerung des Mandats für die UNO-Truppen auf Zypern.

China/Deutschland. Außenminister QIAN QICHEN trifft zum Auftakt eines dreitägigen politischen Meinungsaustauschs in Bonn mit Außenminister KINKEL zusammen.

13. USA. Das offizielle Ende der Strategischen Verteidigungsinitiative (SDI), die im März 1983 angekündigt worden war, wird bekanntgegeben.

Frankreich. Die Nationalversammlung verabschiedet eine Reform des Staatsbürgerschaftsrechts, die die Einbürgerung von Ausländern einschränkt.

UNO. Aus finanziellen Gründen beginnen die Vereinten Nationen mit dem Abzug aller im Nordirak stationierten Mitarbeiter und Polizisten.

Deutschland. Mit der Annahme von Ausführungsgesetzen ratifiziert der Bundestag ein UNO-Drogenabkommen, mit dem der Kampf gegen die weltweite Drogenkriminalität verbessert und einheitlich organisiert werden soll.

Deutschland. Der Deutsche Städtetag wählt den Kölner Oberbürgermeister NORBERT BURGER als Nachfolger von MANFRED ROMMEL zum Präsidenten.

Deutschland. Im Bundeskabinett wird als Folge des Rücktritts von Verkehrsminister KRAUSE eine Umbildung vollzogen. Nachfolger KRAUSES wird Forschungsminister MATTHIAS WISSMANN, dessen bisheriges Ressort von dem ostdeutschen CDU-Abgeordneten PAUL KRÜGER übernommen wird.

Deutschland. Der Landtag von Niedersachsen verabschiedet bei nur einer Gegenstimme eine neue Landesverfassung, in der Volksentscheide zugelassen und Umweltschutz und Gleichberechtigung als Staatsziele angegeben werden. Sie tritt am 1. Juni 1993 in Kraft.

14. Europarat. Estland, Litauen und Slowenien werden als 27., 28. und 29. Mitglied aufgenommen. Makedonien bekommt den Status eines Sondergastes.

Internationale Walfangkommission. Die Organisation spricht sich auf ihrer Tagung in Kioto gegen eine Resolution aus, die Japan und Norwegen ab 1994 den gewerblichen Walfang wieder erlaubt hätte. Norwegen kündigt trotzdem die Freigabe der Jagd auf Zwergwale an.

Deutschland. Der Landtag von Mecklenburg-Vorpommern verabschiedet mit großer Mehrheit die neue Landesverfassung, die am 23. Mai vorläufig in Kraft tritt.

Deutschland. Die ersten 45 Soldaten eines Vorkommandos der Bundeswehr brechen zu einem militärisch abgesicherten humanitären UNO-Einsatz nach Somalia auf.

16. Türkei. SÜLEYMAN DEMIREL wird zum Nachfolger des im April verstorbenen Staatspräsidenten TURGUT ÖZAL gewählt.

Deutschland/Mölln-Prozeß. Vor dem schleswig-holsteinischen Oberlandesgericht in Schleswig beginnt der Prozeß gegen die beiden mutmaßlichen Brandstifter von Mölln. Sie sollen am 23. November 1992 ein Haus angezündet und damit den Tod von drei Türkinnen verschuldet haben, die in dem Haus verbrannten.

18. Dänemark. Die Bevölkerung spricht sich in der zweiten Volksabstimmung mit einer Mehrheit von

26. Mai
Durch eine Blockade des Bonner Regierungsviertels zu Wasser und zu Lande versuchen rund 10 000 Demonstranten, den Bundestagsabgeordneten die Teilnahme an der Debatte über eine Änderung des Asylrechts zu verwehren

56,8 % gegen 43,2 % für den Vertrag von Maastricht aus. Nach der Abstimmung kommt es in Kopenhagen zu den schwersten Krawallen der Nachkriegszeit.

19. Weißrußland. Als letzte der ehemaligen Sowjetrepubliken führt das Land das Präsidentenamt ein.
Deutschland. Die SPD-Politikerin und bisherige Finanzministerin HEIDE SIMONIS wird als Nachfolgerin des zurückgetretenen BJÖRN ENGHOLM im schleswig-holsteinischen Landtag zur ersten Ministerpräsidentin eines Bundeslandes gewählt.

20. Großbritannien. Das Unterhaus verabschiedet den Vertrag von Maastricht.
WEU. Die Westeuropäische Union schließt ein Abkommen mit Rumänien, Ungarn und Bulgarien zur Durchsetzung des UNO-Embargos gegen Serbien. Gemeinsam sollen Zollboote auf der Donau dessen Einhaltung überwachen.

27. Mai
Vor der Bundestagsdebatte über Solidarpakt und Nachtragshaushalt scherzt Bundeskanzler Kohl (rechts)

mit den Kabinettsmitgliedern Bötsch, Waigel, Rexrodt und Seiters (von links nach rechts)

21. Venezuela. Der unter Korruptionsverdacht stehende Präsident CARLOS ANDRÉS PÉREZ wird vom Senat seines Amtes enthoben.
Ägypten. Die Explosion einer Autobombe im Zentrum von Kairo fordert sieben Todesopfer. Die Behörden machen eine radikale Muslimgruppe für die Tat verantwortlich.

23. Kambodscha. Unter UNO-Aufsicht wird ein neues Parlament gewählt. Keine der 20 kandidierenden Parteien gewinnt eine ausreichende Mehrheit zur Regierungsbildung.
Deutschland/USA. Bundespräsident VON WEIZSÄCKER fliegt zu einem offiziellen Besuch in die USA, wo er am 25. Mai mit Präsident BILL CLINTON das neue Holocaust Memorial Museum in Washington besucht.

24. Eritrea. Die frühere äthiopische Provinz Eritrea wird offiziell unabhängig. Zum ersten Staatspräsidenten wird am 22. Mai ISSAIAS AFEWERKI gewählt.
Türkei. Bei einem von der Arbeiterpartei Kurdistans (PKK) verübten Anschlag sterben im Osten des Landes 35 Menschen.

25. Deutschland. Der Vorsitzende der IG Metall, FRANZ STEINKÜHLER, tritt wegen umstrittener Insider-Aktiengeschäfte zurück.
Deutschland. Ein dreiwöchiger Streik in der ostdeutschen Metall- und Stahlindustrie geht nach der Urabstimmung über die in Verhandlungen erzielten Ergebnisse zu Ende. Der Tarifkompromiß sieht eine stufenweise Angleichung der Löhne und Gehälter an das Westniveau bis zum 1. Juli 1996 vor. Für die Stahlarbeiter sollen die Einkommen schon am 1. April 1996 voll angeglichen sein.

26. Pakistan. Das Oberste Gericht erklärt die von Staatspräsident GULAM ISHAQ KHAN verfügte Entlassung von Ministerpräsident NAWAZ SHARIF für verfassungswidrig, worauf die Nationalversammlung und die Regierung wieder eingesetzt werden.
Deutschland. Der Bundestag stimmt dem zwischen den Regierungsparteien und der SPD erzielten Asylkompromiß zu, mit dem das Grundrecht auf Asyl eingeschränkt wird. Aus Protest gegen die Grundrechtsänderung riegeln über 10 000 Demonstranten stundenlang das Regierungsviertel in Bonn ab. Ein Teil der Abgeordneten muß per Schiff oder per Hubschrauber zur Abstimmung gebracht werden.

27. Großbritannien. Premierminister JOHN MAJOR bildet seine Regierung auf mehreren wichtigen Posten um. Zu den ausscheidenden Ministern zählt der umstrittene Schatzkanzler NORMAN LAMONT.
Italien. Vor einem Seitenflügel der Uffizien im historischen Zentrum von Florenz explodiert eine

Autobombe. Fünf Menschen werden getötet, 29 verletzt. Es entsteht erheblicher Sachschaden an den Gebäuden Kunstwerken und Dokumenten.

Deutschland. Die Bonner Koalitionsfraktionen einigen sich auf die Einführung einer Pflegeversicherung in zwei Stufen bis 1996. Finanziert werden soll sie zu gleichen Teilen von Arbeitgebern und Arbeitnehmern. Die zur Entlastung der Unternehmen vorgesehenen zwei Karenztage je Krankheitsfall (maximal sechs pro Jahr) stoßen auf entschiedenen Widerstand bei Gewerkschaften und SPD.

Deutschland. Der Bundestag stimmt mit großer Mehrheit dem Solidarpaktgesetz zu und verabschiedet das Föderale Konsolidierungsprogramm. Die SPD lehnt nur einige Sozialkürzungen ab.

28. Polen. Auf Antrag der Gewerkschaft Solidarität spricht der Sejm der Regierung von HANNA SUCHOCKA das Mißtrauen aus. Staatspräsident WAŁĘSA beauftragt die Regierung mit der Weiterführung ihrer Geschäfte bis zu den Neuwahlen im Herbst und löst am 31. Mai das Parlament auf.

UNO. Monaco und Eritrea werden in die Vereinten Nationen aufgenommen, die damit 183 Mitglieder zählt.

Deutschland. Das Bundesverfassungsgericht korrigiert in einem Urteil das im Juli 1992 reformierte Abtreibungsrecht in wesentlichen Teilen, bestätigt aber den Wechsel vom Indikationsmodell zur Fristenregelung mit Beratungspflicht. Vom 16. Juni an gilt bis zum Inkrafttreten eines neuen Gesetzes eine Übergangsregelung.

Deutschland. Der bisherige bayerische Innenminister EDMUND STOIBER wird vom Landtag zum neuen Ministerpräsidenten des Freistaats gewählt. Sein Vorgänger MAX STREIBL war am 27. Mai unter anderem aufgrund der sogenannten Amigo-Affäre zurückgetreten.

29. Deutschland/Solingen. Bei einem Brandanschlag verbrennen fünf türkische Frauen und Mädchen in ihrem Haus. Als mutmaßliche Täter werden ein 16jähriger aus der Nachbarschaft und drei seiner Bekannten festgenommen. In Solingen und anderen Städten kommt es bei Protestdemonstrationen gegen Rechtsextremismus zu gewalttätigen Ausschreitungen.

JUNI

1. Deutschland/Frankreich. Ein zweitägiger Gipfel beginnt in Beaune in Burgund. Bundeskanzler KOHL und Staatspräsident MITTERRAND sprechen sich dabei für eine schnelle Rußlandhilfe und Sicherheitszonen in Bosnien-Herzegowina aus.

Guatemala. Staatspräsident SERRANO, der am 25. Mai durch die Auflösung des Parlaments einen Staatsstreich verübt hatte, tritt zurück. Die danach entstandene Krise geht am 5. Juni mit der Wahl des bisherigen Menschenrechtsbeauftragten RAMIRO DE LEÓN CARPIO zum neuen Präsidenten zu Ende.

1. Juni
Bundeskanzler Kohl (links) und der französische Staatspräsident Mitterrand betonen zum Abschluß der deutsch-französischen
Regierungskonsultationen in Beaune, daß sie auf einer uneingeschränkten Umsetzung des Vance-Owen-Plans beharren

Jugoslawien. Das Parlament setzt den als gemäßigt geltenden Staatspräsidenten DOBRICA ĆOSIĆ ab. Zu seinem Nachfolger wird am 25. Juni der bisherige Parlamentspräsident ZORAN LILIĆ gewählt.

Burundi. Bei der ersten freien Präsidentenwahl siegt der Oppositionsführer MELCHIOR NDADAYE als erster Angehöriger des Stammes der Hutu, dem 85 % der Bevölkerung angehören. Auch bei der Parlamentswahl am 29. Juni setzt sich die Opposition durch.

3. Deutschland. Bei Trauerfeiern in Köln und Solingen gedenken Tausende von Türken und Deutschen der fünf Opfer des Solinger Brandanschlags vom 29. Mai.

29. Mai
Nach den Morden von Solingen gedenken türkische Staatsangehörige mit einem Mahnfeuer der fünf Opfer

In der Kölner Moschee plädiert Bundespräsident VON WEIZSÄCKER für mehr Rechte für die seit langem in Deutschland lebenden Ausländer. An der Beisetzung der Toten am 4. Juni in der Türkei nehmen unter anderen Bundesaußenminister KINKEL und der türkische Staatspräsident SÜLEYMAN DEMIREL teil.
UNO. In seiner Resolution 836 beschließt der Weltsicherheitsrat die Einrichtung von Sicherheitszonen in Bosnien-Herzegowina, die von weiteren 7 500 UNO-Soldaten bewacht werden sollen.
Deutschland. Auf der Bundestagung der Christlich-Demokratischen Arbeitnehmerschaft in Chemnitz setzt sich bei der Wahl des Vorsitzenden der Arbeitsminister von Sachsen-Anhalt, WERNER SCHREIBER, mit knapper Mehrheit gegen den bisherigen Amtsinhaber ULF FINK durch.

5. Somalia/UNO. 23 pakistanische Blauhelme werden von Kämpfern des Klanchefs MOHAMED FARAH AIDID ermordet. Die UNO-Truppe reagiert mit einem Vergeltungsschlag auf die Kommandozentrale und Waffenlager von AIDID. Etwa 75 UNO-Soldaten und Somalier kommen dabei ums Leben.
Lettland. Bei den ersten Parlamentswahlen seit der Unabhängigkeit von der Sowjetunion 1991 erringt die nationalkonservative Partei des Lettischen Weges mit 32,3 % einen klaren Sieg.
Deutschland. In Garmisch-Partenkirchen wird in Anwesenheit der Verteidigungsminister Deutschlands, der USA und mehrerer Staaten Osteuropas das George-C.-Marshall-Zentrum für strategische Studien eingeweiht.
Rußland. Der Präsident der Tschetschenischen Republik, DUDAJEW, verhindert mit seinen Truppen ein Referendum, mit dem ihn die Opposition stürzen wollte. Das Parlament setzt ihn daraufhin ab, doch DUDAJEW bringt mit einer Reihe von Erlassen die Situation unter seine Kontrolle.

6. Spanien. Aus den vorgezogenen Parlamentswahlen gehen die regierenden Sozialisten mit 38,7 % der Stimmen als Sieger hervor, verlieren jedoch ihre bisherige absolute Mehrheit der Mandate.
Bolivien. Bei den Parlamentswahlen setzt sich die der Mitte zuzurechnende oppositionelle Nationalistische Revolutionsbewegung (MNR) mit rund 34 % der Stimmen durch.

5. Juni
Nach einem nächtlichen Luftangriff durch amerikanische Kampfflugzeuge der UNO-Streitkräfte auf Stellungen des Rebellengenerals Aidid in Mogadischu versuchen Somalier, die dabei ausgebrochenen Brände zu löschen

Liberia. In einem Flüchtlingslager werden mehr als 400 Menschen, überwiegend Frauen und Kinder, wahrscheinlich von Rebellen der National-patriotischen Front (NPFL) ermordet, mehr als 700 werden verletzt.

8. NATO/WEU. Die beiden Organisationen unterstellen ihre Schiffe in der Adria zur Überwachung des Embargos gegen Rest-Jugoslawien einem gemeinsamen Kommando.
Österreich/Israel. Bundeskanzler FRANZ VRANITZKY reist als erster Regierungschef seines Landes zu einem offiziellen Besuch nach Jerusalem.

9. Juni
Beim 25. Evangelischen Kirchentag in München feiern Christen beider Konfessionen, symbolisch verbunden durch weiß-gelbe und weiß-violette Bänder, einen Gottesdienst auf dem Marienplatz

9. Japan. Kronprinz NARUHITO heiratet die Diplomatin MASAKO OWADA.

Deutschland/Evangelische Kirchen. Unter dem Motto ›Nehmet einander an‹ beginnt in München der 25. Evangelische Kirchentag, an dem bis zum 13. Juni etwa 125 000 Gläubige teilnehmen.

10. USA. Präsident BILL CLINTON wirbt im Kongreß für seinen Haushalts- und Wirtschaftsplan, mit dem er das riesige Budgetdefizit abbauen will.

11. Deutschland. Bundesaußenminister KLAUS KINKEL wird in Münster auf einem Bundesparteitag der FDP mit 545 von 619 Stimmen zum neuen Parteivorsitzenden gewählt. Der scheidende Parteichef GRAF LAMBSDORFF wird Ehrenvorsitzender. Neuer Generalsekretär wird WERNER HOYER.

12. Nigeria. Bei der bereits im Vorfeld umstrittenen Präsidentenwahl, die die fast zehnjährige Militärdiktatur beenden soll, zeichnet sich ein Wahlsieg des sozialdemokratischen Kandidaten MOSHOOD ABIOLA ab. Daraufhin annulliert die Militärregierung am 23. Juni die Wahlergebnisse und kündigt Neuwahlen an.

Katholische Kirche/Spanien. Papst JOHANNES PAUL II. trifft auf seiner 59. Auslandsreise zu einem sechstägigen Besuch in Spanien ein, wo er am 45. Internationalen Eucharistischen Kongreß teilnimmt.

13. Türkei. Die Professorin der Wirtschaftswissenschaften TANSU ÇILLER wird zur neuen Vorsitzenden der konservativen Partei des richtigen Weges (DYP) und damit zur ersten Ministerpräsidentin ihres Landes gewählt.

Kanada. Die regierende Progressiv-Konservative Partei wählt die bisherige Verteidigungsministerin KIM CAMPBELL zur Nachfolgerin des scheidenden Parteiführers und Premierministers BRIAN MULRONEY.

14. UNO/Österreich. In Wien beginnt die 2. UNO-Menschenrechtskonferenz, während der sich gravierende Meinungsunterschiede zwischen Vertretern von 171 Regierungen und rund 2 000 unabhängigen Menschenrechtsorganisationen zeigen.

Kambodscha. Die neugewählte Verfassunggebende Versammlung setzt Prinz NORODOM SIHANOUK als Staatsoberhaupt ein und erklärt seine Absetzung durch den Militärputsch im Jahr 1970 für ungültig.

Bergkarabach. Nach dem Rücktritt von Parlamentspräsident TER-PETROSSJAN stimmt die Führung der in Aserbaidschan liegenden Enklave dem von Armenien und Aserbaidschan bereits akzeptierten internationalen Friedensplan für die Region zu. Die Kämpfe gehen trotzdem im Laufe des Monats mit unverminderter Heftigkeit weiter.

Malawi. In einer Volksabstimmung spricht sich die Mehrheit der Bürger für die Einführung eines Mehrparteiensystems aus.

15. Kuba. Die letzten 300 auf der Karibikinsel stationierten Soldaten der ehemaligen Sowjetunion werden offiziell verabschiedet.

Polen. Die Regierung billigt den im Mai mit Deutschland geschlossenen Asylvertrag, demzufolge Polen illegal über polnisches Gebiet nach Deutschland gekommene Asylbewerber zurücknehmen muß.

KSZE. Der deutsche Diplomat WILHELM HÖYNCK tritt das neugeschaffene Amt eines Generalsekretärs der Konferenz über Sicherheit und Zusammenarbeit in Europa an.

16. Deutschland. Die vom Bundesverfassungsgericht am 28. Mai verfügte Übergangsregelung im Abtreibungsrecht tritt in Kraft und gilt damit in ganz Deutschland. Proteste werden vor allem in Ostdeutschland laut, wo bislang Schwangerschaftsabbrüche in den ersten drei Monaten erlaubt waren und bezahlt wurden.

Deutschland. In ihrer ersten Regierungserklärung fordert die schleswig-holsteinische Ministerpräsidentin HEIDE SIMONIS, daß alle Beamten eine Stunde pro Woche länger arbeiten sollen. Protest dagegen kommt vor allem von Gewerkschaften und aus der eigenen Partei, Zustimmung unter anderem von ihrem bayerischen Amtskollegen STOIBER.

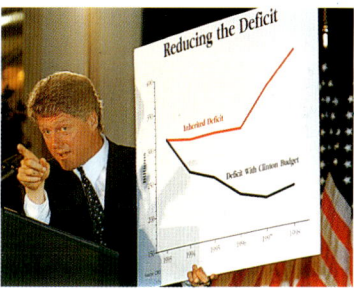

10. Juni
Der amerikanische Präsident Clinton präsentiert eine Grafik, die u. a. zeigt, wie sich das Budgetdefizit mit seinem Haushalts- und Wirtschaftsplan verringern soll

17. Bosnien-Herzegowina. Der Friedensplan der Vermittler Lord OWEN und CYRUS VANCE wird in Genf offiziell für gescheitert erklärt.

Rußland/Ukraine. Die Präsidenten JELZIN und KRAWTSCHUK beschließen die Aufteilung der Schwarzmeerflotte in zwei Hälften. Das russische Parlament spricht sich am 9. Juli dagegen aus.

Deutschland. An der zentralen Gedenkfeier zum 40. Jahrestag des Volksaufstands in der DDR nehmen im Berliner Reichstag Bundeskanzler KOHL und die Ministerpräsidenten der 16 Bundesländer teil. Politiker aller Parteien rufen dazu auf, auf dem Weg zur inneren Einheit Geduld zu üben und die Unterschiede in der Geschichte beider Teile Deutschlands zu achten.

Südafrika. Das Parlament spricht sich mit großer Mehrheit für die Wiederaufnahme von Hinrichtungen aus, die 1990 durch ein Moratorium gestoppt worden waren.

18. Japan. Ministerpräsident KIICHI MIYAZAWA löst das Parlament auf, das ihm zuvor das Mißtrauen ausgesprochen hatte.

Angola. Nach neuen militärischen Erfolgen der ehemaligen Guerillaorganisation UNITA, die 80 % des Landes unter ihrer Kontrolle hat, beschließt das Parlament die Generalmobilmachung.

Ägypten. Bei Razzien in allen Landesteilen werden Hunderte von muslimischen Fundamentalisten festgenommen, bei blutigen Zusammenstößen werden mehrere Menschen getötet. Dem vorausgegangen waren Bombenexplosionen in Kairo und auf der Straße nach Giseh.

Aserbaidschan. Unter dem Druck einer Militärrebellion flüchtet Staatschef ELTSCHIBEJ in die Exklave Nachitschewan. Der ehemalige Chef der Kommunistischen Partei des Landes, GAIDAR ALIJEW, übernimmt daraufhin die Staatsführung, Rebellenführer Oberst SURAT GUSSEJNOW wird am 30. Juni zum Regierungschef gewählt.

Deutschland. Der Staatssekretär im Bundesinnenministerium JOHANNES VÖCKING wird bis zum Abschluß eines gegen ihn wegen Verletzung des Dienstgeheimnisses eingeleiteten Ermittlungsverfahrens in den einstweiligen Ruhestand versetzt. Er hatte Unterlagen über einen angeblichen Spion im Umfeld des früheren SPD-Vorsitzenden ENGHOLM an eine Journalistin weitergegeben.

19. Kroatien. 98 % der Serben in der Krajina stimmen in einem zweitägigen Referendum für die Unabhängigkeit ihrer selbsterklärten Republik und den Zusammenschluß mit den Serben in Bosnien-Herzegowina und Serbien.

20. Italien. Im zweiten Gang der Kommunal- und Bürgermeisterwahlen (der erste fand am 6. Juni statt) wird die aus der Kommunistischen Partei hervorgegangene Demokratische Partei der Linken (PDS) Siegerin, gefolgt von der rechtsgerichteten Protestpartei Lega Nord.

20. Juni
Der Eurostar-Testzug erreicht nach der ersten Fahrt durch den Kanaltunnel Folkstone in England

Frankreich/Großbritannien. Die erste Fahrt eines Zuges durch den Kanaltunnel verläuft erfolgreich. Von zwei Lokomotiven gezogen, braucht der Eurostar-Testzug für die Strecke von Calais nach Folkestone rund zwei Stunden. Nach der Inbetriebnahme des Kanaltunnels, die für den 7. März 1994 vorgesehen ist, sollen die Züge nur noch rund 30 Minuten für die Strecke benötigen.

21. Europäische Gemeinschaften. Die Staats- und Regierungschefs kommen zu einem zweitägigen Gipfeltreffen in Kopenhagen zusammen. Im Mittelpunkt stehen der Bürgerkrieg im früheren Jugoslawien und die Wirtschaftskrise in Europa.

22. Bosnien-Herzegowina. Das kollektive Präsidium entmachtet den bisherigen Staatschef IZETBEGOVIĆ und bestellt den bosnischen Kroaten FRANJO BORAS zum Interimspräsidenten. Das Gremium reagiert damit auf IZETBEGOVIĆS Weigerung, an weiteren Verhandlungen über die Zukunft Bosniens in Genf teilzunehmen.

23. Deutschland. Das Bundesverfassungsgericht entscheidet im Eilverfahren, die Entsendung von Soldaten nach Somalia vorläufig zuzulassen, verlangt aber eine förmliche Zustimmung des Bundestages zu dem Einsatz.

Deutschland. Das Bundeskabinett beschließt ungeachtet heftiger Proteste von Gewerkschaften und Wirtschaft ein Gesetzespaket zur Einführung einer Pflegeversicherung und von Karenztagen bei der Lohnfortzahlung zur Finanzierung dieser Versicherung.

24. Österreich. Im Prozeß wegen illegaler Waffenlieferungen an Iran werden Altbundeskanzler FRED SINOWATZ, der ehemalige Innenminister KARL BLECHA und der ehemalige Außenminister LEOPOLD GRATZ freigesprochen.

Kurden/PKK. Im türkischen Generalkonsulat in München nehmen 13 Kurden 23 Geiseln. Die Extremisten, die mit ihrer Aktion gegen die Kurdenpolitik der türkischen Regierung protestieren wollen, fordern eine Fernsehansprache des Bundeskanzlers zu diesem Thema. Nach Verhandlungen mit dem Staatsminister im Bundeskanzleramt, SCHMIDBAUER, ergeben sie sich nach 14 Stunden widerstandslos der Polizei. Auch in anderen europäischen Städten werden türkische Einrichtungen angegriffen. Im Rahmen einer europaweiten ›Sommeraktion‹ finden zum Teil von Krawallen begleitete Kurdendemonstrationen statt.

25. Deutschland. Der rheinland-pfälzische Ministerpäsident RUDOLF SCHARPING wird auf einem Sonderparteitag in Essen mit 362 von 461 Stimmen zum neuen SPD-Bundesvorsitzenden gewählt. Der Nachfolger BJÖRN ENGHOLMS nennt als Kernstück eines künftigen SPD-Regierungsprogramms die Modernisierung des Sozialstaats. Der Wahl vorangegangen war am 13. Juni eine Mitgliederbefragung, deren Sieger bei einer unerwartet hohen Wahlbeteiligung von 56,6 % SCHARPING gewesen war.

Marokko. Aus der Parlamentswahl gehen die linken und nationalistischen Oppositionsparteien als deutliche Sieger hervor.

Südafrika. Etwa 400 rechtsradikale Buren stürmen in Johannesburg das Gebäude, in dem die Mehrparteienverhandlungen über die Errichtung eines demokratischen Systems stattfinden.

27. Deutschland/Bad Kleinen. Bei einem Schußwechsel werden der mutmaßliche RAF-Terrorist WOLFGANG GRAMS und ein Beamter der BGS-Sondereinheit GSG 9 getötet. Die seit Jahren gesuchte vermutliche Terroristin BIRGIT HOGEFELD wird festgenommen. Die von Pannen begleitete Festnahmeaktion löst eine innenpolitische Krise aus, in deren Gefolge Generalbundesanwalt VON STAHL in den Ruhestand versetzt wird und Bundesinnenminister SEITERS zurücktritt.

USA/Irak. Als Vergeltung für ein geplantes Attentat auf den ehemaligen Präsidenten GEORGE BUSH bombardiert die amerikanische Luftwaffe die Zentrale des irakischen Geheimdienstes in Bagdad. Zwei Raketen treffen auch zivile Ziele.

Türkei. Bei drei Bombenanschlägen werden im Urlaubszentrum Antalya 23 Menschen verletzt, überwiegend Touristen. Die verbotene Kurdische Arbeiterpartei (PKK) weist jede Verantwortung von sich.

29. Deutschland. Nach dem Abschluß umfangreicher Beratungen stellt die Koalition ein

25-Milliarden-DM-Sparpaket für den Bundeshaushalt 1994 vor, das von SPD und Gewerkschaften als unsozial abgelehnt wird.

30. UNO. Der Weltsicherheitsrat lehnt die von den blockfreien Ländern geforderte Aufhebung des Waffenembargos gegen Bosnien-Herzegowina ab und verlängert das Mandat für die UNO-Truppen bis Ende September.
Europarat. Die Slowakische und die Tschechische Republik werden als 30. und 31. Mitglied in den Rat aufgenommen.
Belize. Aus den Parlamentswahlen geht die oppositionelle Demokratische Partei überraschend als Siegerin hervor.
Deutschland. Der Bundestag beschließt mit Koalitionsmehrheit den Bundesverkehrswegeplan, der bis 2012 den Ausbau des Schienen-, Autobahn- und Fernstraßennetzes mit Investitionen von mehr als 450 Milliarden DM vorsieht.
Deutschland. Die Bundestagsfraktionen von CDU/CSU, SPD und FDP stimmen der Postreform und damit der geplanten Privatisierung von Telekom, Postdienst und Postbank grundsätzlich zu.

JULI

1. Deutschland. Das neue umstrittene Asylrecht, das den Zugang zum Asylverfahren erschwert und Abschiebungen schon an der Grenze erleichtert, tritt in Kraft.
Deutschland. Das vor allem wegen der deutschen Einheit notwendig gewordene neue fünfstellige Postleitzahlensystem wird gültig.
Deutschland. Der Beauftragte der Bundesregierung für die Dateien und Unterlagen des ehemaligen Ministeriums für Staatssicherheit der DDR, JOACHIM GAUCK, legt den ersten Tätigkeitsbericht seiner Behörde nach zweieinhalbjähriger Auswertung der Stasi-Akten vor. Nach seinen Angaben wurden inzwischen von den rund 1,2 Millionen Anträgen auf Überprüfung etwa die Hälfte erledigt.
Deutschland. Der am 18. Juni vom Bundestag gewählte neue Datenschutzbeauftragte des Bundes, JOACHIM JAKOB, übernimmt offiziell die Amtsgeschäfte von seinem Vorgänger ALFRED EINWAG.

1. Juli
Pakistanische UNO-Soldaten beten bei einer Trauerfeier in Mogadischu für ihre zwei Kameraden, die am

28. Juni bei Kämpfen mit bewaffneten Somaliern getötet worden waren

Deutschland. Der Bundestag verabschiedet das Fördergesetz für ein freiwilliges ökologisches Jahr, nach dem die Teilnehmer ab 1. September den Absolventen des freiwilligen sozialen Jahres gleichgestellt werden.
Deutschland. Aus Protest gegen die geplante Schließung ihres Werks beginnen 40 Bergleute eines seit dem 7. April besetzt gehaltenen Kalibergwerks im thüringischen Bischofferode einen Hungerstreik.
Somalia. In Mogadischu wird eine Trauerfeier für die am 28. Juni bei Kämpfen mit bewaffneten Anhängern von Klanchef AIDID getöteten pakistanischen UNO-Soldaten abgehalten.
Aserbaidschan/Bergkarabach. Angesichts der sich verschärfenden Kämpfe ordnet der aserbaidschanische Staatspräsident ALIJEW eine allgemeine Mobilmachung an.
Europäische Gemeinschaften. Belgien übernimmt turnusgemäß die Präsidentschaft der EG.

2. Ukraine. Die ehemalige Sowjetrepublik erklärt sich vorübergehend zur Atommacht, will jedoch atomwaffenfrei werden. Auf ukrainischem Boden lagert das drittgrößte Atomwaffenpotential der Welt.
Türkei. In der Stadt Sivas setzen muslimische Fundamentalisten ein Hotel in Brand, in dem sich

2. Juli
Nach dem Brandanschlag von islamischen Fundamentalisten in Sivas: 30 000 Menschen begleiten in Ankara die Särge von Todesopfern

7. Juli
Bundespräsident Richard von
Weizsäcker (rechts) überreicht Rudolf
Seiters (links), der in der Folge des
Anti-Terror-Einsatzes von Bad Kleinen

zurückgetreten war, die
Entlassungsurkunde. Zuvor war
Manfred Kanther zum neuen
Bundesinnenminister ernannt worden

Intellektuelle zu einem Kulturfestival versammelt
haben. 36 Menschen kommen ums Leben.
Anlaß für den Anschlag war die Veröffentlichung
von Auszügen aus den ›Satanischen Versen‹ von
SALMAN RUSHDIE.
Deutschland. Der Bundestag billigt entsprechend einer
Forderung des Bundesverfassungsgerichts mit 336
gegen 184 Stimmen bei 14 Enthaltungen den vor allem
von der SPD abgelehnten Einsatz der Bundeswehr in
Somalia. Am 21. Juli fliegt der erste Teil des
Hauptkontingents ab. Bis Monatsende sind über 800
der vorgesehenen 1700 Soldaten in Belet Weyne
(Belet Uen).

3. Haiti. Nach langwierigen Verhandlungen und unter
dem Druck des Weltsicherheitsrats und der
Organisation Amerikanischer Staaten (OAS)
unterzeichnen der haitianische Militärmachthaber
CÉDRAS und der rechtmäßige, im Exil in den USA
lebende Präsident ARISTIDE in New York ein
Abkommen zur Abschaffung des Militärregimes.
Danach soll der 1991 gestürzte ARISTIDE am
30. Oktober 1993 an die Macht zurückkehren.

4. Deutschland. Bundesinnenminister RUDOLF SEITERS
übernimmt die politische Verantwortung für Pannen
bei der Festnahmeaktion im mecklenburgischen Bad
Kleinen, bei der am 27. Juni der mutmaßliche
RAF-Terrorist WOLFGANG GRAMS und der
GSG-9-Beamte MICHAEL NEWRZELLA ums Leben
kamen, und tritt zurück. Generalbundesanwalt
ALEXANDER VON STAHL, an dessen Amtsführung
zunehmend Kritik laut wurde, wird am 7. Juli in den
einstweiligen Ruhestand versetzt.

6. Georgien. Präsident SCHEWARDNADSE, dem das
Parlament am 2. Juli Sondervollmachten eingeräumt
hatte, verhängt das Kriegsrecht über die um
Unabhängigkeit kämpfende Region Abchasien,
in der bewaffnete Konflikte Hunderte von
Menschenleben fordern.

7. Japan/G 7. In Tokio beginnt der 18. Wirtschaftsgipfel
der sieben führenden Industrienationen, zu dem auch
der russische Präsident BORIS JELZIN stößt.
Lettland. Der Kandidat der Bauernunion, GUNTIS
ULMANIS, wird zum neuen Staatspräsidenten gewählt.

Am gleichen Tag wird VAUDIS BIRKAVS als neuer
Regierungschef vereidigt.
Deutschland. Der neue Bundesinnenminister
MANFRED KANTHER erhält seine Ernennungsurkunde
und übernimmt damit offiziell die Amtsgeschäfte.
Seine Vereidigung erfolgt am 12. Juli in einer
Sondersitzung des Bundestags.

8. Deutschland/Finnland. Bundespräsident VON
WEIZSÄCKER trifft bei seinem Besuch in Helsinki mit
Staatspräsident KOIVISTO zusammen. Beide Politiker
äußern sich besorgt über die Spannungen zwischen
Rußland und Estland, wohin VON WEIZSÄCKER
anschließend zu einem Staatsbesuch reist.

9. Spanien. Ministerpräsident FELIPE GONZÁLEZ
MÁRQUEZ wird zum vierten Mal im Amt bestätigt. Am
13. Juli stellt er sein Kabinett vor, das sich jedoch nur
auf eine Minderheit im Parlament stützen kann, da die
nationalistischen Regionalparteien eine Koalition
ablehnen.
Jugoslawien. Der schwerkranke serbische
Oppositionsführer VUK DRASKOVIĆ und seine Frau
DANICA werden unter politischem Druck aus dem
In- und Ausland freigelassen.

10. Deutschland/Rußland. Bundeskanzler KOHL und
Präsident JELZIN kommen im Anschluß an den
Weltwirtschaftsgipfel in Tokio am Baikalsee in
Sibirien zu einem Arbeitstreffen zusammen. Themen
sind unter anderem die von Bonn unterstützte
Einbindung Rußlands in den Welthandel, der Abbau
von Handelsschranken zwischen Rußland und den
EG und der Abzug der russischen Truppen aus
Deutschland.
Algerien. Nach Kämpfen mit muslimischen
Extremisten, die mehr als 40 Menschenleben gefordert
haben, werden ein neuer Verteidigungsminister und
ein neuer Stabschef ernannt.
Djibouti. Die Regierung gibt einen vernichtenden
Schlag gegen Rebellen vom Stamm der Afar bekannt.

9. Juli
Der serbische
Oppositionsführer Vuk
Drasković nach seiner
Freilassung mit Frau Danica
(15. Juli)

12. Somalia. UNO-Truppen greifen mit
Kampfhubschraubern die Kommandozentrale des von
ihnen gesuchten Milizchefs AIDID an und töten dabei
bis zu hundert Somalier.
Bosnien-Herzegowina/UNO. Der Oberkomman-
dierende der Blauhelme in Bosnien, der französische
General PHILIPPE MORILLON, wird von dem Belgier
FRANCIS BRIQUEMONT abgelöst.

Japan. Das schwerste Erdbeben seit 45 Jahren fordert mehr als 250 Menschenleben und verursacht hohe Sachschäden.

Deutschland. Das SPD-Präsidium stimmt der vom Parteivorsitzenden SCHARPING vorgeschlagenen Berufung von GÜNTER VERHEUGEN zum künftigen SPD-Bundesgeschäftsführer zu.

13. **Deutschland.** Das Bundeskabinett beschließt den Haushaltsentwurf 1994 und die mittelfristige Finanzplanung bis 1997. Darin enthalten ist ein Sparpaket, das den Haushalt 1994 um 21 Milliarden DM entlasten und die Neuverschuldung auf 67 Milliarden DM begrenzen soll. Die Ausgaben steigen um 4,4 % auf 478,4 Milliarden DM.

14. **Türkei/Kurden.** Das Verfassungsgericht löst die prokurdische Arbeiterpartei des Volkes (HEP) auf. Zeitungsberichten zufolge führt die Armee mit äußerster Härte Zwangsevakuierungen von Kurdendörfern durch. Bei Kämpfen gegen kurdische Rebellen werden im Laufe des Monats mehr als 200 Menschen getötet.

    Rußland/Deutschland. Ministerpräsident TSCHERNOMYRDIN besucht Bonn, Köln und Berlin. Er trifft mit führenden Politikern und Vertretern der Wirtschaft zusammen.

17. **Kroatien.** Die Regierung unterzeichnet ein Abkommen mit der serbischen Minderheit im Land, nach dem die strategisch wichtige Maslenica-Brücke und der Zadar-Flughafen wieder geöffnet werden. Im Gegenzug sollen sich die kroatischen Truppen aus den von den Serben beanspruchten Gebieten im dalmatinischen Hinterland zurückziehen.

18. **Japan.** Bei den Parlamentswahlen verlieren die Liberaldemokraten (LDP) nach 38 Jahren ihre absolute Mehrheit im Unterhaus.

19. **Deutschland.** Gegen den am 18. Juli festgenommenen ehemaligen DDR-Unterhändler WOLFGANG VOGEL und seine Frau HELGA wird Haftbefehl wegen Verdachts des Meineids und der Steuerhinterziehung erlassen. Zuvor war gegen VOGEL bereits Anklage wegen Erpressung von ausreisewilligen DDR-Bürgern erhoben worden.

20. **Europäische Gemeinschaften.** Die Außenminister verabschieden in Brüssel eine Neuaufteilung des Strukturfonds für die ärmsten Regionen Europas. Dadurch können deutsche Bundesländer mit Regionalhilfe in Höhe von 27 Milliarden DM in den nächsten sechs Jahren rechnen.

22. **Deutschland.** Während eines Besuchs beim Bundesgrenzschutz stellt sich Bundeskanzler KOHL demonstrativ hinter die seit der Festnahmeaktion vom 27. Juni in Bad Kleinen ins Gerede gekommene Sondereinheit GSG 9 und spricht ihr das Vertrauen aus.

    Deutschland. Die Hamburgische Bürgerschaft löst sich durch Beschluß selbst auf und macht damit den Weg frei zu vorzeitigen Neuwahlen. Die letzte Bürgerschaftswahl von 1991 war vom Hamburgischen Verfassungsgericht im Mai wegen undemokratischer Kandidatenaufstellung bei der CDU annulliert worden.

23. **Großbritannien.** Premierminister MAJOR gewinnt im Unterhaus eine Abstimmung über den Vertrag von Maastricht, die er nach einer Abstimmungsniederlage am Vortag mit der Vertrauensfrage verbunden hat.

Brasilien. Eine Serie von Morden an Straßenkindern, die seit Jahresbeginn mindestens 328 Opfer gefordert hatte, erreicht mit dem Massaker an acht obdachlosen Kindern in Rio de Janeiro einen Höhepunkt und löst weltweite Empörung aus. Gegen die mutmaßlichen Täter, drei Polizisten, werden Haftbefehle erlassen.

Rußland. Die Zentralbank verkündet überraschend eine Geldreform. Nach massiven Protesten unterzeichnet Präsident JELZIN einen Erlaß zur Verlängerung der Umtauschfristen und Erhöhung der zu tauschenden Beträge. Die Reform leitet einen Zerfall der Rubelzone ein, der noch zehn weitere Staaten angehören.

18. Juli
Kiichi Miyazawa, Parteiführer der japanischen Liberaldemokraten, verfolgt am Wahltag die schlechten Ergebnisse seiner Partei

25. **Israel/Libanon.** Als Antwort auf gegen Israel gerichtete Anschläge bombardiert die israelische Luftwaffe Stellungen der Hizbollah und der Palästinenser im Süden, Norden und Westen des Libanon. Die ›Operation Abrechnung‹ fordert bis zur Einstellung der Angriffe am 31. Juli rund 150 Menschenleben; rund 300 000 Menschen sind auf der Flucht.

    Südafrika. Mit einem Massaker in einer Kirche in Kapstadt, bei dem elf Menschen getötet und 53 verletzt werden, eskaliert die Welle der Gewalt, die das Land seit Wochen erschüttert. Bei Zusammenstößen zwischen rivalisierenden Schwarzenbewegungen sterben im Laufe des Monats rund 700 Menschen.

    Liberia. Beim Treffen der Westafrikanischen Wirtschaftsgemeinschaft (ECOWAS) in Benin unterzeichnen die liberianischen Bürgerkriegsparteien ein Friedensabkommen, das dem mehr als dreijährigen, mit äußerster Brutalität geführten Krieg ein Ende setzen soll. In dieser Zeit waren mehr als 150 000 Menschen getötet worden.

27. **Italien.** Bei einer Serie von Bombenexplosionen in Mailand und Rom sterben fünf Menschen, 30 erleiden Verletzungen.

28. **Andorra.** Das Fürstentum wird als 184. Mitglied in die UNO aufgenommen.

29. **Israel.** Das Oberste Gericht hebt das Todesurteil, das 1988 gegen den Ukrainer IWAN DEMJANJUK wegen Verbrechen gegen die Menschlichkeit verhängt worden war, aufgrund mangelnder Beweise auf.

30. **Bosnien-Herzegowina.** Vertreter der drei Bürgerkriegsparteien einigen sich in Genf über die

künftige Verfassung, nach der das Land eine Union von drei Republiken sein soll.

31. Belgien. König BAUDOUIN I. stirbt an einem Herzstillstand. Nachfolger ist sein Bruder, der als ALBERT II. sechster König der Belgier wird.
USA. Wochenlange Regenfälle verursachen im Mittleren Westen die schwerste Flutkatastrophe dieses Jahrhunderts. Der Mississippi und seine Zuläufe überschwemmen seit Monatsbeginn das umliegende Land. Sachschäden in Milliardenhöhe, Tote und Verletzte sind die Bilanz. In sieben der neun betroffenen Bundesstaaten mußte der Notstand ausgerufen werden.

AUGUST

1. Großbritannien. Nach langem innenpolitischem Tauziehen wird der Vertrag von Maastricht ratifiziert. Damit haben alle EG-Länder mit Ausnahme Deutschlands den Vertrag ratifiziert.
Deutschland. Rund 10 000 Menschen demonstrieren beim Aktionstag der Kalibergleute in Bischofferode gegen die Schließung der Grube in Nordthüringen, die im Zusammenhang mit der Fusion der mitteldeutschen Kali AG und der westdeutschen Kali + Salz AG geplant ist.

1. August
Angehörige der Kali und Salz AG (K + S) fordern die Bischofferoder Kumpel auf, ihren Arbeitskampf aufzugeben. Mit der von der K + S und der Treuhand vereinbarten Fusion würden 7 500 Arbeitsplätze in der deutschen Kali-Industrie gerettet

2. Europäisches Währungssystem. Die Finanzminister und Notenbankchefs der EG einigen sich in einer Krisensitzung darauf, die Schwankungsbreite des EWS jeweils auf 15 % anzuheben.

4. Ruanda. Die Regierung und die Rebellen der Patriotischen Front (RPF) unterzeichnen einen Friedensvertrag, der den fast dreijährigen Bürgerkrieg beendet.
Deutschland. Die Staatsanwaltschaft Darmstadt gibt bekannt, daß gegen Mitarbeiter der Telekom wegen Korruptionsverdacht ermittelt wird. Dabei geht es um Luxusartikel und Reisen im Gesamtwert von mehreren Millionen DM als Gegenleistung für die Vermittlung von Aufträgen des Postunternehmens.

6. Japan. Der Vorsitzende der Neuen Japan. Partei, MORIHIRO HOSOKAWA, wird zum Ministerpräsidenten gewählt. Die von ihm aus acht Parteien gebildete

Regierungskoalition löst die seit 38 Jahren herrschenden Liberaldemokraten ab.
Deutschland. Der 1988 unter anderem wegen der Entführung von zwei Deutschen zu einer Freiheitsstrafe von 13 Jahren verurteilte libanesische Terrorist ABBAS HAMADI wird vorzeitig aus der Haft entlassen und von Frankfurt am Main aus in seine Heimat abgeschoben.

9. Katholische Kirche. Papst JOHANNES PAUL II. startet zu seiner 60. Pastoralreise, die ihn nach Jamaika, Mexiko und in die USA führt.

10. USA. Präsident CLINTON setzt das vom Senat mit knapper Mehrheit verabschiedete Sparprogramm in Kraft, das den Abbau des Haushaltsdefizits um fast 500 Milliarden Dollar binnen fünf Jahren vorsieht.

11. Deutschland. Das Bundeskabinett verabschiedet zwei Gesetzentwürfe zur Umsetzung des Spar- und Konsolidierungsprogramms der Bundesregierung, das Leistungskürzungen und Begrenzungen bei Arbeitsförderung, Sozialhilfe, Familienförderung und beim BAföG sowie die Erhöhung der Mineralölsteuer vorsieht, durch die die Staatskasse allein 1994 um 25 Milliarden DM entlastet werden soll. Ein weiterer Gesetzentwurf sieht die Heraufsetzung der Altersgrenze von Bundesbeamten von 62 auf 63 Jahre vor.
Deutschland. Der Reiseveranstalter MP Touristik beantragt beim Amtsgericht Frankfurt am Main Konkurs. Eine schon seit Monatsbeginn vom Auswärtigen Amt unterstützte Rückholaktion für rund 10 000 Urlauber, die durch die Zahlungsunfähigkeit des Unternehmens in Florida, Portugal und der Türkei in Schwierigkeiten geraten sind, wird am 12. August weitgehend abgeschlossen. Ab 18. August sitzen auch zahlreiche Kunden des zahlungsunfähig gewordenen Reiseveranstalters Marlo Reisen in den USA fest.

12. Deutschland. Mit der Rückkehr eines letzten Kontingents von Bundesgrenzschutzbeamten geht nach fast 15monatiger Dauer eine UNO-Friedensmission des BGS zur Überwachung der Wahlen in Kambodscha zu Ende.

14. Türkei. Bei von der Luftwaffe unterstützten Operationen der Armee gegen Kämpfer der Kurdischen Arbeiterpartei (PKK) werden im Südosten des Landes bis zu 300 Menschen getötet.
Deutschland. Von der Polizei unbehindert, marschieren rund 500 Neonazis durch das hessische Fulda. Eine Woche danach wird der Staatssekretär im hessischen Innenministerium, CHRISTOPH KULENKAMPFF, als politisch Verantwortlicher in den einstweiligen Ruhestand versetzt.

15. Tschad. Die Regierung schließt mit rebellierenden Militärführern ein Versöhnungsabkommen, nachdem bei Protesten gegen Massaker im Osten des Landes am 8. August in der Hauptstadt N'Djamena mehr als 40 Menschen ums Leben gekommen waren.
Niederlande/Deutschland. Eine Boeing 737 der niederländischen Gesellschaft KLM wird auf dem Flug über Tunis nach Amsterdam entführt und zur Landung in Düsseldorf gezwungen. Der ägyptische Luftpirat versucht, einen in New York inhaftierten islamischen Religionsführer freizupressen, um ihn vor ein ägyptisches Gericht zu bringen. Eine Einheit der GSG 9 beendet die Geiselnahme nach elf Stunden unblutig.

16. Deutschland. In Bonn nimmt das neu errichtete Bundesamt für Naturschutz seine Tätigkeit auf. Der Aufgabenschwerpunkt der dem Umweltministerium unterstellten Behörde liegt beim Natur- und Artenschutz.
Deutschland. GÜNTER VERHEUGEN tritt zunächst kommissarisch sein neues Amt als SPD-Bundesgeschäftsführer an. Die offizielle Amtseinführung durch den Parteivorsitzenden SCHARPING folgt am 18. August.

17. Deutschland. Das Berliner Landgericht stellt das Verfahren gegen den früheren Ministerpräsidenten der DDR, WILLI STOPH, wegen seines schlechten Gesundheitszustands ein. STOPH war wie andere Mitglieder des Nationalen Verteidigungsrats der DDR wegen der Todesschüsse an der innerdeutschen Grenze angeklagt.

18. Ägypten. Ein vermutlich von islamischen Extremisten verübter Bombenanschlag auf Innenminister HASSAN ALFI fordert in der Innenstadt von Kairo sechs Menschenleben. Unter den Toten ist auch der Attentäter. Der Minister und weitere 15 Personen werden verletzt.
Brasilien. In Brasilia wird bekannt, daß Goldsucher im Norden des Landes Angehörige der Yanomami ermordet haben. Die Yanomami leben in einem Reservat im Amazonasgebiet, das reich an Goldvorkommen ist.

19. Peru. Vermutlich von der Untergrundbewegung Leuchtender Pfad wird in mehreren Indianersiedlungen ein Blutbad angerichtet, bei dem mindestens 58 Menschen, darunter viele Kinder, getötet und weitere 34 schwer verletzt werden. 78 entführte Indianer werden am 21. August von der Armee befreit.
Nicaragua. Rechtsextreme Rebellen nehmen im Norden des Landes 42 Parlamentarier, Regierungsfunktionäre und Militärs als Geiseln, um den Rücktritt des Verteidigungsministers und anderer Politiker zu erzwingen. In der Nacht zum 21. August bringen Sandinisten in der Hauptstadt Managua ihrerseits 34 Politiker, darunter Vizepräsident

GODOY, in ihre Gewalt, um die Freilassung der Geiseln im Norden zu erreichen. Nach Verhandlungen geben beide Entführergruppen am 25. August auf.

20. Bosnien-Herzegowina. Die Vermittler LORD OWEN und THORVALD STOLTENBERG legen bei der Konferenz in Genf einen Kompromißvorschlag zur Beendigung des Bürgerkriegs vor, der eine Teilung des Landes in drei Republiken vorsieht, die eine Union bilden sollen. Ferner sind Übergangsregelungen für Sarajevo Bestandteil des Pakets sowie Waffenstillstandsformalitäten. Die Verhandlungen scheitern am 1. September am Widerstand der Muslime.

20. August
Der bosnische Serbenführer Karadžić, die beiden Vermittler Lord Owen und Thorvald Stoltenberg sowie der bosnische Präsident Izetbegović setzen ihre Verhandlungen über eine Dreiteilung Bosnien-Herzegowinas fort

21. Südafrika. Bei einem Überfall auf Mitglieder einer schwarzen Kirchengemeinde werden in der Nähe von Johannesburg zehn Menschen erschossen und 21 verletzt.
Zentralafrikanische Republik. Es finden Präsidentenwahlen statt, deren Ergebnis der bisherige Militärherrscher General KOLINGBA zu unterdrücken versucht. Unter dem Druck Frankreichs muß er jedoch seine Niederlage eingestehen.

23. Deutschland. Bundeskanzler KOHL empfängt den SPD-Vorsitzenden RUDOLF SCHARPING im Kanzleramt. Bei dem vertraulichen Gespräch geht es unter anderem um die strittige Frage von Bundeswehreinsätzen unter UNO-Kommando.

25. Togo. Aus der umstrittenen ersten freien Präsidentenwahl seit mehr als 30 Jahren geht der langjährige Militärherrscher General EYADEMA mit 96,5 % der Stimmen als Sieger hervor. Wegen angeblicher Wahlmanipulation hatte die Opposition ihre Kandidaten zurückgezogen und zum Wahlboykott aufgerufen.
Deutschland. Die Kommission zur Überprüfung des Vermögens früherer DDR-Massenorganisationen teilt ihren Beschluß zur Abwicklung des ehemaligen Vermögens des Freien Deutschen Gewerkschaftsbundes mit, wonach die ostdeutschen Gemeinden die Liegenschaften des Gewerkschaftsferiendienstes erhalten. Der DGB und andere Arbeitnehmerorganisationen können Teile des von ihnen beanspruchten ›Altvermögens‹ zu einem günstigen Preis erwerben.

18. August
Sicherheitskräfte räumen den Tatort nach dem gescheiterten Mordanschlag auf den ägyptischen Innenminister Hassan Alfi

Rußland/Polen. Während seines Staatsbesuchs in Warschau sichert Präsident JELZIN seinem polnischen Amtskollegen WAŁĘSA die vollständige Respektierung der Souveränität zu. Außerdem wird vereinbart, daß die russischen Militäreinheiten früher als vorgesehen aus Polen abziehen.

25. August
Während seines Staatsbesuchs in Warschau sichert Präsident Jelzin (links) seinem polnischen

Amtskollegen die vollständige Respektierung der polnischen Souveränität zu

26. **Rußland/Tschechische Republik/Slowakische Republik.** Präsident JELZIN unterzeichnet in Prag und Preßburg Verträge über Freundschaft und Zusammenarbeit. In beiden Verträgen wird die Invasion der Sowjetunion in die Tschechoslowakei im Jahr 1968 verurteilt.
Nigeria. Militärherrscher General BABANGIDA gibt nach achtjähriger Herrschaft die Macht offiziell an eine zivile Übergangsregierung ab, nachdem es zu Unruhen und einem Generalstreik gekommen war.
Deutschland. Bundesinnenminister KANTHER legt den Verfassungsschutzbericht 1992 vor. Danach hat sich die Zahl der rechtsextremistischen Delikte um 74% auf 2 548 erhöht. 972 Gewalttaten hatten einen linksextremistischen Hintergrund.

27. **Deutschland.** Das brandenburgische Innenministerium verbietet per Erlaß das Zeigen der Reichskriegsflagge als Verstoß gegen die öffentliche Ordnung. Gegen das Zeigen der Fahne, die zunehmend ein Symbol Rechtsradikaler bei Umzügen wurde, gehen in der Folge auch andere Bundesländer vor.
Frankreich/Deutschland. Im Beisein der Verteidigungsminister beider Staaten wird in Rastatt das II. Französische Korps verabschiedet. Nach dessen Auflösung verbleiben in Südwestdeutschland von einst drei französischen Divisionen nur noch Teile einer Panzerdivision und der deutsch-französischen Brigade.

28. **Bosnien-Herzegowina.** Während der konstituierenden Sitzung eines ›Parlaments‹ der bosnischen Kroaten wird die ›Kroatische Republik Herzeg-Bosna‹ ausgerufen.

30. **Israel/PLO.** Die israelische Regierung billigt das unter Vermittlung des norwegischen Außenministers HOLST mit der PLO ausgehandelte Abkommen zur Übergabe des besetzten Gazastreifens und der Stadt Jericho an eine palästinensische Selbstverwaltung.

Haiti. Im Beisein des gewählten, im Exil lebenden Präsidenten JEAN-BERTRAND ARISTIDE wird in Washington der neue haitianische Premierminister ROBERT MALVAL vereidigt. Am 2. September tritt er in Port-au-Prince offiziell sein Amt an.
Marokko. König HASAN II. weiht in Casablanca die zweitgrößte Moschee der Welt ein.

31. **UNO/Somalia.** Die Vereinten Nationen geben bekannt, daß sie die Lebensmittelhilfe für Somalia weitgehend eingestellt haben, da die Hungersnot im Land praktisch besiegt sei. Die durch den Bürgerkrieg ausgelöste Hungersnot hatte mehr als 250 000 Menschen das Leben gekostet.
Litauen. Nach 54jähriger Besatzung des Baltikums durch die sowjetische Armee verlassen die letzten russischen Soldaten das Land.

SEPTEMBER

1. **UNO.** Auf Anregung des Internationalen Komitees vom Roten Kreuz verabschieden Vertreter von 159 Staaten in Genf eine Deklaration zum besseren Schutz von Kriegsopfern.
Türkei. Die Zahl der in den vergangenen sechs Wochen bei Kämpfen zwischen Sicherheitskräften und Rebellen der Kurdischen Arbeiterpartei (PKK) getöteten Menschen wird von der Regierung mit 1 218 angegeben, darunter 198 Soldaten.
Deutschland. Das Landgericht Leipzig verurteilt im ersten Prozeß gegen einen Richter der ehemaligen DDR aus den berüchtigten Waldheimer Prozessen den 86jährigen OTTO JÜRGENS zu zwei Jahren Haft auf Bewährung.

2. **Deutschland.** Das Bundeskabinett beschließt einen an das Bundesverfassungsgericht gerichteten Antrag auf Verbot der rechtsextremistischen Freiheitlichen Deutschen Arbeiterpartei (FAP). Der Bundesrat entschließt sich am 24. September zu einem gleichen Schritt.
Deutschland. Das Bundeskabinett billigt den von Wirtschaftsminister REXRODT vorgelegten Bericht zur Zukunftssicherung des Wirtschaftsstandorts Deutschland, der auf die mittel- und langfristige Wettbewerbsfähigkeit der deutschen Wirtschaft zielt.
Deutschland. Bundesverteidigungsminister RÜHE bezieht einen zweiten Amtssitz in Berlin, in dem die politische Leitung des Ministeriums untergebracht werden soll.
Deutschland. Am Deutschen Eck am Zusammenfluß von Mosel und Rhein wird die Nachbildung eines 1945 zerstörten Reiterstandbilds von Kaiser WILHELM I. aufgestellt. Die offizielle Übergabe erfolgt am 25. September.

3. **Ukraine/Rußland.** Die Präsidenten KRAWTSCHUK und JELZIN einigen sich auf den Verkauf des ukrainischen Teils der Schwarzmeerflotte an die Russische Föderation. Im Gegenzug will Moskau die ukrainischen Schulden erlassen und für die Bereitstellung von Marinestützpunkten an der Schwarzmeerküste Pacht an Kiew zahlen. KRAWTSCHUK sagt zu, daß die Ukraine künftig auf alle Kernwaffen verzichten werde.
Deutschland. In einer Krisensitzung von Handel, Industrie, Entsorgern und kommunalen Spitzenverbänden, zu der Bundesumweltminister

TÖPFER geladen hatte, wird ein Maßnahmenkatalog zur Rettung des vom Bankrott bedrohten Dualen Systems vereinbart.

Deutschland/Schweden. Bei einem Staatsbesuch in Stockholm sichert Bundeskanzler KOHL seinem Amtskollegen BILDT Unterstützung für den schnellen EG-Beitritt zu.

4. Katholische Kirche. Papst JOHANNES PAUL II. beginnt seine 61. Pastoralreise, die ihn zum ersten Mal in die baltischen Staaten führt.

6. Japan. Das Kaiserpaar beginnt in Italien seine erste offizielle Europareise. Weitere Stationen sind Deutschland und Belgien.

Indien/Süd-Korea/China. NARASHIMA RAO besucht als erster indischer Regierungschef seit 1973 Süd-Korea, wo er eine engere wirtschaftliche Zusammenarbeit vereinbart. Bei seinem anschließenden Besuch in China wird am 7. September ein Grenzabkommen unterzeichnet, das einen drei Jahrzehnte währenden Territorialstreit beenden soll.

7. GUS. Rußland, Weißrußland, Kasachstan, Usbekistan, Tadschikistan und Armenien unterzeichnen ein Grundsatzabkommen über die Schaffung einer neuen Rubelzone. Sie gründet auf dem russischen Rubel als künftiger gemeinsamer Währung und sieht eine Koordinierung der Wirtschafts-, Kredit- und Finanzpolitik ihrer Mitglieder unter Leitung der russischen Zentralbank vor. Auch ein gemeinsamer Zollbereich ist geplant.

Philippinen. Der Leichnam des 1986 gestürzten und 1989 im amerikanischen Exil verstorbenen Staatschefs FERDINANDO MARCOS wird zur Beisetzung in seine Heimat gebracht.

Deutschland. Bundesfinanzminister WAIGEL bringt den mit drei Spargesetzen verbundenen Haushaltsentwurf für das Jahr 1994 ein. Er sieht eine Steigerung der Ausgaben um 4,4 % auf 478,4 Milliarden DM und eine Neuverschuldung von 67,5 Milliarden DM vor.

8. Deutschland. Das sächsische Justizministerium bestätigt die Bereitschaft von Justizminister STEFFEN HEITMANN zur Kandidatur für das Amt des Bundespräsidenten. Äußerungen HEITMANNS zur Rolle der Frau, zu den EG und zur Vergangenheitsbewältigung lösen in der Folge eine heftige Kontroverse über seine Eignung aus. Trotzdem wird er am 10. Oktober einstimmig vom CDU-Bundesvorstand zum Kandidaten nominiert.

13. September
Die drei Kandidatinnen für das Amt der norwegischen Ministerpräsidentin. Von links nach rechts: die bisherige Ministerpräsidentin Gro Harlem Brundtland, die Vorsitzende der Zentrumspartei Anne Enger Lahnstein und die konservative Oppositionschefin Kaci Kullmann Five

9. Deutschland. Die niedersächsische Umweltministerin MONIKA GRIEFAHN verfügt einen Baustopp für die Erkundungsschächte des geplanten Atommüll-Endlagers Gorleben.

USA. Bei einem erneuten Überfall auf deutsche Touristen in Miami (Florida) wird ein Mann erschossen. Er ist das vierte deutsche und das siebte ausländische Opfer seit Beginn des Jahres. Zwei weitere Touristen werden im Laufe des Monats getötet.

Israel. Rund die Hälfte der im Dezember 1992 in die Sicherheitszone deportierten Palästinenser kehrt nach Israel zurück.

12. Deutschland. Der bisherige Zweite Bürgermeister von München, CHRISTIAN UDE (SPD), setzt sich mit 50,7 % der Stimmen gegen PETER GAUWEILER von der CSU (43,4 %) bei der Wahl des Oberbürgermeisters durch.

13. Norwegen. Aus den zweitägigen Wahlen zum Parlament gehen die regierenden Sozialdemokraten als stärkste Partei hervor. Die gegen einen EG-Beitritt kämpfende Zentrumspartei kann hohe Stimmengewinne verbuchen.

Israel/PLO. Außenminister SHIMON PERES und MAHMUD ABBAS, Mitglied des Exekutivkomitees der PLO, unterzeichnen in Washington ein Grundsatzabkommen über eine Autonomie der Palästinenser in den von Israel besetzten Gebieten.

13. September
Vor 3 000 Gästen aus aller Welt unterzeichnet Israels Außenminister Shimon Peres das Gaza-Jericho-Abkommen in Washington. Im Bild von links nach rechts: Rußlands Außenminister Andrej Kosyrew, Israels Ministerpräsident Itzhak Rabin, ein amerikanischer Beamter, Präsident Clinton, PLO-Chef Jasir Arafat, der amerikanische Außenminister Warren Christopher und PLO-Exekutivmitglied Mahmud Abbas, der für die PLO unterzeichnet

Das Gaza-Jericho-Abkommen soll die jahrzehntelange erbitterte Feindschaft beenden. Nach der Unterzeichnung reichen Ministerpräsident RABIN und PLO-Chef ARAFAT einander die Hand.

Deutschland. Der erweiterte SPD-Bundesvorstand nominiert einstimmig den nordrhein-westfälischen Ministerpräsidenten JOHANNES RAU als Kandidaten für das Amt des Bundespräsidenten.

Japan/Deutschland. Kaiser AKIHITO und seine Frau MICHIKO beginnen in Bonn einen Staatsbesuch, der sie bis zum 18. September nach Düsseldorf, Bethel, Weimar, Erfurt, Berlin und München führt.

13. September
Der japanische Kaiser Akihito und seine Frau Michiko machen während ihres Deutschlandbesuches in Weimar Station

14. Georgien. Staatspräsident SCHEWARDNADSE erzwingt durch seinen zeitweisen Rücktritt die Einführung des Ausnahmezustands, der am 20. September verhängt wird. Das Parlament stellt für zwei Monate seine Arbeit ein.

Israel/Jordanien. Die beiden Staaten paraphieren in Washington eine Vereinbarung, die den Rahmen für weitere Friedensverhandlungen absteckt.

15. UNO/Angola. Der Weltsicherheitsrat verhängt gegen die UNITA, die das Ergebnis der freien Wahlen vom 29./30. September 1992 nicht anerkannt und das Land erneut in den Bürgerkrieg gestürzt hatte, ein Waffen- und Treibstoffembargo.

16. Deutschland. Das Berliner Landgericht verurteilt die ehemaligen Mitglieder des Nationalen Sicherheitsrats der DDR KESSLER, STRELETZ und ALBRECHT zu Freiheitsstrafen zwischen siebeneinhalb und viereinhalb Jahren.

18. Polen. Mit der Abreise von 24 Offizieren geht die Stationierung russischer Truppen zu Ende.

19. Polen. Bei einer Wahlbeteiligung von nur rund 52% siegt bei der vorgezogenen Parlamentswahl das Bündnis der demokratischen Linken. Zusammen mit der Bauernpartei stellt es fast die Zweidrittelmehrheit im neuen Sejm.

Deutschland. Die bislang alleinregierende SPD verliert bei der Bürgerschaftswahl in Hamburg ihre absolute Mehrheit. Auch die CDU erleidet erhebliche Stimmenverluste; die FDP scheitert an der Fünfprozenthürde. Gewinner sind die Grün-Alternative Liste und die neugegründete Statt-Partei, die auf Anhieb den Sprung ins Landesparlament schafft und am 7. Dezember mit der SPD einen ›Kooperationsvertrag‹ schließt.

20. Türkei/Deutschland. Ministerpräsidentin ÇILLER beginnt ihren ersten Arbeitsbesuch in Bonn. Schwerpunkt ihrer Gespräche mit Bundeskanzler KOHL und Außenminister KINKEL sind der Ausbau der Wirtschaftsbeziehungen, ein besserer Zugang zur EG, die Integration von Türken in Deutschland und ein Verbot der Kurdischen Arbeiterpartei (PKK).

21. Rußland. Präsident JELZIN löst den von einer reformfeindlichen Mehrheit beherrschten Kongreß der Volksdeputierten und den Obersten Sowjet auf und setzt für Dezember Parlamentsneuwahlen an. Die Aufgaben des Parlaments übernimmt der am 18. September geschaffene Föderationsrat. Der Oberste Sowjet erklärt JELZINS Erlasse für ungültig, diesen für abgesetzt und den bisherigen Vizepräsidenten RUZKOJ zu seinem Nachfolger. Im nachfolgenden Machtkampf kommt es zu Demonstrationen und Ausschreitungen, die Menschenleben fordern. Am 4. Oktober scheitert, begleitet von schweren Zusammenstößen, ein nationalkommunistischer Putschversuch.

Deutschland. Die Spitzen der Regierungskoalition einigen sich auf ein neues Konzept zur Finanzierung der Pflegeversicherung, das für die Arbeitnehmer einen 20prozentigen Lohnabzug an den zehn bundeseinheitlichen Feiertagen vorsieht.

Ukraine. Das Parlament nimmt den Rücktritt von Ministerpräsident KUTSCHMA an und spricht der Regierung das Mißtrauen aus. Am 24. September werden vorgezogene Neuwahlen beschlossen, drei Tage später übernimmt Präsident KRAWTSCHUK per Erlaß die Leitung der Regierung.

Kambodscha. Nach mehr als 20 Jahren kommunistischer Diktatur und Bürgerkrieg wird eine neue Verfassung verabschiedet, die eine konstitutionelle Monarchie einführt. Am 24. September wird NORODOM SIHANOUK als König inthronisiert.

22. USA. Präsident CLINTON legt einen Plan für eine umfassende Gesundheitsreform vor, der die Einführung einer Krankenversicherung für alle Amerikaner bis zum Jahr 1997 vorsieht.

Südafrika. Das Parlament verabschiedet ein Gesetz über die Einrichtung eines gemischtrassigen Übergangs-Exekutivrats, der die Ära der weißen Herrschaft beenden soll. Bereits am 15. September war die Wehrpflicht für Bürger aller Rassen eingeführt worden.

24. Deutschland. Der Bundesrat lehnt mit der Mehrheit der von der SPD regierten Länder die Regierungsvorlage zur Pflegeversicherung, die noch die inzwischen überholte Karenztageregelung

20. September
Die türkische Ministerpräsidentin
Tansu Çiller wird von Bundeskanzler

Kohl mit militärischen Ehren
empfangen

vorsieht, als nicht beratungsfähig ab. Auch ein Gesetz zu einheitlichen Kündigungsfristen bei Arbeitern und Angestellten wird abgewiesen.

GUS. Angesichts ihrer schwierigen Wirtschaftslage bilden neun der elf Mitgliedstaaten eine Wirtschaftsunion. Turkmenien und die Ukraine wollen nur als assoziierte Mitglieder beitreten.

Deutschland. Nachdem sich das Internationale Olympische Komitee gegen Berlin und für Sydney als Austragungsort für die Olympischen Spiele im Jahr 2000 entschieden hat, kündigt der Berliner Senat einen verstärkten Druck auf die Bundesregierung zu einem schnellen Umzug an die Spree an.

26. Deutschland. Mit Gottesdiensten in zahlreichen Städten beginnt die von den Kirchen initiierte und von Gewerkschaften, Verbänden und Kommunen unterstützte ›Woche der ausländischen Mitbürger‹.

27. Sri Lanka. Im Norden des Landes beginnt eine Offensive von Regierungstruppen gegen tamilische Rebellen, bei der fast 500 Menschen getötet werden, davon 118 Soldaten.

28. Deutschland. Die westdeutschen Metall-Arbeitgeberverbände beginnen damit, die zum 31. Dezember auslaufenden Tarifverträge für die insgesamt rund vier Millionen Beschäftigten in der Metallindustrie zu kündigen. Diese erstmals von Arbeitgeberseite ausgesprochene Kündigung von Lohn- und Gehaltstarifen wird mit der Rezession und einer dringend erforderlichen Kostenentlastung der Betriebe begründet.

29. Bosnien-Herzegowina. Das Parlament lehnt die Unterzeichnung des internationalen Friedensplans auch in seiner revidierten Fassung ab und stellt weitere Bedingungen.

Deutschland. Aus Protest gegen die schlechte Situation der Binnenschiffahrt blockieren zahlreiche Binnenschiffer mit ihren Frachtkähnen den Verkehr auf vielen Flüssen und Kanälen im gesamten Bundesgebiet.

Deutschland. Die rund 500 Teilnehmer eines internationalen Kongresses ›Kinder als Opfer von Krieg und Verfolgung‹ verabschieden einen

›Hamburger Appell‹, in dem ein Bleiberecht für alle Flüchtlingskinder unter 18 Jahren gefordert wird.

30. Indien. Ein verheerendes Erdbeben fordert im Süden und Westen des Landes weit über 10 000 Menschenleben.

Deutschland. Der Bundestag setzt auf Antrag der SPD einen Untersuchungsausschuß zur Arbeit der Treuhandanstalt ein.

Deutschland. Bundestagspräsidentin SÜSSMUTH schlägt bei der Vorlage des Diätenberichts eine Nullrunde vor, durch die es mindestens bis 1994 bei den seit Juli 1992 geltenden Abgeordnetendiäten bleiben soll.

Deutschland. Bundesinnenminister KANTHER legt ein umfangreiches Programm zur wirksameren Bekämpfung der Kriminalität vor, das den Titel ›Sicherheitspaket 94‹ trägt.

Deutschland. Der Bundestag weist den Einspruch des Bundesrats gegen das Gesetz über einheitliche Kündigungsfristen für Arbeiter und Angestellte zurück.

Deutschland. Mit einem Festakt wird in München das 75jährige Bestehen des Bundesfinanzhofs gefeiert.

Deutschland. Der Bundestag wählt die frühere Staatssekretärin im niedersächsischen Landwirtschaftsministerium, HEDDA MESEKE, zur Nachfolgerin des scheidenden Präsidenten des Bundesrechnungshofs, HEINZ GÜNTHER ZAVELBERG.

OKTOBER

3. Somalia/USA. In Mogadischu brechen die schwersten Kämpfe seit Beginn der UNO-Intervention aus. Anhänger des Clanchefs AIDID töten zwölf amerikanische Soldaten und nehmen einen Piloten als Geisel. Präsident CLINTON erklärt am 7. Oktober, weitere 1 700 Soldaten würden in Somalia stationiert, aber der Einsatz bis 31. März 1994 beendet.

Aserbaidschan. Der Altkommunist GAJDAR ALIJEW wird zum dritten Präsidenten des Landes gewählt.

Deutschland. Zum dritten Jahrestag der deutschen Einheit ziehen Politiker aller Parteien eine überwiegend kritische Bilanz.

4. Rußland. Elite-Einheiten der Armee stürmen das Weiße Haus in Moskau, in dem sich nationalkommunistische Gegner Präsident JELZINS verschanzt hatten, und schlagen den Putschversuch nieder. Die Anführer des

4. Oktober
Nachdem Elite-Einheiten der Armee
das Weiße Haus in Moskau

zurückerobert haben, schlagen aus
den oberen Räumen Rauch und
Flammen

41

Putsches, Parlamentspräsident CHASBULATOW und Gegenpräsident RUZKOJ, werden festgenommen.
UNO. Nach mehrtägigen Auseinandersetzungen verlängert der Sicherheitsrat das Mandat der UNO-Truppen im ehemaligen Jugoslawien bis zum 31. März 1994.
Ägypten. Staatspräsident MUBARAK wird in einer Volksbefragung mit großer Mehrheit im Amt bestätigt.

6. **Deutschland/AIDS-Skandal.**
Bundesgesundheitsminister SEEHOFER versetzt den Präsidenten des Bundesgesundheitsamts (BGA), DIETER GROSSKLAUS, und den zuständigen Abteilungsleiter seines Ministeriums, MANFRED STEINBACH, wegen Informationspannen über den Umgang mit HIV-verseuchten Blutkonserven in den Ruhestand. Am 13. Oktober kündigt SEEHOFER die Auflösung des BGA an und stellt einen Hilfsfonds für infizierte Bluter in Aussicht.

7. **Europarat.** Rumänien wird als 32. Mitglied in die Organisation aufgenommen.
Iran/Deutschland. Geheimdienstminister ALI FALAHIAN, der Drahtzieher eines Attentats sein soll, bei dem im September 1992 in Berlin vier iranische Oppositionelle getötet wurden, trifft sich in Bonn mit dem Koordinator der Geheimdienste, SCHMIDBAUER. Das Treffen löst diplomatische Verwicklungen u. a. mit Großbritannien und Spekulationen über das Ausmaß der Zusammenarbeit aus.

9. **Rußland.** Präsident JELZIN löst durch ein Dekret die Lokal- und Regionalparlamente auf.

10. **Griechenland.** Aus den Parlamentswahlen gehen die Sozialisten mit absoluter Mehrheit hervor. Am 12. Oktober stellt der neue Ministerpräsident PAPANDREU sein Kabinett vor.

12. **PLO.** Der Zentralrat billigt in Tunis mit großer Mehrheit das am 13. September unterschriebene Grundsatzabkommen mit Israel und beschließt die Einrichtung einer Übergangsregierung für Gaza und Jericho, die von JASIR ARAFAT geleitet werden soll.
Deutschland/Maastrichter Vertrag. Das Bundesverfassungsgericht billigt den Vertrag zur Europäischen Union und kündigt an, daß es dessen konkrete Umsetzung kontrollieren werde. Mit der Hinterlegung der Ratifikationsurkunde am

13. Oktober in Rom kann der Vertrag zum 1. November in Kraft treten.
Rußland/Japan. Präsident JELZIN besucht Tokio, um die Grundlagen für verbesserte Beziehungen und für eine Lösung des Streits um die von Rußland besetzten Kurilen zu schaffen.
Deutschland. Das bayerische Kabinett beschließt eine zum 1. 1. 1994 in Kraft tretende Änderung zur Arbeitszeitverordnung, nach der die Beamten im Lande künftig wieder 40 statt bisher 38,5 Stunden pro Woche arbeiten sollen.

14. **Deutschland.** Ein Feldwebel der deutschen UNO-Truppe in Kambodscha wird in Phnom Penh ermordet.

15. **Südafrika.** Der Friedensnobelpreis 1993 wird Staatspräsident DE KLERK und dem Präsidenten des ANC, NELSON MANDELA, verliehen.
Deutschland. Der Bundesrat lehnt die am 1. Oktober vom Bundestag zur Finanzierung des geplanten Pflegegesetzes beschlossene Lohnkürzung an Feiertagen ab und überweist das Gesetz an den Vermittlungsausschuß.
Deutschland. Die frühere Staatsministerin im Auswärtigen Amt, HILDEGARD HAMM-BRÜCHER, wird von der FDP offiziell als Kandidatin für das Amt des Bundespräsidenten nominiert.

16. **Haiti/UNO.** In seiner Resolution 875 ermächtigt der Sicherheitsrat die Mitgliedsländer zur militärischen Durchsetzung des am 19. Oktober in Kraft tretenden Erdöl- und Waffenembargos gegen die Karibikinsel. Militärmachthaber CÉDRAS war entgegen einer im Juli unterzeichneten Vereinbarung nicht am 15. Oktober zurückgetreten, um die geplante Rückkehr des gestürzten Staatspräsidenten ARISTIDE zu ermöglichen.
Sudan. Nach mehr als vierjähriger Herrschaft löst sich die Militärregierung überraschend auf.

18. **Polen.** Der Vorsitzende der Bauernpartei, WALDEMAR PAWLAK, wird zum neuen Ministerpräsidenten ernannt.
Deutschland. Der Deutsche Städtetag warnt die Bundesregierung in einer auf einer außerordentlichen Hauptversammlung gefaßten Resolution mit dem Titel ›Städte in Not‹ vor den verheerenden Auswirkungen des Bonner Sparpakets.

19. **Pakistan.** BENAZIR BHUTTO wird zur neuen Ministerpräsidentin gewählt.
Frankreich. Aus Protest gegen geplante Entlassungen und Einsparungen bestreiken Angestellte der staatlichen Fluggesellschaft Air France die Flughäfen von Paris.

20. **NATO.** Die Verteidigungsminister kommen in Travemünde zu einer Tagung zusammen, in deren Mittelpunkt die Fehler der Allianz im jugoslawischen Bürgerkrieg, die neue Gefahr von Atomwaffen in terroristischen Staaten und die Erweiterung der NATO nach Osten stehen.

21. **Burundi.** Bei einem Militärputsch werden der demokratisch gewählte Präsident NDADAYE und sechs Minister erschossen. Den folgenden Stammeskämpfen fallen mehr als zehntausend Menschen zum Opfer. Über eine halbe Million flüchtet ins benachbarte Ausland.
Deutschland/Litauen/Lettland. Bundespräsident VON WEIZSÄCKER besucht die beiden baltischen

19. Oktober
Beschäftigte von Air France bestreiken den Flughafen Orly aus

Protest gegen die geplanten Entlassungen und Sparpläne

22. Oktober
Bundessozialminister Norbert Blüm
verfolgt mit besorgter Miene die
letzten Lesungen zum
Pflegeversicherungsgesetz

Staaten, wo er Gespräche mit den Präsidenten unter anderem über Entschädigungen für überlebende Opfer des Nationalsozialismus und den Zugang zu den EG führt.

22. Deutschland. Der Bundestag verabschiedet zwei mit erheblichen Leistungskürzungen für Arbeitslose und Sozialhilfeempfänger verbundene Spargesetze zum Haushalt 1994 und das umstrittene Gesetz zur Pflegeversicherung.
Deutschland. Auf dem Fliegerhorst Wunstorf bei Hannover findet die Trauerfeier für den in Phnom Penh erschossenen Feldwebel ALEXANDER ARNDT statt. Er ist der erste Soldat, der bei einem Auslandseinsatz der Bundeswehr ums Leben gekommen ist.
Deutschland/Italien. Um eine verbesserte Bekämpfung der organisierten Kriminalität und des internationalen Rauschgifthandels zu gewährleisten, unterzeichnen die beiden Länder in Bonn ein Kooperationsabkommen.

23. Bosnien-Herzegowina. Im zentralbosnischen Dorf Stupni Do verüben kroatische Truppen ein Massaker an der muslimischen Bevölkerung, bei dem rund 80 Menschen getötet und alle Häuser niedergebrannt werden.
Großbritannien. Bei einem Attentat der irischen Untergrundorganisation IRA kommen in Belfast zehn Menschen ums Leben, 57 werden zum Teil lebensgefährlich verletzt. Der Racheakt einer protestantischen Gruppe fordert am 29. Oktober sieben Menschenleben. Insgesamt werden innerhalb einer Woche bei Terrorakten 24 Menschen getötet. (BILD S. 44).

24. Liechtenstein. Der Ausgang der Parlamentswahl im Fürstentum führt zu einem Regierungswechsel. Die Vaterländische Union erringt die absolute Mehrheit und löst die Fortschrittliche Bürgerpartei an der Macht ab.

25. Kanada. Bei den Parlamentswahlen erringt die bisher oppositionelle Liberale Partei mit 178 Abgeordnetenmandaten die absolute Mehrheit im Parlament.
Deutschland. Thüringen verabschiedet als letztes der neuen Bundesländer eine eigene Verfassung.

Deutschland. Der Vorsitzende der Gewerkschaft Handel, Banken und Versicherungen, LORENZ SCHWEGLER, tritt nach Differenzen über eine Gewerkschaftsreform zurück.

26. Ägypten. Ein vermutlich geistesgestörter Amokschütze tötet in einem Kairoer Luxushotel drei Teilnehmer einer internationalen Juristentagung und verletzt vier weitere schwer.
Deutschland. Das Bundesverwaltungsgericht entscheidet in einem Musterprozeß, daß Tankstellen nach Ladenschluß Reisebedarf an Autofahrer verkaufen dürfen.

27. Rußland. Erstmals seit der gewaltsamen Kollektivierung der Landwirtschaft in den 1920er Jahren wird in Rußland wieder privater Landbesitz erlaubt.
Deutschland. Die im Februar aufgenommenen Gespräche zwischen Koalition und SPD über einen Energiekonsens scheitern in Bonn.

28. Deutschland. Der Bundestag beschließt ein neues Namensrecht, mit dem die Pflicht der Eheleute abgeschafft wird, einen gemeinsamen Familiennamen zu führen.
Deutschland. In Wolfsburg werden Pläne des Vorstands der Volkswagen AG zur Einführung einer Viertagewoche bekannt. Das Vorhaben, mit dem vorhandene Arbeitsplätze gesichert werden sollen, löst eine kontroverse Debatte aus.
Deutschland. Rund 120 000 Bauarbeiter protestieren in Bonn gegen die für 1996 geplante Abschaffung des sogenannten Schlechtwettergeldes.
Deutschland. Die gemeinsame Verfassungskommission von Bundestag und Bundesrat verabschiedet einstimmig ihren Bericht und beendet damit ihre fast zweijährige Tätigkeit. Sie empfiehlt unter anderem eine Stärkung des Föderalismus, eine deutlichere Formulierung des Gleichberechtigungsgebotes und die Aufnahme des Staatsziels Umwelschutz in das Grundgesetz.

22. Oktober
Trauerfeier auf dem Fliegerhorst
Wunstorf bei Hannover für den in
Kambodscha erschossenen
UNO-Soldaten Alexander Arndt

29. Europäische Gemeinschaften. Nach knapp zweijährigem Ringen entscheiden sich die Staats- und Regierungschefs der EG-Länder für Frankfurt am Main als künftigen Sitz des Europäischen Währungsinstituts und der künftigen Europäischen Zentralbank.

23. Oktober
Trauerzug für die Opfer des
IRA-Bombenattentats in Belfast

Deutschland. Der Amerikaner FRED LEUCHTER wird wenige Stunden vor einem Fernsehauftritt in Köln wegen Volksverhetzung festgenommen. Er hatte im November 1991 auf einer NPD-Veranstaltung den NS-Massenmord an Juden bezweifelt.

31. Deutschland/Chile. Bundespräsident VON WEIZSÄCKER bricht zu einem Staatsbesuch in Chile auf.
Deutschland. Auf einem von Gegendemonstrationen und Ausschreitungen begleiteten Bundesparteitag der rechtsradikalen Republikaner in Rastatt wird der Parteivorsitzende SCHÖNHUBER als Spitzenkandidat für die Europawahl 1994 aufgestellt.

NOVEMBER

1. Europäische Gemeinschaften/Europäische Union. Der Vertrag von Maastricht tritt mit zehnmonatiger Verspätung in Kraft; damit ist die Gründung der Europäischen Union (EU) vollzogen.
Israel/PLO. Trotz Terrorakten und Aufruhr werden im ägyptischen Badeort Taba die Beratungen über eine Autonomie in Gaza und Jericho fortgesetzt. Nach der Ermordung eines israelischen Siedlers durch Mitglieder der fundamentalistischen Hamas am 31. Oktober hatten Siedler Straßensperren errichtet und Palästinenser tätlich angegriffen.
Südafrika. Die Regierung in Pretoria und der bewaffnete Flügel des Panafrikanischen Kongresses von Azania (PAC), dem zahlreiche Angriffe auf weiße Südafrikaner zugeschrieben werden, einigen sich auf einen ›Waffenstillstand‹.
Slowakische Republik. Eine Delegation des Jüdischen Weltkongresses beginnt in Preßburg Verhandlungen über die Rückgabe jüdischen Eigentums, nachdem die slowakische Regierung Ende Oktober ein Wiedergutmachungsgesetz beschlossen hatte.
Deutschland. Die Regierungskoalition einigt sich weitgehend auf Neuregelungen zum § 218. Im Rahmen des Artikelgesetzes soll es einen neuen § 219 geben, der die Beratung für in Not geratene schwangere Frauen regelt.
Deutschland. Der Landeswahlleiter von Brandenburg gibt bekannt, daß in fast 300 der rund 1700 Gemeinden am 5. Dezember bei den Kommunalwahlen keine

Bürgermeister gewählt werden können, da sich dort kein Direktkandidat für die ehrenamtliche Aufgabe gefunden habe.
USA/China. Als Zeichen der Normalisierung der Beziehungen zwischen beiden Ländern besucht ein hochrangiger Beamter des Verteidigungsministeriums in Washington Peking, um vor allem mit Vertretern der Volksbefreiungsarmee zu sprechen.
Georgien. Russische Soldaten greifen erstmals direkt in den Bürgerkrieg ein und liefern sich Gefechte mit Truppen des abgesetzten Präsidenten GAMSACHURDIA.
Frankreich/Rußland. Ministerpräsident BALLADUR und Außenminister JUPPÉ besuchen Moskau, wo sie mit Präsident JELZIN, Ministerpräsident TSCHERNOMYRDIN und Außenminister KOSYREW über die angestrebte weltwirtschaftliche Integration Rußlands und seine Beziehungen zu den G 7 sowie der Europäischen Union konferieren.
Australien. Die Regierung gewährt rund 19 000 Chinesen, die sich im Juni 1989 während der Niederschlagung der Demokratiebewegung in ihrer Heimat in Australien aufhielten, ständiges Aufenthaltsrecht.
Deutschland. Als erstes der neuen Bundesländer regelt Thüringen die Beziehungen zu der jüdischen Landesgemeinde durch einen Staatsvertrag. Das Land stellt jährlich 300 000 DM für kulturelle, religiöse und verwaltungstechnische Belange zur Verfügung.
Deutschland/Saudi-Arabien. Bundesaußenminister KINKEL erörtert bei seinem Besuch mit König FAHD Sicherheitsfragen und den Friedensprozeß im Nahen Osten.
Peru. Mit einer knappen Mehrheit von 52,9 % spricht sich die Bevölkerung in einem Referendum für die Annahme einer neuen Verfassung aus.
Kambodscha. Bei einem Feuerwerk aus Anlaß des 71. Geburtstags von König SIHANOUK bricht eine Panik aus, bei der 14 Personen ums Leben kommen. Tausende von Besuchern hatten versucht, sich durch die engen Tore des Palastgartens in Phnom Penh zu drängen.

2. Kroatien. Es wird bekannt, daß Regierungsvertreter und Vertreter der Serben in der Krajina in der norwegischen Hauptstadt Oslo Geheimverhandlungen führen, um eine Regelung für diese serbisch besetzte kroatische Region zu finden. Bereits am 3. November gehen die Delegationen jedoch im Streit auseinander.

Italien. Der Industriemagnat CARLO DE BENEDETTI wird in Untersuchungshaft genommen. Nach Zeitungsberichten beschuldigt ihn die Staatsanwaltschaft der Korruption. Bereits am 11. November kommt er jedoch wieder auf freien Fuß.

Irak. Nach Angaben der Internationalen Atomenergiebehörde (IAEO) ist das geheime Atomwaffenprogramm des Landes entweder zerstört oder zumindest neutralisiert. Das sei das Ergebnis der 21 in den Jahren nach dem zweiten Golfkrieg durchgeführten Inspektionsreisen.

Rumänien. Die Regierung stellt gegen den ehemaligen Ministerpräsidenten ROMAN und zwei seiner Minister Strafantrag wegen Machtmißbrauchs. Sie sollen sich aus ihrer damaligen Position große materielle Vorteile verschafft haben.

Deutschland. Die Innen- und Rechtspolitiker der Koalitionsparteien verabreden ein ›Verbrechensbekämpfungsgesetz 94‹. Der umstrittene große Lauschangriff wurde bei den Beratungen jedoch ausgeklammert.

Deutschland/Kambodscha. Der Abzug der Bundeswehr beginnt. Die ersten 50 Soldaten der UNO-Friedensmission werden auf dem Militärflughafen in Phnom Penh verabschiedet.

Rußland. Der Sicherheitsrat unter Präsident JELZIN verabschiedet eine neue Militärdoktrin und legt die Aufgaben der Streitkräfte neu fest.

Israel. Bei den Kommunalwahlen, die auch als Abstimmung über die Regierungspolitik gewertet werden, ist der konservative Likudblock Gewinner. Die Wahlbeteiligung ist mit rund 36 % nur gering. In Jerusalem siegt der zum Likudblock gehörende EHUD OLMERT über den langjährigen Amtsinhaber TEDDY KOLLEK.

Algerien. Bei einer der bislang blutigsten Razzien gegen islamische Fundamentalisten werden von den Sicherheitskräften 17 Menschen getötet.

Südafrika. Regierung und ANC einigen sich darauf, daß Südafrika künftig ein Bundesstaat mit neun Provinzen sein wird.

3. USA. Bei regionalen und lokalen Wahlen gelingen den Republikanern bedeutende Erfolge. In New York löst mit RUDOLPH GIULIANI ein Republikaner den

4. November
Türkische Passanten betrachten die von Kurden zerschlagene

Panzerglasscheibe des Büros der Turkish Airlines in Frankfurt (Main)

2. November
Der Chef des italienischen Olivettikonzerns, Carlo De Benedetti

(links), wird in Untersuchungshaft genommen

bisherigen demokratischen Bürgermeister DAVID DINKINS ab.

Afghanistan. Die neu aufgeflammten Kämpfe zwischen rivalisierenden Mudjahedingruppen greifen auf Kabul über.

4. Kurden/PKK. Bei Anschlägen von der PKK zugerechneten Kurden in Deutschland und anderen europäischen Ländern gibt es in Wiesbaden einen Toten, in London werden fünf Personen verletzt. Die Schäden gehen in Millionenhöhe. Die Anschläge, so ein Bekennerschreiben, richteten sich gegen ›den Völkermord, den der türkische Staat gegen das kurdische Volk ausgerufen hat‹.

Rußland. Mit letzten Korrekturen an der neuen Verfassung wird der Streit über den Status der nationalen Republiken beigelegt. Der Text soll am 12. Dezember gleichzeitig mit den Parlamentswahlen in einer Volksabstimmung gebilligt werden.

Deutschland. Bundeskanzler KOHL, der ehemalige Außenminister GENSCHER und der damalige Oppositionsführer VOGEL berichten vor der Enquetekommission des Bundestags zur Aufarbeitung der SED-Diktatur über die Deutschlandpolitik der 1980er Jahre.

5. Deutschland. Das Bundesarbeitsamt gibt bekannt, daß die Zahl der Arbeitslosen im Oktober auf mehr als 3,5 Millionen gestiegen ist. Derzeit bewahren arbeitsmarktpolit. Maßnahmen 1,9 Millionen Menschen vor der Arbeitslosigkeit.

Deutschland. Der Bundesrat verweist einstimmig das im Bundestag bereits beschlossene Pflegegesetz an den Vermittlungsausschuß.

Deutschland. Der Bundesrat verhindert mit seiner SPD-Mehrheit zum zweiten Mal die Wahl der CDU-Abgeordneten HEDDA MESEKE zur Präsidentin des Bundesrechnungshofs, indem er den Punkt von der Tagesordnung nimmt.

Kanada. Wenige Stunden nach seiner Vereidigung stellt Ministerpräsident CHRÉTIEN sein neues Kabinett vor, dem 23 Minister angehören.

7. Georgien. Sechs Wochen nach seiner Rückkehr aus dem Exil in der Tschetschenischen Republik scheitert der Versuch des früheren Präsidenten GAMSACHURDIA, die Macht in Tiflis zu übernehmen. Nach der Eroberung der Stadt Sugdidi durch Regierungstruppen setzt er sich nach Abchasien ab.

Rußland. Präsident JELZIN erklärt, daß er entgegen früheren Äußerungen sein Amt bis 1996 ausüben will.

Bei den dann fälligen Präsidentenwahlen will er nicht mehr kandidieren.

Deutschland/Ecuador. Bundespräsident VON WEIZSÄCKER trifft zu einem fünftägigen Staatsbesuch in Quito ein.

Liechtenstein. HANS ADAM II. droht mit seinem Wegzug aus dem Fürstentum für den Fall, daß seine verfassungsmäßigen Rechte eingeschränkt würden, die ihm in der Innen- und Außenpolitik großen Einfluß sichern.

Österreich. Aus dem am 4. Februar von aus der FPÖ ausgetretenen Abgeordneten gegründeten Liberalen Forum wird formell eine Partei. Bundessprecherin wird HEIDE SCHMIDT.

Neuseeland. Bei den Parlamentswahlen erreicht keine der im Parlament vertretenen Parteien eine Mehrheit. Erst die Auszählung der Briefwahlstimmen bringt sie der regierenden National Party.

Japan/Süd-Korea. Ministerpräsident HOSOKAWA entschuldigt sich bei einem Besuch in Seoul für die Verbrechen seines Landes während der Kolonialzeit.

8. Rußland/China. Verteidigungsminister GRATSCHOW trifft zu einem viertägigen Besuch in Peking ein, wo er mit Militärführern und seinem Amtskollegen CHI HAOTIAN zusammentrifft. Am 11. November unterzeichnet er ein Abkommen über Militärkooperation.

Großbritannien. Das Unterhaus stimmt der Frauenordination zu. Seine Zustimmung war notwendig, weil die anglikanische Kirche eine Staatskirche ist.

Spanien/Israel. König JUAN CARLOS und seine Gattin treffen zu einem dreitägigen Besuch in Jerusalem ein.

Jordanien. Bei der ersten Mehrparteienwahl erleiden die Gegner des Friedensprozesses im Nahen Osten eine Niederlage.

Rußland. Der Entwurf der neuen Verfassung wird veröffentlicht. Sie gibt dem Präsidenten umfassende Rechte und Vollmachten.

Frankreich. Bei einer Großrazzia gegen aus Algerien stammende Fundamentalisten nimmt die Polizei rund siebzig Personen fest.

10. Deutschland. Im ehemaligen Konzentrationslager Buchenwald auf dem Weimarer Ettersberg wird ein Mahnmal zur Erinnerung an die jüdischen Opfer eingeweiht.

Frankreich. Die bürgerliche Regierung und ihre Parteien erwägen die Einführung einer Viertagewoche mit 32 Arbeitsstunden zum Abbau der Arbeitslosigkeit. Sie wollen damit bis zu zwei Millionen Arbeitsplätze schaffen.

Deutschland. Binnenschiffer blockieren aus Protest gegen die Aufhebung der Tarifbindung weite Teile des deutschen Kanalsystems.

Österreich/Deutschland. Bei einer Personenkontrolle an der Grenze zu Bayern werden zwei deutsche Polizeibeamte im D-Zug ›Donaukurier‹ von einem Serben und seinem Komplizen getötet, die möglicherweise in Deutschland Anschläge verüben wollten.

Deutschland. Das Bundesarbeitsgericht entscheidet in einem Grundsatzurteil, daß Ostdeutsche auf Baustellen in den alten Bundesländern nach westdeutschen Tarifen zu entlohnen sind.

12. Deutschland. Der Bundestag beschließt drei Gesetzentwürfe zur Arbeit der Abgeordneten und zur Parteienfinanzierung. Die Obergrenze für staatliche Zuschüsse an die Parteien wird um 30 Millionen auf 230 Millionen DM im Jahr gesenkt. Das Fraktionsgesetz beschreibt Organisation und Haushaltsführung der Fraktionen. Der Gesetzentwurf zur Strafbarkeit der Abgeordnetenbestechung sieht neben Freiheitsstrafen auch die Aberkennung des aktiven und passiven Wahlrechts vor.

Deutschland/Bundeswehr. Die letzten an der UNO-Mission in Kambodscha beteiligten Soldaten kehren nach Deutschland zurück.

Deutschland. Die Deutsche Aerospace (Dasa) bleibt auch nach Verhandlungen mit den Ministerpräsidenten Bayerns, Baden-Württembergs, Niedersachsens und Schleswig-Holsteins bei ihrem Entschluß, 16 000 Arbeitsplätze abzubauen und sechs Werke zu schließen.

Deutschland. Die ›Fünf Weisen‹ legen ihr Jahresgutachten vor, in dem sie eine Beendigung des ›Schlingerkurses‹ in der Wirtschaftspolitik fordern. Ein Aufschwung sei vorerst noch nicht in Sicht.

12. November
Der Vorsitzende der ›Fünf Weisen‹, Professor Herbert Hax (rechts) überreicht Bundeskanzler Kohl das Jahresgutachten 1993/94

13. PLO/Israel. Nach dem Mord an einem israelischen Siedler, der von Mitgliedern der Al Fatah begangen worden war, verurteilt PLO-Chef ARAFAT die Tat, die eine schwere Belastung für die Friedensgespräche darstellt.

14. Südafrika. Die Verfassungskonferenz von Kempton Park einigt sich über die Form der künftigen Armee und Polizei, die Landessprachen, die Grenzen der künftigen neun Provinzen und die Abschaffung diskriminierender Gesetze.

Pakistan. Der bisherige Außenminister FARUK LEGHARI, ein Gefolgsmann von Ministerpräsidentin BHUTTO, wird neuer Staatspräsident.

Deutschland. Ein Strategiepapier von Bundesarbeitsminister BLÜM zum Abbau der Unterbeschäftigung wird bekannt. Es sieht unter anderem vor, die Zuwanderung ausländischer Arbeitskräfte einzuschränken und Bezieher von Arbeitslosenhilfe stärker zu Saisonarbeiten heranzuziehen.

Deutschland. In Berlin wird die im Inneren umgestaltete Neue Wache von KARL FRIEDRICH

SCHINKEL als Zentrale Gedenkstätte für die Opfer von Krieg und Gewaltherrschaft eingeweiht.

15. Rußland. In Moskau treten Bestimmungen in Kraft, wonach sich jeder Staatsbürger aus früher zur Sowjetunion gehörenden Ländern anmelden und eine tägliche Steuer für seinen Aufenthalt in Moskau entrichten muß. Noch im selben Monat führt auch St. Petersburg die Abgabe ein.
Korea. Begleitet von Protesten des Nordens beginnt im Süden ein Großmanöver südkoreanischer und amerikanischer Militärverbände.
Deutschland/China. Bundeskanzler KOHL trifft, begleitet von vier Bundesministern und einer großen Unternehmerdelegation, zu einem fünftägigen Besuch in Peking ein. Es werden unter anderem Abschlüsse für die deutsche Wirtschaft im Wert von 7 Milliarden DM getätigt.
USA. Die stimmberechtigten Puertoricaner lehnen in einem Referendum den Anschluß an die USA als 51. Bundesstaat ab. Damit bleibt der Sonderstatus der Karibikinsel als assoziiertes Territorium erhalten. Für die Erlangung der Unabhängigkeit votieren lediglich 4%.

17. Südafrika. Die Konferenz von Kempton Park einigt sich auf eine neue Verfassung, die der schwarzen Bevölkerungsmehrheit das Wahlrecht zugesteht und die Homelands abschafft.
UNO/Somalia. Der Sicherheitsrat beschließt die Einstellung der Suche nach Klanchef AIDID und die Einsetzung einer Kommission, die die Angriffe auf UNO-Soldaten untersuchen soll.
Kriegsverbrechertribunal. Das Gericht tritt in Den Haag zu seiner Eröffnungssitzung zusammen, bei der die elf Richter und der Chefankläger vereidigt werden.

18. USA/NAFTA. Das Repräsentantenhaus stimmt dem Nordamerikanischen Freihandelsabkommen zu, drei Tage später auch der Senat.
Japan. Mit 270 gegen 226 Stimmen verabschiedet das Unterhaus Änderungen des Wahlrechts und der Parteienfinanzierung, mit denen die Regierung die Korruption einzudämmen hofft.
Frankreich/PKK. Bei Razzien gegen Anhänger der Arbeiterpartei Kurdistans werden rund 100 Personen festgenommen.
Nigeria. Interimspräsident SHONEKAN tritt zurück; neuer Staatschef wird General ABACHA, der am 19. November sämtliche gewählten Institutionen auflöst.
Katar/Israel. Als erster Staat auf der arabischen Halbinsel stellt das Scheichtum direkte Telefonverbindungen mit Israel her.

19. USA/China. Präsident CLINTON trifft in Seattle am Rande der APEC-Konferenz mit Staats- und Parteichef JIANG ZEMIN zusammen.
Deutschland. Der Parteitag der SPD in Wiesbaden geht nach vier Tagen mit der Bestätigung des nordrhein-westfälischen Ministerpräsidenten JOHANNES RAU als Kandidaten für das Amt des Bundespräsidenten zu Ende.

20. Deutschland/Bad Kleinen. Der Justizminister Mecklenburg-Vorpommerns, HELMRICH, stellt das Abschlußgutachten der Zürcher Polizei vor, das die Tötung des mutmaßlichen RAF-Terroristen GRAMS mit einer Polizeiwaffe ausschließt.

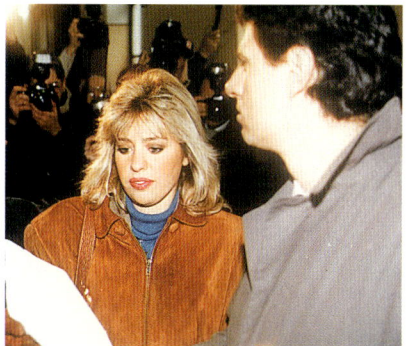

21. November
Bei den Kommunalwahlen in Italien erzielen die exkommunistische PDS und die neofaschistische MSI hohe Gewinne. Alessandra Mussolini (links bei der Stimmabgabe), Enkelin des italienischen Diktators und MSI-Kandidatin, verfehlt aber bei der Stichwahl am 5. Dezember ihr Ziel, Bürgermeisterin von Neapel zu werden

21. Italien. Die Ergebnisse der Kommunalwahlen dokumentieren den Zusammenbruch des alten Parteiensystems; die Christlichen Demokraten (DC) und die Sozialisten (PSI), die das Land jahrzehntelang regierten, erleiden vernichtende Niederlagen. Gewinner sind die Linksdemokraten, die Neofaschisten und die Lega Nord.

23. Deutschland. Innen- und Rechtspolitiker der Koalition verständigen sich auf die Einführung einer Kronzeugenregelung zur Bekämpfung des organisierten Verbrechens.
Deutschland. Politiker der Koalition billigen einen von einer Arbeitsgruppe vorgelegten Vorschlag für ein neues Entschädigungs- und Ausgleichsgesetz.
Deutschland. Durch Zeitungsberichte bekannt gewordene Autounfalltests (›Crash-Tests‹) mit Leichen – auch von Kindern – werden vom Institut für Rechtsmedizin der Universität Heidelberg bestätigt.
Mexiko/NAFTA. Der Senat ratifiziert mit der erwarteten großen Mehrheit den Vertrag über das Nordamerikanische Freihandelsabkommen.

24. Großbritannien. Ein Schwurgericht verurteilt im englischen Preston zwei heute Elfjährige wegen Mordes an einem Zweijährigen im Februar 1993 in Liverpool zu einer Freiheitsstrafe von unbegrenzter Dauer. Das Verbrechen hatte wegen des Alters der Täter und der Brutalität der Tat weltweites Aufsehen erregt.

25. Deutschland. Die Volkswagen AG und die IG Metall einigen sich auf die Einführung der Viertagewoche ab 1. 1. 1994, um 30 000 bedrohte Arbeitsplätze zu sichern.
Ägypten. Ministerpräsident SIDQI überlebt den Bombenanschlag muslimischer Fundamentalisten in Kairo unverletzt.
Deutschland. Nach langen Kontroversen und heftigen Angriffen auf seine Person verzichtet der CDU-Politiker STEFFEN HEITMANN auf eine Kandidatur für das Amt des Bundespräsidenten.
Israel. Nach der Erschießung eines Hamas-Führers brechen im Gazastreifen schwere Unruhen aus, die im Dezember auch auf das Westjordanland übergreifen.

26. Belgien. Mit einem Generalstreik reagieren die großen Gewerkschaften auf den Krisenplan der Regierung zur Überwindung der wirtschaftlichen Schwierigkeiten.

Deutschland/PKK. Innenminister KANTHER verbietet die Arbeiterpartei Kurdistans und 35 ihrer Teilorganisationen in elf Bundesländern.

28. Großbritannien. Durch Presseveröffentlichungen wird bekannt, daß die Regierung während des Jahres geheime Kontakte zu der irischen Untergrundorganisation IRA angeknüpft hat. Einen Tag später bietet London der IRA direkte Gespräche an, wenn sie öffentlich und ohne Einschränkung einen Gewaltverzicht bekanntgibt.

Deutschland/Gehälteraffäre. Die Regierung von Sachsen-Anhalt tritt wegen des Streits um die Bezüge der aus Westdeutschland stammenden Minister zurück.

Schweiz. Bei einer Volksabstimmung sprechen sich die Stimmbürger für die Einführung einer Mehrwertsteuer und eine Abgabenerhöhung aus.

29. Somalia. In der äthiopischen Hauptstadt Addis Abeba beginnt die dritte Konferenz zur Beilegung des Bürgerkriegs, der Milizführer AIDID anfangs fernbleibt.

Honduras. Aus den Präsidentenwahlen geht der Kandidat der Liberalen Partei, CARLOS ROBERTO REINA, als Sieger hervor.

30. Bosnien-Herzegowina. Die Genfer Friedensverhandlungen werden nach zweimonatiger Unterbrechung wieder aufgenommen.

DEZEMBER

1. Deutschland. Die Ministerpräsidenten der Länder stimmen der Bahnreform zu, nachdem eine Einigung über die Regionalisierung erreicht worden war.

Rußland. Fast zwei Jahre nach dem Zerfall der Sowjetunion gibt es ein neues russisches Staatswappen; der doppelköpfige Adler der Zarenzeit ist wiedergekehrt, in Gold auf rotem Grund mit drei Kronen, Zepter, Reichsapfel und einem Schild, auf dem St. Georg den Drachen tötet.

2. Deutschland. Der Landtag von Sachsen-Anhalt wählt den CDU-Fraktionschef CHRISTOPH BERGNER zum neuen Ministerpräsidenten.

2. Dezember
Der bisherige CDU-Fraktionschef Christoph Bergner, im Bild bei der Landesvorstandssitzung vier Tage zuvor, wird mit überraschend großer Mehrheit zum neuen Ministerpräsidenten Sachsen-Anhalts gewählt

8. Dezember
Der amerikanische Präsident Bill Clinton unterzeichnet in Washington das NAFTA-Abkommen. Hinter ihm (von links) Al Gore, Bob Michel und Tom Foley

Deutschland. Landwirtschaftsminister BORCHERT stellt den Waldzustandsbericht der Bundesregierung 1993 vor, demzufolge ein Viertel der Bäume deutliche Kronenschäden aufweist. Jedem dritten Laubbaum und jedem fünften Nadelbaum fehlen mehr als 25 % der Blätter oder Nadeln.

Hongkong. Gouverneur PATTEN kündigt einseitig Wahlreformen an, worauf das Außenministerium in Peking die Gespräche mit den Briten für abgebrochen erklärt.

Frankreich/GAU. Im südfranzösischen Kernforschungszentrum Cadarache haben Kernphysiker zum ersten Mal eine Kernschmelze herbeigeführt, um einen GAU zu analysieren.

Deutschland. Bundespräsident VON WEIZSÄCKER wird in Hamburg von einem Mann niedergeschlagen, der nach eigenem Bekunden festgenommen werden wollte, um sich in einer Gerichtsverhandlung zur Rolle WEIZSÄCKERS während der NS-Zeit äußern zu können.

3. Kolumbien. PABLO ESCOBAR, der Chef des Rauschgiftkartells von Medellín, wird bei einem Feuergefecht von Sicherheitskräften erschossen.

5. Österreich. Der Wiener Landeshauptmann HELMUT ZILK wird bei einem Briefbombenattentat schwer verletzt. Er ist das neunte Opfer einer Serie von Anschlägen, die am 3. Dezember begonnen hatte. Am 10. Dezember werden zwei mutmaßliche Neonazis als Verdächtige festgenommen.

Venezuela. Aus den Präsidentenwahlen geht der Kandidat des Parteienbündnisses Nationale Konvergenz, RAFAEL CALDERA, als Sieger hervor.

Italien. Bei den Stichwahlen um das Amt des Bürgermeisters gewinnen die Gemeinschaftskandidaten der Linken in 53 Städten (darunter Rom), die Lega Nord in 23 und die neofaschistische Sozialbewegung in 13.

Deutschland. Bei den Kommunalwahlen in Brandenburg siegen SPD und PDS, die CDU wird lediglich drittstärkste Partei. Die Wahl wird vielfach als Test für die Stimmung in den neuen Bundesländern gewertet.

Deutschland. Ein Bericht des Nachrichtenmagazins ›Der Spiegel‹, demzufolge Sektionshelfer in Krankenhäusern Handel mit Leichenteilen treiben, die sie an Pharmaunternehmen und Forschungsinstitute liefern, löst erneut eine Diskussion über ethisches Verhalten in der Medizin aus.

7. Südafrika. Mit der ersten Sitzung des Übergangsrats in Kapstadt beginnt die Beteiligung der schwarzen Bevölkerungsmehrheit an der Macht.
PLO/Deutschland. JASIR ARAFAT stattet Bonn seinen ersten offiziellen Besuch ab, bei dem er Gespräche über den Fortgang der Nahost-Friedensverhandlungen führt.

8. Deutschland/Mölln-Prozeß. Die Attentäter von Mölln werden wegen gemeinschaftlichen Mordes in drei Fällen, versuchten Mordes in 39 Fällen und besonders schwerer Brandstiftung zu lebenslänglicher Freiheitsstrafe (MICHAEL PETERS) und zehn Jahren Jugendstrafe (LARS CHRISTIANSEN) verurteilt.
NAFTA/USA. Präsident CLINTON unterzeichnet in Washington die Nordamerikanische Freihandelsvereinbarung, von der sich die amerikanische Regierung die Schaffung von bis zu 200 000 Arbeitsplätzen erhofft.
Deutschland. Das Bundeskabinett stimmt dem Bau der Magnetschwebebahn Transrapid von Hamburg nach Berlin vorläufig zu.
Deutschland. Der Vermittlungsausschuß von Bundestag und Bundesrat einigt sich auf einen Kompromiß über das Sparpaket der Regierung und stellt damit sicher, daß der Bundeshaushalt 1994 rechtzeitig in Kraft gesetzt werden kann.

9. Rußland/Europäische Union. Präsident JELZIN besucht Brüssel, wo ab 10. Dezember das Gipfeltreffen der EU stattfindet. Er unterzeichnet eine ›Gemeinsame Politische Erklärung‹ über Partnerschaft und Zusammenarbeit zwischen der Russischen Föderation und der EU.
USA/Syrien. Bei einem Besuch Außenminister CHRISTOPHERS in Damaskus wird ein Treffen von Präsident CLINTON und Staatspräsident ASSAD im Januar in Genf vereinbart.

10. Deutschland. Der Bundestag billigt auf Empfehlung des Vermittlungsausschusses das Sparpaket und das Pflegegesetz der Bundesregierung. Am 17. Dezember billigt auch der Bundesrat das Sparpaket; das Pflegegesetz wird abgewiesen.

12. Dezember
Wladimir Schirinowskij,
Führer der rechtsextremen
Liberal-Demokratischen
Partei, nutzt auch seine
Stimmabgabe bei den
russischen
Parlamentswahlen für einen
medienwirksamen Auftritt

12. Rußland. Bei den Parlamentswahlen wird das Präsident JELZIN unterstützende Bündnis ›Rußlands Wahl‹ von Wirtschaftsminister GAIDAR stärkste Fraktion in der Staatsduma, die radikale nationalistische Liberal-Demokratische Partei SCHIRINOWSKIJS zweitstärkste, die Kommunistische Partei drittstärkste Kraft. Die neue Verfassung findet im Referendum eine knappe Mehrheit.
Chile. Aus den Präsidentschaftswahlen geht der Christdemokrat EDUARDO FREI RUIZ TAGLO als Sieger hervor.

13. Israel/PLO. Der geplante Abzug der israelischen Truppen aus Gaza und Jericho wird verschoben, da in Detailfragen keine Einigung erzielt wird. Die Palästinenser in den besetzten Gebieten reagieren darauf mit einem dreistündigen Generalstreik.
Österreich/Deutschland. Bundespräsident THOMAS KLESTIL wird von seinem Amtskollegen RICHARD VON WEIZSÄCKER bei seinem Besuch in Bonn in der Villa Hammerschmidt empfangen. Im Mittelpunkt der Gespräche steht Österreichs geplanter Beitritt zur Europäischen Union.

13. Dezember
Während eines dreitägigen
Staatsbesuchs in Deutschland
bekräftigt der österreichische
Bundespräsident Thomas Klestil

(in der Mitte mit seiner Frau Edith)
Österreichs Willen zum EU-Beitritt.
Rechts sein deutscher Amtskollege
Richard von Weizsäcker, links dessen
Frau Marianne

Deutschland/Bosnien-Herzegowina. Vor der Neuen Wache in Berlin demonstrieren vergewaltigte Frauen aus Bosnien-Herzegowina gegen den Krieg in ihrer Heimat und verlangen freie Fahrt für die UNO-Hilfskonvois zur Versorgung der hungernden und frierenden Bevölkerung. (BILD S. 50)

14. GATT. Einen Tag vor dem geplanten Ende der Uruguay-Runde einigen sich die USA und die EU bei den GATT-Verhandlungen. Am nächsten Tag stimmen die Teilnehmer der Uruguay-Runde dem Abkommen zu.
Ungarn. Das Ungarische Demokratische Forum nominiert den bisherigen Innenminister BOROSS zum Nachfolger des verstorbenen Ministerpräsidenten ANTALL.

15. Großbritannien/Irland. In einer gemeinsamen Erklärung der Premierminister MAJOR und REYNOLDS akzeptiert London erstmals die Sinn Fein, den politischen Arm der Untergrundorganisation IRA,

13. Dezember
Vor der Neuen Wache in Berlin
fordern vergewaltigte Frauen aus

Bosnien freie Fahrt für
UN-Hilfskonvois zur Versorgung der
bosnischen Bevölkerung im Winter

als möglichen Gesprächspartner über die Zukunft Nordirlands.
Algerien. In der Stadt Tamezguida werden zwölf christliche Kroaten und Bosnier erstochen. Muslimische Fundamentalisten hatten im September alle Ausländer aufgefordert, das Land bis zum 1. Dezember zu verlassen. Seither wurden 23 Ausländer getötet.
Israel. Die letzten 197 der 415 im Dez. 1992 deportierten Palästinenser kehren nach Israel zurück. 18 bleiben im Libanon, da sie in Israel ins Gefängnis müßten.

16. **USA.** Verteidigungsminister LES ASPIN kündigt seinen Rücktritt zum 20. 1. 1994 an.

17. **Deutschland.** Der Bundesrat stimmt erneut der Pflegeversicherung nicht zu und legt gegen das damit verbundene Entgeltfortzahlungsgesetz Einspruch ein. Gegen den Bundeshaushalt 1994 legt der Bundesrat keinen Widerspruch ein und stimmt damit den Spargesetzen zu.

19. **Israel/PLO.** In Norwegen werden zusätzliche Geheimverhandlungen um die Lösung der strittigen Fragen zum Gaza-Jericho-Abkommen aufgenommen.
Italien. Mit der Verabschiedung des Hauhalts 1994

und der Wahlreform hat Ministerpräsident CIAMPI die vorgegebenen Ziele seiner Amtszeit erreicht.
USA/Deutschland. Vizepräsident GORE besucht Bundeskanzler KOHL in Oggersheim. Im Mittelpunkt der Gespräche steht die Hilfe für Präsident JELZIN und die russischen Reformen.
Jugoslawien. Bei den Parlamentswahlen in der Teilrepublik Serbien siegen die Sozialisten MILOŠEVIĆS, verfehlen aber die absolute Mehrheit.

21. **Ungarn.** PÉTER BOROSS wird als neuer ungarischer Ministerpräsident vereidigt.
Deutschland/Niederlande/Frankreich. Anhaltende Regenfälle führen im Süden und Südwesten Deutschlands zu den schwersten Überschwemmungen seit Jahrzehnten. Am 22. Dezember erreichen die Fluten die Städte am Mittelrhein. Besonders betroffen sind Köln und Koblenz. Auch in den Niederlanden und Frankreich kommt es zu schweren Überschwemmungen.

22. **Südafrika.** Das Parlament billigt die neue Verfassung, die eine nichtrassische Demokratie mit Wahlrecht für alle Südafrikaner, eine Grundrechtscharta und einen Rechtsstaat festschreibt.

23. **GUS.** Das Gipfeltreffen der Staats- und Regierungschefs in der turkmenischen Hauptstadt Aschchabad wird von der Sorge über den Wahlerfolg der Nationalisten in Rußland überschattet. Am 26. Dezember wird ein Rahmenabkommen für eine Wirtschaftsunion unterzeichnet und BORIS JELZIN einmütig zu ihrem Vorsitzenden bestimmt.
Australien. Die beiden Häuser des Parlaments verabschieden ein Gesetzeswerk, dessen Kernpunkt eine Anerkennung von Landansprüchen der Aborigines ist.
Deutschland/UNO. Kurz vor ihrem Inkrafttreten am 29. Dezember ratifiziert Bonn die internationale Konvention zum Schutz der biologischen Vielfalt, die auf der UNO-Umweltkonferenz in Rio de Janeiro im Juni 1992 vereinbart worden war.
Kuba. Auf dem Umweg über Madrid setzt sich eine Tochter FIDEL CASTROS, ALINA FERNÁNDEZ REVUELTA, in die USA ab. Am 28. Dezember läßt CASTRO seine Enkelin zu ihrer Mutter ausreisen.

21. Dezember
Kurz vor Weihnachten werden viele deutsche Städte von einer Hochwasserkatastrophe betroffen. In Koblenz (im Bild das Deutsche Eck am Zusammenfluß von Rhein und Mosel) wird am 23. Dezember ein Maximalstand von 9,55 m erreicht. Rund 10 000 Menschen sind in ihren umfluteten Häusern eingeschlossen

27. Ägypten. In Kairo werden bei einem Bombenanschlag muslimischer Extremisten auf einen Bus mit österreichischen Touristen acht Österreicher zum Teil schwer verletzt. Acht ägyptische Bürger, die die Verfolgung der Terroristen aufnehmen, werden von diesen niedergeschossen.

Deutschland. Der sächsische Ministerpräsident BIEDENKOPF löst mit seinem Vorschlag, in Zukunft nur noch eine steuerfinanzierte Grundrente zu gewähren, eine heftige Kontroverse aus.

28. Deutschland. Bei einem Brand im Industriehafen von Köln entsteht ein Schaden in Millionenhöhe.

29. Deutschland/Rußland. Bundesaußenminister KINKEL entscheidet, daß der Rechtsextremist SCHIRINOWSKIJ derzeit kein Einreisevisum erhält. SCHIRINOWSKIJ war am Tag zuvor in Bulgarien zur unerwünschten Person erklärt worden, nachdem er dort zum Sturz von Staatspräsident SCHELEW aufgefordert hatte.

Bundeswehr/Somalia. Erstmals seit Beginn ihres Einsatzes werden deutsche Soldaten überfallen. Ein mit zwei Soldaten besetztes Militärfahrzeug der Bundeswehr wird in Mogadischu beschossen. Die Insassen bleiben unverletzt.

Deutschland/Kambodscha. Bonn entsendet mit WIPRECHT VON TRESKOW nach 25 Jahren wieder einen Botschafter nach Phnom Penh.

31. Deutschland/Bischofferode. Wenige Stunden vor der offiziellen Stillegung in der Neujahrsnacht unterschreiben der Betriebsrat und die Kali + Salz AG einen von der Treuhand vermittelten Interessenausgleich und Sozialplan. Damit endet die Grubenbesetzung.

Georgien. Unbestätigten Meldungen zufolge begeht der ehemalige Staatspräsident GAMSACHURDIA in der tschetschenischen Hauptstadt Grosny Selbstmord.

COCOM. Das Koordinierungskomitee für den Ost-West-Handel ändert zum Jahreswechsel die Exportkontrollen, mit denen die Lieferung von Techniken und technischen Unterlagen für Rüstungszwecke verhindert werden sollte, in entscheidenden Punkten. Damit wird das Ende des westlichen Kontrollsystems für Ausfuhren in den ehemaligen Ostblock eingeleitet.

A

Abitur: In der auch 1993 geführten Debatte über die Schulzeit bis zum A. sahen sich die neuen Bundesländer – mit Ausnahme Brandenburgs, das sich an Berlin orientierte – von ihren Kapazitäten wie von ihrer bildungspolit. ›Herkunft‹ außerstande, das A. erst nach 13 Schuljahren zu vermitteln. Statt dessen wurde der 12jährige Bildungsgang favorisiert, der schon in der DDR üblich war. Die Verhandlungen in der Kultusministerkonferenz führten zu dem vorübergehenden Kompromiß, das A. bis 1995 mit unterschiedl. Schulzeiten in den neuen und alten Ländern gegenseitig anzuerkennen und bis dahin Leistungsvergleiche über den Erfolg des kürzeren und längeren Bildungsgangs vorzunehmen.
Daneben wurde die Einführung eines bundeseinheitl. Zentral-A. diskutiert, das einen länderübergreifenden Vergleich der A.-Leistungen ermöglichen könnte. Mehrere Bundesländer beteiligen sich außerdem an einem Versuch, in den Gymnasien ›schnellere‹ und ›langsamere‹ Klassen einzurichten, die das A. nach 12 bzw. 13 Jahren ermöglichen. Dabei ist die Nachfrage nach dem Besuch ›schnellerer‹ Klassen wegen des Risikos schlechterer Abschlüsse (v. a. im Hinblick auf den Numerus clausus) bisher nicht groß (→ Bildungsexpansion).

ABM, Abk. für **A**rbeits**b**eschaffungs**m**aßnahmen, → Arbeitsmarkt.

Abrüstung: Zu den A.-Erfolgen des Jahres 1993 zählten der Abschluß des START-II-Abkommens (→ START II) und die Unterzeichnung des Vertrags über ein → Chemiewaffenverbot. Andererseits verschlechterten sich die Aussichten für einen umfassenden → atomaren Teststopp nach der Wiederaufnahme der chin. Atomwaffentests. Dies wirft Schatten auf die Bemühungen, die → nukleare Nonproliferation voranzutreiben.
Schwierigkeiten ergaben sich auch bei der Einhaltung des Vertragswerks über → konventionelle Rüstungskontrolle in Europa. Allerdings führte die andauernde Wirtschaftskrise zu einer Verlangsamung der Rüstungsproduktion (z. B. beim → Jäger 90) und zu einer weltweiten Verringerung der → Rüstungsexporte.

Abtreibungspille: Im Zusammenhang mit der gescheiterten Reform des § 218 StGB setzte die Diskussion um die sog. A. – das Hormonpräparat RU 486, das die Möglichkeit eines medikamentösen → Schwangerschaftsabbruchs bietet – wieder ein. RU 486 gilt als Alternative zum gynäkolog. Eingriff und ist im Vergleich zu diesem kostengünstiger und v. a. gesundheitsverträglicher für die betroffenen Frauen. Gleichwohl weigerte sich die Hoechst AG

als Lizenzinhaberin nach wie vor – mit dem Hinweis, sie fürchte einen Boykott ihrer anderen Produkte –, die Zulassung des Präparats zu beantragen. In einigen Ländern (Frankreich, Großbritannien, Schweden) wurde die RU 486 allerdings von Roussel-Uclaf, einer Tochtergesellschaft der Hoechst AG, längst auf den Markt gebracht.

Afewerki, Issaias, eritreischer Politiker, * Asmara 1945. – Am 22. 5. 1993 wählte der Eritreische Nationalrat mit 99 von 104 Stimmen A. zum Staatspräsidenten. Zwei Tage später wurde die – auch von der Völkergemeinschaft anerkannte – Unabhängigkeit Eritreas proklamiert.
A., der Ingenieurwiss. studierte, schloß sich 1966 der Eritreischen Befreiungsfront (ELF) an und begann in China mit einer militär. Ausbildung. 1968 wurde er regionaler ELF-Führer und 1969 Oberbefehlshaber der ELF. 1977 Mitbegründer der Eritreischen Volksbefreiungsfront (EPLF), konnte A. die versch. Strömungen innerhalb der Organisation einigen und sein polit. Führungstalent beweisen. Zudem erwarb er sich den Ruf eines militär. Genies mit Charisma und Durchsetzungsvermögen. 1987 wählte ihn die EPLF, die sich inzwischen vom Marxismus abgewandt hatte und nun polit. Pluralismus und Marktwirtschaft vertrat, zu ihrem Generalsekretär. In dieser Eigenschaft übernahm A. 1991 die Leitung der provisor. Regierung von Eritrea.

Afghanistan

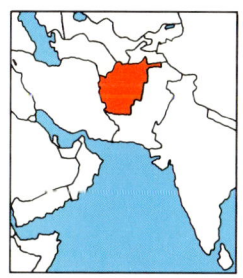

Hauptstadt: Kabul
Einwohner: 19,1 Mio.
Einwohner/km²: 29
Staatsoberhaupt:
B. Rabbani
Regierungschef:
G. Hekmatyar (seit 17. 6. 1993)
BSP/Einwohner:
260 US-$

Fortschreitender wirtschaftlicher Verfall

Der islam. Staat war laut UNO-Entwicklungsindex von 1993 mit einer durchschnittl. Lebenserwartung von 42,5 Jahren, einer Alphabetisierungsrate von 29,4 %, einem realen jährl. Bruttoinlandsprodukt pro Kopf von 714 US-$ und 6,1 Mio. Menschen in absoluter Armut das weltweit am drittschwächsten entwickelte Land. Das Erbe (u. a. 10 Mio. Minen) und die Fortsetzung des Bürgerkrieges (1993 15 000 bis 20 000 Tote) verhinderten den Wiederaufbau des Landes und eine Belebung überregionaler Wirtschaftsaktivität. Die Produktion sank insgesamt weiter; regional unterschiedlich gelang in den befriedeten Zonen die Reaktivierung und der Bau neuer Produktionsstätten. Nach UNO-Angaben entwickelte sich A. zum weltgrößten Heroinproduzenten (1993 ca. 2 000 t Opium) und ist außerdem Transit- und Schmuggelland für Rauschgift, Gold, Edelsteine und Waffen. Der geringe Außenhandel beschränkte sich im wesentl. auf die Nachbarländer und Rußland. Die Handelsbilanz blieb stark negativ.

Fortsetzung des Machtkampfs

Auch 1993 hat sich in A. keine übergreifende, stabile Zentralmacht herausbilden können. Blutige Machtkämpfe unter den bis zum Sturz NAJIBOLLAHS (April 1992) wenigstens beschränkt kooperierenden und gelegentlich ihre Handlungen koordinierenden Mudjahedingruppen führten zum fakt. Zerfall des Landes in mehrere relativ selbständig innen- und außenpolitisch agierende, ethnisch-religiös definierte Zonen. Im Dez. 1992 ließ sich der bis dato amtierende Präs. BURHANUDDIN RABBANI durch einen ›Rat der Weisen‹ zum Staatsoberhaupt wählen. Maßgebl. Mudjahedinführer hielten dies für illegitim. Ab März gab es mehrere Friedensvereinbarungen zwischen den rivalisierenden Gruppen, die jeweils gebrochen wurden. Obwohl Mudjahedinführer GULBUDDIN HEKMATYAR am 17. Juni Premiermin. wurde, nahmen seine Truppen bis Jahresende mehrfach Kabul unter schweren Artilleriebeschuß.

Außenpolitisch in der Defensive

Geopolitisch bedeutungslos geworden, geriet A. weitgehend in Vergessenheit. Lediglich Pakistan, Iran, Saudi-Arabien sowie partiell die UNO unternahmen Bemühungen zur Beilegung der Kämpfe. Gleichzeitig entstand eine neue, grenzüberschrei-tende Konfliktsituation durch die Unterstützung militant-islamist. Kräfte in Tadschikistan durch einige Mudjahedinführer im N Afghanistans.

Die Auswirkungen der Abhängigkeit von der Weltwirtschaft

Im Gestrüpp von Armut, Hunger, Seuchen, Korruption, Krieg, Bürgerkrieg, Überbevölkerung und Verschuldung blieben bislang alle entwicklungspolit. Konzeptionen wenig erfolgreich. Dies führte u. a. dazu, daß heute der größte Teil der ärmsten Länder der Erde in A. liegt und der Kontinent insgesamt nach Berechnungen der Weltbank mit einem Bruttosozialprodukt von (1991) 590 US-$ pro Kopf der Bevölkerung (Europa: 10 250 US-$) mit weitem Abstand den geringsten Wohlstand aufweist. Mit Ausnahme der Republik Südafrika zählen alle afrikan. Staaten zur Gruppe der Entwicklungsländer. Daß sich die wirtschaftl. Situation des Kontinents in den Jahren seit der großen Entkolonialisierungswelle Anfang der 1960er Jahre nicht verbesserte, zeigt sich u. a. auch in dem zurückgehenden Anteil A.s am Welthandel, der zw. 1961 und 1991 von 6 % auf 2 % sank und insgesamt gesehen trotz des Erdölreichtums einiger Staaten v. a. Nord- und Westafrikas defizitär ist. Dabei ist den meisten afrikan. Staaten mit anderen Entwicklungsländern gemeinsam die weitgehende Abhängigkeit von Rohstoffexporten und die Dominanz der Landwirtschaft, die in weiten Teilen A.s neben exportorientierter Plantagenwirtschaft (Kaffee, Tee, Kakao, Baumwolle usw.) in erster Linie Subsistenzlandwirtschaft ist, d. h. nur für den Eigenbedarf der Bauern produziert. Aufgrund dieser Ausrichtung der Wirtschaft wurde A. besonders stark vom Verfall der Weltmarktpreise vieler Rohstoffe betroffen. So sanken z. B. die Erzeugerpreise für Kaffee und Kakao von 1986 bis 1992 um rd. zwei Drittel. Diesen negativen Rahmenbedingungen konnte auch die Entwicklungshilfe durch die Industrie-

Kenianische Bauern bei der Tee-Ernte

staaten und die internat. Entwicklungshilfeorganisationen (z. B. die Weltbank) nicht wirksam gegensteuern. Im Gegenteil, es verringerten sich sogar (gemessen am Bruttosozialprodukt) die Aufwendungen zahlreicher Industriestaaten für Entwicklungshilfe im Zuge der seit Ende der 1980er Jahre fortschreitenden weltweiten Wirtschaftskrise, die zudem vermehrt zu protektionist. Verhalten im Welthandel führte.

Die geschilderten Wirtschaftsprobleme führten in den meisten afrikan. Staaten zu einem starken Anstieg der Verschuldung, zur Zahlungsunfähigkeit, zur daraus folgenden Kreditunwürdigkeit und somit zum Stopp des Kapitalzuflusses. Die Schulden der Staaten Schwarzafrikas stiegen z. B. von 1991 bis 1992 um 8,4 Mrd. US-$ auf 255,2 Mrd. US-$, was die Bereitstellung von etwa einem Drittel der Exporterlöse allein für den Schuldendienst nötig machte, der gerade von den ärmsten Ländern häufig nicht mehr geleistet werden konnte. 1992 leisteten die Länder A.s daher nur noch 50 % der fälligen Zins- und Tilgungszahlungen.

Im Teufelskreis von Bevölkerungsexplosion, Hunger und Gewalt

Ein weiteres, das Bild A.s in der Welt prägendes Element waren und sind die häufigen und weitverbreiteten Hungersnöte. Gerade zu Beginn der 1990er Jahre gab es in A. aufgrund von Bürgerkriegen, anhaltender Dürre im O und S, Verteilungsungerechtigkeiten, fehlgeschlagener Wirtschaftspolitik und des Bevölkerungswachtums rd. 70 Mio. Hungernde mehr als noch Anfang der 1970er Jahre. Etwa jeder dritte Afrikaner litt daneben an Mangelernährung, und 1993 benötigten rd. 20 der 53 afrikan. Staaten ausländ. Nahrungsmittelhilfe.

Vereinzelte Fortschritte in der wirtschaftl. Entwicklung und v. a. in der Nahrungsmittelproduktion werden gerade in A. durch das enorm schnelle Anwachsen der Bevölkerung zunichte gemacht. Während der Kontinent 1950 noch rd. 222 Mio. Bewohner aufwies, waren es 1970 bereits 362 Mio., 1980 477 Mio. und 1990 642 Mio.; für 1995 wird mit einer Bevölkerung von 747 Mio. gerechnet, d. h. die Bevölkerungszahl wird sich in 25 Jahren mehr als verdoppelt haben. Entsprechend den in den einzelnen Ländern unterschiedl. Wachstumsraten führte dieses rasante Wachstum dazu, daß heute zw. 40 und 50 % der Afrikaner unter 15 Jahre alt sind. Neben der Entwurzelung breiter Bevölkerungsschichten aufgrund der Bürgerkriege und Hungersnöte trägt gerade auch dieses Element stark zur Zerrüttung der traditionellen Gesellschaftsstrukturen durch deren Überbeanspruchung bei. Ein Phänomen, das in den letzten Jahren in zunehmend größerem Ausmaß in zahlreichen schwarzafrikan. Staaten durch die bes. starke Ausbreitung der Immunschwächekrankheit AIDS und in deren Folge durch den Ausfall v. a. großer Teile der (sexuell bes. aktiven) Gruppe der 20- bis 40jährigen verschärft wurde. Eine weitere Folge der Bevölkerungsexplosion und der schwierigen wirtschaftl. Situation sind die zunehmenden ökolog. Schäden, wie sie sich u. a. in

der rasanten Abholzung der trop. Regenwälder zum Zweck der Holzgewinnung (Edelholz für den Export und Brennholz für die Bevölkerung) und der Ausdehnung der landwirtschaftl. Fläche sowie an der zunehmenden Desertifikation durch Überweidung zeigen.

Ursprünglich ist der UNO-Einsatz in Somalia humanitären Zielsetzungen wie der Bekämpfung des Hungers gewidmet. Im Bild ein Soldat der französischen Armee und ein somalischer Junge

Trotz all dieser Probleme leisten sich die Herrschenden A.s auch aufgrund der immer häufiger werdenden innenpolit. und zwischenstaatl. Probleme vergleichsweise hohe Ausgaben für das Militär. So stiegen etwa die Ausgaben aller afrikan. Staaten für Waffenkäufe von Ende der 1960er bis Ende der 1980er Jahre inflationsbereinigt von etwa 700 Mio. US-$ auf deutlich mehr als 2,8 Mrd. US-$, wobei insgesamt eine Verschiebung des Schwergewichts von den Ländern Nordafrikas hin zu den Ländern Schwarzafrikas zu beobachten ist, ein Trend, der sich, bedingt durch die zahlreichen krieger. Konflikte der letzten Jahre (Angola, Moçambique, Somalia, Sudan, Liberia usw.), bis in neueste Zeit fortsetzte. Dabei dienten diese Militärausgaben, wie sich z. B. in Togo und Zaire 1993 zeigte, mitunter auch der Herrschaftssicherung abgewirtschafteter Regime oder erlaubten es dem Militär, wie z. B. 1992 in Algerien und Sierra Leone und 1993 (wenn auch vergeblich) in Burundi, gewaltsam in den polit. Prozeß einzugreifen.

Neue Entwicklungen nach dem Ende des Ost-West-Konflikts

Nach dem Zusammenbruch des Ostblocks und dem Ende des Ost-West-Konflikts verloren zahlreiche autoritäre Regime A.s ihre Unterstützung durch Industriestaaten des Nordens. Die Befreiung vom kalten Krieg hat auch in A. polit. Turbulenzen ausgelöst. Freiheit und Demokratie, Menschenrechte und soziale Gleichheit gewinnen wieder an Bedeutung. In allen Staaten des Kontinents sind polit. Veränderungen in Gang gekommen, wobei mind. drei Richtungen zu unterscheiden sind. In zahlreichen Ländern sind Diktaturen gestürzt und durch Mehrparteiensysteme ersetzt worden (Benin, Mali, Kap Verde, Äthiopien, Sambia u. a.); in anderen Staaten sind Wahlrechts- und Wirtschaftsreformen

Französische Landwirte protestieren auf der Autobahn bei Vernon mit brennenden Reifen gegen die Agrarpolitik der EG (15. September)

Agrarpolitik: Die dt. Landwirte mußten 1993 bei insgesamt niedrigeren Preisen leicht sinkende Einkommen hinnehmen, so daß sich der Einkommensrückstand zur übrigen Wirtschaft vergrößerte. Das von den Landwirtschaftsministern der EG-Staaten für das Wirtschaftsjahr 1993/94 beschlossene Agrarpreispaket, das im wesentlichen auf der im Vorjahr beschlossenen Agrarreform beruht, wurde von der Bundesregierung auch als Erfolg für die dt. Landwirtschaft gewertet. Allerdings mußte die dt. Seite bei den Agrarpreisverhandlungen die wegen der Leitkursanpassung im Europ. Währungssystem eingetretene Senkung der dt. Erzeugerpreise um 1,3% ohne Ausgleich hinnehmen. Diese Preissenkung betrifft alle Produkte, die von der Agrarreform (massive Preissenkung bei Getreide, Senkung des Richtpreises bei Rindfleisch, Senkung des Butterpreises) nicht erfaßt sind. Der Verlust wurde jedoch durch die Erhöhung der direkten Beihilfen und ein verbessertes System der Flächenstillegung weitgehend kompensiert. So soll der Einkommensausgleich für dt. Ackerbaubetriebe von jährlich 600 DM pro Hektar auf 760 DM erhöht werden. Die Preisausgleichszahlungen der EG dürften in den nächsten Jahren bis auf rd. 7 Mrd. DM für Deutschland steigen. Zudem beabsichtigt die Bundesregierung, in die nat. Agrarstrukturförderung künftig stärker leistungs- und umweltbezogene Prinzipien einfließen zu lassen. So soll die einzelbetriebl. Förderung bei größeren Investitionen und gleichzeitig knappen Mitteln auf zukunftsorientierte Betriebe konzentriert sowie personen- und betriebsbezogen in Form von Zinsverbilligungen gewährt werden.

Im Juli beschloß die Bundesregierung eine grundlegende Reform des sozialen Sicherung der Landwirte. Kern der Agrarsozialreform ist, für Bäuerinnen einen eigenständigen Anspruch auf Erwerbsunfähigkeits- und Altersrente mit Hinterbliebenenversorgung zu schaffen. Darüber hinaus sieht der Gesetzentwurf vor, den Zugang in das System für nebenberuflich tätige Landwirte zu erschweren und die im Zuge des fortschreitenden Strukturwandels in der Landwirtschaft wachsenden Defizite des Alterssicherungssystems (abnehmende Zahl von Bei-

in Gang gekommen, ohne daß sich jedoch die autoritären Regime im Kern gewandelt hätten (›Fassadendemokratien‹ in Gabun, Senegal, Elfenbeinküste, Kamerun, Kenia u.a.); daneben haben in einigen Ländern demokratische, v.a. aber auch separatist. und tribalist. Bewegungen zur polit. Destabilisierung beigetragen, bis hin zur Selbstzerstörung von Staaten in Bürgerkriegsländern (Somalia, Liberia, Sudan, Tschad, Burundi, Angola und Moçambique). Dabei konnten sich nur wenige Staaten als zumindest relativ stabile Mehrparteiendemokratien behaupten: allen voran das multikulturelle Mauritius, das seit langem stabile Botswana und die bislang gut funktionierende Mehrparteiendemokratie in Namibia. Als bes. hinderlich für eine Demokratisierung erwiesen sich häufig neben der katastrophalen wirtschaftl. Situation ethn. Konflikte, da sich die polit. und im Konfliktfall militär. Parteien in den multiethn. Staaten A.s oft an Stammes- (z.B. Burundi, Ruanda) bzw. Klanloyalitäten (z.B. Somalia) orientierten. Zudem wirkten in A. engagierte außerafrikan. Mächte, nachdem sie noch Ende der 1980er Jahre auf eine Demokratisierung gedrängt hatten, angesichts der z.T. chaotischen und destruktiven Entwicklungen der letzten Jahre wieder stärker im Sinne einer Stützung der herrschenden Eliten und Regime; dies zeigte sich z.B. 1993 durch die Einladung des zair. Staatspräs. MOBUTU zum Gipfeltreffen der frankophonen Staaten Afrikas. Neben der Orientierung an den europäisch geprägten Demokratie-Idealen gewann, von Nordafrika und dem Nahen Osten ausgehend, in den letzten Jahren auch der islam. Fundamentalismus zunehmend an Einfluß. Dies schlug sich in den arabischen nordafrikan. Staaten teilweise in bewaffneten Auseinandersetzungen zw. islamisch-fundamentalistisch orientierten Untergrundbewegungen und der Staatsmacht nieder (z.B. Algerien, Ägypten), führte aber auch im Übergangsgebiet zw. Nord- und Schwarzafrika zunehmend zu Konflikten (z.B. Bürgerkrieg im Sudan, religiös fundierte Unruhen in Nigeria).

Im März beginnt in Kairo vor einem Militärgericht der Prozeß gegen 49 Anhänger der extremistischen Islamischen Vereinigung, denen terroristische Anschläge zur Last gelegt werden

tragszahlern) durch steigende Bundeszuschüsse auszugleichen.

Im Herbst waren der EG-Beschluß zur Basisflächenkürzung in Ostdeutschland, der auf Grundlage falscher Berechnungen zustande gekommen war, sowie die großflächige Sperrung ganzer Landkreise zur Bekämpfung der → Schweinepest Hauptthemen der Diskussion. In Brüssel konnte die Rücknahme der Zwangsstillegungen und die Verkleinerung der Schweinepestsperrgebiete erreicht werden.

Ägypten

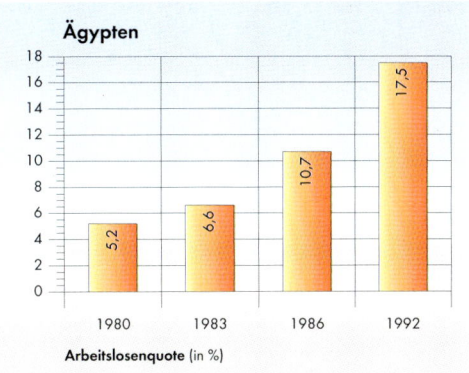

Ägypten

Arbeitslosenquote (in %)

Hauptstadt: Kairo
Einwohner: 54,8 Mio.
Einwohner/km²: 55
Staatsoberhaupt:
H. Mubarak
Regierungschef:
A. Sidqi
BSP/Einwohner:
620 US-$

Bedrohung der inneren Sicherheit

Die offenen Auseinandersetzungen zw. Reg. und Islamisten, die Anfang 1992 begonnen hatten, setzten sich 1993 als die blutigsten seit der Ermordung ANWAR AS-SADATS fort. Das Hauptziel der militanten Islamisten war der Sturz der Reg. HOSNI MUBARAKS und der Aufbau eines Gottesstaates. Zahlreiche Sprengstoffanschläge gegen Ausländer und tourist. Einrichtungen sollten den Tourismus als wichtigste Devisenquelle Ä.s ausschalten, um die Reg. in die Enge zu treiben. Zahlreiche Mordanschläge gegen hohe Politiker und Sicherheitskräfte erschütterten die innere Sicherheit. So entkam der neu ernannte Innenmin. HASSAN ALFI im Aug. schwerverletzt einem Attentat, MinPräs. Sidqi überstand im Nov. einen Bombenanschlag unverletzt. Die Reg., die um die mit dem Internat. Währungsfonds (IWF) und der Weltbank ausgehandelten Wirtschaftsreformen fürchtete, reagierte mit scharfem Vorgehen: Bei Polizeiaktionen in den Islamistenhochburgen in Assuan, den Armenvierteln Kairos und dem oberägypt. Assiut kam es zu Hunderten von Verhaftungen, und es gab zahlreiche Tote. Militärgerichte verhängten Todesstrafen, die bis Ende des Jahres in 14 Fällen durchgeführt wurden. Eine Serie bes. blutiger Anschläge in dichtbesiedelten Wohngegenden Kairos verschärfte die gespannte innenpolit. Situation noch weiter. Mit Empörung reagierte die Öffentlichkeit darauf, daß sich nun auch unbeteiligte ägypt. Zivilisten unter den Opfern befanden und sich die Täter nicht zu den Anschlägen bekannten. Im Okt. wurde Präs. MUBARAK in einem Referendum mit 94% der Stimmen für eine dritte Amtszeit als Staatsoberhaupt bestätigt.

Bei einer anschließenden Regierungsumbildung (der größten seit Mubaraks Amtsantritt) wurde das Kabinett um drei Posten auf 34 erweitert.

Außenpolitische Aktivitäten

Im Mittelpunkt der außenpolit. Bemühungen Präs. MUBARAKS standen die Nahost-Friedensverhandlungen, die ihn zu zahlreichen Gesprächen mit Amtskollegen veranlaßten.

Im Frühjahr führte ihn eine zehntägige Reise nach Europa, im April und Okt. besuchte er die USA, wo ihn die Regierenden in seiner Vermittlerrolle im Friedensprozeß bestärkten. Im April des Jahres empfing er den israel. MinPräs. ITZHAK RABIN. Seit Sept. ist Ä. Gastgeber bei den Verhandlungen zw. Israel und der PLO.

Die gespannte innenpolit. Situation führte zu einer Verschlechterung der Beziehungen zu den Ländern Sudan, Iran und Afghanistan, denen Ä. vorwarf, die ägypt. Islamisten finanziell und militärisch zu unterstützen. Im Juni kam es zu direkten Verhandlungen zw. Ä. und Sudan, nachdem die Beziehungen beider Länder in der ersten Jahreshälfte einen Tiefpunkt erreicht hatten. Bei den Verhandlungen spielten die ägypt.-sudanes. Grenzstreitigkeiten um das 16 000 km² große rohstoffreiche Gebiet Halaib eine wichtige Rolle.

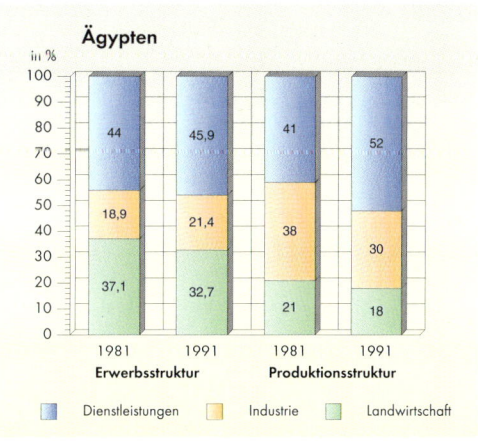

Ägypten

in %

Erwerbsstruktur — Produktionsstruktur

Dienstleistungen — Industrie — Landwirtschaft

Aidid, Mohamed Farah, somal. General und Politiker, *Belet Weyne (Belet Uen) 1935. – A., der dem Klan der Habir-Gedir, einem Subklan der Hawija angehört, wurde zur Ausbildung nach Italien geschickt, wo er nach dem Abitur zur Polizei ging und Polizeioffizier wurde. 1959 wechselte er zu den italien. Streitkräften und studierte anschließend Militärwiss. in der Sowjetunion. Nach seiner Rückkehr nach Somalia war er Offizier, beteiligte sich jedoch nicht am Militärputsch MOHAMMED SIAD BARRES 1969. Angeblich hatte er selbst einen Umsturz geplant und wurde nun vom neuen Regime sechs Jahre in Haft gehalten. Nachdem er als Oberst 1977 am Ogadenkrieg teilgenommen hatte, wurde er somal. Botschafter in Indien. In der immer kritischer werdenden innenpolit. Situation Somalias Ende der achtziger Jahre übernahm A. die Führung der Rebellenarmee des United Somali Congress. Nach dem Sturz SIAD BARRES 1991 brachen allerdings zw. den verschiedenen Aufstandsbewegungen Kämpfe aus; der Bürgerkrieg führte zu einer sich auf ganz Somalia erstreckenden Hungersnot. Die ab Dez. 1992 zur militär. Absicherung der humanitären Hilfsaktionen im Auftrag der UNO gelandeten Truppen (zunächst überwiegend aus den USA) wurden von den Milizen A.s als unerwünschte Besatzer bekämpft. Nachdem 23 pakistan. UNO-Soldaten am 5. Juni getötet worden waren, genehmigte der UNO-Sicherheitsrat einstimmig ›alle notwendigen Maßnahmen‹ zur Festnahme A.s. Dessen ungeachtet konnte A. sich in Mogadischu bewegen und immer wieder öffentlich auftreten, bis die Suche im Okt. offiziell eingestellt wurde. Trotz seiner im Juli 1993 geäußerten Verhandlungsbereitschaft boykottierte er anfangs die seit 29. Nov. in Addis Abeba laufende UNO-Friedenskonferenz.

Bundesgesundheitsminister Seehofer nimmt am 7. Oktober zum AIDS-Skandal Stellung

AIDS, seit 1981 bekannte, über Virusinfektion erworbene Immunschwächekrankheit. Weltweit waren bis Ende 1993 nach Schätzung der Weltgesundheitsorganisation WHO in Genf 15 Mio. Men-

Betroffene, Selbsthilfegruppen und Wissenschaftler kommen im Juni in Berlin auf dem Internationalen AIDS-Kongreß zu Wort

schen mit dem AIDS verursachenden Virus HIV infiziert, rd. 2,5 Mio. Menschen sind an AIDS erkrankt.

Vor diesem Hintergrund diskutierten etwa 14 000 Teilnehmer auf dem IX. Welt-AIDS-Kongreß vom 6.–11. Juni in Berlin biomedizin. Entwicklungen, sozialwiss. Erfahrungen und gesundheitspolit. Konsequenzen im Zusammenhang mit der Epidemie. Ernüchternd beurteilten Kliniker die bisherigen therapeut. Möglichkeiten. Der zunächst von amerikan. Klinikern beobachtete Effekt einer Lebensverlängerung bei HIV-Infizierten ohne Krankheitsymptome durch den frühen Einsatz des AIDS-Medikaments Azidothymidin (AZT) ließ sich in einer umfassenden europ. Studie nicht bestätigen. Ebenfalls enttäuschend verliefen Studien, bei denen jeweils mehrere AIDS-Medikamente in Kombination getestet wurden. Als bes. problematisch gilt die beobachtete Resistenz des Virus gegenüber den über einen längeren Zeitraum eingesetzten Wirkstoffen. Erste klin. Ergebnisse aus Impfstoffversuchen ergaben ein uneinheitl. Bild. Einige der Experimental-Impfstoffe waren zwar in der Lage, eine gegen HIV gerichtete Immunreaktion hervorzurufen, ob diese jedoch bereits einen Schutz gegen HIV darstellt, läßt sich noch nicht beurteilen. Die 8. Internat. AIDS-Konferenz in Marrakesch (ab 13. Dez.) beschäftigte sich mit der Ausbreitung von AIDS in Afrika.

AIDS-Skandal: Ab Okt. beunruhigten Meldungen über mögl. AIDS-Infektionen bei Operationen durch AIDS-verseuchte Blutkonserven weite Teile der Bevölkerung. Nachdem bekannt wurde, daß das Bundesgesundheitsamt (BGA) in den vergangenen neun Jahren 373 Meldungen über den Verdacht von AIDS-Infektionen durch unsaubere Blutkonserven verschwiegen hatte, versetzte Bundesgesundheitsmin. SEEHOFER den Präs. des BGA, DIETER GROSSKLAUS, und den zuständigen Abteilungsleiter im Gesundheitsministerium, MANFRED

STEINBACH, im Okt. in den einstweiligen Ruhestand. Weitere Enthüllungen nahm der Min. zum Anlaß, das BGA aufzulösen. Seine sechs selbständigen Institute sind nun dem Ministerium direkt zugeordnet. Bei den Nachforschungen stießen die ermittelnden Behörden auf die Koblenzer Firma UB Plasma, die – möglicherweise über Jahre hinweg – aus kommerziellen Gründen unzureichend geprüftes Blutplasma vertrieben hatte. In den Labors der Firma wurden jeweils mehrere Blutspenden zusammengefaßt und dann auf HIV getestet, wodurch ein erhebl. Unsicherheitsfaktor entstand. UB Plasma wurde Ende Okt. von den Behörden geschlossen. Nach Angaben der Staatsanwaltschaft hatte eine frühere Mitarbeiterin der Firma schon im Jan. 1987 die zuständige Bezirksregierung über den Verdacht informiert, daß positiv auf HIV getestetes Blut verkauft werde. Die Tatsache, daß UB Plasma Teil eines Vertriebsnetzes war, das in viele Regionen Deutschlands reicht, und daß Zwischenhändler Produkte der Firma unter neuer Etikettierung weitervertrieben, erhöhte die Sorge in der Öffentlichkeit. Das Ernst-Rodenwald-Institut der Bundeswehr in Koblenz wurde in den Fall hineingezogen, als bekannt wurde, daß ein Mitarbeiter nebenberuflich als Laborleiter bei der UB Plasma tätig war. Gegen ihn, gegen den Geschäftsführer, dessen Stellvertreter und weitere Mitarbeiter des Unternehmens wurde im Nov. Haftbefehl erlassen. Eine Überprüfung eines Zehntels der Rückstellproben der UB Plasma ergab, daß mind. zwei der Blutspender HIV-infiziert sind. Im selben Monat wurden weitere Betriebe in Deutschland wegen lückenhafter Tests an Blutproben geschlossen.

Als Folge der Verunsicherung in der Öffentlichkeit wurden Kliniken, Gesundheitsbehörden, Ärzte und Beratungsstellen mit Anfragen überschüttet. Mit großem organisator. und finanziellem Aufwand versuchten die Länder und in ihrem Auftrag die Kliniken, möglicherweise betroffene Patienten zu ermitteln. Gesundheitsmin. SEEHOFER riet allen Klinikpatienten, die seit 1980 bei Operationen Blut oder Blutersatzstoffe erhalten hatten, zum AIDS-Test. Der Bundestag setzte einen Untersuchungsausschuß ein, der den Fragenkomplex aufklären

Albert II. folgt seinem verstorbenen Bruder Baudoin auf dem belgischen Thron

soll. Im Nov. beschlossen die Koalitionsfraktionen die Einrichtung eines Fonds zur Unterstützung HIV-infizierter Bluter. Die Europ. Union beschloß im Dez. Kontrollen zum Schutz vor verseuchten Blutpräparaten.

Albanien

Hauptstadt: Tirana
Einwohner: 3,3 Mio.
Einwohner/km²: 115
Staatsoberhaupt: S. Berisha
Regierungschef: A. Meksi
BSP/Einwohner: 710 US-$

Wirtschaftliche Entwicklung

Der Übergang zu marktwirtschaftl. Strukturen erwies sich im ökonomisch rückständigen A., das sich in 46 Jahren stalinist. Diktatur vom Ausland weitgehend isoliert hatte, noch schwieriger als in anderen postsozialist. Ländern. Den Zustand der alban. Wirtschaft charakterisierten Experten von Weltbank und EG als ›katastrophal‹ und ›regelrecht im freien Fall‹. A. reihte sich damit in den Kreis der ärmsten Entwicklungsländer ein. Großen Teilen der Bevölkerung konnte nur mit ausländ. Hilfe das Überleben gesichert werden. Viele Albaner verließen auf der Suche nach Arbeit ihr Land.

Innen- und Außenpolitik

Die breite Unterstützung der Bevölkerung für die regierende Demokrat. Partei, die aus den Wahlen im Frühjahr 1992 als überlegene Siegerin hervorgegangen war, nahm in der Folgezeit sehr schnell ab und wich tiefer Ernüchterung. Die fortgesetzte Unterdrückung der Albaner im Kosovo durch die serb. Politik und das problemat. Verhältnis der alban. Regierung zu den im S des Landes lebenden etwa 60 000 Griechen erschwerten die außenpolit. Lage A.s. Für den Fall, daß der Kosovo in die militär. Auseinandersetzungen im ehem. Jugoslawien einbezogen würde, prophezeite A.s Präsident SALIH BERISHA ›nahöstl. Zustände‹ auf dem Balkan. Die im Sommer 1993 erfolgte Ausweisung eines griechisch-orthodoxen Priesters aus A. nahm die Regierung in Athen zum Anlaß, weit über 10 000 illegale alban. Einwanderer – z. T. unter drast. Gewaltanwendung – abzuschieben. Mitte Nov. entspannte sich nach Zusagen der alban. Reg., die Minderheitenrechte der Griechen zukünftig zu achten, das alban.-griech. Verhältnis. Der Versuch, Anschluß an EG und NATO zu finden, scheiterte.

Albert II., König von Belgien, *Schloß Stuyvenberg 6. 6. 1934. – Am 9. 8. 1993 legte Prinz ALʙᴇʀᴛ ᴠᴏɴ Lüttich, der Bruder des am 31. Juli verstorbenen Königs Baudouin I., vor beiden Kammern des belg. Parlaments den Amtseid ab.

Prinz A. schlug die Offizierslaufbahn ein und erreichte den Rang eines Admirals. Mitglied des Senats und Präs. des belg. Roten Kreuzes, diente er seinem Land v. a. als Wirtschaftsfachmann. Seine profunden Kenntnisse, sein stilsicheres Auftreten und die Beherrschung mehrerer Sprachen machten ihn zum erfolgreichen Wirtschaftsrepräsentanten Belgiens. Im Ggs. zu König Baudouin gilt A. als lebenslustig und extrovertiert. Seine Hauptaufgabe wird sein, eine weitere Entfremdung zw. Wallonen und Flamen zu verhindern und glaubwürdig die Einheit des belg. Staates darzustellen.

Alfred-Manessier-Ausstellung: Mit einer Ausstellung würdigte das Centre International du Vitrail (Chartres) von Jan. bis April den frz. Künstler Alfred Manessier als Meister der sakralen Glasmalerei. Den Maler Manessier hatte bereits das Pariser Grand Palais 1992 gezeigt.

In der Nachkriegszeit begründete der Künstler die informelle Malerei der ›École de Paris‹ mit und wurde zu einem ihrer Hauptvertreter. Über die religiös orientierte gegenstandslose Malerei kam er zur Glasmalerei, die er in dieser Form in Frankreich in den Sakralraum einführte. Wichtige Werke in Deutschland finden sich in der Kölner Gereonskirche, der Stiftskirche in Essen und der Bremer Liebfrauenkirche. Manessier verstarb nach einem Verkehrsunfall am 1. Aug. im Alter von 81 Jahren. Seine letzte Arbeit, die 28 Glasfenster in ›Saint Sépulcre‹ in Abbeville umfaßte, vollendete er nach zehn Jahren kurz vor seinem Tod.

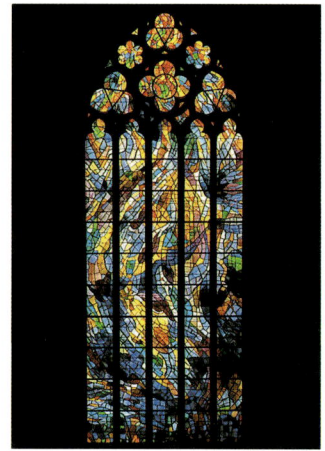

Das ›Pfingstfenster‹ von Alfred   Liebfrauenkirche in Bremen
Manessier in der Evangelischen

Algerien

Hauptstadt: Algier
Einwohner: 26,4 Mio.
Einwohner/km²: 11
Staatsoberhaupt:
A. Kafi
Regierungschef:
R. Malek
(seit 21. 8. 1993)
BSP/Einwohner:
2 020 US-$

Die innere Sicherheit war für den Staatsrat, der am 14. 1. 1992 durch seine Machtübernahme den erwarteten Wahlsieg der Untergrundorganisation Islam. Heilsfront (FIS) verhindert hatte, weiterhin von höchster Priorität. Angriffe der militanten FIS-Anhänger richteten sich gegen Polizisten, Mitglieder der Sicherheitskräfte und verstärkt auch gegen höchste Regierungsvertreter und Intellektuelle. Trotz verschärfter Sicherheits- und Repressionsmaßnahmen wie die Ausweitung der nächtl. Ausgangssperre, Massenverhaftungen und sogar die

Verhängung und Durchführung von Todesurteilen, dauerten die Gewalttaten der islam. Extremisten an. Zwischen Sept. und Dez. wurden 23 Ausländer ermordet. Muslim. Fundamentalisten hatten alle Ausländer aufgefordert, A. bis zum 1. Dez. zu verlassen. Landesweite Massendemonstrationen gegen die Terrorwelle wurden von den Behörden genehmigt. Doch sie waren nach Einschätzung von Beobachtern ebenfalls Ausdruck der kontinuierlich abnehmenden Popularität der Reg. Inkompetenz im Umgang mit den erdrückenden ökonom. Problemen des Landes und das Hinauszögern versprochener Neuwahlen waren die Hauptvorwürfe an die Machthaber. Am 21. Aug. wurde der Regierungschef Belaid Abdessalam seines Amtes enthoben und durch den bisherigen Außenmin. Rédha Malek ersetzt; dessen Ernennung wurde als Demonstration für einen härteren Kurs gegen die Fundamentalisten gewertet. Darüber hinaus kündigte Staatsratsvors. Ali Kafi ein Referendum zu Verfassungsfragen an, für das jedoch die Sicherheitsbedingungen nicht gegeben waren.

Finanzielle Hilfe suchte die Reg. bei den westl. Industrienationen, allen voran bei der ehemaligen

Im März demonstriert die   Plakat der im Juli 1992 ermordete
Bevölkerung in Algier gegen die   Staatsratsvorsitzende Mohammed
Gewalt in ihrem Land. Auf dem   Boudiaf

alger. Kolonialmacht Frankreich, nachdem Verhandlungen mit dem Internat. Währungsfonds und der Weltbank ins Stocken geraten waren.

Almsick, Franziska van, Schwimmerin, * Berlin 5. 4. 1978. – Seit Sommer 1993 zählt A. zu den großen weibl. Sportstars Deutschlands. Obwohl Schwimmen nicht die populärste und medienwirksamste Sportart ist, zog A. in puncto Popularität mit STEFFI GRAF gleich. Von den dt. Sportjournalisten wurde sie im Nov. zur Sportlerin des Jahres gewählt.

1992 bereits zweifache dt. Meisterin, wurde A. einem breiten Publikum bekannt, als sie bei den Olymp. Spielen 1992 vier Medaillen gewann. In Barcelona war sie noch unbelastet an den Start gegangen, ein Jahr später – vor den Schwimmeuropameisterschaften im Aug. – wurde ihr schon die Zahl der zu erringenden Titel vorgegeben. Trotz dieses extremen Drucks gewann A. sechs Goldmedaillen. Das selbstbewußte, ja freche Auftreten und die Schlagfertigkeit der Berlinerin kommen bei Publikum und Werbepartnern gut an.

Schwimmstar Franziska van Almsick

Alternativer Nobelpreis: Der 1980 ins Leben gerufene Right Livelyhood Award wurde 1993 an fünf Frauen bzw. von Frauen geleitete Organisationen für ihre ›Beiträge zur Lösung von Konfliktsituationen‹ vergeben. Preisträgerinnen waren ARNA MER-CHAMIS aus Israel und ihre in den besetzten Gebieten tätige Kinderhilfsorganisation ›Care and Learning‹, aus Simbabwe die im ländl. Raum aktive Organisation ORAP, aus Indien die Umweltschützerin VANDANA SHIVA sowie die amerikan. Schwestern MARY und CARRIE DANN, die sich für die Rechte von Ureinwohnern in den USA engagieren. Die Verleihung fand am 9. Dez. in Stockholm statt.

Alzheimersche Krankheit, meist erst im sechsten Lebensjahrzehnt auftretende Gehirnkrankheit, von der in Deutschland zwischen 600 000 und 1 Mio. Menschen betroffen sind. Jährlich werden etwa 40 000 neue Fälle diagnostiziert. Die Krankheit löscht das Gedächtnis der Betroffenen völlig aus. Neuropathologisch ist ein massiver Zelltod in der Hirnrinde zu beobachten. Bes. auffallend sind verklumpte Eiweißablagerungen (bestehend aus sog. Beta-4-Amyloid) in den Zellen der Hirnrinde, die letztlich zum Zelltod führen. In jüngerer Zeit wurde zumindest bei einem Teil der Erkrankungen ein genet. Hintergrund deutlich, da gewisse Mutationen des Amyloid-Gens mit dem gehäuften Auftreten der A. K. einhergehen. Struktur- und Funktionsuntersuchungen an einem bestimmten Protein des Zellskeletts legen nahe, daß Fehlfunktionen einiger Enzyme (Kinasen und Phosphatasen) für die Verklumpung des Amyloids verantwortlich sein könnten.

Amerikanische Kunst des 20. Jahrhunderts: Die große Ausstellung, vom 8. Mai bis 25. Juli im Berliner Martin-Gropius-Bau mit 252 Gemälden und Plastiken von 66 Künstlern zu sehen, sollte den Aufstieg der amerikan. Moderne und die Emanzipation der amerikan. Kunst von Europa, die Mitte des Jahrhunderts mit dem abstrak-ten Expressionismus einsetzte, dokumentieren. Die legendäre ›Armory Show‹ von 1913 in New York bildete den Ausgangspunkt der Berliner Ausstellung mit Bildern von MARSDEN HARDEN und STUART DAVIS. MARCEL DUCHAMP stand als Beispiel für den Einfluß der europ. Avantgarde. Kubismus, Futurismus, Neue Sachlichkeit, Collage und Abstraktion inspirierten Künstler wie MAN RAY, JOSEPH STELLA, CHARLES SHEELER, GEORGIA O'KEEFFE und ARTHUR DOVE. Der mag. Welt des Einzelgängers EDWARD HOPPER wurde ein ganzer Raum gewidmet. Die Bilder von JACKSON POLLOCK, WILLEM DE KOONING, BARNETT NEWMAN, MARK ROTHKO sowie die Plastiken von DAVID SMITH erhielten mit dem Lichthof des Museums auch räumlich einen bes. Platz.

Die sog. Amigo-Affäre führt im Mai zum Rücktritt von Bayerns Ministerpräsident Max Streibl

Amigo-Affäre: Der bayer. MinPräs. MAX STREIBL (CSU) wurde im Jan. Ziel heftiger Kritik, nachdem bekannt geworden war, daß er und seine Familie mehrfach auf Einladung und Kosten des

Mindelheimer Unternehmers BURKHART GROB
(→ Lapas-Affäre) Reisen nach Brasilien und Kenia
unternommen hatten. Ein Mißtrauensantrag von
SPD und Grünen im Landtag im Febr. scheiterte
zwar, doch trat STREIBL schließlich im Mai zurück,
nachdem auch innerhalb der CSU in kaum verhüllter Form seine Demission gefordert worden war.

Amt Neuhaus, → Niedersachsen

Andorra

Hauptstadt:
Andorra la Vella
Einwohner: 47 000
Einwohner/km²: 104
Staatsoberhaupt:
F. Mitterrand und
J. Martí Alanís
Regierungschef:
O. Ribas Reig
BSP/Einwohner:
9 834 US-$

Mit dem Inkrafttreten einer neuen Verfassung am
14. 5. 1993 endete das seit 1278 geltende feudale
Herrschaftssystem. Diese erste Verfassung des
unabhängigen, demokratischen andorran. Staates
überträgt den Andorranern (nicht den span. oder
frz. Bevölkerungsgruppen) die nat. Souveränität.
Die Legislative, die aus dem Parlament hervorge-
hende Exekutive und die Judikative sind unabhängig. Staatsform ist jedoch weiterhin ein parlamentar. Fürstentum. Die beiden Landesherren, der frz.
Staatspräs., als Rechtsnachfolger des Comte de
Foix, und der span. Bischof von Urgel sollen weiterhin über die nat. Souveränität und Unabhängigkeit wachen. Am 14. März stimmten in einem Referendum 74,2% der andorran. Bevölkerung der Verfassung zu. Am 12. Dez. wurde ein neues Parlament
gewählt.

Andreotti, Giulio, italien. Politiker (Democra-
zia Cristiana), * Rom 14. 1. 1919. – Am 13. 5. 1993
hob der italien. Senat – schließlich mit A.s Zustimmung – die Immunität A.s auf und entsprach damit
dem Antrag der Staatsanwaltschaft von Palermo,
die gegen den Senator auf Lebenszeit wegen des
Verdachts ›mafioser Tätigkeit‹ ermittelt. A., der
wohl bekannteste italien. Politiker, war von gestän-
digen Mafiosi (›Pentiti‹) beschuldigt worden, sich
mit Mafiabossen getroffen zu haben und die Morde
an dem Enthüllungsjournalisten MINO PECORELLI
und dem Antimafiapräfekten CARLO ALBERTO
DALLA CHIESA angestiftet bzw. geduldet zu haben.
Bis zum 13. Mai war A., eine Symbolfigur der italien. Nachkriegsgeschichte, bereits 26mal mit Vorwürfen von Justizbehörden konfrontiert worden,
ohne daß seine Immunität aufgehoben wurde.
A. war seit 1947 Abgeordneter, 1954 Innen-,
1955–58 Finanz-, 1959–66 und 1974 Verteidi-
gungs-, 1974–76 Budget- und 1983–89 Außenmini-

ster. Als MinPräs. leitete er 1972/73, 1976–79 und
1989–92 sieben Kabinette.

Angola

Hauptstadt: Luanda
Einwohner: 9,9 Mio.
Einwohner/km²: 8
Staatsoberhaupt:
J. E. Dos Santos
Regierungschef:
M. Moço
BSP/Einwohner:
620 US-$

Anhaltender Bürgerkrieg

Die oppositionelle Rebellenbewegung UNITA erkannte die von UNO-Beobachtern als frei und fair
bezeichneten Wahlen vom Sept. 1992 nicht an und
entfachte im ganzen Land einen Krieg gegen die
von der MPLA unter Beteiligung anderer Parteien
gebildete Regierung. Internat. Vermittlungsversuche blieben erfolglos, die UNITA boykottierte im
Febr. die Friedensgespräche in Addis Abeba und
zeigte im Mai bei den Verhandlungen in Abidjan
keine Kompromißbereitschaft, sondern verschärfte
die Kämpfe.
Während die UNITA zum Jahresbeginn mit der
Besetzung der zweitgrößten Stadt des Landes, Huambo, und der Öl- und Hafenstadt Soyo militär.
Oberhand gewann, stellte sich nach den Gegen-
offensiven der Reg. eine Pattsituation ein: Die Reg.
kontrollierte die bevölkerungsreichen Provinzen an
der Küste und die UNITA, mit Ausnahme der von
der Reg. gehaltenen Provinzhauptstädte, das Hochland. In dem mit schwerer Artillerie und Luftbom-
bardements geführten Krieg starben nach Schätzungen mehr als 100 000 Menschen, drei Millionen
flohen. Bes. dramatisch war die Situation in den belagerten Städten: Verkehrswege, Strom- und Wasserversorgung brachen zusammen. Die UNITA
kontrollierte größtenteils die Diamantengebiete.
Die neue Reg. wurde internat. anerkannt (von den
USA am 19. Mai). Die UNITA erhielt militär. und
logist. Beistand vom Mobutu-Regime Zaires und
südafrikan. Kreisen; die Reg. Südafrikas leugnete
jedoch die Unterstützung der UNITA. Waffen und
militär. Hilfe erhielt die Regierungsarmee aus Portugal, Rußland, Israel und Großbritannien, die
USA sagten zivile Hilfsmaßnahmen zu. Der UNO-
Sicherheitsrat verurteilte mehrfach das Verhalten
der UNITA und verhängte gegen sie am 20. Sept.
ein Waffen- und Treibstoffembargo. Erstmals seit
sieben Monaten konnte im Okt. ein UNO-Flugzeug
mit Hilfslieferungen in der belagerten Stadt Kuito
landen. Nach dem Rückzug der UNITA aus den
von ihr eroberten Gebieten fanden ab Mitte Nov. in

Sambia Verhandlungen zw. der angolan. Regierung und der Rebellenbewegung statt, bei denen sich die Konfliktparteien Mitte Dez. auf die Bildung einer gemeinsamen Armee einigten.

Antigua und Barbuda

Hauptstadt:
Saint John's
Einwohner: 80 000
Einwohner/km²: 182
Staatsoberhaupt:
Elisabeth II.
Regierungschef:
V. C. Bird
BSP/Einwohner:
4 430 US-$

Antwerpen, frz. Anvers, Hauptstadt der belg. Provinz Antwerpen, kultureller Mittelpunkt Flanderns. – Am 26. März wurde A. im Beisein des belg. Königspaares offiziell zu ›ARTwerpen 93‹, zur Kulturhauptstadt Europas des Jahres 1993 erklärt. Im Rahmen des Programms, in dessen Mittelpunkt die zeitgenöss. Kunst stand, fanden bis Dez. eine Fülle von Malerei-, Skulptur- und Photographieausstellungen sowie Hunderte von Theateraufführungen und Veranstaltungen mit Musik, Tanz und Mode statt.

APEC, Abk. für **A**siatic **P**acific **E**conomic **C**ooperation, am 6. 11. 1989 in Canberra gegr. Forum für wirtschaftl. Zusammenarbeit im asiat.-pazif. Raum. Urspr. von zwölf Pazifik-Anrainerstaaten gebildet, umfaßte die APEC Ende 1993 (nach Aufnahme Mexikos und Papua-Neuguineas auf der Jahrestagung im Nov. in Seattle) 17 Länder, darunter Australien, China, Japan und die USA. 1993 trugen sie über 50 % zum Weltsozialprodukt bei, der Anteil am Welthandelsvolumen lag bei etwa einem Drittel. Im

Jahr 1994 soll Chile als vorläufig letzter Staat in das Wirtschaftsforum aufgenommen werden.

Äquatorialguinea

Hauptstadt: Malabo
Einwohner: 369 000
Einwohner/km²: 13
Staatsoberhaupt:
T. Obiang Nguema
Ubasogo
Regierungschef:
S. Siale Bileka
BSP/Einwohner:
330 US-$

Das polit. Geschehen wurde auch 1993 durch das repressive Vorgehen von Präs. TEODORO OBIANG NGUEMA UBASOGO sowie anhaltende Proteste und Demonstrationen der Opposition bestimmt. Nach den am 21. Nov. abgehaltenen Parlamentswahlen erklärte sich die Regierungspartei zum Sieger. Die Opposition, die zum Wahlboykott aufgerufen hatte, sprach von einer Farce, da das Wahlgesetz so abgefaßt sei, daß Obiangs Partei auf jeden Fall gewinne. Die Reg. hatte das Wahlgesetz ohne Einbeziehung der Oppositionsparteien ausgearbeitet.

Arafat, Jasir Mohammed, palästinens. Politiker, * Jerusalem 27. 8. 1929. – Am 13. Sept. unterzeichneten A. und der israel. Außenmin. PERES in Washington (D. C.) ein Friedensabkommen (→ Gaza-Jericho-Abkommen). Das Abkommen, das durch Geheimverhandlungen zustande kam und in der PLO selbst höchst umstritten ist, kann trotz der begrenzten Zugeständnisse Israels und seiner nur zögernden Umsetzung als persönl. Erfolg A.s gelten, brachte es doch der PLO die lang erstrebte offizielle Anerkennung durch Israel und die USA und die Perspektive einer eigenen palästinens. Staatlichkeit.

Die belgische Stadt Antwerpen ist 1993 die Kulturhauptstadt Europas. Im Bild der Grote Markt

A., Gründer und Führer der palästinens. Guerilla-organisation Al-Fatah, ist seit 1969 Vors. des Exekutivrates der PLO.

Arbeitsmarkt: Insgesamt verschlechterte sich die Situation am A. 1993. Hinzu kamen Haushaltsprobleme v. a. beim Bund und bei der Bundesanstalt für Arbeit (BA).

Arbeitslosigkeit und Kurzarbeit in West und Ost

Im Westen Deutschlands lag der Jahresdurchschnitt der Zahl der registrierten Arbeitslosen Ende 1993 mit etwa 2,27 Mio. um fast 500 000 über dem Wert von 1992, die Arbeitslosenquote erhöhte sich von 5,9% (1992) auf 7,3%. Die Zahl der Arbeitslosen, die sich nicht beim Arbeitsamt meldeten und der Personen, die sich wegen der ungünstigen Arbeitsmarktlage zeitweise vom Erwerbsleben zurückzogen (›stille Reserve‹), stieg um rd. 360 000. Parallel dazu gingen die gemeldeten offenen Stellen von 323 000 im Jahresdurchschnitt 1992 auf unter

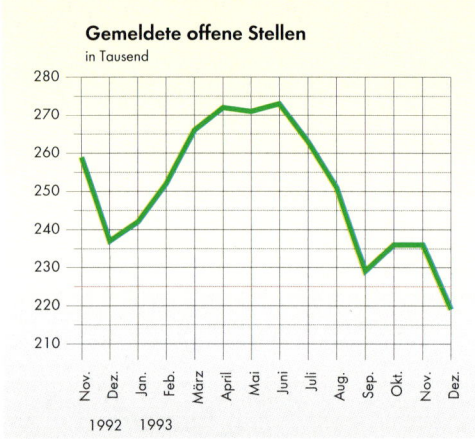

Gemeldete offene Stellen
in Tausend

1992 1993

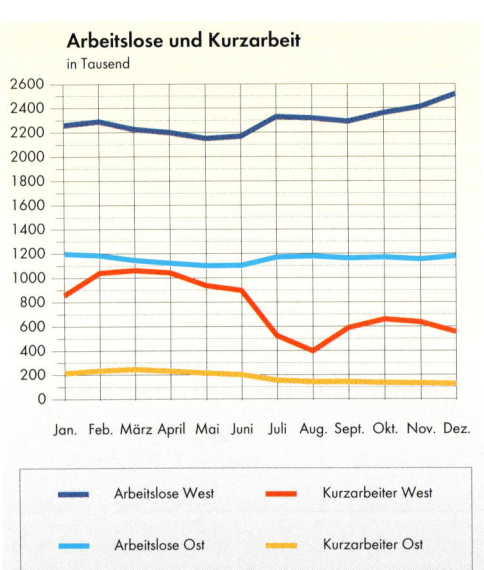

Arbeitslose und Kurzarbeit
in Tausend

Jan. Feb. März April Mai Juni Juli Aug. Sept. Okt. Nov. Dez.

Arbeitslose West — Kurzarbeiter West
Arbeitslose Ost — Kurzarbeiter Ost

250 000 zurück. Im Osten Deutschlands lag die Arbeitslosenquote nach 15,4% im Jahresdurchschnitt 1992 bei etwa 15,1%. Die gemeldeten offenen Stellen hatten jedoch im Vergleich zum Vorjahr eine leicht steigende Tendenz, mit etwa 35 000 im Jahresdurchschnitt blieben sie allerdings auf einem insgesamt niedrigen Stand. Der konjunkturell geprägte Abschwung am A. zeigte sich u. a. darin, daß von der Zunahme der Arbeitslosigkeit das verarbeitende Gewerbe weit stärker betroffen war als z. B. die Dienstleistungen, damit waren auch Männer stärker als Frauen, Arbeiter stärker als Angestellte und Ausländer stärker als Deutsche betroffen.
Die Kurzarbeit nahm im Westen Deutschlands ebenfalls erheblich zu. Die Zahl der kurzarbeitenden Betriebe verdreifachte sich im ersten Halbjahr 1993 gegenüber dem entsprechenden Vorjahreszeitraum; die Zahl der Kurzarbeiter erreichte im Durchschnitt um 800 000 und überschritt im Frühjahr die Millionengrenze. Sie lag damit um etwa das 3,5fache höher als 1992. Im Osten Deutschlands schwächte sich dagegen die Kurzarbeit weiter ab, nach 1,6 Mio. (1991) und 370 000 im Jahresdurchschnitt 1992 fiel die Zahl der Kurzarbeiter auf unter 200 000.

Falsche Prognosen für 1993

Der konjunkturelle Abschwung im Westen Deutschlands und die unzureichende wirtschaftl. Entwicklung in den neuen Bundesländern sowie die daraus resultierenden negativen Auswirkungen auf den A. waren im eingetretenen Ausmaß nicht vorhergesehen worden. Der Haushalt der BA für das Jahr 1993, der im wesentlichen die Mittel der aktiven und passiven A.-Politik enthält, wurde mit zu positiven Eckwerten aufgestellt; die zentrale Vorgabe eines Wachstums des Bruttoinlandsproduktes von +1% im Westen und +6,5% im Osten und die daran geknüpften optimist. Berechnungen von Einnahmen und Ausgaben machten den BA-Haushalt schon in der Entstehungsphase obsolet. Trotzdem wurde er im Zug des Genehmigungsverfahrens von der Bundesregierung in wichtigen Positionen der aktiven A.-Politik, v. a. bei Ausgaben für Arbeitsbeschaffungsmaßnahmen (ABM) und Maßnahmen der Fortbildung und Umschulung (FuU), noch um insgesamt über 6 Mrd. DM gekürzt. Die rezessive Entwicklung verursachte Mehrausgaben bei Arbeitslosengeld und Arbeitslosenhilfe, die zum einen von der stärker als erwartet angestiegenen Arbeitslosigkeit hervorgerufen wurden; zum anderen stieg aber auch die Zahl der arbeitslos gewordenen qualifizierten Arbeitnehmer mit überdurchschnittl. Einkommen an, die höhere Ansprüche beim Arbeitslosengeld und bei der Arbeitslosenhilfe geltend machen konnten. Zur Jahresmitte wurde mithin ein Nachtragshaushalt mit einem Volumen von knapp 18 Mrd. DM beschlossen.

Einschränkung von Arbeitsbeschaffungsmaßnahmen sowie Fortbildungs- und Umschulungsmaßnahmen

Am 24. Febr. erließ der Präs. der BA wegen Mittelknappheit einen ABM-Bewilligungsstopp. Die Ar-

Bauarbeiter demonstrieren in Freiburg
gegen die ursprünglich für Juli 1994
geplante Streichung des
Schlechtwettergelds (1. Oktober)

beits- und Sozialminister der neuen Bundesländer rechneten daraufhin in ihrer ›Magdeburger Entschließung‹ vor, daß damit die ABM-Beschäftigtenzahl von jahresdurchschnittlich 220 000 auf einen Jahresendstand von nur noch 30 000 zurückgehen würde, was jedoch zu einer entsprechend höheren Arbeitslosigkeit führen müsse. Dieser Situation trug das ABM-Stabilisierungsprogramm des Bundes vom 26. März Rechnung. Aus Bundesmitteln wurden 2 Mrd. DM (davon 240 Mio. für die alten Bundesländer) zur Verfügung gestellt. Die individuelle Förderung im Rahmen der Maßnahmen der FuU wurde Mitte Mai 1993 bei den freiwilligen Leistungen wesentlich eingeschränkt. Sie sollten in erster Linie nur noch Arbeitslosigkeit verhüten oder beenden und richteten sich dementsprechend vorwiegend an Arbeitslose oder von Arbeitslosigkeit bedrohte Arbeitnehmer. Im Zusammenhang damit wurden förderungsfähige Ausbildungszeiten gekürzt und die Erstattung von Lehrgangskosten bzw. Zuschüsse dazu eingeschränkt. Sie führten zu einem deutlich spürbaren Rückgang bei den Teilnehmerzahlen.

Maßnahmen zur Mißbrauchsbekämpfung und Verschärfung bestehender Regelungen

Um die Finanzlage der BA zu verbessern, wurden im Föderalen Konsolidierungsprogramm der Bundesregierung (20. 1. 1993) umfangreiche Maßnahmen zur Bekämpfung des Mißbrauchs von BA-Leistungen vorgesehen:

1) monatl. Meldekontrollen, für jeweils 50 % (West) bzw. 33 % (Ost) aller Arbeitslosen;

2) verstärkte und auf auffällige Branchen konzentrierte Außenprüfungen in Betrieben, um Schwarzarbeit, illegale Ausländerbeschäftigung und illegale Arbeitnehmerüberlassung zu bekämpfen;

Entlastungswirkungen von ABM und FuU unter Haushaltsrestriktionen (in 1000)

	Arbeitsbeschaffungsmaßnahmen*) (ABM)				Fortbildung und Umschulung**) (FuU)			
	West		Ost		West		Ost	
	1992	1993	1992	1993	1992	1993	1992	1993
Januar	79,3	63,4	394,1	325,5	375,8	386,3	438,0	419,6
Februar	79,9	61,1	399,6	314,6	382,6	380,6	470,9	419,8
März	79,6	59,0	401,5	302,3	390,6	382,6	496,9	432,0
April	82,0	54,2	404,5	275,1	387,2	382,7	507,3	432,7
Mai	80,5	49,8	404,9	258,0	386,8	366,2	510,3	427,8
Juni	80,5	45,9	401,9	237,4	383,8	355,9	509,3	410,5
Juli	80,2	44,0	388,7	198,4	359,3	327,9	503,7	378,6
August	78,2	41,9	381,4	175,4	338,1	308,7	493,9	344,0
September	76,9	39,9	374,9	161,9	355,4	315,3	490,6	324,7
Oktober	74,5	41,1	369,7	164,2	367,9	318,5	499,2	311,2
November	71,4	46,6	363,3	170,7	380,1	326,0	494,6	302,0
Dezember	67,5	51,6	354,7	177,4	400,0	333,2	479,6	295,8

*) Beschäftigte geförderte Personen am Monatsende (in 1000)
**) Bestand an Teilnehmern in Maßnahmen zur beruflichen Fortbildung und Umschulung (FuU) sowie zur Einarbeitung am Monatsende in 1000

3) schnelle Überprüfung von Zeiten des Bezugs von Arbeitslosengeld und -hilfe und Zeiten der Beschäftigung bei Leistungsempfängern auf Überschneidungen;

4) strikte Anwendung der Zumutbarkeitsanordnung, in der geregelt ist, welche Arbeit Arbeitslose unter welchen Bedingungen annehmen müssen;

5) Anlegen strenger Maßstäbe bei der Erteilung der Arbeitserlaubnis an Ausländer zugunsten dt. Arbeitsloser.

Bis Juli 1993 konnten durch diese u. a. Maßnahmen über 600 Mio. DM eingespart und damit die Planvorgabe leicht überschritten werden.

Am 23. 6. 1993 trat das Gesetz zur Umsetzung des Föderalen Konsolidierungsprogramms (FKPG) in Kraft. Neben den bereits wirksamen Maßnahmen der verstärkten Mißbrauchsbekämpfung wurde damit auch die gesetzl. Grundlage für die Hinterlegungspflicht der Lohnsteuerkarte für Bezieher von Arbeitslosengeld, -hilfe, Unterhaltsgeld und Übergangsgeld geschaffen. Außerdem müssen nun Kurzarbeiter, die länger als sechs Monate Kurzarbeitergeld beziehen, der Arbeitsvermittlung zur Verfügung stehen und ggf. den Arbeitgeber wechseln. Am 19. 8. 1993 wurde die Bezugsfrist für Kurzarbeit, die zum Jahresbeginn auf 18 Monate angehoben wurde, bis zum Ende des Jahres 1994 auf 24 Monate verlängert.

Einsparungen bei Lohnersatzleistungen

Eine erhebl. Entlastung des Etats der BA wird von den vom Bundestag am 22. 10. 1993 verabschiedeten Gesetzen zur Umsetzung des Spar-, Konsolidierungs- und Wachstumsprogramms erwartet. Nachdem die beiden Spargesetze im Vermittlungsausschuß von Bundestag und Bundesrat bis Anfang Dez. abschließend beraten worden waren, ergab sich im Hinblick auf die Lohnersatzleistungen folgendes: Arbeitslosen-, Kurzarbeiter- und Schlechtwettergeld sowie Arbeitslosenhilfe werden um drei Prozentpunkte gekürzt, bei Leistungsempfängern, die ein Kind oder mehrere Kinder betreuen, um einen Prozentpunkt. Die Leistungssätze betragen demnach ab 1. 1. 1994 60 % (bislang 63 %) bzw. 67 % (bislang 68 %) der anrechenbaren Monatsbezüge, bei der Arbeitslosenhilfe 53 % (bislang 56 %) bzw. 57 % (bislang 58 %). Die Arbeitslosenhilfe wird weiterhin unbefristet gewährt, außer in den Fällen, wo ein Leistungsempfänger vor dem Eintritt in die Arbeitslosigkeit nicht in einem versicherungspflichtigen Arbeitsverhältnis gestanden hatte (Beschränkung der Zahlungen auf ein Jahr). Das Unterhaltsgeld, das bei Teilnahme an berufl. Bildungsmaßnahmen gezahlt wird, gibt es nur noch in Höhe der Arbeitslosenunterstützung; bislang galten hier die Sätze 65 % bzw. (mit Kind) 73 %. Beim Schlechtwettergeld wird der Anspruchszeitraum um zwei Monate auf Dez. bis Febr. verkürzt, die erste Ausfallstunde bleibt künftig unbezahlt. Insgesamt soll diese Leistung ab März 1996 ganz entfallen.

Mit diesen Regelungen wurden jedoch nicht nur Einsparungen im Bundeshaushalt und im Haushalt der BA bewirkt, sondern auch Ausgaben bzw. Mindereinnahmen in andere Haushalte verlagert. So ergaben sich z. B. für die Kommunen Mehraufwendungen von (geschätzt) etwa 4 Mrd. DM, weil mehr Menschen durch die Kürzungen der Lohnersatzleistungen in die Sozialhilfe fallen.

Im Zuge dieses Sparkonzeptes wurde auch beschlossen, den Beitragssatz der Arbeitslosenversicherung, der für 1993 von 6,3 % auf 6,5 % angehoben wurde und ab 1994 wieder um 0,2 % abgesenkt werden sollte, in Höhe von 6,5 % beizubehalten. Weiterhin ist die Zulassung der privaten Arbeitsvermittlung – seit längerer Zeit bes. aus Kreisen der Wirtschaft gefordert –, nach einer Erprobungsphase vorgesehen. Bisher wurden nur in Ausnahmefällen private Träger im Bereich karitativ-fürsorger. Einrichtungen, die nicht auf Gewinn gerichtete Vermittlungen betreiben, sowie gewerbsmäßige

---

Haushalt der Bundesanstalt für Arbeit 1993
(Angaben in Mio. DM)

	Bundesanstalt für Arbeit Entwurf	Bundes- ministerium für Arbeit Genehmigung	Nachtrag vom 20. 7. 1993
Ausgaben insgesamt	93 789	87 644	17 983*)
darunter			
– Unterhaltsgeld	9 209	7 632	1 400
– Zuschüsse für Förderung bei Förderung und Umbildung	6 352	5 427	600
– Arbeitsbeschaffungsmaßnahmen	11 622	10 502	2 000**)
geförderte Personen			
– Unterhaltsgeld	480 000	420 000	445 000
– Zuschüsse für Förderung bei Förderung und Umbildung	525 000	452 400	555 000
– Arbeitsbeschaffungsmaßnahmen	470 000	315 000	nicht ausgewiesen

*) Summe aus Mehrausgaben und Mindereinnahmen
**) Bundesmittel des ABM-Stabilisierungsprogramms vom 26. 3. 1993

Vermittlung im künstler. Bereich zugelassen. Mit dieser vorgesehenen Öffnung näherte man sich in Deutschland einer Lösung an, die in Großbritannien schon seit längerer Zeit praktiziert wird.

Auf Verlangen des Bundesverfassungsgerichts mußten die unterschiedl. → Kündigungsfristen für Arbeiter und Angestellte einander angeglichen werden.

Argentinien

Hauptstadt:
Buenos Aires
Einwohner: 33,1 Mio.
Einwohner/km²: 12
Staatsoberhaupt:
C. S. Menem
Regierungschef:
C. S. Menem
BSP/Einwohner:
2 780 US-$

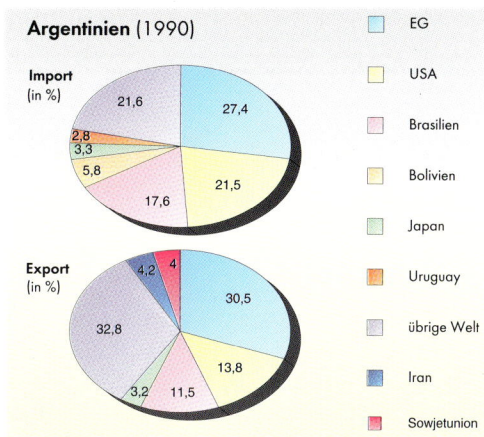

Innen- und wirtschaftspolitische Entwicklung

Mit einer seit 1991 konsequent durchgehaltenen, an der Marktwirtschaft orientierten Wirtschaftspolitik konnte die Reg. von Staatspräs. CARLOS MENEM bereits 1992 das durchschnittl. Pro-Kopf-Einkommen auf rd. 6 900 US-$ steigern, womit A. auf den ersten Platz unter den lateinamerikan. Ländern stieg. Wirkte sich die Geldwertstabilität (seit der festen Bindung des Peso an den US-Dollar) auch positiv für die Bevölkerung aus, so brachte die rigide Stabilitätspolitik des Wirtschaftsmin. DOMINGO CAVALLO auch harte Entbehrungen mit sich. So stieg die Arbeitslosenquote bis Jahresmitte auf rd. 10 %. Die Aussetzung der Lohnzahlungen für Staatsangestellte von Sept. bis Dez. führte zu regionalen Un-

Präsident Carlos Menem (rechts) und
Vizepräsident Duhalde

ruhen. Um die Schaffung von Arbeitsplätzen für Unternehmen attraktiv zu machen, hob die Regierung die Einfuhrzölle auf Importe von Investitionsgütern auf. Die Streitkräfte indes mußten Etatkürzungen im Verteidigungshaushalt hinnehmen.

Trotz der in einigen Bereichen erbrachten Opfer war MENEM bestrebt, durch Maßnahmen im sozialen Bereich das Wohlwollen der Bevölkerung zu bewahren. Im Jan. wurde ein Sozialpakt mit einem Volumen von 1,5 Mrd. US-$ verabschiedet. Der auf drei Jahre ausgelegte Plan sieht insbes. Verbesserungen der Infrastruktur in benachteiligten Regionen vor und berücksichtigt vorwiegend Arbeitslose und Rentner. Unabhängig von den geplanten mittel- bis langfristigen Reformen des Rentensystems – vorgesehen ist eine Umstrukturierung mittels privater Rentenfonds – flossen die ersten Erlöse aus der seit Juni laufenden Teilprivatisierung der ineffizient arbeitenden staatl. Erdölgesellschaft in die leeren Kassen der Rentenversicherung.

MENEMS Regierungspolitik im Jahr 1993 war auch von den Teilparlamentswahlen am 3. Okt. bestimmt, denn die argentin. Verfassung sieht die Wahl der Hälfte der Abgeordneten im zweijährigen Turnus vor. Die zentrale Frage war, um wieviele Mandate die Regierungspartei ihre Mehrheit auszubauen imstande sein würde. MENEMS Partei erreichte nicht die notwendige Zweidrittelmehrheit im Parlament, um eine Verfassungsänderung herbeizuführen, die ihm bei den Präsidentschaftswahlen 1995 die Wiederwahl für eine zweite Amtsperiode ermöglichen soll. Der Senat billigte zwar Ende Okt. das Gesetz zur Verfassungsreform, eine Zustimmung des Parlaments stand aber noch nach einer Übereinkunft zwischen MENEM und dem Chef der oppositionellen Radikalen, RAÚL ALFONSÍN, Mitte Dez. aus.

Normalisierung des Verhältnisses zu Großbritannien

Mit dem Besuch des brit. Außenmin. DOUGLAS HURD (6.–10. Jan.) wurde das argentin.-brit. Verhältnis weiter normalisiert, doch in der Frage der Falklandinseln bekräftigten beide Seiten vor der Visite ihren Anspruch auf sie.

Armenien

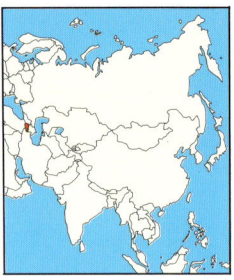

Hauptstadt: Jerewan
Einwohner: 3,5 Mio.
Einwohner/km²: 117
Staatsoberhaupt:
L. Ter-Petrossjan
Regierungschef:
G. Bagratjan
(seit 12. 2. 1993)
BSP/Einwohner:
2 150 US-$

Wirtschaftliche und innenpolitische Lage

Der seit 1988 anhaltende Krisen- und Kriegszustand führte zu einer weiteren Verschlechterung der Lebensbedingungen der Bevölkerung: Mitte 1993 lagen die Mindestlöhne unterhalb des Existenzminimums, während die Preise doppelt so hoch waren wie in Rußland. Nach der Einführung von Brotmarken im Okt. 1992 und der damit verbundenen Rationierung (pro Person/Tag 250 g) wurden am 1. Febr. die Preise für Brot, Strom, Wasser und Gas bis um das sechs- bis siebenfache heraufgesetzt. Die EG beschloß kurzfristig (17. Febr.) eine Nothilfe für Armenien, Georgien und Tadschikistan im Umfang von 17 Mio. DM und stellte A. einen Getreidekredit von 52 Mio. US-$ zur Verfügung. Aufgrund der Notsituation verließen tausende Armenier das Land; die damit verbundene Flucht von Privatkapital und Fachkräften behinderte die Umsetzung der Wirtschaftsreformen, in deren Verlauf bisher 90 % des Grund und Bodens privatisiert wurden. Lediglich die Steuergesetze griffen.

Wegen Differenzen in der Wirtschaftspolitik ersetzte TER-PETROSSJAN den bisherigen Regierungschef, CHOSROW ARUTJUNJAN durch GRANT BAGRATJAN, der sich für einen raschen Übergang zur Marktwirtschaft aussprach. Zunehmend unter Druck geriet Präs. TER-PETROSSJAN durch die in der Nat. Allianz vereinigten sieben Oppositionsparteien, deren

Eine Mutter und ihre Kinder auf der Flucht vor den Kämpfen um Bergkarabach (April)

Hauptforderungen – Rücktritt des Präs. und Anerkennung der Unabhängigkeit der Enklave Bergkarabach (russ.: Nagorny Karabach) – auf mehreren Demonstrationen geäußert wurden.

Der Krieg um Bergkarabach

Die widersprüchl. Regierungspolitik zur Beilegung des Konflikts um Bergkarabach hielt zwar offiziell am Verzicht auf Territorialansprüche gegenüber Aserbaidschan fest und verkündete die Anerkennung der UNO-Resolution 822 vom 30. April – sie bekräftigte u. a. die territoriale Unversehrtheit aller Staaten der Region und bezeichnete die Anwendung von Gewalt als unzulässig –, aber im Frühjahr/Frühsommer erfolgten parallel Großoffensiven gegen die Regionen Kelbadschar, Agdam und Fisuli, womit 23 % aserbaidschan. Territoriums unter armen. Kontrolle gelangten und das wichtigste Pfand in den Waffenstillstandsverhandlungen mit der neuen aserbaidschan. Regierung unter Präs. GAJDAR ALIJEW darstellten, um die Anerkennung Bergkarabachs zu erzwingen. Einen KSZE-Friedensplan, der zunächst von Aserbaidschan, dann von A. akzeptiert worden war, lehnte die Führung der Karabach-Armenier mehrmals ab. Erst am 14. Juni signalisierte sie ihre Zustimmung unter Vorbehalten, worauf Parlamentspräs. GEORGIJ PETROSSJAN aus Protest zurücktrat. Sein Amtnachfolger wurde KAREN BARBURJAN. Über ein Abkommen über Freundschaft und Zusammenarbeit (11. Jan.) mit A. und entsprechende Beistandsverpflichtungen im Rahmen der GUS sicherte sich Rußland eine besondere militär. Rolle in Transkaukasien, womit die reale Unabhängigkeit der Republiken vorläufig Utopie blieb. (KARTE S. 70)

Armut: A. wird meistens mit der dritten Welt in Verbindung gebracht. Sie betrifft aber nicht allein diese ›arme Welt‹ und alle Entwicklungsländer gleichermaßen, sondern findet sich in unterschiedl. Formen auch in den reichen Ländern und v. a. in den Staaten Osteuropas und der GUS. Hier folgte dem Zusammenbruch der kommunist. Regime ein breiter Verarmungsprozeß. Nach Erkenntnissen von UNICEF leben in Polen und den GUS-Staaten etwa 40 % der Bevölkerung unterhalb der Armutsgrenze.

Armut in der dritten Welt

Die Weltbank schätzt die Zahl der sog. absolut Armen in der dritten Welt auf 1,133 Mrd., wobei sie die A.-Grenze bei einem jährl. Pro-Kopf-Einkommen von weniger als 420 US-$ zog. Neuere Berechnungsmethoden des Entwicklungsprogramms der UNO (UNDP) haben allerdings gezeigt, daß das in US-Dollar umgerechnete Pro-Kopf-Einkommen die reale Kaufkraft in den Landeswährungen erheblich unterbewertet. Der vom UNDP entwickelte sog. Index der menschl. Entwicklung (HDI) berücksichtigt indes neben der realen Kaufkraft pro Kopf auch Maßeinheiten für die Entwicklung des Bildungs- und Gesundheitswesens (Alphabetisierungsrate und Lebenserwartung bei Geburt). Allerdings zeigt auch der internat. HDI-Vergleich, daß die afrikan. Staaten größtenteils den niedrigsten Grad der ›menschl. Entwicklung‹ erreicht haben. Nach Weltbankdaten leben die meisten absolut Armen in Südasien, vorwiegend in Indien. Während aber im gesamten Asien die relative Zahl der Armen abnimmt, nimmt sie in Afrika südlich der Sahara zu. Hier beschleunigen Kriege, Umwelt- und Fluchtkatastrophen zusätzlich den Verarmungsprozeß.

›Neue‹ Armut

Die A.-Berichte der EG vermerken auch in dem reichen Westeuropa eine wachsende ›neue‹ A., die Obdachlosigkeit, unzureichende Bildungschancen, demütigende Abhängigkeit von Sozial- oder Armenhilfe oder Ausschluß aus dem gesellschaftl. und kulturellen Leben bedeuten kann (→ Nationale Armutskonferenz). Rd. 50 Mio. Menschen leben in den EG-Staaten unter diesen Bedingungen. Die amtl. Statistiken der USA weisen aus, daß 36 Mio. Amerikaner (oder 14% der amerikan. Bevölkerung) unterhalb der amtlich festgesetzten A.-Grenze leben (die allerdings statistisch gesehen im Weltvergleich relativen Wohlstand bedeutet). Bei einer Aufschlüsselung der statist. Durchschnittswerte stellt sich heraus, daß nur etwa ein Zehntel der Weißen, aber ein Drittel der Schwarzen in dieser A. lebt. Die wachsende Arbeitslosigkeit in Industrie- und Entwicklungsländern nährt die Befürchtung, daß die A. in allen Erdteilen anwachsen wird.

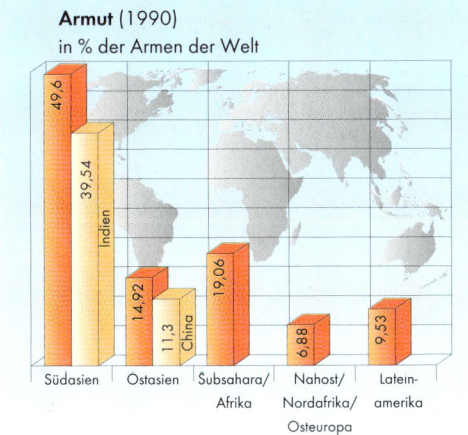

Armut (1990) in % der Armen der Welt

Südasien	Ostasien	Subsahara/ Afrika	Nahost/ Nordafrika/ Osteuropa	Latein- amerika
49,6	14,92	19,06	6,88	9,53
39,54 Indien	11,3 China			

ASEAN, Abk. für Association of South-East Asian Nations (dt. Vereinigung südostasiat. Staaten), am 8.8. 1967 in Bangkok gegr. von Indonesien, Malaysia, Singapur und Thailand. Seit 1984 ist auch Brunei Mitglied. Sitz: Jakarta. Seit 1993 ist der Indonesier RUSLI NOOA Generalsekretär. – Im Jan. trat der Freihandelsvertrag AFTA (ASEAN Free Trade Area) in Kraft, dem bislang lediglich Singapur und Malaysia beitraten. Die übrigen Staaten schoben ihren Beitritt zunächst auf, um die Zeit für Strukturanpassungen in ihren Volkswirtschaften zu nützen.

Bei einem Treffen in der malays. Hauptstadt Kuala Lumpur im Sept. beschloß die ASEAN eine eigene Menschenrechtscharta, die einen Ausgleich zw. den Rechten der einzelnen und denen der Nation sucht. Damit steht sie im Gegensatz zum westl. Menschenrechtsmodell, das den Rechten des Individuums Vorrang einräumt. Die Charta der ASEAN weist jeden Versuch der Einmischung in innere Angelegenheiten zurück. Folgerichtig lehnen die Staaten auch die Bindung von Entwicklungshilfe an die Menschenrechte strikt ab.

Aserbaidschan

Hauptstadt: Baku
Einwohner: 7,3 Mio.
Einwohner/km²: 84
Staatsoberhaupt:
G. Alijew
(seit 24. 6. 1993)
Regierungschef:
S. Gussejnow
(seit 30. 6. 1993)
BSP/Einwohner:
1 670 US-$

Machtwechsel in Baku

Mit dem Sieg der Volksfront im Juni 1992 verbanden sich die Hoffnungen auf eine baldige Beendigung des Krieges um Bergkarabach ohne Gebietsverluste und die Forderung nach wirtschaftl. Stabilisierung. Beides konnte die Reg. unter ABDULFAS ELTSCHIBEJ nicht erfüllen: Insbes. Inkompetenz und Parteienprotektionismus führten zum Sturz der Volksfront im Juni, nachdem das Vordringen armen. Verbände bis Fisuli bereits im Frühjahr die Schwäche des Staats- und Verteidigungsapparates gezeigt hatte und die Zahl der Flüchtlinge auf 1 Mio. anstieg. Am 4. Juni putschte sich zudem SURAT GUSSEJNOW (SURET HUSSEJNOW), nach den Niederlagen im Karabachkrieg von der Staatsführung als Kommandeur abgesetzt, an die Spitze des Staates. Mit der Übertragung der Aufgaben des Präs. (24. Juni) durch die Nationalversammlung (Medschlis) an den ehemaligen KP-Sekr. und Vors. des Obersten Sowjets der Autonomen Rep. Nachitschewan, GAJDAR ALIJEW, begann eine Reorganisation des gesamten Staatsapparates, die durch das Referendum über die Absetzung ELTSCHIBEJS (29. Aug.) und die Präsidentschaftswahlen (3. Okt.) rechtlich untermauert wurde.

Der neue Präs. stoppte Vertragsabschlüsse mit amerikan. und brit. Firmen in der Erdölbranche, normalisierte das Verhältnis zu Iran – womit er den starken türk. Einfluß neutralisierte – und unterzeichnete, knapp ein Jahr nach A.s Austritt, das GUS-Statut und den Vertrag über kollektive Sicherheit (21. Sept.) sowie den Vertrag über die Wirtschaftsunion der GUS (23. Sept.). Problematisch blieb die Frage der Zahlungsmodalitäten, da A. bereits am 1. 9. 1992 den Manat eingeführt und am 15. Juni zum alleinigen Zahlungsmittel erklärt hatte.

ALIJEW sorgte auch mit der Einbeziehung aller interessierten Seiten, einschl. Vertretern Karabachs, in der Frage eines Waffenstillstands für eine polit. Kurskorrektur. Sie wird v. a. von türk. Seite mit Mißtrauen betrachtet, da A. als wichtigstes ›panturk. Bindeglied‹ in der Region gilt. Die Kämpfe um Bergkarabach gingen indes weiter. Auch Verhandlungen auf den finn. Ålandinseln im Dez. scheiterten.

Aspin, Les[lie], jr., amerikan. Politiker (Demokrat. Partei), * Milwaukee (Wisconsin) 21. 7. 1938. – BILL CLINTON nominierte nach seinem Wahlsieg im Nov. 1992 mit A. als Verteidigungsmin. den – wenn auch gelegentlich umstrittenen – führenden sicherheitspolit. Sprecher der Demokraten. A. war 1990 einer der entschiedensten Befürworter eines raschen Militärschlages gegen Irak. Hierbei wie für das Vorgehen in Somalia und bei seiner Forderung nach einem stärkeren militär. Engagement im Bosnienkrieg war das Bestreben ausschlaggebend, die Rolle der USA als einzig verbliebener Supermacht zu sichern. Regierungsinterne Kontroversen und Konflikte mit der militär. Elite sowie dem Kongreß veranlaßten A. jedoch bereits am 16. Dez. zur Ankündigung seines Rücktritts zum 20. 1. 1994.

A. studierte Geschichte an der Yale University, dann Volkswirtschaft, Politologie und Philosophie in Oxford und schloß sein Wirtschaftsstudium am Massachusetts Institute of Technology ab. Für die Demokraten 1970 ins Repräsentantenhaus gewählt, wurde er Vors. des Streitkräfteausschusses; Anfang 1987 wurde er von seinen Parteifreunden aus diesem Amt vorübergehend abgewählt.

Astro-SPAS, als freifliegende Plattform gebauter, wiederverwendbarer dt. Satellit (**S**atellite **P**allet **S**atellite), der vom Space-shuttle aus mit einem Manipulatorarm in eine Erdumlaufbahn ausgesetzt, nach mehreren Tagen wieder geborgen und auf die Erde zurückgebracht wird (Entfernung vom Space-shuttle bis zu 120 km). Die erste A.-S.-Mission war vom 13.–19. Sept. das astrophysikalische Projekt ORFEUS-SPAS mit 3145 kg Nutzlastgewicht. Dabei untersuchten verschiedene dt. und amerikan.

Am 15. Juni wird der Manat die alleinige Währung Aserbaidschans

Instrumente, darunter das 4 m lange Teleskop ORFEUS (**O**rbital **R**etrievable **F**ar and **E**xtreme **U**ltraviolet **S**pectrometer) mit 1 m Spiegeldurchmesser, u. a. interstellare Gaswolken sowie Entstehen und Verlöschen von Sternen in unserer Galaxis. Die Mission in 297 km Höhe wurde von einer mobilen dt. Kontrollstation in Florida überwacht.

Asylrecht: Hintergrund der Änderung des dt. Asylrechts im Juni 1993 war der nur bedingt erfolgreiche Versuch seit Anfang der 1980er Jahre, mit Gesetzesänderungen im Bereich von Verwaltungs- und Gerichtsverfahren die Zahl der Asylbewerber einschneidend zu begrenzen. Während in der CDU Bestrebungen bestanden, das Individualgrundrecht auf Asyl durch eine institutionelle Garantie des Asyls zu ersetzen und damit die Rechtsschutzmöglichkeiten und ihren Mißbrauch zu beseitigen, wollten Teile der SPD möglichst weitreichend an der bisherigen Verfassungslage festhalten. Ein weiterer Gesichtspunkt war, eine Abstimmung mit den Regelungen der europ. Nachbarstaaten herzustellen und die Garantien der Genfer Flüchtlingskonvention von 1951 einzuhalten. Auf dem Wege des Kompromisses wurde dann durch verfassungsänderndes Gesetz vom 28. 6. 1993 Art. 16a in das GG eingefügt und anschließend zur Umsetzung der neuen verfassungsrechtl. Vorgaben das Asylverfahrensgesetz geändert.

In seinem Absatz 1 verbürgt Art. 16a GG nach wie vor den Schutz vor polit. Verfolgung in Form eines Individualgrundrechts. Im Unterschied zum bisherigen Recht begrenzt die Verfassung allerdings in Anknüpfung an die Schutzbedürftigkeit des Asylbegehrenden in den weiteren Absätzen den Schutzumfang und regelt wichtige Teilbereiche des Verfahrens, das zur Gewährung oder Ablehnung von Asyl führt.

Hervorzuheben ist, daß bei der Einreise eines Ausländers aus ›sicheren Drittstaaten‹ eine Berufung auf das Asylgrundrecht ausgeschlossen ist (Abs. 2). ›Sichere Drittstaaten‹ sind außer den Mitgliedstaaten der EG nur Staaten, in denen die Anwendung der Genfer Flüchtlingskonvention und der Europ. Menschenrechtskonvention sichergestellt ist. Als Staaten, in denen diese Voraussetzungen gegeben sind, sind in Anlage I zu §26a des Asylverfahrensgesetzes Finnland, Norwegen, Österreich, Polen, Schweden, Schweiz und die Tschech. Rep. festgelegt. Die Einstufung als ›sicherer Drittstaat‹ bewirkt den Ausschluß einer Berufung auf das Asylgrundrecht, so daß auch kein vorläufiges Blei-

berecht entsteht. Aufenthaltsbeendende Maßnahmen können ohne Rücksicht auf eingelegte Rechtsbehelfe vollzogen werden (Art. 16a Abs. 2 GG und noch weitergehend § 34a Asylverfahrensgesetz). Unberührt bleibt die Möglichkeit, vom ›sicheren Drittstaat‹ aus einen Prozeß zu führen. Die Drittstaatenregelung beruht auf der Überlegung, daß ein vor polit. Verfolgung Flüchtender im ersten Staat um Schutz nachsuchen muß, in dem ihm dies möglich ist; die Weiterreise ist dann nicht mehr Flucht vor polit. Verfolgung, sondern Suche nach dem genehmeren Zufluchtsstaat. In der Praxis versucht die Bundesrepublik Deutschland, da alle Nachbarstaaten als ›sichere Drittstaaten‹ qualifiziert werden, einen Cordon sanitaire zu errichten, so daß nur noch die Einreise über den Luftweg zu einem Bleiberecht während des Asylverfahrens führt. Der Flüchtlingsdruck wird demzufolge auf die angrenzenden Nachbarstaaten verlagert, was die Notwendigkeit einer europ. Lösung verschärft. Im Mai wurden daher zw. Deutschland und Polen sowie der Tschech. Republik Verträge abgeschlossen, aufgrund derer Deutschland diesen Staaten Finanzhilfen zur Verfügung stellt; diese Mittel dienen der Durchführung der Rechtsverfolgung von abgewiesenen Asylbewerbern und einer besseren Grenzüberwachung.

Weiter wird für den Gesetzgeber in Art. 16a Abs. 3 GG die Möglichkeit eröffnet, ›verfolgungsfreie Herkunftsländer‹ zu bestimmen, bei denen es gewährleistet erscheint, daß es dort weder polit. Verfolgung noch unmenschl. oder erniedrigende Behandlung gibt. Unter Zugrundelegung dieser Kriterien wurden in der Anlage II zu § 29a des Asylverfahrensgesetzes folgende Länder als ›sichere Herkunftsstaaten‹ festgelegt: Bulgarien, Gambia, Ghana, Polen, Rumänien, Senegal, Slowak. Republik, Tschech. Republik und Ungarn. Die gesetzl. Qualifizierung als ›sicherer Herkunftsstaat‹ begründet eine widerlegbare Vermutung der Verfolgungsfreiheit. Der Ausländer kann geltend machen, entgegen der aus der gesetzl. Bestimmung folgenden Regelvermutung ausnahmsweise politisch verfolgt zu sein. Gelingt ihm dies nicht und wird daraufhin sein Asylantrag als offensichtlich unbegründet abgelehnt, so kann das Gericht im Rahmen des vorläufigen Rechtsschutzes die Vollziehung aufenthaltsbeendender Maßnahmen nur aussetzen, wenn ernstl. Zweifel an der Rechtmäßigkeit der Entscheidung bestehen (vgl. Art. 16a Abs. 4 GG). Andernfalls wird der Asylbewerber abgeschoben. Praktisch werden die auf dem Luftweg Einreisenden auf dem Flughafengelände festgehalten, bis das von Asylsu-

---

Asylrechtsänderung im Grundgesetz zum 1. Juli 1993

Alte Fassung:

Artikel 16 [Ausbürgerung, Auslieferung, Asylrecht]
(1) Die deutsche Staatsangehörigkeit darf nicht entzogen werden. Der Verlust der Staatsangehörigkeit darf nur auf Grund eines Gesetzes und gegen den Willen des Betroffenen nur dann eintreten, wenn der Betroffene dadurch nicht staatenlos wird.
(2) Kein Deutscher darf an das Ausland ausgeliefert werden. Politisch Verfolgte genießen Asylrecht.

Neue Fassung:

Artikel 16 [Staatsangehörigkeit – Auslieferung]
(1) Die deutsche Staatsangehörigkeit darf nicht entzogen werden. Der Verlust der Staatsangehörigkeit darf nur auf Grund eines Gesetzes und gegen den Willen des Betroffenen nur dann eintreten, wenn der Betroffene dadurch nicht staatenlos wird.
(2) Kein Deutscher darf an das Ausland ausgeliefert werden.

Artikel 16 a [Asylrecht]
(1) Politisch Verfolgte genießen Asylrecht.
(2) Auf Absatz 1 kann sich nicht berufen, wer aus einem Mitgliedstaat der Europäischen Gemeinschaften oder aus einem anderen Drittstaat einreist, in dem die Anwendung des Abkommens über die Rechtsstellung der Flüchtlinge und der Konvention zum Schutze der Menschenrechte und Grundfreiheiten sichergestellt ist. Die Staaten außerhalb der Europäischen Gemeinschaften, auf die die Voraussetzungen des Satzes 1 zutreffen, werden durch Gesetz, das der Zustimmung des Bundesrates bedarf, bestimmt. In den Fällen des Satzes 1 können aufent-

haltsbeendende Maßnahmen unabhängig von einem hiergegen eingelegten Rechtsbehelf vollzogen werden.
(3) Durch Gesetz, das der Zustimmung des Bundesrates bedarf, können Staaten bestimmt werden, bei denen auf Grund der Rechtslage, der Rechtsanwendung und der allgemeinen politischen Verhältnisse gewährleistet erscheint, daß dort weder politische Verfolgung noch unmenschliche oder erniedrigende Bestrafung oder Behandlung stattfindet. Es wird vermutet, daß ein Ausländer aus einem solchen Staat nicht verfolgt wird, solange er nicht Tatsachen vorträgt, die die Annahme begründen, daß er entgegen dieser Vermutung politisch verfolgt wird.
(4) Die Vollziehung aufenthaltsbeendender Maßnahmen wird in den Fällen des Absatzes 3 und in anderen Fällen, die offensichtlich unbegründet sind oder als offensichtlich unbegründet gelten, durch das Gericht nur ausgesetzt, wenn ernstliche Zweifel an der Rechtmäßigkeit der Maßnahme bestehen; der Prüfungsumfang kann eingeschränkt werden und verspätetes Vorbringen unberücksichtigt bleiben. Das Nähere ist durch Gesetz zu bestimmen.
(5) Die Absätze 1 bis 4 stehen völkerrechtlichen Verträgen von Mitgliedstaaten der Europäischen Gemeinschaften untereinander und mit dritten Staaten nicht entgegen, die unter Beachtung der Verpflichtungen aus dem Abkommen über die Rechtsstellung der Flüchtlinge und der Konvention zum Schutze der Menschenrechte und Grundfreiheiten, deren Anwendung in den Vertragsstaaten sichergestellt sein muß, Zuständigkeitsregelungen für die Prüfung von Asylbewerbern einschließlich der gegenseitigen Anerkennung von Asylentscheidungen treffen.

chenden angerufene Gericht im Eilverfahren eine Entscheidung getroffen hat. Schließlich ermöglicht Art. 16a Abs. 5 GG die Anwendung der asylrechtl. Zuständigkeitsregelungen der Übereinkommen von Schengen und Dublin. Kriegs- und Bürgerkriegsflüchtlinge können aufgrund einer Einigung von Bund und Ländern vorübergehend Schutz im Bundesgebiet finden, ohne daß für sie die Regelungen über die Asylgewährung gelten (§ 32a Ausländergesetz).

Die Gesetzesänderungen beschränken sich nicht nur auf die Änderung des GG, auch das Asylverfahrensgesetz wurde neu gefaßt (27. 7. 1993). Eine die persönl. Bewegungsfreiheit der Asylbewerber stark berührende Neuregelung brachte das Asylbewerberleistungsgesetz vom 30. 6. 1993 (in Kraft seit 1. 10. 1993): Danach werden Grundleistungen (notwendiger Bedarf an Kleidung, Nahrung, Wohnung, Körper- und Gesundheitspflege) für Asylbewerber, soweit sie in gesetzl. Aufnahmeeinrichtungen (v. a. Sammelunterkünfte) wohnen, nur in Form von Sachleistungen erbracht. Zur Deckung des persönl. Bedarfs erhalten Leistungsberechtigte im Alter bis zu 14 Lebensjahren monatl. 40 DM, sonst 80 DM.

Kritik an der neuen Regelung

Die in Teilen der SPD und der ev. Kirche umstrittene, auch von Verwaltungsrichtern verschieden beurteilte und von zahlreichen Menschenrechtsorganisationen heftig kritisierte Verfassungsänderung ist, abgesehen von der Überfrachtung mit Detailregelungen, durch ihren Kompromißcharakter und damit durch eine gewisse Zweideutigkeit gekennzeichnet; außerdem hat sie bestehende Divergenzen zur weiterhin zu beachtenden Genfer Flüchtlingskonvention nicht beseitigt (etwa die ›Flughafenregelung‹, die eine Rechtsmittelfrist von nur drei Tagen vorsieht). Während Art. 16a Abs. 1 GG an dem Individualgrundrecht festzuhalten scheint, hebt Art. 16a Abs. 2 GG, in geringerem Maße auch Art. 16a Abs. 3 GG, das Grundrecht in nicht unerhebl. Umfang praktisch auf.

Die Regelung über die ›sicheren Drittstaaten‹ führte zwar zu einem deutl. Rückgang der Asylbewerberzahlen, kritisiert wurde aber, daß der Schutz polit. Flüchtlinge nicht mehr sichergestellt sei und

daß es eine Reihe ›sicherer Herkunftsländer‹ gebe, die diese Einstufung nicht erfüllen. Das Bundesverfassungsgericht hat im Hinblick darauf in einigen Fällen durch einstweilige Anordnung die Abschiebung untersagt und wird diese Verfassungsfrage zu entscheiden haben.

Äthiopien

Hauptstadt: Addis Abeba
Einwohner: 49,5 Mio.
Einwohner/km²: 45
Staatsoberhaupt: M. Zenawi
Regierungschef: T. Layne
BSP/Einwohner: 120 US-$ (1992)

Nach Unruhen anläßlich einer Studentendemonstration gegen die Abtrennung der Region Eritrea wurde die Univ. von Addis Abeba am 17. Jan. geschlossen. Auch danach hielten die innenpolit. Spannungen an. Am 2. Febr. verabschiedete der Repräsentantenrat ein Gesetz zur Registrierung polit. Parteien und zur Ernennung der obersten Richter und stimmte der Wahl von sieben polit. Organisationen in die Verfassungskommission zu, die im März ihre Arbeit aufnahm. Ein Symposium zur Erarbeitung eines Verfassungsentwurfs wurde jedoch von der Oromo Befreiungsfront (OLF) boykottiert. Zur Bewältigung des Siedlerproblems, das Folge des drei Jahrzehnte während Kriegs zw. Eritrea und Ä. ist, bildete die Reg. Komitees, um die Rückkehr von Tausenden von Zwangsumgesiedelten in ihre Herkunftsorte zu regeln. Die Reg. bat die internat. Gemeinschaft um finanziellen Beistand. Schwierigkeiten bereiteten auch die Kriegsgefangenen (20 000 OLF-Kämpfer wurden aus den Gefangenenlagern entlassen). In der unter internat. Aufsicht (u. a. der UNO) abgehaltenen Volksbefra-

Hinter dem Zaun der Zentralen Aufnahmestelle für Asylbewerber in Rostock-Hinrichshagen warten Heimbewohner darauf, vorgelassen zu werden. Das für 650 Menschen vorgesehene Heim ist im März mit 1 600 Bewohnern weit überbelegt

gung vom 23.–25. April sprachen sich 98,8 % der Eritreer für die Proklamation eines unabhängigen Staates aus; am 3. Mai erkannte auch die Reg. Ä.s die Souveränität ihrer ehem. Provinz an. Präs. MELES ZENAWI betonte, daß das Referendum nicht ›den Charakter der histor., kulturellen, sprachl. und wirtschaftl. Bindungen‹ verändere.

Während des Besuchs einer äthiop. Delegation in Europa wurde mit Frankreich die Reparatur der Eisenbahnlinie Addis Abeba–Djibouti vereinbart, die Niederlande sicherten techn. Zusammenarbeit zu. Darüber hinaus dehnten Großbritannien und die Bundesrepublik Deutschland ihre Hilfe aus. Ein Besuch von Premiermin. TAMIRAT LAYNE in Israel brachte weitere Unterstützung für die Bereiche Technik und Wirtschaft.

atomarer Teststopp: Am 3. 7. 1993 erklärte Präs. CLINTON, daß die USA auch in den nächsten zwölf Monaten keine Atomtests durchführen würden, sofern sich alle anderen Staaten an das Moratorium hielten. Rußland und Frankreich verkündeten kurz darauf die Verlängerung ihrer Moratorien. Rußland und China erklärten darüber hinaus, daß sie einen Vertrag über einen vollständigen Teststopp anstreben, wie ihn die USA ab 1996 wünschen. Internat. Proteste, insbes. von den USA, waren daher die Folge, als China am 5. Okt. einen unterird. Atomtest vornahm. Präs. CLINTON stellte daraufhin für 1994 einen Atomtest in Nevada in Aussicht. Dadurch verschlechterten sich die Aussichten auf einen umfassenden Teststoppvertrag wieder erheblich.

Australien

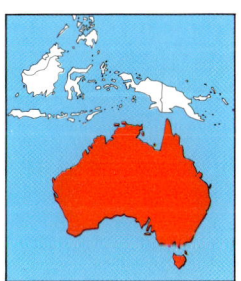

Hauptstadt: Canberra
Einwohner: 17,6 Mio.
Einwohner/km²: 2
Staatsoberhaupt: Elisabeth II.
Regierungschef: P. J. Keating
BSP/Einwohner: 16 590 US-$

Wirtschaftliche Expansion

Auch 1993 setzte sich die (im internat. Vergleich bemerkenswerte) Wachstumstendenz der austral. Volkswirtschaft, die in den vergangenen Jahren zw. 2 und 2,5 % jährlich lag, fort. Allerdings stieg auch das Leistungsbilanzdefizit, das im Haushaltsjahr 1992/93 (1. Juli–30. Juni) mit 15,3 Mrd. A$ bereits 23,9 % über dem Defizit des Vorjahres lag, weiter an. Auch die Beschäftigungssituation war mit einer Arbeitslosenquote von 10,7 % im April weiterhin angespannt. Der Preisanstieg lag hingegen deutlich unter 2 %.

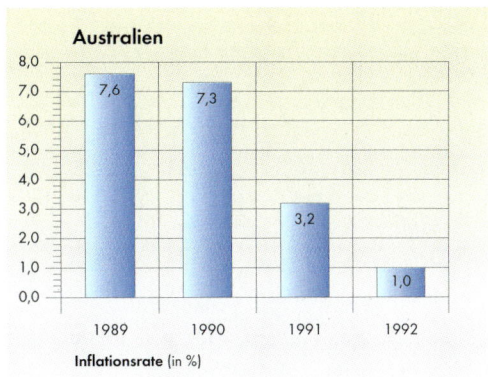

Australien

Inflationsrate (in %)

Innenpolitik nach den Wahlen

Bei den Parlamentswahlen am 13. März wurde die Labor-Regierung überraschend wiedergewählt. Premiermin. PAUL J. KEATING wurde in seinem Amt bestätigt. Außenmin. blieb GARETH EVANS, das Handelsministerium übernahm PETER COOK. Ende Dez. wurde RALPH WILLIS neuer Schatzkanzler.

Premiermin. KEATING kündigte an, daß er selbst wesentlich mit dem sozialen und kulturellen Wandel in A. befaßt sein werde. Seinem Amt sind die Büros für multikulturelle Angelegenheiten und für den Status der Frauen angegliedert. Außerdem soll ein ›Büro für die Versöhnung mit den Ureinwohnern‹ geschaffen werden, das die Kommission der Ureinwohner und Torres-Straßen-Insulaner (ATSIC) aufnehmen soll. Ein im Dez. vom austral. Parlament verabschiedetes Gesetz sieht einen Rechtsanspruch der Ureinwohner A.s auf die traditionell von ihnen besiedelten Gebiete vor. Das umstrittene Gesetz, dem generell nur geringe prakt. Bedeutung beigemessen wird, soll Anfang 1994 in Kraft treten.

Außenpolitik

Premiermin. KEATING regte die Etablierung eines integrierten asiat.-pazif. Marktes an, der A., Neuseeland, Japan, die ASEAN-Länder, China, Taiwan, Hongkong, Korea und Nordamerika umfassen soll. A.s gegenwärtige Handelspolitik ist stark

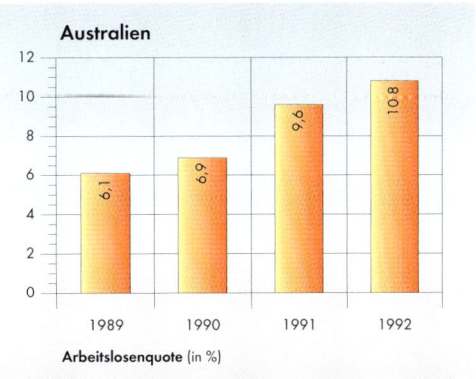

Australien

Arbeitslosenquote (in %)

Australiens Premierminister Paul Keating und seine Frau Annita nach dem Sieg der Labor Party bei den Parlamentswahlen im März

auf Asien gerichtet. A. setzte sich für den zügigen Abschluß der GATT-Verhandlungen ein.

Automobilindustrie: Der Kfz-Absatz sank 1993 zwar weltweit um rd. 3 %, der Verkaufsrückgang fiel in Europa mit einem Minus von rd. 16 % jedoch relativ deutlich aus. Dabei verzeichnete die dt. Automobilindustrie die größten Einbrüche seit Jahren. Die Rezession und erhebl. Wettbewerbsdruck ließen die Pkw-Fertigung um rd. 25 % gegenüber dem Vorjahr zurückgehen. So wies die Volkswagen AG im ersten Halbjahr einen Umsatzverlust in Höhe von 1,6 Mrd. DM, das Tochterunternehmen Audi AG einen Verlust in Höhe von 200 Mio. DM auf; bei den Ford-Werken verringerte sich der Umsatz in den ersten sechs Monaten um 11 %; die Verluste bei Porsche beliefen sich im Ende Juli abgelaufenen Geschäftsjahr auf 200 Mio. DM. Selbst Opel als modernster Massenproduzent mußte rückläufige Gewinne hinnehmen, und die Mercedes Benz AG sah sich gezwungen, ihre PKW-Produktion auf das niedrigste Niveau seit 1984 zurückzu-

Rund 15 000 Menschen folgen am 14. November dem Aufruf von Bürgerinitiativen und bilden auf einer Wiese bei Zöbingen mit weißen Laken ein lebendiges ›Nein‹ gegen eine geplante Sondermülldeponie

nehmen. Lediglich BMW verzeichnete bei Produktion und Absatz geringere Einbußen als seine inländ. Konkurrenten. Auf die anhaltende Krise in der Automobilbranche reagierten die dt. Hersteller zunächst mit massivem Personalabbau (660 000 Beschäftigte Ende des Jahres gegenüber 722 000 Ende 1992). Mit einem Maßnahmenpaket, das die Auslagerung einzelner Produktionsbereiche, Einführung der schlanken Produktion und Gruppenarbeit, die Beschleunigung der Entwicklungszeiten, den Abbau der Fertigungstiefe und die Reduktion überzogener Investitionsprogramme vorsieht, hoffen die Automobilhersteller, insbes. der japan. Konkurrenz wirksam zu begegnen. Als Reaktion auf Absatzeinbrüche und Rationalisierungsfortschritte wurde bei VW die Einführung der → Viertagewoche einschl. flankierender, flexibler Arbeitszeitmodelle beschlossen.

AWACS-Einsatz, → Bundeswehr.

B

Babbit, Bruce Edward, amerikan. Politiker (Demokrat. Partei), * 27. 6. 1938. – Nach seinem Sieg bei den Präsidentschaftswahlen im Nov. 1992 berief BILL CLINTON B. zum Innenmin., der v. a. für die Erhaltung und Verwaltung der Nationalparks, für die Betreuung der aus Staatsbesitz an Farmer und Bergleute verpachteten Landes, für die Überwachung privater Bergwerke und für die Beziehungen zur indian. Urbevölkerung zuständig ist.
B. hatte zuerst Geophysik studiert, dann Rechtswiss., und 1965–74 in einer Anwaltspraxis in Phoenix (Arizona) gearbeitet. 1974 wurde er Justizmin. des Staates Arizona und 1977 Gouverneur. 1978 und 1982 wiedergewählt, verlor er 1986 die Wahl. Zwei Jahre später bewarb er sich erfolglos um die demokrat. Präsidentschaftskandidatur. In der Folgezeit profilierte er sich mit Engagement und Geschick in der Umweltpolitik.

Baden-Württemberg

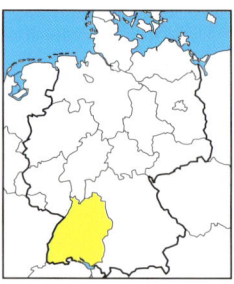

Hauptstadt: Stuttgart
Einwohner: 9,9 Mio.
Einwohner/km²: 277
Regierungschef: E. Teufel
BIP/Einwohner: 45 400 DM

Wirtschaftskrise im ›Musterländle‹

B.-W. ging durch seine bisher schwerste ökonom. Krise. Massentlassungen und Firmenschließungen bei Zulieferern und Großunternehmen v. a. im

Das Opel-Werk in Eisenach gilt als eine der modernsten Produktionsstätten Europas

Automobilbau erschütterten den Wirtschaftsraum Mittlerer Neckar. Drast. Einnahmeeinbußen des Landes verschärften die geplanten haushaltspolit. Einschnitte. Die Landesreg. versuchte, als ›Türöffner‹ der Industrie in fremden Ländern und durch eine Politik der Wirtschaftsförderung den Einbußen entgegenzuwirken. Finanziell entlastend wirken soll auch die geplante Verwaltungsreform.

Innenpolitische Streitpunkte

Die regierende große Koalition aus CDU und SPD hielt trotz der Tatsache zusammen, daß v. a. die Sozialdemokraten starke Abstriche an ihren Wunsch-

programmen machen mußten. Umstritten blieben die Zukunft der Kernenergie, Standorte für Sondermüllverbrennungsanlagen, der Ausbau der Kinderbetreuung und die Verkürzung der Lehrerarbeitszeit. Der CDU entgegen kam SPD-Innenmin. FRIEDER BIRZELE, der von Anfang an den ›großen Lauschangriff‹ bei der Verfolgung der organisierten Kriminalität befürwortete. Zu einem Zentrum des Drogenhandels entwickelten sich Mannheim und der Rhein-Neckar-Raum.

Im Kampf gegen den Rechtsextremismus verbot B.-W. im Juli die ›Heimattreue Vereinigung Deutschlands‹. Waffen und Propagandamaterial wurden beschlagnahmt. Eine gerichtl. Auseinandersetzung zw. dem Fraktionsvors. der Republikaner ROLF SCHLIERER und dem Innenmin. BIRZELE folgte der Beschuldigung SCHLIERERS, die Reg. habe ein Gewaltklima gegen seine Partei herbeigeredet, das den Brandanschlag auf den Tübinger Abgeordneten der Republikaner, KARL-AUGUST SCHAAL, erst ermöglicht habe.

Bad Kleinen, Gemeinde am N-Ufer des Schweriner Sees in Mecklenburg-Vorpommern. – Am 27. Juni wollten Beamte der Antiterrortruppe des Bundesgrenzschutzes GSG 9 auf dem Bahnhof von B. K. die der Kommandoebene der Rote-Armee-Fraktion zugerechneten mutmaßlichen Terroristen WOLFGANG GRAMS und BIRGIT HOGEFELD verhaften. GRAMS eröffnete unverzüglich das Feuer; bei dem Schußwechsel starben der GSG-9-Beamte MICHAEL NEWRZELLA und GRAMS. Über den Verlauf der Ereignisse gab es widersprüchl. Darstellungen; der Verdacht kam auf, daß GRAMS in wehrlosem Zustand erschossen worden war. Die mangelhafte Informationspolitik von Generalbundesanwalt VON STAHL und Hinweise auf eine unzureichende Koordination der für den Einsatz zuständigen Stellen führten zu massiver Kritik und am 4. Juli zum Rücktritt von Innenmin. SEITERS, der die polit. Verantwortung übernahm. VON STAHL wurde am 7. Juli von Justizmin. LEUTHEUSSER-SCHNARRENBERGER in den einstweiligen Ruhestand versetzt. Das Kriminaltechn. Institut der Stadtpolizei Zürich wurde mit den Untersuchungen beauftragt, um Vermutungen,

Auf dem Bahnhof von Bad Kleinen zeigt eine Mitarbeiterin der Bahnhofsaufsicht den Beamten des Landeskriminalamts den Ort des Schußwechsels zwischen der GSG 9 und Birgit Hogefeld und Wolfgang Grams

das Bundeskriminalamt könnte versuchen, Kollegen zu decken, entgegenzutreten. Ein Gutachten des Rechtsmedizin. Instituts der Univ. Münster vom Sept. stützte die Möglichkeit, daß GRAMS sich selbst getötet hat. Dem am 20. Nov. der Öffentlichkeit präsentierten Abschlußgutachten aus Zürich zufolge wurde er nicht mit einer der bei dem Einsatz verwendeten Polizeiwaffen getötet.

Bahamas

Hauptstadt: Nassau
Einwohner: 264 000
Einwohner/km²: 19
Staatsoberhaupt:
Elisabeth II.
Regierungschef:
H. Ingraham
BSP/Einwohner:
11 720 US-$

Bahnreform: Das Vorhaben einer Strukturreform des Eisenbahnwesens in Deutschland bestimmte nachhaltig die verkehrspolit. Diskussion. Wesentliche Gründe für die B. sind die Wiedervereinigung, die zunächst zu zwei Staatsbahnen in Deutschland geführt hatte, die ökonom. und verkehrspolit. Lage der Bahnen mit laufend steigenden Defiziten und gleichzeitig sinkenden Anteilen am Verkehrsmarkt sowie die EG-Vorschrift von 1991, die eine zumindest buchhalter. Trennung von Wegenetz und Betrieb bei den Mitgliedsbahnen sowie den Schuldenabbau verlangt.

Im Dez. verabschiedeten Bundestag und Bundesrat mit großer Mehrheit die B. Das ›verkehrspolit. Jahrhundertwerk‹ sieht vor, daß zunächst zum 1. 1. 1994 der unternehmer. Bereich der Bahn in eine AG (Dt. Bahn AG) umgewandelt wird; unter dem Dach der AG wird es wiederum die drei Sparten Personenverkehr, Güterverkehr und Fahrweg geben. Da-

Der ›Eurosprinter‹ bei der Aufnahme des Probebetriebs im Intercity-Verkehr im Mai. Die neue Elektrolokomotive (Höchstgeschwindigkeit 220 km/h) soll europaweit schnelle Personen- und schwere Güterzüge ziehen und kann problemlos in den vier verschiedenen Stromsystemen der europäischen Bahnen eingesetzt werden

mit ist – entsprechend der EG-Richtlinie – eine Trennung zw. der Rechnungsführung für die Erbringung der Verkehrsleistung und den Betrieb der Eisenbahninfrastruktur realisiert worden. In einem weiteren Schritt der B. können dann zu einem späteren Zeitpunkt die operativen Sparten als selbständige AGs, nämlich eine Transport AG und eine Fahrweg AG, ausgegliedert werden. Letztlich soll dann auch die DB AG als Holding aufgelöst und die Transport AG in selbständige AGs für den Personen- und für den Güterverkehr aufgehen.

Die im Rahmen der B. vorgesehene Regionalisierung des Schienen-Personennahverkehrs stieß in den Ländern hinsichtlich des Zeitpunkts ihrer Verwirklichung (geplant 1995) sowie v. a. hinsichtlich ihrer Finanzierung auf erhebl. Vorbehalte. Die verabschiedete B. sieht nun vor, daß die Länder erst ab 1996 den Schienen-Personennahverkehr in eigener Regie übernehmen und dafür vom Bund die bis zuletzt umstrittenen Ausgleichszahlungen erhalten. In Art. 106a GG wird festgeschrieben, daß Mittel aus dem Mineralölsteueraufkommen des Bundes (1996: 8,7 Mrd. DM) bereitgestellt werden. Daneben erhalten die Länder 6,3 Mrd. DM aus Mitteln des Gemeindeverkehrsfinanzierungsgesetzes (GVFG). Die Zuschüsse sollen insgesamt im Laufe der Jahre angehoben werden.

Die B. stellt insgesamt eine erfolgversprechende Weichenstellung in der mehr als hundertjährigen Geschichte der dt. Eisenbahn dar und bietet zumindest die Chance, die eigtl. Domäne der Bahn zu stärken und so wieder Verkehr von der Straße auf die Schiene zu ziehen.

Bahrain

Hauptstadt: Menama
Einwohner: 533 000
Einwohner/km²: 786
Staatsoberhaupt:
Isa Ibn Sulman
al-Chalifa
Regierungschef:
Chalifa Ibn Sulman
al-Chalifa
BSP/Einwohner:
6 910 US-$

Balladur, Édouard, frz. Politiker (RPR), * İzmir (Türkei) 2. 5. 1929. – Nach dem großen Sieg des aus RPR und UDF gebildeten Bürgerblocks über die bisher regierenden Sozialisten in den Wahlen vom 21. und 28. 3. 1993 berief Staatspräs. FRANÇOIS MITTERRAND B. als neuen Premiermin. In seiner Regierungserklärung kündigte B. Kontinuität in der Außen- und Sicherheitspolitik und als Schwerpunkt seiner Reg. innenpolit. Reformen an: Unparteilichkeit der Verwaltung, Funktionieren der Justiz, Kampf gegen die Kriminalität, Änderungen in der Einwanderungs- und Staatsangehörigkeitspolitik,

Von Tongi (Bangladesh) bringt ein Zug gläubige Muslime in ihre Heimat zurück. An der World Muslim Congregation in Tongi hatten im Januar über 2 Mio. Menschen teilgenommen

weitgehende Wahrung des Besitzstandes – jedoch nicht aller sozialen Errungenschaften – und weitere Privatisierung von Unternehmen.

B., dessen Vater armen. Abstammung war und in İzmir als Bankier arbeitete, absolvierte nach Abschluß des Studiums (Jura und polit. Wiss.) seinen Militärdienst in Algerien. Anschließend besuchte er die École Nationale d'Administration. Er war dann zunächst im Staatsrat, später in der Leitung der Hörfunk- und Fernsehanstalt ORTF tätig. 1964 und 1966–68 arbeitete er für Premiermin. GEORGES POMPIDOU. Insbes. aus der Zeit, als B. und JACQUES CHIRAC im Auftrag POMPIDOUS mit den Gewerkschaften um die Beendigung des Generalstreiks verhandelten, rührte die Freundschaft zw. den drei Politikern. Als POMPIDOU 1969 Staatspräs. wurde, stieg B. zum stellv. GenSekr., 1973/74 zum GenSekr. beim Staatspräs. auf. Nach POMPIDOUS Tod 1974 wechselte B. – wie 1968 – in die Wirtschaft, wo er erfolgreich und energisch Unternehmen ausbaute bzw. sanierte. Nach dem Wahlsieg der bürgerl. Parteien 1986 wurde B. von Premiermin. CHIRAC (bis 1988) als Staatsmin. für Finanzen, Wirtschaft und Privatisierung berufen und mit den wirtschaftspolit. Hauptaufgaben der Reg. betraut: Reprivatisierung großer Unternehmen, Abbau von Einkommenssteuer und Neuverschuldung sowie Abschaffung behördl. Preisregulierung.

Innenpolitik

Wirtschaftlich ging es B. nach einer reichl. Reisernte gut. Die polit. Lage war ruhig. Zwar verfügte die Reg. von MinPräs. KHALEDA ZIA nur über eine knappe Mehrheit im Parlament, doch konnte ihr die Opposition, aufgrund ihrer Spaltung geschwächt, keinen ernsthaften Widerstand leisten: Von der größten Oppositionspartei, der Awami-Liga, spaltete sich am 31. Aug. unter KAMAL HOSAIN eine eigene Partei unter dem Namen Gana-Forum (Volksforum) ab, die zum Anziehungspunkt für linke Gruppierungen wurde.

Außenpolitik

Für B. war 1993 von bes. Bedeutung, daß die 7. Konferenz der South Asian Association for Regional Cooperation (SAARC) in Dhaka stattfand. Die SAARC, der B., Bhutan, Indien, Malediven, Nepal, Pakistan und Sri Lanka angehören, geht auf eine Initiative des 1981 ermordeten Präs. B.s ZIA-UR RAHMAN zurück. Auf der Tagesordnung der Konferenz, die am 11. April zu Ende ging, stand auch das beabsichtigte Handelsabkommen South Asian Preferential Trade Arrangement (SAPTA). Die Bedeutung der SAARC-Konferenzen liegt indes in der Möglichkeit der regelmäßigen Konsultation aller Regierungschefs.

Bangladesh

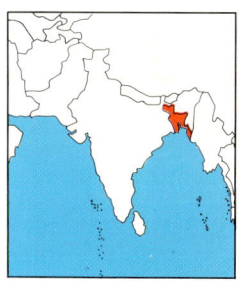

Hauptstadt: Dhaka
Einwohner: 119,3 Mio.
Einwohner/km²: 828
Staatsoberhaupt:
Abdur Rahman Biswas
Regierungschef:
Khaleda Zia
BSP/Einwohner:
200 US-$

Barbados

Hauptstadt:
Bridgetown
Einwohner: 259 000
Einwohner/km²: 602
Staatsoberhaupt:
Elisabeth II.
Regierungschef:
E. Sandiford
BSP/Einwohner:
6 630 US-$

Barentskooperation, am 11. 1. 1993 in Kirkenes (Norwegen) von Rußland, Finnland, Norwegen und Schweden geschlossene formelle Vereinbarung über die Zusammenarbeit im Gebiet der nordpolaren Barentssee. Das Kooperationsabkommen betrifft einerseits den Komplex Umweltschutz; so liegen auf dem Grund der Barentssee große Mengen Atommüll, den die Marine der ehem. Sowjetunion dort weitgehend ungesichert versenkt hat (darunter auch U-Boote mit Nuklearantrieb). Andererseits soll die Zusammenarbeit bezüglich der wirtschaftl. Aktivitäten in der Region forciert werden; so geht es hierbei v. a. um die Ausbeutung der ergiebigen Gasfelder unter dem betreffenden Meeresgebiet sowie um die Erschließung der Bodenschätze auf der Kolahalbinsel.

Bayern

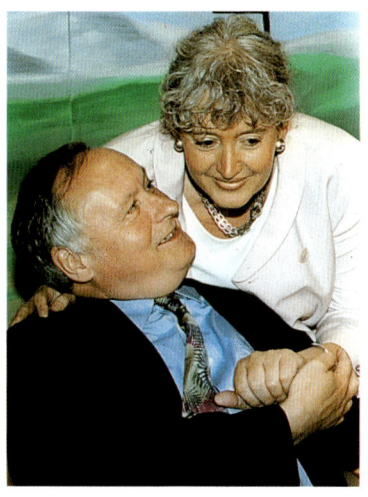

Bayerns Sozialdemokraten wählen im April erneut Renate Schmidt zu ihrer Landesvorsitzenden.

Die Vizepräsidentin des Bundestages im Gespräch mit Oskar Lafontaine

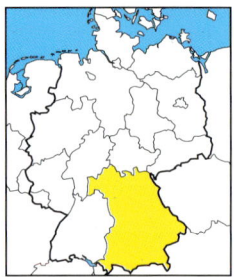

Hauptstadt: München
Einwohner: 11,5 Mio.
Einwohner/km²: 163
Regierungschef:
E. Stoiber
BIP/Einwohner:
43 700 DM

Wirtschaftsprobleme

Wirtschaftlich kämpfte B. mit erhebl. Einnahmeverlusten. Umsatzrückgänge der Industrie, v. a. der im Land ansässigen Luft- und Raumfahrtindustrie und die Transferleistungen von 1,5 Mrd. DM jährlich für die neuen Bundesländer waren hierfür die Ursache. Mit einer rigorosen Sparpolitik und Privatisierungsmaßnahmen wie dem Verkauf von Anteilen des Energieunternehmens Bayernwerk – im Juli vereinbarte die Reg. dessen Fusion mit dem Mischkonzern VIAG – suchte sie den Haushalt zu sanieren. Dem standen die hohen Ausgaben bei der Wohnungsbauförderung angesichts explodierender Mietpreise insbes. im Münchener Raum und in der Familienpolitik entgegen, die für die Reg. dringende Maßnahmen darstellten.

Innenpolitischer Streit

Zum Jahresbeginn beherrschten die hartnäckigen Vorwürfe gegen den MinPräs. MAX STREIBL die Landespolitik, er habe sich vielfältige private Vorteile, bis hin zu Ferienreisen, durch Mißbrauch seiner Amtsstellung verschafft. Die Firma Grob in Mindelheim, einer der Geldgeber STREIBLS, soll hohe Offiziere und leitende Zivilbeamte des Verteidigungsministeriums bestochen haben, um den Ankauf des umstrittenen Aufklärungssystems ›Lapas‹ zu sichern. Diese Amigo-Affäre sollte ein parlamentar. Untersuchungsausschuß klären, den die CSU im April blockierte und im Mai nur mit einer überarbeiteten Version des Untersuchungsauftrags, der viele Fragen der Opposition mißachtete, zuließ. Die Opposition verließ daraufhin den Ausschuß und erhob Verfassungsklage.

Innerparteilich wuchs der politische Druck auf die CSU-Spitze, nicht mit einem desavouierten Spitzenpolitiker in die schwierigen Wahlen des Jahres 1994 zu gehen, so daß sich STREIBL schließlich nach Klärung der Nachfolgefrage am 27. Mai zum Rücktritt bereit erklärte. Die Regelung der Nachfolge wurde im Mai zu einem Machtkampf zw. dem Bundesfinanzmin. und Parteivors. THEO WAIGEL und dem bayer. Innenmin. EDMUND STOIBER, der sich aufgrund seines größeren Rückhalts in der Landtagsfraktion schließlich durchsetzte. Am 17. Juni wurde das neue Landeskabinett, das sich nicht entscheidend von dem alten unterscheidet, dem aber keine Frau als Min. mehr angehörte, vereidigt. STOIBERS Vorhaben, Finanz- und Wirtschaftsressort zu fusionieren, wurde nicht umgesetzt. Ein Beschluß der neuen Reg. im Okt., daß bayer. Beamte wieder 40 anstatt 38,5 Std. pro Woche arbeiten sollen, stieß bei den Betroffenen auf wenig Gegenliebe.

In München wurde am 12. Sept. CHRISTIAN UDE (SPD) zum Nachfolger des zurückgetretenen Oberbürgermeisters GEORG KRONAWITTER gewählt. Vorausgegangen war ein harter Wahlkampf, in dem dem CSU-Kandidaten PETER GAUWEILER die Verpachtung seines Mandantenstammes an eine Münchner Anwaltskanzlei vorgeworfen wurde. Im Nov. wurde in erster Lesung ein Gesetzentwurf verabschiedet, nach dem Abgeordnete u. a. künftig ihre Mitgliedschaft im Landtag in berufl. und geschäftl. Angelegenheiten nicht ins Feld führen dürfen und alle regelmäßigen oder unregelmäßigen Tätigkeiten, aus denen sie Geld erhalten, dem Landtagspräs. anzeigen müssen.

Belgien

Hauptstadt: Brüssel
Einwohner: 10 Mio.
Einwohner/km²: 328
Staatsoberhaupt:
Albert II.
Regierungschef:
J.-L. Dehaene
BSP/Einwohner:
19 300 US-$

Chronisches Defizit

Größtes wirtschaftl. Problem blieb 1993 die Staatsverschuldung, die mit mehr als 10 Billionen belg. Francs bei rd. 140% des BSP lag. Damit nahm B. innerhalb der EG weiterhin die Spitzenposition ein. Das Haushaltsdefizit betrug rd. 7% des BSP. Nachdem es bei den Beratungen über den von Premiermin. JEAN-LUC DEHAENE vorgelegten Haushaltsentwurf für 1993/94 zu heftigen Auseinandersetzungen zw. den Koalitionspartnern über die zur Haushaltskonsolidierung geeigneten Maßnahmen und schließlich zu einer Regierungskrise gekommen war, gelang es DEHAENE am 30. März doch noch, einen Kompromiß auszuhandeln. Die angestrebte Verringerung des Defizits um rd. 113 Mrd. bis Ende 1994 soll durch höhere Steuereinnahmen, Einsparungen bei den Staatsausgaben und die Privatisierung staatl. Unternehmen erreicht werden. Gegen das Sparpaket der Reg. kam es wiederholt zu Protesten und im Nov. zu einem Generalstreik. Im Sept. aufgenommene Verhandlungen zw. der Reg. und den Sozialpartnern über einen ›Sozialpakt‹ zur Sanierung der Sozialversicherung, zugleich aber auch zur Verbesserung der Wettbewerbsfähigkeit und zur Schaffung von Arbeitsplätzen, führten zu keinem Ergebnis.

Vollendung der Staatsreform

Im Febr. begannen die parlamentar. Abstimmungen über die Vollendung der Staatsreform, die mit dem Zugeständnis größerer Autonomie an die drei Regionen Flandern, Wallonien und die zweisprachige Hauptstadt Brüssel B. endgültig in einen Bundesstaat umwandelte. Nachdem bis zum 23. April alle erforderl. Verfassungsänderungen verabschiedet waren, wurde am 8. Mai die Staatsreform rechtskräftig. In den Bereichen Landwirtschaft, Außenhandel, Wiss. und Umwelt erhielten die Regionen erweiterte Kompetenzen sowie das Recht, internat. Verträge abzuschließen. Die dt. Sprachgemeinschaft (Region Wallonien) erhielt größere Eigenständigkeit in den Bereichen Kultur, Jugend, Bildung und Tourismus.

Die Regionalparlamente werden nun direkt gewählt, die Migliederzahlen des Bundesabgeordnetenhauses und des Senats wurden verringert, die Zuständigkeit beider Häuser zugunsten einer Spezialisierung modifiziert. Das Doppelmandat für Regional- und Bundesparlament wurde abgeschafft. Die Regionalreg. werden nun von der jeweiligen Parlamentsmehrheit gewählt.

Am 31. Juli starb überraschend König BAUDOUIN, mit dem das Land eine wichtige Integrationsfigur verlor. Nachfolger wurde am 9. Aug. BAUDOUINS jüngerer Bruder, der 59jährige Prinz ALBERT.

Die Staatsanwaltschaft von Lüttich beantragte Mitte Dez. die Aufhebung der Immunität von drei einflußreichen Politikern, darunter der Premiermin. der Region Wallonien, GUY SPITAELS, wegen Annahme von Bestechungsgeldern in Millionenhöhe.

Außenpolitik

Im Juli übernahm B. turnusmäßig den Vorsitz im EG-Ministerrat. Dabei setzte sich B. zum Ziel, die europ. Einigung weiter voranzutreiben und sich primär um die Bekämpfung der Wirtschaftskrise und der Arbeitslosigkeit zu bemühen. Weitere Ziele waren die Harmonisierung der Zinsbesteuerung und die Einführung einer Kohlendioxid- und Energie-

Am 7. August nehmen Königin Fabiola (im weißen Kleid), Großherzogin Josephine Charlotte von Luxemburg (links), Belgiens zukünftiger König, Prinz Albert (Mitte) sowie Zehntausende von Menschen in Brüssel Abschied von König Baudouin I.

steuer. Im Okt. trat B. dem von Deutschland und Frankreich gegr. Eurokorps bei. Mit rd. 12 000 Soldaten stellt B. ein fast gleichgroßes Kontingent wie die beiden Partner und wird daher auch gleichberechtigt an den Entscheidungsstrukturen beteiligt. Nach den zu Beginn des Jahres in Zaire ausgebrochenen Unruhen bemühte sich B. um eine Isolierung MOBUTUS und unterstützte die oppositionellen Kräfte um TSHISEKEDI. In Burundi suchte B. nach dem Militärputsch im Okt., die demokratisch legitimierte Reg. zu stützen. 1993 beteiligte sich B. am UNO-Einsatz in Somalia sowie an den UNO-Friedensmissionen im ehem. Jugoslawien und ab Herbst in Ruanda.

Belize

Hauptstadt:
Belmopan
Einwohner: 198 000
Einwohner/km²: 9
Staatsoberhaupt:
Elisabeth II.
Regierungschef:
M. Esquivel
(seit 2. 7. 1993)
BSP/Einwohner:
2 050 US-$

Am 2. Juli wurde MANUEL ESQUIVEL, der schon 1984–89 die Regierungsgeschäfte leitete, erneut als Premiermin. vereidigt. ESQUIVELS konservative United Democratic Party hatte bei den vorgezogenen Parlamentswahlen am 30. Juni die absolute Mehrheit erringen können. Damit wurde die fast 20jährige Regierungszeit von Premiermin. GEORGE PRICE (People's United Party) beendet.

Bellion, Uta, Umweltpolitikerin, * Detmold 3. 1. 1956. – Im Dez. 1992 wurde B., schon seit 1990 Vorstandsmitglied von Greenpeace International, zur Vorstandsvors. dieser Umweltorganisation gewählt. Der neue Vorstand unter ihrer Leitung will ›mit starken Büros auf nat. Ebene und ... internat. Koordination‹ Greenpeace ›den Platz erstreiten, der notwendig ist, um die Welle der Zerstörung aufzuhalten‹.
Uta B., geb. von Strünck, hatte mit einem Studium der Mathematik und Physik begonnen und nach schwerer Krankheit auf eine Ausbildung zur Bauingenieurin umgesattelt, die sie 1982 mit dem Diplom abschloß. Danach war sie als wiss. Mitarbeiterin tätig, 1983–86 am Institut für Siedlungswasserwirtschaft und Abfalltechnik der TU Hannover. 1986 wechselte sie als internat. Projektkoordinatorin zu Greenpeace. Als internat. Koordinatorin für die Chemie-Kampagnen 1987–89 war sie erfolgreich tätig: Erreicht wurden der Verbrennungsstopp auf See und der Verklappungsstopp in der Nordsee. 1990–92 war B. Vorstandsvors. von Greenpeace Österreich.

Benin

Hauptstadt:
Porto Novo
Einwohner: 4,9 Mio.
Einwohner/km²: 44
Staatsoberhaupt:
N. Soglo
Regierungschef:
N. Soglo
BSP/Einwohner:
380 US-$

Im Jan. zog Präs. NICÉPHORE SOGLO trotz anhaltender Wirtschaftsprobleme eine positive Bilanz seiner bisherigen Regierungsarbeit. Doch die sozialen Folgen der wirtschaftl. Konsolidierungspolitik (v. a. Reduzierung der Auslandsschulden) wurden insbes. an ethnisch-religiösen Gegensätzen in Porto Novo sichtbar. Die Auseinandersetzungen um eine Regierungsumbildung im Aug./Sept. waren Anzeichen für die gespannten Beziehungen zw. Präs. und Parlament. Als Präs. der Wirtschaftsgemeinschaft westafrikan. Staaten (ECOWAS) bemühte sich SOGLO um die Beilegung der innenpolit. Krise in Togo, die sich mit der Flucht von 50 000 Togolesen und mit den Aktivitäten der togoles. Opposition in B. auf das Land auswirkte.

Bentsen, Lloyd Millard, jr., amerikan. Politiker (Demokrat. Partei), * Mission (Texas) 11. 2. 1921. – Nach der gewonnenen Präsidentschaftswahl nominierte BILL CLINTON im Dez. 1992 B. als Finanzmin. – nicht zuletzt wegen B.s intimer Kenntnis des Kongresses. B. gilt als Vertreter der Interessen des Großkapitals und hat im Ausland teilweise den Ruf eines Protektionisten.
B. nahm nach seinem Jurastudium als Kampfflieger am Zweiten Weltkrieg teil. 1945–48 war er als Wirtschaftsjurist, 1946–48 auch als Richter tätig. 1947–55 Mitgl. des Repräsentantenhauses, gründete er danach ein Versicherungsunternehmen, das

Uta Bellion ist seit 1. Februar Vorstandsvorsitzende der internationalen Umweltschutzorganisation Greenpeace

Protestdemonstration gegen die
Bewerbung Berlins als
Austragungsort für die Olympischen
Sommerspiele des Jahres 2000.
Anlaß für die Aktion am 18. April ist
der Besuch der Prüfungskommission
des IOC in Berlin

er bis 1970 als Präs. leitete und das ihn sehr vermögend machte. 1971 zum Senator für Texas gewählt,
gehörte B. verschiedenen Senatsausschüssen an,
u. a. für Finanzen, Umweltfragen und öffentl. Arbeiten. Nach einer erfolglosen Bewerbung um die
demokrat. Präsidentschaftskandidatur 1976 unterlag er als Vizepräsidentschaftskandidat der Demokraten bei den Wahlen 1988 zus. mit M. DUKAKIS.

Bergkarabach, Gebiet in Aserbaidschan, dessen staatl. Zugehörigkeit zu → Aserbaidschan oder
→ Armenien von beiden Staaten beansprucht wird.
Der Anteil der Armenier an der Bevölkerung B.s
beträgt knapp 80 %.

Bergner, Christoph, Politiker (CDU), * Zwikkau 24. 11. 1948. – Am 2. Dez. wurde B. vom Landtag in Sachsen-Anhalt zum Nachfolger von
W. MÜNCH als MinPräs. gewählt. B., Agraringenieur und Biochemiker von Beruf, war 1971 in die
DDR-Blockpartei CDU eingetreten. 1989 gehörte
er zu den Gründern der Bürgerbewegung Neues
Forum. Nachdem 1991 der erste MinPräs. von
Sachsen-Anhalt, GERD GIES, als Partei- und Regierungschef zurückgetreten war, kandidierte B. als
Landesvors. der CDU, unterlag aber dem Nachfolger von GIES im Regierungsamt, W. MÜNCH, wurde
aber stellv. Landesvorsitzender. Seit Dez. 1991 war
er auch Fraktionsvors. der CDU im Landtag.

Einwohner: 3,4 Mio.
Einwohner/km²: 3 867
Regierungschef:
E. Diepgen
BIP/Einwohner:
48 500 DM (B.-West),
19 500 DM (B.-Ost)

Wirtschaftliche Probleme aufgrund reduzierter Zuschüsse

Finanziell mußte B. angesichts reduzierter Zuschüsse des Bundes und wachsender Aufgaben
Etateinschnitte vornehmen. Das Land mußte eine
Einnahmelücke von 3 Mrd. DM schließen; 3500
Personalstellen will der Senat einsparen. Betroffen
hiervon war v. a. der Kulturbereich. Trotz der Proteste der Betroffenen und vieler befreundeter Künstler wurde beschlossen, traditionsreiche Theater wie
das Schillertheater und das Schloßparktheater zu
schließen und die Zuschüsse für die Staatl. Kunsthalle und die Berliner Symphoniker zu streichen.
Die FDP reichte gegen die Senatspolitik erfolgreich
Organklage beim Landesverfassungsgericht ein mit
der Begründung, das Parlament sei bei diesen Entscheidungen übergangen worden. Bis zum Beschluß des Abgeordnetenhauses am 16. Sept. in dieser Angelegenheit konnten die von der Schließung
betroffenen Institutionen weiterarbeiten. Eine weitere Strategie zur Mittelbeschaffung war das Bemühen um die Privatisierung kommunaler Unternehmen. Doch war auch dies nicht problemlos zu bewerkstelligen. Der geplante Verkauf von 24,9 % der
Aktien des Energieversorgers GASAG wurde von
Kritikern wegen der zu geringen erzielbaren Einnahmen als › Verlustgeschäft‹ kritisiert.

Streit um die Innenpolitik

Innenpolitisch heftig umstritten war zu Jahresan
fang die Berliner Freiwillige Polizeireserve, nachdem die kriminelle Vergangenheit einiger ihrer
Mitgl. bekanntgeworden war. Die Auflösung der
Einheit lehnte der Senat jedoch ab. Heftige Auseinandersetzungen gab es auch zw. Gegnern und Anhängern der letztendlich erfolglosen Olympiabewerbung B.s für das Jahr 2000.
Anhänger des Wiederaufbaus des alten Stadtschlosses konnten an histor. Ort eine entsprechende
Attrappe bewundern. Restauriert und feierlich wiedereröffnet wurde der Berliner Dom, die ehem.
preuß. Hofkirche.

Für ursprünglich 100 Tage (30. Juni–10. Oktober, dann bis Mitte 1994 verlängert) hat Berlin wieder sein Stadtschloß: In Originalgröße ist ein Gerüst errichtet und mit bemalten Stoffbahnen verkleidet worden

Die Hauptstadtplanung

Die weitere Entwicklung Gesamtberlins blieb umstritten. Mit Hilfe der Bauplanung bekräftigte B. seine Forderung nach einem schnellen Umzug der Bundesreg. und des Parlaments. Unterstützt wurde diese Forderung durch die Ankündigung von Bundespräs. R. VON WEIZSÄCKER, den Schwerpunkt seiner Amtstätigkeit Anfang 1994 nach B. zu verlegen und auch privat dorthin umzuziehen.

Am 18. Febr. wurde für den ›Spreebogen‹ nordwestl. des Brandenburger Tors, wo der Bundestag im Reichstagsgebäude seinen Tagungsort haben will – zugleich für das Bundeskanzleramt und mit Einschränkungen für den Bundesrat – ein internationaler städtebaul. Wettbewerb abgeschlossen. Weitere Parlaments- und Regierungseinrichtungen sind v. a. in den Stadtbezirken Mitte und Tiergarten angesiedelt. Ein entsprechender Wettbewerb für die Spreeinsel, das älteste Zentrum der Stadt, soll im Frühjahr 1994 u. a. Ideen für den Neubau des Auswärtigen Amts und für das Innenministerium (im ehem. Reichsbankgebäude) liefern. Die gesamte neue baul. Gestaltung soll stadtverträglich sein und Rücksicht auf die histor. Maßstäbe der Stadtarchitektur nehmen. Der ›Palast der Rep.‹ der ehem. DDR soll wegen der Asbestbelastung abgerissen werden.

Bei den geplanten Verkehrsbauten für die Hauptstadt stehen ein N-S-Tunnel für den Eisenbahnfern- und den Stadtbahnverkehr sowie für den Straßenverkehr unter dem Tiergarten und dem Parlamentsviertel im Vordergrund.

Unterschiedl. Auffassungen über Umzugstermine und Berechnungen mutmaßl. Gesamtkosten (10 bis 25 Mrd. DM) brachten 1993 fortgesetzten polit. Streit in Bonn und Terminunsicherheit in B. Die Bundesreg. entschied im Okt. 1993, bis zum Jahr 2000 nach B. umzuziehen; eine vermutlich ähnl. Entscheidung des Bundestags steht noch aus. Zugleich soll ein Berlin-Bonn-Gesetz mit Ausgleichsmaßnahmen für die Region Bonn verabschiedet werden.

Berlin-Brandenburgische Akademie der Künste: Nachdem der brandenburg. Landtag schon Ende Mai zugestimmt hatte, ratifizierte nach langem polit. Gerangel auch das Berliner Abgeordnetenhaus am 2. Sept. den Staatsvertrag zur Gründung der B.-B. A. d. K. Die heftig geführte Debatte um die damit beschlossene Vereinigung der westl. sowie der zum Mai aufgelösten östl. Akademie der Künste hatte sich an der Absicht entzündet, alle 30 verbliebenen Mitglieder der Ost-Akademie ohne vorherige Überprüfung durch die Gauck-Behörde zu übernehmen. Trotz der Proteste hiergegen, auch in Form von Austritten anderer Akademiemitglieder, setzte sich die vom westl. Akademiepräs. WALTER JENS und der Berliner SPD unterstützte Regelung schließlich durch.

Berlin-Brandenburgische Akademie der Wissenschaften: Die bereits im Aug. 1992 per Staatsvertrag ins Leben gerufene B.-B. A. d. W. fand sich im März zu einer ersten, konstituierenden Sitzung zusammen; im Juli wurde der Biologe HUBERT MARKL, ehem. Präs. der Dt. Forschungsgemeinschaft, zu ihrem Präs. gewählt.

Bhutan

Hauptstadt: Thimphu
Einwohner: 1,6 Mio.
Einwohner/km²: 34
Staatsoberhaupt: Jingme Singye Wangchuk
Regierungschef: Jingme Singye Wangchuk
BSP/Einwohner: 180 US-$

Bhutto, Benazir, pakistan. Politikerin, *21. 6. 1953. – Nach dem Wahlerfolg ihrer Pakistan

People's Party (PPP) wurde B. am 19. 10. 1993 von der Nationalversammlung zur MinPräs. gewählt. Die Tochter des PPP-Führers ZULFIKAR ALI B., der 1971–73 Staatspräs., 1973–77 MinPräs. war und 1979 hingerichtet wurde, studierte in den USA und in Großbritannien polit. Wiss. und Geschichte. Sie stand 1977–84 unter Hausarrest und lebte 1984–86 im Exil. Nachdem sie die Führung der PPP übernommen hatte, zeigte sie Durchsetzungsvermögen und Charisma. Nach den Wahlen vom Nov. 1988 wurde sie MinPräs., jedoch im Aug. 1990 unter der Beschuldigung des Amtsmißbrauchs und der Korruption abgesetzt.

Bildungsexpansion: Allen Beschwörungen von Politikern zum Trotz setzte sich die B. auch 1993 fort. Die Abiturientenquote eines Altersjahrgangs stieg weiter auf mittlerweile knapp 30 % im Bundesdurchschnitt (1954: 4 %). Das veränderte Bildungsverhalten geht insbes. auf die verbesserte Bildungsbeteiligung der Mädchen, die heute mit 52 % mehr Abiturienten stellen als die Jungen, und eine veränderte Annahme des gegliederten Schulwesens zurück (1952: 79,3 % Hauptschule, 6,1 % Realschule, 13,2 % Gymnasium; 1991: 31 %, 26,9 %, 31,3 %; jeweils 7. Schuljahr). Auch die Zahl der Studenten stieg weiterhin. 1,8 Mio. Studenten teilten sich rd. 900 000 Studienplätze. Die ›Grund- und Strukturdaten‹ des Bundesministeriums für Bildung und Wiss. zeigen, daß sich die Studentenquote eines Altersjahrgangs um 15 % bewegt, d. h. deutlich unter der Abiturientenquote liegt.

Im internat. Vergleich nimmt Deutschland damit noch keine Spitzenstellung ein. In Japan werden 94 % aller Schüler zur Hochschulreife geführt, und in Frankreich stand zur Diskussion, bis zum Jahr 2000 80 % eines Altersjahrgangs zum Abitur zu brin-

gen. Einer Studie des Nürnberger Instituts für Arbeitsmarkt- und Berufsforschung zufolge ist bis zum Jahr 2000 mind. 35 bis 40 % eines Altersjahrgangs das Abitur zu ermöglichen, weil nur so der internat. Entwicklung und der veränderten Qualifikationsstruktur von Arbeitsplätzen in der Zukunft entsprochen werden könne.

Bildungsgipfel: Am 11. Nov. fand auf Einladung Bundeskanzler KOHLS ein Forum mit rd. 70 Vertretern aus Wirtschaft, Wiss. und Politik statt, auf dem Grundsatzfragen der dt. Bildungs- und Forschungspolitik diskutiert wurden. Der Kanzler forderte den Ausbau der berufl. Bildung und einen Stopp des ›Trends zur weiteren Akademisierung unserer Gesellschaft‹. Die Forschung solle sich zudem ›konsequenter auf die Stärkung des Standorts Deutschland‹ konzentrieren. Konkrete Maßnahmen wurden auf dem B. jedoch nicht beschlossen.

Biller, Georg Christoph, Chorleiter und Dirigent, * Nebra (Unstrut) 20. 9. 1955. – Im Febr. 1993 wurde B. von der Stadt Leipzig zum neuen Thomaskantor (dem 36. überhaupt und dem 16. nach JOHANN SEBASTIAN BACH) berufen, nachdem HANS-JOACHIM ROTZSCH wegen Stasikontakten von diesem Amt zurücktreten mußte und der zu dessen Nachfolger designierte Kirchenmusiker HERMANN MAX aus Dormagen im Jan. 1993 das Amt ausgeschlagen hatte, weil die Entscheidung gegen den Willen des Chors zustande gekommen sei.

B. war selbst neun Jahre Mitgl. der Thomaner und leitete schon 16jährig als Präfekt den Knabenchor. Bei KURT MASUR lernte er Orchesterdirigieren, bis 1991 leitete er den Leipziger Gewandhauschor. Die nach der Entlassung ROTZSCHS entstandene schwierige Lage will B., der zuletzt an der Musikhochschule Detmold einen Lehrauftrag hatte und dem

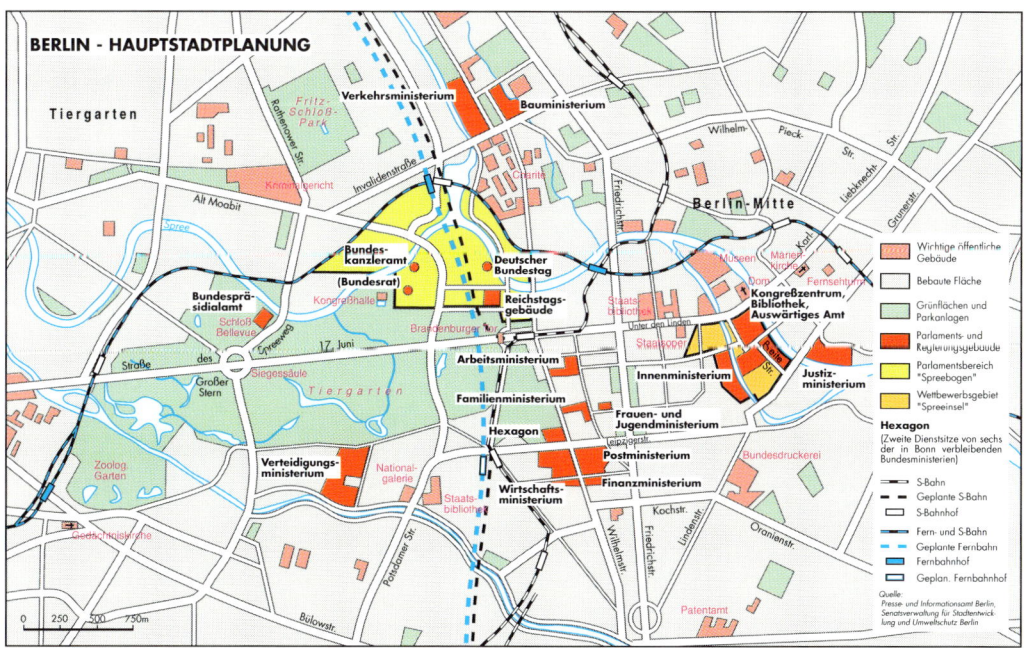

dort eine Professur angetragen worden war, in ›sehr vielen Gesprächen‹ mit allen Beteiligten bewältigen.

Binnenmarkt, umgangssprachl. Bez. für den am 1. 1. 1993 für 350 Mio. Bürger in Kraft getretenen Europ. B. Nach Art. 7a des EG-Vertrags stellt er einen Raum ohne Binnengrenzen dar, in dem der freie Verkehr von Waren, Personen, Dienstleistungen und Kapital (zusammenfassend auch die ›Vier Freiheiten‹) gewährleistet ist. Die Bestimmungen sollen sicherstellen, daß

1) beim Warenaustausch grundsätzlich keine Grenzkontrollen mehr stattfinden, techn. Normen harmonisiert, das öffentl. Auftragswesen sowie Verbrauch- und Umsatzsteuern liberalisiert werden. Im Reiseverkehr zw. den EG-Ländern gibt es keine mengen- und wertmäßigen Beschränkungen für Waren, die privaten Zwecken dienen. Die Steuern für solche Waren sind über den für sie gezahlten Preis entrichtet. Allerdings sind gewerblich genutzte Waren weiterhin im Bestimmungsland anzumelden und zu versteuern. Bei zulässigen Kontrollen wird aber die gewerbl. Nutzung (widerlegbar) vermutet, wenn folgende Mengen überschritten werden: 800 Zigaretten, 400 Zigarillos, 200 Zigarren, 1 kg Rauchtabak, 10 l Spirituosen, 90 l Wein (davon höchstens 60 l Schaumwein), 110 l Bier, 20 l Likörweine u. ä. Ferner gilt

2) ein freier Geld-, Kapital- und Zahlungsverkehr, und

3) daß der Dienstleistungsbereich liberalisiert wird, was bes. die Öffnung der Märkte für nat. Banken und Versicherungen oder Kommunikationswege (z. B. im Fernmeldewesen) bedeutet. Schließlich sind

4) zugunsten der Freizügigkeit der Personen die Grenzkontrollen entfallen; außerdem dürfen Staatsangehörige von EG-Staaten in anderen EG-Staaten freien Aufenthalt und freie Niederlassung wählen, sie haben die freie Wahl des Arbeitsplatzes und können die wechselseitige Anerkennung ihrer Berufsabschlüsse verlangen.

95 % der Liberalisierungsschritte wurden vom EG-Ministerrat bereits verabschiedet, 80 % von den Mitgliedsstaaten in nat. Recht umgesetzt. Auf dem Kopenhagener Gipfeltreffen (21./22. Juni) beschloß der Europ. Rat angesichts der Konjunkturverschlechterung die in Edinburgh vereinbarte und bis 1994 befristete Darlehensfazilität von 5 Mrd. ECU für öffentl. Investitionen im Rahmen der Europ. Investitionsbank (EIB) zu verlängern und um 3 Mrd. ECU anzuheben, wobei 2 Mrd. ECU für die Mittelstandsförderung bestimmt sind. Das geplante Strukturpolitikprogramm für 1994–99, das Investitionen von 160 Mrd. ECU vorsieht, soll zügig realisiert werden. Kommissionspräs. JACQUES DELORS legte in Kopenhagen ein Achtpunkteprogramm mit dem Titel ›Wege ins 21. Jh.‹ vor. Zu den bekannten Forderungen zählten: Ausbau des europ. Binnenmarktes, stärker ausgeprägte Handelspolitik, Verwirklichung der Wirtschafts- und Währungsunion, Förderung von Forschung sowie berufl. Aus- und Weiterbildung und Verbesserung von Telekommu-

nikations- und sonstigen Infrastrukturnetzen. Neuere Überlegungen gingen in Richtung aktivere Arbeitsmarktpolitik und neue wirtschaftl. Entwicklungsmodelle. Zur Bekämpfung der → Stahlkrise forderte der EG-Ministerrat die Stahlindustrie der EG-Länder zum Abbau ihrer Überkapazitäten auf. Die EG-Kommission wollte die Umstrukturierung mit 950 Mio. DM unterstützen. Die Ausgaben für die EG-Landwirtschaft sollen 1993/94 nicht über 36,66 Mrd. ECU hinausgehen. Die neue Marktordnung für Bananen sieht vor, ›Dollarbananen‹ mit einem Zollsatz zu belegen, sofern sie die jährl. Einfuhrmenge von 2 Mio. t überschreiten. Um den massiven Währungsspekulationen innerhalb des → Europäischen Währungssystems (EWS) entgegenzutreten, beschlossen Anfang Aug. die Finanzmin. und Notenbankpräs. der EG, die Schwankungsbreiten im Wechselkursmechanismus des EWS deutlich zu erhöhen.

Im Handelsstreit mit den USA einigten sich Ende Sept. die Außen-, Wirtschafts- und Agrarminister der EG-Staaten darauf, von den USA weitere Zugeständnisse im Rahmen der GATT-Verhandlungen über den internat. Handel zu verlangen. Die EG-Minister entsprachen damit einer Forderung Frankreichs. Frankreich lehnte wegen Benachteiligung seiner Landwirtschaft ein Abkommen mit den USA über den Abbau subventionierter Agrarexporte ab, das bereits Ende 1992 im Blair-House-Abkommen abgeschlossen worden war. (→ GATT)

Birma

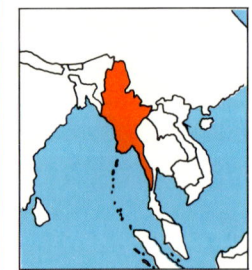

Hauptstadt: Rangun
Einwohner: 43,7 Mio.
Einwohner/km²: 65
Staatsoberhaupt:
Than Shwe
Regierungschef:
Than Shwe
BSP/Einwohner:
200 US-$

Wirtschaft

B. (Myanmar) vereinbarte mit China umfangreiche Waffenlieferungen und begann Straßen- und Brückenbauprojekte zur Verbesserung der Infrastruktur in den Grenzregionen. Gemeinsam mit Thailand plant B. eine Pipeline von den Gasfeldern vor der Tenasserim-Küste durch den Mon-Staat; am Salween-Fluß sollen gemeinsam mit Thailand mehrere Wasserkraftwerke gebaut werden. Japan und Süd-Korea planen größere Privatinvestitionen in B. Japan ist gleichzeitig größter Geldgeber von Entwicklungshilfe, die dt. Projekte wurden aufgrund der polit. Verhältnisse und der Menschenrechtssituation vorläufig eingestellt.

Solidaritätsaktion in Bangkok (Thailand) für die birmanische Friedensnobelpreisträgerin Aung San Suu Kyi mit (hinten, von links nach rechts) Betty Williams, Donna Kyle, Erzbischof Desmond Tutu, Mairead Maguire, Adolpho Pérez Esquivel, Ross Daniels und (vordere Reihe) Edward Broadbent, Oscar Arias Sánchez sowie dem Dalai-Lama (17. Januar)

Innenpolitik

1993 trat dreimal eine Nationalversammlung zusammen, die die Grundzüge einer neuen Verfassung ausarbeiten sollte, ohne die führende Rolle der Streitkräfte in allen wichtigen polit. Angelegenheiten anzutasten. Alle drei Sitzungen wurden ergebnislos abgebrochen. Die Zusammensetzung der Nationalversammlung gab der regierende Militärrat vor, die Redebeiträge wurden einer Zensur unterzogen. In den seit der Unabhängigkeit andauernden Auseinandersetzungen mit den ethn. Minderheiten (bes. in den östl. Grenzregionen) ist die Reg. in jüngster Zeit dazu übergegangen, den verschiedenen ethn. Gruppen einseitige Waffenstillstandserklärungen anzubieten. Damit wird der polit. Dialog mit der Dachorganisation der Oppositionsgruppen, der Democratic Alliance of Burma (DAP), umgangen und so deren Zusammenhalt zunehmend geschwächt.

Außenpolitik

Auf die zunehmende internat. Kritik hin ist die Militärreg. bemüht, auch außenpolitisch ihre Position zu verbessern. Auf Druck der thailänd. Regierung ist die Aufnahme von B. in die ASEAN geplant. Einige Mitgliedsländer sehen in einer solchen Politik des ›constructive engagement‹ eine geeignete Möglichkeit, die Menschenrechtssituation in B. zu verbessern und damit zugleich einer westl. Einmischung in ihre eigenen Angelegenheiten vorzubeugen. Mit Bangladesh traf B. ein Abkommen über die freiwillige Repatriierung von ca. 250 000 moslem. Flüchtlingen. Einer Kontrolle vor Ort durch den UNO-Flüchtlingskommissar hat die Militärreg. bislang nicht zugestimmt.

Birthler, Marianne, Politikerin (Bündnis 90/Die Grünen), * Berlin 22. 1. 1948. – Auf dem Leipziger Vereinigungsparteitag von Bündnis 90/Die Grünen wurde B. im Mai zu einer von zwei gleichberechtigten Sprechern/Sprecherinnen des Vorstands gewählt (zus. mit LUDGER VOLMER).
Aus einer sozialdemokrat. Arbeiterfamilie stammend, trat B. in der 9. Klasse aus der FDJ aus.

1967–71 absolvierte sie ein Fernstudium für Außenhandel. Nach Ausbildung und Arbeit als Katechetin und Gemeindehelferin der Ev. Kirche 1972–83 arbeitete sie ab 1987 als Jugendreferentin im Stadtjugendpfarramt Berlin. Sie wirkte in versch. Kreisen mit, die die Demokratisierung der Gesellschaft in der DDR zum Ziel hatten, insbes. in der ›Initiative Frieden und Menschenrechte‹ (IFM), und protestierte öffentlich gegen die Brutalität staatl. Gewalt in der DDR. Nach der Wende im Nov. 1989 Vertreterin der IFM am Runden Tisch, war sie von März bis Okt. 1990 Abgeordnete der Fraktion Bündnis 90/Die Grünen in der Volkskammer, von Okt. bis Dez. 1990 auch im Bundestag. Im Okt. 1990 in den brandenburg. Landtag gewählt, wurde sie im Nov. Min. für Bildung, Jugend und Sport. Wegen der Kritik – auch im brandenburg. Kabinett – an ihrer engagierten Bildungs- und

Marianne Birthler, 1990-92 Bildungsministerin in Brandenburg, wird auf dem Vereinigungsparteitag im Mai zur Vorstandssprecherin der Partei Bündnis 90/Die Grünen gewählt

Schulreformpolitik (u. a. Einführung der Gesamtschule als Regelschule), v. a. aber wegen der Art, in der MinPräs. MANFRED STOLPE zu den Vorwürfen wegen seiner Stasikontakte Stellung bezog, trat B. Ende Okt. 1992 als Min. zurück. Zuvor hatte sie schon auf ihr Landtagsmandat verzichtet.

Lothar Bisky wird am 30. Januar als zum Vorsitzenden der PDS gewählt Nachfolger von Gregor Gysi (links)

Bischofferode, Stadt im Eichsfeld, in N-Thüringen. – Im Dez. 1992 stimmte die Landesreg. von Thüringen einer Fusion der Mitteldt. Kali AG (MDK) mit der hess. Kali und Salz AG (K + S) zu. K + S soll im künftigen Gemeinschaftsunternehmen 51 %, MDK 49 % der Anteile halten. Nachdem aber bekannt wurde, daß die Gruben B. und Merkers geschlossen werden sollen, lehnte Thüringen die Fusion ab. Trotz des Angebots der Bundesreg., die rd. 700 Kumpel von B. bis 1995 in der Treuhandgesellschaft zur Verwertung und Verwahrung von Anlagen und Material weiterzubeschäftigen, und der Landesreg., die Beschäftigten binnen dieser zwei Jahre in Dauerarbeitsplätze zu vermitteln, besetzten die Kumpel der Kaligrube am 7. April ihr Werk. Damit unterstrichen sie ihre Forderung, ihre Grube aus der Fusion herauszunehmen und einzeln zu privatisieren. Nachdem das Bundesfinanzministerium den Fusionsvertrag gegengezeichnet hatte, begannen 40 Kumpel am 1. Juli einen achtwöchigen Hungerstreik, der von Protesttagen und -märschen begleitet wurde. Im Nov. stimmte der Aufsichtsrat der MDK der Schließung der Grube zu, am 15. Dez. genehmigte die Europ. Kommission den Fusionsvertrag. Am 31. Dez. unterschrieben Betriebsrat und K + S AG einen Interessenausgleich und Sozialplan, der für alle Beschäftigten Abfindungen und neue Arbeitsplätze garantiert. Daraufhin wurde die Grube geschlossen.

Bisky, Lothar, Politiker (PDS), * Zollbrück (Kr. Rummelsburg, Hinterpommern) 17. 8. 1941. – Auf dem Parteitag der PDS Ende Jan. 1993 wurde B. mit großer Mehrheit zum neuen PDS-Vorsitzenden gewählt, nachdem GREGOR GYSI Anfang Dez. 1992 erklärt hatte, daß er aus persönl. Gründen nicht mehr für dieses Amt zur Verfügung stehe. B. studierte Kulturwiss. in Leipzig und arbeitete anschließend dort als Abteilungsleiter am Zentralinstitut für Jugendforschung. 1978–86, ab 1980 als

Prof., lehrte er Kulturtheorie an der Akademie für Gesellschaftswiss. beim ZK der SED. 1986–90 war er Rektor der Hochschule für Film und Fernsehen in Babelsberg, wo er – nach eigener Erklärung – Stasikontakte hatte, aber nachweislich polit. Maßregelungen von Studenten und Lehrpersonal sowie Dreh- und Aufführungsverbote verhinderte. B., der 1963 SED-Mitgl. geworden war, trat während der Wende in der DDR im Okt./Nov. 1989 auch öffentlich auf und plädierte für eine selbständige DDR mit einem grundlegend reformierten Sozialismus. Er wurde Präsidiumsmitgl. der PDS, der Nachfolgepartei der SED. Im Okt. 1990 wurde er MdL und Vors. der PDS-Fraktion im Landesparlament in Potsdam.

Blaue-Liste-Institute, eine Gruppe wiss. und kultureller Einrichtungen verschiedenster Art, die wegen ihrer überregionalen Bedeutung auf Empfehlung des Wissenschaftsrats (›Blaue Liste‹) gemeinsam durch die jeweiligen Länder und den Bund finanziert werden. Die Blaue Liste entstand in der alten Bundesrepublik zunächst für Institutionen, die nicht in die Hochschulen oder wiss. Gesellschaften integriert werden konnten. Nach der dt. Einheit kamen als Übergangslösung zahlreiche ostdt. Einrichtungen, v. a. Institute der ehem. Akademie der Wiss., hinzu. Wegen der großen Zahl der nunmehr über 80 B.-L.-I. wird z. Z. über die Struktur einer Dachorganisation diskutiert, wobei Kritiker einwenden, daß eine rasche, in vielen Fällen mögl. Eingliederung der Institute in die Hochschulen sinnvoller sei.

Blauhelmeinsätze, → Bundeswehr.

Bolivien

Hauptstadt: Sucre
Einwohner: 7,5 Mio.
Einwohner/km²: 7
Staatsoberhaupt:
G. Sánchez de Lozada
Regierungschef:
G. Sánchez de Lozada
(seit 6. 8. 1993)
BSP/Einwohner:
650 US-$

Wirtschaftsentwicklung

Das Wirtschaftswachstum von 4–5 % und eine Inflationsrate von unter 10 % (die niedrigste in Lateinamerika) zeigten eine relativ günstige binnenwirtschaftl. Situation an, deren ungeachtet aber eine eklatante außenwirtschaftl. Schwäche B.s besteht, die auf dem Preisverfall v. a. bei den Rohstoffen Erdgas und Zink zurückzuführen ist. Als großes Zukunftsprojekt gilt der Erdgasvertrag mit Brasilien, das die Erdgasfelder bei Campo Grande (an der argentin. Grenze) mit den brasilian. Industriezentren São Paulo und Paraná durch die längste Pipeline der Welt verbinden soll.

Präsidentschaftswahlen

Das herausragende Ereignis des Jahres 1993 waren die demokrat. Präsidentschaftswahlen am 6. Juni, die die Nachfolge JAIME PAZ ZAMORAS (MIR) für die nächsten vier Jahre entschieden. Wie in den Jahren zuvor erreichte keiner der Kandidaten die notwendige absolute Mehrheit. So erhielt GONZALO SÁNCHEZ DE LOZADA, der Kandidat des Movimiento Nácionalista Revolucionario (MNR, Nationalist. Revolutionsbewegung) – eine der polit. Mitte zuzurechnende Partei –, einen Stimmenanteil von 33,8%. Auf die Regierungskoalition Acuerdo Patriótico (AP), bestehend aus dem sozialdemokrat. Movimiento de la Izquierda Revolucionaria (MIR) und der rechtskonservativen Acción Democrática Nacionalista (ADN) – mit dem Exdiktator HUGO BANZER an der Spitze – entfielen nur noch 20% der Stimmen. CARLOS PALENQUE AVILÉS und MAX FERNÁNDEZ ROJAS, mit ihren populistisch orientierten Parteien CONDEPA (Conciencia de la Patria) bzw. Unión Cívica Solidaridad (UCS) folgten mit 13,6% bzw. 13,1%. SÁNCHEZ DE LOZADA (›Goni‹), der u. a. ein Bündnis mit der UCS geschlossen hatte und zudem durch BANZER unterstützt wurde, konnte sich bei der Stichwahl am 6. Aug. als neuer Präs. durchsetzen. Ziele der neuen Reg., die mit dem Indio VÍCTOR HUGO CÁRDENAS als Vizepräs. ein Novum in der knapp 170jährigen Geschichte B.s schuf, sind die Privatisierung von Staatsunternehmen und die Öffnung für Auslandsinvestitionen.

Borchert, Jochen, Politiker (CDU), * Nahrstedt (Kr. Stendal) 25. 4. 1940. – Als Nachfolger IGNAZ KIECHLES, der zum vorzeitigen Rücktritt bereit war, wurde B. am 22. 1. 1993 Bundesmin. für Ernährung, Landwirtschaft und Forsten.
Er hatte zunächst eine Ausbildung zum Agraringenieur und Landwirtschaftsmeister gemacht und 1970–74 ein wirtschaftswiss. Studium in Bochum angeschlossen. B., der 1972–88 auch in der Leitung der Ev. Kirche von Westfalen aktiv war und 1979–93 als Vizepräs. des Westfäl.-Lippischen Landwirtschaftsverbands fungierte, war 1965 CDU-Mitgl. geworden und seit 1977 Kreisvors. der CDU sowie 1976–81 Stadtrat in Bochum. Als Kommunalpolitiker protestierte er gegen den Parteienfilz – auch in der eigenen Partei. Seit 1980 MdB, wurde er 1989 handelspolit. Sprecher der CDU/CSU-Bundestagsfraktion.

Boross, Péter, ungar. Politiker (Demokrat. Forum), * Nagybajom (Südwestungarn) 1928. – Nach dem Tod von MinPräs. ANTALL am 12. Dez. wurde B. von Staatspräs. GÖNCZ mit der Wahrnehmung der Amtsgeschäfte des MinPräs. bis zur Wahl eines Nachfolgers durch das Parlament beauftragt und am 21. Dez. zum neuen MinPräs. gewählt.
B. hatte Jura studiert und war 1956 aktiv am ungar. Aufstand beteiligt. Während der Zeit der kommunist. Herrschaft mußte er in der Gastronomie arbeiten. Nach den Reformen 1989/90 holte ihn MinPräs. ANTALL in die Regierungskanzlei, wo er zuletzt mit

Jochen Borchert, der neue Landwirtschaftsminister, am 22. Januar auf der Grünen Woche in Berlin

der Aufsicht über die Nachrichtendienste betraut war. Im Dez. 1990 wurde B. zum Innenmin. ernannt; erst 1992 trat er dem Demokrat. Forum bei. Als MinPräs. ANTALL erkrankte, beauftragte er B. mit seiner Stellvertretung. B. gilt als Verfechter eines polit. Rechtsrucks und ›Pragmatiker der Macht‹.

Börse: Die dt. Wertpapier-B. erzielten bis zur Jahresmitte kontinuierliche Umsatzzuwächse und Höchstzahlen. Ausschlaggebend für diese Entwicklung waren steigende Umsätze am Rentenmarkt. So stieg der Umsatz der acht dt. B. im ersten Halbjahr 1993 gegenüber dem Vorjahr um 48% auf 3084,3 Mrd. DM (2089,4 Mrd. DM), die Rentenumsätze wuchsen um 75% auf 2291,8 Mrd. DM, während sich die Aktienumsätze lediglich um 1,6% auf 792,5 Mrd. DM erhöhten. Dabei setzte sich die Konzentration auf den Finanzplatz Frankfurt fort, denn 70,8% (68,8%) der Gesamtumsätze wurden im ersten Halbjahr hier getätigt. Seit dem Tiefststand des Dt. Aktienindex (Dax) im Okt. 1992 erzielten dt. Aktien bis Anfang Sept. 40% Kursgewinne, allein seit Jahresbeginn rd. 25% (Höchstkurs 1993: 2267 Punkte). Die bereits 1992 zu beobachtende deutl. Expansion der Dt. Terminbörse (DTB) setzte sich auch in der ersten Jahreshälfte fort: Das Umsatzvolumen der DTB stieg gegenüber dem Vorjahreszeitraum um rd. 50% auf 21,1 Mio. Kontrakte. Mit dem zweiten Finanzmarktförderungsgesetz, das im Nov. vom Kabinett verabschiedet wurde, sollen die Rahmenbedingungen für einen fairen Wettbewerb an den B. verbessert sowie für die Errichtung einer Warentermin-B. geschaffen werden. Die Novelle sieht auch vor, daß Insidergeschäfte künftig mit bis zu fünf Jahren Gefängnis geahndet werden.
Auch an den internat. B. war eine lebhafte Kursentwicklung zu beobachten: So kletterte Ende Dez. in New York der Dow-Jones-Index mit 3794 Punkten auf ein histor. Hoch (Tiefststand 1993: 3242 Punkte); der Nikkei-Index in Tokio erreichte einen Höchstkurs von 21148 Punkten (Tiefstkurs 1993:

16 079), und der Financial-Times-100-Index der Londoner B. kam auf einen Höchststand von 3 462 Punkten, verglichen mit einem diesjährigen Tiefststand von 2 738 Punkten. (→ GRAPHIK S. 178)

Bosnien-Herzegowina

Hauptstadt: Sarajevo
Einwohner: 4,5 Mio.
Einwohner/km²: 88
Staatsoberhaupt:
A. Izetbegović
Regierungschef:
H. Silajdžić (seit
29. 10. 1993)
BIP/Einwohner:
1 600 US-$

Territorialer und politischer Zerfall

Bereits 1992 existierte die Republik B.-H. nur noch als Völkerrechtssubjekt. Faktisch war der Staat in eine häufig wechselnde Zahl polit.-militär. Gebilde zerfallen. Im Herbst 1992 bestanden mind. fünf ›Serb. Autonome Gebiete‹ sowie zwei ›Kroat. Gemeinschaften‹, die zus. fast 80 % des bosn.-herzegowin. Staatsterritoriums umfaßten. Zur Jahreswende 1992/93 – neun Monate nach Beginn des Krieges in Bosnien – kontrollierten die Serben ca. 65 % und die Kroaten rd. 25 % des Staatsgebiets. Die aus Muslimen und kooperationsbereiten Serben und Kroaten paritätisch zusammengesetzten Staatsorgane von B.-H. sahen sich außerstande, ihre Hoheitsrechte durchzusetzen. Das von der UNO verhängte und von verschiedenen islam. Staaten kritisierte Waffenembargo gegen das ehem. Jugoslawien verschärfte die militär. ›Schieflage‹: Während bosn. Serben und Kroaten mehr oder minder offen und massiv von ihren ›Mutterländern‹ unterstützt

wurden, blieben die Vertreter der bosn. Staatsidee von auswärtiger Waffenhilfe abgeschnitten.

Serbische Kriegsführung in Ostbosnien – Sicherheitszonen und Flugverbot der UNO

Militär. Ziel der serb. Nationalisten war die Herstellung einer möglichst breiten Landverbindung von der Republik Serbien über Ost- und Nordbosnien (ersatzweise durch Zentralbosnien) bis zur serb. Krajina in Kroatien. Schwerpunkte der serb. Offensive bildeten die mehrheitlich muslim. Städte in Ostbosnien (Srebrenica, Goražde und Žepa), die zur Herstellung der Landbrücke zw. Ost- und Westbosnien erforderl. Positionen im N und Zentrum des Landes sowie die Verkleinerung des muslim. Gebiets in Westbosnien (um Bihać). Hinzu kam der fortgesetzte Kampf um die Hauptstadt Sarajevo. Angesichts der serb. Offensiven beschloß der Sicherheitsrat der UNO am 31. März die militär. Durchsetzung des Flugverbots über B.-H. Die russ. Führung hatte diesen Entscheid u. a. vor dem Hintergrund der innenpolit. Krise, in der sie wohl außenpolit. Unabhängigkeit demonstrieren wollte, immer wieder blockiert. Die Durchführung wurde der NATO übertragen, die am 12. April mit dem ersten Kampfeinsatz in ihrer Geschichte begann. Am selben Tag griffen die Serben die ostbosn. Stadt Srebrenica massiv mit Artillerie an. Die UNO verurteilte den Angriff als schlimmstes Massaker in Ostbosnien. Am 6. Mai verlangte der UNO-Sicherheitsrat mit der Resolution 824, daß jede gewaltsame Aneignung von Hoheitsgebieten sofort einzustellen sei. Sarajevo, Srebrenica, Goražde, Žepa sowie Tuzla und Bihać (einschl. der jeweils umliegenden Gebiete) wurden zu UNO-Sicherheitszonen erklärt.

Muslimisch-kroatischer Konflikt

Während sich die militär. Lage in Ostbosnien ab Jahresmitte allmählich beruhigte, hielten die Kämpfe aller Konfliktparteien in Zentralbosnien und der serb. Druck auf Sarajevo unvermindert an. Schon im Jan. war es zw. den nominell verbündeten

Schule in Lucavac, die als Übergangsquartier für Flüchtlinge aus Srebenica dient (16. April)

Amerikanische Soldaten verschnüren Hilfsgüter auf Paletten (26. Februar), die später vom Flugzeug aus über Bosnien abgeworfen werden

Muslimen und Kroaten in Mittelbosnien zu heftigen Gefechten gekommen, die später auf die herzegowin. Hauptstadt Mostar übergriffen. Mit der weitgehenden Erfüllung der kroat. Wünsche durch den Vance-Owen- bzw. den nachfolgenden Owen-Stoltenberg-Plan hatte das takt. Bündnis mit den Muslimen für die kroat. Seite seinen Sinn verloren. Am 27. Aug. entließ das bosn. Staatspräsidium den seit Nov. 1992 amtierenden Regierungschef MILE AKMADŽIĆ, nachdem es dessen Partei, die Kroat. Demokrat. Gemeinschaft (HDZ), abgelehnt hatte, an einer Sitzung des bosn. Parlaments über Annahme oder Ablehnung des neuen Genfer Friedensplans teilzunehmen. Im Okt. übernahm H. SILAJDŽIĆ die Amtsgeschäfte.

Je mehr eine grundsätzl. Einigung zw. Serben und Kroaten zu Lasten der Muslime in greifbare Nähe rückte, desto aussichtsloser gestaltete sich die Lage der letzteren.

Internationale Hilfsmaßnahmen

Da weder die UNO noch die EG, weder die NATO noch die USA zu einem Einsatz von Bodentruppen bereit waren, und auch der von dem amerikan. Präs. CLINTON unterstützte Vorstoß zur Aufhebung des Waffenembargos gegen B.-H. keinen Erfolg zeitigte, blieb den bosn. Muslimen schließlich keine andere Wahl, als die gewaltsam geschaffenen Fakten hinzunehmen. Zur Linderung der Situation der ostbosn. Bevölkerung richteten die USA in der Nacht zum 1. März eine Luftbrücke ein, die die Menschen mit Lebensmitteln und Medikamenten versorgen sollte. Ab dem 28./29. März beteiligte sich Deutschland daran mit einem Transall-Flugzeug.

Kriegsverbrechen und Kriegsopfer

Gegen Ende des Jahres 1992 rückten die in Bosnien begangenen Kriegsverbrechen ins Zentrum der internat. Öffentlichkeit. Der von der UNO zum Beauftragten für Menschenrechte im ehem. Jugoslawien ernannte (vormalige poln. MinPräs.) TADEUSZ MAZOWIECKI wies nachdrücklich darauf hin, daß die ›ethn. Säuberungen‹ in Bosnien nicht Folge,

sondern Ziel des Krieges seien. MAZOWIECKI unterschied zw. Diskriminierungen und Verbrechen, die auf allen Seiten begangen würden, und der vornehmlich von serb. Seite betriebenen ›ethn. Säuberung‹ als Prinzip der Kriegführung. Auch bei den → Massenvergewaltigungen – v. a. muslimischer Mädchen und Frauen – handle es sich um eine zielgerichtete und systemat. Aktion zur moral. Vernichtung des Gegners. Hauptverantwortung für diese Art des Krieges trügen die serb. Führer in Bosnien, die von Politikern und Militärs in Rest-Jugoslawien und der Republik Serbien unterstützt würden.

Mitte Dez. 1992 legte der amerikan. Außenmin. EAGLEBURGER in Genf eine Liste mit den Namen von Kriegsverbrechern im ehem. Jugoslawien vor (darunter SLOBODAN MILOŠEVIĆ, RADOVAN KARADŽIĆ, General RATKO MLADIĆ, VOJISLAV ŠEŠELJ u. v. m.), die sich vor einem Gericht der UNO oder KSZE verantworten müßten. Als ›unwiderlegbare‹ Kriegsverbrechen bezeichnete EAGLEBURGER u. a. die andauernde Belagerung und Beschießung von Sarajevo und die Blockade internat. Hilfslieferungen zur Versorgung der notleidenden Bevölkerung. Am 18. 12. 1992 verurteilte der UNO-Sicherheitsrat mit der Resolution 798 die systemat. Vergewaltigung von Frauen in Bosnien als ›Akte unaussprechl. Brutalität‹ und forderte die Schließung aller Internierungslager. Am 22. 2. 1993 verabschiedete der Sicherheitsrat die Resolution 808, die die Schaffung eines internat. Gerichtshofs zur Verfolgung von Kriegsverbrechern im ehem. Jugoslawien vorsah. Mit der Resolution 827 vom 25. Mai wurde dieser Beschluß konkretisiert (→ Kriegsverbrechertribunal). Dessen ungeachtet rissen die Massenvergewaltigungen und sonstigen Kriegsverbrechen nicht ab.

Die historische Steinbrücke in Mostar (Archivbild), die einzige Verbindung zwischen muslimischem Ostteil und kroatisch kontrolliertem Westteil der Stadt, wird am 9. November bei Artilleriegefechten zerstört

Je länger der Krieg währte und je mehr eine territoriale Aufteilung Bosniens wahrscheinlich wurde, desto mehr gingen die Kriegsparteien zur ›ethn. Säuberung‹ der von ihnen beanspruchten Gebiete über.

Über die Zahl der Kriegsopfer (der Toten, Verwundeten, Vertriebenen etc.) liegen nur Schätzungen vor. Bis zum Ende des ersten Kriegsjahres (Frühjahr 1993) dürften knapp 1 Mio. Menschen (von urspr. 4,3 Mio. Einwohnern Bosniens) getötet oder vertrieben worden (bzw. verhungert oder geflohen) sein (→ Flüchtlinge). Die Flüchtlingshochkommissarin der UNO, SADAKO OGATA, erklärte im März 1993, daß die Zahl der Empfänger von internat. Hilfslieferungen in B.-H. von urspr. 1,6 auf 2,28 Mio. Menschen heraufgeschnellt sei. Insbes. die Bevölkerung in den zeitweilig oder dauerhaft belagerten Städten Ostbosniens sowie im geteilten Mostar und in Sarajevo befand sich infolge der von den Kriegsparteien behinderten Hilfslieferungen wiederholt am Rande einer Katastrophe.

Friedensverhandlungen

Im Verlauf des Jahres 1993 standen zwei Friedenspläne zur Verhandlung: Der Vance-Owen-Plan von Anfang Januar und der Owen-Stoltenberg-Plan von Ende Juli. Am 2. 1. 1993 (genau ein Jahr nach Abschluß des Waffenstillstands in Kroatien) trafen sich in Genf erstmals die Präs. Rest-Jugoslawiens, B.-H.s und Kroatiens, DOBRICA ĆOSIĆ, ALIJA IZETBEGOVIĆ und FRANJO TUDJMAN, sowie die Führer der bosn. Serben und Kroaten, RADOVAN KARADŽIĆ und MATE BOBAN, zu gemeinsamen Gesprächen mit den von der UNO und EG eingesetzten Friedensvermittlern CYRUS VANCE und DAVID OWEN. Die Vermittler legten einen Friedensplan vor, der sich aus drei Teilen zusammensetzte: aus einem Verfassungsentwurf, einem Waffenstillstandsabkommen und einer Karte mit zehn Provinzen bzw. Kantonen. Gemäß ihren Vorschlägen sollte die Republik B.-H. in einen dezentralisierten Bundesstaat mit je drei (vorwiegend) muslimisch, kroatisch und serbisch besiedelten Provinzen zuzüglich der Hauptstadt Sarajevo umgestaltet werden. Während die kroat. Seite den für sie vorteilhaften Friedensplan in allen Teilen akzeptierte, knüpften IZETBEGOVIĆ und KARADŽIĆ ihre Zustimmung zur vorgesehenen polit. Neuordnung und zur Grenzziehung an Bedingungen, die sich wechselseitig ausschlossen.

Während den Muslimen die im Vance-Owen-Plan für die zehn Provinzen vorgesehenen Kompetenzen zu weit gingen, da sie eine verfassungsmäßige Institutionalisierung der Aufteilung der Republik in nat. Territorien befürchteten – sie forderten daher die Wiederherstellung der staatl. Einheit von B.-H. –, bestanden die Serben auf einer Verankerung des Rechts auf Selbstbestimmung in der Verfassung, waren also nicht bereit, auf einen eigenen Staat zu verzichten. Die Muslime lehnten zudem die von VANCE und OWEN ausgearbeitete Landkarte ab, da sie sich als größte Volksgruppe mehr Land beanspruchten.

Nach langwierigen, wiederholt unterbrochenen Verhandlungen unterzeichneten IZETBEGOVIĆ und BOBAN am 25. März in New York den zugunsten der muslim. Forderungen revidierten Friedensplan samt Landkarte. Im Ggs. dazu lehnte das selbsternannte Parlament der bosn. Serben – trotz internat. Drucks und ungeachtet des Drängens von ĆOSIĆ und Serbiens Präs. MILOŠEVIĆ – den Plan am 6. Mai auf einer Sitzung in Pale bei Sarajevo endgültig ab. Nach ihrer Auffassung wäre die vorgeschlagene Grenzziehung einer ›beispiellosen ethn. Säuberung‹ zu Lasten der Serben gleichgekommen. Realistischerweise war von Anfang an nicht zu erwarten gewesen, daß die Serben, die zu Jahresbeginn bereits rd. zwei Drittel Bosniens kontrollierten, ohne militär. Zwang bereit sein würden, auf die Schaffung eines geschlossenen serb. Territoriums zw. der ›Serb. Republik Krajina‹ in Kroatien und dem ›Mutterland‹ Serbien zu verzichten. Statt der vorgeschlagenen Kantonisierung Bosniens forderten die serb. Nationalisten eine Dreiteilung der Republik nach ethn. Gesichtspunkten. Mitte Juni gab LORD OWEN zu, daß der Friedensplan gescheitert sei und daß man ›mit den Fakten leben‹ müsse.

Eine neue Landkarte mit Enklaven und Korridoren

Ende Juli präsentierten OWEN und der an die Stelle von VANCE getretene norweg. Außenmin. THORVALD STOLTENBERG einen neuen Friedensplan, der den tatsächl. Machtverhältnissen in Bosnien Rechnung trug (oder – wie Kritiker formulierten – die serb. Aggression und die vollzogenen ›ethn. Säube-

Die Serben betreiben die Räumung ihrer Stellungen in den Bergen bei Sarajevo bis zum 15. August mit einer Politik der verbrannten Erde. UNO-Soldaten beobachten das brennende Olympische Dorf von 1984

rungen‹ sanktionierte). Der Plan sah eine lockere ›Union der Republiken B.-H.s‹, d. h. die fakt. Dreiteilung des Landes (nach nat. Kriterien) vor. Die Muslime, die bei Ausbruch des Krieges 44% der Gesamtbevölkerung gestellt hatten, sollten 31% des Territoriums erhalten. Den bosn. Serben und Kroaten (31% bzw. 17% der Bevölkerung) wurden 51% bzw. 18% des Territoriums zugesprochen. Während die vorgesehenen Siedlungsgebiete von Kroaten und Serben untereinander verbunden waren oder an das jeweilige ›Mutterland‹ grenzten, stellte sich die muslim. Republik als auseinandergerissener Flickenteppich dar. Für die Region der bosn. Hauptstadt Sarajevo und für die herzegowin. Provinzhauptstadt Mostar waren darüber hinaus Sonderregelungen (unter UNO- bzw. EG-Mandat) vorgesehen. Den Kriegszielen von Serben und Kroaten kam der neue Plan weitgehend entgegen, während er für die bosn. Muslime die endgültige Niederlage und Kapitulation bedeutete und von ihnen am 29. Sept. endgültig abgelehnt wurde. Das bosn. Parlament der Serben nahm den neuen Friedensplan hingegen am 28. Aug. an. Das Parlament der bosn. Kroaten sprach sich für weitere Verhandlungen über die Grenzziehung aus und proklamierte eine eigenständige Republik Herceg-Bosna. Die sich von der Zentralreg. unter Izetbegović vernachlässigt fühlende muslim. Enklave Bihać erklärte sich am 10. Sept. für autonom und schloß separate Waffenstillstandsverhandlungen mit den Serben und Kroaten ab.

Angesichts der drohenden Winterkatastrophe unternahmen die Außenmin. der Europ. Union Ende Nov. eine erneute Friedensinitiative: Die Serben sollten gegen Lockerung der UNO-Sanktionen den Muslimen geringfügige territoriale Zugeständnisse machen und sich militärisch aus den besetzten Gebieten auf Dauer zurückziehen. Am 19. Nov. vereinbarten die Kriegsparteien in Genf, die Korridore für Hilfskonvois zu respektieren. Eine für den 24. Dez. bis 15. Jan. 1994 in Brüssel vereinbarte Feuerpause wurde nicht eingehalten.

Gründe und Hintergründe des Kriegs auf dem Balkan

Der allmähliche Zerfall Jugoslawiens seit Ende der 80er Jahre bedrohte von Anbeginn auch den weiteren Zusammenhalt der Teilrepublik Bosnien-Herzegowina. Wiederholt ist diese Republik als ›Jugoslawien im kleinen‹ bezeichnet worden. Anläßlich der letzten Volkszählung im Frühjahr 1991 bekannten sich von den 4,5 Millionen Einwohnern Bosnien-Herzegowinas knapp 44% als ›Muslime im nationalen Sinn‹, gut 31% als Serben und über 17% als Kroaten. Der Rest verteilte sich auf ›Jugoslawen‹ und Angehörige von 20 verschiedenen Nationalitäten. Der Vielvölkercharakter Bosniens wurde dadurch kompliziert, daß die Angehörigen der drei stärksten Gruppen nicht in kompakten, voneinander trennbaren Teilregionen, sondern in extremer Gemengelage lebten. Dies galt nicht nur für die größeren Städte mit ihrer multikulturellen Gesellschaft (wie etwa Sarajevo oder Mostar), sondern auch für zahlreiche Mikroregionen. Zwischen Stadt- und Landbevölkerung bestand vielerorts ein nationaler und konfessioneller Unterschied, da die Muslime vornehmlich in den Städten lebten, während Kroaten (Katholiken) und Serben (Orthodoxe) unter der Landbevölkerung überproportional vertreten waren.

Vorgeschichte: Bosnien-Herzegowina als multikonfessionelle, multinationale und multikulturelle Gesellschaft

Die von serbischen und kroatischen Nationalisten propagierte These, Bosnien-Herzegowina sei nur ein ›künstliches Gebilde‹ der Tito-Ära, ist historisch unhaltbar. Zwar wurde das Land am Ende des Zweiten Weltkrieges als eine der sechs Gliederepubliken des zweiten jugoslawischen Staates eingerichtet, doch folgte die Grenzziehung im wesentlichen dem Verlauf bis 1918. Im Unterschied zum ersten und zweiten jugoslawischen Staat (1918–41 und 1944–91) wies Bosnien-Herzegowina eine jahrhundertelange eigenständige Geschichte auf. Von einem ›künstlichen Gebilde‹ aus jüngster Vergangenheit konnte keine Rede sein. Zu den eigentlichen, historisch gewachsenen Merkmalen Bosnien-Herzegowinas gehörte neben der Multiethnizität und Multikonfessionalität der Bevölkerung auch die Multikulturalität bzw. die unverwechselbare orientalisch-okzidentale Kultursymbiose, die sich im Laufe der Jahrhunderte herausgebildet hatte.

Seit den Anfängen der modernen Nationsbildung im 19. Jahrhundert sahen sich die Muslime in der Gefahr, zwischen die Mühlsteine des serbischen und kroatischen Nationalismus zu geraten. Seit etwa 1850 hatten Nationalisten beider Lager die These vertreten, daß es sich bei den bosnischen Muslimen ›eigentlich‹ und ›ursprünglich‹ (d. h. vor deren Übertritt zum Islam) um Serben bzw. Kroaten gehandelt habe. Die Muslime, die in ihrer Mehrheit weder Serben noch Kroaten, sondern Bosnier oder ›Jugoslawen‹ sein wollten, mußten sich immer wieder gegen die Vereinnahmungsversuche zur Wehr setzen.

Der Autor:
Holm Sundhaussen, geb. 1942.
Seit 1988 Professor für
südosteuropäische Geschichte an der
Freien Universität Berlin

Während des Zweiten Weltkriegs, nachdem Bosnien-Herzegowina von HITLER und MUSSOLINI dem neuen kroatischen Satellitenstaat zugeschlagen worden war, gerieten die Muslime in eine überaus prekäre Situation. Ihre Vereinnahmung durch die kroatischen Extremisten, die Ustasche, setzte sie geradezu zwangsläufig den Racheakten der serbischen Nationalisten, der Tschetniks, aus. Schließlich fanden sich die Muslime zwischen allen Fronten wieder und hatten im Bürgerkrieg von 1941 bis 1945 den höchsten Blutzoll (gemessen an ihrer Bevölkerungszahl) zu entrichten.

Die von Ustasche und Tschetniks angestrebte ›ethnische Säuberung‹ Bosnien-Herzegowinas und angrenzender Regionen zur Verwirklichung eines großkroatischen bzw. großserbischen Staates mußte freilich nach dem Sieg der Tito-Partisanen auf unbestimmte Zeit verschoben werden.

Es war nicht zuletzt die traumatische Erfahrung des Zweiten Weltkriegs, die die Muslime zu Verfechtern einer bosnischen Nation hatte werden lassen. Da jedoch die Formierung einer bosnischen Nation infolge serbischer und kroatischer Vorbehalte nicht realisierbar war, bildete sich seit den 60er Jahren die bosnisch-muslimische Nation (gleichsam als ›Restgröße‹) heraus. Muslime im nationalen Sinn waren nicht zwangsläufig Muslime im konfessionellen Sinn, denn zur muslimischen Nation bekannten sich auch Personen, die überzeugte Atheisten waren oder dem Islam gleichgültig gegenüberstanden. Von einem islamischen Fundamentalismus war die bosnisch-muslimische Nation Anfang der 90er Jahre weit entfernt.

Die seitdem von serbischen und kroatischen Nationalisten gebetsmühlenartig verbreitete Behauptung, die Angehörigen der verschiedenen Nationen in Bosnien-Herzegowina hätten nur unter Zwang miteinander leben können, gehört ins Reich der Legenden. Die Mehrheit der Bevölkerung in Bosnien-Herzegowina hatte nach dem Zweiten Weltkrieg nicht nur das Zusammenleben akzeptiert, sondern auch Freundschaften und Ehen über nationale und konfessionelle Grenzen hinweg geschlossen. Etwa jeder zweite Einwohner Bosniens besaß vor dem Krieg in seiner engeren Verwandtschaft mindestens einen Angehörigen aus einer ›anderen‹ Nation. Und es war gerade diese – in Formierung begriffene – multikulturelle Gesellschaft, die den Nationalisten ein Dorn im Auge war.

Der Zerfall Jugoslawiens, die Unabhängigkeit Bosnien-Herzegowinas und der Beginn des Krieges

Der seit Mitte der 80er Jahre gezielt und massiv geschürte Nationalismus in Serbien strahlte Anfang des folgenden Jahrzehnts auch auf die bosnischen Serben aus. Solange Jugoslawien von Bestand gewesen war, hatten alle Teile der serbischen Nation unter einem Dach gelebt, wenngleich verteilt auf mehrere Republiken. Mit dem Auseinanderbrechen Jugoslawiens entstand eine völlig neue Situation, da nun jeder fünfte Serbe außerhalb seines ›Vaterlandes‹ lebte. Damit erhielt die Lösung der ›serbischen Frage‹ oberste Priorität, und die bosnischen

ETHNISCHE GLIEDERUNG BOSNIEN UND HERZEGOWINAS VOR DEM KRIEG

Bihać · Banja Luka · Tuzla · BOSNIEN U. HERZEGOWINA · SARAJEVO · Pale · Mostar

- vorwiegend Kroaten
- vorwiegend Muslime
- vorwiegend Serben

DER VANCE-OWEN-PLAN FÜR ZEHN PROVINZEN

Bihać · Banja Luka · Tuzla · BOSNIEN U. HERZEGOWINA · SARAJEVO · Pale · Mostar

- UN-Verwaltung
- kroatische Provinzen
- muslimische Provinzen
- serbische Provinzen

TEILUNGSPLAN DER VERMITTLER OWEN UND STOLTENBERG

Bihać · Banja Luka · Tuzla · BOSNIEN U. HERZEGOWINA · Srebrenica · SARAJEVO · Pale · Goražde · (EG-Verwaltung) · Mostar · Ploče

- Korridor
- Zugang
- UN-Verwaltung
- kroatische Provinzen
- muslimische Provinzen
- serbische Provinzen

0   50km

Quelle: Die Zeit

Serben strebten immer unverhüllter den Anschluß an Serbien bzw. Rest-Jugoslawien an. Schon zuvor hatte Serbiens Präsident MILOŠEVIĆ in Goebbelsscher Manier erklärt: ›Serbien wird groß und stark sein, oder es wird gar nicht sein.‹ Der künftige serbische Staat müsse alle Gebiete umfassen, in denen Serben als Mehrheit oder Minderheit lebten. Dies kam einer offenen Kampfansage an die multinationale bosnisch-herzegowinische Republik gleich.

Im Unterschied zu den Serben sprachen sich bosnische Muslime und Kroaten für den Erhalt der Republik aus. Anläßlich eines Referendums im Frühjahr 1992 stimmten sie zu annähernd 100 % für die volle Unabhängigkeit der Republik, woraufhin das Land von der internationalen Gemeinschaft offiziell anerkannt wurde. Unmittelbar nach der internationalen Anerkennung begann der bosnische Krieg. De facto war die Desintegration der Republik zu diesem Zeitpunkt schon weit fortgeschritten. Bereits Ende Dezember 1991 hatte das selbsternannte Parlament der bosnischen Serben die Bildung einer Serbischen Republik Bosnien-Herzegowina angekündigt; im Januar 1992 wurde die Ankündigung vollzogen, und Anfang April erklärte sich der neue Staat für unabhängig.

Auch das Bündnis zwischen bosnischen Muslimen und Kroaten erwies sich als brüchig. Hartnäckig hielten sich Gerüchte, daß sich die Präsidenten Kroatiens und Serbiens, TUDJMAN und MILOŠEVIĆ, insgeheim bereits über eine Aufteilung Bosnien-Herzegowinas verständigt hätten. Im Januar 1993 erklärte TUDJMAN ganz offen: ›Die einzige Möglichkeit, dem Balkan einen dauerhaften Frieden zu bringen, liegt in einer Übereinkunft zwischen Kroaten und Serben.‹ Wie die bosnischen Serben, so verknüpften auch die Kroaten ihre Zukunftserwartungen mehr und mehr mit ihrer ›Mutternation‹. Im Verlauf des Jahres 1992 gründeten auch sie quasistaatliche ›Gemeinschaften‹ auf dem Territorium Bosnien-Herzegowinas und bereiteten deren Anschluß an das ›Vaterland‹ vor. Nur die bosnischen Muslime konnten sich auf keine ›Mutternation‹ außerhalb ihrer Republik stützen. Ihre nationale Identität war untrennbar mit einem bosnischen Regionalbewußtsein und der jahrhundertelangen Geschichte Bosniens im Grenzraum von Okzident und Orient verbunden.

Ethnisch reine Territorien als Ziele serbischer und kroatischer Kriegführung

Die Realisierung des Grundsatzes ›eine Nation ein Staat‹ und die konsequente Anwendung des nationalen Selbstbestimmungsrechts in einer Region wie Bosnien-Herzegowina ließ in letzter Konsequenz nur zwei Alternativen zu: entweder die fortgesetzte Fragmentierung der Region in eine Vielzahl von Mini-Staaten oder die Entflechtung der multinationalen Gemengelagen. Die Wortführer der serbischen und kroatischen Nationalisten entschieden sich für die zweite Alternative.

Die nationale Homogenisierung der von den Extremisten nach überaus willkürlichen Kriterien beanspruchten Territorien sowie die Auslöschung all

dessen, was an die jahrhundertelange Präsenz des Gegners erinnern könnte, wurden die wichtigsten Ziele des bosnischen Krieges und verliehen ihm eine besondere Dimension: Die gemäß der nationalistischen ›Blut- und Boden‹-Ideologie angestrebte Abgrenzung national, konfessionell und kulturell ›reiner‹ Territorien war das *Ziel;* Mord, Vertreibung, Vergewaltigung, Vernichtung von Kirchen und Kulturdenkmälern waren die *Methoden* dieses Krieges, der alle Regeln des internationalen Rechts sprengte.

Die Muslime befanden sich seit Beginn des Krieges in der Defensive und blieben im wesentlichen auf sich selbst gestellt, während die bosnischen Serben mehr oder minder offen und massiv durch Serbien bzw. Rest-Jugoslawien und die ehemals jugoslawische Volksarmee unterstützt wurden. Zwar zog sich die jugoslawische Volksarmee im Mai 1992 formal aus Bosnien-Herzegowina zurück, doch der Großteil ihrer Mannschaften und Waffen wurde in die neu gegründete Armee der bosnischen Serben überführt. Binnen weniger Monate konnten die Serben daher rund zwei Drittel des bosnischen Territoriums unter ihre Kontrolle bringen. Und je deutlicher sich abzeichnete, daß die internationale Gemeinschaft – entgegen allen anderslautenden Beteuerungen – die gewaltsam geschaffenen Fakten letztlich ohne wesentliche Änderungen hinnehmen würde, desto mehr bröckelte auch das anfängliche Bündnis zwischen bosnischen Kroaten und Muslimen, da nun auch die Kroaten (ebenfalls mit Unterstützung ihrer ›Mutterrepublik‹) danach strebten, ihre künftigen Gebiete ›ethnisch zu säubern‹ und zu arrondieren. Die Muslime gerieten somit abermals zwischen die Fronten. Zu Beginn des zweiten Kriegswinters sahen sich die durch Massenmord, Vertreibung und Flucht dezimierten sowie von gegnerischen Truppen eingekesselten Muslime – vielerorts bereits unterernährt und völlig entkräftet – einer neuen Welle von Hunger, Kälte und Krankheit ausgesetzt. Während die Anhänger des Präsidenten IZETBEGOVIĆ und der Zentralregierung den Kampf fortsetzen, strebt der Führer der Muslime in der nordwestbosnischen Enklave Velika Kaduša, FIKRET ABDIĆ, einen Modus vivendi mit den kroatischen und serbischen Gegnern an.

Die Hilflosigkeit der internationalen Gemeinschaft

Die unter der Schirmherrschaft von UNO und EG aufgenommenen Vermittlungsversuche im Jugoslawienkonflikt erwiesen sich von Anfang an als untauglich. Sie gehörten zu jenen Halbheiten, die in der Politik schlimmer sein können als völlige Untätigkeit. Einerseits nährten sie die Hoffnung der bosnischen Muslime auf wirksame Unterstützung durch die internationale Gemeinschaft, andererseits stärkte das Ausbleiben dieser Unterstützung letztendlich diejenigen, die von Anfang an auf die ›Macht der Fakten‹ gesetzt hatten. Die Aufrechterhaltung des von der UNO gegen Ex-Jugoslawien verhängten Waffenembargos zementierte das militärische Ungleichgewicht zwischen Serben und Kroaten auf der einen sowie Muslimen auf der an-

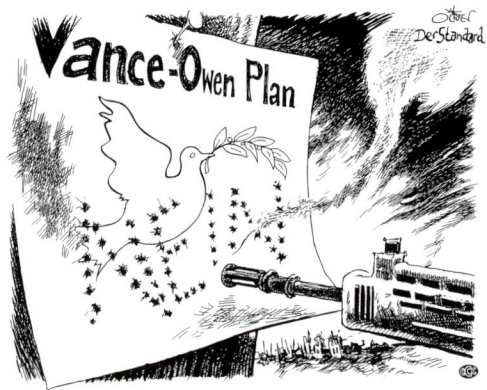

deren Seite. Der Anfang 1993 von den Vermittlern der UNO und der EG, VANCE und OWEN, vorgelegte Friedensplan für Bosnien-Herzegowina (der die Beibehaltung des gemeinsamen Staates und seine Gliederung in zehn Provinzen beinhaltete) sah noch die Rückführung der zu Hunderttausenden vertriebenen oder geflohenen Menschen in ihre frühere Heimat vor, doch hatte seine Realisierung die Mitwirkung der Konfliktparteien zur Voraussetzung. Nachdem sich die Serben als stärkste Partei der Mitwirkung versagt hatten, war der Plan – mangels anderer Instrumente zu seiner Durchsetzung – gescheitert. Im Verlauf der zweiten Jahreshälfte 1993 zeichnete sich dann eine von der internationalen Gemeinschaft tolerierte Dreiteilung Bosnien-Herzegowinas nach nationalen Kriterien ab, die den serbischen und kroatischen Wünschen weitge-

hend entgegenkam und den bosnischen Muslimen kaum mehr als einige – zum permanenten Siechtum verurteilte – Reservate beließ.

Die seit Ausbruch des Krieges geführte Diskussion darüber, ob die internationale Anerkennung der jugoslawischen Nachfolgestaaten zu früh oder zu spät erfolgt bzw. ob sie ›schuld‹ am Ausbruch des Krieges gewesen sei, beruhte auf einer Verwechslung von Anlaß und Ursache. So wie das Attentat von Sarajevo 1914 nicht den Ersten Weltkrieg verursacht hatte, so hat auch die internationale Anerkennung Sloweniens, Kroatiens und Bosnien-Herzegowinas 1992 nicht den Krieg in Ex-Jugoslawien verursacht. In beiden Fällen waren die nationalistischen Leidenschaften lange vorher systematisch angeheizt worden, und in beiden Fällen fehlte den Hauptkontrahenten der Wille zur friedlichen Einigung. Ein Anlaß findet sich unter solchen Bedingungen immer oder wird konstruiert. Die Verantwortung der internationalen Gemeinschaft für den Krieg im ehemaligen Jugoslawien beruhte weniger darauf, was sie getan, als darauf, was sie unterlassen bzw. nur halbherzig und widersprüchlich getan hatte. ›In Bosnien finden Massenvernichtungen statt, und Europa verhält sich ähnlich wie seinerzeit gegenüber den Kämpfern im Warschauer Ghetto‹, erklärte der einzige überlebende Kommandant der aufständischen Juden, MAREK EDELMAN, anläßlich des fünfzigjährigen Jahrestags des Warschauer Ghettoaufstands von 1943. Krieg und Massenmord in Bosnien offenbarten die politische Zerrissenheit und die daraus resultierende Hilflosigkeit der internationalen Gemeinschaft und lösten faktisch deren Bankrotterklärung aus.

Bötsch, Wolfgang, Politiker (CSU), * Bad Kreuznach 8. 9. 1938. – Im Zuge einer Kabinettsumbildung wurde B. am 22. 1. 1993 Bundesmin. für Post und Telekommunikation; sein Vorgänger CHRISTIAN SCHWARZ-SCHILLING war im Dez. 1992 zurückgetreten.
B. hatte an der Univ. Würzburg und an der Hochschule für Verwaltungswiss. in Speyer Rechts- und Staatswiss. studiert und schon während seiner Studienzeit polit. Funktionen ausgeübt. 1973–90 war er Vors. des CSU-Kreisverbandes Würzburg. 1974 wurde er MdL, 1976 MdB für die CSU. Im Mai 1982 wurde er parlamentar. Geschäftsführer der CDU/CSU-Bundestagsfraktion und 1989 als Nachfolger THEO WAIGELS Vors. der CSU-Landesgruppe im Bundestag sowie 1. stellv. Vors. der CDU/CSU-Fraktion. B., der auch Mitglied des Parteivorstands und des Präsidiums der CSU ist, setzte in dieser Zeit eindeutige polit. Akzente. So protestierte er 1991 gegen den dt.-tschechoslowak. Vertrag, der die Ansprüche der Sudetendeutschen bei der Regelung der Entschädigungsfragen unzureichend berücksichtigt habe. Er unterstützte auch die Absage des bayer. MinPräs. STREIBL an die Berliner Demonstration gegen Ausländerhaß vom 8. 11. 1992, deren Schirmherr Bundespräs. VON WEIZSÄCKER war.

Botswana

Hauptstadt: Gaborone
Einwohner: 1,3 Mio.
Einwohner/km²: 2
Staatsoberhaupt: Q. K. J. Masire
Regierungschef: Q. K. J. Masire
BSP/Einwohner: 2 590 US-$

Die Reduzierung des weltweiten Diamantenankaufs um 25 % und eine Dürre brachten ein Haushaltsdefizit sowie ein verlangsamtes Wirtschaftswachstum. Aufgrund illegaler Landkäufe mußten der Vizepräs. PETER MUSI und der Landwirtschaftsmin. DANIEL KWELAGOBE zurücktreten. Außenpolitisch versuchte die Reg. unter QUETT KETUMILE JONI MASIRE eine Vorreiterrolle zu spielen: Sie entsandte 320 Soldaten nach Somalia und trieb die Errichtung einer Freihandelszone voran.

Brandenburg

Hauptstadt: Potsdam
Einwohner: 2,6 Mio.
Einwohner/km²: 88
Regierungschef:
M. Stolpe
BIP/Einwohner:
15 400 DM

Innenpolitischer Streit

Der Streit um die Stasiakten des MinPräs. MAN-
FRED STOLPE (SPD) mit der Gauck-Behörde wurde
durch eine Gerichtsentscheidung beendet, die
STOLPE die gewünschte Akteneinsicht gewährt.
Dennoch blieb die Rolle STOLPES als Repräsentant
der ev. Kirche in der DDR umstritten. Der am
29. Aug. vorgelegte Abschlußbericht des parlamentar. Untersuchungsausschusses sprach STOLPE vom
Vorwurf frei, ein Zuträger der Stasi gewesen zu
sein. Hingegen kommt das von der ›Bündnis-Fraktion‹ im Landtag in Auftrag gegebene Gegengut-
achten zu dem Schluß, der ehem. Kirchenjurist
habe die ev. Kirche verraten. Es liegt damit in der
Tendenz der Rechercheergebnisse der Gauck-Behörde. Belastet wurde die Landesreg. auch durch
Vorwürfe gegen Baumin. JOCHEN WOLF (SPD), dem
Vorteilsnahme im Amt, undurchsichtige Grund-
stücksgeschäfte und Vetternwirtschaft vorgehalten
wurden. WOLF trat schließlich am 5. Aug. zurück.
Trotz häufiger und öffentl. Meinungsverschiedenheiten hielt die Brandenburger Ampelkoalition aus
SPD, FDP und der parteilosen ›Bündnis-Fraktion‹.
Letztere entstand durch eine Spaltung der brandenburg. Bürgerbewegung Bündnis 90, deren Mehrheit
sich bei der Landesmitgliederversammlung am
8. Mai für eine Mitarbeit bei der neuen Partei Bündnis 90/Die Grünen entschied.
Auf seiten der Opposition gab es ebenfalls Unstimmigkeiten. Gegner des Landesvors. ULF FINK, unterstützt von der CDU-Landesgruppe B. im Bundestag, forderten ein stärkeres Engagement FINKS
in der Landespolitik. Beim Landesparteitag der
CDU am 2. Okt. kandidierte FINK nicht mehr. Seine
Nachfolgerin wurde CAROLA HARTFELDER.

Die Gebietsreform

Die Bürger B.s bewegte neben Fragen ihrer wirtschaftl. Zukunft v. a. die Gebietsreform. Das Land
wurde in 14 Großkreise unterteilt, die die bisher 38
Kreisverwaltungen ablösen, was polit. Streit über
die Wahl der Orte für die zukünftigen Kreissitze
entfachte. Acht der neuen Großkreise grenzen direkt an Berlin an; man erhofft sich davon Wachs-
tumsimpulse, die in die Kreise und damit in den
Rest des Bundeslandes ausstrahlen. Nach den

Kommunalwahlen am 5. Dez., deren Sieger SPD
und PDS waren, während die CDU gewaltige Verluste hinnehmen mußte, übernahmen die Kreise ihre
neuen Aufgaben. Neben den Kreistagen wurden
auch die Kommunalvertretungen gewählt sowie in
Direktwahl die Bürgermeister bzw. in den vier
kreisfreien Städten Brandenburg, Cottbus, Frank-
furt/Oder und Potsdam die Oberbürgermeister.
Schon heute leiden die Kommunen unter massiven
Finanzproblemen. Ihr Gesamtdefizit wurde Mitte
März auf rd. 600 Mio. DM geschätzt. Um dem kommunalen Finanznotstand abzuhelfen, beschloß die
Landesreg. Mitte Aug. eine Entschuldungsaktion
für die hochverschuldeten Kommunen. Zugleich
will die Reg. auf den Erlaß neuer kostenwirksamer
Gesetze und Verordnungen verzichten.
Zu den Grenzveränderungen aufgrund des Staats-
vertrags vom 8. 1. 1993 mit Mecklenburg-Vorpom-
mern → KARTE S. 235.

Brasauskas, Brazauskas, Algirdas Mykolas,
litauischer Politiker, * Rokiskis 22. 9. 1932. – Am
25. 2. 1993 wurde B. als erster freigewählter Präs. Litauens vereidigt, nachdem er in den Präsidentschaftswahlen vom 14. Febr. fast 60% der Stimmen
erhalten hatte. Er hatte schon seit Nov. 1992 als
Parlamentspräs. die Funktion des Staatsoberhaupts
ausgeübt. Bei Übereinstimmung in den polit.
Grundsatzfragen vertritt B. mit seiner sozialdemokrat. orientierten Litauischen Demokrat. Arbeiterpartei (LDDP) im Unterschied zur nationalist. Sa-
judisbewegung von VYTAUTAS LANDSBERGIS ein ge-
ringeres Reformtempo und will jeden Konfrontationskurs gegenüber Rußland vermeiden.
Nach Ingenieursstudium und Ausbildung in Natio-
nalökonomie war B. in versch. Institutionen der litauischen Planwirtschaft tätig. Ab 1976 Mitgl. des
ZK der litauischen KP, ab 1977 ZK-Sekr. für Industrie, wurde er im Okt. 1988 zum 1. Sekr. der litauischen KP gewählt und verfolgte einen Kurs größerer Eigenständigkeit gegenüber der Sowjetunion.
Im Dez. 1989 beschloß der Parteitag der litauischen
KP die Trennung von der KPdSU. In der Auseinandersetzung mit der Sowjetunion um die litauische
Unabhängigkeit neigte B., stellv. MinPräs. unter
KAZIMIERA PRUNSKIENE, zum Einlenken. Anfang
1991 ging B. mit seiner inzwischen als LDDP re-
organisierten Partei in die Opposition.

Brasilien

Hauptstadt: Brasilia
Einwohner: 154,1 Mio.
Einwohner/km²: 18
Staatsoberhaupt:
I. Franco
Regierungschef:
I. Franco
BSP/Einwohner:
2 920 US-$

Bekämpfung der Rezession

Als Nachfolger von FERNANDO COLLOR DE MELLO, der infolge eines Korruptionsskandals abgesetzt worden war, übernahm ITAMAR FRANCO Ende Dez. 1992 die Regierungsgeschäfte in einem Land, das sich in einer tiefen sozialen und wirtschaftl. Krise befindet. Als eine der vorrangigen Aufgaben bezeichnete FRANCO die Bekämpfung der monatl. Inflation von rd. 35 %, die aber eine grundlegende Sanierung des Staatshaushalts voraussetze: Ein Teil des Budgetdefizits (zuletzt 20 Mrd. US-$) soll durch die Privatisierung von 51 staatl. Unternehmen innerhalb von zwei Jahren kompensiert werden. Eine am 2. Febr. trotz heftiger Proteste der Unternehmer beschlossene Steuer auf alle Finanztransaktionen, die monatlich rd. 600 Mio. US-$ in die Staatskasse bringen sollte, suspendierte jedoch der Oberste Gerichtshof Mitte Sept. Ebenfalls am 2. Febr. wurde INOCENCIO GOMES DE OLIVEIRA zum Stellv. FRANCOS gewählt.

Itamar Franco (links) ist der Nachfolger des aus dem Amt entfernten Fernando Collor de Mello als Staatspräsident Brasiliens

Am 28. Febr. trat u. a. der Finanz- und Wirtschaftsminister PAULO HADDAD zurück, der die Erwartungen des Staatspräs. nicht erfüllt hatte, die Inflation innerhalb von drei Monaten zu senken. Aber auch sein Nachfolger ELISEU RESENDE gab im Zuge einer Regierungsumbildung im Mai sein Amt wieder auf. Ab dem 20. Mai zog schließlich der bisherige Außenmin. FERNANDO CARDOSO die wirtschaftspolit. Fäden. Dieser legte am 14. Juni ein Wirtschaftsprogramm (›Plan der Wahrheit‹) vor, das eine strikte Kürzung des Staatsbudgets, die Fortsetzung der Privatisierungspolitik und die Bekämpfung der auf jährlich 50 Mrd. US-$ geschätzten Steuerhinterziehung vorsah. Außerdem bildete die weitere Förderung ausländ. Beteiligungen, deren Höchstgrenze von 40 % schon zu Jahresbeginn abgeschafft worden war, einen festen Bestandteil seines Sanierungsprogramms. Am 1. Aug. verabschiedete das Parlament ein neues Lohngesetz, das die Anpassung der unteren und mittleren Löhne an die Inflationsrate (Juni: 31,5 %) absenkte. Gleichzeitig trat eine neue Währung, der Cruzeiro real, in Kraft. Wegen der drückenden sozialen Probleme rief Präs.

FRANCO Ende März den sozialen Notstand aus und wies der Bekämpfung von Arbeitslosigkeit und Armut (rd. 30 Mio. der 140 Mio. Brasilianer lebten unterhalb der Armutsgrenze) höchste Priorität zu. Die Armut war auch zus. mit der ausgedehnten Schattenwirtschaft – der Umsatz von Straßen-, Drogenhandel und Schmuggel wurden 1992 auf 490 Mrd. US-$ beziffert – für die hohe Kriminalitätsrate ursächlich.

Referendum über die Staatsform und Streit um die Verfassungsreform

Am 21. April fand das 1988 festgelegte Referendum über die Staatsform – Republik oder Monarchie – statt, an dem teilzunehmen Pflicht war. Mit 66,1 % der abgegebenen Stimmen wurde die Republik als Staatsform bestätigt, und 56,4 % der Befragten sprachen sich für das bisherige Präsidialsystem aus, dessen Alternative ein stärker parlamentar. System gewesen wäre.

Im Okt. stimmte der Bundesgerichtshof der von der Reg. angestrebten und von der linken Opposition heftig bekämpften Verfassungsreform zu. Mit dieser Reform soll durch eine Gleichbehandlung von in- und ausländ. Kapital sowie durch eine Änderung des Steuersystems eine Modernisierung der Wirtschaftsstrukturen erreicht werden.

Ein Haushaltsskandal – Mitgl. des Partido de Movimiento Democrático Brasileiro (PMDB) und des Partido de Frente Liberal (PFL) wurden Millionenbetrügereien mit Haushaltsmitteln vorgeworfen – gefährdete die Regierungskoalition und die Verfassungsreform.

Massaker an Yanomamis

Am 8. Aug. wurde im Grenzgebiet zu Venezuela ein Massaker an Yanomami-Indianern durch Goldwäscher (›garimpeiros‹) verübt. Die Zahl der Opfer – zw. 16 und 74 – konnte nicht genau ermittelt werden. Nach Ansicht von Indianerschützern ist es allerdings fraglich, ob die Ernennung des außerordentl. Min. für das Amazonasgebiet (23. Aug.) den ca. 9 000 auf ihrem 9,4 ha großen Reservat weit verstreut lebenden Indianern tatsächlich Schutz bietet. Dem engagierten Chef der Indianerbehörde Funai, SIDNEY POSSUELO, hatte Präs. FRANCO zunächst die Finanzmittel gekürzt und ihn schließlich im Mai ganz seines Amtes enthoben.

Abkommen mit Argentinien und China

FRANCO unterzeichnete mit seinem argentin. Amtskollegen MENEM sechs Abkommen, die u. a. den Import von Autos im Wert von 600 Mio. US-$ aus Argentinien, gemeinsame Maßnahmen im Kampf gegen den Drogenhandel, einen Vertrag über den Transport argentin. Erdgases nach Nord-B. und die Intensivierung des Integrationsprozesses im Rahmen des Mercosur vorsieht.

Am 23. Nov. unterzeichneten FRANCO und das chin. Staatsoberhaupt JIANG ZEMIN ein Abkommen zum Bau eines Umweltsatelliten und eine Absichtserklärung für den gemeinsamen Abbau von Eisenerz im Bergland von Carajás.

Bremen

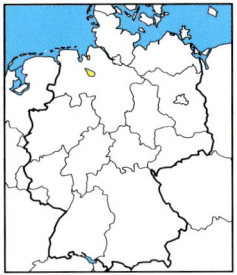

Einwohner: 683 100
Einwohner/km²: 1690
Regierungschef:
K. Wedemeier
BIP/Einwohner:
53 000 DM

Wirtschaftsprobleme und Finanzkrise

In der Wirtschaftspolitik kam es zur Konfrontation zw. ökolog. und wirtschaftl. Interessen. Die CDU begründete Mitte Juni einen Mißtrauensantrag gegen Umweltsenator RALF FÜCKS (Grüne) damit, daß dieser die Umwandlung der ›Hemelinger Marsch‹ in ein Gewerbegebiet verhindere und so das Programm zur Sanierung des Haushalts blokkiere. Der Mißtrauensantrag scheiterte nur knapp. Die Dauerfinanzkrise B.s gestaltete sich durch eine Vereinbarung mit dem Bund erträglicher; sie sieht eine Finanzhilfe in Höhe von 9 Mrd. DM für den Zeitraum 1994–98 vor. Im Gegenzug verpflichtet sich B. zu einem strengen Sparkurs. Am 16. Dez. wurde der Haushalt 1994 in Höhe von 7,4 Mrd. DM verabschiedet, der ein Defizit von 1,5 Mrd. DM enthält.

Probleme mit der Ampelkoalition

Die Bremer Regierungspolitik wurde geprägt von den Finanzproblemen des Stadtstaates, der Zerstrittenheit der Ampelkoalition und der Verwicklung der langjährigen Regierungspartei SPD in den sog. Stadtwerke-Skandal. Im Okt. legte ein Parlamentar. Untersuchungsausschuß einen Bericht über die Umstände vor, die dazu geführt hatten, daß Bremer Bürgermeister (in Personalunion Aufsichtsratsvors. der Stadtwerke) jahrzehntelang privat Billigstrom zum Werktarif bezogen. Nicht völlig geklärt werden konnten die Beweggründe für diverse Geschenke und Sachspenden der Stadtwerke und ihren Beschluß von 1991, der Bundes-SPD drei Jahre lang 30 000 DM zu spenden, gerade zu dem Zeitpunkt, als die Landespartei wegen ihres schlechten Abschneidens bei der letzten Landtagswahl der Bundes-SPD eine Summe von 250 000 DM nicht zurückzahlen konnte. Die Ausschußmitgl. forderten die Stadtwerke zu mehr Transparenz, zur Ausweisung von Spenden in einem Wirtschaftsplan und zur Wahrnehmung der Kontrollfunktion durch den Aufsichtsrat auf.
Der innerparteil. Konflikt zw. den Gegnern des Bremer Regierungschefs WEDEMEIER (SPD) und seinen Anhängern sowie die Konfrontation der FDP mit den Grünen erschwerten die Koalitionspolitik zunehmend. Auf einem außerordentl. Landespar-

teitag im Aug. stellte sich die Mehrheit der Delegierten überraschend hinter WEDEMEIER und erklärte die Personaldiskussion für beendet. Der Landesvors. KONRAD KUNICK, der eine Erneuerung gefordert hatte, mußte von seinem Amt zurücktreten.

Briefbogenaffäre: Im Dez. 1992 wurde bekannt, daß ein von Wirtschaftsmin. MÖLLEMANN unterzeichnetes formelles Schreiben auf Briefpapier seines Ministeriums im Frühjahr 1992 an eine Reihe von Einzelhandelsketten in Deutschland versandt war, in dem für ein neues Produkt eines Verwandten von MÖLLEMANN geworben wurde. Nachdem sich eine erste Erklärung des Min., das Schreiben sei ohne sein Wissen von einem Mitarbeiter auf Blankobriefbögen verfaßt worden, als nicht haltbar erwies, trat er am 3. Jan. nach massiver Kritik zurück.

Broek, Hans van den, niederländ. Politiker (CDA), * Paris 11. 12. 1936. – Am 15. 12. 1992 erklärte B. seinen Rücktritt vom Amt des Außenmin., das er seit 1982 innegehabt hatte und trat im Jan. 1993 in die Kommission der Europ. Gemeinschaften ein. B., der Kommissar für Außen- und Sicherheitspolitik und für Erweiterungsverhandlungen wurde, gilt als Verfechter einer europ. Sicherheitspolitik im Rahmen einer starken NATO, die auch nach dem Ende des Ost-West-Konflikts auf Stärke und Abschreckung beruht, und als Befürworter eines Europa, das nicht von den großen EG-Staaten dominiert wird.
B. war 1965–68 als Rechtsanwalt tätig und arbeitete danach in leitenden Funktionen in einem Wirtschaftsunternehmen. Daneben wurde er in der Kath. Volkspartei (KVP) auch polit. aktiv. 1976 wurde er Mitgl. der Zweiten Kammer, zunächst für die KVP, ab 1980 für den Christlich Demokrat. Appell (CDA), einen Zusammenschluß von KVP und weiteren Parteien. 1981/82 Staatssekr. für Auswärtige Angelegenheiten, wurde B. im Nov. 1982 Außenminister. Als Vors. des EG-Außenministerrates im 2. Halbjahr 1991 war er maßgeblich an der Vorbereitung der Maastrichter Verträge vom Dez. 1991 beteiligt.

Brunei

Hauptstadt: Bandar Seri Begawan
Einwohner: 270 000
Einwohner/km²: 47
Staatsoberhaupt:
Sultan Haji Hassan al-Bolkiah Mu'izzaddin Waddaulah
BSP/Einwohner:
14 120 US-$

Bulatović, Momir, montenegrin. Politiker, * Belgrad 1956. – In der Stichwahl vom 10. 1. 1993 siegte B. mit 64% der Stimmen über den durch Serbien propagandistisch unterstützten BRANKO KOSTIĆ und blieb damit Präs. der Republik Montenegro, die mit Serbien den jugoslaw. Reststaat bildet.

B. war 1974 dem Bund der Kommunisten beigetreten, hatte Wirtschaftswiss. studiert und anschließend gelehrt. Als in der Folge nachhaltiger Demonstrationen gegen die Reg. ab Okt. 1988 schließlich im Jan. 1989 die gesamte montenegrin. Staats- und Parteiführung zurückgetreten war, wurde B. zunächst beauftragt, die Parteiführung neu zu organisieren. Im April 1989 wurde er zum Vors. des Bundes der Kommunisten Montenegros gewählt. Seine Partei konnte auch nach Aufhebung ihrer Monopolstellung bei den Parlamentswahlen am 9. 12. 1990 eine deutl. absolute Mehrheit behaupten; sie trägt jetzt den Namen Demokrat. Partei der Sozialisten. Die anfängl. enge Kooperation B.s mit Serbiens Präs. SLOBODAN MILOSEVIĆ wich ab Mitte 1992 einer stärkeren Distanz zu dessen Politik.

Bulgarien ▰▰▰▰▰▰▰▰▰▰▰

Hauptstadt: Sofia
Einwohner: 9 Mio.
Einwohner/km²: 81
Staatsoberhaupt:
S. Schelew
Regierungschef:
L. Berow
BSP/Einwohner:
1840 US-$

Wirtschaftliche Entwicklung

Wirtschaftlich hatte die Reg. BEROW mit großen Schwierigkeiten zu kämpfen. Bes. der Übergang zu marktwirtschaftl. Strukturen verlief schleppend. Nur 20% des Bodens wurden bis Mitte 1993 an die früheren Eigentümer zurückgegeben, 60% sollten bis Ende des Jahres zurückerstattet werden. Mit der Privatisierung der Unternehmen ist erst ansatzweise begonnen worden. Das Bruttoinlandsprodukt ging um 7% zurück. 17% der Erwerbsbevölkerung sind arbeitslos. Die Auslandsschulden beliefen sich auf ca. 13 Mrd. US-$. Nach dem Zusammenbruch des Rates für gegenseitige Wirtschaftshilfe (RGW) ist es B. bislang nicht gelungen, in ausreichendem Maße neue Märkte zu finden. Der Bürgerkrieg im früheren Jugoslawien hat die Verbindungswege B.s nach Westeuropa teilweise blockiert.

Innen- und Außenpolitik

Aus den Oktoberwahlen 1991 war die Union der demokrat. Kräfte in B. (UDK) als stärkste Partei hervorgegangen und bildete mit FILIP DIMITROW die Reg., die sich auf die v. a. von der türk. Minderheit getragene Bewegung für Rechte und Freiheiten

(BRF) stützte. Nachdem die BRF im Okt. 1992 der Reg. das Vertrauen entzogen hatte, begann ein langwieriges Tauziehen zw. den polit. Kräften. Ende 1992 wurde der parteilose LJUBEN BEROW, ein Berater des Staatspräs. SCHELJU SCHELEW, Ministerpräsident. Für ihn und sein ›Kabinett der Experten‹ stimmten die Bulgar. Sozialist. Partei (BSP), die BRF und einige Parlamentarier der UDK, die sich zur ›Neuen Allianz der Demokraten‹ zusammenschlossen. Jedoch sah sich BEROW von seiten der Exkommunisten und der beiden Gewerkschaften immer wieder Druck ausgesetzt. Die UDK steuerte sowohl gegen BEROW als auch gegen SCHELEW einen harten Konfrontationskurs, gegen den Präs. organisierte sie Protestversammlungen. Im Juni 1993 trat die Vizepräs. BLAGA DIMITROWA zurück.

B. unterstützt das Embargo gegen die Bundesrep. Jugoslawien. Es ist bestrebt, sich nicht in die Wirren des Krieges auf dem Balkan ziehen zu lassen. Der EG-Assoziierungsvertrag wurde im März unterzeichnet, an einer Vertiefung der Zusammenarbeit mit der EG ist B. stark interessiert.

Bundeswehr: Die Reduzierung und Umstrukturierung der B. wurde auch 1993 fortgesetzt. Die Bundesrepublik Deutschland hatte sich 1990 im Zuge der dt. Einigung gegenüber den vier Siegermächten des Zweiten Weltkriegs vertraglich verpflichtet, die Streitkräfte des vereinten Deutschland ab 1994 auf 370 000 Mann zu begrenzen. Zu Jahresbeginn 1993 standen etwa 450 000 Soldaten unter Waffen, zum Jahresende 410 000. Mit der Verringerung der Personalstärke ist die Auflösung von Standorten sowie eine weitgehende Umstrukturierung von Stäben und Truppenteilen verbunden, die 1993 bis zur Ebene der Brigade abgeschlossen wurde. Bei der Bundesmarine wurde der Abbau der Zahl der Schiffe von 180 auf 90 (im Jahr 2005) eingeleitet. Die Luftwaffe löste die beiden Aufklärungsgeschwader auf.

Bundeswehreinsätze im Ausland

Nach Überwindung des Ost-West-Gegensatzes beschloß der UNO-Sicherheitsrat seit 1989 immer häufiger, zur Friedenssicherung auch mit militär. Mitteln in Konflikte einzugreifen. Die UNO verfügt jedoch nicht über eigene Truppen, sondern muß diese von ihren Mitgl. anfordern. In diesem Zusammenhang hat die Frage, inwieweit ein so bedeutsames UNO-Mitgl. wie Deutschland an militär. Maßnahmen teilnehmen kann, soll oder gar muß, eine mit völker- und staatsrechtl. Überlegungen durchzogene polit. Debatte ausgelöst und auch das Bundesverfassungsgericht (BVG) beschäftigt.

Als Mitgl. der UNO hat Deutschland im Rahmen der Charta der Vereinten Nationen die Verpflichtung, die Beschlüsse des Sicherheitsrats anzunehmen und durchzuführen (Art. 25). Es ist allerdings strittig, ob das GG militär. Einsätze der B. zuläßt, denn Art. 87a Abs. 1 legt fest, daß der Bund Streitkräfte ›zur Verteidigung‹ aufstellt. Bei der Auslegung dieser Bestimmung stehen sich in der Staatsrechtslehre im wesentlichen zwei Meinungen gegenüber.

Bundeswehreinheiten unter UNO-Kommando in Somalia: Ein Soldat im Panzerwagen beobachtet das deutsche Zeltlager auf dem Flughafen von Mogadischu (Juli)

Eine Minderheit legt diese Bestimmung eng aus und hält unter Hinweis auf deren Entstehung im Zuge der Notstandsverfassung (1968) den militär. Einsatz der Streitkräfte nur im Inland für erlaubt. Die herrschende Meinung sieht diese Inlandsbeschränkung nicht. Eine nur innerstaatl. Aufgabenausrichtung würde den Pflichten widersprechen, die die Bundesrepublik Deutschland durch den Beitritt zu NATO und UNO anerkannt hat – etwa die Pflicht zur Verteidigungshilfe zugunsten anderer NATO-Mitgl., wenngleich auch nur nach pflichtgemäßer Prüfung der Lage. Der NATO-Vertrag legt den räuml. Umfang der Beistandspflicht auf das ›nordatlant. Gebiet nördl. des Wendekreises des Krebses‹, also weit außerhalb des dt. Territoriums, fest. Daraus könne aber nicht abgeleitet werden, daß sich der zur Verteidigung notwendige Gegenangriff auf dieses Gebiet beschränken müsse. Die Rechtsstellung der Bundesrepublik Deutschland innerhalb der UNO könne demgemäß keine andere sein.

Ein anderes verfassungsrechtl. Problem ergibt sich beim friedenswahrenden Einsatz der Streitkräfte (z. B. Überwachung von Waffenstillstandsabkommen, Stationierung in Pufferzonen), dem sog. Blauhelmeinsatz. In diesem Fall nämlich dient die B. nicht ›zur Verteidigung‹, sondern soll für andere Zwecke eingesetzt werden. Dieser Einsatz darf gemäß Art. 87a Abs. 2 GG nur geschehen, soweit das GG dies ausdrücklich zuläßt. Die herrschende Meinung neigt dazu, eine solche ›ausdrückliche‹ Ermächtigung aus Art. 24 Abs. 2 GG abzuleiten, demzufolge sich die Bundesrepublik Deutschland zur Wahrung des Friedens in ein ›System gegenseitiger kollektiver Sicherheit‹ einordnen kann. Als ein solches System wird die UNO angesehen. Hier emp-

fiehlt die herrschende Staatsrechtslehre eine klarstellende Änderung des Grundgesetzes.

Das BVG hat nun zu entscheiden, ob der Einsatz dt. Soldaten in AWACS-Flugzeugen zur Überwachung des Luftraums im jugoslaw. Kriegsgebiet (also außerhalb des NATO-Gebiets) und die Somalia-Mission der B. mit dem GG vereinbar sind. In beiden Fällen stehen die endgültigen Entscheidungen noch aus. Das Gericht hatte zunächst über Anträge zu befinden, den Einsatz dt. Soldaten ›einstweilen‹, also bis zur Entscheidung in der Hauptsache, zu verbieten. Beide Anträge, gestellt von den Bundestagsfraktionen von SPD (AWACS, Somalia) und FDP (AWACS) hatten keinen Erfolg.

Seine Entscheidung vom 8. 4. 1993, den AWACS-Einsatz der B. vorläufig zuzulassen, begründete das BVG mit dem außenpolit. Schaden, der Deutschland andernfalls erwachsen würde. Der Vertrauensverlust bei Bündnispartnern und europ. Nachbarn überträfe den mögl. Schaden, den der Einsatz bedeuten könne. Die Entscheidung des BVG, die von fünf der acht Richter getragen wurde, ist insoweit bemerkenswert, als sie nicht in erster Linie verfassungsrechtlich, sondern politisch argumentiert und keine Hinweise auf den Ausgang der Hauptsache erlaubt.

In seiner Somalia-Entscheidung vom 23. 6. 1993 stellte das BVG fest, daß die Entsendung von Soldaten der B. nach Somalia einer förml. Zustimmung des Bundestags bedürfe (sie erfolgte am 2. Juli). Die verfassungsrechtl. Frage, ob die Verwendung dt. Soldaten im Rahmen der UNO-Maßnahmen nur aufgrund eines (ggf. verfassungsändernden) Gesetzes zulässig ist oder die Bundesreg. insoweit eine ausschließl. außen- und verteidigungspolit. Entscheidungskompetenz besitzt, wurde offengelassen. Das Gericht sah es nicht als seine Aufgabe an, im Rahmen einer einstweiligen Anordnung anstelle der polit. Verfassungsorgane eine Sachentscheidung zu treffen.

Bündnis 90/Die Grünen: Auf einem sog. Vereinigungsparteitag vom 14.–16. Mai in Leipzig wurde die Fusion der beiden Parteien zu einer gemeinsamen polit. Gruppierung unter dem Namen Bündnis 90/Die Grünen endgültig vollzogen. Zuvor

Abschluß des Leipziger Vereinigungsparteitags von Bündnis 90/Die Grünen am 16. Mai. Von links nach rechts: die Vorstandsmitglieder Marianne Birthler, Angelika Beer, Ludger Volmer sowie der Saxophonist Johannes Leis

hatten die Mitgl. den Assoziierungsvertrag bei getrennten Urabstimmungen gebilligt. Zu gleichberechtigten Sprechern des Vorstands wurden MARI-ANNE BIRTHLER, bisher Bündnis 90, und LUDGER VOLMER, bisher Die Grünen, gewählt. Die Grünen brachten rd. 37 000 Mitgl. in die neue Partei ein, das Bündnis 90 rd. 2 600. Letztere erhielten für eine Übergangszeit einen Minderheitenschutz und organisator. Sonderrechte. In der ›Leipziger Erklärung‹ ist die Absicht enthalten, bei der Bundestagswahl 1994 drittstärkste polit. Kraft im Land zu werden und Regierungsverantwortung anzustreben.

Mitte Nov. bestimmte ein Parteitag die Spitzenkandidaten und das Programm für die Europawahl am 12. 6. 1994, in dem die Schaffung eines multikulturellen, demokrat. und ökolog. Europa gefordert wird.

Burkina Faso

Hauptstadt:
Ouagadougou
Einwohner: 9,5 Mio.
Einwohner/km²: 35
Staatsoberhaupt:
B. Compaoré
Regierungschef:
Y. Ouédraogo
BSP/Einwohner:
350 US-$

Das Strukturanpassungsprogramm vom März sieht ein jährl. Wachstum von 4%, eine Inflationsrate unter 4%, eine Reform des Steuer- und Abgabensystems, Handelsliberalisierung, Preisfreigabe, Privatisierung der Staatsunternehmen und die Verringerung staatl. Kontrolle auf dem Bankensektor vor. Der Pariser Klub würdigte im Mai die verläßl. Wirtschaftspolitik der Reg. Die innenpolit. Isolation, in die Präs. BLAISE COMPAORÉ durch den Wahlverlauf

1991 (Vorwurf des Wahlbetrugs) geraten war, durchbrach er durch außenpolit. Aktivitäten. So setzte er sich für die Genfer Verhandlungen zur Lösung des Liberiakonflikts und für eine Regelung der innenpolit. Krise Togos (Abkommen von Ouagadougou) ein.

Burundi

Hauptstadt:
Bujumbura
Einwohner: 5,8 Mio.
Einwohner/km²: 209
Staatsoberhaupt:
S. Ntibantunganya
(seit 11. 11. 1993)
Regierungschef:
S. Kinigi
BSP/Einwohner:
210 US-$

Am 1. Juni fanden die ersten demokrat. Präsidentschaftswahlen seit der Unabhängigkeit 1962 statt, aus denen überraschend der Kandidat der oppositionellen Partei Front pour la démocratie au B. (FRODEBU, Front für die Demokratie in B.), MELCHIOR NDADAYE, als Sieger hervorging. Er löste den bisherigen Militärherrscher PIERRE BUYOYA ab; erstmals stellte damit ein Mitglied der Hutu (rd. 80% der Bevölkerung) den Präs. Der schwelende ethn. Konflikt zw. Tutsi und Hutu entlud sich in einem ersten, gescheiterten Putschversuch von vier Tutsi-Offizieren in der Nacht vor NDADAYES Amtseinführung und in einem Staatsstreich am 21. Okt., bei dem Präs. NDADAYE und mehrere Min. von Militärs ermordet wurden. Eine Welle unkontrollierter Gewalt zw. den rivalisierenden Volksgruppen, bei der Tausende von Menschen in blindwütigen Racheakten massakriert wurden, war die Folge des letztlich fehlgeschlagenen Militärputsches. Mehr als 600 000 Menschen (davon rd. 80% Frauen und

Kinder vom Volk der Hutu) flohen in die Nachbarländer Ruanda, Tansania und Zaire. Eine von verschiedenen afrikan. Ländern unter Federführung der Organization of African Unity (OAU) gebildete Schutztruppe soll – auch zum Schutz der demokratisch gewählten Reg. unter Premiermin. SYLVIE KINIGI – nach B. entsandt werden. Am 11. Nov. wurde SYLVESTRE NTIBANTUNGANYA zum Präs. der Regierungspartei und damit zum Staatsoberhaupt gewählt.

C

Campbell, Kim, kanadische Politikerin (PCP), * Port Alberni (British Columbia) 10. 3. 1947. – C. wurde am 13. 6. 1993 gegen zwei Mitbewerber zur neuen Führerin der Progressive Conservative Party (PCP) gewählt und löste am 25. Juni Premiermin. BRIAN MULRONEY ab, der zuvor seinen Rückzug von der Partei- und Regierungsspitze angekündigt hatte. Aber auch die erste weibl. Premiermin. Kanadas konnte die erdrutschartige Niederlage ihrer Partei bei den Parlamentswahlen vom 25. Okt. nicht verhindern.
C. studierte polit. Wiss., Jura und Wirtschaftswiss., arbeitete dann als Dozentin für Politik und Geschichte an versch. Universitäten und betätigte sich gleichzeitig als Anwältin. Sie schloß sich der British Columbia Social Credit Party an, deren Vorsitz sie schließlich übernahm. 1987 verließ sie ihre Partei, die ihr in der Abtreibungsfrage zu wenig liberal erschien, und wurde Mitgl. der PCP. 1988 zog sie ins Unterhaus ein und wurde zur Staatsmin. für Indianerfragen ernannt. Ab 1990 zeigte sie als Justizmin., daß sie auch unpopuläre Ziele, wie das Verbot, Schußwaffen zu tragen, durchsetzen konnte. Als sie im Jan. 1993 das Verteidigungsministerium übernahm, wurde sie schon als Nachfolgerin MULRONEYS angesehen, dessen Popularität drastisch zurückgegangen war.
CD-I, Abk. für **CD**-Interaktiv, →Compact Disc.
CDU, Abk. für **C**hristlich **D**emokratische **U**nion: Angesichts des Mitgliederschwunds bei der CDU (in den neuen Bundesländern von 1991 bis Ende 1992 14 %, in den alten Bundesländern 3,4 %) regte der stellv. Parteivors. EGGERT im März eine Grundsatzdiskussion über die Strukturen und Werte der Partei an. Diskutiert werden müsse ein Verbot der Ämterhäufung und eine Befristung von Amts-

zeiten sowie die Trennung des Amts des Bundeskanzlers von dem des Parteivors. Im Juni forderte auch der CDU-Wirtschaftsrat einen Kurswechsel. Im Okt. stellte die CDU schließlich ihr neues Grundsatzprogramm unter dem Titel ›Freiheit und Verantwortung‹ vor. Es soll auf einem Sonderparteitag im Febr. 1994 verabschiedet werden. Die Partei bekennt sich darin zum christl. Menschenbild als Maßstab und Orientierung ihres polit. Handelns, verlangt einen gerechteren Leistungsausgleich für Familien und den Umbau des Sozialstaats. Eine ökolog. Durchdringung der Marktwirtschaft wird angeregt. Der Zuzug von Menschen außerhalb der EG soll begrenzt werden. Die Vollendung der Europ. Polit. Union wird angestrebt.

Themenschwerpunkte des Bundesparteitags im Sept. in Berlin waren die Wirtschafts-, Bildungs- und Innenpolitik (innere Sicherheit). Ein weiteres Thema war die kontrovers diskutierte Kandidatur des sächs. Justizmin. HEITMANN für das Amt des Bundespräs., der am 3. Okt. vom Vorstand der Bundespartei einstimmig nominiert wurde. Nach anhaltenden Auseinandersetzungen um seine Person nahm HEITMANN schließlich am 25. Nov. von einer Kandidatur Abstand.
Ende Nov. beschlossen Präsidium und Vorstand der CDU, sich in den Wahlkämpfen zu den Landtagswahlen 1994, zur Europawahl und zur Bundestagswahl auf die wirtschaftliche Entwicklung, die Schaffung von Arbeitsplätzen, die Zukunftssicherung sowie auf die innere Sicherheit zu konzentrieren.

Die Cézanne-Ausstellung in der Tübinger Kunsthalle. Ein Werkstattbericht

Die meistbesuchte Retrospektive in Deutschland

Der Besuchserfolg der Ausstellung von CÉZANNES Gemälden in der Kunsthalle Tübingen vom 16. Januar bis 5. Mai 1993 war außerordentlich: Mit rd. 430 000 Besuchern übertraf er sogar noch den der Henri-de-Toulouse-Lautrec-Ausstellung, die

1986/87 über 300 000 Besucher ebenfalls in der Tübinger Kunsthalle gesehen hatten. Damit war dies die meistbesuchte Retrospektive, die es in Deutschland bislang gab.
Es gibt mehrere Gründe für den Erfolg einer Ausstellung. Einer der wichtigsten ist sicherlich, daß ein klares Ausstellungskonzept erkennbar sein muß, das kontinuierlich und konsequent über Jahre hinweg verfolgt werden sollte. In diesem Fall war die Ausstellung von 97 Gemälden der krönende

Abschluß, nachdem 1978 bereits CÉZANNES Zeichnungen und 1982 seine Aquarelle in Tübingen zu sehen gewesen waren. Vor CÉZANNE waren DEGAS' Pastelle und Zeichnungen, TOULOUSE-LAUTRECS Gemälde sowie INGRES' und DELACROIX' Aquarelle und Zeichnungen Stationen dieser Ausstellungsreihe.

Neben einem kontinuierlich verfolgten Ausstellungskonzept spielt natürlich auch die Qualität der Exponate eine wesentliche Rolle. Im Fall der Cézanneschen Gemälde war jedem Kunstinteressierten klar, welche Leistung es darstellt, diese einmaligen Werke in einer so umfassenden Retrospektive zu vereinen. Die Tübinger Ausstellung sollte einen repräsentativen Querschnitt durch das gesamte Schaffen des Malers bieten, wie er seit der Pariser Retrospektive von 1936 nicht mehr zu sehen war.

›Hortense Fiquet in gestreiftem Kleid‹ (1883-1885). Cézanne zeigt seine jugendlich anmutende Frau hier im Dreiviertelprofil

Dabei war es wichtig, das gleiche proportionale Verhältnis zu wahren, wie es sich im Gesamtwerk CÉZANNES ergibt: 40% der Exponate in Tübingen waren denn auch Landschaften, 20% Stilleben, 20% Portraits, 10% Figurenbilder und Badende. Alle wichtigen Stationen im malerischen Œuvre CÉZANNES waren mit Hauptwerken dokumentiert, wobei einzelne Werkreihen, wie die Portraitserie der Madame CÉZANNE, besondere Höhepunkte der Ausstellung bildeten. Auch direkte Vergleiche, wie etwa zwischen den beiden letzten Fassungen der berühmten Kartenspieler oder des Château Noir, wurden dem Betrachter ermöglicht. Es sei seine Absicht, meinte GÖTZ ADRIANI, der Direktor der Kunsthalle Tübingen, am Ende dieses Jahrhunderts noch einmal das malerische Werk CÉZANNES darzustellen, das die künstlerische Entwicklung des 20. Jahrhunderts so entscheidend geprägt hat. Mit diesem Werk sollten jene thematischen und stilisti-

schen Aspekte vergegenwärtigt werden, auf denen die bildnerischen Erkenntnisse und die revolutionären Neuerungen der Moderne beruhen.

Aufwendige Vorbereitungen bis zur Ankunft der Bilder: Von der richtigen Klimatisierung bis zum Ausstellungskatalog

Was nun die konkreten Vorbereitungen zur Ausstellung selbst anbetrifft, so begannen sie ungefähr zwei Jahre vor der Eröffnung. Nicht zuletzt in Anbetracht der Vorarbeit, die in Tübingen mit den Ausstellungen der Zeichnungen und Aquarelle CÉZANNES geleistet worden war, fand man bei den Museumskollegen und privaten Leihgebern ein offenes Ohr für die Bitte, die wertvollen Exponate für die Dauer von dreieinhalb Monaten auf die Reise nach Tübingen zu schicken. Die Leihgeber verlangten zunächst, daß richtige Beleuchtung, Klimatisierung und Sicherheit in den Ausstellungsräumen garantiert sind. So haben bei der Ausstellung allein die Sicherheits- und Transportkosten die Summe von mehreren Millionen Mark verursacht.

Ganz wesentlich für die Bereitwilligkeit der Leihgeber, ihr Bild auszuleihen, ist jedoch das Vertrauen in die Person desjenigen, der die Ausstellung konzipiert und verantwortet. Es hatte sich bei den Leihgebern herumgesprochen, daß in Tübingen mit der entsprechenden Sorgfalt vorgegangen wird. Was die wissenschaftliche Anerkennung der Ausstellung betrifft, so trägt dazu im wesentlichen der begleitende Katalog bei. Nur wenige Besucher, die später den Katalog kaufen, haben eine Vorstellung davon, in welch mühsamer, monatelanger Arbeit er erstellt worden ist, soll er doch einerseits dem Wunsch des Laien nach Information entsprechen und andererseits auch allen wissenschaftlichen Anforderungen gerecht werden. Zusammenfassend läßt sich sagen, daß bei aller Freude über die positive Resonanz bei den Besuchern vor allem die in langjähriger Arbeit errungene Anerkennung der Fachwelt die wichtigste Voraussetzung für das Zustandekommen einer Ausstellung mit derart hochklassigen Exponaten ist. Dies war wohl auch der Grund dafür, daß quasi in letzter Minute ein spätes großformatiges Stilleben zur Verfügung gestellt wurde, das bis dahin noch nie verliehen worden und überhaupt noch nie öffentlich zu sehen war. Summa summarum waren es 56 private Leihgeber und Museen aus 16 Ländern, die ihre Schätze nach Tübingen schickten.

Nachdem diese grundsätzlichen Voraussetzungen des Verleihs geklärt waren, waren die organisatorischen Vorarbeiten gewohnte Routine für den allerdings nur kleinen Mitarbeiterstab der Tübinger Kunsthalle. Leihverträge mußten versandt, Ektachrome für die farbigen Abbildungen im Katalog angefordert, Versicherungs- und Transportfragen bis ins einzelne abgesprochen, Aufsichtspersonal eingestellt und geschult sowie der zunehmende Briefverkehr bewältigt werden. Vertreter von Fachfirmen gingen aus und ein, um die Probleme der Beleuchtung, der Sicherheit und der Klimatisierung abzusprechen. Für die Ankunft der Bilder mit Spezialkurieren wurde ein genauer Terminplan erstellt

›Die Mühle an der Couleuvre bei
Pontoise‹ (1881). Das Gemälde gilt
als bedeutendstes der 1881 durch
Cézanne geschaffenen Pontoise- und
Auvers-Ansichten

und Flugkarten und Hotelunterkünfte disponiert.
In enger Zusammenarbeit mit dem Versicherungsunternehmen mußten Einzelverträge für jedes Bild
abgeschlossen werden. Zusätzliches Sicherheitsper-
sonal wurde verpflichtet und eingelernt.

Noch lange vor dem eigentlichen Ausstellungsbeginn verursachte die Fertigstellung des Katalogs bereits größten Arbeitsdruck. Immer wieder mußten
einzelne Textteile umgeschrieben und aktualisiert
werden. Was die ganzseitigen Farbabbildungen betraf, so ging der Verlag äußerst sorgfältig vor: Die
Originale waren alle vor Ort fotografiert worden
und die Farbandrucke wurden dann genauestens
mit denen des Originalbildes verglichen. So waren
zum Teil bis zu sieben Andrucke notwendig, bis alle
Beteiligten mit der farblichen Wiedergabe einver-
standen waren. Per Expreß gingen nun die Druck-
fahnen zwischen dem Verlagshaus und Tübingen
hin und her und wurden redigiert. Aber vier Wochen vor Ausstellungsbeginn war die erste Auflage
in Druck und noch vor Weihnachten konnte man
das erste fertige Exemplar in Händen halten!

Schon Wochen vor der eigentlichen Eröffnung
hatte die Pressearbeit begonnen. Man war auf die
Mithilfe der Medien angewiesen, denn bei einem
schmalen Jahresetat von 120 000 DM standen keine
Extramittel für Werbung zur Verfügung. Verhandlungen mit der Daimler Benz AG führten dazu, daß
sie eine Ausfallbürgschaft übernahm. Es stand ja
keineswegs fest, ob die enormen Kosten für Transporte und Versicherungen durch die Erlöse aus Ein-
trittsgeldern und Katalogverkauf gedeckt werden
könnten. Das Presseecho war jedoch enorm. Die
Journalisten der Printmedien, des Hörfunks und
des Fernsehens würdigten einhellig die hohe Qualität der Ausstellung und deren Einmaligkeit. Sie
wußten die Leistung zu schätzen, dieses künstlerische Großereignis in die kleine Stadt in der ›schwä-
bischen Provinz‹ geholt zu haben. Sicherlich ist der
große Erfolg der Ausstellung nicht zuletzt dieser
äußerst positiven Presseresonanz, die bis nach Australien reichte, zu verdanken.

Die Kuriere kamen an und mit ihnen die Originale
in klimatisierten Spezialkisten. Jedes einzelne Bild
wurde nun unter Aufsicht einer Restauratorin und
der mitgereisten Kuratoren ausgepackt und sorgfältig untersucht. Für GÖTZ ADRIANI kam nun der
schönste Augenblick der Ausstellung: das Hängen
der Bilder. Im wesentlichen hielt er sich dabei an
die zeitliche Chronologie der Entstehung der
Werke, doch spielten auch thematische Gesichts-
punkte eine Rolle. In vielen Fällen wurden vorher-
gehende theoretische Überlegungen umgestoßen,
weil die Wirkung der einzelnen Gemälde eine Sonderstellung verlangte.

Ausgebuchte Führungen und lange Warteschlangen

Vor Beginn der Ausstellung hatte man mit 300 000
bis 350 000 Besuchern gerechnet, hochgerechnet
von den vorangegangenen Degas- und Toulouse-
Lautrec-Ausstellungen. Daß diese bisherigen Tübinger Ausstellungszahlen wohl überboten werden
würden, wurde rasch aus der überwältigenden
Nachfrage nach Führungsterminen für einzelne Besucher und Besuchergruppen ersichtlich. Vor allem
Volkshochschulen ließen sich Termine geben, um
sich bei dem großen Andrang den Eintritt zu sichern. Für diese Führungen war eine Reihe von
Kunsthistorikern und Kunsthistorikerinnen verpflichtet worden. In der Verwaltung arbeiteten inzwischen halbtags eingestellte Hilfskräfte, die diese
Führungen nach einem genauen Terminplan einzu-
teilen, mündlich exakt abzusprechen und schrift-

Die Autorin:
Monika Schwab, geb. 1942. Studierte
Kunstgeschichte. Als Journalistin tätig.
Mitarbeiterin der Kunsthalle Tübingen

›Stilleben mit Wasserkrug‹ (um 1893). Vor allem in seinen Stilleben erweist sich Cézanne als Meister der Farben

lich zu bestätigen hatten. Bereits Ende Februar waren alle Führungstermine vergeben.

Gleich zu Beginn der Ausstellung, Mitte Januar, setzte der Besucherandrang lebhaft ein und es gab Wartezeiten bis zu einer Stunde. Ab Mitte März aber wuchs er sich regelrecht zum Ansturm aus und jetzt mußte das Publikum längere Wartezeiten in Kauf nehmen. Nun wurde der Andrang reglementiert, d. h. es wurde nur ein bestimmtes Besucherkontingent in die Ausstellungsräume gelassen. Dies geschah selbstverständlich aus Rücksicht auf die Sicherheit der Bilder, für deren optimale Unterbringung das Haus verantwortlich war. Dies geschah jedoch auch aus Rücksicht auf die Betrachter selbst, die zum Teil von weither angereist waren und die die Gemälde in Ruhe betrachten und dabei nicht bedrängt werden sollten. Die meisten Besucher hatten jedoch Verständnis für diese Maßnahme, denn sie honorierten die Tatsache, daß hier fast 100 Meisterwerke CÉZANNES in einer hochkarätigen Ansammlung zu sehen waren. Bundespräsident RICHARD VON WEIZSÄCKER und seine Frau, Prominenz aus Wirtschaft und Politik, die Literaturnobelpreisträgerin NADINE GORDIMER sowie JOACHIM PISSARRO, dessen Großvater CÉZANNE eng verbunden gewesen war, waren nur einige der Prominenten, die sich mehr oder weniger unentdeckt im Publikum bewegten und CÉZANNE ihre Referenz erwiesen.

Eine Bilanz

Am 2. Mai 1993 ging die Austellung zu Ende. Die Bilanz ergab, daß rd. 430 000 Besucher die Ausstellung gesehen hatten und die enorme, selbst in den großen Kunstmetropolen noch nie erreichte Stückzahl von 230 000 Katalogen verkauft und versandt worden war. Letzteres hatte große Anforderungen an das Personal gestellt, das täglich Hunderte von Katalogen mit Rechnung versah und verpackte. Was die rein körperliche Leistung anbetrifft, so ergab die Bilanz, daß der Hausmeister mit seinen Mannen insgesamt 600 Tonnen Kataloggewicht geschleppt hatte. Die Stadt Tübingen war zu weiterem internationalem Renommee gekommen – doch nicht nur dies allein. Die örtliche Wirtschaft profitierte mit spürbaren Umsatzzuwächsen im Einzelhandel, ausgebuchten Hotels und gefüllten Gaststätten. Aber auch der Stadtsäckel ging nicht leer aus.

Erst jetzt kam man im Haus dazu, Überlegungen anzustellen, worauf diese außerordentliche Besucherresonanz zurückzuführen sei. Zweifellos sind es CÉZANNES Kunst und Name selbst, die zum großen Erfolg beigetragen haben, denn an dieser Ausstellung wurde aufgezeigt, wie sehr der zu Lebzeiten Verfemte die Kunst dieses Jahrhunderts bestimmt hat. Was die Zeitgenossen noch um die Jahrhundertwende als ›perspektivisch falsch und roh‹ bezeichneten, erwies sich als kühne Vorwegnahme des Kommenden. Es war diese Entwicklung, das Prägen der Kunst des 20. Jahrhunderts, die die Kunstinteressierten anhand der Tübinger Bilderauswahl nachvollziehen konnten. ›Indem er die Farben wie Bausteine benutzte, tat PAUL CÉZANNE den entscheidenden Schritt zur Autonomie des Bildes. Damit schuf er die Voraussetzungen für die Experimente des 20. Jahrhunderts‹ (MARION LESKE, Die Welt).

Doch damit ist das Phänomen der Tübinger Ausstellung allein noch nicht geklärt. CÉZANNE, der sich selbst immer als Bewahrer der künstlerischen und malerischen Tradition gesehen hat, überzeugte auch all diejenigen, die sich heute noch der klassisch-ästhetischen Betrachtungsweise verbunden fühlen – und das sind nicht wenige. In der Bindung an das konkret Erkennbare, in der Leuchtkraft seiner Farben erfüllt er dieses Bedürfnis nach Wahrung traditioneller Werte, nach Halt und Sicherheit in der Kunstbetrachtung. Sein malerisches Können, die distanzgebietende Ferne seiner Portraits, die Gültigkeit seiner Stilleben und die Suche nach der Harmonie zwischen Mensch und Natur erfüllten die Sehnsucht des Kunstbetrachters nach Unvergänglichem und Bleibendem in einer Zeit, in der die Kunst der individuellen Auffassung aufs Äußerste unterworfen ist.

Chasbulatow, Ruslan Imramowitsch, russ. Wirtschaftswissenschaftler und Politiker, * Grosny 1942 (1944?). – Zunächst enger Mitstreiter BORIS JELZINS, wurde C. als Parlamentspräs. zunehmend zum führenden Gegenspieler des russ. Präsidenten. Er setzte mit dem vorwiegend von Altkommunisten und Neonationalisten besetzten Obersten Sowjet den Reformvorhaben JELZINS Widerstand entgegen – durch Verschleppung, Blockade und Destruktion. JELZINS Versuche, Parlamentsneuwahlen anzusetzen, wurden zurückgewiesen und mit Bestrebungen gekontert, den Präs. zu entmachten. Als JELZIN schließlich Ende Sept. das Parlament auflöste und Neuwahlen ansetzte, setzte dieses JELZIN ab, und C. vereidigte ALEXANDER RUZKOJ als Staatsoberhaupt. RUZKOJ und C. waren in den ersten Oktobertagen die Anführer des blutigen nationalkommunist. Aufstands in Moskau und wurden nach dessen Niederschlagung am 4. Okt. verhaftet und unter Anklage gestellt.

Während des 2. Weltkriegs war C. mit seiner Familie nach Nordkasachstan deportiert worden. Er studierte Ökonomie in Alma-Ata und Moskau. 1966 trat er der KPdSU bei, enthielt sich aber polit. Aktivitäten und widmete sich der Wiss.; zwölf Jahre war er Prof. am Plechanow-Institut für Wirtschaftsmanagement in Moskau. Im März 1990 in den Kongreß der Volksdeputierten der Russ. Föderation gewählt, wurde er im Juni 1990 auch Mitgl. des aus der Mitte des Kongresses gewählten Obersten Sowjet und Stellv. des Parlamentspräs. JELZIN, dessen Nachfolge er im Aug. 1991 antrat, nachdem JELZIN im Juni 1991 zum russ. Präs. gewählt worden war.

Ruslan Chasbulatow, als Vorsitzender des Obersten Sowjets Rußlands der Gegenspieler von Präsident Jelzin

Chemiewaffenverbot: Der am 30. 11. 1992 von der UNO-Generalversammlung gebilligte Vertrag über das weltweite Verbot der Entwicklung, Herstellung, Lagerung und des Einsatzes chem. Waffen und über die Vernichtung solcher Waffen wurde vom 13. bis 15. 1. 1993 in Paris von 130 Staaten unterzeichnet. Er tritt am 1. 1. 1995 in Kraft, wenn bis dahin 65 Staaten ihre Ratifikationsurkunden hinterlegt haben.

Chile

Hauptstadt: Santiago
Einwohner: 13,6 Mio.
Einwohner/km²: 18
Staatsoberhaupt:
P. Aylwin Azócar
Regierungschef:
P. Aylwin Azócar
BSP/Einwohner:
2 160 US-$

Chiles Präsident Patricio Aylwin begrüßt Bundespräsident Richard von Weizsäcker am 2. November zum Auftakt seiner Südamerikareise

Wirtschaftliche Entwicklung

Die Wirtschaft C.s konnte 1993 die glänzenden Ergebnisse des Vorjahres nicht im gleichen Umfang wiederholen. Eine allmähl. Konjunkturabkühlung beruhte v. a. auf den gefallenen Exportpreisen für Zellulose, Früchte, Fischmehl und insbes. Kupfer, das rd. 40 % der Ausfuhren ausmachte. Immerhin konnten in den Bereichen verarbeitende Industrie, Handel, Baugewerbe, Transport und Kommunikation deutl. Zuwachsraten verzeichnet werden.

Außenpolitischer Ausgleich mit den Nachbarn

Die Außenpolitik von Staatspräs. PATRICIO AYLWIN und seines Außenmin. ENRIQUE SILVA CIMMA war 1993 v. a. durch die Bemühungen gekennzeichnet, die bestehenden Differenzen mit den Nachbarländern Peru, Bolivien und Argentinien zu beseitigen. Mit den am 11. Mai in Lima unterzeichneten Abkommen, die die seit 1929 ausstehende Überlassung von Hafen-, Zoll- und Eisenbahneinrichtungen an Peru in der chilen. Stadt Arica klärten, zogen die beiden Länder einen symbol. Schlußstrich unter den ›Salpeterkrieg‹ von 1879. Auch mit Brasilien wurden Abkommen über Handel und polit. Zusammenarbeit (26. März) und mit Venezuela (2. April) ein Freihandelsabkommen geschlossen.

Chilenische Vergangenheitsbewältigung

Auch innenpolitisch bemühte sich Präs. AYLWIN im Rahmen einer ›Politik der Versöhnung‹ insbes. um einen Abbau der Spannungen zw. Exekutive und Armee. Am 28. Mai zog indes eine schwerbewaffnete Sondereinheit des Heeres auf. Mit dieser Drohgebärde wurde die Forderung nach einer Zusage der Reg. unterstrichen, die obersten Ränge der Streitkräfte und die von AUGUSTO PINOCHET ernannten Senatoren auf ihren Posten zu belassen. Mitte März war im Kongreß eine Verfassungsänderung gescheitert, die es dem Staatsoberhaupt ermöglicht hätte, die Befehlshaber der Teilstreitkräfte auszuwechseln. Schließlich forderten die Militärs ein Gesetz, das eine Neuaufnahme von Prozessen gegen Offiziere wegen Menschenrechtsverletzungen während der Militärdiktatur PINOCHETS untersagt. Rd. 200 Prozesse sind von den Gerichten noch nicht verhandelt worden.

Am 11. Sept. jährte sich der Militärputsch PINO-
CHETS zum zwanzigsten Mal. Knapp drei Wochen
zuvor hatte dieser sein Dienstjubiläum als Oberbefehlshaber der Streitkräfte begangen. Trotz der be-
achtenswerten Erfolge des Staatsoberhauptes bei
den mit PINOCHET vereinbarten regelmäßigen Arbeitstreffen protestierten an diesem Tag zahlreiche
Chilenen gegen die unzureichende histor., gesellschaftl. und jurist. Aufarbeitung der blutigen Vergangenheit C.s in den Jahren der Militärdiktatur.

Präsidentschaftswahlen

Am 23. Mai wählten die Mitgl. der Regierungsparteien EDUARDO FREI RUIZ TAGLE, den Sohn EDU-
ARDO FREIS, des Staatspräs. von 1964 bis 1970, zu ihrem gemeinsamen Präsidentschaftskandidaten. Der
dem Partido Demócrata Cristiano angehörende
FREI konnte am 11. Dez. 58,1% der Stimmen auf
sich ziehen. Der konservative ARTURO ALESSANDRI
erhielt 24,3%, JOSÉ PINERA, ein früherer Min. AUGU-
STO PINOCHETS, 6,3%. Bei den Wahlen zum Abgeordnetenhaus konnte die regierende Concertación
por la Democracia ihre Mehrheit verteidigen. Sie
verfehlte jedoch die Zweidrittelmehrheit. Am
9. Dez. hatten sich Reg. und Opposition geeinigt,
die Amtszeit des Präs. auf sechs Jahre zu senken.

China

Hauptstadt: Peking
Einwohner: 1188 Mio.
Einwohner/km²: 124
Staatsoberhaupt:
Jiang Zemin
Regierungschef:
Li Peng
BSP/Einwohner:
370 US-$

Dynamische Außenwirtschaft

Die Entwicklung des Außenhandels war durch einen starken Importsog bei gleichzeitig nur gering-
fügiger Steigerung der Exporte geprägt, so daß bis
Sept. 1993 zum ersten Mal in den letzten zwei Jahren wieder ein Handelsbilanzdefizit entstanden
war. Mit der steigenden Nachfrage nach Devisen
für Importe und für Währungsspekulationen war
ein starker Wertverlust der chin. Währung auf den
Devisen-Swapmärkten verbunden. Um die negativen Auswirkungen zu begrenzen, wurden vorübergehend Obergrenzen festgelegt, und ab Juni inter-
venierte die Zentralbank durch Verkäufe von US-$,
um den Wechselkurs auf den Devisen-Swapmärkten wieder dem offiziellen Kurs anzunähern. Der
von C. angestrebte schnelle Beitritt zum GATT
konnte auch 1993 noch nicht erfolgen, weil eine
Reihe von Zutrittsbedingungen von chin. Seite

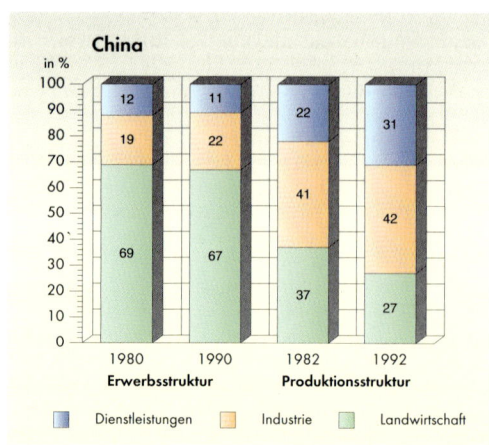

China
in %

Erwerbsstruktur 1980: Landwirtschaft 69, Industrie 19, Dienstleistungen 12
Erwerbsstruktur 1990: Landwirtschaft 67, Industrie 22, Dienstleistungen 11
Produktionsstruktur 1982: Landwirtschaft 37, Industrie 41, Dienstleistungen 22
Produktionsstruktur 1992: Landwirtschaft 27, Industrie 42, Dienstleistungen 31

Dienstleistungen | Industrie | Landwirtschaft

noch nicht erfüllt waren. V. a. die USA, die ein hohes Defizit im Handel mit C. aufwiesen, forderten
weitere Reformen des Außenhandels- und Währungssystems. Zwar wurde C. von den USA für
1993 die Meistbegünstigung zugestanden, doch für
1994 eine Bindung an polit. Auflagen (Einhaltung
der Menschenrechte) und an die Liberalisierung
der Außenhandelspraxis festgelegt. Die dynam.
binnenwirtschaftl. Entwicklung hatte das Interesse
ausländ. Unternehmen an Direktinvestitionen in C.
weiter erhöht. Bis Mitte 1993 stiegen die vertraglich
zugesagten Direktinvestitionen für 40 000 Projekte
auf rd. 57 Mrd. US-$. Zur Finanzierung der wirt-
schaftl. Modernisierung griff C. auch verstärkt auf
Auslandskredite zurück. Hierdurch stieg die Auslandsverschuldung auf rd. 70 Mrd. US-$ bis Ende
1992. Die bilateralen Wirtschaftsbeziehungen zw.
C. und Deutschland wurden durch die Reise von
Wirtschaftsmin. REXRODT nach C. im Frühjahr und
den Besuch der chin. Außenwirtschaftsministerin
WU YI im Sept. in Deutschland intensiviert. Mit
rund 40 Spitzenvertretern dt. Großunternehmen
stattete Bundeskanzler KOHL C. im Nov. einen Besuch ab, der die Beziehungen durch den Abschluß
einer Reihe von Abkommen und eine Intensivierung der wirtschaftl. Zusammenarbeit förderte.

Änderung des binnenwirtschaftlichen Umfeldes

Die Einigung auf die sozialist. Marktwirtschaft als
ordnungspolit. Konzept führte 1993 zur weiteren
Deregulierung des Preissystems sowie zur Ausweitung bereits erfolgter Reformen des Kapital- und
Immobilienmarktes. Der Anteil des nichtstaatl.
Sektors erhöhte sich deutlich, und der Beitrag der
privaten und kollektiven Industrie am gesamten
industriellen Bruttoproduktionswert betrug bereits
mehr als 50%. Bis Mitte 1993 stieg die Zahl der
selbständigen Betriebe mit bis zu acht Beschäftigten auf 15,48 Mio. und die Anzahl der größeren privaten Unternehmen auf 184 000. Die Probleme in
den Staatsbetrieben, von denen rd. ein Drittel Verluste macht, v. a. ihre Umstellung auf marktwirtschaftl. Bedingungen, konnten nur unbefriedigend
gelöst werden. Auch die notwendige Reduzierung

ihrer überschüssigen Arbeitskräfte war aufgrund des noch mangelhaft ausgebauten überbetriebl. sozialen Sicherungssystems nur in geringem Ausmaß möglich, da die soziale Stabilität in den Städten nicht gefährdet werden sollte.

Um eine stärkere Kontrolle über die überhitzte Konjunkturentwicklung durchsetzen zu können, führte die Reg. Mitte 1993 eine Reihe von geld- und kreditpolit. Restriktionen ein. Die konjunkturelle Überhitzung spiegelte sich in einem zweistelligen Wachstum des Bruttoinlandsprodukts und der Industrieproduktion sowie einem starken Preisauftrieb bei Rohstoffen und Konsumgütern wider. Die überschießende Nachfrage verschärfte außerdem vorhandene Engpässe im Transport- und Energiesektor. Durch die Beschränkung bei der Kreditvergabe sollten das extrem hohe Wachstum der Anlageinvestitionen und die Spekulationen im Immobiliensektor sowie die Inflation reduziert werden. Bis Sept. zeichneten sich erste Erfolge des wirtschaftspolit. Korrekturprogramms ab, doch blieb die Gratwanderung zw. hohem Wachstum und Stabilität weiterhin problematisch, da vorhandene makroökonom. Steuerungsmechanismen nur begrenzt wirksam und notwendige Reformen im Finanzsektor und in den staatseigenen Betrieben noch nicht durchgesetzt waren.

Innenpolitische Erleichterungen

Herausragendes Ereignis im innenpolit. Bereich war die Neuwahl der gesamten Staatsführung auf dem VIII. Nat. Volkskongreß (NVK) im März. Um die dominierende Position der Kommunist. Partei (KPCh) im Staat abzusichern, erfolgte eine enge personelle Verknüpfung zw. den höchsten Partei- und Staatsämtern. Alle Mitgl. des Ständigen Ausschusses des Politbüros erhielten hohe Staatsämter oder wurden in diesen bestätigt. Die Ämterkonzentration wird auch in der Wahl des GenSekr. der KPCh, JIANG ZEMIN, zum Staatspräs. und gleichzeitigen Vors. der Zentralen Militärkommission deutlich. Der NVK verabschiedete weiterhin eine Verfassungsänderung, um das neue ordnungspolit. Konzept der sozialist. Marktwirtschaft festzuschreiben. Neben JIANG ZEMIN und MinPräs. LI PENG

rückte der stellv. MinPräs. ZHU RONGJI durch die Übertragung der Zuständigkeit für die tagespolit. Arbeit des Staatsrates in der Machthierarchie auf. ZHU RONGJI, verantwortlich v. a. für den wirtschaftspolit. Bereich, übernahm am 2. Juli auch das Amt des Zentralbankpräsidenten. Als wichtigstes Problem innerhalb der Partei galt die verbreitete Korruption unter den Parteimitgl., die ihre Position für private Vorteile ausnutzten. Da mit dem raschen ökonom. Wandel auch ein tiefgreifender Wertewandel verbunden war, schwächte diese Entwicklung zunehmend das Vertrauen der Bevölkerung in die Vorbildfunktion der KPCh. In vielen ländl. Gebieten äußerte sich die Unzufriedenheit der Bauern mit der Verschlechterung ihrer wirtschaftl. Situation und der Willkür der Lokalbehörden in z. T. auch gewalttätigen Demonstrationen.

Wirtschaftsminister Rexrodt, Bundeskanzler Kohl, der chinesische Ministerpräsident Li Peng und der Präsident der staatlichen Wissen- schafts- und Technikkommission Song Jiang stoßen am 16. November auf das deutsch-chinesische Wirtschaftsabkommen an

Überwindung der außenpolitischen Isolation

Die Außenpolitik C.s konzentrierte sich 1993 auf die stärkere Annäherung an die asiat. Nachbarstaaten, insbesondere an die ASEAN-Mitgliedsländer sowie an Süd-Korea und Vietnam. Diesem Ziel dienten chin. Delegationsreisen und Einladungen

Peking bewirbt sich mit großem Aufwand als Olympiastadt für das Jahr 2000

asiat. Regierungsvertreter nach C. sowie die Unterzeichnung von bilateralen Abkommen über die polit. und wirtschaftl. Zusammenarbeit. V. a. die ASEAN-Staaten zielten mit Blick auf die chin. Ansprüche und die noch ungeklärte staatsrechtl. Zugehörigkeit der Spratleyinseln auf ein regionales Sicherheitskonzept. Als erster wichtiger Schritt zu Gesprächen über Sicherheitsfragen galt C.s Beteiligung an der ›Unofficial Dinner Party‹ der 18 Außenmin. im Juli in Singapur, an der neben Vertretern asiat. Staaten u. a. die USA und die EG teilnahmen. Auch mit Taiwan gab es erste halboffizielle Kontakte über Gespräche in Singapur, um die Beziehungen zu verbessern, Mitte Dez. besuchte eine chin. Delegation Taiwan. Der Verbesserung der Beziehungen zu Indien diente der Abschluß eines Grenzabkommens im Sept. Spannungen im außenpolit. Bereich entstanden v. a. mit Großbritannien über die Forderung des Hongkonger Gouverneurs PATTEN, der demokrat. Mitgestaltungsrechte bei der Rückgabe Hongkongs an C. im Jahre 1997 festgeschrieben sehen wollte, sowie über die Frage der Finanzierung eines zweiten Flughafens in Hongkong. Das Verhältnis zu den USA, die C. Lieferungen von Raketentechnologie an Pakistan und den Iran vorwarfen und Pekings Bewerbung um die Ausrichtung der Olymp. Spiele im Jahr 2000 aufgrund der chin. Haltung zur Menschenrechtsfrage ablehnten, entspannte sich etwas zum Ende des Jahres. Präs. CLINTON und JIANG ZEMIN trafen sich im Nov. am Rande der APEC-Tagung in Seattle zu einem Meinungsaustausch.

Jean Chrétien im Wahlkampf
im Oktober

Chrétien, Jean, kanad. Politiker, * Shawinigan 11. 1. 1934. – Am 4. 11. 1993 wurde C. als neuer Premiermin. Kanadas vereidigt, nachdem die von ihm geführte Liberal Party bei den Unterhauswahlen vom 25. 10. 1993 mit 178 von 295 Sitzen einen klaren Sieg errungen hatte. Seine polit. Gegner von der bisher regierenden Progressive Conservative Party, die ihn im Wahlkampf als ›Mann von gestern‹ apostrophiert hatten, konnten unter der Führung von Premiermin. KIM CAMPBELL – auch aufgrund des kanad. Mehrheitswahlrechts – lediglich zwei Sitze behalten. C. gilt als Pragmatiker ohne rechte oder linke ideolog. Neigungen.

Warren Christopher ist neuer
amerikanischer Außenminister

Der Jurist C. hatte an der Laval-Univ. von Quebec studiert und zog für die Liberal Party 1963 erstmals ins Unterhaus ein. 1965 wurde er parlamentar. Sekr. beim Premiermin. und bekleidete zw. 1967 und 1984 verschiedene Ministerämter, u. a. für Industrie und Handel (1976/77), Finanzen (1977–79), Justiz (1980–82) und Energie (1982–84); von Juni bis Sept. 1984 war C. Außenmin. und stellv. Premierminister. 1984–90 als Anwalt tätig, wurde er 1990 zum Führer der Liberal Party gewählt.

Christopher, Warren M[inor], amerikan. Jurist und Politiker (Demokrat. Partei), * Scranton (North Dakota) 27. 10. 1925. – Nach seinem Sieg bei den Präsidentschaftswahlen im Nov. 1992 ernannte BILL CLINTON C. zunächst zum Leiter seines Übergangsteams und berief ihn dann zum Außenminister. Die ›New York Times‹ merkte damals kritisch an, die Stärke des neuen Außenmin. liege mehr in der meisterhaften Beherrschung der jurist. und diplomat. Techniken als im Entwurf polit. Konzeptionen. C. vertritt die Position, daß die USA sich in einer zunehmend von regionalen Konflikten bestimmten Welt führend bei friedenserhaltenden bzw. -schaffenden Maßnahmen im Rahmen der UNO engagieren müssen. Der Durchbruch bei den Verhandlungen zw. Israel und der PLO ist nicht zuletzt seiner Diplomatie zu verdanken. Andererseits machen ihn Kritiker für die unklare Position der USA im Bosnien-Konflikt verantwortlich.

Schon 1949 zum Obersten Gerichtshof zugelassen, arbeitete C. ab 1950 als Anwalt in Los Angeles. 1961–65 war er Sonderberater des stellv. Außenmin. GEORGE BALL. Während der Rassenunruhen der 1960er Jahre in den USA erwies er sich als geschickter Verhandlungsführer bei der Krisenbewältigung. Unter Präs. JOHNSON war C. 1967–69 stellv. Justizmin.; anschließend war er wieder als Anwalt in Los Angeles tätig. Präs. CARTER ernannte ihn 1977 zum stellv. Außenmin. und betraute ihn u. a. mit der Koordination der Menschenrechtspolitik im Ausland. Wenige Tage vor dem Amtsantritt Präs. REAGANS erreichte er im Jan. 1981 in den Verhandlungen mit dem Iran die Freilassung der Geiseln aus der amerikan. Botschaft in Teheran. Während der Amtszeit der republikan. Präs. REAGAN und BUSH ging C. wieder seinem Anwaltsberuf nach.

Ciampi, Carlo Azeglio, italien. Politiker, * Livorno 9. 12. 1920. – Im April 1993 wurde der politisch ungebundene C. – nach langen Auseinandersetzungen zw. den parteipolit. Gruppierungen um verschiedene andere Kandidaturen – vom Präs. der Republik, OSCAR LUIGI SCALFARO, mit der Bildung einer neuen Regierung beauftragt, deren primäre Aufgaben die Verteidigung der italien. Währung, die Sanierung der Staatsfinanzen und die Ausgestaltung der im Referendum angenommenen polit. Reformen sind.

C. studierte ab 1941, unterbrochen durch den Militärdienst (1941–44), Rechts- und Literaturwiss. und arbeitete seit 1946 in der italien. Staatsbank, der Banca d'Italia, wo er in versch. Funktionen tätig war. 1973 wurde er GenSekr. der Staatsbank, 1976 ihr stellv. Generaldirektor. Nach dem Rücktritt des Zentralbankgouverneurs PAOLO BAFFI wurde C. 1979 dessen Nachfolger. Er gilt als der große Modernisierer der Staatsbank; währungspolitisch erreichte er, daß die Schwankungsbreite der Lira im Europ. Währungssystem, die bis Jan. 1990 bei 6% lag, bis zum Sommer 1993 dem Schwankungsbereich von 2,25% zugeordnet blieb. Bei der Regierungsbildung unterließ C. die bislang übl. parteipolit. Konsultationen und schlug unmittelbar dem Präs. der Republik die Mitgl. seiner Regierung zur Ernennung vor.

Çiller, Tansu, türk. Politikerin (DYP), * Istanbul 1946. – Ein Sonderparteitag der regierenden Partei des rechten Weges (DYP) wählte am 13. 6. 1993 die bisherige Wirtschaftsmin. Ç. zur Parteivors., wenige Tage darauf wurde sie von Staatspräs. SÜLEYMAN DEMIREL zur MinPräs. ernannt. Mit Ç. wurde erstmals in der Geschichte der türk. Republik eine Frau an die Spitze der Regierung gewählt. Die Neubesetzung war notwendig geworden, da der bisherige MinPräs. DEMIREL am 16. Mai zum Staatspräs. gewählt worden war. Neben der populären Ç. hatten auch der von Armeekreisen und DEMIREL favorisierte Innenmin. und der den Islamisten nahestehende Erziehungsmin. kandidiert.

Ç., die aus einer bürgerlichen Istanbuler Familie stammt, studierte Wirtschaftswiss. in Istanbul und

Hillary Rodham Clinton (Mitte) ist von ihrem Ehemann Bill Clinton mit der Leitung der Arbeitsgruppe zur Reform des Gesundheitswesens beauftragt worden. Unser Bild zeigt sie im März mit Mitgliedern dieser Arbeitsgruppe

an versch. amerikan. Univ., darunter Yale. Nach ihrer Rückkehr wurde sie Prof. für Ökonomie an der Bosporus-Univ. in Istanbul. In die DYP trat sie 1990 ein; 1992 holte sie DEMIREL als Wirtschaftsmin. in sein Kabinett. Die neue MinPräs., die über ein beträchtl. Vermögen verfügt, genießt die Unterstützung der Geschäftswelt und der städt. Bevölkerung.

Carlo Azeglio Ciampi ist der erste parteilose Ministerpräsident der italienischen Republik

Clinton, Hillary Rodham, amerikan. Juristin und Politikerin (Demokrat. Partei), * Chicago 26. 10. 1947. – Zusammen mit Präs. CLINTON zog im Jan. 1993 eine ›First Lady‹ ins Weiße Haus ein, die als äußerst erfolgreiche Juristin zwar ihren Beruf der Karriere ihres Mannes opferte, aber über ein starkes Selbstbewußtsein und klare polit. Überzeugungen verfügt. Für den Wahlkampf mit einem dem Wahlsieg zuträglicheren Image versehen (›warmherzige liebende Frau‹), das ihr Äußeres und ihr Auftreten in der Öffentlichkeit mit einschloß, ist sie doch als enge Vertraute und Ratgeberin ihres Mannes den einflußreichsten Persönlichkeiten im Weißen Haus zuzurechnen. Ende Jan. ernannte der Präs. seine Frau zur Leiterin der Arbeitsgruppe, die eine Gesetzesvorlage zur umfassenden Reform des Gesundheitswesens ausarbeitete.

C. machte nach ihrem Jurastudium an der Yale University, wo sie auch ihren späteren Mann kennengelernte (Heirat 1975), rasch Karriere als Rechtsanwältin. Sie spezialisierte sich auf Kinderrechtsfragen, gehörte aber auch dem Justizausschuß an, der wegen der Watergate-Affäre die Klage gegen Präs. RICHARD M. NIXON vorbereitete, und lehrte zwischen 1974 und 1980 Jura an den Univ. von Fayetteville und Little Rock. Daneben gehörte sie den Aufsichtsräten mehrerer großer Unternehmen und den Vorständen versch. karitativer Organisationen an.

Clinton, William Jefferson (kurz: Bill), urspr. W. J. Blyte (nach seinem leibl. Vater), amerikan. Politiker (Demokrat. Partei), * Hope (Arkansas) 19. 8. 1946. – Der Amtsantritt C.s als 42. Präs. der USA am 20. 1. 1993 beendete die zwölfjährige Regierungszeit republikan. Präsidenten (RONALD REAGAN und GEORGE BUSH). Mit Übernahme des Präsidentenamtes legte C. sein Amt als Gouverneur von Arkansas nieder, das er 1978–80 und ab 1982 innehatte.

C. studierte Jura und Internat. Beziehungen in Washington, D.C. (1964–68), in Oxford und an der

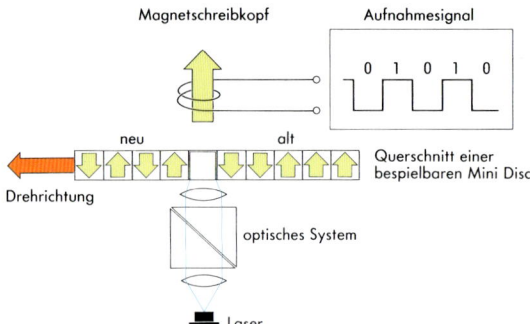

Funktionsprinzip der bespielbaren Mini Disc. Ein Laser erwärmt die Magnetschicht, so daß diese vom

Schreibkopf entsprechend dem Aufnahmesignal magnetisiert werden kann

Yale University (1970–73). Im Vorwahlkampf um die demokrat. Präsidentschaftskandidatur wurde verschiedentlich Kritik laut, als bekannt wurde, daß er die Einberufung zum Wehrdienst und damit die Teilnahme am Vietnamkrieg umgangen hatte. Ab 1973 war C. als Assistenzprofessor für Jura an der Universität in Fayetteville tätig und übernahm 1976 das Amt des Justizministers in seinem Heimatstaat Arkansas.

Während des von ihm und dem Vizepräsidentschafts-Kandidaten AL GORE sowie den Ehefrauen HILLARY RODHAM CLINTON und TIPPER GORE eng als Team geführten Präsidentschaftswahlkampfs erzeugte C. eine allg. Aufbruchstimmung und gewann durch seine Bürgernähe große Sympathien insbes. der weißen Mittelschicht, der ethn. Minderheiten (Schwarze, Hispanics lateinamerikan. Herkunft) und der Amerikaner jüd. Glaubens. In den Mittelpunkt seines Wahlkampfs stellte er die Konsolidierung der amerikan. Wirtschaft, die u. a. mittels Steuererleichterungen für niedrige Einkommen bei gleichzeitiger Anhebung des Spitzensatzes, Investitionshilfen für kleine und mittlere Betriebe und durch Verringerung der Verteidigungsausgaben sowie Reduzierung und Neustrukturierung der Streitkräfte erzielt werden sollte. Gleichzeitig betonte er sozialpolit. Aufgaben wie rückzahlbare Stipendien für alle Collegestudenten, das Recht auf Abtreibung und eine allg. Krankenversicherungspflicht; außerdem vertrat er eine stärker ökologisch ausgerichtete Energiepolitik.

Als Präs. C. am 17. Febr. sein Wirtschaftsprogramm vorlegte, nahm er jedoch die angestrebten Steuererleichterungen für die Mittelklasse aufgrund des unerwartet hohen Haushaltsdefizits zurück. Als eines seiner wichtigsten innenpolit. Vorhaben stellte er am 22. Sept. eine grundlegende Reform des Gesundheitswesens vor, die unter der Federführung von HILLARY C. erarbeitet worden war.

In der Außenpolitik stand C. zunächst in der Kontinuität seines Vorgängers BUSH, dessen harten Kurs gegenüber dem Irak er beibehielt. Mit dem Beschluß vom 10. Febr., ein internat. Tribunal zur Bestrafung von Kriegsverbrechen zu schaffen, mit der Entsendung eigener Unterhändler zu den Friedens-

gesprächen und durch die Errichtung einer Luftbrücke für Nahrungsmittel und Medikamente am 2. März änderte C. die bisherige Haltung der USA im Balkankonflikt. Der inneramerikan. Kritik am militär. Engagement der USA in Somalia suchte er im Okt. dadurch zu begegnen, daß er gleichzeitig eine sofortige massive Verstärkung der amerikan. Truppen in Somalia und für März 1994 deren vollständigen Rückzug ankündigte.

Compact Disc, Abk. **CD:** Der Markt für Datenträger und Unterhaltungselektronik war 1993 v. a. von der CD geprägt. So setzte sich die CD-ROM, die als opt. Speicherplatte den Magnetdisketten in der Datenkapazität weit überlegen ist, auch für private Computeranwender als Speichermedium durch und wurde zunehmend im Bereich →Multimedia eingesetzt. Ein ausgesprochenes Multimedia-Konzept stellt die neue **CD-I (CD-Interaktiv)** dar, die Ton, Bild und Software-Anwendungen miteinander verknüpft. Die Wiedergabe erfolgt über Fernseher und Stereoanlage, und der Benutzer kann interaktiv über Joystick oder Maus in den Programmablauf eingreifen. Die Multimedia-Anwendungsmöglichkeiten reichen von Musikvideos über Filme und Computerspiele bis zur anspruchsvollen Schulungssoftware. Dabei hängt die max. Spieldauer von der Art der Anwendung ab. Der CD-I-Spieler, der mit 1 MB Arbeitsspeicher und fünf Prozessoren arbeitet, kann außerdem Audio-CD, Photo-CD und CD-ROM verarbeiten. Zu den neuen bespielbaren digitalen Tonträgern gehört die **Mini Disc (MD),** die in Konkurrenz zur etwa gleichzeitig eingeführten →DCC und zu dem schon vorhandenen DAT steht. Die MD hat einen Durchmesser von 6,4 cm, eine Spieldauer von max. 74 Minuten und ist in einem diskettenartigen Kunststoffgehäuse untergebracht. Sie wird in zwei Varianten angeboten: Während die fertig bespielte

Bei den Auseinandersetzungen innerhalb der CSU um die Nachfolge des bayerischen Ministerpräsidenten Streibl kann sich der

Parteivorsitzende Theo Waigel im Mai nicht gegen seinen Konkurrenten Edmund Stoiber durchsetzen

MD in der gleichen Technik wie die herkömml. CD hergestellt wird, besteht die beliebig oft bespielbare MD aus einem speziellen magnetoopt. Speicher. Bei der Aufnahme wird die Magnetschicht der MD punktweise (Durchmesser ca. 1 µm) mit einer Laserdiode auf etwa 250 °C erwärmt und durch einen Magnetschreibkopf magnetisch ausgerichtet. Die Abtastung erfolgt mit polarisiertem Laserlicht, das – abhängig von der magnet. Orientierung – bei der Reflexion in seiner Polarisationsebene gedreht, durch ein Polarisationsfilter geführt und von der Photodiode des Tonabnehmersystems registriert wird. Um die gleiche Spieldauer wie eine CD zu erreichen, nimmt der MD-Recorder bei der Aufnahme eine Datenreduktion auf rd. ein Fünftel der Eingangsdaten vor, indem die aufgezeichnete Menge an Toninformationen – abgestimmt auf Hörschwelle und Frequenzempfindlichkeit des menschl. Gehörs – stark verringert wird.

Costa Rica

Hauptstadt: San José
Einwohner: 3,2 Mio.
Einwohner/km²: 62
Staatsoberhaupt:
R.·A. Calderón
Fournier
Regierungschef:
R. A. Calderón
Fournier
BSP/Einwohner:
1930 US-$

Die erfolgreiche Stabilisierungspolitik der Reg. von Präs. Rafael Calderón Fournier ermöglichte ein deutl. Wirtschaftswachstum in fast allen Branchen. Der merkl. Rückgang der Bananenexporte, v. a. in die EG-Länder, und der schwache Kaffeemarkt trugen jedoch zu einem erhebl. Anstieg des Außenhandelsdefizits bei. Zur weiteren Förderung des marktwirtschaftl. Kurses der costarican. Wirtschaftspolitik stellte der Internat. Währungsfonds (IWF) im April für zehn Monate Beistandskredite zur Verfügung. Auch die Erhöhung des Kreditengagements der Weltbank um rd. 100 Mio. US-$ soll der Wirtschaft C. R.s weitere Impulse verleihen.
Eine Besetzung der nicaraguan. Botschaft durch ehem. nicaraguan. Contra-Rebellen (8.–21. März) wurde unblutig beendet. Mit der Geiselnahme von 25 Menschen hatten die Besetzer die nicaraguan. Präs. Violeta Chamorro veranlassen wollen, ihre Verbindungen zu den Sandinisten zu lösen.

Cotti, Flavio, schweizer. Politiker (CVP), * Muralto 18. 10. 1939. – Als im März 1993 eine Neuverteilung der Ressorts unter den Bundesräten anstand, wechselte C. vom Innen- ins Außenministerium, wobei er sich in einer Kampfabstimmung gegen seinen Mitbewerber um diesen Posten, Justizmin. Arnold Koller (CVP), durchsetzen konnte.

C., der fließend zahlr. Sprachen beherrscht, darunter alle vier Nationalsprachen der Schweiz, macht aus seiner europ. Gesinnung keinen Hehl.
C. stammt aus einer Familie, die in Locarno Stoffhandel betrieb. Nach dem Studium der Rechtswiss. in Fribourg wurde er Rechtsanwalt und Notar in Locarno. Er trat bald der Konservativ-christlichsozialen Volkspartei bei – seit 1970 Christlichdemokrat. Volkspartei (CVP) – und wurde 1967 Mitgl. des Tessiner Kantonsparlaments (Großer Rat), 1975 der Kantonsreg. (Staatsrat), in der er versch. Ressorts vorstand. 1977 und 1981 war er Präs. des Staatsrats. 1983 wurde er Nationalrat für die CVP, deren Parteivors. er 1984–86 war. Im Dez. 1986 wurde C. von der Bundesversammlung zum Bundesrat gewählt und übernahm das Innenressort, das u. a. auch für den Umweltschutz zuständig ist. 1991, im Jahr des 700jährigen Bestehens der Schweizer. Eidgenossenschaft, war C. Bundespräsident.

Craxi, Benedetto (Bettino), italien. Politiker (PSI), * Mailand 24. 2. 1934. – 1992 war C. zunehmend durch den sog. Mailänder Bestechungsskandal belastet worden, in dem eine Anzahl namhafter Mitgl. des Partito Socialista Italiano (PSI) – darunter enge Vertraute C.s – in Korruptionsverdacht geraten waren. Doch erst nachdem gegen ihn selbst ein Ermittlungsverfahren eingeleitet worden war, trat der als ehrgeizig und machtbewußt geltende C. im Febr. 1993 als GenSekr. des PSI zurück.
C. war 1976 zum GenSekr. und damit an die Parteispitze gewählt worden und hatte 1980 die Beteiligung des PSI an der Reg. durchgesetzt. 1983–87 regierte er mit einer Fünfparteienkoalition als erster sozialist. MinPräs. der italien. Republik. Allerdings gelang es ihm nicht, den PSI zu einer Alternativkraft gegenüber den Christdemokraten zu entwickeln. Als persönl. Referent des UN-GenSekr. (ab 1989) untersuchte C. die Verschuldung der Entwicklungsländer, die er in seinem Bericht 1990 mit insgesamt 1200 Mrd. DM bezifferte.

CSU, Abk. für Christlich-Soziale Union in Bayern: Im Okt. wurde auf dem Parteitag in München die Parteiführung neu gewählt. Der Parteivors. Theo Waigel, der im Mai in der Auseinandersetzung mit Edmund Stoiber um das Amt des bayer. MinPräs. unterlegen war, konnte ein überragendes Wahlergebnis von 93,6% für sich verbuchen. Unter seinen Stellv. konnte sich der durch einen Steuerskandal angeschlagene Gerold Tandler mit 78% behaupten. Neu in den Stellvertreterpositionen sind Barbara Stamm, Ingo Friedrich und Monika Hohlmeier, die Tochter des langjährigen CSU-Vors. F. J. Strauss.
Nahezu einstimmig verabschiedet wurde auf dem Parteitag das neue Programm der CSU, das unter dem Motto ›In Freiheit dem Gemeinwohl verpflichtet‹ steht. Es ist im wesentl. eine Modifizierung des Parteiprogramms von 1976, durchzogen von der Erkenntnis, daß dem Bürger einerseits mehr Verzicht und andererseits mehr Leistung zugemutet werden muß, um für die soziale Sicherung von morgen zu sorgen. Die ›Selbstaufgabe in der multikulturellen Gesellschaft‹ wird abgelehnt.

D ▆▆▆▆▆

D-2-Mission, die zweite dt. Spacelab-Mission (D-1: 1985), die mit dem amerikan. Space-shuttle ›Columbia‹ nach mehreren Verschiebungen am 26. April um 16.50 Uhr MESZ vom Kennedy Space Center in Florida startete (Erdumlaufbahn in etwa 300 km Höhe mit rd. 90 Minuten Umlaufdauer). Neben den für den Missionsablauf verantwortl.

Eindrücke von der D-2-Mission

Der deutsche Astronaut und Physiker Hans Wilhelm Schlegel schildert seine Eindrücke von der D-2-Mission: ›Mit 6,3 Tonnen Nutzlasten war sie die bisher größte im Spacelab, sehr ausgefüllt und ergiebig. Da wir mit der Schwerelosigkeit keine ernsten Probleme hatten, dauerten die Arbeitstage 13 bis 18 Stunden. So blieb nur wenig Zeit, durch die Shuttle-Fenster zu schauen: von zehn Tagen nur drei bis vier Stunden. Der Blick von hoch oben auf die Erde ist wunderschön, ist phantastisch. Die riesige Geschwindigkeit – 7,9 km/s – brachte uns z. B. in acht Minuten über Südafrika, in 40 Minuten über den Indischen und Pazifischen Ozean. Das Beeindruckendste für mich war aber, wie begeistert die 90 Wissenschaftlergruppen am Boden waren, daß wir alle ihre Experimente erfolgreich durchführen konnten. Nachdem ich das erlebt habe, fühle ich ganz einfach, daß wir Menschen in den Weltraum gehören. Und daß wir ihn weiter zugänglich machen sollen, denn zehn Tage sind erst der Anfang vom Anfang.‹

Vor dem geglückten dritten Startversuch der D-2-Mission am 26. April: vorne die beiden deutschen Astronauten Hans Wilhelm Schlegel (links) und Ulrich Walter

fünf amerikan. Piloten und Flugingenieuren oblag den dt. Wissenschaftsastronauten ULRICH WALTER und HANS WILHELM SCHLEGEL die wiss. Betreuung des Spacelab. Die Besatzung absolvierte in zwölfstündigem Schichtbetrieb 98 Experimente aus Medizin, Biologie, Materialwiss., Flüssigkeitsphysik, Erdbeobachtung, Astronomie und Technologie, welche von Deutschland, Frankreich, der ESA, den USA und Japan gestellt und vom DLR-Nutzlastkontrollzentrum in Oberpfaffenhofen bei München überwacht wurden. Nach 160 Erdumrundungen und 9 Tagen 23 Std. 40 Minuten Flugdauer endete die D-2-M. am 6. Mai mit der Landung auf dem Luftwaffenstützpunkt Edwards in Kalifornien.
Im Nov. erklärte die Dt. Forschungsanstalt für Luft- und Raumfahrt (DLR), daß z. Z. kein nat. Raumfahrtprogramm mit Einsatz dt. Astronauten geplant sei und daß deshalb das dt. Astronautenteam (zwei Frauen, drei Männer) 1994 aufgelöst werden soll.

Dänemark ▆▆▆▆▆▆▆▆▆

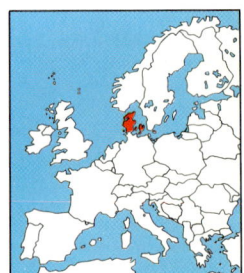

Hauptstadt:
Kopenhagen
Einwohner: 5,2 Mio.
Einwohner/km²: 120
Staatsoberhaupt:
Margarete II.
Regierungschef:
P. N. Rasmussen
(seit 25. 1. 1993)
BSP/Einwohner:
23 660 US-$

Wirtschaftliche Stagnation

Die Wirtschaftsentwicklung war nach Jahren des realen Wachstums durch eine Phase der Stagnation geprägt, die Entwicklung des Bruttoinlandsprodukts (BIP) lag deutlich unter 1%. Die Ursache hierfür war die ungünstige Entwicklung des dän. Exports (in einigen Bereichen bis −8,5%), der wiederum von der schlechten dt. Konjunkturlage maßgeblich beeinflußt wurde. Der Import (−12%) und der Privatverbrauch (Anstieg von weniger als 1%) blieben ebenfalls erheblich hinter den Vorjahren zurück. Die Arbeitslosenquote lag bei 12%, die Inflationsrate jedoch nur bei knapp über 1%, dem Tiefstwert der Nachkriegszeit. Moderate Tarifabschlüsse (+2,5%) verhinderten, daß von dieser Seite inflationärer Druck ausging. Aufgrund der schwachen Wirtschaftsentwicklung und einer etwas expansiveren Finanzpolitik unter der neuen sozialdemokrat. Reg. stieg das Minus im Staatshaushalt bis Jahresende auf rd. 55 Mrd. Kronen (1992: 35 Mrd.). Die wirtschaftl. Eckdaten erlaubten es D. gleichwohl, sich währungspolitisch weiter an den Kernländern des EWS zu orientieren.
Die Färöer-Inseln befanden sich 1993 in der schwersten Wirtschaftskrise seit ihrer Autonomie.

Zu hoher Verbrauch und dramat. Rückgang der Fischereieinkünfte ließen die Volkswirtschaft aus dem Gleichgewicht geraten. Der drohende Konkurs der Sjovinnubank konnte nur durch Kreditgarantien der Dän. Staatsbank in Höhe von 350 Mio. Kronen vermieden werden.

Innen- und Außenpolitik

Nach dem Rücktritt MinPräs. POUL SCHLÜTERS und seiner bürgerl. Minderheitsreg. am 14. Jan. wegen der ›Tamilenaffäre‹ (verhinderte Familienzusammenführung von Tamilen aus Sri Lanka) verlagerte sich die polit. Macht zu den Sozialdemokraten, die eine Koalition mit den Zentrumsdemokraten, Sozialliberalen und der Christl. Volkspartei bildeten und seit 25. Jan. mit POUL NYRUP RASMUSSEN den neuen MinPräs. stellten. Die neue Reg. präsentierte zur Jahresmitte ihre als ›umfassend‹ bezeichneten Pläne einer Steuerreform. Diese und umfangreiche Beschäftigungsprogramme sollen die Wirtschaft wieder ankurbeln. Die Entwicklung in der zweiten Jahreshälfte deutete auf ein günstiges Ergebnis für 1994 hin. In einem zweiten Referendum stimmte am 18. Mai die Mehrheit der Dänen (56,8 %) für die Maastrichter Verträge nebst den D. beim EG-Gipfel von Edinburgh im Dez. 1992 gewährten Sonderbestimmungen. Nach Bekanntgabe des Ergebnisses

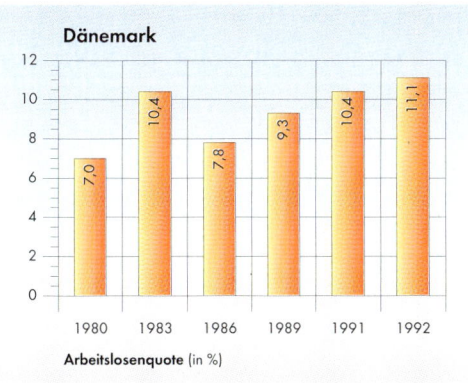

Dänemark

Arbeitslosenquote (in %)

Jahr	Quote
1980	7,0
1983	10,4
1986	7,8
1989	9,3
1991	10,4
1992	11,1

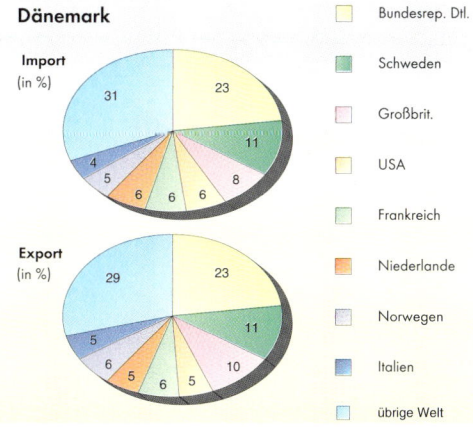

Dänemark

Import (in %)
23, 31, 11, 4, 5, 6, 6, 8

Export (in %)
23, 29, 11, 5, 6, 10, 5, 6, 5

- Bundesrep. Dtl.
- Schweden
- Großbrit.
- USA
- Frankreich
- Niederlande
- Norwegen
- Italien
- übrige Welt

Am 19. April wird das Anwesen der Davidianer-Sekte bei Waco (Texas) von der Polizei gestürmt

kam es in der Kopenhagener Innenstadt zu den schwersten Krawallen der Nachkriegszeit, als – v. a. jugendl. – Maastrichtgegner ihrem Unmut Luft verschafften.

Davidianer, amerikan. Sekte, die 1934 von dem Adventisten VICTOR HOUTEFF in Kalifornien gegründet wurde. Sie erwartete die bevorstehende Wiederkunft Christi und dabei die Wiedererrichtung des david. Königreichs. 1935 ließ sich die isoliert von der Außenwelt und in sexueller Promiskuität lebende Sekte bei Waco (Texas) nieder. Nach versch. Abspaltungen übernahm der Rocksänger VERNON HOWELL die Führung; er nannte sich DAVID KORESH (nach dem Perserkönig KYROS II., der dem Volk Israel die Rückkehr aus dem babylon. Exil gestattete). 1987 kam es zu bewaffneten Auseinandersetzungen zw. rivalisierenden Gruppen. Danach begann die Sekte, ein Waffenlager anzulegen, um sich in der erwarteten Endzeit gegen die ›Kräfte des Bösen‹ zu verteidigen. Ein erster Versuch der Polizei, dieses Waffenlager auszuheben, endete im Febr. 1993 mit dem Tod von vier Beamten und vermutlich sechs Sektenangehörigen. Nach 51tägiger Belagerung stürmte die Polizei am 19. April unter Einsatz von Tränengas das Anwesen. Dabei setzten die Sektenmitgl. sämtl. Gebäude in Brand, in denen mehr als 80 Menschen, darunter auch der Sektenführer, ums Leben kamen; neun konnten – z. T. gegen ihren Willen – gerettet werden. Das Vorgehen der Polizei, für das Präs. CLINTON anfangs selbst die Verantwortung übernommen hatte, wurde im nachhinein kontrovers beurteilt.

DCC, Abk. für **D**igital **C**ompact **C**assette, ein neues digitales Tonbandsystem, das mit der analogen Kompaktkassette kompatibel ist und mit der Mini Disc (→Compact Disc) konkurriert. Der DCC-Recorder besitzt einen zweigeteilten Tonkopf mit einem digitalen Teil für die DCC und zwei analogen Leseköpfen zur Wiedergabe herkömml. Kassetten. Der digitale Tonkopf zeichnet auf neun Spuren auf (Spieldauer max. 120 Minuten), auf acht Hauptspuren für den Ton, für Fehlerkorrekturen und Systeminformationen sowie einer Hilfspur mit

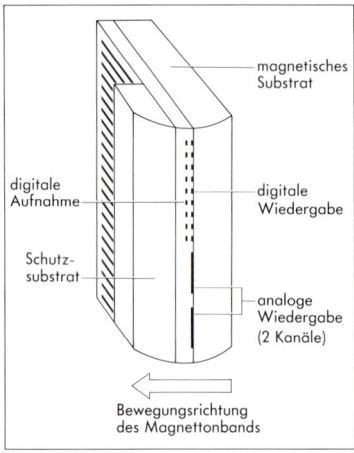

magnetisches Substrat

digitale Aufnahme

digitale Wiedergabe

Schutz-substrat

analoge Wiedergabe (2 Kanäle)

Bewegungsrichtung des Magnettonbands

Schematischer Aufbau des DCC-Tonkopfs mit digitalem und analogem Teil

len Toninformationen bei der Aufnahme auf etwa ein Viertel der Datenmenge einer CD, wobei vom menschl. Gehör nach Frequenz und Lautstärke nicht mehr wahrnehmbare Musiksignale unterdrückt werden.

Demirel, Süleyman, türk. Politiker, * İslâmköy (Prov. Isparta) 6. 10. 1924. – Nach dem unerwarteten Tod des Staatspräs. TURGUT ÖZAL am 17. 4. 1993 meldete D., seit Nov. 1991 zum siebten Mal Min.-Präs. und seit 1987 Vors. der Partei des rechten Weges, seine Kandidatur für die Nachfolge an. Er wurde im 3. Wahlgang am 16. 5. 1993 mit absoluter Mehrheit zum neuen Staatspräs. der Türkei gewählt.

D., zunächst Ingenieur für Wasserbau, war 1964 bis 1980/81 Vors. der Gerechtigkeitspartei und in den Jahren 1965–71, 1975–77, 1977 und 1979/80 Min.-Präs. Bereits 1971 von den Militärs zum Rücktritt gezwungen, wurde er im Sept./Okt. 1980 nach dem Militärputsch und erneut von Juni bis Sept. 1983 inhaftiert. Seine Politik ist von der islam. Tradition und zugleich von einer eindeutigen Westbindung geprägt.

Designer Food, andere Bezeichnung für → Novel Food.

Zeitcodes und Bandmarkierungen für die Bedienungsfunktionen. Wegen der geringeren Datendichte der DCC reduziert der Recorder die digita-

Von den Schwierigkeiten des Zusammenwachsens

Leere Schubladen für den Fall X

Vier Jahre nach den historischen Umbruchprozessen, die für Deutschland 40 Jahre Trennung beendeten, ist Zeit für (rückblickende) Zwischenbilanz. Nachhaltig erweist sich, daß wir in Deutschland auf alles vorbereitet waren – nur auf eins nicht: die Vereinigung. Für den Notstand war Vorsorge getroffen, auch für den Verteidigungsfall, aber nicht für den Mauer- und damit den Vereinigungsfall. Die wissenschaftlichen Institute und auch die Geheimdienste erwiesen sich als völlig ungeeignet für politische Prognosen. Die 450 000 Soldaten der Roten Armee, die die DDR als Faustpfand und als Klammer für Polen brauchten, garantierten gesamteuropäische Stabilität unter der Abschreckungsdrohung. So lag es als Folge des 22. Juni 1941 außerhalb des politischen Horizontes, mit der (Wieder-)Vereinigung zu rechnen. Vereinigungsrhetorik wurde über Nacht Realität. Nichts lag in den vielbeschworenen Schubladen für den Fall X.

Der Unterschied zwischen Schein und Sein

Sozialismus und Kapitalismus passen zusammen wie Feuer und Wasser, hatte ERICH HONECKER 1987 gesagt. Der despotisch-unbelehrbare Kleinwildjäger aus Wandlitz, der einst international hofierte ›Herr Staatsratsvorsitzende‹, sollte Recht behalten, als der Versuch gemacht wurde, die marode Planwirtschaft mit den Gesundungskräften des freien Marktes plus Treuhand-Privatisierung zu heilen.

Der Glaube war – wie unter dem Wirtschaftsgigantomanen MITTAG – stärker als das Wissen, das Nicht-wissen-wollen verstärkte die Illusionen. Falsche Erwartungen führten zu richtigen Enttäuschungen. Die DDR-Deutschen glaubten allzugerne an die Versprechungen, nachdem sie gesehen hatten, wie die ideologie-offiziell verteufelte BRD in Wirklichkeit aussah. Sie war kein Fassadenstaat wie die DDR. Die Bundesrepublik war nicht Potemkinsche Fernsehkulisse, sondern schien ganz so zu sein, wie man sie ›fern-gesehen‹ hatte. Da hatten die DDR-Deutschen mehrheitlich allzugerne geglaubt, dieser Segen könne auf sie kommen wie ein Übernachtwunder. Endlich ›Volldeutsche‹ werden nach soviel Kränkung: Weihnachten mitten im Sommer vom 1. zum 2. Juli 1990. Die ganze DDR hatte sich in einen einzigen Intershop verwandelt. Richtiges Geld und richtige Autos (von 1990–93: 2,2 Mio. westliche Pkw) kamen. Der Konjunkturschub ›Einheit‹ rettete die Autoindustrie, vorerst, wie die Einbrüche 1993 selbst bei VW und Daimler zeigen. Die Einheit konnte 1990 am Kaukasus noch gekauft werden, die DDR abgekauft werden. Die Russen hofften auf kräftige Hilfe für ihr marodes Reich. 1993 versinkt der Kaukasus im Bürgerkrieg, und Rußland ist pleite.

Falscher Start

Die Einheit Deutschlands aber hatte damals keine andere Idee als die Einheit. Am Kaukasus saß kein DDR-Politiker mit am Tisch. Die politische Entmündigung der Ostdeutschen setzte sich fort. Obwohl die damals regierenden Politiker erstmals frei gewählt worden waren, übernahm doch die Bun-

Gemeinsame deutsch-deutsche Silvesternacht 1989/90 am Brandenburger Tor in Berlin, das neun Tage zuvor wieder geöffnet worden war - ein Höhepunkt der nationalen Euphorie, die viele Deutsche nach dem Zusammenbruch der SED-Herrschaft in der DDR erfaßt hatte

desrepublik Deutschland für sie das Sagen und das Handeln. Der Vertretungs-, ja Alleinvertretungsanspruch wurde praktische Politik, nachdem er vierzig Jahre lang nur Doktrin gewesen war. Die Einheit wurde so nicht zur Vereinigung zweier Partner, sondern zum Beitritt, wobei das Erfolgsrezept von einer Ost-Mehrheit bestätigt wurde. Die Parole hieß, alles so schnell wie möglich so zu machen, wie es sich in der politisch und ökonomisch erfolgreichen Bundesrepublik bewährt hatte. Erst vier Jahre später wird in Ost und West klarer, daß dies unhistorisch ist und daß es Langzeitprobleme gibt, wenn nach 40 Jahren ganz unterschiedlicher Prägung die Kultur- und die Schulpolitik, die Wissenschafts- und die Wirtschaftspolitik, das Eigentums- und das Mietrecht und schließlich auch die Parteiendemokratie einfach ›übergeleitet‹ werden. Nach 60 Jahren Diktatur prägen vertikale Denk- und Verhaltensmuster eine Mehrheit der Ostdeutschen, die die Eigeninitiative und Eigenverantwortung zusätzlich erschweren. Kaum einer will indes zurück. Aber auch kaum einer weiß, wie es in den nächsten fünf Jahren weitergehen kann und wird, in den Kommunen, in der Industrie, in der Landwirtschaft, in der Kultur. Die Deutschen im Osten der vereinten Republik wollen nicht nur konsumieren, sie wollen auch produzieren. Sie wollen zeigen können, was sie können. Kraftgebremst verbreitet sich eine aggressive Gestimmtheit einerseits und eine deprimierte Stimmung andererseits. Ohne das gesellschaftsstabilisierende Feindbild und ohne das handlungsmotivierende Wachstumsmodell muß die vereinte deutsche Republik nun leben lernen, ohne in alte ›deutsche‹ Muster zurückzufallen. Vereint sind wir zunächst negativ: Im Anzünden von Unterkünften Nicht-Deutscher, in Rostock 1992 und in Mölln 1993. Daß ein möglicher Bundespräsident aus dem Osten Fremdenabwehr verstärkte und die deutsche Nazigeschichte nach der Vereinigung ›neu einordnen‹ wollte, hat allerdings eine vehemente gesamtdeutsche Abwehr mobilisiert und das westeuropäische Ausland aufhorchen lassen.

Die neue Herausforderung: grenzüberschreitende Humanität

Wir stehen 1993 vor größeren und ernsteren Herausforderungen als 1989. Die befreienden Umwälzungen von 1989/90 schienen ein verheißungsvolles Vorspiel für ein einiges demokratisches Europa. Aber Europa war dem Verwerfungen nach der Implosion des Ostblocks einschließlich seiner weltumspannenden Ideologie mental, ökonomisch, ökologisch und politisch nicht gewachsen.

Sprach man in den 80er Jahren von der Koalition der Vernunft, um Entspannung und Frieden zwischen Ost und West durch schrittweise Abrüstung und Zusammenarbeit zu erreichen, so geht es heute um die Koalition grenzüberschreitender Humanität in einer Welt, in der die Abgrenzungsideologien religiöser, ethnischer oder nationalistischer Provenienz den globalen Bürgerkrieg provozieren können. Grenzüberschreitende Humanität ist gegen neue Stimmungen brandsatzwerfender Fremdenfeindlichkeit nötig. Inzwischen gibt es Skinheads in Polen, Blaukreuzler in Ungarn, den schwarzuniformierten Pamjat in Rußland, nicht nur rechtslastige Formationen in Deutschland.

Wir Deutschen sind zu einem redlichen Umgang mit unserer Vergangenheit erneut herausgefordert, was nun ganz Deutschland sowohl in den letzten 40 getrennten Jahren wie auch die 13 Jahre des 1000jährigen Reiches davor betrifft. Gemeinsame Geschichte holt uns ein. Es entsteht der Eindruck,

Der Autor:
Friedrich Schorlemmer, geb. 1944. Pfarrer. Mitglied der regimekritischen Umwelt- und Friedensbewegung in der damaligen DDR. Seit 1992 Studienleiter an der Evangelischen Akademie Sachsen-Anhalt. Erhielt 1993 den Friedenspreis des Deutschen Buchhandels

als ob ›nach links‹ das radikal nachgeholt wird, was man ›nach rechts‹ bei der Vergangenheitsbearbeitung nach 1949 versäumte.

Bedrohter innerer Friede – deutsche Verpflichtungen gegenüber anderen

Die Bedrohungen des inneren Friedens in Deutschland sind größer als dies dem Allgemeinbewußtsein vor allem in den ›alten Ländern‹ bewußt wird. Die Kündigung der Tarifverträge durch die Metall-Arbeitgeber deutet einen Epochenwechsel an, dessen Ausgang offen ist.

Nach wie vor haben die Ostdeutschen das Gefühl, die Unterlegenen zu sein, obwohl sie sich von ihren damaligen Machthabern selber befreit hatten, sich kurzzeitig als ›Sieger‹ einer friedlichen Revolution fühlen konnten, sich nun aber in bezug auf Arbeit, Eigentum, Wertschöpfungsmöglichkeit ganz und gar auf der Verliererseite fühlen. Im entschlossenen und mutigen politischen Einigungsprozeß wurden die wirtschaftlichen und mentalen Verwerfungen sowie die Zeiträume für den Ausgleich maß-los unterschätzt.

Bundespräsident Richard von Weizsäcker besichtigt das Aktenarchiv der ehemaligen Stasi-Zentrale in Berlin (Februar 1992)

Beim inneren Frieden geht es weiter um die Frage, wieviel Genugtuung Ostdeutsche für erlittenes Unrecht erwarten können, was die Justiz dabei leisten kann und wie die Reintegration der ehemaligen ›Träger und Täter‹ des Systems mit der Rehabilitation der Opfer in Einklang gebracht werden kann. Eine Rehabilitation der Opfer durch Bestrafung oder Ausgrenzung der ›Täter‹ scheint jedenfalls nicht zu gelingen.

Schließlich bedarf der innere Friede in Deutschland besonderer Aufmerksamkeit und Anstrengung angesichts der Weltkrisenlage: Bevölkerungsexplosion und die Bedingungen des gegenwärtigen Weltwirtschaftssystems führen zur beschleunigten Verelendung von Millionen, was wiederum zu einem Ansturm von Flüchtlingen auf wohlhabende Länder führen wird. Ein gerechteres Weltwirtschaftssystem zu entwickeln wäre reine Selbstvorsorge für den inneren Frieden auch in Deutschland.

Andererseits sind wirksame Maßnahmen zur Integration der schon unter uns lebenden Fremden zu suchen. Der Weltverteilungskampf wird auch auf dem Boden der Bundesrepublik Deutschland ausgefochten. Wir werden nur bestehen, wenn wir auf eine Teilungsgerechtigkeit unter den Bedingungen internationaler Interdependenz zugehen. Es ist Überlebensvorsorge, wenn die Bundesrepublik Deutschland im Rahmen der UNO und ihrer Unterorganisationen für eine sozialökologisch verträgliche Weltinnenpolitik eintritt, statt die UNO zu einer militärischen Interventions-Institution der reichen Länder werden zu lassen.

Doch Politik wird nur in dem Maße katastrophenpräventiv handeln können, wie es dafür innenpolitisch Plausibilität gibt. Die Voraussetzung für plausible politische Präventivmaßnahmen wäre eine offene und öffentliche Diskussion über die zur Debatte stehenden Alternativen. Zunächst ist es ein Gebot elementarster Daseinsvorsorge für das geeinte Deutschland (und ganz Europa), wenn man nichts unversucht läßt, die Stabilität der Länder des ehemaligen Ostblocks zu erhalten, insbesondere für die Sicherheit der Atomkraftwerke und der verbliebenen Atomraketen-Arsenale Sorge zu tragen. Wirtschaftspolitische Instabilität dort würde auch uns unweigerlich in die kontinentale Katastrophe führen.

Gefährdungen für die Demokratie

Jedenfalls zwingt uns die Weltlage dazu, die deutsch-deutschen Probleme im kontinentalen Zusammenhang zu sehen. Ohne daß Deutschland sich anheischig machen kann oder sollte, ein Vorzeigemodell für die anderen Länder zu sein, so ist doch das Gelingen oder Mißlingen der deutschen Einheit als dreidimensionaler Transformationsprozeß – ohne historisches Beispiel – für die anderen Länder geradezu symbolisch. Das Festhalten an den Grundsätzen unserer liberalen Demokratie wird auch nicht ohne Auswirkungen auf ganz Europa sein. Nationalismus ist immer auch ein sich gegenseitig aufschaukelndes Phänomen. Im Jahre 1993 wird die mentale Grundlage für das sogenannte Superwahljahr 1994 gelegt. Noch haben die demokratischen Institutionen mit ihrer gemeinsamen sozial-liberalen Tradition in Deutschland die demokratisch legitimierte Macht. Haben sie noch die Mehrheit? Aus Enttäuschung könnte Verführung werden. Allzu viele Politikabstinente erwarten, daß ›rechts‹ gewählt wird. Sie selbst wählen (noch) nicht rechts, wünschen es aber den Etablierten als Denkzettel an den Hals. Was sie sich selbst damit antun könnten, sehen sie nicht. Insofern stehen wir 1993 an der Schwelle zum Härtetest der Demokratie in Deutschland mit allen Folgewirkungen für dieses größte Land in der Mitte Europas. Nach dem Ende der Ost-West-Konfrontation und der damit verbundenen friedlichen Wettstreitsituation werden die westlichen Demokratien sich auf ein *Wofür* zu verständigen haben, nachdem das *Wo-*

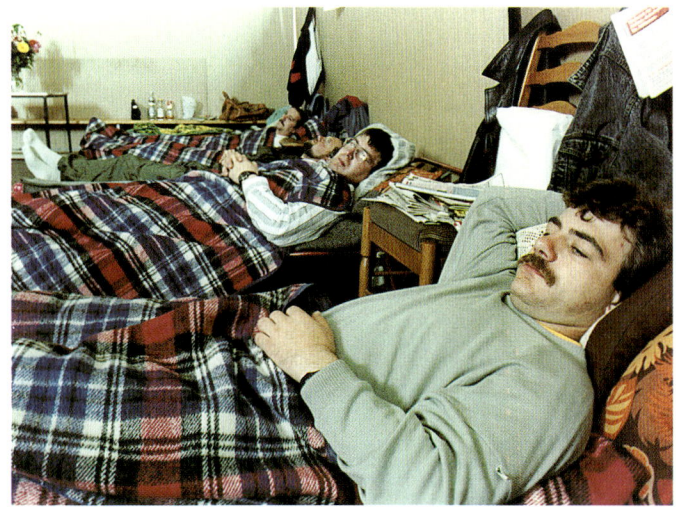

Am 1. Juli treten Bischofferoder Kumpel in Hungerstreik, um gegen die Schließung ihrer Kali-Grube zu protestieren

gegen, das sie miteinander verband, implodiert ist. Gerade in der gegenwärtigen schwierigeren ökonomischen Situation wird das Verhalten der reicheren Westdeutschen gegenüber dem schwachen Osten längerfristige Auswirkungen haben.

1993 kommt das Wort ›Ostalgie‹ als Reaktion auf die fast vollständige Auslöschung der Spuren einer vierzigjährigen Zeit auf, die sich in dem Maße vergoldet, wie die Schwierigkeiten in der ›neuen Zeit‹ anwachsen, wie alles für null und nichtig erklärt wird. Ganze Industrielandschaften verschwinden, Klubhäuser, Jugendklubs, Theater, Sportstätten müssen schließen. Viele ABM laufen aus, Umschulungen gehen zu Ende, ohne daß es Arbeit gibt. Das Sparpaket der Regierung wird die (Ost-)Kommunen fast handlungsunfähig machen, weil sie nicht einmal mehr in der Lage sein werden, ihre Pflichtaufgaben zu erfüllen.

Der Konjunkturboom ›Vereinigung‹ ist vorüber. Noch immer findet ein Ost-West-Austausch in der Weise statt, daß die fähigsten Ostdeutschen sich einen Job im Westen suchen und die eher Mittelmäßigen aus dem Westen im Osten ihr Glück suchen. Das Wort ›Wessi‹ egalisiert auch gutwillige Aufbauhelfer. Man wird dünnhäutig füreinander. Gleichzeitig kommt man sich näher und erlebt Partnerschaftlichkeit.

Die Abstinenz gegenüber den politisch etablierten Parteien und Verbänden ist im Osten und wird nun auch im Westen zu einem Problem für die Demokratie. Es kommt zu einer Abstinenz nicht nur gegenüber Parteien und Vereinigungen, sondern auch zur Verweigerung, sich Wahlen zu stellen, oder an einem Wahlvorgang überhaupt teilzunehmen.

Drängende soziale Probleme, Identitätskrise, Vergangenheitsbewältigung – ein Problemknäuel

Bischofferode im katholischen Eichsfeld mit absoluter Mehrheit für die CDU wird zum Begriff: Bischofferode ist überall. Die Kaligrube wird Symbol für endlich aufbrechenden Widerstand gegen die

rein ökonomische Verfügung über Tausende Arbeitsplätze und zum Widerstand gegen das ökonomische Aus für eine ganze Region. Die Aussichtslosigkeit aber führt nicht zur Ansteckung für andere, in vergleichbarer Weise saniert-liquidierte Industrieregionen. Die Rechtsradikalen konnten sich die Unzufriedenheit dort (bisher) nicht zunutze machen. Die PDS zeigt sich nicht als eine linksradikale Partei, sondern als eine linksdemokratische Gruppierung, die mit sozialpopulistischem Forderungskatalog die Stimmung der Kalikumpel aufzunehmen versteht. Daß der Funke nicht übersprang, zeigt die Gleichgültigkeit gegenüber dem Marsch der Bischofferoder nach Berlin und die geringe Teilnahme an der Demonstration in Bonn oder auf dem Berliner Alexanderplatz im September 1993. Treuhandskandale, Treuhand-Mitarbeitergehälter, unseriöse Käufer und falsche Arbeitsplatzgarantie-Versprechen schüren Mißtrauen und Neid, alles sei verschachert, scheinprivatisiert, bewußt kaputtkonkurriert worden, statt zur Konkurrenzfähigkeit hin zu sanieren. Wahrheit mischt sich mit Verdacht. ›Wo Vertrauen mißbraucht wird, wächst Haß‹, schrieben Oranienburger Arbeiter an ihr Werk. Die Produktivitätsdifferenz zwischen Ost und West ist erst längerfristig abzubauen; aber die Lohndifferenzen im offenen Wirtschaftsraum sind kaum zu halten, will man die Produktivitätsdifferenz nicht noch weiter vertiefen. Jedenfalls ist es ein dramatischer Einbruch für ein Industrieland, wenn von 9,7 Millionen Beschäftigten in der Endphase der DDR nur noch 5 Millionen im ersten Arbeitsmarkt Arbeit finden, und wenn von 1989 bis 1993 drei Viertel aller industriellen Jobs eliminiert wurden. Dieser Prozeß wird sich noch fortsetzen. Wenn es nicht noch zu einer mittel- und langfristigen Industriepolitik kommt, sind politische und soziale Verwerfungen voraussehbar.

Schulen und Hochschulen sind in einer tiefen Identitätskrise, zumal dort die Vermischung von Kompetenz und Ideologie so unentwirrbar ist wie die

117

Unterscheidung von Mitläufern und Überzeugungstätern schwierig. Häufig bleiben bei den Evaluierungen die Mittelmäßigen, die stromlinienförmig-Unauffälligen übrig. Die Umstrukturierung wird eine ganze Generation lang brauchen, zumal die Erwachsenengeneration sich der Auseinandersetzung mit den Heranwachsenden nicht stellt und nicht stellen kann.

Hatte der ›Honecker-Prozeß‹ am Jahresanfang noch ein breites, hochemotionales Interesse gefunden, so verlor sich dies alsbald nach der medial hochgeputschten Ausreise HONECKERS nach Chile: ›der letzte DDR-Flüchtling‹. Der Wahlfälscherprozeß gegen den Reformer und Wendeministerpräsidenten MODROW wurde von einer Mehrheit im Osten als ungerecht empfunden, die Urteile gegen KESSLER, ALBRECHT und STRELETZ als rechtsstaatlich angemessen.

Das Urteil des BVG zum § 218 wird in Ostdeutschland als unsozial und frauendiskriminierend empfunden und gegen das in der DDR inzwischen eingebürgerte Selbstentscheidungsrecht der Frau gewertet. Auch dies wird im Osten als weiteres Signal gegen ›Errungenschaften der DDR‹ gesehen. Daß damit auch diffizile ethische Grundfragen über ›das Recht des ungeborenen Lebens‹ verbunden sind (inklusive der Behandlung von Schwangerschaft wie einer Krankheit), wurde in dem Maße geradezu vergessen, wie ›Kinderkriegen‹ teuer, Arbeitsplatzunsicherheit größer wird, Krippen abgeschafft und Kindergärten teurer werden. Der Empfangsraum für Kinder wird gegenüber der DDR-Zeit als schlechter empfunden. Es drückt sich in

Zahlen so aus: Von 12 Geburten je 1000 Einwohner im Jahre 1989 sank die Geburtenzahl im Osten auf 5,3 Geburten. Der normale Mittelwert liegt bei etwa 11,5 Geburten pro tausend Einwohnern. Dies kommt einem Kollaps der Zeugungs- und Gebärbereitschaft gleich. Gleichzeitig gingen die Eheschließungen um 65% und die Zahl der Ehescheidungen um 81% zurück.

Die Einsicht in die Stasiakten setzte sich 1993 fort, ohne daß die Behörde den Nachfragen nachkommen konnte. Die Stasihysterie ist allerdings im ganzen abgeflaut, hielt aber aufgrund von zweitausend angeblichen Fällen in der Politprominenz des Westens die Öffentlichkeit in Atem. Westdeutsche wurden diesmal Opfer schnell veröffentlichter Verdächtigungen. Die Diskussionen um Verstrickungen einstiger ostdeutscher Symbolfiguren wie MANFRED STOLPE, CHRISTA WOLF, GÜNTER DE BRUYN sowie Dopingskandale um KATRIN KRABBE u.a. verstärkten im Osten den Verdacht der politischen Instrumentalisierung gegen alle und alles in der DDR. So gibt es inzwischen auch falsche Solidarisierungen.

Die Zukunft der Demokratie in der vereinigten Bundesrepublik Deutschland entscheidet sich an der Meisterung der sozialen Frage und daran, ob die etablierten Parteien die innere Kraft behalten, die Mehrheit der Bürger für die Belange des demokratischen Staates zu gewinnen. Demokratie lebt von Demokraten, die sie wollen, stärken, ausfüllen und schützen. Die Gleichgültigkeit wird leicht zur Verachtung, und Verachtung führt in neue Despotie. Die Demokratie ist in Gefahr. Sie ist zu bannen.

Deutschland

Hauptstadt: Berlin
Einwohner: 80,2 Mio.
Einwohner/km²: 225
Staatsoberhaupt:
R. von Weizsäcker
Regierungschef:
H. Kohl
BSP/Einwohner:
37 400 DM
(23 650 US-$)

Wirtschaftliche Entwicklung in den alten und den neuen Bundesländern

Die Rezession in *Westdeutschland* war auch Mitte des Jahres 1993 nicht beendet, obwohl im 2. Quartal das Bruttoinlandsprodukt (BIP) gegenüber dem Vorquartal erstmals wieder zugenommen hatte – um 0,5%. Gegenüber dem Vorjahr blieb die gesamtwirtschaftl. Leistung allerdings um 1,9% zurück. Im 1. Quartal war mit −3,4% der stärkste Konjunktureinbruch der Nachkriegszeit verzeich-

net worden. Somit blieb im 1. Halbjahr das BIP real um 2,6% hinter dem Vorjahr zurück. Für das gesamte Jahr 1993 wird mit einem Rückgang des BIP zw. 1% und 2% gerechnet.

Im Zentrum der Rezession stand die Industrie: Hier nahmen Auftragseingang, Produktion und Beschäftigung stark ab – bes. deutlich in der Investitionsgüterindustrie sowie im Grundstoff- und Produktionsgütergewerbe; in konsumnahen Sektoren sank die Produktion etwas langsamer. Die Bauwirtschaft erwies sich als konjunkturrobust, wenngleich Abschwächungstendenzen, insbes. im gewerbl. Bau, unverkennbar waren.

Trotz Rezession ging die Preissteigerungsrate in Westdeutschland im 1. Halbjahr mit 4,2% gegenüber dem gleichen Vorjahreszeitraum (1992: 4,0%) nicht zurück. Entscheidend hierfür war die starke Erhöhung von administrierten Preisen und Wohnungsmieten; Preisimpulse aus der gewerbl. Wirtschaft ließen dagegen deutlich nach. Im Herbst flachte die Inflationsrate ab. Sie lag im Sept. bei 4,0%, im Okt. bei 3,9%. Die Krise in einigen exportorientierten Investitionsgüterbranchen und in den Industriebranchen, die sich einer harten Preiskonkurrenz durch neue, v.a. osteurop. Anbieter gegenübersahen, führte zu Beschäftigungseinbrüchen. Hart betroffen waren die Stahlindustrie, die sich

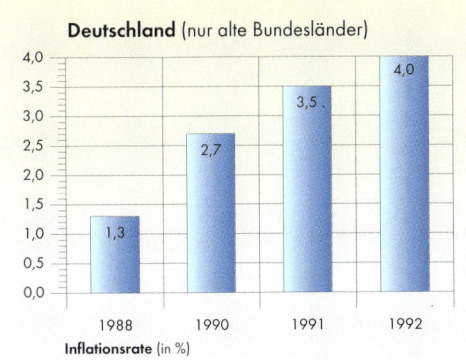

Deutschland (nur alte Bundesländer)

Inflationsrate (in %)

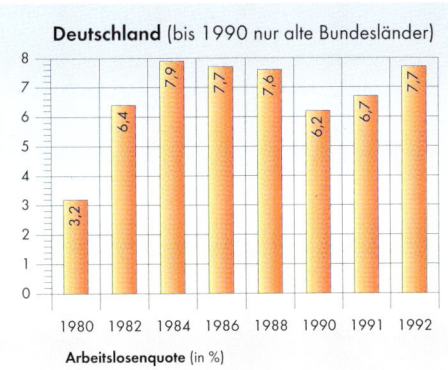

Deutschland (bis 1990 nur alte Bundesländer)

Arbeitslosenquote (in %)

EG-weit in einer Strukturkrise befindet, und – z. T. in deren Gefolge – der Kohlebergbau. Mitte 1993 lag die Zahl der im verarbeitenden Gewerbe tätigen Arbeitnehmer um 7 % unter dem Vorjahresstand. Insgesamt nahm die Beschäftigung im Juli um 2 % gegenüber dem Vorjahresmonat auf 28,95 Mio. Personen ab. Die Zahl der Erwerbslosen lag Ende Aug. mit 2,33 Mio. um 27 % über dem Vorjahresmonat. Die Arbeitslosenquote belief sich im 1. Halbjahr auf 7,1 %, verglichen mit 5,8 % im Jahr 1992.

In *Ostdeutschland* schwächte sich der Konjunkturaufschwung ab. Das BIP nahm im 1. Halbjahr um 6,2 % zu – gegenüber 9,3 % im gleichen Vorjahreszeitraum. Mit einem Anteil von rd. 8 % am gesamtdt. BIP ist die ostdt. Wirtschaftsleistung jedoch zu gering, um den Rückgang im Westen zu kompensieren. Wachstumsträger waren weiterhin die Bauinvestitionen. Sie stiegen im 1. Halbjahr um 18,8 %, verglichen mit 36,2 % im Gesamtjahr 1992. Die Zahl der Erwerbstätigen ging in den ersten 6 Monaten um 3,7 % zurück (1992: − 12 %). Die ostdt. Arbeitslosenquote stagnierte wie im Vorjahr bei 14,8 %. Trotz steigender gesamtwirtschaftl. Arbeitsproduktivität im Osten wurde im 1. Halbjahr erst 36,1 % des Westniveaus erreicht. Die durchschnittl. Bruttolohn- und -gehaltssumme stieg in den neuen Bundesländern um 17 % und lag damit bei 68,4 % des westdt. Niveaus. (→ Arbeitsmarkt)

Der Außenhandelsüberschuß der gesamten Bundesrepublik D. stieg in den ersten fünf Monaten weiter an, allerdings bei rückläufigen Ausfuhren und Einfuhren.

Der Sachverständigenrat zur Begutachtung der gesamtwirtschaftl. Entwicklung in D. erwartet für 1994 in den alten Bundesländern eine Stagnation, in den neuen Bundesländern eine Zunahme der gesamtwirtschaftl. Produktion um 7,5 %. In Gesamtdeutschland werde sich das Wachstum 1994 auf 0,5 % belaufen, die Zahl der Arbeitslosen um 584 000 auf 4,02 Mio. erhöhen (Anstieg der Arbeitslosenquote auf 10,5 %) und der Anstieg der Verbraucherpreise von 4 % auf 3 % zurückgehen.

Wirtschafts- und Sozialpolitik

Das von Bundeswirtschaftsmin. REXRODT vorgelegte Standortpapier sieht eine weitergehende Re-

form der Unternehmensbesteuerung, den Umbau der Sozialsysteme, die Deregulierung und die Förderung der Hochtechnologie vor. Die Staatsquote soll bis Ende dieses Jahrzehnts um mind. 5 % auf den Stand von 1989 (45,8 %) reduziert werden. Das Defizit der öffentl. Haushalte soll entsprechend den Kriterien des Maastrichtvertrags auf 1 bis 2 % des BIP begrenzt werden.

Die rechtl. Grundlagen für die → Bahnreform, die mit der Privatisierung am 1. 1. 1994 in Kraft tritt, wurden im Dez. durch einen Kompromiß zw. Bund und Ländern geschaffen.

Zu Auseinandersetzungen innerhalb der Regierungskoalition, zu heftigen Konflikten v. a. mit der SPD und den Gewerkschaften kam es bei der Debatte über Ausgestaltung und Finanzierung der → Pflegeversicherung, deren Einführung zum 1. 1. 1994 geplant war. Die FDP hatte hier urspr. eine privatrechtl. Lösung angestrebt, sich dann jedoch mit der Union auf ein Modell im Rahmen der gesetzl. Sozialversicherung verständigt. Dabei hatte sie durchgesetzt, daß die Beitragsaufwendungen der Arbeitgeber für die Pflegeversicherung an anderer Stelle kompensiert werden müßten. Der urspr. Entwurf der Bundesreg., der hierfür eine Einschränkung der Lohnfortzahlung im Krankheitsfall durch sog. Karenztage vorsah, wurde nach zahlr. verfassungs- und tarifrechtl., aber auch medizin.

Deutschland

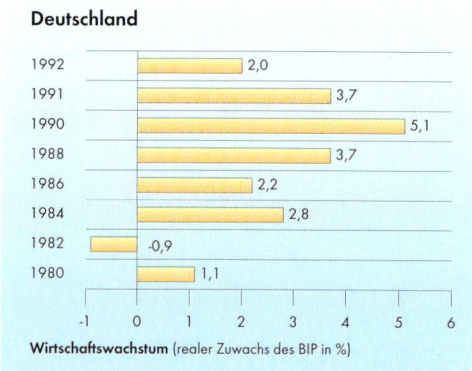

Jahr	Wert
1992	2,0
1991	3,7
1990	5,1
1988	3,7
1986	2,2
1984	2,8
1982	-0,9
1980	1,1

Wirtschaftswachstum (realer Zuwachs des BIP in %)

Einwänden von Experten und stürm. Protesten der Gewerkschaften wieder zurückgezogen. Statt dessen beschloß der Bundestag im Okt. gegen den Widerstand der Opposition das → Entgeltfortzahlungsgesetz, das die Lohnfortzahlung an den bundeseinheitl. Feiertagen um 20 % kürzt. Erneute Verhandlungen der Regierungskoalition mit der SPD, deren Zustimmung im Bundesrat zur Realisierung der Pflegeversicherung erforderlich ist, begannen erst wieder im Nov. anläßlich des Verfahrens im Vermittlungsausschuß, führten jedoch zu keinem Kompromiß.

Steuer- und Haushaltspolitik

Bundesreg. und Koalitionsfraktionen beschlossen im März das ›Föderale Konsolidierungsprogramm‹, das in den → Solidarpakt einfloß, außerdem ein Nachtragshaushalt in Höhe von 4,4 Mrd. DM. Das Gesamtvolumen des Bundeshaushalts 1993 stieg dadurch auf knapp 440 Mrd. DM, das Haushaltsdefizit auf 68,5 Mrd. DM (Vorjahr: 39 Mrd. DM). Mehrausgaben von 8,85 Mrd. DM stehen Einsparungen von 4,5 Mrd. DM gegenüber. Der auch mit der SPD vereinbarte Solidarpakt sieht die Erhebung eines Solidaritätszuschlags von 7,5 % auf die Lohn- und Einkommensteuer ab 1995 vor (Mehreinnahmen für den Bund: 28 Mrd. DM), weiterhin die Erhöhung der privaten Vermögenssteuer bei gleichzeitiger Anhebung der Freibeträge sowie den Verzicht auf urspr. vorgesehene Kürzungen von sozialen Regelleistungen und auf eine Reduzierung der Mittel für Arbeitsbeschaffungsmaßnahmen in Ostdeutschland. Die neuen Bundesländer werden 1995 als gleichwertige Mitgl. in den föderalen Finanzverbund integriert.
Unter der Voraussetzung, daß dem Bund weitere Ausgabeneinsparungen in Höhe von 4,35 Mrd. DM gelingen, sollen die Bundesländer ab 1995 44 % statt bisher 37 % des Umsatzsteueraufkommens erhalten. In das Mitte des Jahres vorgelegte Sparprogramm wurden auch Initiativen zur Wachstumsförderung aufgenommen. Das Sparprogramm enthält Leistungs- und Subventionskürzungen, die 1994 den Bund um 20 Mrd. DM und 1995 um 27 Mrd. DM entlasten sollen. Die Einsparungen bei Ländern und Kommunen sollen 1994 rd. 4 Mrd. DM, 1995

rd. 7 Mrd. DM erbringen. Die Kürzungen treffen mit rd. 14 Mrd. DM die Budgets des Bundesarbeitsmin. und der Bundesanstalt für Arbeit. Das im Juli beschlossene → Standortsicherungsgesetz sieht eine Reduktion des Einkommensteuer-Spitzensatzes für gewerbl. Einkünfte und der Körperschaftsteuer vor. Im Entwurf des Bundeshaushalts 1994 ist ein Defizit von 68 Mrd. DM vorgesehen. Die Staatsausgaben sind mit 478,5 Mrd. DM um 4,4 % höher angesetzt als das Soll 1993. Die Einnahmen sollen um 5,3 % steigen. (→ Haushaltspolitik, → Steuerpolitik)

Neue Gesichter in der Bundesregierung

Das polit. Jahr in Bonn begann am 22. Jan. mit einer Kabinettsumbildung. Die Ressorts Wirtschaft, Forschung, Post und Landwirtschaft wurden mit GÜNTER REXRODT (FDP), MATTHIAS WISSMANN (CDU), WOLFGANG BÖTSCH (CSU) und JOCHEN BORCHERT (CDU) neu besetzt. Außenmin. KLAUS KINKEL wurde neuer Vizekanzler.
Skandälchen und Skandale erschütterten im Laufe des Jahres die Position einzelner Kabinettsmitgl. und führten in der Reg. zu weiteren Veränderungen. Baumin. IRMGARD SCHWAETZER (FDP), der Werbung für eine Immobilienfirma vorgeworfen wurde, blieb zwar im Amt, Verkehrsmin. GÜNTHER KRAUSE (CDU) hingegen geriet nach einer Reihe anderer Anschuldigungen durch die → Putzfrauenaffäre ins Wanken. Er stürzte schließlich im Mai über eine rechtswidrig in Anspruch genommene Erstattung von Umzugskosten. Sein Nachfolger wurde am 13. Mai MATTHIAS WISSMANN. Neuer Forschungsmin. wurde PAUL KRÜGER (CDU).
Einen weiteren Amtswechsel gab es im Bundesinnenministerium. Min. RUDOLF SEITERS (CDU) übernahm die polit. Verantwortung für eventuelle Fahndungspannen bei der Festnahme von Top-

Die 16. Gesprächsrunde der Bundesregierung zur Lage in Ostdeutschland mit Vertretern von Wirtschaft und Gewerkschaften findet am 26. April in Bonn statt. Bundeskanzler Kohl (links) und Arbeitsminister Blüm vor Beginn der Beratungen

Städte in Not

Unter dem Motto ›Städte in Not‹ protestieren über 1 300 Vertreter bundesdeutscher Städte gegen die mit dem Bonner Sparpaket verbundenen Ausgabeverlagerungen vom Bund auf die Kommunen. Im

Bild der Kölner Oberbürgermeister und Präsident des Deutschen Städtetages, Norbert Burger (links), und sein Stuttgarter Kollege Manfred Rommel (18. Oktober)

Terroristen der linksextremen RAF am 27. Juni in →Bad Kleinen (Mecklenburg) und trat am 4. Juli von seinem Amt zurück. Neuer Innenmin. wurde MANFRED KANTHER (CDU). Die undurchsichtige Rollenverteilung zw. Bundeskriminalamt, Generalbundesanwalt und GSG 9 bei der Planung des Einsatzes, v. a. aber die zögerl. Informationspolitik des Generalbundesanwaltes ALEXANDER VON STAHL führte zu dessen Abberufung.

Führungswechsel in den Parteien

Personelle Umbesetzungen gab es auch auf der Führungsebene der Parteien. Nachdem Schleswig-Holsteins MinPräs. BJÖRN ENGHOLM Anfang Mai Fehler bei seinen Aussagen vor dem Barschel-Untersuchungsausschuß eingeräumt hatte, trat er am 3. Mai von seinen Ämtern, auch als SPD-Vors., zurück. Sein Nachfolger wurde nach kurzem innerparteil. Wahlkampf erstmals durch eine Befragung der 868 989 SPD-Mitgl. ermittelt, an der sich am ›Tag der Ortsvereine‹ (13. Juni) überraschend viele, nämlich 56,6 % der Mitgl. beteiligten. In der Übergangsperiode fungierte der nordrhein-westfäl. Min.-Präs. JOHANNES RAU als kommissar. SPD-Vorsitzender. RUDOLF SCHARPING, MinPräs. von Rheinland-Pfalz, setzte sich bei der Mitgliederbefragung mit 40,3 % deutlich sowohl gegen den Mitfavoriten, Niedersachsens MinPräs. GERHARD SCHRÖDER (33,2 %), als auch gegen die südhess. SPD-Vors. HEIDEMARIE WIECZOREK-ZEUL (26,5 %) durch. Er wurde auf einem außerordentl. Parteitag in Essen am 25. Juni zum neuen SPD-Vors. gewählt. Nach Gesprächen mit seinem Konkurrenten um die Kanzlerkandidatur für 1994, OSKAR LAFONTAINE, kündigte SCHARPING kurz darauf an, auch als Kanzlerkandidat der Partei anzutreten. In seinem Kernteam für 1994 versammelte er das Fachwissen der Führungskräfte der Partei. Für den Schlüsselbereich Wirtschaft und Finanzen übernahm OSKAR LAFONTAINE die Sprecherrolle. Als Bundesgeschäftsführer der Partei nominierte SCHARPING

GÜNTER VERHEUGEN, der bis 1982 bereits GenSekr. der FDP gewesen war. Der Parteitag im Nov. bestätigte SCHARPING mit 83,8 % als Vors. der SPD.

Bei der FDP fand der lange angekündigte Führungswechsel statt. Auf dem Bundesparteitag in Münster wurde am 11. Juni Außenmin. KLAUS KINKEL mit großer Mehrheit als Nachfolger von OTTO GRAF LAMBSDORFF zum FDP-Vors. gewählt; Gen.-Sekr. wurde WERNER HOYER.

Ein neues Parteienbündnis gründete sich im Mai in Leipzig. Bei getrennten Urabstimmungen der Parteimitgl. von Bündnis 90 und Grünen hatte sich eine große Mehrheit in beiden Parteien für die Fusion zur Partei Bündnis 90/Die Grünen ausgesprochen. Gleichberechtigte Sprecher der neuen Partei, die als ihr strateg. Ziel die Ablösung der Bonner Koalition und eine Regierungsbeteiligung nach der Bundestagswahl 1994 verkündete, wurden MARIANNE BIRTHLER (Bündnis 90) und LUDGER VOLMER (Die Grünen).

Einen neuen Parteivors. wählte auch die PDS. Zum Nachfolger von GREGOR GYSI wurde am 30. Jan. LOTHAR BISKY gewählt. Er versprach, die Partei, die noch immer einen starken Anteil ostdt. sozialist. Traditionalisten und DDR-Nostalgiker hat, für breitere Kreise der Bevölkerung attraktiv zu machen. Am 12. Nov. beschloß der Bundestag eine Neuregelung der Parteienfinanzierung, die u. a. eine Wahlkostenerstattung von 1 DM für jede abgegebene Stimme (für die ersten 5 Mio. Stimmen jeweils 1,30 DM) vorsieht. Am 17. Dez. stimmte auch der Bundesrat zu.

In Vorfeld der Bundespräsidentenwahl 1994

Große Bedeutung maßen die Parteien der im Mai 1994 – nur wenige Monate vor der Bundestagswahl – anstehenden Wahl des Bundespräsidenten zu. Während die von einer Gruppe unabhängiger Persönlichkeiten früh ins Gespräch gebrachte Kandidatur des ostdt. Bürgerrechtlers JENS REICH im weiteren Verlauf der öffentl. Diskussion fast unbeachtet blieb, lief bei der SPD die Entscheidung über die Kandidatur bald auf JOHANNES RAU zu. Bundes-

Lichterketten gegen Fremdenhaß und Gewalt: Auf der Königsallee in Düsseldorf versammeln sich am 30. Januar über 70 000 Menschen

kanzler KOHL schlug seiner Partei den sächs. Justizmin. STEFFEN HEITMANN vor, der trotz einiger Kritik aus den eigenen Reihen schließlich von der CDU, dann auch von der CSU und von der gemeinsamen Bundestagsfraktion in großer Geschlossenheit akzeptiert wurde. In der Öffentlichkeit erhob sich heftige Kritik an versch. Äußerungen HEITMANNS – etwa zum Umgang mit der dt. Geschichte oder zur Rolle der Frau in der Gesellschaft –, die ihn als Vertreter einer nationalkonservativen Denkrichtung charakterisierten. Die FDP erklärte, daß sie HEITMANN nicht mittragen könne und schlug als eigene Kandidatin HILDEGARD HAMM-BRÜCHER vor. Damit hatte sich eine Konstellation ergeben, die den Ausgang der Wahl angesichts der Mehrheitsverhältnisse in der Bundesversammlung völlig offen erscheinen ließ. Nachdem die Zweifel an der Eignung HEITMANNS sowohl in der Öffentlichkeit als auch in den Reihen der CDU nicht verstummten, gab dieser am 25. Nov. seinen Verzicht auf die Kandidatur bekannt und schlug seinerseits RICHARD SCHRÖDER vor, den früheren SPD-Fraktionsvors. in der letzten Volkskammer der DDR.

Recht und Politik

Rechtl. Fragen bestimmten zu einem erhebl. Teil die Innenpolitik. Entscheidungen des Bundesverfassungsgerichts (BVG) erhielten zentrale Bedeutung für polit. Weichenstellungen. Das BVG erklärte die von einer Bundestagsmehrheit 1992 beschlossene Reform des § 218, die eine Fristenlösung mit bindender Beratungspflicht vorsah, für verfassungswidrig. Es stufte Schwangerschaftsabbrüche, von bestimmten Ausnahmen abgesehen, als rechtswidrig ein und untersagte eine Finanzierung durch die Krankenkassen. Während der ersten zwölf Wochen bleibt der Abbruch aber straffrei, sofern die Frau bei ihrem Arzt eine Bescheinigung vorlegt, daß sie drei Tage vor dem Abbruch eine anerkannte Beratungsstelle aufgesucht hat. (→Schwangerschaftsabbruch)
Am 1. Juli trat ein neues →Asylrecht in Kraft, das mit der Definition der dt. Nachbarländer als si-

chere Drittstaaten, der Möglichkeit der Abschiebung von Asylbewerbern, die aus Nichtverfolgerstaaten einreisen, sowie einer Straffung des Asylverfahrens zu einer Reduzierung der Zahl neu einreisender Asylbewerber führte. Mit Polen schloß D. im Mai ein Abkommen, das das Land zur Rücknahme abgewiesener Asylbewerber verpflichtet. Als Gegenleistung erhält die poln. Seite finanzielle Unterstützung zum Aufbau einer Infrastruktur für Asylverfahren.
U. a. mit unerledigten rechtl. Folgen der dt. Einheit beschäftigte sich die gemeinsame →Verfassungskommission von Bundestag und Bundesrat. Sie hatte die Aufgabe, Vorschläge zur Reform des GG zu erarbeiten. In ihrem dem Bundestag im Herbst vorgelegten Abschlußbericht verzichtete sie auf weitreichende Änderungswünsche, wie die Einführung von Volksabstimmungen, und befürwortete statt dessen moderate Reformen – etwa hinsichtlich des Umweltschutzes und der Gleichberechtigung der Frauen – und die Erweiterung der Zuständigkeiten der Länder im Gesetzgebungsbereich. Bereits im Mai verließ der ostdt. Bürgerrechtler WOLFGANG ULLMANN (Bündnis 90) die Kommission aus Protest gegen deren mangelnde Offenheit gegenüber Bürgereingaben und gegenüber Vorschlägen zu radikalerem Verfassungswandel.
Eine Reihe von Prozessen gegen einflußreiche Personen der ehemaligen DDR wurde eingestellt, weitergeführt bzw. begonnen. ERICH HONECKER, der frühere Staatschef der DDR, konnte als freier Mann nach Chile ausreisen, nachdem der Berliner Verfassungsgerichtshof im Jan. beschlossen hatte, daß sein Gerichtsverfahren wegen des schlechten Gesundheitszustandes des Angeklagten einzustellen sei (→Honecker-Prozeß).

Ausländerhaß und Massenprotest

Eine Serie von Brandanschlägen mit ausländerfeindl. Hintergrund erschütterte die Öffentlichkeit. Negativer Höhepunkt der Gewalttaten war ein Brandanschlag am 29. Mai in →Solingen, bei dem fünf Angehörige einer türk. Familie starben. An den

Trauerfeierlichkeiten nahmen Regierungsvertreter aus der Türkei und Deutschland teil und mahnten zur Besinnung. Tagelange Proteste und gewaltsame Auseinandersetzungen v. a. im Raum Solingen folgten. In die Auseinandersetzungen flossen innertürk. Konflikte, v. a. zw. Türken und Kurden, ein. Letztere machten auch durch Hausbesetzungen und Demonstrationen wiederholt auf die Lage ihrer Landsleute in der Türkei aufmerksam.

Mordanschläge gegen Ausländer und rechtsextremist., ausländerfeindl. Ausschreitungen (→ Fremdenfeindlichkeit) hatten bereits im Winter 1992/93 zu Demonstrationen von Millionen Bundesbürgern in zahlreichen Städten geführt. Dem häufig in Form von Lichterketten gegen den Ausländerhaß vorgetragenen Massenprotest, der auf den Erhalt der demokrat. Kultur und der Werte des GG zielte, gelang es, Rechtsextremismus und Nationalismus politisch in die Defensive zu drängen.

Außenpolitik

Die Außenpolitik wurde vom Konflikt zw. unterschiedl. Interpretationen der neuen Rolle des vereinigten D. auf der Weltbühne nach dem Ende des Ost-West-Konflikts bestimmt. Die Bandbreite der polit. Positionen war dabei in der Publizistik noch größer als im Parlament. Den sich ergebenden Fragen standen nur z. T. Antworten gegenüber, die zudem oft vorläufig waren und sich nicht eindeutig parteipolitisch zuordnen ließen. Dies gilt z. B. für die Frage, ob und in welchem Maße die außenpolit. Bindungen der ›alten Bundesrepublik‹ – an die USA, Frankreich, die NATO, die EG – Kontinuität haben sollen oder ob D., das nunmehr unter seinen Nachbarn Großbritannien, Frankreich, Italien deutlich hervorragt, im Sinne eines wiedergewonnenen Großmachtstatus eine unabhängigere Außenpolitik – nicht zuletzt auch in Richtung Ost- und Südosteuropa – betreiben solle. Auch die Frage, ob D. – seinem gewachsenen Gewicht entsprechend und unter den krit. Augen Großbritanniens, aber auch Frankreichs – einen ständigen Sitz im Sicherheitsrat der UNO anstreben soll, wurde nicht abschließend geklärt. Mit dem Hinweis auf die zu wahrende Identität von Nationen und Regionen wurde neuerdings in der innerdt. Debatte die weitere polit. Integration der EG-Staaten in Rich-

tung eines europ. Bundesstaates in Frage gestellt, die nach Bundeskanzler KOHL erforderlich ist, um die Gespenster des Nationalismus und Chauvinismus auf Dauer wirksam zu bannen. In der Diskussion über Auslandseinsätze der → Bundeswehr wurde deutl., daß der Konsens der äußersten militär. Zurückhaltung, der die ›alte Bundesrepublik‹ geprägt hatte, im vereinigten D. nicht mehr gilt. Letztlich wurde über die Frage gestritten, ob das vereinigte D. sich in der Welt von heute als Großmacht unter anderen Großmächten verstehen und wie diese Mächte übergeordnete (UNO, NATO) oder auch eigene Interessen u. a. auch mit militär. Mitteln wahrnehmen soll.

Gegen die Beteiligung von Bundeswehrsoldaten an den AWACS-Aufklärungsflügen der NATO zur Durchsetzung des Flugverbots über Bosnien protestieren am 12. April Ostermarschierer auf ihrem Weg zur NATO-Basis Geilenkirchen-Teveren bei Aachen, wo 18 AWACS-Flugzeuge stationiert sind

Der polit. Streit wurde auch mit verfassungsrechtl. Mitteln ausgetragen. So führte der Einsatz der Bundeswehr in AWACS-Überwachungsflugzeugen über dem bosn. Kriegsgebiet dazu, daß erstmals in der Geschichte der Bundesrepublik eine Regierungspartei – die FDP – beim Bundesverfassungsgericht beantragt, mit einer einstweiligen Anordnung eine Entscheidung zu verhindern, die die Bundesreg. getroffen hatte. Die Richter sahen im Abzug der Soldaten nicht wiedergutzumachende Nachteile sowie außen- und bündnispolit. Schaden für die Bundesrepublik und erlaubten zunächst den AWACS-Einsatz.

Kontrovers diskutiert wurde auch der Einsatz von 1700 Bundeswehrsoldaten in Somalia zur Unterstützung der humanitären Hilfe durch die UNO. Während die Regierung betonte, daß es sich um keinen Kampfeinsatz handele, sah die Opposition die Grenze zum grundgesetzl. nicht erlaubten militär. Engagement überschritten. Im Juni beschloß das BVG in einer Eilentscheidung, daß dt. Soldaten an der Somalia-Mission zunächst teilnehmen dürfen, die Entscheidung in der Hauptsache steht jedoch noch aus. Wie vom Gericht gefordert, stimmte am 2. Juli der Bundestag dem Militäreinsatz nachträglich zu. Während es in der Hauptstadt Mogadischu, wo sich nur wenige dt. Soldaten aufhielten, zu

Seine erste Auslandsvisite führt den neuen französischen Premierminister Balladur (links) am 22. April nach Bonn zu Bundeskanzler Kohl

ständigen bewaffneten Auseinandersetzungen kam, blieb es am Einsatzort des Hauptkontingents in Belet Weyne (Belet Uen) ruhig. Nach der Ankündigung Präs. CLINTONS im Okt., die amerikan. Truppen bis zum Frühjahr vollständig aus Somalia abzuziehen, kam es wegen eines Abzugstermins für die dt. Blauhelme zw. Verteidigungsmin. RÜHE und Außenmin. KINKEL zu einer Kontroverse um die Kompetenz für die dt. Außenpolitik.

Die Beziehungen zur neuen frz. Reg. BALLADUR hatten einen schwierigen Start, weil die Bundesreg. wegen eines Urlaubstermins des Kanzlers frz. Gesprächswünschen nicht sogleich nachkam. Weitere Probleme in den dt.-frz. Beziehungen gab es hinsichtlich der Verteidigung des Franc gegen die internat. Spekulation und wegen der frz. Kritik an den Leitzinsen der Bundesbank, die als schädl. für die frz. Wirtschaftsentwicklung gesehen wurden. Im Aug. führte die Franc-Krise zu einer Reform des Europ. Währungssystems in Form erheblich erweiterter Schwankungsbreiten der Wechselkurse. Annäherungen gab es in Fragen des GATT, in denen Bonn ähnlich wie die USA und stärker als die frz. Reg. dem freien Welthandel den Vorzug gibt.

Der Besuch, den Bundeskanzler KOHL im Nov. mit einer großen Delegation dt. Spitzenmanager China abstattete, hatte v. a. wirtschaftl. Bedeutung. Die chin. Führung sah darin auch einen weiteren Schritt zur Aufhebung ihrer polit. Isolierung.

Deutschlandradio: Nach dem zw. dem Bund und den Ländern am 17. 6. 1993 geschlossenen Staatsvertrag wurden die drei bisherigen Hörfunksender RIAS Berlin, Deutschlandfunk und DS-Kultur zum 1. 1. 1994 zu einem bundesweiten D. zusammengeschlossen. Die neue Anstalt erhält den Status einer Körperschaft des öffentl. Rechts und wird von ARD und ZDF gemeinsam getragen. Gesendet werden zwei länderübergreifende werbefreie Programme, ein Wort- und ein Kulturkanal, ausgestrahlt in Köln (weiter unter dem Namen Deutschlandfunk) und Berlin (D. Berlin). Probleme bereiten die künftigen Frequenzzuteilungen sowie personelle, programml. und verwaltungspolit. Fragen.

digitales Fernsehen, auf den Prinzipien der Digitalisierung und der Datenkompression beruhende Neuentwicklung der Fernsehübertragungstechnik. Datenkompression bedeutet, daß nicht mehr das gesamte Fernsehbild 25mal pro Sekunde aufgebaut wird, sondern nur die Abweichungen vom vorhergehenden Bild; die gleichgebliebenen Bildteile werden nur im Empfänger wiederholt. Bei Anwendung dieser Technik können Satelliten eine vielfache Zahl von Fernsehkanälen abstrahlen, Glasfaser-Breitbandkabel können außerdem etwa 200 digitale Fernsehkanäle transportieren. Somit kann der Zuschauer sich aus einer großen Anzahl von Sparten- und Lokalkanälen sein Wunschprogramm selbst zusammenstellen und nach dem Pay-per-View-Verfahren nur noch die tatsächlich gesehenen Sendungen bezahlen. Während die geplante neue Fernsehnorm D2 Mac – trotz Investitionen in Milliardenhöhe – ad acta gelegt wurde, scheint die Zukunft des d. F. nahe zu sein: Am 10. 9. 1993

wurde in Bonn ein Memorandum zur Einführung des d. F. in Europa unterzeichnet.

Dinosaurier: Zu den versch. Theorien über das Aussterben der Saurier an der Grenze zw. Kreide und dem Tertiär fanden sich 1993 Indizien für die Richtigkeit der Meteoritentheorie. Die radiometr. Datierung des 180 km großen Meteoritenkraters im mexikan. Yucatán, die sog. Chicxulub-Struktur, ergab ein Einschlagsalter von etwa 65 Mio. Jahren, also gerade jene Zeit, als sich das Artensterben auf der Erde beschleunigte. – Ein regelrechtes ›Dino-Fieber‹ löste 1993 der mit einer Flut von Merchandising-Produkten vermarktete Kinofilm ›Jurassic Park‹ aus. (BILD S. 216)

Djibouti

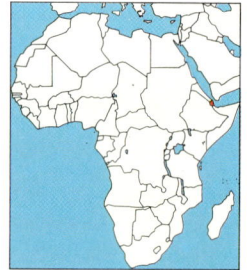

Hauptstadt: Djibouti
Einwohner: 467 000
Einwohner/km²: 20
Staatsoberhaupt:
H. Gouled Aptidon
Regierungschef:
B. Gourad Hamadou
BSP/Einwohner:
748 US-$

Nach dem Wahlsieg der Volkspartei für Fortschritt (RPP) im Dez. 1992 stellte ihr Vors., Präs. HASSAN GOULED APTIDON, am 4. Febr. sein neues Kabinett vor. Der den Issa angehörende GOULED APTIDON wurde bei den ersten freien Wahlen am 7. Mai mit 60,71% der Stimmen im Amt bestätigt, die Opposition erkannte das Wahlergebnis jedoch nicht an. Im Bürgerkrieg gegen die den Afar angehörenden Rebellen der Front zur Wiederherstellung der Einheit und der Demokratie (FRUD) eroberten die Regierungstruppen alle Stellungen der Afar-Rebellen im N des Landes; Zehntausende von Zivilisten flüchteten daraufhin in das benachbarte Äthiopien, und auch die Aufständischen zogen sich in das Grenzgebiet zurück.

Dominica

Hauptstadt: Roseau
Einwohner: 72 000
Einwohner/km²: 96
Staatsoberhaupt:
C. A. Seignoret
Regierungschef:
M. E. Charles
BSP/Einwohner:
2 440 US-$

Dominikanische Republik

Hauptstadt:
Santo Domingo
Einwohner: 7,5 Mio.
Einwohner/km²: 153
Staatsoberhaupt:
J. Balaguer
Regierungschef:
J. Balaguer
BSP/Einwohner:
950 US-$

Im Hinblick auf die Wahlen 1994 erhöhte die Reg. unter JOAQUÍN BALAGUER die Investitionen in den Bereichen Erziehung, Gesundheit und Landwirtschaft und schuf ein Wirtschaftsprogramm zur Bekämpfung der Inflation, zur Schaffung von Arbeitsplätzen und zur Verbesserung der Situation der Armen. Zusätzl. Impulse sollen von dem neuen Auslandinvestitionsgesetz, das zu einer Gleichstellung der ausländ. Investoren führt, und der geplanten Privatisierung der Staatswirtschaft ausgehen. Fachleute äußerten sich allerdings skeptisch. Nach Abschluß der Umschuldungsverhandlungen mit den Gläubigerländern des Pariser Klubs wurden Gespräche mit den privaten Gläubigerbanken aufgenommen, die von dominikan. Seite erst zum Abschluß kommen sollen, wenn sie zu einer 50%igen Reduzierung der Verbindlichkeiten führen.

Der Tourismus, der zus. mit der Freizonenproduktion die traditionelle Schwäche der Handelsbilanz ausgleicht, hat um ca. 30% zugenommen. Die Entdeckung der D. R. als neues Reiseziel von Sextouristen erhöhte allerdings die Rate von AIDS-Infektionen.

doppelte Staatsbürgerschaft, die Möglichkeit, neben der seit Geburt bestehenden eine zweite Staatsbürgerschaft zu besitzen. Am 27. Sept. erfolgte im Bundestag eine Anhörung zu einem von der SPD-Fraktion eingebrachten Gesetzentwurf, mit dem die Einbürgerung von Ausländern erleichtert werden soll. Im Verlauf der Debatten um die rechtsradikalen Anschläge von Mölln und Solingen wurde v. a. von Seiten der SPD die d. S. gefordert. Man erhofft sich davon einen gewissen Schutz für die Ausländer, die seit langem in der Bundesrepublik Deutschland leben. Bisher ist in der Bundesrepublik der Erwerb der dt. Staatsbürgerschaft in aller Regel an die Aufgabe der ursprüngl. Staatsbürgerschaft geknüpft.

Drašković, Vuk, serb. Schriftsteller und Politiker, * in der Herzegowina 1946. – Bis 1993 gelang es D. mehrmals, Hunderttausende von Demonstranten gegen das serb. Vorgehen im Krieg gegen Slowenien, Kroatien und Bosnien-Herzegowina zu mobilisieren und so in der Weltöffentlichkeit den Eindruck, das serb. Volk bestehe nur aus aggressiven Nationalisten und Militaristen, zu korrigieren. Als bei der von ihm und seiner Frau DANICA organi-

sierten Demonstration am 2. Juni ein Polizist ums Leben kam, wurde das Ehepaar verhaftet und brutal mißhandelt. Erst internat., insbes. frz. Druck bewog den serb. Präs. MILOŠEVIĆ, das Ehepaar D. am 9. Juli freizulassen.

Nach dem Studium der Rechtswiss. und der Promotion (1968) war D. u. a. als Afrika-Korrespondent der Nachrichtenagentur TANJUG und als Gewerkschaftsfunktionär tätig. Als Schriftsteller trat er seit 1969 hervor. D., der die Serb. Erneuerungsbewegung (SPO) gegründet hatte, kandidierte im Dez. 1990 bei den ersten freien Präsidentschaftswahlen in Serbien gegen MILOŠEVIĆ; er erreichte 16% der Stimmen.

Dreifuss, Ruth, schweizer. Gewerkschafterin und Politikerin (SPS), * St. Gallen 9. 1. 1940. – D. wurde von der Bundesversammlung am 10. 3. 1993 im 3. Wahlgang gegen die gleichfalls sozialdemokrat. Kandidatin CHRISTIANE BRUNNER zur Nachfolgerin für den zurückgetretenen Bundesrat und Außenmin. RENÉ FELBER gewählt. Der Wiederholungswahl am 10. März waren zwei Wahlgänge am 4. März vorausgegangen, bei denen die Sozialdemokrat. Partei der Schweiz (SPS) BRUNNER aufgestellt hatte, die aber im 1. Wahlgang nicht die erforderl. Stimmenzahl erhielt. In einem 2. Wahlgang hatten die bürgerl. Vertreter in der Bundesversammlung den sozialdemokrat. Politiker FRANCIS MATTHEY gewählt, der jedoch schließlich verzichtete. Bei der Neuverteilung der Ressorts erhielt D., die zweite Frau überhaupt in dem siebenköpfigen Bundesrat, das Innenministerium.

D., geprägt durch ihre Herkunft aus einer jüd. Kaufmannsfamilie und die Arbeit ihrer Eltern in der Flüchtlingshilfe, studierte Wirtschaftswiss. in Genf. Nach Assistenz an der Universität und neunjähriger Mitarbeit in der Direktion für Entwicklungszusammenarbeit und humanitäre Hilfe wurde D., die 1964 der SPS beigetreten war, 1981 Zentralsekretärin des Schweizer. Gewerkschaftsbundes. 1989–92 gehörte sie dem Berner Stadtparlament an. Wie C. BRUNNER vertritt R. D. eine armeekrit. Position und befürwortet die legale Abtreibung.

Drei Sat, 3sat, seit 1984 ausgestrahltes TV-Satellitenprogramm mit kulturellem Schwerpunkt, als ›Satellitenfernsehen des dt. Sprachraums‹ eine gemeinschaftliche Produktion des Österreichischen (ORF) und des Schweizerischen Rundfunks (SRG) sowie des federführenden Zweiten Deutschen Fernsehens (ZDF). Laut Vertrag vom 8. 7. 1993 ist das Erste Deutsche Fernsehen (ARD) seit 1. Dez. mit einem Programmanteil von 30% als vierter gleichberechtigter Partner an der Dreiländeranstalt beteiligt. Ihr eigenes Satellitenprogramm **Eins Plus** stellte die ARD zum gleichen Zeitpunkt ein.

Dreizehntes Schuljahr, →Abitur.

Drogenpolitik: In Deutschland sind nach wie vor die alten Bundesländer von der Problematik stärker betroffen (1992: 2 096 Drogentote); in den neuen Bundesländern (1992: 3 Tote) wächst die Drogenszene langsam weiter. Im Land insgesamt konnten die Strafverfolgungsbehörden 1992 dem Markt der Cannabis-, Heroin-, Kokain-, Amphetamin- und Halluzinogenkonsumenten beschlagnahmte Drogen im Gesamtverkaufswert von 578,02 Mio. DM (Angaben des Bundeskriminalamtes) entziehen, was jedoch keine Marktirritationen zur Folge hatte. Die Bilanz der ersten neun Monate 1993 sah in Relation zum Vergleichszeitraum des Vorjahres günstiger aus: weniger Drogentote (1182), weniger Erstkonsumenten harter Drogen sowie Heroin- und Kokainsicherstellungen im Zentnerbereich. Eine Trendwende oder gar Entwarnung läßt sich daraus nicht ableiten, zeichnet sich die Bilanz 1992/93 doch durch quantitative Zunahme der Konsumenten, soziale Deklassierung und gesundheitliche Verelendung der Abhängigen, steigende Kriminalisierung und erhöhtes HIV-Infektionsrisiko aus.

Diese Situation intensivierte die politische Diskussion um Änderungen in der Drogenpolitik. Insbesondere die SPD setzte sich für eine Lockerung der Drogenprohibition ein: Im Juni 1993 brachte das SPD-geführte Hamburg einen Antrag zu einem Gesetzentwurf zur streng kontrollierten Freigabe von Betäubungsmitteln in den Bundesrat ein. Der Genuß von und der illegale Handel mit Cannabis soll nicht mehr strafrechtlich verfolgt und somit entkriminalisiert werden. Die CDU/CSU lehnt diese Liberalisierung der D. grundsätzlich ab und verweist auf die Umsetzung des nat. Rauschgift-Bekämpfungsplanes vom Juni 1990. Dazu gehören u. a. die Einrichtung der Institution des Drogenbeauftragten der Bundesregierung beim Innenministerium (1992), die Einrichtung eines nat. Drogenrats beim

Gesundheitsministerium im Jan. 1993, die Änderung des Betäubungsmittelgesetzes mit Verbesserungen für Prävention, Behandlung und Rehabilitation von Drogenkonsumenten (z. B. durch das Zeugnisverweigerungsrecht für Drogenberater) im Juni 1992 sowie die Ratifizierung des UNO-Abkommens vom Dez. 1988 gegen den unerlaubten Umgang mit Suchtstoffen im Mai 1993. Zunehmend sind sich jedoch alle Parteien darin einig, daß mehr, auch ›niederschwellige‹, Therapieangebote auf- und ausgebaut werden müssen, zu denen auch medikamentenunterstützte Ausstiegshilfen zählen. Dazu gehört die Methadon-Substitution, die wegen der positiven Erfahrungen in verschiedenen Bundesländern von 1988–92 im Sept. 1992 eindeutig gesetzlich geregelt wurde.

DSF, Abk. für **D**eutsches **S**port**f**ernsehen, aus dem Privatsender Tele 5 hervorgegangenes, auf Live-Übertragungen von Sportereignissen konzentriertes Spartenprogramm; startete am 1. 1. 1993. Gesellschafter sind die Axel Springer Verlag AG (24,9 %), die Kirch-Gruppe (24,5 %), der Berlusconi-Konzern (33,5 %) und der Züricher Verlagskonzern Ringier (17,1 %).

Duales System Deutschland: Am 1. Jan. trat die dritte Stufe der Verpackungsverordnung in Kraft, nach der der Handel gebrauchte Verkaufsverpackungen zurücknehmen müßte. Die Verpackungsverordnung sieht allerdings eine Ausnahme vor: Die Rücknahmepflicht des Handels soll nicht gelten, wenn neben der öffentl. Abfallentsorgung ein zweites (also ›duales‹) flächendeckendes Sy-

---

Erstkonsumenten ›harter‹ Drogen
(Heroin, Kokain, Amphetamin, Sonstige)

	1990	1991	1992	1993*)
Insgesamt	10 784	13 083	14 346	4 870
davon Kokain	2 308	2 467	2 600	1 090
davon Heroin	7 252	9 371	10 452	3 283

*) 1. Halbjahr
Quelle: Bundeskriminalamt

Betäubungsmittel-Sicherstellungen

Droge	1990*)	1991*)	1992*)	1993**)
Cannabisharz (in t)	4,6	10,8	3,8	1,1
Cannabiskraut (in t)	8,9	1,4	8,3	0,5
LSD (in Stück)	14 332	13 887	26 571	6 387
Heroin (in t)	0,846	1,594	1,438	0,379
Rohopium (in kg)	44,409	1,748	–	216
Kokain (in t)	2,473	0,964	1,332	0,349
Amphetamin (in kg)	85	88	113	33

*) Betäubungsmittel-Sicherstellungen in den neuen Bundesländern sind noch nicht enthalten
**) 1. Halbjahr
Quelle: Bundeskriminalamt

Drogentote			
1990	1991	1992	1993**)
1 491........	2 125	2 099*)	..... 1 182

*) darunter 3 in den neuen Bundesländern
**) bis Ende September
Quelle: Bundeskriminalamt

stem aufgebaut wird. Die Umweltministerien der Länder erteilten 1993 jeweils die Freistellung, da sie die flächendeckende Entsorgung durch das von Handel und Produzenten gegründete Unternehmen ›Duales System Deutschland GmbH‹ (DSD) für gewährleistet hielten. Die Verbraucher, denen das

DSD mit dem auf den Verkaufsverpackungen angebrachten ›Grünen Punkt‹ gegenübertritt, können Verpackungen aus Kunststoff, Verbundstoffen und Metall in die sog. gelben Tonnen oder Säcke geben; Papier und Glas gehören nach wie vor in die entsprechenden Sammelcontainer. Um die Aufgabe des Sammelns und Verwertens von Verkaufsverpackungen im Sinne einer ›Wertstoffwirtschaft‹ zu erfüllen, arbeitet das DSD mit Entsorgungsfirmen zusammen und errichtet Sortieranlagen und Anlagen zur Verwertung der Verpackungsabfälle. Das DSD finanziert sich durch Lizenzgebühren der angeschlossenen Unternehmen aus Industrie und Handel. Seit Sommer 1993 gehören auch Entsorgungsfirmen zu den Gesellschaftern. Probleme ergaben sich 1993 v. a. bei der Erfüllung der vorgeschriebenen Recyclingquoten und finanziell durch nicht gezahlte Lizenzgebühren.

Das Duale System und seine Probleme

Stellen Sie sich vor: Ein Unternehmen und ein ganzes Volk vollbringen Meisterleistungen – und niemand findet ein Lob dafür. Der Fall: Die Gesellschaft Duales System Deutschland GmbH (DSD) und die mit ihr zusammengeschlossenen oder von ihr beauftragten Firmen stellen innerhalb von etwa zwei Jahren ein komplettes Entsorgungssystem für Verpackungsabfall auf die Beine. Zwischen List auf Sylt und Einödsbach in den Allgäuer Alpen können 42 Mio. deutsche Haushalte ihren Verpackungsmüll in gelben Tonnen und Säcken und in Containern sammeln. Eine logistische Meisterleistung. Sie wird angenommen: Zwar unter Maulen über die zusätzliche Arbeit, aber mit deutscher Tüchtigkeit trennen die Haushalte etwa 40 000 t Abfall pro Monat mit dem Grünen Punkt von ihrem übrigen Abfall. Nur 25 000 t hatte man erwartet. Eine weitere Meisterleistung. Doch keiner freut sich darüber. Denn was nützen das beste Sammelsystem und der größte Sammeleifer, wenn niemand etwas mit dem gesammelten Müll anzufangen weiß? Genau das ist das größte Problem des Dualen Systems: Es fehlen die sog. Verwertungskapazitäten, die Anlagen, die den Abfall recyceln.

Viel Aufregung um wenig Müll?

Die Kritiker haben sich auf den Grünen Punkt eingeschossen. Der Kunststoffmüll erschien 1993 als das größte Abfallproblem. Ist er es? Die Datenerhebung von 1990 liegt noch nicht vor. Zahlen des Umweltbundesamtes zufolge gab es jedoch bereits 1987 228 Mio. t Abfall in den alten Ländern. 205 Mio. t, also etwa 90 % davon, waren Abfälle des produzierenden Gewerbes (u. a. chemische Industrie) und der Krankenhäuser. Hausmüll, hausmüllähnlicher Gewerbeabfall und Sperrmüll zusammen ergaben die restlichen 10 %, fast 23 Mio. t. Das heißt, die Müllabfuhr holte bei jedem Bundesbürger etwa 375 kg Müll ab, pro Tag ein Kilogramm. Davon entfie-

len etwa 30 % auf Verpackungsmüll. Er machte 3 % des Gesamtabfalls des Jahres 1987 aus. Also viel Aufregung um wenig Müll? Auch das ist nicht richtig: In einem Drei-Personen-Haushalt fielen 1987 pro Woche fast 7 kg Verpackungsmüll an. Der gesamte deutsche Verpackungsmüll dieses Jahres mit seinen 6,9 Mio. t Gesamtgewicht hätte einen 2 000 km langen Güterzug füllen können.

Oft zitiert, wenig gelesen: die Verpackungsverordnung

Ein Problem des Dualen Systems ist, daß mit diesem Namen in der Öffentlichkeit Abfall jeglicher Art assoziiert wird. Dabei hat das Duale System ›nur‹ die Aufgabe, sich um Verkaufsverpackungen zu kümmern. Was die Verpackungen enthalten, braucht das Duale System nicht zu interessieren. Entstanden ist das Duale System, weil sich die Unternehmen, als die Verpackungsverordnung diskutiert wurde, ein Schlupfloch wünschten. Denn die Entwürfe zur Verpackungsverordnung sahen vor, daß der Endverbraucher gebrauchte Verpackungen kostenlos an der Verkaufsstelle zurückgeben sollte. Jeder Kiosk und jeder Supermarkt hätte alte Zigarettenschachteln und Joghurtbecher zurücknehmen müssen. Das Schlupfloch klafft nun in § 6 der Verpackungsverordnung, es ist allerdings durch sperriges Deutsch getarnt. Es gestattet dem Handel, den Verpackungsmüll nicht im Laden zurückzunehmen, wenn er ein System aufbaut, das den Müll beim

Der Autor:
Jörg Weber, geb. 1960. Studierte Biologie und Rechtswissenschaften. Arbeitet als freier Publizist. 1993 Gewinner des Deutschen Umweltpreises für Publizistik

Verbraucher erfaßt. Dieses System ist das Duale System mit seinen gelben Tonnen, den Altpapiercontainern usw. ›Dual‹ heißt es, weil es neben der öffentlichen Abfallentsorgung besteht. Die Länder haben die Möglichkeit, das Schlupfloch wieder zu schließen (also die Freistellung zu widerrufen), wenn das Duale System bestimmte Quoten nicht erfüllt. So muß z. B. die Hälfte aller insgesamt anfallenden Verpackungsmaterialien gesammelt werden – was sich angesichts des deutschen Sammeleifers nicht als Problem erweist. Daneben gibt es sog.

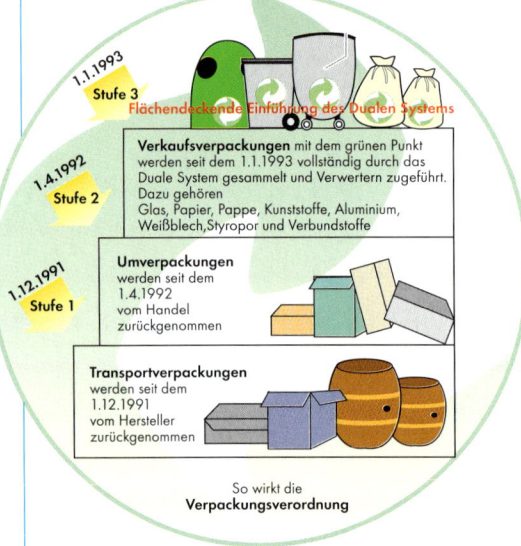

So wirkt die Verpackungsverordnung

1.1.1993 Stufe 3
Flächendeckende Einführung des Dualen Systems

Verkaufsverpackungen mit dem grünen Punkt werden seit dem 1.1.1993 vollständig durch das Duale System gesammelt und Verwertern zugeführt.
Dazu gehören
Glas, Papier, Pappe, Kunststoffe, Aluminium, Weißblech, Styropor und Verbundstoffe

1.4.1992 Stufe 2

Umverpackungen werden seit dem 1.4.1992 vom Handel zurückgenommen

1.12.1991 Stufe 1

Transportverpackungen werden seit dem 1.12.1991 vom Hersteller zurückgenommen

Sortierquoten. Hier muß das Duale System sicherstellen, daß von den gesammelten Verpackungen bestimmte Anteile in verwertbarer Qualität aussortiert werden. Bei Glas oder Papier ist das kein Problem, denn beides wird in getrennten Behältern gesammelt. Der Inhalt der gelben Tonnen und Säcke war für die Arbeiter in den Sortieranlagen weit problematischer. Auf ihren Sortierbändern fanden sie alles, nicht nur Verpackungsabfall: Windeln, Batterien, Kompost und Kondome. Auch Kunststoffabfälle, aber nicht nur solche mit dem Grünen Punkt.

Der Stolperstein

Als dickster Stolperstein für das Duale System erwies sich ein harmlos erscheinender Zusatz im Anhang zur Verpackungsverordnung. Dort heißt es, die aussortierten Anteile der Abfälle, auf neudeutsch ›Wertstoffe‹, seien ›einer stofflichen Verwertung zuzuführen‹. Das ist nicht schwierig, wenn es um Glas, Papier oder Metall geht. Um so problematischer ist es bei Kunststoff – auch wenn hier nur eine Quote von 30% verwertet werden muß: 30% von 400 000 t Kunststoffverpackungen, die jährlich in gelben Tonnen und Säcken landen. Das sind fast 8 000 t pro Woche. Höchstens 150 000 t können in Deutschland jährlich wiederverwertet werden. Etwa 50 000 t mußten 1993 zwischengelagert wer-

den. In den Hinterhöfen der Sortieranlagen stanken die teilweise verdreckten, teilweise aber auch liebevoll mit viel Reinigungsmittel gespülten Abfälle zum Himmel. Selbst in leerstehende Flugzeughallen und auf kleinere Transportschiffe wurde der Plastikmüll gekarrt. Der Rest wurde, völlig legal als ›Wirtschaftsgut‹ deklariert, ins Ausland geschafft – oft mit umweltschädlichem Lkw-Verkehr zu horrenden Preisen: Bis zu 4 000 DM pro Tonne Plastikmüll betragen die Transportkosten.

Das Duale System hat damit die alte Umweltschutzdevise ›global denken, lokal handeln‹ umgekehrt. ›Lokal sammeln, global verteilen‹, heißt es jetzt. So landete deutscher Kunststoffmüll illegal auf französischen Deponien, in Osteuropa oder in Fernost. In Bulgarien, China, Frankreich und einigen anderen Ländern dagegen werden aus dem Müll mit dem Grünen Punkt legal Granulate hergestellt, die z. B. als Rohstoff für neue gelbe Säcke, Bierkästen oder Plastiktüten dienen. Der TÜV Bayern prüfte eine bulgarische Recyclinganlage in der Nähe Sofias. Es würden zwar wirklich Kunststoffabfälle verwertet, fanden die Prüfer heraus, nach deutschem Umweltschutzrecht hätte die Anlage jedoch keine Chance auf eine Genehmigung.

Weil die Verwertung des Kunststoffs so schwierig ist, wird nach neuen Lösungen gefahndet. Für Schlagzeilen sorgte die ›Hydrierung‹, bei der alter Kunststoff in seine Bestandteile zerlegt und u. a. zu synthetischem Rohöl wird. Daraus ist dann neuer Kunststoff herzustellen. Was zunächst wie das Ei des Kolumbus wirkte, entpuppte sich bei näherem Hinsehen als Niete: Das Verfahren ist teuer, und es funktioniert noch nicht in industriellem Großmaßstab. Außerdem werfen ihm Kritiker Widersinnigkeit vor. Denn das gewonnene Öl würde zu einem Teil verbrannt. Da erscheint es einfacher, gleich den Kunststoff zu verfeuern. Die chemische Industrie, die die Kunststoffe herstellt, plädiert seit langem für die Müllverbrennung, spricht dabei allerdings nur von ›thermischer Verwertung‹, weil das mehr nach Recycling klingt. Bis jetzt hat der Umweltminister die Verbrennung nicht erlaubt. Die Umweltschützer wehren sich vehement gegen die Müllverbrennung.

Der Fehler im System

Ziel jeder Abfallpolitik sollte es sein, möglichst wenig Abfall entstehen zu lassen. Das Duale System widerspricht diesem Ziel. Denn je mehr Einwegverpackungen hergestellt werden, desto mehr Lizenzgebühren kassiert die Duale System GmbH für die abgedruckten Grünen Punkte. Zwar schließt der Gesellschaftsvertrag aus, daß die Duale System GmbH Gewinne aus den Lizenzeinnahmen an ihre Gesellschafter ausschüttet. Doch zu den Gesellschaftern gehören mittlerweile auch Entsorgungsunternehmen. Damit wurde endgültig der Bock zum Gärtner gemacht: Die Müllfirmen können nun mitbestimmen, neue Recycling-Anlagen und Entsorgungswege aufbauen und auf diese Weise verdienen. Sie werden sich nicht dafür einsetzen, daß es weniger Einwegverpackungen gibt, weil das ihren Gewinn schmälern würde. Auch vom Management des Dualen Systems ist das kaum zu erwarten. Denn von wem kann man ernsthaft verlangen, daß er sich für Mehrwegsysteme engagiert, wenn er damit am Ende seinen eigenen Arbeitsplatz vernichtet? Also steht beim Dualen System nicht die Abfallvermeidung, sondern die Verwertung im Vordergrund. Doch jeder Recyclingschritt verbraucht Energie und verursacht Schadstoffe. Sogar beim umweltschonenden Glas: Es wird zunächst zerstört, dann von Fremdstoffen gereinigt und mit neuen Rohstoffen versetzt. Erst danach kann eine neue Glasflasche entstehen. Noch weit aufwendiger ist die Behandlung von sog. Verbundmaterialien wie Milchkartons. Sie bestehen aus Pappe, Kunststofffolie und Aluminium. Aus dem daraus hergestellten Granulat kann man Möbel oder Schreibunterlagen produzieren, hebt das Duale System hervor. Umweltschützer sprechen dagegen von der ›Mülldeponie im Wohnzimmer‹. Sie fürchten, bei der Verschmelzung der Altkunststoffe könnten Dioxine entstehen. Volkswirtschaftlich ist das ständige Bemühen, Abnehmer für den Kunststoffmüll zu finden, Unsinn, der allerdings Bares bringt: Die Entwicklung von Möbeln aus Altkunststoff wird subventioniert, und die Verpackungsindustrie verdient weiter. Allemal sinnvoller wäre es, Grips und Geld in die Entwicklung neuer Mehrwegsysteme zu stecken und eine Rohstoffsteuer für Kunststoffe einzuführen.

Ausstieg aus dem Dualen System?

Selbst wenn ein oder mehrere Umweltminister der Länder die Notbremse ziehen und die Freistellung widerrufen sollten, wäre das grundsätzliche Problem nicht gelöst. Damit würde zwar das Duale System gekippt, aber der Abfall würde dann beim Handel landen. Oder – noch einfacher und schneller – in der grauen Mülltonne. ›Eine saublöde Zwickmühle‹ nannte der hessische Umweltminister JOSCHKA FISCHER die Situation. Der CDU-Politiker JOHANNES GERSTER und der BUND plädierten dafür, Plastikverpackungen zu boykottieren. Sie zeigten damit die einzig mögliche Lösung. Denn bei

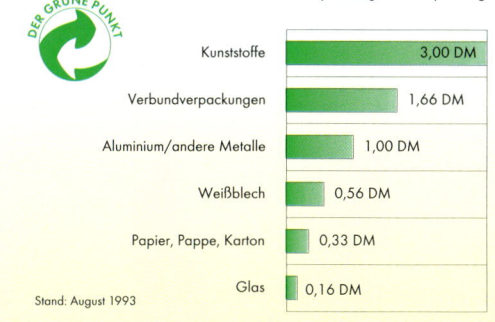

Neue Lizenzgebühren für den Grünen Punkt
in DM pro Kilogramm Verpackung

Kunststoffe	3,00 DM
Verbundverpackungen	1,66 DM
Aluminium/andere Metalle	1,00 DM
Weißblech	0,56 DM
Papier, Pappe, Karton	0,33 DM
Glas	0,16 DM

Stand: August 1993

aller Kritik am Grünen Punkt sollte man nicht vergessen: Verpackungsmüll ist eines derjenigen Umweltprobleme, die der Verbraucher zumindest teilweise selbst bewältigen kann. Zwar wird man auf die Verpackung der Zahnpasta kaum verzichten können, aber niemand ist gezwungen, seine Limonade aus der Aludose zu schlürfen. Es gibt schließlich Pfandflaschen.

Gebühren für die gelbe Tonne?

Bei der Einführung der gelben Tonnen hörte man häufig: ›Das wird nicht kostenlos bleiben, bald werden wir für die Tonnen auch Gebühren zahlen müssen!‹ Die gute Nachricht dazu zuerst: Für die gelben Tonnen wird keine Gebühr eingeführt werden. Die schlechte Nachricht: Schon jetzt zahlen viele Bürger für das Duale System mehr als für die kommunalen Müllgebühren. Schätzungen gehen davon aus, daß jeder Haushalt in Deutschland im Schnitt zwischen 200 und 400 DM jährlich für den Grünen Punkt ausgegeben hat. Denn für die Erlaubnis, einen Grünen Punkt auf die Shampooflasche drucken zu dürfen, entrichtet der Hersteller an das Duale System eine Gebühr. Die Gebühr schlägt er auf den Verkaufspreis – letztlich zahlt also der Verbraucher. Allerdings waren bis zum Sommer

Per Hand werden in Recyclinganlagen des Dualen Systems (im Bild eine Anlage in Breisach) wiederverwertbare Teile ausgelesen

Schätzungen zufolge nur gut die Hälfte der Hersteller ehrlich. Viele ›Trittbrettfahrer‹ verwendeten den Grünen Punkt, ohne dafür zu zahlen. Weil die Einnahmen fehlten, stand das Duale System kurz vor dem Konkurs. Der Bundesumweltminister weigerte sich, Geld zuzuschießen. Daraufhin schickten die großen Abfallentsorgungsfirmen Tausenden ihrer Arbeitnehmer die Kündigung. Dem Bundesumweltminister versprachen sie, die Kündigungen zurückzunehmen, wenn er ein Sanierungskonzept für das Duale System aufstelle. Töpfer rief alle Beteiligten an einen Tisch und – welch Wunder – das Duale System war gerettet: Seine drohende Überschuldung wurde beseitigt, indem die Forderungen der Entsorgungswirtschaft an das Duale System in verzinsliche Darlehen umgewandelt wurden. Wer weiß, welche Macht die Gläubiger über Schuldner haben, kann sich vorstellen, daß die Entsorgungswirtschaft beim Dualen System das Sagen hat.

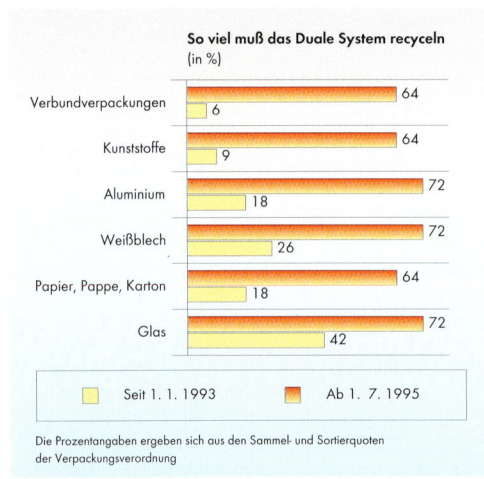

So viel muß das Duale System recyceln
(in %)

	Seit 1.1.1993	Ab 1.7.1995
Verbundverpackungen	6	64
Kunststoffe	9	64
Aluminium	18	72
Weißblech	26	72
Papier, Pappe, Karton	18	64
Glas	42	72

Die Prozentangaben ergeben sich aus den Sammel- und Sortierquoten der Verpackungsverordnung

Mehr Marktwirtschaft

Am 1. Oktober wurden die Gebühren für die Grünen Punkte drastisch erhöht. Die Gebühren werden seitdem nicht mehr nach dem Volumen der Verpackung berechnet, sondern nach den Entsorgungskosten. Für eine Kunststofflasche, die einen Liter Weichspüler enthalten soll, muß der Hersteller nun 26,1 Pfennige bezahlen, wenn sie den Grünen Punkt tragen soll. Bei einer vergleichbaren Glasflasche wären etwa 7 Pfennige zu zahlen, weil Glas wesentlich geringere Entsorgungskosten verursacht. Außerdem ist das Duale System bei Kunststoffverpackungen auch für das Recycling zuständig – bei Glas dagegen nur für das Sammeln. Mit dieser neuen Gebührenordnung verband sich vielfach die Erwartung, daß zukünftig weniger Verpackungen aus Metall, Kunststoff und Verbundmaterialien eingesetzt würden. Untersuchungsergebnisse darüber stehen noch aus.
Zu hoffen ist, daß sich Verpackungen aus leicht abbaubaren Materialien durchsetzen werden. So wurden z. B. bereits Joghurtbecher aus Stärke erprobt. Auch bei ihnen sind die Kosten für den Grünen Punkt niedrig. Immerhin verwirklicht das Duale System auf diese Art wenigstens teilweise marktwirtschaftliche Grundsätze in der Abfallwirtschaft. Denn wer viele und problematische Verpackungsstoffe einsetzt, der zahlt hohe Gebühren dafür, was sich letztlich in einem höheren Preis niederschlägt.

Der Grüne Punkt: ein Etikettenschwindel?

Beim Grünen Punkt ist wichtig, wofür er steht – noch wichtiger allerdings, wofür er nicht steht: Mit dem Inhalt der Verpackung hat der Punkt nichts zu tun. Er ist noch nicht einmal das Kennzeichen einer besonders umweltfreundlichen Verpackung. Jedes Unternehmen darf seine Verpackungen mit dem Grünen Punkt schmücken, wenn die Voraussetzungen dafür vorliegen. Er zeigt an, daß eine Verpackung nicht zum Händler zurückgebracht werden darf, sondern in den gelben Tonnen oder den Papier- oder Altglasbehältern landen sollte. Das Duale System verwies stolz darauf, laut einer repräsentativen Umfrage wüßten 78 % aller Bundesbürger, daß der Grüne Punkt verwertbare Verpackungen kennzeichne. Doch was heißt schon ›verwertbar‹? Fast jeder Müll ist wiederverwertbar – aber bei den Kunststoffabfällen gab es kaum Verwertung. Deshalb sprachen Verbraucherschützer von ›Irreführung‹. Vor dem Landgericht Berlin errangen sie einen Sieg: In der Werbung für das Duale System darf nicht mehr behauptet werden, alle mit dem Grünen Punkt markierten Kunststoffverpackungen würden wiederverwertet. Noch nicht gerichtlich entschieden ist die Frage, ob der Grüne Punkt überhaupt auf Kunststoffverpackungen gedruckt werden darf. Die Verbraucherschützer sind dagegen, weil sie eine Verwertung nicht für gegeben halten.

Die Verpackungen lenken vom Inhalt ab

Die Diskussion um die Verpackungen sollte nicht dazu verführen, den Inhalt zu vergessen. Denn früher oder später wird auch er zu Abfall, der entsorgt werden muß. Nicht immer ist das ein Problem, bei Milch etwa ist die Entsorgung natürlich geregelt. Bei Computern und Schlagbohrmaschinen dagegen ist die Entsorgung der Verpackungen ungleich einfacher als die der irgendwann einmal ausrangierten Geräte. Noch größere Probleme ergeben sich aufgrund des großen Gewichts bei vielen unverpackt verkauften Produkten wie etwa Autos. Diese Probleme sind von der Politik und der Industrie erkannt, aber bei weitem noch nicht gebannt (→ Retroproduktion). Erste Lösungsansätze sind z. B. das angekündigte →Kreislaufwirtschaftsgesetz oder die in Aussicht gestellte Elektronikschrottverordnung. Sie sollen bewirken, daß sich die Hersteller vermehrt Gedanken darüber machen, was mit ihren Produkten geschieht, wenn sie nicht mehr gebraucht werden. Es ist zu erwarten, daß in einigen Jahren alte Bohrmaschinen industriell auseinandergenommen werden und Teile davon wieder in einer ›neuen‹ Maschine verwendet werden. Dieses Vorgehen heißt Produktrecycling. In kleinem Maßstab wird es schon heute von Herstellern verschiedener Branchen angewandt. Daneben gibt es das Materialrecycling. Dabei wird das Kunststoffgehäuse der Bohrmaschine zermahlen und aus dem Granulat z. B. eine Parkbank hergestellt. Da in den Produkten wesentlich mehr und problematischere Stoffe enthalten sind als in ihrer Verpackung, werden die Produzenten hier weit größere Probleme zu lösen haben als das Duale System. Die Prognose sei gewagt: In wenigen Jahren wird man den Grünen Punkt als Vorboten einer Umstrukturierung der gesamten Wirtschaft erkennen. Dann werden Produkte von vornherein so geplant werden, daß sie leicht zu demontieren sind und nur aus wenigen Stoffen bestehen. Es wird, so ist zu hoffen, nicht mehr eine Abfallindustrie geben, die unabhängig von den Produzenten arbeitet. Statt dessen werden

Hersteller und Verwerter Teil eines einzigen Systems sein. Das Wichtigste daran wird die Kommunikation sein: Der Produzent wird mit dem Händler und dem Verwerter schon im Stadium des Entwurfs sprechen müssen.

Außerdem wird der Verpackungsmüll dadurch weniger werden, daß weniger zu verpacken sein wird – also weniger Waren gehandelt werden. Die Wegwerfgesellschaft wird auf langlebige Produkte umsteigen müssen, es werden wieder verstärkt Waren repariert werden. Der Fön oder die Familienlimousine werden dann nicht fünf oder zehn Jahre zu halten haben, sondern zwanzig Jahre. Das heißt allerdings: Es müssen nur noch halb so viele Föns und Autos hergestellt werden. Diese Umstellung wird für die Wirtschaft und die Verpackungsindustrie weit mehr und schwierigere Probleme mit sich bringen als die Verpackungsverordnung.

E

Ecuador

Hauptstadt: Quito
Einwohner: 11,1 Mio.
Einwohner/km²: 39
Staatsoberhaupt:
S. Durán Ballén
Regierungschef:
S. Durán Ballén
BSP/Einwohner:
1020 US-$

Die im letzten Jahr begonnene marktorientierte Reformpolitik geriet ins Stocken. Zwar sind Wechselkurse und Staatshaushalt weitestgehend stabil, doch haben die weiterhin hohe Inflation sowie das Scheitern der Privatisierung von Staatsbetrieben und der Rationalisierung der Verwaltung das polit. Vertrauen in den Staatspräs. Sixto Durán Ballén nachhaltig erschüttert. Am 6. Juli trat das gesamte Kabinett zurück. Nach der Regierungsbildung (13. Juli) fehlten die bisherigen Min. für Finanzen und Inneres.
Eine ständige Belastung der Wirtschaft stellten die hohen Auslandsschulden dar, die mit 12,5 Mrd. US-$ mehr als das BSP eines Jahres betragen.
Education International, Abk. **EI,** die weltweit größte Organisation im Erziehungswesen, die im Jan. aus dem Zusammenschluß der Internat. Vereinigung freier Lehrergewerkschaften (IFVL) und des Weltkongresses der Lehrer (WCOTP) hervorging. Mit etwa 21 Mio. Mitgl. ist die neue Organisation mit Sitz in Brüssel der größte Berufsverband im Internat. Bund Freier Gewerkschaften. Ihr erster GenSekr. wurde der bisherige GenSekr. der

IFVL, der Niederländer Fred van Leewen, stellv. Vors. Dieter Wunder, der auch Vors. der dt. Gewerkschaft Erziehung und Wissenschaft (GEW) ist. Neben der GEW sind auch der Dt. Lehrerverband und der Verband Bildung und Erziehung EI-Mitglieder.
EFTA, Abk. für European Free Trade Association, am 4. 1. 1960 in Stockholm errichtete europ. Freihandelsassoziation, der die Staaten Norwegen, Österreich, Schweden, Schweiz, Island (seit 1970) und Finnland (seit 1985) angehören. Am 29. 3. 1993 unterzeichneten die EFTA-Staaten Freihandelsabkommen mit Bulgarien und Ungarn, die am 1. Juli in Kraft traten und den Abbau der Zölle bis zum Jahr 2002/03 vorsehen. Auf der ersten gemeinsamen Sitzung der Finanzmin. der EG- und EFTA-Staaten am 19. April in Luxemburg wurden Maßnahmen zur Belebung der Konjunktur und zur Bekämpfung der Arbeitslosigkeit beraten. Das Mandat von GenSekr. G. Reisch (Österreich) wurde bis Aug. 1994 verlängert, als Nachfolger der EFTA-Botschafter Islands, K. Johannsson, benannt.

Als letzte Etappe seiner Südamerikareise besucht Bundespräsident Richard von Weizsäcker Ecuador, im Bild am 8. November mit Präsident Sixto Durán Ballén

EG-Richtlinie zu Industrieanlagen: Seit 13. Juli ist die ›Verordnung über die freiwillige Beteiligung gewerbl. Unternehmen an einem Gemeinschaftsystem für das Umweltmanagement und die Umweltbetriebsprüfung‹ in Kraft. Die Verordnung soll ab 1995 eine Art ›Umwelt-TÜV‹ für Unternehmen einrichten. Diese, auch **Umwelt-** oder **Öko-Audit** genannte Prüfung der Unternehmen wird auf freiwilliger Basis erfolgen. Ähnlich der TÜV-Plakette beim Auto werden die Unternehmen ein Zertifikat erhalten, wenn sie die von Beratungsgesellschaften abgenommene Prüfung bestehen. Es werden nicht einzelne Produkte untersucht, sondern ganze Produktionsstandorte. Die geprüften Unternehmen müssen dazu Gesamtkonzepte für den Umweltschutz ausarbeiten und jährlich eine ›Umwelterklärung‹ veröffentlichen.

Eins Plus, seit 1986 ausgestrahltes TV-Satellitenprogramm des Ersten Deutschen Fernsehens (ARD) mit kulturellem Schwerpunkt; aus Kostengründen zum 1. 12. 1993 eingestellt und durch Teilnahme der ARD am Satellitenprogramm → Drei Sat ersetzt.

Elfenbeinküste

Hauptstadt:
Yamoussoukro
Einwohner: 12,9 Mio.
Einwohner/km²: 40
Staatsoberhaupt:
H. K. Bedié
(seit 7. 12. 1993)
Regierungschef:
D. K. Duncan
(seit Dez.)
BSP/Einwohner:
690 US-$

MinPräs. ALASSANE QUATTARA hatte die Unterstützung von Präs. FÉLIX HOUPHOUËT-BOIGNY für sein Strukturanpassungsprogramm, das u. a. den vorzeitigen Ruhestand für 4700 Beamte und weitere Privatisierungen und Qualitätsverbesserungen in der Kakaoproduktion vorsah. Die durch das Programm entstandenen sozialen Unruhen äußerten sich in zahlreichen Protesten; außerdem führte es zu Machtkämpfen mit dem Parlamentsvors. HENRI KONAN BEDIÉ, in denen es auch um die Nachfolge des greisen Präs. ging. Dieser verstarb am 7. Dez., ohne daß seine Nachfolge geregelt war. Parlamentspräs. BEDIÉ übernahm verfassungsgemäß noch am gleichen Tag das Amt des Präsidenten bis zu den allg. Wahlen, die im Sept. 1994 abgehalten werden sollen. QUATTARA erklärte dies für illegal und trat mit seinem Kabinett zurück. Frankreich sprach mit einer an BEDIÉ gerichteten Kondolenzbotschaft ein diplomat. Machtwort, um die Krise zu entschärfen. Mitte Dez. wurde der frühere Finanzmin. DANIEL KABLAN DUNCAN zum MinPräs. ernannt.

El Salvador

Hauptstadt:
San Salvador
Einwohner: 5,4 Mio.
Einwohner/km²: 256
Staatsoberhaupt:
A. Cristiani
Regierungschef:
A. Cristiani
BSP/Einwohner:
1070 US-$

Positive Wirtschaftsentwicklung nach Beendigung des Bürgerkriegs

Charakteristisch für die Wirtschaftspolitik waren die Öffnung nach außen und die Deregulierung von seiten des Staates; diese Reformen konnten aber das hohe Handelsbilanzdefizit, das weitere Ansteigen der Inflation und die Fehlbeträge im Staatshaushalt nicht verhindern. Ein überdurchschnittl. Wirtschaftswachstum, das zahlreiche Investitionen zum Aufbau des Landes hervorrief, die vom Internat. Währungsfonds genehmigten Kredite und die Einsparungen im Militärhaushalt waren positive Anzeichen der Wirtschaftsentwicklung in einem Land, das, von einem zwölfjährigen Bürgerkrieg zerrüttet, mit seinem Pro-Kopf-Einkommen unter dem Stand von 1980 liegt.

Bericht der ›Wahrheitskommission‹

Die unter der Schirmherrschaft der UNO arbeitende ›Wahrheitskommission‹, der nach dem Friedensvertrag zw. Reg. und Rebellen (16. 1. 1992) die Untersuchung von Menschenrechtsverletzungen während des Bürgerkriegs übertragen worden war, übergab am 14. März in New York ihren Bericht an die Delegationen der salvadorian. Reg. und der ehem. Guerillaorganisation Farabundo Martí para la Liberación Nacional (FMLN). Darin werden die Verbrechen zu 85 % den Streitkräften angelastet (u. a. die Ermordung von sechs Jesuitenpatres 1989, ein Massaker an ca. 1000 Landarbeitern 1981). Wenige Tage später, am 20. März, erließ Staatspräs. ALFREDO CRISTIANI, unterstützt von seiner Partei ARENA und zwei weiteren konservativen Parteien, eine Generalamnestie. Sie rief heftige Proteste bei Opposition und Kirche hervor, da keine der von der ›Wahrheitskommission‹ ausgesprochenen Empfehlungen (Justizreform, Entschädigung der Opfer, Entlassung der verantwortlichen Offiziere) erfüllt wurde. Erst Mitte des Jahres kam es unter innen- und außenpolit. Druck zu ersten Versetzungen ranghoher Offiziere in den Ruhestand (u. a. Verteidigungsmin. General PONCE). Die Auflösung von Eliteeinheiten, die zur Bekämpfung der Guerilla gedient hatten, die Abschaffung der allg. Wehrpflicht und die Übergabe von Waffen durch frühere Guerillaeinheiten an die UNO ließen Fortschritte im

Friedensprozeß erkennen, wenngleich während des Jahres immer wieder Menschen ermordet wurden (im Nov./Dez. drei hochrangige Exguerrilleros).

Engholm, Björn, Politiker (SPD), * Lübeck 9. 11. 1939. – Ende März 1993 kündigte E. an, Mitte 1994 sein Amt als schleswig-holstein. MinPräs. aufzugeben, um sich als Kanzlerkandidat der SPD uneingeschränkt dem Bundestagswahlkampf widmen zu können. Nach dem Rücktritt seines Sozialmin. GÜNTHER JANSEN am 23. März wegen der → Schubladenaffäre und dem Eingeständnis seines persönl. Referenten (bis 5. 3. 1993) KLAUS NILIUS vom 15. März, vor dem Barschel-Untersuchungsausschuß 1987 falsch ausgesagt zu haben, stand die Frage im Mittelpunkt, ob E. von den Machenschaften BARSCHELS gegen ihn vor der Landtagswahl von 1987 gewußt oder erst am Wahltag (13. 9. 1987) davon erfahren habe. Nach seinem Eingeständnis, schon am 7. 9. 1987 informiert worden zu sein und dies unrichtig dargestellt zu haben, trat E. am 3. 5. 1993 von seinen Ämtern als Vors. der SPD (seit 29. 5. 1991), als schleswig-holstein. MinPräs. (seit 31. 5. 1988) und Kanzlerkandidat der SPD (seit Ende Jan. 1992) zurück; er behielt nur sein Landtagsmandat.

E. war urspr. Schriftsetzer, dann Diplompolitologe. Seit 1962 SPD-Mitglied, war er 1969–82 MdB, 1977–81 parlamentar. Staatssekretär im Bundesministerium für Bildung und Wiss., 1981/82 leitete er dieses Ministerium. 1983 ging er in die Landespolitik und wurde MdL sowie Fraktionsvors. in Schleswig-Holstein. E., der 1983 und 1987 für das Amt des MinPräs. kandidiert hatte, war im Landtagswahlkampf 1987 das Ziel einer vom damaligen MinPräs. BARSCHEL (CDU) getragenen Verleumdungskampagne. Nachdem die SPD bei den Landtagswahlen von 1988 die absolute Mehrheit gewonnen hatte, war E. schleswig.-holstein. MinPräs. geworden.

Björn Engholm (links) im Gespräch mit seinem ehemaligen Sozialminister Günter Jansen auf dem Landesparteitag der SPD in Kiel am 15. Mai

Entgeltfortzahlungsgesetz: Am 1. 10. 1993 vom Bundestag beschlossenes Gesetz, dessen vorrangiges Ziel es ist, für den Arbeitgeberanteil an den Beiträgen zu der geplanten → Pflegeversicherung einen Ausgleich zu schaffen. Es sieht vor, daß Arbeitnehmer in zwei Stufen (1994 und 1996) jeweils auf 10 % ihrer Löhne und Gehälter an zehn bundeseinheitl. Feiertagen oder auf jeweils einen Urlaubstag verzichten. Ferner wird durch das Gesetz das bisher nach einzelnen Arbeitnehmergruppen differenzierte Lohnfortzahlungssystem vereinheitlicht (für alle Arbeitnehmer künftig Anspruch auf Entgeltfortzahlung im Krankheitsfall für die Dauer von sechs Wochen) und die ›mißbräuchl. Inanspruchnahme von Lohnfortzahlung im Krankheitsfall‹ bekämpft, z. B. durch die Berechtigung des Arbeitgebers, die Vorlage einer Arbeitsunfähigkeitsbescheinigung schon ab dem ersten Krankheitstag zu verlangen. Durch das Scheitern der Pflegeversicherung trat das E. nicht wie vorgesehen zum 1. 1. 1994 in Kraft.

Entschädigungs- und Ausgleichsgesetz: Ende Nov. legte eine Arbeitsgruppe der Regierungskoalition unter Leitung von Kanzleramtsmin. BOHL einen Kompromißvorschlag vor, demzufolge in der Sowjet. Besatzungszone und der ehem. DDR Enteignete Entschädigungen in Höhe von 18 Mrd. DM erhalten. Die Vermögensabgabe entfällt. Die in den Jahren 1945–49 Enteigneten haben keinen Rückgabeanspruch; sie erhalten lediglich Ausgleichsleistungen. Die nach 1949 Enteigneten können Rückgabeansprüche geltend machen. Wird denen nicht stattgegeben, sollen die ihnen statt dessen gewährten Entschädigungsleistungen gleich hoch wie die Ausgleichsleistungen sein.

Vorgesehene Regelungen: An die Berechtigten werden Schuldverschreibungen in Höhe von insgesamt 12,6 Mrd. DM ausgegeben, die zum Jahr 2004 eingelöst werden können. Eine Einlösung bei einer Bank vor diesem Zeitpunkt bringt erhebl. Abschläge mit sich. Weitere 2,4 Mrd. DM sollen die Vertriebenen in den neuen Ländern erhalten (bereits ab 1. 1. 1994). Verfolgte des NS-Regimes werden mit weiteren 2 Mrd. DM entschädigt. Eine Mrd. DM wird bereitgestellt als Investitionsbonus (Alteigentümer, die in den neuen Ländern investieren wollen, erhalten einen Bonus von bis zu 20 % der nominalen Entschädigungs- oder Ausgleichsleistung, wenn sie innerhalb von drei Jahren nach Ausgabe der Schuldverschreibung investieren). Offen blieb die Frage, ob nicht auch eine Entschädigung in Grundstücken geleistet werden soll. Für die Berechnung der Leistungen wird ein fiktiver Verkehrswert zum 3. 10. 1990 zugrunde gelegt. Finanziert werden die 18 Mrd. DM u. a. über Bundeszuschüsse (11 Mrd.), aus Beiträgen des Vermögens der Treuhandanstalt (4 Mrd.) und aus dem Finanzvermögen des Bundes (1,5 Mrd.). Viele Ostdeutsche und ostdt. Bundestagsabgeordnete lehnen das Rückgabemodell ab. Die Bundesreg. billigte den Gesetzesvorschlag.

Entwicklungspolitik: Entwicklung meint im allg. Sprachgebrauch das Bemühen von Industrieländern und internat. Organisationen, mittels Geld, Expertise und Personal die wirtschaftl. und soziale Lage in der dritten Welt zu verbessern. Diese Verengung von E. auf Entwicklungshilfe übersieht, daß die Handels- und Finanzpolitik der Industriestaaten für die Entwicklungschancen der dritten Welt viel wichtiger ist als ihre traditionelle Entwicklungshilfe. Der Protektionismus der Industrieländer kostet die Entwicklungsländer doppelt soviel wie ihnen alle finanzielle Entwicklungshilfe einbringt. Diese kann auch nicht die Löcher stopfen, die der Schuldendienst aufreißt.

Bereits 1970 wollte die UNO-Vollversammlung die Industrieländer dazu verpflichten, möglichst bald 0,7 % ihres Bruttosozialprodukts (BSP) für öffentl. Entwicklungshilfe (ODA) aufzubringen. Nur die skandinav. Länder und die Niederlande sowie einige Golfstaaten haben diese Zielmarke bisher erreicht. Deutschland liegt im Mittelfeld der Leistungstabelle, aber seine ODA-Leistungen rutschten 1992 mit 0,36 % des BSP auf den tiefsten Wert seit 1977 ab. Japan (0,30 %) und die USA (0,18 %) geben in absoluten Zahlen am meisten, aber im Vergleich zu ihrer Wirtschaftskraft weniger als die meisten Staaten der Organisation für wirtschaftl. Zusammenarbeit und Entwicklung (OECD), die 1992 61 Mrd. US-Dollar aufbrachten.

Seit dem Ende des Ost-West-Konflikts befürchten die Entwicklungsländer eine Umpolung der Hilfe zugunsten der osteurop. Staaten. Die Stagnation der ODA-Leistungen seit Beginn der 1990er Jahre ist aber mehr auf die wachsenden Haushaltsprobleme der meisten OECD-Staaten als auf die Umlenkung der Mittel zugunsten Osteuropas zurückzuführen. Zur Verknappung der Leistungen trugen außerdem der Ausfall der früheren Sowjetunion als Geberland und die geringere Leistungsbereitschaft der arab. Golfstaaten nach dem kostspieligen Golfkrieg bei. Schwerer wiegt jedoch, daß der Westen weder für den Süden noch für den zur Entwicklungsregion gewordenen Osten erfolgverprechende entwicklungspolit. Konzepte hat.

Erbkrankheiten: Nach zehnjähriger Suche gelang es dt. und amerikan. Wissenschaftlern, das für die **Huntingtonsche Chorea** (›Veitstanz‹), eine schwere E., verantwortl. Gen des Menschen zu lokalisieren und seine Erbinformation zu entschlüsseln. Bis heute konnten Molekulargenetiker insgesamt rd. 400 der etwa 3 000 durch eine Genmutation verursachten E. kartieren, womit die Voraussetzung für die Entwicklung von Gensonden zur sicheren Diagnose gegeben ist. Mit dem Wissen um das betreffende Gen hofft man, auch das patholog. Ge

schehen einer E. besser verstehen und zielgerichtet Therapien entwickeln zu können. In der Therapie der in Europa häufigsten E., der **Mukoviszidose,** wird seit kurzem bereits ein gentechnisch hergestelltes Enzym, die sog. DNAse, experimentell eingesetzt. (→ Gentherapie)

Eritrea

Hauptstadt: Asmara
Einwohner: 3,5 Mio.
Einwohner/km²: 28
Staatsoberhaupt:
I. Afewerki
(seit 24. 5. 1993)
Regierungschef:
I. Afewerki
(seit 24. 5. 1993)
BSP/Einwohner: –

Am 24. Mai erklärte E. als 52. Staat Afrikas seine Unabhängigkeit. In einem von der UNO überwachten Referendum vom 23.–25. April hatte die Bevölkerung mit 98,8 % der Stimmen der Abtrennung von Äthiopien zugestimmt. Insgesamt 600 000 Menschenleben forderte der Unabhängigkeitskampf, knapp eine Mio. Menschen flüchtete ins Ausland, bis im Mai 1991 die Guerillabewegung EPLF das Land endgültig von der Herrschaft äthiop. Truppen befreien konnte. Die gesetzgebende Macht lag seitdem bei der amtierenden Nationalversammlung, die etwa zur Hälfte aus Mitgliedern der EPLF bestand und deren Führer und Chef der Übergangsreg., ISSAIAS AFEWERKI, offiziell zum Staatspräs. gewählt wurde. Es wurde angestrebt, ethn. Differenzen (E. beheimatet neun ethn. Gruppen) durch ein föderatives System mit kulturellen Freiheiten und ökonom. Gleichberechtigung zu begegnen. Dies erschien erforderlich, da insbes. zw. den islam. Volksgruppen der Rotmeerküste und der überwiegend christl. Bevölkerung des Hochlandes Meinungsverschiedenheiten über die Gesellschaftsordnung im allg. und die Gleichberechtigung von Mann und Frau im bes. bestehen. Ein soziales Problem stellt auch die Reintegration der demobilisierten EPLF-Truppen in die zivile Gesellschaft dar.

Als wichtigste Aufgabe der nächsten Jahre wird der wirtschaftl. Wiederaufbau angesehen. Priorität genießt hierbei die Ankurbelung der Landwirtschaft. Daneben sollen ein liberales Investitionsgesetz die Ansiedlung v. a. ausländ. Investoren fördern und staatseigene Betriebe privatisiert werden.

Eine intensive Kooperation mit Äthiopien, ein gemeinsames Programm für den Wiederaufbau bis hin zur Beibehaltung der gemeinsamen Währung kennzeichnen das Verhältnis der Nachbarländer. Obwohl die Entlassung E.s in die Unabhängigkeit in Äthiopien kontrovers beurteilt wurde, akzeptierte die Reg. das Votum des Referendums. Am

Eritreische Frauen feiern   Landes (24. Mai)
ausgelassen die Unabhängigkeit ihres

2. Juni billigte der UNO-Sicherheitsrat den Antrag E.s auf UNO-Mitgliedschaft.

Erlebnisgesellschaft, durch die 1992 erschienene gleichnamige Studie des Bamberger Soziologen GERHARD SCHULZE bekannt gewordener, im Laufe des Jahres 1993 in den allgemeinen Sprachgebrauch eingegangener Begriff. Für SCHULZE wird das Verhalten der Menschen einer hochentwickelten westl. Industriegesellschaft nicht mehr allein vom Streben nach verbesserten Lebensstandards oder durch den Kampf um den Existenzerhalt bestimmt, sondern immer stärker vom Wunsch nach subjektiver Zufriedenheit, die sich in einer entsprechenden Erlebnisorientierung niederschlägt. Je nach der erwünschten Form des Erlebnisses lassen sich Integrations-, Harmonie-, Selbstverwirklichungs- und Unterhaltungsmilieus unterscheiden. Die jeweils unterschiedl. Formen und Zielsetzungen der eigenen Lebensführung treten hinsichtlich der sozialen Stellung eines Menschen in Konkurrenz zu den ›klass.‹ Bestimmungsmerkmalen wie Alter, Beruf, Bildungsstand und Vermögen.

Esquivel, Manuel, beliz. Politiker (United Democratic Party, UDP), * Belize City 2. 5. 1940. – E. wurde im Juni 1993 erneut Premiermin. von Belize. Er hatte in den USA und Großbritannien Physik studiert und unterrichtete 1967–84 an einem College in Belize City. E. hatte sich schon früh innerhalb der UDP engagiert, die bei den Parlamentswahlen von 1984 erstmals die seit 1964 regierende People's United Party (PUP) in die Opposition schicken konnte. E., 1976–82 auch Parteivors., wurde Premierminister. In seiner fünfjährigen Amtszeit konnte er bedeutende wirtschaftspolit. Erfolge erzielen. 1989 unterlag seine Partei trotzdem der PUP, die jedoch schon im Juni 1993 ihrerseits der UDP wieder Platz machen mußte.

Estland

Hauptstadt: Reval
Einwohner: 1,6 Mio.
Einwohner/km²: 35
Staatsoberhaupt: L. Meri
Regierungschef: M. Laar
BSP/Einwohner: 3 830 US-$

Wirtschaftliche Erfolge

Eine straffe Geldpolitik und erste Privatisierungen staatl. Unternehmen brachten E. einen unerwarteten Wirtschaftsaufschwung. Da die Löhne und Renten aber wesentlich langsamer stiegen als die Preise, konnte nur ein kleiner Bevölkerungsanteil vom vielfältigen Warenangebot profitieren. Der durchschnittl. Monatslohn lag bei 77 US-Dollar, und die Arbeitslosenrate betrug 3,7 %.

Durch den Abschluß eines Freihandelsabkommens mit Lettland und Litauen (13. Sept.) wurde die Ausrichtung nach Nordeuropa, mit der Aufnahme in den Europarat (14. Mai) die Orientierung E.s nach Westeuropa bekräftigt.

Minoritätenfrage

Das Staatsbürgergesetz E.s erklärt jene Personen zu Staatsbürgern, die in der Zeit von 1918 bis 1940 Staatsbürger E.s waren, sowie deren direkte Nachfahren. Personen, welche in sowjet. Zeit (1940–91) und danach nach E. kamen, können das Staatsbürgerrecht erwerben, wenn sie mind. zwei Jahre in E. gelebt haben, die Staatsbürgerschaft beantragen und ein Examen ablegen, in dem ihre Kenntnisse der Staatssprache (Estnisch), der Kultur und der estn. Verfassung geprüft werden. Dieses Gesetz stieß v. a. bei der russ. Minderheit (1989: 30,3 % der Bevölkerung bei insgesamt 38,5 % Nicht-Esten) auf Kritik, weil sie durch die Wiedererlangung der Unabhängigkeit E.s Privilegien verlor. In den vorwiegend von Russen bewohnten Städten Narwa und Sillamäe wurde am 17./18. Juli ein verfassungswidriges Referendum (das estn. Parlament hat darüber zu entscheiden) durchgeführt, in dem darüber abgestimmt wurde, ob innerhalb der Republik E. autonome Einheiten gebildet werden sollten. Von den ca. 50 % Stimmbeteiligten befürworteten rd. 90 % das Autonomiestatut.

Der Abzug ehem. sowjet. Soldaten (nach unterschiedl. Angaben zw. 3 800 und 5 000) aus E. verzögerte sich immer wieder aufs neue.

ethnische Säuberung, von der Gesellschaft für dt. Sprache zum Unwort des Jahres 1992 erklärte Bez. für die Vorgänge während des Kriegs im ehem. Jugoslawien (→ Bosnien-Herzegowina), bei denen Gebiete von Angehörigen der jeweils anderen ethnisch-konfessionellen Bevölkerungsgruppe ›freigemacht‹ werden sollen. Mittel der e. S. sind u. a. Bedrohung an Leib und Leben, Vertreibung, → Massenvergewaltigungen, Folter sowie Mord und Totschlag.

EU, Abk. für → Europäische Union.

Eurofighter, European Fighter Aircraft, Abk. **EFA,** → Jäger 90.

Eurokorps, am 5. 11. 1993 in Dienst gestellter multinat. militär. Großverband, dessen Aufstellung auf dem 59. dt.-frz. Gipfeltreffen am 22. 5. 1992 in La Rochelle beschlossen worden war. Das E. hat Modellcharakter für eine engere militär. Zusammenarbeit zw. den Mitgliedsländern der Westeurop. Union (WEU); der offiziellen Einladung an die WEU-Staaten, sich am E. zu beteiligen, sind 1993 Belgien und Spanien gefolgt. Der gemeinsame Korpsstab in Straßburg führt im Frieden unmittelbar nur wenige Truppenteile (so v. a. die dt.-frz. Brigade), erst im Einsatzfall übernimmt er das Kommando über die Masse der für eine Unterstellung vorgesehenen Verbände (je eine belg., dt. und frz. Division sowie ein verstärktes span. Bataillon). Ab 1995 soll das E. unter Wahrung nat. verfassungsrechtl. Grenzen sowie der Bestimmungen der UNO-Charta folgende Aufträge übernehmen: 1) Verteidigung der Mitgl. von WEU und NATO; 2) Teilnahme an Maßnahmen zur Aufrechterhaltung und Wiederherstellung des Friedens; 3) Teilnahme an humanitären Einsätzen. Um den Einsatz des E. im Rahmen der NATO-Militärstruktur zu ermöglichen, wurde im Jan. 1993 zw. Deutschland, Frankreich und der NATO ein Abkommen vereinbart, das die Möglichkeit schafft, das E. unter bestimmten Bedingungen dem NATO-Oberbefehlshaber Europa zu unterstellen.

Die Verteidigungsminister der beteiligten Staaten, von links François Léotard (Frankreich), Volker Rühe (Deutschland) und Leo Delcroix (Belgien), am 5. November in Straßburg bei der Truppenabnahme des neuen Eurokorps

Europäische Gemeinschaften: Anfang Jan. 1993 konstituierte sich die neue Kommission der Europäischen Gemeinschaften (EG). Unter den 17 Mitgl. übernahmen sieben diese Kommissare die folgenden Aufgabenbereiche: HANS VAN DEN BROEK die Außen- und Sicherheitspolitik, JOÃO DE DEUS PINHEIRO die Beziehungen zum Europ. Parlament, ANTONIO RUBERTI Forschung und Wiss., RENÉ STEICHEN die Agrarpolitik, RANIERO VANNI D'ARCHIRAFI den Binnenmarkt, PADRAIG FLYNN Arbeitsmarkt und Soziales, IOANNIS PALEOKRASSAS den Umweltschutz und die Fischerei. JACQUES DELORS blieb Präs. der Kommission.
Mit dem Jahresbeginn 1993 trat der Gemeinsame Binnenmarkt in Kraft, d.h. der freie Verkehr für Waren, Dienstleistungen, Kapital und Personen. Allerdings waren zu diesem Zeitpunkt erst etwa 80% der erforderl. Liberalisierungsvorschriften in das jeweilige nat. Recht umgesetzt worden. Im April wurde festgestellt, daß es den Mitgliedstaaten keineswegs gelungen war, ihre jeweiligen Haushaltsdefizite auf die EG-Norm von 3% des Bruttoinlandsproduktes (BIP) zu beschränken. Für 1992 erfüllten nur Frankreich, Irland, Dänemark und Luxemburg die Normen, während in Griechenland und Italien die Defizite 10% des BIP überschritten. Im Juli einigte sich der Ministerrat der EG, ein Paket von Strukturhilfen in Kraft zu setzen, mit dem von 1994 bis 1999 etwa 350 Mrd. DM für die Entwicklung rückständiger Regionen bereitgestellt werden sollen. Das Paket beinhaltet auch einen Ko-

häsionsfonds, eine neue Sonderhilfe für die vier wirtschaftlich schwächsten Staaten Griechenland, Spanien, Portugal und Irland in Höhe von 30 Mrd. DM. Die neuen Bundesländer sollen im gleichen Zeitraum 28 Mrd. DM erhalten, sie werden der höchsten Förderstufe zugerechnet.
Nachdem das Bundesverfassungsgericht die Verfassungsklagen gegen den → Maastrichter ›Vertrag über die Europ. Union‹ abgewiesen hatte, konnte er von Deutschland als letztem EG-Mitgl. ratifiziert werden und am 1. 11. 1993 in Kraft treten. Unter dem Dach der damit neugeschaffenen Europ. Union (EU) bestehen die EG als eine der drei Säulen der EU formell als Rahmen für die supranationale Zusammenarbeit weiter und besitzen auch im Gegensatz zur EU Rechtspersönlichkeit. Im Mittelpunkt des ersten Gipfeltreffens der EU am 10. Dez. in Brüssel stand insbes. die Suche nach Auswegen aus der Beschäftigungskrise. Mit einem Aktionsplan will die EU kurzfristig eine Trendwende einleiten.
Die Finanzmin. verabschiedeten im Nov. den Haushalt für das Jahr 1994, der bei einer Steigerung von 6% ein Volumen von 134 Mrd. DM vorsieht. Für die Agrarpolitik sind 70, für die Strukturfonds 41 Mrd. DM vorgesehen. Als größter Nettozahler muß Deutschland 30% des Haushalts finanzieren und 44 Mrd. DM nach Brüssel überweisen.
Anfang Februar 1993 begannen die offiziellen Beitrittsverhandlungen mit Finnland, Österreich und Schweden, die eine Vollmitgliedschaft anstreben. Im März erhielt auch Norwegen eine positive Beantwortung seines Beitrittsbegehrens. Im Okt. einigte man sich darauf, die Aufnahme der neuen Mitgl. für Anfang 1995 vorzusehen. Eine Verzögerung kann sich aus der Forderung Spaniens, Portugals und Griechenlands Ende Dez. ergeben, die vier Staaten 1997 von den Entscheidungen über die Wirtschafts- und Währungsunion auszuschließen. Zurückhaltend äußerte sich die EG-Kommission im Juni zu den Beitrittsgesuchen Zyperns (wegen des innerzypr. Konflikts) und Maltas (wegen seines Wirtschafts- und Rechtssystems). Die Wünsche Polens, Ungarns, der Tschech. und der Slowak. Rep. nach

Verteilung der neuen EG-Einrichtungen
Agentur für Arzneimittel: London
Agentur für Gesundheitsschutz und Sicherheit am Arbeitsplatz: voraussichtlich Barcelona
Drogenbeobachtungsstelle: Lissabon
Europäisches Markenamt: Madrid
Europäisches Währungsinstitut (EWI): Frankfurt am Main
Europäische Umweltagentur: Kopenhagen
Europol, einschließlich Drogenstelle: Den Haag
Inspektionsbüro für Veterinär- und Pflanzenschutzkontrollen: voraussichtlich Dublin
Stiftung für Berufsbildung: Turin
Übersetzungszentrale für die Union: Luxemburg
Zentrum für Förderung der Berufsbildung: Thessaloniki

Gruppenbild mit den Staats- und Regierungschefs der EG am 21. Juni in Kopenhagen

einer EG-Mitgliedschaft stießen auf kaum verhüllte Ablehnung, jedenfalls für die nächsten Jahre.

Das Verhältnis der EG zu den USA war durch die bis Mitte Dez. fehlende Einigung in den GATT-Verhandlungen belastet. Nachdem noch im März die Gefahr eines Handelskrieges abgewendet werden konnte, sorgte die von den USA im Juni verfügte Einführung von Strafzöllen für EG-Stahlexporte für neuen Konfliktstoff. Wegen des hohen Handelsüberschusses Japans gegenüber den EG (1992: 32 Mrd. US-$) bemühten diese sich fortlaufend, japan. Selbstbeschränkungen im Handel mit Europa zu erreichen. Außer dem Versprechen weiterer wirtschaftl. Hilfe beschränkten sich die EG gegenüber Osteuropa auf vage Absichtserklärungen zur Errichtung einer großen europ. Freihandelszone. Im Bosnienkrieg begnügten sich die EG mit der Aufrechterhaltung der Sanktionen gegen Rest-Jugoslawien und des Waffenembargos gegenüber allen Beteiligten. Die Vermittlungsversuche der EG zur Beendigung des Krieges scheiterten; wegen der z. T. gegensätzl. Interessen der Mitgl. fehlte ein wirkungsvolles gemeinsames Konzept.

Europäischer Binnenmarkt, → Binnenmarkt.

Europäisches Währungsinstitut, Abk. **EWI:** Nach der Entscheidung des Europ. Rates wird das Europ. Währungsinstitut in Frankfurt beheimatet sein und soll am 1. 1. 1994 seine Tätigkeit aufnehmen. Das EWI wird als Vorstufe der geplanten Europ. Zentralbank (EZB), die bei Einführung einer einheitl. Währung geschaffen werden soll, die Geldpolitik der vorerst souverän bleibenden Notenbanken der EG-Länder koordinieren. Als erster Präs. des Instituts wurde der Belgier ALEXANDRE LAMFALUSSY berufen, der bisher die Bank für Internationalen Zahlungsausgleich (BIZ) geleitet hat.

Europäisches Währungssystem, Abk. **EWS:** Im Europ. Währungssystem hatte sich vor dem Hintergrund der verstärkten Zinssenkungspolitik einiger Mitgliedsländer Mitte des Jahres das geldpolit. Umfeld deutlich angespannt. Die Zentralbanken konnten den Abwertungsdruck auf einige Währungen nicht mehr abwehren. Bei zuvor relativ starken Währungen schwächte sich die Position im Wechselkursverbund deutlich ab, wohingegen bei seit längerem in der unteren Hälfte der Bandbreite notierenden Währungen sich die wachsenden Spannungen in forcierten Interventionen innerhalb der Bandbreite ausdrückten. Im Fall des frz. Franc bauten sich seit Anfang Juli zunehmende Interventionsvolumina auf. Ab Mitte Juli beteiligte sich die Dt. Bundesbank massiv an Stützungskäufen zugunsten des frz. Franc sowohl durch Kreditgewährung als auch durch obligator. Interventionen. Insgesamt kaufte die Bundesbank im Juli für rd. 60 Mrd. DM EWS-Partnerwährungen auf, dabei mit Schwerpunkt frz. Francs. Unter dem Eindruck der immer stärker werdenden Vertrauenskrise beschlossen die Finanzmin. und Notenbankpräs. der EG mit Wirkung vom 2. Aug. eine zeitweilige Ausweitung der Schwankungsbandbreiten auf allg. 15 % (jeweils nach oben und nach unten) anstelle der bisherigen 2,25 % bzw. 6 % (für Spanien und Portugal) bei gleichzeitig unveränderten Leitkursen. Die Niederlande und Deutschland verpflichteten sich in einer bilateralen Vereinbarung, an der bisherigen Bandbreitenregelung von 2,25 % festzuhalten.

Eine Wiederherstellung des alten EWS mit engen Bandbreiten für die Wechselkurse ist für eine längere Zeit unwahrscheinlich.

Europäische Union, Abk. **EU:** Mit dem am 1. Nov. in Kraft getretenen Maastrichter ›Vertrag über die Europ. Union‹ überwölbt ein neues polit. Dach die zwölf EG-Mitgliedstaaten. Die EG ist nur noch eine von drei ›Tochtergesellschaften‹ des ›Konzerns‹ namens EU, denn mit dem Vertrag von Maastricht wurden zwei neue Felder der Zusammenarbeit hinzugefügt: die ›Gemeinsame Außen- und Sicherheitspolitik‹ sowie die ›Zusammenarbeit in den Bereichen Justiz und Inneres‹. Die EG als Rahmen für die supranat. Zusammenarbeit besteht also formal weiter und besitzt im Gegensatz zur EU eine eigene Rechtspersönlichkeit; sie allein kann klagen und verklagt werden, Kredite geben und aufnehmen; gleichzeitig ist die EG aber auch Bestandteil der EU. Verhandeln die Zwölf, z. B. über ein Abkommen mit Rußland, tun sie dies sowohl als EU als auch als EG. Angesichts einer solchen Gemengelage jeweils nach EU oder EG unterscheiden zu wollen, würde kaum zur Übersichtlichkeit beitragen. Da die Min. den ›Vorstand‹ sowohl des ›Konzerns‹ als auch aller drei ›Tochterunternehmen‹ bilden, haben sie sich den Titel ›Rat der EU‹ (vormalig Europ. Ministerrat) gegeben. So wird das altvertraute EG zunehmend aus dem Sprachgebrauch verschwinden.

Europäische Währungsunion: Für den Weg zur Europ. Währungsunion ist ein Stufenplan vorgesehen. Als erste Stufe galt dabei das →Europäische Währungssystem, das jedoch durch die Aufhebung der engen Bandbreiten für die Wechselkurse in seiner alten Form nicht mehr besteht. Die zweite Stufe bildete die 1993 anlaufende Gründung des →Europäischen Währungsinstituts. In der Folge soll der Europ. Rat prüfen, ob und wann EG-weit eine einheitl. Währung eingeführt werden kann.

Allerdings wurden zunehmend Zweifel geäußert, ob der vorgesehene Fahrplan, der die Einführung einer einheitl. Währung bis spätestens 1999 vorsieht, eingehalten werden kann. Die Zweifel gründeten sich zum einen auf die fakt. Freigabe der Wechselkurse im EWS und zum anderen auf die Tatsache, daß die für den Beitritt zur Währungsunion verlangten Konvergenzkriterien (Inflationsrate, Haushaltsdefizit, Staatsschulden, Zinsniveau) bisher von keinem EG-Land voll erfüllt wurden.

Frankreich und Deutschland legten am 22. Nov. dem Rat der Wirtschafts- und Finanzmin. ihre mittelfristigen wirtschaftspolit. Konvergenzprogramme, die miteinander abgeglichen wurden, vor.

Europa – Osteuropa

Die Losung ›Rückkehr nach Europa‹ benutzten im Umbruch des Wendejahres 1989 und noch einige Zeit danach die demokratisch legitimierten Eliten der ehem. kommunist. Staaten Europas als Synonym für eine neue Politik ihrer Länder. ›Europa‹ wurde zum Losungswort für die Vorstellungen und Wünsche, die sich mit Demokratie und Marktwirtschaft bei Reg. und Volk verbanden.

Die Floskel entpuppte sich als richtig und falsch zugleich. Sie mußte als wirklich falsch abgelehnt werden, da Staaten und Nationen wie Polen, Tschech. und Slowak. Rep., Ungarn, Rumänien, Bulgarien, Albanien u. a. nach der kommunist. Machtübernahme 1944/45 nicht von der Landkarte Europas in einen anderen Erdteil verbannt worden waren. Richtig war dagegen der emphat. Gedanke einer Rückkehr in eine europ. Wertegemeinschaft, die sich auf die jüd.-christl. Ethik und die Traditionen der Aufklärung sowie der bürgerl. Revolutionen (Freiheit – Gleichheit – Brüderlichkeit) berief und in scharfem Gegensatz zu totalitären Herrschaftsmechanismen stand. ›Europa‹ wurde auch als der konkrete Integrationsmechanismus verstanden, der nach 1945 in ›West‹-Europa mit Europarat, EG,

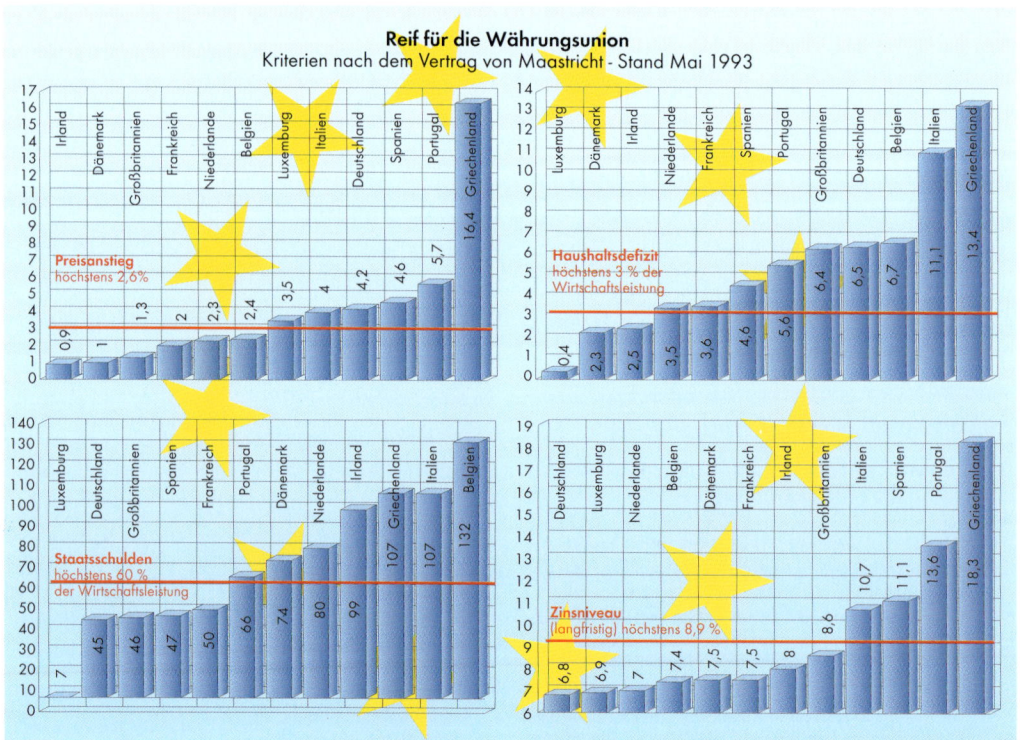

Reif für die Währungsunion
Kriterien nach dem Vertrag von Maastricht - Stand Mai 1993

Preisanstieg höchstens 2,6 %
Irland 0,9 · Dänemark 1 · Großbritannien 1,3 · Frankreich 2 · Niederlande 2,3 · Belgien 2,4 · Luxemburg 3,5 · Italien 4 · Deutschland 4,2 · Spanien 4,6 · Portugal 5,7 · Griechenland 16,4

Haushaltsdefizit höchstens 3 % der Wirtschaftsleistung
Luxemburg 0,4 · Dänemark 2,3 · Irland 2,5 · Niederlande 3,5 · Frankreich 3,6 · Spanien 4,6 · Portugal 5,6 · Großbritannien 6,4 · Deutschland 6,5 · Belgien 6,7 · Italien 11,1 · Griechenland 13,4

Staatsschulden höchstens 60 % der Wirtschaftsleistung
Luxemburg 7 · Deutschland 45 · Großbritannien 46 · Spanien 47 · Frankreich 50 · Portugal 66 · Dänemark 74 · Niederlande 80 · Irland 99 · Griechenland 107 · Italien 107 · Belgien 132

Zinsniveau (langfristig) höchstens 8,9 %
Deutschland 6,8 · Luxemburg 6,9 · Niederlande 7 · Belgien 7,4 · Dänemark 7,5 · Frankreich 7,5 · Großbritannien 8 · Irland 8,6 · Italien 10,7 · Spanien 11,1 · Portugal 13,6 · Griechenland 18,3

WEU und im geographisch weiteren Sinne auch der NATO errichtet und entwickelt worden war.

Allerdings konnte auch hier nicht von einer ›Rückkehr‹ der ›Ost‹-Europäer die Rede sein, waren sie doch nie Mitgl. dieser Institutionen gewesen. Von Rückkehr ließ sich aber ebensowenig kollektiv in dem eher symbol. Sinne sprechen, waren doch einige Staaten in der kurzen Zeit ihrer Unabhängigkeit vor 1945 nur unvollständig von den Gesellschafts- und Wirtschaftsentwicklungen im Westen und in der Mitte des Kontinents erfaßt worden. Bei den meisten Staaten Ostmittel- und Südosteuropas wurde nach 1989 erstmals die Entscheidung über eine vorbehaltlose institutionelle Verbindung mit Europas Westen und die polit.-kulturelle Anpassung an seine Strukturen (›civic culture‹) getroffen. Mit dem ›Weg nach Europa‹ suchten seine Befürworter in Ostmitteleuropa eine Stabilität versprechende Antwort auf die Versuchung, nach der Abstreifung der sowjet. Hegemonie die nunmehr erreichte innere und äußere Souveränität für eine betont nat. oder gar nationalist.-chauvinist. Politik zu nutzen. Die geistige Desorientierung und sozialkulturelle Entwurzelung breiter Bevölkerungsschichten hatte die europ. Orientierung allerdings zum stärker werdenden Gegner. Nationalist. Gruppierungen nutzten die innenpolit. und wirtschaftl. Instabilitäten für nat. Demagogien.

Mag der bisher vorherrschende polit. Wille, den ›Weg nach Europa‹ zu gehen, im nunmehr demokrat. Staatengürtel diesseits der Außengrenzen der untergegangenen Sowjetunion auch gleich gewesen sein, die Ausgangsvoraussetzungen für innere Demokratisierung, Aufbau einer Marktwirtschaft und stufenweise Integration in die bisher ›west‹-europ. Institutionen konnten nicht divergierender sein. Was verband Tschechen, Polen und Albaner mehr als das Schicksal, über vierzig Jahre lang von kommunist. Parteien regiert worden zu sein?

Als unmittelbare Folge des Zusammenbruchs der kommunist. Systeme in Europa erfuhr zuerst der Europarat eine polit. Aufwertung. Die Mitgliedschaft in dieser ältesten europ. Institution bestätigte die Wahrung der Menschen- und Bürgerrechte, Rechtsstaatlichkeit und Demokratie, die wiederum die Eingangsvoraussetzung für die spätere Einbeziehung in die Institutionen der europ. Integration darstellte. Zw. 1990 und 1993 wurden Ungarn, die Tschechoslowakei (ab 1993 Tschech. und Slowak. Rep.), Polen, Bulgarien und Rumänien in den Europarat aufgenommen.

Die Anforderungen an die polit. Stabilität, die demokrat. Kultur, die Reform der Staatsverwaltung, die wirtschaftl. Entwicklung sowie an die allg. Lebensstandards sind hinsichtlich der Mitgliedschaft in den EG weit höher als im Falle des Europarats. Die Bedingungen für einen EG-Beitritt in einem absehbaren Zeitraum schienen die Staaten des Visegrád-Bundes (polit. und wirtschaftl. Kooperationsbündnis zw. Ungarn, Polen sowie der Tschech. und Slowak. Rep.) am ehesten zu erfüllen. So wurden auch EG-Assoziierungsverträge mit Polen, Ungarn und der Tschechoslowakei abgeschlossen (nach der

Lange Wartezeiten für Lastwagen an der deutsch-tschechischen Grenze, hier bei Waidhaus in Bayern

Trennung mußten sie mit der Tschech. und der Slowak. Rep. neu ausgehandelt werden). Bulgarien, Rumänien und Albanien schlossen zwar ebenfalls Assoziierungs- bzw. Kooperationsabkommen mit den EG ab, eine engere Anbindung dieser Länder erschien aber für einen überblickbaren Zeitraum weniger wahrscheinlich als im Falle der Visegrád-Staaten.

Die demokrat. und marktwirtschaftl. Reformen zeitigten in Ungarn, Polen, der Tschech. Rep. und mit Abstrichen in der Slowak. Rep. nicht zuletzt aufgrund günstigerer histor., kultureller und geograph. Konstellationen Erfolge, die Bulgarien, mehr aber noch Rumänien und Albanien versagt blieben. Nationalitäten- und Minderheitenprobleme sowie nationalist. Strömungen belasteten letztere auch mehr als die Visegrád-Staaten, wobei die Slowak.

Die Wirtschaftskrisen in den osteuropäischen Ländern lassen überall einfache Märkte entstehen. Im Bild der Markt in Warschau vor dem Kulturpalast, wo Russen Waren - ausgebreitet auf einer Prawda - anbieten

Rep. und Ungarn zuletzt wegen ungar. Minderheiten in der Slowak. Rep., in Rumänien und in Serbien (Wojwodina) destabilisierende Entwicklungen in den mitteleurop. Raum trugen.

Auch sicherheitspolitisch suchten die ostmitteleurop. Staaten eine neue Partnerschaft mit den Westeuropäern bzw. mit dem nordatlant. Raum. Seit dem Zusammenbruch des Warschauer Pakts und der Entstehung eines sicherheitspolit. Vakuums zw. dem Nordatlantik und Rußland bemühten sich v.a. Polen, Ungarn und die Tschechoslowakei um sicherheitspolit. Garantien, die über den Konsultationsmechanismus des NATO-Kooperationsrats (NATO und ehem. Warschauer-Pakt-Staaten) hinausgehen und die NATO-Beitrittsperspektive einbeziehen sollten. Auch Rumänien, Bulgarien und Albanien äußerten entsprechende polit. Wünsche. Polen stellte sich als der konsequenteste Verfechter der NATO-Orientierung dar und brachte die Allianz mit seinen Initiativen in Verlegenheit. Die ostmitteleurop. Länder schlossen in den vergangenen zwei Jahren zahlreiche bilaterale Abkommen mit NATO-Staaten über eine Zusammenarbeit im militär. Bereich ab.

Bemerkenswert blieb die Zurückhaltung bei der Diskussion über die Verstärkung des europ. Standbeins der Sicherheitspolitik in Gestalt der WEU, obwohl sich dies angesichts des verteidigungspolit. Auftrags der Europ. Union (EU) angeboten hätte. Rücksicht auf die Vorbehalte der USA hinsichtlich einer Aufwertung der WEU mögen hier eine Rolle gespielt haben. Dessen ungeachtet schlugen der dt. Außenmin. und sein frz. Amtskollege im Nov. 1993 eine Assoziierung der Visegrád-Staaten an die WEU vor.

Die Hinwendung der Staaten Ostmittel- und Südosteuropas nach ›Europa‹ fand in einem histor.-polit. Augenblick statt, in dem die europ. Integration unter dem Eindruck der Maastrichter Beschlüsse in die verstärkte innenpolit. Diskussion der Mitgliedsländer und der mittel- und nordeurop. Beitrittskandidaten geriet. Die ›Sinnkrise‹ der Gemeinschaft, schließlich auch ihr protektionist. Gebaren gegenüber den assoziierten Ostmitteleuropäern, in dem der tschech. MinPräs. VÁCLAV KLAUS eine neue Form des Nationalismus sah, erschwerte den europafreundl. Reg. zuletzt die offensive Vertretung der Integrationspolitik nach innen.

Evaluation: In der dt. Politik setzte sich 1993 zunehmend die Absicht durch, zukünftig E. von Studiengängen und Hochschulen durchzuführen. Betraut werden soll damit eine von den Kultusbehörden eingesetzte Kommission bzw. der Wissenschaftsrat, der schon die E. der Hochschullandschaft der ehem. DDR vorgenommen hatte. Derartige Beurteilungen werden z. B. in den USA seit 1973 regelmäßig vorgenommen.

In der Diskussion um die Qualität der akadem. Lehre brachte im April auch die Ranking-Studie des Nachrichtenmagazins ›Der Spiegel‹ die dt. Hochschulen weiter in die Kritik. Sie verglich durch Befragung von etwa 1000 Studenten die Leistungen von 57 dt. Univ. in der Lehre miteinander und kam zu dem Ergebnis, daß insbes. die kleineren Univ. mit einem guten Betreuungsklima und überschaubaren Forschungsschwerpunkten in der Gunst der Studenten deutlich an der Spitze stehen, während die größeren ›Massenuniv.‹ sich eher am unteren Ende der Rangliste wiederfinden. Studentenvertreter bemängelten in diesem Zusammenhang v. a., daß die wiss. Reputation der Professoren nur auf Forschungsleistungen, nicht aber auf der Güte von Seminaren und Vorlesungen gründe.

evangelische Kirchen: Die e. K. reagierten in vielfältiger Weise auf die polit. Wende in Osteuropa: In Kasachstan wurde eine ev.-luther. Kirche aus ca. 250 Gemeinden v. a. dt. Abstammung gegründet; Superintendent wurde RICHARD KRATZ, Präsident der Synode HEINRICH DAUDRICH. Nach Angaben der Dt. Bibelgesellschaft in Stuttgart wurden in Rußland monatlich rd. 100 000 Bibeln und ebenso viele Kinderbibeln gedruckt. In den neuen Bundesländern begann man mit dem Wiederaufbau historisch und künstlerisch wertvoller Kirchen, darunter der völlig zerstörte Dresdner Frauenkirche, deren Baupläne von GEORGE BÄHR aus dem 18. Jh. noch vollständig vorliegen.

Im März fand in Budapest die Europ. Ev. Versammlung aus Anlaß des 20. Jahrestags der Leuenberger Konkordie statt, durch die 1973 Kanzel- und Abendmahlsgemeinschaft fast aller reformator. Kirchen Europas vereinbart worden war. Ebenfalls im März hielt der amerikan. Baptistenpastor BILLY GRAHAM im Rahmen der Evangelisation ›ProChrist '93‹ Ansprachen in der Essener Gruga-Halle, durch die per Satellitenübertragung ca. 10 Mio. Menschen an 1400 europ. Orten erreicht worden sein sollen. Der Anglikaner JOHN ARNOLD wurde neuer Präs. der Konferenz Europ. Kirchen (KEK), die 123 nichtkathol. Kirchen mit etwa 250 Mio. Christen repräsentiert. Die luther. Kirche Schwedens, mit 7,6 Mio. Mitgl. die größte der Welt, hat in GUNNAR WEMAN einen neuen Erzbischof. In der größten protestant. Kirche der dritten Welt, der Toba-Batak-Kirche in Indonesien, wurde der Bischof vom militär. Geheimdienst für abgesetzt erklärt, Proteste gegen diese Maßnahme, die weltweit erfolgten, im Lande selbst hart unterdrückt; ein Verwaltungsgericht erklärte das Vorgehen des Militärs für rechtswidrig. In Deutschland ging die Aufarbeitung der kirchl. Vergangenheit in der ehem. DDR weiter, indem nun auch im Westen mit einer systemat. Überprüfung der kirchl. Mitarbeiter begonnen wurde. Angeblich sollen bis zu 40 inoffizielle Mitarbeiter der Staatssicherheit in westdt. Landeskirchen tätig gewesen sein, von denen bisher jedoch erst drei enttarnt wurden. In München fand vom 9. bis 13. Juni der 25. Dt. Ev. Kirchentag mit ca. 125 000 Teilnehmern statt. Er stand unter der Losung ›Nehmet einander an‹, die den Kern der von Fremdenhaß und Ausländerpolitik geprägten innenpolit. Situation traf. Daneben standen die Themen Ökumene, dritte Welt und dt. Einheit im Mittelpunkt des Laientreffens. Kirchentagspräs. war ERIKA REIHLEN.

In der Ev. Kirche in Deutschland (EKD) fanden einige bedeutsame Personalveränderungen statt: Der Göttinger Landessuperintendent ROLF KOPPE wurde, als Nachfolger von HEINZ JOACHIM HELD, im Sept. Leiter der Ökumene- und Auslandsabteilung des EKD-Kirchenamtes, HARTMUT LÖWE neuer Bevollmächtigter der EKD in Bonn als Nachfolger von HEINZ-GEORG BINDER, der jedoch Militärbischof blieb; HANS NORBERT JANOWSKI wurde im Okt. neuer Direktor des Gemeinschaftswerks der ev. Publizistik und zugleich EKD-Rundfunkbeauftragter. Die kirchl. Hochschule Berlin verlieh dem anglikan. Erzbischof von Kapstadt, DESMOND TUTU, die theolog. Ehrendoktorwürde. Der ev. Pfarrer und Bürgerrechtler FRIEDRICH SCHORLEMMER erhielt im Okt. den Friedenspreis des Dt. Buchhandels. Am 18. Mai verstarb HEINRICH ALBERTZ, Pastor und ehem. Regierender Bürgermeister von Berlin, am 17. Okt. der Theologe HELMUT GOLLWIT-

Der 25. Evangelische Kirchentag in München - im Bild Bischof Johannes Hanselmann und Bischöfin Maria Jepsen beim Abschlußgottesdienst am 13. Juni im Olympiastadion - befaßt sich intensiv mit dem Thema von Haß und Gewalt gegen Fremde

zer. Beide waren durch den Kirchenkampf in der NS-Zeit geprägt und zählten zu den profiliertesten Persönlichkeiten des dt. Protestantismus; für junge und krit. Christen galten sie als glaubwürdige Identifikationsgestalten.

EWI, Abk. für → Europäisches Währungsinstitut.

F

FDP, Abk. für Freie Demokratische Partei: Der Bundesvorstand der Partei beschloß im März den Abbruch aller offiziellen Kontakte zur Freiheitl. Partei Österreichs (FPÖ) und die Aufnahme von Kontakten zum neugegr. → Liberalen Forum, das sich in Abspaltung von der FPÖ gebildet hatte. Als

Grund gab der Parteivors. GRAF LAMBSDORFF die rechtskonservative Ausrichtung der FPÖ an, seit JÖRG HAIDER 1986 den Vorsitz übernommen habe. Im Verlauf des 44. Bundesparteitags der FDP im Juni in Münster fand ein Wechsel in der Führungsspitze statt. Am 11. Juni wählten die Delegierten mit 545 von 619 Stimmen den erst 1991 in die Partei eingetretenen Bundesaußenmin. KLAUS KINKEL zum neuen Vorsitzenden. GRAF LAMBSDORFF hatte bereits seit längerem seinen Verzicht auf eine Wiederwahl geäußert. Der Anwartschaft von JÜRGEN MÖLLEMANN – zunächst als aussichtsreichster Kandidat für die Nachfolge des als autokrat. geltenden LAMBSDORFF gehandelt – war im Jan. durch seinen Rücktritt als Bundeswirtschaftsmin. nach der → Briefbogenaffäre ein Ende bereitet worden. Eine der wichtigsten Aufgaben KINKELS ist es, die innere Geschlossenheit der FDP wiederherzustellen und sie im Wahljahr 1994 aus dem Schatten des Koalitionspartners CDU herauszuführen, mit dem es heftige Kontroversen gab (großer Lauschangriff, Alleingang des Bundeskanzlers bei der Aufstellung

eines Kandidaten für das Präsidentenamt). Zum neuen GenSekr. der FDP wurde WERNER HOYER, der bisherige parlamentar. Geschäftsführer der Bundestagsfraktion, gewählt.

KINKEL und andere FDP-Politiker bemühten sich, HANS-DIETRICH GENSCHER zu einer Kandidatur für die Wahl des Bundespräs. im Jahr 1994 zu bewegen, doch blieb dieser bei seiner bereits zuvor mehrfach geäußerten ablehnenden Haltung. Im Okt. nominierte die FDP schließlich mit HILDEGARD HAMM-BRÜCHER ihre Kandidatin für das Präsidentenamt.

Fermatsche Vermutung, berühmte mathematische Vermutung, nach der die Gleichung $x^n + y^n = z^n$ für natürl. Exponenten n größer als 2 keine von Null versch. ganzzahligen Lösungen besitzt. Der frz. Mathematiker PIERRE DE FERMAT, im Hauptberuf Jurist und in versch. Ämtern am Gerichtshof von Toulouse tätig, schrieb sie 1637 auf den Rand eines Buchs und notierte auch, eine ›wahrhaft wunderbare Beweisführung‹ entdeckt zu haben, die auf dem Rand keinen Platz fände. Seitdem bemühten sich unzählige Mathematiker vergeblich um eine solche Einsicht; CARL FRIEDRICH GAUSS (auf der neuen 10-DM-Note abgebildet) lehnte allerdings eine Beschäftigung mit diesem Vermächtnis unter dem Hinweis ab, er könne eine Vielzahl solcher Behauptungen aufstellen, die weder zu beweisen noch zu widerlegen seien. In einem aufsehenerregenden Vortrag skizzierte nun der Mathematiker ANDREW WILES von der Princeton Univ. (New Jersey) auf einer Arbeitstagung im Juni in Cambridge den Beweis von Teilen einer 1955 durch den Japaner YUTAKA TANIYAMA formulierten Vermutung, aus denen auch die Richtigkeit der F. V. folgt. Die Taniyama-Vermutung bezieht sich auf Zusammenhänge zw. den Gebieten der diophant. Geometrie und der Theorie der automorphen Funktionen. Bereits 1986 bewies GERHARD FREY von der Univ. Essen, daß die F. V. aus der Taniyama-Vermutung und einer weiteren bis dahin unbewiesenen Vermutung gefolgert werden kann, und im folgenden Jahr zeigte der Berkeley-Mathematiker KENNETH RIBET, daß schon der Brückenschlag zur Taniyama-Vermutung trägt. Der jetzt von WILES vorgelegte Beweis wurde zunächst Experten zur Prüfung übergeben.

Fernsehen, → digitales Fernsehen.

Fidschi

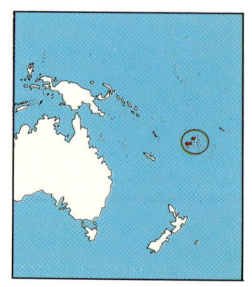

Hauptstadt: Suva
Einwohner: 739 000
Einwohner/km²: 40
Staatsoberhaupt: Ratu Sir Penaia Ganilau
Regierungschef: Sitiveni Rabuka
BSP/Einwohner: 1830 US-$

Film

Kurz vor dem 100. Geburtstag der ersten öffentl. Filmvorführung im Jahre 1895 befand sich der Film und das Kino in einer Phase des Umbruchs, aber auch der Stagnation. Die Sehgewohnheiten v. a. des jugendl. Publikums haben sich durch andere Medien wie Computer und Videofilme verändert, gleichzeitig dominieren in den Kinos weltweit die Produkte der amerikan. Filmindustrie. Das hochsubventionierte europ. Kino verstand es bislang nicht, sich dagegen adäquat zur Wehr zu setzen.

Geschichten über menschliche Beziehungen

Daß das amerikan. Kino neben spektakulärer Tricktechnik auch über ein ungeheures Potential an unverbrauchten Geschichten und innovativer Erzähltechnik verfügt, bewiesen 1993 mehrere Filme. Überschattet von der Trennung und gerichtl. Auseinandersetzung WOODY ALLENS und MIA FARROWS kam ›Ehemänner und Ehefrauen (›Husbands And Wives‹), ALLENS 22. Film, in die Kinos. Der Film ist eine präzise Beschreibung des Zustands und der Gefühle von Menschen, die nach Jahren des Zusammenlebens feststellen, daß sie sich entfremdet haben und nur noch die gemeinsamen Erinnerungen sie verbinden. Er demontiert in den vielen gescheiterten Beziehungen, die seine vier Hauptpersonen eingehen (dargestellt von ALLEN, FARROW, JUDY DAVIS und SIDNEY POLLACK), das Vertrauen auf die Stabilität einer Ehe oder Liebe und fragt nach den Bedingungen von Beständigkeit. ALLEN stellt die Ansprüche und Gefühle seiner Figuren wie in einer Laborsituation dar: Sie sitzen bei ihrem Psychiater (der nie zu sehen ist) und sprechen oft direkt in die Kamera über sich, ihr Vorleben, ihre Partner. Dieser ›dokumentar.‹ Charakter des Films wird noch verstärkt durch eine bewegl. Handkamera und durch Schnitte, die den Fluß der Handlung abrupt unterbrechen.

Der vielleicht bekannteste Independent-Regisseur unserer Tage ist JOHN SAYLES, dessen neuer, im Nov. gestarteter Film ›Passion Fish‹ ein Meisterwerk an unaufdringl. Menschenbeobachtung ist. Er beschreibt, wie eine Fernsehschauspielerin nach einem schweren Unfall in das leerstehende Haus ihrer Eltern in Louisiana zurückkehrt. Sie ist querschnittsgelähmt und reagiert ihre Depressionen mit dem Schikanieren ihrer Pflegerinnen ab, die es meist nach kurzer Zeit mit der sich selbst bemitleidenden Frau nicht mehr aushalten. Erst mit Chantelle, die mehr als ihre Vorgängerinnen den Job benötigt, beginnt sie sich zu arrangieren. Zw. beiden entwickelt sich ein zögerl. Annäherungsprozeß, der zu Beginn noch darauf beruht, daß sie aufeinander angewiesen sind, sich dann aber zur Freundschaft entwickelt. Es gibt keine Gefühlsduselei in ›Passion Fish‹; jedes Betroffenheitskino ist dem Film fremd, er beobachtet reale, alltägl. Probleme.

Deutsche Filme in der Diskussion

Der dt. Film befand sich auch 1993 in der Defensive, sein Marktanteil belief sich im Jahresdurch-

›Ehemänner und Ehefrauen‹: Ein Filmausschnitt mit Mia Farrow   und Woody Allen

schnitt auf unter 10%. Die angenehmste Überraschung, sowohl an der Kasse als auch bei der Kritik, war DETLEV BUCKS ›Wir können auch anders‹. In ihm brechen zwei Brüder aus dem Holsteinischen – der eine gerade aus der psychiatr. Klinik entlassen, der andere des Schreibens unkundig – zu einer Reise in den Osten Deutschlands auf, um dort eine Erbschaft anzutreten. Unterwegs gesellt sich ein desertierter russ. Soldat zu ihnen, und weil sie ein paar Wegelagerer ungewollt ermorden, verfolgt die Polizei das Trio. Ihre Flucht läßt die naiven Brüder trotz aller Gefahren gleichzeitig ein Gefühl von Freiheit erahnen. BUCK, seit ›Erst die Arbeit und dann‹ (1985) und ›Karniggels‹ (1992) das Ko-

Internationale Filmpreise 1993
(Auswahl)

Academy Awards (›Oscars‹) der Academy of Motion Picture Arts and Sciences, Los Angeles–Hollywood (USA): Preis für den besten Film für ›Erbarmungslos‹ (C. Eastwood, USA), für den besten ausländischen Film für ›Indochine‹ (R. Wargnier, Frankreich), für die beste Darstellerin an Emma Thompson (›Wiedersehen in Howards End‹), für den besten Darsteller an Al Pacino (›Der Duft der Frauen‹), für die beste Nebendarstellerin an Marisa Tomei (›Mein Vetter Winnie‹), für den besten Nebendarsteller an Gene Hackman (›Erbarmungslos‹), für die beste Regie an Clint Eastwood (›Erbarmungslos‹), Ehrenoscar an Federico Fellini

42. Internationale Filmfestspiele Berlin (›Berlinale‹): ›Goldener Bär‹ an Xie Fei für ›Die Frauen vom See der duftenden Seelen‹ (China) und an Ang Lee für ›Das Hochzeitsbankett‹ (Taiwan)

45. Internationale Filmfestspiele Cannes (Frankreich): ›Goldene Palme‹ für ›The Piano‹ (Jane Campion, Neuseeland) und ›Farewell to my Concubine‹ (Chen Kaige, China), Preis für die beste Darstellerin an Holly Hunter (›The Piano‹), für den besten Darsteller an David Thewlis (›Naked‹), für die beste Regie an Mike Leigh (›Naked‹), ›Goldene Kamera‹ für den besten Erstlingsfilm für ›Der Duft der grünen Papaya‹ (Thran Auh Hung, Vietnam)

Der Star und sein Beschützer. in dem Kassenknüller ›Bodyguard‹
Whitney Houston und Kevin Costner

mödientalent des neueren dt. Films, gelang mit ›Wir können auch anders‹ ein skurriles Road Movie mit einem versponnenen Humor, der seine naiven Originale nie der Lächerlichkeit preisgibt.

Eine auf den ersten Blick ähnlich unvoreingenommene Haltung den Protagonisten gegenüber findet sich in den Dokumentarfilmen ›Warheads‹ von ROMUALD KARMAKAR, der Leben und Arbeit von Söldnern beschreibt, in THOMAS HEISES Film über jugendl. Skinheads und Neonazis in Halle ›Stau – jetzt geht's los‹ und in ›Beruf Neonazi‹ von WINFRIED BONENGEL, der einen neuen, mediengewandten Typ des Rechtsradikalen präsentiert. Man hat bei allen drei Filmen, bes. bei Bonengel, einen krit. Kommentar vermißt. Die Filme nehmen dem Zuschauer das Denken nicht ab; ihre Protagonisten werden durch sich selbst und durch Schnitt und Kameraführung entlarvt.

Faszination der Bilder

Das Vertrauen auf die Kraft der Bilder zeigte sich bes. in zwei Arbeiten. In JANE CAMPIONS ›Das

Holly Hunter mit Filmtochter Anna
Paquin. Szenenfoto aus ›Das Piano‹

Piano‹ (›The Piano‹) ist es die dschungelhaft-unwirtl., ständig verregnete Landschaft Neuseelands, die wie eine zusätzl. Figur das Drama einer Selbstbehauptung im 19. Jh. begleitet. Graue Wolken hängen über der Küste, als Ada und ihre Tochter in Neuseeland an Land gehen. Ada ist stumm und mit einem Siedler verheiratet worden, sprechen kann sie nur durch ihre Tochter oder über ihr Piano und seine Musik. Die versteht allerdings ihr Ehemann nicht. Deshalb verkauft er das Klavier gegen ein Grundstück an einen anderen Siedler, Baines, der sich damit Ada ins Haus holt: Sie soll ihm beibringen, es zu spielen. Handel und Tausch sind die dominierenden Motive in diesem Film, und sie beherrschen auch die Beziehung zwischen Ada und Baines. Für jede Enthüllung, jede Berührung kann sie Tasten des Klaviers verdienen, bis es wieder ganz in ihren Besitz kommt.

Der für viele schönste Film des Jahres kam aus Kanada mit ›Leolo‹ von JEAN-CLAUDE LAUZON. ›Weil

Filmhits 1993 in Deutschland

1. **Jurassic Park**
   USA 1993. 9,04 Mio. Zuschauer.
   Start: 2. 9. 1993. Regie: Steven Spielberg.
   Mit Sam Neill, Laura Dern, Jeff Goldblum und Richard Attenborough
2. **Bodyguard**
   USA 1992. 6,189 Mio. Zuschauer.
   Start: 7. 1. 1993. Regie: Mick Jackson.
   Mit Kevin Costner und Whitney Houston
3. **Die Schöne und das Biest**
   USA 1991. 5,155 Mio. Zuschauer. Start: 26. 11. 1992. Regie: Gary Trousdale, Kirk Wise
4. **Sister Act – Eine himmlische Karriere**
   USA 1992. 4,739 Mio. Zuschauer.
   Start: 26. 11. 1992. Regie: Emile Ardolino.
   Mit Whoopi Goldberg, Maggie Smith und Harvey Keitel
5. **Kevin – Allein in New York**
   USA 1992. 4,428 Mio. Zuschauer. Start: 10. 12. 1992. Regie: Chris Columbus. Mit Macaulay Culkin, Joe Pesci und Daniel Stern
6. **Hot Shots: Der zweite Versuch**
   USA 1993. 4,331 Mio. Zuschauer. Start: 23. 9. 1993. Regie: Jim Abrahams. Mit Charlie Sheen, Lloyd Bridges und Valeria Golino
7. **Dennis**
   USA 1993. 3,913 Mio. Zuschauer.
   Start: 8. 7. 1993. Regie: Nick Castle.
   Mit Walter Matthau und Mason Gamble
8. **Das Dschungelbuch**
   USA 1967 (Wiederaufführung).
   3,554 Mio. Zuschauer. Start: 25. 3. 1993.
   Regie: Wolfgang Reithermann
9. **Sommersby**
   USA 1993. 2,873 Mio. Zuschauer.
   Start: 18. 3. 1993. Regie Jon Amiel.
   Mit Richard Gere und Jodie Foster
10. **Ein unmoralisches Angebot**
    USA 1993. 2,271 Mio. Zuschauer. Start: 20. 5. 1993. Regie Adrian Lyne. Mit Demi Moore, Woody Harrelson und Robert Redford

ich träume, bin ich nicht‹, sagt sich der kleine Leolo immer wieder. Seine Träume sind ihm Schutz vor dem Sein, und das bedeutet eine Familie, die im armseligen Ostteil von Montreal lebt und langsam in den Wahnsinn treibt: ein Vater, der von dem Gedanken besessen ist, daß regelmäßiger Stuhlgang eine heilende Kraft habe, ein älterer Bruder, der manisch Bodybuilding betreibt, eine Schwester, die im Keller über ein imaginäres Reich von Insekten herrscht, die ihr Leolo in Einmachgläsern bringt, ein Großvater, der mehrmals versucht hat, ihn umzubringen und der sich von dem jungen Mädchen Bianca die Fußnägel abknabbern läßt. Biancas Familie stammt aus Sizilien, und sie gehört zu den Träumen, die Leolo vom Wahnsinn abhalten, indem sie ihn von seiner Familie separieren. ›Leolo‹ ist eine visionäre Annäherung an die Kindheit, wie in der Erinnerung lassen sich Träume, Wünsche und die Realität kaum noch trennen. Das Derbe und das Gewalttätige vereinen sich mit Bildern atemberaubender Schönheit zu einem radikalen und surrealen Werk, das ganz auf die visuellen Möglichkeiten des Films baut.

Finnland

Hauptstadt: Helsinki
Einwohner: 5 Mio.
Einwohner/km^2: 15
Staatsoberhaupt:
M. H. Koivisto
Regierungschef:
E. Aho
BSP/Einwohner:
24 400 US-$

Wirtschaftskrise

In F. setzte sich 1993 der dramat. Niedergang der Wirtschaft der beiden letzten Jahre fort. Die Inlandsnachfrage lag am Boden; Unternehmen und Privathaushalte schafften es zwar, ihre Schulden zu konsolidieren, doch ging dies auf Kosten des Verbrauchs und der Investitionen. Das Bruttoinlandsprodukt (BIP) ist in den beiden letzten Jahren um insgesamt 11 % zurückgegangen. Das Baugewerbe war bes. hart betroffen, die Produktion lag um 65 % unter dem letzten Höchststand im Jahre 1989. Die Arbeitslosenquote bewegte sich landesweit um 20 %, in einigen Regionen deutlich darüber. Allein die Ausfuhrwirtschaft konnte aufgrund der drast. Abwertung der Finnmark (45 %) und der niedrigen Lohnstückkosten (ein Drittel unter den deutschen) um gut 10 % zulegen und erstmals seit dem Zusammenbruch des sowjet. Marktes die Außenbilanz den schwarzen Zahlen wieder näherbringen. Mehr als in anderen Industrieländern haben die finn. Gewerkschaften Opfer gebracht und einem realen

Rückgang der Löhne und Gehälter (ca. 7 %) zugestimmt, was den Unternehmen Luft verschaffte. Dies führte auch zu einer moderaten Inflationsrate von 3 %. Bei den öffentl. Finanzen und den am Rande der Pleite stehenden Banken, die nur durch staatl. Garantien weiterexistieren konnten, blieb die Situation gespannt. Die Staatsverschuldung wuchs erneut markant und betrug Ende des Jahres 270 Mrd. Fmk, was etwa 55 % des BIP entsprach.

Innen- und Außenpolitik

Die Wirtschaftskrise weitete sich immer mehr zu einer Krise des polit. Systems aus. Der bürgerl. Reg., die der schnell steigenden Staatsverschuldung mit drast. Sparmaßnahmen begegnete, wurden die Kürzung von Sozialleistungen und Ineffektivität beim Krisenmanagement (Partikularinteressen der Koalitionspartner) vorgeworfen. In den Sog der Kritik geriet aber auch die oppositionelle Sozialdemokratie, deren Obstruktionskurs gegen die Sparpläne der Reg. vielfach als takt. Manöver zur Verbesserung der Ausgangsposition bei den Präsidentschaftswahlen (1994) betrachtet wurde. Zudem mußte der erst im Nov. 1991 gewählte neue Parteivors. ULF SUNDQVIST im März zurücktreten, da er in dunkle Kreditgeschäfte mit der Gewerkschaftsbank verwickelt war. Schwerpunkt der finn. Außenpolitik war der baldige Beitritt F.s zur EG, der eine Mehrheit im Lande zu haben scheint. Selbst der neue Außenmin. HEIKKI HAAVISTO, der früher Präs. des finn. Bauernverbandes war und als EG-Gegner galt, stellte sich nicht mehr als solcher dar. Wie Schweden und Norwegen ist F. daran gelegen, in den Beitrittsverhandlungen Sonderregelungen für seine subarkt. Landwirtschaft zu erreichen. Ein weiterer Schwerpunkt finn. Außenpolitik zielte auf die polit. und wirtschaftl. Stabilisierung der östl. Ostseeregion.

Flüchtlinge: Die rd. drei Mio. F. aus und in Bosnien-Herzegowina haben die weltweite Zahl der F. nach der engen Definition der Genfer Flüchtlingskonvention auf etwa 20 Mio. erhöht. Diese Zahl erfaßt allerdings nicht die mindestens ebenso vielen Binnenflüchtlinge, die durch Krieg, Gewalt oder andere Zwangssituationen aus ihren angestammten Heimatgebieten vertrieben wurden, aber die Staatsgrenzen nicht überschritten haben. Und sie klammert die große Zahl der Wirtschaftsflücht-

Zeichnung: Wolfgang Horsch

Flüchtlinge und Vertriebene im ehemaligen Jugoslawien
(Stand 11. 1. 1993)

Gegenwärtiger Aufenthalt	aus Kroatien	aus Bosnien und Herzegowina	insgesamt
Kroatien	253 000	288 000	573 000[1]
UNPA[2]	87 000	–	87 000[3]
Serbien	161 000	292 000	453 000
Bosnien und Herzegowina	70 000	740 000	810 000[3]
Montenegro	7 000	57 000	64 000
Slowenien	2 000	48 000	50 000
Makedonien	3 000	29 000	32 000
insgesamt	583 000	1 454 000	2 069 000[4]

[1] einschließlich 32 000 Flüchtlingen aus anderen Republiken des ehemaligen Jugoslawien
[2] United Nations Protected Areas in Kroatien
[3] geschätzt
[4] ohne rund 986 000 Personen, die auch vom UNO-Hochkommissariat für Flüchtlinge (UNHCR) betreut werden
Quelle: UNHCR 1993

linge aus, die aus existentieller Not wandern und meistens in der völlig ungesicherten Illegalität die neuen Heloten des Weltarbeitsmarkts bilden. Allein innerhalb Afrikas sind schätzungsweise 30–35 Mio. Migranten auf der Suche nach Überlebenschancen unterwegs. Hier überschreitet auch die Zahl der von Kriegen entwurzelten Personen bei weitem die Zahl der vom UNO-Hochkommissar für F. (UNHCR) registrierten ›echten‹ Flüchtlinge.

In einigen Regionen hat sich durch die Schlichtung von Regionalkonflikten das Flüchtlingsproblem entschärft, so in Äthiopien/Eritrea, in und um Afghanistan und Indochina und in Zentralamerika. Aber hier hat der UNHCR finanzielle Probleme, den rückkehrwilligen F. die notwendige Starthilfe in den häufig noch verminten und zerstörten Heimatgebieten zu gewähren. Brennpunkte des Flüchtlingsproblems sind die Kriegsgebiete im Sudan, in Ruanda, Angola, Liberia und Burundi. Die Machtkämpfe in Togo haben die Hauptstadt Lomé fast zur Hälfte entvölkert. Der Terror des irak. Regimes trieb Hunderttausende von Schiiten in den Iran. Kurdistan ist eine von Flüchtlingslagern übersäte Grenzregion zw. vier Staaten.

In den westl. Medien wird viel über den wachsenden Strom von Ost-West-F. berichtet. In der Tat kamen bis Mitte 1993 etwa zwei Drittel der Menschen, die in Deutschland Asyl beantragten, aus Südosteuropa. Aber viel größer ist das F.-Problem innerhalb der GUS-Staaten. Einerseits werden Russen, die STALIN in die Rand-Rep. der UdSSR umgesiedelt hatte, nun aus diesen Rep. verdrängt, andererseits flüchten vor den Machtkämpfen und ethno-nat. Konflikten in den kaukas. und zentralasiat. Staaten Hunderttausende in die Nachbarländer. Das drohende Chaos in dieser Region könnte einen neuen Brennpunkt des Weltflüchtlingsproblems schaffen. Die Staatengemeinschaft hat sich bisher als unfähig erwiesen, durch Krisenprävention dem Entstehen von neuen Fluchtbewegungen entgegenzuwirken. Deshalb bleiben die F. ein zentrales Weltordnungsproblem.

Focus, seit dem 18. 1. 1993 wöchentlich erscheinendes Nachrichtenmagazin, das in München von der Burda-Gruppe verlegt wird. Das Konzept des Chefredakteurs HELMUT MARKWORT, mit kürzeren Texten, zahlreichen Grafiken, Fotos und farbig anschaulich gestalteten Seiten eine schnelle Information über die wesentl. aktuellen Themen zu vermitteln, stieß auf positive Resonanz sowohl bei Anzeigenkunden als auch bei Lesern (insbes. jüngere, kommunikationsstarke Personen eines aufstiegsorientierten Bildungsmilieus). Die verkaufte Auflage lag im 3. Quartal bei ca. 485 000 Exemplaren.

Föderales Konsolidierungsprogramm, →Solidarpakt.

Fogel, Robert William, amerikan. Wirtschaftswissenschaftler, * New York 1. 7. 1926. – Gemeinsam mit DOUGLASS C. NORTH erhielt F. den Nobelpreis für Wirtschaftswiss. 1993 für seine Beiträge zur Wirtschaftsgeschichte. In seinen Arbeiten beschritt F. mit mathemat.-statist. Methoden neue

Das Nachrichtenmagazin Focus aus der Burda-Verlagsgruppe erscheint am 18. Januar erstmals am Kiosk

Wege und brach mehrfach mit gängigen Lehrmeinungen. U. a. führte er 1964 eine Studie zur Rolle der Eisenbahnen für die Wirtschaftsentwicklung in den USA durch sowie 1974 zur Bedeutung der Sklaverei als wirtschaftl. Institution.

F. promovierte 1963 an der Johns Hopkins Univ. in Baltimore (Maryland) und war ab 1965 als Prof. an der Univ. Chicago tätig. 1975–81 lehrte er an der Harvard Univ., bevor er in Chicago die Leitung des Instituts für Wirtschaftsdemographie übernahm.

FPÖ, Abk. für → Freiheitliche Partei Österreichs.

Frankreich

Hauptstadt: Paris
Einwohner: 57,2 Mio.
Einwohner/km²: 104
Staatsoberhaupt:
F. Mitterrand
Regierungschef:
É. Balladur
BSP/Einwohner:
20 600 US-$

Robert Fogel, Nobelpreisträger für   Haus in Chicago
Wirtschaftswissenschaften, in seinem

Die wirtschaftliche Entwicklung

Die seit Ende März 1993 regierende bürgerl. Koalition verknüpfte ihre liberale Wirtschaftspolitik (Autonomie der frz. Zentralbank, Privatisierung von Staatsunternehmen, Förderung privater Rundfunkanstalten etc.) mit sozialpolit. Initiativen. Sie sah – neben der stabilen Währung und der Reduktion des Haushaltsdefizits – eine Priorität in der Bekämpfung der Arbeitslosigkeit und bediente sich dazu zunächst v. a. unternehmenspolit. (z. B. Lohnkostensenkung), dann auch konjunkturstimulierender Maßnahmen (z. B. Steuersenkungen). Insgesamt wollte man die sozialen Errungenschaften bewahren, sah sich aber doch veranlaßt, im Zuge der Sanierung der Sozialversicherungen einige Verschlechterungen in der Rentenversicherung und in den Leistungen der staatl. Krankenkasse zu beschließen. Die Reg. wollte eine ›konzertierte Aktion‹ zw. Arbeitgeber- und Arbeitnehmerverbänden realisieren, löste aber mit dem Fünfjahresplan zur Arbeitspolitik den Protest der Gewerkschaften aus, da er z. B. eine weitgehende Flexibilität der Arbeitszeiten vorsah. Relativ hohe Akzeptanz fand die Politik für städt. Ballungsgebiete, v. a. zur Bekämpfung der Gewalt und Kriminalität.

Innenpolitische Veränderungen

Die frz. Gesellschaft durchlebt als Folge der einschneidenden Veränderungen durch den umfassenden Modernisierungsprozeß der letzten zehn bis zwölf Jahre eine tiefe polit., soziale und moral. Krise. Der seit 1988 regierende Parti Socialiste (PS) hat sich in den Augen vieler Franzosen zunehmend als unfähig erwiesen, die zentral erscheinenden Probleme (Strukturkrisen, Arbeitslosigkeit, Einwanderung etc.) zu lösen. Die Vielzahl polit. Skandale und Korruptionsaffären, in die (nicht nur) sozialist. Politiker verwickelt waren, führte zu einem großen Vertrauensverlust in die Politik allg. und zu

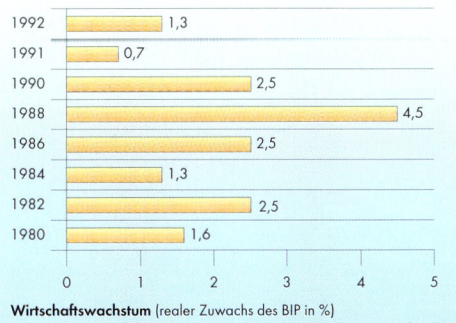

Frankreich

Jahr	Wirtschaftswachstum
1992	1,3
1991	0,7
1990	2,5
1988	4,5
1986	2,5
1984	1,3
1982	2,5
1980	1,6

Wirtschaftswachstum (realer Zuwachs des BIP in %)

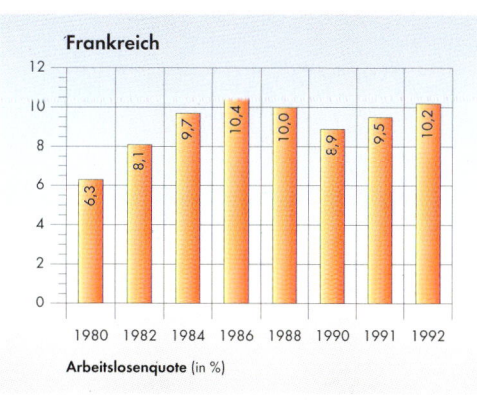

Frankreich

Jahr	Arbeitslosenquote
1980	6,3
1982	8,1
1984	9,7
1986	10,4
1988	10,0
1990	8,9
1991	9,5
1992	10,2

Arbeitslosenquote (in %)

einer enormen Unpopularität der sozialist. Partei. Die Parlamentswahlen vom 21./28. 3. 1993 waren für den PS daher ein wahres Desaster: Er verlor fast die Hälfte seiner Anhänger und erhielt nur noch ca. 18% der Stimmen. Auch die kommunist. Partei (9,2%) mußte erneut Einbußen hinnehmen. Der Anteil an Nichtwählern (31%) und an ungültigen

Der neue französische Premierminister Édouard Balladur (links) übernimmt am 31. März die Amtsgeschäfte von seinem Vorgänger

Pierre Bérégovoy, dessen Sozialistische Partei eine schwere Wahlniederlage erlitten hatte

Stimmen (5,3%) war hoch. Viele kleine, unbedeutende Parteien konnten ihren Stimmenanteil ebenso wie der rechtsextreme Front national (12,5%), die Grünen (Les verts, 4%) und die ›Génération Écologique‹ (3,7%) erhöhen, so daß auch die bürgerl. Rechte, die sich zum Aktionsbündnis Union pour la France (UPF) zusammengeschlossen hatte, keinen übermäßigen Gewinn verzeichnen konnte. Das frz. Mehrheitswahlrecht bewirkte jedoch, daß der neogaullist. Rassemblement pour la République (RPR) und die liberalkonservative Parteienföderation Union pour la Démocratie Française (UDF) mit ca. 40% der Stimmen 82% der Sitze in der frz. Nationalversammlung erhielten. Damit stand dem sozialist. Staatspräs. MITTERRAND, wie bereits in den Jahren 1986–88, eine bürgerl. Mehrheit im Parlament gegenüber. Aus ihrer Mitte berief er den Neogaullisten ÉDOUARD BALLADUR zum Premierminister.
Diese zweite ›Kohabitation‹ verlief jedoch von Beginn an reibungsloser als die erste, denn MITTERRAND steht nun am Ende seiner polit. Karriere, und BALLADUR will sich nicht – wie JACQUES CHIRAC 1986 – für das Präsidentenamt profilieren. In zwei Tagen konnte BALLADUR eine Reg. bilden, in der die Schlüsselressorts strategisch unter den versch. polit. Formationen und Strömungen innerhalb des RPR und der UDF aufgeteilt sind. Konflikte ergaben sich bei vielen Maßnahmen in den ersten neun Regierungsmonaten eher mit den Kontrahenten im eigenen Lager als mit dem sozialist. Staatspräs., so daß BALLADUR auf disziplinierende Maßnahmen des ›rationalisierten Parlamentarismus‹, die ihm die frz. Verfassung zur Verfügung stellt, zurückgriff.

Innenpolitisch umstritten sind v. a. die Gesetze zur Einbürgerung und zur Einwanderung. Einige Punkte wurden vom frz. Verfassungsrat als nicht konform mit den Menschenrechtsbestimmungen der frz. Verfassung erklärt, so daß man – im Konflikt mit MITTERRAND – eine Verfassungsänderung im Hinblick auf das Asylrecht anvisierte. Am 19. Nov. beschloß das Parlament die Verfassungsänderung, nach der jetzt die Anwendung des Schengener Abkommens sichergestellt ist. F. behält sich vor, Asylanträge von Asylbewerbern zu prüfen, die in den Nachbarländern abgewiesen wurden, ist dazu aber nicht mehr verpflichtet.

Konstante Außenpolitik

In der Außenpolitik lagen die Meinungsunterschiede v. a. in der Bewertung der (mit zahlreichen Problemen belasteten) dt.-frz. Beziehungen und in der Zugehörigkeit zum Europ. Währungssystem, weniger in der unbeugsamen, die Solidarität der europ. Partner auf eine harte Probe stellenden F. Haltung in den GATT-Auseinandersetzungen um die Liberalisierung des Welthandels, bei denen man v. a. Nachteile für die in Frankreich hoch bewertete Landwirtschaft befürchtete. Nach Abschluß der GATT-Verhandlungen holte BALLADUR am 15. Dez. mit einem Vertrauensvotum des Parlaments die Unterstützung für seine Politik ein. In einer vorsichtigen Annäherung an die NATO, in dem Bemühungen um eine aktive Europapolitik (alle betreffenden Ministerien sind mit Befürwortern des Maastrichter Vertrages besetzt) drückt sich zunehmend die Einsicht aus, daß F. seine nat. (Sicherheits-)Interessen nur durch die Einbindung in internat. Organisationen realisieren kann.

Frauenordination: Die von der Generalsynode der Kirche von England im Nov. 1992 getroffene Entscheidung, Frauen zum Priestertum zuzulassen, führte zu Spannungen sowohl innerhalb der anglikan. Kirche als auch im Verhältnis zu anderen Kirchen. Rd. 700 Bischöfe, Priester und Laien drohten mit dem Übertritt zur kath. Kirche, 35 Geistliche und mehrere hundert Laien (darunter auch die brit. Sozialmin. ANN WIDECOMBE) vollzogen ihn bereits. Um eine drohende Spaltung zu verhindern, wird es künftig eine spezielle Jurisdiktion für solche Gemeinden und Priester geben, die die F.

Mit diesen Sätzen auf einer freien Werbefläche regt ein anonymer Sprüher in Völklingen (Saarland) zum Nachdenken über die Fremdenfeindlichkeit in unserer Gesellschaft an

ablehnen. Dieser Vorschlag der Bischöfe wurde im Nov. von der Synode und – wegen des jurist. Status einer ›established church‹ – vom Ober- und Unterhaus gebilligt. Die scharfen Reaktionen auf die F. waren insofern erstaunlich, als es in der Kirche von England bereits ca. 1300 Diakoninnen und in einer anglikan. Kirche in den USA sogar eine Bischöfin gibt. Die römisch-kath. und die orth. Kirchen bekräftigten offiziell ihre Ablehnung der F. und sehen durch die Entscheidung die ökumen. Beziehungen belastet.

Freiheitliche Partei Österreichs, Abk. **FPÖ:** Mit der Wahl JÖRG HAIDERS zum Bundesparteiobmann 1986 hatte die FPÖ einen polit. Kurswechsel vorgenommen, der sie in den folgenden Jahren sowohl personell wie ideologisch weg von liberal-freiheitl. verstärkt zu rechten und rechtsextremen Positionen führte. Gefühle der Verunsicherung und Bedrohung durch ökonom. Strukturveränderungen, die Unsicherheit über die Auswirkungen der Öffnung der Grenzen nach der Wende 1989, aber auch konkrete innenpolit. Anlässe – Korruption, Steuerskandale, Politikerprivilegien – machten es der populist. Politik der FPÖ möglich, vorhandene Ängste und Aggressionen zu mobilisieren und einen beträchtl. Teil des Protestpotentials an sich zu ziehen. Unter dem Motto ›Österreich zuerst‹ initiierte die

FPÖ ein Ausländervolksbegehren, das sich die latente Fremdenfeindlichkeit in Österreich zunutze machte. Gemessen an den ursprüngl. Erwartungen (1,5 Mio. Unterschriften) war das Volksbegehren, das vom 24. Jan. bis 1. Febr. 1993 lief, mit 417 000 Unterschriften (7,4 % der Wahlberechtigten) ein Mißerfolg. Er führte freilich zu keiner grundsätzl. Änderung der FPÖ-Politik. Die ausländerfeindl. Grundtendenz der Partei wie auch die Kehrtwendung J. HAIDERS in der EG-Frage führten am 4. Febr. zur Spaltung. Um die ehem. Präsidentschaftskandidatin der FPÖ, HEIDE SCHMIDT, bildete sich das →Liberale Forum. Im Juli erfolgte der Ausschluß der FPÖ aus der Liberalen Internationale.

Freilandversuch, Freisetzungsversuch, das genehmigungspflichtige Aussetzen gentechnisch veränderter Organismen in der Natur. Das Bundesgesundheitsamt genehmigte auf Antrag des Pflanzenzuchtunternehmens Planta (Einbeck) und des Instituts für Genbiolog. Forschung (Berlin) am 8. April zwei F. in der Nähe des niedersächs. Northeim und im niederbayer. Oberviehhausen. Ziel war es, Kartoffeln mit einer für die industrielle Nutzung vorteilhaften Stärkezusammensetzung und virusresistente Zuckerrüben zu testen. Beide Vorhaben konnten im Frühsommer verwirklicht werden, obwohl noch Anfang April rd. 40 Kritiker der Gentechnik das Versuchsfeld in Northeim zeitweilig besetzt hielten.

Fremdenfeindlichkeit: Bereits zu Beginn der 1980er Jahre war in mehreren Studien eine latente F., das heißt eine ablehnende bis feindl. Einstellung gegenüber Menschen, die anhand bestimmter Merkmale – Herkunft, Aussehen, Sprache, Religion und/oder Nationalität – als nicht zur eigenen Bezugsgruppe zugehörig bestimmt werden, in bedeutsamem Umfang festgestellt worden. Neuere Untersuchungen, so die IBM-Studie vom Herbst 1992, bestätigten nicht nur die Fortdauer, sondern auch eine Ausweitung der F. in mehrfacher Hinsicht: Während sich zu Beginn der 1980er Jahre die F. bei Jugendlichen und Menschen bis zum vierzigsten Lebensjahr weniger ausgeprägt feststellen ließ als in den älteren Altersgruppen, stellt F. eine nun auch bei Jugendlichen deutlich anzutreffende Haltung dar: 15 % werden als ›anfällig für fremdenfeindl. Gedankengut‹ eingestuft, 1 % als ›unmittelbar bereit, Gewalt gegen Ausländer anzuwenden‹. Im Jahr 1993 wuchs das Ausmaß der F., die sich nach außen hin v. a. in Brandanschlägen manifestierte (→ Gewaltbereitschaft), durch die zunehmende Enttäuschung über die wirtschaftl. Lage (bes. in Ostdeutschland), die zunehmenden Desintegrationserfahrungen in beiden Hälften Deutschlands sowie die in Politik und Öffentlichkeit geführte Diskussion um die Einwanderungs- und Asylpolitik, die z. T. Ängste weckte und bestehende Vorurteile verstärkte. (BILD S. 149)

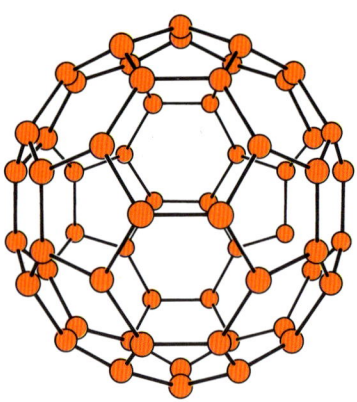

Molekularstruktur des
›Buckminster-Fullerens‹ C_{60}

Fullerene, dreidimensional vernetzte, ausschließlich aus Kohlenstoffatomen (C) aufgebaute Moleküle, die eine neue, künstlich hergestellte Modifikation des Kohlenstoffs darstellen; benannt nach dem amerikan. Ingenieur und Architekten RICHARD BUCKMINSTER FULLER, dessen ›geodät. Kuppeln‹ dem Bauprinzip der F. entsprechen. F. haben eine (je nach Anzahl der Atome mehr oder weniger) kugelförmige Struktur, wobei die C-Atome in Form von Fünf- und Sechsecken auf der Oberfläche angeordnet sind (›Fußballmoleküle‹). Als bes. stabil

Ulf Kirsten, Rüdiger Vollborn und Franco Foda (von links) freuen sich über Bayer Leverkusens Pokalgewinn (12. Juni)

erwiesen sich das C_{60}-F. (›Buckminster-F.‹, ›Buckyball‹) und das C_{70}-F. (›Rugbyball‹). Hergestellt werden F. durch Verdampfen von Graphit mittels Laserstrahl oder im elektr. Lichtbogen und anschließende Kondensation in kaltem Heliumgas. Aus dem dabei anfallenden rußartigen Kohlenstaub werden sie durch Extraktion mit Benzol als gelbe (C_{60}) bzw. braunrote (C_{70}) kristalline Substanzen isoliert. Die physikal. und chem. Eigenschaften der F. werden z. Z. intensiv untersucht. Neuerdings wurden zahlreiche Umsetzungen bekannt, z. B. gelang es, dem C_{60}-Molekül oberflächlich Bromatome anzufügen oder Metallatome in die kugelförmigen Moleküle einzubringen. Bedeutung könnten mit Alkalimetallen dotierte F. (›Buckide‹) gewinnen; sie sind – im Ggs. zu den reinen F. – elektrisch leitend und zeigen bei tiefen Temperaturen Supraleitung, z. B. K_3C_{60} bei 19,3 K, Rb_3C_{60} bei 28 K, $(Rb/Tl)_xC_{60}$ bei 48 K.

Fußball: Die Qualifikation zur F.-Weltmeisterschaft 1994 in den USA beherrschte 1993 den internat. F. Nach 28 Jahren nimmt die Schweiz wieder an einer WM-Endrunde teil. Den Grundstein zum zweiten Gruppenplatz legte der 1:0-Erfolg über den Gruppensieger Italien in Bern. Die von ROY HODGSON betreuten Schweizer qualifizierten sich dank des besseren Torverhältnisses vor den punktgleichen Portugiesen, die ihnen mit 0:1 die einzige Niederlage beibrachten. Österreich besaß keine Chance auf einen Qualifikationsplatz und belegte mit 8:12 Punkten in der Gruppe 6 hinter Schweden, Bulgarien und Frankreich Rang 4. Von den Favoriten scheiterten Europameister Dänemark, Frankreich sowie England. Erstmals seit 1950 erreichte keine brit. Mannschaft die Endrunde. Neulinge im Kreis der 24 Finalrunden-Mannschaften sind Griechenland, Rußland, Nigeria und Saudi-Arabien. Bei der WM-Gruppenauslosung im Dez. in Las Vegas kam Deutschland mit Bolivien, Spanien und Südkorea in die Gruppe C. Die Schweiz spielt in Gruppe A gegen die USA, Rumänien und Kolumbien.

Der automatisch qualifizierte Titelverteidiger Deutschland bereitete sich in 11 Spielen auf die WM vor. Die Bilanz: 7 Siege, 3 Unentschieden, eine

Niederlage (am 15. Dez. in Miami mit 1:2 gegen Argentinien). Mit dieser Bilanz setzte der F.-Weltverband FIFA Deutschland in der erstmals vorgestellten FIFA-Rangliste auf den ersten Platz vor Brasilien und Italien. Höhepunkt war der Gewinn des WM-Vorbereitungsturniers in den USA (US Cup). Einem 3:3 gegen Brasilien und einem 4:3 über die USA folgte zum Abschluß der entscheidende 2:1-Erfolg über England. LOTHAR MATTHÄUS übertraf 1993 mit 107 Länderspielen den bisherigen dt. Rekordinternationalen FRANZ BECKENBAUER (103), der zum Jahresende ERICH RIBBECK als Trainer des FC Bayern München ablöste.

In den europ. Wettbewerben 1992/93 stellte Italien zwei Sieger: bei den Pokalsiegern AC Parma (3:1 über Royal Antwerpen) und im UEFA-Pokal Juventus Turin mit dem Welt- und Europa-Fußballer 1993 ROBERTO BAGGIO (3:1 und 3:0 über Borussia Dortmund). Erstmals gewann mit Olympique Marseille eine frz. Elf den Europapokal der Landesmeister in München durch ein 1:0 über den AC Mailand. Wegen einer Bestechungsaffäre in der frz. Liga wurde Marseille unter seinem Präsidenten BERNARD TAPIE der nat. Meistertitel 1993 abgesprochen; die UEFA schloß in Folge den Klub von den internat. Wettbewerben aus und sperrte vier Spieler lebenslänglich. Daher bestritt der AC Mailand das Endspiel um den Weltpokal und verlor in Tokio gegen Vorjahressieger São Paulo mit 2:3.

Dt. Fußballmeister 1993 wurde Werder Bremen, das unter Trainer OTTO REHHAGEL seinen dritten Titel gewann und Bayern München, das 32 von 34 Runden an der Tabellenspitze stand, noch am vorletzten Spieltag überholte. Den DFB-Pokal gewann Bayer Leverkusen in Berlin durch ein 1:0 gegen die Amateure von Hertha BSC Berlin.

Der deutsche Fußballmeister Werder Bremen feiert am 6. Juni den Titelgewinn auf dem Bremer Marktplatz. Von links: Trainer Rehhagel und die Spieler Legat, Beiersdorfer und Schaaf mit der Meisterschale

Austria Wien errang zum 21. Male den österr. Titel vor dem punktgleichen SV Salzburg. Den Pokal gewann Wacker Innsbruck mit 3:1 über Rapid Wien. Die Schweizer Meisterschaft sicherte sich überraschend der FC Aarau. Grasshoppers Zürich verlor das Pokal-Endspiel gegen den FC Lugano mit 1:4.

Abschlußtabelle der 30. Bundesligasaison (1992/93)

Platz	Spiele	ge-wonnen	unent-schieden	ver-loren	Tore	Punkte
1. Werder Bremen	34	19	10	5	63:30	48:20
2. Bayern München	34	18	11	5	74:45	47:21
3. Eintracht Frankfurt	34	15	12	7	56:39	42:26
4. Borussia Dortmund	34	18	5	11	61:43	41:27
5. Bayer Leverkusen	34	14	12	8	64:45	40:28
6. Karlsruher SC	34	14	11	9	60:54	39:29
7. VfB Stuttgart	34	12	12	10	56:50	36:32
8. 1. FC Kaiserslautern	34	13	9	12	50:40	35:33
9. Borussia Mönchengladbach	34	13	9	12	59:59	35:33
10. Schalke 04	34	11	12	11	42:43	34:34
11. Hamburger SV	34	8	15	11	42:44	31:37
12. 1. FC Köln	34	12	4	18	41:51	28:40
13. 1. FC Nürnberg	34	10	8	16	30:47	28:40
14. Wattenscheid 09	34	10	8	16	46:67	28:40
15. Dynamo Dresden	34	7	13	14	32:49	27:41
16. VfL Bochum	34	8	10	16	45:52	26:42
17. Bayer Uerdingen	34	7	10	17	35:64	24:44
18. 1. FC Saarbrücken	34	5	13	16	37:71	23:45

Deutscher Meister: Werder Bremen
DFB-Pokal-Sieger: Bayer Leverkusen
UEFA-Cup-Teilnehmer: Bayern München, Eintracht Frankfurt, Borussia Dortmund, Karlsruher SC
Absteiger in die 2. Bundesliga: VfL Bochum, Bayer Uerdingen, 1. FC Saarbrücken
Aufsteiger aus der 2. Bundesliga: SC Freiburg, MSV Duisburg, VfB Leipzig

G

G 7, Gruppe der Sieben, Siebenergruppe,
Bez. für die sieben wichtigsten westl. Industrieländer (Deutschland, Frankreich, Großbritannien, Italien, Japan, Kanada, USA), die seit 1975 insbes.
Fragen der Weltwirtschaft gemeinsam erörtern. Auf
der Jahreskonferenz der Staats- und Regierungschefs 1993 (›Weltwirtschaftsgipfel‹ in Tokio,
7.–9. Juli) wurden makroökonom. Maßnahmen
und Strukturreformen v. a. zur Bekämpfung der
weltweiten Rezession und der aus ihr resultierenden Arbeitslosigkeit beschlossen. In der Abschlußerklärung des Gipfels wurde Japan zur Stimulierung seiner Binnennachfrage aufgefordert, damit
das Land über zusätzl. Importe eine gewisse Lokomotivfunktion für die Weltwirtschaft ausüben und
seinen hohen Handelsüberschuß reduzieren könne.
Von den Europäern erwarteten die G-7-Partner
niedrigere Zinsen, von den USA die Eindämmung
ihres Haushaltsdefizits.
Unmittelbar vor Beginn des Gipfels hatten sich die
G-7-Staaten auf ein Marktzugangspaket für Industriegüter (→GATT) geeinigt. Ein Schwerpunkt der
G-7-Politik blieb 1993 das Bestreben, den Reformkurs des russ. Präs. JELZIN mit umfassenden Hilfsmaßnahmen zu unterstützen. Nachdem 1992 ein
Paket in Höhe von 24 Mrd. US-Dollar geschnürt
worden war (von denen jedoch wegen fehlender
Voraussetzungen nur ein Teil ausgezahlt werden
konnte), legten die Außen- und Finanzmin. der G 7
bei ihrem Treffen Mitte April einen Hilfsrahmen
von 43 Mrd. US-Dollar fest. Auf dem Weltwirtschaftsgipfel wurde ein mit 3 Mrd. US-Dollar
ausgestatteter Fonds für die Unterstützung von
Privatisierungen und Restrukturierungen gegründet.
Bei ihrem Herbsttreffen in Washington bestätigten
die Finanzmin. und Notenbankpräs. der G 7 ihre im
Frühjahr gegebene Zusage und drängten Rußland,
die notwendigen Reformschritte einzuleiten, damit
das 43-Mrd.-Dollar-Hilfspaket wirksam werden
könne.

Gabun

Hauptstadt: Libreville
Einwohner: 1,2 Mio.
Einwohner/km²: 5
Staatsoberhaupt:
O. Bongo
Regierungschef:
C. Oyé-Mba
BSP/Einwohner:
3 780 US-$

Mit Blick auf die anstehenden Präsidentschaftswahlen am 5. Dez. begann im Juni eine Volkszählung, deren Durchführungskosten 1,2 Mrd. CFA-
Francs betrugen. Hierfür erhielt das Land finanzielle Unterstützung von der UNO, Frankreich und
Belgien. Nach den Wahlen, bei denen es zu Unkorrektheiten kam, erklärten sich sowohl der amtierende Präs. BONGO als auch der Kandidat der größten Oppositionspartei, ABESSOLE, zu Siegern. Die
Stichwahl am 19. Dez. konnte OMAR BONGO für sich
entscheiden.
In Zentral- und S-Gabun kam es im April und Mai
vor allem vor dem Hintergrund sozialer Mißstände zu Unruhen. – Die Beziehungen zu Südafrika wurden ausgeweitet und die Wirtschaftsbeziehungen zu China,
Kanada und Frankreich ausgebaut. Die Wirtschaftshilfen ermöglichten den Bau eines Wasserkraftwerks in Mbigou.

Gaidar, Gajdar, Jegor Timurowitsch, russ. Politiker und Wirtschaftsreformer, *Moskau 19. 3.
1956. – G. wurde am 17.9. 1993 erneut zum 1. stellv.
MinPräs. Rußlands ernannt. Er hatte dieses Amt
bereits von März bis Dez. 1992 innegehabt.
G. studierte bis 1978 Wirtschaftswiss. an der Moskauer Lomonossow-Univ. und arbeitete dann bis
1987 am ›Institut für Ökonomie und Prognostizierung des wiss.-techn. Fortschritts‹. Ab 1987 leitete

Gipfeltreffen der G-7-Staaten vom
7. bis 9. Juli in Tokio: Gruppenbild
der Teilnehmer

er als Chefredakteur das Theorieorgan ›Kommunist‹ und war ab 1990 Ressortleiter für Wirtschaft beim Parteiorgan ›Prawda‹. Noch im selben Jahr wurde er Direktor des ›Instituts für Wirtschaftspolitik an der Akademie für Volkswirtschaft der UdSSR‹.

Am 6. 11. 1991 ernannte Präs. JELZIN G. zum stellv. MinPräs. und Wirtschafts- und Finanzminister. Das von G. ausgearbeitete radikale Wirtschaftsreformprogramm, das u. a. die Freigabe der Preise vorsah, führte jedoch zu erhebl. Preiserhöhungen, Produktionsrückgang und einem gigant. Haushaltsdefizit. Anfang März 1992 verlor G. die Zuständigkeit für Wirtschaft und am 2. 4. 1992 auch für die Finanzpolitik. Nachdem der Kongreß der Volksdeputierten dem mit dem Internat. Währungsfonds abgestimmten Reformplänen JELZINS zugestimmt hatte, ernannte JELZIN am 15. 6. 1992 G. zum amtierenden MinPräs. Schon am 9. 12. 1992 verlor G. das Vertrauen des Parlaments und wurde am 17. 12. 1992 entlassen. G. wurde Direktor des ›Instituts für Wirtschaftsfragen der Übergangsperiode‹.

Gambia

Hauptstadt: Banjul
Einwohner: 908 000
Einwohner/km²: 80
Staatsoberhaupt:
D. K. Jawara
Regierungschef:
D. K. Jawara
BSP/Einwohner:
360 US-$

GATT, Abk. für General Agreement on Tariffs and Trade, das am 1. 1. 1948 in Kraft getretene Allgemeine Zoll- und Handelsabkommen, eine Sonderorganisation der UNO mit Sitz in Genf. – Bei den Gesprächen der achten großen Verhandlungsrunde im Rahmen des GATT, der **Uruguay-Runde** (begonnen im Sept. 1986), konnte kurz vor Beendigung des amerikan. Verhandlungsmandats am 15. 12. 1993 ein Durchbruch erzielt werden. Am 6. Dez. einigten sich im ›Landwirtschaftsteil‹ der Gespräche die EU (vertreten durch den zuständigen Kommissar Sir LEON BRITTAN) und die USA (vertreten durch den Handelsbeauftragten MICKEY KANTOR) auf ein bilaterales Rahmenabkommen. Danach können die USA in den nächsten Jahren 2 Mio. t Mais und 0,3 Mio. t Hirse zusätzlich exportieren. Für andere Agrarerzeugnisse werden die Zölle z. T. spürbar gesenkt. Umgekehrt sollen die europ. Weizenvorräte (mittlerweile rd. 25 Mio. t) nun nicht mehr unter das im Blair-House-Abkommen vereinbarte Exportverbot fallen. Auch kann die in diesem Abkommen vereinbarte Bestimmung flexibel gehandhabt werden, die subven-

Jegor Gajdar, der 1993 wieder zur Regierungsmannschaft gehört

tionierten Agrarausfuhren innerhalb von 6 Jahren um 21 % zu kürzen. Der Agrarkompromiß zw. den USA und der EU machte den Weg frei für das neue GATT-Abkommen, das von den 117 Teilnehmerstaaten der Uruguay-Runde am 15. Dez. verabschiedet wurde und Mitte April 1994 unterzeichnet werden soll. Nach Ratifizierung durch die nat. Parlamente bis Ende 1994 soll das Abkommen am 1. 1. 1995 in Kraft treten. Der neue GATT-Vertrag wird den Welthandel in den Bereichen Landwirtschaft, Textilien, Dienstleistungen und Geistiges Eigentum in bisher nicht gekanntem Ausmaß liberalisieren.

GAU, Abk. für größter anzunehmender Unfall, der schwerste denkbare Unfall in einer kerntechn. Anlage. Im frz. ›Centre Nucléaire‹ in Cadarache fand am 1. Dez. ein von der EU, Japan, Südkorea, Kanada und den USA unterstütztes Experiment statt, bei dem zur Untersuchung der auftretenden physikal. und chem. Prozesse kontrolliert ein GAU im Versuchsreaktor ›Phébus‹ herbeigeführt wurde. 10 kg angereichertes Uran 238 wurden ohne Steuerstäbe so lange erhitzt, bis bei etwa 2 800 °C die Kernschmelze einsetzte. Mit 400 Meßgeräten wurden das Unfallverhalten sowie u. a. die Zusammensetzung der frei werdenden Spaltprodukte getestet. Kritiker und Umweltschutzorganisationen wie Greenpeace protestierten gegen das ihrer Meinung nach ›überflüssige und gefährl.‹ Experiment. Die Betreiber hingegen wiesen auf die Wichtigkeit der Erkenntnisse für die Unfallvorbeugung in Kernreaktoren hin. Bis 1998 sind fünf weitere Störfallsimulationen geplant.

Gaza-Jericho-Abkommen, Kurzbez. für die Grundsatzerklärung über die Übergangsregelungen für die Autonomie zw. Israel und der PLO. – Am 13. 9. 1993 unterzeichneten Israel und die PLO als Auftakt zu einer umfassenden Lösung des israel.-palästinens. Konflikts eine Grundsatzerklärung zur Schaffung einer Selbstverwaltung im Gazastreifen und in Jericho. Sie sieht den Abzug der israel. Truppen aus diesen Gebieten, die Wahl eines palästinens. Rats mit exekutiven und legislativen Vollmachten, die Gründung einer unabhängigen Judikative und die graduelle Übergabe der Verantwortung über zivile Bereiche im Westjordanland und im Gazastreifen an palästinens. Amtsstellen in einem Zeitraum von fünf Jahren nach Unterzeichnung vor.

Da es in Detailfragen (Größe des autonomen Gebiets um Jericho, Sicherheitsmaßnahmen für die jüd. Siedler im Gazastreifen, Grenzkontrollen usw.) bis zum Jahresende jedoch keine Annäherung der unterschiedl. Standpunkte gab, war die Umsetzung des G.-J.-A. blockiert.

Gehälteraffäre, umgangssprachl. Bezeichnung für eine Affäre um die Ministergehälter in Sachsen-Anhalt. Nachdem es bereits 1992 Anfragen des Landesrechnungshofes zur Gehaltshöhe der aus W-Deutschland stammenden Min. und des Min.-Präs. gegeben hatte, wies im Nov. die Behörde nach, daß den aus W-Deutschland stammenden Min. aufgrund unkorrekter Angaben zu hohe Gehälter gezahlt worden waren. Die Min. hatten z.T. Aufwandsentschädigungen als Gehaltsbestandteile angegeben. MinPräs. MÜNCH verwies auf unklare Gesetzesformulierungen und und verwahrte sich gegen den Vorwurf, unrechtmäßige Zahlungen erhalten zu haben. Der Druck der Öffentlichkeit war jedoch so groß, daß am 27. Nov. zunächst Wirtschaftsmin. REHBERGER und schließlich am 28. Nov. MinPräs. MÜNCH mit dem gesamten Kabinett zurücktraten. Im Dez. wurden auch Unkorrektheiten bei den Gehältern der Staatssekretäre festgestellt.

Geld- und Währungspolitik: Die gedämpfte Geldmengenentwicklung zu Jahresbeginn ermöglichte der Bundesbank die Fortsetzung der vorsichtigen Zinssenkungspolitik, die sie im Herbst 1992 begonnen hatte. Von Febr. bis Ende April reduzierte sie den Diskontsatz dreimal und den Lombardsatz zweimal. Im Mai und Juni trat eine Zinssenkungspause ein, da sich das Geldmengenwachstum im März und April beschleunigt hatte. Anfang Juli nahm der Zentralbankrat seine behutsame Lockerungspolitik wieder auf. Der Diskontsatz wurde von $7\frac{1}{4}$% auf $6\frac{3}{4}$%, der Lombardsatz von $8\frac{1}{2}$% auf $8\frac{1}{4}$% reduziert.

Außerdem schloß die Zentralbank die kurze Tranche des Wertpapierpensionsgeschäfts als Mengentender mit einem Festzinssatz von 7,3% ab; er lag damit um 0,3 Prozentpunkte unter den Sätzen vorangegangener Zinstender. In der Folge sanken die Geldmarktsätze sowie die Sätze, zu denen die

Wertpapierpensionsgeschäfte abgeschlossen wurden. Ende Juli reduzierte die Bundesbank den Lombardsatz auf $7\frac{3}{4}$%. Zugleich wurde angekündigt, daß das nächste Wertpapierpensionsgeschäft zu einem deutlich niedrigeren Satz (6,95%) als zuvor abgeschlossen würde. Im Ergebnis wurden vom Sommer 1992 bis 1. Aug. 1993 der Diskont- und Lombardsatz um zwei Prozentpunkte reduziert. Bei den für die Versorgung mit Zentralbankgeld wichtigsten Zinsen, den Pensionssätzen, belief sich die Ermäßigung auf knapp drei Prozentpunkte. Die Terminsätze am Geldmarkt fielen teilweise noch stärker.

Am 10. Sept. wurden der Diskont- und Lombardsatz weiter um jeweils einen halben Prozentpunkt auf $6\frac{1}{4}$% bzw. $7\frac{1}{4}$% reduziert. Unter seinem neuen Präs. TIETMEYER nahm der Zentralbankrat am 22. Okt. die siebte Leitzinsenanpassung seit Jahresbeginn vor (Senkung des Diskont- und Lombardsatzes um jeweils einen halben Prozentpunkt auf $5\frac{3}{4}$% bzw. $6\frac{3}{4}$%). Ein weiteres überraschendes Signal setzte der Zentralbankrat auf seiner Sitzung am 2. Dez. mit der Senkung des Satzes für Wertpapierpensionsgeschäfte auf 6% und der gleichzeitigen Festlegung dieser 6% für die nächsten fünf Pensionsgeschäfte bis zum 5. 1. 1994, die als Mengentender ausgeschrieben werden. Die zinspolit. Beschlüsse wurden von der Erwartung getragen, die monetäre Expansion 1993 im Rahmen des im Dez. 1992 fixierten Geldmengenziels halten zu können. Im Ggs. zu der Entwicklung in Deutschland wurden in anderen Ländern, die dem Europ. Währungssystem (EWS) angehören, die Zentralbankzinsen und Geldmarktsätze von Febr. bis Ende Juni sehr rasch reduziert. Bis Mai war der deutl. Zinsabstand der meisten europ. Währungen gegenüber der D-Mark weitgehend nivelliert worden. Vor dem Hintergrund der forcierten Zinssenkungspolitik im Ausland kam es Ende Juli zu einer vehementen, kaum zu beherrschenden Spekulationswelle im Hinblick auf eine Neufestsetzung der Währungsparitäten im EWS. Mit Wirkung vom 2. Aug. vereinbarten die Finanzmin. und Notenbankpräs. der EG-Länder eine zeitweilige Erweiterung der Bandbreiten, innerhalb derer die Marktkurse um die bilateralen Leitkurse schwanken können (→ Europäi-

Auf der Stadtmauer von Jerusalem feiern Palästinenser das Abkommen zwischen Israel und der PLO (11. September)

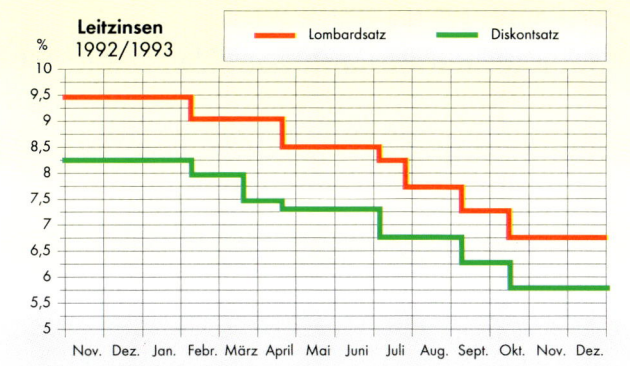

sches Währungssystem). Die Dt. Bundesbank gewann durch die währungspolit. Beschlüsse geldpolit. Handlungsspielraum zurück. Dies gilt für die laufende Geldmarktsteuerung, die durch die Liquiditätswirkungen der hohen Devisenzuflüsse erheblich behindert wurde, und auch für die Geldmengenkontrolle, die ohne die Devisenankaufsverpflichtung in einer engen Bandbreite erleichtert wird.

Geldwäschegesetz, umgangssprachl. Bez. für das am 2. Juli im Dt. Bundestag verabschiedete **Gewinnaufspürungsgesetz,** das es den Strafverfolgungsbehörden ermöglichen soll, Geldströme nachzuverfolgen, die aus kriminellen Geschäften (v. a. Drogengeschäften) stammen und mit Hilfe legaler Geschäfte (z. B. Finanzanlagen) ›gewaschen‹ werden sollen. Der Bundesrat hatte gegen das G. Einspruch eingelegt und das Gesetz an den Vermittlungsausschuß verwiesen. Die Opposition und der Bundesrat kritisierten die Höhe der Summe (25 000 DM), ab der den Behörden Bareinzahlun-

gen bei Banken gemeldet werden müssen, und verlangten deren Senkung. Auch das ›Anwaltsprivileg‹, das es beratenden Berufen (u. a. Rechtsanwälten) erlaubt, höhere Summen ihrer Mandanten auf Anderkonten ohne Namensnennung einzuzahlen, war auf Bedenken gestoßen. Im Vermittlungsausschuß einigten sich Bundestag und Bundesrat darauf, die Meldepflicht für Bargeschäfte in den Banken auf 20 000 DM zu senken und das ›Anwaltsprivileg‹ zu streichen. Das G. trat mit diesen Änderungen am 29. Nov. in Kraft.

Gentechnikgesetz: Auf Beschluß des Bundestags vom 1. Okt. wurde das 1990 in Kraft getretene G. novelliert. Die wichtigsten Änderungen bestehen darin, daß die Genehmigungs- und Anmeldefristen für gentechn. Anlagen und Arbeiten der unteren Sicherheitsstufen I und II verkürzt werden und auf ein öffentl. Anhörungsverfahren zur Genehmigung von Anlagen der niedrigsten Sicherheitsstufe I verzichtet wird.

Die Gentechnologie – Zur Wiederaufnahme der Diskussion

Nach einer Phase polarisierter Auseinandersetzungen um Chancen und Risiken der Gentechnik in den 1980er Jahren ist die öffentliche Einstellung diesbezüglich in Deutschland differenzierter und offener geworden. Nach einer Untersuchung im Auftrag des Büros für Technikfolgenabschätzung des Deutschen Bundestages unterstützen mittlerweile rund 75 % der Bevölkerung den Einsatz der Gentechnik im medizinischen Bereich, weil sie der Auffassung sind, daß sie zum Nutzen der Menschheit eingesetzt werden kann. Eine ähnl. Zustimmung gibt es für den Einsatz der Gentechnik in der Grundlagenforschung.

Das Gentechnikgesetz von 1990 und seine Novellierung 1993

Einen Beitrag zu dieser Entwicklung hat das 1990 verabschiedete Gentechnikgesetz geleistet, das gentechnische Arbeiten sowie gentechnische Labors

und Produktionsanlagen zum Schutz von Mensch und Umwelt einem rechtsverbindlichen Anmelde- bzw. Genehmigungsverfahren unterwirft, in das die bundesweite ›Zentrale Kommission für die Biologische Sicherheit‹ eingeschaltet ist. Das Gentechnikgesetz hatte sich drei Ziele gesetzt:
1) Festschreibung eines hohen Sicherheitsniveaus im Umgang mit der Gentechnik; 2) Schaffung von Rechtssicherheit für alle Beteiligten im Umgang mit der Gentechnik; 3) Sicherung eines Mindestmaßes an Öffentlichkeitsbeteiligung und Transparenz bei

Der Autor:
Wolf-Michael Catenhusen, geb. 1945. Pädagoge und Politiker (SPD), MdB. 1984-87 Vorsitzender der Enquête-Kommission Chancen und Risiken der Gentechnologie. Seit 1987 Vorsitzender des Bundestagsausschusses für Forschung und Technologie

Genehmigungsverfahren. Die Schutzziele des Gesetzes und mehr Rechtssicherheit im Umgang mit der Gentechnik wurden erreicht.

Mitte 1993 gab es in Deutschland rund 1 900 zugelassene gentechnische Anlagen, darunter sechs Produktionsanlagen. Seit Inkrafttreten des Gesetzes wurden fast 1 000 gentechnische Arbeiten zur Durchführung freigegeben. 1993 wurden drei gezielte Freisetzungen gentechnisch veränderter Nutzpflanzen (Zuckerrüben und Kartoffeln) vom Bundesgesundheitsamt genehmigt und anschließend durchgeführt. Im Jahre 1990 war der erste Freisetzungsversuch in Deutschland (Freisetzung einer gentechnisch manipulierten Petunie) vom Max-Planck-Institut für Züchtungsforschung in Köln durchgeführt worden. Von einem Stillstand oder drohenden Aus für die Gentechnik in Deutschland konnte also insgesamt keine Rede sein. Auffallend war aber die gering bleibende Zahl von Anträgen zur Durchführung von gentechnischen Produktionsvorhaben in Deutschland, ein Zustand, der allerdings schon vor Verabschiedung des Gesetzes bestand.

Umweltschützer demonstrieren im November gegen einen von der TU München beantragten Freilandversuch mit gentechnisch verändertem Mais und Raps

1993 erfolgte durch Beschluß von Bundestag und Bundesrat eine Novellierung des Gentechnikgesetzes, die zum 1. 1. 1994 in Kraft getreten ist. Ausgangspunkt für die Novellierung bildeten die zunehmenden Erkenntnisse über das Ausmaß des bürokratischen Aufwandes und die Zeitdauer bei einer Reihe von Genehmigungsverfahren, die von Länderbehörden durchgeführt wurden. Die Kritik richtete sich vor allem gegen eine Überregulierung des Gesetzes bei 75 % jener gentechnischen Arbeiten, die als ungefährlich für Mensch und Umwelt (Vorhaben der Sicherheitsstufe I) klassifiziert wurden und dennoch bisweilen einem vielmonatigen Anmeldeverfahren unterlagen. Kritisiert wurde ferner der allgemein unverhältnismäßig große bürokrat. Aufwand für die Erstellung und Einreichung von Anträgen. Die großen Wissenschaftsorganisationen, der Verband der chemischen Industrie und die Industriegewerkschaft Chemie verlangten einmütig eine rasche Novellierung des deutschen Gentechnikgesetzes. Ziele der Neufassung des Gesetzes sollten die Entbürokratisierung und Deregulierung sowie die Verbesserung der internationalen Wettbewerbsfähigkeit sein.

Kontroverse Standpunkte

Die Diskussion um die Gesetzesnovellierung geriet schnell zu einer Grundsatzdebatte über die allgemeinen Perspektiven der Gentechnik in Deutschland. Ohne Novellierung des Gentechnikgesetzes, so beschwor es vor allem die chemische Industrie, drohe Deutschland als Standort für Forschung, Entwicklung und industrielle Nutzung der Gentechnik im internationalen Wettbewerb das Aus. Gleichzeitig wurden eine mangelnde Akzeptanz der Gentechnik in der Bevölkerung, ja sogar eine zum Teil gentechnikfeindliche Haltung beklagt und die Politiker zu klaren Bekenntnissen zur Gentechnik aufgefordert. Die Diskussion um die Gesetzesnovellierung wurde zu einem Prüfstein für die Bereitschaft der Politik gemacht, die Standortbedingungen der Industrie in Deutschland durch Deregulierung wirksam zu verbessern.

Politisch umstritten blieb besonders die im Rahmen der Gesetzesnovellierung durchgesetzte faktische Abschaffung der Öffentlichkeitsbeteiligung bei industriellen Produktionsvorhaben und ihre drast. Reduzierung bei der gezielten Freisetzung gentechnisch veränderter Organismen (vor allem von Pflanzen) in die Umwelt. Auch scheiterte der Versuch, nach dem Beispiel anderer EG-Staaten ein öffentlich zugängliches Register aller in Deutschland genehmigten gentechnischen Arbeiten zu schaffen, um Transparenz für die Öffentlichkeit zu sichern. Die Umweltverbände haben diese Veränderungen zum Anlaß genommen, ihre bisherige Mitarbeit in der Zentralen Kommission für die Biologische Sicherheit einzustellen.

Auswirkungen der Gesetzesnovellierung

Es bleibt abzuwarten, welche praktischen Auswirkungen die Gesetzesnovellierung haben wird. Mit Sicherheit wird sie vor allem den öffentlichen Forschungseinrichtungen überflüssigen bürokratischen Aufwand ersparen. Genehmigungsentscheidungen über gentechnische Arbeiten der niedrigsten Sicherheitsstufe werden künftig innerhalb von einem Monat erfolgen, solche über Anlagen und Arbeiten höherer Sicherheitsstufen innerhalb von zwei oder drei Monaten. Die Gesetzesnovellierung erleichtert auch das Verfahren für Freisetzungsversuche mit gentechnisch manipulierten Pflanzen und anderen Organismen. Auch angesichts der internationalen Entwicklung – weltweit wurden über 1000 Freisetzungsversuche durchgeführt – ist deshalb mit einem deutlichen Anstieg der Zahl der Freisetzungsversuche in Deutschland zu rechnen. Weitergehende Deregulierungsvorschläge von Wissenschaft und Industrie stießen bei der Bundesregierung zwar auf Verständnis, scheiterten aber an ihrer Unvereinbarkeit mit den geltenden Richtlinien der Europäischen Union. Nur das europäische Recht hat einen breiten Abbau von Sicherheitsstandards

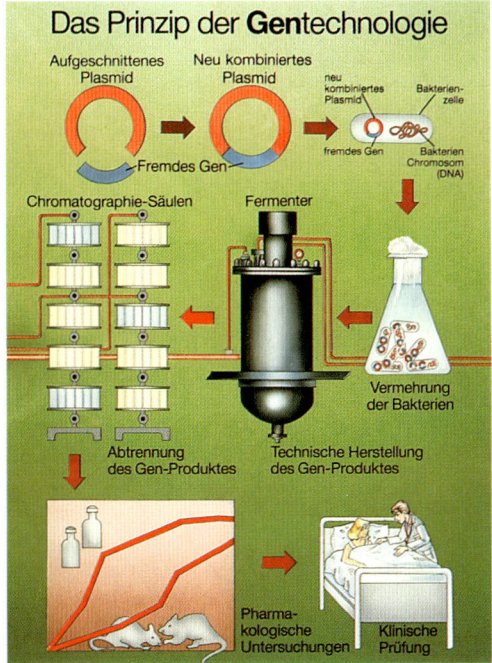

Das Prinzip der **Gen**technologie

Aufgeschnittenes Plasmid

Neu kombiniertes Plasmid

neu kombiniertes Plasmid

Bakterien-zelle

Fremdes Gen

fremdes Gen

Bakterien Chromosom (DNA)

Chromatographie-Säulen

Fermenter

Vermehrung der Bakterien

Abtrennung des Gen-Produktes

Technische Herstellung des Gen-Produktes

Pharma-kologische Untersuchungen

Klinische Prüfung

im Umgang mit der Gentechnik vorerst verhindern können.

Weiterhin bleibt abzuwarten, ob es in naher Zukunft zu einer Verstärkung der gentechnischen Aktivitäten der großen deutschen Pharmaunternehmen kommen wird. Bayer, Hoechst und BASF haben bereits bis Mitte der 1980er Jahre, lange vor Schaffung des Gentechnikgesetzes, einen Schwerpunkt ihrer gentechnischen Forschung aus strategischen Gründen auf die USA konzentriert. Sie nutzen dort das kommerzielle Know-how einer Vielzahl kleiner risikokapitalfinanzierter Gentechnikfirmen durch Kooperationen, Verträge und Beteiligungen und Lizenzen für die Entwicklung und Markteinführung von Produkten. Die Firma Boehringer dagegen entschied sich bereits Mitte der 1980er Jahre, starke Entwicklungs- und Produktionsaktivitäten in Deutschland zu entfalten, und besitzt u. a. sechs Produktionsanlagen verschiedener Sicherheitsstufen. Die weitere Entwicklung wird schnell zeigen, daß die großen deutschen Pharmaunternehmen, die das bisherige deutsche Gentechnikgesetz für ihre starke Präsenz in den USA verantwortlich machten, keineswegs daran denken, diese aus anderen Gründen verfolgte Strategie grundsätzlich zu ändern.

Völlig ungewiß bleibt, ob und unter welchen Bedingungen gentechnisch erzeugte Lebensmittel in Deutschland auf den Markt gebracht werden können, auch wenn bereits in den USA eine gentechnisch veränderte Tomate, in England gentechnisch manipulierte Bäckerhefe für den Markt zugelassen worden sind. Die deutsche Lebensmittelindustrie hat bislang keine nennenswerten Forschungsanstrengungen auf diesem Gebiet unternommen. Um-

fragen zeigen, daß nach wie vor nur etwa 40 % der Bevölkerung in Deutschland einen Sinn im Einsatz der Gentechnik für die Lebensmittelherstellung sehen. Bes. von seiten der Umwelt- und Verbraucherverbände wird ein Anmelde- und Genehmigungsverfahren für gentechnisch erzeugte Lebensmittel sowie ihre Kennzeichnung verlangt. Auch das Europäische Parlament hat mit einer Stimme Mehrheit im Herbst 1993 eine Kennzeichnung gentechnisch manipulierter Lebensmittel gefordert. Die amerikanische Regierung lehnt zur Zeit eine Kennzeichnungspflicht ab, die Stadt Chicago hat aber für ihr Gebiet eine Kennzeichnungspflicht beschlossen. Die Europäische Union wird 1994 eine abschließende Regelung über den Umgang mit gentechnisch erzeugten Lebensmitteln auf dem Europäischen Binnenmarkt treffen. Sie steht dabei in einem Konflikt zwischen den Interessen der Lebensmittelindustrie und den Anliegen vieler Verbraucherverbände. In Deutschland sind bislang 14 gentechnisch hergestellte Medikamente für den Markt zugelassen und finden eine hohe Akzeptanz. Weltweit werden mehr als 130 Medikamente durch ihre klinische Prüfung für eine Markteinführung vorbereitet. Der Weltmarkt für gentechnische Produkte betrug 1993 etwa 7,5 Mrd. US-$.

Fortschritte bei der Gentherapie

Immer größere Bedeutung gewinnt in der medizinischen Forschung die somatische Gentherapie. Es geht dabei um die gezielte Reparatur von Genen, deren Defekt zu Erkrankungen geführt hat, durch Transfer von genetischem Material in bestimmte Körperzellen eines Menschen. 1989 wurde in den USA der erste Gentransfer am Menschen vorgenommen. Bis März 1993 wurden weltweit 91 klinische Studien zur Gentherapie an Patienten, die an schweren, nicht behandelbaren Krankheiten litten, durchgeführt. Auffallend ist das rasch wachsende Interesse und Engagement der Industrie auf diesem Gebiet. Die somatische Gentherapie befindet sich noch im experimentellen Stadium. Bislang ist es noch zu früh, auf breite Erfahrung gestützte Aussagen über die Sicherheit der Methode, Nebenwirkungen, Erfolgsquote und die dauerhafte Wirksamkeit der somatischen Gentherapie bei der Behandlung von Krankheiten beim Menschen zu treffen.

Blick ins gentechnologische Labor

Die rasche Weiterentwicklung der Methode verstärkt aber die Erwartung, die somatische Gentherapie werde noch in diesem Jahrzehnt als Standardtherapie für seltene Erbkrankheiten, aber auch für nichterbliche, weltweit verbreitete Krankheiten wie Krebs oder AIDS etabliert. 1992 wurde in Deutschland der erste Antrag auf Durchführung eines klinischen Versuchs genehmigt, es handelte sich um das Vorhaben von Prof. ROLAND MERTELSMANN von der Universität Freiburg im Breisgau. Weitere Versuche werden am Max-Delbrück-Zentrum in Berlin-Buch, an der Universität Bonn und am Heinrich-Pette-Institut in Hamburg vorbereitet.

Der Deutsche Bundestag hatte schon 1989 festgestellt, daß gegen den Einsatz der somatischen Gentherapie keine grundlegenden ethischen Bedenken zu erheben seien. Es muß in Deutschland nun schnell geklärt werden, welche rechtlichen Rahmenbedingungen für den Einsatz der somatischen Gentherapie erforderlich sind. Sinnvoll wäre die Bildung einer bundesweiten Ethikkommission und eine rechtzeitige Regelung der Zulassungsvoraussetzungen für den Therapieeinsatz im Arzneimittelgesetz oder in eigenen Rechtsvorschriften. Nach wie vor gilt in Deutschland das 1990 beschlossene Verbot der Keimbahntherapie, der gezielten gentechnischen Veränderung menschlicher Erbanlagen. Diesem Verbot hat sich bislang nur Spanien angeschlossen. Es bleibt abzuwarten, ob die durch die Fortschritte in der somatischen Gentherapie angestoßene Debatte in den USA über medizinischen Sinn und ethische Berechtigung der Keimbahntherapie auch in Deutschland eine neue Diskussion über deren Verbot entfachen wird, das bislang von großen Teilen der deutschen Öffentlichkeit und von vielen Wissenschaftlern begrüßt und akzeptiert wird. Weltweit werden große Anstrengungen zur Entschlüsselung der menschlichen Erbanlagen durch Sequenzierung des menschlichen Genoms, Sammlung der gewonnenen Daten in zentralen Datenbanken und Erstellung einer physikalischen Karte der 23 Chromosomen unternommen. Das ›Human-Genom-Project‹ wird allein in den USA mit über 200 Millionen US-$ pro Jahr gefördert. In Deutschland werden Forschungsaktivitäten auf diesem Gebiet zur Zeit nur mit einigen Millionen DM pro Jahr im Rahmen eines Projekts der Deutschen Forschungsgemeinschaft gefördert.

Probleme des Patentrechts

Das ›Human-Genom-Project‹ hat den seit den 1980er Jahren begonnenen Streit über die Ausdehnung des Patentrechts auf Organismen und ihre Bestandteile verschärft, da in den USA mehr als 1000 sequenzierte Genabschnitte auch ohne Kenntnis ihrer Funktion zum Patent angemeldet wurden. Entsprechende Patentanmeldungen sind unterdessen auch beim Europäischen Patentamt in München eingegangen. Viele deutsche Wissenschaftler befürchten von einer flächendeckenden Patentierung menschlicher Gene und Genabschnitte auch in Deutschland eine drastische Einschränkung des freien Datenaustauschs innerhalb der Wissenschaft. Die Entscheidung des Europäischen Patentamts, die in den USA hergestellte ›Krebsmaus‹ auch für Europa zu patentieren, macht die Klärung der Frage notwendig, ob das Patentrecht, das die wirtschaftliche Verwertung menschlicher Erfindungen gewährleisten soll, auch für Gene und Organismen selbst erteilt werden kann. Seit der Umweltkonferenz von Rio verstärkt sich auch in den Staaten der dritten Welt die Kritik, daß die genetischen Ressourcen dieser Länder durch das Patentrecht der Industrienationen der kommerziellen Verwertung durch jene vorbehalten wird. Das Europäische Parlament, die Europäische Kommission und der Ministerrat der Europäischen Union beraten seit langem über eine Europäische Patentrichtlinie. Es wäre zu wünschen, daß zumindest der unmittelbaren privatrechtlichen Verfügung und exklusiven kommerziellen Nutzung einzelner menschlicher Gene Grenzen gesetzt werden kann.

Gentherapie, das Einfügen oder gezielte Blockieren menschl. Gene mit dem Ziel, Erbkrankheiten, Infektionskrankheiten und Krebs auf genet. Weg zu heilen. Während die gentechn. Korrektur von Fortpflanzungszellen (Keimbahn-G.) nach dem Embryonenschutzgesetz in Deutschland verboten ist, gilt die somat. G. von Körperzellen als ein der Organ- oder Gewebetransplantation vergleichbarer Eingriff.

Seit 1990 wurden weltweit mehr als 20 klin. Versuche an rd. 70 Patienten bei unterschiedl. Erkrankungen wie z. B. Bluterkrankheit, Hautkrebs oder angeborener Immunschwäche bei Kindern vorgenommen. Anhand der bisherigen Erfahrungen läßt sich der Erfolg gentherapeut. Ansätze jedoch noch nicht beurteilen. In Deutschland wurde 1993 ebenfalls ein erster G.-Versuch erlaubt, eine Bund-Länder-Kommission arbeitet derzeit Genehmigungsrichtlinien für die G. aus.

Georgien

Hauptstadt: Tiflis
Einwohner: 5,5 Mio.
Einwohner/km²: 78
Staatsoberhaupt:
E. Schewardnadse
Regierungschef:
O. Pazazia
(seit 20. 8. 1993)
BSP/Einwohner:
1640 US-$

Der anhaltende Bürgerkrieg in G. führte nicht nur zur weiteren Stagnation der Wirtschaftsreformen, sondern auch zu einer dramat. Verschlechterung

Georgier flüchten am 10. September mit ihren Habseligkeiten aus der umkämpften georgischen Teilrepublik Abchasien

der Lebensbedingungen der Bevölkerung: Bis Jahresmitte stiegen die Preise um das Elf- bis Dreizehnfache, ab 5. April mußte die Grundversorgung über ein Kartensystem abgesichert werden.

Innenpolitische Krise

Den seit März 1992 an die Spitze des Staatsrats zurückgekehrte EDUARD SCHEWARDNADSE begleitete eine ständige Machtkrise. Am 14. Sept. kündigte er seinen Rücktritt an, nachdem ihm auch seine Reise nach Westeuropa im Juni nicht die erhoffte westl. Hilfe gebracht hatte. Gestützt auf die National- und Liberaldemokraten im Parlament und zahlreiche Demonstranten auf den Straßen, konnte er sich gegen Kritiker und oppositionelle Kräfte um IRAKLI ZERETELI (Bund der nat. Unabhängigkeit), AKAKI ASATIANI (Bund der Traditionalisten), TENGIS KITOWANI sowie DSCHABA JOSELIANI durchsetzen. Auf einer außerordentl. Sitzung des Parlaments erhielt er am 14./15. Sept. die gewünschten Sondervollmachten, am 20. Sept. wurde der Ausnahmezustand verhängt (im Nov. verlängert) und das Parlament für zwei Monate beurlaubt. Ende Nov. gründete SCHEWARDNADSE zur Sicherung einer parlamentar. Mehrheit eine eigene Partei.

Kämpfe in Abchasien und Westgeorgien

Zu einer polit. und militär. Niederlage kam es in der autonomen Region Abchasien, in die georg. Truppen im Aug. 1992 einmarschiert waren, um die Abspaltung Abchasiens zu verhindern (abchas. Unabhängigkeitserklärung: Juni 1992). Den Abchasen gelang mit Unterstützung russ. Militärs Anfang Okt. die fast vollständige Vertreibung der georg. Regierungstruppen aus der Provinz (am 27. Sept. Fall Suchumis). Währenddessen besetzten zwischenzeitlich Verbände des ehemaligen Präs. GAMSACHURDIA die Hafenstadt Poti (31. Aug.), womit sich die Versorgungslage G.s weiter zuspitzte, und riefen zum Sturz SCHEWARDNADSES auf. Am 2. Okt. nahmen Anhänger GAMSACHURDIAS, der am 24. Sept. nach G. zurückgekehrt war, die zentralgeorg. Stadt Choni ein; Anfang Okt. versuchten sie, über Kutaissi ihren Marsch nach Tiflis fortzuset-

zen, womit sie allerdings auf Widerstand seitens Rußlands stießen: Rußland bestand, auch in Hinblick auf seine Verkehrswege zu Armenien und Aserbaidschan, auf der großen O–W-Verbindung zw. Poti und Tiflis. Insbes. der Fall Suchumis löste eine Massenflucht von schätzungsweise 100 000 Menschen aus. Die Zahl sämtl. flüchtender Georgier wurde mit rd. 240 000 angesetzt. Über 6 000 Menschen kamen bei den Kampfhandlungen Ende Sept./Anfang Okt. ums Leben.

Angesichts der Gefahr totaler Anarchie folgte SCHEWARDNADSE am 9. Okt. Aserbaidschan in das kollektive Sicherheitsbündnis der GUS, womit der Wiederherstellung der geopolit. Rolle Rußlands in Transkaukasien nichts mehr im Wege steht. Am 9. Okt. wurde mit einem russ.-georg. Stützpunktvertrag u. a. Poti für die Schwarzmeerflotte festgeschrieben. Nach diesem Kurswechsel G.s griffen am 1. Nov. erstmals russ. Soldaten, flankiert durch die Schwarzmeerflotte, die die Seewege nach G. absicherte, im Rahmen von Abkommen zur Sicherung von Verkehrswegen und zur Selbstverteidigung in die Kampfhandlungen ein. Die georg. Gegenoffensive war erfolgreich: Nach dem Fall Potis und der Eroberung Sugdidis am 7. Nov. floh GAMSACHURDIA nach Abchasien. Ende Nov. unterzeichneten JOSSELIANI und SOKRAT JINJOLIA, ein Führer der Abchasen, eine Friedensvereinbarung. (KARTE S. 70)

Gesundheitsreform, Gesundheitsstrukturgesetz: Am 1. 1. 1993 trat das Gesundheitsstrukturgesetz in Kraft, das 1992 nach schwierigen Verhandlungen und gegen heftigen Protest v. a. der Anbieter von Gesundheitsleistungen, bes. der Ärzte und Zahnärzte, der Pharmaindustrie und der Apotheken von Bundestag und Bundesrat verabschiedet worden war. Als wichtigste Ziele des Gesetzes wurden genannt: 1) die sofortige Bremsung der Kostensteigerungen im Gesundheitswesen durch umfangreiche Einsparvorgaben; 2) Strukturveränderungen im Gesundheitswesen mit dem Ziel der Effizienzsteigerung. Die wichtigsten Strukturveränderungen sind: 1) im Krankenhausbereich die Aufhebung des Selbstkostendeckungsprinzips und die Ablösung des tagesgleichen Pflegesatzes durch eine leistungsorientierte Vergütung; 2) die nach Bedarfsgesichtspunkten gesteuerte regionale Kassenzulassungsbeschränkung für Ärzte ab 1993, die strikte und umfassende Beschränkung der ärztl. und zahnärztl. Kassenzulassung ab 1999 sowie die Beendigung der Kassenzulassung grundsätzlich mit der Vollendung des 68. Lebensjahres; 3) die Einführung eines einnahmeorientierten Risikostrukturausgleichs zw. allen Krankenkassen und Kassenarten; 4) die Erweiterung der Wahlfreiheiten der Versicherten gegenüber den Krankenkassen.

Anfang Dez. konnte Bundesgesundheitsmin. SEEHOFER bezüglich der Finanzlage der gesetzl. Krankenkassen feststellen, daß aus einem Defizit von rd. 9,4 Mrd. DM 1992 ein Überschuß von 5,8 Mrd. DM geworden ist. Die wichtigsten Gründe hierfür waren: die Änderung des Verordnungsverhaltens der Ärzte, die angesichts eines vorgesehenen Honorarabzugs (bei Überschreitung eines Budgets von 24,1 Mrd. DM) weniger und häufig preiswertere Medikamente verschrieben; die Wirkungen des fünfprozentigen Preisabschlags für Pharmahersteller; die Verminderung des Anstiegs der Krankenhauskosten von 8 % (1992) auf 3,8 % (1993). Unterschiedl. Bewertungen fanden jedoch die Folgen der Kostenbremsung und die Wirkungen der Strukturreformen: Den Anbietern von Gesundheitsleistungen zufolge geht die Reform einher mit einer Qualitätsminderung der medizin. Leistungen, Überbürokratisierung und verfassungswidrigen Eingriffen in die Berufsfreiheit. Die Urheber der Reform und auch zahlreiche neutrale Beobachter hingegen betonen die Überfälligkeit der durch das Gesetz in Angriff genommenen Maßnahmen und die erfolgreiche Ausschöpfung von Wirtschaftlichkeitsreserven bei gleichbleibend hohem Versorgungsniveau im Gesundheitswesen.

Gewaltbereitschaft, die Bereitschaft, auf soziale Erfahrungen und Probleme mit der Androhung oder Ausübung von körperl. Gewalt zu reagieren bzw. auch Situationen zu suchen, die eine Möglichkeit der Gewaltanwendung gegenüber anderen Personen und Sachen bieten. In diesem Sinne konnte 1993 in Deutschland eine deutliche Zunahme der G. festgestellt werden. Sie richtete sich bes. gegen als fremdländ. angesehene Menschen,

wobei die Zahl rechtsextremistisch motivierter Gewaltanschläge hervorstach. Aber auch andere sozial schwächere Gruppen wie z. B. Behinderte, alte Menschen, Frauen oder Kinder wurden Opfer von Gewaltanschlägen. Dem Thema wurde eine Reihe von Untersuchungen und Kongressen gewidmet, wobei bes. die Ursachen und Rahmenbedingungen einer zunehmenden G., v. a. bei Jugendlichen, aber auch innerhalb von Familien (bes. gegenüber Kindern), im Vordergrund standen. Dabei spielten die Fragen gesellschaftl. Integrations-, bzw. Desintegrationserfahrungen (Arbeitslosigkeit, Wohnungsmangel, Mangel an Aufmerksamkeit und Zuwendung in der Familie, verbreitete Gewaltdarstellung in den Medien, Chancenlosigkeit im Bildungssystem, nicht erfüllte Politikversprechen), aber auch Traditions- und Autoritätsverluste sowie die schwindenden Bindungskräfte gesellschaftl. Großgruppen (Kirchen, Gewerkschaften, Parteien und Verbände), und nicht zuletzt die Fragen einer polizeil., gerichtl. und polit. Bekämpfung von Straftatern und des Verbots extremist. Organisationen und Parteien eine wichtige Rolle. Auch bei der Frage, ob es sich bei zunehmender G. um ein Erscheinungsmuster handelt, das sich lediglich in besonders ausgeprägten Randgruppen finden läßt, oder ob sich in der G. gesamtgesellschaftl. Tendenzen zeigen, gab es kontroverse Diskussionen, die sich bei der Frage nach Lösungswegen und Eindämmungsstrategien fortsetzten. Hier standen die gesellschaftl. Institutionen (Familie, Schule), die Massenmedien, aber auch Altersgruppen und Freizeitverhalten im Zentrum der Diskussion.

Ghana

Hauptstadt: Accra
Einwohner: 16 Mio.
Einwohner/km²: 67
Staatsoberhaupt:
J. J. Rawlings
Regierungschef:
J. J. Rawlings
BSP/Einwohner:
400 US-$

Die Wahlen vom 30. 12. 1992 gewann die Partei des Präs. JERRY JOHN RAWLINGS, der ›Demokrat. Nationalkongreß‹ (DNC). Nach der Proklamation der IV. Rep. am 7. Jan. verzögerte sich die Regierungsbildung. Die Veröffentlichung einer Dokumentation der bei den Wahlen beobachteten Unregelmäßigkeiten sowie die Abschaffung der Subventionen für Ölprodukte im Jan. gestalteten das Verhältnis zw. Reg. und Opposition weiterhin schwierig. Trotzdem kam es zu Annäherungen, und die Reg. kündigte eine Überarbeitung der umstrittenen Wählerregister an.

In der Vergangenheit wurden bei polizeilichen Durchsuchungen immer wieder Waffen und Propagandamaterial extremistischer Organisationen sichergestellt

Die traditionellen Spannungen zw. den Nachbarländern G. und Togo wurden durch die innenpolit. Krise in Togo, Grenzschließung und 100 000 togoles. Flüchtlinge verschärft. Die Reg. Togos warf G. die Unterstützung der gewalttätigen Opposition vor.

gleichgeschlechtliche Ehe: Nach einer Entscheidung des Bundesverfassungsgerichts vom 13. 10. 1993 haben gleichgeschlechtl. Paare keinen aus der Verfassung ableitbaren Anspruch auf eine standesamtl. Eheschließung. Die im GG geschützte Eheschließungsfreiheit beziehe sich auf die überkommene Ehe zw. Mann und Frau. Ein grundlegender Wandel dieses Eheverständnisses habe sich in der Gesellschaft nicht vollzogen. Grundsätzl. Bedeutung habe jedoch die Frage, inwieweit die Behinderungen und Benachteiligungen gleichgeschlechtl. Paare in ihrer privaten Lebensgestaltung im Vergleich zu Ehepaaren grundgesetzwidrig seien. Weiter sei zu fragen, ob der Gesetzgeber verpflichtet sei, gleichgeschlechtl. Paaren eine rechtl. Absicherung ihrer Lebensgemeinschaft zu ermöglichen.

Göllner, Marc-Kevin, Sportler, * Rio de Janeiro 22. 9. 1970. – Als ›der‹ Tennisstar des Jahres 1993 erwies sich der dt. Spieler M.-K. GÖLLNER. Innerhalb von zwei Jahren verbesserte er seine internat. Rangposition von Platz 223 (1991) auf Platz 35 (1993) der Tennis-Weltrangliste.

Mit elf Jahren begann der Sohn des ehem. dt. Konsuls in Rio de Janeiro mit dem Sport und bekam von seinem brasilian. Trainer PAULINO DA SILVA das ›südamerikan. Ballgefühl‹ vermittelt. Durch den Beruf seines Vaters bedingt, kam er erst mit 16 Jahren nach Deutschland und spielte zunächst bei einem Bonner Tennisclub. Bei einem Turnier entdeckte ihn sein heutiger Trainer ANDREAS MAURER. G. wechselte seinen Verein und spielt seither für Blau-Weiß Neuss. Nach Turniererfolgen kam er 1991 in den B-Kader der dt. Tennis-Nationalmannschaft und wurde Tennisprofi. Im März 1993 trainierte er mit der dt. Davis-Cup-Mannschaft und gewann im April das Grand-Prix-Turnier von Nizza. Anfang Dez. gewann G. zus. mit dem dt. Team den Davis-Cup in Düsseldorf gegen Australien.

González Márquez, Felipe, span. Politiker (PSOE), * Sevilla 5. 3. 1942.   G. M., seit 1982 MinPräs., bleibt weiterhin span. Regierungschef, nachdem der Partido Socialista Obrero Español (PSOE) bei den Wahlen vom 6. 6. 1993 trotz der wirtschaftl. Rückschläge und der Korruptionsaffären in seinem Umfeld 38,68 % der Stimmen gewinnen konnte. G. M. hatte im Mai 1993 den Internat. Karlspreis der Stadt Aachen in Empfang genommen. Die Auszeichnung galt seinem Eintreten für die polit. Einigung Europas und seinem Verdienst, Spanien nach langer Isolierung dem liberalen, demokrat. Europa zugeführt zu haben.

Gore, Albert (Al), amerikan. Politiker (Demokrat. Partei), * Washington (D.C.) 31. 3. 1948. – Durch BILL CLINTONS Wahl zum amerikan. Präs. (3. 11. 1992) wurde G. am 20. 1. 1993 neuer amerikan. Vizepräsident. G., der wie CLINTON zum gemäßigten Flügel der Partei gehört, war auf dem Parteitag der Demokraten am 16. 7. 1992 als Kandidat für die Vizepräsidentschaft nominiert worden.

Als Sohn eines Senators für Tennesse schloß G. sein Studium der Politikwiss. an der Harvard University ab. Obwohl er dem Vietnamkrieg gegenüber kritisch eingestellt war, leistete er bis 1971 als Heereskorrespondent Dienst in Vietnam und arbeitete danach als Journalist. Bereits mit 28 Jahren wurde er Mitgl. des Repräsentantenhauses, 1984 wechselte er als Vertreter seines Heimatstaates in den Senat. Dort spezialisierte G. sich auf Themen wie Rüstungskontrolle und Technologieforschung und unterstützte als einer der wenigen demokrat. Senatoren den Einsatz amerikan. Truppen im Golfkrieg. Zu seinen Interessenschwerpunkten zählen auch Fragen der Umwelt, über die er sich in dem – in den USA zum Bestseller avancierten – Buch ›Earth in the Balance‹ (1992; dt. ›Wege zum Gleichgewicht‹) äußerte. Ein Marshallplan für die Erde‹ äußerte.

1988 bewarb sich G. vergeblich um die demokrat. Präsidentschaftskandidatur. Er gewann zwar einige Vorwahlen im Süden, konnte sich jedoch an der Ostküste und im nördlichen Industriegürtel nicht

Felipe González (links) wird von Aachens Oberbürgermeister Jürgen Linden mit dem Karls-Preis ausgezeichnet

gegen den damaligen Spitzenreiter Michael Dukakis durchsetzen.

Górecki, Henryk Mikołaj, poln. Komponist, * Czernica (bei Rybnik) 6. 12. 1933. – G.s Musik wurde seit 1992/93 mit zunehmendem Erfolg aufgeführt; der Komponist gewann rasch an Popularität. Nach seinem Abitur 1951 arbeitete der Sohn eines Eisenbahners zunächst als Grundschullehrer und bildete sich zugleich an der Musikschule in Rybnik als Lehrer und Erzieher weiter. In Kattowitz studierte er ab 1955 an der Staatl. Musikhochschule (bis 1960). Noch während seines Studiums schrieb er seine 1. Sinfonie ›1959‹ für Streichorchester, die ihm bei der Biennale in Paris 1961 den 1. Preis einbrachte. Auch in den folgenden Jahren erzielte G. bei Komponistenwettbewerben große Erfolge (u. a. erhielt er 1973 den 1. Preis der Tribune Internationale des Compositeurs der UNESCO in Paris). Ab 1965 lehrte er an der Staatl. Musikhochschule in Kattowitz (ab 1972 Dozent), wurde 1975 Rektor und 1977 außerordentl. Professor. 1979 gab er seine Funktionen an der Musikhochschule auf. In seiner Musik zitiert G. alte poln. Musik, Kirchen- und Volkslieder.

Al Gore, der Vizepräsidentschaftskandidat der Demokraten, nach seiner Nominierung

TINOS MITSOTAKIS blieb das Sanierungsprogramm, das u. a. die Privatisierung von Staatsunternehmen, die Streichung von Subventionen für unrentable Betriebe, Preiserhöhungen für öffentl. Dienstleistungen, die Bekämpfung der Steuerflucht, die Verringerung der Inflationsrate, Investitionen in der Infrastruktur und die Exportförderung vorsah. Die Erfolge der z. T. verspätet eingeleiteten Maßnahmen blieben hinter den Erwartungen zurück, verursachten aber einen Anstieg der Arbeitslosigkeit und einen Konsumrückgang. Nach einer OECD-Studie reichen die Reformen noch nicht aus, um wirtschaftspolit. Erfolge zu sichern und die Maastrichter Zielvorgaben zu erreichen. Als starke Belastung erwies sich die permanente landwirtschaftl. Überproduktion, bes. von Obst, bei rückläufigen Erzeugerpreisen.

Innenpolitische Veränderungen

Der Popularitätsverlust der Reg. infolge der Sparpolitik verstärkte Spannungen innerhalb der Regierungspartei; der frühere, wegen seines nationalist. Kurses in der Makedonienfrage entlassene Außenmin. ANTONIS SAMARAS gründete eine neue Partei (›Polit. Frühling‹) mit einem vagen populist. Erneuerungsprogramm. Nach dem Verlust der Parlamentsmehrheit durch den Übertritt von Abgeordneten zum ›Polit. Frühling‹ erwirkte das Kabinett die Ausschreibung von Wahlen für den 10. 10. 1993. Bei einer Wahlbeteiligung von 78,23 % erlitt die ND eine empfindl. Niederlage (39,3 % der Wählerstimmen), für die Panhellen. Sozialist. Bewegung (PASOK) wurden 46,88 % der Stimmen abgegeben. Parteichef ANDREAS PAPANDREU bildete am 12. Okt. sein Kabinett. Von 300 Parlamentssitzen entfielen auf die PASOK 170, auf die ND 111. Der ›Polit. Frühling‹ unter Samaras (4,54 % der Stimmen) erhielt 10, die KP (4,87 % der Stimmen) 9 Sitze; das Bündnis der demokrat. Linken fiel von 10 % auf 2,94 % zurück und ist im Parlament nicht mehr vertreten. Bes. Bedeutung hat das Wahlergebnis auch, weil G. am 1. 1. 1994 die EG-Präsidentschaft übernimmt.

Außenpolitik im Zeichen des Bosnischen Krieges

Hartnäckig verfolgte G. das Ziel, seine Verwicklung in den Jugoslawienkonflikt und auch die Teilnahme an einer UNO-Friedenstruppe zu verhin-

Grenada

Hauptstadt: Saint George's
Einwohner: 91 000
Einwohner/km²: 265
Staatsoberhaupt: Elisabeth II.
Regierungschef: N. Brathwaite
BSP/Einwohner: 2 180 US-$

Griechenland

Hauptstadt: Athen
Einwohner: 10,3 Mio.
Einwohner/km²: 78
Staatsoberhaupt: K. Karamanlis
Regierungschef: A. Papandreu (seit 12. 10. 1993)
BSP/Einwohner: 6 230 US-$

Die Wirtschaftspolitik

Grundlage der Wirtschaftspolitik des Kabinetts der Nea Dimokratia (ND) unter Premiermin. KONSTAN-

dern. Griechische Vermittlungsversuche scheiterten (Athener Bosnienkonferenz 1./2. Mai, Besuch von Mitsotakis im ›Parlament‹ der bosn. Serben am 6. Mai). Obwohl die Reg. in der Frage der Anerkennung der Rep. → Makedonien weiterhin unter dem Druck der durch nationalist. Agitation erregten öffentl. Meinung, der Opposition und auch eigener Abgeordneter stand, schlug Mitsotakis einen gemäßigteren Kurs ein. G. akzeptierte die Aufnahme Makedoniens in die UNO unter einer vorläufigen Bezeichnung, zweiseitige Verhandlungen unter dem Vorsitz eines UNO-Vermittlers sowie einen künftigen internat. Schiedsspruch im Namensstreit. Makedonien mußte irredentist. Verfassungsartikel streichen. Inzwischen bekundeten nordgriech. Wirtschaftskreise ihr Interesse an guten Beziehungen zum Nachbarn. Im Juni/Juli kam es zu vorübergehenden Spannungen mit Albanien wegen der Ausweisung des orth. Priesters Chrysostomos Maydonis, der bei der griech. Minderheit in Südalbanien tätig war. Im Gegenzug erfolgte die Massenausweisung illegaler alban. Arbeitskräfte aus Griechenland.

Nach Abgabe seiner Stimme bei den griechischen Parlamentswahlen am 10. Oktober zeigt sich Andreas Papandreu siegessicher

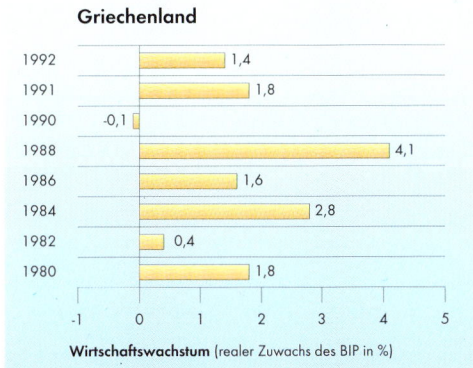

Griechenland

Jahr	Wirtschaftswachstum
1992	1,4
1991	1,8
1990	-0,1
1988	4,1
1986	1,6
1984	2,8
1982	0,4
1980	1,8

Wirtschaftswachstum (realer Zuwachs des BIP in %)

Großbritannien und Nordirland

Hauptstadt: London
Einwohner: 57,6 Mio.
Finwohner/km²: 236
Staatsoberhaupt:
Elisabeth II.
Regierungschef:
J. Major
BSP/Einwohner:
16 750 US-$

Privatisierung der Staatsbetriebe

Die Reg. konkretisierte ihre Pläne zur Privatisierung der Bahn, der Post und des Kohlebergbaus. Ihre Absicht, 31 Kohlebergwerke zu schließen, traf auf erbitterten Widerstand der Betroffenen und löste eine Welle der Solidarität im Lande aus. Zu Beginn des Jahres wurde durch Gerichtsentscheidung das Verfahren, das zur Schließungsentscheidung führte, für illegal erklärt. Im April einigte man sich bis zur Privatisierungsgesetzgebung auf eine Übergangslösung, die zwölf Gruben eventuell zwei weitere Jahre das Überleben sichert. Die Gesetzgebung zur Privatisierung der Bahn wurde trotz Streiks der Eisenbahnergewerkschaft verabschiedet, stieß jedoch im Juli im Oberhaus auf unerwartete, die Gesetzgebung blockierende Änderungswünsche. Im April wurde der Transport von Strafgefangenen teilprivatisiert und einem privaten Wachdienst übertragen, der auch ein privatisiertes Gefängnis betreibt. Ebenfalls im April wurde eine neue Form der Kommunalsteuer, die Council tax, eingeführt, die die allg. als ungerecht empfundene, von Margaret Thatcher eingeführte Poll tax ablöste.

Schlechtes Ansehen der Regierung

Eine neue Welle des Bombenterrors der IRA in Nordirland und in England, wie auch der unionist. Terrorismus forderten zahlreiche Todesopfer. Bes. Entsetzen riefen die Bombenexplosion im April in der Londoner City und das Bombenattentat im März in Warrington bei Liverpool hervor, bei dem zwei Kinder im Alter von 3 und 12 Jahren getötet wurden. Die Erfolge des polit. Armes der IRA und unionist. Extremisten bei den Kommunalwahlen im Mai deuteten auf eine Verhärtung der Fronten hin. Dennoch versuchte der Nordirlandmin. Patrick Mayhew, die im letzten Jahr gescheiterten Nordirlandverhandlungen wieder in Gang zu bringen. In einer gemeinsamen Erklärung, die Premiermin. Major und der ir. Regierungschef Reynolds am 15. Dez. unterzeichneten, akzeptierte die brit. Reg. die IRA-Partei Sinn Fein als mögl. Verhandlungspartner. Zu Beginn des Jahres wurde ein neues Asylgesetz verabschiedet, das das Asylrecht in wesentl. Punkten verschärft und die Abschiebung von Flüchtlingen erleichtern soll. Die Reformgesetzgebung im Bildungswesen stärkte die Marktautonomie der einzelnen Schulen und trieb die Trennung von Forschungs- und Lehruniv. voran. In Teilbereichen scheiterten die Regierungspläne am Widerstand von Eltern und Lehrergewerkschaften, die zusätzl. Examen boykottierten und deren Teilrücknahme erreichten. Im Juli trat erstmals in der brit. Geschichte eine Geheimdienstchefin vor die Presse. Der Auftritt von Stella Rimington, Generaldirektorin des Inlanddienstes MI 5, war ebenso wie die fast zeitgleiche Veröffentlichung der bisher geheimen Anweisungen an die Presse zum Umgang mit vertraul. Regierungsinformationen Teil der Öffentlichkeitskampagne zur Image-Verbesserung der Reg.

Die neue britische
Geheimdienstchefin Stella Rimington

Die königl. Familie machte einige Räume des Buckingham Palace, des Londoner Stadtpalastes der Königin, im Aug. und Sept. für Touristen zugänglich, um die Finanzen für die Beseitigung der Brandschäden im Schloß Windsor zu erwirtschaften. Die Königin und Prinz Charles hatten sich im Febr. dem deutlichen Unmut in der Bevölkerung gebeugt und sich erstmals bereiterklärt, Einkommensteuern zu bezahlen.

Die brit. Gesellschaft wurde in ihrem Selbstverständnis erschüttert, als zwei Zehnjährige ein zwei Jahre altes Kind am 12. Febr. entführten und brutal ermordeten. Diese Tat löste eine Debatte über die Krise der nat. Moral aus; eine Mehrheit der Briten gab in Umfragen sogar an, lieber in einem anderen Land leben zu wollen.

Die Krise der Institutionen machte auch vor den Parteien nicht halt. John Majors Reg. geriet im Mai nach einer erdrutschartigen Niederlage bei Kommunalwahlen und dem Verlust einer Nachwahl im Wahlkreis Newbury (Berkshire), den die Partei seit 1924 gehalten hatte, in starke Bedrängnis. Die Wahlniederlage wurde als Kritik an den wirtschaftspolit. Mißerfolgen der Reg. interpretiert. John Major entließ kurz darauf seinen Finanzmin. Norman Lamont und ersetzte ihn durch Innenmin. Kenneth Clarke. Lamont verweigerte seine Mitarbeit im Kabinett auf einem weniger wichtigen Ministerposten und attackierte den Premiermin. im Unterhaus als Mitverantwortlichen für die wirtschaftl. Schwierigkeiten des Landes. Major galt nach Meinungsumfragen als unpopulärster Regierungschef der Nachkriegszeit. Im Juli verloren die Konservativen mit dem Wahlkreis Christchurch (Dorset) erneut eine ihrer Hochburgen, diesmal an die Liberalen.

Während die Liberale Partei ihre Erfolge feierte, geriet John Smith, der Führer der oppositionellen Labour Party, mit seinen Bemühungen um eine Reform der Parteistruktur in einen Konflikt mit den Gewerkschaften, die ihre Stimmpakete auf den Parteitagen, die ihnen einen überragenden Einfluß auf die Labour Party sichern, nicht abgeben wollen. Ein Schlaglicht auf die Probleme der Parteienfinanzierung warfen die Erklärungsnöte der Konservativen Partei, als sich einer ihrer wichtigsten Geldgeber, Asil Nadir, nach der Hinterlegung einer Kaution in den türk. Teil Zyperns absetzte. Nadir hatte beim Zusammenbruch seines Firmenimperiums ›Polly Peck‹ Schulden in Millionenhöhe hinterlassen und war in über 100 Fällen des Diebstahls angeklagt. Weil er sich in außergewöhnlich intensiver Form beim Justizmin. für Nadir verwendet hatte, mußte der Staatsmin. für Nordirland, Mates, im Juni zurücktreten.

Differenzen über die Außenpolitik

Die Ratifizierung des Vertragswerks von Maastricht über die Europ. Union beherrschte die außenpolit. Diskussion in der ersten Jahreshälfte – nicht zuletzt, weil eine parlamentar. Niederlage auch das Ende der Reg. John Major bedeutet

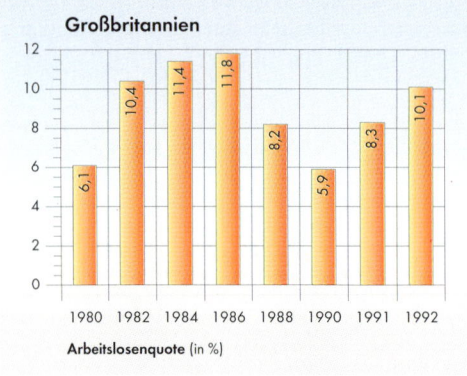

Großbritannien

Jahr	Arbeitslosenquote (in %)
1980	6,1
1982	10,4
1984	11,4
1986	11,8
1988	8,2
1990	5,9
1991	8,3
1992	10,1

Arbeitslosenquote (in %)

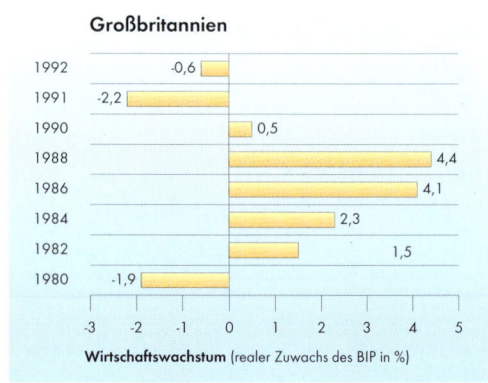

Großbritannien

Jahr	Wirtschaftswachstum (realer Zuwachs des BIP in %)
1992	-0,6
1991	-2,2
1990	0,5
1988	4,4
1986	4,1
1984	2,3
1982	1,5
1980	-1,9

Wirtschaftswachstum (realer Zuwachs des BIP in %)

hätte. Starker Widerstand ging von den Europa-Gegnern in der Konservativen Partei aus, die zumindest eine Volksabstimmung über den Vertrag forderten. Im Juli erzwang der frühere Herausgeber der Times, LORD REES-MOGG, durch Anrufen des Obersten Gerichtshofes eine Verschiebung der Ratifizierung, und die Reg. verlor eine Abstimmung über die von ihr abgelehnte europ. Sozialcharta. Das nachfolgende Vertrauensvotum bestätigte jedoch MAJOR im Amt, und REES-MOGG verzichtete nach Zurückweisung seiner Klage auf weitere gerichtl. Schritte.

Auch auf anderen Feldern der Außenpolitik geriet die Reg. in die Defensive. Unstimmigkeiten mit China erwuchsen aus Plänen des Gouverneurs von Hongkong, CHRIS PATTEN, über eine begrenzte Demokratisierung der Kronkolonie, bevor diese 1997 in chin. Besitz übergeht. China drohte mit der Einrichtung einer Gegenregierung.

Im Jugoslawienkonflikt vertrat die brit. Reg. eine zurückhaltende Position. Sie entsandte zwar im Auftrag der UNO Bodentruppen, war aber weder bereit, amerikan. Vorschlägen zu Luftangriffen auf serb. Stellungen zu folgen, noch Bürgerkriegsflüchtlinge aufzunehmen. Im Febr. besuchte JOHN MAJOR den neuen amerikan. Präs. CLINTON, um die besonderen brit.-amerikan. Beziehungen, trotz der Unterstützung der britischen Konservativen für CLINTONS Wahlkampfgegner GEORGE BUSH, zu bekräftigen.

Grüner Punkt, Kennzeichnung auf Verkaufsverpackungen (grünes Logo mit Schriftzug ›DER GRÜNE PUNKT‹) von Produkten, deren Hersteller dem → Dualen System Deutschland angeschlossen sind.

Bei einem der schwersten Bombenanschläge der irischen IRA in den letzten zehn Jahren werden im Oktober in Belfast zehn Menschen getötet und 57 verletzt

denen Erzbischof RODOLFO QUEZADA TORUNO als Vermittler auftrat, weitgehend erfolglos.

Am 25. Mai setzte SERRANO mit einem Staatsstreich Teile der Verfassung außer Kraft, löste das Parlament und die höchsten Justizbehörden auf und ordnete die Einberufung einer verfassunggebenden Versammlung innerhalb von 60 Tagen an. SERRANO rechtfertigte sein Vorgehen mit der Korruption der Abgeordneten, dem sich in G. ausbreitenden Drogenhandel u. a. Nur wenige Tage später geriet SERRANO in die innenpolit. Isolierung: Die oberste Wahlbehörde verweigerte die Einberufung einer konstituierenden Versammlung (29. Mai), und Verteidigungsmin. JOSÉ GARCÍA forderte den Präs. auf, zur verfassungsmäßigen Ordnung zurückzukehren. Außerdem lehnten die Mehrheit des Parlaments und alle anderen Kräfte des Landes sehr schnell das verfassungswidrige Verhalten SERRANOS ab. Auf Druck des Militärs hin, das sich zunächst passiv verhalten hatte, wurde SERRANO am 1. Juni seines Amtes enthoben. Er fand mit seiner Familie in Panama Asyl. Am 4. Juni setzte das Verfassungsgericht GUSTAVO ESPINA SALGUERO, der sich zwei Tage zuvor mit Unterstützung der Armee zum Staatschef ernannt hatte, wieder ab und forderte das Parlament auf, innerhalb von 24 Std. einen neuen Präs. zu wählen. Aus der Abstimmung ging der bisherige Menschenrechtsbeauftragte RAMIRO DE LEÓN CARPIO als Sieger hervor. Er stellte Anfang Juli sein Kabinett vor, dem als erster Vertreter der Ureinwohner der Maya-Indianer TAY COYOY als Bildungsmin. und Leiter eines Alphabetisierungsprogramms angehört. Zu den Zielen des neuen Präs. gehört es, den Weg für Neuwahlen zu ebnen. Dazu sollten die Abgeordneten (wie die Obersten Richter), von denen viele als korrupt gelten, ihre Mandate freiwillig aufgeben. Da dies zu erhebl. Spannungen führte, kündigte der Präs. eine Volksbefragung darüber und über eine neue Verfassung an, die vom Obersten Gericht suspendiert wurde. Die Krise konnte mit einer Einigung auf eine Verfassungsreform, Vorverlegung der Parlamentswahlen auf 1994 und die anschließende Neuwahl der Obersten Richter beigelegt werden.

Guatemala

Hauptstadt:
Guatemala
Einwohner: 9,8 Mio.
Einwohner/km²: 89
Staatsoberhaupt:
R. de León Carpio
(seit 6.6.1993)
Regierungschef:
R. de León Carpio
(seit 6.6.1993)
BSP/Einwohner:
930 US-$

Staatsstreich von oben

Im Jan. unterbreitete Präs. JORGE SERRANO der Guerillaorganisation Unidad Revolucionaria Nacional Guatemalteca (URNG) ein neues Friedensangebot, nachdem die Verhandlungen im Sommer 1992 abgebrochen worden waren. Die Bemühungen um eine Beendigung des seit über 30 Jahren dauernden Bürgerkriegs blieben jedoch auch nach Wiederaufnahme der Gespräche im Mai in Mexiko-Stadt, bei

Guinea

Hauptstadt: Conakry
Einwohner: 6,1 Mio.
Einwohner/km²: 25
Staatsoberhaupt:
L. Conté
Regierungschef:
L. Conté
BSP/Einwohner:
450 US-$

Die von dem autoritär regierenden Staatschef LANSANA CONTÉ für 1993 angekündigten Parlaments- und Präsidentschaftswahlen prägten 1993 als Jahr des inoffiziellen Wahlkampfs. Die über 40 Oppositionsparteien versuchten vergeblich, die Einberufung einer Übergangsreg. zur Vorbereitung und Durchführung korrekter Wahlen zu erzwingen. Sie erhielten Unterstützung von unzufriedenen Gruppen in der Armee (v. a. von jüngeren Offizieren und Soldaten), die eine weitreichendere Demokratisierung forderten und die Korruption anklagten. Am 25. Mai schlossen sich mehrere Oppositionsparteien unter ALPHA CONDÉ zusammen. Die Präsidentschaftswahlen am 19. Dez. waren von Protesten und gewalttätigen Unruhen begleitet. Präs. CONTÉ erhielt die absolute Mehrheit.

Guinea-Bissau

Hauptstadt: Bissau
Einwohner: 1 Mio.
Einwohner/km²: 28
Staatsoberhaupt:
J. B. Vieira
Regierungschef:
C. Correira
BSP/Einwohner:
190 US-$

Nach heftigem Druck aus dem Ausland wurden die mehrmals verschobenen Wahlen auf März 1994 festgesetzt und die hierfür notwendigen Gesetze verabschiedet. Gleichzeitig versuchte Präs. JOÃO BERNARDO VIEIRA, mögl. Kontrahenten auszuschalten. Neben dem Gesetz über die Zulassung der Kandidaten diente die Verhaftung des Koordinators des oppositionellen Demokrat. Blocks, dem die Planung eines Putsches vorgeworfen wurde, diesem Zweck. Die Machtkämpfe wurden von wirtschaftl. Schwierigkeiten begleitet: G.-B. wehrte sich, u. a. wegen des Widerstands aus der Bevölkerung, gegen die Anwendung eines Strukturanpassungsprogramms, was zu Konflikten mit dem Internat. Wäh-

rungsfonds, der Weltbank und Portugal als wichtigem Geberland führte.

GUS, Abk. für **G**emeinschaft **U**nabhängiger **S**taaten: Der GUS (gegr. 1991; Mitgliedsstaaten zu Beginn des Jahres: Rußland, Ukraine, Weißrußland, Turkmenistan, Tadschikistan, Kasachstan, Usbekistan, Kirgisien, Armenien) gelang es auch 1993 nicht, einen funktionsfähigen Staatenverbund zu schaffen. Die Haltung zahlreicher Bündnispartner, wie die der Ukraine, blieb zwiespältig. Während die Entscheidung in der Moldau über die Zugehörigkeit zur GUS auf 1994 verschoben wurde, traten Aserbaidschan am 21. Sept. und Georgien am 9. Okt. offiziell der Gemeinschaft bei.

In den Dauerkrisen um das atomare Erbe der Sowjetunion in den Händen Rußlands, Weißrußlands, der Ukraine und Kasachstans, um die →Schwarzmeerflotte sowie wegen Rußlands Verhalten in den Regionalkonflikten des (Trans-)Kaukasus und Mittelasiens offenbarten sich Gegensätze innerhalb der GUS. Keine eindeutige Klärung fand auch die Frage nach gemeinsamen Streitkräften sowie einem einheitl. Oberkommando für diese und für die strateg. Verbände. Im Zusammenhang mit dem afghan.-tadschik. Konflikt wurde Anfang Aug. die Aufstellung von ›Koalitionstruppen‹ aus Rußland, Kasachstan, Usbekistan und Kirgisien vereinbart. Für das im Mai 1992 von diesen Staaten sowie von Armenien und Turkmenistan gegr. Verteidigungsbündnis der GUS votierte am 9. April auch Weißrußland.

Am 24. Sept. wurde mit Blick auf die Wirtschaftskrisen in den GUS-Staaten ein Abkommen zur Gründung einer Wirtschaftsunion paraphiert. Danach war allerdings die Schaffung einer ›Rubelzone neuen Typs‹, die am 7. Sept. zw. Armenien, Weißrußland, Kasachstan, Tadschikistan, Usbekistan und Rußland beschlossen worden war, gescheitert, weil Kasachstan und Usbekistan am 15. Nov. eigene Währungen einführten. Am 26. Dez. wurde das Abkommen über die Wirtschaftsunion in Aschchabad (Turkmenistan) unterzeichnet.

Gussejnow, Hussejnow, Surat (Suret), aserbaidschan. Politiker, * Gebiet Jewlach 1959. – Nach der Flucht seines Gegners ABULFAS ELTSCHIBEJ Ende Juni und der Einnahme der Hauptstadt Baku durch seine Truppen wurde G. neuer MinPräs. Aserbaidschans. Er einigte sich mit G. ALIJEW, dem ehem. stellv. MinPräs. der UdSSR, über die Aufteilung der Macht. G. wurde MinPräs. von Aserbaidschan, ALIJEW nach einer Präsidentschaftswahl am 3. Okt. Staatsoberhaupt.

G. erhielt seine militär. Ausbildung im Rahmen seines Wehrdienstes 1977–79 in der Roten Armee. Nach seinem Studium an der Techn. Hochschule in Gandscha und einem Rußlandaufenthalt wurde er 1989 Generaldirektor eines Wollkombinats. In dieser Eigenschaft investierte er die über die Planerfüllung hinausgehenden Erträge in den Aufbau einer bewaffneten Streitmacht, mit deren Hilfe er am 4. Juni gegen den gewählten Präs. ELTSCHIBEJ putschte. Im Krieg um die arme. Enklave Bergkarabach wurde G. zum aserbaidschan. Volkshelden.

Guyana

Hauptstadt:
Georgetown
Einwohner: 808 000
Einwohner/km²: 4
Staatsoberhaupt:
C. B. Jagan
Regierungschef:
S. Hinds
BSP/Einwohner:
290 US-$

Auch nach den ersten freien Wahlen seit 28 Jahren im Okt. 1992 lastete auf dem Kleinstaat weiterhin das Erbe eines langjährigen Sozialismus nach kuban. Muster, so daß ein Kurswechsel in der Finanz- und Wirtschaftspolitik mit dem Ziel, die drückendsten Probleme (Haushaltsdefizit, Auslandsschulden, Steuerhinterziehung) in den Griff zu bekommen, noch nicht vollzogen werden konnte. Im Febr. unterzeichnete G. mit seinem Nachbarn Venezuela ein Verständigungsabkommen, bei dem der Ausbau der wirtschaftl. Beziehungen im Vordergrund stand.

H

Haiti

Hauptstadt:
Port-au-Prince
Einwohner: 6,8 Mio.
Einwohner/km²: 243
Staatsoberhaupt:
J.-B. Aristide
Regierungschef:
R. Malval
(seit 30. 8. 1993)
BSP/Einwohner:
370 US $

Das Abkommen von Governor's Island

General RAOUL CÉDRAS, der seit dem Putsch im Sept. 1991 die Macht ausübte, und der in den USA im Exil lebende rechtmäßige Präs. JEAN-BERTRAND ARISTIDE trafen im Juli eine Übereinkunft über die Rückkehr zur Demokratie. Lange Zeit war die Militärreg. unter CÉDRAS zu keinen Kompromissen bereit gewesen. Doch der erhöhte Druck durch das Öl- und Waffenembargo der UNO sowie das Einfrieren der Konten in den USA ab dem 23. Juni erhöhten die Verhandlungsbereitschaft – nachdem ein reines Handelsembargo keinen Erfolg gebracht hatte – und führten zu konkreten Ergebnissen. Das

unter Vermittlung der Organisation Amerikan. Staaten (OAS) ausgehandelte Abkommen von Governor's Island vom 3. Juli umfaßte u. a. eine Amnestie für die Putschisten, den Rücktritt von CÉDRAS zum 15. Okt., den Aufbau einer ›zivilen‹ Polizei, die Ernennung eines neuen MinPräs. durch ARISTIDE und v. a. dessen Rückkehr am 30. Oktober.

Massenflucht

Die steigende Zahl von Bootsflüchtlingen nach Florida – seit dem Sturz ARISTIDES etwa 40 000 – hatte aus amerikan. Sicht eine polit. Lösung des Problems immer dringlicher werden lassen. Infolge BILL CLINTONS Kritik während des amerikan. Wahlkampfs an dem Verfahren der USA, Bootsflüchtlinge aus H. aufzunehmen und ohne Anhörung ihres Asylbegehrens in die Heimat zurückzuschicken, hofften viele Haitianer nach seinem Wahlsieg auf eine ungehinderte Aufnahme in den USA. Aus Sorge vor einem Massenexodus aus H. verschärfte CLINTON jedoch sogar den Rücktransport haitian. Flüchtlinge. Etwa drei Viertel wurden nach amerikan. Angaben zurückgeschickt.

Am 30. Aug. übernahm der vom Exilpräs. ARISTIDE eingesetzte neue MinPräs. ROBERT MALVAL die Amtsgeschäfte, kurz danach wurde auch der demokratisch gewählte Bürgermeister der Hauptstadt Port-au-Prince, EVANS PAUL, wiedereingesetzt. Die USA kündigten daraufhin Wirtschaftshilfe und die Aufhebung von Handelsbeschränkungen an; der UNO-Sicherheitsrat setzte das Waffen- und Ölembargo (27. Aug.), die OAS ihr Handelsembargo aus.

Keine Rückkehr Aristides

Die Friedensvereinbarung von Governor's Island hatte vorgesehen, daß 1 600 UNO-Soldaten den Frieden im Land sichern und am Aufbau demokrat.

Insbesondere in den Elendsvierteln von Port-au-Prince hat der gestürzte haitianische Präsident Aristide zahlreiche Anhänger

Strukturen mitwirken sollten. Die Landung eines ersten Teils dieser Friedenstruppen wurde am 12. Okt. von bewaffneten Haitianern verhindert. Im weiteren Verlauf stagnierte der Prozeß der Wiederherstellung demokrat. Verhältnisse zusehends. Sympathisanten des exilierten Präs. wurden von paramilitär. Banden umgebracht, MinPräs. MALVAL und seine Reg. terrorisiert, die Ziviladministration geplündert. Die rechtsgerichtete Haitian. Front für Wachstum und Fortschritt organisierte einen Generalstreik, um den UNO-Vermittler DANTE CAPUTO zum Abzug aus H. zu nötigen. Es kam zu Mordanschlägen und ungezügelten Gewalttaten, u.a. wurde Justizmin. GUY MALARY ermordet. Als die Militärmachthaber das Friedensabkommen mißachteten, traten am 19. Okt. abermals vom UNO-Sicherheitsrat beschlossene Wirtschaftssanktionen in Kraft (Öl- und Waffenembargo, Einfrieren ausländ. Bankkonten der Militärs). Zur Durchsetzung des Embargos errichteten u.a. die USA eine Seeblockade. Die haitian. Bevölkerung reagierte mit Panikkäufen und mit einer Massenflucht aufs Land. CÉDRAS machte seinen Rücktritt von der Verabschiedung eines Generalamnestiegesetzes zugunsten der Putschisten abhängig. Die USA, Kanada, Frankreich und Venezuela stellten den Machthabern Ende Dez. ein Ultimatum zum 15. 1. 1994.

Hamburg

Einwohner: 1,7 Mio.
Einwohner/km²: 2 199
Regierungschef:
H. Voscherau
BIP/Einwohner:
74 000 DM

Am 19. Sept. fanden in H. vorgezogene Bürgerschaftswahlen statt. Die neuerl. Wahlentscheidung war erforderlich geworden, weil das Landesverfassungsgericht am 3. Mai zum ersten Mal in der Geschichte der Bundesrepublik einer Wahlbeschwerde gegen eine Landtagswahl stattgegeben hatte. Neben der Bürgerschaftswahl vom 2. 6. 1991 wurden fünf der insgesamt sieben Bezirkswahlen für verfassungswidrig erklärt. MARKUS WEGNER, ein früheres Mitgl. der Hamburger CDU, hatte in seiner Beschwerde vorgebracht, daß die CDU bei ihrer Kandidatenaufstellung gegen das Gebot der innerparteil. Demokratie verstoßen habe.
WEGNER kandidierte zur Wahl für eine parteiübergreifende Wählerbewegung, die ›Statt-Partei‹, deren Ziel eine größere Basisnähe der Politik ist. Das Wahlergebnis war für die großen Parteien ein Desaster. Die CDU erhielt 25,1 % der Stimmen, die SPD

Hamburgs 1. Bürgermeister Henning Voscherau und Statt-Partei-Fraktionsvorsitzender Markus Wegner informieren die

Journalisten am 6. Dezember über den Stand der Koalitionsverhandlungen

40,4 % und verlor ihre absolute Mehrheit, die FDP scheiterte mit 4,2 % an der Fünfprozenthürde. Wahlsieger wurden die neue Statt-Partei, die mit 5,6 % der Stimmen 8 Mandate erhielt, und die Grün-Alternative Liste (GAL), die 13,5 % der Stimmen und 19 Mandate errang. Die Parteien des rechten Spektrums (Republikaner, DVU) erhielten zus. 7,6 % der Wählerstimmen, scheiterten aber jeweils an der Fünfprozentklausel. Aufgrund des Drucks der SPD-Basis mußte Bürgermeister VOSCHERAU mit der GAL über eine Koalition verhandeln, die Verhandlungen scheiterten jedoch am 10. November. Daraufhin nahm die SPD Verhandlungen mit der Statt-Partei auf, die am 7. Dez. mit einer Kooperationsvereinbarung endeten. Die Statt-Partei besetzte die Ressorts Justiz und Wirtschaft mit Parteilosen.

Hamm-Brücher, Hildegard, Politikerin (FDP), * Essen 11. 5. 1921. – Die FDP-Politikerin wurde am 15. Okt. von ihrer Partei als Kandidatin für das Amt des Bundespräs. vorgeschlagen. Der Vorschlag rührte aus der Unzufriedenheit der FDP-Führung über den Alleingang des Bundeskanzlers, der den sächs. Justizmin. S. HEITMANN vorgeschlagen und in der CDU/CSU auch durchgesetzt hatte. Für die FDP war HEITMANN nicht wählbar, einen gemeinsamen Kandidaten der CDU-CSU-FDP-Koalition zu suchen, war durch das Vorgehen KOHLS nicht mehr möglich.

Haushaltspolitik: Die Haushaltspolitik der öffentl. Gebietskörperschaften stand im Zeichen der Bemühungen um Konsolidierung durch Einsparung von Ausgaben, Abbau von Steuervergünstigungen und Erhöhung von Steuern. Das vom Bundestag am 26. Nov. beschlossene Haushaltsgesetz 1994 erlaubt eine Nettokreditaufnahme von 69,1 Mrd. DM und sieht Ausgaben in Höhe von insgesamt 479,95 Mrd. DM vor; gegenüber 1993 ergibt sich damit für 1994 eine Steigerung der Ausgaben um 4,8 %. Wesentl. Anteile am Zuwachs des Budgets ergaben sich durch die →Bahnreform (ohne die der Haushalt nur um 2,9 % zulegen würde), die Übernahme der Altschulden des ostdt. Wohnungsbestandes, die Zuschüsse an den Fonds ›Deutsche

Einheit‹ sowie durch die Defizithaftung des Bundes für die Bundesanstalt für Arbeit. Darüber hinaus können nach Vermittlungsverhandlungen von Bundestag und Bundesrat zwei Gesetze zur Umsetzung des im Juli formulierten Spar-, Konsolidierungs- und Wachstumsprogramms am 1. 1. 1994 in einer geänderten Fassung in Kraft treten. Danach wird die Arbeitslosenhilfe zeitlich unbefristet gewährt und nicht wie vorgesehen auf zwei Jahre begrenzt. Bes. umstritten war die urspr. bereits für den Ablauf des Winters 1993/94 geplante Streichung des Schlechtwettergeldes, die nun auf den 1. 3. 1996 verschoben wurde (→ Arbeitsmarkt). Veränderungen sind ferner im Bereich der Sozialhilfe zu verzeichnen. Die Spargesetze sahen urspr. zur Entlastung der kommunalen Haushalte eine ›Nullrunde‹ für 1994 und danach eine Anpassung der Sozialhilfesätze max. um 3 % vor. Das Ergebnis der Kompromißverhandlungen zw. Bund und Ländern: Die Regelsätze der Sozialhilfe sollen vom 1. 7. 1994 bis 30. 6. 1996 jährlich um je 2 % angehoben werden, höchstens jedoch um die Steigerungsrate der Nettolöhne. Durch das Sparpaket wird der Bund 1994 um 21 Mrd. DM, die Länder um 3,7 Mrd. DM und die Gemeinden um 1,1 Mrd. DM entlastet.

Am 9. Nov. legte der ›Arbeitskreis Steuerschätzungen‹ neue Zahlen vor, die gegenüber der letzten Schätzung vom Mai Steuerausfälle von 2,7 Mrd. DM 1993 und 9,3 Mrd. DM 1994 und damit eine Wachstumsrate der jährl. Steuereinnahmen von nur 1,9 % (1993) bzw. 3,8 % (1994) gegenüber noch 10,5 % in 1992 ergaben. V. a. die Einnahmen aus dem 1992 eingeführten Zinsabschlag wurden wesentlich niedriger als bisher veranschlagt. Insgesamt wurde damit für 1994 mit einer Nettokreditaufnahme des Bundes von mehr als 75 Mrd. DM gerechnet. Zum Ausgleich dieser nachträglich aufgetretenen Haushaltslücken verpflichtete das Parlament die Bundesreg., eine globale Minderausgabe in Höhe von 5 Mrd. DM zu erwirtschaften.

Václav Havel auf einer Pressekonferenz (27. Januar) nach seiner Wahl zum tschechischen Präsidenten

Havel, Václav, tschech. Dramatiker und Politiker, * Prag 5. 10. 1936. – Nachdem H. sich – schließlich erfolglos – darum bemüht hatte, das Auseinanderfallen der Tschechoslowakei zu verhindern, seine Wiederwahl am 3. 7. 1992 gescheitert war und 14 Tage später das slowak. Parlament die Souveränität der Slowak. Rep. proklamiert hatte, trat er vorzeitig von seinem Amt als tschechoslowak. Staatspräs. zurück. Das Parlament der Tschech. Rep. wählte ihn am 26. 1. 1993 mit knapper Mehrheit für fünf Jahre zum Staatspräs.; am 2. Febr. legte er seinen Amtseid ab.

H. studierte 1955–57 Verkehrswirtschaft in Prag und absolvierte später bis 1966 ein Fernstudium in Dramaturgie. Er arbeitete in den 1960er Jahren als Bühnentechniker, Dramaturg und Autor sowie als Regieassistent an Prager Theatern und schrieb seine ersten Stücke. Daneben publizierte er Essays und engagierte sich im Schriftstellerverband gegen Zensur und den Machtapparat der KP. Als Vors. des Klubs unabhängiger Schriftsteller während des Prager Frühlings 1968 wurde er Wortführer der nichtkommunist. Intellektuellen in der ČSSR. 1969 erhielt er Publikations- und Aufführungsverbot und wurde Hilfsarbeiter. 1977 war H., dessen Werke seit 1977 im westl. Ausland veröffentlicht wurden, Mitbegründer und einer der Sprecher der Menschen- und Bürgerrechtsbewegung Charta 77; er wurde danach verhaftet und unter Hausarrest gestellt, 1979–83 und erneut 1989 inhaftiert. Als Vors. des neugegr. Bürgerforums (OF) wurde H. am 29. 12. 1989 erster demokratisch gewählter Staatspräs. der ČSSR, am 5. 7. 1990 bestätigt. Zu den zahllosen Auszeichnungen, mit denen er für sein literar. Schaffen und seine polit. Arbeit geehrt wurde, gehören der Friedenspreis des Börsenvereins des dt. Buchhandels 1989 und der Internat. Karlspreis der Stadt Aachen 1991.

Einer der größten Streitpunkte bei den Verhandlungen zwischen der Hamburger SPD und der GAL sind die besetzten Häuser in der Hafenstraße

Heitmann, Steffen, Politiker (CDU), * Dresden 8. 9. 1944. – Am 10. Okt. wurde H. vom Bundesvorstand der CDU einstimmig als Kandidat für die Wahl des Bundespräs. im Mai 1994 nominiert; die CSU schloß sich der Nominierung an. Nationalkonservativ geprägte Äußerungen H.s., u. a. zum Umgang mit der dt. Geschichte und zur Rolle der Frau in der Gesellschaft, trugen ihm in der Öffentlichkeit heftige Kritik ein. Auch die Rolle von Bundeskanzler KOHL, der H. persönlich ausgesucht und seiner Partei vorgestellt hatte, wurde kritisch diskutiert. Nachdem die Zweifel an seiner Eignung für das Amt des Bundespräs. weder in der Öffentlichkeit noch in den Reihen der CDU verstummt waren, zog H. am 25. Nov. seine Kandidatur zurück und schlug seinerseits den Berliner Theologen RICHARD SCHRÖDER, den früheren SPD-Fraktionsvors. in der letzten Volkskammer der DDR, vor.
H. machte 1963 Abitur, verweigerte anschließend den Dienst in der Nat. Volksarmee und studierte 1964–69 Theologie und Altphilologie in Leipzig. Während seiner Tätigkeit als Pfarrer in Dresden absolvierte H. zw. 1975 und 1981 ein kirchenjurist. Studium. 1982–90 war er Leiter des Bezirkskirchenamtes Dresden. Im Herbst 1989 beriet H. juristisch die Vertreter der Bürgerbewegung, die mit der SED über Veränderungen verhandelten; er nahm dann auch maßgebl. Einfluß auf die neue sächs. Landesverfassung. Nach dem Wahlsieg der CDU im Okt. 1990 ernannte der sächs. MinPräs. KURT BIEDENKOPF den parteilosen H. zum Justizminister. Dank H.s Engagement wurde der rechtsstaatl. Aufbau der sächs. Justiz zum Vorbild für alle anderen neuen Bundesländer. Ende 1991 trat H. in die CDU ein.

HERV, Abk. für **H**umanes **E**ndogenes **R**etro**v**irus: Wissenschaftlern des Frankfurter Paul-Ehrlich-Instituts gelang es 1993, dieses neuartige Retrovirus zu charakterisieren, das nach bisherigen Untersuchungen im Erbgut aller Menschen vorhanden ist. Es verbreitet sich nicht wie andere Erreger per Infektion, sondern wird als endogenes Retrovirus über die Erbsubstanz der Keimzellen auf die Nachkommen übertragen. Gesunde Zellen sind in der Lage, die Vermehrung von HERV zu unterdrücken, erst in bestimmten Tumorzellen scheint diese Vermehrungsblockade aufgehoben zu sein. HERV ist neben dem AIDS verursachenden Virus HIV und dem Virus HTLV, das bestimmte Formen von Blutkrebs auslöst, das dritte den Menschen krankmachende Retrovirus.

Hessen

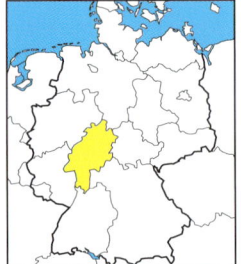

Hauptstadt:
Wiesbaden
Einwohner: 5,8 Mio.
Einwohner/km²: 274
Regierungschef:
H. Eichel
BIP/Einwohner:
50 900 DM

Wirtschafts- und Umweltprobleme

Die wirtschaftl. Krise erreichte das Land mit Zeitverzögerung. Zwar ist für die Zukunft ebenfalls eine drast. Sparpolitik vorgesehen, der wirtschaftl. Krise soll aber auch mit einem im April angekündigten Investitionsprogramm von 300 Mio. DM entgegengewirkt werden. U. a. sollen der Wohnungsbau für Studenten und junge Familien verstärkt, die dezentrale Energieversorgung und Wasserspareinrichtungen ausgebaut sowie ausstehende Bundeszuschüsse für den Ausbau von S-Bahn-Strecken und Hochschulen vorfinanziert werden. Bonner Streichungen bei ABM-Maßnahmen will man durch eine Aufstockung des Landesprogramms abfangen und Modernisierungshilfen für kleine und mittlere Unternehmen gewähren.
Die Reg. hielt an der Stillegung des Hanauer Siemens-Brennelementewerkes fest, erlitt aber eine erste jurist. Niederlage. Das Wiesbadener Landgericht sah Schadensersatzforderungen von Siemens als ›dem Grunde nach gerechtfertigt‹, eine letztinstanzl. Entscheidung ist erst in einigen Jahren zu erwarten. Umweltpolit. Probleme verursachte auch die Frankfurter Hoechst AG, die mehrmals unkontrollierte und giftige Emissionen über Wohngebieten zu verantworten hatte.

Folgen der Kommunalwahlen

Im April 1993 wurden die Direktwahl der Bürgermeister und auf kommunaler Ebene die Möglichkeiten für Bürgerbegehren und Bürgerentscheide eingeführt. Erste Direktwahlen führten, wie z. B. in

Steffen Heitmann, hier mit Helmut Kohl beim CDU-Bundesparteitag im September, sollte nach dem Willen der Union neuer Bundespräsident werden

Bei den hessischen Kommunalwahlen am 7. März erreichen die Republikaner in Frankfurt auf Anhieb 8,3 % der Stimmen. Im Bild ihr Spitzenkandidat Heinrich Frank (rechts) und der Kreisvorsitzende Klaus Sauer im Frankfurter Römer

den ehem. SPD-Hochburgen Kassel und Rüsselsheim, zu Niederlagen der regierenden SPD. MinPräs. HANS EICHEL wurde vorgehalten, er verwalte sein Amt und sei zu wenig der führende Kopf der Landespartei. Gleichwohl wurde er beim Landesparteitag der hess. SPD als Landesvors. bestätigt. Bei den Kommunalwahlen im März erlitt die SPD in den Großstädten zweistellige Verluste, ihr Anteil im Land ging von 44,8 % auf 36,4 % zurück. Die CDU verzeichnete weit geringere Einbußen und erhielt insgesamt 32,0 % (1989: 34,3 %) der Stimmen. Wo immer die Republikaner antraten, schafften sie den Sprung in die Kommunalparlamente. Landesweit erhielten sie 8,3 % der abgegebenen Stimmen. Sowohl die Grünen mit 11 % statt 9,1 % als auch die FDP mit 5,1 % statt 4,8 % konnten ihr Ergebnis verbessern. Im April trat Frauen- und Arbeitsmin. HEIDE PFARR zurück, die über das gesetzlich erlaubte Maß hinausgehend Umzugskosten geltend gemacht hatte. Ihre Nachfolgerin wurde die Kasseler Regierungspräs. ILSE STIEWITT. Das Parlament paßte im Juli die Landesregelung der Ministerpensionen in weiten Teilen an das für Bundesmin. geltende Recht an. Mitte Dez. wurde mit dem Ziel der Frauenförderung im öffentl. Dienst ein Gleichberechtigungsgesetz verabschiedet.

Hochschulpolitik: Im Okt. verständigten sich die MinPräs. der Länder auf eine Absichtserklärung, ab 1996 die Studiendauer bundeseinheitlich auf neun Semester zu beschränken. Schon im Juni hatte NRW als erstes Bundesland unter Protest der Univ. eine Beschränkung der Regelstudienzeit gesetzlich erlassen. Einzelne Bundesländer führten auch ›Freischuß-Regelungen‹ ein, die den Studenten eine zusätzl. Wiederholungsmöglichkeit einräumen, wenn sie sich innerhalb der Regelstudienzeit zur Abschlußprüfung anmelden. Die bisher gemachten Erfahrungen zeigen eine positive Reaktion auf Seiten der Studenten.

Mit der wirtschaftl. Rezession und den steigenden Studentenzahlen (→ Bildungsexpansion) waren die finanziellen Möglichkeiten auch der dt. Hochschulen weiter eingeschränkt. Als Einsparmöglichkeiten wurden Studiengebühren, Schließung von Studiengängen, Erhöhung der Lehrverpflichtung für Professoren, Beschneidung von Forschungssemestern und Abbau von zeitl. Ermäßigungen für Engagement in der akadem. Selbstverwaltung erwogen. Mit bundesweiten Vorlesungsboykotts und Protestveranstaltungen reagierten die Studenten Ende des Jahres auf die geplante Studienreform und Änderungsabsichten beim BAföG. Auch die Konferenz der Hochschulrektoren wandte sich gegen überzogene Sparmaßnahmen.

In den fünf neuen Bundesländern ist die Hochschulentwicklung nach wie vor nicht abgeschlossen. Aus den 54 Hochschuleinrichtungen der ehem. DDR sind 13 Univ., 21 Fachhochschulen und 12 Kunst- und Musikhochschulen hervorgegangen. Die Berufung neuer Ordinarien an den Hochschulen der neuen Bundesländer wurde 1993 weiter vorangetrieben, 75 % der Berufungen abgeschlossen und weitere vorbereitet (→ Evaluation).

Hoechst AG, größter Chemiekonzern in Deutschland, Sitz: Frankfurt am Main. – Im Frühjahr wurde das Unternehmen von einer Kette von Störfällen heimgesucht, die die Diskussion um die Sicherheit von Chemiestandorten neu entfachte. Besonders die Störfälle vom 22. Febr. (durch einen

Arbeiter des Chemiekonzerns Hoechst in Schutzanzügen tragen im Februar in den Schrebergärten des Frankfurter Stadtteils Schwanheim verseuchte Erde ab

171

Bedienungsfehler im Werk Frankfurt-Griesheim wurden 10t eines Chemikaliengemischs, darunter das im Langzeittierversuch krebserregende *o*-Nitroanisol, freigesetzt und verseuchten einen Gebietsstreifen in den Stadtteilen Schwanheim und Goldstein) und vom 15. März (bei einer Verpuffung und dem nachfolgenden Brand im Frankfurter Stammwerk starb ein Arbeiter, ein weiterer wurde

Im Hoechst-Werk in Offenbach bereiten sich am 18. April Mitglieder der Werksfeuerwehr auf das Umpumpen von 15 t Natriumbisulfat aus einem Kessel vor. Aus dem Transportfahrzeug war zuvor aus einer defekten Dichtung Schwefeldioxid ausgetreten

schwer verletzt) erregten großes Aufsehen in der Öffentlichkeit. Die ungenügende Informationspolitik des Unternehmens führte überdies zu scharfer Kritik. Da der Verdacht eines Organisationsversagens bestand, wurde eine umfassende Überprüfung der sicherheitstechn. Anlagen der Firma von zwei unabhängigen Gutachtern durchgeführt, die nach Darstellung des hess. Umweltmin. FISCHER und des Mitgl. des Vorstands der H. AG, KARL HOLOUBEK, auf Pressekonferenzen im Sept. ein Organisationsversagen klar verneinten und die Zuverlässigkeit des Betreibers bestätigten. Die Störfälle hätten sich alle innerhalb des Restrisikos ereignet. Um dieses zu mindern, wurden Verbesserungen an der Schnittstelle zw. dem Sicherheitssystem sowie den Anlagen und dem Bedienungspersonal vorgeschlagen und bis Ende des Jahres bereits teilweise umgesetzt.

Hoffmann, Hilmar, Kulturpolitiker (SPD) und Filmwissenschaftler, *Bremen 25. 8. 1925. – Der frühere Kulturdezernent der Stadt Frankfurt am Main wurde im April 1993 als Nachfolger HANS HEIGERTS Präs. des Goethe-Instituts. Dieses ist mit seinen weltweit rund 150 Einrichtungen wichtigster Träger der auswärtigen Kulturpolitik und der kulturellen Selbstdarstellung Deutschlands. H. war seit 1990 Mitgl. des Präsidiums des Goethe-Instituts.
Nach Militärdienst im Zweiten Weltkrieg und Gefangenschaft studierte H. an der Folkwang-Hochschule für Musik und Theater in Essen-Werden, ar-

beitete als Regieassistent in Essen, leitete 1951–65 das von ihm gegr. Studio ›das zeitgenöss. schauspiel‹ in Oberhausen und war zugleich dort Direktor der Volkshochschule. 1953 initiierte er die Internat. Westdt. Kurzfilmtage in Oberhausen, die er bis zu seinem Weggang 1970 auch leitete. Ab 1965 war H. Kulturdezernent der Stadt Oberhausen. Als Stadtrat in Frankfurt am Main 1970–90 leistete er eine für viele Großstädte wegweisende kommunale Kulturpolitik, die die Kultur demokratisieren wollte (u. a. Straßentheater, Popularisierung der Museen, Literaturzirkus, Kommunales Kino). Ihm gelang die Realisierung vieler spektakulärer Kulturprojekte (Programm des Museumsufers, Wiederaufbau der Alten Oper, Schaffung eines ›Kunstklimas‹, Wiederaufbau der Oper nach dem Brand 1987 u. a.). Nach seiner Pensionierung als Stadtrat übernahm er den Vorsitz der Stiftung Lesen. Als Lehrbeauftragter, Gast- und Honorarprof. für Filmtheorie bzw. Kulturpolitik unterrichtete er an vielen Hochschulen und Universitäten.

Holocaust Memorial Museum: Am 22. 4. 1993, in der Woche des 50. Jahrestags des Ausbruchs des Warschauer Ghettoaufstands, wurde das United States Holocaust Memorial Museum in der Mall, der Museumsstraße von Washington, eingeweiht. Ausschließlich finanziert durch private Spenden, errichteten hier v. a. jüd. Überlebende des Nationalsozialismus ein Haus der Erinnerung und Geschichte, das den Nachgeborenen die furchtbaren Erfahrungen der Betroffenen vermitteln will. Die ständige Ausstellung konzentriert sich auf die Zeit von 1933 bis 1945, zeigt an Hand von Dokumenten, Fakten, Photographien und Filmen die grauenvolle Chronik vom Aufstieg der Nazis bis zur ›Endlösung der Judenfrage‹. Fast alle Zeugnisse des Genozids sind authentisch.
Das Gebäude als Ganzes, entworfen von dem in Essen geborenen New Yorker Architekten JAMES INGO FREED, dessen Familie 1938 die Flucht in die USA gelang, ist bis ins Detail ein Symbol, ein Monument der Erinnerung. Der mächtige Ziegel- und Kalksteinkomplex mit klassisch monumentaler Eingangsfassade ist durch ›Wachtürme‹, die mit gläsernen Brücken verbunden sind, gegliedert. Die große, fabrikähnl. Halle symbolisiert die Vernichtungsmaschinerie, Ziegelwände die Verbrennungsöfen;

Hilmar Hoffmann,
der neue Präsident
des Goethe-Instituts

Innenansicht des Holocaust Memorial Museums, das den Völkermord an den Juden dokumentieren will

Treppen wie Eisenbahngleise lassen an Entladerampen denken.

Holst, Johan Jørgen, norweg. Politiker, *Oslo 29. 11. 1937. – Anfang 1993 ernannte die norweg. MinPräs. GRO HARLEM BRUNDTLAND H. zum Außenminister. H. widmete sich sofort der Verbesserung der norweg.-israel. Beziehungen, und da seine Frau MARIANNE HEIBERG am Forschungsinstitut der Arbeiterbewegung ein Projekt über die Lebensbedingungen der Palästinenser in der Westbank leitete, waren auch von dieser Seite Verbindungen geknüpft. So wurde H. quasi automatisch zum Vermittler zw. Israel und der PLO.

Der norwegische Außenminister Johan Jørgen Holst bereitete mit seiner Geheimdiplomatie den Durchbruch in den Nahost-Friedensgesprächen vor

Nach einem Studium der Staatswiss. in New York und Oslo arbeitete H. im Norweg. Institut für Auswärtige Angelegenheiten; 1969–76 war er dort Abteilungsleiter. Der Fachmann für Fragen der maritimen Abrüstung und intime Kenner sowohl der sowjet. als auch der amerikan. Marinestrategie wechselte 1976 in die Politik, zunächst als Staatssekretär im Verteidigungs- und 1979–81 im Außenministerium. Als die Sozialdemokraten in die Opposition mußten, übernahm H. die Leitung des Instituts für Auswärtige Angelegenheiten. 1987 wurde er Verteidigungsmin., 1993 schließlich als Nachfolger von T. STOLTENBERG, der zum UNO-Vermittler für Bosnien berufen worden war, Außenminister.

homosexuelle Partnerschaft, → gleichgeschlechtliche Ehe.

Honduras

Hauptstadt:
Tegucigalpa
Einwohner: 5,5 Mio.
Einwohner/km²: 49
Staatsoberhaupt:
R. L. Callejas Romero
Regierungschef:
R. L. Callejas Romero
BSP/Einwohner:
570 US-$

Am 26. Jan. vereidigte der Kongreß General LUIS ALONSO DISCUA – obwohl innenpolitisch umstritten – für drei weitere Jahre als Oberbefehlshaber der Streitkräfte. DISCUA widersetzte sich den Forderungen u. a. der Opposition nach einer Reduzierung der Armee. Ende Dez. wurde ihm Mitverantwortung für mind. 184 Verschleppte und ›Verschwundene‹ in den 1980er Jahren vorgeworfen. Am 12. April befürwortete Präs. RAFAEL CALLEJAS die Auflösung des honduran. Geheimdienstes.

Aus den Präsidentschaftswahlen am 28. Nov. ging CARLOS ROBERTO REINA (Liberale Partei) mit 53 % der Stimmen als Sieger hervor. REINA war mit der Forderung nach einer ›moral. Revolution‹ zur Bekämpfung von Korruption und Armut und der Absicht, an der marktwirtschaftlich orientierten Wirtschaftspolitik seines Vorgängers CALLEJAS festzuhalten, in den Wahlkampf gezogen.

Im Febr. übernahm H. die ihm vom Internat. Gerichtshof in Den Haag am 11. 9. 1992 zugesprochenen Grenzgebiete von El Salvador, womit ein mehr als ein Jahrhundert dauernder Streit beigelegt wurde.

Honecker-Prozeß: Am 12. 1. 1993 stellte der Berliner Verfassungsgerichtshof das Verfahren wegen der Todesfälle an der Berliner Mauer und an der innerdt. Grenze gegen ERICH HONECKER, den ehem. Staatschef der DDR, ein. Das Verfahren war am 12. 11. 1992 vor der 27. Großen Strafkammer des Landgerichts Berlin begonnen worden. Der Verfassungsgerichtshof legte seiner Entscheidung die Überzeugung zugrunde, daß HONECKERS Gesundheitszustand so schlecht sei, daß er ein Ende des Verfahrens nicht erleben werde. Es sei daher mit der Menschenwürde unvereinbar, den Prozeß gegen ihn fortdauern zu lassen. Die Strafkammer wurde daher angewiesen, über die Einstellung des Verfahrens und die Aufhebung des Haftbefehls unverzüglich zu entscheiden. Dies geschah noch am gleichen Tag, so daß HONECKER am 13. 1. 1993 freigelassen wurde und nach Chile ausflog. Damit freilich war der H.-P. juristisch noch nicht zu Ende: Wegen förml. Fehler des zum Einstellungsbeschluß führenden Verfahrens bedurfte es eines weiteren Termins, der am 8. Febr. stattfand. Das Bundesverfassungsgericht hat darüber hinaus mehrmals, zuletzt am 2. April, Verfassungsbeschwerden gegen die Berliner Gerichtsentscheidung verworfen. Insbes. hat es die Zuständigkeit des Berliner Verfassungsgerichtshofs bejaht.

Hongkong: London und Peking nahmen Mitte April 1993 ihre Gespräche über H. wieder auf, die infolge des Streits beider Seiten über den von Gouv. CHRIS PATTEN Anfang Okt. 1992 angekündigten Reformplan zur Beschleunigung der Demokratisierung in der Kolonie vor deren Übergabe an China 1997 ein halbes Jahr lang unterbrochen gewesen waren. Bei dem Streit geht es um die indirekten Wahlen von 40 der insgesamt 60 Mitgl. des Legislativrats 1995. Durch eine Reorganisation der Wahlgremien sowie die Veränderung der Wahlmethode nach PATTENS Plan sollen die indirekten Wahlen demokratischer werden. Daraufhin warf ihm Peking vor, die sino-brit. Vereinbarung zu unterlaufen sowie dem chin. Grundgesetz für H. ab der Übernahme 1997 zu widersprechen. PATTEN kündigte an, die Wahlreform einseitig durchzuführen, wenn mit

der chin. Seite keine Übereinstimmung erzielt werden könne. Peking reagierte mit der Drohung, PATTENS Reform nach der Übernahme wieder rückgängig zu machen und brach im Dez. die Gespräche ab.

Trotz des heftigen polit. Streits und der nahenden Wende 1997 betrug das BSP je Einwohner (1992) 13 200 US-$. Für 1993 ging die Reg. von einem Zuwachs des Bruttoinlandsprodukts (BIP) von 5,5 % aus (1992: 5 %). H. profitiert v.a. von dem Wirtschaftsboom in China. Experten zufolge werden 70 % des BIP auf den chin. Markt erzielt.

Hosokawa, Morihiro, japan. Politiker (Neue Japan. Partei, NJP), * Tokio 14. 1. 1938. – Am 6. 8. 1993 wählte das japan. Parlament H., den Kandidaten einer Sieben-Parteien-Koalition, zum neuen Ministerpräsidenten.

Nach dem Juraexamen 1963 trat H. in die Redaktion einer liberalen Tageszeitung ein. 1971 kam er für die Liberaldemokrat. Partei (LDP) erstmals ins Oberhaus und war 1983–91 Gouv. der Präfektur Kumamoto. H. zog sich den Unwillen seiner Partei zu, als er schärfere Umweltbestimmungen durchsetzte und Forderungen erhob, die Macht der zentralen Bürokratie in Tokio zugunsten der Peripherie zu beschneiden. Aus Protest gegen die Korruption innerhalb der LDP, gründete H. im Mai 1992 die NJP. Seine Hoffnung, bis zu den Wahlen im Juli 1993 100 000 Mitgl. zu gewinnen, die umgerechnet je 140 DM Jahresbeitrag Parteispenden von Firmen überflüssig machen würden, trog. Konsequenterweise nahm H. zur Finanzierung seines Wahlkampfes nun persönl. Kredite auf.

Beobachter geben H. und seiner Siebener-Koalition keine allzu lange Lebensdauer. Einigkeit herrscht in der Koalition in der Frage der Reform des Wahlrechts und der Parteienfinanzierung. Über andere ›heiße Eisen‹, wie z. B. die künftige Außenhandelspolitik, verlautete nichts. Ein weiteres Risiko für die Koalition könnte sich in der Obstruktion der ministeriellen Beamtenschaft auftun, der es offensichtlich schwerfällt, mit Politikern, die nicht der LDP angehören, zu kooperieren.

Hulse, Russell Alan, amerikan. Physiker, * New York 28. 11. 1950. – Zus. mit seinem Doktorvater JOSEPH →TAYLOR erhielt H. den Physiknobelpreis 1993 für die Entdeckung eines neuartigen Typs von Pulsaren im Jahr 1974. Nach seiner Promotion (1975) an der Univ. von Massachusetts war H. am National Radio Astronomy Observatory (West Virginia) tätig. Seit 1984 ist er Prof. an der Princeton University (New Jersey), wo er auf den Gebieten der Plasmaphysik und Kernfusionsforschung arbeitet.

humanitäre Intervention, im Zusammenhang mit UNO-Einsätzen aufgekommener Begriff, der den militär. Einsatz mit humanitärer Begründung meint. H. I. stehen im Konflikt zum völkerrechtl. Grundsatz der staatl. Souveränität, demzufolge Regierungen im Innern volle Handlungsfreiheit haben, auch zur Begehung von Menschenrechtsverletzungen, Ethnozid und Genozid. Zwar verbietet das Völkerrecht ein solches Verhalten,

Der neue japanische
Ministerpräsident Morihiro Hosokawa regiert seit August mit einer
Acht-Parteien-Koalition

aber die UNO konnte dem bisher nur selten Einhalt gebieten.

Mit dem Bericht ›An Agenda for Peace‹ des UNO-Generalsekr. an den Sicherheitsrat begann 1992 die Diskussion, welche Rolle die UNO bei der Konfliktverhütung und -lösung in Zukunft spielen soll. Für BOUTROS BOUTROS GHALI geht es nach dem Ende des Ost-West-Konflikts nicht nur um friedenserhaltende, sondern auch um friedensschaffende Maßnahmen. Somalia und der Schutz der Kurden in Nordirak sind hierfür Beispiele. Die Konsequenz friedensschaffender Maßnahmen ist jedoch, daß die UNO zur kriegführenden Partei werden kann (Somalia). In Kambodscha und weiteren Ländern sind friedenserhaltende Operationen durchgeführt worden, d. h. hier wurden militär. Mittel zur Konfliktverhütung oder zur Absicherung humanitärer Aktivitäten eingesetzt.

Zur Zeit ist allerdings deutlich, daß es an polit. Willen und v. a. an der Finanzkraft für den Ausspruch auf weltweite h. I. mangelt.

Hunger: Die Statistiken der Weltbank, der Organisation für Ernährung und Landwirtschaft (FAO) oder der Welthungerhilfe weisen unterschiedl. Zahlen von Hungernden aus. Die FAO legt ihrer Schätzung von 800 Mio. eine einschränkende Definition zugrunde: H. als chron. Unterernährung bedeutet, daß die Betroffenen nicht fähig sind, den für leichte Arbeit erforderl. Mindestenergiebedarf zu decken. In den 800 Mio. sind also diejenigen nicht enthalten, die nur zeitweilig hungern.

Die vielen Berichte über H.-Katastrophen in Afrika lassen übersehen, daß das H.-Problem weltweit entschärft wurde, sei es durch höhere Nahrungsmittelproduktion in den betroffenen Ländern oder durch Nahrungsmittelhilfe von außen. Zwar lebten in Asien, vorwiegend in Südasien (Indien und Bangladesh), zu Beginn der 1990er Jahre in absoluten Zahlen immer noch die meisten Hungernden (528 Mio.), die asiat. Staaten haben jedoch innerhalb von zwanzig Jahren den Anteil der chronisch Unterernährten von 40% auf 19% senken können. In Afrika südlich der Sahara, dem sprichwörtl. Hungerkontinent, ist der Anteil dagegen auf rd. ein Drittel der Bevölkerung angewachsen. Im Gegensatz zu fast allen anderen Regionen ist hier in den 1980er Jahren die Nahrungsmittelproduktion pro Kopf gesunken. Verantwortlich dafür sind v. a. Bevölkerungswachstum, Dürreperioden, Heuschreckenplagen, Kriege und Hungersnöte. (→ Afrika)

Ursachen des Hungers

Die Ursachen des H. sind vielschichtig. Sie liegen nur teilweise in natürl. Widrigkeiten (Dürren, Bodenerosion und Desertifikation) und in der Verknappung des agrikulturell nutzbaren Bodens durch das Bevölkerungswachstum. Ebenso gewichtige Gründe sind die Vernachlässigung der Nahrungsmittelproduktion zugunsten von devisenbringenden Exportkulturen und die Lähmung der kleinbäuerl. Landwirtschaft durch niedrige Agrarpreise und unzureichenden Zugang zu Agrarinputs (z. B. Arbeitsgeräte). H. ist noch nicht primär ein Produktionsproblem, sondern ein Verteilungsproblem, die Folge von Armut und verfehlter Entwicklungspolitik: Indien hat die meisten Hungernden, exportiert aber Weizen. Der Sahelraum erzielte auch in Jahren extremen H. Rekordernten bei Baumwolle und Erdnüssen. Es gibt nur wenige Länder (z. B. Haiti, Ruanda, Lesotho, Nepal), die nicht mehr aus eigener Kraft genügend Nahrungsmittel für eine wachsende Bevölkerung erzeugen können.

Huntingtonsche Chorea, → Erbkrankheiten.

Hussejnow, Suret → Gussejnow.

Hwang In Sung, südkorean. Politiker (Demokrat. Liberale Partei, DLP), * Muju (Prov. Cholla) 9. 1. 1926. – Mit dem zum neuen Staatspräs. gewählten KIM YOUNG SAM, der am 25. 2. 1993 sein Amt antrat, übernahm H. In S. das Amt des MinPräs. Am 26. 2. 1993 stellte er die neue Reg. vor, am 16. Dez. trat er wegen der scharf kritisierten Öffnung des Reismarktes im Rahmen des GATT zurück.

Als erfahrener Parlamentarier 1992 zum dritten Mal in die Nationalversammlung gewählt, und auch mit der Regierungs- und Verwaltungsarbeit vertraut, leitete H. In S. ein zu einem beträchtl. Teil aus polit. Neulingen (und Zivilisten) bestehendes Kabinett, dessen Bemühungen hauptsächlich auf Wirtschaftsreformen und die Wiedervereinigung mit Nord-Korea gerichtet waren.

H. In S. absolvierte die korean. Militärakademie, machte beim Militär Karriere und ging 1968 als Generalmajor in den militär. Ruhestand. Unter den Generälen und diktator. Staatspräs. PARK CHUNG HEE bzw. CHUN DOO HWAN war er Finanz- bzw. Landwirtschaftsminister und Leiter der staatl. Tourismusbehörde.

I

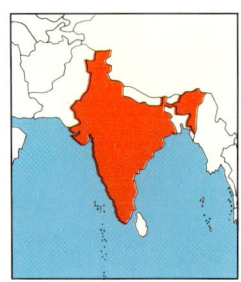

Indien

Hauptstadt: Delhi
Einwohner: 879,6 Mio.
Einwohner/km²: 268
Staatsoberhaupt:
Shankar Dayal
Sharma
Regierungschef:
P. V. N. Rao
BSP/Einwohner:
330 US-$

Begrenzung des Haushaltsdefizits

Das Jahr 1993 zeigte, daß die mutige Reformpolitik der Reg., für die Finanzmin. MANMOHAN SINGH verantwortlich ist, die Kreditwürdigkeit I.s wiederhergestellt und das Wirtschaftswachstum gesteigert hat. Es gelang ihm, das Haushaltsdefizit zu begrenzen, die Staatsquote von ca. 38 auf 32 % zu reduzieren und die Inflation wirksam zu bekämpfen. Die große Überraschung bei der Vorlage des Haushalts am 25. 2. 1993 war die Ankündigung der freien Konvertibilität der Rupie, wobei sich der Wechselkurs durch ›floating‹ nach den Bedingungen des Weltmarkts richtet.

Innenpolitik

Anfang 1993 war die Zerstörung der Babri-Moschee von Ayodhya durch fanat. Hindus am 6. 12. 1992 in wacher Erinnerung. Als Folge brachen überall im Land religiöse Unruhen aus, die auch auf die Großstädte Bombay und Kalkutta übergriffen. Premiermin. P. V. NARASIMHA RAO wurde von Rivalen in seiner eigenen Kongreßpartei vorgeworfen, nicht entschieden genug gegen die Bharatiya Janata Party (BJP) vorgegangen zu sein, die die ›Ramjanmabhumi-Kampagne‹ betrieben hatte. Ramjanmabhumi bedeutet ›Geburtsort Ramas‹, des myth. Königs. Dort soll einst ein Tempel gestanden haben, der von Großmogul BABER zerstört und durch die Babri-Moschee ersetzt wurde. Problematisch blieb aber, daß sich RAO nur auf eine Minderheitsreg. stützen kann. Das jüngste Mißtrauensvotum im Aug. überstand er nur knapp. Diesmal ging es um Korruptionsvorwürfe. Zum einen war die alte Frage nach Spenden der schwed. Firma Bofors im Zusammenhang mit der Bestellung von Haubitzen für die ind. Armee wieder aufgetaucht, zum anderen hatte der Börsenmakler HARSHAD MEHTA im Juni behauptet, RAO im Nov. 1991 einen Koffer mit 10 Mio. Rupien überreicht zu haben. RAO bestritt dies, doch sind Parteispenden dieser Art in I. durchaus üblich und auch nicht strafbar. MEHTA war bereits für den größten Börsenskandal I.s im Frühjahr 1992 verantwortlich.

Die BJP hatte für den 25. Febr. eine Massendemonstration in Neu Delhi anberaumt, die jedoch von der Reg. mit massivem Polizeieinsatz unterdrückt wurde. Die BJP, die sich aufgrund der Ähnlichkeit ihres Wirtschaftsprogramms mit dem der Reg. in einem Dilemma befindet, suchte sich im weiteren Verlauf des Jahres durch Anprangerung der Korruption in der Reg. zu profilieren. Die Profilierung war für die BJP im Hinblick auf die Wahlen in versch. Bundesländern im Nov. wichtig. Die Bundesreg. hatte als Reaktion auf die Zerstörung der Moschee von Ayodhya die BJP-Landesreg. von Himachal Pradesh, Madhya Pradesh, Rajasthan und Uttar Pradesh ihres Amtes enthoben. Die BJP erhielt in Uttar Pradesh, Rajasthan und in dem neuen Bundesstaat Delhi die Mehrheit, die Kongreßpartei in Madhya Pradesh und in Himachal Pradesh.

Außenpolitik

Mit Rußland einigte sich I. am 28. 1. 1993 anläßlich eines Besuchs von Präs. JELZIN über die Rückzahlung der ind. Schulden, die rd. 16 Mrd. US-$ betragen. Auch mit Malaysia verbesserten sich die Beziehungen, nachdem am 4. Febr. ein Verteidigungsabkommen abgeschlossen worden war. Malaysia hofft auf ind. Unterstützung bei Rüstungs- und Nachschubfragen sowie bei der militär. Ausbildung. Spannungsreich waren die Beziehungen zum Nachbarn Pakistan, da es in der v. a. von Muslimen bewohnten Prov. Kaschmir immer wieder zu Unruhen und Aufständen gegen die ind. Reg. kommt. I.

Bei dem Anschlag auf ein vierstöckiges Gebäude im Zentrum Kalkuttas sterben mehr als 60 Menschen. Freiwillige Helfer bergen die Opfer und räumen Trümmer weg (17. März)

Militante Hindus auf einer Kuppel der   in Ayodhya
von ihnen zerstörten Babri-Moschee

sucht die separatist. Bestrebungen auch unter Verletzung der Menschenrechte gewaltsam zu unterdrücken. Im Sept. besuchte MinPräs. RAO die Volksrep. China. Ziel des Besuchs war auch hier die Normalisierung der Beziehungen. An der chin.-ind. Grenze kam es immer wieder zu Zwischenfällen. Umstritten zw. beiden Ländern ist auch das Schicksal des von China 1951 annektierten Tibet.

Indonesien

Hauptstadt: Jakarta
Einwohner: 191,2 Mio.
Einwohner/km²: 100
Staatsoberhaupt:
Suharto
Regierungschef:
Suharto
BSP/Einwohner:
610 US-$

Das erdölreiche Land erreichte 1992 ein Wirtschaftswachstum von 6,3%. Trotzdem bleibt es auf ausländ. Investitionen und Entwicklungshilfe in großem Umfang angewiesen. Im Juni 1993 erhöhten die westl. Geberländer ihre Entwicklungskredite um 200 Mio. US-$ auf 5,1 Mrd. US-$. Auf den Versuch, die Leistung von Entwicklungshilfe an die Wahrung der Menschenrechte zu koppeln, reagierte I. ablehnend und betonte den Vorrang der Bekämpfung von Armut und Hunger.
Anlaß zu Kritik aus dem Ausland war immer wieder die Politik gegenüber Ost-Timor. Ein von Portugal vorgeschlagenes Referendum über die Zukunft der ehemaligen portugies., 1976 von I. annektierten Kolonie wurde im Jan. von der Reg. abgelehnt. Im Mai wurde der Führer der Guerillabewegung FRETILIN, JOSÉ ALEXANDRE GUSMÃO, wegen Rebellion, Verschwörung und illegalen Waffenbesitzes zu einer lebenslangen Haftstrafe verurteilt, die Präs. SUHARTO im Aug. auf 20 Jahre reduzierte.

Am 10. März wurde SUHARTO von der Konsultativversammlung des Volkes für eine sechste Fünfjahresperiode im Amt bestätigt. Er berief den Chef der Streitkräfte, General TRY SUTRISNO, zum neuen Vizepräs. Im April wurde Generalleutnant WISMOYO ARISMUNANDAR, ein Schwager SUHARTOS, bei einem Revirement der Führungsspitze der Streitkräfte Oberbefehlshaber des Heeres.

Internationale Finanzbeziehungen: 1989 legte eine von HELMUT SCHMIDT geleitete Gruppe von führenden Bankiers und Finanzpolitikern einen Bericht mit dem Titel ›Angesichts der Einen Welt‹ vor. Gemeint war die Finanzwelt mit einem fast alle Volkswirtschaften einbeziehenden Bond-, Kredit-, Aktien- und Devisenmarkt. Seit drei Jahrzehnten wächst das Kreditvolumen der internat. Finanzmärkte schneller als der Welthandel und noch schneller als die Produktion. Die Finanzmärkte koppeln sich zunehmend von der Realwirtschaft ab und dienen immer weniger der Finanzierung des Welthandels und der Investitionen. Hunderte von Milliarden US-Dollar und anderer Währungen werden tagtäglich rund um die Uhr und rund um den Erdball auf den deregulierten Finanzmärkten spekulativ hin und her bewegt.
Seit 1990 vollzieht sich auf den internat. Finanzmärkten eine (1993 beschleunigte) Trendumkehr: Die (sinkenden) Zinssätze bewegen die Finanzströme. Dabei war der (1993 beschleunigte) Rückgang des Zinsniveaus v. a. auf die nat. Bemühungen zur Bekämpfung der Rezession, aber auch auf die gesunkenen Zinssätze in den USA zurückzuführen. Darüber hinaus bilden die starken Wechselkursschwankungen, die Mitte 1993 auch das Europ. Währungssystem (EWS) in eine Existenzkrise stürzten, eine Quelle der Instabilität auf den internat. Finanzmärkten.

Verlierer und Gewinner

In dieser Finanzwelt gibt es Verlierer und Gewinner. Verlierer sind die Schuldnerländer in der dritten Welt und Osteuropa. Die hoch verschuldeten Entwicklungsländer in Afrika und Lateinamerika tun sich nicht nur schwer, neue Bank- und Exportkredite zu erhalten, sondern fallen auch als Investitionsstandorte weitgehend aus. Die zu Beginn der 1990er Jahre steigenden Direktinvestitionen konzentrieren sich auf Ost- und Südostasien, während Afrika und Lateinamerika einen negativen Kapitaltransfer erlebten und in Osteuropa die zunächst erwartete Investitionsoffensive aufgrund der polit. Instabilität ausblieb.
Während Deutschland nach der Vereinigung vom Kapitalexporteur zum Kapitalimporteur wurde, hat Japan seine Position als Weltfinanzier, der inzwischen auch die höchste öffentl. Entwicklungshilfe leistet, ausgebaut. Die starke Aufwertung des Yen verminderte zwar seinen Handelsbilanzüberschuß, stärkte aber seine Rolle als neue finanzielle Supermacht. (GRAPHIK S. 178)
Internationaler Währungsfonds, Abk. **IWF,** 1945 errichtete autonome Sonderorganisation der UNO. Der IWF beschloß im April 1993 die Ver-

Entwicklung der internationalen Aktienmärkte *)

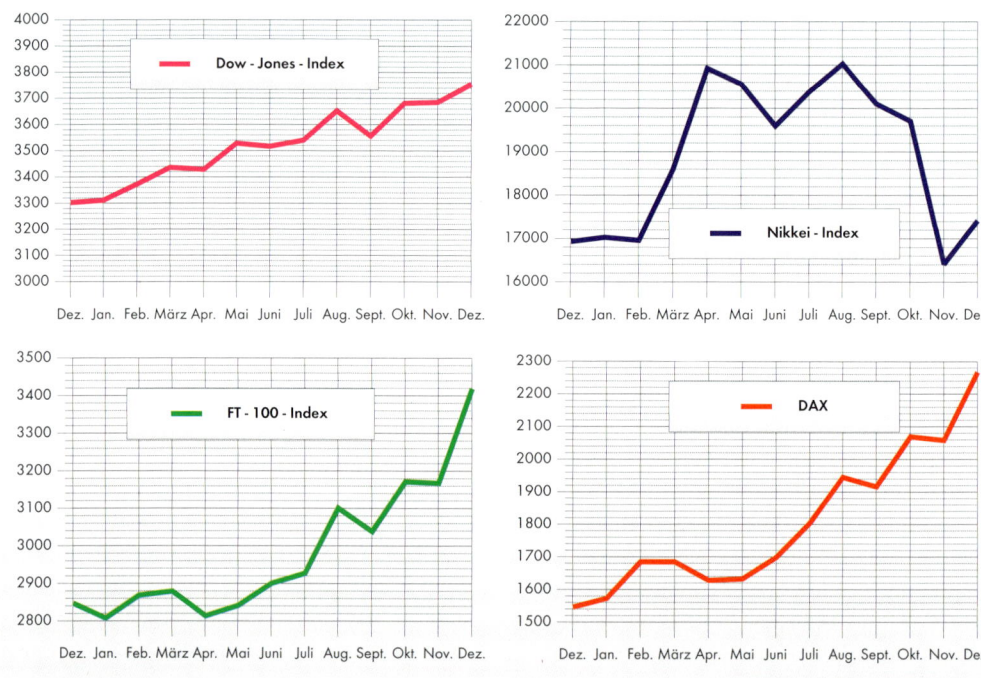

*) jeweils Monatsultimo - Werte

gabe von Krediten zu günstigen Konditionen (bis Ende 1994 befristete ›Systemumwandlungsfazilität‹). Mit ihnen sollen Länder unterstützt werden, die infolge des Übergangs von staatlich festgesetzten Preisen zu Marktpreisen in Zahlungsbilanzprobleme geraten. Die betroffenen Länder können Kredite in Höhe von maximal 50 % ihrer Quote beanspruchen. Die erste Tranche von 25 % wird ausbezahlt, sobald das Schuldnerland glaubhaft gemacht hat, marktwirtschaftl. Reformen einzuleiten. Die restl. Tranche wird nach sechs Monaten überwiesen, sofern bestimmte Mindestauflagen erfüllt worden sind. Erster Empfänger dieser Kredite war Kirgisien, das 32,2 Mio. Sonderziehungsrechte (SZR) erhielt. Ein großer Teil der Systemumwandlungsfazilität ist für Rußland bestimmt. Die aus dieser Quelle stammenden Mittel stellen die einzige neue Komponente des Hilfspakets von 43 Mrd. US-$ dar, das die Finanzmin. der Länder der G-7 bei ihrem Frühjahrstreffen Mitte April für Rußland schnürten.

Im Juni erhielt Rußland die erste Kredittranche in Höhe von 1,1 Mrd. SZR, im Juli gingen an Kasachstan 61,8 sowie an Weißrußland 70,1 Mio. SZR. Im Rahmen der erweiterten Strukturanpassungsfazilität erhielt Albanien einen Kredit in Höhe von 42,6 Mio. SZR. Anfang März schloß Polen mit dem IWF eine Bereitschaftskreditvereinbarung über 476 Mio. SZR ab, nachdem das Parlament das Budgetgesetz zur Begrenzung des Staatsdefizits auf 5 % des Bruttoinlandsprodukts verabschiedet hatte. Die Slowak. Rep. erhielt Ende Juli eine erste Tranche von 64,4 Mio. SZR. Die Tschech. Rep. verzichtete auf die Ziehung der zweiten Tranche des IWF-Bereitschaftskredits, da die Währungsreserven wieder gestiegen waren. Im April wurden Tadschikistan und die ehemalige jugoslaw. Republik Makedonien Mitglieder des IWF.

Internationales Grünes Kreuz, Abk. **IGK,** am 20. April im japan. Kyoto von Wissenschaftlern, Industriellen, Politikern und kirchl. Würdenträgern mit dem Ziel gegr. Umweltorganisation, Beistand bei Umweltkatastrophen zu leisten und bei der Vermeidung von Naturschäden zu helfen. Das IGK will mit der Industrie zusammenarbeiten, die Geld spenden und techn. Wissen liefern soll. Erster Präs. des IGK wurde MICHAIL GORBATSCHOW, erster Direktor der Schweizer Nationalratsabgeordnete ROLAND WIEDERKEHR. Der Hauptsitz in Den Haag und die Operationszentrale in Genf befinden sich noch im Aufbau. Zunächst sind nat. Büros in 25 Ländern geplant, darunter auch in Deutschland.

Internationales Jahr der Ureinwohner: Mit der Erklärung des Jahres 1993 zum Jahr der Ureinwohner setzte die UNO ein Zeichen, das Überleben der Ureinwohner und ihre kulturelle Entwicklung zu sichern. Viele Völker sind bereits in ihrem Überleben bedroht. Weltweit zählt die UNO 5 000 indigene Völker mit 300 Mio. Angehörigen in 70 Staaten. Zahlreiche Reg., darunter die von Australien, Brasilien, Guatemala, Peru, Indien, Indonesien, Birma, China, Kanada und die USA, sehen sich Kritik von seiten der Ureinwohner und versch. Menschenrechtsorganisationen an der Behandlung ihrer Ureinwohner ausgesetzt.

Auf der UNO-Menschenrechtskonferenz in Wien vom 14. bis 25. Juni war das Schicksal der Ureinwohner (Indigenen) ein zentrales Thema. In der Schlußerklärung wird die Menschenrechtskommission aufgefordert, das Mandat der UNO-Arbeitsgruppe für indigene Bevölkerungen zu verlängern. Alle Staaten sollen deren volle und freie Partizipation in allen Bereichen der Gesellschaft sicherstellen. Die indigenen Vertreter zeigten sich von den Ergebnissen der Konferenz enttäuscht. Auch ihre Zwischenbilanz zum I. J. d. U. beim ersten Gipfeltreffen der indigenen Völker im Mai in Guatemala war negativ ausgefallen.

Beim zweiten Gipfeltreffen in Oaxtepec (Mexiko) im Okt. erklärten die Delegierten die Dekade zw. 1994 und 2004 zum Jahrzehnt der Ureinwohner; Ende Dez. folgte die formelle Anerkennung durch die UNO. Das Jahrzehnt der Ureinwohner soll am 10. 12. 1994 beginnen. Auch das internat. Seminar in Kuala Lumpur Ende Nov. stand im Rahmen des Internat. Jahrs der Ureinwohner.

Zu den wichtigsten Forderungen der Ureinwohner zählen eine erweiterte Definition indigener Völker, das Selbstbestimmungsrecht ›in Übereinstimmung mit dem Völkerrecht‹ und der kollektive Landbesitz. In dem von der UNO-Arbeitsgruppe für indigene Bevölkerungen ausgearbeiteten Entwurf zur Erklärung über die Rechte indigener Völker (deren Beratung in der UNO-Generalversammlung für 1993 vorgesehen war) wird ihnen das kollektive und individuelle Recht auf Besitz, Kontrolle und Nutzung des Landes, in dem sie traditionell lebten oder das sie nutzten, zugesprochen. Ebenso wird das Recht auf Rückgabe oder Schadenersatz für Land festgelegt, das ohne freie und informierte

Im Internationalen Jahr der Ureinwohner spricht Rigoberta Menchú aus Guatemala am 18. Juni vor der UNO-Menschenrechtskonferenz in Wien. Die Friedensnobelpreisträgerin hat sich jahrzehntelang für die Rechte der Indianer in ihrer Heimat eingesetzt

Vereinbarung konfisziert, besetzt oder beschädigt wurde.

Irak

Hauptstadt: Bagdad
Einwohner: 19,3 Mio.
Einwohner/km²: 44
Staatsoberhaupt: Saddam Husain
Regierungschef: M. H. as-Zubaid
BSP/Einwohner: 1 808 US-$

Desolate Wirtschaftslage

Die Verhandlungen mit der UNO, die der I. seit 1992 über die Wiederaufnahme der Erdölexporte führt, blieben ergebnislos. I. drängt auch auf Freigabe seiner Guthaben im Ausland. Ölförderanlagen und Raffinerien wurden bis auf jene im S des Landes, die zu 80 % zerstört worden waren, wieder in Betrieb genommen. Ein Notaufbauprogramm soll die Instandsetzung von Straßen, Brücken, der Kanalisation und der Wasserversorgung sichern. Die Reduzierung der Importe auf ein Minimum verhinderte die Behebung von Kriegsschäden weitestgehend. Die Industrie vermochte die vorhandenen Kapazitäten nur zu 10 bis 15 % auszulasten. Größtes Investitionsprojekt blieb die Schaffung eines dritten Flußbettes zw. Euphrat und Tigris zur Entwässerung (Gefahr der völligen Versalzung der landwirtschaftlich genutzten Bodenflächen), ein Projekt, das von Menschenrechtsorganisationen und der Opposition v. a. im südl. I. abgelehnt wird. Um einem völligen Kollaps des Währungssystems vorzubeugen, schloß die Reg. Anfang Mai sämtl. Grenzen, zog alle Banknoten über 25 ID (Irak. Dinar) aus dem Verkehr und ersetzte sie durch neue. Die Finanzkrise konnte dadurch jedoch nicht abgeschwächt werden

Kriegsfolgen

Die Folgen des zweiten Golfkriegs bestimmten die Entwicklung des Landes völlig. Die Alliierten setzten ihre Angriffe gegen militär. Ziele im I. fort. Der UNO-Sicherheitsrat hielt die Sanktionen zur Durchsetzung sämtl. Resolutionen des Waffenstillstands aufrecht, die I. als willkürlich und nicht gerechtfertigt bezeichnet. Die Wirtschaft des Landes kam fast völlig zum Erliegen. Kriegsschäden, Rohstoff- und Ersatzteilmangel sowie die galoppierende Inflation führten zur Nichtauslastung von Produktionsbetrieben, zur Zunahme der Nicht- bzw. der Unterbeschäftigung und zu scharfen Einschnitten in die Grundversorgung der Bevölkerung mit Lebensmitteln und mit Leistungen des Gesund-

Aufräumarbeiten in Bagdad, nachdem die Stadt am 27. Juni 1993 durch einen Angriff amerikanischer Tomahawk Missiles Zerstörungen angerichtet hatte

heitswesens. Die Kindersterblichkeit versechsfachte sich gegenüber 1990. Trotz verbilligter Zuweisungen rationierter Nahrungsmittel kam es zur Verelendung breiter Bevölkerungsschichten.

Das Regime unter SADDAM HUSAIN vermochte sich an der Macht zu halten, nicht zuletzt durch immer despotischere Herrschaftsmethoden und Unterdrückung der polit. Opposition. Selbst innerhalb der engen Führungsspitze der Baathpartei kam es wiederholt zu Machtkämpfen, die blutig unterdrückt wurden. Die Opposition blieb zersplittert; bedeutend sind lediglich die im Iraqi National Congress (INC) vereinigten Kräfte.

Iran

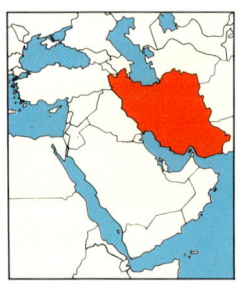

Hauptstadt: Teheran
Einwohner: 61,6 Mio.
Einwohner/km²: 37
Staatsoberhaupt:
A. A. Rafsandjani
Regierungschef:
A. A. Rafsandjani
BSP/Einwohner:
2 320 US-$

Wirtschaftsboom mit Schattenseiten

Im iran. Jahr 1372 (21. 3. 1993 bis 20. 3. 1994), dem letzten Jahr des Fünfjahres-Entwicklungsplans, boomte die Wirtschaft weiter, jedoch bei differierendem Tempo in den einzelnen Bereichen und mit teilweise katastrophalen sozialen Effekten (Inflation, Arbeitslosigkeit, Marginalisierung, soziale Polarisierung). Wichtige ökonom. Maßnahmen waren eine Vereinheitlichung des Wechselkurses, radikale Subventionsstreichungen und forcierte Privatisierung bei begrenzten staatl. Finanzressourcen.

Die Außenwirtschaftspolitik war auf eine globale Integration der Wirtschaft gerichtet und geprägt von einer Normalisierung des Verhältnisses zum Internat. Währungsfonds und zur Weltbank, von der weiteren Orientierung auf die nordwestl. Industrieländer bei gleichzeitigem Ausbau der Zusammenarbeit in der Region, aber auch mit Osteuropa, Afrika und Südostasien. Für einen Beitritt zum Allg. Zoll- und Handelsabkommen (GATT) wurde ein Antrag gestellt.

Rafsandjanis Stern sinkt

Wichtigstes innenpolit. Ereignis waren die Präsidentschaftswahlen am 12. Juni, bei denen RAFSANDJANI bei geringer Wahlbeteiligung (58%) mit einem Stimmenanteil von 63% (1989: 94%) für weitere vier Jahre in seinem Amt bestätigt wurde. Rechts- und linksislamistisch radikal-fundamentalist. Kräfte erneuerten ihren Einfluß auf die innen- und außenpolit. Entwicklung des Landes. Bezeichnend dafür waren neben dem Wahlergebnis die Bekräftigung des Todesurteils gegen SALMAN RUSHDIE, die brutale Verfolgung der Opposition und ethn. und religiöser Minderheiten, die Funktionalisierung sozialer Massenproteste, die vehemente Ab-

Irans Staatsoberhaupt Hodjatoleslam Rafsandjani (Mitte) auf einer regionalen Wirtschaftskonferenz im Juli

lehnung des Abkommens zw. der PLO und Israel, die Ablehnung des Gesetzentwurfs über Freihandelszonen durch den Wächterrat am 27. Juli und die Abwahl des Finanz- und Wirtschaftsministers MOHSEN NOURBAKSH am 16. Aug., der eine Politik der Liberalisierung betrieben hatte.

Außenpolitisch kein Reputationsgewinn

Trotz einiger auf Ausgleich und friedl. Konfliktlösung zielender Aktivitäten (Armenien, Aserbaidschan; Rußland, Tadschikistan, Afghanistan) scheiterten die Bemühungen um internat. Akzeptanz an der als Bedrohung empfundenen Unterstützung islamisch-terrorist. Aktionen und dem Streben nach einer regional dominierenden Rolle.

Irland

Hauptstadt: Dublin
Einwohner: 3,5 Mio.
Einwohner/km²: 50
Staatsoberhaupt:
M. Robinson
(seit 12. 1. 1993)
Regierungschef:
A. Reynolds
BSP/Einwohner:
10 780 US-$

Versuch der Wirtschaftsbelebung

Für I.s Wirtschaftsstrategie, mit billigen, aber gut ausgebildeten Arbeitskräften und niedrigen Steuersätzen Auslandskapital anzulocken, ergaben sich angesichts der weltweiten Rezession und der Billigkonkurrenz des osteurop. Arbeitsmarkts Schwierigkeiten. Eine Spekulationswelle gegen das ir. Pfund erzwang im Jan. eine Abwertung um 10 % innerhalb des Europ. Währungssystems (EWS). Die Schwerpunkte des neuen Haushalts sind Maßnahmen zur Schaffung von Arbeitsplätzen sowohl durch Ausbildungsprogramme als auch mit Hilfe eines neugegr. ›Jobs Fund‹. Die Gehälter im öffentl. Dienst sollen sich nur wenig verändern, indirekte Steuern wurden zur Finanzierung der neuen Programme erhöht. Die Arbeitslosigkeit im Lande betrug 20 %. Die Reg. versuchte, mit einer aktiven Industriepolitik zur Förderung heim. Unternehmen und mit dem Bereitstellen von Wagniskapital für Gründungen v. a. von Kleinunternehmen die Wirtschaft zu beleben. Eine entscheidende Rolle bei der Finanzierung staatl. Maßnahmen spielten die Struktur- und Kohäsionsfonds der EG, über deren Anteil für das Land die Reg. lange und erfolgreich zur Jahresmitte in Brüssel verhandelte.

Innen- und Außenpolitik

Im Jan. trat die neue Koalitionsreg. aus Fianna Fáil und der Labour Party mit ALBERT REYNOLDS als

Die irische Präsidentin Mary Robinson besucht am 27. Mai Queen Elizabeth II. im Londoner Buckingham Palast

Premiermin. ihr Amt an. Politisch setzte sich der Liberalisierungsprozeß im Lande fort. Erstmalig soll durch die Gesetzgebung der Vertrieb empfängnisverhütender Mittel außer Strafe gestellt sowie die Homosexualität entkriminalisiert werden.
Bewegung kam auch in die Nordirlandpolitik. DICK SPRING, dem der Labour Party angehörende Außenmin., wird von polit. Beobachtern eher als den Vertretern der traditionellen Großparteien zugetraut, sich von den Fesseln der Landesverfassung, die ein Hoheitsrecht der Rep. über die gesamte Insel postuliert, zu lösen. Sein Vorschlag, Nordirland als ir.-brit. Kondominium zu verwalten, wurde jedoch von der brit. Reg. im Juli zurückgewiesen. Aufsehen erregte ein als ›privat‹ deklarierter Besuch der ir. Präs. MARY ROBINSON bei dem Führer des polit. Arms der IRA in Belfast, GERRY ADAMS. Ebenso sensationell war die Einladung für die Präs. zum Tee mit der brit. Königin, dem ersten Treffen eines ir. und eines brit. Staatsoberhaupts, nach der Unabhängigkeit des Landes im Jahre 1921.

Island

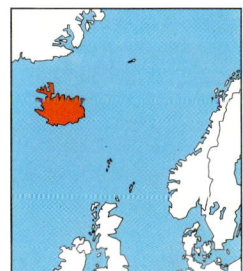

Hauptstadt:
Reykjavík
Einwohner: 260 000
Einwohner/km²: 3
Staatsoberhaupt:
V. Finnbogadóttir
Regierungschef:
D. Odson
BSP/Einwohner:
22 090 US-$

Auch 1993 war die wirtschaftl. Lage der Insel problematisch. Die schon 1992 stark gesunkene Produktion ging noch weiter zurück. Die Arbeitslosigkeit stieg seit 1991 auf über 5 % an und ist damit für I. ein ernstes Problem geworden. Die Schwäche der Wirtschaft erklärt sich v. a. aus dem für die Fischwirtschaft, dem wichtigsten Wirtschaftszweig I.s, folgenreichen niedrigen Niveau der Kabeljaube-

Die isländische Präsidentin Vigdis Finnbogadóttir (im Vordergrund) während eines Besuchs in Japan 1990

stände und der Reduzierung der Fangquoten. Doch auch die Auslandsnachfrage nach Aluminium und Ferrosilizium blieb gering. Die isländ. Reg. bemühte sich dennoch, neue Investitionen auf dem Aluminiumsektor zu fördern, und sie prüfte außerdem die Möglichkeit des Stromexports nach Schottland.

Die OECD-Ökonomen waren zum Jahresende zuversichtlich, daß ein ausreichender Stabilisierungsprozeß der isländ. Wirtschaft eingesetzt hat. Ein Anstieg der Preise (Jahresdurchschnitt +3%), der auf eine neuerliche Abwertung der isländ. Krone und auf höhere indirekte Steuern zurückging, schwächte sich bereits wieder ab. Um die öffentl. Finanzen zu sanieren, wurde der Haushalt 1993 deutlich beschnitten und einige Entwicklungsprojekte zurückgestellt. Eine vorsichtige Annäherung an die Europ. Gemeinschaften wurde nicht mehr ausgeschlossen.

Israel

Hauptstadt:
Jerusalem
Einwohner: 5,1 Mio.
Einwohner/km²: 247
Staatsoberhaupt:
E. Weizman
(seit 13. 5. 1993)
Regierungschef:
I. Rabin
BSP/Einwohner:
11330 US-$

Wirtschaftliches Wachstum

Wirtschaftspolit. Maßnahmen, verstärktes Interesse ausländ. Investoren sowie insbes. die Einwanderung bewirkten eine andauernde Wachstumstendenz der Wirtschaft. Bes. die erhöhte Binnennachfrage aufgrund der seit 1989 gestiegenen Einwanderung hatte zu einem konjunkturellen Aufschwung geführt, der seit 1990 anhielt und wesentlich durch die staatlich sanktionierte Bauwirtschaft getragen wurde. Das Bruttoinlandsprodukt wuchs real um 4,5%. Finanzielle Unterstützung kam durch die ersten 2 von insgesamt 10 Mrd. US-$ der Kreditgarantien der USA. Trotz Schaffung neuer Arbeitsplätze und veränderter Beschäftigungspolitik blieb die Arbeitslosigkeit mit 11,2% relativ hoch. Der Exportzuwachs glich die Importerhöhung nicht aus; das Außenhandelsdefizit stieg weiter an. Hauptgeschäftspartner blieben die USA, wichtigster Handelspartner die EG. Zur fortgesetzten Liberalisierung der Außenwirtschaft und des Kapitalverkehrs trat am 1. 1. 1993 das Freihandelsabkommen zwischen I. und den Staaten der EFTA in Kraft; 1. Sept. begann der Abbau von Schutzzöllen auf Importe aus Staaten Südostasiens, Osteuropas und Südamerikas ohne Handelsabkommen mit I. Die Exportoffensive I.s fand neue Märkte in Südostasien und Osteuropa.

Außenminister Shimon Peres verteidigt in der Knesset die Anerkennung der PLO durch Israel gegen die heftigen Angriffe der Opposition (9. September)

Innenpolitische Ereignisse

Die innenpolit. Situation war gekennzeichnet durch eine äußerst nervöse Stimmung, die durch Terroranschläge und die verstärkten Spannungen zw. Arabern und Israelis auch auf die Städte und Wohnsiedlungen im Kernland übergriff. Wiederholt wurden die besetzten Gebiete abgeriegelt. Der oppositionelle Likudblock wählte im März BENJAMIN NETANYAHU zu seinem Vors. Im selben Monat wurde der frühere Verteidigungsmin. ESER WEIZMAN vom Parlament im zweiten Durchgang zum neuen Staatspräs. gewählt. Er gilt als Befürworter der Friedensverhandlungen mit den arab. Nachbarn. Aus den Kommunalwahlen im Nov., die auch als Abstimmung über die Regierungspolitik gewertet wurden, ging der Likudblock als deutlicher Sieger hervor. Die Wahlbeteiligung lag bei nur rd. 36%.

Der Friedensprozeß

Die israel.-palästinens. Beziehungen waren eine zentrale Aufgabe der regierenden Mitte-Links-Koalition. Beide Seiten waren nunmehr gewillt, unmittelbar zu realisierende Maßnahmen im gegenseitigen Interesse zu akzeptieren. Vertreter der Reg. und führende Militärs vertraten zunehmend die Auffassung, effiziente Regelungen für die Sicherheit I.s durch ›Frieden für Land‹ erreichen zu können. Nach vier Monate langer Unterbrechung aufgrund der am 17. 12. 1992 von I. verfügten Deportation von 415 Palästinensern begann am 27. April die zehnte Gesprächsrunde der Friedensverhandlungen unter Vermittlung der USA. Nachdem die Knesset am 20. Jan. das Verbot jegl. Kontakte zur PLO aufgehoben und so Direktverhandlungen mit der Führung der PLO legalisiert hatte, wurde am 10. Sept. mit der Anerkennung des Existenzrechts I.s durch die PLO bzw. der Souveränität der PLO als rechtmäßiger Vertreterin des palästinens. Volkes durch I. eine qualitativ neue Stufe im bilateralen Verhältnis sowie in der Regelung des Konflikts erreicht. Zur Realisierung hatten sich der Ministerpräsident I.s, Itzhak Rabin, und Jasir Arafat, der Vors. der PLO, am 6. Sept. in Kairo erstmals zu Arbeitsgesprächen getroffen. Zunehmende Kontakte mit arab. und anderen islam. Staaten signalisierten deren mehrheitl. Billigung eines Autonomieplans.

Das israelisch-palästinensische Abkommen

Am 13. Sept. unterzeichneten der Außenminister I.s, Shimon Peres, und Mahmud Abbas, Exekutivmitgl. der PLO, das Grundsatzabkommen über die palästinens. Teilautonomie. Dieses sog. →Gaza-Jericho-Abkommen stellt den nat. Konsens in I. vor die bisher härteste Prüfung. Lediglich etwa die Hälfte der Bevölkerung billigt es. Befürworter und Gegner veranstalteten die größten Demonstrationen seit der Libanoninvasion 1982. Nach 30stündiger kontroverser Debatte nahm die Knesset am 23. Sept. mit 61 von 120 Stimmen den Grundsatzvertrag an. Für die Wirtschaftsentwicklung in Gaza

Das israelische Eingreifen im Südlibanon führt im Juli zu schweren Kampfhandlungen und zu einer Massenflucht der Bevölkerung.

Das Bild zeigt Anhänger der radikalen islamischen Hisbollah bei der Vorbereitung auf einen Angriff

und Jericho sagte I. 75 Mio. US-$ zu. Trotz aller Fortschritte ist diese Entwicklung notwendigerweise noch instabil und wird von den zahlreichen Gegnern des Friedensprozesses bedroht und gestört. Durch Aktionen der israel. Armee und der Siedler auf der einen sowie radikaler Palästinenser auf der anderen Seite und die Uneinigkeit zw. I.

In Jerusalem demonstrieren am 30. Januar mehr als 2 000 Araber und Juden für die Rückkehr der rd. 400 nach Libanon abgeschobenen Palästinenser

und der PLO in Detailfragen konnten die Unterzeichnung des Autonomieabkommens und der Abzug israel. Truppen zum vorgesehenen Zeitpunkt (13. Dez.) nicht stattfinden.

Mit →Jordanien unterzeichnete I. am 14. Sept. eine Vereinbarung über bilaterale Friedensgespräche und einigte sich auf die Gründung einer gemeinsamen Wirtschaftskommission.

Italien

Hauptstadt: Rom
Einwohner: 57,8 Mio.
Einwohner/km²: 192
Staatsoberhaupt:
O. L. Scalfaro
Regierungschef:
C. A. Ciampi
(seit 29. 4. 1993)
BSP/Einwohner:
18 680 US-$

Wirtschafts- und Finanzpolitik

Die Reg. unter MinPräs. GIULIANO AMATO setzte auf Wettbewerbsvorteile durch die Abwertung der Lira nach dem Austritt aus dem Europ. Währungssystem 1992. Die Reg. von CARLO AZEGLIO CIAMPI kündigte im Mai für 1994 zudem eine Senkung der Neuverschuldung (mit 8,7% des BSP immer noch extrem hoch) durch möglichst inflationsneutrale Steuererhöhungen und die Privatisierung von Staatsunternehmen an; sie erhielt so einen EG-Beistandskredit. Im Juli vereinbarte CIAMPI mit den Tarifpartnern, die Lohnentwicklung künftig strikt an die erwartete Inflationsrate (1993: 4%) zu binden.

Verfolgung von Korruption und Mafia

Die Staatskrise wegen hoher Staatsverschuldung (1992: 110% des BSP) und ausufernden Klientelis-

Kommunalwahlen in Italien: Umberto Bossi (rechts) und Marco Formentini von der rechtsgerichteten Lega Nord feiern den Wahlsieg ihrer Partei (21. Juni)

mus' (Schattenwirtschaft, Korruption, Mafia) schwelte weiter. Aufgrund der Aussagen ›reuiger‹ Mafiamitgl. (Pentiti) ermittelten Staatsanwälte wegen Bestechung und illegaler Parteienfinanzierung intensiv gegen private Großunternehmen (u. a. den im Juni zusammengebrochenen Ferruzzi-Konzern, dessen Chef, RAUL GARDINI, sich das Leben nahm) und gegen Spitzenmanager versch. Staatskonzerne: FRANCO NOBILI (IRI) wurde ebenso verhaftet wie GAVRIELE CAGLIARI (ENI), der im Juli Selbstmord beging, und der Olivetti-Chef CARLO DE BENEDETTI. Verfahren wurden auch eingeleitet gegen Stadtverwaltungen und hohe Richter – wie DIEGO CURTÒ in Mailand – sowie etwa 200 Verfahren gegen Parlamentarier (u. a. gegen den Chef der Lega Nord, UMBERTO BOSSI). Besonders spektakulär waren die Anklagen gegen den christdemokrat. ehem. MinPräs. GIULIO ANDREOTTI, der außerdem erneut mit dem Mord an ALDO MORO 1978 in Verbindung gebracht wurde, und gegen den Sozialistenführer BETTINO CRAXI. Bombenanschläge mit Toten und Verletzten

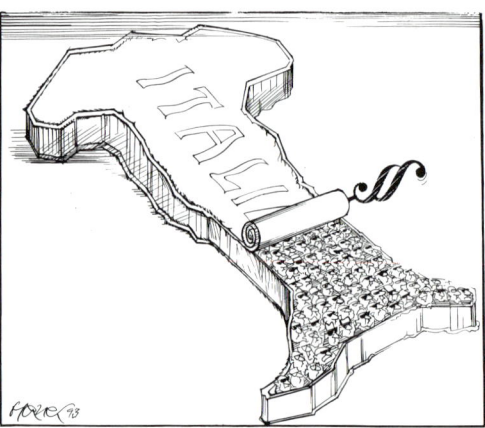

sowie Schäden an Kulturgütern, u. a. am 27. Mai in Florenz (Galerie der Uffizien) sowie am 28. Juli in Mailand (Villa Reale) und Rom (Lateranspalast, S. Giorgio in Velabro), wurden in Zusammenhang gebracht mit dieser energ. Verfolgung von Korruption und Mafia. Ende Okt. geriet Staatspräs. OSCAR LUIGI SCALFARO in den Verdacht, Gelder aus Geheimfonds des Geheimdienstes bezogen zu haben.

Referendum zur Wahlrechtsreform

Ein Volksentscheid am 18./19. April galt als Einleitung zur Reform der Institutionen auf dem Weg zur ›zweiten Republik‹. 83% der Wähler stimmten für die Initiative des ehem. Christdemokraten MARIO SEGNI, daß in Zukunft drei Viertel der Sitze in Abgeordnetenkammer und Senat in einfacher Mehrheitswahl und nur noch ein Viertel proportional nach Listen, zudem mit einer 4%-Sperrklausel, vergeben werden sollen. Das Ausführungsgesetz dazu wurde im Aug. verabschiedet. Aufgrund des im Referendum zum Ausdruck gebrachten Mißtrauens gegen die bisherigen Regierungsparteien trat Min.-Präs. GIULIANO AMATO (PSI), nachdem sein Vorha-

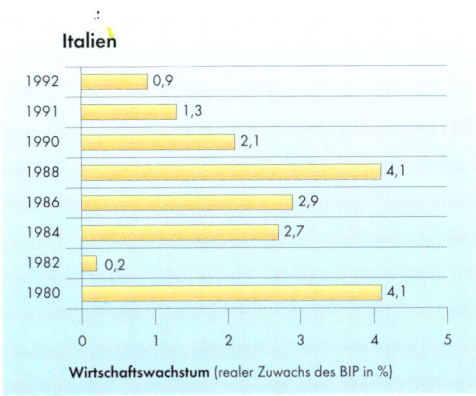

Italien

Jahr	Wirtschaftswachstum
1992	0,9
1991	1,3
1990	2,1
1988	4,1
1986	2,9
1984	2,7
1982	0,2
1980	4,1

Wirtschaftswachstum (realer Zuwachs des BIP in %)

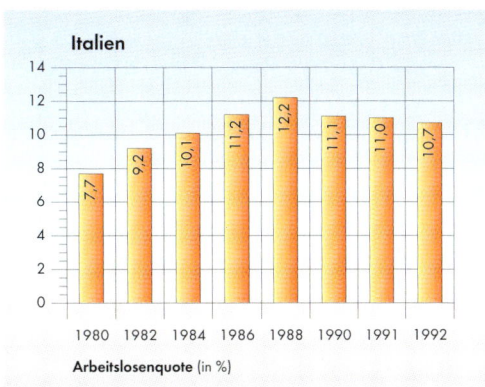

Italien

Jahr	Arbeitslosenquote
1980	7,7
1982	9,2
1984	10,1
1986	11,2
1988	12,2
1990	11,1
1991	11,0
1992	10,7

Arbeitslosenquote (in %)

ben, korrupte Politiker weitgehend straflos zu halten, an Staatspräs. SCALFARO gescheitert war, am 22. April zurück. Ihm folgte der parteilose CARLO AZEGLIO CIAMPI, der eine Reihe parteiloser Wirtschafts- und Finanzexperten in sein Übergangskabinett berief.

Weitere innenpolitische Ereignisse

Bei den Parteien setzten sich Umwandlungen und Personalwechsel fort. Die Christdemokraten benannten sich im Juli in den Partito Popolare Italiano (Italien. Volkspartei, wie schon 1919) um, behielten aber ihren Vors. MINO MARTINAZZOLI bei radikal verkleinertem Vorstand. Bei den von Kor-

Italiens früherer Ministerpräsident Andreotti (Mitte) wird beschuldigt, Beziehungen zur Mafia unterhalten zu haben. Am 3. Mai forderte er überraschend selbst die Aufhebung seiner parlamentarischen Immunität

ruptionsskandalen bes. geschüttelten Sozialisten wurde, nachdem am 11. Febr. BETTINO CRAXI zurückgetreten war, mit OTTAVIANO DEL TURCO am 28. Mai schon der zweite Nachfolger gewählt.

Bei den Kommunalwahlen im Juni kam es zu hohen Verlusten der skandalgeschüttelten alten Parteien. Erdrutschartig waren die Erfolge der Lega Nord (Mailand 41 %) und des PDS, der ehem. Kommunisten (Bürgermeisterstichwahl Turin 57 %). Bei den Bürgermeisterwahlen Ende Nov./ Anfang Dez. setzten sich der Verfall von DC und des PSI zugunsten der Linksparteien – und in geringerem Maße der Neofaschisten – fort.

Außenpolitik

Präs. SCALFARO besuchte im Jan. als erstes italien. Staatsoberhaupt seit dem Ersten Weltkrieg Österreich, kurz bevor im Mai die Gleichstellung der dt. Sprache in Südtirol auch bei Gericht, Polizei und Verwaltung in Kraft trat. Im Juli kam es zu Spannungen mit den USA, die den Kommandeur des italien. UNO-Kontingents in Somalia, General LOI, wegen seiner stark auf Gesprächsbereitschaft gerichteten Politik kritisierten. Die italien. UNO-Truppen wurden infolge des Konflikts Mitte Aug. aus Mogadischu abgezogen und in den N Somalias verlegt.

J

Jäger 90: Die noch 1992 beabsichtigte Stornierung der dt. Beteiligung an dem gemeinsam mit Großbritannien, Italien und Spanien entwickelten Kampfflugzeug wurde widerrufen. Vielmehr wird es als European Fighter Aircraft (EFA, umgangssprachlich **Eurofighter**) bzw. Jäger 2002 in einer Version weiter entwickelt, bei der der Systemstückpreis statt wie bisher bei 133 Mio. DM knapp unter 100 Mio. DM liegen soll.

Jagoda, Bernhard, Politiker (CDU), * Kirchwalde (Kreis Rosenberg, Oberschlesien) 29. 7. 1940. – Am 28. 1. 1993 wurde J. offiziell zum Nachfolger des Präs. der Bundesanstalt für Arbeit (BfA) HEINRICH FRANKE ernannt; er trat das Amt am 1. 2. 1993 an. Mit seinem im Hinblick auf das beträchtl. Haushaltsdefizit der BfA und die Sparbeschlüsse der Bundesreg. bald nach Amtsantritt verfügten Stopp für neue Arbeitsbeschaffungsmaßnahmen erntete J. von allen Seiten Kritik.

Seit 1965 in der CDU politisch aktiv, war J. 1970–80 hess. MdL und dort sozialpolit. Sprecher seiner Fraktion. Als MdB (ab 1980) gehörte er zunächst dem Petitionsausschuß an und war 1983–85 Obmann der CDU im Bundestagsausschuß für Arbeit und Soziales. Nach dem Tod des sozialpolit. Sprechers der CDU, HAIMO GEORGE, Anfang Okt. 1985 wurde J. dessen Nachfolger. Als ihm 1987 die Wahl in den Bundestag über die Landesliste nicht geglückt war, wurde er Staatssekr. im Bundesministerium für Arbeit und Sozialordnung, wo er die Gesundheits- und Rentenreform fachlich vorbereitete. 1990 ließ er sich beurlauben und kehrte als MdB in den Bundestag zurück. Seit 1991 ist J. Bundesvors. der Landsmannschaft der Oberschlesier.

Bernhard Jagoda, der neue Präsident der Bundesanstalt für Arbeit

von Ex-Premier EDWARD SEAGA vor dem Hintergrund der beachtl. Verbesserung der Wirtschaftslage weiter ausbauen.

Jamaika

Hauptstadt: Kingston
Einwohner: 2,5 Mio.
Einwohner/km²: 225
Staatsoberhaupt: Elisabeth II.
Regierungschef: P. J. Patterson (seit 30. 3. 1993)
BSP/Einwohner: 1 380 US-$

Bei den um ein Jahr vorgezogenen Wahlen am 30. März konnte die sozialdemokrat. People's National Party des amtierenden Premiermin. PERCIVAL JAMES PATTERSON ihre absolute Mehrheit gegenüber der liberal-konservativen Jamaica Labour Party

Die Hochzeit des Jahres ist die von Kronprinz Naruhito und Masako Owada. Im Bild die neue Prinzessin im prachtvollen traditionellen Hochzeitsgewand

Japan

Hauptstadt: Tokio
Einwohner: 124,5 Mio.
Einwohner/km²: 330
Staatsoberhaupt: Akihito
Regierungschef: M. Hosokawa
BSP/Einwohner: 26 920 US-$

Wirtschaftlicher Einbruch und Rezession

Der Entwurf für das Haushaltsjahr 1993/94 sah eine Steigerung des Haushaltsvolumens um 0,2% gegenüber dem Vorjahr vor. Dieser Einschätzung wurden 3,3% reales Wirtschaftswachstum, eine Inflationsrate von 2,1% sowie eine Arbeitslosenquote von 2,2% zugrunde gelegt. Im ersten Halbjahr 1993 erreichte der japan. Handelsüberschuß mit 57,3 Mrd. US-$ eine Rekordmarke und lag um 17,6% höher als im gleichen Zeitraum des Vorjahres. Der Export stieg um 7,3%, der Import jedoch nur um 2,8%. Dieses Ungleichgewicht war nach wie vor Ursache von Differenzen zw. J. und den USA. Die weltweite Rezession machte sich auch in J. bemerkbar. Schon im Vorjahr war die Arbeitszeit japan. Arbeitnehmer um durchschnittlich 2,2% auf 1972 Stunden pro Jahr gesunken. Die dadurch verringerte Kaufkraft hatte dem japan. Einzelhandel rückläufige Umsätze beschert – ein Trend, der sich 1993 fortsetzte. Im März beurteilte die Bank von J. die Konjunkturaussichten so schlecht wie schon lange nicht mehr: J. befinde sich in der schlimmsten Rezession seit der ersten Ölkrise vor 20 Jahren. Die Reg. reagierte im April mit einem Konjunkturprogramm (einschließlich Subventionen und Senkungen der Unternehmenssteuern), das umgerechnet rd. 180 Mrd. DM umfaßte. Gleichzeitig wurde im

Finanzministerium über eine Erhöhung der Verbrauchssteuern zum Abbau des Haushaltsdefizits diskutiert. Angesichts der schwierigen Wirtschaftslage setzte sich der japan. Unternehmerverband Nikkeiren dafür ein, 1993 die Löhne und Gehälter um nicht mehr als 2,3 % steigen zu lassen.

Im Rahmen der im Dez. abgeschlossenen GATT-Verhandlungen sah sich die Reg. trotz massiver Proteste der Reisbauern gezwungen, den jap. Reismarkt für Reisimporte zu öffnen. Das bislang geltende Reisimportverbot war mit der strateg. Bedeutung der Reiserzeugung begründet worden. Angesichts der schlechten Ernteerträge muß J. als Notmaßnahme bis Ende März 1994 rd. 1,1 Mio. t Reis einführen.

LDP verliert Parlamentswahlen

Das wohl bedeutendste Ereignis 1993 war der Regierungswechsel im Aug., der die 38jährige Alleinherrschaft der Liberaldemokrat. Partei Japans (LDP) beendete. Erzwungen wurde der Regierungswechsel durch ein am 18. Juni von der Opposition im Unterhaus eingebrachtes Mißtrauensvotum gegen die Reg. von KIICHI MIYAZAWA, dem auch Abgeordnete der LDP zustimmten. Dem Sturz der LDP gingen heftige Fraktionskämpfe innerhalb der Partei um ein Reformpaket voraus. Es umfaßte eine Wahlreform sowie eine Reform des Parteienfinanzierungsgesetzes. Nach dem erfolgreichen Mißtrauensvotum erfolgte dann die Abspaltung einiger LDP-Fraktionen von der Mutterpartei unter Neugründung eigener Parteien: NJP, Partei der Neuen Initiative und Erneuerungspartei, allesamt Mitgl. der neuen Koalitionsreg. Die Unzufriedenheit der Bevölkerung mit der Miyazawa-Administration spiegelte sich in zahlreichen Meinungsumfragen wider. Über 60 % der Befragten hatten kein Vertrauen in die Fähigkeit der Reg., die derzeitigen Probleme, allen voran die Wirtschaftskrise und die Korruption, zu lösen. Der Unmut über die Korruption in der japan. Politik erreichte mit dem Schmiergeldskandal um den Liberaldemokraten und ›Königsmacher‹ SHIN KANEMARU seinen Höhepunkt. Gegen ihn war im März Anklage wegen Steuerhinterziehung in Millionenhöhe erhoben worden. Die am 18. Juli abgehaltenen Neuwahlen

Der neugewählte japanische Ministerpräsident Hosokawa (Mitte) stößt mit seinem zukünftigen Außenminister Hata (links) an (9. August)

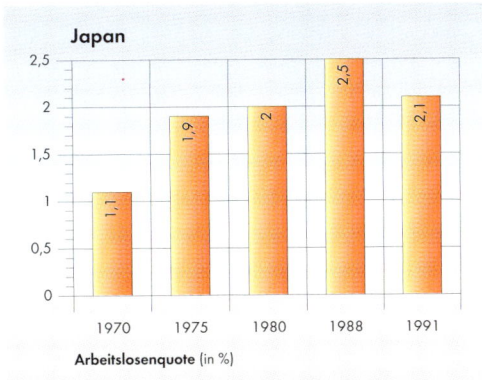

Japan

Arbeitslosenquote (in %)

	1970	1975	1980	1988	1991
	1,1	1,9	2	2,5	2,1

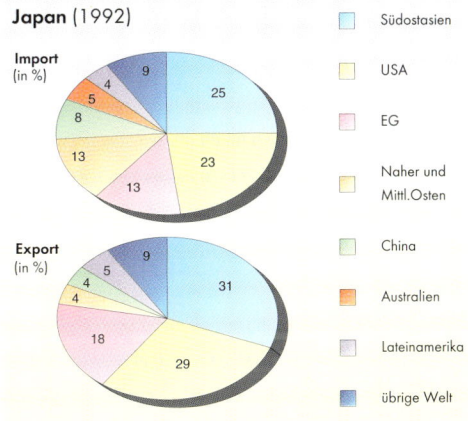

Japan (1992)

Import (in %)

Export (in %)

- Südostasien
- USA
- EG
- Naher und Mittl. Osten
- China
- Australien
- Lateinamerika
- übrige Welt

beendeten die absolute Mehrheit der LDP im Unterhaus. Aber auch die Sozialdemokrat. Partei mußte als bisher stärkste Oppositionspartei eine vernichtende Niederlage hinnehmen. Die neue Reg. wurde von einer Koalition aus sieben Parteien unter Führung MORIHIRO HOSOKAWAS von der Neuen Japan. Partei (NJP) gebildet. Ihr gehören an: Sozialdemokrat. Partei, Erneuerungspartei, NJP, Partei für saubere Politik (Kōmeitō), Demokrat. Sozialisten, Partei der neuen Initiative und Sozialdemokrat. Liga.

Am 9. Juni heiratete Kronprinz NARUHITO die Bürgerliche MASAKO OWADA. Im Anschluß an die Hochzeitszeremonie, die, altem Brauch entsprechend, ohne ausländ. Zuschauer vollzogen wurde, fand eine Hochzeitsparade vor 190 000 Zuschauern in den Straßen Tokios statt.

Im Jan. und im Juli wurde J. von zwei der schwersten Erdbeben der letzten 30 Jahre heimgesucht. Das Beben im Juli, dessen Epizentrum 50 km vor der SW-Küste Hokkaidōs lag, forderte 192 Menschenleben und mehrere hundert Verletzte.

Veränderung der Außenpolitik

Auch in diesem Jahr war J. um die Stärkung seines außenpolit. Gewichts bemüht. Wurde bereits im Vorjahr die Forderung nach einem ständigen Sitz

Nach dem schweren Erdbeben und den Flutwellen in Japan im Juli versuchen Bergungshelfer, die Straße nach Oshamanbe zu reparieren

im UNO-Sicherheitsrat erhoben, so sprach sich der damalige Außenmin. MICHIO WATANABE in seiner Neujahrsansprache für eine Beteiligung japan. Soldaten an UNO-Kampfeinsätzen aus. Bislang ist es japan. Soldaten nur erlaubt, an humanitären Blauhelmaktionen (wie z. B. in Kambodscha) teilzunehmen, da die Verfassung exterritoriale Kampfeinsätze untersagt.
Eine Veränderung erfuhr das russ.-japan. Verhältnis: Im Vorfeld des im April in Tokio abgehaltenen Treffens der Außen- und Finanzmin. der sieben führenden Industrienationen (G 7) hatte J. signalisiert, daß Finanzhilfen für Rußland nicht länger von der Rückgabe der seit 1945 von Moskau besetzten vier südl. Kurileninseln abhängig gemacht würden. Der Streit um diese vier Inseln hatte die russ.-japan. Beziehungen seit langer Zeit belastet. Von nicht zu unterschätzender Bedeutung für J.s Verhältnis zu den anderen Staaten Ostasiens dürfte eine Erklärung von MinPräs. HOSOKAWA sein, die dieser schon kurz nach seinem Amtsantritt abgegeben hatte: HOSOKAWA bekannte sich als erster japan. Regierungschef zur Kriegsschuld J.s, indem er die Interventionen J.s im ostasiat. Raum vor und während des Zweiten Weltkriegs als Angriffskrieg bezeichnete. Gleichzeitig lehnte HOSOKAWA jedoch erneute Reparationsforderungen der südostasiat. Staaten ab.

Jemen

Hauptstadt: Sanaa
Einwohner: 12,5 Mio.
Einwohner/km²: 24
Staatsoberhaupt:
A. A. Saleh
Regierungschef:
H. Abu Bakr al-Attas
BSP/Einwohner:
520 US-$

Massenarbeitslosigkeit, Inflation, Devisenmangel

Die wirtschaftl. Situation war 1993 äußerst angespannt. Es gelang nicht, die 800 000 während des zweiten Golfkriegs aus Saudi-Arabien ausgewiesenen Jemeniten in den Arbeitsprozeß einzugliedern; die Arbeitslosenrate stieg auf über 40 %. Verschärft wurde die Lage auch durch drast. Importreduzierungen u. a. bei Ersatzteilen sowie Maschinen und Ausrüstungen als Folge des Devisenmangels. Die Inflationsrate erreichte rd. 220 %. Hoffnungen setzt die Reg. v. a. in die Steigerung der Erdölförderung, die nach Inbetriebnahme der Masila-Felder im Sept. auf 350 000 Barrel pro Tag ansteigen sollte. Wirtschaftl. und polit. Impulse wurden auch durch die Intensivierung der Beziehungen zu den Golfstaaten, bes. zu Oman (Grenzvertrag 1992), erzielt. Verhandlungen über den Grenzverlauf wurden auch mit Saudi-Arabien weitergeführt.

Erste Wahlen nach der Vereinigung

Herausragendes innenpolit. Ereignis waren die am 27. April abgehaltenen ersten Wahlen nach der Vereinigung 1990. Die 2,7 Mio. registrierten Wahlberechtigten votierten mehrheitlich für den von

Jemens Staatspräsident Ali Abdallah Saleh gibt seine Stimme bei der ersten Wahl (27. April) eines gesamtjemenitischen Parlaments ab

Staatspräs. SALEH geführten Allg. Volkskongreß (GPC; 122 der 301 Parlamentssitze), die stammesorientierte Al Islah (Jemenit. Vereinigung für Reform; 62 Sitze) und die im südl. Landesteil verankerte Jemenit. Sozialist. Partei (JSP; 56 Sitze). Die am 30. Mai gebildete Reg. ist eine Koalition aus GPC, JSP und Al Islah. Im Okt. wählte das Parlament einen fünfköpfigen Präsidentschaftsrat. Der Vereidigung blieb eines seiner Mitgl., der Führer der JSP und Vizepräs., ALI SALEM AL-BAIDH, fern.

Jiang Zemin, chin. Politiker (KPCh), *in der Prov. Jiangsu Juli 1926. – Am 27. 3. 1993 wurde J. Z., oberster Befehlshaber der Streitkräfte sowie Parteichef der KPCh seit 1989, vom Nat. Volkskongreß als Nachfolger YANG SHANGKUNS zum Staatsoberhaupt der VR China gewählt. Mit dieser Ämterkonzentration verfügt J. Z. über eine seit MAO ZEDONG nicht gekannte Machtfülle. Gleichwohl gilt er bislang als Politiker ohne Profil, der seine Karriere dem Umstand verdankt, daß er keine Feinde hat und für alle Fraktionen in der KPCh akzeptabel ist. J. Z., seit 1946 Mitgl. der KPCh, arbeitete als Elektroingenieur zunächst in Forschung und Wirtschaft. Seine polit. Karriere begann mit DENG XIAOPINGS Wirtschaftsreformpolitik ab etwa 1978. J. Z. war 1983–85 Min. für Elektroindustrie, 1985–89 Bürgermeister von Schanghai, 1987–89 dort auch Parteisekretär, und befürwortete das harte Vorgehen gegen die für mehr Demokratie eintretende Protestbewegung vom Frühjahr 1989.

Joan-Miró-Ausstellung: Aus Anlaß des 100. Geburtstags und 10. Todestags würdigte die Stiftung Joan Miró in Barcelona den katalan. Künstler von Mai bis Aug. mit einer großen Retrospektive, die 180 Gemälde und etwa 300 Zeichnungen aus allen Werkphasen umfaßte. PABLO PICASSO, HENRI ROUSSEAU sowie VINCENT VAN GOGH prägten MIRÓS Frühwerk, in dem sich realist. Details und poet. Elemente zu einer sehr persönl. Interpretation des Kubismus vereinigten, während um 1925 der Einfluß des Surrealismus seine Bildsprache radikal veränderte. In der Zeit des span. Bürgerkriegs war MIRÓS Natur- und Menschenbild bestimmt von Angst, Tragik und Aggression. Das folgende Werk kennzeichnete schließlich eine künstler. Freiheit, aus der heraus sich die suggestive Kraft seiner Imagination mit Musikalität, Anmut, Leichtigkeit und nicht zuletzt Humor verband.

Joan Miró: ›Der Karneval des Harlekin‹ (1924/25)

aufgebaut und Privatinvestitionen gefördert werden. Unter der moderaten und integrierenden Führung von König HUSAIN distanzierte sich J. vom Irak und war um verbesserte Beziehungen zu den USA und zu den Golfstaaten bemüht.

Parlamentswahlen und Friedensverhandlungen

Um die Demokratisierung im Land voranzubringen und den zunehmenden Einfluß der Muslimbruderschaft zurückzudrängen, ließ König HUSAIN im Jan. polit. Parteien wieder zu und betraute im Mai A. S. AL-MAJALI mit der Bildung eines neuen Kabinetts. Am 8. Nov. fanden Parlamentswahlen statt, bei der die Muslimbruderschaft zwar stärkste Fraktion blieb, aber sechs ihrer vormals 22 Mandate einbüßte. Die meisten der neugewählten Abgeordneten sind Befürworter des Nahost-Friedensprozesses, dessen bedeutendste Ergebnisse Vereinbarungen mit Israel über bilaterale Friedensverhandlungen und die Gründung einer gemeinsamen Wirtschaftskommission am 14. Sept. waren. Nach einem Besuch in Damaskus im Nov. verschob der König die Unterzeichnung des bereits fertigen Friedens-

Jordanien

Hauptstadt: Amman
Einwohner: 4,3 Mio.
Einwohner/km²: 44
Staatsoberhaupt:
Husain II.
Regierungschef:
A. S. al-Majalı
(seit 29. 5. 1993)
BSP/Einwohner:
1 120 US-$

Wirtschaft

Angesichts der hohen Auslandsschulden (6,5 Mrd. US-$) bei einem Bruttoinlandsprodukt von (1992) 4,8 Mrd. US-$, einer Arbeitslosigkeit von 20%, einer defizitären Handelsbilanz (1992: 2,41 Mrd. US-$) sowie akuten Wassermangels erwartet J. einen positiven Effekt von der Öffnung der Westbank und der Einbindung in den entstehenden nahöstl. Regionalmarkt. Entsprechend dem Entwicklungsplan der Reg. sollen künftig v. a. die Infrastruktur

PLO-Chef Arafat begrüßt bei seiner Ankunft in Amman am 20. September den jordanischen König Husain

vertrags mit Israel auf einen Zeitpunkt nach einer syr.-israel. Einigung.

Joulwan, George A., amerikanischer General, * Pottsville (Pennsylvania) 16. 11. 1939. – Mit seiner Ernennung zum Oberkommandierenden der NATO in Europa (Supreme Allied Commander Europe, SACEUR) am 4. Okt. folgte J. dem neuen amerikan. Stabschef JOHN M. SHALIKASHVILI im Amt nach. J. ist der elfte amerikan. Oberbefehlshaber der NATO.

J. wurde 1961 Soldat und war erstmals 1962 in Deutschland stationiert. Nach Kommandos u. a. auch in Vietnam und 1973/74 als Special Assistant im Weißen Haus unter Präs. NIXON befehligte er bis 1990 das V. Korps der amerikan. Armee in Frankfurt am Main. Ab Ende 1990 kommandierte er das für 19 lateinamerikan. Länder zuständige Southern Command der amerikan. Streitkräfte mit Sitz in Panama.

Judith-Leyster-Retrospektive: Das Frans-Hals-Museum in Haarlem erinnerte vom 1. Juni bis 22. Aug. aus Anlaß der Wiederentdeckung JUDITH LEYSTERS vor 100 Jahren an diese bedeutendste niederländ. Malerin des 17. Jh. Dem Kunsthistoriker CORNELIS HOFSTEDE DE GROOT war es gelungen, das Monogramm – JL mit waagerechtem Balken und Stern – der in Vergessenheit geratenen Künstlerin zu entschlüsseln. Bis dahin galten ihre Bilder meist als die des FRANS HALS, dessen Schülerin sie vermutlich war. Bereits mit 24 Jahren wurde sie als erste und einzige Frau in die Haarlemer Sankt-Lukas-Gilde aufgenommen. Beeinflußt von FRANS HALS und den Utrechter Caravaggisten malte sie Porträts, Stilleben und ganzfigurige Genrebilder, in denen am stärksten ihre eigenständige künstler. Persönlichkeit in Komposition und Farbgebung zum Ausdruck kommt. JUDITH LEYSTERS Werk wird heute auf etwa 20 Gemälde geschätzt, wobei noch die mögl. Entdeckung weiterer Arbeiten angenommen wird.

Der neue NATO-Oberbefehlshaber George Joulwan

Jugoslawien

Hauptstadt: Belgrad
Einwohner: 24 Mio.
Einwohner/km²: 94
Staatsoberhaupt:
Z. Lilić
(seit 25. 6. 1993)
Regierungschef:
R. Kontić
(seit 3. 3. 1993)
BSP/Einwohner:
2 940 US-$

Wirtschaftlicher Niedergang

Der wirtschaftl. Verfall in Rest-J. hielt im Verlauf des Jahres 1993 unvermindert an. Das von der UNO verhängte Embargo zeigte Wirkung. Die Inflationsrate (zu Jahresbeginn: 20 000 %) und die Arbeitslosigkeit nahmen rapide zu, und das monatl. Durchschnittseinkommen sank auf umgerechnet weniger als 50 DM. Seit dem 13. Sept. wurden in Serbien Bezugsscheine für rationierte Lebensmittel ausgegeben. Eine Akademikerflucht begleitete den wirtschaftl. und sozialen Niedergang.

Präsidentschaftswahlen in Serbien und Montenegro

Der Ausgang der Präsidentschafts- und Parlamentswahlen in Serbien und Montenegro, den beiden Teilrepubliken Rest-J.s, am 20. 12. 1992 machte die Hoffnungen auf eine Entspannung im auseinandergebrochenen J. zunichte. Der serb. Staatspräs. SLOBODAN MILOŠEVIĆ konnte sich gegenüber dem als gemäßigt geltenden (rest-)jugoslaw. MinPräs. MILAN PANIĆ in seinem Amt behaupten. Zwar verlor die regierende Sozialist. Partei (SPS) MILOŠEVIĆS bei den Parlamentswahlen die absolute Mehrheit, doch kam dies nicht den gemäßigten Parteien, sondern den extremen Nationalisten, der Serb. Radikalen Partei (SRS) VOJISLAV ŠEŠELJS, zugute. Die SPS war fortan auf die Unterstützung ŠEŠELJS ange-

Judith Leyster: ›Frauenbildnis‹ (1635)

wiesen. Einem Mißtrauensantrag der SRS gegen die serb. Reg., der von der Serb. Erneuerungsbewegung Drašković unterstützt wurde, kam Milošević am 20. Okt. mit der Auflösung des serb. Parlaments zuvor. Bei den vorgezogenen Wahlen am 19. Dez. erhielten die SPS lt. vorläufigem Endergebnis (22. Dez.) 123 der 250 Parlamentssitze, Draškovićs Oppositionsbündnis DEPOS 45, die SRS 39 und die Demokrat. Partei (DS) von Zoran Djindjić 29. In Montenegro war nach den Wahlen am 20. 12. 1992 eine Stichwahl notwendig geworden. Am 10. Jan. ging aus ihr der bisherige Präs. Montenegros, Momir Bulatović erneut als Sieger hervor und setzte sich damit gegen den von Milošević unterstützten Branko Kostić durch.

Machtverlust der Gemäßigten in der Führung Jugoslawiens

Durch einen Mißtrauensantrag der sozialist.-nationalist. Abgeordneten wurde der jugoslaw. MinPräs. Panić zur Jahreswende 1992/93 gestürzt und durch seinen bisherigen Stellvertreter Radoje Kontić ersetzt. Die Regierungsbildung zog sich bis zum 3. März hin, weil sich die Sozialisten Serbiens und Montenegros nicht über die Aufteilung der Schlüsselpositionen einigen konnten. Die kleine Rep. Montenegro fürchtete, von ihrem stärkeren Partner politisch an die Wand gedrückt zu werden. Am 1. Juni enthob das Bundesparlament auf Antrag der Radikalen Partei Šešeljs Staatspräs. Dobrica Ćosić seines Amtes. Ćosić war seit dem Wahlkampf im Dez. 1992 von seinen großserb. Positionen abgerückt und hatte sich gegen ›alle polit. Extremisten‹ ausgesprochen. Mit seinem Nachfolger, dem bisherigen Parlamentspräs. Serbiens, Zoran Lilić, wurde Miloševićs Machtposition weiter ausgebaut. Die Opposition erwies sich als kraftlos und durch die zeitweise Inhaftierung des Führers der Serb. Erneuerungsbewegung Vuk Drašković eingeschüchtert.

Gespannte Lage im Kosovo

Die Lage in den einst autonomen Provinzen Serbiens, im mehrheitlich albanisch bewohnten Kosovo und in der Wojwodina sowie im Sandžak blieb angesichts der massiven Präsenz von Polizei und Armee, der Anwesenheit von KSZE-Beobachtern und der eindringl. Warnung der USA, daß sie im Falle einer Zuspitzung des Konflikts im Kosovo militärisch intervenieren würden, äußerlich ruhig. Nach Berichten unabhängiger Beobachter forcierte die serb. Polizei jedoch die Vertreibung von Albanern aus dem Kosovo, indem ihnen u. a. systematisch ihre Rechte beschnitten wurden. Der von der alban. Bevölkerung gewählte (von Belgrad nicht anerkannte) ›Präs. der Republik Kosovo‹, Ibrahim Rugova, sprach von einer ›stillen ethn. Säuberung‹ der alban. Siedlungsgebiete zugunsten der Serben.

Die serbische Haltung gegenüber dem Krieg in Bosnien-Herzegowina

Außenpolitisch blieb Rest-J. infolge seiner teils offenen, teils versteckten (oder vermuteten) Teilnahme am Bosn. Krieg weiterhin isoliert. Am 17. April verabschiedete der UNO-Sicherheitsrat die Resolution 820, mit der eine Verschärfung der polit. und wirtschaftl. Sanktionen gegen Rest-J. für den Fall angekündigt wurde, daß die bosn. Serben den Vance-Owen-Friedensplan (→ Bosnien-Herzegowina) nicht unterzeichnen würden. Ende des Monats traten die verschärften Sanktionen in Kraft. Nachdem der amerikan. Präs. Clinton im Frühjahr einen bedingten und begrenzten Waffeneinsatz der USA auf dem Balkan erwogen hatte und die von Serbien erhoffte Unterstützung Rußlands ausgeblieben war, versuchte Milošević, die bosn. Serben zu größerer Kompromißbereitschaft bei den Friedensverhandlungen zu drängen. Im Frühsommer verhängte Rest-J. ein militär. Embargo gegen die bosn. Serben, doch blieb die Maßnahme ohne erkennbare Auswirkungen auf den Verlauf der bosn. Friedensgespräche.

Der neue französische Außenminister
Alain Juppé

Juppé, Alain Marie, frz. Politiker (RPR), * bei Mont-de-Marsan (Dep. Landes) 15. 8. 1945. – J., der als der Urheber des triumphalen Siegs des Bürgerblocks, bestehend aus dem Rassemblement pour la République (RPR) und der Union pour la Démocratie Française (UDF), bei den Wahlen zur Nationalversammlung am 21. und 28. 3. 1993 gilt, übernahm in der rasch gebildeten Reg. Édouard Balladur am 31. 3. 1993 das Außenministerium – ein Amt, dessen Problematik ihm im Blick auf die Situation der Kohabitation (Zusammenarbeit mit dem sozialist. Staatspräs.) und auf die Anti-Maastricht-Stimmung bei den Neogaullisten durchaus bewußt ist.

J. studierte an der École Normale Supérieure, der École Nationale d'Administration (ENA) und dem Institut d'Études Politiques und war seit 1976 enger Mitarbeiter Jacques René Chiracs und des RPR. Seit 1983 ist er im Stadtrat von Paris, 1984–92 war er Abgeordneter der Nationalversammlung. Im Kohabitationskabinett CHIRACS 1986–88 war J. Haushaltsmin. und Regierungssprecher. Wieder in der Opposition, übernahm er im Juni 1988 den Posten des Generalsekr. des RPR. In diesem Amt organisierte er den RPR um, mobilisierte dann für ihn die Wähler und schmiedete nach den Verlusten der Sozialisten in den Regional- und Kantonalwahlen im Frühjahr 1992 den Bürgerblock aus RPR und UDF.

K

Kambodscha

Hauptstadt:
Phnom Penh
Einwohner: 8,8 Mio.
Einwohner/km²: 48
Staatsoberhaupt:
N. Sihanouk
Regierungschef:
N. Ranariddh und
Hun Sen
BSP/Einwohner:
200 US-$

Wahlen am Ende des UNO-Mandats

Die UNO-Friedensmission in K. war auch 1993 von schwerwiegenden Problemen begleitet: Die beiden militärisch stärksten kambodschan. Konfliktparteien, die in Kambodschan. Volkspartei (KVP) umbenannte KP und die Roten Khmer, verstießen praktisch permanent gegen Kernelemente der Pariser Friedensabkommen, und die UNTAC (Abk. für United Nations Transitional Authority in Cambodia), die UNO-Treuhandverwaltung, zeigte deutl. Schwächen bei der Durchsetzung ihres ursprüngl. Auftrags. Angesichts der Verletzung des Friedensvertrags durch fast alle Beteiligten endeten die

Ende Mai von der UNO abgehaltenen Wahlen mit zwei positiven Überraschungen:
Trotz des Boykotts der Wahlen und der Androhung von Gewalt durch die Roten Khmer gingen rd. 90 % der 4,8 Mio. Wahlberechtigten zu den Urnen. Diese hohe Wahlbeteiligung war eine deutl. Absage an die Roten Khmer und spiegelte den Wunsch des kambodschan. Volkes nach Frieden wider.
Trotz einer massiven Einschüchterungskampagne und der nahezu totalen Kontrolle der Medien durch die 1979 von Vietnam an die Macht gebrachte und alleinherrschende KVP unter Parteichef CHEA SIM und MinPräs. HUN SEN wählten nur 38,2 % die KVP (51 Sitze). Eindeutiger Wahlsieger wurde die royalist. FUNCINPEC (Nat. Einheitsfront für ein unabhängiges, neutrales, friedl. und genossenschaftl. K.) mit 45,5 % der Stimmen (58 Sitz). Die bürgerl. Buddhist. Liberal-Demokrat. Partei (BLDP) erhielt 3,8 % (10 Sitze), während die restl. 12,5 % der Stimmen an 17 kleinere Parteien gingen (davon 1 Sitz an die monarchist. MOLINAKA, die Nat. Befreiungsfront von K.).
Mitte Juni wurde eine Übergangskoalitionsreg. aus allen im Parlament vertretenen Parteien gebildet. Mit der Verabschiedung einer neuen Verfassung Ende Sept. wurde die konstitutionelle Monarchie wieder eingeführt. Unmittelbar danach wählte ein siebenköpfiger Thronrat Prinz NORODOM SIHANOUK zum König, eine Position, die SIHANOUK bereits 1941–55 innegehabt hatte. Gleichzeitig lief das Mandat der UNO-Treuhandverwaltung in K. aus. Damit endete die bisher größte und mit mind. 2,4 Mrd. US-$ teuerste UNO-Friedensmission, in deren Rahmen zeitweise rd. 21000 ausländ. UNO-Mitarbeiter in K. tätig waren.
Nach wie vor besteht Uneinigkeit, ob die Roten Khmer militärisch und politisch eliminiert oder integriert werden sollen und können. Solange diese Frage ungelöst bleibt, wird K. nicht vollständig zur Ruhe kommen. Ein weiteres Sicherheitsproblem stellen kriminelle Banden früherer oder noch aktiver Soldaten dar. Aufgrund des langen Kriegszustands (seit 1970) sind Wirtschaft, Infrastruktur und

In Kambodscha finden vom 23.–28. Mai mit dem von der UNO organisierten und kontrollierten Urnengang die ersten Wahlen seit 20 Jahren statt. Blauhelme aus Ghana überwachen den Abtransport einer vollen Wahlurne (23. Mai)

Norodom Sihanouk wirbt in Phnom   die Royalisten (24. Mai)
Penh noch während der Wahlen für

Erziehungswesen sehr schwach entwickelt und bedürfen umfangreicher internat. Aufbauhilfe.

Kamerun

Hauptstadt: Yaoundé
Einwohner: 12,2 Mio.
Einwohner/km²: 26
Staatsoberhaupt:
P. Biya
Regierungschef:
S. Achidi Achu
BSP/Einwohner:
940 US-$

Politisch steht die Situation in K. noch unter dem Eindruck der im Okt. 1992 abgehaltenen ersten freien Präsidentschaftswahlen seit 1962, aus denen der seit 1982 regierende PAUL BIYA als (umstrittener) Sieger hervorgegangen war. Anhaltende Unruhen und Streikaufrufe der Opposition sowie ausländ. Druck führten dazu, daß die Reg. eine nat. Debatte über eine Verfassungsreform ankündigte und der seit den Wahlen herrschende Ausnahmezustand im NW des Landes aufgehoben wurde. Die Zersplitterung der Opposition schritt unterdessen weiter fort: 1993 wuchs das Parteienspektrum auf 76 Parteien an.
Die wirtschaftl. Lage entspannte sich leicht. Durch ein im Sommer geschlossenes Umschuldungsabkommen mit der Bundesrep. Deutschland sowie durch ein Finanzabkommen mit Frankreich erhielt die Reg. eine Atempause.

Kanada

Hauptstadt: Ottawa
Einwohner: 27,4 Mio.
Einwohner/km²: 3
Staatsoberhaupt:
Elisabeth II.
Regierungschef:
J. Chrétien
(seit 4. 11. 1993)
BSP/Einwohner:
21 260 US-$

Niedergang der konservativen Regierungspartei

Für K. war 1993 politisch wie ökonomisch ein Jahr der Krise und des Übergangs. Beim Verfassungsreferendum im Okt. 1992 war die polit. Klasse neuerlich mit dem Versuch gescheitert, einen Ausgleich zw. den widerstreitenden Interessen zu finden, der folgende Punkte betraf: einen nat. Sonderstatus Quebecs, eine Reform der Bundesinstitutionen, eine Machtverschiebung zugunsten der Provinzen sowie die Frage der Selbstbestimmung und Selbstreg. für die sog. First Nations (→ Nunavut). In dem negativen Wählervotum (innerhalb wie außerhalb Quebecs jeweils 54%) drückten sich Parteien- und Politikverdrossenheit wie die Unzufriedenheit mit der Wirtschaftspolitik der konservativen Bundesreg. aus. Premiermin. B. MULRONEY zog die Konsequenz und kündigte am 24. 2. 1993 seinen Rücktritt an. Als neue Parteiführerin bestellte die Progressive Conservative Party KIM CAMPBELL, die MULRONEY am 25. Juni als Premiermin. ablöste. Der Reg.

Kim Campbell, die am 25. Juni   wenige Monate Premierministerin
ihr Amt antritt, ist nur für   Kanadas

Campbell gelang es nur sehr kurzzeitig, die Konservativen aus dem Meinungstief herauszuführen. Die Wähler lasteten der Regierungspartei die Wirtschaftskrise an; der Eindruck wirtschaftspolit. Untätigkeit, v. a. hinsichtlich der Arbeitslosigkeit, wurde durch die ungeschickte Wahlkampfführung CAMPBELLS noch verstärkt.

Der neue kanadische Premierminister Jean Chrétien mit seiner Frau Aline während einer Wahlparty der Liberalen am 25. Oktober

In der Unterhauswahl vom 25. Okt. erlitten die Konservativen die schwerste Niederlage ihrer Geschichte. Sie behaupteten nur 2 Sitze (1988: 169), während die Liberal Party unter JEAN CHRÉTIEN (auch dank des Mehrheitswahlsystems) bei 41% der Stimmen 178 der 295 Parlamentssitze (1988: 83) errang; die New Democratic Party schrumpfte von 43 auf 8 Sitze, während die Systemopposition einen großen Zulauf verzeichnete: In Quebec erreichte der separatist. Bloc Québécois 54, im Westen die rechtspopulist. Reform Party 52 Sitze. Die Verfassungskrise des Landes hat sich dadurch eher verschärft. Sie ist allerdings zunächst bis zu den Parlamentswahlen in Quebec 1994 vertagt, die die liberale Provinzreg. ohne den ausscheidenden Premiermin. R. BOURASSA und gegen eine erstarkte nationalist. Opposition des Parti Québécois zu bestehen haben wird.

Schwierige wirtschaftliche Lage

Das wichtigste innenpolit. Thema für den neuen Premiermin. JEAN CHRÉTIEN und seine Reg. ist die schwierige wirtschaftl. Lage, die von großen Widersprüchen gekennzeichnet ist: Hohem Lebensstandard und sozialer Sicherheit steht, konjunkturell wie strukturell bedingt, der Verlust von 400 000 Arbeitsplätzen seit 1989 allein in der Industrie gegenüber. Zwar stieg 1980–91 das Bruttoinlandsprodukt (BIP) im Jahresdurchschnitt real um beachtliche 3,1%, ging aber in der Rezession seit 1989 zurück (1991: −1,7%) und wuchs erst wieder seit Okt. 1992 durchschnittlich um 3,5%, ohne daß dies bislang zum Rückgang der Arbeitslosigkeit geführt hat, die 1992/93 bei 11,0–11,5% lag. Einer geringen Inflationsrate (1992: 1,5%, 1993: 1,8%) standen unverändert hohe Zinssätze und ein überbewerteter kanad. Dollar (can$) gegenüber. Das Haushaltsdefizit des Bundes betrug 1993 ca. 40 Mrd. can$; allein die Bundesschuld erreichte damit ca. 490 Mrd. can$ (= 68% des BIP); der Schuldendienst machte 25% des Bundeshaushalts aus. Trotz positiver Handelsbilanz mit den USA, mit denen K. knapp 80% seines

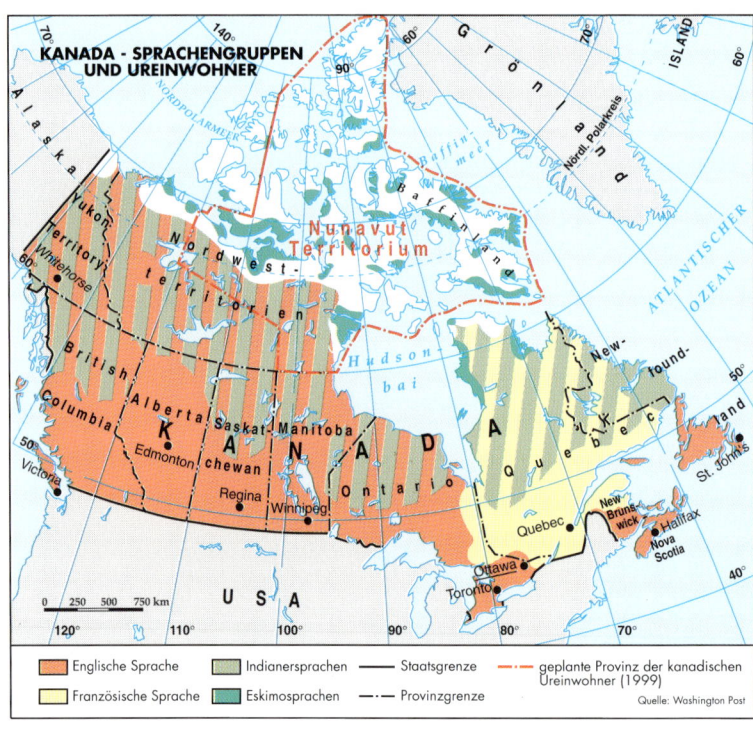

KANADA - SPRACHENGRUPPEN UND UREINWOHNER

Englische Sprache	Indianersprachen —— Staatsgrenze
Französische Sprache	Eskimosprachen – · – Provinzgrenze

– · – geplante Provinz der kanadischen Ureinwohner (1999)

Quelle: Washington Post

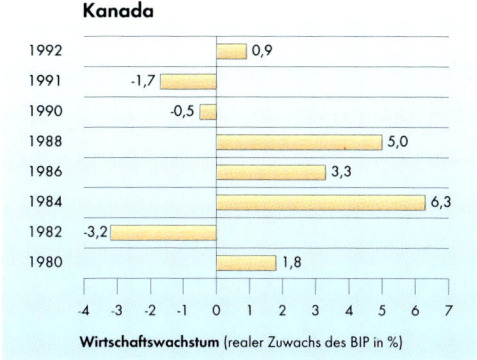

Kanada

Wirtschaftswachstum (realer Zuwachs des BIP in %)

Jahr	Wert
1992	0,9
1991	-1,7
1990	-0,5
1988	5,0
1986	3,3
1984	6,3
1982	-3,2
1980	1,8

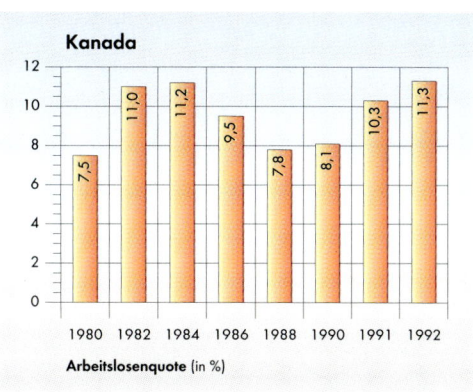

Kanada

Arbeitslosenquote (in %)

Jahr	Wert
1980	7,5
1982	11,0
1984	11,2
1986	9,5
1988	7,8
1990	8,1
1991	10,3
1992	11,3

Handels abwickelt, wuchsen die Auslandsschulden 1992 um weitere 28,6 Mrd. can$ und liegen insgesamt deutlich über 300 Mrd. can$ (= 42% des BSP). Eine Trendwende ist dabei aufgrund weiter verschlechterter Terms of trade infolge sinkender Rohstoffpreise und hoher Wechselkursrelationen kaum zu erwarten.

Die Hoffnungen der Befürworter des Freihandelsabkommens mit den USA (seit 1989) und der → NAFTA (ab 1994) haben sich bislang für K. nicht erfüllt, im Gegenteil, die Arbeitsplatzverluste durch Firmenschließungen bzw. -abwanderungen übersteigen die Wachstumseffekte. Gewachsen sind allerdings die Gefahren der Abschottung gegenüber Asien und Europa; akzentuiert hat sich die asymmetr. wirtschaftl. Arbeitsteilung in Nordamerika: K. als Rohstofflieferant, Mexiko als Billiglohnland und Arbeitskräftereservoir, die USA als Steuer- und technolog. Entwicklungszentrum.

Kontinuität in der Außenpolitik

Die Außenpolitik war auch nach dem Regierungswechsel durch Weltoffenheit und Engagement in der UNO sowie anderen internat. Organisationen (u. a. NATO, KSZE, OAS) geprägt. Weltoffenheit bestimmt zugleich die kanad. Position als Einwanderungsland und multikulturelle Gesellschaft gegenüber den Flüchtlingsströmen dieser Welt. So wanderten auch 1993 ca. 250 000 Menschen nach K. ein, davon 20% Flüchtlinge. Das dt.-kanad. Verhältnis ist problemlos; auch der zum Jahresende abgeschlossene Rückzug der kanad. NATO-Truppen aus Deutschland wird die vielfältigen Bindungen nicht lockern.

Kanther, Manfred, Politiker (CDU), * Schweidnitz (Schlesien) 26. 5. 1939. – Als Nachfolger von RUDOLF SEITERS wurde K. am 12. 7. 1993 als neuer Bundesinnenminister vereidigt. Er gilt bezüglich des Themenbereichs innere Sicherheit als Verfechter einer harten Linie. K. selbst bekannte sich nach seiner Nominierung klar zu ›Law and order‹ (Recht und Gesetz). Er ist ein Verfechter des großen Lauschangriffs und befürwortet die Kronzeugenregelung im Kampf gegen das organisierte Verbrechen.

K.s Familie lebte nach ihrer Vertreibung aus Schlesien in Thüringen. Wegen polit. Schwierigkeiten

wechselte K. 1957 in die Bundesrepublik und studierte bis 1962 in Marburg und Bonn Jura. Nach dem 2. Staatsexamen arbeitete K. als Rechtsrat in Plettenberg und wurde 1970 Landesgeschäftsführer der CDU-Hessen. Ab 1974 MdL, machte sich K. im Parlament einen Namen als Experte für Schul- und Haushaltsfragen. Im Amt des Generalsekretärs der hess. CDU führte K. die Partei straff und sorgte dafür, daß die CDU trotz Wahlniederlagen Geschlossenheit bewahrte. Als die CDU 1987 die Landtags-

Manfred Kanther bei seiner Vereidigung als Bundesminister des Innern am 12. Juli

wahlen gewann, übertrug der neue MinPräs. WALTER WALLMANN K. das Finanzressort. Bis zum Ende der CDU-Reg. im Jan. 1991 betrieb K. konsequent eine Politik der strikten Ausgabendisziplin und privatisierte landeseigene Gesellschaften. 1991 wählte ihn die CDU in Hessen zum Fraktionsvors. und im Juni 1991, nach dem Rückzug WALLMANNS, auch zum Landesvors. Als solcher nahm er sich, öfter als es Bundeskanzler HELMUT KOHL und der Bundes-CDU lieb waren, das Recht, Mängel in der Regierungspolitik und Verzögerungen bei Entscheidungen zu kritisieren.

Kap Verde

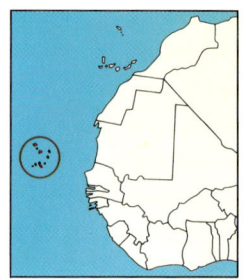

Hauptstadt: Praia
Einwohner: 384 000
Einwohner/km²: 95
Staatsoberhaupt:
A. Mascarenhas
Monteiro
Regierungschef:
C. A. W. de Carvalho
Veiga
BSP/Einwohner:
750 US-$

Wachsende Kritik an der Politik der Reg. führte im März zur zweiten Regierungsumbildung seit der Machtübernahme der Bewegung für Demokratie (MPD) 1991. MinPräs. CARLOS DE CARVALHO VEIGA setzte sich damit auch gegen innerparteil. Gegner, die eine raschere Liberalisierung forderten, durch. Machtkämpfe und Diskussionen über ihre zukünftige Rolle nach der Einführung des Mehrparteiensystems (1990) fanden in allen Parteien statt.

Karadžić, Radovan, serb. Politiker (SDS) und Psychiater, * Petnica (Montenegro) 1945. – K. hat als Vertreter der Serben in Bosnien-Herzegowina die nicht allein, aber v.a. von Serben begangenen menschenverachtenden Kriegsverbrechen (ethn. Säuberungen, brutale Behandlung der Kriegsgefangenen, Massenvergewaltigungen [muslim. Frauen]) stets heruntergespielt und beschönigt und die zahllosen Waffenstillstandsvereinbarungen, die ausschließlich zur Optimierung der serb. militär. Position genutzt wurden, nicht eingehalten. Mit Blick auf den Friedensplan der UNO ist nach K.s Erklärung eine Nichtberücksichtigung des serb. Hauptziels – die Errichtung eines Landkorridors in Nordbosnien, der Serbien mit den in Bosnien-Herzegowina und Kroatien eroberten Gebieten verbinden soll – ein ›Grund für einen neuen Krieg‹.

K. studierte Medizin und arbeitete danach als Psychiater und Psychotherapeut. Nachdem die Kommunisten ihr Machtmonopol aufgegeben hatten, wurde er zum nationalist. Politiker. K. gründete 1990 die Serb. Demokrat. Partei (SDS), die bei den Wahlen vom 18. 11. und 2. 12. 1990 mit 72 Mandaten zweitstärkste Fraktion in Bosnien-Herzegowina wurde. Das ›Memorandum über die Souveränität und Unteilbarkeit‹ der muslim. und kroat. Abgeordneten vom 15. 10. 1991 beantworteten die Serben unter K.s Führung am 24. 10. 1991 mit der Bildung eines selbsternannten Parlaments und am 9. 1. 1992 mit der Proklamierung der ›Republika Srbska‹ um Banja Luka. Nach der internat. Anerkennung Bosnien-Herzegowinas trugen die Serben K.s den Bürgerkrieg auch in diese ehemalige jugoslaw. Teilrepublik.

Karenztage [zu lat. carere ›frei sein von‹, im Zusammenhang mit der Diskussion um die Finanzierung der Pflegeversicherung allg. bekanntgewordener Begriff in der Bedeutung von ›Sperrfrist‹, ›Wartezeit‹. Um den Arbeitgeberanteil an der Pflegeversicherung zu kompensieren, war in den ersten Entwürfen des neuen Entgeltfortzahlungsgesetzes von der Regierungskoalition eine Selbstbeteiligung der Arbeitnehmer bei der Entgeltfortzahlung im Krankheitsfall in Form von zwei unbezahlten Arbeitstagen (bei bestimmten Höchstgrenzen) vorgesehen. Wegen erhebl. polit. Widerstände und nach ausführl. Expertenanhörungen wurde dieses Modell zugunsten einer 20%igen Absenkung der Lohnzahlungen an 10 bundeseinheitl. Feiertagen (wahlweise Verzicht auf zwei Urlaubstage) modifiziert.

Kasachstan

Hauptstadt:
Alma-Ata
Einwohner: 17,1 Mio.
Einwohner/km²: 6
Staatsoberhaupt:
N. Nasarbajew
Regierungschef:
S. Tereschtschenko
BSP/Einwohner:
2 470 US-$

Wirtschaftliche Entwicklung

Unter Führung von Präs. NURSULTAN NASARBAJEW wurde der wirtschaftl. Reformkurs konsequent fortgesetzt und eine relative Stabilisierung auf dem Niveau der 1980er Jahre erreicht. Etwa 66% des Exports entfielen auf Rohstoffe wie Erdöl und Eisen, 65% des Imports wurden für Lebensmittel und Nahrungsrohstoffe verbraucht. Als Haupthandelspartner neben den GUS-Staaten profilierten sich China, die Türkei sowie die USA, mit denen das bilaterale Gemeinschaftsunternehmen ›Tengischevroil‹ zur Ausbeutung kasach. Erdöls vereinbart wurde. Im Nov. einigten sich K. und Usbekistan auf die gleichzeitige Einführung eigener Währungen (in K.: ›Tenge‹) und kündigten ihren Ausstieg aus der GUS-Rubelzone an.

Der bosnische Serbenführer Radovan Karadžić (Mitte) im Januar auf der Genfer Jugoslawien-Konferenz

Innen- und Außenpolitik

Wichtige innenpolit. Ereignisse waren 1993 das Verbot jegl. Aktivitäten polit. Parteien und Bewegungen in den bewaffneten Kräften (28. Juli), die Einschränkung der Befugnisse des Verfassungsgerichts im Aug. und – auf Druck von Präs. NURSULTAN NASARBAJEW – der Beschluß des Parlaments (10. Dez.), sich aufzulösen. Bevor er in Kraft trat, verabschiedete es K.s Beitritt zum Kernwaffensperrvertrag (13. Dez.). Mit Freundschaftsverträgen wurden die Beziehungen zu Rußland, Kirgisien und Usbekistan ausgebaut.

Kaskoversicherung: Nachdem seit 1990 Kfz-Diebstähle und Reparaturkosten deutlich angestiegen waren, änderten die Versicherer die Bedingungen für die K.: Seit Mai entfiel bei den einzelnen Versicherern im Neu- und Änderungsgeschäft die Listenpreisregelung. Damit ersetzen die Versicherer auch bei Neufahrzeugen nur noch den Wiederbeschaffungswert für ein gleichwertiges Fahrzeug. Mit dieser Änderung verbunden waren z. T. drast. Tariferhöhungen.

Nursultan Nasarbajew,
der Präsident Kasachstans

Katar

Hauptstadt: Doha
Einwohner: 453 000
Einwohner/km²: 41
Staatsoberhaupt:
Chalifa Ibn Ahmed
ath-Thani
Regierungschef:
Chalifa Ibn Ahmed
ath-Thani
BSP/Einwohner:
18 290 US-$

Katastrophen und Unglücksfälle

5. Januar. Der in Nigeria registrierte Tanker Braer (44 989 BRT) wird in einem schweren Sturm nach einem Maschinenausfall manövrierunfähig und schlägt bei den brit. Shetlandinseln leck. Die Besatzung kann in Sicherheit gebracht werden; fast die ganze Ladung von 85 000 t Rohöl strömt aus.

14. Januar. Der Orkanwirbel Verena richtet v. a. in Norddeutschland katastrophale Verwüstungen an. Vor der Ostseeküste Rügens kentert die poln. Fähre Jan Heweliusz; dabei ertrinken 54 Menschen.

21. Januar. In der Straße von Malakka vor Sumatra stoßen der dän. Supertanker Maersk Navigator und der japan. Tanker Sanko Honour zusammen. Die aus dem dän. Schiff auslaufenden rd. 25 000 t brennendes Öl bilden Teppiche, die die Inselgruppe der Nikobaren im Golf von Bengalen bedrohen.

23. Januar. Das Orkantief Agnes löst an der Nordseeküste eine schwere Sturmflut aus, bei der auf der Außenelbe bei Cuxhaven drei Besatzungsmitglieder eines gekenterten Lotsenbootes sterben.

2. Februar. Nach rd. acht Jahren Ruhepause bricht der philippin. Vulkan Mayon aus. Dabei kommen 73 Menschen ums Leben, mehr als 60 000 müssen evakuiert werden (BILD S. 198).

26. Februar. Eine Autobombenexplosion unter dem New Yorker World Trade Center fordert fünf Menschenleben. Mehr als tausend werden verletzt. Das Gebäude wird schwer beschädigt.

26. Februar. In der Londoner Innenstadt werden durch die Explosion einer von der Terrororganisation IRA gelegten Bombe 18 Menschen verletzt.

12. März. An 13 wichtigen Gebäuden in Bombay, darunter der Wertpapierbörse, detonieren Sprengladungen. Mehr als 300 Menschen werden getötet, 1 200 verletzt.

13. März. Der schwerste Wintersturm seit über 100 Jahren fordert in den USA, in Kanada und der Karibik mindestens 220 Menschenleben. Die Sachschäden gehen in Milliardenhöhe.

6. April. In der westsibir. Plutoniumfabrik Tomsk 7 ereignet sich eine Explosion, die als das schwerste Atomunglück seit Tschernobyl eingestuft wird. Menschen kommen nach offiziellen Angaben nicht zu Schaden. Ein 120 bis 200 km² großes, unbewohntes Gebiet wird radioaktiv verseucht.

15. April. Bei einem Sprengstoffanschlag in der kolumbian. Hauptstadt Bogotá werden 15 Menschen

Langsam sinkt der am 5. Januar vor den Shetlandinseln auf Grund gelaufene Tanker ›Braer‹, aus dem fast die ganze Ladung von 85 000 t Rohöl ausläuft

Nach dem Ausbruch des philippinischen Vulkans Mayon am 2. Februar warnen Tafeln die etwa 60 000 Evakuierten vor einer vorzeitigen Rückkehr in ihre Dörfer

getötet und mehr als hundert zum Teil lebensgefährlich verletzt. Bis Ende des Monats kommen bei Anschlägen der Drogenmafia mindestens 14 weitere Menschen ums Leben.

24. April. Bei einer Bombenexplosion im Londoner Bankenviertel wird ein Mensch getötet, 40 weitere werden verletzt. Die Schäden an den Geschäftsgebäuden werden auf rd. 750 Mio. DM geschätzt. Die IRA bekennt sich zu dem Anschlag.

1. Mai. Bei einem Sprengstoffattentat in der Hauptstadt von Sri Lanka, Colombo, werden 26 Menschen getötet, darunter Staatspräs. PREMADASA.

10. Mai. Mindestens 209 Menschen, überwiegend Frauen, kommen bei einem Brand in einer Spielzeugfabrik in der Nähe von Bangkok ums Leben.

21. Mai. Die Explosion einer Autobombe im Zentrum von Kairo fordert sieben Todesopfer. Muslim. Extremisten werden für die Tat verantwortlich gemacht.

21. Mai. Eine Wasserstoffexplosion im größten ukrain. Kernkraftwerk Saporoschje fordert ein Menschenleben. Radioaktivität tritt nach amtl. Angaben nicht aus.

27. Mai. Vor den Uffizien im histor. Zentrum von Florenz explodiert eine Autobombe. Fünf Menschen werden getötet, 29 verletzt. Ein erhebl. Sachschaden entsteht an Gebäuden, Kunstwerken und Dokumenten.

29. Mai. Bei einem Brandanschlag in Solingen verbrennen fünf türk. Frauen und Mädchen in ihrem Haus.

8. Juni. Eine Bombe explodiert auf der Straße zu den Pyramiden von Gizeh und tötet einen Menschen, mehr als 20 werden verletzt.

15. Juni. Sechs Menschen sterben bei einem Brand in einem Obdachlosenheim in Siegburg bei Bonn.

18. Juni. Bei einem Bombenanschlag in Kairo werden mindestens sieben Menschen getötet und 15 weitere zum Teil schwer verletzt.

21. Juni. Bei zwei der bask. Terrororganisation ETA zugeschriebenen Autobombenattentaten werden in Madrid sieben Menschen getötet und 27 verletzt.

27. Juni. Bei drei Bombenanschlägen werden im türk. Urlaubszentrum Antalya 23 Menschen verletzt.

2. Juli. In der türk. Stadt Sivas setzen muslim. Extremisten ein Hotel in Brand, in dem sich Intellektuelle zu einem Kulturfestival versammelt haben. 36 Menschen kommen dabei ums Leben.

12. Juli. Das schwerste Erdbeben seit 45 Jahren fordert in Japan mehr als 250 Menschenleben und verursacht hohe Sachschäden.

27. Juli. Bei einer Serie von Bombenexplosionen in Mailand und Rom sterben fünf Menschen, 30 werden verletzt.

31. Juli. Wochenlange Regenfälle verursachen im Mittleren Westen der USA eine schwere Flutkatastrophe. Der Mississippi und seine Zuläufe traten ab Monatsbeginn über die Ufer. In sieben der neun betroffenen Bundesstaaten wird der Notstand ausgerufen. Mindestens 47 Menschen kommen ums Leben.

31. Juli. Überschwemmungen in Nepal, Indien, Bangladesh, Pakistan und China fordern im Juli mindestens 3 000 Menschenleben.

9. August. Bei einem trop. Wirbelsturm werden in Venezuela mehr als 110 Menschen getötet, Tausende werden obdachlos.

18. August. Ein vermutlich von islam. Extremisten verübter Bombenanschlag auf den ägypt. Innenminister fordert in der Innenstadt von Kairo sechs Menschenleben. Minister HASSAN ALFI und weitere 15 Personen werden verletzt.

29. August. Beim Bruch einer 60 m hohen Staumauer kommen in der nordwestchin. Provinz Qinghai mehr als 300 Menschen ums Leben. Tausende werden obdachlos.

31. August. In der Schweiz werden am Castorgipfel mehrere Seilschaften von einem Schneebrett mitgerissen. Drei Alpinisten kommen ums Leben. Damit starben seit Anfang Juli mehr als 40 Menschen in den Schweizer Bergen.

Am 14. September gerät eine Maschine der Lufthansa bei der Landung in Warschau in Brand

14. September. Bei der mißglückten Landung eines Lufthansa-Airbusses in Warschau kommen zwei Menschen ums Leben, 56 Personen erleiden Verletzungen.

23. September. In Italien, Frankreich und der Schweiz beginnen schwere Unwetter, die große Schäden verursachen und mindestens 17 Menschenleben fordern.

30. September. Ein verheerendes Erdbeben fordert im S und W Indiens weit über 10 000 Opfer.

23. Oktober. Bei einem Attentat der irischen Terrororganisation IRA in Belfast kommen zehn Menschen ums Leben, 57 werden zum Teil lebensgefährlich verletzt. Der Racheakt einer protestant. Gruppe fordert am 29. Oktober sieben Menschenleben.

27. Oktober. In Südkalifornien beginnt eine Serie von Flächenbränden, denen in rd. zwei Wochen drei Menschen zum Opfer fallen.

11. November. Bei einer Massenkarambolage von etwa 40 Fahrzeugen auf der Autobahn Bordeaux–Paris entsteht eine Feuerwalze, in der mindestens 17 Menschen verbrennen; 49 werden verletzt.

21. November. Beim Absturz eines makedon. Verkehrsflugzeugs nahe Orid kommen 115 Passagiere ums Leben.

29. November. Bei einem Wohnungsbrand in Kassel sterben vier kleine Kinder und ihr Vater. Die Mutter wird schwerverletzt gerettet.

6. Dezember. Der Taifun Lola fegt mit Windgeschwindigkeiten bis zu 210 km/h über die Philippinen. Tausende werden obdachlos, 230 Menschen sterben.

21. Dezember. Heftige Regenfälle führen in Deutschland, dann in den Niederlanden und Frankreich zu einer schweren Hochwasserkatastrophe.

Katechismus: Der K. der kath. Kirche, der im Dez. 1992 offiziell in latein. Sprache präsentiert und dabei von Papst Johannes Paul II. als eines der größten Ereignisse der jüngsten Kirchengeschichte bezeichnet worden war, erschien Anfang 1993 auch in dt. Sprache. Bis Aug. waren weltweit mehr als drei Mio., von der dt. Ausgabe etwa 320 000 Exemplare verkauft. Das Werk stellt auf etwa 600 Seiten die gesamte kath. Glaubens- und Sittenlehre dar. An diesem ›Weltkatechismus‹, dem ersten seit dem ›Catechismus Romanus‹ von 1566, wurde allg. das Unternehmen als solches kritisiert sowie im einzelnen u. a. die mangelnde bibl. und ökumen. Ausrichtung und eine traditionelle, eurozentrierte, binnenkirchl. Sprache.

katholische Kirche: Die k. Kirche setzte den Neuaufbau ihrer Strukturen in den ehem. kommunist. Ländern Ost- und Südosteuropas fort. In Albanien wurden erstmals seit dem Zweiten Weltkrieg vier Bischöfe ernannt und im April vom Papst geweiht. Für die mit Rom verbundene ukrainisch-kath. Kirche wurden vier neue Eparchien (Diözesen) errichtet. In Nowosibirsk wurde der Grundstein für eine Bischofskirche gelegt, in Osornoje (Kasachstan) erstmals ein kath. Kirchenneubau eingeweiht. Im Zuge der Neufestlegung von Diözesangrenzen wurden neue Bistümer errichtet, so in Pilsen (Tschech. Rep.) sowie in Kaposvár und Debrecen-Nyíregyháza (Ungarn). In Deutschland wurde die Entscheidung getroffen, die bisherigen apostol. Administraturen Magdeburg, Erfurt und Görlitz zu selbständigen Bistümern, das Bistum Berlin zum Erzbistum zu erheben und in Hamburg ein weiteres Erzbistum zu errichten. Am 28. Juli wurde ein (noch zu ratifizierendes) Konkordat zw. Polen und dem Apostol. Stuhl unterzeichnet, das in 29 Artikeln die beiderseitigen Beziehungen regelt.

Papst Johannes Paul II. unternahm Reisen nach Albanien, nach Spanien, wo er zugleich am Eucharist. Weltkongreß in Sevilla teilnahm, und nach Afrika in die Länder Benin, Uganda und Sudan. Seine 60. Auslandsreise führte ihn im Aug. nach Amerika mit den Stationen Jamaika, Mexiko und USA, wo er erstmals mit Präs. Bill Clinton zusammentraf und in Denver am 8. Weltjugendtag teilnahm. Im Sept. besuchte er die balt. Rep. Litauen, Lettland und Estland. Am 5. Okt. veröffentlichte Johannes Paul II. die Enzyklika ›Veritatis splendor‹ (Glanz der Wahrheit); dieses seit langem erwartete Schreiben dokumentiert die Grundsätze der traditionellen kath. Morallehre. Am 30. Dez. vereinbarten der Vatikan und Israel in Jerusalem mit einem als ›historisch‹ gewerteten Abkommen die Aufnahme diplomat. Beziehungen und den Austausch ständiger Vertreter. Gleichzeitig wurden ›alle Formen des Antisemitismus, jede Art von Rassismus und religiöser Intoleranz‹ verurteilt.

Der Konflikt um das unmittelbar beim ehem. Konzentrationslager Auschwitz in Polen errichtete Kloster der Karmelitinnen, das weltweite Proteste vor allem von jüd. Seite hervorgerufen hatte, konnte nach päpstl. Intervention beigelegt werden. Die Ordensfrauen zogen teils in das nahe, im Aufbau befindl. internat. Gebets- und Begegnungszentrum um, teils kehrten sie in ihre Mutterhäuser zurück.

Papst Johannes Paul II. trifft in seinem Sommersitz zum ersten Mal mit dem jüdischen Oberrabbiner Meir Lau zusammen. Die beiden Oberhirten ihrer Religionsgemeinschaften tauschen sich über religiöse Fragen aus (21. September)

Probleme der k. K. in Deutschland betrafen u. a. die anhaltend hohe Zahl von Kirchenaustritten (1992 ca. 200 000), die zunehmend negative Einstellung von Frauen zur kath. Kirche (wie aus einer Allensbachstudie hervorgeht) sowie die Verbindungen kirchl. Mitarbeiter zum Ministerium für Staatssicherheit der ehem. DDR, die sich als umfangreicher als bisher vermutet erwiesen.

Mit Bernardin Gantin aus Benin wurde erstmals ein Schwarzafrikaner zum Dekan des Kardinalskollegiums gewählt; Gantin ist seit 20 Jahren an der röm. Kurie tätig, u. a. als Präfekt der Bischofskongregation. Innerkirchl. Konflikte um versch. Bischöfe schwelten 1993 weiter, wurden aber durch die Ernennung von als ausgleichend geltenden Weihbischöfen zu entschärfen versucht. So ernannte die röm. Kurie für das schweizer. Bistum Chur (Bischof WOLFGANG HAAS) die Weihbischöfe PETER HENRICI und PAUL VOLLMAR sowie für das österr. Bistum St. Pölten, wo sich gegen die Amtsführung von Bischof KURT KRENN breiter Protest erhob (mit dem Rücktritt des populären Dompfarrers JOHANNES OPPOLZER als Höhepunkt) den Weihbischof HEINRICH FASCHING. Der Vors. der dt. Bischofskonferenz, Bischof KARL LEHMANN von Mainz, der als gemäßigt reformwillig gilt, wurde im Sept. für weitere sechs Jahre wiedergewählt.

Kenia

Hauptstadt: Nairobi
Einwohner: 25,2 Mio.
Einwohner/km²: 43
Staatsoberhaupt:
D. arap Moi
Regierungschef:
D. arap Moi
BSP/Einwohner:
340 US-$

Auch nach den ersten freien Parlaments- und Präsidentschaftswahlen vom Dez. 1992 waren in K. kaum Zeichen eines demokrat. Wandels erkennbar. Staatspräs. DANIEL ARAP MOI, der durch seinen unerwarteten Sieg bei den Präsidentschaftswahlen die Legitimation eines demokratisch gewählten Präs. erhalten hatte, setzte seinen autokrat. und repressiven Regierungsstil gegenüber den Oppositionsparteien fort. Sie sind seit 1969 erstmals wieder im Parlament vertreten, allerdings nur mit zus. 88 von 200 Sitzen. Mit seiner Entscheidung, das neue Kabinett ausschließlich mit Mitgl. der Regierungspartei Afrikan. Nationalunion K.s (KANU) zu besetzen, enttäuschte MOI die Erwartungen der Opposition und des Auslands auf einen demokrat. Neubeginn. 1993 erschütterten wieder Korruptionsaffären das Land. Zahlreichen somal. Flüchtlingsfrauen, die in kenian. Lagern Opfer von Vergewaltigungen wurden, leistete der UNO-Hochkommissar für Flüchtlinge (UNHCR) mit einem Hilfsprogramm v. a. psycholog. Beistand.
Im März 1993 entschieden Vertreter des Internat. Währungsfonds (IWF) und der Weltbank, die seit 1991 eingefrorene Entwicklungshilfe nicht wieder aufzunehmen, da die Auflagen des IWF (u. a. Entlassung von 45 000 unteren Staatsbediensteten, Aufhebung der Preisbindung für Zucker, Mais und Petroleumprodukte) nicht erfüllt worden seien. Daraufhin kam es zum Bruch zw. IWF, Weltbank und der kenian. Reg. MOI suspendierte sämtl. Vereinbarungen mit dem IWF und kündigte einen ›afrikan.

Alleingang‹ an. Die Abwendung von den westl. Geberländern führte zur Verschärfung der Wirtschaftskrise. Der Rückgang des Tourismus, K.s wichtigster Devisenquelle, hatte zur Folge, daß der kenian. Schilling 1993 bereits zweimal abgewertet werden mußte. Die Schuldenrückstände bei den westl. Geberländern erreichten eine neue Rekordhöhe. Ende des Jahres kündigten Weltbank und westl. Geberstaaten jedoch die Wiederaufnahme der internat. Hilfe für 1994 an.

Kindergartenplätze: Im Verlauf des Jahres 1993 wurde zunehmend deutlich, daß die prakt. Umsetzung des Schwangeren- und Familienhilfegesetzes vom 27. 7. 1992 v. a. die öffentl. Träger von Kindergärten vor große finanzielle Probleme stellt. Mit der Bestimmung (aufgenommen in §24 des VIII. Buches des Sozialgesetzbuches), derzufolge ab 1996 allen Kindern ab drei Jahren ein K. zur Verfügung stehen soll, sollte ein Beitrag zur Verbesserung der Vereinbarkeit von Beruf und Familie insbes. für Frauen geleistet werden. Zum tatsächl. Wirksamwerden des Gesetzes bedarf es der Ausführungsgesetze der Länder (bislang nur in Rheinland-Pfalz erfolgt).

Kinderpornographie: Durch das 27. Strafrechtsänderungsgesetz vom 23. 7. 1993 (seit 1. 9. 1993 in Kraft) soll eine bessere Bekämpfung der K. möglich sein. §184 StGB verbietet danach unter erhöhter Strafandrohung die Verbreitung pornograph. Materials, wenn es den Mißbrauch von Kindern zum Gegenstand hat. Der sexuelle Mißbrauch von Kindern (§176 StGB) ist nunmehr auch strafrechtlich verfolgbar, wenn sich die Tat gegen ausländ. Kinder richtet. Auf diese Weise will man dem in diesem Bereich angesiedelten ›Sextourismus‹ entgegenwirken.

Kinkel, Klaus, Politiker (FDP), *Metzingen (Kr. Reutlingen) 17. 12. 1936. – K., der sich zum Hoffnungsträger der FDP entwickelt hatte, wurde vom FDP-Parteitag am 11. 6. 1993 als Nachfolger von OTTO GRAF LAMBSDORFF zum Parteivors. gewählt.
K. studierte in Tübingen und Bonn Jura. Nach seiner Promotion 1964 arbeitete er in der Bundesinnenverwaltung (1965/66) und im Landratsamt Balingen und trat 1968 in das Bundesinnenministerium ein. 1970 wurde er persönl. Referent des damaligen Innenmin. HANS-DIETRICH GENSCHER. 1974 wechselte K. mit seinem polit. Ziehvater GENSCHER ins Außenministerium. 1979–82 leitete K. diskret und erfolgreich den Bundesnachrichtendienst, bevor er mit Beginn der christl.-liberalen Koalition Ende 1982 Staatssekr. im Bundesjustizministerium wurde. In den folgenden acht Jahren hatte K. maßgebl. Anteil an der Erarbeitung vieler wichtiger Gesetzentwürfe zum Datenschutz, zur inneren Sicherheit und zum Ausländer- und Asylrecht. Einer größeren Öffentlichkeit wurde K. bekannt, als er 1989 das Gespräch mit den inhaftierten RAF-Terroristen suchte. Im Jan. 1991 folgte er Justizmin. HANS ENGELHARD im Amt. Im Zusammenhang mit der Umgestaltung und Erneuerung des Rechtssystems in den neuen Ländern profi-

len 20 Mrd. Kilowattstunden durch Wasserkraft erzeugt werden. Durch den Export eines Teils dieser Energie sollen Auslandsschulden (v. a. gegenüber Rußland 34 Mrd. Rubel) abgebaut werden. Am 3. Mai beschloß das Parlament die Einführung der nat. Währung Som.

Innen- und Außenpolitik

Im Unterschied zu seinen zentralasiat. Amtskollegen bekräftigte Präs. ASKAR AKAJEW seinen Reformkurs, der eine Rückkehr zu einem autoritären Regime unmöglich machen und nat. Minderheiten schützen soll. Die mit entsprechenden Grundsätzen ausgestattete Verfassung wurde am 5. Mai verabschiedet. Besuche des Präs. in den USA (Mai) und in Israel (Jan. /Juni) dienten dem Ausbau der Beziehungen im wirtschaftl. und kulturellen Bereich, sind jedoch auch als Signal anhaltender Öffnung gegenüber westl. Industrienationen zu werten.

Kiribati

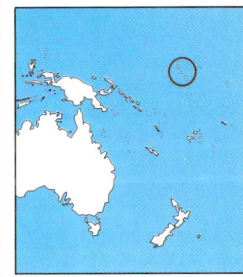

Hauptstadt: Bairiki
Einwohner: 74 000
Einwohner/km²: 102
Staatsoberhaupt:
T. Teannaki
Regierungschef:
T. Teannaki
BSP/Einwohner:
750 US-$

Außenminister Klaus Kinkel landet in Dresden zu einem Treffen mit seinem französischen Kollegen Alain Juppé (24. August)

lierte sich K. – inzwischen FDP-Mitglied – mit seiner Forderung, polit. Straftaten der DDR nicht verjähren zu lassen, seinem Aufruf an pensionierte Richter und Staatsanwälte, die neuen Länderreg. zu unterstützen, und seinem Beharren am bestehenden Asylrecht. Nach dem überraschenden Rücktritt von Außenmin. GENSCHER wurde K. im Mai 1992 dessen Nachfolger.

Kirgisien

Hauptstadt: Bischkek
Einwohner: 4,5 Mio.
Einwohner/km²: 27
Staatsoberhaupt:
A. Akajew
Regierungschef:
A. Dschumagulow
(seit 14. 12. 1993)
BSP/Einwohner:
1 550 US-$

Wirtschaftliche Entwicklung

Problematisch gestaltete sich weiterhin die wirtschaftl. Situation, die in starker Abhängigkeit von der Nutzung natürl. Ressourcen steht. Gestützt auf ein Hilfsprogramm der Weltbank in Höhe von 400 Mio. US-$ und ausländ. Investoren wurde versucht, u. a. im Energiesektor, durch vermehrte Wasserkraftnutzung die stark gekürzten Erdgaslieferungen aus Usbekistan zu ersetzen. Bis zum Jahr 2000 sol-

Klaus, Václav, tschech. Politiker, * Prag 19. 6. 1941. – Seit 1. 1. 1993 ist K. MinPräs. der souveränen Tschech. Republik.

K., der nie der Kommunist. Partei angehört hatte, arbeitete 1963–70 am Wirtschaftsforschungsinstitut der Akademie der Wiss. der ČSSR, danach blieben ihm bis 1988 nur untergeordnete Tätigkeiten. Erst die seit etwa 1987 spürbare Bereitschaft der Partei- und Staatsführung, Wirtschaftsreformen zuzulassen, erlaubte es K., am Institut für Wirtschaftsprognosen der Akademie der Wiss. zu arbeiten. Innerhalb der Opposition wurde er wirtschaftspolit. Sprecher des Bürgerforums. Im Zuge des innenpolit. Umbruchs der ČSSR wurde K. am 10. 12. 1989 zum Finanzmin. ernannt und begann mit einer radikalen Wirtschaftsreform, die auf Konvertibilität der Währung, Preisliberalisierung und Privatisierung beruhte.

Nach der Auflösung des Bürgerforums in Richtungsparteien gründete K. 1991 die Demokrat. Bürgerpartei (ODS) und wurde deren erster Vors. In einer Allianz mit der Christdemokrat. Union (KDS) gewann er die Wahlen vom 5./6. 6. 1992 und wurde am 2. 7. 1992 zum MinPräs. einer bürgerl. Koalition aus Bürgerallianz, KDS und ODS gewählt. Nachdem K. den Zerfall des tschechoslowak. Gesamt-

Václav Klaus, tschechischer
Ministerpräsident

staates nicht aufhalten konnte, traf er am 7. 10. 1992
mit dem slowak. MinPräs. V. MEČIAR die Vereinbarung zur staatsrechtl. Trennung.

Klerides, Glafkos John, griech.-zypriot. Politiker (DISY), * Nikosia 24. 4. 1919. – Am 14. 2. 1993
wurde K. als Kandidat der Demokrat. Sammlung
(DISY) mit 50,3 % der Stimmen zum Präs. Zyperns
gewählt, vor GEORGIOS VASSILIOU (49,7 %), der noch
im ersten Wahlgang am 7. Febr. klar vorn gelegen
und den UNO-Plan für Zypern vorbehaltlos akzeptiert hatte. Schon von Juli bis Dez. 1974, nach dem
Sturz von Erzbischof MAKARIOS III. durch das
griech. Militärregime und der Invasion der Nordhälfte der Insel durch türk. Truppen, war K. als Parlamentspräs. provisorischer Präs. in Vertretung des
geflohenen MAKARIOS gewesen.
K. studierte Jura in London; 1951–60 war er als
Anwalt in Nikosia tätig. Politisch schloß er sich
Erzbischof MAKARIOS an und organisierte im Auftrag des Generals GEORGIOS GRIVAS den Untergrundkampf um die Unabhängigkeit Zyperns.
1959/60 in der Übergangszeit Justizmin., wurde er
1960 nach der Unabhängigkeit Abgeordneter und
Parlamentspräs. Als Vertreter der griech. Volksgruppe war K. zw. 1969 und 1976 an den Verhandlungen mit der türk. Volksgruppe unter Leitung von
RAUF DENKTASCH beteiligt. 1976 überwarf sich K.
mit MAKARIOS, der zu Kompromissen mit den türk.
Zyprioten nicht bereit war, und gründete die Dimokratikos Synargemos (DISY, Demokrat. Sammlung).

Glafkos Klerides, der Präsident
Zyperns

Klerk, Frederik Willem de, südafrikan. Politiker, * Johannesburg 18. 3. 1936. – Am 10. Dez. erhielt K. den Friedensnobelpreis zus. mit NELSON
MANDELA in Oslo überreicht.
K. leitete als Vors. der Nat. Partei seit 1989 und v. a.
als Staatspräs. die Abschaffung der Apartheidgesetzgebung sowie eine Verfassungsreform in Südafrika ein. Sein Ziel ist es, auf einem friedl. Weg die
schwarze Bevölkerungsmehrheit an der Regierungsgewalt zu beteiligen. Dazu suchte er das Gespräch mit dem African National Congress (ANC)
und dessen Führer MANDELA.

Kolumbien

Hauptstadt: Bogotá
Einwohner: 33,4 Mio.
Einwohner/km²: 29
Staatsoberhaupt:
C. Gaviria Trujillo
Regierungschef:
C. Gaviria Trujillo
BSP/Einwohner:
1 280 US-$

Wirtschaftliche Entwicklung

Nachdem die Konjunkturlage im Jahr 1992 ein
Wirtschaftswachstum von 3,6 % zugelassen hatte,
strebte die Reg. für 1993 eine Steigerung von optimist. 5 % an. Diese Hoffnung gründete sich einerseits auf den Erdölsektor, in dem hohe Investitionen getätigt wurden, andererseits war nach einer
ungewöhnlich langen Trockenperiode wieder eine
geregelte Stromversorgung möglich geworden. Daß
der Zuwachs des Bruttoinlandsprodukts schließlich
doch niedriger ausfiel, hatte mehrere Ursachen: Es
konnten keine ausreichenden Sicherheitsvorkehrungen getroffen werden, um Sabotageakten an den
Ölpipelines seitens der Guerilla Coordinadora
Guerillera Simón Bolívar (CGSB), einem Zusammenschluß von drei Guerillagruppen, wirksam vorzubeugen. Zudem hatte die weitere Liberalisierung
des Außenhandels einen fühlbaren Rückgang der
Nachfrage nach einheim. Gütern zur Folge. Ferner
erlitt die Exportwirtschaft einen Einbruch durch
den Preisverfall wichtiger Ausfuhrprodukte – v. a.
Bananen und Kaffee – auf dem Weltmarkt.

Kampf gegen Guerilla und Drogenkartelle

Im Kampf gegen Guerilla und Drogenkartelle
konnte Staatspräs. CÉSAR GAVIRIA, der u. a. aufgrund des Ausbleibens der angekündigten sozialen
Reformen 1993 einen gewaltigen Popularitätsverlust hinnehmen mußte, immerhin einige bescheidene Teilerfolge erzielen. Der im Nov. 1992 verhängte Ausnahmezustand wurde allerdings 1993
mehrfach verlängert.

Die kriminellen Aktivitäten von Drogenmafia und Guerilla, welche der Volkswirtschaft erhebl. Schaden zufügten, hielten ungeachtet des von der Regierung zusammengestellten Maßnahmenkatalogs (u. a. ›Austrocknung‹ der Geldbeschaffungsquellen der Rebellen und Aufstockung der Geldmittel für die Sicherheitskräfte) an. Das Rauschgiftkartell von Medellín wurde im Verlauf des Jahres in seinen Aktivitäten durch die Sicherheitskräfte erheblich geschwächt, während das Cali-Kartell seine Position noch ausbauen konnte. Pablo Escobar, der Chef des Medellín-Kartells, der am 22. 7. 1992 aus dem Gefängnis entflohen war, wurde am 2. Dez. von Sicherheitskräften in Medellín aufgespürt und bei einem Schußwechsel getötet.

Pablo Escobar, der kolumbianische Chef des Drogenkartells von Medellín, wurde am 2. Dezember erschossen

Komoren ▮▮▮▮▮▮▮

Hauptstadt: Moroni
Einwohner: 585 000
Einwohner/km²: 262
Staatsoberhaupt:
S. M. Djohar
Regierungschef:
S. A. Mohammad
(seit 27. 5. 1993)
BSP/Einwohner:
500 US-$

Am 20. Mai stürzte das Parlament per Mißtrauensvotum die Reg. unter Premiermin. Halidi Abderemane Ibrahim. Eine Woche später ernannte Präs. Saïd Mohamed Djohar Saïd Ali Mohammad zum neuen Regierungschef. Am 12. Dez. fand die erste Runde der viermal verschobenen Neuwahlen statt; der zweite Durchgang wurde erneut verlegt. Im Nov. wurden die K. Mitgl. der Arab. Liga.

Kongo ▮▮▮▮▮▮▮

Hauptstadt:
Brazzaville
Einwohner: 2,4 Mio.
Einwohner/km²: 7
Staatsoberhaupt:
P. Lissouba
Regierungschef:
J.-J. Yhombi-Opango
(seit 23. 6. 1993)
BSP/Einwohner:
1 120 US-$

Die innenpolit. Situation war von den im Mai und Juni abgehaltenen Parlamentswahlen, in denen sich die Koalition des reformfreudigen Präs. Pascal Lissouba behauptete, geprägt. Nachdem die regierende Panafrikan. Union für soziale Entwicklung (UPADS) aus der zweiten Wahlrunde mit einer absoluten Mehrheit hervorgegangen war, erfaßten Unruhen zunächst die Hauptstadt und dann das ganze Land. Die Opposition warf der Reg. Wahlbetrug vor. Mitte Juli verhängte Lissouba den Ausnahmezustand. Die Konfliktparteien einigten sich Anfang Aug. auf ein Abkommen, das die Prüfung des ersten Wahlgangs durch ein internat. Juristengremium vorsah sowie die Wiederholung des zweiten Wahlgangs am 3. und 6. Okt. unter internat. Aufsicht. Bei diesem errang die Opposition zwar Erfolge, doch verfügt das Lissouba unterstützende Parteienbündnis nach wie vor über die Mehrheit im Parlament, das die Arbeit am 15. Okt. aufnahm. Außenpolitisch verschlechterten sich die Beziehungen zu Zaire durch ein Fährunglück auf dem Kongo Ende Febr. Am 22. Febr. wurden diplomat. Beziehungen mit Südafrika aufgenommen.

konventionelle Rüstungskontrolle: Bei der Verwirklichung des Vertrags über konventionelle Streitkräfte in Europa (VKSE) von 1990 gibt es sowohl prakt. Probleme bei der zeitgerechten Zerstörung der vorgesehenen Waffenarsenale wie auch Anpassungsschwierigkeiten aufgrund des Zerfalls der Sowjetunion. Deshalb wurden im Mai 1993 in der gemeinsamen Beratungsgruppe erste Vereinbarungen über eine Vereinfachung der Vernichtung getroffen. Auf seiten der NATO hat das Abkommen darüber hinaus dazu geführt, daß es im zentraleurop. Bereich neben den unvermeidl. Reduktionen auch zu einer erhebl. Verringerung der Präsenzgrade der verbliebenen Streitkräfte kommt

Korea (Nord-Korea) ▮▮▮▮▮▮▮

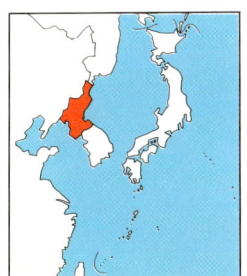

Hauptstadt:
P'yöngyang
Einwohner: 22,6 Mio.
Einwohner/km²: 188
Staatsoberhaupt:
Kim Il Sung
Regierungschef:
Kang Song San
BSP/Einwohner:
990 US-$

Wirtschaftsprobleme

Die Versorgungslage der Bevölkerung verschlechterte sich immer weiter: Es wurde von Hungerrevolten berichtet, ausgelöst durch Mißernten bei Reis, Gerste, Weizen, Mais; 1993 mußte für 200 Mio. US-Dollar Reis importiert werden. Industrie und Transportwirtschaft waren nur zur Bruchteilen ausgelastet. 1993 schrumpfte die Wirtschaft um mehr als 5,2 %. Neue Hoffnung schöpfte Nord-K. aus dem ›Tumen-Projekt‹: Im Grenzgebiet von Nord-K., China, Rußland, Mongolei (Tumen-Mündung) soll eine Wirtschaftssonderzone unter Anleitung der UNCTAD entstehen. Ausländ. Unternehmen und Joint Ventures sind inzwischen gesetzlich zulässig. Die Vorbereitungen für Tumen sollen 1994 beginnen.

Innen- und Außenpolitik

Die internat. Isolierung Nord-K.s verstärkte sich 1993 weiter, während im Inneren der Personenkult um die beiden KIMS neue Höhepunkte erreichte. Der junge KIM CHONG IL übernahm inzwischen von seinem Vater KIM IL SUNG alle polit. Tagesgeschäfte, die Medien stilisieren ihn zum Staatsdenker hoch, der die ›Juche‹-(Eigenständigkeits-)Lehre seines Vaters weiterentwickelt. Gerüchte über einen Militärputsch gegen KIM IL SUNG blieben unbestätigt. Deutlich wurde allerdings die Spannung zw. Technokraten und Ideologen in der Führung. Mitte Dez. wurde der Bruder KIM IL SUNGS, KIM YONG YU, zu einem der vier Vizepräs. gewählt. Der im März angekündigte Austritt aus dem Atomwaffensperrvertrag unterblieb zunächst, wohl in der Hoffnung, damit die USA (und Japan) zur Aufnahme diplomat. Beziehungen zu bewegen. Die Wiedervereinigungsgespräche mit Süd-K. stagnierten wegen der Nuklearproblematik, denn Nord-K. lehnte bis Jahresende weiterhin neutrale Kontrollen durch die Internat. Atomenergiebehörde ab.

Korea (Süd-Korea)

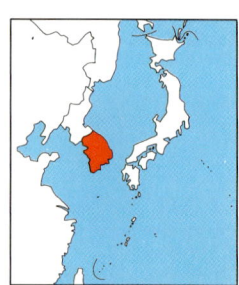

Hauptstadt: Seoul
Einwohner: 44,2 Mio.
Einwohner/km²: 446
Staatsoberhaupt:
Kim Young Sam
(seit 25. 2. 1993)
Regierungschef:
Hwang In Sung
(seit 26. 2. 1993)
BSP/Einwohner:
6 340 US-$

Keine spürbare Rezession

Süd-K. überstand die weltweite Wirtschaftskrise relativ gut; für 1993 wurde noch mit einem Wachstum des Bruttoinlandsprodukts von 5–6 % gerechnet.

Gleichwohl bekannte sich die Reg. in ihrer Politik zur Ankurbelung der Wirtschaft durch Zinssenkungen, Ausweitung der Geldmenge und Verstärkung der Investitionen.

Veränderungen in der Innenpolitik

Im Febr. trat mit KIM YOUNG SAM erstmals nach 30 Jahren ein Zivilist das Amt des Staatsoberhaupts an. In seiner Antrittsrede versprach er, die verbreitete Korruption zu bekämpfen und die Verwaltung zu reformieren. Weiter bekannte er sich zur Abschaffung übermäßiger Kontrollen und Schutzmaßnahmen in der Wirtschaft, Selbstregulierung und freier Wettbewerb sollen zu einem neuen wirtschaftl. Aufschwung führen. Zum neuen MinPräs. wurde der Wirtschaftsfachmann HWANG IN SUNG ernannt.

Im Rahmen des Antikorruptionsprogramms wurden Min., hohe Beamte, Abgeordnete und hohe Funktionäre der Regierungspartei gezwungen, ihre Vermögensverhältnisse offenzulegen. Dies führte im März/April zu zahlreichen Rücktritten belasteter Persönlichkeiten. Der Versuch radikaler Studenten, im Mai 1993 die Häuser früherer Staatspräs. zu stürmen, führte zu schweren Straßenschlachten mit der Polizei.

Das Verhältnis zu Nord-Korea

Nachdem Nord-K. die Abhaltung gemeinsamer amerikan.-südkorean. Militärübungen im März zum Anlaß genommen hatte, den Atomwaffensperrvertrag hinsichtlich der Inspektionen durch die Wiener Atomenergiebehörde zu sistieren und eine teilweise Mobilmachung durchzuführen, versetzte Süd-K. seine Streitkräfte in Alarmbereitschaft. Außerdem wurden Geschäftsreisen in den Norden verboten. Warnungen vor nordkorean. Provokationen wurden im April mit dem Angebot verbunden, den unterbrochenen Dialog mit Nord-K. wieder aufzunehmen. Nach amerikan.-nordkorean. Geheimverhandlungen entspannte sich im Juni die Situation auf der Halbinsel. Süd-K. forderte den Norden zu Aussöhnung und Zusammenarbeit auf und schlug vor, die Wiedervereinigung beider K. schrittweise mit der Errichtung eines ›Commonwealth‹ beider Staaten vorzunehmen. Um den Willen Süd-K.s zu einer Politik der Entspannung zu dokumentieren, wurden mehrere nordkorean. Agenten freigelassen und außerdem das Interesse an einem atomwaffenfreien K. betont.

Kováč, Michal, slowak. Politiker (HZDS) und Wirtschaftswissenschaftler, * Lubiša 5. 8. 1930. – Der stellv. Vors. der Regierungspartei ›Bewegung für eine demokrat. Slowakei‹ (HZDS) wurde am 15. 2. 1993 vom slowak. Parlament mit deutl. Mehrheit zum ersten Präs. der nach der Auflösung der Tschechoslowakei im Jan. 1993 unabhängig gewordenen Slowak. Rep. gewählt.

K. studierte Wirtschaftswiss. und arbeitete dann in der Wiss. sowie im Bankwesen. 1953 der slowak. KP beigetreten, wurde er als unabhängiger Kopf 1970 aus der Partei ausgeschlossen. Er trat nach dem Ende des kommunist. Machtmonopols in der

ČSSR der in der Slowakei politisch führenden Bewegung ›Öffentlichkeit gegen Gewalt‹ (VPN) bei und wurde 1990 Abgeordneter für die Ostslowakei im Prager Bundesparlament, dann Finanzmin. der slowak. Landesregierung. Nach dem Sturz des MinPräs. VLADIMIR MEČIAR im Mai 1991 zurückgetreten, war er Mitgründer der HŽDS, zu deren Führung er gehört. K. war nach den Wahlen vom Juni 1992 in seinem Prager Mandat bestätigt worden und als Nachfolger ALEXANDER DUBČEKS Präs. des Bundesparlaments bis zur Auflösung der ČSFR am 1. 1. 1993.

Am 15. Februar wurde Michal Kováč (rechts; im Bild zusammen mit dem polnischen Staatspräsidenten Lech Wałęsa) zum neuen slowakischen Präsidenten gewählt

Kraftfahrzeugkennzeichen, internationale: Mit dem Zerfall Jugoslawiens, der Tschechoslowakei und der Sowjetunion wurden für die neuen Staaten i. K. erforderlich. Alle i. K. müssen bei der UNO gemeldet werden, die von der UNO herausgegebenen Listen enthalten dann die amtl. Kennzeichen. Die neuen, bisher vereinbarten Kennzeichen sind: HR für Kroatien, SLO für Slowenien, CZ für die Tschech. Rep., SK für die Slowak. Rep., BY für Weißrußland, EW für Estland, GEO für Georgien, LV für Lettland, LT für Litauen, RUS für die Russ. Föderation sowie UA für die Ukraine.

Krankenschein-Chipkarte: Anfang April 1993 wurde damit begonnen, den bislang übl. Krankenschein durch eine Plastikkarte im Scheckkartenformat zu ersetzen, die der Patient künftig beim Arztbesuch vorzulegen hat. Die Auslieferung der rd. 80 Mio. K.-C. an die Versicherten und deren Angehörige soll bis zum 1. 1. 1995 abgeschlossen sein. Der Chip in der Karte enthält aus Datenschutzgründen nur die wichtigsten Personalien, Krankenkasse und Nummer des Patienten. Die Daten werden elektronisch gelesen und auf die Abrechnungs- und Verordnungsformulare übertragen. Die Gesamtkosten für die Einführung des neuen Systems, das Verwaltungsabläufe sowie den Informationsaustausch zw. Ärzten und Kassen erleichtert, werden auf etwa 500 Mio. DM beziffert.

Kreislaufwirtschaftsgesetz: Am 31. März beschloß die Bundesreg. den Entwurf eines K., nach dem Handel und Verbraucher künftig Rückstände weitestgehend vermeiden oder, wenn dies nicht möglich ist, wieder in den Produktionskreislauf einführen sollen. Nichts soll zu Abfall werden, was noch brauchbar ist. Die Hersteller sollen z. T. verpflichtet werden, ihre Produkte nach Ende der Produktlebenszeit wieder zurückzunehmen. Diese Pflicht könnte dazu anregen, umweltschonendere Produkte herzustellen. 1993 wurde das Gesetz jedoch vom Bundestag noch nicht verabschiedet.

Kriegsverbrechertribunal: Mit den am 22. Febr. und am 25. Mai verabschiedeten Resolutionen 808 und 827 beschloß der UNO-Sicherheitsrat die Einsetzung des ›Internat. Tribunals für Kriegsverbrechen im ehem. Jugoslawien‹ mit Sitz in Den Haag. Es hat den ausschließl. Zweck, Personen zu verfolgen, die zw. dem 1. 1. 1991 und einem vom Sicherheitsrat nach der Herstellung des Friedens festzusetzenden Zeitpunkt Verstöße gegen das humanitäre Völkerrecht begangen haben. Das Tribunal besteht aus zwei Strafkammern mit je drei und einer Berufungskammer mit fünf von der UNO-Vollversammlung für vier Jahre berufenen Richtern. Ein Stab von 373 Beamten wird sie und den Chefankläger RAMÓN ESCOVAR-SALOM aus Venezuela unterstützen. Die UNO-Mitgl. sind verpflichtet, dem Ankläger bei seiner Arbeit zu helfen. Das K. kann im Gegensatz zu den K. von Nürnberg und Tokio nach dem Zweiten Weltkrieg keine Todesstrafe, sondern höchstens lebenslängl. Haft verhängen. Der Beschuldigte muß bei dem Verfahren anwesend sein. Diese Vorschrift verhindert nach Ansicht von Kritikern Prozesse gegen die Hauptschuldigen. Bei der Eröffnungssitzung des Tribunals am 19. Nov. wurden die elf Richter und der Ankläger vereidigt und die Verfahrensregeln festgelegt.

Kroatien

Hauptstadt: Zagreb
Einwohner: 4,7 Mio.
Einwohner/km²: 83
Staatsoberhaupt:
F. Tudjman
Regierungschef:
N. Valentić
(seit 4. 4. 1993)
BIP/Einwohner:
3 400 US-$

Der Krieg in der Krajina

Im Mittelpunkt der kroat. Politik standen die Wiedererlangung der Kontrolle über die Serb. Republik Krajina (RSK) sowie der Krieg im benachbarten Bosnien-Herzegowina. Gut ein Jahr nach Abschluß des Waffenstillstands in K. und nach der Stationierung der UNO-Schutztruppen (UNPROFOR) startete die kroat. Armee am 22. Jan. im Hinterland von Zadar eine Offensive gegen die Krajina zur Sicherung der Landverbindung zw. Süddalmatien und

Nord-K. (›Aktion Maslenica-Brücke‹). Den Bruch des Waffenstillstands begründete die Zagreber Reg. mit dem Versagen der 14 500 UNO-Blauhelme in K., die serb. Milizen, wie von der UNO festgelegt, zu entwaffnen und die Rückkehr der aus der RSK vertriebenen oder geflohenen Kroaten zu ermöglichen. Die RSK-Serben indes knüpften ihre Bereitschaft zu Waffenstillstandsverhandlungen an einen bedingungslosen Rückzug der kroat. Armee. Sie wurden in ihrer Haltung durch Rest-Jugoslawien bestärkt, das den Schutz der dortigen Serben forderte.

Ungeachtet der Verurteilung der kroat. Offensive durch die UNO und trotz neuer Vereinbarungen zw. K. und der Krajina kehrte entlang der Waffenstillstandslinie in K. keine Ruhe ein. Am 19./ 20. Juni sprachen sich 98 % der Krajina-Serben in einem Referendum für die Vereinigung mit dem serb. Teil Bosniens und später mit der Rep. Serbien aus. Trotz dieses Votums ließ der ›MinPräs.‹ der RSK, GORAN HADZIĆ, verlautbaren, daß eine ›lose Konföderation‹ mit K. ›denkbar‹ sei, sofern K. seine Verfassung ändern und den Serben den Rang eines zweiten Staatsvolks mit kultureller Autonomie zubillige. Demgegenüber forderte der kroat. Präs. FRANJO TUDJMAN die Wiederherstellung der uneingeschränkten kroat. Souveränität über die Krajina und drohte wiederholt mit einer Aufkündigung des UNO-Mandats (zuletzt jedoch bis zum 15. 3. 1994 verlängert). In seiner Friedensinitiative für alle ehem. jugoslaw. Teilrepubliken vom 2. Nov. erklärte sich TUDJMAN gegenüber den serb. Forderungen nach kultureller Autonomie aufgeschlossen. Am 12. Dez. konnte bei den Parlaments- und Präsidentschaftswahlen in der RSK der als ›Falke‹ geltende MILAN BABIĆ die meisten Stimmen (52 %) auf sich ziehen.

Der im Januar bei Kämpfen nördlich von Split beschädigte Peruca-Staudamm

Die Folgen des Kriegs für Wirtschaft und Gesellschaft

Zwar wurde K. im Jan. in den Internat. Währungsfonds aufgenommen, doch standen die kroat.-serb. Konfrontation, der fortdauernde Krieg in Bosnien-Herzegowina und dessen katastrophale wirtschaftl. Konsequenzen (v. a. die Versorgung von ca. 500 000 Flüchtlingen und Vertriebenen) der Entwicklung von Demokratie und Marktwirtschaft auch weiterhin im Weg. Das polit. System K.s stellte sich als Mischung aus demokrat. und diktator. Elementen dar, die von einem kroat. Intellektuellen als ›Demokratur‹ bezeichnet wurde. Der ständig drohende Kollaps der Wirtschaft und Verwicklungen in einen Finanzskandal zwangen die Reg. von H. SARINIĆ am 29. März zum Rücktritt.

Die andauernde Diskriminierung von Serben und die im Verlauf des Jahres 1993 vorangetriebene ›Gleichschaltung‹ der Medien rückten das polit. System K.s in ein zweifelhaftes Licht. Gerüchte über eine angebl. Absprache zw. TUDJMAN und dem serb. Präs. MILOŠEVIĆ, mit dem Ziel, Bosnien-Herzegowina zu Lasten der Muslime aufzuteilen, sowie das mehr oder minder direkte Engagement K.s im bosn. Krieg schadeten dem Ansehen des jungen Staates. Auch innenpolitisch verlor TUDJMAN, dessen Kroat.-Demokrat. Gemeinschaft (HDZ) aus den Regional- und Kommunalwahlen am 7. Febr. geschwächt – wenn auch noch immer als Siegerin – hervorgegangen war, an Zustimmung. Statt sich um die Wiedereingliederung der von Serben besetzten Gebiete zu kümmern – so der Hauptvorwurf der kroat. Opposition –, habe er mit seinem Feind ein fremdes Land aufgeteilt. Zudem lasse der Owen-Stoltenberg-Plan (→ Bosnien-Herzegowina) auch eine Konföderalisierung K.s nach dem Muster Bosniens befürchten. Kritik entzündete sich auch an TUDJMANS einseitiger Unterstützung des von MATE BOBAN geschaffenen kroat. Staates in der Herzegowina. Damit lade K. auch eine Mitverantwortung für die ethn. Säuberungen der bosn. Kroaten auf sich.

Kronzeugen: Die Innen- und Rechtspolitiker von Reg. und Koalitionsfraktionen verständigten sich am 23. 11. 1993 auf die Einführung einer zunächst auf zwei Jahre befristeten Kronzeugenregelung auch zur Bekämpfung des organisierten Verbrechens. Sie soll an die bestehende und bis Ende 1995 verlängerte Regelung für terrorist. Straftaten angefügt werden und für Straftaten nach §129 StGB (kriminelle Vereinigung) gelten. Sie sieht Straferleichterungen bis hin zum Strafnachlaß vor. Von der Straffreiheit ausgenommen sind Taten, die mit lebenslanger Haft bedroht sind.

Krüger, Paul, Politiker (CDU) und Ingenieur, * Güstrow 7. 3. 1950. – Nach dem Rücktritt von Bundesverkehrsmin. GÜNTHER KRAUSE am 6. Mai und MATTHIAS WISSMANNS Wechsel vom Forschungs- ins Verkehrsministerium wurde K. ziemlich überraschend als Nachfolger WISSMANNS zum Bundesmin. für Forschung und Technologie ernannt. K. arbeitete zunächst als Dreher und studierte 1969–75 Maschinenbau an der TH Wismar. Als Diplomingenieur arbeitete er ab 1973 in einem Maschinenbauunternehmen in Neubrandenburg. K. schloß sich erst in der Zeit der ›Wende‹ in der DDR einer Partei, der CDU, an und wurde 1990 Mitgl. des CDU-Landesvorstands von Mecklenburg-Vorpommern. Am 18. 3. 1990 in die Volkskammer gewählt, gehörte er bis zu deren Auflösung am 2. 10. 1990 deren Präsidium an und danach zu den Volkskammerabgeordneten, die in den Bundestag delegiert wurden. Bei der ersten gesamtdt. Bundestagswahl am 2. 12. 1990 gewann K. ein Direktmandat und gehörte seitdem dem Vorstand der CDU/CSU-Bundestagsfraktion an.

KSZE, Abk. für **K**onferenz über **S**icherheit und **Z**usammenarbeit in **E**uropa: Zum ersten GenSekr. der KSZE wurde der dt. Botschafter WILHELM HÖYNCK bestimmt; er trat sein Amt am 15. 6. 1993 an. Auf der Stockholmer Tagung des Rates der Außenmin. (14./15. 12. 1992) war beschlossen worden, einen GenSekr. jeweils auf drei Jahre zu bestellen, der im Auftrag des Amtierenden Vors. handeln, die Verwaltung leiten, KSZE-Treffen vorbereiten, die Beschlüsse ausführen, die KSZE-Maßnahmen bekanntmachen und Kontakte zu internat. Organisationen halten soll.

Am 23. Sept. trat in Wien erstmals das Forum für Sicherheitskooperation zusammen, dessen offizielle Aufgaben neue Verhandlungen über Rüstungskontrolle, Abrüstung sowie über weitere vertrauensbildende Schritte im Rahmen der KSZE sind.

Aus Mangel an Benzin greifen   Ochsengespanne zurück
kubanische Bauern auf

Kuba

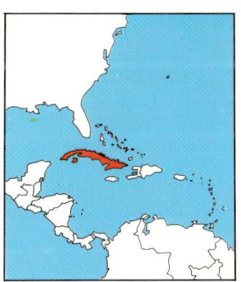

Hauptstadt: Havanna
Einwohner: 10,8 Mio.
Einwohner/km²: 98
Staatsoberhaupt:
F. Castro Ruz
Regierungschef:
F. Castro Ruz
BSP/Einwohner:
918 US-$ (1984)

Versorgungskrise und Wirtschaftsreformen

K. erlitt 1993 einen prekären wirtschaftl. und sozialen Einbruch. Zu den kumulierten Mängeln der Planwirtschaft kam eine bes. schlechte Ernte beim Hauptexportprodukt Zucker. Es fehlte insbes. an Treibstoff für landwirtschaftl. Maschinen sowie an Dünge- und Unkrautvernichtungsmitteln; hinzu kam ein schwerer Sturm im März. Strikte Lebensmittelrationierungen und der weitgehende Verzicht auf Autoverkehr wegen Benzinmangels gehörten neben einem Gesundheitswesen, dem v. a. Medikamente fehlen, weiterhin zum kuban. Alltag.

Um die Wirtschaft anzukurbeln, wurde im Aug. der straffreie Besitz von Devisen (v. a. von US-Dollar) zugelassen, der zugleich den sozialen Sprengstoff auf der Insel entschärfen sollte. Die dafür auch von der UNO (zuletzt durch eine nicht bindende Resolution vom 4. Nov.) geforderte Lockerung des seit 1959 bestehenden amerikan. Wirtschaftsembargos lehnten die USA jedoch nach wie vor ab. Weitere Liberalisierungsmaßnahmen der Staatswirtschaft stellten insbes. die am 28. Dez. von der kuban. Nationalversammlung gebilligte Zulassung des privaten Gewerbes in nahezu 140 Produktionszweigen und die Umwandlung von staatl. Agrarbetrieben in Genossenschaften dar. Staatschef CASTRO rief zudem ausländ. Unternehmer zu Investitionen in K. auf.

Die ersten direkten Wahlen

Zum ersten Mal in der über 30jährigen Geschichte des kuban. Sozialismus fanden am 24. Febr. die Wahlen zur Nationalversammlung und zu den 14 Provinzparlamenten direkt und geheim statt. Allerdings hatten die Wähler ihre Stimmen auf einer Einheitsliste abzugeben, auf der sich je Parlamentssitz nur ein einziger vom Parteiapparat aufgestellter Kandidat befand. Fast alle Kandidaten der Kommunist. Partei wurden mit mehr als 90 % der Wählerstimmen bestätigt. Im Vorfeld der Wahlen hatte sich CASTRO mit einem müden Marathonläufer verglichen und geäußert, er hoffe, daß das Volk von ihm nicht verlange, in fünf Jahren erneut zu kandidieren. Im März wurde CASTRO einstimmig wieder zum Staatsratsvors. gewählt.

Kultur

Zwischen Kunst und Kasse

Aus der Aufbruchstimmung in die Krise

Als 1993 die Kulturpolitische Gesellschaft in Dortmund unter dem Motto ›Blick zurück nach vorn‹ 20 Jahre ›neuer Kulturpolitik‹ auf Gegenwarts- und Zukunftsrelevanz überprüfte – 1973 hatte der Deutsche Städtetag, ebenfalls in Dortmund, die Erklärung ›Bildung und Kultur als Element der Stadtentwicklung‹ veröffentlicht –, gab sie ihrem ›Appell zur Zukunft der Kulturpolitik in Deutschland‹ den

Die Reduzierung oder Einstellung von Subventionen im Kulturbereich rufen den Protest der Betroffenen hervor; im Bild das von der Schließung betroffene Berliner Schiller-Theater

Titel ›Rettet die Kultur jetzt!‹ Aus der Aufbruchsstimmung der 70er Jahre, die freilich eine Reaktion auf die fatale Großstadtsituation war (auf die durch falsche Stadtentwicklungskonzepte bewirkte Unwirtlichkeit von ›Profitopolis‹), ist eine den früheren realutopischen Elan von Kulturarbeit lähmende Sinn- und Finanzkrise geworden. Ihr versucht der Dortmunder Appell 1993 mit der Aufforderung zum Nach- und Vorausdenken entgegenzuwirken: ›Um einen kulturellen Notstand zu verhindern, fordern wir einen breiten gesellschaftlichen Dialog zur Zukunft der Kulturpolitik und der Künste in Deutschland!‹

THEODOR W. ADORNO hat in der ›Negativen Dialektik‹ (1966) eine Feststellung getroffen, die den Diskurs gerade in karger Zeit zu ermutigen vermag: ›Das Verzweifelte, daß die Praxis, auf die es ankäme, verstellt ist, gewährt paradox die Atempause zum Denken, die nicht zu nutzen praktischer Frevel wäre.‹ Auf die gegenwärtige Situation bezogen, bedeutet dies sogar eine Dramatisierung: Die Praxis steht zwar unter dem Gebot des Sparzwangs, doch handelt es sich um ein Sparen auf hohem Niveau. Welkende Üppigkeit muß keineswegs in Ödnis enden; es gibt auch eine Kakteen-Kultur: bei wenig(er) Wasser herrliche Blüten, die freilich zu ihrem Schutz feste, harte Stacheln brauchen.

Finanz- und Strukturprobleme des Kulturlebens

1993 hat vor allem die Schließung des Schiller-Theaters in Berlin die Aufmerksamkeit auf einen Kulturbereich gelenkt, für den die Ebbe in den Kassen der Länder und Kommunen besonders dramatische Folgen zu haben scheint: auf die nach der Vereinigung nochmals vielfältiger gewordene, gerade auch im Ausland bewunderte und bestaunte deutsche Theaterlandschaft. Bei dem kritischen Diskurs über die Situation und Zukunft des Theaters ist jedoch deutlich geworden, daß man in der Vergangenheit – als die Praxis keineswegs verstellt war, sondern im Gegenteil eine gute Finanzausstattung ein relativ sorgenloses Wirtschaften ermöglichte – antizipatorisches Denken versäumt hat; erst durch die aktuellen Finanzprobleme wurde es in Gang gesetzt. Die Gesamtstruktur des öffentlich finanzierten Theaters, das aufgrund seiner Schwerfälligkeit und Phantasielosigkeit zunehmend ›Hybridtheater‹ genannt wird, bedarf der Veränderung; effizientere Mittelbewirtschaftung ist dabei nicht durch isolierte Verbesserungsmaßnahmen zu erreichen. Reduzierung der Ausstattungskosten und der Spitzengagen, Privatisierung des Kartenverkaufs, größere Flexibilität der Arbeitszeiten bei der Bühnentechnik müßten Hand in Hand gehen mit zumindest teilweisem En-suite-Spielbetrieb, aktivem Marketing und radikaler Entbürokratisierung der Apparate. Die Plafondierung (Budgetierung) der Etatmittel (dezentrale Ressourcenverwaltung) bringt zwar nicht mehr Geld, ermöglicht aber Schwerpunktbildung. Diese ist freilich nur möglich, wenn man am Theater – wie bei allen Kultureinrichtungen – unter einem Zielhimmel arbeitet, und nicht indifferentem Aktionismus anheimfällt. Das im Westen weitverbreitete Mentalitätsmuster eines ›Neo-Rokoko‹ (was kümmert uns die Sintflut, wenn nur die Festivals noch stattfinden!) führt dazu, um Formulierungen von ODO MARQUARD zu gebrauchen, daß Theater zu ›Farbigkeitsbedarfsdeckungsanstalten‹, Museen zu ›Verehrungsdeponien‹ verkommen, mehr Langeweile als Kurzweil verbreitend. Kultur erweist sich als ›Inkompetenzkompensationskompetenz‹; Ästhetizismus ist ›in‹; der Mehrwert von Kultur (z. B. als Soziokultur), nicht nur aufs Schöne, sondern auch aufs Gute und Wahre transzendierend, wird denunziert.

Sein contra Design

Die Diskussion über solche und andere Probleme des Kulturbetriebs (Sein contra Design) könnte natürlich mit viel freudigerem Elan geführt werden, wenn die politische ›Rahmenhandlung‹ nicht durch Ignoranz bestimmt wäre. Man gewinnt zunehmend den Eindruck, daß, in welcher Partei auch immer, Kultur nicht nur zu einer Quantité négligeable herabsinkt (ein bedeutendes Faktum war sie sowieso nie), sondern die Finanzprobleme in eine ›Heimzahlaktion‹ umschlagen. Der gesellschaftlich unbekümmerte Ästhetizismus positionslos gewordener Postmodernisten verbindet sich mit der politischen Anästhetik, sich bald wertkonservativ, bald als Aufstand des gesunden Menschenverstandes kaschierend. Blickt man zurück nach vorn (mit Zorn), dann wird die durch neue Armut geprägte Zweidrittelgesellschaft in den Seelenbadeanstalten bewußtlosen Glücks sich wohlfühlen – telekratisch entsorgt, nicht mehr gestört vom unglücklichen Bewußtsein der Kultur.

Kulturarbeit tut not

Die Kulturpolitik der Auf- und Umbrüche nach 1945 gab sich der Illusion ›Soviel Anfang war nie!‹ hin. Angesichts der Brüchigkeit und des Verlusts kultureller Solidarität wird deutlich: Viel Anfang war nie! Noch ist freilich das Ganz-andere der Kultur nicht vollends verloren; man wird dabei einiges an Widerstandskraft und kreativem Möglichkeitssinn – trotz oder gerade wegen dürftiger Ressourcen – im Osten lernen können. Eine entsprechende Kasuistik (eine Beispielsammlung von Zukunftswerkstätten) täte not und gut. Etwa Kulturarbeit im Distrikt Prenzlauer Berg (Berlin), in Rudolstadt, Frankfurt an der Oder, Görlitz, Erfurt, in Freiberg (das dortige Theater, 1790 gegründet, arbeitet mit einem etwas über 9 Mio. DM liegenden Etat; es hat einen Spielplan, der den Möglichkeiten Rechnung trägt, aber hohe Qualität zeigt).

Bei aller Hoch- und Wertschätzung des kulturpolitischen Elans in den neuen Bundesländern, wäre es ungerecht, von einer einseitigen Erhellung der verdüsterten Kulturlandschaft vom Osten her (ex oriente lux) zu sprechen. Ein gleichgewichtiger deutsch-deutscher Erfahrungsaustausch, wie er zum Beispiel im Mittelpunkt der Arbeit des Deutschen Städtetages und der mit ihm eng zusammenwirkenden (Ost)Berliner Stiftung für kulturelle Weiterbildung und Kulturberatung steht, erweist sich als Gebot der durch viele Mißverständnisse und gegenseitige Unterstellungen belasteten Stunde. Dabei kann westliches Know-how, u.a. auch das Potential der kulturellen ›Westernization‹, mit dem aus Leidensdruck entstandenen Bedürfnis ostdeutscher Kultur, Grundsatzfragen vertieft zu erörtern, zur Synthesis zusammenfinden, zugleich Synergetik bewirkend.

Kosten der Substanzerhaltung ostdeutscher Kultur

Hinsichtlich des Unterbaus ist herauszustellen, daß der deutsch-deutsche Lastenausgleich die westdeutschen Städte überproportional trifft; dadurch wird deren Tätigkeitsraum so eingeengt, daß man schon nicht mehr Art. 28 GG, der die selbstverantwortliche Regelung der örtlichen Gemeinschaft bei entsprechender Finanzausstattung vorsieht, als gewährleistet erachtet. Dazu kommen der Rückgang der Steuereinnahmen aufgrund der Rezession und

die bei der Sozialhilfe besonders drastisch in Erscheinung tretende Abwälzung von Lasten auf die Kommunen. Dies bedeutet eine weitere Erschwernis bei der Wahrnehmung der kulturellen Aufgabe, zumal diese häufig nicht als Pflichtleistung, sondern als freiwillige Leistung interpretiert wird. Allein der Beitrag zur Finanzierung des Fonds Deutsche Einheit brachte in Duisburg (pars pro toto) eine Steigerung der Haushaltsausgaben von 4,4 Mio. im Jahr 1991 auf 43,7 Mio. im Jahr 1993 mit sich; 1995 werden es 47,3 Mio. sein. Der finanzielle Gesamttransfer nach Ostdeutschland dürfte 1993 177 Mrd. DM erreichen; das entspricht 5% des gesamtdeutschen Bruttosozialprodukts. Im Rahmen der Übergangsfinanzierung stellte der Bund für die Kultur Ostdeutschlands in den Jahren 1991 bis 1993 insgesamt 3,5 Mrd. DM zur Verfügung – was in Hinblick auf die im Einigungsvertrag garantierte Substanzerhaltung ostdeutscher Kultur immer noch zu wenig war. Zwar konnten bislang die ostdeutschen Theater überleben, doch erfolgten erhebliche Einbrüche beim Bibliothekswesen und im Bereich der Breitenkultur (Kulturhäuser, Jugendclubs); allein in Brandenburg mußten 1991 37,5% der Kulturhäuser geschlossen werden. Katastrophal dürfte sich die Beendigung der Übergangsfinanzierung auswirken, zu der der Bund entschlossen ist, da – wie der Einigungsvertrag es vorsieht – ab 1995 ein hoher Anteil der Finanzierung der ostdeutschen Länder und Gemeinden über den gesamtdeutschen Finanzausgleich gelenkt werden soll, was freilich, wie schon erwähnt, die alten Länder und Gemeinden in eine überhöhte Finanzierungsverantwortung nimmt. Zu befürchten ist ferner, daß in Ost wie West wegen der vielen Aufgaben und Lasten, konfrontiert mit reduzierter oder noch nicht gegebener finanzieller Eigenkraft – 1991 finanzierten sich die westdeutschen Städte zu 34% aus Steuern, die ostdeutschen zu 6%, die westdeutschen zu 20% aus laufenden Zuwendungen, die ostdeutschen zu 54% –, daß insgesamt im vereinten Deutschland Kultur nur noch eine untere Prioritätsstufe einnehmen wird, also verhältnismäßig leicht dem Verdikt ›Sparen, Schließen, Privatisieren‹ ausgeliefert ist.

Arbeitsbeschaffungsmaßnahmen im Humanbereich

Angesichts solcher Gesamtproblematik müßte die Politik neue Wege weisen, und zwar solche, die nicht auf ›Geldmehrung‹, sondern die sinnvolle Nutzung vorhandener Ressourcen zielen. Hierbei ginge es u.a. um zwei Bereiche, deren Möglichkei-

Der Autor:
Hermann Glaser, geb. 1928.
Kulturpolitiker und Publizist.
Honorarprofessor an der TU Berlin.
Rief die ›Nürnberger Gespräche‹ ins
Leben. Gilt als Vordenker in Sachen
soziokultureller Experimente

ten freilich nur von einer vernetzt denkenden Vernunft, die zudem Kosten- und Ertragsberechnungen volkswirtschaftlich zu begreifen vermag, erkannt werden können. Zum einen wäre die Finanzierung von Arbeit und nicht von Arbeitslosigkeit zu ›organisieren‹. Zum anderen wäre die notwendige Primärprävention durch Einsparung bei der Sekundärprävention mit zu finanzieren.

Bundesweit wäre schrittweise der zweite Arbeitsmarkt einzurichten – in Form langfristig angelegter Arbeitsbeschaffungsmaßnahmen im Humanbereich. Das würde u.a. für die personalintensive Kulturarbeit eine erhebliche Unterstützung (und kommunale Entlastung) bedeuten. Bereits 1991 wurden für Arbeitslosigkeit rund 150 Mrd. aufgewendet. Berücksichtigt man den durch Arbeitslosigkeit bewirkten Ausfall an Wertschöpfung für die Gesellschaft, die durch Arbeitslosigkeit hervorgerufenen sozialen und gesundheitlichen Folgelasten sowie die weiteren Verluste an Humankapital, an beruflicher Qualifikation etc., ferner die bei Arbeitslosigkeit entstehenden Mehrausgaben durch die Zahlung von Arbeitslosengeld und Arbeitslosenhilfe, von Sozialhife und Wohngeld, von Renten- und Krankenversicherungsbeiträgen –, summiert man all diese Elemente, die in eine vernünftige volkswirtschaftliche Kostenrechnung eingehen müßten, dann ergäbe sich – wie schon bei den bisherigen Arbeitsbeschaffungsmaßnahmen – auch bei Dauer-Arbeitsbeschaffungsmaßnahmen eine Selbstfinanzierungsquote bis zu 91%. Natürlich müßte ein solches Projekt, das den freien Markt nicht beeinträchtigt, aber den Prinzipien der sozialen Marktwirtschaft entspricht (da es strukturelle und konjunkturelle Arbeitslosigkeit nicht hinnimmt), langfristig angelegt und durch umfassende Qualifikations- und Umqualifikationsprogramme vorbereitet wie begleitet werden.

Investitionen in Kultur ergeben ein gutes Innovationsklima

Primärprävention besagt, daß man durch volkswirtschaftliche Investitionen in Kultur (im umfassenden Wortsinne) eine Fülle von bislang gesellschaftlich induzierten Problemen vermeiden kann. Es ist rentierlicher, zum Schutz vor anschwellenden Fluten nicht immer höhere und umfangreichere Dämme zu bauen, sondern die Quellen zu stopfen. Im Wirtschaftsbereich sind Kulturinvestitionen von relativ unmittelbarem betriebswirtschaftlichem Vorteil. Das müßte die Wirtschaft veranlassen, unabhängig von Sponsoring und Mäzenatentum, sich an der öffentlichen Finanzierung von Kultur intensiv zu beteiligen. CAM (computer-aided-manufacturing) als neue Produktionsphilosophie ist nur möglich, wenn – wie es in der Industriesoziologie heißt – eine ›Reprofessionalisierung‹ stattfindet, wenn die in Industrie, Wirtschaft und im tertiären Sektor Tätigen ein Qualifikationsprofil zeigen, das eine Trias von Spezialqualifikation, Schlüsselqualifikation und soziokultureller Kompetenz (bei besonderer Ausbildung des ›Prinzips Verantwortung‹) darstellt. Für Stadt und Land, Oberzentrum,

Mittelzentrum, Unterzentrum, für die Region insgesamt, gilt: Die moderne Industriegesellschaft sägt sich selbst den Ast ab, auf dem sie sitzt, wenn sie nicht für ein gutes Innovationsklima sorgt; dieses wiederum ist im entscheidenden Maße durch Kultur bestimmt; die neue Produktionsphilosophie verlangt von der jeweiligen ›Cockpit-Besatzung‹ ein hohes Maß an Diagnosefähigkeit, Eigenentscheidung, Selbsttätigkeit, Phantasie. So steht zum ersten Mal seit der industriellen Revolution die ›kulturelle Persönlichkeit‹ nicht im Widerspruch zur ökonomischen Wirksamkeit. Die auf Übersicht und Durchsicht, auf Bildung und Kreativität zielende Gesamtqualifikation hat der baden-württembergische Forschungsbericht von 1987 im Auge, wenn er feststellt: ›Da, wo die mechanistische Industriegesellschaft ihr Heil suchte im Zerlegen, Reduzieren, Analysieren und Spezialistentum, wird die kommende Informationsgesellschaft, stimuliert und unterstützt durch die neuen Informations- und Kommunikationstechnologien, der ganzheitlichen, systemgerichteten, generalistischen Vorgehensweise den Vorrang geben. Der Spezialist wird mehr Platz machen müssen für den Generalisten.‹

Kultur wirkt Frustration entgegen

Der aus dem Fundus der Allgemeinbildung Arbeitende kann dies nur, wenn er Freizeit in Freiheit erlebt und ›bewältigt‹ – wenn er das, was für Arbeit wichtig ist, dann, wenn er nicht arbeitet, nicht ›vergißt‹, sondern bestätigt erhält. Wenn Kultur nicht mehr im Widerspruch zum wirtschaftlichen Handeln steht, darf sie erst recht nicht in Widerspruch zur Erfahrung arbeits-loser Zeit, die immer mehr zunimmt, stehen. Die Schnittfläche zwischen dem Kreis der Arbeit und dem der Freiheit wäre ›Tätigkeit‹. In seinem Roman ›Wilhelm Meisters Wanderjahre‹ hat GOETHE sie idealtypisch antizipiert: ›Niemand sehen wir unter uns, der nicht zweckmäßig seine Tätigkeit jeden Augenblick üben könnte, der nicht versichert wäre, daß er überall, wohin Zufall, Neigung, ja Leidenschaft ihn führen könnte, sich immer wohl empfohlen, aufgenommen und gefördert, ja von Unglücksfällen möglichst wiederhergestellt finden werde.‹

Kultur sublimiert Triebdynamik, wirkt der Frustration und Frustrationsaggressivität entgegen. Ohne Lebenssinn, wie er auch und gerade durch identitäts-stiftende Kulturarbeit vermittelt wird, zerfällt das Wertesystem einer aufgeklärten Demokratie, was sich negativ bis in psychopathologische Bereiche (psychosomatische und psychiatrische Erkrankungen, Alkoholismus, Drogenkonsum, Kriminalität etc.) auswirkt. Die ›Vergreisung‹ der Gesellschaft wird aufgehalten oder gemildert, wenn man nicht der Chemotherapeutokratie vertraut, sondern auf die Herausforderung durch integrierende und entghettoisierende Kulturarbeit (Adrenalinausschüttung bewirkend) setzt.

Im ›Bericht der Bundesregierung zur Zukunftssicherung des Standortes Deutschland 1993‹ heißt es – die Feststellungen könnten den gesellschaftlichen Mehr-Wert von Kulturarbeit und Kulturpoli-

Zeichnung: Deutsches Allgemeines Sonntagsblatt / Gerhard Mester

tik resümieren –, daß der Reichtum und die Vielfalt der deutschen Kultur ein wesentliches Element der Lebensbedingungen und damit auch der Entscheidungen zugunsten eines Standortes darstellten.

Multikultur muß zur Interkultur werden

Standort sei als humaner Topos begriffen. Ubi bene, ibi patria – wo es mir gut geht, da ist mein Vaterland. Das ist nicht oberflächlich zu begreifen. Vaterland, Mutterland, Kinderland hat in existentieller Weise mit Kultur zu tun; Bei-sich-selbst-sein, eben Identität, ist ohne kulturelle Identität nicht möglich. Heimat gelangt zum Vor-Schein, wenn der Mensch, der nicht vom Brot allein lebt, im Kultur-Raum sich wohlfühlt. Lebens-Raum, Kultur-Raum – sit venia verbo – wurden immer wieder ideologisch, zum Beispiel durch den Nationalsozialismus, heute durch den fundamentalistischen Ethnozentrismus, mißbraucht. Wir rehabilitieren Wort und Begriff, indem wir sie mit Bindestrich versehen, wodurch das Fragewürdige frag-würdig wird: Lebens-Raum, als Raum zum Leben, und nicht als Raum, aus dem man andere, die nicht zur eigenen Kultur zu gehören scheinen, zu verdrängen trachtet. Wenn wir Lebens-Raum unter dem global-aufklä-

rerischen Vorzeichen der Menschen-Raum-Kultur verstehen, verbunden mit der Forderung, daß Multikultur zur Interkultur werden muß –, erst dann entwickeln wir das rechte Raum-Gefühl. Lebens-Raum bedarf der Kultur, da der Mensch, wenn er nur im Lebensraum sich befindet, in Gefahr ist, der Schwerkraft, der Materialität, auch dem Abgründigkeit zu verfallen (homo homini lupus – der Mensch ist des Menschen Wolf). Kultur-Raum ist Option, sich zu ›veredeln‹. Kultur-Raum als Heimat ist nicht ein romantisch-irrationaler Topos oder Pseudomythos, sondern der Ort, da das Glück konkret zu Hause sein kann (das größtmögliche Glück für die größtmögliche Zahl). Der arbeitende, schaffende, die Gegebenheiten umbildende und überholende Mensch hat die Chance – so ERNST BLOCH – zugleich in Ruhe sich selbst zu erfassen und das Seine ohne Entäußerung in realer Demokratie zu begründen: ›So entsteht in der Welt etwas, das allen in die Kindheit scheint und worin noch niemand war: Heimat.‹

Kultur braucht Geld. Aber von der Kasse wird man zur Kultur nur dann wieder vordringen, wenn man deren humane Option individuell wie gesellschaftlich wahrnimmt.

Kulturchronik

Januar. Das Centre International du Vitrail in Chartres würdigt den frz. Künstler ALFRED MANESSIER als Meister der modernen sakralen Glasmalerei (bis 12. April; →Alfred-Manessier-Ausstellung).

1. Januar. Ein einmonatiger ›Übersetzerstreit‹ entbrennt, nachdem eine Gruppe von Münchner Übersetzern den Knaus Verlag öffentlich aufgefordert hat, die von HANSWILHELM HAEFS besorgte dt. Übersetzung von LAWRENCE NORFOLKS Roman ›Lemprières Wörterbuch‹ zurückzuziehen.

10. Januar. Der Dramatiker HEINER MÜLLER gibt Kontakte mit der DDR-Staatssicherheit zu.

15. Januar. Der Film ›Stalingrad‹ von JOSEPH VILSMEIER wird mit dem Bayer. Filmpreis ausgezeichnet. Die meisten Kritiker halten das Remake eines Films von FRANK WISBAR für eine oberflächl. Schlachtenbeschreibung. Mit 1,3 Mio. Zuschauern war er 1993 der erfolgreichste dt. Film.

16. Januar. In der Tübinger Kunsthalle wird der Franzose PAUL CÉZANNE mit ca. 100 Gemälden als Wegbereiter der Moderne gewürdigt (bis 2. Mai; →Cézanne-Ausstellung).

16. Januar. Das neue Ballett ›Tanzabend I‹ von PINA BAUSCH erlebt am Wuppertaler Opernhaus seine Uraufführung.

19. Januar. Die Mannheimer Kunsthalle veranstaltet ein sechstägiges internat. Symposion im Rahmen der Ausstellung ›ÉDOUARD MANET – Augenblicke der Geschichte‹ (18. 10. 1992 bis 24. Jan.; → Kunstausstellungen).

19. Januar. Die neue Revue ›Sein und Schein‹ von ANDRÉ HELLER wird am Wiener Burgtheater uraufgeführt.

20. Januar. Die Schriftstellerin CHRISTA WOLF gibt zu, in den frühen sechziger Jahren als ›Inoffizielle Mitarbeiterin‹ für die DDR-Staatssicherheit gearbeitet zu haben.

21. Januar. Das Stück ›Sturmwarnung‹ von LUDWIG FELS wird im Frankfurter Fritz-Remond-Theater uraufgeführt.

23. Januar. Die Foreign Press Association vergibt in Hollywood zum 50. Mal die Golden Globes. ›Der Duft der Frauen‹ von MARTIN BREST siegt in drei Kategorien: bester Film in der Gattung Drama, bester Darsteller (AL PACINO) und bestes Drehbuch (BO GOLDMAN). ›The Player‹ von ROBERT ALTMAN gewinnt zwei Hauptpreise, CLINT EASTWOOD wird für seine Regie im Western ›Erbarmungslos‹ ausgezeichnet.

31. Januar. MOZARTS ›Così fan tutte‹ hat in der Regie von DIETER DORN und unter der musikal. Leitung von PETER SCHNEIDER im Cuvilliés-Theater in München eine vielbeachtete Premiere.

Im Kölner Museum Ludwig ist vom 26. Februar bis 16. Mai eine Picasso-Ausstellung zu sehen. Im Bild ›Frau mit Kinderwagen, 1950‹ (vorne), ›Im Atelier, 1964‹ (rechts) und ›Der Maler, 1964‹

Februar. Große Teile der berühmten Sammlung Alter und Neuer Meister von BARON HANS HEINRICH THYSSEN-BORNEMISZA sind in ihrem neuen Domizil im Palacio de Villahermosa in Madrid der Öffentlichkeit zugänglich.

5. Februar. Aus Anlaß des Medienkunst-Festivals ›Mediale‹ finden in Hamburg eine Reihe von Ausstellungen zu allen Spielarten der elektron. Künste statt (bis Ende März).

8. Februar. BOTHO STRAUSS veröffentlicht den heftig umstrittenen Essay ›Anschwellender Bocksgesang‹. Einige Kritiker gehen so weit, ihm die gegenaufklärer. Position der ›neuen Rechten‹ vorzuwerfen.

9. Februar. Die Josef-Haubrich-Kunsthalle in Köln zeigt die Ausstellung ›Lateinamerika – Kunst des 20. Jh.‹ mit 300 Gemälden, Skulpturen und Objekten (bis 25. April).

10. Februar. ›Wessis in Weimar‹, ein Stück von ROLF HOCHHUTH, wird gegen den Widerstand des Autors in einer Inszenierung von EINAR SCHLEEF vom Berliner Ensemble im Theater am Schiffbauer Damm uraufgeführt. (→ Theater)

11. Februar. Den ›Goldenen Bären‹ der Berliner Filmfestspiele (bis 22. Febr.) erhalten gemeinsam zwei chin. Produktionen: ›Die Frauen vom See der duftenden Seelen‹ von XIE FEI (Volksrep. China) und ›Das Hochzeitsbankett‹ von ANG LEE (Taiwan).

12. Februar. In der Bonner Bundeskunsthalle findet eine Retrospektive mit 200 Werken von SAM FRANCIS, dem führenden Vertreter des amerikan. abstrakten Expressionismus, statt (bis 18. April).

14. Februar. In der Alten Nationalgalerie in Berlin wird die Ausstellung mit 70 spätromant. Gemälden und Zeichnungen aus der ehem. Sammlung des Grafen RACZYNSKI, die sich heute im Nationalmuseum Poznán (Posen) befinden, beendet (seit 17. 12. 1992; → Kunstausstellungen).

21. Februar. Die Neue Nationalgalerie in Berlin beendet die große Ausstellung ›Die Zeit nach Guernica 1937 bis 1973‹ über das Spätwerk PABLO PICASSOS (seit 8. 12. 1992; Wanderausstellung Berlin, München, Hamburg).

22. Februar. Die große Ausstellung ›HENRY VAN DE VELDE. Ein europ. Künstler in seiner Zeit‹ macht im Berliner Bauhaus-Archiv Station. Gezeigt werden rd. 1000 Bilder und Objekte des gebürtigen Belgiers (bis 18. April; Wanderausstellung 1992–94 in Hagen, Weimar, Berlin, Gent, Zürich, Nürnberg).

24. Februar. HANS WERNER HENZES textloses ›Requiem‹ wird in Köln vom Ensemble Modern unter der Leitung von INGO METZMACHER uraufgeführt.

26. Februar. Das Museum Ludwig in Köln zeigt bis zum 16. Mai eine Picasso-Ausstellung mit 170 Gemälden, 200 druckgrafischen Blättern sowie Skulpturen.

1. März. Im Pariser Centre Georges Pompidou werden 130 Gemälde und Skulpturen aus der fauvist. Periode des frz. Künstlers HENRI MATISSE ausgestellt (bis 21. Juni).

4. März. LUC BONDY inszeniert in Brüssel die Uraufführung von PHILIPPE BOESMANNS Oper ›Reigen‹ nach ARTHUR SCHNITZLER; die musikal. Leitung hat SILVAIN GAMBRELING, der im Herbst an die Frankfurter Oper wechselt.

6. März. Das Stück ›Schocks‹ von SAM SHEPARD erlebt am Münchner Residenztheater seine dt. Erstaufführung.

7. März. CHRIS REA, der als Rocksänger v. a. mit seinen melod. Balladen erfolgreich ist, macht Tourneestation in Bielefeld.

9. März. Das Pariser Grand Palais zeigt zum ersten Mal in einem Überblick die venezian. Malerei des 16. Jh. mit TIZIAN als Mittelpunkt (bis 14. Juni).

11. März. In der Ausstellung ›FRIDA KAHLO. Das blaue Haus‹ vereinigt die Kunsthalle Schirn in

Das Leipziger Gewandhausorchester
mit seinem Kapellmeister Kurt Masur
(links) nach dem Jubiläumskonzert
zum 250jährigen Bestehen des
Orchesters (11. März)

Frankfurt am Main 60 Gemälde der mexikan. Künstlerin (bis 23. Mai).

11. März. Das Leipziger Gewandhausorchester gibt ein Festkonzert anläßlich seines 250jährigen Bestehens.

12. März. Themat. Schwerpunkt der ›14. musik-biennale berlin – internat. fest für zeitgenöss. musik‹ ist die Musik der fünfziger Jahre in Ost- und Westeuropa. Im Konzert mit dem Rundfunk-Sinfonie-Orchester Berlin wird Musik des sozialist. Realismus (PAUL DESSAU, ›In memoriam BERTOLT BRECHT‹, 1957) der seriellen Musik (KARLHEINZ STOCKHAUSEN, ›Punkte‹, 1952/62) gegenübergestellt (bis 21. März).

12. März. Mit der Uraufführung seines Tanzstücks ›Nacht‹ gibt MAURICE BÉJART seinen Einstand als ständiger Gastchoreograph der Berliner Staatsoper Unter den Linden.

13. März. Die Staatsgalerie in Stuttgart zeigt 70 Arbeiten des umstrittenen amerikan. Neo-Pop-Künstlers JEFF KOONS (bis 18. April).

13. März. GERLIND REINSHAGENS neues Stück ›Die fremde Tochter‹ wird in der Komödie des Basler Theaters uraufgeführt.

26. März. Das Stück ›Rabenland‹ des Schweizer Autors HANSJÖRG SCHERTENLEIB erlebt im Münchner Marstalltheater seine Uraufführung.

28. März. ›die stromlinienform‹ heißt eine Ausstellung im Karl-Ernst-Osthaus-Museum in Hagen, in der etwa 300 Objekte die Vielfalt der Formgebung aus Natur, Technik, Design und Kunst dokumentieren (bis 30. Mai).

29. März. Das Bundesverfassungsgericht greift zum ersten Mal in die Literaturkritik ein und befindet, der Satiriker ECKHARD HENSCHEID habe den verstorbenen HEINRICH BÖLL mit einer ›Schmähkritik‹ in dessen Menschenwürde verletzt.

29. März. Aus der ›Oscar‹-Vergabe in Los Angeles geht der Western ›Erbarmungslos‹ von CLINT EASTWOOD als großer Gewinner hervor. Er erhält den ›Oscar‹ als bester Film, für die beste Regie, den besten Schnitt sowie die beste männl. Nebenrolle. Der ›Oscar‹ für die beste männl. Hauptrolle wird AL PACINO für seine Darstellung in ›Der Duft der Frauen‹ verliehen, der für die beste Schauspielerin geht an EMMA THOMPSON für ›Auf Wiedersehen in Howards End‹ (BILD S. 214). Die dt. Produktion ›Schtonk!‹ ist zwar als ›bester nichtenglischsprachiger Film‹ nominiert, wird aber nicht ausgezeichnet.

31. März. Das westdt. PEN-Zentrum lehnt es wegen des Kriegs im ehem. Jugoslawien ab, zum Weltkongreß des internat. PEN nach Dubrovnik zu fahren.

1. April. 78 Künstler geben im Kunstverein Frankfurt am Main in der Ausstellung ›Prospect 93‹ einen Überblick über die internat. Gegenwartskunst (bis 23. Mai).

4. April. Der frz.-amerikan. Künstler MARCEL DUCHAMP wird im Palazzo Grassi in Venedig mit 300 Arbeiten und Dokumenten umfassend gewürdigt (bis 18. Juli).

6. April. Das Staatstheater Darmstadt zeigt SERGEJ EISENSTEINS Stummfilmklassiker ›Panzerkreuzer Potemkin‹ (1925) mit der originalen Live-Orche-

Einen Tag vor der Eröffnung der Jeff-Koons-Retrospektive am 13. März in Stuttgart zeigt sich der

Künstler neben einem Werk, das ihn mit seiner Ehefrau Ilona Staller (›Cicciolina‹) darstellt

Emma Thompson und Al Pacino bei
der Oscar-Verleihung am 29. März

sterbegleitung von EDMUND MEISEL (1926). Es spielt
die Südwestfälische Philharmonie unter MARK AN-
DREAS. Die verschollen geglaubten Noten sowie
eine Filmkopie aus den zwanziger Jahren mit dt.
Zwischentiteln wurden nach Jahrzehnten wieder-
entdeckt und von Film- und Musikhistorikern bearbeitet und restauriert.

8. April. Die Londoner Hayward Gallery zeigt 90
Werke der amerikan. Malerin GEORGIA O'KEEFFE
(bis 27. Juni).

9. April. Die ARD startet die Fernsehserie ›Die
Zweite Heimat‹, die Chronik einer Jugend in 13
Einzelfilmen von EDGAR REITZ. Die Serie war, nach
ihrem Erfolg während der Filmfestspiele in Venedig, schon im Winter und Frühjahr in versch. Städten gezeigt worden und lief ab März im Kulturkanal
arte. Gemessen an den Zuschauerzahlen der ersten
Staffel der ›Heimat‹ 1984 war die Fortsetzung jedoch ein Flop.

13. April. TOM STOPPARDS neues Stück ›Arcadia‹
wird im Londoner Nationaltheater uraufgeführt
und mit viel Beifall aufgenommen.

15. April. Deutschlandpremiere von HEINER GOEB-
BELS' ›Oder die glücklose Landung‹ im Theater am
Turm in Frankfurt am Main. Der Komponist GOEB-
BELS fügte Elemente der improvisierten Musik, der
afrikan. Folklore und der Neuen Musik mit Sprach-
elementen und einem bewegl. Bühnenbild zu einem
Gesamtkunstwerk zusammen.

23. April. Die ›Wittener Tage für neue Kammermu-
sik‹ feiern an drei Tagen ihr 25jähriges Bestehen.
Schwerpunkt ist die Verbindung von Musik und
Film.

25. April. Unter der musikal. Leitung von RICHARD
HICKOX und in der Regie von HARRY KUPFER, der
1993 den Frankfurter Musikpreis erhielt, eröffnet
HÄNDELS Oper ›Julius Caesar in Ägypten‹ die
sechstägigen Schwetzinger Festspiele.

30. April. Unter dem Titel ›Wege der Moderne –
Die Sammlung Beyeler‹ zeigt die Berliner Neue
Nationalgalerie 150 Arbeiten der klass. Moderne
aus der bedeutenden schweizer. Privatsammlung
(bis 1. Aug.; → Kunstausstellungen).

Mai. Der Nachlaß von ERNST BARLACH in Güstrow,
bestehend aus 300 Skulpturen, 1 100 Zeichnungen,
4 500 Skizzen, Druckgraphiken u.a., wird vom
Land Mecklenburg-Vorpommern, vom Bund und
von der Kulturstiftung der Länder für 27,5 Mio.
DM erworben. – In Weil am Rhein wird das von
der iran. Architektin ZAHA M. HADID entworfene
Feuerwehrhaus des Möbelherstellers Vitra eingeweiht. Es ist weltweit das erste realisierte Gebäude
der Architektin, die vorher nur durch ihre ›dekon-
struktivist.‹ Architekturphantasien berühmt war.

1. Mai. Zum 100. Geburtstag von JOAN MIRÓ wird in
Barcelona der span. Künstler in einer großen Retrospektive mit 180 Gemälden und 300 Zeichnungen
aus allen Werkphasen gewürdigt (bis 30. Aug.;
→ Joan-Miró-Ausstellung).

2. Mai. In der National Gallery of Art in Washington beginnt die Tournee von 80 noch nie ausgelie-
henen Spitzenwerken der frühen frz. Moderne aus
der amerikan. Barnes Foundation (bis 15. Aug.;
→ Kunstausstellungen).

8. Mai. 252 Werke von 66 Künstlern vereinigt die
Überblicksausstellung über amerikan. Kunst in
Berliner Martin-Gropius-Bau (bis 25. Juli; → Ame-
rikanische Kunst des 20. Jahrhunderts).

12. Mai. 3. Internat. Komponistinnen-Festival Kassel unter dem Motto ›Vom Schweigen befreit‹. Das
Werk LILI BOULANGERS wird komplett aufgeführt.

13. Mai. Der Hauptpreis der 46. Internat. Filmfestspiele von Cannes (bis 24. Mai), die ›Goldene
Palme‹, geht gemeinsam an die neuseeländ. Produktion ›The Piano‹ von JANE CAMPION (→ Film)
und an den Beitrag aus China ›Farewell to My Concubine‹ von CHEN KAIGE. Den ›Großen Preis der
Jury‹ erhält der dt. Film ›In weiter Ferne, so nah‹
von WIM WENDERS, eine Fortsetzung seines Films
›Der Himmel über Berlin‹.

14. Mai. Die Alte Nationalgalerie in Berlin zeigt 180
Gemälde des 19. Jh. aus dem Museum Stiftung Oskar Reinhart in Winterthur (bis 12. Sept.; → Kunstausstellungen).

14. Mai. ›The Boss‹ BRUCE SPRINGSTEEN, unerreich-
tes Vorbild vieler Rockmusiker, gibt während seiner
mit großer Begeisterung aufgenommenen Europatournee ein Konzert in Münchens altem Flughafen.

19. Mai. Der Saarländ. Rundfunk legt in seiner
jährl. Konzertreihe ›Musik im 20. Jh.‹ den Schwerpunkt auf die Musik ermordeter und emigrierter
jüd. Komponisten. Im Mittelpunkt steht das Werk
des 1942 in einem dt. Internierungslager ums Leben
gekommenen Prager Komponisten ERWIN SCHUL-
HOFF (bis 23. Mai).

27. Mai. Bei einem Bombenanschlag in Florenz
werden die Uffizien schwer beschädigt.

28. Mai. ›22. Internat. Jazz Festival‹ an vier Tagen
in Moers. Am letzten Abend präsentiert sich FRANK
KÖLLGES als Improvisationsdirigent mit einer ad
hoc zusammengestellten Gruppe von 50 Musikern

und Sängern. Kontrast zum Massenspektakel bietet die finn. Formation ›Rinneradio‹ durch ihre Kombination von Techno-Musik mit lappländ. Obertongesang.

28. Mai. KARLHEINZ STOCKHAUSENS Musiktheaterstück ›Dienstag aus Licht‹ wird als erstes Werk seines Musiktheaterzyklus auf einer dt. Bühne in Leipzig szenisch uraufgeführt.

1. Juni. Mit der Ausstellung ›JUDITH LEYSTER – Malerin in einer Männerwelt‹ ehrt das Frans-Hals-Museum in Haarlem die bedeutendste holländ. Malerin des 17. Jh. (bis 22. Aug.; →Judith-Leyster-Retrospektive).

3. Juni. Bei der Verleihung der Bundesfilmpreise wird in diesem Jahr kein Filmband in Gold vergeben. Filmbänder in Silber gewinnen die Komödie ›Wir können auch anders‹ (→Film) sowie ihre beiden Hauptdarsteller JOACHIM KRÓL und HORST KRAUSE. Regisseur DETLEV BUCK wird zus. mit ERNST KAHL für das beste Drehbuch und DETLEF PETERSEN für die Filmmusik ausgezeichnet. Weitere Filmbänder in Silber erhalten SÖNKE WORTMANNS ›Kleine Haie‹ und GORDIAN MAUGGS ›Der olympische Sommer‹.

12. Juni. Das Museum Moderner Kunst in Passau ehrt GEORGE GROSZ zum 100. Geburtstag mit einer Ausstellung von Aquarellen und Zeichnungen aus Privatbesitz (bis 29. Juni).

13. Juni. In Venedig findet die Biennale als Überblick über die zeitgenöss. Kunstszene statt (bis 10. Okt.).

19. Juni. Das German. Nationalmuseum in Nürnberg feiert die Eröffnung eines neuen Erweiterungsbaus mit der Präsentation eines großen Teils der Sammlung von IRENE und PETER LUDWIG (bis 10. Okt.; →Kunstausstellungen).

17. Juni. Das Stück ›Requiem für einen Spion‹ von GEORGE TABORI erlebt am Wiener Akademietheater seine Uraufführung. (→Theater)

17. Juni. Das Stück ›Elysian Park‹ von MARLENE STREERUWITZ wird an den Kammerspielen des Dt. Theaters in Berlin uraufgeführt. (→Theater)

19. Juni. Die Kunsthalle Schirn in Frankfurt am Main zeigt in zwei Retrospektiven den bask. Bildhauer EDUARDO CHILLIDA und den katalan. Maler ANTONI TÀPIES (bis 5. Sept.).

22. Juni. Nach einem Beschluß des Berliner Senats werden die Staatl. Schauspielbühnen Schiller- und Schloßpark-Theater geschlossen. In den darauffolgenden Tagen führt dies zu zahlreichen Protesten von Schauspielern, Künstlern und Gewerkschaften.

22. Juni. Die seit Jahren zu den erfolgreichsten Rockformationen zählende amerikanische Hard-Rock-Band Guns'N'Roses – sie ist bekannt durch ihr ruppiges Image – gastiert während ihrer Open-air-Tournee im Karlsruher Wildparkstadion.

25. Juni. Im Museum Folkwang in Essen werden in der Ausstellung ›Morosow und Schtschukin – Die russ. Sammler‹ 120 Gemälde der klassischen frz. Moderne aus russ. Museen gezeigt (bis 31. Okt.; →Kunstausstellungen).

25. Juni. JÖRG HERCHETS Oper ›Nachtwache‹ nach NELLY SACHS wird in Leipzig uraufgeführt.

26. Juni. NIGEL KENNEDY, Paradiesvogel der Klassikszene, überrascht die Zuhörer beim ›Kurkonzert‹ in Wiesbaden mit Eigenkompositionen für die elektronisch verfremdete Geige und mit transformierten Stücken der Rocklegende JIMI HENDRIX.

2. Juli. ›Chanson Folklore International‹ an zwei Tagen auf der legendären Burg Waldeck im Hunsrück mit den Liedermachern FRANZ-JOSEF DEGENHARDT und HANNES WADER.

4. Juli. In der Baseler Kunsthalle werden in der Ausstellung ›Parallele Visionen – Moderne Künstler und Außenseiter‹ die Einflüsse der Kunst von Sonderlingen und Geisteskranken auf Künstler der Moderne thematisiert (bis 29. Aug.).

13. Juli. Durch einen literaturwiss. Aufsatz entsteht das Gerücht, ERIKA MANN habe für das FBI gearbeitet und ihren Vater THOMAS MANN bespitzelt. Die Behauptung wird rasch entkräftet.

25. Juli. Der Dramatiker HEINER MÜLLER führt in Bayreuth Regie in WAGNERS ›Tristan und Isolde‹, ERICH WONDER ersann das den drei Akten entsprechende Bühnenbild, bestehend aus drei großen Kuben. Der japan. Modemacher YOHJI YAMAMOTO entwarf die Kostüme. Die musikal. Leitung der Designerinszenierung hatte DANIEL BARENBOIM. (→Musik)

29. Juli. Das Berliner Verfassungsgericht entscheidet in einer einstweiligen Anordnung, daß die Staatl. Schauspielbühnen der Stadt, entgegen dem Beschluß des Berliner Senats, vorerst nicht geschlossen werden dürfen.

Im Rahmen der am 25. Juni eröffneten Ausstellung im Essener Folkwang-Museum wird das Gemälde ›Der Tanz‹ von Henri Matisse, das der Eremitage in St. Petersburg gehört, erstmals in Deutschland gezeigt

August. In Dublin wird ein echter CARAVAGGIO entdeckt. Das Gemälde ›Die Gefangennahme Christi‹ hing seit über 50 Jahren unbeachtet in einem Jesuitenkloster.

1. August. Das Musée d'Unterlinden in Colmar zeigt die Ausstellung ›Variationen zur Kreuzigung‹ mit etwa 60 Werken von 20 Künstlern, darunter PABLO PICASSO, EMIL NOLDE, FRANCIS BACON (bis 26. Sept.).

1. August. Das Saarland Museum in Saarbrücken zeigt aus Anlaß des 90. Geburtstages des Psycho-

Am 16. August treffen sich Salman Rushdie (Mitte) und der türkische Autor Aziz Nesin (rechts) in Günter Wallraffs (links) Gästehaus am Rhein zu einer Aussprache

logen, abstrakten Malers und Bildhauers BORIS KLEINT eine Retrospektive mit 200 Gemälden und Zeichnungen aus allen Werkphasen (bis 19. Sept.).

5. August. CLAUDIO MONTEVERDIS ›L'Orfeo‹ hat in HERBERT WERNICKES Regie und Ausstattung Festspielpremiere in Salzburg. (→ Musik)

7. August. In ihrer Geburtsstadt Gotha wird HANNAH HÖCH mit einer Retrospektive in Schloß Friedenstein geehrt (bis 3. Okt.).

16. August. Der Schriftsteller GÜNTER WALLRAFF vermittelt zw. SALMAN RUSHDIE und dem türk. Satiriker AZIZ NESIN, die sich wegen unterschiedl. Methoden im Kampf gegen den islam. Fundamentalismus zerstritten hatten.

17. August. SUSAN SONTAGS Inszenierung des Beckett-Stücks ›Warten auf Godot‹ hat in der belagerten bosn. Hauptstadt Sarajevo Premiere.

21. August. Die Ungar. Nationalgalarie in Budapest zeigt die Ausstellung ›GÜNTHER UECKER. Der geschundene Mensch‹ (bis 30. Sept.). Es ist der Beginn einer auf zehn Jahre angelegten Tournee.

28. August. Zum 200. Todestag erinnert die Fondazione Cini in Venedig mit der Ausstellung ›FRANCESCO GUARDI – Veduten, Capriccios, Feste‹ an den venezian. Rokoko-Maler (bis 21. Nov.).

30. August. Die ›Mostra Internazionale dell' Arte Cinematografica‹, das Filmfestival von Venedig (bis 11. Sept.), findet in diesem Jahr zum 50. Mal statt. Den Hauptpreis, einen ›Goldenen Löwen‹, erhalten gemeinsam ›Short Cuts‹ von ROBERT ALTMAN und ›Trois Couleurs, Bleu‹, ein in Frankreich entstandener Film des poln. Regisseurs KRZYSZTOF KIESLOWSKI.

2. September. Das Werk des griech. Komponisten JANNIS CHRISTOU ist Schwerpunkt der Konzerte des ›Musikfests Hamburg‹ (bis 9. Sept.).

2. September. Der amerikan. Film ›Jurassic Park‹ von STEVEN SPIELBERG startet in den dt. Kinos. Innerhalb von nur 10 Tagen sehen über 3 Mio. Besucher den spektakulären Dinosaurier-Thriller, der mit seiner außergewöhnl. Tricktechnik zum erfolgreichsten Film aller Zeiten wird. In den nächsten drei Jahren erwarten die Produzenten, unter ihnen SPIELBERG selbst, Einnahmen aus Kinobesuch und Merchandising-Verkäufen in Höhe von 200 Mio. Dollar.

3. September. ›Frankfurt Feste '93‹, in diesem Jahr das Fest der großen Orchester und das musikal. Geburtstagsfest zum 70. Geburtstag von GYÖRGY LIGETI, dem repräsentative Konzertabende mit seinen Werken gewidmet werden. (→ Musik)

7. September. Das neue Stück ›Moonlight‹ von HAROLD PINTER erlebt am Londoner Almeida-Theater seine Uraufführung.

9. September. Die Berlinische Galerie in Berlin widmet dem russisch-frz. Konstruktivisten IWAN PUNI eine umfangreiche Retrospektive (bis 14. Okt.).

11. September. In der Düsseldorfer Kunsthalle beginnt die größte Retrospektive des russ. avantgardist. Malers und Konstruktivisten WLADIMIR TATLIN mit 350 Arbeiten aus allen Werkphasen einschl. eines Modells des 400 m hohen ›Denkmals der III. Internationale‹ von 1919, das nie realisiert wurde (bis 21. Nov.; anschließend in Baden-Baden, Moskau und St. Petersburg).

19. September. In der Stiftskirche St. Servatius in Quedlinburg kann der wertvolle →Quedlinburger Domschatz wieder besichtigt werden.

23. September. Das Stück ›Abraham‹ von FELIX MITTERER wird am Linzer Landestheater uraufgeführt.

25. September. Das Stück ›Diderot und das dunkle Ei‹ von HANS MAGNUS ENZENSBERGER erlebt seine Uraufführung an den Städt. Bühnen in Freiburg im Breisgau.

Angriff des Tyrannosaurus Rex. Szene aus ›Jurassic Park‹, der ab 2. September auch die deutschen Kinos füllte

29. September. ›Tage für Neue Musik Stuttgart‹ (bis 5. Okt.). HANS ZENDERS musikalisch, szenisch und textlich verschachteltes Musiktotaltheater ›Don Quijote de la Mancha – 31 theatral. Abenteuer‹ erlebt unter der musikal. Leitung von BERNHARD KONTARSKY und in der Regie von AXEL MANTHEY seine Uraufführung in der Staatsoper Stuttgart.

1. Oktober. 31 Sinfonie-Orchester aus ebenso vielen europ. Ländern treffen sich beim Festival ›Europa Musicale‹ in München (bis 31. Okt.).

1. Oktober. Das Ballet ›Dix‹ von ROLAND PETIT erlebt an der Berliner Oper Unter den Linden seine Uraufführung.

2. Oktober. Am Grazer Schauspielhaus wird das Stück ›Sommernachtswut‹ des Schweizer Autors URS WIDMER uraufgeführt.

3. Oktober. Die Tübinger Kunsthalle zeigt in einer Retrospektive rd. 140 Arbeiten der Schweizer Künstlerin SOPHIE TAEUBER-ARP (bis 21. Nov.; anschließend in München).

5. Oktober. Auf der 45. Frankfurter Buchmesse, welche als Schwerpunkt die Literatur der Niederlande und Flanderns präsentiert, stellen 8 463 Verlage aus 96 Ländern ihre Produktion aus.

6. Oktober. Zum Auftakt seines Deutschlandbesuchs spielt Ex-Beatle PAUL MCCARTNEY in der Frankfurter Festhalle. (→ Musik)

6. Oktober. In der Frankfurter Inszenierung von ALBAN BERGS Oper ›Wozzek‹, unter der musikal. Leitung des neuen Musikchefs SILVAIN GAMBRELING, deutet PETER MUSSBACH BÜCHNERS Vorlage als symbolist. Individualstudie mit grotesk-rituellem Einschlag.

7. Oktober. Das Stück ›Oleanna‹ des amerikan. Dramatikers DAVID MAMET erlebt am Wiener Akademietheater seine dt.-sprachige Erstaufführung.

9. Oktober. Das Monologstück ›Sense‹ von WERNER FRITSCH wird am Schauspiel Bonn uraufgeführt.

18. Oktober. Der Zentralrat der Juden in Deutschland sowie zahlreiche Schriftsteller protestieren gegen die Verleihung des Jean-Paul-Preises an GERTRUD FUSSENEGGER. Ihr wird vorgeworfen, sich von ihren antisemit. Publikationen in der NS-Zeit nie distanziert zu haben.

20. Oktober. Das Stück ›Der Marquis schreibt einen unerhörten Brief‹ von FRIEDERIKE ROTH nach einer Vorlage des span. Romanciers JAVIER TOMEO erlebt seine Uraufführung am Kölner West-end-Theater, der neuen Spielstätte des Schauspielhauses.

23. Oktober. In Zittau, Göttingen und Trier wird das Stück ›Zurück nach Uskow‹ des Kinderbuchautors und Zeichners JANOSCH uraufgeführt.

29. Oktober. Seine Uraufführung erlebt das Tanzstück ›Rosa Luxemburg – Rote Rosen für Dich‹ von JOHANN KRESNIK nach einem Libretto von GEORGE TABORI an der Berliner Volksbühne.

1. November. Die Tate Gallery in London würdigt den abstrakten Künstler BEN NICHOLSON mit einer großen Werkschau (bis 9. 1. 1994).

7. November. Das Stück ›Selbstmord in Madrid‹ von KLAUS POHL erlebt am Zürcher Schauspielhaus seine Uraufführung.

9. November. Der Hauptpreis der ›Duisburger Filmwoche‹ für Dokumentarfilme geht an ›Die Wismut‹ von VOLKER KOEPP. Der Film berichtet über den geheimgehaltenen Uranabbau in der DDR und porträtiert ehem. Beschäftigte.

10. November. Die Ausstellung ›Casa di Goethe‹ im Bonner Bundeskanzleramt präsentiert bis zum 28. 1. 1994 Gemälde, wertvolle Erstausgaben und Manuskripte, die später im Goethe-Museum in Rom aufbewahrt werden sollen.

Am 10. November eröffnet Bundeskanzler Kohl die Ausstellung ›Casa di Goethe‹ im Kanzleramt (im Hintergrund ein Goethe-Porträt von Andy Warhol)

11. November. Als Neuanfang am Münchner Nationaltheater inszeniert THOMAS LANGHOFF ›Faust‹ von HECTOR BERLIOZ in einer ›Einheitsspielkiste‹.

21. November. BERTOLT BRECHTS frühes Stück ›Prärie‹ wird am Rostocker Ateliertheater, das Stück ›Traum und Trauer des jungen H.‹ von ROBERT SCHNEIDER am Schauspielhaus Hannover uraufgeführt.

25. November. Das Stück ›Engelchens Sturmlied‹ von HARALD KUHLMANN erlebt am Schauspielhaus Zürich seine Uraufführung.

28. November. Das Musical ›Der Kuß der Spinnenfrau‹ von JOHN KANDER und FRED EBB wird am Wiener Raimund-Theater in deutscher Sprache erstaufgeführt.

Dezember. Nach dreijähriger Arbeit wird die Restaurierung des Freskos ›Das Jüngste Gericht‹ von MICHELANGELO an der Altarwand der Sixtin. Kapelle in Rom abgeschlossen. Ab April 1994 soll es der Öffentlichkeit wieder zugänglich sein.

3. Dezember. ›STEPHAN LOCHNER – Meister zu Köln. Herkunft, Werke, Wirkung‹ heißt eine Ausstellung im Kölner Wallraf-Richartz-Museum, in der der Hauptmeister der ›Kölner Schule‹, seine Zeitgenossen und Nachfolger gezeigt werden (bis 27. 2. 1994).

4. Dezember. In den Babelsberger Filmstudios in Potsdam wird der Europ. Filmpreis ›Felix‹ vergeben. Als bester Film wird ›Urga‹ von NIKITA MICHALKOV aus Rußland ausgezeichnet, den Felix für sein Lebenswerk erhält der italien. Regisseur MICHELANGELO ANTONIONI.

10. Dezember. Das Amtsgericht Frankfurt beschlagnahmt den Dokumentarfilm ›Beruf Neonazi‹ über den Münchner Neonazi EWALD ALTHANS von WINFRIED BONENGEL, der laut Staatsanwaltschaft gegen das Verbreitungsverbot von Propagandamitteln nat.-soz. Organisationen verstößt. Nach einer kontroversen öffentl. Diskussion um die unkommentierte Dokumentation sperrten Verleih und Produzenten den Film schon am 8. Dez. bis auf weiteres. Die Berliner Staatsanwaltschaft lehnt Ende Dez. eine Beschlagnahmung des Films ab.

12. Dezember. Für mehrere Mio. Dollar versteigert das Auktionshaus Sotheby's in New York über 200 Objekte der sowjet. Raumfahrtgeschichte aus staatl. und privatem Besitz, darunter Raumanzüge, Ausrüstung, Mondgestein sowie ein noch auf dem Mond befindl. Fahrzeug.

13. Dezember. Die UNESCO erklärt die Altstadt von Bamberg und das Kloster Maulbronn zum Weltkulturerbe. Damit stehen 13 dt. Kulturdenkmäler unter internat. Schutz.

13. Dezember. Im Washingtoner Holocaust Memorial Museum wird STEVEN SPIELBERGS vielgelobter, in schwarzweiß gedrehter Film ›Schindlers's List‹ vorgestellt, der die authent. Geschichte der Rettung von 1 300 poln. Juden vor den Nazis durch den Industriellen OSKAR SCHINDLER erzählt.

17. Dezember. In der Halle Kalk wird vom Kölner Schauspiel das neue Theaterstück ›Ocean Drive‹ von MARLENE STREERUWITZ in der Regie von TORSTEN FISCHER uraufgeführt.

19. Dezember. GÖTZ FRIEDRICH, Intendant der Dt. Oper Berlin, zeigt seine Neuinszenierung von VERDIS ›Ein Maskenball‹.

22. Dezember. Archäologen entdecken in der Nähe der dalmatin. Stadt Split die vermutl. Überreste des bedeutenden antiken Handelshafens Sicula.

23. Dezember. Das Stück ›Der Stiefel und sein Socken‹ von HERBERT ACHTERNBUSCH, Autor und Regisseur, erlebt in den Münchner Kammerspielen seine Uraufführung.

29. Dezember. Die 1975 gegründete Staatl. Kunsthalle in der Budapester Straße in Berlin öffnet zum letzten Mal. Auf Senatsbeschluß wird sie zum Jahresende geschlossen.

Kulturhauptstadt Europas, →Antwerpen.

Kündigungsfristen: Die bisher gültige Regelung unterschiedl. K. für Arbeiter (§ 622 BGB) und Angestellte (enthalten im Angestellten-Kündigungsgesetz) wurde 1990 vom Bundesverfassungsgericht für verfassungswidrig erklärt, da diese Unterschiedlichkeit gegen den Gleichheitssatz (Art. 3 Abs. 1 GG) verstieß. Die dem Gesetzgeber vom Gericht auferlegte Neuregelung (erfolgt im Kündigungsfristengesetz vom 7. 10. 1993) trat am 15. 10. 1993 in Kraft; sie ist in § 622 BGB eingearbeitet worden; das Angestellten-Kündigungsgesetz ist außer Kraft getreten. Insgesamt stellt die neue Regelung Arbeiter im Verhältnis zur alten Gesetzeslage deutlich besser, Angestellte hingegen erfahren i. d. R. deutlich abgekürzte K. Von den gesetzl. Fristen abweichende Bestimmungen in Tarifverträgen gehen den gesetzl. Fristen vor.

Nach dem neuen Gesetz kann das Arbeitsverhältnis eines Arbeiters oder eines Angestellten (Arbeitnehmers) mit einer Frist von vier Wochen zum Fünfzehnten oder zum Ende eines Kalendermonats gekündigt werden.

Für eine Kündigung durch den Arbeitgeber beträgt die K., wenn das Arbeitsverhältnis in dem Betrieb oder Unternehmen

1) zwei Jahre bestanden hat, einen Monat zum Ende eines Kalendermonats,

2) fünf Jahre bestanden hat, zwei Monate zum Ende eines Kalendermonats,

3) acht Jahre bestanden hat, drei Monate zum Ende eines Kalendermonats,

4) zehn Jahre bestanden hat, vier Monate zum Ende eines Kalendermonats,

5) zwölf Jahre bestanden hat, fünf Monate zum Ende eines Kalendermonats,

6) fünfzehn Jahre bestanden hat, sechs Monate zum Ende eines Kalendermonats,

7) zwanzig Jahre bestanden hat, sieben Monate zum Ende eines Kalendermonats.

Bei der Berechnung der Beschäftigungsdauer werden Zeiten, die vor der Vollendung des fünfundzwanzigsten Lebensjahres des Arbeitnehmers liegen, nicht berücksichtigt. Während einer vereinbarten Probezeit, längstens für die Dauer von sechs Monaten, kann das Arbeitsverhältnis mit einer Frist von zwei Wochen gekündigt werden. Sonder-K. gelten für Aushilfskräfte und für geringfügig Beschäftigte.

Kunstausstellungen

Das Unbehagen und die Kritik an den jüngsten Entwicklungen der zeitgenöss. Kunstszene führten in den großen Ausstellungsinstituten zu einer verstärkten Hinwendung zu den Rebellen und Ideenstiftern des frühen 20. Jh., deren Werke als bedeutende Kulturleistungen unumstritten sind, sei es nun die Klass. Moderne Europas oder Amerikas, sei es deren Vätergeneration v. a. aus Frankreich. Das Charakteristikum aber bildeten 1993 Ausstellungen bedeutender Privatsammlungen, die teilweise zum ersten Mal öffentlich gezeigt wurden.

Kunstpreise 1993 (Auswahl)

Ernst-Barlach-Preis: Andreas Girth
Max-Beckmann-Preis: Ilya Kabakov
Daniel-Chodowiecki-Kunstpreis:
    Magdalena Hoffmann
Großer Berliner Kunstpreis: Otar Josseliani
Gutenberg-Preis der Stadt Leipzig: Kurt Löb
Max-Pechstein-Preis der Stadt Zwickau:
    Alfred Hrdlicka
Fritz-Schuhmacher-Preis der Hamburger
    Stiftung F. V. S.:
    Niels Gormsen, Hasso Busso von Busse
Heinrich-Tessenow-Medaille: Massimo Carmassi
Fred-Thieler-Preis: Peter Bömmels
Hans-Thoma-Preis: Dieter Krieg

Das Jahr der großen Privatsammlungen

Den Auftakt machten zwei Sammlungen mit Meisterwerken des 19. Jh. in der Alten Nationalgalerie auf der Berliner Museumsinsel. Zunächst wurde hier von Dez. 1992 bis Febr. 1993 die Malerei der Spätromantik präsentiert, die der poln. Graf und Diplomat ATHANASIUS RACZYNSKI in der ersten Hälfte des vorigen Jh. in Berlin erworben hatte. Anfang des 20. Jh. wurde die Sammlung in seine Heimatstadt Posen (Poznán) überführt und bildet heute den größten Bestand dt. Malerei des 19. Jh. in Polen. Von Mai bis Sept. folgten Werke aus der Sammlung des Schweizers OSKAR REINHART, eine umfangreiche Sammlung dt., österr. und schweizer. Malerei, zu deren Aufbau der damals 20jährige Unternehmersohn aus Winterthur durch die sog. Jahrhundertausstellung von 1906 in der Nationalgalerie mit Werken dt. Kunst von 1775 bis 1875 angeregt worden war. Nach dem Zweiten Weltkrieg stiftete er die Sammlung mit Bildern u. a. von CASPAR DAVID FRIEDRICH, HANS THOMA, ARNOLD BÖCKLIN und FERDINAND HODLER seiner Heimatstadt. Die Renovierung des Museums in Winterthur machte es möglich, daß diese Sammlung zum ersten Mal im Ausland gezeigt werden konnte.

Einen weiteren Höhepunkt stellte im Sommer in der Neuen Nationalgalerie in Berlin die Auswahl von rund 150 Arbeiten aus der Kunstsammlung dar, die das Basler Kunsthändlerpaar ERNST und HILDY BEYELER in über 40jähriger Tätigkeit mit Geschick und Kennerschaft von der Klass. Moderne bis zur Kunst der Gegenwart zusammengetragen hat. Das Sammlungsprinzip der BEYELERS besteht darin, von den großen Künstlern des 20. Jh. einzelne bedeutende Werke im Sinne von ›Höhenmarken‹ zu vereinen.

Das German. Nationalmuseum in Nürnberg eröffnete im Juni einen neuen Erweiterungsbau mit einem repräsentativen Querschnitt der wohl größten dt. Privatsammlung von IRENE und PETER LUDWIG, der den treffenden Titel ›Ludwigs Lust‹ trug. Der eigenwillige und nicht unumstrittene Sammler trug in über 40 Jahren eine einzigartige, nach Tausenden zählende Kollektion zusammen, die – ohne eigtl. Schwerpunkt – so unterschiedl. Bereiche wie präkolumb. und antike Kunst, mittelalterl. Handschriften, Meißner Porzellan und Straßburger Fayencen, Klass. Moderne einschl. der drittgrößten Picasso-Sammlung der Welt, russ. Avantgarde, amerikan., west- und osteurop. zeitgenöss. Malerei, Skulptur und Photographie umfaßt.

Lange unsicher blieb eine Ausstellung mit Leihgaben der Eremitage in St. Petersburg und des Moskauer Puschkin-Museums, da die Nachkommen der 1918 enteigneten Privatsammlungen der beiden russ. Textilfabrikanten IWAN MOROSOW und SERGEJ SCHTSCHUKIN auf Rückgabe klagten. Nach einem Stillhalteabkommen konnte diese erste Präsentation der beiden hochkarätigen Kollektionen, die um die Jahrhundertwende v. a. in Paris erworben wurden, mit 120 Werken des frz. Impressionismus und der Klass. Moderne dann doch im Essener Museum Folkwang von Juni bis Okt. gezeigt werden. Die mit Besucherrekord beendete Ausstellung wurde von der dt. Sektion des Internat. Kunstkritikerverbands im Nov. zur ›Ausstellung des Jahres‹ gewählt.

Von Mai bis September präsentiert die Alte Nationalgalerie auf der Berliner Museumsinsel die Sammlung Oskar Reinhart mit Werken u. a. von Caspar David Friedrich (im Bild ›Kreidefelsen auf Rügen‹)

Die größte, auch kunsthistor. Überraschung lieferte die Welttournee mit 80 ausgewählten Meisterwerken des frz. Impressionismus und der frühen Moderne aus der Barnes Foundation, die im Mai in Washington begann und bis 1994 über Paris und Tokio nach Philadelphia geht. Mit dieser Präsentation wird das Testament des amerikan. Arztes, Pharmazeuten, Sozialreformers und Fabrikanten ALBERT C. BARNES einmalig außer Kraft gesetzt, denn er hatte verfügt, daß die seit 1912 gesammelten, in seiner Villa in Merion in Pennsylvania aufbewahrten rd. 800 Gemälde weder verkauft, ausgeliehen noch farbig reproduziert werden dürften. Den dringend für eine Restaurierung und Modernisierung des Gebäudes benötigten Geldern verdankt die Öffentlichkeit jetzt die Wanderausstellung der Gemälde.

Gelungene Konzepte – schmaler Kulturetat

Zeugten alle diese zeittypischen Privatsammlungen von der Sammelleidenschaft, den Vorlieben und auch Eigenheiten ihrer Besitzer, so bestand ein weiteres positives Merkmal im Ausstellungswesen des Jahres 1993 in einer ganzen Reihe hervorragend gestalteter und von Kunsthistorikern konzipierter Veranstaltungen, die nicht nur den ästhet. Genuß für ein Massenpublikum, sondern auch die Veranschaulichung kunstwiss. Forschung im Blick hatten. Zu nennen ist z. B. die Ausstellung ›Augenblicke der Geschichte‹, die die Mannheimer Kunsthalle um die unterschiedl. Fassungen des Gemäldes

›Die Erschießung des Kaisers Maximilian von Mexiko‹ von ÉDOUARD MANET entwickelte, und die mit einem internat. Symposion im Jan. abgeschlossen

Die Ausstellung ›Augenblicke der Geschichte‹ zieht viele Besucher in die Mannheimer Kunsthalle

wurde. In diese Reihe gehören ebenso die von sechs Museen in Deutschland, der Schweiz und den Niederlanden gemeinsam erarbeitete Wanderausstellung ›Henry van de Velde – Ein europ. Künstler seiner Zeit‹, die alle Aspekte dieser vielseitigen Persönlichkeit berücksichtigte, und auch die ebenfalls in mehreren Städten gezeigte Ausstellung ›Picasso – Die Zeit nach Guernica 1937–1973‹, die erstmals das bis heute nicht so gewürdigte Schaffen des Spaniers aus seiner zweiten Lebenshälfte in den Vordergrund stellte.

Im Rückblick zeigt das Jahr ein sehr doppeldeutiges Gesicht: auf der einen Seite eine Reihe glanzvoller Höhepunkte der Klass. Moderne, auf der anderen Seite die deutlich sichtbare und von der Kritik thematisierte Krise der zeitgenöss. Kunst, die bes. an der 45. Biennale in Venedig von Juni bis Okt. festgemacht wurde. Innovation und Persönlichkeit charakterisierten hier nicht das Œuvre der jungen Künstler, sondern im Gegenteil das der ganz alten, wie das Lebenswerk der 82jährigen LOUISE BOURGEOIS.

Ausgesprochen negativ begann sich 1993 die wirtschaftl. Rezession auch auf den Kultur- und Kunstsektor auszuwirken. Die Sparpolitik der Kommunen führte von der Finanzmittelkürzung bzw. -streichung bis hin zur Schließung einzelner Ausstellungsinstitute.

Kurden, Volk mit einer iran. Sprache, das in einem zusammenhängenden Verbreitungsgebiet im Grenzbereich Türkei/Irak/Iran und in NO-Syrien lebt. Es gibt zw. 20 und 25 Mio. Kurden, die zwar als nat. Minderheit anerkannt (außer in der Türkei), aber weitgehend rechtlos sind und unter starkem Assimilationsdruck stehen. – Im Juni und Nov. rückten europaweit organisierte Anschläge auf türk. Einrichtungen und Demonstrationen die Lage der K. wieder mehr in das Licht der Öffentlichkeit (→ PKK).

Keine politischen Zugeständnisse in der Türkei

Die verantwortl. Politiker in Ankara zeigten sich weiterhin nicht in der Lage, polit. Zugeständnisse zur langfristigen Lösung des K.-Problems im Lande zu machen. Eine Anfang Juni veröffentlichte Amnestie für nichtmilitante Anhänger der PKK blieb ein vereinzelter Ansatz. Die vom PKK-Führer A. ÖCALAN im März verkündete einseitige Waffenruhe wurde im Mai durch ein Massaker an unbewaffneten türk. Soldaten in Bitlis (O-Anatolien) gebrochen. ÖCALAN rechtfertigte es nachträglich und kündigte der Türkei einen ›heißen Sommer‹ an. Ab Ende Juli verübten PKK-Anhänger Anschläge auf Tourismuseinrichtungen im W des Landes; im O entführten PKK-Kommandos zahlreiche Touristen. Nicht alle der PKK angelasteten Dorfüberfälle, Morde und Massaker in der SO-Türkei gingen jedoch eindeutig auf ihr Konto.

Nach dem Massaker vom Mai bestimmten wieder unnachgiebige Militärkreise die türk. Kurdenpolitik. Mitte Juli verbot das Verfassungsgericht die im Parlament vertretene prokurd. Volksarbeiterpartei (HEP) wegen ihrer ›separatist.‹ Tendenzen. Als Nachfolgepartei etablierte sich die Demokratie-Partei (DEP). Nach dem Mord an einem hochrangigen Gendarmeriekommandanten Mitte Okt. in Lice (Provinz Diyarbakir) beschoß das Militär mehrere Stadtteile mit schweren Waffen. Im Nov. wurde bekannt, daß sich die türk. Reg. im Kampf gegen die PKK um die Unterstützung von kurd. Stämmen in O- und SO-Anatolien bemühte.

Existentielle Not im Irak

Die offene Grenze zur Türkei und die türk. Einwilligung zur Stationierung der alliierten Eingreif-

Bewaffnete irakische Kurden

truppe bei Adana war seit 1991 von existentieller Bedeutung für die nordirak. Kurden. Ihre Führer J. TALABANI und M. BARZANI pflegten daher durch Besuche in Ankara im April bzw. Juni die bestehenden Kontakte. Mitte Nov. versuchten irak. Kurden-Kampfverbände erfolglos, PKK-Guerillas im Grenzgebiet zu stellen. Die schwache Wirtschaftsgrundlage des K.-Gebiets wurde Anfang Mai zusätzlich erschüttert, als der Irak die 25-Dinar-Scheine aus dem Verkehr zog und einen Umtausch nur im Einflußbereich der Zentralreg. erlaubte.

Verfolgung durch den Iran

Entlang der iran. Grenze befanden sich im irak. Kurdengebiet ca. 30 000 kurd. Flüchtlinge aus dem Iran. Kurdische und andere iran. Oppositionsgruppen führten von diesem Grenzgebiet aus immer wieder Aktionen im Iran durch. Im März begann der Iran mit der Bekämpfung dieser Gruppen über die Grenze hinweg mit Artilleriebeschuß und Luftangriffen, und Mitte des Jahres drang iran. Militär auf irak. Gebiet vor.

Kurzarbeit, →Arbeitsmarkt.

Kuwait

Hauptstadt: Kuwait
Einwohner: 2 Mio.
Einwohner/km²: 111
Staatsoberhaupt:
J. al-Ahmad al-Sabbah
Regierungschef:
S. al-Abdullah as-Salim as-Sabbah
BSP/Einwohner:
16 160 US-$

Polit. und ökonom. vermochte sich das Emirat nach dem Golfkrieg zu konsolidieren. Schwerpunkte des Wiederaufbaus bildeten der Erdölsektor und die Infrastruktur. Die OPEC legte die Förderquote für das Emirat auf 1,6 Mio. Barrel pro Tag fest. Daraufhin verließ K. im Juni die Organisation, da es beabsichtigte, bis Ende 1993 2,5 Mio. Barrel pro Tag zu fördern. Schwierig blieben die wirtschaftl. Konsolidierung der Privatwirtschaft und der Wiederaufbau der Landwirtschaft. Die Beteiligung an den Kriegskosten der Alliierten (16 Mrd. US-$), die Wiederaufbaukosten sowie Kapitalabflüsse belasteten die finanzielle Situation. Bedeutende Mittel wurden für die Sicherheitspolitik aufgewendet. Im Mai bestätigte der UNO-Sicherheitsrat die neue Grenzziehung zw. K. und dem Irak.

L

Lake, Anthony, amerikan. Politiker (Demokrat. Partei), * New York 1939. – Nach seinem Sieg bei den Präsidentschaftswahlen im Nov. 1992 benannte BILL CLINTON L. zu seinem Nat. Sicherheitsberater. L. und CLINTON hatten schon 1972 im Wahlkampfteam des damaligen demokrat. Präsidentschaftskandidaten GEORGE S. McGOVERN zusammengearbeitet.
L. studierte in Harvard und Cambridge Volkswirtschaft, schloß sein Studium an der Woodrow Wilson School of Public and International Affairs in Princeton ab und arbeitete dann im Auswärtigen Dienst. 1969 holte ihn HENRY A. KISSINGER als Referenten in den Nat. Sicherheitsrat – ein Amt, das er aus Kritik an der Vietnampolitik seiner Reg. ein Jahr später wieder niederlegte. Unter Präs. JAMES E. CARTER war L. Leiter des polit. Planungsstabes des Außenministeriums unter CYRUS R. VANCE. Nach dem Sieg der Republikaner 1980 publizierte L. Bücher und lehrte an Colleges Zeitgeschichte. Seine polit. Erfahrung und seine freundschaftl. Verbundenheit mit dem neuen Außenmin. WARREN M. CHRISTOPHER sind gute Voraussetzungen für seine Amtsführung.

Laos

Hauptstadt: Vientiane
Einwohner: 4,5 Mio.
Einwohner/km²: 19
Staatsoberhaupt:
Nouhak Phoumsavanh
Regierungschef:
Kamtay Siphandone
BSP/Einwohner:
230 US-$

Die im Dez. 1992 gewählte Nationalversammlung bestätigte am 22. Febr. die neuen Staats- und Parteiführer. Nach dem Tod von Staats- und Parteichef KAYSONE PHOMVIHANE am 21. 11. 1992 war NOUHAK PHOUMSAVANH zum Staatspräs. bestimmt worden. KAMTAY SIPHANDONE war an die Spitze der Staatspartei Laot. Revolutionäre Volkspartei (LRVP) getreten, behielt aber gleichzeitig das Amt des Min.-Präs. bei.

Lapas-Affäre: Verteidigungsmin. RÜHE teilte im Febr. mit, daß das umstrittene Fernaufklärungssystem ›Lapas‹, das in Zusammenarbeit mit der US-Reg. weiterentwickelt werden sollte, nicht gebaut werde. Er begründete dies zum einen mit notwendigen Einsparungen im Verteidigungsbudget, zum anderen mit aufgetretenen Verdachtsmomenten gegen den Flugzeughersteller BURKHART GROB (→Amigo-Affäre) sowie hohe Offiziere und leitende Zivilbeamte des Verteidigungsministeriums wegen aktiver und passiver Bestechung.

Lauschangriff, großer, hauptsächlich zur Bekämpfung des organisierten Verbrechens von den Koalitionspartnern CDU/CSU geplante Maßnahme, bei der unter Einsatz von Abhörmitteln

(Wanzen, Mikrophone, Infrarotsensoren) Privatwohnungen und Geschäftsräume überwacht werden können. Dazu ist eine Änderung des Art. 13 GG (Unverletzlichkeit der Wohnung) notwendig. Die Koalitionspartei FDP ist gegen den g. L., die SPD stimmte diesem auf ihrem Parteitag im Nov. mit knapper Mehrheit prinzipiell zu. Während die Befürworter des g. L. auf die Aufklärungserfolge der US-Polizei mit Hilfe dieser Abhörmethoden hinweisen, sehen Kritiker die dem Bürger erwachsenden Nachteile beim Schutz seiner Persönlichkeitsrechte nicht aufgewogen durch mögl. Erfolge bei der Verbrechensbekämpfung.

Lehrzuchtverfahren, Lehrbeanstandungsverfahren, in den ev. Kirchen ein durch Kirchengesetz geregeltes Verfahren, in dem festgestellt wird, ob ein mit der öffentl. Wortverkündigung Beauftragter mit seiner Verkündigung in einem wesentl., permanenten, nicht überbrückbaren Ggs. zum kirchl. Bekenntnis steht. Ziel des zweistufigen L. (theolog. Lehrgespräch, Feststellungsverfahren) ist es, den Ggs. zu überwinden. Gelingt dies nach dem Urteil des Spruchkollegiums nicht, bedeutet dies keine subjektive Schuld des Betroffenen, zieht aber dessen Amtsenthebung nach sich.

Jutta Voss im Januar mit ihrem Buch, das Anlaß für das gegen sie eingeleitete Lehrzuchtverfahren ist

In Deutschland erregte 1993 ein solches Verfahren gegen die württemberg. Pfarrerin JUTTA VOSS Aufsehen; es wurde aufgrund ihres Buchs ›Das Schwarzmond-Tabu – Die kulturelle Bedeutung des weibl. Zyklus‹ in Gang gesetzt. Nach monatelangen Auseinandersetzungen gab VOSS Ende Nov. überraschend ihre Ordination an die württemberg. Landeskirche unter Hinweis auf die zerstörte Vertrauensbasis zurück und kam damit dem wahrscheinl. Entzug durch das Spruchkollegium zuvor. Das L. wurde daraufhin am 3. Dez. eingestellt.

Leichtathletik: Die außerhalb des Wettkampfs stattfindenden Dopingkontrollen schienen 1993 besser zu greifen, ohne aber der Problematik Herr

zu werden. Der bereits 1988 in Seoul des Dopings überführte Kanadier BEN JOHNSON wurde nach erneuter positiver Analyse lebenslänglich gesperrt. Bei den Nat. Sportspielen Chinas in Peking kurz vor der Vergabe der →Olympischen Spiele für das Jahr 2000 überraschten die außergewöhnl. Leistungssteigerungen der Teilnehmer. Die dort aufgestellten Laufbestzeiten bei den Damen liegen weit unter den alten Weltrekorden: QU YUNXIA über 1500 m in 3:50,46 min, JUNXIA WANG über 3000 m in 8:12,20 min und in 8:06,13 min sowie über 10000 m in 29:31,78 min. Die weltweit angezweifelten Rekordverbesserungen sollen auf überaus hartes Training und bes. Ernährung zurückgehen.

Während der Weltmeisterschaften im Aug. in Stuttgart wurden zwei Weltrekorde bei den Damen aufgestellt: 52,74 s über 400 m Hürden durch SALLY GUNNELL (Großbritannien) und 15,09 m im Dreisprung durch ANA BIRJUKOWA (Rußland). Bei den Herren gab es 1993 folgende neue Weltrekorde: über 1 Meile in 3:44,39 min durch NOUREDDINE MORCELI (Algerien); über 10000 m in 27:07,91 min durch RICHARD CHELIMO (Kenia) und in 26:58,38 min durch YOBES ONDIEKI (Kenia); über 4 × 400 m in 2:54,29 min durch die Staffel der USA; über 110 m Hürden in 12,91 s durch COLIN JACKSON (Großbritannien); im Hochsprung mit 2,45 m durch JAVIER SOTOMAYOR (Kuba); im Speerwerfen mit 95,54 m und 95,66 m jeweils durch JAN ZELEZNY (Tschech. Rep.). Die Staffel der USA stellte im Halbfinale der Stuttgarter Weltmeisterschaften über 4 × 100 m mit 37,40 s den eigenen Weltrekord aus dem Jahre 1992 ein.

León Carpio, Ramiro de, guatemaltek. Politiker, *Guatemala 1942. – Nach dem gescheiterten Putschversuch von Präs. JORGE SERRANO ELIAS wurde L. C. am 5. 6. 1993 zum neuen Präs. des Landes gewählt. L. C. hatte Jura studiert und übernahm frühzeitig Aufgaben im Staatsdienst. 1967–70 arbeitete er beim Wirtschaftsministerium, 1970–74 beim Kongreß, 1974–78 war er Generalsekretär beim Staatsrat und wechselte dann in die Wirtschaft. 1987–89 lehrte L. C. Verfassungsrecht an der Universidad Rafael Landivar. 1984–86 arbeitete er an der neuen Verfassung Guatemalas mit. 1989 setzte ihn der Kongreß als Menschenrechtsbeauftragten (›Procurador‹) ein. In diesem Amt prangerte L. C.

die Menschenrechtsverletzungen des Militärs und politisch einflußreicher Kreise öffentlich an. Dieser Einsatz für die Verfolgten brachte ihm den Beinamen ›der gute Mann von Mittelamerika‹ ein. Nach seiner Wahl zum Präs. kündigte L. C. eine Alphabetisierungskampagne an und entließ sowohl den Verteidigungsmin. als auch den Generalstabschef aus ihren Ämtern.

Lesotho ▮▮▮▮▮▮▮▮

Hauptstadt: Maseru
Einwohner: 1,8 Mio.
Einwohner/km²: 60
Staatsoberhaupt:
Letsie III. (gekrönt am 2. 4. 1993)
Regierungschef:
N. Mokhehle (seit 2. 4. 1993)
BSP/Einwohner: 580 US-$

Nach der zweimaligen Verschiebung der vom Militärrat bereits für 1992 angekündigten Rückkehr zur Demokratie wurden die ersten freien Wahlen seit 1970 am 27. und 28. März abgehalten. Bei einer Wahlbeteiligung von 72,3 % erzielte die 1970 um ihren Sieg gebrachte Basutoland Congress Party (BCP) unter NTSU MOKHEHLE 74,8 % der abgegebenen Stimmen; die von der Erlangung der Unabhängigkeit bis zum Militärputsch (1966–86) regierende Basotho National Party (BNP) von EVARISTUS RETSELISITSOE SEKHONYANA kam auf nur 22,7 % der Stimmen. Wegen des Mehrheitswahlrechts gewann die BCP alle 65 Parlamentsmandate. Mit der Vereidigung von MOKHEHLE als neuem Regierungschef endete nach sieben Jahren die Herrschaft des Mili-

Im 100-m-Finale der Leichtathletik-Weltmeisterschaften gewinnt am 15. August Linford Christie (vorne). Carl Lewis (links) kann lediglich den vierten Platz belegen

Ramiro de León Carpio (Mitte) wird im Juni als Staatspräsident eingesetzt

tärs. Die Inthronisierung von König LETSIE III., das Inkrafttreten der neuen Verfassung sowie die Vereidigung des Kabinetts und die Konstituierung des Parlaments schlossen den Demokratisierungsprozeß formal ab.

Lettland ▮▮▮▮▮▮▮▮

Hauptstadt: Riga
Einwohner: 2,7 Mio.
Einwohner/km²: 42
Staatsoberhaupt:
G. Ulmanis (seit 7. 7. 1993)
Regierungschef:
V. Birkavs (seit 7. 7. 1993)
BSP/Einwohner: 3 410 US-$

Währungsreform

Mit dem 1992 eingeführten lett. Rubel gelang vorerst die Abkoppelung vom russ. Rubel und dessen Inflationsanfälligkeit. Im Frühjahr 1993 wurde der Lat eingeführt (1 Lat = 100 Santimi), der bis zum 27. Mai parallel zum lett. Rubel kursierte und dann alleinige Währung L.s wurde. Der Handel mit fremden Währungen blieb jedoch erlaubt.
Die Arbeitslosenquote betrug ca. 5,1 %. Der durchschnittl. Monatslohn lag bei 82 US-$.

Minoritätenfrage und Parlamentswahlen

Zwar wurde in einer Resolution vom 15. 10. 1991 das Recht auf lett. Staatsbürgerschaft definiert, die Verabschiedung eines Staatsbürgergesetzes wurde jedoch lange verzögert und führte unter der vorwiegend russ. Minderheit (1989: 34 % der 48 % Nichtletten) zu Verunsicherung. Obwohl der Schutz nat. Minderheiten gesetzlich festgelegt ist, setzte eine Rückwanderung ethn. Russen nach Rußland ein. Ende Nov. diskutierte das Parlament eine Erschwe-

223

Der Lat, die neue Währung Lettlands

rung des Zugangs zur Staatsbürgerschaft sowie jährl. Einbürgerungsquoten, von denen Offiziere der ehemals sowjet. Armee ausgeschlossen sein sollen. Voraussetzungen der lett. Staatsbürgerschaft wären demnach u. a. ein zehnjähriger Aufenthalt in L., die Beherrschung der lett. Sprache und die Kenntnis der Grundsätze der lett. Verfassung.

Am 5./6. Juni fanden Parlamentswahlen statt. Wahlberechtigt waren jene Letten, die vor der sowjet. Annexion (1940) Staatsbürger L.s waren, sowie deren Nachfahren. Mit 32,3 % gewann die nationalkonservative Partei Latvijas Ceļs (Lett. Weg). Am 7. Juli 1993 wählte das Parlament überraschend den Wirtschaftswissenschaftler GUNTIS ULMANIS von der Bauernunion zum Staatspräs., der VAUDIS BIRKAVS zum neuen Regierungschef nominierte. Der Ausschluß der Russen von der Parlamentswahl führte zu einem Stocken des Abzugs der ehem. sowjet. Truppen (ca. 20 000 Soldaten) aus Lettland.

Libanon

Hauptstadt: Beirut
Einwohner: 2,8 Mio.
Einwohner/km²: 273
Staatsoberhaupt:
E. Hrawi
Regierungschef:
R. al-Hariri
BSP/Einwohner:
2 450 US-$

Die Lebenslage breiter Bevölkerungsschichten hatte sich in den letzten Jahren durch den Bürgerkrieg und ausländ. Interventionen drastisch verschlechtert. Durch eine Reduzierung des Budgetdefizits (u. a. durch den Abbau von Subventionen) und die Ankurbelung der Wirtschaft wollte die Reg. die Inflationsrate abbauen und den weiteren Verfall der Landeswährung aufhalten. Um den Wiederaufbau zu beschleunigen, beschloß sie einen Zehnjahresplan, dessen erste Schwerpunkte Aufräumungs- und Reparaturarbeiten und die Wiederherstellung der Infrastruktur bildeten. Bank- und Finanzwesen sowie Auf- und Ausbau der Leichtindustrie stellen längerfristige Schwerpunkte des Plans dar. Unterstützt wurde der Wiederaufbau von arab. Staaten

und Finanzorganisationen, vom Internat. Währungsfonds, von der Weltbank sowie von den Staaten der EG und Japan.

Die innenpolit. Lage blieb weiterhin kompliziert. Die Stationierung eines Kontingents syr. Streitkräfte, die Besetzung südl. Landesteile durch Israel und die Tätigkeit radikaler und politisch rivalisierender Gruppierungen erschwerten es der im Okt. 1992 eingesetzten Reg. HARIRI, die Staatsgewalt zu konsolidieren. Doch gelang es ihr, den Einfluß der libanes. Streitkräfte auszudehnen, die Entwaffnung der Milizen voranzutreiben sowie dem Rauschgiftanbau und -handel erfolgreich entgegenzutreten. Auch 1993 beantwortete Israel Angriffe der Hizbollah auf Stellungen der israel. Armee mit Luft- und Artillerieangriffen auf deren Stützpunkte im S-Libanon. Hunderttausende Menschen flüchteten in den N des Landes. Eine neue Situation entstand durch die Unterzeichnung des →Gaza-Jericho-Abkommens zw. Israel und der PLO.

Liberales Forum, am 6. Nov. gegr. österr. Partei. Die Ereignisse innerhalb der Freiheitl. Partei Österreichs (FPÖ) seit dem Parteitag von Innsbruck 1986 und der Wahl J. HAIDERS zum Bundesparteiobmann führten zu einer beständigen Zurückdrängung des ›liberalen‹ Flügels. Das ausländerfeindliche ›Ausländervolksbegehren‹ unter dem Motto ›Österreich zuerst‹ im Febr. 1993 gab den endgültigen Anstoß für vier FPÖ-Abgeordnete um die ehem. Präsidentschaftskandidatin der FPÖ, HEIDE SCHMIDT, die Partei zu verlassen. Sie blieben aber weiterhin Nationalratsabgeordnete und etablierten sich als eigene Parlamentsfraktion unter dem Namen L. F. Daß die neue Gruppierung durchaus Sympathien bei den Wählern erringen konnte, zeigte sich bei den Landtagswahlen am 16. Mai in Niederösterreich: Die Liberalen erreichten etwa 50 000 Stimmen (5 %) und zogen mit 3 Mandaten in den Landtag ein. Beim Gründungsparteitag am 6./7. Nov. legte das L. F. ein Parteiprogramm vor, das insbes. wegen der vorgesehenen Möglichkeit der Sozialfinanzierung von Abtreibungen, der Anerkennung homosexueller Lebensgemeinschaften und der Legalisierung von Drogen ebenso wie wegen der Forderung nach der Trennung von Kirche und Staat für Diskussionen auch innerhalb des L. F. sorgte.

Liberia

Hauptstadt:
Monrovia
Einwohner: 2,8 Mio.
Einwohner/km²: 25
Staatsoberhaupt:
P. Banks
(seit 13. 11. 1993)
Regierungschef:
P. Banks
(seit 13. 11. 1993)
BSP/Einwohner:
450 US-$

Im Bürgerkrieg gingen die Kampfhandlungen auch in den ersten drei Monaten weiter und führten zu zahlreichen Opfern in der Zivilbevölkerung. Eine Offensive der westafrikanischen Friedenstruppe (ECOMOG) sowie der Vereinigten Befreiungsbewegung Liberias (ULIMO) brachte den Führer der Nationalen Patriotischen Front Liberias (NPFL), CHARLES TAYLOR, zunehmend in Bedrängnis. Der Kommandeur der ECOMOG erklärte den Bürgerkrieg am 17. März für beendet. Druck aus dem Ausland setzte dann am 24. Juli die Unterzeichnung des Vertrags von Cotonou (Benin) durch. Dieser sah einen fünfköpfigen, aus den drei beteiligten liberian. Gruppierungen (bisherige Übergangsreg., NPFL, ULIMO) gebildeten Staatsrat als Übergangsreg., Wahlen innerhalb von sieben Monaten nach Inkrafttreten des Vertrags, Entwaffnung der Kämpfer, humanitären Beistand für Kriegsopfer und Organisierung der Rückkehr der Flüchtlinge vor. Eine Überwachungsbehörde aus den drei liberian. Gruppierungen sowie der ECOMOG und der UNO wurde geschaffen. Der Regierungsunterhändler bei den Friedensgesprächen, BISMARCK KUYON, wurde zum Vors. des Staatsrates gewählt. Bereits im Sept. kam es aber erneut zu Kämpfen. Am 13. Nov. wurde KUYON ohne Angabe von Gründen aus dem Amt entfernt und durch den bisherigen Justizmin. der Interimsreg., PHILIP BANKS, ersetzt.

Libyen

Hauptstadt: Tripolis
Einwohner: 4,9 Mio.
Einwohner/km²: 3
Staatsoberhaupt:
M. al-Gaddhafi
Regierungschef:
A. S. U. Durdah
BSP/Einwohner:
5310 US-$

L.s innen- und außenpolit. Situation stand weiterhin unter dem Zeichen der ›Lockerbie-Affäre‹. Im April 1992 verhängte der UNO-Sicherheitsrat gemäß der UNO-Resolution 731 Sanktionen gegen L. Die UNO hatte L. aufgefordert, die beiden Geheimdienstagenten, die beschuldigt werden, für den Bombenanschlag auf einen amerikan. Jumbo-Jet über der schott. Ortschaft Lockerbie im Dez. 1988 verantwortlich zu sein, auszuliefern. Die Sanktionen wurden – trotz diplomat. Bemühungen seitens der Arab. Liga und der libyschen Staatsführung – 1993 aufrechterhalten und richteten sich gegen den Handel mit Waffen und Flugzeugteilen sowie den Flugverkehr mit L. Revolutionsführer MUAMMAR AL-GADDHAFI schlug wiederholt vor, die Tatverdächtigen vor ein Gericht in einem ›neutralen‹ Land zu stellen, doch die USA und Großbritannien bestanden auf der Auslieferung in ihre Länder. Die amerik. Administration unter Präs. BILL CLINTON verfolgte einen unverändert harten Kurs und versuchte, die Sanktionen auf libysche Erdölexporte auszuweiten. Am 11. Nov. beschloß der UNO-Sicherheitsrat eine Verschärfung der Sanktionen; danach wurden vom 1. Dez. an die ausländ. Bankguthaben L.s eingefroren und die Lieferungen von Ausrüstungsgütern für den Transport und die Raffinierung von Erdöl unterbunden; die amerikan. Forderung nach einem Ölembargo scheiterte am Widerstand europ. Länder. Der libysche Staatschef erklärte bei einer Kundgebung, daß L. bereit sei, aus Protest gegen die Verschärfung der Sanktionen eigene Ölquellen, Ölfelder und Häfen in Brand zu stecken.

Meldungen über eine neue unterird. Giftgasfabrik, die sich nach Angaben des amerikan. State Departments 65 km südöstl. von Tripolis befinden soll, wurden dementiert.

Liechtenstein

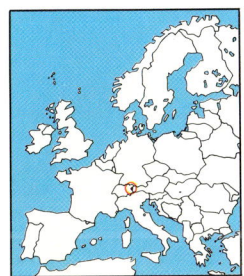

Hauptstadt: Vaduz
Einwohner: 29 000
Einwohner/km²: 181
Staatsoberhaupt:
Hans Adam II.
Regierungschef:
M. Frick
(seit 15. 12. 1993)
BSP/Einwohner:
30 270 US-$

Bei den Landtagswahlen am 7. Febr. zogen erstmals drei Parteien in den Landtag ein. Die Vaterländ. Union (VU) verlor ihre absolute Mehrheit, stärkste Partei wurde die Fortschrittl. Bürgerpartei (FBP), und neu in den Landtag kam die grüne Gruppe Freie Liste. Nachdem sich Regierungschef M. BÜCHEL selbst in der eigenen Partei, der FBP, nicht durchsetzen konnte und sich der Rücktrittsforderung der FBP widersetzte, stimmte der Landtag am 14. Sept. einem Amtsenthebungsantrag zu. HANS ADAM II. löste daraufhin den Landtag auf und schrieb Neuwahlen für den 22. und 24. Okt. aus. Die Wahlen endeten für die FBP in einem Debakel, sie errang nur noch 11 Sitze, ein Sitz ging an die Freie Liste, Regierungspartei wurde wieder die VU, die MARIO FRICK zum Regierungschef bestimmte.

Lien Chan, chin. Politiker (Kuo-min-tang) und Politikwissenschaftler, * Sian (Prov. Shensi) 27. 8. 1936. – Vor der Ernennung L. Ch.s, der als einer der reichsten Männer der Inselrep. Taiwan und als ein Mann des Ausgleichs gilt, zum neuen MinPräs. durch Staatspräs. LI TENG-HUI am 10. Febr. war es innerhalb der Kuo-min-tang zu einem Machtkampf mit dem konservativen Flügel der Partei gekommen, der den vorherigen Regierungschef HAO PEI-

Tsun stützte. Am 21. 12. 1991 hatten in Taiwan erstmals nach 1947 Neuwahlen zur Nationalversammlung, am 19. 12. zum Legislativ-Yüan, dem eigentl. Parlament, stattgefunden, bei denen die Kuo-mintang jeweils die absolute Mehrheit der Stimmen und Mandate erreicht hatte.

L. Ch. studierte Politologie in Taipeh und in den USA, wo er nach Studienabschluß auch wissenschaftlich arbeitete. 1968 nach Taiwan zurückgekehrt, übernahm er dort einen Lehrstuhl für Politologie an der Nat. Universität. Seit 1975 war er als Botschafter, im ZK der Kuo-min-tang und in der Reg., u. a. 1987/88 als stellv. MinPräs. und 1988–90 als Außenmin., tätig. 1990–93 war er Gouverneur der Prov. Taiwan.

Litauen

Hauptstadt: Wilna
Einwohner: 3,8 Mio.
Einwohner/km²: 58
Staatsoberhaupt:
A. Brasauskas
(seit 25. 2. 1993)
Regierungschef:
A. Slezevicius
(seit 10. 3. 1993)
BSP/Einwohner:
2710 US-$

Wirtschaftliche Entwicklung

Präs. Brasauskas und sein Premiermin. Slezevicius setzten sich für vorsichtige marktwirtschaftl. Reformen ein. Am 25. Juni wurde der Litas (1 Litas = 100 centu) eingeführt und löste am 20. Juli die Interimswährung, den Talonas, endgültig ab.

Die Arbeitslosenquote betrug ca. 1 %. Der durchschnittl. Monatslohn lag bei 44 US-$.

Papstbesuch in Litauen: Johannes Paul II. am ›Berg der Kreuze‹, der als Symbol des litauischen Unabhängigkeitsstrebens gilt (7. September)

Am 13. Sept. unterzeichneten die MinPräs. der drei balt. Staaten ein Freihandelsabkommen.

Innenpolitische Ereignisse

Bei den Parlamentswahlen im Okt. 1992 hatte die Litauische Demokrat. Arbeiterpartei (LDDP), die v. a. auf dem Lande Anhänger hatte, 79 von 141 Mandaten gewonnen. Aus den ersten direkten Präsidentschaftswahlen seit der Wiedererlangung der Unabhängigkeit L.s ging am 14. Febr. der Exkommunist Algirdas Brasauskas von der LDDP vor dem nationalkonservativen Exillitauer Stasys Loszoraitis als Sieger hervor.

Anfang Sept. besuchte Papst Johannes Paul II. die balt. Staaten und damit erstmals die ehem. Sowjetunion. Bes. im katholischen L. wurde der Anlaß mit großem Aufwand gefeiert. Der Abzug der letzten ehem. sowjet. Truppen kurz vor Ankunft des Papstes (31. Aug.) wurde mit einer Festmesse in der Kathedrale von Wilna gefeiert.

Literatur

Die seit der dt. Einheit geführte Diskussion um das Erbe der DDR-Literatur wirkte auch 1993 nach. Erschöpfend wurde darüber gestritten, wieviel Opposition die Werke der DDR-Schriftsteller wirklich enthielten; ob die westl. Literaturkritik nicht für Maulkörbe und ruinierte Lebensläufe mit einem ›ästhet. Bonus‹ stellvertretend Trost gespendet habe; wie der Zusammenhang zwischen Moral und Ästhetik überhaupt beschaffen sei und wie eine im vereinigten Deutschland geschriebene Auseinandersetzung mit der DDR aussehen könnte. Diese Umsetzung von sehr unterschiedl. Erfahrungen in gültige literar. Formen dürfte Schriftsteller in Ost und West noch lange voneinander trennen. Den Romanen, Gedichten und autobiograph. Zeugnissen, die sich 1993 mit der jüngsten dt. Geschichte befaßten, sind deshalb die gesellschaftspolit. Positionen ihrer Autoren unschwer abzulesen. Unterdessen konzentrierte sich die Literaturkritik bei der Beurteilung solcher Texte wieder zunehmend auf das ästhet. Kriterium.

Beiträge zur politischen Aufarbeitung

Christoph Hein, vielleicht der signifikanteste DDR-Autor der achtziger Jahre, lieferte mit ›Das Napoleonspiel‹ seinen ersten Roman, in dem ein Westdeutscher die Hauptrolle spielt, was vier Jahre zuvor noch undenkbar gewesen wäre. Doch die Kritik äußerte sich enttäuscht. Heins Rollenprosa zeige Schwächen beim Räsonnement des Protagonisten, der in der Form eines Rechenschaftsberichts einen sinnlosen Mord zu erklären sucht.

Ganz anders sind die Bedingungen des 1941 in Sachsen geborenen Wolfgang Hilbig. Seit 1985 lebt er in der Bundesrep., hat viel publiziert, 1993 gleich zweimal: den Band ›Grünes grünes Grab‹ mit vier beachtl. Erzählungen, die zw. 1981 und 1992 entstanden sind, und im Herbst den Spitzelroman ›Ich‹. Hilbig wendet sich darin der DDR wieder zu, nachdem sie untergegangen ist. Da er die über ihn angelegten Stasi-Akten gelesen hat, ist es nicht überraschend, daß sich sein teilweise autobiograph. Roman mit den Gründen für die Selbstaushöhlung des Systems direkt auseinandersetzt. ›Ich‹ erzählt in komplexer Form vom innigen Zusammenhang zw. Schreiben und Staatssicherheit und dem moral. Ausverkauf eines Ost-Intellektuellen. Der Roman galt bereits im Erscheinungsjahr als der wichtigste literar. Beitrag des Jahres zum Verständnis der DDR.

In den neuen Bundesländern fand v. a. der achtzigjährige ERWIN STRITTMATTER, fünffacher Träger des Nationalpreises der DDR, ein treues Publikum. Der dritte Teil von STRITTMATTERS Trilogie ›Der Laden‹ kommt den Bedürfnissen einer von den neuen Verhältnissen enttäuschten Leserschaft entgegen, indem er mit behagl. Erzählgestus und einem historisierenden Blick die Gegenwart ausspart und sich statt dessen der Nazizeit und den Nachkriegsjahren in der Niederlausitz zuwendet.

CHRISTA WOLF, um deren Werk es viel Streit gegeben hatte, hielt sich in Kalifornien auf. Einen differenzierteren Blick auf ihre Situation in der DDR erlaubt ihr Briefwechsel mit der Schriftstellerin BRIGITTE REIMANN (›Sei gegrüßt und lebe: Eine Freundschaft in Briefen 1964–1973‹). Zwar handelt er oft von Privatem, Alltäglichem, aber gerade darin macht er CHRISTA WOLFS Dilemma mit dem anderen dt. Staat verständlich und nachvollziehbar: das Schreiben in Andeutungen, das Mißtrauen vor Radikalität, v. a. die periodisch aufkeimenden und wieder unterdrückten Zweifel, die zu der inzwischen oft analysierten Mischung aus Anpassung und Widerstand führten.

Neue literarische Stoffe

Es gab auch eine Klasse von Büchern, die weniger politisch analysierend und dennoch überaus charakteristisch waren für eine Zeit nach den großen utop. Entwürfen. MARTIN WALSER lieferte pünktlich einen neuen Roman ab (›Ohne einander‹), der als Kommentar zur Mediengesellschaft verstanden werden kann und der von der Kritik mit routiniertem Wohlwollen zur Kenntnis genommen wurde.

Literaturpreise 1993 (Auswahl)

Friedenspreis des Börsenvereins des Deutschen Buchhandels: Friedrich Schorlemmer
Georg-Büchner-Preis: Peter Rühmkorf
Heinrich-Böll-Preis: Alexander Kluge
Hörspielpreis der Kriegsblinden: Werner Fritsch
Ingeborg-Bachmann-Preis: Kurt Drawert
Johann-Heinrich-Merck-Preis für literarische Kritik und Essay: Hans Egon Holthusen
Johann-Heinrich-Voss-Preis für Übersetzung: Roswitha Matwin-Buschmann
Kleist-Preis: Ernst Jandl
Kranichsteiner Literaturpreis: Jan Faktor
Ludwig-Börne-Preis: Joachim Kaiser
Nobelpreis für Literatur: Toni Morrison

PETER SCHNEIDER legte den Roman ›Paarungen‹ vor, dessen leichthändige, unzerknirschte Ironisierung der 68er-Generation als symptomatisch verstanden werden kann.

Im Januar teilt die ostdeutsche Schriftstellerin Christa Wolf mit, daß sie vom DDR-Staatssicherheitsdienst als inoffizielle Mitarbeiterin geführt worden war

Zwei der interessantesten Autoren der mittleren Generation konnten ihren Ruf festigen. BRIGITTE KRONAUERS Romane verdienen schon aufgrund ihrer immensen Kunstfertigkeit Respekt; gelesen werden sie jedoch nur von wenigen. Mit dem Erzählband ›Hin- und herbrausende Züge‹ zeigt sie, aus welch minuziösen Anlässen sich Stoffe gewinnen lassen und daß ihr genau registrierender Blick auf Details in der kurzen Form mindestens so produktiv ist wie in der langen. JÜRG LAEDERACH ist ein Sonderfall, denn eigentlich hindert ihn sein Sprachbewußtsein, der realist. Erzählform zu trauen. In ›Passion: Ein Geständnis‹ lauert aber neben der Theorielastigkeit, die diesen Erzähler kennzeichnet, sein phänomenaler Witz.

Flucht aus der Gegenwart war die Losung für zwei junge Erzähler. Der erste heißt NORBERT GSTREIN und befreite sich mit diesem vierten Buch in fünf Jahren von seinen autograph. Verstrickungen. Mit der Novelle ›O₂‹, die einen Ballonflug im Jahr 1931 beschreibt, ist ihm ein diszipliniertes, gut austariertes Kunststück gelungen. Der Roman ›Melodien‹ des Münchners HELMUT KRAUSSER, ein Parforceritt durch mehrere hundert Jahre Musikgeschichte, gibt sich als ambitioniertes Modeprodukt eines Viellesers und Rechercheurs zu erkennen, als Fortsetzung von UMBERTO ECO, LAWRENCE NORFOLK u. a.

Zur Befindlichkeit der Deutschen

Auch herausragende Essays über die Gemütslage der Nation sind 1993 hervorzuheben. HANS MA-

GNUS ENZENSBERGER sieht in seinem vieldiskutierten Buch ›Aussichten auf den Bürgerkrieg‹ grundlegende zivilisator. Übereinkünfte zerbröckeln und eine unideolog. Straßengewalt in den Metropolen auf dem Vormarsch. Seine Mahnung lautet, aus den antiautoritären Träumen aufzuwachen und die Regeln, auf denen demokrat. Gemeinwesen beruhen, offensiv zu verteidigen. Ähnlich provokant zeigt sich der Polemiker HENRYK BRODER in seinen Essays ›Erbarmen mit den Deutschen‹. Seine Beiträge zu den gesellschaftspolit. Debatten der letzten Jahre belegen, daß ehemals klare ideolog. Markierungen verwischt sind und die Fronten jedesmal aufs neue abgesteckt werden müssen.

Internationale Literatur

Mit dem Schwerpunktthema der Frankfurter Buchmesse, ›Flandern und die Niederlande‹, rückten neben zahlreichen Neuentdeckungen für das dt. Publikum auch längst in ihrer Nationalliteratur etablierte Autoren wie HARRY MULISCH (›Die Entdeckung des Himmels‹) und CEES NOOTEBOOM (›Rituale‹, ›Wie wird man ein Europäer‹), dessen intelligente Essays immer wieder auch schon Bestandteil des dt. Feuilletons waren, in die Mitte des allg. Interesses und in die Bestsellerlisten. Wachsender

Beliebtheit erfreuten sich auch die Kriminalromane des heute meist in den USA lebenden JANWILLEM VAN DE WETERING, die von großer Milieutreue, psycholog. Einfühlungsvermögen und seinen Erfahrungen mit der Zen-Philosophie geprägt sind.
Zunehmende Beachtung fanden in Deutschland auch skandinav. Literaten, z. B. die norweg. Schriftstellerin HERBJØRG WASSMO, zuletzt mit ihrem histor. Roman ›Das Buch Dina‹. Unter den jungen, zukunftsweisenden skandinav. Autoren erhielt der Däne PEER HULTBERG für sein Buch ›Die Stadt und die Welt‹ den Nord. Literaturpreis 1993.
Nachdem das Nobelkomitee in den vergangenen Jahren verstärkt Autoren auszeichnete, die zwar im angelsächs. Sprachraum angesiedelt sind, aber vorwiegend den literar. Kontexten des früheren brit. Empire entstammen, ging der Literaturpreis 1993 an die Amerikanerin TONI MORRISON. Mit MORRISON, die in ihren Romanen die Geschichte der Schwarzen in den USA poetisch verdichtet, fand diesmal eine Vertreterin der ›ethnic literature‹ die ihr gebührende Anerkennung.
Die Jury des angesehenen brit. Booker-Literaturpreises sah sich 1993 veranlaßt, einen ›Booker of Bookers‹ zu kreieren, um das beste der seit Bestehen des Preises ausgezeichneten Bücher zu ehren: ›Mitternachtskinder‹ (1981) des aus Indien stammenden SALMAN RUSHDIE, der seit dem Mordaufruf des Iran vor fast fünf Jahren immer noch im Verborgenen leben muß.

López de Arriortúa, José Ignacio, span. Industriemanager und Ingenieur, * Amorebieta bei Bilbao 18. 1. 1941. – Gegen L. de A., der am 16. 3. 1993 nach einem Tauziehen zw. seinem früheren Arbeitgeber General Motors (GM) und dem neuen, der Volkswagen AG (VW), seine Position als stellv. VW-Vorstandsvors. angetreten hatte, und sieben weitere ehem. Manager von GM, die mit ihm zu VW gewechselt waren, wurden am 30. April von der GM-Tochtergesellschaft Adam Opel AG Strafanträge wegen des Verrats von Betriebsgeheimnissen und der Unterschlagung von Unterlagen beim Landgericht Darmstadt gestellt. Diese Vorwürfe wurden von den ehem. GM-Managern wie auch vom VW-Vorstand, der wie der Aufsichtsrat L. de A. das Vertrauen aussprach, zurückgewiesen; es

Der frühere Manager von General Motors, José Ignacio López de Arriortúa (links), begrüßt Volkswagen-Konzernchef Ferdinand Piëch. López hatte am 16. März im VW-Vorstand den Bereich Produktionsoptimierung und Beschaffung übernommen

wurden staatsanwaltschaftliche Ermittlungen gegen ihn und VW eingeleitet. Das amerikan. Justizministerium leitete von sich aus Mitte Juli eine eigene Untersuchung der Vorgänge ein. Bislang wurden keine rechtskräftigen Beweise gegen ihn gefunden. L. de A. studierte an der Univ. Bilbao Fertigungstechnik und Betriebssteuerung. Ab 1980 arbeitete er als Manager im Werk Saragossa von GM España, war ab Okt. 1987 Vorstandsmitgl. der Adam Opel AG, wurde im Nov. 1988 Executive Director von GM Europe und gelangte 1992 in den GM-Konzernvorstand. L. de A. verstand es v.a., unter Einbeziehung der Zulieferunternehmen erfolgreich Kosten zu senken und Produktionsabläufe zu optimieren.

Luxemburg

Hauptstadt:
Luxemburg
Einwohner: 390 000
Einwohner/km²: 151
Staatsoberhaupt:
Großherzog Jean
Regierungschef:
Jacques Santer
BSP/Einwohner:
31 080 US-$

Der Finanzplatz L. entging zwar der allg. Wachstumsabschwächung im Rezessionsjahr 1993, doch auch das Großherzogtum erfüllte bisher nicht voll die für den Beitritt zur →Europ. Währungsunion verlangten Konvergenzkriterien. Die sinkende Industrieproduktion (2,9 % im ersten Vierteljahr) zeigte, daß auch L. mit dem weltweit veränderten Wirtschaftsklima konfrontiert ist. Mit 2 % hat das Land die niedrigste Arbeitslosenquote in den EG. Die Schwäche des belg. Franc, an den L. durch einen Währungsverbund gekoppelt ist, führte zu einer im Aug. durch Außenmin. Poos ausgelösten Diskussion um eine Loskoppelung des luxemburg. vom belg. Franc, die jedoch von der Reg. letztendlich nicht in Erwägung gezogen wurde.

M

Maastrichter Vertrag, umgangssprachl. Bez. für den 1992 unterzeichneten und am 1. Nov. in Kraft getretenen ›Vertrag über die Europ. Union‹. Die damit gegr. →Europäische Union als neues institutionelles Dach der bislang in den →Europäischen Gemeinschaften zusammengeschlossenen Staaten zielt u.a. ab auf die Schaffung einer engen Wirtschafts- und Währungsunion, die Vereinbarung gemeinsamer Aktionen in der Außen- und Sicherheitspolitik sowie die engere Zusammenarbeit in der Rechts- und Innenpolitik mit den Schwerpunkten Bekämpfung der organisierten Kriminali-

tät und Drogenpolitik sowie Einwanderungs-, Asyl- und Visapolitik. Die Nähe zum Bürger soll durch drei Maßnahmen verbessert werden: durch die Einrichtung des Ausschusses der Regionen; durch einen Bürgerbeauftragten, der als Ansprechpartner Klagen wegen Verstößen gegen das EG-Recht bearbeitet; ferner durch Erteilung des Unions-Bürgerrechts, das sich unmittelbar im Wahlrecht für das Europ. Parlament und auf kommunaler Ebene niederschlägt.

Madagaskar

Hauptstadt:
Antananarivo
Einwohner: 12,8 Mio.
Einwohner/km²: 22
Staatsoberhaupt:
A. Zafy
(seit 27. 3. 1993)
Regierungschef:
F. Ravony
(seit 9. 8. 1993)
BSP/Einwohner:
210 US-$

Am 10. Febr. ging der führende Oppositionspolitiker ALBERT ZAFY als deutl. Sieger aus den Präsidentschaftswahlen hervor und wurde am 9. März offiziell zum ersten Präs. der Dritten Rep. proklamiert. Bei den Parlamentswahlen Anfang Juni trug die Partei von ZAFY den Sieg davon. Neuer Min.-Präs. M.s wurde FRANCISQUE RAVONY.

Makedonien

Hauptstadt: Skopje
Einwohner: 2,1 Mio.
Einwohner/km²: 83
Staatsoberhaupt:
K. Gligorow
Regierungschef:
B. Crvenkovski
BIP/Einwohner:
1400 US-$

Ringen um die Anerkennung

Die ehemals jugoslaw. Republik M. kämpfte Anfang 1993 noch immer um ihre internat. Anerkennung, die sich infolge der massiven griech. Proteste gegen die Verwendung des Namens ›Makedonien‹ in der Staatsbezeichnung und des antiken makedon. Emblems in der Staatsflagge sowie gegen einige interpretationsbedürftige Formulierungen in der neuen makedon. Verfassung über Monate hinweg verzögert hatte. In →Griechenland wurde befürchtet, daß M. Ansprüche auf den griech. Teil Makedoniens erheben würde. Am 8. April schließlich wurde M. nach langwierigen Verhandlungen unter der provisor. Bezeichnung ›Ehemalige Jugoslawische Republik M.‹ als 181. Mitgl. in die Vereinten Nationen aufgenommen. Um zu verhindern, daß ein Übergreifen der serb. Aggression auf M. den gesamten Balkanraum in Brand steckt, hatte sich die UNO im Dez. 1992 zur vorbeugenden Entsendung von 700 bis 800 Blauhelmen nach M. entschlossen, die an der Nord- und Westgrenze des Landes stationiert und im Juli nochmals um weitere 320 Soldaten verstärkt wurden. Im Dez. normalisierten Deutschland und andere Länder der EU ihre Beziehungen zu Makedonien.

Forderungen der albanischen Bevölkerungsgruppe

Die innere Lage des neuen Staates war wegen des labilen Verhältnisses zw. den beiden stärksten nat. Gruppen, den südslaw. Makedoniern und den Albanern, im Zustand angespannter Ruhe. Die Albaner, die nach amtl. Darstellungen 20%, nach eigenen Angaben 40% der Gesamtbevölkerung stellen, kritisierten, daß ihnen von der Verfassung nur der Status einer ›Minderheit‹ zuerkannt worden sei, und klagten die Anerkennung als zweites Staatsvolk ein. Diese Forderung stieß auf den leidenschaftl. Widerstand der stärksten makedon. Partei, der nationalist. Inneren Makedonischen Revolutionären Organisation (VMRO), die in Opposition zu der auf Ausgleich bedachten Koalitionsreg. stand.

Makwetu, Clarence Mlamli, südafrikan. Politiker (PAC) und Farmer, * 1928. – M. bewog 1993 den Panafrikan. Kongreß (PAC) – der nach Jahren des Niedergangs wieder an Einfluß gewann, weil den radikalen Schwarzen der verhandlungsbereite ANC zu gemäßigt erschien – dazu, die Politik des bewaffneten Kampfes abzubauen und die Teilnahme an Verfassungsgesprächen zu erwägen. M. war 1991 nach dem Tod ZEPH MOTHOPENGS dessen Nachfolger in der Leitung des PAC geworden. Der PAC hatte sich 1959 vom Afrikan. Nationalkongreß für Südafrika (ANC) abgespalten. Seit 1960 war M. wiederholt inhaftiert oder unter Hausarrest gestellt worden. Er ist einer der wenigen schwarzen Großfarmer in der Transkei.

Malawi

Hauptstadt: Lilongwe
Einwohner: 10,4 Mio.
Einwohner/km²: 87
Staatsoberhaupt:
H. K. Banda
Regierungschef:
H. K. Banda
BSP/Einwohner:
230 US-$

Am 14. Juni sprachen sich 63% der Wähler bei einem Referendum für die Einführung eines Mehrparteiensystems aus und stärkten damit der Opposition gegen Staats- und Regierungschef HASTINGS KAMUZU BANDA den Rücken bei deren Forderung nach Neuwahlen und demokrat. Reformen. Daraufhin wurde mit der Verabschiedung einer Reihe von Gesetzen, die neben der herrschenden Kongreßpartei (MCP) auch andere Parteien zulassen, das seit fast 30 Jahren geltende Einparteienregime offiziell abgeschafft. Die Position des Präs. BANDA ›auf Lebenszeit‹, der sich erst auf Druck der westl. Geberländer zu dem Referendum bereit erklärt hatte, blieb jedoch unangetastet. Auch die von der Opposition geforderte Einsetzung einer bis zur Neuwahl des Parlaments amtierenden Interimsreg. wurde abgelehnt; dies führte zur Spaltung der beiden wichtigsten Oppositionsgruppen. Als erstes Zeichen eines Wandels konnte jedoch die vom Staatspräs. erlassene Amnestie für geflüchtete Regimegegner gewertet werden. Die Erstürmung des Hauptquartiers der Jugendorganisation der MCP durch die Armee im Dez. – angeordnet von dem dreiköpfigen Präsidialrat, der von Okt. bis Dez. für die Dauer einer Erkrankung BANDAS herrschte – schienen darauf hinzudeuten, daß im Militär die Bereitschaft wächst, gegen die MCP vorzugehen.

Malaysia

Hauptstadt:
Kuala Lumpur
Einwohner: 18,8 Mio.
Einwohner/km²: 57
Staatsoberhaupt:
Azlan Muhibuddin Shah
Regierungschef:
D. S. Mahathir
BSP/Einwohner:
2 490 US-$

Wirtschaftlich rangierte M. 1993 auf Platz vier der weltweit 15 Schwellenländer. Der Entwicklungsstand von M.s Industrie ist mittlerweile so weit, daß die Wirtschaft des Landes nicht mehr so anfällig ist für sinkende Rohstoffpreise.

Die beiden herausragenden Ereignisse des Jahres 1993 waren eine Verfassungsänderung im März, die die Rechte und die Immunität der Erbherrscher (Sultane) erheblich einschränkte, und die Wahlen zum Parteipräsidium der dominierenden Regierungspartei Vereinigte Nationalorganisation der Malaien (UMNO) im Nov., bei denen Finanzmin. ANWAR IBRAHIM zum stellv. Vors. und damit zum designierten Nachfolger MAHATHIRS als Partei- und Regierungschef gewählt wurde. Weiterhin problematisch war die Beziehung der Zentralreg. zu den Bundesländern Kelantan und Sabah. In Sabah versuchte die UMNO noch immer erfolglos, die seit

Nelson Mandela im September
zusammen mit Frederik de Klerk

1985 herrschende christl. Regierungspartei Parti Bersatu Sabah (PBS) zu verdrängen, in Kelantan war die UMNO (erst 1990) von der streng islam. Parti Islam sa-Malaysia (PAS) verdrängt worden. Außenpolitisch verfolgte M. weiterhin den Kurs, als Anwalt der dritten Welt respektiert zu werden.

Malediven

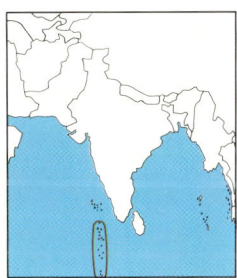

Hauptstadt: Male
Einwohner: 227 000
Einwohner/km²: 761
Staatsoberhaupt:
Maumoon Abdul Gayoom
Regierungschef:
Maumoon Abdul Gayoom
BSP/Einwohner:
460 US-$

Mali

Hauptstadt: Bamako
Einwohner: 9,8 Mio.
Einwohner/km²: 8
Staatsoberhaupt:
A. O. Konaré
Regierungschef:
A. S. Sow
(seit 12. 4. 1993)
BSP/Einwohner:
280 US-$

Die von der Übergangsreg. unter AMADOU TOUMANI TOURÉ 1991 eingeleiteten demokrat. Reformen und die in Angriff genommene wirtschaftl. Gesundung des industriell unterentwickelten Landes wurden von der 1992 gewählten Reg. fortgeführt; diese sah sich jedoch heftigen sozialen Verteilungskämpfen

gegenübergestellt. Gewalttätige Studenten- und Schülerunruhen führten im April zu einer Regierungsneubildung unter Einschluß der bedeutendsten Oppositionspartei. Am 12. April ernannte Staatspräs. ALPHA OUMAR KONARÉ den früheren Staatsmin. ABDOULAYE SÉKOU SOW zum MinPräs. In Abrechnung mit dem Einparteienregime wurden im Febr. der 1991 gestürzte Militärmachthaber MOUSSA TRAORÉ sowie drei Mitangeklagte zum Tode verurteilt. Im Dez. wurde ein Putschversuch seiner Anhänger aufgedeckt.

Malta

Hauptstadt: Valletta
Einwohner: 359 000
Einwohner/km²: 1 136
Staatsoberhaupt:
V. Tabone
Regierungschef:
E. Fenech Adami
BSP/Einwohner:
6 850 US-$

Mandela, Nelson Rolihlahla, südafrikan. Politiker (Afrikan. Nationalkongreß, ANC), * Qunu 18. 7. 1918. – M. erhielt zus. mit dem südafrikan. Staatspräs. F. W. DE KLERK am 10. Dez. den Friedensnobelpreis 1993. Das Nobelkomitee zeichnete die beiden Südafrikaner für ihre Bemühungen aus, den Prozeß des Übergangs der Regierungsgewalt an die schwarze Bevölkerungsmehrheit friedlich zu gestalten.

Mandela, Winnie Nomzamo, südafrikan. Politikerin (Afrikan. Nationalkongreß, ANC), * Bizana 1934. – In einem Berufungsprozeß wandelte das Oberste Gericht Südafrikas im Juni 1993 das Urteil der ersten Instanz, das auf sechs Jahre Haft gelautet hatte, in eine Geldstrafe und zwei Jahre Haft auf Bewährung um. M. war verurteilt worden, weil ihr nachgewiesen werden konnte, daß sie 1988 vier junge Schwarze in ihr Haus hatte entführen lassen – einer davon war von ihren Leibwächtern ermordet worden. Trotzdem schaffte sie ein polit. Comeback: Sie wurde Mitte Dez., nach Rücknahme der Suspendierung ihrer Mitgliedschaft, zur Präs. der Frauenliga des ANC gewählt.

Markwort, Helmut, Journalist und Medienmanager, * Darmstadt 8. 12. 1936. – Am 18. 1. 1993 erschien die erste Ausgabe des unter M.s Chefredaktion herausgegebenen Nachrichtenmagazins ›Focus‹.

M. sammelte bei versch. Zeitungen in Darmstadt, Wuppertal, Nürnberg und Düsseldorf journalist. Erfahrungen, bevor er 1966–70 Chefredakteur der von Burda verlegten Programmzeitschrift ›Bild + Funk‹ war. Er wechselte dann zu der von der Verlagsgruppe Sebaldus produzierten Fernsehzeitschrift ›Gong‹, für die er ein neues Konzept erarbeitete, und entwickelte mit großem Erfolg neue Zeitschriften (›die aktuelle‹, ›die 2‹, ›Ein Herz für Tiere‹). Ab 1985 engagierte sich M. ebenso erfolgreich im privaten Hörfunksektor (›Radio Gong 2000‹, ›Antenne Bayern‹). Im Juni 1991 trat M. als Geschäftsführer in die Burda Holding GmbH & Co. KG ein. Er modernisierte zunächst die ›Schweriner Volkszeitung‹, während das 1991 gegr. Boulevardblatt ›Super!‹ nach einem Jahr als unwirtschaftlich eingestellt wurde.

Marokko

Hauptstadt: Rabat
Einwohner: 26,3 Mio.
Einwohner/km²: 59
Staatsoberhaupt:
Hassan II.
Regierungschef:
M. K. Lamrani
BSP/Einwohner:
1030 US-$

1992 ließ König Hassan II. eine Verfassungsrevision durchführen, die die Macht des Parlaments geringfügig erweiterte. 1993 fanden dann erstmals seit neun Jahren Parlamentswahlen statt. Im Vorfeld der Stimmabgabe war es zu massiver Kritik der oppositionellen Parteien gekommen, die Unregelmäßigkeiten des Wahlvorgangs beklagten und forderten, das System der indirekten Wahl abzuschaffen.

König Hassan II. bekräftigt in einer Fernsehansprache im März, daß das Referendum in der Westsahara noch 1993 stattfinden soll

Während die nationalist. und linke Opposition im ersten Wahldurchgang am 25. Juni beträchtl. Gewinne erzielte, dominierten bei der zweiten indirekten Wahletappe am 17. Sept. die Mitte-Rechts-Parteien der bisherigen Reg. unter MinPräs. Mohamed Karim Lamrani. Jedoch gilt die von Lamrani gebildete konservative Koalitionsreg. als instabil, da sie sich nicht auf eine absolute Mehrheit im Parlament stützen kann.

Das Referendum, das bereits 1992 über die Unabhängigkeit der von M. annektierten Westsahara entscheiden sollte und um dessen Durchführung sich die UNO bemüht, steht noch aus. Die Westsahara-Befreiungsfront Polisario und die marokkan. Reg. konnten sich bislang nicht über die Stimmberechtigten dieser Volksabstimmung einigen.

Marsalis, Wynton, amerikan. Musiker, * New Orleans 18. 10. 1961. – Spätestens seit seinem Studium an der Juillard School (New York) gehört M. zu den bekanntesten Trompetern. Er setzte Maßstäbe in der Interpretation klass. Musik ebenso wie in der Kunst des Improvisierens beim Jazz.
M. entstammt einer Musikerfamilie: Sein Bruder Branford ist Saxophonist, sein Vater Ellis Pianist. 1977 errang M. den ersten Preis beim Eastern Music Festival in North Carolina. Er erhielt ein Stipendium und konnte am Music Centre in Tanglewood bei John Longo studieren. 1979 bekam er ein Stipendium für das berühmteste amerikan. Konservatorium, die Juillard School. 1983 errang er jeweils den Grammy Award in den Sparten Klassik und Jazz. Seit 1981 gehört M. zu den Solisten des Vienna Symphony Orchestra Project (VSOP), das Popmusik in klass. Umsetzung bringt; außerdem arbeitet er seit 1981 mit einem eigenen Quintett, mit dem er jährlich auf Tournee geht.

Marshallinseln

Hauptstadt: Uliga
Einwohner: 48 000
Einwohner/km²: 265
Staatsoberhaupt:
Amata Kabua
Regierungschef:
Amata Kabua
BSP/Einwohner:
7 560 US-$

Mars Observer, am 25. 9. 1992 gestartete amerikan. Raumsonde (Masse 2 573 kg) zur Erforschung des Mars. Nach elf Flugmonaten über eine Strecke von 720 Mio. km brachen am 21. Aug. die Funksignale der Sonde ab. Nur drei Tage später sollte sich M. O. in eine polare Bahn um den roten Planeten einbremsen und als Satellit aus 350 bis 378 km Höhe Aufnahmen der Oberfläche mit bis zu 1,4 m Auflösung liefern sowie Meßdaten über Geo-

Fast 2 500 Mädchen und Frauen in Trauerkleidung demonstrieren am   13. Februar in Bonn gegen die Massenvergewaltigungen im   ehemaligen Jugoslawien

logie, Atmosphäre und Klima übertragen. Alle Versuche bis Mitte Okt., durch Funkkommandos der Kontrollzentrale in Pasadena (Kalifornien) den Kontakt wiederherzustellen, blieben erfolglos; bis Dez. versuchte das Jet Propulsion Laboratory täglich, doch noch Signale zu empfangen. Ursache des Fehlschlags sind vermutlich defekte Transistoren in zwei Uhren für die Bordcomputer.

Maske, Henry, Profiboxer, *Treuenbrietzen 6. 1. 1964. – Seit langer Zeit besitzt der dt. Boxsport mit M. wieder ein Idol. Nach drei Jahren im Profilager gelang es dem Sportler aus Frankfurt (Oder) am 20. 3. 1993 in Düsseldorf, die IBF-Weltmeisterschaft im Halbschwergewicht (bis 79,4 kg) gegen CHARLES WILLIAMS zu gewinnen. Überraschend wurde er zudem im Nov. von den dt. Sportjournalisten zum ›Sportler des Jahres 1993‹ gewählt. In seiner zielstrebig verfolgten Boxkarriere avancierte der dreifache Europameister (1985/87/89), Olympiasieger (1988) und Weltmeister (1989) bereits in der ehem. DDR zum erfolgreichsten Amateur aller Zeiten. Anfang 1990 wechselte er zu den Profis, wo er bisher ungeschlagen blieb. M. gilt als bescheidener Mann der leisen Töne, der für das Boxen als positiver Imageträger wirkt.

Massenvergewaltigungen: Seit Ende 1992 häuften sich Berichte, nach denen im Verlauf des Krieges in. → Bosnien-Herzegowina Angehörige kämpfender Truppen in großer Zahl Frauen, die der gegner. Partei zugerechnet wurden, unter Einsatz von Gewalt sexuell mißbraucht haben. Nach diesen Berichten haben insbes. serb. Freischärler (Tschetniks) im Zuge ihrer Kriegführung bosnisch-muslim. Mädchen und Frauen vergewaltigt. In Lagern sowie besetzten Dörfern und Städten waren nach Schätzungen Zehntausende von Frauen betroffen, auch über die Ermordung von Vergewaltigungsopfern wurde berichtet. In vielen Fällen wurden die Frauen auch weiterhin festgehalten und gezwungen, eine aus der Vergewaltigung entstandene Schwangerschaft auszutragen.

Es ist offensichtl., daß es sich bei den M. nicht um sexuell motivierte Übergriffe einzelner Tschetniks handelt, sondern um ein von serb. Seite bewußt eingesetztes Mittel der Kriegführung: Durch die Verbindung von militär. und sexueller Gewalt soll der Gegner gedemütigt und psychisch vernichtet werden. Den muslim. Männern soll demonstriert werden, daß sie nicht in der Lage sind, ihre Rolle als Männer zu erfüllen und ihre Frauen, Töchter und Mütter zu schützen. Die vergewaltigten Frauen haben in den Augen der muslim. Gesellschaft ihre Persönlichkeit verloren und gelten als für immer entehrt. Die Kinder, die aus den Vergewaltigungen hervorgehen, leben mit dem Makel des ›vaterlosen Kindes‹; häufig werden sie nach der Geburt von den Müttern nicht angenommen.

Weltweit lösten die M. in Bosnien-Herzegowina Empörung und Protestdemonstrationen aus, die häufig von Frauenorganisationen ausgingen. Diese forderten auch die Einstufung von Vergewaltigungen als Kriegsverbrechen und die Aufhebung der Visumpflicht für alle betroffenen Frauen. Der Sicherheitsrat der UNO verurteilte am 18. 12. 1992 in seiner Resolution 798 die systemat. Vergewaltigung insbes. muslimischer Frauen in Bosnien-Herzegowina. Humanitäre Organisationen begannen mit einer Reihe von Hilfsmaßnahmen für betroffene Frauen und Kinder zu sorgen, u. a. mit medizin. und psycholog. Betreuung – teils in Kroatien, teils im übrigen Ausland.

Masur, Kurt, Dirigent, * Brieg 18. 7. 1927. – Mit der von der amerikan. Fachzeitschrift ›Musical America‹ jährlich an international hochrangige Musiker verliehenen Auszeichnung ›Musiker des Jahres‹ wurde für das Jahr 1993 M., Kapellmeister des Leipziger Gewandhausorchesters (1970–94) und Chefdirigent des New York Philharmonic Orchestra (seit 1991), geehrt.

Mit M. wurde diese Ehrung einem dt. Musiker zuteil, der sich neben seinen musikal. Leistungen durch sein couragiertes und besonnenes Verhalten auszeichnete, als er als Repräsentant oppositioneller Gruppen im Zuge der polit. Veränderungen in der DDR Ende 1989 wesentlich am friedl. Verlauf der Leipziger Montagsdemonstrationen beteiligt war.

Mauretanien

Hauptstadt:
Nouakchott
Einwohner: 2,1 Mio.
Einwohner/km²: 2
Staatsoberhaupt:
M. O. S. A. Taya
Regierungschef:
S. M. O. Boubacar
BSP/Einwohner:
510 US-$

Der 1991 begonnene Demokratisierungsprozeß machte 1993 weitere Fortschritte: Im Juli beschloß die größte Oppositionspartei, an den vorgezogenen Kommunalwahlen teilzunehmen, während die Reg. einem Gesetz zustimmte, das Gewerkschaftspluralismus billigt. Zudem wurde im Juni die gemäßigte Oppositionspartei Union für Demokratie und Fortschritt gegründet. Ende Mai erließ die maurisch dominierte Staatsführung unter MAAOUYA OULD SIDI AHMED TAYA ein Amnestiegesetz, das u. a. die Straffreiheit der Personen vorsieht, die im Zusammenhang mit der 1990/91 begangenen Ermordung von rd. 500 Schwarzmauretaniern stehen. Dies führte zu scharfen Protesten der Opposition und warf ein Schlaglicht auf den ungelösten ethn. Konflikt M.s. Ein Abkommen zw. M. und Mali soll die Rückführung mal. Flüchtlinge regeln, die sich noch in mauretan. Lagern aufhalten.

Im Sept. wurde das Land in der südl. Sahara von riesigen Heuschreckenschwärmen befallen, die v. a. große Teile Süd- und Zentral-M.s verwüsteten.

Mauritius

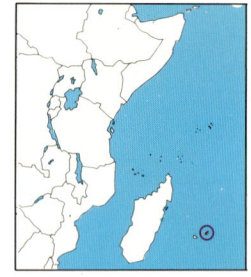

Hauptstadt:
Port Louis
Einwohner: 1,1 Mio.
Einwohner/km²: 538
Staatsoberhaupt:
C. Uteem
Regierungschef:
Sir A. Jugnauth
BSP/Einwohner:
2 420 US-$

Max-Planck-Gesellschaft zur Förderung der Wissenschaften e. V., Abk. **MPG:** Zum Aufbau der ostdt. Forschungslandschaft setzte die MPG weitere Gründungsbeschlüsse für neue Max-Planck-Inst. (MPI) um. Bereits 1992 waren das MPI für Mikrostrukturphysik (Halle) und das MPI für Kolloid- und Grenzflächenforschung (Berlin, Teltow, Freiberg) ins Leben gerufen worden. Die erste Neugründung 1993 war zum 1. Juli das MPI für Physik komplexer Systeme mit Sitz in Dresden (Direktor: PETER FULDE, zuvor Direktor des MPI für Festkörperforschung in Stuttgart). Als erstes wirtschaftswissenschaftlich orientiertes MPI überhaupt folgte zum 1. Sept. das MPI zur Erforschung von Wirtschaftssystemen am Standort Jena (Direktor: MANFRED STREIT, Univ. Freiburg). Zum 1. Okt. schließlich wurde das MPI für Infektionsbiologie mit Sitz in Ost-Berlin gegründet (Direktor: STEFAN KAUFMANN, Univ. Ulm). Für 1994 ist die Einrichtung eines MPI für molekulare Pflanzenphysiologie (voraussichtlich in Golm bei Potsdam) sowie eines MPI für Wissenschaftsgeschichte (Berlin) vorgesehen, weitere Gründungsinitiativen in den neuen Bundesländern werden geplant.

McLarty, Thomas F., amerikan. Politiker (Demokrat. Partei) und Unternehmer, * Hope (Arkansas) 14. 6. 1946. – Nach seinem Sieg in den Präsidentschaftswahlen im Nov. 1992 ernannte BILL CLINTON M. zum Stabschef im Weißen Haus – ein verfassungsmäßig nicht vorgesehenes Amt, dem im wesentl. die Koordination der Regierungstätigkeiten und die Kanalisierung der Beziehungen zw. Präs. und Kongreß obliegen. M. gilt eher als effizienter Manager denn als Mann, der eigene polit. Vorstellungen und Ambitionen mitbringt und durchsetzen will.

M. war nach einem Collegestudium in Arkansas als Unternehmer erfolgreich, zuletzt in der Leitung einer Erdgasfirma. Er ist mit CLINTON seit der Kindergartenzeit befreundet und schon früh in Arkansas politisch aktiv gewesen. Mitte der 1970er Jahre leitete er die Parteiorganisation der Demokraten in diesem Bundesstaat. M. stand CLINTON in dessen polit. Karriere immer wieder als Berater und Mitarbeiter zur Verfügung.

Mecklenburg-Vorpommern

Hauptstadt: Schwerin
Einwohner: 1,9 Mio.
Einwohner/km²: 81
Regierungschef:
B. Seite
BIP/Einwohner:
14 600 DM

Wirtschaftsstrukturell blieb das Land mit ca. 18 % Arbeitslosigkeit und 22 % der Erwerbsbevölkerung in staatlich subventionierten Arbeitsplätzen am unteren Ende der Skala der Bundesländer. Die Werftenindustrie konnte zwar privatisiert und damit z. T. erhalten werden; die Situation in der Landwirtschaft blieb aber problematisch, und der Aufschwung in der Tourismusbranche blieb aus.

Am 14. März verabschiedete der Landtag eine Landesverfassung, die vorläufig in Kraft gesetzt wurde und über deren endgültige Annahme die Bürger des Landes bei den nächsten Landtagswahlen im Juni 1994 entscheiden sollen. Im Juni wurde eine Gebietsreform verabschiedet, die die bestehenden 31 Landkreise in zwölf Kreise und sechs kreisfreie Städte umgliedert.

Staatsverträge M.-V.s mit Brandenburg (8. Jan.) und Niedersachsen (30. Juni) führten zu Grenzveränderungen der betroffenen Bundesländer.

Ministerrücktritte und -entlassungen, Skandale und Vorwürfe des ehemaligen Innenmin. GEORG DIEDERICH, MinPräs. BERNDT SEITE sei Zuträger der Stasi gewesen, sowie die Affären um den CDU-Landesvors. und Bundesverkehrsmin. GÜNTHER KRAUSE brachten SEITE in polit. Bedrängnis. Am 11. Febr. entließ er als ›Spätfolge‹ der ausländerfeindl. Krawalle in Rostock-Lichtenhagen vom Aug. 1992 und wegen Aktenfunden aus dem Innenministerium auf einer Mülldeponie Innenmin. LOTHAR KUPFER. Dessen Nachfolger wurde der frühere rheinlandpfälz. Landesmin. RUDI GEIL (CDU). Nach dem Rücktritt KRAUSES wurde ANGELA MERKEL neue Landesvors. der CDU.

Die Mülldeponie Schönberg ist Anlaß einer Regierungskrise und führt zu Rücktritten und Entlassungen

Der Landesrechnungshof kritisierte in einem Gutachten, daß mit den neuen Verträgen über den Kauf und die Verpachtung der Deponie Schönberg dem Land nicht nur finanzieller Schaden entstehe, sondern daß auch Haftungsfragen einseitig zuungunsten des Landes gelöst seien. Daraufhin trat Umweltmin. PETRA UHLMANN zurück, ihr Staatssekretär PETER-UWE CONRAD wurde entlassen. Die Reg. versuchte, ihre Koalitionskrise mit der Einsetzung einer Regierungskommission zur Untersuchung der Vorgänge um die Mülldeponie beizulegen. Kritik wurde auch an Wirtschaftsmin. CONRAD-MICHAEL LEHMANN (FDP) laut, der als zuständiger Min. aus

GRENZÄNDERUNGEN IN MECKLENBURG-VORPOMMERN

Schleswig-Holstein
Niedersachsen
Brandenburg

Mecklenburg-Vorpommern

Bützow, Güstrow, Teterow, Anklam, Gadebusch, Sternberg, Malchin, Altentreptow, Schwerin, Neubrandenburg, Waren, Strasburg, Hagenow, Parchim, Lübz, Lübbenow, Brüssow, Ludwigslust, Dambeck, Röbel/Müritz, Neustrelitz, Neuhaus, Lenzen, Elbe

Kreisgrenze
Neue Bundeslandgrenze
Alte Grenzabschnitte Mecklenburg-Vorpommerns
Staatsgrenze
0   20 km

Verkäufen von Grundstücken in bester Lage Rostocks persönl. Vorteil gezogen haben soll.

Medienkonzentration: Die seit Einführung des dualen Rundfunksystems rasch angestiegene Zahl kommerzieller TV-Sender schuf einen starken publizist. Wettbewerb auf dem Fernsehsektor, begleitet von einer *intermedialen* Konzentration: Nur vier Konzerne – Kirch, Springer, Bertelsmann und Holtzbrinck – beherrschen derzeit den Markt der Funk- und Printmedien. Die Oligopolstellung dieser Multis einzugrenzen und die Bildung von ›Senderfamilien‹ zu verhindern, ist Aufgabe der für

Lizenzierung und Kontrolle der Privatsender zuständigen Landesmedienanstalten. Jüngst wird der Vorschlag diskutiert, statt Beteiligungsbegrenzungen für Gesellschafter die tatsächl. Zuschauernutzung als Maßstab zur Sicherung der Meinungsvielfalt zu nehmen.

Medienpädagogik: Im Zusammenhang mit den gewalttätigen Ausschreitungen Jugendlicher und der Gewaltzunahme in den Schulen trat bei der Ursachenforschung v. a. das Problem des Medienkonsums (Fernsehen, Video) in den Vordergrund. Eine wichtige Rolle spielten die allg. wachsende Bedeutung des Fernsehens im Freizeitverhalten, das durch die Öffnung der Medienlandschaft für private Anbieter vervielfachte Angebot und die nicht zuletzt durch den Kampf um Werbeeinnahmen und Zuschauerzahlen bestimmte Tendenz zur Trivialisierung des Programms (Gewaltdarstellungen, Softpornos). Nach Untersuchungen setzt der Fernsehkonsum von Kindern mit drei Jahren ein. Durchschnittlich verbringen Sechs- bis Siebenjährige eine bis eineinhalb Std., Zwölf- bis Dreizehnjährige bereits bis zweieinhalb Std. und Erwachsene zwei bis drei Std. pro Tag vor dem Fernsehschirm. Die medienpädag. Diskussion drehte sich dabei v. a. darum, die Konsumenten in die Lage zu versetzen, selbstbewußt und kritisch eigene Kriterien für den Mediengebrauch zu finden. Daneben wurden u. a. Forderungen nach freiwilliger Selbstkontrolle der kommerziellen Anbieter laut.

Die Molekularisierung der Medizin

Die Explosion des molekularbiologischen Wissens und die rasche Entwicklung leistungsfähiger molekularbiologischer Methoden hat nicht nur der biologischen Grundlagenforschung in den letzten 20 Jahren einen enormen Schub beschert. Der Aufschwung der Molekularbiologie hat auf vielfältige Weise die moderne Medizin geprägt, und zwar von der Erforschung der Ursachen und Schadensabläufe bislang unverstandener Krankheiten bis hin zur Diagnostik, Therapie und Immunprophylaxe solcher Krankheiten.

So ist etwa der Erfolg der Transplantationsmedizin ohne das molekulare Verständnis der immunologischen Abstoßungsreaktionen zwischen gespendetem Organ und Empfängerorganismus kaum denkbar. Und die Tatsache, daß bereits wenige Jahre nach dem Aufflammen der AIDS-Epidemie der Erreger identifiziert und sichere Tests entwickelt werden konnten, beruht wesentlich auf molekulargenetischen, proteinchemischen und immunologischen Methoden, die zum Teil erst wenige Jahre zuvor erarbeitet wurden.

Es besteht heute kein Zweifel unter Biomedizinern, daß molekularbiologische Methoden den Schlüssel zum Verständnis bislang rätselhafter Erkrankungen wie etwa der Alzheimerschen Krankheit, den Erkrankungen des rheumatischen Formenkreises oder

Tumoren beinhalten. So unterschiedlich diese Krankheiten auch sind, die forscherische Strategie, mit der bessere prophylaktische, diagnostische und therapeutische Konzepte entwickelt werden sollen, ist im wesentlichen bei allen gleich: Über das Verständnis der krankmachenden Prozesse auf der molekularen Ebene der beteiligten Proteine und Gene gilt es, zielgerichtet Testverfahren sowie Wirk- und Impfstoffe zu entwickeln.

Neue Verfahren in der Diagnostik

Das Potential dieser ›molekularisierten‹ Medizin läßt sich beispielhaft an virusbedingten Herzerkrankungen verdeutlichen. Bereits im letzten Jahrhundert bemerkten Mediziner, daß – gewissermaßen im Schlepptau virusbedingter Infektionen wie Masern oder Mumps – Herzerkrankungen auftreten können. Dennoch war es bis vor wenigen Jahren unmöglich, bei derart erkrankten Personen die Virusbeteiligung direkt nachzuweisen. Es fehlten schlicht die diagnostischen Möglichkeiten, im Herzen der Patienten den Virusbefall zu lokalisieren. Noch heute ist der Nachweis bestimmter Viren, die relativ häufig Herzkomplikationen verursachen, ausgesprochen schwierig, wie etwa bei den sogenannten Coxsackieviren. Diese in unserer Umwelt allgegenwärtigen Erreger aus der Gruppe der Enteroviren verursachen in erster Linie Infektionen im Darm und im Rachenraum. In etwa vier Prozent

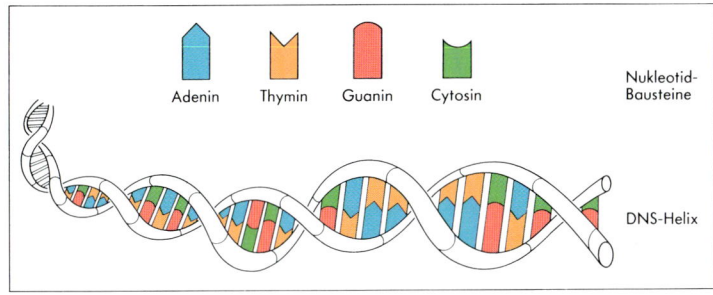

Der genetische Code:
Aufbau der DNS

aller Fälle treten indes zum Teil lebensbedrohliche Herzschäden wie Herzmuskelentzündung (Myokarditis), Herzrhythmusstörung oder Herzinsuffizienz auf. Es fehlen zwar exakte Statistiken, doch Experten gehen davon aus, daß ein Großteil der rund 10 000 jährlich auftretenden Myokarditisfälle von Viren wie den Coxsackieviren ausgelöst werden. Eine sichere Diagnose, eine antivirale Therapie und vor allem ein gegen diese Viren wirksamer Impfstoff wären daher wünschenswert.

Eine Arbeitsgruppe um Professor REINHARD KANDOLF am Max-Planck-Institut für Biochemie in Martinsried vor den Toren Münchens arbeitet seit einiger Zeit an diesen zweifellos hochgesteckten Zielen. Das Team ist zunächst daran interessiert, Mechanismen der Virusvermehrung und die Interaktion zwischen Erreger und Immunsystem auf molekularer Ebene verstehen zu lernen.

Die Ergebnisse dieser Forschung haben einen deutlichen Bezug zur Praxis: Wer versteht, wie sich diese Viren vermehren, kann versuchen, mit geeigneten antiviralen Wirkstoffen die virale Vermehrung zu blockieren. Wer nicht nur die befallenen Organe, sondern auch die Zielstrukturen für die Viren auf den infizierten Zellen kennt, kann versuchen, durch geeignete Wirkstoffe das Eindringen der Viren an der zellulären Eintrittspforte zu unterbinden. Und wer schließlich weiß, wie das Immunsystem auf die viralen Eindringlinge reagiert und wie diese wiederum die Körperabwehr unterlaufen, kann versuchen, die Körperabwehr gegen diese Erreger mit Substanzen zu stärken, die das Immunsystem spezifisch aktivieren.

Gensonden auf Virussuche

Ein erster erfolgreicher Schritt der erwähnten Arbeitsgruppe auf diesem langen Weg ist die Entwicklung eines Nachweisverfahrens, mit dem sich Coxsackie-Infektionen im Herzen direkt nachweisen lassen. Dazu mußte die Gruppe zunächst das komplette Erbgut des Erregers klonieren, also in beliebiger Menge kopieren. Die Erbinformation dieser im Labor schlecht züchtbaren Viren wurde dazu auf gentechnischem Weg in Bakterienzellen eingeschleust. Bakterien lassen sich ausgesprochen leicht züchten, so daß sich mit ihrer Hilfe ausreichend große Mengen an Viruserbsubstanz für eine genaue Analyse herstellen lassen.

Dies ermöglicht es wiederum, mit sogenannten Gensonden im Gewebe von Patienten nach Virus-

erbgut und damit nach einem untrüglichen Zeichen für einen Virusbefall zu suchen. Die in diesem Fall verwendete Methode heißt In-situ-Hybridisierung. Dabei handelt es sich bildlich gesprochen um einen molekulargenetischen ›Fischzug‹ mit Gensonden als spezifischen ›Leimruten‹ für das Viruserbgut.

Das Prinzip funktioniert so: Gensonden sind einsträngige, im Labor hergestellte Erbgutabschnitte, deren Bausteinabfolge komplementär zu einem Abschnitt des gesuchten Viruserbguts paßt. Treffen nun die Gensonden in einer befallenen Zelle auf die komplementären Abschnitte des Viruserbguts, verbinden sich beide zu Doppelsträngen; diesen Vorgang nennt man Hybridisierung. Da die benutzten Gensonden zuvor radioaktiv markiert wurden, läßt sich eine Hybridisierung auf einem Röntgenfilm sichtbar machen. Ist in der Zelle jedoch kein Viruserbgut vorhanden, lassen sich die radioaktiv markierten Gensonden vor der Belichtung des Röntgenfilms von der Probe abwaschen. Nur ein geschwärzter Film verrät also die Anwesenheit von Viren.

›In situ‹ nennt sich diese Art der Hybridisierung, weil man die Gensonden direkt auf das zu untersuchende Gewebe aufbringt. Nach anfänglichen Zellkulturtests und Versuchen an infizierten Mäusen testete das Martinsrieder Wissenschaftlerteam das Verfahren an Gewebeproben von Verstorbenen. Auch in diesem Fall ließ sich ein Virusbefall sicher nachweisen. Die verwendeten Gensonden wurden dabei so ausgewählt, daß sie auf 70 verschiedene Enteroviren ansprechen.

Ein Nachteil dieses Nachweises liegt allerdings auf der Hand: Man benötigt dazu Gewebe vom Herzmuskel des Patienten, müßte also nur für die Diagnose einen belastenden Eingriff vornehmen. Deshalb arbeitet die Max-Planck-Arbeitsgruppe jetzt an einem einfacheren Nachweisverfahren. Es be-

Der Autor:
Rolf Andreas Zell, geb. 1956. Studierte Biologie und Philosophie und absolvierte ein wissenschaftsjournalistisches Aufbaustudium. Seit 1989 freiberuflicher Wissenschaftsjournalist. Spezialgebiete: Gen- und Biotechnik, Molekularbiologie, Virologie und Immunologie

ruht ebenfalls auf der Vorarbeit der Klonierung des viralen Erbguts.

Virustests mit Antikörpern

Mit geeigneten gentechnischen Verfahren kann man Bakterien, in denen das virale Erbgut eingefügt ist, dazu bringen, Proteine der Virushülle in großen Mengen herzustellen. Dies wiederum ist notwendig, um Antikörper zu erzeugen, die gegen diese Hüllproteine gerichtet sind. Antikörper sind gleichsam die molekularen Spürhunde des Immunsystems. Sie erkennen körperfremde Strukturen – etwa Virushüllproteine – und schlagen im Immunsystem Alarm. Der Abwehrkampf beginnt.

Die Tatsache, daß ein Antikörper nur auf eine ganz bestimmte körperfremde Struktur anspricht, macht man sich in der modernen serologischen Diagnostik zunutze: Mit Hilfe der zuvor hergestellten Virusproteine erzeugt man sogenannte monoklonale Antikörper, also solche, die ausschließlich ein spezielles Hüllprotein des Virus erkennen. Diese monoklonalen Antikörper werden mit einem Farbstoff gekoppelt. Trifft nun solch ein Antikörper in der Blutprobe eines Patienten auf virales Hüllprotein, dockt der Antikörper an das Protein an. Dadurch kommt es zu einem deutlich sichtbaren Farbwechsel. Der Vorteil gegenüber der In-situ-Hybridisierung: Ein solcher Antikörpertest ließe sich im Labor mit einer Blutprobe des Patienten durchführen; eine Operation wäre überflüssig.

Die Verfügbarkeit viraler Proteine dank gentechnischer Produktion in Bakterien hat indes noch einen weiteren Vorteil. Nun lassen sich nämlich auch funktionale Fragen angehen wie: Welche seiner Proteine braucht das Virus unbedingt zur Vermehrung, und mit welchen Proteinen erkennt es die zellulären Zielstrukturen, die sogenannten Rezeptoren?

Beide Fragen sind nicht nur von akademischem Interesse. Die Blockade der zellulären Eintrittsporten, also der Rezeptoren auf der Zelloberfläche, gilt als aussichtsreiche Strategie, eine Infektion der Zellen zu verhindern. Hier wiederum ist die Arzneimittelforschung gefragt: Mit der Kenntnis vom molekularen Aufbau des Rezeptors wäre es möglich, Wirkstoffe zu entwickeln, die selektiv nur diesen Rezeptor blockieren, also dem Virus den Eintritt in die Zelle verwehren.

Gentechnische Impfstoffe

Die genaue Analyse der viralen Hüllproteine weist zudem noch in eine dritte Richtung, und zwar die der Impfstoffentwicklung. Meist sind es nämlich Hüllproteine, auf die das Immunsystem mit Antikörpern, aber auch mit spezifischen Abwehrzellen, den weißen Blutzellen, reagiert. Für die Entwicklung eines Impfstoffes ist es daher notwendig, genau diejenigen Teile des viralen Proteins zu charakterisieren, die das Immunsystem gleichsam als ›Feindbild‹ in seinem immunologischen Gedächtnis speichert.

Vorhandene gentechnische Impfstoffe wie etwa derjenige gegen das Hepatitis-B-Virus, beruhen auf dieser äußerst selektiven Wahrnehmungsfähigkeit des Immunsystems. Sie enthalten lediglich diejenigen Proteinfragmente, die das Immunsystem als ›Feindbild‹ des Erregers abgespeichert hat. Gelangen diese mit dem Impfstoff ins Blut, werden Gedächtniszellen angelegt, die bei einer echten Infektion mit diesem Virus schlagartig aktiv werden, so

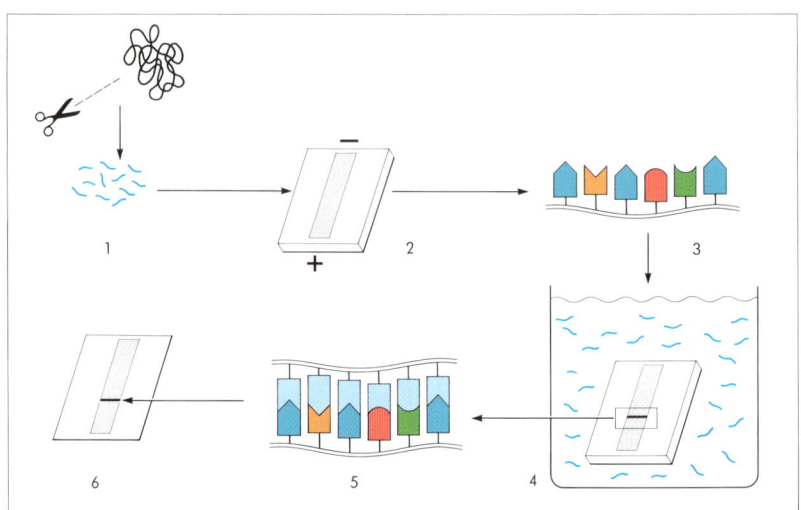

Anwendungsprinzip von Gensonden. (1) Einsträngige DNS (z. B. aus einer Blutprobe gewonnen) wird in Bruchstücke aufgetrennt, (2) die dann auf einem Gel durch Elektrophorese getrennt werden. (3) Aus einzelnen Nukleotiden wird mit Hilfe von Enzymen die radioaktiv markierte Gensonde konstruiert und (4) zusammen mit dem Gel in eine Lösung gegeben. (5) Trifft die Gensonde in der Lösung auf einen komplementären Einzelstrang aus der Probe, bilden beide zusammen einen Doppelstrang; diesen Vorgang nennt man Hybridisierung. (6) Nach Entfernen der überschüssigen Gensonden wird ein Film über das Gel gelegt, der durch die radioaktiven Moleküle der hybridisierten Gensonden geschwärzt wird und so deren Anwesenheit anzeigt

daß das Immunsystem die Infektion im Keim ersticken kann. Der Vorteil dieses Impfkonzepts: Statt abgetöteter Erreger, die immer das Restrisiko einer Infektion in sich bergen, enthält ein solcher gentechnisch hergestellter Impfstoff lediglich harmlose Proteine.

Erst die Verzahnung der molekularen Untersuchungen auf der Ebene der beteiligten Gene und der von ihnen kodierten Proteine ermöglicht es, selektiv Erreger – seien es nun Hepatitis-B- oder Coxsackieviren – zu diagnostizieren, medikamentös gegen sie vorzugehen oder den Körper mit einem Impfstoff vor ihnen zu schützen.

Erbkrankheiten – Fehler in der Gen-Enzyklopädie

Nirgendwo wird die Bedeutung der Molekularisierung der Medizin deutlicher als im Bereich der Erbkrankheiten. Bis vor wenigen Jahren waren die Möglichkeiten der Humangenetik, Erbkrankheiten zu erkennen, sehr begrenzt. Mit sogenannten zytogenetischen Methoden, also der mikroskopischen Untersuchung der 23 Chromosomenpaare des Menschen, lassen sich lediglich Erbdefekte nachweisen, die sich in der Zahl oder Gestalt ganzer Chromosomen bemerkbar machen. Dies ist etwa bei der Trisomie 21 der Fall: Bei dieser Erbkrankheit – sie wurde früher irreführend als ›Mongolismus‹ bezeichnet – liegt das 21. Chromosom nicht paarweise, sondern dreifach im Zellkern vor. Ein Blick durchs Mikroskop verrät dem geschulten Auge somit den Erbdefekt.

Doch Erbdefekte betreffen nicht nur ganze Chromosomen. Im Extremfall entstehen sie, wenn nur ein Basenbaustein innerhalb der DNS-Kette eines Gens falsch ist oder fehlt. Ein solcher Defekt ist mikroskopisch nicht erkennbar. Erst molekulargenetische Methoden ermöglichten es, solche winzigen Fehler zu entdecken.

Ein Vergleich macht die Bedeutung dieses Fortschritts anschaulich: Das gesamte Erbgut des Menschen umfaßt zirka drei Milliarden Basenbausteine. Diese sind nötig, um die rund 100 000 Gene zu bilden, die wie Perlen auf einer Kette in den 23 Chromosomenpaaren aneinandergereiht sind. Betrachtet man nun die Erbinformation des Menschen als eine 23bändige Enzyklopädie in doppelter Ausführung, so entspricht ein Chromosom einem Band, und ein Gen entspricht einem der insgesamt 100 000 Stichwörter der Enzyklopädie. Erbdefekte stellen dann Druck- oder Herstellungsfehler des Nachschlagewerks dar.

Mit zytogenetischen Methoden ist es möglich festzustellen, daß z. B. im Fall der Trisomie 21 der 21. Band dreifach statt doppelt vorliegt. Mit der mikroskopischen Untersuchung kann man außerdem noch feststellen, ob etwa im sechsten Band der ganze hintere Teil, sagen wir von der Seite 676 bis 1289, fehlt. Das Buch ist einfach erheblich dünner als es sollte.

Doch einen einzelnen falschen Buchstaben in einem der 23 Bände würde man mit mikroskopischen Methoden nie entdecken. Genau dies können jedoch – bildlich gesprochen – molekulargenetische

Methoden. Das illustriert das Beispiel der unter Europäern und der weißen US-amerikanischen Bevölkerung häufigsten Erbkrankheit, der Mukoviszidose oder Cystischen Fibrose (CF).

Das CF-Gen, so fand man 1985 heraus, liegt auf dem langen Arm des 7. Chromosoms. Man hatte damit die Lage des ›Stichworts CF‹ in der Gen-Enzyklopädie zumindest grob eingekreist: Es mußte irgendwo innerhalb des 7. Bandes in den hinteren zwei Dritteln zu finden sein. Doch der Textumfang, innerhalb dessen dieser Fehler stecken mußte, umfaßte immer noch 1,5 Millionen Zeichen. Durch intensive Suche gelang es schließlich 1989, das CF-Gen zu entschlüsseln, also die exakte Lage des Stichworts innerhalb dieses Bandes zu finden und alle seine Buchstaben (es sind 1480) zu lesen.

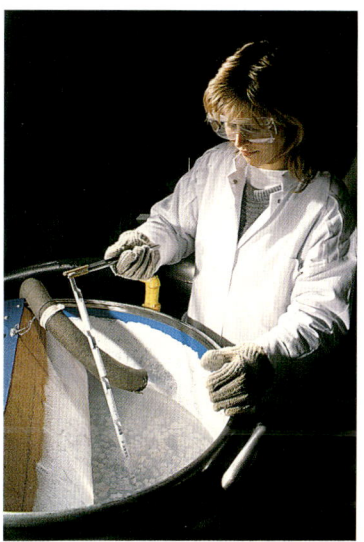

Zur Aufbewahrung werden in flüssigem Stickstoff eingefroren Mikroorganismen, z. B. Bakterien,

Es gelang sogar, den Druckfehler selbst zu entdecken: Bei zwei Dritteln aller Patienten mit dieser Erbkrankheit fehlt der 518. Buchstabe des Stichworts. Dieser molekulare Fehler führt dazu, daß ein sogenanntes Ionenkanalprotein im Schleim der Lunge nicht funktioniert. Der Schleim wird zähflüssig, die betroffenen Patienten können kaum atmen, und der zähe Schleim ist zudem ein idealer Nährboden für Erreger von Atemwegserkrankungen aller Art. Noch immer sterben die meisten CF-Patienten nach spätestens 20 bis 30 Jahren.

Inzwischen haben Molekulargenetiker rund 30 weitere ›Druckfehler‹ im CF-Gen entdeckt, die beim verbleibenden Drittel der CF-Patienten die Erbkrankheit verursachen. Und 1993 gelang schließlich eine vergleichbare molekulargenetische Detektivarbeit beim Gen für die Huntingtonsche Chorea. Nach rund zehnjähriger Suche konnte man das verantwortliche Gen und die verursachende Mutation auf dem 4. Chromosom dingfest machen.

Von der Diagnose zur Therapie

Der unmittelbare Nutzen dieser Suche liegt darin, daß sich nun Gensonden entwickeln lassen, mit denen sich diese Erbkrankheiten bereits beim Embryo im Mutterleib aufspüren lassen. Das Prinzip solcher Tests mit Gensonden entspricht dem Ablauf, der weiter oben dargestellt ist.

Der Fortschritt der diagnostischen Möglichkeiten beschert allerdings auch Probleme: Zum einen schafft das neu entstandene Wissen bei den Betroffenen unter Umständen massive Entscheidungsnöte, etwa bei der Frage, ob ein festgestellter Erbdefekt so gravierend ist, daß er eine Abtreibung des Fötus gerechtfertigt erscheinen läßt. Zum anderen reißt gewissermaßen eine Kluft zwischen dem diagnostischen Wissen und den therapeutischen Möglichkeiten auf. Krankheiten wie die Cystische Fibrose sind bislang äußerst schwer zu behandeln, die Huntingtonsche Chorea ist gar unheilbar. Was also nützt das Wissen um die Erkrankung?

Im Falle der Cystischen Fibrose kann die Molekularbiologie darauf eine ermutigende Antwort geben: Mit dem Wissen um den Erbdefekt ließ sich in den vergangenen vier Jahren der molekulare Schadensprozeß an der Zellmembran des Lungenepithels detailgenau aufklären. Dies wiederum ermöglichte die Entwicklung von spezifischen Medikamenten, die zwar nicht den Erbschaden beheben, aber zumindest seine Auswirkungen in der Lunge begrenzen können. Erste Medikamente, darunter ein gentechnisch hergestelltes Enzym, die DNAse, werden derzeit an vielen Hundert CF-Patienten erprobt. Das Medikament steht mittlerweile in den USA vor der Zulassung.

Eine andere Entwicklung geht sogar einen Schritt weiter: In den USA und in Großbritannien haben die jeweils zuständigen Behörden 1993 mehreren Forschergruppen die Genehmigung erteilt, CF-kranke Patienten per Gentherapie zu behandeln. Ziel ist es, in die Zellen des Lungenepithels korrekte Kopien des CF-Gens einzuschleusen, so daß diese Zellen wieder in der Lage sind, normalen, also flüssigen Schleim zu produzieren, der rasch wieder abgebaut werden kann.

Noch ist es zu früh, um – zumindest in diesem Fall – den Bogen des Erfolgs von der Aufklärung der genetischen Basis der Erkrankung bis zur Entwicklung einer befriedigenden Therapie zu spannen. Wie hilfreich die gerade erst entwickelten therapeutischen Konzepte sind, wird sich erst in den nächsten Jahren herausstellen. Klar ist indes, daß die molekulargenetische Analyse von Erbkrankheiten immense Bewegung auch in die Therapieentwicklung von bislang kaum oder gar nicht behandelbaren Erkrankungen gebracht hat.

Menschenrechte: Am 9. 12. 1993, dem ›Tag der M.‹, gab das UNO-Menschenrechtszentrum in Genf bekannt, daß es 1993 über 300 000 Anklagen wegen Menschenrechtsverletzungen erhalten habe, siebenmal soviel wie 1992. Eine Arbeitsgruppe gehe mehr als 35 000 Fällen von Verschwundenen in 60 Ländern nach. Der Sonderberichterstatter zum Thema willkürl. Hinrichtungen habe 1993 für 450 direkt bedrohte Menschen Hilfsappelle erhalten. Die größte Bedrohung für die M. geht nach Einschätzung von amnesty international in den 1990er Jahren davon aus, daß Mißliebige auf staatl. Veranlassung ›verschwinden‹ bzw. ermordet werden. Der Menschenrechtsverletzungen schuldig machten sich aber auch bewaffnete Oppositionsgruppen.

Die UNO-Menschenrechtskonferenz in Wien

Die zweite Menschenrechtskonferenz der UNO (die erste hatte 1968 in Teheran stattgefunden) vom 14.–25. Juni in Wien konnte nur Empfehlungen an die UNO-Generalversammlung und deren Organe formulieren. 171 Reg. und rd. 2 000 Nicht-Regierungsorganisationen aus Afrika, Asien, dem Nahen Osten, Lateinamerika und Europa nahmen teil. Aufgabe der Konferenz war es, die gegenwärtige Menschenrechtssituation zu beurteilen, Hindernisse bei der Verwirklichung der M. festzustellen, Maßnahmen für eine wirkungsvollere Durchsetzung zu beraten und notwendige Ressourcen sicherzustellen, um die zukünftigen Menschenrechtsaktivitäten der UNO zu sichern. Sie befaßte sich auch mit der Beziehung zw. Entwicklung, Demokratie und Verwirklichung aller Menschenrechte. Der Konferenzverlauf war durch viele Kontroversen gekennzeichnet. Meinungsunterschiede zw. dem Westen und Staaten wie China, Iran, Singapur und Indonesien traten zu Tage. Letztere stellten die Universalität der M. in Frage, standen dem Vorschlag, das Amt eines Hochkommissars für M. und

UNO-Generalsekretär Boutros Boutros Ghali eröffnet am 14. Juni die UNO-Menschenrechtskonferenz in Wien

andere Überprüfungsmechanismen zu schaffen, kritisch bis ablehnend gegenüber und forderten, die Einhaltung der M. auf die einzelstaatl. Ebene zurückzuverweisen. China erreichte durch Druck auf die UNO, daß der gegenwärtige Dalai-Lama TENZIN GYATSO, einer der von der österr. Reg. eingeladenen 14 Friedensnobelpreisträger, seine Rede nur außerhalb der Konferenz vor dem Zelt von amnesty international halten konnte.

Bei der Vorbereitung der Konferenz war vereinbart worden, keine Länderthemen aufzugreifen. Die islam. Staaten setzten dennoch eine Resolution zu Bosnien-Herzegowina durch, in der die Rückkehr zum Vance-Owen-Plan, die Aufhebung des Waffenembargos und die Wiederherstellung der territorialen Integrität Bosnien-Herzegowinas gefordert wurde. Zu Angola wurde einstimmig eine Resolution verabschiedet, die die Anerkennung der Wahlergebnisse durch die UNITA und einen sofortigen Waffenstillstand forderte.

Im Grundsatzteil der Schlußerklärung, die aus Präambel, Grundsatzteil und Aktionsprogramm besteht, werden unmißverständlich Universalität und Unteilbarkeit der M. anerkannt. Förderung und Schutz der M. sind als ein vorrangiges Ziel der UNO und ein legitimes Anliegen der Völkergemeinschaft aufgeführt. In Fällen von massiven Menschenrechtsverletzungen wurde die Einrichtung eines Frühwarnsystems für die UNO vorgeschlagen. Mit Vorrang sollte außerdem die Schaffung des Postens eines Hochkommissars für M. geprüft werden.

Ein UNO-Hochkommissar für Menschenrechte

Der Durchbruch in dieser lange und kontrovers diskutierten Frage gelang am 12. Dez., als sich eine Arbeitsgruppe aller 184 Mitgliedstaaten der UNO auf die Einrichtung des Amts eines Hochkommissars für M. einigte. Dieser Hochkommissar wird im Rang eines stellv. UNO-GenSekr. in Genf amtieren. Offizielle Kandidaten für den Posten gab es im Jahr 1993 noch nicht.

Merchandising, Verwertung der Nebenrechte von Spielfilmen und Serien. Eine solche Vermarktung von Programminhalten bereitet den TV-Anstalten – privaten wie öffentl.-rechtl. – lukrative

Nebengeschäfte, sichert ihnen hohe Popularität des betreffenden Programms und festigt die Zuschauerbindung, v. a. in der Zielgruppe der 6–13jährigen Kinder. M. dient daher auch als beliebtes PR-Instrument. Auf die Herstellung von M.-Produkten spezialisierte Firmen liefern beispielsweise das Buch oder Video zur Serie, die CD mit der Filmmusik, den Fernsehstar als Plastik- oder Plüschfigur und sogar den Jeep zur ›Traumhochzeit‹, häufig mit eingedruckten Sendersignets. Spitzenreiter auf dem M.-Markt sind RTL, Pro 7 und der Südwestfunk.

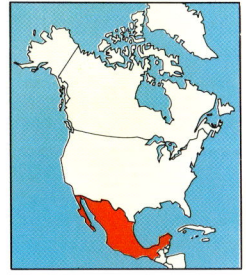

Hauptstadt: Mexiko
Einwohner: 88,2 Mio.
Einwohner/km²: 45
Staatsoberhaupt:
C. Salinas de Gortari
Regierungschef:
C. Salinas de Gortari
BSP/Einwohner:
2 870 US-$

Wirtschaftliche Entwicklung

Nach Jahren der wirtschaftl. Öffnung und tiefgreifender Strukturreformen stand die Wirtschaft M.s mit der Zustimmung des mexikan. Senats am 22. Nov. zur Schaffung der Nordamerikan. Freihandelszone (→ NAFTA) vor ihrer wohl größten Herausforderung. Diese größte zollfreie Zone der Welt soll am 1. 1. 1994 in Kraft treten, sieht aber je nach Produkt Übergangsfristen von fünf bis fünfzehn Jahren vor.

Zu Jahresbeginn wurde mit der Einführung des Peso nuevo eine Währungsreform zur Bekämpfung der Inflation durchgeführt, die nach mehr als 20 Jahren erstmals einen einstelligen Wert erreichte. Außerdem billigte das Parlament im Juni einen Gesetzesentwurf der Reg., nach dem die Zentralbank unabhängig wird und so der Inflation wirkungsvoller entgegentreten kann. Auch wenn die Wirtschaft mit der Eindämmung der Inflation positive Zeichen setzte, und sich mit der NAFTA große Hoffnungen auf einen weiteren Aufschwung verbinden, blieben der Rückgang des Wirtschaftswachstums auf 2 % und der Anstieg der Arbeitslosenquote auf eine zweistellige Zahl problematisch.

Spekulationen über den zukünftigen Präsidentschaftskandidaten

Der amtierende Präs. CARLOS SALINAS DE GORTARI (PRI, Partei der Institutionalisierten Revolution) ist aufgrund der mexikan. Verfassung von der Wiederwahl bei den Wahlen im Aug. 1994 ausgeschlossen. Mutmaßungen über seinen Nachfolger richteten sich nach der ersten Kabinettsumbildung am 4. Jan.

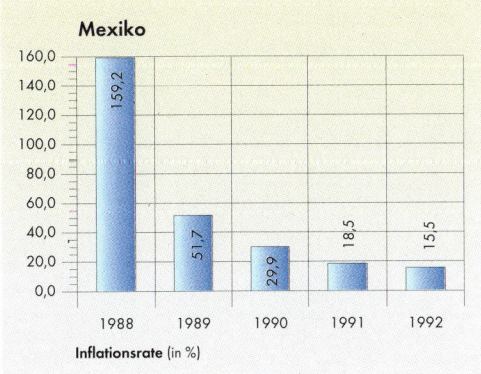

Mexiko

Inflationsrate (in %)

1988	1989	1990	1991	1992
159,2	51,7	29,9	18,5	15,5

auf MANUEL CAMACHO SOLIS, den Bürgermeister von Mexiko-Stadt, obwohl er nicht den Posten des Innenmin. erhielt, sowie Sozial- und Umweltmin. LUIS DONALDO COLOSIO MURRIETTA und Finanzmin. PEDRO ASPE ARMELLA. Nach der zweiten Regierungsumbildung am 30. März wurden auch EMILIO GAMBOA PATRON, der zum Min. für Transport und Kommunikation ernannt wurde, gute Chancen eingeräumt. Der schließlich von SALINAS zu seinem Nachfolger bestimmte und vom PRI am 5. Dez. gekürte Präsidentschaftskandidat COLOSIO gilt als Kompromißkandidat für den in Reformisten und sog. Dinosaurier gespaltenen PRI. Anschließend nahm SALINAS die größte Kabinettsreform seiner Amtszeit vor.

Ein Skandal um die Wahlkampffinanzierung führte zu Popularitätsverlusten des PRI. Nicht zuletzt deswegen trieb diese eine Reform des Wahlrechts voran, die u. a. eine Höchstgrenze der Ausgaben für Wahlkampagnen der Parteien festsetzt und eine gerechtere Verteilung der Parlaments- und Senatssitze beinhaltet (am 26. Aug. vom Parlament verabschiedet). Dadurch sollen der Regierungspartei im Falle ihrer (sehr wahrscheinl.) Wiederwahl eine höhere Glaubwürdigkeit und Legitimität verliehen werden.

Am 26. Oktober wird Erich Mielke zu sechs Jahren Haft verurteilt

Mielke-Prozeß: ERICH MIELKE, früher Min. für Staatssicherheit in der DDR, wurde am 26. 10. 1993 vom Landgericht Berlin für die Erschießung zweier Polizisten 1931 in Berlin zu einer Freiheitsstrafe von sechs Jahren verurteilt. Die Tat war nach Auffassung des Gerichts nicht verjährt, da seit 1947 das Verfahren gegen MIELKE wegen rechtsstaatswidriger Hindernisse nicht geführt werden konnte. Die relativ geringe Strafe erklärte das Gericht mit dem Grundsatz der Verhältnismäßigkeit, wonach das hohe Alter des Angeklagten (85) und die Ungewöhnlichkeit des 62 Jahre zurückliegenden Falls zu beachten gewesen seien.

Miete: Das 4. Mietänderungsgesetz vom 21. 7. 1993 brachte u. a. folgende Änderungen:
1) Für die Ermittlung der ortsübl. Vergleichs-M. ist künftig die örtl. Mietsituation von vier (bislang drei) Jahren zugrundezulegen, um extreme Ausschläge nach oben abzuschwächen;
2) für Wohnungen, die vor dem 1. 1. 1991 fertiggestellt wurden und deren Kaltmietzins bei mehr als 8 DM pro m^2 Wohnfläche liegt, wurde die Kappungsgrenze von 30 % auf 20 % reduziert (d. h. innerhalb von drei Jahren dürfen M. individuell nur um höchstens 20 % steigen). Diese Regelung ist befristet für Mieterhöhungsverlangen, die dem Mieter vor dem 1. 1. 1998 zugehen.
3) Indexklauseln in Wohnungsmietverträgen, die sich nach dem Preis von anderen Gütern oder Leistungen richten, sind nach Genehmigung durch die Landeszentralbank zulässig.

Nach einem Beschluß des Bundesverfassungsgerichts (BVerfG) vom 26. 5. 1993 genießt das Recht eines Mieters, in seiner Wohnung zu wohnen, den gleichen Verfassungsrang wie das Eigentumsrecht nach Art. 14 GG. Mieter wie Vermieter können sich demnach auf das gleiche Grundrecht berufen. Es bleibt allerdings abzuwarten, inwieweit diese Entscheidung künftige Räumungsprozesse, v. a. bei der Geltendmachung von Eigenbedarf seitens des Vermieters, beeinflussen wird.

Mikromechanik, die Technik zur Herstellung kleiner, dreidimensional geformter Bauelemente. Die lateralen Dimensionen liegen dabei im Bereich einiger 100 μm bis herab zu wenigen Mikrometern, die vertikalen Dimensionen im Mikrometerbereich. Eine rasch zunehmende Anzahl mikromechan. Bauelemente ist heute bereits auf dem Markt, viele weitere sind in Entwicklung.

Man unterscheidet einfache Strukturen, Sensoren, Aktoren und Mikrosysteme. Die einfachen Strukturen (miniaturisierte Gräben, Kanäle, Gitter, Löcher, Düsen, Membranen oder Spitzen) werden i. d. R. in Zusammenhang mit anderen Anwendungen genutzt. Bei den Sensoren dominieren heute noch Drucksensoren sowie zunehmend mikromechan. Beschleunigungssensoren. Sensorarten wie Gassensoren, Durchflußsensoren oder Infrarot-Strahlungssensoren haben in den letzten Jahren Marktreife erreicht, während sich verschiedene mikromechan. Aktoren wie Relais, Schalter, Lichtablenker, Ventile oder Mikropumpen in Entwicklung befinden. Mikrosysteme, die noch am Beginn ihrer Entwicklung stehen, integrieren verschiedene mikromechan. und elektron. Baugruppen, von miniaturisierten Spektrometern und Tintenstrahldruckköpfen bis hin zu Mikromotoren. Für die Herstel-

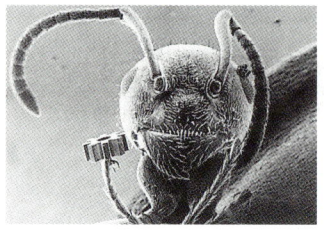

Rasterelektronenmikroskop-Aufnahme einer Ameise, die ein Mikrozahnrad aus Kupfer (Durchmesser 260 μm) trägt

lung mikromechan. Bauteile konnten viele der Prozeßschritte zur Fertigung elektron. Bauelemente übernommen werden (z. B. die Photolithographie), andere wurden speziell entwickelt (z. B. besondere Ätzverfahren); weitere Fertigungsverfahren der M. sind Dünnschicht-, Siebdruck- und LIGA-Technik.

Mikronesien

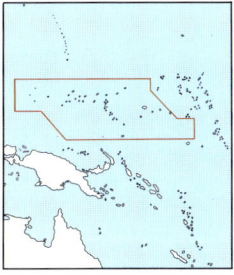

Hauptstadt: Pohnpei
Einwohner: 105 000
Einwohner/km²: 146
Staatsoberhaupt:
B. Olter
Regierungschef:
B. Olter
BSP/Einwohner:
980 US-$

Mineralfasern: Am 6. Sept. veröffentlichte eine Arbeitsgruppe des Bundesgesundheitsamts, des Umweltbundesamts und der Bundesanstalt für Arbeitsschutz auf einer Fachtagung des Vereins Dt. Ingenieure in Fulda einen Bericht, demzufolge nun auch künstl. M. wie Glas- oder Steinwolle, die in zahlreichen Wohnungen verarbeitet sind (u. a. zur Isolierung von ausgebauten Dachgeschossen), als krebserregend gelten. Auch die Senatskommission zur Prüfung gesundheitsschädl. Arbeitsstoffe, die MAK-Kommission (Abk. für **m**aximale **A**rbeitsplatz-**K**onzentration), stufte Glas- und Steinwolle als krebserzeugende Arbeitsstoffe ein. Gefährdet sind nach Auffassung des Umweltbundesamts v. a. die mit der Herstellung der künstl. M. beschäftigten Arbeitnehmer. Die Gesundheitsgefahr durch die Fasern soll in Räumen dann gering sein, wenn die Dämmstoffe fachgerecht verlegt sind. Das Umweltbundesamt warnte davor, z. B. Dachisolierungen eigenhändig herauszureißen; dabei könnten die gefährl. Fasern frei werden. Die M.-Industrie bestritt, daß ihre Produkte genauso krebserregend seien wie Asbestfasern. Das Umweltbundesamt wiederum kritisierte dies als Verharmlosung.

Mini Disc, Abk. **MD,** →Compact Disc.

Mobilfunk: Das schnelle Wachstum auf dem Markt für M.-Systeme setzte sich v. a. im Bereich Funktelefone fort. Das D1-Netz der Dt. Bundespost Telekom verzeichnete Ende Okt. etwa 350 000, das von der Mannesmann Mobilfunk GmbH betriebene D2-Netz im Aug. über 300 000 Kunden; kommerzielle Dienste werden in beiden digitalen Funktelefonnetzen erst seit Mitte 1992 angeboten. Am analogen C-Netz der Telekom nahmen 1993 rd. 810 000 Kunden teil.

Die Lizenz für das geplante dritte digitale Netz, das E1-Netz, wurde von Bundespostmin. BÖTSCH im Febr. an das ›E-Plus‹-Konsortium um die Unternehmen Thyssen AG und VEBA AG vergeben. Im Juli gliederte die Telekom das gesamte M.-Geschäft organisatorisch in die eigenständige Tochtergesellschaft Dt. Telekom Mobilfunk GmbH (DeTeMobil) aus, die damit der größte Funktelefonbetreiber Europas ist.

Die Frage von gesundheitsschädl. Wirkungen der durch Funktelefone abgestrahlten elektromagnet. Wellen (›Elektrosmog‹) waren auch 1993 weiter umstritten, wobei v. a. die nichttherm. Effekte der Strahlung auf den Körper Gegenstand versch. Studien und gerichtl. Auseinandersetzungen waren. Daneben wurde die Anfälligkeit anderer elektron. Geräte gegen Störimpulse aus Funktelefonen diskutiert; so untersagen z. B. viele Fluggesellschaften die Benutzung von Funktelefonen wegen mögl. Störungen der Bordelektronik.

Moçambique

Hauptstadt: Maputo
Einwohner: 14,9 Mio.
Einwohner/km²: 19
Staatsoberhaupt:
J. A. Chissano
Regierungschef:
M. F. d. G. Machungo
BSP/Einwohner:
70 US-$

1993 begann eine zögernde Rückkehr zur Normalität nach 16 Jahren Bürgerkrieg zw. der Regierungsorganisation FRELIMO und der Widerstandsbewegung RENAMO. Im Okt. 1992 hatten Präs. JOAQUIM ALBERTO CHISSANO und RENAMO-Rebellenführer ALFONSO DHLAKAMA den Friedensvertrag von Rom unterzeichnet. Vorgesehen waren ein sofortiger Waffenstillstand sowie eine Demobilisierung der Bürgerkriegsparteien. UNO-Friedenstruppen, die ab Jan. in M. eintrafen, sollten nicht nur für die Entwaffnung, sondern auch für Okt. geplante freie Wahlen überwachen.

Die im Friedensabkommen vorgesehenen Maßnahmen konnten 1993 jedoch nicht erfolgreich abgeschlossen werden. Zwar wurde der Waffenstillstand bis auf wenige Übergriffe, meist von seiten der RENAMO, eingehalten; die Entwaffnung ging jedoch nur schleppend voran. Die größere Einheit der UNO-Friedensmission ONUMOZ traf erst Ende Mai mit einer Stärke von 5 800 Soldaten ein. Rebellenführer DHLAKAMA war vor ihrer Ankunft nicht bereit, mit der Demobilisierung seiner Truppe zu beginnen. Diese Zeitverzögerung im Friedensprozeß führte zur Verschiebung der geplanten Wahlen auf Okt. 1994.

Der verheerende Bürgerkrieg hatte insgesamt rd. eine Mio. Todesopfer gefordert, ungefähr vier Mio. Menschen waren vertrieben worden oder befanden sich innerhalb des Landes auf der Flucht. Weitere 1,5 Mio. Flüchtlinge lebten in Nachbarstaaten. 1993 kehrten sie langsam in ihre ehem. Heimatorte zurück. Darüber hinaus war die Infrastruktur zerstört worden, die Straßen wurden nur langsam von Minen geräumt.

Die schwere Wirtschaftskrise war eine weitere Belastung für das Land: M.s Staatsverschuldung wurde auf fünf Mrd. US-$ geschätzt, das Außenhandelsvolumen war gering, der Staatshaushalt defizitär, und die Inflationsrate betrug ca. 40%. Die Dürre hatte 1993 zwar ein Ende, so daß trotz Mangel an Saatgut und landwirtschaftl. Geräten steigende Agrarerträge zu verzeichnen waren, doch blieb M. auch 1993 auf umfangreiche Nahrungsmittelhilfe für die hungernde Bevölkerung angewiesen.

Modrow-Urteil: Am 27. 5. 1993 endete das Verfahren gegen HANS MODROW – den früheren 1. Sekr. der SED-Bezirksleitung Dresden, späteren MinPräs. der DDR und jetziges MdB der PDS – sowie gegen zwei Mitangeklagte wegen Fälschung der Ergebnisse bei den Kommunalwahlen der DDR im Mai 1989 mit einem Schuldspruch. Das Landgericht Dresden sprach eine Verwarnung mit Strafvorbehalt aus, die mildeste Verurteilung, die das StGB für kriminelles Unrecht bereithält.

litiker von der staatl. Bühne ab. Die Ernennung des ehem. KP-Chefs PJOTR LUTSCHINSKIJ als Nachfolger war ein weiteres Indiz für den polit. Kurswechsel, der zu einer weiteren Annäherung von Präs. MIRCEA SNEGUR an die alte Nomenklatura führte. Deren Vertreter dominierten in den meisten gesellschaftl. Einrichtungen, so daß der Transformationsprozeß M.s nur sehr langsam vonstatten ging. Zur Beschleunigung von Wirtschaftsreformen erteilte das Parlament Präs. SNEGUR am 4. Aug. Sondervollmachten (bis 1. Juli 1994).

Der Ratifizierung der Verträge über die Zugehörigkeit zur GUS stimmte das Präsidium des Obersten Sowjets am 26. Okt. zu. Im Parlament verfehlte sie allerdings die notwendige Zweidrittelmehrheit. Mit der Auflösung des Obersten Sowjets und der Festsetzung von Neuwahlen für Febr. 1994 wurde die Entscheidung auf die Zeit danach verschoben.

Mölln-Prozeß: Das Verfahren vor dem schleswig-holstein. Oberlandesgericht gegen die beiden, der rechtsradikalen Szene zugeordneten Angeklagten – sie hatten am 22./23. 11. 1992 ein v. a. von Türken bewohntes Haus in Mölln in Brand gesteckt und dadurch den Tod von drei Menschen und zahlreiche Verletzte verursacht – endete am 8. Dez. mit der Verurteilung zu den Höchststrafen lebenslange Haft bzw. zehn Jahre Jugendstrafe.

Moldau, Moldawien

Hauptstadt:
Kischinjow
Einwohner: 4,4 Mio.
Einwohner/km²: 129
Staatsoberhaupt:
M. Snegur
Regierungschef:
A. Sangheli
BSP/Einwohner:
2 170 US-$

Bis zur Jahresmitte war zwar ein Drittel der moldauischen Betriebe privatisiert worden, die volkswirtschaftlich wichtigen Unternehmen (v. a. Weinherstellung und Nahrungsmittelproduktion) blieben aber in staatl. Hand. In allen Sektoren waren erhebliche Defizite und Produktionsrückgänge zu verzeichnen, nicht zuletzt auch, weil die sich der Kontrolle Kischinjows (Chişinăus) entziehende, seit Mai von russ. Altkommunisten beherrschte ›Dnjestr-Republik‹ die Einfuhr wichtiger Rohstoffe aus Rußland blockierte. Am 22. Nov. wurde eine neue Währung, der Lei, eingeführt. Rumänien, das auf eine Vereinigung beider Staaten hofft – sie wird von der moldauischen Staatsführung gegenwärtig nicht in Betracht gezogen – kündigte Mitte Aug. ein Programm zur wirtschaftl. Unterstützung M.s an.

Mit dem Parlamentspräs. ALEXANDRU MOSŞANU trat am 29. Jan. der letzte noch aktive Volksfrontpo-

---

Monaco

Hauptstadt: Monaco
Einwohner: 28 000
Einwohner/km²:
18 792
Staatsoberhaupt:
Rainier II.
Regierungschef:
J. Dupont
BSP/Einwohner:
ca. 51 000 US-$

Am 28. Mai nahm die UNO-Generalversammlung M. als Mitgl. der Weltorganisation auf.

Mongolei

Hauptstadt:
Ulan-Bator
Einwohner: 2,3 Mio.
Einwohner/km²: 1
Staatsoberhaupt:
P. Otschirbat
Regierungschef:
P. Jasray
BSP/Einwohner:
660 US-$

Im Mölln-Prozeß müssen sich
Michael Peters und Lars Christiansen
für den Brandanschlag am

22./23. Nov. 1992 verantworten,
bei dem zwei türkische Frauen und
ein Kind ums Leben kamen

Die wirtschaftl. und soziale Umstellung nach dem Ende der kommunist. Herrschaft verursachte gravierende Probleme. Der dauernde Mangel an Devisen, Ersatzteilen und Energie ließ die Industrieproduktion und das Sozialprodukt zurückgehen. Mitte 1993 lag die Arbeitslosenquote bei 11 %; die Inflationsrate stieg auf 350 %. Der amtierende Staatspräs. Punsalmaagiyn Otschirbat verlor im April 1993 die Unterstützung der das Parlament dominierenden ehem. kommunist. Mongol. Revolutionären Volkspartei (MRVP). Zur ersten Direktwahl eines Staatsoberhaupts trat er als Kandidat der Opposition an. Mit dem Versprechen, die ökonom. Reformen fortzusetzen und den Privatsektor der Volkswirtschaft auszuweiten, gewann Otschirbat am 6. Juni die Wahlen mit 57,8 % gegen den Kandidaten der MRVP, den Altkommunisten und Chefredakteur der Parteizeitung ›Unen‹, Lodongiyn Tudev (38,7 % der Stimmen). Die Wahlniederlage verstärkte den Prozeß der Abspaltungen und heftigen innerparteil. Flügelkämpfe in der MRVP.
Nach dem Abzug der russ. Truppen wurde das Verhältnis zum nördl. Nachbarn Rußland durch einen Freundschaftsvertrag vom 20. 1. 1993 geregelt.

Die amerikanische Schriftstellerin
Toni Morrison, die seit fast
25 Jahren an einer Geschichte

des schwarzen Amerika schreibt, ist
Trägerin des Nobelpreises für
Literatur

Morillon, Philippe, frz. General, * Casablanca 24. 10. 1935. – M. rückte im März 1993 den mörder. Krieg im ehem. Jugoslawien wieder in den Blick der Weltöffentlichkeit, als er sich auf eigene Faust den in der Stadt Srebrenica eingeschlossenen muslim. Bosniern anschloß, die serb. Belagerer zum Passierenlassen von Versorgungstransporten nötigte und den Politikern die Wirkungslosigkeit ihrer internat. Friedensbemühungen ohne Eingriffsmöglichkeiten vor Augen führte. M. hatte im Sept. 1992 den Kanadier McKenzie als Befehlshaber der UNO-Friedenstruppen in Bosnien-Herzegowina abgelöst mit der Aufgabe, die humanitäre Hilfe unter beschränktem Einsatz militär. Mittel zu sichern. Am 13. 7. 1993 wurde M. zum Berater der frz. Reg. in Verteidigungsfragen ernannt, nachdem er versch. hochrangige Positionen in den frz. Streitkräften ausgeschlagen hatte.
M. hatte die Militärschule Saint-Cyr besucht und 1956 in Algerien bei einer Panzereinheit seine militär. Karriere begonnen. 1988 leitete er die frz.-jugoslaw. Kommission für Rüstungszusammenarbeit. Vor seinem ›Blauhelm‹-Kommando war er ab 1991 im Generalstab der 1. Armee in Straßburg. Von der Westeurop. Union beauftragt, hatte er 1991 auch Pläne für ein mögl. militär. Eingreifen in Jugoslawien ausgearbeitet.

Aufgrund seines Engagements erhält
General Morillon von der

Stadtbevölkerung den Beinamen
›Retter von Srebrenica‹ (28. März)

Morrison, Toni, eigtl. Chloe Anthony Wofford, amerikan. Schriftstellerin, * Lorain (Ohio) 18. 2. 1931. – Als erster schwarzer Frau wurde M. 1993 der Nobelpreis für Literatur für ihr ›von visionärer Kraft und poet. Prägnanz‹ geprägtes Werk zuerkannt. In ihren sechs Romanen, die die Erfahrungen der afroamerikan. Bevölkerung aus der Perspektive der schwarzen Frauen verarbeiten, werde ›eine wesentl. Seite der amerikan. Wirklichkeit‹ lebendig. Als Hauptwerke M.s, die einen Lehrstuhl an der Princeton University innehat, gelten ›Beloved‹ (1987; dt. ›Menschenkind‹ 1989) und ›Jazz‹ (1992; dt. 1993). In literar. Kreisen fand die Entscheidung des Nobelpreis-Komitees breite Zustimmung.
MP Travel Line: Das am 22. Juli beim Amtsgericht Frankfurt beantragte Konkursverfahren gegen den Billigreiseanbieter MP Travel Line Internatio-

nal GmbH hatte zur Folge, daß zahlreiche Urlauber in Portugal (nach Schätzungen zw. 5 000 und 7 500 Reisende) und Florida ›festsaßen‹, da die Fluggesellschaften die Rückbeförderung verweigerten; darüber hinaus wurden MP-Kunden v. a. in Portugal mit zusätzl. Geldforderungen konfrontiert. Wegen des Konkurses des Reiseveranstalters und des Scheiterns der Auffanggesellschaft MP Touristik GmbH konnten zudem etwa 3500 Urlauber ihre gebuchte Reise erst gar nicht antreten.

Die rechtl. Situation der geschädigten Urlauber sowie die Haftungsfrage bei der Auffanggesellschaft MP Touristik waren unklar. Ein polit. Streit, der parlamentar. Beratungen nach sich zog, entwickelte sich um eine mögl. Haftungspflicht der Bundesrepublik Deutschland; diese lehnte das Bundesjustizministerium ab. Die Interessengemeinschaft der MP-Geschädigten hob in der Schadenersatzfrage v. a. auf die nicht fristgerechte Umsetzung der EG-Pauschalreiserichtlinie ab.

Als Konsequenz aus dem Konkursfall sollen Pauschalurlauber spätestens von der Wintersaison 1994/95 an gegen einen Zusammenbruch des Reiseveranstalters versichert sein.

Ende Juli/Anfang August sitzen Tausende von Touristen, die ihren Urlaub mit MP Travel Line gebucht hatten, auf dem Internationalen Flughafen von Miami fest

Mukoviszidose, →Erbkrankheiten, →Medizin.

Müller, Heiner, Schriftsteller, * Eppendorf (Kreis Flöha) 9. 1. 1929. – Mitte Jan. 1993 wurden Vorwürfe laut, daß M. Stasikontakte gehabt habe. M. selbst gab zu, er habe – weil unausweichlich – solche Kontakte unterhalten, ›um zu beraten und Einfluß zu nehmen‹ und auch aus schriftsteller. Neugier. Die Gauck-Behörde, die auch zwei Akten fand, in denen M. selbst Objekt der Stasiüberwachung war, bestätigte, daß M. (ab 1978/79) als Inoffizieller Mitarbeiter (IM) der Stasi geführt wurde. Der Verdacht einer tatsächl. konspirativen Zusammenarbeit M.s mit der Stasi zum Schaden Dritter konnte jedoch nicht erhärtet werden. Große Beachtung fand M.s Debut als Opernregisseur: Bei den

Heiner Müller sieht sich dem Vorwurf der Stasi-Mitarbeit ausgesetzt

Bayreuther Festspielen 1993 inszenierte er Wagners ›Tristan und Isolde‹.

M., Dramatiker, auch Erzähler, Lyriker und Übersetzer, war nach journalist. Tätigkeit ab 1958/59 Mitarbeiter an Berliner Theatern und freier Schriftsteller. 1990–92 war er Präs. der zum Mai 1993 aufgelösten Akademie der Künste (Ost).

Müllexporte: Am 16. Mai wurden 412t Giftmüll in 78 Eisenbahnwaggons aus dem rumän. Kreis Sibiu nach Deutschland gebracht, die aus dt. Beständen in den Jahren zuvor – als ›Recyclingmaterial‹ deklariert – nach Rumänien exportiert worden waren. Die Umweltorganisation Greenpeace enthüllte am 25. Mai, daß seit Jan. 230 t hochgefährl. Chemiegifte in die Ukraine verschoben worden waren. Sie waren als ›Industriewaren zur weiteren Verwendung‹ deklariert und stammten aus dt. Labors und Firmen. Im Laufe des Jahres wurde schließlich publik, daß mehrere tausend Tonnen dt. Kunststoffmüll, ausgezeichnet mit dem ›Grünen Punkt‹, an versch. Stellen in Indonesien lagern.

Mullis, Kary Banks, amerikan. Chemiker, * Lenoir (North Carolina) 28. 12. 1944. – Für die 1983 von ihm entwickelten Verfahrensgrundlagen der →PCR-Analytik wurde M. mit dem Nobelpreis für Chemie 1993 ausgezeichnet, den er sich mit MICHAEL SMITH teilt. Mit der Methode von M. lassen sich u. a. Krankheiten wesentlich früher als mit klass. mikrobiolog. Verfahren diagnostizieren.

M. studierte Chemie am Georgia Institute of Technology sowie Biochemie an der Univ. in Berkeley und promovierte 1972. Nach versch. Forschungsarbeiten wechselte er Ende der siebziger Jahre in die Industrie. Seit 1987 arbeitet er für eine Reihe führender Gentechnikunternehmen als Berater in Sachen Nukleinsäurechemie. Bereits 1992 erhielt M. den dt. Robert-Koch-Preis.

Multimedia, das gleichzeitige oder quasi gleichzeitige Angebot von Informationseinheiten in versch. Erscheinungsformen (außer Text z. B. auch Bild, Ton oder Bewegtbild); technisch durch die zunehmende gegenseitige Durchdringung der Bereiche Telekommunikation (für den Transport von Daten), Computer (für die Auswahl, Aufbereitung und Druchdringung der Daten) und Unterhaltungselektronik (für die Darstellungsqualität und die Einbindung der Nutzer) ermöglicht.

1993 verstärkte sich der Eindruck, daß M. einer der wenigen Wachstumsmärkte für das Ende des Jh.

sein wird. In diesem Zusammenhang konnte eine Ausweitung der M.-Anwendungen über spezielle Ausbildungssysteme und ›Informationskioske‹ (z. B. tourist. über eine Region oder werbl. über Produkte) hinaus auf dem Konsumentenmarkt festgestellt werden. Eine Annäherung von elektron. Publizieren (Vermittlung von nach Herkunft und Qualität genuinen Verlagsinhalten über elektron. Medien) und M. wurde z. B. dadurch deutlich, daß auf der 45. Frankfurter Buchmesse vom 6. bis 11. Okt. unter dem Motto ›Frankfurt goes electronic‹ erstmalig ein entsprechendes Schwerpunktthema mit eigener Halle zu finden war.

Die steigende Bedeutung von M. zeigt sich internat. auch in zahlreichen strateg. Partnerschaften und Zusammenschlüssen, die 1993 eingegangen wurden. So beschlossen im Herbst die Bell Atlantic Corp., die größte lokale Telefongesellschaft der USA, und die Tele-Communications Inc. (TCI), die größte amerikan. Kabelfernsehgesellschaft, ihren spektakulären Zusammenschluß, um sich einen führenden Platz auf dem umkämpften Zukunftsmarkt für interaktive Videosysteme zu sichern.

Multiplex-Kinos: Am 1. Sept. eröffnete das jüngste dt. M.-K., der ›MaxX-Filmpalast‹ mit sieben Sälen und 1500 Plätzen, in innerstädt. Lage am Isartor in München. Es gehört zur Kinokette Hans-Joachim Flebbes, die mittlerweile zum zweitgrößten Kinoanbieter Deutschlands nach der traditionsreichen Ufa wurde.

Nachdem die Kinotheater-Branche in den siebziger und achtziger Jahren mit ihren ›Kinocentern‹, die auch winzige Säle beherbergten, Kritiker verärgerten und Zuschauer um ihr Kinoerlebnis brachten, tauchte in Deutschland Ende der achtziger Jahre eine neue Idee aus den USA und Großbritannien auf: die M.-K., Großkinos an den Randlagen der Metropolen, aber mit geräumigen Sälen, Großleinwänden und hervorragender techn. Ausstattung. Das erste dt. M.-K. mit 14 Sälen und 2899 Plätzen errichtete UCI, ein Gemeinschaftsunternehmen der amerikan. Konzerne Paramount und Universal,

1990 in Hürth bei Köln. Durch M.-K. ist unter den Filmtheatern in Deutschland ein Verdrängungswettbewerb entstanden, unter dem v. a. kleinere Kinos im Umfeld der M.-K. leiden; Kritiker befürchten auch eine Nivellierung des Kinoangebots.

Musik

Die kulturpolit. Sparbeschlüsse des Bundes, der Länder und der Kommunen im Jahr 1993 gehörten zu den mittel- und langfristig einschneidendsten Ereignissen für das Musikleben in den neuen und alten Bundesländern.

Sparschock

Im dritten Jahr nach der dt. Einheit wurden dem öffentlich finanzierten Kulturbetrieb massive Etatkürzungen abverlangt. Herbert Wernickes spektakuläres Bühnenbild zu Monteverdis ›Orfeo‹ für die Salzburger Festspiele im Aug. – ein geborstenes Duplikat der originalen Stirnfassade des Residenzhofs – symbolisierte den Zwiespalt zw. der gesellschaftl. Notwendigkeit nach einer Grundversorgung mit Kunst und der finanzpolit. Prioritätenverteilung der darüber entscheidenden Politiker in Zeiten des knappen Geldes. Von größter Bedeutung war diesbezüglich der Plan des Finanzmin., Gelder für den Dt. Musikrat, den Wettbewerb ›Jugend musiziert‹, das Bundesjugendorchester, das Bach-Archiv Leipzig, das Bonner Beethovenhaus oder die Berliner Festspiele einzusparen.

Auch renommierte Spielorte blieben nicht verschont von Haushaltkürzungen, wie das Beispiel Leipzig zeigte. Nachdem während der Festwochen ›300 Jahre Leipziger Oper‹ im Mai und Juni mit den Uraufführungen der Opern ›Nachtwache‹ von Jörg Herchet und ›Dienstag aus Licht‹ von Karlheinz Stockhausen zwei durchaus auch für das Zusammenwachsen beider dt. Staaten symbol. Inszenierungen realisiert worden waren, kamen Ende Aug. die Leipziger Sparpläne an die Öffentlichkeit. Um wenigstens fünf der von der Stadt geforderten 13 Mio. DM einsparen zu können, sollen die geplanten Neuproduktionen reduziert und Stellen abgebaut werden.

Musikalischer Grenzverkehr

Die Betroffenen vor Ort suchten nach individuellen Wegen aus der Finanzmisere. Um die Programmvielfalt ihrer Spielpläne zu sichern, kam es beispielsweise im Südwesten Deutschlands zu Theaterkooperationen mit schweizer. Häusern. Die Stadttheater Freiburg und Konstanz planten Austauschgastspiele mit dem Zürcher Neumarkt-Theater, das seinerseits eine Kooperation mit dem Zürcher Opernhaus beschloß. Das Staatstheater Karlsruhe kündigte für den Bereich Musiktheater einen Austausch mit dem sich ebenfalls in Finanznot befindenden Baseler Dreispartentheater an. Die Baseler Kulturpolitiker strichen dem Theater nicht nur ein Drittel des Etats, sondern reduzierten auch die Planstellen der zwei städt. Orchester um 20 Musiker.

Für die Entwicklung der PCR-Analytik   für Chemie erhält Kary Mullis den Nobelpreis

Mammutschau der Rundfunksinfonie

Die Alte Oper in Frankfurt am Main zählte auch 1993 zu den wichtigsten Orten der musikal. Welt. Höhepunkt der jährlich stattfindenden ›Frankfurt Feste‹ im Sept. waren die Auftritte der großen Sinfonieorchester. Neben dem Orchester der Mailänder Scala, den St. Petersburger Philharmonikern, dem Chamber Orchestra of Europe, dem Orchester der Beethovenhalle Bonn, dem Symphony Orchestra Tokyo und dem Frankfurter Opernhaus- und Museumsorchester waren mehrere dt. Rundfunk-Sinfonieorchester zu hören, deren Existenz ebenfalls durch Zusammenlegungs- oder Streichungsüberlegungen gefährdet ist. Wie wichtig die ARD-Orchester für das Musikleben schlechthin sind, belegen die mittlerweile fast 300 Uraufführungen durch das Sinfonieorchester des Südwestfunks unter seinen Leitern HANS ROSBAUD, ERNEST BOUR und MICHAEL GIELEN. Die Rundfunk-Sinfonieorchester aus Baden-Baden, Frankfurt, Stuttgart, Berlin und die Orchester des Mitteldt. Rundfunks und des Saarländ. Rundfunks spielten fast ausschließlich Werke des 20. Jh. Das Abschlußkonzert der ›Frankfurt Feste ’93‹ mit dem Radio-Sinfonieorchester Frankfurt und dem Chor des Bayer. Rundfunks bildete zudem den Auftakt eines Mammutunternehmens fast aller europ. Rundfunksinfoniker. Sie nahmen sich vor, europaweit in über fünfzig Live-Konzertübertragungen die Musik des 20. Jh. zu dokumentieren.

Neue Wege

Nach langer Vakanz konnte die Stelle des musikal. Leiters des Frankfurter Opernhaus- und Museumsorchesters mit dem von der Brüsseler Oper nach Frankfurt wechselnden SILVAIN GAMBRELING besetzt werden, der nach der Premiere von ALBAN BERGS Oper ›Wozzeck‹ im Okt. Anlaß zu der Hoffnung gab, das Frankfurter Haus künstlerisch wieder an die Spitze der dt. Musiktheaterhäuser zu führen. Neben HERBERT WERNICKE, der für die Spielzeit 1994/95 von der Frankfurter Oper den Auftrag für

Am 6. Oktober hat Alban Bergs ›Wozzeck‹ in Frankfurt am Main Premiere. Im Bild eine Szene mit / Ragnar Ulfung (rechts) als Hauptmann und Frode Olsen als Doktor

Im September startet der Ex-Beatle Paul McCartney den europäischen / Teil seiner Welttournee auf der Berliner Waldbühne

eine komplette Inszenierung von WAGNERS ›Ring des Nibelungen‹ bekam, zog ein anderer Theatermann, der Dramatiker HEINER MÜLLER, im Juli die Aufmerksamkeit der Musikwelt auf sich. Die szen. Ausdeutung von WAGNERS Liebestod-Metaphorik in der Bayreuther Inszenierung von ›Tristan und Isolde‹ verweigerte Opernregiedebutant MÜLLER: Isoldes Kernszene ließ er oratorisch am Bühnenrand singen.

Auf Tournee

Die New Yorker Philharmoniker absolvierten 1993 ihre erste Europatournee unter ihrem Leiter KURT MASUR. Die Welttournee der Alt-Rocker ›Deep Purple‹ führte die Band auch in dt. Städte. In den siebziger Jahren galten sie als härteste Rockgruppe aller Zeiten – laut Guinness-Buch der Rekorde. Mittlerweile ist dieser Rekord von den ›Kindern‹ der Rockergilde unzählige Male gebrochen worden; trotzdem war bei der sorgsamen Pflege ihrer Schätze – Hits wie ›Smoke on the water‹ oder ›Highway Star‹ – die Begeisterung der Musiker spürbar.

Ebenfalls nach Deutschland kam im Herbst PAUL MCCARTNEY. Der ehem. Beatle hatte schon lange das Erbe seiner früheren Gruppe angetreten und fungierte mit einem Programm voller Beatles-Songs als Erinnerungsauslöser. Aber auch die Stücke seiner Gruppe Wings (sinfonisch dicht: die James-Bond-Filmmusik ›Live and let die‹) wurden vom Publikum geschätzt.

Mutebi II., Ronald Muwenda, 38. Kabaka (König) von Buganda (Rep. Uganda), * 1955. – Da sein Vater, EDWARD MUTESA II., zeitweise von der brit. Kolonialmacht nach England verbannt worden war, wuchs M. dort auf. Er verdiente sich Lebensunterhalt und Studium als Tellerwäscher, Busschaffner und Kellner.

Als der Staatschef Ugandas, YOWERI MUSEVINI, noch als Guerillaführer um die Macht kämpfte, hatte er den bantusprachigen Ugandern die Wiederherstellung ihres bis ins 15. Jh. zurückgehenden Königreichs versprochen. Die Krönung M.s im Aug. 1993 war also die Einlösung eines alten Versprechens. Der neue Kabaka ist allerdings nur kulturelles Oberhaupt – er darf weder Recht sprechen noch Verordnungen erlassen. Sein Volk verbindet mit der Restauration der Monarchie die Hoffnung, daß seine ethn. Identität künftig nicht mehr in Frage gestellt wird.

Myanmar, → Birma.

N

NAFTA, Abk. für North American Free Trade Agreement (Nordamerikan. Freihandelsvereinbarung), am 18. 12. 1992 unterzeichneter Vertrag über eine Freihandelszone zw. Kanada, Mexiko und den USA; trat nach Abschluß der Ratifizierungsverfahren im Nov. am 1. 1. 1994 in Kraft. Die NAFTA stellt mit einem Wirtschaftsraum von mehr als 360 Mio. Verbrauchern die weltweit größte Freihandelszone dar. Im Laufe der nächsten 15 Jahre sollen die noch bestehenden Zoll- und Handelsschranken größtenteils aufgehoben werden.

Nagorny-Karabach, russ. Name von Bergkarabach, → Armenien, → Aserbaidschan.

Naher Osten

Der lange Weg zum Frieden

Es war ein sehr langer Weg bis zum 13. September 1993, dem Tag, an dem sich nach mehr als vier Jahrzehnten Krieg und Terrorismus der Ministerpräsident von Israel, ITZHAK RABIN, und der Vorsitzende der PLO, JASIR ARAFAT, die Hände reichten. Die frühere israelische Ministerpräsidentin GOLDA MEIR hatte gesagt, daß es kein palästinensisches Volk gäbe. Die PLO wollte den Staat Israel vernichten. Die Positionen konnten kaum weiter auseinanderliegen.

Bei der Beurteilung der Geschichte dieses längsten und gefährlichsten Konflikts der Nachkriegsgeschichte muß man weit zurückgehen

Bis zum Jahr 1917 befand sich die Region unter osmanischer Herrschaft. Bereits Ende des vergangenen Jahrhunderts wurde in der zionistischen Bewegung die Forderung nach einer jüdischen Heimstatt gestellt. Natürlich dachten die Zionisten in erster Linie an die Region in der Welt, die schon vor mehr als 2000 Jahren jüdische Heimat gewesen war. Aber nun war es die Heimat der Palästinenser. Im Jahre 1917 setzte sich der britische Außenminister BALFOUR für ein jüdisches Siedlungsgebiet in Palästina ein. In diesem Jahr besetzte England Palästina im Rahmen des Ersten Weltkrieges. Danach wurde Palästina britisches Mandatsgebiet. 1933 übernahm HITLER im Deutschen Reich die Macht. Damit begann die Verfolgung der Juden, die zur Vernichtung von mehr als 5 Millionen Juden in Europa führte: Der grausamste Teil der deutschen Geschichte. In dieser Zeit nahm die jüdische Auswanderung nach Palästina aus Deutschland und Europa in sehr starkem Maße zu. Daraus ergibt sich die besondere Verantwortung der Deutschen für den späteren jüdischen Staat Israel.

Nach Gründung der Vereinten Nationen im Jahre 1945 empfahlen diese am 29. 11. 1947 die Teilung Palästinas in einen jüdischen und einen arabischen Teil. Dieser Vorschlag wurde von der jüdischen Siedlerorganisation angenommen, aber von arabischer Seite abgelehnt. Am 15. 5. 1948 erfolgte die Proklamation des jüdischen Staates Israel. Die Staatsgründung stieß auf den entschiedenen Widerstand der arabischen Welt. Ein jahrzehntelanger gefährlicher Konflikt zwischen Israel und der arabischen Welt, insbesondere den Palästinensern, begann. Er beschäftigte die Weltpolitik und die Vereinten Nationen immer wieder und wurde auch Teil des Ost-West-Konflikts.

1948/49 fand der erste israelisch-arabische Krieg statt. Israel dehnte sein Gebiet aus. Mit Hilfe der Vereinten Nationen wurde zwischen Israel und Ägypten ein Waffenstillstand abgeschlossen. Ägypten erklärte, daß dies nicht eine Anerkennung des Staates Israel bedeute.

1956 fand ein Krieg mit Ägypten um den Suezkanal statt. Französische, britische und israelische Truppen waren daran beteiligt. Dieser Konflikt verhinderte die Verstaatlichung des Suezkanals durch Ägypten nicht und stärkte die Position des ägyptischen Präsidenten GAMAL ABD EL-NASSER. Außerdem belastete er nicht nur das Verhältnis der USA zu England und Frankreich, sondern insbesondere das Verhältnis zwischen den USA und der Sowjetunion.

Vom 5. bis 10. 6. 1967 fand nach langen Auseinandersetzungen der Sechstagekrieg statt. Israel eroberte in einem Präventivschlag Sinai, Westjordanland, Gaza und Ostjerusalem. 370000 Palästinenser flohen nach Jordanien. Die politische Landschaft in der Region hatte sich völlig verändert.

Im September 1970 brach nach der Entführung von vier Flugzeugen durch Palästinenser ein Bürgerkrieg zwischen der Monarchie und den republika-

Der Autor:
Hans-Jürgen Wischnewski, geb. 1922. Politiker (SPD). Seit 1957 MdB. Häufig international als Vermittler in Krisensituationen eingesetzt. Erhielt wegen seiner guten Verbindungen zur arabischen Welt den Spitznamen ›Ben Wisch‹

Am 26. 3. 1979 unterzeichnen in Washington der ägyptische Präsident Anwar as-Sadat (links) und Israels Ministerpräsident Menachem Begin (rechts) den aus den Camp-David-Verhandlungen hervorgegangenen Friedensvertrag. In der Mitte der amerikanische Präsident Jimmy Carter

nisch-palästinensischen Kräften in Jordanien aus, den der König für sich entscheiden konnte. Die PLO ging nun in den Libanon.

Vom 6. bis 25. 10. 1973 fand der Jom-Kippur-Krieg statt, benannt nach dem höchsten jüdischen Feiertag, an dem Ägypten und Syrien den Angriff auf Israel begonnen hatten. Den Ägyptern gelang die Überquerung des Suezkanals. Sie hatten während der ersten zwei Tage Erfolge. Dann schlug Israel zurück. Ein Waffenstillstand kam mit Hilfe des US-Außenministers KISSINGER und auch des Ministerpräsidenten der Sowjetunion, KOSSYGIN, zustande. Insbesondere der Verlauf dieses Krieges hatte wohl den Präsidenten Ägyptens, ANWAR AS-SADAT, davon überzeugt, daß eine militärische Lösung des Konfliktes nicht möglich war. Am 19. und 20. 11. 1977 ging der ägyptische Präsident nach Israel und sprach auch in Jerusalem vor dem Parlament. Verhandlungen zwischen Israel und Ägypten begannen, die zum Abkommen von Camp David führten, das unter anderem die Rückgabe von Sinai an Ägypten vorsah. Aber die übrigen arabischen Staaten brachen die Beziehungen zu Ägypten ab. Die Arabische Liga wurde von Kairo nach Tunis verlegt. Am 6. 10. 1981 wurde der Präsident AS-SADAT ermordet.

Vom Libanon aus, in dem seit 1975 ein furchtbarer Bürgerkrieg herrschte, wurde Israel immer wieder von der PLO angegriffen. Am 6. 6. 1982 marschierte die israelische Armee in den Südlibanon ein. Sie wollte die PLO im Libanon vernichten und eine israelfreundliche Regierung erreichen. In den Lagern Sabra und Schatila wurden unter den Augen der israelischen Armee mindestens tausend Palästinenser von christlichen libanesischen Milizen ermordet. Die PLO und ihre Streitkräfte mußten Beirut verlassen und siedelten nach Tunis über.

Am 8. 12. 1987 begann in den von Israel besetzten Gebieten die Intifada, der Aufstand mit Kindern, Frauen und Steinen gegen die israelische Besatzungsmacht. Die Lage in den besetzten Gebieten verhärtete sich weiter.

Ende des Jahres 1988 begannen neue Überlegungen bei der PLO. Während der Sitzung des Palästinensischen Nationalrats am 15. 11. 1988 in Algier wurde ein palästinensischer Staat für die von Israel besetz-

ten Gebiete ausgerufen. Am 14. 12. 1988 erkannte ARAFAT das Existenzrecht Israels an. Die palästinensischen Positionen waren realistischer geworden.

Aber schon 1990, während der Aggression des Irak gegen Kuwait, kamen die Palästinenser in erneute Schwierigkeiten. ARAFAT übernahm weitgehend die Position des Irak, weil er glaubte, damit auch das Palästinaproblem lösen zu können. Die PLO geriet unter Druck. Nach dem Krieg mußten mehr als 300 000 Palästinenser Kuwait verlassen, die arabischen Golfstaaten stellten die Zahlungen an die PLO ein.

Der zweite Golfkrieg war Anlaß dafür, daß die USA neue Anstrengungen unternahmen, um für den Nahostkonflikt eine Verhandlungslösung zu erreichen, und die Sowjetunion wirkte mit

Nach mehr als vier Jahrzehnten von Krieg, Terrorismus, Unterdrückung und Zerstörung begann am 30. 10. 1991 in Madrid eine Nahost-Friedenskonferenz unter der Schirmherrschaft der Präsidenten GEORGE BUSH und MICHAIL GORBATSCHOW. Die Verhandlungen sollten auf der Basis der UNO-Resolutionen 242 und 338 aus den Jahren 1967 und 1973 stattfinden. Israelis und Araber legten diese Resolutionen sehr unterschiedlich aus. Die gemeinsam begonnenen Verhandlungen sollten dann in bilaterale Verhandlungen zwischen Israel auf der einen und Syrien, Jordanien, Libanon und den Palästinensern auf der anderen Seite umgewandelt werden. Israel lehnte aber die Teilnahme von Vertretern der PLO und der Palästinenser aus Ost-Jerusalem ab.

Im Juni 1992 führten die Wahlen in Israel zu einem Regierungswechsel. Die Arbeiterpartei wurde stärkste Partei und ITZHAK RABIN und SHIMON PERES wurden Ministerpräsident und Außenminister in einer Koalitionsregierung. Mit diesem Regierungswechsel verbanden sich neue Hoffnungen für den Friedensprozeß.

Auf palästinensischer Seite ist die Situation schwierig. Die PLO ist eine Dachorganisation sehr unterschiedlicher politischer Gruppen. Die Al Fatah unter Vorsitz von ARAFAT ist die weitaus größte und einflußreichste. Aber in den letzten Jahren hat sich insbesondere in den besetzten Gebieten eine fundamentalistische palästinensische Gruppe gebildet: Hamas (Harakt al-muqawama al-islamia = islamische Widerstandsbewegung). Hamas erhält politische und materielle Unterstützung vor allem aus dem Iran. Hamas lehnt die Friedensverhandlungen mit Israel ab. Hamas will die Zerstörung Israels und die Errichtung eines islamischen Staates. Der Einfluß von Hamas hat erheblich zugenommen.

Am 18. 12. 1992 wies die israelische Regierung 415 Palästinenser, die sich zu Hamas und Djihad (Heiliger Islamischer Krieg, fundamentalistische Terrorgruppe) bekannten, in den Libanon aus. Der Libanon aber nahm die Deportierten nicht auf. So blieben die 415 Palästinenser unter schwierigsten Umständen zwischen den Fronten. Der Friedensprozeß geriet in größte Gefahr.

In Norwegen begannen durch die Vermittlung von Außenminister HOLST und seiner Frau geheime Kontakte zwischen israelischen Repräsentanten und Vertretern der PLO. Aus diesen Kontakten wurden konkrete Verhandlungen. Auch die USA und Rußland, die beiden Schirmherren des Friedensprozesses, waren darüber nicht orientiert. Die Regierung von Norwegen hat sich um diese Verhandlungen große Verdienste erworben.

Die Kontakte in Norwegen führten zu einem historischen Ergebnis: Israel und die PLO erkannten sich im September gegenseitig an und vereinbarten ein Grundsatzabkommen über eine palästinensische Teilautonomie

Diese Vereinbarungen sind noch nicht der Friede. Der schwierigste Teil der Verhandlungen ist noch durchzuführen, aber das Erreichte ist ein entscheidender Schritt in Richtung auf den Frieden.

Sowohl ARAFAT als auch RABIN und PERES hatten diese Verhandlungen weitgehend im Alleingang durchgeführt. Beide Seiten mußten sich mit ihren Vereinbarungen erst bei ihren eigenen Anhängern durchsetzen. Nach harter Debatte stimmte das israelische Parlament mit knapper Mehrheit zu. Einige Likud-Abgeordnete enthielten sich der Stimme. Aber der größte Teil der israelischen Siedler ist gegen das Grundsatzabkommen.

Auf palästinensischer Seite mußte sich ARAFAT innerhalb der Al Fatah, der PLO und der arabischen Staatenfamilie durchsetzen. Ihm wurde vorgewor-

Der historische Briefwechsel zwischen Israel und der PLO vom September 1993

Sehr geehrter Herr Ministerpräsident, die Unterzeichnung der Prinzipienerklärung markiert eine neue Ära in der Geschichte des Nahen Ostens.

Hiervon fest überzeugt, bekräftige ich die folgenden Verpflichtungen der PLO:

– Die PLO erkennt das Recht des Staates Israel auf eine friedliche und sichere Existenz an.

– Die PLO akzeptiert die Resolutionen 242 und 338 des Sicherheitsrates der Vereinten Nationen.

– Die PLO verpflichtet sich dem Friedensprozeß im Nahen Osten und der friedlichen Lösung des Konfliktes zwischen beiden Seiten, und sie erklärt, daß alle noch offenen Fragen in bezug auf einen permanenten Status auf dem Wege der Verhandlungen gelöst werden.

– Die PLO sieht in der Unterzeichnung der Grundsatzerklärung ein historisches Ereignis, das eine neue Epoche der friedlichen Koexistenz einleitet, frei von Gewalt und allen anderen Aktionen, die Frieden und Stabilität gefährden. Dementsprechend verzichtet die PLO auf Terrorismus und andere Formen der Gewalt, und sie wird die Verantwortung für alle PLO-Gruppen und Personen übernehmen, um deren Gehorsam zu sichern, Verletzungen der Vereinbarungen zu verhindern und jene zurechtzuweisen, die solche Verletzungen begehen.

– Angesichts der Versprechungen für eine neue Ära und der Unterzeichnung der Grundsatzerklärung und aufgrund der palästinensischen Anerkennung der Resolutionen 242 und 338 versichert die PLO, daß jene Artikel der palästinensischen Verfassung, die Israel das Existenzrecht verweigern, und jene Passagen der Verfassung, die dem Inhalt dieses Briefes widersprechen, nicht länger anwendbar und gültig sind. Deshalb wird die PLO dem palästinensischen Nationalrat die entsprechenden Veränderungen im Zusammenhang mit der palästinensischen Verfassung zur formellen Bestätigung unterbreiten.

Ihr aufrichtiger
Jasir Arafat
Vorsitzender der Palästinensischen Befreiungsorganisation

Lieber Minister Holst, ich möchte Ihnen gerne versichern, daß ich mit Blick auf die Unterzeichnung der Grundsatzerklärung folgende Positionen in meine öffentlichen Erklärungen einschließen werde:

Im Lichte der neuen Ära, die die Unterzeichnung der Grundsatzerklärung markiert, ermutigt die PLO das palästinensische Volk im Westjordanland und im Gazastreifen und fordert es zugleich auf, sich an den Schritten zu beteiligen, die zur Normalisierung des Lebens führen, Gewalt und Terrorismus ablehnen, zu Frieden und Stabilität beitragen und (fordert es auf,) aktiv teilzunehmen am Wiederaufbau, bei der wirtschaftlichen Entwicklung und der Zusammenarbeit.

Ihr aufrichtiger
Jasir Arafat
Vorsitzender der Palästinensischen Befreiungsorganisation

Herr Vorsitzender, in meiner Antwort auf Ihren Brief vom 9. September 1993 möchte ich Ihnen versichern, daß die israelische Regierung angesichts der von der PLO eingegangenen Verpflichtungen, die Ihr Brief beinhaltet, entschieden hat, die PLO als Repräsentantin des palästinensischen Volkes anzuerkennen und im Rahmen des Nahost-Friedensprozesses Verhandlungen mit der PLO zu beginnen.

Hochachtungsvoll
Itzhak Rabin
Israelischer Ministerpräsident

fen, daß er alles ohne die Rückendeckung seiner Gremien vereinbart hatte. Es gab heftige Kritik. ARAFAT wurde der Tod angedroht. Aber er konnte sich weitgehend durchsetzen. Außerhalb der PLO sind vor allem Hamas und Djihad gegen das Abkommen. Innerhalb der PLO opponieren die Demokratische Befreiungsfront (DLFP) unter HAWATMEH, die Volksfront für die Befreiung Palästinas (PFLP) unter HABASCH und die Volksfront für die Befreiung Palästinas-Generalkommando (PFLP-GC) unter JIBRIL gegen die getroffenen Vereinbarungen. Alle drei Oppositionsgruppen haben ihren Sitz in Damaskus. Außerdem gibt es noch keine Zustimmung des Palästinensischen Nationalrats, des aus 452 Mitgliedern bestehenden Exilparlaments. Aber die Zustimmung unter den Palästinensern in den besetzten Gebieten wächst.

Die Staaten in der Arabischen Liga haben mit Ausnahme des Irak den Vereinbarungen zugestimmt. Aber insbesondere in Syrien und auch in Jordanien gab es über die Geheimverhandlungen und ihre Ergebnisse erhebliche Verärgerung und Mißstimmung. Es kann auch sein, daß Libyen die Gegner der Vereinbarungen jetzt stärker unterstützen wird. Der Iran ist absolut gegen eine Übereinkunft mit Israel und unterstützt die Gegner ARAFATS materiell und politisch in erheblichem Maße.

Der ›historische Händedruck‹ zwischen Itzhak Rabin (links) und Jasir Arafat am 13. September vor dem Weißen Haus in Washington; in der Mitte der amerikanische Präsident Bill Clinton

Warum konnte es gerade jetzt, nach Jahrzehnten von Krieg, Terrorismus und Unterdrückung, zu einem ersten Ergebnis zwischen Israelis und Palästinensern kommen?

1) Das Ende des Ost-West-Konflikts war für diesen Schritt von größter Bedeutung. Während der Zeit des kalten Krieges waren die USA in erster Linie für die Interessen Israels und die Sowjetunion für die Interessen der Palästinenser eingetreten. 2) Die Wahlen in Israel vom Juni 1992 führten zu einer neuen Regierungskoalition unter Führung der Arbeiterpartei. Diese Regierung hat sich von Anfang an um eine aktive Rolle im Friedensprozeß bemüht. 3) Die Palästinenser, das heißt die PLO, hatten

noch im Jahr 1988 begonnen, ihre Haltung gegenüber dem Staat Israel zu ändern. Aber auch die finanziellen Sorgen der PLO trugen zu diesem Prozeß bei. 4) Der wachsende Einfluß von Hamas förderte die Verhandlungsbereitschaft. 5) Die USA haben insbesondere mit Außenminister BAKER eine sehr aktive Rolle in diesem Prozeß gespielt. Die norwegische Regierung war bei den Verhandlungen überaus hilfreich.

Auch wir Deutschen waren vom Nahostkonflikt betroffen

Bei den Olympischen Spielen 1972 in München überfiel eine Gruppe von Palästinensern die israelische Olympiamannschaft. Alle Beteiligten wurden bei den anschließenden Polizeimaßnahmen getötet. Als die arabische Welt das Erdöl als politisches Druckmittel im Nahostkonflikt einsetzte, gab es auch bei uns eine Energiekrise, die unter anderem zum Sonntagsfahrverbot führte.

Im deutschen Herbst 1977 nach der Entführung des Präsidenten des Bundesverbandes der Deutschen Industrie und Arbeitgeberpräsidenten, HANNS MARTIN SCHLEYER, hatten deutsche Terroristen die Hilfe einer palästinensischen Splittergruppe in Anspruch genommen, um das Lufthansa-Flugzeug ›Landshut‹ zu kidnappen. In Mogadischu wurde dieser Untat durch die Bundesgrenzschutztruppe GSG 9 ein Ende gemacht.

Auch während der deutschen Teilung spielte der Nahostkonflikt eine Rolle. Die Unterschiede zwischen den beiden deutschen Staaten waren hier sehr deutlich. Die Bundesrepublik Deutschland unterhielt zu Israel besondere Beziehungen. Sie waren das Ergebnis der verbrecherischen Vernichtungspolitik gegenüber den Juden in Europa durch HITLER und den Nationalsozialismus. Die Bundesrepublik Deutschland hat mit ihrer Wiedergutmachung nicht unwesentlich zum wirtschaftlichen Aufbau des Staates Israel beigetragen. Als die Bundesrepublik im Jahre 1965 die diplomatischen Beziehungen zu Israel aufnahm, brach der größte Teil der arabischen Staaten die Beziehungen zur Bundesrepublik Deutschland ab. Die Deutsche Demokratische Republik hatte keinerlei Beziehungen zum Staat Israel, beteiligte sich nicht an der Wiedergutmachung, aber unterhielt sehr enge Beziehungen zu den Palästinensern.

Leider haben die Europäer, die nächsten Nachbarn des Nahen Ostens, in diesem Friedensprozeß nur eine Beobachterrolle gespielt. Die Europäischen Gemeinschaften und insbesondere die Bundesrepublik Deutschland sollten ihren Nachholbedarf im Nahost-Friedensprozeß durch politische und materielle Hilfe zur Erreichung von Vereinbarungen und zur Erfüllung der getroffenen Abkommen aufarbeiten.

Das am 13. 9. 1993 in Washington unterzeichnete Grundsatzabkommen betrifft nicht nur Israel und die Palästinenser

Es ist ein Bestandteil des Friedensprozesses insgesamt. Entsprechende Vereinbarungen Israels mit

Ausschreitungen und bewaffnete Übergriffe auf beiden Seiten belasten im November und Dezember die Friedensgespräche zwischen Israel und PLO. Im Bild demonstrieren Aktivisten der ›Fatah-Falken‹ Kampfbereitschaft, nachdem Ende November ein Mitglied dieses bewaffneten Fatah-Flügels erschossen worden ist

Syrien, Libyen und Jordanien stehen noch aus. Bei den Verhandlungen mit Syrien geht es um die Golanhöhen. Die Lösung dieses Problems ist besonders schwierig, aber für den gesamten Friedensprozeß von größter Bedeutung. Notwendige Vereinbarungen zwischen Israel und dem Libanon betreffen den Südlibanon und die Sicherheit im Norden Israels. Friedensvereinbarungen zwischen Israel und Jordanien scheinen bald erreichbar zu sein. Natürlich geht es auch um normale Beziehungen zwischen Israel und allen anderen arabischen Staaten. Jetzt kommt es darauf an, daß alle, die in der Lage sind, den Friedensprozeß zu unterstützen, dies auch ernsthaft tun. Es müssen in Israel, bei den Palästinensern und in den arabischen Staaten die überzeugt werden, die noch gegen den Friedensprozeß kämpfen. Wer nicht zu überzeugen ist, der muß isoliert werden.

Von entscheidender Bedeutung aber ist die schnelle Verbesserung der wirtschaftlichen und sozialen Verhältnisse in den besetzten Gebieten. Dafür sind erhebliche finanzielle Mittel notwendig. Sie können aufgebracht werden, wenn die Weltbank, die USA und Kanada, die Europäischen Gemeinschaften und alle anderen Industriestaaten und natürlich auch die arabischen Erdölstaaten gemeinsame Anstrengungen unternehmen. Nur der schnelle wirtschaftliche und soziale Wandel kann letztendlich die betroffenen Menschen überzeugen. Von entscheidender Bedeutung sind jetzt vor allem vertrauensbildende Maßnahmen, um den Haß, der in den Konflikten von Jahrzehnten entstanden ist, abzubauen.

Für die Zukunft ist die Zusammenarbeit der Staaten dieser Region von größter Bedeutung

Aus der palästinensischen Selbstverwaltung wird sicher in überschaubarer Zeit ein palästinensischer Staat werden. Viele Probleme der Region lassen sich sowieso nur grenzüberschreitend lösen. Das gilt insbesondere für das Wasserproblem, das eine Lebensfrage für die Region in ihrer Gesamtheit ist.

In überschaubarer Zeit sollte man auch zu gemeinsamen Abrüstungsschritten kommen, damit diese Mittel endlich für die friedliche Nutzung im Interesse der Menschen dieser Region genutzt werden können.

Der Ost-West-Konflikt ist mit dem Untergang des Kommunismus zu Ende, aber neue Konflikte sind entstanden. Ethnische Spannungen und neuer Nationalismus sind ihr Anlaß. Die Unterschiede zwischen Nord und Süd sind eher noch größer geworden. In dieser konfliktreichen Zeit könnte es beispielgebend in der Welt wirken, wenn es gelänge,

nach mehr als vier Jahrzehnten Krieg, Terrorismus, Unterdrückung und Zerstörung Frieden und Zusammenarbeit im Nahen Osten zu erreichen. Auch wir sind aufgerufen, unseren Beitrag zu leisten, um dieses Ziel zu erreichen.

Mit der Plakataktion ›Obdachlos in Darmstadt‹ macht im November das dortige Diakonische Werk auf die Nöte der Betroffenen aufmerksam

Namensrecht: Nach der zum 1. 4. 1994 in Kraft tretenden Neuregelung des N. sollen Ehegatten einen gemeinsamen Ehenamen bestimmen; eine Pflicht dazu besteht aber nicht mehr. Bis zu fünf Jahren rückwirkend nach der Eheschließung kann der Ehename durch Erklärung gegenüber dem Standesbeamten bestimmt werden. Die Möglichkeit, einen in einer ersten Ehe erheirateten Namen auf eine neue Ehe zu übertragen, bleibt ausgeschlossen. Doppelnamen für Kinder aus Ehen, in denen kein gemeinsamer Ehename bestimmt wurde, sind nach dem neuen N. nicht möglich; die Kinder erhalten den Namen der Mutter oder des Vaters. Können sich die Eltern nicht einigen, entscheidet das Vormundschaftsgericht, wem von den Eltern das Bestimmungsrecht für den Namen übertragen wird. Die Reform des N. war notwendig geworden, nachdem 1991 das Bundesverfassungsgericht die bisherige Regelung für unvereinbar mit dem GG erklärt hatte.

Namibia

Hauptstadt: Windhuk
Einwohner: 1,5 Mio.
Einwohner/km²: 2
Staatsoberhaupt:
S. D. Nujoma
Regierungschef:
H. G. Geingob
BSP/Einwohner:
1 120 US-$

Nach den Regional- und Kommunalwahlen Ende 1992, die mit einem deutl. Sieg der Regierungspartei SWAPO endeten, erhielt N. zwecks Dezentralisierung eine neue Regionalgliederung, die 13 Regionen und 53 Kommunen umfaßt. Dabei bilden die Vertreter der Regionen den Nationalrat, die zweite Kammer des Parlaments. Im April zog sich DIRK MUDGE, Oppositionsführer im Parlament und seit 1977 Vors. der Demokrat. Turnhallen-Allianz, aus der Politik zurück. Am 15. Sept. wurde der Namibian Dollar als neue Landeswährung, zunächst als Parallelwährung zum südafrikan Rand, eingeführt. Seit dem 1. 9. 1992 wird eine Luxussteuer in Höhe von 5 % bis 15 % erhoben, während die allgemeine Verbrauchsteuer von 11 % auf 8 % gesenkt wurde.

Außenpolitisch konnte N. in einem Abkommen mit Südafrika erreichen, daß die Kapprovinz die Souveränität über die Walfischbucht mit dem für Fischanlandung und Fischverarbeitung wichtigen Tiefseehafen zum 1. 3. 1994 aufgibt. Neben dieser Exklave werden auch der Walfischbucht vorgelagerte Inseln an N. übergeben. Im Angolakonflikt versuchte die Reg. N.s zu vermitteln.

Nanotechnologie, die Herstellung und Verarbeitung von kleinen Teilchen im Nanometerbereich (1 nm = 10^{-9} m). Solche ›Nanoteilchen‹, die in der Natur z. B. als Ruß, in Form feiner Stäube, sog. Aerosole oder als kolloidale Lösungen in natürl. Wässern vorkommen, werden im industriellen Rahmen schon seit langem hergestellt und verwendet (z. B. als SiO_2 für Füller von Silisonen und anderen Kunststoffen), haben aber zur Herstellung spezieller Werkstoffe erst in jüngster Zeit an Interesse gewonnen. Aus solchen Teilchen hergestellte Werkstoffe besitzen bes. Eigenschaften wie eine außergewöhnl. spezif. Wärme oder extrem hohe Diffusionskoeffizienten. Bei Metallen fand man außergewöhnl. Härten und bei keram. Materialien Hinweise auf Duktilität (Verformbarkeit).
Ein bes. Kennzeichen ist, daß sich Nanoteilchen bei relativ niedrigen Temperaturen zu kompakten Formkörpern verdichten lassen. Aber auch Nanopartikel, die in eine Matrix anderer stoffl. Zusam-

mensetzung eingelagert sind (**Nanokomposite**), zeigen äußerst interessantes Verhalten, z.B. nichtlineare optische Eigenschaften, Quanteneffekte (Metall- und Halbleiterteilchen), spezielle opt. Eigenschaften wie Laserverhalten, photochrome oder phototrope Eigenschaften, oder sie verleihen dem Nanokomposit spezielle mechan. Eigenschaften (z.B. Härte, Abriebfestigkeit). Daraus ergibt sich ein weites Anwendungspotential in den Bereichen Keramik, neue opt. Werkstoffe (Nachrichtentechnik, Displaytechnik), Elektronik (Aufbau- und Verbindungstechnik, Photovoltaik) sowie für Beschichtungstechniken (keram. Schichten, Hartstoffschichten).

Nationale Armutskonferenz, Zusammenschluß der Spitzenverbände der freien Wohlfahrtspflege, der einschlägigen Fachverbände und bundesweiten Selbsthilfeorganisationen; stellte sich am 19. 1. 1993 erstmals mit einem Positionspapier zur Armut in Deutschland der Öffentlichkeit vor. Danach ist die Zahl der in der Sozialhilfestatistik erfaßten Personen von 1980 bis 1990 um mehr als 76% auf rd. 4 Mio. gestiegen, einschließlich der von Experten geschätzten Dunkelziffer dürften 1992 zw. 6 und 8 Mio. Menschen Anspruch auf Sozialhilfe gehabt haben. Die Zahl der Obdachlosen (im Sinne des Sozialhilferechts: Personen, die ständig in Notunterkünften leben) und der Nichtseßhaften wurde Anfang 1993 mit insgesamt rd. 1 Mio. angenommen, davon etwa 15% Frauen. Etwa 1,5 Mio. private Haushalte in der Bundesrepublik Deutschland waren zu diesem Zeitpunkt überschuldet, d.h., sie waren nicht mehr in der Lage, ihren Zahlungsverpflichtungen nachzukommen. Die offensichtlich sich ausbreitende Armut in Deutschland sei, so wurde gefolgert, das Ergebnis von gravierenden Strukturproblemen in Wirtschaft und Gesellschaft.

NATO, Abk. für North Atlantic Treaty Organisation, Nordatlantikpakt: Am 21. Jan. 1993 wurde das Abkommen über den Einsatz des →Eurokorps unterzeichnet. Am 12. April übernahm die NATO gemäß dem UNO-Auftrag zur Durchsetzung des Flugverbots über Bosnien-Herzegowina mit AWACS-Aufklärungsflugzeugen die Aufsicht über den bosn. Luftraum und trat damit den ersten Kampfeinsatz in ihrer Geschichte an. Aufgrund der vorläufigen Entscheidung des Bundesverfassungsgerichts konnten die Soldaten der →Bundeswehr in den multinational besetzten Maschinen an dieser Mission teilnehmen. Auf der Frühjahrskonferenz des Verteidigungsplanungsausschusses und der Nuklearen Planungsgruppe am 25./26. Mai in Brüssel stand die Ausarbeitung polit. Richtlinien für die nat. und kollektive Verteidigungsplanung bis zum Jahr 2000 im Zentrum der Beratungen. Die Unterstützung bei der Realisierung des Vance-Owen-Friedensplans für Bosnien-Herzegowina wurde bekräftigt. Am 1. 7. trat die den Truppenreduzierungen entsprechende neue Kommandostruktur des Bündnisses in Kraft. Auf der Ebene der Korps wurden die 1991 von den Verteidigungsmin. gebilligten Strukturänderungen umgesetzt: Neu in Dienst ge-

stellt wurden das ›Allied Rapid Reaction Corps‹ in Bielefeld, ein multinat. Korps mit anfänglich dt. und niederländ. Beteiligung in Münster, je ein dt.-amerikan. gemischtes Korps in Frankfurt am Main und Ulm.
Bezüglich des Krieges im ehemaligen Jugoslawien nahmen einzelne NATO-Mitgl. unterschiedl. Positionen ein. So blockierte Frankreich die Übereinkunft des NATO-Kooperationsrates zu gemeinsamen Friedensmissionen im Konfliktgebiet, um durch Begrenzung der Rolle der NATO den amerikan. Einfluß in Europa nicht zu groß werden zu lassen; Griechenland zeigte gewisses Verständnis für die Position der Serben, während die Türkei eine eindeutig promuslim. Haltung einnahm; die Länder, die sich an UNO-Missionen in Bosnien-Herzegowina beteiligten (z.B. Großbritannien, Frankreich), befürchteten im Falle eines militär. Eingreifens seitens der NATO Gefahren für ihre im humanitären Einsatz befindl. Soldaten.

Nauru

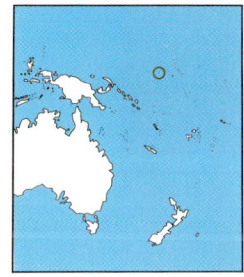

Hauptstadt: Yaren
(Verwaltungssitz)
Einwohner: 10 000
Einwohner/km²: 476
Staatsoberhaupt:
B. Dowiyogo
Regierungschef:
B. Dowiyogo
BSP/Einwohner:
8 070 US-$ (1985)

Nepal

Hauptstadt:
Kathmandu
Einwohner: 20,6 Mio.
Einwohner/km²: 146
Staatsoberhaupt:
Birenda Bir Bikram
Regierungschef:
G. P. Koirala
BSP/Einwohner:
180 US-$

Nach dem Unfalltod von Oppositionsführer MADAN KUMAR BHANDARI, dem Vors. der United Marxist-Leninists (UML), am 16. Mai, beschuldigte die UML die Regierung der Ermordung BHANDARIS und rief zu Protesten und Streiks auf. Es gelang ihr, Hunderttausende zu mobilisieren. Zusammenstöße von Demonstranten mit den Sicherheitskräften forderten mehrere Menschenleben.

Neue Wörter

Eine lebende Sprache ist ständig in Bewegung. Tagtäglich werden Wörter neu gebildet; manche bekannten Wörter erhalten zusätzlich neue Bedeutungen; bestimmte Wörter sind plötzlich aktuell. Aus fremden Sprachen kommen neue Wörter in die deutsche. Genaue Daten für die einzelnen neuen Entwicklungen lassen sich nur selten ermitteln. Manche dieser Wörter werden fester Bestandteil der deutschen Sprache, andere geraten nach vorübergehender Aktualität wieder in Vergessenheit. Welches Schicksal das neue Wort, die neue Bedeutung hat, wird erst nach Jahren sichtbar.

Auf der Berliner Funkausstellung im August kann auch das ›Walk-TV‹ getestet werden

Branding [engl. zu brand ›Markenzeichen‹], *das,* die Entwicklung, Erfindung von Markennamen.

Finissage [frz. zu fin ›Ende‹], *die,* Veranstaltung am letzten Tag einer Ausstellung im Gegensatz zur Vernissage.

Gerechtigkeitslücke [verhüllender Politjargon], *die,* ungerechte Behandlung gesellschaftlicher Gruppen bei angeordneten Maßnahmen, bei Gesetzen usw.

Grunge [amerikan. ›Müll‹, ›Schmutz‹], *der* und *das,* Mode, bei der die Kleidung bewußt ärmlich aussehen soll, obgleich sie in Wirklichkeit teuer ist; Arme-Leute-Look mit abgewetzten Hosen, Karohemden, groben Pullis, klobigen Schnürstiefeln. Der **Grunge-Rock** wurde durch die amerikan. Musikband ›Nirvana‹ aus Seattle populär.

Infotainment [Kw. aus ›Information‹ und engl. entertainment], *das,* auf unterhaltsame Art übermittelte Nachrichten.

interaktives Fernsehen, Fernsehen, bei dem der Fernsehende selbst die von ihm gewünschte (angebotene) Version eines Fernsehfilms bestimmen kann.

in trockenen Tüchern sein, nach längeren Verhandlungen zum Abschluß gelangt sein: *die Pflegeversicherung wird zu dem Zeitpunkt in trockenen Tüchern sein.*

Layering [engl. ›das Übereinanderschichten‹], *das,* Mode besonders für Männer, bei der zu einem über den Hosenbund getragenen Hemd ein kürzeres Jakkett und darüber ein noch kürzerer Blouson getragen wird.

mobben [engl. zu mob ›Pöbel‹], einen Kollegen/eine Kollegin schikanieren. Dazu das Substantiv: *das* Mobbing.

Ökolution [Kw. aus Ökologie und Evolution], *die,* eine Ökologie, die Evolution mit einschließt.

Schaumparty, *die,* Discoveranstaltung, bei der auf einer mit großen Mengen von Löschschaum bedeckten Tanzfläche zu Technomusik getanzt wird.

Spagat, *der* und *das,* die Verbindung zweier auseinanderliegender Dinge: *Spagat zwischen Vergangenheit und Zukunft;* dazu: *Spagatprofessor* (der seine Lehrtätigkeit weit entfernt von seinem Wohnort ausübt).

Standing [engl.], *das,* Ansehen, Reputation.

Telefonbanking, Telefonkonto, *das,* Bankgeschäft per Telefon, bei dem man Aufträge aller Art telefonisch vornehmen kann, indem man Namen, Kontonummer und Codewort angibt.

Wagenburg [Neubedeutung], *die,* provisorische Wohnanlage, in der sozial Schwache in (Wohn-)Wagen leben.

Walk-TV, *das,* spezielle Brille mit eingebautem Fernsehgerät, bei der im unteren Bereich des Brillenglases von einem am Gürtel zu tragenden Empfangsgerät ein Fernsehbild projiziert wird.

Wossi [Umgangssprache], *der,* jemand, der sich sowohl in den alten wie in den neuen Bundesländern zu etablieren weiß.

Yeppie [Kw. aus engl. young, European and proud oft it ›jung, Europäer und stolz darauf‹], *der,* Jungeuropäer mit eigenen Lifestyle-Idealen, Wünschen und Idolen; gebildet nach Yuppie.

zappen [engl. zu zap ›erledigen‹], beim Fernsehen mit Hilfe der Fernbedienung von einem Programm ins andere schalten. Dazu das Substantiv: *das* **Zapping.**

Zeitenriß, *der,* die 1989 durch den Zusammenbruch der kommunistischen Systeme herbeigeführte neue weltpolitische Lage.

Neuseeland

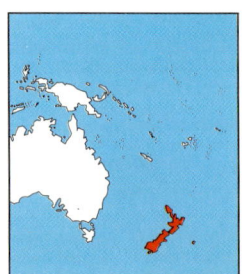

Hauptstadt:
Wellington
Einwohner: 3,5 Mio.
Einwohner/km^2: 13
Staatsoberhaupt:
Elisabeth II.
Regierungschef:
J. Bolger
BSP/Einwohner:
12 140 US-$

Im Gegensatz zu der meist rezessiven konjunkturellen Lage vieler OECD-Länder hat sich der wirtschaftl. Aufschwung N.s auch 1993 fortgesetzt. Für

1993 ist mit einer realen Zunahme des Brutto-inlandsprodukts von 3 % zu rechnen. Der weltweit beachtete wirtschaftl. Erfolgskurs ist das Ergebnis der seit 1986 radikal durchgeführten Wirtschafts-reformen, die zu einem starken Anstieg der Produk-tivität und binnenwirtschaftlich bedingten Export-erfolgen führten. Die Inflationsrate liegt gegenwärtig nur knapp über 1 %. Aufgrund der Rationalisierung in den Betrieben ist die Lage auf dem Arbeitsmarkt mit einer Arbeitslosenquote von 10 % (März 1993) weiterhin angespannt. Die Auslandsverschuldung ist mit 65,3 Mrd. NZ-$ immer noch sehr hoch.

Die unpopulären Sparmaßnahmen der Reg. schlu-gen sich im Ergebnis der Wahlen vom 6. Nov. nie-der. Die regierende National Party unter Premier-min. JIM BOLGER hatte starke Einbußen hinzuneh-men; sie erreichte 50 der 99 Sitze. Die Labour Party verfügt über 45 Sitze, zwei kleinere Parteien stellen je zwei Abgeordnete. – Gleichzeitig mit der Wahl entschieden sich die Bürger N.s in einer Volksab-stimmung für die Einführung eines Wahlsystems nach dt. Vorbild.

Bei seinem Staatsbesuch in Neuseeland wird Bundespräsident Richard von Weizsäcker von einer

Vertreterin der Maori nach der traditionellen Sitte der Ureinwohner begrüßt (2. September)

Nicaragua

Hauptstadt: Managua
Einwohner: 4 Mio.
Einwohner/km²: 30
Staatsoberhaupt:
V. Barrios de Chamorro
Regierungschef:
V. Barrios de Chamorro
BSP/Einwohner:
340 US-$

Die völlig desolate wirtschaftl. Situation – so ging die Produktion von Kaffee, des wichtigsten Export-guts N.s, in der Erntesaison 1992/93 um 30 % zu-rück – ließ N. weiterhin dringend auf internat. Fi-nanzhilfe und Auslandsinvestitionen angewiesen sein, die jedoch zunächst wegen der zunehmenden Instabilität N.s auf sich warten ließen. Daher be-grüßte die Reg. die Bekanntgabe BILL CLINTONS (30. Nov.), eingefrorene Gelder in Höhe von 40 Mio. US-$ freizugeben.

Durch den Bruch der Regierungskoalition im Jan. wurden die Sandinisten quasi zur Regierungspartei. Die ehem. Contra-Rebellen sahen sich dadurch um die Erfolge ihres jahrelangen Kampfes gebracht. Als am 18. Aug. allen bewaffneten Rebellen im Falle einer freiwilligen Waffenabgabe eine Gene-ralamnestie für alle bis zum 15. Aug. begangenen Delikte angeboten worden war, eskalierte die Situa-tion in einer doppelten Geiselnahme (zunächst durch antisandinist. ›Recontras‹, kurz darauf durch sandinist. ›Recompas‹, bei der hochkarätige Politi-ker – darunter Vizepräs. VIRGILIO GODOY und Ex-parlamentspräs. ALFREDO CÉSAR – gefangengenom-

men wurden. Auch in →Costa Rica forderten anti-sandinist. Geiselnehmer v. a. die Ablösung des Ar-meechefs von N., HUMBERTO ORTEGA. Die Ankün-digung von Präs. CHAMORRO (Anfang Sept.), OR-TEGA 1994 seines Amtes zu entheben, führte zu einer weiteren Verschärfung der Machtkämpfe. In N. gibt es nach offiziellen Angaben 1400 Recontras und Recompas, die v. a. im N des Landes operieren. Beide Gruppen werfen der Reg. vor, ihnen zuge-sagte Hilfen für die Wiedereingliederung ins zivile Leben nicht gewährt zu haben.

Niederlande

Hauptstadt:
Amsterdam
Einwohner: 15,1 Mio.
Einwohner/km²: 365
Staatsoberhaupt:
Beatrix
Regierungschef:
R. Lubbers
BSP/Einwohner:
18 560 US-$

Haushaltssanierung durch Einsparungen

In der Wirtschaftspolitik stand 1993 die Sanierung des Staatshaushalts im Vordergrund. Zur Senkung der Lohnkosten, von der man sich eine Eindäm-mung der Arbeitslosigkeit und eine Verbesserung der Wettbewerbsfähigkeit versprach, wurden im Jan. und Febr. die Löhne und Gehälter eingefroren. Im Jan. einigten sich die Regierungsparteien Chri-sten Democratisch Appel (CDA) und Partij van de Arbeid (PvdA) nach längerem Tauziehen, das bei-nahe zum Bruch der Koalition geführt hatte, auch darauf, die Anerkennung der Invalidenrente für neue Fälle zu beschränken und durch geeignete Maßnahmen die Zahl der neuen Kranken- und In-validenfälle zu reduzieren. Im April legte die Reg. Lubbers für das Haushaltsjahr 1994 ein drast. Spar-paket vor, das u. a. durch Einfrieren der Beamten-gehälter, des Kindergelds und der Sozialhilfe,

Niederlande

Jahr	Wert
1992	1,5
1991	2,2
1990	3,9
1988	2,6
1986	2,0
1984	3,1
1982	-1,4
1980	0,9

Wirtschaftswachstum (realer Zuwachs des BIP in %)

durch Minderung von Sozialleistungen und Kürzung von Subventionen rd. 8 Mrd. Gulden einsparen soll. Zugleich wurden Investitionen zur Verbesserung der Infrastruktur angekündigt. Angesichts der schlechten wirtschaftl. Entwicklung drohte der sozialdemokrat. Arbeits- und Sozialmin. BERT DE VRIES im Sept. mit einem generellen Lohnstopp für 1994, falls sich die Tarifparteien nicht auf eine Nullrunde einigten.

Innenpolitik

Am 12. Jan. beschloß die niederländ. Reg., die Streitkräfte in den nächsten fünf Jahren um fast die Hälfte auf eine Friedensstärke von rd. 70 000 Mann abzubauen und sie bis 1998 in eine Berufsarmee umzuwandeln. Ihre künftige Hauptaufgabe soll der Einsatz bei internat. Operationen im Rahmen der UNO oder KSZE sein. Im Febr. und im Dez. verabschiedeten die beiden Kammern des Parlaments nach langjähriger Debatte ein neues Sterbehilfegesetz. Danach ist aktive Sterbehilfe zwar weiterhin strafbar, in der Praxis werden aber Ärzte, die unter Beachtung einer Reihe von Auflagen handeln, nicht gerichtlich verfolgt.

Nach Bekanntwerden der Sparpläne der Reg. entwickelte sich ab Ende April eine breite Protestwelle, die sich v. a. gegen die sozialdemokrat. Regierungsmitgl. richtete. Studenten besetzten Universitätsgebäude sowie die Parteizentralen von CDA und PvdA und protestierten damit gegen die Abschaffung der Sozialhilfe für Jugendliche unter 21 Jahren, die Kürzung des Sozialhilfesatzes für Personen bis 27 Jahre und den Abbau der allg. Studienfinanzierung. Erstmals seit 1983 streikte der öffentl. Dienst. Die PvdA geriet in eine Krise.

Im Spätsommer stellten die beiden Regierungsparteien bereits die Weichen für die Parlamentswahl im Mai 1994. Neben dem Willen zur stärkeren Bekämpfung der Arbeitslosigkeit betonte der CDA bes. die Beschränkung der Aufgaben des Staates auf einen Kernbereich, die PvdA sprach sich v. a. gegen weitere Streichungen bei Sozialleistungen aus.

Im Sept. wurde durch eine Gesetzesnovelle, die u. a. das Einspruchsrecht abgelehnter Asylbewerber einschränkt und damit Abschiebungen beschleunigt,

die Asylpolitik verschärft. Im Nov. erwog die Reg. – nach dt. Vorbild – die Aufstellung einer Liste ›sicherer Länder‹. (→ Asylrecht)

Außenpolitik

Anfang Jan. übernahm PIET KOOIJMANS (CDA) das Amt des Außenmin., da der bisherige Amtsinhaber VAN DEN BROEK in die EG-Kommission wechselte. In Fragen der europ. Politik befürworteten die N. auch die Erweiterung der Europ. Union durch Österreich, Schweden, Norwegen und Finnland und wandten sich vor dem Hintergrund der GATT-Verhandlungen gegen Tendenzen der Isolierung. Anfang Sept. erklärten sich die N. bereit, Einheiten für UNO-Streitkräfte zu stellen, die rasch für friedenserhaltende Missionen eingesetzt werden sollen. Im Nov. wurde dann die Entsendung von Soldaten nach Bosnien zur Einrichtung der von der UNO geplanten Sicherheitszonen beschlossen.

Vom 8. bis 10. März fand, begleitet von heftigen Unruhen, auf Curaçao eine Konferenz über die Neuordnung des staatsrechtl. Status der Niederländ. Antillen statt, die die Auflösung des gemeinsamen Staatsverbands fordern. Ein Kompromißvorschlag von Premiermin. LUBBERS, der jeder Insel eine eigene Reg. zugestand, damit jedoch u. a. die Kontrolle der öffentl. Ausgaben durch Den Haag und die Beschränkung der Einreise von Antillenbewohnern in die N. verknüpfte, scheiterte an der Ablehnung Curaçaos.

Niedersachsen

Hauptstadt:
Hannover
Einwohner: 7,4 Mio.
Einwohner/km²: 157
Regierungschef:
G. Schröder
BIP/Einwohner:
36 000 DM

Der Haushaltsplan des Landes für 1993 sah eine Steigerungsrate von 4,6 % vor, 2 % weniger als im Vorjahr. Der Schuldendienst für die rd. 46 Mrd. DM Schulden hat einen Anteil von 8,6 % an den Gesamtausgaben.

Am 1. Juni trat die neue Landesverfassung in Kraft, die die ›vorläufige niedersächs. Verfassung‹ vom 13. April 1951 ablöste. Neu in der Verfassung sind direktdemokratische Elemente wie Volksinitiative, Volksbegehren und Volksentscheid, die Staatsziele ›Verwirklichung der Gleichberechtigung von Frauen und Männern‹ und ›Schutz der natürl. Lebensgrundlagen‹. Von 1998 an wird der Landtag jeweils für fünf statt für vier Jahre gewählt. Das Wählbarkeitsalter wurde auf 18 Jahre gesenkt.

Am 30. Juni wurde durch Staatsvertrag zw. N. und Mecklenburg-Vorpommern dem Willen der 6 100 Einwohner des Amt Neuhaus Rechnung getragen und das 229 km² große Gebiet östlich der Elbe niedersächsisch. (KARTE → Mecklenburg-Vorpommern)

MinPräs. GERHARD SCHRÖDER löste Mitte Jan. eine Koalitionskrise aus, als er sich im Konflikt mit den Grünen für den Bau von sechs U-Booten und vier Fregatten für Taiwan in niedersächs. Werften einsetzte, um Arbeitsplätze in dieser Krisenbranche zu sichern. Die erforderl. Genehmigung des Bundessicherheitsrats wurde allerdings nicht erteilt. Umstritten blieb der Beschluß der Landesreg., die Lehrerarbeitszeit um eine Stunde zu verlängern. Auch das neue Schulgesetz, das die Gesamtschule zur Regelschule aufwertet, sorgte für Streit mit der Opposition.

Niger

Hauptstadt: Niamey
Einwohner: 8,3 Mio.
Einwohner/km²: 7
Staatsoberhaupt:
M. Ousmane
(seit 16. 4. 1993)
Regierungschef:
M. Issoufou
(seit 17. 4. 1993)
BSP/Einwohner:
300 US-$

Die freien Parlaments- und Präsidentschaftswahlen vom Febr./März schlossen den 1991 begonnenen Demokratisierungsprozeß ab. Mit dem Amtsantritt des ersten demokratisch gewählten Präs. MAHAMANE OUSMANE wurde gleichzeitig die III. Rep. begründet; zum neuen Premiermin. ernannte das Staatsoberhaupt MAHAMADOU ISSOUFOU. Doch der demokrat. Neuanfang wurde durch die anhaltenden Wirtschaftsprobleme und schwere Unruhen

Dem nigerianischen Sozialdemokraten Moshood Abiola, hier im Wahlkampf im Juni, wird trotz seines klaren Wahlsiegs die Regierungsgewalt von den Militärmachthabern verweigert

(Studentenangriffe auf Parteizentralen im Mai, Proteste von Soldaten im Juli mit Geiselnahmen in mehreren Städten und dreitägiger Generalstreik im Sept.) überschattet. Obwohl die aufständ. Tuareg bei den Wahlen stark behindert wurden, bewiesen sie zumindest ihre Diskussionsbereitschaft mit einem durch Frankreich vermittelten Waffenstillstand, den sie mit der noch amtierenden Übergangsreg. im März schlossen. Eine endgültige Einigung kam aber nicht zustande.

Nigeria

Hauptstadt: Abuja
Einwohner: 115,7 Mio.
Einwohner/km²: 125
Staatsoberhaupt:
S. Abacha
(seit 17. 11. 1993)
Regierungschef:
S. Abacha
(seit 17. 11. 1993)
BSP/Einwohner:
300 US-$

Gescheiterter Demokratisierungsprozeß

Das Jahr 1993 wurde bestimmt von der geplanten Machtübergabe des seit 1985 herrschenden Militärmachthabers IBRAHIM BABANGIDA an eine Zivilreg. Der Demokratisierungsprozeß sollte mit den freien Wahlen am 12. Juni und der Einsetzung des gewählten Präs. am 27. Aug. voran gebracht werden.

Die Wahlen in dem bevölkerungsreichsten Land Afrikas liefen nach Aussage internat. Beobachter regulär und ohne Störungen ab. Nach inoffiziellen Ergebnissen trug der Sozialdemokrat MOSHOOD ABIOLA einen deutl. Sieg über seinen Konkurrenten von den Republikanern davon. Für Unruhen sorgte dann am 16. Juni der Beschluß des Obersten Gerichts, die Wahlen für ungültig zu erklären, was von der Militärreg. bestätigt wurde. Trotz blutiger Ausschreitungen und internat. Proteste hielt BABANGIDA an der Annullierung der Wahlen fest und übergab am 26. Aug. die Regierungsgewalt nicht an den gewählten ABIOLA, sondern an den Industriellen ERNEST SHONEKAN, der schon im Übergangsrat der Militärreg. den Vorsitz führte. ABIOLA hielt weiterhin an seiner Wahl fest und versuchte, im Ausland Unterstützung zu finden.

Im Okt. konnten die Unruhen zunächst durch die Ankündigung von Präsidentschaftswahlen für Febr. 1994 sowie die Freilassung von Oppositionellen beendet werden. Am 18. Nov. übernahm jedoch das Militär wieder die Macht; neuer Präs. wurde der bisherige Verteidigungsmin. der Interimsreg., General SANI ABACHA, nachdem SHONEKAN überraschend am 16. Nov. zurückgetreten war. Alle demokrat. Institutionen wurden abgeschafft, die angekündigten Wahlen abgesagt, es herrschte praktisch

Nobelpreise 1993	
Physik	Russell A. Hulse Joseph H. Taylor
Chemie	Kary B. Mullis Michael Smith
Physiologie oder Medizin	Richard J. Roberts Phillip A. Sharp
Literatur	Toni Morrison
Erhaltung des Friedens	Frederik W. de Klerk Nelson R. Mandela
Wirtschaftswissenschaften	Robert W. Fogel Douglass C. North

Nobelpreise: Die im Okt. bekanntgegebenen und am 10. Dez. verliehenen N. des Jahres 1993 gingen fast ausschließlich nach Nordamerika. Während der Physik-N. für eine bedeutsame astronom. Entdeckung vergeben wurde, zeichnete das N.-Komitee in den Bereichen Chemie und Medizin Wissenschaftler aus, die wegweisende Arbeiten in der Genforschung geleistet haben. Zwei der führenden Ökonomen in der wirtschaftsgeschichtl. Forschung wurden mit dem Preis für Wirtschaftswiss. geehrt. Der Literatur-N. ging mit TONI MORRISON erstmalig an eine schwarze Frau. Als mutige Entscheidung wurde allg. die Vergabe des Friedens-N. an NELSON MANDELA und FREDERIK DE KLERK für ihren Einsatz im noch andauernden südafrikan. Friedensprozeß gewertet. (→Alternativer Nobelpreis)

der Ausnahmezustand. Nach ersten Protesten warnte ABACHA die Bevölkerung vor weiterem Widerstand gegen seine Anordnungen. Der Militärmachthaber gab bekannt, daß das Land vorübergehend von einer Militärjunta regiert werde. Der am 15. Nov. begonnene Generalstreik, der sich gegen die drast. Erhöhung der Benzinpreise und die Annullierung der Wahlen im Juni richtete, endete nach einer Woche. Die Europ. Union beschloß Wirtschaftssanktionen gegen Nigeria.

N. beteiligte sich im Febr. mit 660 Soldaten am UNO-Einsatz in Somalia. Im April nahm N. diplomat. Beziehungen zu Israel auf. Nach der Annullierung der Präsidentschaftswahl geriet N. unter starken außenpolit. Druck.

Wirtschaftskrise

Die politisch gespannte Situation führte auch zu einer Verschärfung der Wirtschaftskrise. Größte Belastung für die nigerian. Wirtschaft ist die hohe Auslandsverschuldung. Für 1993 geplante Verhandlungen mit den Geberländern wurden jedoch aufgrund des Scheiterns des Demokratisierungsprozesses verschoben. Darüber hinaus belasteten die fallenden Ölpreise auf dem Weltmarkt den nigerian. Haushalt.

Nordrhein-Westfalen

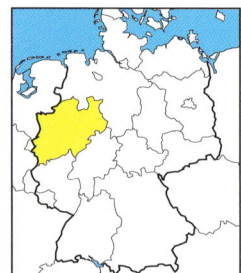

Hauptstadt:
Düsseldorf
Einwohner: 17,4 Mio.
Einwohner/km²: 511
Regierungschef:
J. Rau
BIP/Einwohner:
39 600 DM

Die wirtschaftl. Krisenentwicklung im Lande erfaßte in erster Linie den traditionellen Montanbereich und führte zu einer Reihe von Firmen- und Zechenschließungen. Die Firma Krupp stellte trotz Protesten der Betroffenen u. a. ihr traditionsreiches Stahlwerk in Duisburg-Rheinhausen ein und verlagerte ihre Stahlproduktion nach Dortmund. Weitere Entlassungen von Hunderten von Mitarbeitern wurden bei Thyssen und Hoesch angekündigt (→Stahlkrise).

Das Land reagierte auf die Einnahmeausfälle durch den Steuerrückgang mit einer rigorosen Sparpolitik. Zur Effizienzerhöhung im Hochschulsektor hat N.-W. als erstes der Bundesländer die Regelstudienzeit vom Wintersemester 1993/94 an gesetzlich festgeschrieben.

North, Douglass Cecil, amerikan. Wirtschaftswissenschaftler, * Cambridge (Massachusetts) 5. 11. 1920. – N. wurde für seine wirtschaftsgeschichtl. Arbeiten mit dem Nobelpreis für Wirtschaftswiss. 1993 ausgezeichnet, den er sich mit ROBERT W. FOGEL teilt. N. gilt als Pionier der neuen institutionellen Ökonomie, die auf gleichzeitige Berücksichtigung wirtschaftl., polit. und sozialer Faktoren bei der Entwicklung von Institutionen abhebt. Er veröffentlichte mehrere Bücher zur langfristigen Wirtschaftsentwicklung in Europa und den USA sowie zur Rolle ökonom. Institutionen für das Wirtschaftswachstum.

Nordrhein-Westfalen. Unter dem Motto ›Feuer nach Bonn‹ protestieren am 26. März über 70 000 Stahlarbeiter aus Ost- und Westdeutschland im Bonner Hofgarten gegen drohende Massenentlassungen und Betriebsstillegungen

Der Wirtschaftshistoriker
Douglass C. North erhält für seine
Arbeiten den Nobelpreis

Nach seiner Promotion 1952 an der Berkeley Univ. (Kalifornien) hatte N. zunächst eine Professur an der University of Washington in Seattle inne. 1960 wurde er zum Prof. für Wirtschaftsgeschichte an der Washington University in St. Louis (Missouri) berufen, wo er auch nach seiner Emeritierung 1983 noch lehrte.

Norwegen

Hauptstadt: Oslo
Einwohner: 4,3 Mio.
Einwohner/km²: 13
Staatsoberhaupt:
Harald V.
Regierungschef:
G. Harlem
Brundtland
BSP/Einwohner:
24 160 US-$

Wirtschaftswachstum

Wie in den Jahren zuvor konnte die norweg. Wirtschaft 1993 ein nominales und reales Wachstum erzielen. Das Bruttoinlandsprodukt (BIP) lag deutlich über 2%. Es war damit weitaus positiver als in den Ländern der EG. ›Konjunkturlokomotive‹ waren das Nordseeöl und -gas, deren Förderung seit 1991 um 30% gesteigert wurde. Aufgrund einer straffen Geldpolitik und maßvoller Lohnforderungen der Gewerkschaften gelang es, die Inflationsrate auf unter 3% zu drücken. Die Löhne stiegen im Landesdurchschnitt knapp über 2%. Die Notenbank brachte durch Zinssenkungen einen zusätzl. Impuls in die Wirtschaft. Die Schuldenkrise der Banken und Versicherungen der Jahre 1990/92 konnte durch staatl. Hilfe weitgehend überwunden werden.

Die Zuwächse im Außenhandel gingen v. a. auf den Energieexport – auf Öl und Gas entfielen fast die Hälfte der Ausfuhren –, aber auch auf traditionelle Exportprodukte der elektrochem. und -metallurg. Industrie zurück, die vermehrt in Ost- und Südostasien abgesetzt werden konnten; auch die maritime Industrie trug dazu bei. Die holzverarbeitende Industrie mußte unter dem internat. Preisdruck allerdings Einbußen hinnehmen.

Zu den negativen Punkten der norweg. Wirtschaft zählten die hohe Arbeitslosenquote (6%) und die weiterhin steigenden Kosten des Wohlfahrtsstaates, die zu immer höheren Staatsausgaben zwangen. Um diese aufzufangen, wurde zum 1. 1. 1993 eine Erhöhung der Mehrwertsteuer von 20 auf 22% beschlossen.

Innen- und Außenpolitik

Im Zentrum der polit. Diskussion standen im Wahljahr 1993 neben der Bekämpfung der Arbeitslosigkeit die europ. Integration und die Frage der Mitgliedschaft N.s in den EG. Das Wahlergebnis vom 12./13. Sept. zeigte, daß über 50% der Bevölkerung die EG-Mitgliedschaft nicht wünschen. Die in dieser Frage gespaltene Arbeiterpartei erreichte 37% der Stimmen (1989: 34,3) und 67 Sitze im neuen Storting (1989: 63); die beiden EG-Befürworter mußten erhebl. Einbußen hinnehmen: Die konservative Høyre erhielt nur 15,6% (22,2) und 28 Sitze (37) und die rechtspopulist. Fortschrittspartei 6% (13) und 10 Sitze (22). Dagegen konnte die Zentrumspartei als Vertreterin der Bauern und Fischer, die die Hauptgegner der EG-Mitgliedschaft sind, große Gewinne erzielen, sie erhielt 18,5% der Stimmen (6,5) und 32 Sitze (11). Die Sozialist. Linkspartei kam auf 7,9% (10,1) und 13 Sitze (17); die Christl. Volkspartei auf 8,4% (8,5) und 13 Sitze (14).

Norwegens Ministerpräsidentin
Gro Harlem Brundtland nach dem
Wahlsieg ihrer Arbeiterpartei bei den
Parlamentswahlen vom
12./13. September

Die traditionelle Venstre (Liberale) ist nach langer Abwesenheit wieder mit einem Abgeordneten vertreten. Der EG-Beitritt wird damit erschwert, weil die Gegner die für die Abtretung von Souveränitätsrechten nötige parlamentar. Dreiviertelmehrheit verhindern können.

Ein Schwerpunkt der Außenpolitik war die regionale Kooperation mit Rußland und den skandinav. Nachbarn in der Barentsregion als ökologisch orientierte Außenpolitik. Einen herausragenden Erfolg erzielte die norweg. Diplomatie mit der Vermittlung des →Gaza-Jericho-Abkommens zw. PLO und Israel.

Novel Food, Designer Food, Lebensmittel, die aus gentechnisch veränderten Organismen bestehen, mit deren Hilfe hergestellt werden oder gentechnisch hergestellte Zusatzstoffe enthalten. Im Zuge der Marktreife von N. F. bemüht sich die Europ. Kommission in Brüssel seit zwei Jahren, die Zulassung und das Inverkehrbringen derartiger Lebensmittel mit einer N.-F.-Direktive europaweit zu vereinheitlichen. Die Zulassung in einem EG-Mitgliedstaat soll dabei automatisch eine europaweite Zulassung nach sich ziehen, sofern nicht andere Mitgliedstaaten innerhalb einer Frist Einspruch erheben. Die Direktive sieht bisher keine Kennzeichnungspflicht für N.-F.-Produkte vor. V. a. dieser Punkt stieß in einigen Mitgliedstaaten – darunter auch Deutschland – auf polit. und öffentl. Widerspruch. Der Bundesrat etwa lehnte bereits im Okt. 1992 die N.-F.-Direktive in der vorliegenden Form ab. Kritiker bemängeln v. a., daß ohne Kennzeichnungspflicht die Verbraucher keinerlei Möglichkeit hätten, zw. herkömmlich produzierten und gentechnisch veränderten Lebensmitteln zu unterscheiden.

nukleare Nonproliferation: Als erstes Land kündigte Nord-Korea am 12. März seinen Austritt aus dem Kernwaffensperrvertrag über die Nonproliferation (Nichtverbreitung) von Kernwaffen und des zu ihrer Herstellung benötigten Materials zum 12. Juni an, nachdem die Internat. Atomenergiebehörde (IAEO) in Wien im Febr. eine Sonderinspektion von zwei nordkorean. Nukleardeponien verlangt hatte. Nord-Korea verfügt bereits über 1000 km weit reichende Mittelstreckenraketen, die die Japan. Inseln erreichen können, und wird für fähig gehalten, Atomsprengköpfe zu bauen. Am 11. Juni setzte die nordkorean. Reg. auf internat. Druck hin die Kündigung vorläufig aus.

Am 13. Dez. trat Kasachstan dem Atomwaffensperrvertrag bei.

Nunavut [indian. ›unser Land‹], Bez. der Inuit der kanad. Arktis für ihr traditionelles Siedlungsgebiet. Die Einwohnerzahl von N. beträgt heute ca. 20 000; die größte Siedlung ist Iqaluit, früher Frobisher Bay, auf Baffin Island. Nach jahrelangen Verhandlungen mit der kanad. Reg. und zwei erfolgreichen Referenden 1992 wird N. bis zum Jahr 2000 von den Northwest Territories abgetrennt werden und einen eigenen territorialen Status (Selbstverwaltung, Autonomie außer in der Außenpolitik) im föderalen kanad. Staat erhalten. Da die überwältigende Mehrheit der Bevölkerung Inuit sind, kommt der Schaffung von N. für Kanada sowie für ganz Amerika große polit. Bedeutung im Hinblick auf den Status der Ureinwohner zu. (KARTE S. 194)

O ▰▰▰

Obdachlosigkeit, →Nationale Armutskonferenz.

OECD, Abk. für **O**rganization for **E**conomic **C**ooperation and **D**evelopment, am 14. 12. 1960 gegr. Organisation der westl. Industrieländer insbes. zur Abstimmung ihrer Wirtschaftspolitik. Ausgelöst durch die schwere Rezession in Europa, entwickelte sich die Lage auf dem OECD-Arbeitsmarkt besorgniserregend. Die Arbeitslosenzahlen stiegen von (1992) 32,5 Mio. auf (1993) 34 Mio. Dies entspricht einer Arbeitslosenquote von 7,9 bzw. 8,2 %. In den europ. OECD-Ländern liegt sie mit 10,7 % bei steigender Tendenz am höchsten, die USA liegt mit einer Arbeitslosenquote bei fallender Tendenz im Mittelfeld, und in Japan stagniert sie bei vergleichsweise niedrigen 2,5 %. Zur Bekämpfung der Arbeitslosigkeit empfahl die OECD die Flexibilisierung der Arbeitsmärkte und Maßnahmen zur Weiterbildung.

In den OECD-Ländern war die Konjunktur im 1. Halbjahr 1993 durch eine mäßige Aufwärtsentwicklung gekennzeichnet, die gesamtwirtschaftl. Produktion stieg um 1 %. Für das Gesamtjahr wurde Ende 1993 eine Zunahme des Bruttoinlandsprodukts (BIP) um 1,1 % (1992: 1,5 %) erwartet.

Öffnungsklausel, mögl. Klausel in Tarifverträgen, die es erlaubt, 1) von abschließenden Regelungen in betriebl. Vereinbarungen abzuweichen oder 2) tarifvertragl. Mindestbedingungen unter bestimmten Voraussetzungen zu unterschreiten. In der ostdt. Metallindustrie war eine Ö., formuliert als Härteklausel für in ihrer Existenz bedrohte Betriebe, wichtiger Bestandteil des im Mai erzielten Tarifkompromisses.

Öko-Audit, →EG-Richtlinie zu Industrieanlagen.

Öko-Kühlschrank, Bez. für den ersten FCKW- und FKW-freien Kühlschrank, den das sächs. Unternehmen Foron (ehem. DKK Scharfenstein) im März 1993 auf den Markt brachte. Foron setzte erstmals ein Propan-Butan-Gemisch als Kältemittel ein, das von den Ärzten HARRY ROSIN und HANS PREISENDANZ aus dem Hygiene-Institut in Dortmund 1990 vorgeschlagen worden war und FCKW-haltige Kältemittel ersetzen kann. Die Umweltorganisation Greenpeace brachte nach der ausbleibenden Resonanz in der Branche die Dortmunder mit dem sächs. Unternehmen zusammen, das den Kühlschrank mit finanzieller Unterstützung von Greenpeace innerhalb kurzer Zeit entwickelte. Im Febr. erhielt das Foron-Produkt als erstes seiner Art den ›Blauen Engel‹ des Umweltbundesamtes. Mittlerweile bietet die gesamte Branche derartige ›Ö.-K.‹ an. Als Isoliermaterial kann inzwischen auf mit Pentan (d. h. FCKW-frei) aufgeschäumtes Polyurethan zurückgegriffen werden, das günstigere Isoliereigenschaften als das von Foron zunächst verwendete Styropor aufweist.

ökologischer Aufbau Ost: Im März verkündete der Bundesumweltmin. den Abschluß des ›Umweltschutzsofortprogramms 1991/92‹ für die neuen Bundesländer. Die Bundesreg. hatte für dieses Sofortprogramm 829 Mio. DM bereitgestellt. Gleichzeitig bekannte Umweltmin. TÖPFER, daß die Förderanträge, die bei den Ländern eingegangen waren, sich auf mehrere Milliarden DM beliefen. Die Mittel aus dem Umweltschutzsofortprogramm wurden für 1 186 Vorhaben eingesetzt, die v. a. die Abfallwirtschaft und Deponien, Luftreinhaltung sowie Natur- und Landschaftsschutz betrafen. Der größte Teil der Mittel floß in die Abwasserbehandlung und -ableitung. Mit 506 Umweltschutzvorhaben und 224 Mio. DM aus dem Sofortprogramm war Sachsen das am intensivsten beteiligte Land.

Ökumene: Zum Jahresbeginn veranstaltete die ökumen. Mönchsgemeinschaft von Taizé (Frankreich) in Wien ihr 15. europ. Jugendtreffen mit mehr als 100 000 Jugendlichen aus 26 Nationen. Das Anliegen einer Versöhnung zw. den Nationen, Konfessionen und Generationen besaß angesichts der krieger. Auseinandersetzungen im nahen ehem. Jugoslawien bes. Aktualität. ROGER SCHUTZ, der Gründer der Gemeinschaft, sprach sich für eine ›Ö. ohne Aufschub‹ aus. Das Folgetreffen fand mit mehr als 80 000 Teilnehmern vom 28. Dez. bis 1. 1. 1994 erstmals in München statt.

Vom 3. bis 14. Aug. fand in Santiago de Compostela (Spanien) die **5. Weltkonferenz für Glauben und Kirchenverfassung** statt. Etwa 350 offizielle Vertreter orthodoxer, prot. und anglikan. Kirchen sowie erstmals auch Delegierte der röm.-kath. Kirche tagten zum Thema ›Auf dem Weg zur Gemeinschaft in Glauben, Leben und Zeugnis‹. Die Weltkonferenz, zuletzt 1963 in Montreal abgehalten, war diesmal das repräsentativste Treffen in der bisherigen Geschichte der Christenheit. Sie wurde allg. als das wichtigste ökumen. Ereignis des Jahres angesehen, brachte jedoch im Verhältnis der christl. Kirchen zueinander nicht den von vielen erwarteten Durchbruch. Die kath. Kirche als weitaus größte erklärte durch Kardinal EDWARD CASSIDY zwar ihr ›unwiderrufl.‹ ökumen. Engagement (wie im März in einem ›Direktorium‹ dargestellt), ließ aber konkrete Schritte auf dem Weg zu größerer Gemeinschaft mit den anderen Kirchen vermissen.

Positive Entwicklungen des Jahres bestanden z. B. in der Erklärung einer gegenseitigen eucharist. Gastbereitschaft der Vereinigten Ev.-Luther. Kirche Deutschlands (VELKD) und der Arbeitsgemeinschaft Mennonit. Gemeinden.

Im Okt. besuchte der Ökumen. Patriarch BARTHOLOMAIOS I. von Konstantinopel auf Einladung der Ev. Kirche in Deutschland (EKD) und der kath. Dt. Bischofskonferenz die Bundesrepublik. Dieser erste Deutschlandbesuch eines Ehrenoberhaupts der 14 autokephalen (selbständigen) orthodoxen Kirchen galt der Verbesserung der Beziehungen zu den westl. Kirchen. Diese waren außer durch die traditionellen theolog. Kontroversen und die sog. Unierten, d. h. die mit Rom verbundenen Ostkirchen, auch durch versch. kath. Aktivitäten belastet, die von der Orthodoxie als Abwerben eigener Mitgl. verstanden wurden. Zuvor hatte BARTHOLOMAIOS I. versch. Patriarchate in Osteuropa besucht, um dort

in den nat. Konflikten, in die im Zuge der polit. Unabhängigkeitsbestrebungen auch die orthodoxen Kirchen hineingezogen worden waren, ausgleichend zu wirken.

Der Krieg in Bosnien-Herzegowina ist zwar in seinem Kern kein Religionskrieg, wird aber von der engen Bindung der sich bekämpfenden ethn. Gruppen an ihre jeweilige Religion mitbestimmt. Trotz ihrer nat. Verwurzelung, die bes. in der serb.-orthodoxen Kirche bis zu nationalist. Äußerungen führte, und des Widerstands aus den eigenen Reihen bemühten sich die religiösen Führer seit Ausbruch des Konflikts – von der internat. Ö. unterstützt – um Frieden oder wenigstens Humanisierung der Auseinandersetzungen.

Riesenjubel im Lager von Sydney, nachdem der Präsident des Internationalen Olympischen Komitees, Juan Antonio Samaranch, die Entscheidung über die Olympiastadt im Jahr 2000 verkündet hat

Olympische Spiele: Auf seiner 101. Vollversammlung am 23. Sept. in Monte Carlo vergab das Internat. Olymp. Komitee (IOC) die O. S. 2000 an Sydney. Der austral. Bewerber erhielt im vierten Wahlgang 45 Stimmen; auf den anderen Favoriten Peking, das mit dem sich dem Ausland öffnenden chin. Markt warb, entfielen 43 Stimmen. Mit der Wahl Sydneys setzte sich die Absicht durch, die Spiele in einer für die Athleten friedl. und ökologisch akzeptablen Umgebung durchzuführen. Die europ. Kandidaten Manchester, Berlin und Istanbul besaßen in diesem Kräftefeld keine Aussichten. Berlins Niederlage mit nur neun Jastimmen im zweiten Wahlgang, die trotz Werbung u. a. durch FRANZISKA VAN ALMSICK und STEFFI GRAF nicht aufgehalten werden konnte, wurde neben Mängeln in der Präsentation auf die aggressive antiolymp. Opposition (im Vorfeld der Entscheidung hatte es antiolymp. Demonstrationen und sogar Anschläge gegeben), die Ausländerfeindlichkeit und rechtsextremist. Ausschreitungen in Deutschland und internat. Vorbehalte zurückgeführt.

Auf der Vollversammlung des IOC wurde ebenfalls beschlossen, eine ganze Reihe neuer Wettbewerbe in das olymp. Programm aufzunehmen. Die Zahl der Entscheidungen erhöht sich damit bei den Winterspielen in Lillehammer 1994 auf 61 und bei den Sommerspielen 1996 in Atlanta auf 269.

Oman

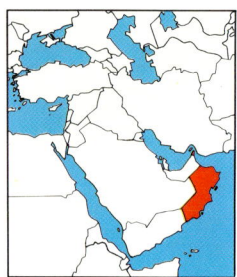

Hauptstadt: Maskat
Einwohner: 1,6 Mio.
Einwohner/km²: 8
Staatsoberhaupt:
Kabus ibn Said ibn
Taimur
Regierungschef:
Kabus ibn Said ibn
Taimur
BSP/Einwohner:
5 630 US-$

organisierte Kriminalität: Europa entwickelt sich seit Anfang der 1990er Jahre zu einem kriminalgeograph. von Portugal bis Rußland reichenden Großraum. Am Beispiel Italien wird die Zunahme der Bedrohung durch die o. K. mit ihrem übermächtigen Einfluß auf Politik und Wirtschaft deutlich: Vor diesem Hintergrund stehen die Ermittlungen gegen den ehem. Regierungschef ANDREOTTI seit Sommer 1993 und der landesweite, als ›Tangentopoli‹ bezeichnete Korruptionsskandal, der seit 1992 zu Hunderten von Verhaftungen führte. Italien versucht der o. K. mit hochspezialisierten Behörden wie der Direzione Investigativa Antimafia (DIA), der Mitwirkung von Nachrichten- und Geheimdiensten, Regelungen für Zeugen (Pentiti, d. h. die Reuigen), Strafgesetzänderungen u. a. m. Herr zu werden. Eine Reihe weiterer Länder behandelt die o. K. als eigenen Straftatbestand: In Japan trat am 1. 3. 1992 das gegen die Yakuza (mafiaähnliche Vereinigungen) gerichtete Anti-Banden-Gesetz, in Deutschland am 22. 9. 1992 das Gesetz zur Bekämpfung des illegalen Rauschgifthandels und anderer Erscheinungsformen der o. K. (OrgKG) in Kraft; eine Kronzeugenregelung ähnlich der bei der Terrorismusbekämpfung ist vorgesehen. In der Schweiz unterbreitete der Bundesrat Ende Juni 1993 dem Parlament ein zweites Maßnahmenpaket, das u. a. die Unterstützung einer kriminellen Organisation unter Strafe stellen will.

Die illegalen Vermögenswerte abzuschöpfen, ist internat. das Hauptziel der Bekämpfung des organisierten Verbrechens. In Deutschland ist durch das OrgKG u. a. der Straftatbestand der Geldwäsche als § 261 in das StGB eingefügt worden. Daneben will das Gewinnaufspürungsgesetz vom 2. 7. 1993 (bekannt als →Geldwäschegesetz) von vornherein das Inverkehrbringen ›schmutzigen‹ Geldes verhindern. Als weitere Instrumente der polizeil. Ermittlung sind milieubedingte Straftaten des Verdeckten Ermittlers und der große →Lauschangriff immer noch sachlich und politisch umstritten. Weitestgehend unumstritten ist die Gründung einer Europ. Polizei (Europol) mit Sitz in Den Haag, zu deren Realisierung zunächst eine europ. Rauschgiftzentralstelle errichtet wurde, die als Europol Drug Unit (EDU) Anfang 1993 in Den Haag die Arbeit aufnahm. Fernziel ist eine effiziente europ. Fahn-

dungspolizei mit eigenen Kompetenzen, die insbes. die o. K. grenzüberschreitend bekämpfen soll.

Die Lage in Europa wurde 1993 von den Polizeien und Nachrichtendiensten als höchst bedrohlich eingeschätzt. Allein in Rußland sollen rd. 3 000 Banden operieren, ein Drittel davon mit Auslandsbeziehungen (z. B. Moskau-Warschau-Berlin-Connection). Nach Angaben des Bundes Dt. Kriminalbeamter (BDK), der im Nov. die Dokumentation ›Kriminalität 2000‹ vorlegte, gibt es im gesamten Bundesgebiet rund 300 mafiaähnlich organisierte Banden. Die italien. o. K. ist verstärkt im Operationsgebiet Deutschland tätig. Nach Kenntnissen des Bundeskriminalamts (BKA) in Wiesbaden spielt bei den bisher analysierten Verfahren gegen die o. K. die Korruption eine quantifizierbare Rolle.

Ostasien

Alte politische Strukturen und marktwirtschaftliche Reformen

Mit dem Ende des Ost-West-Konflikts verloren dessen Koordinaten an Wirksamkeit, und es änderte sich das Beziehungsgeflecht der Staaten O.s. Doch der Konflikt zw. Nord- und Süd-Korea zeigt, daß der Ost-West-Gegensatz keineswegs überwunden ist, sich vielmehr hartnäckiger als anderswo mit all seinen Problemen hält. Darüber hinaus ist Nord-Korea für die gesamte Region ein Unsicherheitsfaktor, wie die Ankündigung im März, aus dem Kernwaffensperrvertrag auszutreten, deutlich machte. Nur auf internat. Druck hin, bes. von seiten der VR China, konnte die Reg. in P'yŏngyang wieder zur Rücknahme des Austritts bewegt werden.

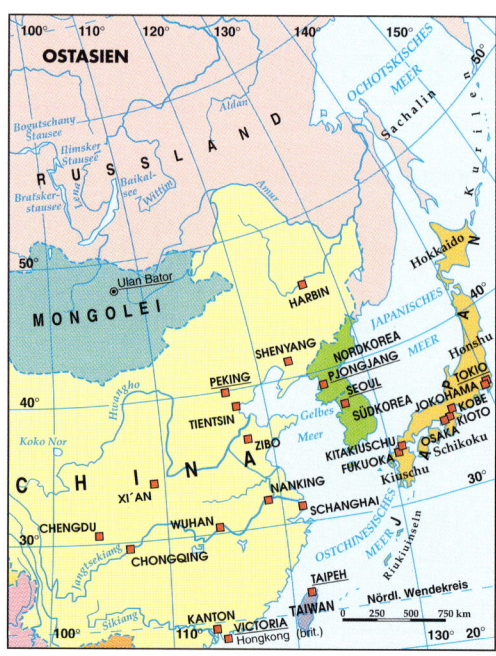

Dies verschlechterte die ohnehin schon abgekühlten Beziehungen zw. P'yŏngyang und Peking.

Zwar sitzen die kommunist. Regime auch in der VR China und in Vietnam nach wie vor fest im Sattel, jedoch geben die schrittweise Einführung der Marktwirtschaft in der VR China und das Programm des ›doi moi‹ (die vietnames. Variante der Perestroika) zu der Vermutung Anlaß, daß den wirtschaftl. Reformen in diesen beiden Ländern die politischen folgen könnten. Nord-Korea beobachtet diese Prozesse deshalb argwöhnisch. In Kambodscha hingegen hat die Demokratie bereits Einzug gehalten. Die im Mai gewählte Verfassunggebende Versammlung einigte sich auf eine konstitutionelle Monarchie als Staatsform für das Land mit NORODOM SIHANOUK als König und Integrationsfigur. Die in Gang gekommene polit. Normalisierung bietet nun die Chance auch für eine wirtschaftl. Gesundung Kambodschas.

Die ›Vier kleinen Tiger‹ und südchinesische Sonderwirtschaftszonen

Zus. mit den beiden Stadtstaaten Hongkong und Singapur zählen Taiwan und Süd-Korea zu den wirtschaftlich erfolgreichsten Ländern O.s. In Zeiten weltweiter Rezession konnten die ›Vier kleinen Tiger‹ noch beachtl. Wachstumsraten vorweisen (das taiwanes. BSP stieg im ersten Quartal 1993 im Vergleich zum Vorjahreszeitraum real um immerhin 6,22 %, die Prognosen für Hongkong lagen um 5,5 %).

Aber auch die Sonderwirtschaftszonen im S der VR China gewannen für das ostasiat. Wirtschaftsgefüge zunehmend an Bedeutung. 1993 erreichten allein die Investitionen taiwanes. Unternehmer auf dem chin. Festland eine Höhe von rd. 10 Mrd. US-$, und Singapur präsentierte sich im April mit 1,8 Mrd. US-$. Auf der anderen Seite entwickelten auch die Sonderwirtschaftszonen immer größere Aktivitäten auf dem Investitionssektor. Die Investitionen der VR China in Hongkong und Macao (1992: 20 Mrd. US-$) stammten zum größten Teil aus diesen Gebieten. Das verstärkte chin. Engagement in Hongkong gewinnt vor dem Hintergrund, daß die brit. Kronkolonie 1997 und Macao 1999 an China zurückfallen, zusätzlich an Bedeutung.

Die besondere Rolle Japans

Für Japan, dessen wirtschaftl. Vormachtstellung in O. unbestritten ist, stellt sich die Frage nach seiner künftigen außenpolit. Rolle im allgemeinen und gegenüber seinen Nachbarn im besonderen. Eine aktivere Rolle Japans in der Weltpolitik, wie sie schon oft angemahnt worden ist, stieße zumindest in Süd-Korea und der VR China auf Skepsis – eine Folge der histor. Erblast Japans. Es muß abgewartet werden, ob der Regierungswechsel in Tokio und das Kriegsschuldeingeständnis MinPräs. HOSOKAWAS eine Entspannung bewirken können. In den ASEAN-Staaten sah man diesen Punkt, wenn auch erst seit ungefähr einem Jahr, gelassener. Eine Umfrage in Indonesien, Malaysia, Singapur, Thailand und auf den Philippinen 1992 ergab, daß für die

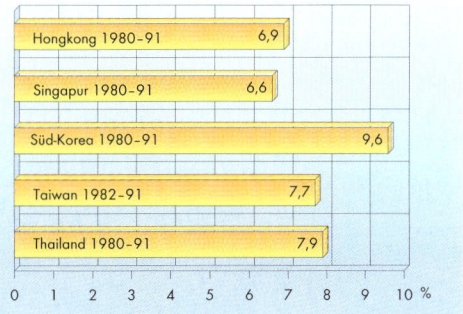

Wirtschaftswachstum
(realer Zuwachs des Bruttoinlandsprodukts)

Hongkong 1980–91	6,9
Singapur 1980–91	6,6
Süd-Korea 1980–91	9,6
Taiwan 1982–91	7,7
Thailand 1980–91	7,9

Mehrzahl der Befragten keine militär. Bedrohung mehr von Japan ausgeht.

Als einer ökonom. Supermacht kommt Japan im ostasiat. Raum eine bes. Rolle zu. Das japan. Modell besitzt für die aufstrebenden Staaten O.s eine Vorbildfunktion, und Japan beeinflußt auch aktiv das wirtschaftl. Geschehen in diesen Ländern. Für die ›Vier kleinen Tiger‹ zählt es zu den drei wichtigsten Handelspartnern, durch Wirtschaftshilfen und Direktinvestitionen unterstützt es den wirtschaftl. Aufbau u. a. in Thailand, Indonesien, Kambodscha und Malaysia. Der Bildung eines Ostasiat. Wirtschaftsgremiums, wie es erstmals im Dez. 1990 von Malaysias Premiermin. MAHATHIR BIN MOHAMAD vorgeschlagen worden war, stehen gewichtige Bedenken, v. a. auf amerikan. und japan. Seite, entgegen. Die USA sind beunruhigt, denn nach Japan bekommen auch sie schon die Konkurrenz der ›Vier kleinen Tiger‹ zu spüren. Eine wirtschaftl. Vereinigung, zu der nun auch noch die aufstrebenden ASEAN-Staaten zählten, könnte die amerikan. Führungsrolle in der Welt ökonomisch ernsthaft herausfordern. (→ ASEAN, → Südostasien)

In Japan erheben sich Stimmen, die vor einer Beteiligung an einem neuen ›Asianismus‹ warnen: Japan dürfe sich nicht einem ostasiat. Regionalismus verschreiben, die Gefahr der Isolation vom Westen sei für das Land zu groß. Insbes. die Beziehungen zu

Shenzhen im Süden der Volksrepublik China gehört zu den wachstumsträchtigen Sonderwirtschaftszonen in Ostasien, die auch für ausländische Investoren interessant sind

den USA seien zu wichtig, um sie so aufs Spiel zu setzen. Es komme vielmehr darauf an, in O. Rahmenbedingungen zu schaffen, die dem Rest der Welt den Zugang zu dieser Region ermöglichten.

Österreich

Hauptstadt: Wien
Einwohner: 7,9 Mio.
Einwohner/km²: 94
Staatsoberhaupt: T. Klestil
Regierungschef: F. Vranitzky
BSP/Einwohner: 20 380 US-$

Wirtschaftlicher Rückgang

Die internat. Rezession, die Auswirkungen der dt. Vereinigung auf die dt. Wirtschaft, die Öffnung des ehem. Ostblocks und die damit zusammenhängende Neuverteilung der europ. Märkte wirkten sich auch auf den österr. Markt aus. Von Jan. bis April gingen die Exporte um 8,3 % im Vergleich zum Vorjahr zurück, und das Bruttoinlandsprodukt sank schon im ersten Quartal 1993 um 1,3 %. Betroffen waren neben dem privaten Sektor auch die verstaatlichte Industrie: Der Aluminiumkonzern AMAG (Austria Metall AG) mußte im April 1993 einen Finanzbedarf für das Jahr 1993 von 9,1 Mrd. Schilling einräumen, und zur Abdeckung der Verluste der Österr. Mineralölverwaltung ÖMV (für 1993 vermutlich 3,5 Mrd. Schilling) sollten bis Mitte 1994 rd. 1200 Arbeitsplätze abgebaut werden. Auch die staatl. Luftfahrtlinie AUA (Austrian Airlines) bekam den Rückgang des internat. Luftfahrtgeschäfts zu spüren und versuchte, in der dann doch gescheiterten Kooperation mit SAS (Scandinavian

Airlines System), KLM (Koninklijke Luchtvaart Maatschappij) und Swissair das Unternehmen zu sanieren. Mitte Nov. erfolgte der Beschluß zur Auflösung der Austrian Industries und der teilweisen Privatisierung der Österr. Industrie AG (ÖIAG).

Sozial- und Steuerpolitik

In Ö. fiel – im Vergleich zu anderen Ländern – die Einschränkung des Sozialsystems 1993 zurückhaltend aus. Die Forderung des Sozialmin. JOSEF HESOUN nach Einführung einer ›Solidarabgabe‹ im Mai 1993 führte nur zu einem teilweisen Erfolg, da die betroffenen Gruppen ihre Privilegien entschlossen verteidigten. Die Frage der Sozialleistungen (Karenz- und Arbeitslosengelder) spielte daher in den Beratungen für das Budget 1994 eine wichtige Rolle, das mit einem vorgesehenen Defizit von knapp 80 Mrd. Schilling schließlich beschlossen wurde. Im Okt. 1993 betrug die Arbeitslosenquote nach OECD-Berechnungen 4,2 %, nach der bisherigen Berechnungsmethode 6,4 %. Absolut gerechnet stieg damit die Zahl der Arbeitslosen gegenüber dem gleichen Monat des Jahres 1992 um rd. 22 000. Signalwirkung hatten die Lohnverhandlungen in der Metallbranche, bei denen mit der Öffnungsklausel ein gänzl. oder teilweiser Verzicht auf die Anhebung der Löhne gegen beschäftigungsfördernde Maßnahmen im Rahmen von Betriebsvereinbarungen ausgehandelt wurde.

Mit der Steuerreform vom Sept. 1993 wurden eine Vereinfachung des Steuersystems und durch die Abschaffung der vermögensabhängigen Abgaben eine wesentl. Eigenkapitalstärkung der österr. Wirtschaft eingeleitet.

Neue Gesetze

Zur Diskussion standen 1993 u. a. die Reform des Wohnrechts (es soll die unbefriedigende Lage auf dem Wohnungsmarkt regeln), das neue Meldegesetz und damit zusammenhängend die Deklarierung der Religionszugehörigkeit, die verbindl. Einführung der 0,5‰-Grenze im Autoverkehr (rd. 300 000 Alkoholkranke), die Versuche des Gesundheitsmin., ein restriktives Tabakgesetz durchzusetzen, und die Neuregelung des Namensrechts. Abgeschlossen wurde die Novellierung des Porno-

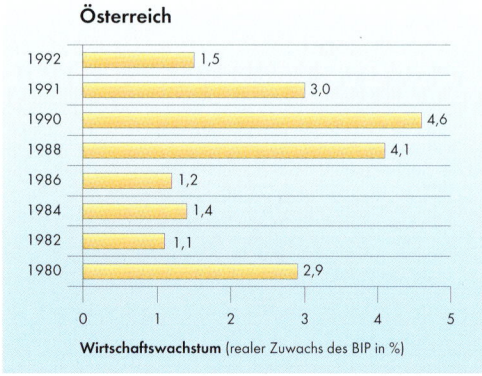

Österreich

Jahr	Wirtschaftswachstum
1992	1,5
1991	3,0
1990	4,6
1988	4,1
1986	1,2
1984	1,4
1982	1,1
1980	2,9

Wirtschaftswachstum (realer Zuwachs des BIP in %)

Jörg Haider, Vorsitzender der FPÖ,
am 27. Januar in Biedermannsdorf
bei Wien auf einer Veranstaltung
zum umstrittenen Volksbegehren
›Österreich zuerst‹

graphiegesetzes, das einen verstärkten Jugend-
schutz (v. a. bei Kinderpornographie) vorsieht. Mit
dem Hochschulgesetz war im Okt. die Voraussetzung für die Reorganisation der Univ. gegeben. Be-
gleitend dazu sollte mit Einführung der Fachhochschulen das berufsorientierte Bildungswesen an
den EG-Standard angepaßt und eine effiziente
Form außeruniversitärer Berufsausbildung geschaffen werden. Das Pflegegesetz trat am 1. Juli in
Kraft, es soll die 350 000–380 000 behinderten Menschen sozial absichern. Im Herbst 1993 schließlich
bestimmte der Streit um die Verlängerung des Zivildienstes, ausgelöst durch den starken Rückgang der
Zahl der Wehrpflichtigen, die öffentl. Diskussion.
Im Umweltbereich signalisierten mehrere Problem-
fälle, daß umweltpolit. Denken in Alternativen immer noch mit Widerstand zu rechnen hat: Die Einstellung des Baus der Ennstaltrasse wurde 1993
ebensowenig entschieden wie die Errichtung des
Nationalparks Donauauen. Ein deutl. Rückschritt
war die Rücknahme der 1992 beschlossenen Kennzeichnungspflicht für Tropenhölzer durch den Nationalrat. Mit der Verpackungsverordnung vom
Oktober erfolgte eine bundesweite Regelung der
Mülltrennung als erster Schritt zur Müllvermei-
dung.

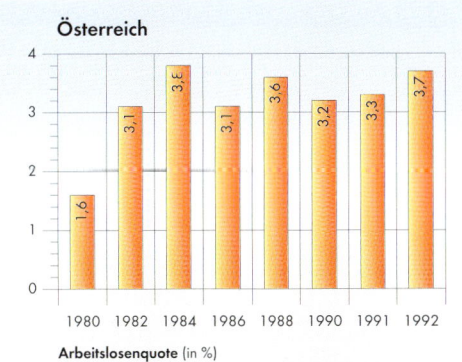

Österreich

Arbeitslosenquote (in %)

Innenpolitische Entwicklung

Die Parteienlandschaft Ö.s war 1993 durch eine
weitere Mobilisierung der Wähler und durch eine
deutl. Verschiebung hin zu den Oppositionsparteien gekennzeichnet. Dies zeigte sich bei den Ge-
meinderatswahlen in Graz im Jan. – bei denen SPÖ
und ÖVP Mandate verloren – ebenso wie bei den
Landtagswahlen in Niederösterreich im Mai, die
der ÖVP den Verlust der absoluten Mehrheit und
dem neu kandidierenden →Liberalen Forum einen
überraschenden Erfolg brachten. Der Versuch einer
Einigung zw. den beiden Grünenparteien Vereinigte Grüne Ö. (VGÖ) und Grüne Alternative scheiterte Ende Okt., nachdem Geheimgespräche der
Führungsspitze der VGÖ mit der FPÖ bekanntgeworden waren. Zum 1. Mai trat eine neue National-
ratswahlordnung in Kraft. Sie soll die persönl.
Kontakte zw. Wählern und Gewählten verbessern
und mehr Wählereinfluß auf die Zusammensetzung
des Nationalrats ermöglichen.
Zeichen wie Ergebnis der polit. Erosion des etablierten polit. Systems waren die vielfältigen Affären, in die Politiker/Politikerinnen 1993 verstrickt
waren. Die Verschlechterung des Politikerimages
traf insbes. die beiden großen Parteien ÖVP und
SPÖ, deren Stammwähleranteil sich 1993 auf etwa
40–45 % absenkte. Daß sich auch Politiker für ihr
Handeln zu verantworten haben, dokumentierte
der Noricum-Prozeß: Im Juni wurden Leopold
Gratz und Fred Sinowatz (ehem. Außenmin.
bzw. Bundeskanzler) zwar freigesprochen, Karl
Blecha hingegen (ehem. Innenmin.) wurde zu neun
Monaten bedingter Haft verurteilt.
Auch 1993 waren die langen Schatten der Vergangenheit deutlich zu erkennen. Die Anwendung des
1992 novellierten Verbotsgesetzes bot zwar die
Möglichkeit, rechtsextreme neonazist. Straftäter
zur Verantwortung zu ziehen. Der ›Rechtsextremismus der Mitte‹ hingegen, der als Fremdenfeindlichkeit und Ausländerhaß in verschiedensten Formen
in Erscheinung trat, war mit strafrechtl. Methoden
schwer zu fassen. Antisemitismus ist nach wie vor

ein latenter Bestandteil der österr. polit. Kultur und wird auch über die Medien – wenn auch in verhüllter Form – an die Öffentlichkeit getragen. Daran versuchten JÖRG HAIDER und die von ihm geführte →Freiheitliche Partei Österreichs (FPÖ) mit einem vom 24. Jan. bis 1. Febr. durchgeführten ausländerfeindl. Volksbegehren anzuknüpfen. Dieses Volksbegehren unter dem Motto ›Ö. zuerst‹, das mit über 400 000 Unterschriften zustande gekommen war, wurde im Nationalrat mit großer Mehrheit abgelehnt; es löste lediglich endgültig die Abspaltung eines Flügels der FPÖ als →Liberales Forum aus. Seit Anfang Dez. wurde die Öffentlichkeit durch eine Serie von Briefbombenattentaten beunruhigt, die der rechtsradikalen Szene zugewiesen werden. Am 5. Dez. wurde auch der Wiener Bürgermeister und Landeshauptmann HELMUT ZILK Opfer eines Attentats, das ihn lebensgefährlich verletzte.

Wiens Bürgermeister Helmut Zilk, der am 5. Dezember als Opfer der Briefbombenserie schwer verletzt wird

Außenpolitik: Der EG-Beitritt im Vordergrund

Mit der Öffnung der Ostgrenzen und dem Krieg im ehem. Jugoslawien war Ö. 1993 indirekt auch in außenpolit. Konfliktfelder höchster Brisanz verwickelt. Humanitäre Hilfe und die Bereitschaft, auf den Konflikt dämpfend zu wirken, aber gleichzeitig auch an die Verantwortung der europ. Staatengemeinschaft zu appellieren, kennzeichneten die offizielle Haltung Österreichs.

Im Vordergrund der inneröster. Diskussion standen 1993 indessen die Vorbereitungen für den Beitritt zu den EG. Die Beitrittsverhandlungen wurden am 1. Febr. – gemeinsam mit Schweden und Finnland – eröffnet. Während sich die beiden Großparteien für einen Beitritt aussprachen, verhielt sich die FPÖ – wohl auch aus wahltakt. Überlegungen – ablehnend, während es bei den Grünen sehr unterschiedl. Positionen gab. In den Verhandlungen mit den EG waren die Transitfrage, das Problem der Zweitwohnungen und die Integration der Landwirtschaft entscheidende Punkte. Die innenpolit. Diskussion wurde bes. von den Fragen um die Neu-

formulierung der österr. Neutralität und den Beitritt zum bewaffneten Sicherheitssystem EG-Europas bestimmt. Im Herbst entwickelte sich zusätzlich eine Diskussion um eine umfassende Bundesstaatsreform, die den Ländern als Ersatz für Kompetenzverluste infolge des EG-Beitritts eine stärkere Position bringen soll.

Wie sensibel die ausländ. Öffentlichkeit auf den Umgang Ö.s mit seiner Vergangenheit reagierte, zeigte die Reaktion auf das Nichterscheinen des österr. Bundespräs. KLESTIL bei der Eröffnung des Holocaust Memorial Museums in Washington im April 1993. Positives Echo hingegen fand der Besuch von Bundeskanzler FRANZ VRANITZKY in Israel (8.–11. Juni). Die Ernennung des neuen israel. Botschafters in Wien, YOSEF GOVRIN, war ein deutl. Zeichen für die Normalisierung der Beziehungen zw. Israel und Ö. nach den Spannungen der Kreisky- und der Waldheim-Ära.

Osteuropabank, Europäische Bank für Wiederaufbau und Entwicklung, Abk. **EBWE:** Aufgabe der am 15. 4. 1991 unter der offiziellen engl. Bez. European Bank for Reconstruction and Development (EBRD) in London gegründeten internat. Bank ist es, die ehemals kommunist. Staaten in Osteuropa auf ihrem Weg zur Marktwirtschaft zu unterstützen. Die Auszahlung der Kredite für die von der O. genehmigten, überwiegend privaten Projekte (Ende Juli 1993 119 Projekte mit einem Volumen von 2,9 Mrd. ECU) verlief bislang schleppend. Am 25. 6. 1993 trat der erste Präs. der O., der Franzose JACQUES ATTALI, nach massiver Kritik an seiner Amtsführung zurück. Mitte Aug. wurde sein Landsmann JACQUES DE LAROSIÈRE zum neuen Präs. für vier Jahre gewählt; sein Amtsantritt erfolgte am 27. September.

Ousmane, Mahamane, niger. Politiker (Convention Démocratique et Sociale, CDS), * Zinder 20. 1. 1950. – Am 28. 3. 1993 wurde O. als Kandidat des Parteienbündnisses Alliance des Forces du Changement (AFC) zum neuen Staatspräs. von Niger gewählt. Er setzte sich in einer Stichwahl gegen den Kandidaten der früheren Einheitspartei Mouvement National de la Société de Développement mit 54,5 % der Stimmen durch.

O. studierte Mathematik, Finanzwirtschaft und Statistik in Frankreich und erwarb ein Handelslehrerdiplom in Montreal. 1978 trat er in den Staatsdienst seines Landes ein.

Die wichtigsten Ziele von Präs. O. sind es, den langjährigen Aufstand der Tuareg zu beenden, die Staatsautorität wiederherzustellen und die horrenden Auslandsschulden mit Hilfe eines Wirtschaftssanierungsprogramms zu reduzieren. Die an sich schon schwierigen Aufgaben des neuen Präs. komplizieren sich v. a. dadurch, daß die CDS nur 22 von 83 Abgeordneten stellt und daher innerhalb der AFC mit acht anderen Parteien koalieren muß.

Owen, David Anthony Llewellyn, brit. Politiker, * Plympton (South Devon) 2. 7. 1938. – O., der im Aug. 1992 zum Sonderbeauftragten der EG für das ehem. Jugoslawien ernannt worden war, versuchte auch 1993 immer wieder, zus. mit dem von der UNO benannten Vermittler CYRUS VANCE, die Kriegsparteien an den Verhandlungstisch zu bringen – wohl wissend, daß allein dadurch der Krieg nicht beendet werden kann. Obwohl von allen Seiten als Hardliner eingeschätzt, lehnt O. militär. Maßnahmen konsequent ab.

Lord Owen, einer der Namensgeber des Friedensplans für Bosnien-Herzegowina (24. Juni)

O. besuchte versch. Privatschulen, studierte Medizin und arbeitete ab 1962 als Arzt. 1966 wurde O. ins Unterhaus gewählt; seine polit. Karriere gipfelte 1977 in der Berufung zum Außenminister. Immer wieder hatte O. innerhalb der Labour Party Positionen vertreten, die keine Mehrheiten fanden. 1981 verließ er seine Partei und gründete die Social Democratic Party (SDP). Spektakuläre Erfolge und andauernde Querelen kennzeichneten die kurze Geschichte der SDP, die sich 1990 auflöste.

Owen-Stoltenberg-Plan, Friedensplan der beiden Vermittler D. OWEN und T. STOLTENBERG für → Bosnien-Herzegowina.

Ozonloch: Die gesamte Ozonschicht über dem südl. Polargebiet ist nach Angaben des neuseeländ. Instituts für Wasser- und Atmosphärenstudien vom 13. Okt. in einer Höhe zw. 13,5 und 19 km zerstört. Am Boden wurden nach Angaben des Inst. nur 86 Dobson-Einheiten (Maßeinheit zur Bestimmung der Menge von Ozonmolekülen in der Erdatmosphäre) gemessen. Noch 1992 lag der Wert bei 103. Damit besitzt die äußerst wichtige Ozonschicht – sie hält den größten Teil der UV-Strahlung zurück – nur noch ein Drittel ihres Ausmaßes in den frühen 1980er Jahren. Nach wie vor ist Fluorchlorkohlenwasserstoff (FCKW) Ursache des Ozonschwunds. Die EG-Mitgliedstaaten wollen bis zum Jahresbeginn 1996, die Bundesrepublik Deutschland bereits mit Ablauf des Jahres 1994 auf FCKW verzichten.

Ozonwerte, Meßwerte des Ozongehalts in der Troposphäre. Für den jahreszeitlich bedingten, von Stickstoff- und Schwefeloxiden verursachten Ozonanstieg in der Atemluft (›Ozonsmog‹) wurden in Bayern erstmals schon im März Spitzenwerte von über 180 µg Ozon pro m^3 gemessen. In den Vorjahren traten solch hohe Werte, bei denen große Anstrengungen aus Gesundheitsgründen vermieden

werden sollten, erst im Sommer auf. Die Jahresmittelwerte zeigen in Deutschland steigende Tendenz, so daß die Bundesreg. im Juli beschloß, Grenzwerte zur Bekämpfung des Sommersmogs zu erlassen, die ab 1994 v. a. für die Ozonvorläufersubstanzen Stickstoffoxid, Dieselruß und Benzol gelten sollen. Bei Überschreiten können die Kommunen den Verkehr beschränken. Durch derartige Maßnahmen können nach einer Studie des Freiburger Öko-Instituts die O. um bis zu 30 % gesenkt werden.

P

Pakistan

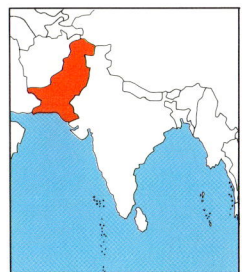

Hauptstadt: Islamabad
Einwohner: 124,8 Mio.
Einwohner/km²: 157
Staatsoberhaupt: F. Leghari (seit 13. 11. 1993)
Regierungschef: B. Bhutto (seit 19. 10. 1993)
BSP/Einwohner: 400 US-$

P. machte 1993 eine polit. Krise durch, in der bereits lange schwelende Konflikte auf die Spitze getrieben wurden. Diese ergaben sich aus dem ›Dreiecksverhältnis‹ Präsident – Premierminister – Armee: Dem zivilen Präs. ISHAQ KHAN stand ein indirekt vom Volk gewählter Premiermin., zunächst BENAZIR BHUTTO, dann NAWAZ SHARIF gegenüber. Sie mußten als dritten im Bunde den Chef der Armee respektieren, der vom Präs. ernannt wird.

Die Ernennung des Armeechefs wurde zum Streitpunkt zw. Präs. und Premierminister. Der im Jan. verstorbene Armeechef General ASIF NAWAZ JANJUA galt als Gegner SHARIFS. Sein Nachfolger General ABDUL WAHEED KHAN wurde von ISHAQ KHAN gegen den Willen von Premiermin. SHARIF ernannt,

Der pakistanische Ministerpräsident Nawaz Sharif auf einer Pressekonferenz am 26. Mai, nachdem ihn das Oberste Gericht wieder in sein Amt eingesetzt hat

der nun eine Kampagne gegen Ishaq Khan mit dem Ziel begann, die Vollmachten wieder abzuschaffen, die der Präs. seit der Verfassungsänderung von 1985 hat. Im Gegenzug entließ Ishaq Khan am 18. April Sharif, ernannte eine Interimsreg., löste die Nationalversammlung auf und beraumte Neuwahlen an.

Neuwahlen

Sharif und die Nationalversammlung widersetzten sich dem Dekret des Präs. und riefen den Obersten Gerichtshof an. Am 26. Mai erklärten die Richter Sharifs Entlassung und die Parlamentsauflösung für verfassungswidrig – eine öffentl. Bloßstellung Ishaq Khans. Der Armeechef hielt sich bedeckt und bemühte sich, als ehrlicher Makler zw. den Kontrahenten zu vermitteln. Doch die Gegensätze waren unüberwindlich, und es drohte ein polit. Chaos. Waheed Khan bewegte schließlich die Kontrahenten am 18. Juli zum gleichzeitigen Rücktritt. Unmittelbar davor löste Präs. Ishaq Khan die Nationalversammlung auf.

Aus den Wahlen vom 6. Okt. ging die Pakistan People's Party (PPP) als stärkste Partei hervor, ihre Führerin, Benazir Bhutto, wurde am 19. Okt. zur MinPräs. gewählt. Aus den Präsidentschaftswahlen am 13. Nov. ging der ehem. Außenmin. Faruk Ahmed Leghari als Sieger hervor.

Panama

Hauptstadt: Panama
Einwohner: 2,5 Mio.
Einwohner/km²: 33
Staatsoberhaupt:
G. Endara
Regierungschef:
G. Endara
BSP/Einwohner:
2 180 US-$

Zu Jahresbeginn kündigten die USA an, daß sie bis Ende 1995 die Hälfte der 10 000 Soldaten von den Militärstützpunkten in P. abziehen. Kurz zuvor hatte der Oberste Gerichtshof der USA mit seiner kommentarlosen Abweisung einer Klage die Hoffnung einiger Panamaer auf Schadenersatzleistungen zunichte gemacht, die wegen der durch die Militärintervention der USA im Jahre 1989 verursachten Schäden erhoben worden war.

Am 20. Okt. verurteilte das Gericht der Provinzhauptstadt Chiriquí P.s früheren Machthaber Manuel Noriega wegen Anstiftung zur Ermordung des Oppositionellen Hugo Spadafora (1985) zu 20 Jahren Gefängnis.

Panetta, Leon, amerikan. Politiker (Demokrat. Partei), * Monterey (Kalifornien) 28. 6. 1938. – Der amerikan. Präs. Bill Clinton berief im Jan. 1993

den Haushaltsexperten P. als Budgetdirektor in seine Regierung.

Der promovierte Jurist erhielt 1965 seine Anwaltszulassung und im gleichen Jahr die Zulassung für die höchsten amerikan. Bundesgerichte. Nach Tätigkeiten für den republikan. Senator Thomas Kuchel und den New Yorker Bürgermeister John Lindsay zog P. 1977 als Abgeordneter ins Repräsentantenhaus ein. Er profilierte sich als Mitgl. und ab 1989 als Vors. des Haushaltsausschusses. Alle Versuche der Legislative in der 2. Hälfte der 1980er Jahre, das chron. Haushaltsdefizit einzudämmen, waren maßgeblich von P. initiiert.

Papua-Neuguinea

Hauptstadt:
Port Moresby
Einwohner: 4,1 Mio.
Einwohner/km²: 9
Staatsoberhaupt:
Elisabeth II.
Regierungschef:
P. Wingti
BSP/Einwohner:
820 US-$

Paraguay

Hauptstadt: Asunción
Einwohner: 4,5 Mio.
Einwohner/km²: 11
Staatsoberhaupt:
J. C. Wasmosy Monti
(seit 15. 8. 1993)
Regierungschef:
J. C. Wasmosy Monti
(seit 15. 8. 1993)
BSP/Einwohner:
1210 US-$

Im Jan. wurde Haftbefehl gegen den im brasilian. Exil lebenden ehem. Präs. Stroessner erlassen, dem u. a. mehrere Morde, Folterungen und Amtsmißbrauch vorgeworfen werden.

Aus den nur formell freien Parlaments- und Präsidentschaftswahlen am 9. Mai – Angehörigen des öffentl. Dienstes wurde mit Entlassung für den Fall gedroht, daß sie nicht für die Colorados stimmten, das Wahlregister führte die Namen von Minderjährigen und Verstorbenen u. a. m. – ging Juan Carlos Wasmosy von der regierenden Colorado-Partei als Sieger hervor. Auf ihn entfielen 40,1 % der Stimmen; ihm folgten Domingo Laino vom Partido Liberal Radical Auténtico (PLRA) mit 32,1 % und Guillermo Caballero Vargas vom Movimiento de Encuentro Nacional (Bewegung der Nat. Einheit) mit 23 % der Stimmen. Im Abgeordnetenhaus fielen die Hälfte und im Senat sogar die Mehrheit der Sitze an die Opposition. Damit sind der neue Präs. und die Regierungspartei, nach einer langen Periode der uneingeschränkten Machtausübung, auf die Zusammenarbeit mit der Opposition angewiesen. Belastungen für den Demokratisierungsprozeß stellten die weiterhin starke Stellung des Militärs und in wirtschaftl. Hinsicht die hohe Arbeitslosigkeit dar. Der neue Präs., ein Anhänger des Neoliberalismus, kündigte einen Abbau des hohen Handelsbilanzdefizits und der Inflationsrate an.

Pasqua, Charles, frz. Politiker (RPR), * Grasse (Alpes Maritimes) 18. 4. 1927. – Nach der Niederlage der Sozialist. Partei (PS) bei den Parlamentswahlen im März 1993 übernahm P. am 31. 3. 1993 in der Reg. Balladur das Innenministerium.

1947 beendete P. sein Jurastudium und ging in die Wirtschaft. Als Anhänger CHARLES DE GAULLES wurde er für die gaullist. Partei bald zum unentbehrl. Wahlkampfmanager. Unter Parteiführer JACQUES CHIRAC stieg P. zum stellv. GenSekr. auf. Parallel zu seinem parteiinternen Aufstieg entwickelte sich seine Karriere als Abgeordneter und Mitgl. verschiedener staatl. Gremien. 1968 wurde er in die Nationalversammlung gewählt, 1977 wurde er Senator und 1981 Senatspräs. Schon zu Beginn der Ära Mitterrand mobilisierte P. Millionen von Franzosen gegen die von den Sozialisten angestrebte Reform der Privatschulen. Nach seiner Ernennung zum Innenmin. 1986 (bis 1988) machte P. die Verbesserung der inneren Sicherheit und die Bekämpfung des Terrorismus zu seinen Schwerpunkten. Mit nächtl. Identitätskontrollen, öffentl. Fahndung nach Verdächtigen und der Abschiebung von Illegalen bewegte sich P. am Rande der Legalität, was ihm negative Publizität, aber auch einige aufsehenerregende Erfolge bescherte.

PCR-Analytik [Abk. für engl. **p**olymerase **c**hain **r**eaction], eine molekulargenet. Methode zur Vervielfältigung von DNS-Abschnitten mit Hilfe der Polymerase-Kettenreaktion, die in der medizin. Diagnostik von Krankheitserregern innnerhalb kürzester Zeit große Bedeutung erlangte. Mittels des speziellen Enzyms Polymerase und geeigneter Gensonden gelingt es, in einer DNS-haltigen Probe den gesuchten Abschnitt – und zwar nur diesen – zu verdoppeln. Da sich der Vorgang beliebig oft wiederholen läßt, wird das Ausgangsmaterial so lange milliardenfach kopiert, bis ausreichende DNS-Mengen für eine Analyse vorliegen. Es konnte gezeigt werden, daß bereits eine einzige infizierte Zelle, etwa in einer Blutprobe, für den Erregernachweis ausreicht. Ein Nachteil liegt jedoch in der geringen ›Fehlertoleranz‹ der Methode, denn bereits kleinste Ungenauigkeiten beim Kopieren der DNS führen zu falschen Ergebnissen.

PDS, Abk. für **P**artei des **D**emokratischen Sozialismus: Auf ihrem Parteitag in Berlin wählte die PDS am 30. 1. 1993 LOTHAR BISKY zum Nachfolger von GREGOR GYSI als Parteichef. Dieser hatte nach drei Jahren sein Amt zur Verfügung gestellt, um

sich verstärkt der Arbeit in den Landesverbänden und im Bundestag widmen zu können. Stellv. Parteivors. wurden CHRISTINE OSTROWSKI und WOLFGANG GEHRCKE. Die Delegierten verabschiedeten ein neues Parteiprogramm, durch das sich die PDS, so ihr neuer Vors., als Partei links von der SPD profilieren will.

Bei den Kommunalwahlen in Brandenburg am 5. Dez. erreichte die PDS 21,3 % (1990: 16,5 %) und wurde damit überraschend nach der SPD zweitstärkste Partei. Diesen Erfolg konnte sie jedoch bei den Stichwahlen um die Bürgermeister- und Oberbürgermeisterposten am 19. Dez. nicht wiederholen. In Potsdam siegte der bisherige Amtsinhaber GRAMLICH (SPD).

Der neue französische Innenminister
Charles Pasqua

Pentium®-Prozessor: Im Mai von der kaliforn. Intel Corporation vorgestellter Mikroprozessor, der in der PC-Branche mit großer Spannung als Nachfolger des i486-Prozessors erwartet worden war. Ein Pentium-PC kann das Vier- bis Siebenfache der Leistung seiner schnellsten Vorgänger erreichen. Der 3,1 Mio. Transistoren integrierende 32-Bit-Prozessor ist mit 66 MHz getaktet und arbeitet mit einem bezuglich Daten und Instruktionen geteilten Cache-Speicher (jeweils 8 kByte). Mit einer Leistungsaufnahme von max. 16 W (i486: 4 W) stellt der P.-P. gestiegene Anforderungen an das Kühlsystem eines PC.

Konkurrenz erhält der P.-P. von den seit 1993 auch im PC-Bereich eingesetzten RISC-Prozessoren (Alpha AXP®), die auf einer anderen Prozessorarchitektur beruhen. Diese erzielen Taktfrequenzen von 150 MHz, sind aber nicht mit der bisherigen Software der 86er-Prozessorfamilie kompatibel; den Zugang zur PC-Welt ermöglicht jedoch das neue Microsoft-Betriebssystem Windows NT®.

Peru

Hauptstadt: Lima
Einwohner: 22,5 Mio.
Einwohner/km²: 17
Staatsoberhaupt:
A. K. Fujimori
Regierungschef:
A. Bustamente
(seit 28. 8. 1993)
BSP/Einwohner:
1 020 US-$

Neue Verfassung

Knapp neun Monate nachdem Präs. ALBERTO FUJI-MORI am 5. 4. 1992 die Verfassung außer Kraft gesetzt und das Parlament aufgelöst hatte, bestätigte der Demokrat. Verfassunggebende Kongreß am 7. Jan. FUJIMORI als verfassungsmäßigen Staatspräs. Zu den Ergebnissen der von der Verfassunggebenden Versammlung ausgearbeiteten und am 26. Aug. verabschiedeten Verfassung zählen, neben der Verankerung einer liberalen Wirtschaftspolitik, die Möglichkeit der einmaligen Wiederwahl des Staatsoberhauptes für eine weitere Amtsperiode und eine Stärkung seiner Stellung (u. a. Recht auf Auflösung des Parlaments), die Schaffung eines Einkammerparlaments und die Wiedereinführung der Todesstrafe für Terroristen. In dem ersten Referendum in P.s Geschichte am 31. Okt. war das Volk aufgerufen, über sechs Verfassungsänderungen, u. a. über die Wiederwahl des Präs. und über Einführung der Todesstrafe, abzustimmen. Nur eine knappe Mehrheit von 52,9% befürwortete die Änderungen.

Im Vorfeld des Referendums am 31. Oktober demonstrieren Bürger gegen eine Wiederwahl des peruanischen Präsidenten Fujimori

Bekämpfung der Guerilla

Die Einführung der Todesstrafe lag ganz auf der Linie der harten Anti-Guerilla-Politik der Regierung. Tatsächlich konnte FUJIMORI deutl. Erfolge im Kampf gegen den Sendero Luminoso (Leuchtender Pfad, SL) und den Movimiento Revolucionario Túpac Amaru (Revolutionäre Bewegung Túpac Amaru, MRTA) verbuchen. Im April wurde VICTOR POLAY CAMPOS, der Anführer des MRTA, zu einer lebenslangen Haftstrafe verurteilt, im Aug. gelang es, ein weiteres Führungsmitgl. des SL festzunehmen. Der Aufruf des SL am 13. Jahrestag der Aufnahme seines Guerillakampfs, die Geschäfte zu schließen, wurde zu 95% nicht befolgt. Insbes. vor und nach dem Referendum kam es wieder zu Gewalttaten durch den Sendero Luminoso.

Menschenrechtsfrage und Wirtschaftspolitik

Abgesehen von dem histor. Abkommen mit →Chile war die Außenpolitik P.s v. a. von der Menschenrechtsfrage und der Wirtschaftssituation bestimmt. Wirtschaftsmin. JORGE CAMET konnte nicht zuletzt wegen der Austeritätspolitik bereits Mitte des Jahres eine leichte Konjunkturerholung (Rückgang von Handels- und Leistungsbilanzdefizit, Kapitalbilanzüberschuß) verzeichnen. Sie beruhte v. a. darauf, daß der Internat. Währungsfonds (IWF) am 18. März P. wieder als international kreditwürdig erachtete und gleichzeitig einen Dreijahreskredit einleitete. Weitere Kreditwürdigkeit verschaffte sich FUJIMORI, indem er – v. a. unter dem Druck der USA – im April eine pauschale Einladung an internat. Organisationen zur Kontrolle der Einhaltung der Menschenrechte aussprach, gegen die in P. sowohl von seiten des Staates wie von Guerillaorganisationen (wie etwa das Massaker im Aug. an Landbewohnern durch den SL) ständig verstoßen wird. Am 4. Mai gewährte der Pariser Klub P. eine Umschuldung der vom 18. März 1993 bis zum 18. März 1996 fälligen Zins- und Tilgungszahlungen in Höhe von über 3,1 Mrd. US-$.

Pflegeversicherung: Am 22. 10. 1993 verabschiedete der Bundestag die gleichlautenden Gesetzesentwürfe der Bundesregierung und der Koalitionsfraktionen zu einer sozialen P. mit dem Ziel, das P.-Gesetz zum 1. 1. 1994 in Kraft treten zu lassen. Nachdem der Bundesrat gegen den Bundestagsbeschluß Einspruch eingelegt und den Vermittlungsausschuß angerufen hatte, empfahl dieser Anfang Dez. eine veränderte Gesetzesfassung, die am 10. Dez. die Zustimmung des Bundestags fand. Das Inkrafttreten der P. war in dieser Empfehlung für den 1. 4. 1994 vorgesehen.

Als eigenständige Säule der sozialen Sicherheit unter dem Dach der gesetzl. Krankenversicherung soll die P. das Risiko bei Pflegebedürftigkeit absichern. Die Betroffenen (1993 ca. 1,6 Mio. Menschen) sollen in die Lage versetzt werden, mit den Leistungen der P. und der Rente die Kosten der Pflegebedürftigkeit zu bezahlen. Dies bedeutet aber nicht, daß künftig jeder Pflegebedürftige unabhängig von der Sozialhilfe sein wird; die P. ist keine ›Versicherung gegen Altersarmut‹.

Als pflegebedürftig gelten Personen, die wegen einer körperl., geistigen oder seel. Krankheit oder Behinderung für die regelmäßig wiederkehrenden Verrichtungen im Ablauf des tägl. Lebens auf Dauer, voraussichtlich für mindestens 6 Monate, in hohem Maße der Hilfe bedürfen. Die ab 1. 7. 1994 vorgesehenen Leistungen für die häusl. Pflege sollen bei Pflegebedürftigen in der Pflegestufe 1 (›Erheblich Pflegebedürftige‹) bis zu 750 DM im Monat, in Pflegestufe 2 (›Schwerpflegebedürftige‹) bis zu 1 500 DM, in Pflegestufe 3 (›Schwerstpflegebedürftige‹) bis zu 2 250 DM betragen; in der zweiten Stufe der P. vom 1. 7. 1996 an sollen auch Leistungen bei stationärer Pflege erfolgen.

Der versicherte Personenkreis umfaßt die Versicherten der gesetzl. Krankenversicherung. Die bei einer privaten Krankenversicherung Versicherten können Versicherungsschutz gegen Pflegebedürftigkeit erhalten. Versicherungspflichtig sind auch Abgeordnete, Beamte und Personen, die weder in einer gesetzl. noch privaten Krankenversicherung sind. Die Beiträge zur P. sollen sich prozentual nach dem Einkommen bis zur Beitragsbemessungsgrenze der gesetzl. Krankenversicherung bemessen und je zur Hälfte von Arbeitgebern und Arbeitnehmern getragen werden. Um den Arbeitgeberbeitragsanteil finanziell zu kompensieren, war in dem eng mit dem P.-Gesetz verbundenen → Entgeltfortzahlungsgesetz urspr. die Einführung von Karenztagen vorgesehen, zuletzt schließlich die Regelung, in zwei Stufen (ab 1994 und ab 1996) jeweils den Lohn an zehn bundeseinheitl. Feiertagen um 10 % abzusenken oder arbeitnehmerseitig jeweils auf einen Urlaubstag zu verzichten oder seitens der Länder jeweils einen Feiertag zu streichen. Der Beitragssatz sollte ab 1. 4. 1994 1 % des Bruttoeinkommens eines Arbeitnehmers, ab 1. 7. 1996 1,7 % betragen. V. a. bei der Frage der Kompensation gab es Kontroversen zw. Reg. und SPD, die einen Feiertag als Kompensation für ausreichend hielt und über ihre Mehrheit im Bundesrat den Vorschlag des Vermittlungsausschusses am 17. Dez. ablehnte. Damit war die P. zunächst gescheitert.

Philippinen

Hauptstadt: Manila
Einwohner: 65,2 Mio.
Einwohner/km^2: 217
Staatsoberhaupt:
F. Ramos
Regierungschef:
F. Ramos
BSP/Einwohner:
740 US $

Wirtschaftspolitik

Mit seinem Programm ›P. 2000‹ strebte Präs. FIDEL RAMOS für die P. den Status eines Schwellenlandes bis zum Jahr 2000 an. Entsprechend richteten sich die Anstrengungen seiner Reg. 1993 v. a. auf die polit. und wirtschaftl. Stabilisierung. Alle wirt-

schaftspolit. Maßnahmen suchten die Auflagen des ökonom. Stabilisierungsprogrammes des Internat. Währungsfonds zu erfüllen. Im Juli trat das Gesetz zur Bildung einer regierungsunabhängigen Zentralbank in Kraft. Weiterhin versuchte die Reg., die Situation im Energie- und Telekommunikationssektor zu verbessern, die Steuereinnahmen zu erhöhen und mächtige Wirtschaftsmonopole aufzubrechen.

Innen- und Außenpolitik

Die innere Sicherheit wurde auch weiterhin durch schwere Gewaltkriminalität sowie durch Kämpfe zw. Regierungstruppen und versch. Guerillabewegungen destabilisiert. Die Säuberungsaktion der Polizei im April und die im Juli gestartete Kampagne zur Auflösung der zahlreichen schwerbewaffneten Privatarmeen führten jedoch nicht zu einer merkl. Eindämmung der Kriminalität. Friedensgespräche fanden zw. Regierungsvertretern und der muslim. Moro National Liberation Front (MNLF) sowie der kommunist. National Democratic Front (NDF) statt. Zwar signalisierten alle Konfliktparteien ihre grundsätzl. Bereitschaft zum Friedensschluß, doch kam es Ende Dez. zu einer Reihe von Bombenanschlägen auf Moscheen und Kirchen im S der P., die Todesopfer forderten.

Außenpolitisch verstärkte die Reg. auch 1993 ihre Orientierung auf die asiat. Nachbarländer. Anläßlich der Staatsbesuche von Präs. RAMOS in Japan, China und Süd-Korea erhielten die P. Kreditzusagen, und es wurde eine Reihe von Verträgen zur Wirtschaftskooperation geschlossen.

PKK, Abk. für **P**artiya **K**arkerên **K**urdistan, dt. ›Arbeiterpartei Kurdistans‹, am 27. 11. 1978 von A. ÖCALAN gegründet. Ihr Ziel ist die Errichtung eines kurd. Staates auf marxist. Grundlage. Seit Aug. 1984 führt die PKK einen grausamen Guerillakrieg gegen den türk. Staat, der mit gleicher Härte zurückschlägt (→ Kurden). Aber auch Morde und Massaker an der Zivilbevölkerung, darunter viele Kurden, werden der PKK angelastet. Die Zahl ihrer Guerillakämpfer wird auf 10 000 geschätzt, von denen 4 000 in der Türkei, der Rest v. a. in Syrien und im Libanon stehen. – Nach Demonstrationen und europaweit organisierten Anschlägen auf türk. Einrichtungen im Juni und Nov., bei denen auch Menschen zu Schaden kamen, erließ die Bundesreg. am 26. Nov. ein Verbot der PKK und 35 ihrer Teilorganisationen in Deutschland. Dies hatte eine Welle von Demonstrationen und Besetzungen kurd. Kultureinrichtungen zur Folge sowie die Drohung, daß dt. Einrichtungen und Touristen in der Türkei zum Ziel von Anschlägen werden könnten. In Frankreich wurden bei Razzien im selben Monat über hundert Personen festgenommen und zwei als Tarnorganisationen der PKK angesehene Gruppen verboten.

PLO, Abk. für **P**alestine **L**iberation **O**rganization, Palästinensische Befreiungsorganisation: 1993 vollzog sich eine Wende im Verhältnis zwischen der PLO und Israel. Nach monatelangen Geheimverhandlungen mit Israel verpflichtete sich die PLO in einem am 9. Sept. von ihrem Vors. JASIR ARAFAT unterzeichneten Brief an den israel. MinPräs. RABIN zu Terror- und Gewaltverzicht und erkannte Israels Recht auf Existenz in Frieden und Sicherheit an. Israel erkannte seinerseits am 10. Sept. die PLO als Vertreterin des palästinens. Volkes an (TEXT des Briefwechsels auf S. 251).

Anhänger der fundamentalistischen Hamas-Bewegung protestieren am 3. September in Jordanien mit der Verbrennung einer amerikanischen

Fahne gegen das von der PLO und Israel ausgehandelte Gaza-Jericho-Abkommen

Am 13. Sept. unterzeichneten beide Seiten in Washington das →Gaza-Jericho-Abkommen. Das von der Al Fatah als größter Mitgliedsorganisation der PLO gebilligte Abkommen wurde Gegenstand verschärfter Auseinandersetzungen unter den Palästinensern. Am 18. Sept. riefen zehn radikale Palästinensergruppen von Damaskus aus zum Kampf gegen den Autonomieplan und zur Fortführung der Intifada auf und sprachen Morddrohungen gegen ARAFAT aus. Der PLO-Zentralrat billigte das Abkommen jedoch am 12. Okt. und beschloß eine Übergangsreg. für Gaza und Jericho, die von ARAFAT geleitet werden soll. Aus Protest gegen ARAFATS Verhandlungsführung mit Israel traten bis zum Jahresende mehrere palästinens. Repräsentanten aus den besetzten Gebieten zurück.

Polen

Hauptstadt:
Warschau
Einwohner: 38,4 Mio.
Einwohner/km²: 123
Staatsoberhaupt:
L. Wałęsa
Regierungschef:
W. Pawlak
(seit 18. 10. 1993)
BSP/Einwohner:
1 830 US-$

Schwierige Innenpolitik

Trotz teilweise heftiger Kritik führten alle Regierungen die urspr. wirtschaftl. Reformkonzeption

vom September 1989, die sich mit dem Namen des Wirtschaftswissenschaftlers LESZEK BALCEROWICZ verband (›Schocktherapie‹), im Grundsatz fort. Die ersten Erfolge der marktwirtschaftl. Reformen wurden nach einer mehrjährigen ›Übergangsrezession‹ im Frühjahr 1992 sichtbar und stabilisierten sich 1993 mit einem Anstieg der Industrieproduktion (um etwa 7 %) und des Bruttoinlandsprodukts (um etwa 4 %).

Im Juli 1992 war die Posener Juristin HANNA SU-CHOCKA von Präs. LECH WAŁĘSA als fünfte Regierungschefin seit dem demokrat. Systemwechsel 1989 mit der Bildung einer Koalitionsreg. betraut worden. Die von ihr formierte große Koalition mehrerer Solidarność-Nachfolgeparteien (von der linken Mitte bis zur gemäßigten Rechten) verfügte über keine parlamentar. Mehrheit. Im Jan. 1993 wurde vom Parlament ein restriktives Abtreibungsgesetz verabschiedet, das die Gesellschaft polarisierte und den Zusammenhalt der Koalition stark strapazierte. Erst im Febr. konnte mit Hilfe der oppositionellen postkommunist. Sozialdemokraten der Haushalt 1993 durch das Parlament (Sejm) gebracht werden. Streikwellen im Schul- und Gesundheitswesen, im Bergbau und in anderen Industriebranchen sowie Protestmaßnahmen der Bauern im Frühjahr 1993 machten auf die sozialen Folgen des Übergangs zu marktwirtschaftl. Strukturen sowie auf das nachlassende Vertrauen in die Reg. und in die demokrat. Institutionen aufmerksam. Schließlich scheiterte SUCHOCKA wie ihre Vorgänger am parteipolitisch stark zersplitterten Sejm und an der Heterogenität der Koalition. Mit einer Stimme Mehrheit wurde Ende Mai 1993 der Mißtrauensantrag der Solidarność-Gewerkschaftsfraktion angenommen. Präs. WAŁĘSA löste daraufhin das Parlament auf und schrieb Neuwahlen zum 19. 9. 1993 aus. Ein berechenbares Regieren wurde in Polen zum einen durch die fragmentierten und sowohl ideologisch wie sozialstrukturell kaum definierten Parteien, zum anderen durch die ungeklärte Machtverteilung im Staat erschwert. Mit dem Inkrafttreten der sogenannten ›Kleinen Verfassung‹ Ende 1992 wurden die Kompetenzen zw. Präs., Reg. und Par-

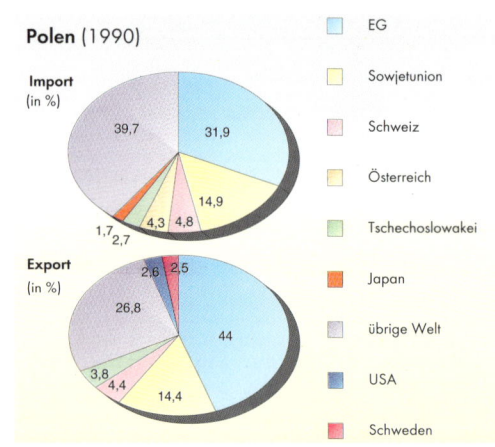

Polen (1990)

Import (in %)
39,7 | 31,9 | 14,9 | 4,3 | 4,8 | 2,7 | 1,7

Export (in %)
26,8 | 44 | 14,4 | 2,6 | 2,5 | 4,4 | 3,8

EG
Sowjetunion
Schweiz
Österreich
Tschechoslowakei
Japan
übrige Welt
USA
Schweden

Polen: Wahlen zum Sejm am 19. 9. 1993 und am 27. 10. 1991	Sept. 1993		Okt. 1991	
	%	Sitze	%	Sitze
SLD (Allianz der demokrat. Linken)	20,6	173	12,0	60
PSL (Poln. Bauernpartei)	15,2	128	8,7	48
UD (Demokrat. Union)	10,5	69	12,3	62
UP (Sozialist. Union der Arbeit)	7,3	42	–	–
WAK (Kath. Wahlaktion)/ KKW ›Ojczyzna‹	6,3	–	8,3	49
KPN (Konföderation Unabhängiges Polen)	5,7	24	7,5	46
BBWR (Parteiloser Block zur Unterstützung der Reformen)	5,3	20	–	–
NSZZ (›Solidarność‹)	4,8	–	5,0	27
PC (Zentrumsallianz)	4,4	–	8,7	44
KLD (Liberaldemokrat. Kongreß)	3,9	–	7,5	37
UPR (Union der Realpolitik)	3,2	–	2,3	3
PL (Bauernallianz)	2,3	–	5,5	28
MN (Deutsche Minderheit)	–	3	1,7	7

lament nur provisorisch neu aufgeteilt. Der Präs. versuchte, von der Parteienverdrossenheit der Bürger durch die Bildung eines ›Parteilosen Blocks zur Unterstützung der Reformen‹ (BBWR) zu profitieren, spaltete damit aber das Reformlager in der

Am 7. Mai tauschen Bundesinnenminister Rudolf Seiters und sein Amtskollege Andrzej Milczanowski nach Unterzeichnung des deutsch-polnischen Asylvertrags die Vertragsurkunden aus

Mitte und erleichterte den Wahlsieg der postkommunist. Allianz der demokrat. Linken (SLD) und der Bauernpartei (PSL), die Korrekturen an dem prinzipiell befürworteten marktwirtschaftl. Kurs forderten. Das Präsidentenamt wurde beschädigt und Wałęsas polit. Position geschwächt. Nach den Wahlen bemühte sich die neue SLD-PSL-Regierung unter dem Regierungschef Waldemar Pawlak (PSL), Zweifel an der Fortführung der Reformpolitik und der Westorientierung zu zerstreuen.

Außenpolitik

Außenmin. Krzysztof Skubiszewski symbolisierte als dienstältester Min. seit Sept. 1989 die Kontinuität der neuen poln. Außenpolitik. In der außen- und sicherheitspolit. Konzeption hatten 1993 der angestrebte EG-Beitritt und die NATO-Mitgliedschaft höchste Priorität. Die Regierung drängte verstärkt auf entsprechende Signale seitens der EG

und nach dem Staatsbesuch des russ. Präs. JELZIN (Aug. 1993) auf ein positives Zeichen durch die NATO. Im außenpolit. Gesamtrahmen gewann für P. die Gestaltung einer frz.-dt.-poln. ›Achse‹ Schlüsselbedeutung. Die Aufrechterhaltung der polit. und militär. Präsenz der USA wurde von P. dringend gewünscht. Zugleich bemühte sich die poln. Diplomatie verstärkt um eine aktive Nachbarschaftspolitik im Viereck P.–Tschech. Rep.–Slowak. Rep.–Ungarn (Visegrad-Kooperation) und um gute Beziehungen zu seinen östl. Nachbarn Ukraine, Weißrußland, Litauen und Rußland auf der Basis von 1992 und 1993 abgeschlossenen Nachbarschaftsverträgen bzw. bilateralen Sicherheitsvereinbarungen.

Politikverdrossenheit, seit 1992 gebräuchl. Schlagwort, um Gründe, Bedeutung und Folgen sowohl einer zunehmenden Entfremdung zw. Politikern und Bürgern als auch einer wachsenden Unzufriedenheit der Bürger mit der Politik zu erfassen. Als mit P. umschriebene Erscheinungen gelten: Desinteresse an polit. Fragen (daraus folgend: Uninformiertheit); mangelnde Zufriedenheit mit polit. Entscheidungen; fehlendes Vertrauen in die persönl. Rechtschaffenheit der Politiker und in die polit. Handlungskompetenz der Parteien; das Fernbleiben von Wahlen; die Zuwendung der Wählergunst zu kleineren, extremist. Parteien; die Bereit-

Ein Zeichen für Politikverdrossenheit? – Wahlplakat in Offenbach zu den Kommunalwahlen am 7. März

schaft, statt auf die polit. Entscheidungswege und die staatl. Institutionen auf vorpolit. Handlungsfelder (z. B. Gewalttätigkeit) auszuweichen. Alle diese Phänomene blieben auch 1993 aktuell, sind aber in ihrem Stellenwert jeweils im einzelnen durchaus umstritten, ebenso wie die Frage, ob es sich bei ihnen speziell um dt. Besonderheiten handelt oder ob sie auch in anderen Industriegesellschaften auszumachen sind.

Portugal

Hauptstadt: Lissabon
Einwohner: 9,9 Mio.
Einwohner/km²: 107
Staatsoberhaupt: M. Soares
Regierungschef: A. Cavaco Silva
BSP/Einwohner: 5 620 US-$

Wirtschaftsprobleme

Das für 1993 anfänglich prognostizierte Wirtschaftswachstum von 3% mußte bereits zu Jahresmitte auf 2% herunterkorrigiert werden. Der Escudo hielt dem Druck der härteren europ. Währungen nicht stand und erfuhr eine Abwertung. Schließlich konnte die Reg. einen Anstieg der Arbeitslosenquote nicht verhindern, nachdem diese Ende 1992 bei nur gut 4% gelegen hatte.

Innenpolitische Gegensätze

Mit dem 68 Jahre alten Staatspräs. Mário Soares aus dem sozialist. Lager und dem sozialdemokrat. MinPräs. Anibal Cavaco Silva stehen zwei grundverschiedene Politiker an der Spitze Portugals. Die Beziehung zw. dem populären Soares und dem unterkühlt wirkenden Cavaco verschlechterte sich 1993 merklich. Die Reg. warf Soares, der eigtl. nur

repräsentative Aufgaben wahrzunehmen hat, vor, in die Rolle des Oppositionsführers geschlüpft zu sein. Zwar hatte Soares die Reg. nicht direkt attackiert, doch wiederholt das öffentl. Interesse auf Mängel in der Innenpolitik gelenkt.
Diese schon seit Mitte der 1980er Jahre bestehende Zwietracht war durch den wirtschaftl. Auftrieb, den P. seit seinem EG-Beitritt 1986 verzeichnen konnte, in den Hintergrund gerückt, erhielt aber durch den konjunkturellen Abschwung neue Nahrung.

Die Außenpolitik

P., dessen Parlament im Dez. 1992 das Maastrichter Vertragswerk mit überwältigender Mehrheit ratifiziert hatte, trat – was seine Position in den EG anbelangte – ungeachtet der innenpolit. Zwistigkeiten ausgesprochen geschlossen auf. Bes. auffällig war die mehrfache Betonung der guten Beziehungen zu Spanien seitens des Staatspräs. und des Außenmin. Durão Barroso. Tatsächlich schritt der Ausbau der Verkehrsverbindungen zu Spanien sichtlich voran, und auch die gegenseitigen Investitionen erfuhren eine kräftige Belebung. Der eigtl. Grund, warum sogar Soares so sehr an der ›Freundschaft‹ zw. Cavaco und Spaniens Min.Präs. González gelegen ist, dürfte ein rein pragmatischer sein: P., das seit seinem EG-Beitritt zu den größten Empfängern aus europ. Strukturfonds gehört, profitiert eindeutig vom nachdrückl. Einsatz von González für die strukturschwächeren Länder der EG.

Postleitzahlen: Seit dem 1. Juli gelten in Deutschland die neuen, fünf- statt vierstelligen Postleitzahlen. Die Neuregelung (mit insgesamt 26 400 P.) war auch notwendig geworden, weil es nach der Vereinigung rd. 800 Orte in Ost- und Westdeutschland mit gleicher P. gegeben hatte. Dadurch war die Zusatzkennung ›W‹ und ›O‹ erforderlich gewesen.
Insgesamt ist Deutschland in 83 Briefzentren aufgeteilt. Sie sind durch die beiden ersten Ziffern der neuen P. gekennzeichnet. Die bisher erforderl. Kennzeichnung einzelner Stadtteile durch Ziffern hinter dem Ortsnamen entfällt. Statt dessen erhielten 209 Orte mehr als eine Postleitzahl. Großkunden, die mehr als 2 000 Sendungen am Tag erhalten, haben eine eigene Postleitzahl, ebenso Postfach-

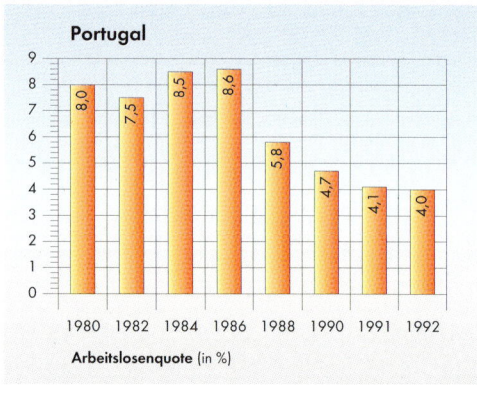

Portugal

1992	1,4
1991	2,2
1990	4,4
1988	3,9
1986	4,1
1984	-1,9
1982	2,1
1980	4,6

Wirtschaftswachstum (realer Zuwachs des BIP in %)

Portugal

1980	8,0
1982	7,5
1984	8,5
1986	8,6
1988	5,8
1990	4,7
1991	4,1
1992	4,0

Arbeitslosenquote (in %)

kunden. Die Bundespost, die 80 Mio. DM für Werbemaßnahmen für das neue Zahlensystem aufgewendet hat (›Fünf ist Trümpf‹), nannte als wichtigsten Vorteil der Umstellung die Vereinfachung des aufwendigen Verteilsystems.

Präimplantationsdiagnostik, eine Form der vorgeburtl. Diagnostik bei menschl. Embryonen, die durch In-vitro-Fertilisation, also außerhalb des Mutterleibs, gezeugt werden. Zu diagnost. Zwecken trennt man dabei von der befruchteten Eizelle im Achtzellstadium eine Zelle ab, deren Erbsubstanz sich auf das Vorliegen bestimmter Erbkrankheiten untersuchen läßt; erst im Falle der Abwesenheit eines Gendefekts wird der Embryo in den Mutterleib verpflanzt. Angewendet wird dieses Verfahren seit zwei Jahren in Großbritannien. Sein Einsatz ist medizinisch umstritten, weil z. Z. das Risiko einer Fruchtschädigung durch die Untersuchung noch unklar ist. Eth. Bedenken richten sich v. a. gegen die damit im Prinzip vorhandene Möglichkeit der Eltern, nur Kinder mit bestimmten Eigenschaften oder dem bevorzugten Geschlecht zu akzeptieren.

Putzfrauenaffäre: Die Bundesreg. bestätigte im März, daß Verkehrsmin. GÜNTHER KRAUSE für die Beschäftigung einer zuvor lange Zeit Arbeitslosen als Hilfe in seinem Privathaushalt nach wiederholtem Drängen 70% des Lohns vom zuständigen Arbeitsamt erstattet wurden. Gesetzl. Grundlage dafür waren die §§ 54 und 97 des Arbeitsförderungsgesetzes. Dies löste in der Öffentlichkeit heftige Diskussionen über die derartige Nutzung gesetzl. Regelungen aus. KRAUSE bedauerte sein Verhalten und erklärte sich dazu bereit, die erhaltenen Lohnzuschüsse zurückzuzahlen und auf weitere Leistungen zu verzichten. Nach Bekanntwerden weiterer Bemühungen um die Erlangung wirtschaftl. Vorteile aus öffentl. Mitteln (unrechtmäßige Inanspruchnahme von staatl. Zuschüssen bei der Verlegung seines Wohnsitzes) trat KRAUSE am 6. Mai zurück.

Q

Quedlinburger Domschatz: Seit Sept. ist der einzige vollständig erhaltene dt. Kirchenschatz wieder in der Schatzkammer der Stiftskirche St. Servatius in Quedlinburg zu besichtigen. Die bedeutenden mittelalterl. Kunstschätze waren 1945 von einem amerikan. Offizier nach Texas entführt und 1990 aufgespürt worden, als die Erben das wertvolle Samuhel-Evangeliar, eine karoling. Prachthandschrift, an die Kulturstiftung der Länder veräußerten. Im folgenden Jahr konnte die Kulturstiftung die übrige Sammlung bis auf zwei kleine Reliquienbehälter für etwa 6 Mio. DM zurückkaufen. Ab 1992 war sie dann bis zum Umbau der Quedlinburger Schatzkammer im Berliner Kunstgewerbemuseum ausgestellt. Angesichts des großen histor. Werts des Domschatzes und der komplizierten jurist. Ausgangssituation wurde der ausgehandelte Kaufpreis, der alle ›Nebenkosten‹ für Anwälte, Reisen und Restaurierung enthielt, als äußerst günstig beurteilt.

1 000 Seiten dick und 1,3 kg schwer ist das neue Verzeichnis, das 42 Mio. mal auf insgesamt 58 000 t Papier verewigt ist. 75 % des verwendeten Papiers sind aus Altpapier hergestellt

R

Rabin, Itzhak, israel. Politiker, * Jerusalem 1. 3. 1922. – Nach seiner Wahl zum israel. MinPräs. (Juli 1992) suchten R. und seine Koalitionsreg. einen Ausgleich mit der PLO. Die von R. veranlaßte Aufhebung des Kontaktsperregesetzes ermöglichte es, in Geheimverhandlungen in Norwegen mit der PLO das →Gaza-Jericho-Abkommen abzuschließen. Bei der Unterzeichnung des Abkommens in Washington am 13. Sept. traf R. erstmals mit dem PLO-Vors. J. ARAFAT zusammen.

Ranking, im Bildungssektor aus dem Amerikanischen übernommene Bez. für die Einteilung von Hochschulen in Ranglisten, →Evaluation.

Rasmussen, Poul Nyrup, dän. Politiker (Sozialdemokrat. Partei), * Esbjerg 15. 6. 1943. – Am 25. 1. 1993 löste R. den wegen der ›Tamilenaffäre‹ zurückgetretenen konservativen MinPräs. POUL SCHLÜTER ab. Damit hat Dänemark erstmals seit 1971 wieder eine von Sozialdemokraten geführte Mehrheitsregierung, an der auch Zentrumsdemokraten und Christl. Volkspartei beteiligt sind. R. gilt

Das Samuhel-Evangeliar aus dem Quedlinburger Domschatz, der in die Schatzkammer der Stiftskirche zurückkehrte

als Mann des Konsenses, der auch Umwege in Kauf nimmt, um seine Ziele zu erreichen, und als Pragmatiker, dessen Hauptinteressen die Haushaltskonsolidierung und die weitere Finanzierbarkeit von Reformen sind.

R., der sein Politik- und Wirtschaftsstudium selbst finanzieren mußte, erlangte 1972 den Mastergrad. Bis 1986 war er zuerst als wirtschaftswiss. Mitarbeiter und dann als Chefökonom für den Dachverband der Gewerkschaften (LO) tätig. Als er 1988 ins Parlament gewählt wurde, war R. bereits seit einem Jahr Stellv. des sozialdemokrat. Parteivors. SVEND AUKEN. Nachdem es AUKEN nach den Wahlen von 1990 trotz eines guten Wahlergebnisses (37,4% gegenüber 16% für die regierenden Konservativen) nicht gelungen war, eine sozialdemokratisch geführte Reg. zu bilden, trat R. bei den Vorstandswahlen im April 1992 als sein Herausforderer auf und konnte mit Zweidrittelmehrheit den Parteivorsitz erringen.

Rau, Johannes, Politiker (SPD), *Wuppertal 16. 1. 1931. – Am 13. 9. 1993 nominierte der SPD-Parteivorstand den nordrhein-westfälischen Min.-Präs. R. einstimmig als Kandidaten für die Wahl des Bundespräs., die im Mai 1994 stattfinden wird. R., der sich nach seiner gescheiterten Kanzlerkandidatur von 1987 auf die Landespolitik beschränkt hatte, war erst Anfang 1993 von einer schweren Krankheit genesen. Als dienstältester stellv. Parteivorsitzender der SPD übernahm er für die Zeit zw. dem Rücktritt von BJÖRN ENGHOLM und der Wahl von RUDOLF SCHARPING zum neuen Parteivorsitzenden kommissarisch den Parteivorsitz.

Poul Nyrup Rasmussen, der neue dänische Ministerpräsident

Raumfahrt

1993 war die russ. Raumstation Mir das siebte Jahr hindurch ständig bemannt. Die zweiköpfige Besatzung wechselte nach jeweils sechs Monaten im Febr. und Juli mit Sojus-TM-Raumschiffen; die Ablösung im Nov. wurde wegen einer Startverschiebung auf Jan. 1994 verlegt. Vom 1. bis 22. Juli besuchte der Franzose JEAN PIERRE HAIGNERÉ die Raumstation während des Ablösungsflugs, wobei er 15 Experimente der russ.-frz. Mission Altair durchführte. Versorgt wurden Besatzungen und Station durch unbemannte Frachtraumschiffe vom Typ Progress. Am 16. Okt. befürworteten in Paris Regierungsvertreter der USA, der europ. ESA-Staaten, Japans und Kanadas, auch Rußland am Aufbau und Betrieb der geplanten Space Station zu beteiligen.

Auf seiten der USA fanden versch. Space-shuttle-Flüge statt: Im Jan. wurde der amerikan. Relaissatellit TDRS-6 ausgesetzt, im April eine Mission der Spacelab-Palette ATLAS-2 (Atmospheric Laboratory for Applications and Science) mit dem dt. Millimeterwellen-Atmosphäresondierer (MAS) durchgeführt. Ende April startete als zweites dt. Spacelab-Projekt die →D-2-Mission. Die im Aug. 1992 ausgesetzte ESA-Plattform EURECA mit 71 Experimenten wurde Ende Juni mit dem Spaceshuttle geborgen und zurückgebracht. Im Sept. wurde der dt. Satellit →Astro-SPAS ausgesetzt und nach 6 Tagen wieder geborgen. Die 14tägige Mission Spacelab Life Sciences 2 lief im Okt./Nov. ab. Vom 2. bis 13. Dez. wurden in einer spektakulären Mission umfassende Reparaturen am nicht voll funktionsfähigen Hubble-Weltraumteleskop (Start: April 1990) durchgeführt. Mit an Bord des Raumtransporters Endeavour war der Schweizer CLAUDE NICOLLIER. Während der an fünf Tagen stattfindenden Außenbordarbeiten in 592 km Höhe, an denen jeweils zwei Astronauten beteiligt waren (u.a. KATHRYN THORNTON), konnte das vom Manipulatorarm vertikal in der Ladebucht plazierte größte Teleskop im All planmäßig generalüberholt werden.

Während einer Space-shuttle-Mission im Dezember wird das Hubble-Weltraumteleskop repariert. In der Schnittzeichnung des Teleskops (Länge etwa 13 m, Masse über 11 t) liegt die Öffnung hinten, im Tubus sind in der Mitte der Sekundärspiegel und als Abschluß der Hauptspiegel (Durchmesser 2,4 m) angeordnet. Vorne im Bild befinden sich die wissenschaftlichen Instrumente. Die außen am Teleskop angebrachten Sonnenpaddel dienen zur Stromversorgung, die Radioantennen für die Funkverbindung mit der Erde

Die Besatzung wechselte dabei mehrere Bauteile, beide Sonnenzellenausleger sowie die Sterne/Planeten-Kamera aus und fügte eine 299 kg schwere Korrekturoptik ein, um den fehlerhaften Schliff des Hauptspiegels wettzumachen.

Die anfangs hohe ellipt. Umlaufbahn des amerikan. Venussatelliten Magellan wurde – da die Treibstoffmenge keine Bahnkorrektur mehr zuließ – von Ende Mai bis Anfang Aug. durch 70tägiges sog. Aerobreaking in eine niedrigere Bahn gebracht. Mit diesem erstmals angewendeten Verfahren wurde die Apoapsishöhe von 8 467 km auf 541 km (Periapsis 197 km) verändert, um das Gravitationsfeld der Venus global genau vermessen zu können (bis Okt. 1994). Magellan hatte davor drei Venustage lang (je 243 Erdentage) insgesamt 98 % der wolkenverhüllten Oberfläche mittels Radar kartographiert. Die US-Raumsonde Galileo, gestartet im Okt. 1989, kam auf ihrem sechs Jahre langen Flug zum Jupiter am 28. Aug. im Asteroidengürtel am Kleinplaneten Ida vorbei (kürzeste Distanz 2 410 km). Zehn Instrumente erkundeten den Asteroiden etwa 20 Std. hindurch, wobei 13 Farb- und 8 Schwarzweiß-Aufnahmen aus 3 057 bis 3 821 km Abstand gemacht wurden. Ida rotiert, ist kraterübersät und rd. 52 km lang. Ebenfalls erstmalig war bereits zwei Jahre zuvor der Asteroid Gaspra durch Galileo naherkundet worden.

Reality TV, 1988 in den USA entstandene TV-Sendeform, die mit nachgestellten Aufnahmen oder mit Polizei-, Augenzeugen- und Amateurvideos live vom Ort schrecklicher oder spektakulärer Geschehnisse (Verkehrsunfälle, Unglücke, Brände, Verbrecherfahndungen, Überfälle, Geiselnahmen etc.) ›Wirklichkeitssinn‹ vermitteln will. Die Faszination dieser jeweils hohe Einschaltquoten erzielenden Reality-Shows liegt zum einen in der Spannung, im Mitzittern und Mitfiebern, ob die Rettung der Opfer aus schier auswegloser Situation doch noch gelingen wird, zum anderen ist sie aber auch in der Sensationsgier und dem heiml. Voyeurismus vieler Menschen begründet. Dem Nervenkitzel der Zuschauer und der Begeisterung der Akteure stehen eth. Bedenken vieler Journalisten gegenüber.

Rechtsextremismus: Im Jahr 1993 ereigneten sich erneut im gesamten Bundesgebiet Gewalttaten mit rechtsextremist. und fremdenfeindl. Hintergrund, deren trauriger Höhepunkt nach dem Brandanschlag von Mölln im Nov. 1992 die Morde von → Solingen im Mai waren.

Laut einer Studie werden die Verbrechen meist von Jugendl. und jungen Erwachsenen ausgeführt, die in rechtsradikalen, teilweise offen militant auftretenden Vereinigungen organisiert sind oder als Gruppen von Skinheads in Erscheinung treten. Sie bedienen sich nat.-soz. Symbole wie Hakenkreuz und Hitlergruß und suchen sich ihre Opfer unter Ausländern, Asylbewerbern und Juden, aber auch unter Behinderten und Obdachlosen. Der Verfassungsschutzbericht für 1992, den Bundesinnenmin. KANTHER im Aug. 1993 vorlegte, weist im Vergleich zu 1991 einen Anstieg von Gewalttaten mit rechtsradikalem Hintergrund um rd. 74 % auf 2 584 aus,

bei denen 17 Menschen ums Leben kamen (1991: 3). Diese Tendenz hielt an: Bereits im ersten Quartal 1993 wurden 6 700 Ermittlungsverfahren im Zusammenhang mit rechtsextremist. Ausschreitungen eingeleitet. Die Zahl der Mitgl. rechtsextremist. Gruppierungen wird für 1992 mit 42 700 Personen angegeben, von denen 6 400 als gewaltbereit eingestuft werden (2 000 mehr als 1991).

Das spektakuläre Auftreten einiger rechtsextremer Parteien und Gruppierungen erregte auch im Ausland Aufsehen, so die öffentl. Hitlerfeier militanter Gruppierungen in Mainz-Gonsenheim am 17. April, der Bundesparteitag der → Republikaner am 26./27. Juni in Augsburg, der Bundesparteitag der NPD am 18. Sept. in Coppenbrügge oder das Bundestreffen der DVU am 2. Okt. in Passau. Der Aufmarsch von 500 militanten Rechtsextremisten in Fulda am 14. Aug., der, da er von der Polizei und den lokalen Behörden nicht verhindert wurde, für ein breites Medienecho im In- und Ausland sorgte, hatte den Rücktritt eines Staatssekretärs im hess. Innenministerium zur Folge.

In der Innenstadt von Rastatt demonstrieren rund 2 000 Menschen gegen einen dort stattfindenden Parteitag der rechtsextremen Republikaner

Die Absicht verschiedener rechtsextremer Parteien (Republikaner, Dt. Volksunion, Dt. Liga für Volk und Heimat), sich zu Wahlbündnissen zusammenzuschließen, um im Wahljahr 1994 ggf. gemeinsam die Fünfprozenthürde zu überwinden, wurde mit Unbehagen zur Kenntnis genommen. Bei der Kommunalwahl in Hessen im März errangen die Republikaner 8,3 % der Wählerstimmen. Bei der Bürgerschaftswahl in Hamburg im Sept. erreichten rechtsextreme Parteien zusammen über 9 %.

Nachdem bereits 1992 drei rechtsextremist. Organisationen (Nationalist. Front, Dt. Alternative und Nat. Offensive) als verfassungswidrig verboten worden waren, beantragte die Bundesreg. im Sept. ein Verbot der Freiheitl. Arbeiterpartei (FAP). In Bayern und Baden-Württemberg erfolgten Verbote des Nat. Blocks sowie der Heimattreuen Vereinigung.

Rechts-Rock: Mit den Mitteln der Hardrock-, Punk- und Heavy-Metal-Musik, jedoch ohne den in der Rockmusik vorhandenen Anspruch instrumentaler Virtuosität, werden über den Weg jugendl. Subkultur rechtsradikale Textinhalte transportiert, in denen Kriegsverherrlichung betrieben oder offen zu Gewalt und Fremdenhaß aufgerufen wird. Die Bands – der Verfassungsschutz registrierte allein für die Stadt Köln fünfzig Musikformationen – nennen sich provokativ z. B. ›Störkraft‹, ›Böhse Onkelz‹, ›Stuka‹, ›Bomber‹, ›Endsieg‹ oder ›Commando‹; marktführendes Label ist die Firma Rock-O-Rama.

Nach der scheinbaren Abkehr ihrer Gesinnung sind die ›Böhse Onkelz‹, deren erste Platte indiziert wurde, mittlerweile bei der renommierten Firma Bellaphon unter Vertrag. In Texten der Gruppe ›Störkraft‹ werden die Skinheads als ›Deutschlands rechte Polizei‹ gefeiert. Der Rechtsstaat versucht, die Verbreitung dieser rechtsradikalen Inhalte durch Indizierung oder Verbot einzudämmen. Gegen die Nürnberger Gruppe ›Radikal‹ z. B. wurde wegen ihres ›Hakenkreuz‹-Songs ein Strafverfahren angestrengt.

Der ostdeutsche Wissenschaftler Jens Reich soll für das Amt des Bundespräsidenten kandidieren

Reich, Jens, Wissenschaftler, * Göttingen 26. 3. 1939. – Im Frühjahr 1993 wurde R. von linksliberalen Gruppen als Kandidat für das Amt des Bundespräs. ins Gespräch gebracht.

Nach seinem Medizinstudium 1956–62 und der Promotion (1964) an der Ostberliner Humboldt-Univ., konzentrierte sich R. auf die medizin. Grundlagenforschung, speziell auf Fragen der mathemat. Biologie. 1979 wurde er als Prof. an die Berliner Humboldt-Univ. berufen. Ab 1982 gehörte R. zu den Mitbegründern eines intellektuellen Kreises, der die Situation in der DDR kritisch diskutierte. Trotz berufl. Schikanen weigerte sich R., in eine der DDR-Parteien einzutreten. 1989 war er Mitinitiator der Bürgerbewegung ›Neues Forum‹. Noch Ende 1989 war R. wie viele andere Intellektuelle der Überzeugung, die DDR könne sich in Richtung einer eigenständigen Demokratie entwickeln. Doch der Vereinigungsprozeß ließ derartige Positionen in die Minderheit geraten. R. widmete sich Fragen einer neuen gesamtdt. Verfassung, da das GG veraltet sei und neuen Staatszielen Raum gegeben werden müsse. Nachdem er es abgelehnt hatte, für die Bundestagswahl vom Dez. 1990 auf einer Liste der Grünen zu kandidieren, übernahm R. eine Position am Zentralinstitut für Molekularbiologie in Berlin,

Präsident Bill Clinton nominiert Janet Reno als Justizministerin. Zwei andere Kandidatinnen waren durch illegale Beschäftigung von Ausländern in ihrem Privathaushalt gescheitert

meldete sich aber seither regelmäßig zu Fragen der dt. Einheit zu Wort.

Reno, Janet, amerikan. Politikerin (Demokrat. Partei), * Miami (Florida) 27. 1. 1938. – Im Febr. 1993 wurde R. von Präs. CLINTON zur Justizmin. ernannt.

Mit 25 Jahren legte R. an der Harvard University ihr Juraexamen ab. 1963–72 und 1976–78 arbeitete sie als Anwältin. 1978 wurde sie Oberste Staatsanwältin für den Bezirk Miami und in den folgenden Jahren fünfmal wiedergewählt. R., Gegnerin der Todesstrafe und Befürworterin von Restriktionen beim Schußwaffenverkauf, war auch mit innovativen Programmen zur Bekämpfung von Verbrechen und Drogenmißbrauch aufgefallen. Eine Fehleinschätzung unterlief ihr und dem FBI im Fall des Sektenführers DAVID KORESH, der mit seinen Anhängern Massenselbstmord verübte, doch Präs. CLINTON stellte sich hinter seine Justizministerin.

Rentenversicherung: Im Juli verabschiedete die Bundesreg. den R.-Bericht 1993. Danach betrug Ende 1992 die Rücklage der R. (›Schwankungsreserve‹) 49,1 Mrd. DM (= 2,6 Monatsausgaben). Mit der Absenkung des Beitragssatzes zur R. auf 17,5 % des Bruttoeinkommens zum 1. 1. 1993 wurde der niedrigste Stand seit 1972 erreicht.

Im Herbst 1993 mußte jedoch aufgrund der ungünstigen wirtschaftl. Entwicklung und des damit verbundenen starken Abschmelzens der Schwankungsreserve auf das gesetzlich vorgeschriebene Mindestmaß (mindestens 1 Monatsausgabe) die Erhöhung des Beitragssatzes zur R. auf 19,2 % ab Jan. 1994 beschlossen werden.

Zum 1. 7. 1993 stiegen die Renten in Westdeutschland um effektiv 3,86 %, in Ostdeutschland um effektiv 14,24 %. Damit erreichte das Rentenniveau in den neuen Bundesländern 72,7 % desjenigen im Westen Deutschlands. Die verfügbare Standardrente (›Eckrente‹: Rente bei 45 Versicherungsjahren mit durchschnittl. Bruttoentgelt) erhöhte sich in den westl. Bundesländern auf 1 868 DM, in den östl. auf 1 357 DM.

Republikaner, Die: Noch im Dez. 1992 ordnete Innenmin. SEITERS aufgrund der von den Verfassungsschutzämtern des Bundes und der Länder vorgelegten Erkenntnisse die Observierung der R. mit nachrichtendienstl. Mitteln an. Als Begründung wurde angeführt, die Tätigkeit der Partei richte sich gegen die freiheitl. demokrat. Grundordnung; ihre Führungskreise seien in zunehmendem Maße aggressiv ausländerfeindlich und antisemitisch eingestellt. Gegen die Observierung erhoben die R. ebenso Klage beim Bundesverfassungsgericht wie gegen den Vertrag von Maastricht. Der Vors. der R., FRANZ SCHÖNHUBER, verwahrte sich auf dem Bundesparteitag Ende Juni in Augsburg (den die bayer. Staatsreg. vergeblich hatte verbieten lassen wollen) gegen Vorwürfe, mitschuldig an rechtsextremist. Gewalttaten zu sein. Er bezichtigte seinerseits die Gegner der R. der Anwendung von ›Nazimethoden‹. Der von Demonstrationen begleitete Bundesparteitag Ende Okt. in Rastatt stellte SCHÖNHUBER als Spitzenkandidaten der R. für die Europawahl 1994 auf.

Retroproduktion, das Zerlegen und Verwerten ausgedienter Maschinen, elektron. Geräte usw., das im Rahmen von Recyclingbemühungen zunehmend an Bedeutung gewinnt und neue Märkte eröffnet. Der Grund liegt darin, daß Industrieschrott oftmals weder gelagert noch verbrannt werden kann, aber häufig noch wertvolle Stoffe enthält. Spezielle Unternehmen zerlegen deshalb z. B. Bildröhren von Computern und Fernsehgeräten, Bohrmaschinen, CD-Spieler oder Musikanlagen und trennen ihre Bestandteile. Die R. wird mittlerweile schon oft durch ein ›demontagegerechtes‹ Produktdesign berücksichtigt. So stellte ein großer dt. Computerhersteller Geräte vor, die nur noch wenige, gekennzeichnete Kunststoffsorten enthalten; die Bausteine sind zudem möglichst gesteckt oder geschraubt; verklebte Bestandteile werden weitgehend vermieden.

Nach der Vereidigung nimmt der neue Wirtschaftsminister Rexrodt (rechts) zusammen mit den ebenfalls neuen Kabinettskollegen Jochen Borchert (Mitte; Landwirtschaft und Forsten) und Matthias Wissmann (links; Forschung und Technologie) die Glückwünsche von Bundestagsabgeordneten entgegen

Rexrodt, Günter, Politiker (FDP), * Berlin 1. 4. 1934. – Am 21. Jan. trat R. als Nachfolger des wegen der ›Briefbogenaffäre‹ zurückgetretenen JÜRGEN MÖLLEMANN sein Amt als Wirtschaftsmin. an.

R., Diplomkaufmann und Sohn des Geschäftsführers der Dt. Demokrat. Partei in der Zeit der Weimarer Rep., WILHELM R., hatte bereits unter dem Regierenden Bürgermeister EBERHARD DIEPGEN 1985–89 als Berliner Finanzsenator ein polit. Amt inne. Anschließend wechselte er in die Privatwirtschaft und wurde am 1. 5. 1989 zunächst in den Vorstand, 1990 dann zum Vorstandsvors. der Citibank AG in Frankfurt am Main berufen. 1991 trat er in den Vorstand der Treuhandanstalt ein (Ressorts Bauwirtschaft, Textilindustrie, Landwirtschaft und Sondervermögen). Von der These der Erhaltung industrieller Kerne in der ehem. DDR distanzierte er sich frühzeitig.

Rheinland-Pfalz

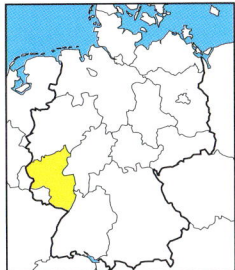

Hauptstadt: Mainz
Einwohner: 3,8 Mio.
Einwohner/km²: 191
Regierungschef:
R. Scharping
BIP/Einwohner:
35 400 DM

Der Abzug der amerikan. und frz. Truppen und die Reduzierung der Bundeswehr, die auch in diesem Jahr fortgesetzt wurden, brachten erneute finanzielle Belastungen durch den Wegfall von Kaufkraft und die Entlassungen des zivilen Personals in den betroffenen Regionen. 1992 wurden 12 000 Soldaten abgezogen, damit verschwanden zugleich 5 000 zivile Stellen. Die zivile Nutzung der bisherigen Militärflächen gestaltet sich schwierig, da bisher nicht genau bekannt ist, welche umweltgefährdenden Altlasten auf diesen Flächen lagern.

Nach der Entscheidung von MinPräs. RUDOLF SCHARPING, nach der Bundestagswahl 1994 nach Bonn zu gehen, wurde der SPD-Fraktionsvors. im Landtag, KURT BECK, von den Gremien der SPD als SCHARPINGS Nachfolger nominiert. BECK, seit Juli kommissarisch SPD-Landesvors., wurde am 5. Dez. vom Landesparteitag bestätigt. Am 11. Dez. wurde JOHANNES GERSTER CDU-Landesvorsitzender.

Eine neue Kommunalverfassung, die im Sept. vom Landtag verabschiedet wurde, sieht die Direktwahl der Bürgermeister und Landräte ab 1994 vor und läßt auch direktdemokrat. Elemente wie Bürgerbegehren und Bürgerentscheid sowie die Abwahl der Bürgermeister und Landräte durch die Bürger zu. Die Amtszeit der kommunalen Verwaltungschefs und hauptamtl. Kreisbeigeordneten soll auf acht Jahre begrenzt werden.

Die Landesreg. mußte sich auch zur Rolle des vom rheinland-pfälz. Verfassungsschutz geführten V-Mannes bei den Ermittlungen gegen die RAF und im Zusammenhang mit dem Schußwechsel in → Bad Kleinen äußern. Innenmin. WALTER ZUBER (SPD) betonte, daß MinPräs. SCHARPING erst nach dem Schußwechsel über den Kontakt des V-Mannes KLAUS STEINMETZ zur RAF-Spitze unterrichtet wurde und daß die Landesreg. vor dem Bombenanschlag auf den noch nicht bezogenen Neubau der Justizvollzugsanstalt in Weiterstadt (Hessen) am 27. März nichts über die geplante Tat wußte.

Am 1. Aug. trat ein Landesgesetz in Kraft, das jedem Kind im Alter von drei bis sechs Jahren ein Anrecht auf einen Kindergartenplatz gibt. R.-P. ist damit zwar in einer Vorreiterrolle, doch können die Kommunen als zuständige Kindergartenträger bis jetzt noch nicht die benötigten Plätze garantieren.

Riester, Walter, Gewerkschaftsfunktionär (IG Metall), * Kaufbeuren 27. 9. 1943. – Am 2. 10. 1993 wählten die Delegierten des Gewerkschaftstages der IG Metall R. zum Zweiten Vorsitzenden. R., der für die Tarifpolitik zuständig sein wird, gilt als Mann der Mäßigung. Er tritt als Reformer auf, der dafür wirbt, zus. mit den Arbeitgebern die Reg. zu einer intelligenten Industriepolitik zu überreden. Seit März 1988 führte der gelernte Fliesenleger und Absolvent der Frankfurter Akademie der Arbeit den Bezirk Nordwürttemberg-Nordbaden der IG Metall. Traditionell wurden gerade im Südwesten wichtige Tarifabschlüsse ausgehandelt, die dann auch in anderen Tarifbezirken übernommen wurden. R. gilt als Mann, der auch in scheinbar aussichtslos verfahrene Tarifsituationen noch Bewegung bringen kann.

Der Medizin-Nobelpreisträger Richard J. Roberts in seinem Labor

Roberts, Richard John, brit. Biochemiker, * Derby 6. 9. 1943. – Für ihre 1977 unabhängig voneinander gemachte Entdeckung der diskontinuierlich aufgebauten Gene wurde R. gemeinsam mit PHILLIP A. SHARP der Nobelpreis für Physiologie oder Medizin 1993 zuerkannt. R. studierte Chemie in Sheffield, wo er 1968 auch promovierte. 1969 wechselte er an die Harvard University in die USA. Heute ist R. Forschungsdirektor der New England Biolabs in Beverly (Massachusetts).

Beide Wissenschaftler hatten herausgefunden, daß die Erbinformation auf den Genen höherer Organismen auf mehrere getrennte Abschnitte verteilt ist. Die zw. diesen liegenden Bereiche sind mutmaßlich ohne Funktion. Das Nobelpreiskomitee würdigte die ›fundamentale Bedeutung‹ dieser Er-

Michel Rocard (rechts) zusammen mit Laurent Fabius auf einer Wahlkampfveranstaltung im Februar

kenntis für die biolog. Grundlagenforschung und das Verständnis von Krebs u. a. Erkrankungen. Darüber hinaus ist sie z. B. für die Herstellung von Medikamenten mit Hilfe gentechnisch manipulierter Bakterien bedeutsam.

Rocard, Michel Louis Léon, frz. Politiker (Parti Socialiste, PS), * Courbevoie (Seine) 23. 8. 1930. – Mit einem Überraschungscoup verdrängte R. Anfang April 1993 den Ersten Sekretär der PS, LAURENT FABIUS, von der Führung der Partei und übernahm selbst den Vorsitz. Die eklatante Wahlniederlage des PS im März 1993 erleichterte es R., seine Gegner in der Parteispitze in die Defensive zu drängen, um vom nächsten Parteitag um so leichter in seinem Anspruch auf die Präsidentschaftskandidatur bestätigt zu werden.

Seit 1958, als er die Verwaltungshochschule ENA als Inspecteur des Finances verließ, bekleidete R. viele herausragende Ämter in der Staatsverwaltung, den verschiedenen Reg. und der Sozialist. Partei. Zuerst Min. für Wirtschaftsplanung (1981), dann Landwirtschaftsmin. (1983), schließlich 1988–91 Premiermin. – stets war er auf Abstand zu Staatspräs. FRANÇOIS MITTERRAND bedacht.

Romanow, Familie: In Jekaterinburg (1924 bis 1991: Swerdlowsk) wurden Knochenreste gefunden und im Juli endgültig identifiziert. Nach den wiss. Untersuchungen handelt es sich eindeutig um die Reste der am 17. 7. 1918 hingerichteten Zarenfamilie. Damit dürften auch Spekulationen ein Ende haben, daß es einer Zarentochter gelungen sei, der Ermordung zu entgehen.

Rotlichtaffäre: Ein im Jan. veröffentlichter Bericht des Nachrichtenmagazins ›Der Spiegel‹ über angebl. Verbindungen des saarländ. MinPräs. LAFONTAINE und des SPD-Fraktionsvors. REINHARD KLIMMT zu Halb- und Unterweltkreisen in Saarbrücken und Einflußnahme zugunsten eines mehrfach vorbestraften, des Mordes Verdächtigen führte zu heftiger Kritik an den beiden Politikern und zu Rücktrittsforderungen von seiten der CDU. LAFONTAINE wies die Beschuldigungen mehrfach zurück; KLIMMT erklärte zu seinen Kontakten, es gehöre zu den Aufgaben eines Politikers, Menschen im Grenzbereich der Gesellschaft zu helfen.

RTL 2: Der bereits für Ende Sept. 1992 geplante Start des neuen Privatsenders konnte nach viermaliger Verschiebung – wegen Bedenken der hess. Landesmedienanstalt gegen eine zu enge Verflechtung mit RTL – schließlich am 6. März erfolgen. Gesellschafter sind neben dem Heinrich Bauer Verlag und der Tele München (je 37,55 %) die Compagnie Luxembourgeoise de Télédiffusion (15 %), die Bertelsmann-Tochter Ufa (7,9 %) sowie der Burda- und der FAZ-Verlag (je 1 %). RTL 2, das den konkurrierenden ›Kabelkanal‹ bereits überrundet hat, strahlt vorwiegend Spielfilme und Serien aus und ähnelt in seinem Programmprofil (›junges Familienprogramm‹) dem früheren Privatsender ›Tele 5‹. Der Sender will seinen Standort im Sommer 1994 von Köln nach München verlegen.

RU 486, Hormonpräparat zur Durchführung eines Schwangerschaftsabbruchs (→ Abtreibungspille).

An der Grenze zu Burundi gelegenes Hutu-Flüchtlingslager in Ruanda

Ruanda

Hauptstadt: Kigali
Einwohner: 7,5 Mio.
Einwohner/km²: 286
Staatsoberhaupt:
J. Habyarimana
Regierungschef:
A. Uwilingiyimana
(seit 17. 7. 1993)
BSP/Einwohner:
260 US-$

Im Febr. brachen im N des Landes erneut schwere Kämpfe zw. Regierungstruppen und der oppositionellen Patriot. Front (RPF) aus. Mehrere hunderttausend Menschen waren gezwungen, aus den umkämpften Gebieten in die Hauptstadt Kigali zu flüchten.

Im Aug. unterzeichneten R.s Staatspräs. JUVÉNAL HABYARIMANA und der Führer der Tutsi-Rebellen, ALEXIS KANYARENGWE, nach langen Verhandlungen in der tansan. Stadt Arusha ein Friedensabkommen, das den seit Okt. 1990 immer wieder aufflammenden Bürgerkrieg beenden sollte. Das Abkommen sah die Bildung einer Übergangsreg. unter Beteiligung der RPF vor. Nach dieser Übergangszeit, die auf ungefähr zwei Jahre festgesetzt wurde, sollen landesweite Wahlen stattfinden. Auch die Bildung einer gemeinsamen Armee aus Regierungstruppen und RPF-Kämpfern wurde festgelegt. Aufgrund der Landnot in R. war die Organisation der Rückkehr der in den Nachbarländern lebenden Flüchtlinge bei Vertragsabschluß noch nicht geklärt. Präs. HABYARIMANA ernannte die bisherige

Nikolaus II. mit dreien seiner vier Töchter (von links nach rechts: Maria, Anastasia und Olga) wenige Tage vor der Exekution der Zarenfamilie 1918

283

Bildungsmin. AGATHE UWILINGIYIMANA, die der Demokratisch-Republikan. Bewegung angehört, zur MinPräs. für eine Übergangszeit.

Anfang Nov. begannen UNO-Streitkräfte eine Friedensmission in R.; 2 500 Soldaten, Beobachter und zivile Mitarbeiter wachen darüber, daß das Friedensabkommen eingehalten wird. Am 28. Dez. rückten vereinbarungsgemäß 600 RPF-Kämpfer zum Schutz der RPF-Regierungsmitgl. in Kigali ein.

Die ökonom. Situation hat sich infolge des Bürgerkriegs verschlechtert. Die Kaffeeproduktion ging um schätzungsweise 30 % zurück, und auch die Produktion in der Subsistenzlandwirtschaft ist wegen zerstörter oder verlassener Anbaugebiete gesunken.

Der Bankier Robert Rubin leitet den neugeschaffenen Nationalen von Präsident Clinton Wirtschaftsrat der USA

Rubin, Robert, amerikan. Investmentbankier, * New York 1938. – Der neue amerikan. Präs. BILL CLINTON holte R. im Januar 1993 an die Spitze des neugeschaffenen Nat. Wirtschaftsrates. R. muß eng mit Finanzmin. LLOYD BENTSEN und den anderen mit Wirtschaftsfragen betrauten Behörden zusammenarbeiten. Deren Argumente hat er zu bündeln und für die Entscheidungen des Präs. vorzubereiten.

Der in Yale ausgebildete Jurist trat 1966 in das renommierte Investmenthaus Goldman & Co. ein, wo er seit 1990 Geschäftsführer war. R. hatte schon für die demokrat. Präsidentschaftskandidaten WALTER MONDALE und MICHAEL DUKAKIS in großem Stil Wahlkampfgelder organisiert.

Innenpolitik

Bei der Präsidentschaftswahl im Sept./Okt. 1992 hatte sich der ehemalige kommunist. Funktionär ION ILIESCU erneut behaupten können. Im Unterschied zu den ersten Wahlen nach der Ceauşescu-Ära (März 1990) stimmten jedoch nicht mehr 85 % der Wähler für ihn, sondern nur noch 61,4 %. Bei der gleichzeitigen Parlamentswahl errang ILIESCUS Demokrat. Front der nat. Rettung (FDSN) – inzwischen in Partei der sozialen Demokratie (PDS) umbenannt – nur 166 von 471 Mandaten. Das aus 17 Parteien zusammengesetzte Oppositionsbündnis Convenţia Democratica (Demokrat. Konvent) konnte 116 Mandate verbuchen. Daher war die Reg. von Premiermin. NICOLAE VĂCĂROIU auf die Unterstützung der beiden rechten Gruppen (Nat. Einheitspartei der Rumänen, PNUR; Großrumänien-Partei, PRM) sowie der KP-Nachfolgeorganisation Sozialist. Partei der Arbeit (PSM) angewiesen. In der Parlamentar. Versammlung wurde Kritik an mangelnden rechtsstaatl. Garantien und an Verwaltungswillkür geäußert; große Probleme traten in der Minderheitenpolitik auf, v. a. hinsichtlich der Bevölkerung ungar. Herkunft (7 % der Gesamtbevölkerung) und der Roma. Verschiedentlich kam es zu Demonstrationen, bei denen der Rücktritt der Reg. gefordert wurde.

Wirtschaftliche Entwicklung

Im März 1993 legten VĂCĂROIUS Experten einen umfangreichen Reformplan vor. Vorrangig wurde eine Drosselung der galoppierenden Inflation von 180 % im Jahre 1992 auf 70–80 % angestrebt. Sie stieg jedoch 1993 auf 275 %. Wegen der durch die Preisliberalisierung im Mai stark erhöhten Lebenshaltungskosten drohten die Gewerkschaften und andere Berufsverbände mit einem Generalstreik, woraufhin die Reg. die Mindestlöhne stärker als geplant anhob. Dennoch kam es im Aug. zu Lohnstreiks von Bergleuten und Lokführern. Die Arbeitslosigkeit erreichte im Nov. mit 9,6 % einen neuen Höchststand. Erfolge wurden in der Landwirtschaft verzeichnet; 1993 gab es einen Produktionszuwachs von 11 %. Das BIP wuchs um 0,7 %. Die industrielle Produktion lag nur geringfügig unter dem Vorjahresniveau.

Rumänien

Hauptstadt: Bukarest
Einwohner: 23,3 Mio.
Einwohner/km²: 98
Staatsoberhaupt:
I. Iliescu
Regierungschef:
N. Văcăroiu
BSP/Einwohner:
1 340 US-$

Rußland

Hauptstadt: Moskau
Einwohner: 149 Mio.
Einwohner/km²: 9
Staatsoberhaupt:
B. N. Jelzin
Regierungschef:
W. S. Tschernomyrdin
BSP/Einwohner:
3 220 US-$

Der russische Präsident Boris Jelzin versichert bei einer Kundgebung vor dem Kreml Zehntausenden seiner Anhänger, daß er sich einer Amtsenthebung durch den Kongreß der Volksdeputierten nicht beugen werde (März)

Doppelherrschaft von Präsident und Parlament

Die gesamte russ. Politik stand 1993 im Zeichen einer Verfassungskrise und des Machtkampfes zw. dem ersten frei gewählten Präs. der russ. Geschichte und dem nach sehr eingeschränkten demokrat. Grundsätzen gewählten Parlament, dem ständig tagenden Obersten Sowjet, bzw. dem formal höchsten Verfassungsorgan, dem Volksdeputiertenkongreß. Das ›Gleichgewicht der Schwäche‹ behinderte zwangsläufig demokrat. Reformen und die Einführung rechtsstaatl. Verhältnisse. Unterdessen kamen am 13. Febr. Kommunisten aus ganz R. in Moskau zusammen, um die Kommunist. Partei neu zu gründen. Zu ihnen gehörten auch einige der ›Augustputschisten‹, gegen die der Prozeß vor dem Moskauer Militärkollegium des Obersten Gerichts zwar am 14. April eröffnet, dann jedoch mehrfach vertagt wurde.

Präs. BORIS JELZIN versuchte mehrfach, die ›Doppelherrschaft‹ zu seinen Gunsten zu beenden. Eine Woche nach dem 8. Außerordentl. Volkskongreß (10. März), auf dem JELZIN weitestgehend entmachtet worden war, kündigte er eine bis zum 25. April begrenzte Präsidialherrschaft an. Die nachfolgende Zuspitzung der Lage konnte er auf dem 9. Außerordentl. Volkskongreß (27. März) mit der Abwehr eines Amtsenthebungsverfahrens Gegner entschärfen.

Volksentscheid

Aus einem von ihm für den 25. April erzwungenen Referendum über seine Politik und über vorgezogene Präsidentschafts- und Parlamentswahlen ging JELZIN hingegen nur scheinbar als Sieger hervor. Wenngleich ihm 58,7 % der Wähler das Vertrauen aussprachen und 53 % seine Wirtschaftspolitik guthießen, verfehlte er in der entscheidenden vierten Frage nach vorgezogenen Parlamentswahlen die erforderl. absolute Mehrheit aller Stimmberechtigten. Zudem fiel die Zustimmung regional sehr unterschiedlich aus. Nur 9 der 21 Republiken R.s (amtl.: Russ. Föderation) stellten sich hinter ihn.

Das Ergebnis verschaffte dem Präs. lediglich eine Atempause für neue Manöver gegen ein Parlament, das nach der noch immer gültigen, inzwischen mehrfach novellierten Verfassung aus dem Jahre 1977 die oberste Gewalt im Staate beanspruchte. Dem stark politisch agierenden Verfassungsgericht fehlten Kompetenz und Ansehen, um rechtsverbindlich einschreiten zu können.

Auf dem Weg zu einer neuen Verfassung wiederum kam die Reg. nur langsam voran. Eine am 5. Juni nach Moskau einberufene Konferenz legte Mitte Juli einen Entwurf vor, der dem Staatsoberhaupt weitreichende Rechte bis hin zur Parlamentsauflösung einräumte. Wer diese Verfassung in Kraft setzen sollte, blieb freilich offen. Die Hoffnung JELZINS, die Führer der 89 Subjekte der Russ. Föderation auf einer Verfassungskonferenz als Föderationsrat zu einem Gegengewicht gegen das Parlament formieren zu können, erfüllte sich nicht. Der Machtkampf verschärfte sich, als JELZIN am 17. Sept. die Rückkehr des ehem. Regierungschefs GAIDAR in das russ. Kabinett ankündigte, und erreichte am 21. Sept. mit einem formalen Verfassungsverstoß einen Höhepunkt. Das Staatsoberhaupt erklärte den Obersten Sowjet mit seinem Präs. RUSLAN CHASBULATOW und den Volksdeputiertenkongreß für aufgelöst und ordnete für den 11. und 12. Dez. Neuwahlen zu einem Zweikammerparlament (Staatsduma/Abgeordnetenkammer und Senat/Föderationsrat) an. Der Oberste Sowjet wertete dies als Staatsstreich und ernannte den am 3. Sept. wegen Korruptionsvorwürfen von JELZIN als Vizepräs. entlassenen ALEXANDER RUZKOJ zum neuen Präs. Zugleich wurden JELZIN und seine Reg. für abgesetzt erklärt und der Kern einer Gegenregierung bestimmt (21. Sept.). Erinnerungen an den Putschmonat Aug. 1991 wurden wach. Mit der Ankündigung JELZINS am 23. Sept., sich selbst ebenfalls vor Ablauf der Amtszeit schon im Frühjahr 1994 einer Wahl zu stellen, gaben sich die Gegner nicht zufrieden und verlangten nicht nur zeitgleiche Präsidentschafts- und Parlamentswahlen, sondern auch eine ›Nullösung‹ im Verhältnis von Exekutive und Legislative, d. h. die beiderseitige Rücknahme aller Beschlüsse vom 21. September.

Sturm auf das Weiße Haus

Weder die Abriegelung des Weißen Hauses – Sitz des russ. Parlaments – noch ein Ultimatum an die

Parlamentarier konnte die erneute polit. Pattsituation zugunsten JELZINS entscheiden, durch die die Sicherheitsorgane und die Armee in weitere Loyalitätskonflikte gerieten. Vielmehr stellten sich nun Vertreter von über sechzig Regionalsowjets bzw. -verwaltungen demonstrativ auf die Seite der Opposition. Ein Vermittlungsversuch des russ.-orthodoxen Patriarchen ALEXIJ II. vom 30. Sept. schlug fehl.

JELZIN nahm einen nicht genehmigten, aber auch nicht ernsthaft behinderten Aufmarsch mehrerer tausend Regierungsgegner am 3. Okt. zum Anlaß, den Ausnahmezustand zu erklären. Die Demonstranten hatten die Absperrungen um das Parlamentsgebäude durchbrochen, andere waren mit Waffengewalt auf das Fernsehzentrum Ostankino vorgerückt. Am 4. Okt. stürmten die Sicherheitskräfte des Präs. und Eliteeinheiten der Armee das Weiße Haus, dessen obere Stockwerke in Flammen aufgingen. JELZIN begründete nach dem Sieg den massiven Truppeneinsatz mit der Verhinderung eines bewaffneten Staatsstreichs. Parlamentspräs. CHASBULATOW und Gegenpräs. RUZKOJ wurden zus. mit etwa 1500 Aufständischen verhaftet. Insgesamt kamen bei den Kämpfen etwa 150 Menschen ums Leben. Mehrere hundert wurden verletzt.

Wahlvorbereitungen

JELZIN hatte nun freie Hand, die Staatskrise rasch zu beenden. Die vorübergehende Schließung oppositioneller Zeitungen (darunter die orthodox-kommunist. ›Prawda‹), die zeitweilige Einführung der Zensur auch für die wenigen liberalen Blätter, das Verbot von regierungsfeindl. Vereinigungen und eine ›Anti-Verbrechenskampagne‹ im Zuge des Ausnahmezustands (der am 18. Okt. endete) mit der Massenausweisung von Südländern (meist Kaukasiern) aus Moskau weckten allerdings Befürchtun-

gen, die Wahlen könnten nicht unter regulären Bedingungen stattfinden. Konsequent hingegen erschien JELZINS Bruch mit dem undemokrat. Rätesystem. Nach Auflösung der Gebiets-, Regional- und Kreissowjets suspendierte ein Dekret vom 29. Okt. alle lokalen Räte, an deren Stelle bis Juni 1994 neugewählte Parlamente treten sollen. Den 21 Gliedrepubliken der Föderation stand es frei, ihre Sowjets durch Eigenbeschluß aufzulösen.

Für die Wahlen zum Zweikammerparlament (Föderationsversammlung) aus Staatsduma (Unterhaus) und Föderationsrat (Oberhaus) erfüllten von urspr. 35 Wahlbündnissen, Parteien und Bewegungen wegen der kurzen Zulassungsfrist nur 13 die notwendigen Bedingungen. Unter ihnen ließen sich neben Kommunisten und Nationalisten folgende Grundströmungen ausmachen: reformorientierte Demokraten, die entweder ein regierungsnahes oder ein moderat abweichendes Wirtschaftsprogramm verfechten, unter der Bez. ›Zentristen‹ firmierende Direktoren von Staatsbetrieben in Industrie und Landwirtschaft sowie die Anhänger der Demokrat. Partei Rußlands.

Rußland nach der Wahl

Die ersten freien Parlamentswahlen in R. seit 1917 am 12. Dez. erbrachten keine klaren Mehrheiten. Aus der Listenwahl, bei der die Hälfte der 450 Sitze in der Staatsduma vergeben wurde, ging die rechtsextreme Liberaldemokrat. Partei von WLADIMIR SCHIRINOWSKIJ mit 22,8 % der Stimmen als stärkste Kraft hervor. Stark vertreten waren auch die Kommunist. Partei (12,4 %) und die ihr nahestehende Agrar-Partei (7,9 %). Die untereinander zerstrittenen drei Reformparteien – die eigentl. Regierungspartei Rußlands Wahl unter GAIDAR (15,9 %), der Block Jawlinskij-Boldyrew-Lukin (7,8 %) und die Partei der Einheit und Eintracht (6,8 %) – erzielten knapp ein Drittel der Stimmen. Von den übrigen Parteien nahmen nur die Bewegung Frauen Rußlands (8,1 %) und die Demokrat. Partei (5,5 %) die Fünf-Prozent-Hürde. Erst die Auszählung der 225 direkt gewählten Mandate machte die Partei GAIDARS zur stärksten Fraktion in der Duma.

Den Föderationsrat mit 178 Sitzen werden nicht alle 89 ›Subjekte‹ der Föderation mit je zwei Deputierten beschicken. In Tatarstan, im Gebiet Tscheljabinsk und in Tschetschenien wurde nicht gewählt. Zwei weitere Gebiete entsenden nur je einen Abgeordneten.

Der bisherige Regierungskurs und v. a. die wirtschaftspolit. Schocktherapie hatten somit keine Unterstützung gefunden. Als Erfolg konnte Präs. JELZIN lediglich die Annahme seines erst am 9. Nov. veröffentlichten Verfassungsentwurfs in dem gleichzeitig abgehaltenen Referendum (58,4 % Ja-Stimmen) verbuchen. Die geringe Wahlbeteiligung (54,8 % der Stimmberechtigten) und die fehlende Verfassungsdebatte in der Öffentlichkeit schmälerten allerdings den Rang dieses wichtigen Votums. Das neue Grundgesetz verschafft dem Präs. eine herausragende Stellung und macht ihn weitgehend unabhängig von den Stimmenverhältnissen im Par-

Rußland im Juli: Moskauer   nach der Geldreform
Bürger beim Rubelumtausch

lament. Ihm fallen die Hauptverantwortung für die Innen- und Außenpolitik, der Schutz der Souveränität des Landes, die entscheidende Rolle bei der Regierungsbildung und das Recht zu, die Staatsduma aufzulösen. Ob R. ein demokrat. föderativer Rechtsstaat mit Gewaltenteilung, Garantie der Menschen- und Bürgerrechte, des Privateigentums und des freien Wirtschaftens sein wird, hängt stark vom Umgang des Präs. mit der Macht ab. Insgesamt favorisiert die Verfassung das zentralstaatl. Element vor dem föderativen. ›Souveräne Republiken‹ soll es in der Föderation nicht mehr geben.

Wirtschaftliche Entwicklung

Aufgrund der Obstruktionspolitik des reformfeindl. Parlaments, aber auch aufgrund widersprüchl. Anordnungen der Reg. selbst gelang es der russ. Reg. auch im zweiten Jahr nach der Kurswende auf ein marktorientiertes Programm nicht, die Talfahrt der Wirtschaft spürbar zu bremsen.
Für Aufsehen sorgte eine von der Zentralbank im Juli verfügte Rubelreform, nach der alle vor 1993 gedruckten Geldnoten innerhalb kürzester Frist ihre Gültigkeit verloren. Sie verunsicherte die Bevölkerung, untergrub verstärkt das Vertrauen in den rapide an Wert verlierenden Rubel und verstieß zudem gegen Abmachungen mit Staaten der ›Rubelzone‹.
Anfang Jan. nahm die Reg. eine kurz zuvor verfügte teilweise Freigabe der Preise wieder zurück, weil sich Proteste (u. a. in den sibir. Kohlerevieren und in der Textilbranche) wegen unabsehbarer sozialer Folgen meldeten. Die zunehmende Verarmung spiegelte sich weniger in der offiziellen Arbeitslosenzahl von 1 Mio. (zum 1. Aug.), als vielmehr in der Differenz von Durchschnittslöhnen, wachsenden Verbraucherpreisen und hoher Inflationsrate

(29 % allein im Aug.). Ganze Regionen entzogen sich der Steuerpflicht, um die Mittel zur Selbstversorgung zu nutzen. Ein Dekret vom 28. Okt. drohte ihnen harte Strafen und Steuerprüfungen an.
Die Sanierung von Landwirtschaft und Industrie kam ebensowenig voran wie die Umstellung von Rüstungsbetrieben auf Zivilproduktion (Konversion). Erst nach der Entmachtung des Obersten Sowjet gelang es JELZIN, am 27. Okt. ein Dekret zu erlassen, das erstmals seit der Revolution Staatsbürgern privaten Landbesitz zugestand, die den Boden selbst bewirtschaften. Zugleich sollten ab 1. 1. 1994 alle Zwangslieferungen an den Staat wegfallen. Im Vergleich zum Vorjahr fiel die Industrieproduktion bis zum Sommer um knapp 19 %. Bes. stark betroffen waren die Leicht-, Nahrungsmittel-, Zellulose- und Papierindustrie, das Bauwesen und die exportorientierte Rohstoffindustrie.

Außenpolitische Beziehungen mit den Industrienationen und dem ›nahen Ausland‹

Am 3. Jan. unterzeichneten BORIS JELZIN und der scheidende amerikan. Präs. GEORGE BUSH den START-II-Vertrag (→ START II). Trotz der demonstrativen Wertschätzung, die JELZIN beim ersten Gipfeltreffen mit seinem amerikan. Kollegen BILL CLINTON Anfang April in Vancouver erfuhr, und obwohl er und sein Außenmin. ANDREJ W. KOSYREW sich immer wieder als Anhänger einer europ.-atlant. Partnerschaft präsentierten, ließ die russ. Außenpolitik eine feste Orientierung vermissen. Nicht die Staaten der westl. Welt bestimmten sie, sondern das krisengeschüttelte ›nahe Ausland‹, zu dem je nach Standpunkt nur die GUS-Staaten, alle Republiken der ehem. Sowjetunion oder auch noch weitere Teile des einstigen Warschauer Pakts gerechnet werden.
Die Kurskorrektur wurde von lautstarken Kampagnen radikaler, meist antiwestl. Kräfte unter den Volksdeputierten, im Militär und in der Öffentlichkeit begleitet, die einer Wiederherstellung der alten

Elf der zwölf sowjetischen Politiker, die der Beteiligung an dem Putsch vom August 1991 angeklagt sind: (von links nach rechts hinten) Oleg Baklanow, Valentin Warennikow, Oleg Schenin, Anatoli Lukjanow, Juri Plechanow, Alexander Kraiko, Wjatscheslaw Generalow (und vorne von links) Dimitri Jasow, Valentin Pawlow, Wladimir Krutschkow und Gennadi Janajew (6. März)

Sowjetunion das Wort redeten und R.s Sonderstellung zw. Asien und Europa betonten. Am 2. Nov. sorgte die von Verteidigungmin. PAWEL GRATSCHOW vorgestellte neue Militärdoktrin für internat. Aufsehen, mit der R. weiterhin auf atomare Abschreckung setzt und sich, anders als die frühere Sowjetunion, das Recht auf den atomaren Erstschlag vorbehält. Darüber hinaus beansprucht R. die Anerkennung als Ordnungsmacht im ›nahen Ausland‹, wobei der russ. Armee neben der äußeren Verteidigung auch eine wichtige Rolle bei der Bewältigung regionaler Konflikte innerhalb und außerhalb des russ. Teritoriums zufällt.

Das wegen der Südkurilenfrage gespannte Verhältnis zw. Japan und R. konnte JELZIN während seines mehrfach verschobenen Staatsbesuchs (11. bis 13. Okt.) mit der Entschuldigung R.s für das Schicksal Hunderttausender japan. Kriegsgefangener entschärfen. Auch wenn unklar blieb, ob R. – wie 1956 in einer sowjet.-japan. Erklärung angekündigt – wenigstens zwei der vier Inseln an Japan zurückgeben wird, äußerten MinPräs. MORIHIRO HOSOKAWA und JELZIN ihr Interesse an einem Friedensvertrag, der den Zweiten Weltkrieg formell beendet. Zusagen über neue japan. Wirtschaftshilfen erhielt JELZIN nicht. Entspannung zeichnete sich auch im Verhältnis zu China ab. Verteidigungsmin. GRATSCHOW unterzeichnete am 11. Nov. in Peking ein Abkommen über militär. Zusammenarbeit. Des weiteren wurden Vereinbarungen zur Verhinderung militär. Grenzzwischenfälle angekündigt.

Im Westen blieb R. fürs erste Bittsteller um Kredite und um Tilgungsaufschub für Schulden. Die zähen Verhandlungen über ein neues Abkommen mit den EG ab Jan. brachten erst nach den Oktoberereignissen greifbare Ergebnisse. Am 13. Nov. stellte die EU für 1994 ein Partnerschafts- und Kooperationsabkommen in Aussicht, das den Zugang russ. Waren zum Binnenmarkt erleichtern soll. Eine entsprechende Absichtserklärung wurde von JELZIN am Vorabend der russ. Wahlen in Brüssel unterzeichnet.

Staatsbesuche JELZINS in Warschau (25. Aug.) sowie Prag und Preßburg (26. Aug.) dienten einer Sondierung des mittelosteurop. Vorfelds, das in der jüngsten Vergangenheit um den Aufbau eines nach Westen orientierten Verbunds bemüht war und damit starke Anziehungskraft auf die Ukraine ausübte. Am 1. Okt. stellte JELZIN allerdings sein im Aug. gegebenes Einverständnis einer NATO-Mitgliedschaft dieser Staaten wieder in Frage und forderte eine Änderung des 1990 geschlossenen Vertrags über konventionelle Abrüstung in Europa (KSE) im Blick auf die für R. festgeschriebenen Höchstgrenzen.

Im Balkankrieg hielt sich die offizielle Außenpolitik an eine eng mit dem Westen abgestimmte Linie, ohne alle Erinnerungen an traditionelle russ.-serb. Bande zu vergessen.

Im ›nahen Ausland‹ hingegen betrieb R. eine aktive Großmachtpolitik. Die legitime Wahrnehmung der Rechte russ. Bürger in den drei balt. Staaten etwa, die durch Ausländergesetze bedroht schienen, gewann durch die Koppelung mit dem längst fälligen Abzug russ. Truppen eine andere Qualität, insofern sie Souveränitätsrechte tangierte. Die militär. Einmischung in den blutigen afghan.-tadschik. Konflikt entsprang strateg. Erwägungen. Nach JELZINS Ansicht ging es um die Verteidigung einer ›russ. Grenze‹ gegen äußere Einflüsse in der islamisch geprägten zentralasiat. Welt.

Auch in den ethn. und religiösen Konflikten des nördl. Kaukasus wie zw. Nordossetien und Inguschien (unter dessen neuem Präs. RUSLAN AUSCHEW ein Referendum über die Unabhängigkeit vorbereitet wurde), in den Kämpfen zw. Armenien und Aserbaidschan sowie im georg. Bürgerkrieg agierte R. als Imperialmacht, die ihre Interessen teils diplomatisch, teils durch Truppenpräsenz oder durch verdeckte Operationen verfolgte. Die Ansprüche der Türkei auf Einfluß in der Region kamen bei einem Staatsbesuch der MinPräs. TANSU ÇILLER am 8. Sept. in Moskau zum Ausdruck.

Rußland

Zwischen Chaos und Präsidialregime

Die Weite der Strecke mißt sich an den Widrigkeiten des Alltags. Der Verheißung einer besseren Zukunft sind die Menschen müde. Das war ihr bisheriges Leben. Auch die politischen Parteien und Bewegungen sind sie leid. Sie blieben daher in der Mehrheit auch den Orten der Demonstrationen und Konfrontationen fern. Massenversammlungen waren es immer nur auf der Enge des Fernsehschirms. Gefallen und Interesse findet, was greifbar das Leben zum Besseren wendet. Das aber ist bislang für viele noch wenig und nur für wenige viel.

Das russische Volk zwischen westlichen Verheißungen und alten Demütigungen

Rußland hat die Einparteienherrschaft der Kommunisten schon lange hinter sich zurückgelassen.

Nach Umfragen sind es nur rund zehn Prozent, die das alte System wieder herbeiwünschen. Dennoch sind dies keineswegs Tage, die der russische Bürger im aufrechten Gang durchschreiten kann. Die alten Demütigungen lauern an jeder Ecke.

So sind etwa im Moskauer Kaufhaus GUM westliche Firmen in die Ladengalerien eingezogen. Die langen Schlangen sind geblieben: Die Verkäuferinnen lassen nur soviele Kunden ein, wie es ihnen angemessen erscheint. Meistens ist die Zahl der möglichen Käufer geringer als die des anwesenden Personals, weil die Angestellten geneigt sind, die Hoheit ihrer neuen, prestigebeladenen Position durch demonstrativ ausgeübte Macht gegenüber dem Kunden zu unterstreichen. König Kunde schrumpft auf sein Normalmaß, wenn er vor der Glastür des Geschäftes wartet und die Verkäuferinnen ihm durch lebhafte Gespräche untereinander

Bei schweren Zusammenstößen mit der Miliz errichten nationalistische und kommunistische Jelzin-Gegner brennende Straßenbarrikaden (2. Oktober)

oder durch stille Pflege der Fingernägel bedeuten, auf welcher Rangstufe er immer noch steht. Es ist ein Bild, das über die Welt des Konsums hinauszielt. Neue Amtsinhaber, sei es im GUM, im Rathaus oder im Kreml, erliegen leicht der Versuchung, in die erprobte Rolle der alten Zeit zurückzufallen.

Sogar dem flüchtigen Betrachter entgeht nicht die große Zahl westlicher Luxuswagen. Aber die Vermutung ist nicht abwegig, daß die meisten Besitzer solcher glitzernder Karossen wenig oder gar keine Steuern zahlen und ihr Vermögen sicher im Ausland wissen. Daß auf der anderen Seite ein Drittel der Gesellschaft in Armut lebt, gibt auch die Regierung zu. Aber selbst das wäre nach zwei Jahren der Wirtschaftsreform erst der Anfang einer schweren Zeit. Denn noch ist kaum ein Betrieb stillgelegt worden, für dessen Produkte es keine Zukunft mehr gibt. Dagegen kommen immer mehr – auch zukunftsträchtige – Betriebe zum Stillstand, weil die Kunden bei ihnen die Schulden nicht bezahlen und sie selbst deshalb ihre Rechnungen für Rohstoffe, Werkzeug und Transporte nicht mehr begleichen können. Das gilt vom Kohlebergbau, wo man den Kumpeln drei Monate lang den Lohn schuldig blieb, bis zu Automobilfabriken, wo Kurzarbeit angeordnet ist. Es gibt auch positive Beispiele, aber sie sind die Ausnahme. Denn zu dem für Investitionen und Erneuerungen unfreundlichen Klima trägt auch der Staat bei – mit monatlich wechselnder Steuer- und Finanzpolitik, mit einsamen Entscheidungen des Präsidenten, der Privilegien gewährt, aber sie auch wieder kassiert.

Moskauer Alltag zu Beginn des Winters

An den Wochenenden säumen viele Tausende die Straßen Moskaus und verkaufen die letzten Habseligkeiten, weil der Lohn zum Überleben nicht reicht. Nur Zyniker mögen in diesem Bild die Wurzeln einer künftigen Marktwirtschaft erkennen. In den Abend- und Nachtstunden ist die Stadt leer und wie verlassen. Wer zu Fuß durch Gassen streift, begegnet nur wenigen, die wie unbescholtene Bürger aussehen und hastigen Schrittes heimwärts ei-

len. Daneben stößt der abendliche Wanderer auf eine wachsende Zahl jener, die nicht einmal dieses Ziel haben, weil ihnen die Wohnung genommen wurde. Ein undurchsichtiger Kampf ist entbrannt um privatisierte Appartements, bei dem viele der sozial schwächeren Moskauer auf der Strecke bleiben. Hinzu kommt, daß allein im Jahr 1993 mehr als zwei Millionen Russen aus den einstigen Republiken der Sowjetunion nach Rußland kamen, auf der Flucht vor Kriegen, nationalen Spannungen und Unterdrückung. Viele von ihnen wissen nicht wohin.

An den frühen, kalten Wintertagen liegen die grauen Rauchschwaden der Heizkraftwerke über den Dächern der Stadt wie die Wolken eines Unwetters. Noch versorgen die Kraftwerke die Häuser – wenn auch unzulänglich – mit Wärme, heißem Wasser und Strom. Aber seit Jahrzehnten ist nichts mehr investiert worden. Und es erscheint nur als eine Frage der Zeit, wann ganze Teile der Stadt in Frost und Kälte erstarren. Wenn es noch nicht soweit gekommen ist, dann ist das nicht eine Folge weitsichtiger Politik, sondern glücklicher Fügung. Und wenn sich das Volk noch nicht in Massenversammlungen auflehnt, dann ist das nicht ein Erfolg der Reformer in der Regierung. Vielmehr liegt es wohl daran, daß es Rußlands Menschen in ihrer unglücklichen Geschichte noch nie gut gegangen ist, daß ihre Genügsamkeit immer wieder schier unerträglich auf die Probe gestellt worden ist. Am Ende des Jahres 1993 sind die Bergleute in den Kohlerevieren Workutas und Sibiriens die ersten, die den Aufstand proben.

Das düstere Mosaik aus dem Alltag der Gegenwart wäre irreführend ohne die Ergänzung durch einige lichte Momente. In den großen Städten haben sich immerhin Geschäftsleute und Künstler aus der Generation der unter Vierzigjährigen befreit von den Fesseln des sozialistischen wie auch des lastenden Erbes russischer Geschichte.

Der Kreml: zaristisches Symbol und Amtssitz Jelzins

Jenem, der schon vor 15 Jahren in diese Stadt kam, fällt auf, daß in der Rubrik des ewig Bleibenden der Kreml fehlt, jene Festung inmitten der Hauptstadt, deren Name für Macht und Ohnmacht im Lande steht. Der Kreml, den LENIN wieder zum Regierungssitz machte, weil er wie kein anderer Ort das Sendungsbewußtsein Rußlands symbolisiert, aus dem GORBATSCHOW vertrieben wurde, in dem seit zwei Jahren BORIS JELZIN der Hausherr ist. Immer blieb der Kreml ein Ort der Geheimnisse – bis in

Der Autor:
Dirk Sager, geb. 1940. Studierte Amerikanistik, Politische Wissenschaften und Publizistik. Fernsehjournalist. Seit 1990 Leiter des ZDF-Studios in Moskau

T-80-Panzer eröffnen das Feuer auf das Weiße Haus, um die Erstürmung des Parlamentsgebäudes durch Elitetruppen vorzubereiten (4. Oktober)

die Gegenwart, da ein demokratisch gewählter Präsident Rußland in eine neue Zeit führen will.

Wenn JELZIN von seinen Vorgängern spricht, findet er GORBATSCHOW verachtenswert; PETER DEN GROSSEN aber nannte er auf einer Pressekonferenz sein Leitbild – mit dem Unterschied, so fügte JELZIN hinzu, daß er, der Präsident, menschlicher sei.

JELZIN hört nicht auf, seinen Bürgern Rätsel aufzugeben. Wankelmütig nennen ihn seine Kritiker, die Positionen wechselnd je nachdem, welchem Berater er gerade zugehört hat. Der Kreml als Sitz des Präsidenten blieb ein Mysterium, aus dem die Entscheidungen über das Volk kamen wie die Blitze eines Zeus.

Gaidars Wirtschaftspolitik führt zu Polarisierung und Eskalation

Was sich im Laufe des Jahres 1993 ereignete, war das Ergebnis einer sich lange abzeichnenden Entwicklung. Ausgangspunkt des Streites ist der von JELZINS Wirtschaftsexperten JEGOR GAIDAR an amerikanischen Lehren orientierte Weg zur Marktwirtschaft, in Rußland auch unter dem unrühmlichen Namen ›Schocktherapie‹ bekannt, zu der sich jetzt auch GAIDAR nicht mehr bekennen will.

Die Diskussion um die richtige Wirtschaftspolitik spaltete die politische Klasse, wobei es keineswegs nur Kommunisten waren, die GAIDARS Weg für gefährlich hielten. Der, so sagten viele, entspräche zwar den Vorgaben des Internationalen Währungsfonds, nicht aber den Gegebenheiten des Landes. Die Kritik entspricht auch einer im Ausland, häufig gerade von deutschen Experten vertretenen These, nach der die Radikalkur zum Kollaps führen könne. Die Lage hat sich nicht entschärft, weil Rußlands Wirtschaft der gigantischen Betriebe nicht nur über Nacht nach neuen Regeln arbeiten sollte, sondern weil mit dem Auseinanderfallen der Sowjetunion in Einzelstaaten die von der Planwirtschaft konstruierten Handelsbeziehungen zwischen den Betrieben zerbrachen. Dem Weg der Waren und Produkte standen auf einmal neue Grenzen im Weg. Der Präsident regierte in dieser Zeit mit häufigen und widersprüchlichen Dekreten praktisch gegen die Mehrheit des Parlaments, der Dialog der Institutionen wandelte sich zu verbalen Gefechten. Der Konflikt mit dem Parlament, dessen letzte Oppositionelle JELZIN im Oktober aus dem Weißen Haus schießen ließ, war in der letzten Etappe nur noch durch die Kapitulation der einen oder anderen Seite lösbar. Der Westen hat verständlicherweise in all den Krisenmonaten seit dem letzten Winter immer auf den Präsidenten gesetzt bis hin in die Zeit des Wahlkampfes am Ende des Jahres, der einherging mit dem Streit um eine neue Verfassung, die dem künftigen Parlament fast keine, dem Präsidenten aber fast alle Rechte gibt. Für den Westen ist JELZIN der Politiker, der nicht zuletzt in seiner Person der Garant für die Sicherheit der Atomwaffen ist. Und in der Tat – eine direkte Alternative ist nicht in Sicht.

Alle Macht den Generälen

BORIS JELZIN überragt nicht nur an körperlicher Größe. Naturbegabung oder die Erfahrung im Aufstiegskampf in der Kommunistischen Partei, kaum einer beweist wie er einen Sinn für die reale Macht. Schon als er Kandidat für die russische Präsidentschaft war, führte ihn die Wahlkampagne zu den Luftlandetruppen, die ihm als Eliteeinheit der Streitkräfte später in den Krisensituationen des Putsches 1991 und bei der Auflösung des Parlaments 1993 zur Seite standen. Er besetzte die für die Macht im Land wichtigen Ministerien, Verteidigungs-, Innen- und Sicherheitsministerium (früher KGB) mit Männern seines Vertrauens. Als ihm im Spätsommer – vor den Ereignissen um das Weiße Haus – Zweifel kamen über die Zuverlässigkeit des Sicherheitsministers, scheute er kein Mittel, ihn aus dem Amt zu entfernen.

Von den Reformen, die in der Zeit GORBATSCHOWS diskutiert wurden, spricht heute kaum noch jemand. Die Zentrale des einstigen KGB überstand den kurzen Weg zur neuen Demokratie unbeschadet. Von Entlassungen wurde nicht berichtet. Die Armeereform, die in den Zeitungen damals als unausweichlich geschildert wurde, weil mehr Rekruten in der Dienstzeit unter ungeklärten Umständen ums Leben kommen, als im Krieg in Afghanistan starben, ist aus der öffentlichen Diskussion verschwunden. Eine Organisation von Müttern der Umgekommenen spricht von jährlich 5000 Toten. Stattdessen ist die Botschaft des Präsidenten am Ende des Jahres eine Militärdoktrin, die – soweit sie veröffentlicht wurde – den Anspruch Rußlands auch als militärisch beherrschende Großmacht festschreibt. Vieles, was darin steht, ist angetan, das nach dem Zusammenbruch der Sowjetunion, nach dem Rückzug aus Osteuropa angekränkelte Selbstbewußtsein der Generalität zu stärken.

Manches im Westen Aufsehen erregt, weil er um die Hoffnung betrogen wurde, Rußland würde aufgrund der Geschichte nunmehr edler werden als man selbst es ist. Wie die NATO behält sich auch Rußland nun den Ersteinsatz atomarer Waffen vor. Aber die Streitkräfte bekommen auch ein Interventionsrecht, wenn sich eine der autonomen Republiken auf eigene Füße stellen will, und im Falle einer Unterdrückung von Auslandsrussen (rund 25 Millionen leben in anderen früheren Republiken der Sowjetunion). Schließlich dürfen die Streitkräfte die Rolle der Polizei übernehmen, wenn die verfassungsmäßige Ordnung gefährdet ist.

Jelzin und das Parlament: von der Partnerschaft zur Gegnerschaft

Für die Lösung seiner innenpolitischen Konflikte suchte sich BORIS JELZIN Bündnispartner nicht im politischen Raum, sondern letztlich bei den Ministerien, die für Sicherheit und Ordnung zuständig sind. Am Anfang des Jahres schien in Moskau die politische Schlacht noch unentschieden, der Präsident und der Kongreß der Volksdeputierten warfen sich wechselseitig die Überschreitung der Vollmachten vor. Als BORIS JELZIN im März die Durchführung eines Referendums verkündete, in dem die Bürger das Vertrauen zum Präsidenten bestätigen sollten, tat er dies mit den Worten: ›Das Problem liegt nicht im Konflikt zwischen Kongreß und Präsidenten. Der Grund ist tiefer und liegt woanders. Er liegt im Widerspruch zwischen dem Volk und dem alten, gegen das Volk gerichteten System, das noch nicht zerfallen ist ...‹

Wer nicht für den Präsidenten ist, sei dem bolschewistischen Lager zuzurechnen, ist die Botschaft. Doch der Kongreß hatte kurz zuvor für den von JELZIN eingesetzten, vom Parlament ungeliebten Ministerpräsidenten GAIDAR als Nachfolger WIKTOR TSCHERNOMYRDIN gewählt, mit dem JELZIN seither in Eintracht zusammenarbeitet. Es war das gleiche Parlament, das, nach seiner Wahl 1990 im offenen Konflikt zwischen JELZIN und GORBATSCHOW die Partei des jetzigen Präsidenten ergriff und JELZIN zu seinem Parlamentspräsidenten wählte. Und dieses Parlament hat die alte russische Verfassung geändert – auch dies ein Beitrag zu GORBATSCHOWS Fall und JELZINS Aufstieg –, um den Parlamentspräsidenten JELZIN zum Präsidenten Rußlands wählen lassen zu können, was im Sommer 1991 geschah. Das Parlament war also nicht immer ein Hort des Widerstandes gegen JELZIN, es war lange Zeit sein

Verbündeter. In der Rückschau muß man sagen, es schien JELZIN nicht gegeben zu sein, was für den amerikanischen Präsidenten mühseliger, aber selbstverständlicher Alltag ist, nämlich für seine Politik Mehrheiten zu suchen und zu finden. Im politischen Raum hat er polarisiert, das Volk im April-Referendum 1993 allerdings auf seine Seite gezogen. Nur für seinen Hauptwunsch, die Neuwahl des ungeliebten Parlamentes, fand er keine Mehrheit. Das Referendum war ein symbolischer Sieg, den in politische Münze umzuwandeln lange JELZINS Geheimnis blieb. Es war in jedem Fall auch eine Kriegserklärung an die Opposition im Parlament, die damit härter und größer wurde.

Nichts erwies sich in den folgenden Monaten als zu niedrig, um nicht gegen den Gegner eingesetzt zu werden. Dem einst befreundeten Vizepräsidenten ALEXANDER RUZKOJ entzog BORIS JELZIN Autos, Mitarbeiter und Bewachungspersonal. Parlamentspräsident RUSLAN CHASBULATOW erging sich in Betrachtungen über die von Alkoholmißbrauch geschwächte Denkfähigkeit des Staatsoberhaupts. JELZINS Pressesprecher antwortete – wie man im Deutschen sagen würde – mit einer ›ausländerfeindlichen‹ Replik. CHASBULATOW entstammt einem der Völker des Kaukasus, die unter Russen keine besondere Achtung genießen. Es war alles andere als eine Lehrstunde in gelebter Demokratie. Statt dessen wurden Plätze besetzt für den finalen Kampf.

Die Anführer des Putsches, Parlamentschef Chasbulatow (Mitte) und Gegenpräsident Ruzkoj (hinter ihm) werden nach ihrer Verhaftung aus dem Parlamentsgebäude abgeführt (4. Oktober)

Blutige Oktobertage in Moskau

Er habe die Verordnung über die Auflösung des Parlaments, die der Präsident am 21. September verkündigte, geraume Zeit vorher mit eigener Hand aufgeschrieben und in seinem persönlichen Safe verwahrt, erklärte JELZIN später. An dunklen Warnungen hatte es während des Sommers nicht gefehlt, dennoch war seine Rede im Fernsehen an jenem Abend eine Überraschung. Denn die Konsequenz seines Befehles konnte sich jeder ausmalen, aber kaum einer mochte sie sich wirklich vorstellen: die gewaltsame Konfrontation.

Keiner, der jene Tage erlebt hat, wird sie jemals vergessen können: den Haß und die ungesteuerte Gewalt, mit der am Sonntag, dem 3. Oktober, Aufstän-

dische und Soldaten am Fernsehsender Ostankino aufeinander schossen. Keiner wird auch die Bilder von den zum großen Teil alten Leute vergessen, die sich in den Tagen vor dem Sturm am Parlament versammelt hatten, um es zu verteidigen. Das Weiße Haus war nicht nur eine Kommandozentrale von Aufrührern. Es war auch Versammlungsort vieler, die nach der unglücklichen Geschichte der letzten siebzig Jahre und angesichts der nicht eingehaltenen Versprechungen keinen besseren Ort wußten, um zu demonstrieren. Nach dem Gefecht sagte JELZIN, auch die Toten seien Kinder Rußlands. Wieviele es waren, die am und im Weißen Haus starben, ob ihr Tod vermeidbar war, die Diskussion darüber nimmt in den Zeitungen kein Ende, seitdem die Zensur sie wieder zugelassen hat.
Geklärt wurden die Fakten nicht.

Jelzins Niederlage bei den Wahlen

Auch der Wahlkampf machte deutlich, daß JELZIN es nicht nur mit einer bolschewistischen Opposition im Land zu tun hatte. Schon vor der Wahl ließ sich unschwer absehen, daß die Opposition, die im nächsten Parlament präsent sein würde, JELZIN das Regieren nicht einfacher machen würde. Und das Team der Regierung hörte auf, eine geschlossene Gruppe zu sein. Einige Minister bezogen unabhängige Positionen, um die Schatten eines möglichen Konkurses fliehen und später unbefleckt die Karriere unter eigener Fahne fortsetzen zu können.

Am Wahltag, dem 12. Dezember, verwirklichte sich mit dem plötzlichen Aufstieg des rechtsnationalen WLADIMIR SCHIRINOWSKIJ für die junge russische Demokratie ein Alptraum. Nach einem gekonnt demagogisch geführten Wahlkampf im Fernsehen gewann seine unter dem ehrbaren Namen ›Liberaldemokratische Partei‹ getarnte großrussische und antisemitische Organisation die meisten Stimmen über die Listenwahl. Auch die Kommunisten errangen mehr Stimmen als die Regierung erwartet hatte. Die gewaltsame Auflösung des alten Parlaments brachte als Ergebnis nur eine gefährliche Zuspitzung der innenpolitischen Situation.
Der Wahlerfolg SCHIRINOWSKIJS hat innerhalb Rußlands ganz besonders die jüdischen Gemeinden beunruhigt, in Erinnerung der antisemitischen Pogrome im letzten Jahrhundert, die sich im stalinistischen Terror fortsetzten. Auch für Rußlands Nachbarn war der Wahlausgang ein Alarmsignal. Denn noch am Wahlabend bekräftigte der gefährliche Populist seine Absicht, JELZINS Nachfolger zu werden. In Rußland ist die erste Etappe der Reformpolitik gescheitert. Es droht die Gefahr, wie einst in der Weimarer Republik, daß die Verelendung des Landes einem Führer an seine Spitze verhilft, dessen wirre chauvinistische Sprüche verhüllen, daß er das Land nicht zu neuen Höhen, sondern in den Abgrund führt. Solange für die Bürger der Weg zur Demokratie durchs Elend führt, wird diese Gefahr zunehmen.

Rüstungsexporte: Nach im Juni 1993 veröffentlichten Angaben des Stockholmer Friedensforschungsinstituts (SIPRI) blieb Deutschland auch 1992 mit einem Volumen von 3,1 Mrd. DM der drittgrößte Waffenexporteur der Welt (nach den USA und Rußland). Die Bundesreg. machte gegenüber dem UNO-Waffenexportregister in diesem Zusammenhang darauf aufmerksam, daß es sich – ähnlich wie im Rekordjahr 1991 (4,1 Mrd. DM) – in hohem Maß um Exporte von Material der ehem. Nat. Volksarmee (NVA) handele und daß diese Zahlen nicht als Lockerung der ansonsten restriktiven Exportpolitik gedeutet werden sollten. Weltweit lag der Rüstungsexport 1992 mit 18,4 Mrd. US-$ um 25 % niedriger als im Vorjahr. Dabei sind jedoch nur konventionelle Großwaffen, aber weder

Herstellungsanlagen noch (zivil wie militärisch einsetzbare) ›dual-use-Produkte‹ wie z. B. Lastkraftwagen erfaßt.

Ruzkoj, Alexander Wladimirowitsch, russ. Politiker, * Kursk 16. 9. 1947. – Im April 1993 kündigte der russ. Vizepräs. R. für die Präsidentschaftswahlen seine Kandidatur gegen Präs. JELZIN an. Die Reaktion des Präs. auf die Kampagne seines damaligen Stellv. war eher moderat. Er entzog ihm die Zuständigkeit für die Reformen in der Landwirtschaft. Doch schon am 3. Sept. suspendierte ihn JELZIN wegen des Verdachts der Korruption von seinem Amt. Nachdem JELZIN am 21. Sept. den Kongreß der Volksdeputierten aufgelöst hatte, ließ sich RUZKOJ vom Parlament zum Präs. ernennen. Gemeinsam mit Parlamentspräs. RUSLAN CHASBULATOW führte er den Aufstand gegen JELZIN an und verwandelte das Parlamentsgebäude in eine Festung der konservativen Regierungsgegner. Nach der Niederschlagung des Aufstands am 4. Okt. wurde er verhaftet. R. war Berufssoldat; als Oberst der Luftwaffe kehrte er mit dem Titel ›Held der Sowjetunion‹ aus dem Afghanistankrieg zurück. Im Zuge der polit. Umwälzungen in der zweiten Hälfte der 1980er Jahre schloß er sich BORIS JELZIN an. Als Vizepräsidentschaftskandidat bescherte er JELZIN bei der Volkswahl des russ. Präs. im Juni 1991 viele Stimmen aus dem Lager der Streitkräfte. Während des Putschversuchs orthodoxer kommunist. Kräfte im Aug. 1991 unterstützte R. JELZIN loyal und verhin-

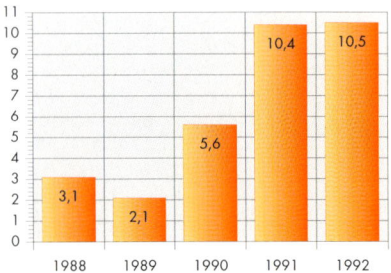

Deutscher Anteil an den weltweiten Exporten konventioneller Großwaffen (in Prozent)

derte ein Blutbad. Doch schon Ende 1991 kam es zw. JELZIN und seinem Vizepräs. zu Auseinandersetzungen über die Reformierbarkeit der KPdSU. Ihre daraufhin zunehmende Entfremdung wurde von R. noch vertieft – durch scharfe Kritik an den Wirtschaftsreformen und an der Privatisierung der Landwirtschaft, verknüpft mit nationalist.-großruss. Tönen.

S

Saarland

Hauptstadt: Saarbrücken
Einwohner: 1,1 Mio.
Einwohner/km²: 418
Regierungschef: O. Lafontaine
BIP/Einwohner: 37 000 DM

Das S. befand sich angesichts der Krise der Automobilindustrie, deren Zulieferer zu den wichtigsten Wirtschaftsunternehmen des Landes zählen, und des weiteren Niedergangs der Stahlindustrie bei gleichzeitig starker staatl. Verschuldung in einer wirtschaftlich äußerst prekären Lage. Im Mai stellte überraschend die Saarstahl AG/Völklingen Konkursantrag. Um einen Teil der 7 200 Arbeitsplätze zu retten, kündigte das Land die Gründung einer Auffanggesellschaft an. Im Juli akzeptierte das Land für die Zukunft strenge Sparauflagen, um

Protest der IG-Metall gegen die drohende Schließung der Saarstahl AG in Völklingen, die im Mai Konkurs anmeldet

Alexander Ruzkoj, zu dieser Zeit russischer Vizepräsident, nimmt mit seiner Frau am 25. April an der Volksabstimmung über die politische Zukunft Rußlands teil

vom Bund für die Jahre 1994–98 eine Finanzhilfe in der Höhe von 8 Mrd. DM zu erhalten.
Ein Bericht des Nachrichtenmagazins ›Der Spiegel‹ löste im Febr. die → Rotlichtaffäre aus.

Sachsen

Hauptstadt: Dresden
Einwohner: 4,7 Mio.
Einwohner/km²: 258
Regierungschef: K. Biedenkopf
BIP/Einwohner: 14 100 DM

Die wirtschaftl. Lage des Landes war prekär. Für 1993 sah der Landeshaushalt eine Erhöhung um 3,9 % vor. Nur knapp ein Drittel der Ausgaben war durch Steuern gedeckt, 41 % der Einnahmen beruhten auf Zuschüssen und Zuweisungen des Bundes und der alten Bundesländer. Mit 14,5 % lag die Kreditquote um 1 % höher als im Vorjahr.
Die im März verabschiedete neue Gemeindeordnung lehnt sich an die süddt. Ratsverfassung an. Sie sieht die Direktwahl der Bürgermeister für eine Amtszeit von sieben Jahren und für die Gemeindeparlamente eine Legislaturperiode von fünf Jahren vor. Die im Mai vom Landtag verabschiedete Kreisreform tritt am 1. 8. 1994 in Kraft. Sie reduziert die Zahl der Kreise von 48 auf 23, dazu kommen sieben kreisfreie Städte. Die Kontroversen um Gebietsabgrenzungen und den Sitz der Kreisverwaltungen waren jedoch noch nicht beigelegt; verschiedene Kreise erwägen eine Verfassungsklage.
Das Dresdner Molkereiunternehmen ›Sachsenmilch‹ mit dem Mehrheitsaktionär ›Südmilch‹, dem größten dt. Molkereiunternehmen, mußte im Juli Konkurs anmelden. Im Gefolge des ›Sachsen-

milch‹-Konkurses stellte schließlich auch die zahlungsunfähig gewordene ›Südmilch‹ einen Konkursantrag.

Der Bund übereignete am 11. Aug. dem Freistaat S. als erstem Bundesland 150 Grundstücke mit einer Fläche von 16 500 ha aus dem Erbe der früheren Sowjetarmee.

Sachsen-Anhalt

Hauptstadt:
Magdeburg
Einwohner: 2,9 Mio.
Einwohner/km²: 139
Regierungschef:
C. Bergner
(seit 2. 12. 1993)
BIP/Einwohner:
15 500 DM

Die finanzielle Notlage S.-A.s spiegelte sich im Haushaltsplan wider. Nur 4,6 Mrd. DM des 18,6 Mrd. DM umfassenden Haushalts waren durch Steuermittel gedeckt, mehr als 9 Mrd. DM stammten aus Zuschüssen des Bundes und dem Fonds Dt. Einheit. Etwa 4,1 Mrd. DM mußte S.-A. über Kredite finanzieren (Kreditquote: 22%). Das Volumen des Mitte Dez. für 1994 verabschiedeten Haushalts beträgt 20,25 Mrd. DM, 5 Mrd. DM werden durch neue Schulden finanziert (Kreditquote: 25%).

Am 19. Jan. verabschiedete das Kabinett den Entwurf für eine Gebietsreform, die im Frühjahr 1994 in Kraft treten und die unteren Verwaltungsbehörden stärken soll. Danach ist vorgesehen, die Zahl der Kreise von 37 mit durchschnittlich 60 000 Ew. auf 21 mit rd. 105 000 Ew. zu reduzieren. Dessau, Halle und Magdeburg sollen als kreisfreie Städte erhalten bleiben. Das neue Kommunalwahlgesetz, das der Landtag Ende Okt. verabschiedete, berücksichtigt bereits die neuen Gebietsstrukturen, indem es die neuen Landkreise in mehrere Wahlbereiche unterteilt. Künftig haben die Wähler in S.-A. die Möglichkeit, bis zu drei Stimmen abzugeben, die sie auf einen Kandidaten kumulieren, aber auch auf Kandidaten versch. Listen verteilen können.

Nachdem am 28. Nov. MinPräs. MÜNCH mit dem gesamten Kabinett aufgrund der →Gehälteraffäre zurückgetreten war, forderte die Opposition im Landtag Neuwahlen; dies wurde von der regierenden CDU jedoch abgelehnt. Die CDU schlug als neuen MinPräs. ihren Fraktionsvors. CHRISTOPH BERGNER vor, der am 2. Dez. mit 60 Stimmen gewählt wurde. Die Regierungskrise war mit der Wahl jedoch nicht beendet, da der bisherige Koalitionspartner FDP in der Frage der Neuwahlen gespalten war. So trat der Landesvorstand der FDP für Neuwahlen ein, während ein Großteil der Fraktion dies ablehnte und BERGNER offensichtlich von Teilen der FDP-Fraktion mitgewählt worden war. Nach langwierigen Verhandlungen einigten sich CDU und FDP am 12. Dez. darauf, daß Neuwahlen noch vor der Sommerpause stattfinden sollen. Eine generelle Überprüfung der Besoldungsregelungen in S.-A. ergab, daß auch die Staatssekretäre eine monatl. Amtszulage erhalten, die im Bundesbesoldungsgesetz nicht verankert ist.

Mit einem Staatsvertrag besiegelten S.-A. und Sachsen am 27. Aug. das gemeinsame Vorgehen bei der Planung und Entwicklung der Region Halle/Leipzig. Die Planungsbehörden beider Länder wurden verpflichtet, sich künftig bei allen Infrastrukturvorhaben abzustimmen.

Saint Christopher and Nevis

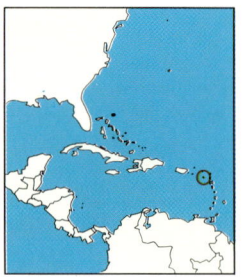

Hauptstadt:
Basseterre
Einwohner: 42 000
Einwohner/km²: 161
Staatsoberhaupt:
Elisabeth II.
Regierungschef:
K. A. Simmonds
BSP/Einwohner:
3 960 US-$

Saint Lucia

Hauptstadt: Castries
Einwohner: 137 000
Einwohner/km²: 220
Staatsoberhaupt:
Elisabeth II.
Regierungschef:
J. Compton
BSP/Einwohner:
2 500 US-$

Saint Vincent and the Grenadines

Hauptstadt:
Kingstown
Einwohner: 109 000
Einwohner/km²: 281
Staatsoberhaupt:
Elisabeth II.
Regierungschef:
J. Mitchell
BSP/Einwohner:
1 730 US-$

Ihre Deutschlandvisite führt den schwedischen König Karl XVI. Gustav und Königin Silvia (vorne) auch durch verschiedene Städte Sachsen-Anhalts. Am 28. April machen sie in Wittenberg Station

Salomoninseln

Hauptstadt: Honiara
Einwohner: 342 000
Einwohner/km²: 12
Staatsoberhaupt:
Elisabeth II.
Regierungschef:
F. B. Hilly
(seit 18. 6. 1993)
BSP/Einwohner:
560 US-$

Zum vierten Mal seit Erlangung der Unabhängigkeit 1978 fanden im Mai Parlamentswahlen statt, bei denen die 1993 gegründete Group for National Unity and Reconciliation von Premiermin. SOLOMON MAMALONI stärkste Partei wurde. Die Opposition verhinderte jedoch durch die Bildung einer Parteienkoalition eine erneute Regierung unter MAMALONI und setzte am 18. Juni die Wahl des bisherigen stellv. Premiermin. FRANCIS BILLY HILLY zum Regierungschef durch.

Galt Sambia 1991, nach der ersten freien Wahl seit Einführung des Einparteiensystems 1972, noch als Modell für demokrat. Wandel in Afrika, so mehrte sich im Laufe des Jahres die Kritik an Präs. FREDERICK CHILUBA und seiner Partei MMD (Movement for Multi-Party Democracy). Die Verhängung des Ausnahmezustands am 4. März nach der Aufdeckung angebl. Umsturzpläne durch die oppositionelle UNIP (United National Independence Party) sowie Foltervorwürfe in Zusammenhang mit der anschließenden Festnahme 26 führender Oppositionspolitiker schmälerten die anfängl. Popularität des Präsidenten.

Insbes. die Kabinettsumbildung vom 15. April, vordergründig eine Reaktion auf Korruptionsvorwürfe an die Reg., wurde von in- und ausländ. Kritikern als Ausschaltung innerparteil. Gegner CHILUBAS gewertet. Mit Finanzmin. EMMANUEL KASONDE schied ein entschiedener Verfechter des wirtschaftl. Reformprogramms aus. Die MMD-internen Auseinandersetzungen erreichten im Aug. mit der Mandatsniederlegung von elf Parlamentariern und der Gründung der National Party einen vorläufigen Höhepunkt.

Die Umsetzung des vom IWF verordneten Strukturanpassungsprogramms wurde durch die Hyperinflation und die sozialen Härten für die Bevölkerung erschwert. Erste Erfolge verzeichneten die Privatisierungsbemühungen in der Staatswirtschaft.

Sánchez de Lozada, Gonzalo, bolivian. Politiker, * Cochabamba 1. 7. 1930. – Der Minenbesitzer, einer der reichsten Männer Boliviens, wurde in der Stichwahl am 6. Aug. zum neuen Präs. gewählt.

S. de L., Sohn eines Diplomaten, hatte seine Ausbildung in den USA erhalten und an der Univ. Chicago neben Philosophie noch andere geisteswiss. Fächer studiert. Während der Amtszeit des Präs. VICTOR PAZ ESTENSSORO war er als Planungsmin. (1985–89) maßgeblich für die Neuorientierung der Wirtschaftspolitik nach marktwirtschaftl. Gesichtspunkten verantwortlich und konnte Bolivien in die Kreditwürdigkeit zurückführen. 1989 kandidierte er als Vertreter der Nationalist. Revolutionsbewegung (MNR) erfolglos für das Amt des Staatspräsidenten. Damals wurde JAIME PAZ ZAMORA vom Parlament gewählt. Aus den Wahlen vom 6. Juni ging S. de L. als Sieger hervor.

Sambia

Hauptstadt: Lusaka
Einwohner: 8,6 Mio.
Einwohner/km²: 11
Staatsoberhaupt:
F. Chiluba
Regierungschef:
F. Chiluba
BSP/Einwohner:
387 US-$

San Marino

Hauptstadt:
San Marino
Einwohner: 23 000
Einwohner/km²: 377
Staatsoberhaupt:
›Capitani Reggenti‹
Regierungschef:
›Capitani Reggenti‹
BSP/Einwohner:
6 000 US-$

Bei den Wahlen am 30. Mai wurde die regierende Koalition aus Christdemokraten (41% der Stimmen) und Sozialisten (24%) bestätigt. Die aus den Kommunisten hervorgegangene demokrat. Fortschrittspartei erhielt nur noch 18% der Stimmen.

São Tomé e Príncipe

Hauptstadt:
São Tomé
Einwohner: 124000
Einwohner/km²: 129
Staatsoberhaupt:
M. Trovoada
Regierungschef:
N. C. Alegre
BSP/Einwohner:
350 US-$

Die Reg. erließ im Rahmen der dritten Phase (1993 bis 1995) des unter der Führung der Weltbank und des IWF 1987 angelaufenen Strukturanpassungsprogramms ein neues Wirtschaftsprogramm, das die Privatisierung mehrerer Staatsunternehmen bis 1994 vorsieht. Zur Überwindung der anhaltenden Wirtschaftskrise hatte die Nationalversammlung bereits im Juni ein dreijähriges Regierungsprogramm verabschiedet. Der ehem. Staatspräs. MANUEL PINTO DA COSTA kehrte nach zweijährigem Exil in Angola nach São Tomé zurück.

Saudi-Arabien

Hauptstadt: Riad
Einwohner: 15,9 Mio.
Einwohner/km²: 7
Staatsoberhaupt:
Fahd ibn Abd al-Asis
Regierungschef:
Fahd ibn Abd al-Asis
BSP/Einwohner:
7150 US-$

Der bereits 1992 beglichene Anteil S.-A.s an den Kriegskosten der Alliierten des zweiten Golfkriegs entlastete das laufende Staatsbudget bedeutend. Rüstungsgüterimporte in großem Umfang dienten der Realisierung eines bislang einmaligen Hochrüstungsprogramms. Die zivilen Aufbaumaßnahmen des Staates waren schwerpunktmäßig auf die Energie- und Wasserwirtschaft konzentriert, da Wassermangel die Investitionstätigkeit in einzelnen Regionen ernsthaft behinderte. Einkommensrückgänge in der Erdölwirtschaft, verursacht durch sinkende Preise, vermochten den Wirtschaftsboom nicht abzuschwächen. Mit etwa 8 Mio. Barrel pro Tag ist S.-A. zu rd. einem Drittel an der Gesamtförderung der OPEC beteiligt.

Unter Beibehaltung der absolutist. Herrschaftsform und der religiösen Grundorientierung des Staates versuchte König FAHD, einen Ausgleich zw. religiösen und säkularen Strömungen in der Gesellschaft zu schaffen. Dazu gehörten u.a. die Schaffung eines Konsultativrates (Madjlis al-shoura; konstituierende Sitzung am 29. Dez.) und die Neubenennung des Obersten Rats der Rechtsgelehrten (Ulemas), der höchsten religiösen Körperschaft. Eine Kabinettsumbildung führte zur Einrichtung zweier neuer Ministerien, eines für Islam. Stiftungen und eines für Pilgerangelegenheiten. Intensive Beziehungen pflegte S.-A. zu den Alliierten im Golfkrieg, v. a. zu den USA (auch unter Präs. CLINTON).

Saugrüssel, Rückführungssystem für gesundheitsschädl. Kraftstoffdämpfe, die bei der Kraftfahrzeugbetankung frei werden. Nach einer am 1. Jan. in Kraft getretenen Durchführungsverordnung zum Bundesimmissionsschutzgesetz müssen neu errichtete Tankstellen mit entsprechenden Anlagen ausgerüstet werden, um insbes. das Entweichen gefährl. Kohlenwasserstoffdämpfe zu vermindern. Für bestehende Tankstellen gelten abhängig von der jährlich abgegebenen Kraftstoffmenge Übergangsfristen zw. drei und fünf Jahren; ausgenommen sind lediglich Kleintankstellen mit einem Jahresumsatz an Ottokraftstoffen unter 1000 m³.
Bevorzugte techn. Variante ist die aktive Gasrückführung mit einer Saugpumpe. Dabei wird dem benzinführenden Rohr der Zapfpistole eine separate Saugleitung übergestülpt, deren Öffnung wenige Zentimeter oberhalb der Rohröffnung liegt und in den Füllstutzen hineinreicht; die Pumpe fördert dann bis zu 76% der flüchtigen Kraftstoffanteile in den unterird. Lagertank zurück. Die großen Mineralölgesellschaften begannen bereits im Laufe des Jahres mit der Nachrüstung einiger hundert Tankstellen.

Scharping, Rudolf, Politiker (SPD), * Niederelbert (bei Montabaur) 2. 12. 1947. – Der Essener Sonderparteitag der SPD wählte S. am 25. Juni zum neuen Parteivors. und damit zum Nachfolger BJÖRN

Der am 13. Juni von den SPD-Mitgliedern für den Parteivorsitz bestimmte Rudolf Scharping

Heide Simonis, die von der SPD Schleswig-Holsteins als Ministerpräsidentin nominiert wird, mit Björn Engholm (15. Mai)

in der jurist. Abteilung des Verlags Mir. Seit seinem Hervortreten bei der Präsidentschaftswahl 1991 verkündete S. populist. und nationalist. Parolen. Er will Rußland ›wieder groß machen‹, dazu sollen die Hilfslieferungen an andere Länder, v.a. an die ehem. Unionsrep. der UdSSR, eingestellt, die Rüstungskonversionsprogramme beendet und der Waffenverkauf in großem Umfang wieder aufgenommen werden. S. will Rußland in den ›histor. Grenzen‹ wiederherstellen. S. wurde im Dez. aufgrund seiner Agitation aus Bulgarien ausgewiesen und erhielt kein Einreisevisum für Deutschland.

Schlechtwettergeld, →Arbeitsmarkt.

Schleswig-Holstein

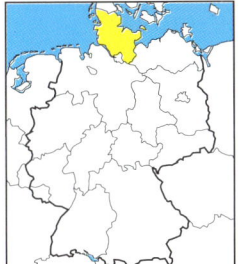

Hauptstadt: Kiel
Einwohner: 2,6 Mio.
Einwohner/km²: 167
Regierungschef:
H. Simonis
(seit 19. 5. 1993)
BIP/Einwohner:
36 300 DM

ENGHOLMS, der am 3. Mai von seinen Ämtern zurückgetreten war. S. hatte sich in einer erstmals von der SPD durchgeführten Mitgliederbefragung (13. Juni; Beteiligung: 56,6%) mit 40,3% gegen seine Mitbewerber GERHARD SCHRÖDER (33,2%) und HEIDEMARIE WIECZOREK-ZEUL (26,5%) durchsetzen können. Nachdem OSKAR LAFONTAINE noch im Juni seinen Verzicht erklärt hatte, wurde S. auch einziger Bewerber um die Kanzlerkandidatur der SPD, und im Nov. bestätigte ihn der SPD-Parteitag als Herausforderer von Bundeskanzler HELMUT KOHL bei den Wahlen 1994. Es gelang ihm, die wichtigen Vertreter der unterschiedl. Parteiströmungen in sein Kernteam für den Bundestagswahlkampf einzubinden – einschl. der unterlegenen Gegenkandidaten.
S. studierte bis 1974 in Bonn polit. Wiss., Jura und Soziologie und arbeitete gleichzeitig als Assistent des Bundestagsabgeordneten WILHELM DRÖSCHER. In Rheinland-Pfalz wurde er 1975 MdL, 1979 parlamentar. Geschäftsführer, 1985 Vors. der SPD-Landtagsfraktion und SPD-Landesvorsitzender. Seit den Landtagswahlen von 1991 leitet er als erster sozialdemokrat. MinPräs. von Rheinland-Pfalz eine Koalitionsreg. aus SPD und FDP. Bundespolit. Profil konnte S. insbes. als Mitgl. der SPD-Delegation bei den Verhandlungen mit der Regierungskoalition über das Asylrecht und den Solidarpakt gewinnen.

Schirinowskij, Wladimir Wolfowitsch, russ. Politiker, * Alma-Ata 25. 4. 1946. – Mit dem überraschenden Erfolg seiner Liberal-Demokrat. Partei wurde S. der eigtl. Wahlsieger der russ. Parlamentswahlen vom 12. Dez. Bei den Präsidentschaftswahlen 1991 hatte S. mehr als 6 Mio. Stimmen erhalten.
S. studierte in Moskau Jura. Angeblich war er dann in der Türkei als Agent des KGB tätig, wurde dort verhaftet und kam im Zuge eines Häftlingsaustausches wieder frei. In den 1970er Jahren arbeitete er

Der Ende Aug. vorgelegte Haushalt für 1994 hat ein Volumen von 13,5 Mrd. DM, die Steigerungsrate gegenüber dem Haushalt 1993 beträgt 1,6%. Polit. Schwerpunkte setzt der neue Etat bei der Beschäftigungspolitik und bei der Wohnungsbauförderung. Erhebliche polit. Nachwirkungen hatten Enthüllungen, die im Zusammenhang mit der Barschel-Affäre von 1987 standen. Am 1. März gestand Sozialmin. GÜNTHER JANSEN ein, dem ehem. Medienreferenten BARSCHELS, REINER PFEIFFER, rd. 40 000 DM in zwei Raten ›aus seiner Privatschatulle‹ gezahlt zu haben. Der Landtag setzte daraufhin am 10. März einen Untersuchungsausschuß ein. Vor diesem gab der ehem. SPD-Sprecher NILIUS am 15. März zu, den Untersuchungsausschuß zur Barschel-Pfeiffer-Affäre 1987 belogen zu haben. Aus dem ›Auftritt‹ des Sozialmin. JANSEN entwickelte sich dann die →Schubladenaffäre. Trotz der Bemühungen ENGHOLMS, seinen Sozialmin. im Amt zu halten, trat dieser am 23. März zurück. Dies ließ die Fragen nach ENGHOLMS Rolle in dieser Affäre jedoch nicht verstummen. Am 24. März entband der schleswig-holstein. MinPräs. seinen Anwalt von der Schweigepflicht für ein Gespräch, das am 7. 9. 1987 in einem Hamburger Hotel stattgefunden hatte. Dabei stellte sich heraus, daß ENGHOLM bereits vor dem 13. 9. 1987, dem Tag der Landtagswahl, von den geplanten Aktionen PFEIFFERS informiert gewesen war. Unter zunehmendem öffentl. Druck trat ENGHOLM am 3. Mai von allen polit. Ämtern zurück, blieb aber MdL in Kiel.
Seine Nachfolgerin wurde Finanzmin. HEIDE SIMONIS. Ihre Wahl am 19. Mai und die Ernennung ihres

Der Vorsteher des Börsenvereins des Deutschen Buchhandels, Gerhard Kurtze (rechts), überreicht Friedrich Schorlemmer in der Frankfurter Paulskirche den Friedenspreis des Deutschen Buchhandels

Kabinetts waren – mit Ausnahme der Entlassung des Wirtschaftsmin. UWE THOMAS – mit wenig Überraschungen verbunden. Ins Zentrum ihrer Politik stellte die neue MinPräs. einen konsequenten Sparkurs, um den Belastungen durch die Kosten für die dt. Einigung entgegenzuwirken. Die Zahl der Landesbediensteten und nicht zuletzt der Lehrer soll verringert werden, die Arbeitszeit der Beamten wird ab 1. 1. 1994 um eine Stunde verlängert. Im Nov. wurde Umweltmin. BERNDT HEYDEMANN entlassen.

Schlöndorff, Volker, Filmregisseur, * Wiesbaden 31. 3. 1939. – Nach seiner Literaturverfilmung ›Homo Faber‹ (1991), die bei der Kritik durchfiel, aber an der Kasse ein großer Erfolg wurde, leitet S. seit 1992 die Babelsberg Studio GmbH in Potsdam, die aus der DEFA hervorgegangen ist. Er versucht v. a., aufwendige englischsprachige Produktionen für das Filmgelände zu interessieren. Der Film ›Und der Himmel steht still‹ wurde in Potsdam gedreht, der amerikan. Regisseur ROGER SPOTTISWOODE wird die Geschichte des Wunderheilers FRANZ ANTON MESMER dort verfilmen, und im Sept. war Drehbeginn für den dritten Teil der ›Unendlichen Geschichte‹, diesmal unter der Regie von PETER McDONALD.
Die Treuhandanstalt verkaufte die ehem. Ateliers des DDR-Staatsbetriebs DEFA im Aug. 1992 an das Unternehmen CIP. Die Tochtergesellschaft des frz. Energiekonzerns CGE investierte 1992 8 Mio. und 1993 25 Mio. DM in die Ausstattung der legendären Hallen; ein großer Teil der ehem. Mitarbeiter wurde entlassen.

Schorlemmer, Friedrich, Theologe und Publizist, * Wittenberge (Brandenburg) 16. 5. 1944. – In der Frankfurter Paulskirche nahm S. am 10. Okt. den vom Börsenverein des Dt. Buchhandels gestifteten Friedenspreis entgegen; die Laudatio hielt Bundespräs. RICHARD VON WEIZSÄCKER. In der öffentl. Diskussion um die Wahl des nächsten Bundespräs. ist von versch. Seite immer wieder auch der

Name S. genannt worden. Seit 1992 ist S. Studienleiter an der Ev. Akademie Sachsen-Anhalt in Wittenberg.
S. studierte Theologie und übernahm 1971 eine Studentenpfarrstelle in Merseburg. 1978–92 war er Dozent am Ev. Predigerseminar und Prediger an der Schloßkirche in Wittenberg, wo sich um ihn eine kirchl. Basisgruppe bildete, die sich zur Umwelt- und Friedensbewegung zählte und über Jahre hinweg bevorzugtes Überwachungsobjekt der Staatssicherheit war. 1988 wurde S. auch einer größeren Öffentlichkeit bekannt, als seine Gruppe die regimekrit. ›20 Wittenberger Thesen‹ vorlegte; ein Jahr später gehörte S. zu den Mitbegründern der Bürgerbewegung ›Demokrat. Aufbruch‹ (DA). Während der Wende war S. dafür eingetreten, die DDR mit eigenen Kräften und von innen heraus umzugestalten, doch die Eigendynamik des Wiedervereinigungsprozesses ließ derartige Positionen in die Minderheit geraten. Im Jan. 1990 wechselte S. zu den Sozialdemokraten, da er den Rechtskurs des DA nicht mitmachen wollte. Seit Mai 1990 ist SPD-Fraktionsvors. im Stadtrat von Wittenberg. Zus. mit H.-J. VOGEL und H.-R. LAURIEN gründete er 1993 die Gruppe ›Gegen Vergessen – für Demokratie‹.

Schubladenaffäre: Am 1. März teilte der stellv. MinPräs. und Sozialmin. von Schleswig-Holstein, GÜNTHER JANSEN, der Öffentlichkeit mit, daß er in den Jahren 1989 und 1990 dem ehem. Medienreferenten des früheren MinPräs. UWE BARSCHEL, REINER PFEIFFER, durch den persönl. Referenten von MinPräs. ENGHOLM, KLAUS NILIUS, einen Betrag von insgesamt rd. 40 000 DM hatte zukommen lassen. PFEIFFER hatte im Sept. 1987 durch seine Aussagen über die Machenschaften BARSCHELS gegen den damaligen Oppositionsführer ENGHOLM die sog. Barschel-Pfeiffer-Affäre ausgelöst, in deren Folge BARSCHEL zurücktrat und sich das Leben nahm. BJÖRN ENGHOLM hatte nach den vorgezogenen Wahlen 1988 die Macht in Kiel übernehmen können.

JANSEN, der 1987 SPD-Landesvors. in Schleswig-Holstein gewesen war, gab an, das Geld für PFEIFFER sei von ihm in einer Schublade seines Schreibtisches aus eigenen Mitteln angespart worden; Mutmaßungen, wonach PFEIFFER den Betrag für die Weitergabe vertraul. Informationen an die SPD im Jahr 1987 erhalten habe, wies er zurück. In der Folge der S. kam eine Reihe von Falschaussagen vor dem Barschel-Untersuchungsausschuß 1987 ans Licht, die im März zum Rücktritt JANSENS und schließlich im Mai auch zum Rücktritt ENGHOLMS führten.

Schuldenkrise, Bez. für die krisenhafte Entwicklung im internat. Finanzsystem seit 1982, als eine Reihe von Entwicklungsländern faktisch zahlungsunfähig geworden war. – Um die S. ist es in den letzten Jahren ruhig geworden, weil die Privatbanken die Problemkredite größtenteils (steuermindernd) abgeschrieben und teilweise auf dem Sekundärmarkt mit hohen Abschlägen veräußert haben. Aber für die Mehrheit der Schuldnerländer in der dritten Welt bleibt sie das größte Entwicklungsproblem. Die zahlreichen Umschuldungsabkommen haben nur die Rückzahlungen gestreckt, aber die Schulden nicht verringert. Nur den ärmsten Entwicklungsländern wurde schrittweise ein Großteil der öffentl. Schulden erlassen. Die Halbierung der Schulden Ägyptens blieb eine Ausnahme, die dessen polit. Wohlverhalten während des zweiten Golfkriegs belohnte.

Ende 1992 war der Schuldenberg der Entwicklungsländer auf 1 703 Mrd. US-$ angewachsen. Die höchsten Schulden haben die Staaten Lateinamerikas, aber die schwachen Volkswirtschaften Afrikas südlich der Sahara sind noch stärker belastet. Die lateinamerikan. Großschuldner profitierten erheblich von der Halbierung des internat. Zinsniveaus seit 1989, da sie sich größtenteils zu variablen Zinssätzen verschuldet hatten. Inzwischen ist die Auslandsverschuldung auch für die meisten Staaten Osteuropas zu einem vordringl. Problem geworden. Ihre Gesamtverschuldung erreichte Ende 1992 fast 300 Mrd. US-$. Auf Rohstoffexporte angewiesen, ist es für sie bei niedrigen Weltmarktpreisen ähnlich schwierig wie für die meisten Entwicklungsländer, genügend Devisen für unverzichtbare Importe und den fälligen Schuldendienst zu erwirtschaften.

Das Schuldenmanagement findet weiterhin statt durch den IWF, den Pariser Klub, in dem die öffentl. Gläubiger eine Interessen- und Verhandlungsgemeinschaft bilden, und den Londoner Klub, in dem die Privatbanken ihre Interessen als Gläubiger abstimmen. Sie machen Zugeständnisse von der Bereitschaft der Schuldner abhängig, Programme zur Strukturanpassung der überschuldeten Volkswirtschaften durchzuführen. Diese verlangen i. d. R. auch Kürzungen in den Sozialhaushalten und treffen daher die Armutsgruppen am härtesten; sie erschweren die Stabilisierung labiler Demokratien und sind außerdem ökologisch bedenklich, weil sie zur Ausdehnung von Monokulturen und zum Raubbau an den ökolog. Ressourcen verleiten. Notwendig bleiben Entschuldungsprogramme mit einem substantiellen Schuldenabbau, wie es beispielsweise das Londoner Schuldenabkommen von 1952 der jungen Bundesrepublik Deutschland eingeräumt hatte.

Schulpolitik: Die angespannte Haushaltslage der Bundesländer führte zu Einsparungen auch im Schulwesen, die je nach Bundesland unterschiedlich ausgeprägt waren und Proteste bei Schülern, Eltern und Lehrerverbänden hervorriefen. Die wichtigsten Einsparungsmaßnahmen bestanden in der Erhöhung der Stundendeputate für Lehrer und der Klassenstärke, Veränderungen in der Stundentafel und Stundenkürzungen für einzelne Unterrichtsfächer.

In den fünf neuen Bundesländern war der Prozeß der Umgestaltung eines zentralstaatlich gelenkten Bildungssystems in ein föderal strukturiertes noch in vollem Gang. Während der Wunsch der Eltern, ihren Kindern den höchstmögl. Bildungsabschluß zu ermöglichen, noch zur Expansion mittlerer und höherer Bildungsgänge im Sekundarbereich I führt, könnte der ›demograph. Zusammenbruch‹ in den neuen Ländern (ein Geburtenrückgang von 70 % in einzelnen Regionen ist nicht selten) schon bald im Primarschulbereich und später im Sekundarbereich I Schulstandorte gefährden. Die einzelnen Kultusministerien reagierten darauf mit einer Veränderung der Gliederung des Schulsystems, indem sie (bis auf Mecklenburg-Vorpommern) auf die Einführung der Hauptschule verzichteten und versch. Neugliederungen realisierten (sog. Sekundar-, Mittel- und Regelschulen). Im ›Toleranzedikt von Frankfurt‹ einigten sich die Kultusmin. der Länder am 3. Dez. u. a. auf einen umfassenden gemeinsamen Orientierungsrahmen für die Sekundarstufe I und die Bedingungen für die gegenseitige Anerkennung der mittleren Schulabschlüsse.

Der Anstieg rechtsradikaler, ausländerfeindl. Übergriffe und die öffentl. Debatte um Gewalt in der Schule brachten den staatl. Erziehungsauftrag wieder in die Diskussion. Untersuchungen belegten, daß die Gewaltbereitschaft unter Jugendlichen leicht ansteigt und sich dabei aber die ›Qualität der Gewalt‹ bedrohlich verändert. Der Jugendforscher KLAUS HURRELMANN wies darauf hin, daß eine gewisse Hemmschwelle, die es vor einigen Jahren noch gab, bei sehr vielen Jugendlichen nicht mehr vorhanden sei. (→Abitur)

Schwangerschaftsabbruch: Am 28. 5. 1993 erging das zweite grundlegende Urteil des Bundesverfassungsgerichts (BVerfG) zum S. Aufgrund des Einigungsvertrages vom 30. 8. 1990, der in der Frage des S. die Fortgeltung des Rechts der ehemaligen DDR auf deren Gebiet vorsah, mußte der Bundestag ein bundeseinheitliches Gesetz erlassen. Daher erging das Schwangeren- und Familienhilfegesetz vom 27. 7. 1992. Danach war der S. außer in den Fällen der Gefahr für die Mutter oder der Schädigung des Kindes auch dann ›nicht rechtswidrig‹, wenn ein Arzt auf Verlangen der Schwangeren den Abbruch vornahm und diese sich vorher in einer näher geregelten Weise hatte beraten lassen; in diesen Fällen bestand auch ein Anspruch auf Leistungen der Krankenversicherung.

Das Gesetz regelte außerdem die Hilfe für Schwangere, Familien und Kinder durch Aufklärung, Beratung und soziale Leistungen wie →Kindergartenplätze.

Das Gerichtsurteil

Auf Antrag der Bayer. Landesreg. und von 249 Bundestagsabgeordneten erklärte das BVerfG Teile dieses Gesetzes für nichtig und erließ für die Übergangszeit bis zur notwendigen Neuregelung eine Fülle von Anordnungen. Das Urteil gilt als Beispiel für eine Tendenz des Gerichts, weit in den Gestaltungsspielraum des Gesetzgebers einzugreifen.

Das umfangreiche Urteil ist in seinem Entscheidungsgehalt und den Vorgaben für die künftige Gesetzgebung nicht ganz leicht zu würdigen. Eine seiner wesentl. Aussagen ist, daß die Verfassung es dem Gesetzgeber verbietet, einen nach Beratung, aber ohne Vorliegen einer Notlage vorgenommenen Abbruch für rechtmäßig zu erklären (dieser Aussage stimmten sechs von acht Richtern zu). Zugleich wird aber festgestellt, daß der Gesetzgeber einen solchen S. nicht mit Strafe belegen muß; im Grundsatz hat das Gericht also das neue gesetzl. Konzept des Schutzes der Leibesfrucht gegenüber der Mutter durch sonstige rechtl. Vorkehrungen, insbes. eine bestimmt geartete Beratung unter Verzicht auf das Mittel des Strafrechts gebilligt. Ein weiterer wesentl. Punkt liegt in der Feststellung (die von fünf der acht Richter getragen wurde), daß für nicht gerechtfertigte, aber straffreie Schwangerschaftsabbrüche keine Leistung der gesetzl. Krankenversicherung vorgesehen werden darf.

Das BVerfG geht in dieser Entscheidung von dem grundsätzl. Vorrang des grundrechtlich geschützten Lebensrechts der Leibesfrucht vor den Grundrechten der Mutter aus. Das Gericht sieht den Staat als verpflichtet an, das Grundrecht des Nasziturus gegen Eingriffe Dritter und auch der Mutter wirksam zu schützen. Der S. muß deshalb grundsätzlich verboten und der Schwangeren eine Rechtspflicht zum Austragen der Schwangerschaft auferlegt werden; diese Pflicht darf nur in bestimmten Ausnahmelagen entfallen, in denen die Austragung der Schwangerschaft unzumutbar ist. Der Staat muß in Erfüllung seiner Schutzpflicht rechtl. und tatsächl. Maßnahmen ergreifen, die den Nasziturus angemessen und wirksam schützen; dazu gehören auch strafbewehrte Pflichten des den Abbruch vornehmenden Arztes. Für Wahl und Ausgestaltung des Schutz-

Nach Bekanntwerden des Urteils des Bundesverfassungsgerichts zum § 218 am 28. Mai demonstrieren Frauen in der Karlsruher Innenstadt

Die vom Bundestag beschlossene Fristenregelung des § 218 wird am 28. Mai vom Bundesverfassungsgericht verworfen. Von links nach rechts: Berthold Sommer, Konrad Kruis, Hans Hugo Klein, Klaus Winter, Gottfried Mahrenholz, Ernst-Wolfgang Böckenförde, Karin Graßhof und Paul Kirchhof

konzeptes verfügt der Gesetzgeber über einen gewissen Spielraum; v. a. ist er nicht auf das ›Indikationenmodell‹ festgelegt. Das mit der Neuregelung verfolgte Beratungskonzept, das auf die Feststellung einer Ausnahmelage und auf die Strafbarkeit grundsätzlich verzichtet, ist danach verfassungsrechtlich zulässig. Wenn die Neuregelung von 1992 dennoch teilweise für verfassungswidrig gehalten wurde, dann deswegen, weil in dem Fall eines nicht durch eine Ausnahmelage gerechtfertigten S. wenigstens das Unrechtsurteil und damit die an sich bestehende Rechtspflicht zur Austragung des Kindes – schon von Beginn der Schwangerschaft – gesetzlich festgehalten werden muß. Da der Gesetzgeber auch hier den Abbruch als nicht rechtswidrig eingestuft hatte, was nach Auffassung des BVerfG im allg. Rechtsbewußtsein dem positiven Erlaubtsein gleichgestellt wird, genügte diese Regelung nicht der Schutzpflicht und war deshalb verfassungswidrig.

Der die Beratung regelnde § 219 StGB neuer Fassung genügte den Anforderungen nicht, weil die Beratung nicht durch ausreichende staatl. Befugnisse und Pflichten zur Organisation und Beaufsichtigung der Beratungseinrichtungen sichergestellt war. Das Gericht forderte, daß als Ziel der Beratung deutlicher der Schutz des ungeborenen Lebens und die Austragung der Schwangerschaft festgehalten werden muß. Verfassungswidrig war auch die Aufhebung der zuvor bestehenden Verpflichtung über die Führung einer Bundesstatistik zu S., da dieser Statistik im Hinblick auf die fortlaufende Kontrollpflicht des Staates über die Schutzwirkung des verfolgten Konzepts wesentl. Bedeutung zukommt.

Die vom BVerfG verlangte Unterscheidung der bei Vorliegen begrenzter Indikationslagen rechtmäßigen S. von denen ohne Indikation, aber nach Beratung straffreien S. wirkt sich insbes. bei den Krankenversicherungsleistungen aus. Die Pflicht, das staatl. Unwerturteil bei den bloß straffreien Abbrüchen zum Ausdruck zu bringen, wird nach Auffassung des Gerichts durch Gewährung eines Anspruchs auf Leistungen der gesetzl. Krankenversicherung für den Abbruch verletzt. Der Rechtsstaat darf eine Tötungshandlung nur zum Gegenstand seiner Finanzierung machen, wenn sie rechtmäßig ist und der Staat sich der Rechtmäßigkeit mit Verläßlichkeit vergewissert hat. Sozialversicherungsrechtl. Ansprüche bei bloß straflosen, aber nichtgerechtfertigten Abbrüchen würden den Eindruck erwecken, der Abbruch werde von der Rechtsordnung gutgeheißen. Auf der anderen Seite erkannte das Gericht die mit dem Beratungskonzept verbundene Notwendigkeit der Kostenübernahme im Falle der Bedürftigkeit an, um den Gang in die Illegalität zu verhindern. Eine staatl. Kostenübernahme etwa nach den Grundsätzen des Sozialhilferechts ist danach zulässig.

Das BVerfG hat eine Vollstreckungsregelung für die Übergangszeit bis zum Erlaß eines neuen Gesetzes angeordnet. Für die im Zentrum des Streits stehenden S. nach Beratung, aber ohne Indikation gilt danach praktisch eine Fristenlösung mit Beratungspflicht mit der Maßgabe, daß der Abbruch nur straflos, nicht aber rechtmäßig ist. Außerdem werden die Anforderungen an die Beratung konkretisiert. Ein Anspruch auf Leistungen aus der gesetzl. Krankenversicherung ist für diese Abbrüche ausgeschlossen. Eine Ausnahme macht das Gericht bei kriminolog. Indikation (Vergewaltigung); obwohl die Neuregelung diesen Rechtfertigungsgrund nicht kennt, gewährt es einen Leistungsanspruch in der gesetzl. Krankenversicherung, wenn eine ärztl. Feststellung über das Vorliegen einer entsprechenden Straftat erfolgt ist.

Die gesellschaftliche Bedeutung des Urteils

Das Urteil des BVerfG zur Neuregelung des § 218 wurde in der Bevölkerung sehr unterschiedlich aufgenommen. Während es von den kath. Bischöfen und Teilen der CDU begrüßt wurde, wird es mehrheitlich von Frauen quer durch alle Bevölkerungsschichten abgelehnt. Die Straffreiheit der Abtreibung in den ersten 12 Wochen wurde zwar erreicht, allerdings ist der Preis mit der Tatsache der Rechtswidrigkeit des Abbruches hoch. Die Frauen müssen in der Mehrheit der Fälle den Abbruch selber bezahlen oder aber, wenn sie nicht über ausreichende Mittel verfügen, den Gang zum Sozialamt antreten. Um der Etablierung einer Zwei-Klassen-Medizin entgegenzutreten, wurden in einigen Bundesländern (z. B. in Hessen, Brandenburg, Thüringen) Regelungen erlassen, die es den Frauen einfacher ermöglichen, Sozialhilfe in Anspruch zu nehmen. Darüber hinaus wurde von Frauen aus allen Strömungen der Frauenbewegung eine bundesweite ›Frauenkasse‹ gegr., aus deren Einlagen unbürokratisch und ohne Auflagen Geldmittel für S. zur Verfügung stehen. Aber auch die Beratungspflicht wurde verschärft: Zwar soll sie eine offene Atmosphäre zur Entscheidungsfindung schaffen, aber die Beratung soll zielorientiert zur Geburt des Kindes führen. Strafandrohungen an Ärzte und an das ›familiäre Umfeld‹ sind indes nicht geeignet, eine vernünftige Lösung herbeizuführen, die auch dem Selbstbestimmungsrecht der Frau Rechnung trägt. Die Neuregelung des § 218 von 1992, welche mit Mehrheit den Bundestag passierte und über eine breite Zustimmung in der Bevölkerung verfügte, hätte Rechtsfrieden und Rechtssicherheit schaffen können, statt dessen wurde durch das BVerfG-Urteil die Staatsverdrossenheit bes. der Frauen verstärkt.

Schwarzmeerflotte: Der große Stützpunkt der S. in Sewastopol auf der Krim galt seit den Zeiten Katharinas II. als Symbol russ. Expansionsdrangs. Den Oberbefehl über die frühere sowjet. S., zu der rd. 70 000 Soldaten, ca. 350 Schiffe sowie Flugzeuge gehören, hatten Rußland und die Ukraine im Aug. 1992 gemeinsam von der GUS übernommen. Die Bevölkerungsmehrheit der Stadt wie der Halbinsel stellen heute Russen.

Der Hafen von Sewastopol mit Schiffen der Schwarzmeerflotte

Entgegen einer russ.-ukrain. Vereinbarung vom 19. Juni über die Teilung der S. und die gemeinsame Nutzung des Hafens erklärte der Oberste Sowjet Rußlands am 9. Juli ganz Sewastopol, das 1954 mit der Krim an die Ukraine übergeben worden war, zu russ. Territorium. Der UNO-Sicherheitsrat wies den Anspruch des Obersten Sowjets zurück. Präs. Jelzin und das russ. Außenministerium erklärten, sie wollten sich nicht an den Beschluß ihres Parlaments halten. Offenbar unter russ. Druck stimmte der ukrain. Präs. Krawtschuk am 3. Sept. vorläufig zu, den Flottenanteil seines Landes zur Kompensation der Schulden an Rußland abzutreten.

Schweden

Hauptstadt:
Stockholm
Einwohner: 8,6 Mio.
Einwohner/km²: 19
Staatsoberhaupt:
Karl XVI. Gustav
Regierungschef:
C. Bildt
BSP/Einwohner:
25 490 US-$

Ministerpräsident Carl Bildt strebt die Vollmitgliedschaft Schwedens in der Europäischen Union an, die auch in der Bevölkerung eine Mehrheit gefunden zu haben scheint

Katastrophale wirtschaftliche Situation

Die wirtschaftl. Lage S.s war 1993 weiterhin besorgniserregend. Das Wirtschaftswachstum hatte wie in den beiden Vorjahren ein negatives Vorzeichen. Die schwere Finanzkrise vom Herbst 1992 zwang zur Freigabe des Devisenkurses, was zu einer sukzessiven Abwertung der Krone führte; gegenüber der DM sank der Kurs (bis Okt.) um fast 30%. Obwohl sich die Wettbewerbskraft der schwed. Exportindustrie durch die Abwertung insgesamt verbesserte (+6,4%), so daß die Investitionsbereitschaft wieder zunahm, blieben die Banken weiterhin tief in den roten Zahlen. Auch der Binnenmarkt blieb weiter krisengeschüttelt; er schrumpfte real um 4,5%. Da die überschuldeten Verbraucher die Binnenwirtschaft nicht ankurbeln konnten, war letztlich die tief im Defizit steckende öffentl. Hand gezwungen, entsprechende Maßnahmen durchzuführen.

Mit einem umfassenden Programm zur Erweiterung und Modernisierung der Verkehrsinfrastruktur (Laufzeit bis 2003) soll nicht nur die Bauwirtschaft gefördert, sondern auch die Anbindung an die kontinentaleurop. Märkte im Hinblick auf den Europ. Wirtschaftsraum und die angestrebte EG-Vollmitgliedschaft verbessert werden. Trotz der für schwed. Verhältnisse mäßigen Lohnsteigerungen von 3% lag die Inflationsrate bei 5%. Besonders dramatisch entwickelte sich die Arbeitslosenquote, die auf 13% anstieg.

Innen- und Außenpolitik

Die polit. Diskussion zw. den beiden großen Blöcken (Sozialdemokratie und bürgerl. Parteienkoalition) drehte sich v.a. um die Arbeitsmarktpolitik. Eine zunächst recht weitgehende Zusammenarbeit zw. der bürgerl. Minderheitsreg. unter MinPräs. CARL BILDT und den Sozialdemokraten im Hinblick auf die Sanierung des Staatshaushalts und die Hebung der internat. Wettbewerbsfähigkeit ging in der zweiten Jahreshälfte zunehmend in Kontroversen über. V. a. das nach der Sommerpause von der Reg. vorgestellte Progamm zur Ankurbelung der Wirtschaft und Senkung der Arbeitslosigkeit führte zu hitzigen Auseinandersetzungen (Stichwort ›Abbau

des Wohlfahrtsstaates‹). Das Programm sah Steuersenkungen für Unternehmen und Änderungen des Arbeitsrechts sowie Kürzungen der staatl. Sozialleistungen vor. Eine wie in keinem anderen westl. Land angewachsene Staatsverschuldung und ein unproduktiver, überdimensionierter öffentl. Sektor, der jegl. Finanzierungsrahmen sprengte, zwangen jedoch zu einer Radikalkur.

Die innenpolit. Diskussion drehte sich auch um die Frage der schwed. Neutralität angesichts des geplanten EG-Beitritts, der eine Mehrheit unter der Bevölkerung gefunden zu haben scheint, und um die künftige sicherheitspolit. Ausrichtung des Landes; hier war die Diskussion um eine schwed. WEU- oder sogar NATO-Mitgliedschaft kein Tabu mehr. Auch 1993 engagierte sich die schwed. Außenpolitik stark beim Aufbau der balt. Staaten.

Schweinepest, eine anzeigenpflichtige Viruserkrankung, deren Erreger über die Ausscheidungen der Tiere, aber auch verseuchtes Futter übertragen wird. Eine Gefahr für den Menschen stellt das Virus nicht dar, es kann auch keine anderen Haustiere anstecken. Die in Deutschland grassierende Form der europ. S. (es gibt auch eine afrikan. Variante) zeigte eine untyp. Verlaufsform; statt an der Krankheit zu sterben, litten die Tiere v. a. an Atemwegserkrankungen, Hautblutungen und Appetitlosigkeit. Die Aktivitäten, die das Tierseuchengesetz bei Erkrankungen vorschreibt, wurden von Züchtern als überzogen kritisiert und führten zu nachhaltigen Protesten der betroffenen Landwirte.

Schweiz

Hauptstadt: Bern
Einwohner: 6,8 Mio.
Einwohner/km²: 165
Staatsoberhaupt:
A. Ogi
Regierungschef:
A. Ogi
BSP/Einwohner:
33 510 US-$

Wirtschaftliche Talfahrt

Die Arbeitslosenquote stieg im Sept. auf 4,8% (169 000 Stellenlose). Durch Ausgabenkürzungen in Höhe von 1,8 Mrd. sfr beschloß der Bundesrat im Aug. ein weiteres Sparprogramm zur Sanierung der Bundesfinanzen. Dem defizitären Staatshaushalt soll auch durch den Übergang von der Warenumsatzsteuer zur Mehrwertsteuer (6,5% ab 1. 1. 1995) begegnet werden.

Der Ständerat forderte Ende Sept. eine Gesetzesinitiative, um die Liberalisierung des (verbotenen) Immobilienerwerbs durch Ausländer (Aufhebung der ›Lex Friedrich‹) schrittweise zu verwirklichen.

Schweiz

1992	-0,6
1991	-0,1
1990	2,3
1988	2,9
1986	2,9
1984	1,8
1982	-0,9
1980	4,4

Wirtschaftswachstum (realer Zuwachs des BIP in %)

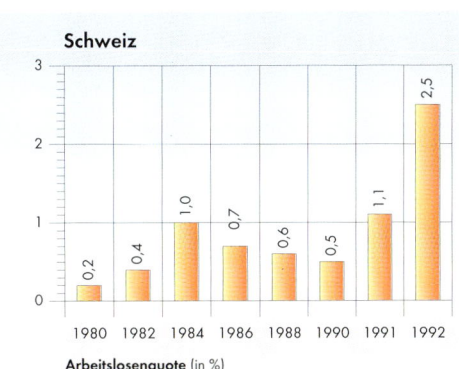

Schweiz

Jahr	Wert
1980	0,2
1982	0,4
1984	1,0
1986	0,7
1988	0,6
1990	0,5
1991	1,1
1992	2,5

Arbeitslosenquote (in %)

Die Standesinitiative Genfs für einen sofortigen Verzicht auf die ›Lex Friedrich‹ wurde vom Bundesrat aus staatspolit. und wirtschaftl. Gründen zurückgewiesen; er ist jedoch bereit, im Rahmen einer Teilrevision die in der Schweiz wohnhaften Ausländer vom Gesetz zu befreien.

Innenpolitische Auseinandersetzungen

Die Vereinigte Bundesversammlung (gemeinsame Sitzung von National- und Ständerat) wählte am 3. März den Neuenburger Francis Matthey (SPS) im zweiten Wahlgang gegen die offizielle Kandidatin der Sozialdemokrat. Partei der S. (SPS), die Genferin Christine Brunner, zum Nachfolger des zurückgetretenen Bundesrates René Felber (SPS). Matthey nahm die Wahl auf Druck seiner Partei aber nicht an. In einem zweiten Wahlverfahren am 10. März wurde die ebenfalls aus Genf stammende Ruth Dreifuss (SPS) im dritten Wahlgang als zweite Frau in der S. in die Bundesreg. gewählt. Dreifuss erhielt die Verantwortung für das Eidgenöss. Departement des Innern, ihr Vorgänger in diesem Amt, Flavio Cotti, wurde neuer Außenminister. Mit der Verabschiedung des Kulturförderungs- und des Sprachenartikels der Bundesverfassung wurde erstmals auf Verfassungsebene festgelegt, daß die Kulturförderung auch Sache des Bundes ist. Der Bund hilft den Kt. und Gemeinden bei der Schaffung, Erhaltung und Vermittlung von Kulturwerten, unterstützt v. a. die Minderheitenkulturen und fördert den Kulturaustausch sowohl im Inland wie mit dem Ausland. Der Sprachenartikel erstrebt den Schutz der bedrohten Landessprachen (Italienisch, Rätoromanisch), die Förderung des Verständnisses und des Austausches der Landessprachen und die Erhebung des Rätoromanischen zur Teilamtssprache.

Die ständige ausländ. Wohnbevölkerung in der S. erreichte Ende Aug. den Rekordstand von 1,241 Mio. Personen (ohne die ca. 80 000 internat. Funktionäre und die 20 021 Asylbewerber). Damit stieg der Ausländeranteil binnen Jahresfrist von 17,5 % auf 18 %. Im gleichen Zeitraum lebten rd. 28 000 anerkannte Flüchtlinge im Lande.

Die vom Bundesrat 1992 zur Vermittlung im Streit zw. den Kt. Bern und Jura um die Kantonszugehörigkeit des Berner Jura (1978 als Kt. Jura vom Kt. Bern abgetrennt) eingesetzte Kommission unter dem Vorsitz des ehem. Zürcher Stadtpräs. und Nationalrats Sigmund Widmer schloß im April ihre Bemühungen (Widmer-Bericht) ab und schlug die Bildung einer Behörde vor, die die Bedingungen zu erarbeiten hat, unter denen als Fernziel die Wiedervereinigung des Jura erfolgen könnte. Auch im Fall des Laufenthals wurde ein jahrelang schwelender Konflikt beseitigt. Zum 1. 1. 1994 wechselt das Laufenthal vom Kt. Bern zum Halb-Kt. Basel-Landschaft, nachdem am 26. Sept. in einer eidgenöss. Abstimmung der Kantonswechsel bestätigt wurde.

Die schweizerische Bundesrätin Ruth Dreifuss (links) nach ihrer Wahl am 10. März mit der Genfer Gewerkschafterin Christiane Brunner

Am 6. Juni entschied sich der Souverän in einer Abstimmung mit 57,1 % gegen die Volksinitiative ›Für eine S. ohne neue Kampfflugzeuge‹ und mit 55,3 % gegen die Volksinitiative ›40 Waffenplätze sind genug – Umweltschutz auch beim Militär‹. Damit wurden die Modernisierung der Luftwaffe und der Ausbau der Waffenplätze möglich. Die Dezembersession der eidgenöss. Räte entschied zudem über das Reformprojekt ›Armee 95‹, das die Hauptaufgaben der Armee (Kriegsverhinderung durch Verteidigungsfähigkeit, Friedensförderung u. a. durch Spezialtruppen für internat. Einsätze im Rahmen von UNO oder KSZE) neu definiert. Nachdem die eidgenöss. Räte bereits beschlossen hatten, Blau-

Schlammfluten wälzen sich Ende September über den Bahnhofsplatz im Schweizer Städtchen Brig (Kanton Wallis)

helmtruppen für UNO-Einsätze zur Verfügung zu stellen, wurde am 4. Okt. das Referendum dagegen eingereicht.

Kontinuität in der Außenpolitik

In der Frage des Beitritts der Schweiz zum Europ. Wirtschaftsraum (EWR) hielt der Bundesrat sowohl bilaterale Verhandlungen als auch einen späteren EWR-Beitritt sowie einen EG-Beitritt als langfristiges Ziel offen. Am 30. Sept. forderten 58 Nationalräte und acht Ständeräte den Bundesrat auf, sofort EG-Beitrittsverhandlungen aufzunehmen. Infolge ihrer EFTA-Mitgliedschaft erhielt die S. in dem künftigen EWR den Beobachterstatus zuerkannt. Im Interesse der Wettbewerbsfähigkeit des Wirtschaftsstandortes S. legte der Bundesrat in Anpassung an EG-Recht den Eidgenöss. Räten (National- und Ständerat) 27 Gesetzesänderungen vor. Mit Deutschland wurde am 20. Dez. ein Abkommen über die gegenseitige ›Rücknahme von Personen mit unbefugtem Aufenthalt‹ unterzeichnet.

Nach tödl. Schüssen aus der türk. Botschaft in Bern auf demonstrierende Kurden (24. Juni) kam es (Aug./Sept.) zu einem diplomat. Konflikt mit der Türkei. Das schweizer. Verlangen nach Aufhebung der Immunität des türk. Botschafters beantwortete die Türkei mit der Forderung, den Schweizer Botschafter aus Ankara abzuberufen.

Senegal

Hauptstadt: Dakar
Einwohner: 7,7 Mio.
Einwohner/km²: 39
Staatsoberhaupt:
A. Diouf
Regierungschef:
H. Thiam
BSP/Einwohner:
720 US-$

Die verzögerte Bekanntgabe der Präsidentschaftswahlergebnisse vom 21. Febr. führte noch vor den Parlamentswahlen am 9. Mai zu einer Revision des Wahlgesetzes und deutete so auf die angespannte innenpolit. Lage hin. Trotz starker Verluste in den größeren Städten und in der Unruheprovinz Casamance bestätigten die Wahlen aber die Stellung des amtierenden Präs. ABDOU DIOUF und seiner bisher regierenden Sozialist. Partei. Versuche, eine große Koalition zu bilden, scheiterten nach der Ermordung des stellvertretenden Vors. des Verfassungsrats am 15. Mai. Ausbleibende Ermittlungsergebnisse hatten eine schwere Legitimationskrise zur Folge. Die von Premiermin. HABIB THIAM nach den Parlamentswahlen gebildete Reg. sah sich infolge der staatl. Finanzkrise und der Ankündigung drast. Sparmaßnahmen Ende Aug. heftigen Protesten und einem Generalstreik gegenüber. Nach seinem Wahlsieg konnte Präs. DIOUF von Guinea-Bissau die Auslieferung des Führers der aufständ. Separatisten in der Casamance und einen erneuten Waffenstillstand zw. der Reg. und den Rebellen durchsetzen. Trotzdem gingen die Kämpfe weiter.

Seychellen

Hauptstadt: Victoria
Einwohner: 72 000
Einwohner/km²: 257
Staatsoberhaupt:
F. A. René
Regierungschef:
F. A. René
BSP/Einwohner:
5 110 US-$

Der seit 1977 amtierende Staats- und Regierungschef FRANCE ALBERT RENÉ wurde im Juli bei den ersten Mehrparteienwahlen mit 59,5 % der Stimmen wiedergewählt.

Shalikashvili, John Malchase, amerikan. General georg. Herkunft, * Warschau 27. 6. 1936. – Im Okt. 1993 trat S. als Nachfolger von COLIN POWELL das Amt des Vors. der Vereinigten Stabschefs an – den höchsten Posten der amerikan. Streitkräfte. Die Tatsache, daß sein Vater als Angehöriger der ›Georg. Legion‹, die unter dem Kommando der Waffen-SS stand, nach der Invasion in der Normandie 1944 gegen die Alliierten gekämpft hatte, wurde erst nach seiner Ernennung bekannt, änderte aber nichts an S. Bestätigung durch den Senat.

S. wanderte als 16jähriger mit seinen Eltern über Deutschland in die USA ein. Er trat 1958 in die Armee ein und diente an versch. Einsatzorten in Alaska, Deutschland, Vietnam und Korea. 1978/79 war er stellv. Stabschef des Sonderkommandos Südeuropa in Vicenza, 1979–81 Kommandeur der Artillerie bei der 1. Panzerdivision in Nürnberg, wohin er 1984–86 als stellv. Divisionskommandeur zurückkehrte. 1981–84 und 1986 war er im Pentagon tätig, wurde 1987 Divisionskommandeur in Fort Lewis und 1989 stellv. Oberbefehlshaber der amerikan. Truppen in Europa. Im Mai 1992 wurde er dann zum Oberkommandierenden der NATO-Streitkräfte in Europa (SACEUR) ernannt.

Sharp, Phillip Allen, amerikan. Molekularbiologe, * Falmouth (Kentucky) 6. 6. 1944. – S. erhielt zus. mit RICHARD J. → ROBERTS den Nobelpreis für Physiologie oder Medizin 1993 für die Entdeckung der diskontinuierlich aufgebauten Gene, die beide 1977 unabhängig voneinander machten. Nach Studium am Union College und Promotion in Chemie 1969 an der Univ. of Illinois war S. u. a. am California Inst. of Technology tätig. Seit 1974 ist er am Massachusetts Inst. of Technology (MIT) Prof. für Biologie und Direktor des Krebsforschungszentrums.

ShowView, Gerät zur Schnell-Programmierung von Videorecordern. Gemeinsam mit dem amerikan. Hersteller Gemstar Development Corp. führte der Heinrich Bauer Verlag das neue System zur diesjährigen Funkausstellung in Deutschland ein. Mit Hilfe von S. ist zur Programmierung des Videorecorders nur noch die Eingabe einer vier- bis neunstelligen Nummernfolge über ein telefonähnl. Tastenfeld erforderlich, womit das für den Benutzer oft umständl. und mühsame Eintippen zahlreicher Kennungsdaten entfällt. Der Zahlencode zu jeder einzelnen Sendung wird in Zeitungen und Programmzeitschriften abgedruckt: Der Heinrich Bauer Verlag erwarb die Exklusivabdruckrechte für fünf seiner Titel im Bereich Programmzeitschriften, der Axel Springer Verlag für ›Bild‹ und ›Bild am Sonntag‹ im Bereich Tageszeitungen.

sichere Drittstaaten, → Asylrecht.

Phillip A. Sharp, einer der Gewinner des Nobelpreises für Physiologie oder Medizin, beschreibt auf einer / Pressekonferenz die Forschungsarbeit, für die er und Richard J. Roberts den Preis erhalten haben

Sihanouk, Norodom, König von Kambodscha, * Phnom Penh 31. 10. 1922. – Prinz S., der im Nov. 1991 nach zwanzigjährigem Exil nach Kambodscha zurückgekehrt und als Vors. des Obersten Nat. Rates Staatsoberhaupt geworden war, wurde von der neugewählten Nationalversammlung am 14. Juni als Staatschef für die Übergangszeit bis zum Inkrafttreten einer neuen Verfassung bestätigt. Die neue Verfassung, die die konstitutionelle Monarchie einführte, wurde von S. am 24. Sept. verkündet. Am gleichen Tag bestimmte ihn ein siebenköpfiger Thronrat zum König.
S. war bereits 1941–55 König von Kambodscha, zw. 1953 und 1969 mehrfach MinPräs., 1960–70 zugleich Staatschef. 1970 gestürzt, bildete er im Exil unterschiedlich zusammengesetzte Widerstandsbündnisse.

Sierra Leone

Hauptstadt: Freetown
Einwohner: 4,4 Mio.
Einwohner/km²: 61
Staatsoberhaupt: V. Strasser
Regierungschef: V. Strasser
BSP/Einwohner: 210 US-$

Simbabwe

Hauptstadt: Harare
Einwohner: 10,6 Mio.
Einwohner/km²: 27
Staatsoberhaupt: R. G. Mugabe
Regierungschef: R. G. Mugabe
BSP/Einwohner: 620 US-$

Der 1992 durch einen Staatsstreich der Streitkräfte an die Macht gekommene und seitdem an der Spitze der Militärjunta stehende Staatschef VALENTINE STRASSER kündigte Ende April die Demokratisierung des Landes innerhalb der nächsten drei Jahre an. Darüber hinaus führten u. a. die Freilassung polit. Gefangener sowie erste wirtschaftl. Erfolge des Gesundungsprogramms der Reg. zur Ent-

Wichtige Gesetze hatten die Einführung einer begrenzten Gerichtsbarkeit traditioneller Autoritäten sowie die Zusammenlegung von Heer und Luftwaffe unter ein Kommando zum Inhalt. Die Umsetzung des weiterhin stark umstrittenen Landerwerbsgesetzes von 1992 wurde mit der Benennung von 70 Großfarmen zum Zwecke der Enteignung

gegen eine staatlich festgelegte Kompensation in Angriff genommen (30. April). Trotz Formierung der oppositionellen Forumpartei (28. März) blieb die Reg. unter Staatspräs. ROBERT GABRIEL MUGABE weitgehend unangefochten und konnte ihre Kandidaten in Nachwahlen bei sehr niedriger Wahlbeteiligung durchsetzen. Das Strukturanpassungsprogramm wurde mit neuen Erleichterungen für ausländ. Investoren und einem inflationsneutralen Haushalt fortgesetzt.

Simonis, Heide, Politikerin (SPD), * Bonn 4. 7. 1943. – Am 19. Mai wählte der schleswig-holstein. Landtag S. zur MinPräs. Damit steht erstmals eine Frau an der Spitze eines dt. Bundeslandes. S. ist Nachfolgerin von BJÖRN ENGHOLM, der vor dem Barschel-Untersuchungsausschuß die Unwahrheit gesagt hatte und am 3. Mai zurückgetreten war. Nach dem Studium der Volkswirtschaftslehre und der Soziologie in Erlangen und Kiel ging S. für mehrere Jahre ins Ausland (1967–69 Sambia, 1970–72 Japan). 1972–76 war sie beim Arbeitsamt Kiel Berufsberaterin. Seit 1976 MdB, vertrat sie u. a. im Haushaltsausschuß energisch sozialdemokrat. Vorstellungen. Nach seinem Wahlsieg 1988 holte MinPräs. ENGHOLM sie als Finanzmin. nach Kiel. Sie fand ein hochverschuldetes Land vor und schlug ohne Rücksicht auf Wahlversprechen einen Konsolidierungskurs ein. Auch als Arbeitgebervertreterin – im Aug. 1990 wurde sie Vors. der Tarifgemeinschaft dt. Länder – konnte sie sich profilieren. Die Streikdrohung der ÖTV und Kritik aus den Reihen der sozialdemokrat. MinPräs. während der Tarifverhandlungen des öffentl. Dienstes 1992 brachten S. nicht von ihrer unnachgiebigen Haltung ab. Der darauffolgende Streik im öffentl. Dienst, der erste seit 18 Jahren, wurde ihr dennoch nicht zur Last gelegt. Spätestens seit ihrer Wahl zur Min.-Präs. ist S. sowohl innerhalb ihrer Partei als auch in der Bundespolitik eine Größe, mit der man rechnen muß.

Heide Simonis erhält vor der Abstimmung im Landtag am 19. Mai ein Vorfahrtsschild und rote Rosen als Anspielung auf das mögliche Wahlergebnis

Nachfrage bei Computer-Artikeln (Diskettenlaufwerke, Peripheriegeräte) auf den Exportmärkten USA, EG und Japan stützen konnte. Maßvolle Lohnsteigerungen und weitere Investitionsanreize machten S. zu einem unverändert attraktiven Standort für ausländ. Unternehmen.

Innen- und Außenpolitik

Der lange geplante Führungswechsel von MinPräs. GOH CHOK TONG zu Wirtschaftsmin. LEE HSIEN LOONG, dem ältesten Sohn des Staatsgründers LEE KUAN YEW, erschien wieder möglich; GOH CHOK TONG selbst bezeichnete ihn 1993 als seinen ›logischen‹ Nachfolger. LEE KUAN YEW, ›Senior Minister‹ im Kabinett Goh Chok Tong, agierte als radikaler Kritiker sowohl des Westens als auch jeder Nachlässigkeit in der Arbeitsmoral S.s. Aufgrund der Verfassungsänderung von 1991 wurde der Staatspräs. 1993 erstmals direkt vom Volk gewählt. Da mit der Änderung auch exekutive Befugnisse auf den Präs. übergingen, kontrolliert er nun u. a. die Devisenreserven und die Besetzung von Spitzenpositionen im Stadtstaat. Erster direkt gewählter Präs. wurde am 28. Aug. der ehem. stellv. Regierungschef ONG TENG CHEONG.

Außenpolitisch setzte S. ganz auf den pazif. Raum; Hauptziele der Außenpolitik sind die Einbindung der Indochina-Staaten in die ASEAN-Sphäre und eine Annäherung an China über Gemeinschaftsprojekte.

Singapur

Einwohner: 2,8 Mio.
Einwohner/km²: 4 481
Staatsoberhaupt:
Ong Teng Cheong
Regierungschef:
Goh Chok Tong
BSP/Einwohner:
12 890 US-$

Hohes Wirtschaftswachstum

Das Wirtschaftswachstum 1993 lag mit ca. 7,5 % deutlich über den Prognosen. Antrieb war v. a. das produzierende Gewerbe, das sich auf eine hohe

Slowakische Republik

Hauptstadt: Preßburg
Einwohner: 5,3 Mio.
Einwohner/km²: 108
Staatsoberhaupt:
M. Kováč
Regierungschef:
V. Mečiar
BIP/Einwohner:
1804 US-$

Mit der Auflösung der Tschechoslowakei entstanden am 1. 1. 1993 die souveränen Staaten S. R. und Tschech. Rep. Die S. R. grenzt an die Tschech. Rep., Polen, die Ukraine, Ungarn und Österreich. Die stärkste polit. Kraft ist die populist., nach links tendierende Bewegung für eine demokrat. Slowakei (HZDS), die nach dem Absprung einiger Deputierter über nur noch 65 Abgeordnete im 150köpfigen Parlament verfügt. MinPräs. der Minderheitsreg. ist Vladimír Mečiar, Präs. der Rep. Michal Kováč. Zwischen beiden kam es im Verlauf des Jahres über den weiteren Weg des jungen Staates zum Streit, der Anfang Dez. darin gipfelte, daß Kováč Mečiar zum Rücktritt aufforderte. Zunächst suchte Mečiar einen mittleren Weg zw. Sozialismus und Marktwirtschaft, dann gab er jedoch dem westl. Modell den Vorzug. Die S. R. wurde am 30. Juni in den Europarat aufgenommen und handelte mit der EG ein Assoziierungsabkommen aus.

Die wirtschaftl. Lage des neuen Staates war durch einen Rückgang des Wirtschaftswachstums gekennzeichnet. Eine zunächst vorgesehene Privatisierung kam nicht voran, die Arbeitslosenquote erreichte fast 13 %. Der Index des Bruttoinlandsprodukts lag im 1. Halbjahr um 6,2 % unter demjenigen des Vorjahreszeitraumes. Die industrielle Produktion sank um weitere 15,2 %.

Slowenien

Hauptstadt: Ljubljana
Einwohner: 2 Mio.
Einwohner/km²: 97
Staatsoberhaupt:
M. Kučan
Regierungschef:
J. Drnovšek
BIP/Einwohner:
5 500 US-$

Die innenpolitische und wirtschaftliche Entwicklung

Im Unterschied zu den übrigen jugoslaw. Nachfolgestaaten verlief die Entwicklung S.s, unbelastet von territorialen Konfliktherden und nat. Spannungen, relativ ruhig. Ende Jan. bestätigte das Parlament die aufgrund der Wahlergebnisse vom 6. 12. 1992 gebildete Koalitionsreg. unter MinPräs. Janez Drnovšek. Die ›Koalition des histor. Kompromisses‹ setzte sich aus Liberaldemokraten, die mit rd. 23 % als stärkste Partei aus den Wahlen hervorgegangen war, aus Christdemokraten, Reformkommunisten und Sozialdemokraten zusammen. Zu Jahresbeginn wurde S. in den IWF aufgenommen, und Anfang April unterzeichnete Drnovšek ein Handels- und Kooperationsabkommen zw. der EG und S. Im weiteren Verlauf des Jahres mehrten sich die Anzeichen, daß S. auf dem besten Wege war,

den durch das Auseinanderbrechen Jugoslawiens und die Systemtransformation ausgelösten Wirtschaftsverfall (mit sinkender Produktion, steigender Arbeitslosigkeit und zunehmender Inflation) zu stoppen. Die mit der Unabhängigkeit des Landes verbundenen hohen wirtschaftl. und sozialen Erwartungen erfüllten sich indes nicht, zumal die Privatisierung der selbstverwalteten Betriebe und die Sanierung des Bankwesens nur langsam voranschritten. An die Stelle der ursprüngl. Euphorie über die slowen. Unabhängigkeit trat eine zunehmende Ernüchterung in der Bevölkerung über deren Folgen.

Der Nobelpreisträger für Chemie, Michael Smith, während eines telefonischen Interviews

Smith, Michael, kanad. Chemiker, * Blackpool (Großbritannien) 26. 4. 1932. – Zus. mit Kary B. Mullis ist S. Nobelpreisträger für Chemie 1993. Er erhielt die Ehrung für seine ab 1978 verwirklichte Idee, wie künstl. Erbinformationen in ein natürl. Gen eingeschleust werden können. Es gelang ihm zunächst bei Viren, sowohl neue Mutationen auszulösen als auch natürlich vorkommende Mutationen zu beheben. Später wendete S. dieses Vorgehen auch auf Eiweißstoffe an, deren Verhalten damit im Detail erforscht werden konnte. Die auf S.s Arbeiten beruhende Synthese von Eiweißstoffen mit bes. Eigenschaften (›Proteindesign‹) ermöglicht inzwischen z. B. die Gewinnung neuer Waschmittelenzyme. Großer Nutzen ergibt sich aber v. a. im medizin. Bereich, von der Herstellung spezieller Antikörper zur Krankheitsbekämpfung bis zur Suche nach geeigneten Blutersatzstoffen.

Nach seinem Studium der Biochemie an der Univ. Manchester und anschließender Promotion ging S. ab 1956 nach Kanada und in die USA. Im Anschluß an versch. Forschungstätigkeiten trat er 1970 eine Professur für Biochemie an der Univ. of British Columbia in Vancouver an. Seit 1987 ist er außerdem Direktor des dortigen Biotechnolog. Laboratoriums.

Solidarpakt: Die wirtschaftl. und finanzpolit. Probleme der konjunkturellen Rezessionsphase, der Bewältigung der ›Altlasten‹ der ehem. DDR und der Finanzierung des Aufholprozesses in den neuen Bundesländern führten im Herbst 1992 zu dem Gedanken eines S. zwischen den maßgebl. Akteuren der Wirtschaftspolitik (Bund, Länder, Gemeinden, Tarifvertragsparteien und Bundesbank). Als Ergebnis einer Klausurtagung des Bundeskanzlers mit den Regierungschefs der Länder sowie den Partei- und Fraktionsvors. von CDU/CSU, FDP und SPD vom 11. bis 13. 3. 1993 kam es am 23. April zur Formulierung des **Föderalen Konsolidierungsprogramms.** Am 23. Juni trat schließlich das ›Gesetz über Maßnahmen zur Bewältigung der finanziellen Erblasten im Zusammenhang mit der Herstellung der Einheit Deutschlands zur langfristigen Sicherung des Aufbaus in den neuen Ländern, zur Neuordnung des bundesstaatl. Finanzausgleichs und zur Entlastung der öffentl. Haushalte (Gesetz zur Umsetzung des Föderalen Konsolidierungsprogramms)‹ in Kraft.

Beschlossen wurde neben der Einführung eines sog. Solidaritätszuschlags und anderen Steuererhöhungen ab 1995 und neben einigen Kürzungen öffentl. Leistungen v. a. eine Neuordnung des bundesstaatl. Finanzausgleichs. Dadurch werden die neuen Länder ab 1995 jährl. Transferleistungen in Höhe von ca. 57 Mrd. DM erhalten (davon per saldo 53 Mrd. zu Lasten des Bundes und 4 Mrd. zu Lasten der Länder). Der 1990 errichtete Fonds Deutsche Einheit, aus dem die neuen Länder und Berlin 1993 und 1994 je ca. 35 Mrd. DM erhalten, wird Ende 1994 auslaufen. Danach werden sie vollständig und gleichberechtigt in einen gesamtdt. Länderfinanzausgleich einbezogen. Das Aufkommen der Umsatzsteuer wird neu verteilt zwischen Bund (56 % statt 63 %) und Ländern (44 % statt 37 %). Der Länderanteil wird unter den Ländern zu ca. drei Vierteln nach der Einwohnerzahl und zu einem Viertel so verteilt, daß die Steuerkraft jeweils 92 % des Länderdurchschnitts beträgt. Der horizontale Finanzausgleich unter den Ländern wird ergänzt durch eine Reihe von Bundesergänzungszuweisungen für neue und alte Länder in Höhe von ca. 46 Mrd. DM (1995) sowie durch Finanzhilfen des Bundes für die neuen Länder in Höhe von 6,6 Mrd. DM jährlich.

Die Schulden der Treuhandanstalt bei der für Ende 1994 vorgesehenen Beendigung ihrer operativen Tätigkeit (ca. 230 Mrd. DM), die Schulden des Kre-

Einen Tag nach dem Brandanschlag in Solingen (29. Mai) ziehen

Tausende Türken und Deutsche durch die Stadt

Türkische Bürger nehmen am 3. Juni vor dem ausgebrannten Haus in der Unteren Wernerstraße in Solingen

von den Opfern des Brandanschlags Abschied

ditabwicklungsfonds zur Bedienung der Altschulden des Republikhaushalts der ehem. DDR (140 Mrd. DM) und die Altschulden aus dem kommunalen Wohnungsbau (31 Mrd. DM) werden ab 1995 in einem Erblasten-Tilgungsfonds zusammengefaßt. Verzinsung und Tilgung übernimmt der Bund (jährl. ca. 30 Mrd. DM), das Schuldenvolumen von 400 Mrd. DM soll innerhalb einer Generation abgetragen werden.

Solingen, kreisfreie Stadt in Nordrhein-Westfalen mit 165 300 Ew., in der rd. 20 000 meist aus der Türkei und Italien stammende Ausländer leben. – In den frühen Morgenstunden des Pfingstsamstags (29. Mai) wurde auf das Haus einer türk. Familie in der Innenstadt ein Brandanschlag verübt, dem zwei junge Frauen und drei Mädchen im Alter von vier, neun und zwölf Jahren zum Opfer fielen. Angesichts der Schwere des Verbrechens und des mutmaßlich rechtsextremist. Hintergrunds übernahm die Bundesanwaltschaft in Karlsruhe die Ermittlungen; die Bundesreg. setzte eine Belohnung von 100 000 DM aus. Unter dringendem Tatverdacht wurden einige Tage später vier Jugendliche festgenommen, die der rechtsextremist. Szene der Stadt zugerechnet werden. Am 30. Dez. wurde gegen sie Anklage erhoben.

Nach dem Brandanschlag kam es in S. und anderen Städten Deutschlands zu Kundgebungen und Protestdemonstrationen, die teilweise von heftigen Krawallen begleitet waren. Unter den ausländ. Mitbürgern, v. a. unter den Türken, mehrte sich die Bereitschaft, den Schutz in die eigene Hand zu nehmen. Der Anschlag führte nur sechs Monate nach einer ähnl. Gewalttat in Mölln zu einer erneuten schweren Belastung des Verhältnisses Deutschland–Türkei.

Somalia

Hauptstadt:
Mogadischu
Einwohner: 9,2 Mio.
Einwohner/km²: 14
Staatsoberhaupt:
A. Mahdi Mohammed
Regierungschef:
O. Arteh Ghaleb
BSP/Einwohner:
150 US-$

Der seit 1988 zw. Truppen des Diktators Mohammed Siad Barre und Widerstandsbewegungen eskalierende Bürgerkrieg war 1991 nach der Flucht Siad Barres aus der Hauptstadt Mogadischu umgeschlagen in einen Machtkampf rivalisierender Fraktionen, die sich überwiegend nach Clanzugehörigkeiten bildeten.
Im Jan. 1993 fand unter UNO-Schirmherrschaft eine Konferenz in Addis Abeba statt, an der lediglich Vertreter der Kriegsparteien (›Warlords‹) teilnahmen. An der im März folgenden Nat. Versöhnungskonferenz beteiligten sich dagegen auch Vertreter ziviler Gruppen. Die dort beschlossenen Maßnahmen zum Wiederaufbau staatl. Strukturen wie die Schaffung eines Nat. Übergangsrats und Entwaffnung der Milizen wurden bislang nicht verwirklicht.
Die Situation der Bevölkerung war auch 1993 durch die fortdauernde Hungersnot gekennzeichnet, die nach Auffassung der UNO etwas eingedämmt werden konnte. Unabhängige Organisationen sprachen hingegen von einer unverändert hohen Sterberate

infolge von Epidemien, anhaltender Rechtsunsicherheit und einer verzögerten landwirtschaftl. Wiederbelebung. Die kriegs- und dürrebedingte Hungersnot forderte rd. 300 000 Todesopfer. Hilfslieferungen wurden immer wieder von Milizen und Banden geplündert.

Der Einsatz von UNOSOM II

Mit der Resolution 794 am 3. 12. 1992 hatte sich die UNO zur Schaffung eines ›sicheren Umfeldes für humanitäre Hilfsoperationen‹ entschlossen, im Zuge der ›Restore Hope‹ genannten Operation knapp 30 000 Soldaten unter Führung der USA nach S. zu entsenden. Der vorangegangene Blauhelmeinsatz UNOSOM I (United Nations Operation in Somalia) hatte seiner Aufgabe, die Auslieferung von Hilfsgütern an die Zivilbevölkerung zu sichern, nicht mehr nachkommen können. Hinsichtlich des Ziels von ›Restore Hope‹ nahmen indes das amerikan. Außenministerium (Sicherung der internat. Hilfslieferungen) und UNO-GenSekr. Boutros Ghali (Entwaffnung der Milizen) zeitweise versch. Positionen ein. Mit Wirkung zum 1. Mai beschloß der Weltsicherheitsrat am 26. März (Resolution 814) eine als UNOSOM II bezeichnete Friedenstruppe, zu der ab dem 14. Mai die ersten der rd. 1700 dt. Bundeswehrsoldaten stießen (zunächst mit der Hafenstadt Bosao als Einsatzgebiet, dann in Belet Weyne [Belet Uen]). Der Oberbefehl ging am 4. Mai von den USA, die den Anteil ihrer Truppen reduzierten, an die UNO über. Mit UNOSOM II, an der 23 Nationen beteiligt sind, sollten verstärkt humanitäre und polit. Aufgaben (z. B. Rückführung von Flüchtlingen) angegangen werden. Offen blieb dabei die Einbeziehung der Rep. Somaliland im N des Landes, die 1991 ihre Unabhängigkeit erklärt hatte.
Während es zuvor zu vergleichsweise geringfügigen Zwischenfällen kam, starben am 5. Juni 23 pakistan. UNO-Soldaten in einem Hinterhalt; für diesen Angriff wurde Mohamed Farah Aidid, der Führer der sich auf den Hawiye-Unterclan Habargidir stützen-

Somalisches Flüchtlingslager
(Mai 1993)

Der somalische Clanchef Aidid
(rechts) am 15. Juni bei einer Rede
vor seinen Anhängern, die gegen die
Angriffe der US-Luftwaffe auf die
Stellungen Aidids protestieren

den Fraktion des United Somali Congress (USC), verantwortlich gemacht. Die UNO reagierte mit Vergeltungsschlägen und setzte ein Kopfgeld auf AIDID aus. Während konkurrierende ›Warlords‹ wie der Hauptrivale AIDIDS innerhalb des USC, der 1991 von Rebellengruppen eingesetzte Interimspräs. ALI MAHDI MOHAMMED, das Vorgehen der UNO guthießen, führte die Konfrontation mit dem Clanchef andererseits zur Vernachlässigung humanitärer Aktivitäten und zu Spannungen zw. den UNOSOM-Truppen und Teilen der Bevölkerung. Die zunehmende Eskalation der Gewalt führte am 8. Aug. zum Tod von vier amerikan. Soldaten bei einem Angriff somal. Milizen, am 3. Okt. starben 13 weitere. Vor dem Hintergrund zunehmender Berichte über Übergriffe von Blauhelmen auf die somal. Zivilbevölkerung kündigte Italiens Außenmin. FABIO FABRI am 12. Aug. den Rückzug des italien. Truppenkontingents an.

Nachdem weitere Kontingente der UNOSOM-Truppen ihren Rückzug angekündigt hatten (Belgien und Frankreich bis Ende Dez., die USA bis Ende März 1994), äußerte sich UNO-GenSekr. BOUTROS GHALI im Nov. beunruhigt über die Zukunft der UNO-Mission. Die bewaffneten Zwischenfälle hatten wieder dramatisch zugenommen. Am 16. Nov. hob der UNO-Sicherheitsrat den ›Haftbefehl‹ gegen AIDID für die Dauer der Ermittlungen über Angriffe auf UNO-Soldaten auf und beendete damit die Suche nach dem Clanchef.

Die Bemühungen des äthiop. Präs. ZENAWI um direkte Friedensverhandlungen zw. den rivalisierenden somal. Milizenchefs scheiterten. Bereits am 12. Dez. wurden die Ende Nov. in Addis Abeba aufgenommenen Friedensgespräche ergebnislos abgebrochen. Die USA begannen am 17. Dez. offiziell mit dem Abzug ihrer Truppen.

Sozialpolitik: Das Inkrafttreten der →Gesundheitsreform, der Streit um die →Pflegeversicherung, der Konflikt zw. wachsenden Aufgaben und angespannter Finanzlage und die Diskussion über einen Umbau des Sozialstaates prägten 1993 die S.; ›Sozialabbau‹ wurde zum ›Wort des Jahres‹.

Zunehmende Aufgaben bei geringerem Finanzierungsrahmen

Zunehmend belastet wurde die S. v. a. durch: 1) den infolge des zunehmenden Anteils der älteren Bevölkerung wachsenden Bedarf an Leistungen bes. der Alters- und Krankenversicherung; 2) den hohen Finanzierungsbedarf, der aus dem Vollzug der Entscheidung von 1989/90 erwächst, das Niveau der sozialen Sicherung in den neuen Bundesländern rasch an das der alten Bundesländer heranzuführen (z. B. betrug 1993 die West-Ost-Hilfe der Bundesanstalt für Arbeit rd. 18 Mrd. DM und die der Rentenversicherung rd. 15 Mrd. DM); 3) die Lasten der wirtschaftl. Rezession, die sich in höherer Arbeitslosigkeit, zunehmenden Leistungen der Arbeitslosenversicherung und der Sozialhilfe und in knapper werdenden Einnahmen der Sozialversicherungen infolge eines schrumpfenden Beitragsvolumens äußerten; 4) die zunehmende Sozialstaatsabhängigkeit, die u. a. aus der wachsenden Zahl von Haushalten resultiert, die aus Alleinerziehenden mit einem Kind oder mehreren Kindern bestehen; 5) die durch die starke Zuwanderung geschaffenen Her-

Ein verwundeter Somalier neben seinem toten Kameraden. Am 13. Juni hatten pakistanische UNO-Soldaten in Mogadischu das

Feuer auf somalische Demonstranten eröffnet; dabei wurden mindestens 20 Somalier getötet

ausforderungen der S. im Bereich der Integration von Immigranten.

Der Aufgabenzuwachs und der größere Ausgabenbedarf der S. stießen 1993 auf bes. harte Finanzierungsgrenzen. Eine Erhöhung der Sozialabgaben schied aus, zumal der Anteil der von Arbeitgebern und Arbeitnehmern entrichteten Sozialabgaben am Bruttoeinkommen aus Arbeitnehmertätigkeit mit 37,4% (alte Bundesländer) schon auf sehr hohem Niveau lag. Überdies geriet die S. durch die 1993 forcierten Sparmaßnahmen in den öffentl. Haushalten unter Druck.

Einschnitte durch das Bonner Sparpaket

Bes. wurde der Bereich der S. zur Finanzierung der Spar-, Konsolidierungs- und Wachstumsprogrammgesetze (SKWPG) herangezogen, die am 22. 10. 1993 vom Bundestag verabschiedet wurden. Mit Hilfe des aus zwei Gesetzen (1. und 2. SKWPG) bestehenden ›Sparpakets‹ sollten für 1994 Minderausgaben auf seiten des Bundes in Höhe von 13,4 Mrd. DM, auf seiten der Bundesanstalt für Arbeit in Höhe von 9,7 Mrd. erzielt werden. Bei den Gemeinden ziehen die Gesetzesfolgen zwar Einsparungen von 320 Mio. DM im Jahr 1994 nach sich, andererseits ergeben sich für sie höhere Kosten, weil durch die Kürzungen der Lohnersatzleistungen mehr Menschen in die Sozialhilfe fallen.

Die Regierungsparteien begründeten die Sparpolitik mit dem Zwang, die hohe Staatsverschuldung zu bekämpfen, mit dem Willen, den Wirtschaftsstandort Deutschland zu stärken, sowie mit der Notwendigkeit, die Staatsausgaben an die infolge der Rezession knapper werdenden Einnahmen anzupassen. Die Bundestagsoppositionsparteien, die Gewerkschaften, die CDU-Sozialausschüsse und einzelne Interessenverbände sozial schwächerer Gruppen bezeichneten das Sparpaket als sozial ungerecht. Wohlfahrtsverbände vertraten die Auffassung, die Sparpolitik vergrößere die Armut. (→ Nationale Armutskonferenz)

Das Sparpaket stieß auf hohe Gesetzgebungshürden. Infolge der Zustimmungspflichtigkeit eines Teils der zu seiner Verwirklichung erforderl. Gesetze mußte die Bundesregierung die Unterstützung des Bundesrates gewinnen, in dem die SPD-geführten Länderregierungen die Mehrheit haben. Nach Ablehnung durch den Bundesrat mußten die Spargesetze im Vermittlungsausschuß beraten werden, Anfang Dez. formulierte dieser einen Kompromißvorschlag, der am 17. Dez. vom Bundestag akzeptiert wurde. Danach kommt es aufgrund des nicht zustimmungspflichtigen 1. SKWPG zu (abgeschwächten) Kürzungen bei den Leistungen nach dem Arbeitsförderungsgesetz (→ Arbeitsmarkt), die aber insgesamt entscheidend für das Einsparungsvolumen des Sparpakets sind. Neben den Einschnitten bei den Lohnersatzleistungen kommt es v. a. zu Kürzungen familienpolit. und sonstiger Leistungen. So wird z. B. das Kindergeld für Ausländer nur noch gewährt, wenn zu erwarten ist, daß sie auf Dauer in Deutschland bleiben. Es wird für jene Kinder gestrichen, die älter als 16 Jahre sind und

monatl. mehr als 750 DM verdienen. Der Sockelbetrag für das dritte und jedes weitere Kind wird auf monatl. 70 DM festgesetzt, wenn das Bruttojahreseinkommen 140 000 DM (Alleinstehende 110 000 DM) übersteigt. Hinsichtlich der Sozialhilfe einigte man sich darauf, daß die Regelsätze vom 1. Juli 1993 bis zum 30. Juni 1996 um jährlich 2% steigen, in diesem Rahmen jedoch nicht stärker als die Nettolöhne; auf das geplante Einfrieren der Sozialhilfe wurde verzichtet.

Eine Mitarbeiterin des Hamburger Arbeitsamts prüft im Rahmen einer Fahndung nach illegal Beschäftigten auf einer Baustelle die Papiere eines Arbeiters. Die Bekämpfung von Schwarzarbeit soll zur Haushaltsentlastung beitragen

Hauptstadt: Madrid
Einwohner: 39,1 Mio.
Einwohner/km²: 77
Staatsoberhaupt: Juan Carlos I.
Regierungschef: F. González Márquez
BSP/Einwohner: 12 460 US-$

Wirtschaftsprobleme

Hatte das ›Feierjahr‹ 1992 (500. Wiederkehr der ›Entdeckung‹ Amerikas, Olympische Spiele in Barcelona, Weltausstellung in Sevilla, Madrid als Kulturhauptstadt Europas) im Lande selbst wie im Ausland eine regelrechte S.-Euphorie bewirkt, so erfolgte schon vor Abschluß des Jubeljahres der Einbruch, der sich 1993 massiv fortsetzte: Die Turbulenzen auf dem europ. Finanzmarkt zwangen S. wiederholt zur Abwertung der Peseta; die überdimensionierten Kosten für die Ausrichtung des span. ›Superjahres‹ hatten drast. Sparmaßnahmen in vielen Bereichen zur Folge; die Wirtschaft geriet in eine tiefe Rezession, die Arbeitslosigkeit stieg weiter auf 21% an; polit. Skandale und Korruptionsaffären führten zu einem weitverbreiteten Ver-

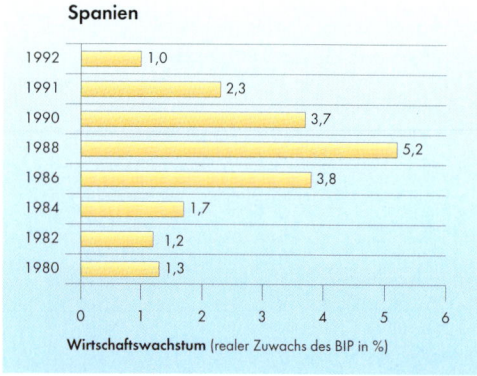

Spanien

Jahr	Wert
1992	1,0
1991	2,3
1990	3,7
1988	5,2
1986	3,8
1984	1,7
1982	1,2
1980	1,3

Wirtschaftswachstum (realer Zuwachs des BIP in %)

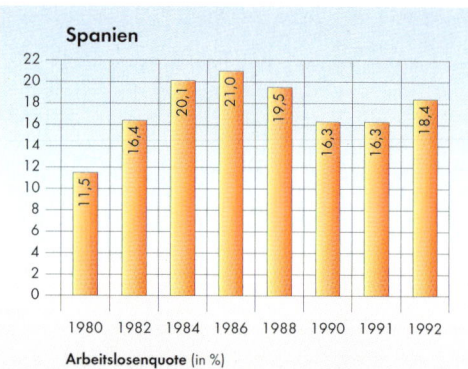

Spanien

Jahr	Wert
1980	11,5
1982	16,4
1984	20,1
1986	21,0
1988	19,5
1990	16,3
1991	16,3
1992	18,4

Arbeitslosenquote (in %)

trauensschwund in die polit. Klasse. Krisenbewußtsein machte sich breit.

Neuwahlen und sozialistische Minderheitsregierung

Im Frühjahr 1993 trat MinPräs. FELIPE GONZÁLEZ MÁRQUEZ die Flucht nach vorne an und schrieb für den 6. Juni vorgezogene Neuwahlen aus. Zum ersten Mal seit 1979 war der Wahlausgang ungewiß. Die Sozialist. Partei (PSOE) schien derart abgewirtschaftet zu haben, daß viele Prognosen einen Wahlsieg der konservativen Volkspartei (Partido Popular) unter ihrem jungen, noch profilarmen Vors. JOSÉ MARÍA AZNAR, zumindest aber ein Kopf-an-Kopf-Rennen der beiden großen Parteien vorhersagten. Das Wahlergebnis war allerdings eindeutig: Mit 38,68 % der Stimmen und 159 (von 350) Abgeordnetensitzen gingen die Sozialisten als Sieger aus den Wahlen hervor, während der Partido Popular, der sich deutlich zur liberalen Mitte hin geöffnet hatte, es auf 34,82 % der Stimmen und 141 Abgeordnete brachte. Damit hatte der PSOE zwar die absolute Mehrheit verloren, konnte aber erneut (zum vierten Mal) die Reg. stellen. Die lange Phase der sozialist. Alleinherrschaft war allerdings zu Ende. Hatten die Sozialisten 1982 eine ›Wende‹ der span.

Politik gefordert, so versprach GONZÁLEZ 1993 eine ›Wende der Wende‹. Die erforderl. Mehrheiten muß sich der Regierungschef fortan – nachdem keine Koalitionsreg. zustande kam – von den katalan. und bask. Nationalisten im Parlament holen. Zuerst hatte sich GONZÁLEZ allerdings innerparteilich gegen seinen Widersacher und Stellv. ALFONSO GUERRA durchzusetzen; dies gelang ihm v. a. bei personalpolit. Entscheidungen, etwa der Zusammenstellung seines neuen Kabinetts, in dem (auch parteilose) effiziente Fachleute dominieren, die alle dem innerparteil. Flügel der ›Erneuerer‹ zugerechnet werden.

Um die erforderl. Unterstützung der Regionalisten im Parlament zu erhalten, versprach der Regierungschef, weitere Kompetenzen, v. a. im Finanzbereich, an die autonomen Regionen zu übertragen; diskutiert wurde die Überlassung von 15 % der Einkommensteuer an die Autonomen Gemeinschaften. Mit Gewerkschaften und Unternehmern wurde im Herbst über einen neuen Sozialpakt zur Schaffung von Arbeitsplätzen beraten.

Außenpolitik

S. unterstützte die UNO durch die Entsendung von Blauhelmsoldaten nach Bosnien-Herzegowina. Innerhalb der EG setzte sich die span. Reg. nachdrücklich für die Interessen der ärmeren Mitgliedsländer ein. Zu Portugal wurden die Verkehrsverbindungen ausgebaut. Das Verhältnis zu Belgien war zum Jahresende gespannt, da belg. Justizbehörden zwei mutmaßliche ETA-Aktivisten freiließen und deren Anerkennung als Asylbewerber nicht ausschlossen mit der Begründung, daß ihnen in S. die Folter drohe. Damit zogen sie S.s Rechtsstaatlichkeit in Zweifel. Mit der Überweisung des Mordfalles SORIA (der span. UNO-Beamte war 1976 von chilen. Offizieren ermordet worden) an ein ziviles chilen. Gericht errang S. im Dez. einen diplomat. Erfolg.

SPD, Abk. für **S**ozialdemokratische **P**artei **D**eutschlands: Die Vorgänge um den schleswigholstein. Sozialmin. und stellv. MinPräs. GÜNTHER JANSEN sowie BJÖRN ENGHOLMS Fehlverhalten in der Barschel-Affäre des Jahres 1987 (→ Engholm, → Schubladen-Affäre, → Schleswig-Holstein) belasteten zunehmend die Bundesebene der Partei.

Der Vorsitzende und Kandidat des Partido Popular, José María Aznar, begrüßt im Wahlkampf seine Anhänger in Madrid (29. Mai)

Nachdem ENGHOLM am 3. Mai als Parteivors. und Kanzlerkandidat zurückgetreten war, übernahm der MinPräs. von Nordrhein-Westfalen und dienstälteste stellv. Parteivors., JOHANNES RAU, kommissarisch den Parteivorsitz bis zu einem außerordentl. Parteitag in Essen am 25. Juni.

Zuvor hatten am 13. Juni erstmals in der Geschichte der SPD die eingeschriebenen Mitgl. die Gelegenheit, in einer konsultativen Urwahl einen neuen Vors. zu benennen. Zur Wahl stellten sich der niedersächs. MinPräs. GERHARD SCHRÖDER, die Bezirksvors. von Südhessen, HEIDEMARIE WIECZOREK-ZEUL, und der MinPräs. von Rheinland-Pfalz, RUDOLF SCHARPING. Bei einer Beteiligung von 56,6% sprachen sich 40,3% der SPD-Mitgl. für SCHARPING aus, für SCHRÖDER 33,2% und für WIECZOREK-ZEUL 26,5%. Die Delegierten des Bundesparteitags wählten SCHARPING schließlich mit 362 von 456 Stimmen (78,5%) zum neuen SPD-Vorsitzenden.

Dieses Ergebnis konnte SCHARPING auf dem Parteitag im Nov. in Wiesbaden noch auf 83,8% verbessern. Das beste Wahlergebnis erhielt JOHANNES RAU, der mit 97,5% als einer der fünf stellv. Vors. und von den Delegierten als Kandidat für das Bundespräsidentenamt bestätigt wurde. Auch OSKAR LAFONTAINE, HERTA DÄUBLER-GMELIN und WOLFGANG THIERSE blieben stellv. Vors., neu dazu kam HEIDEMARIE WIECZOREK-ZEUL. LAFONTAINE, der im Vorfeld mit Äußerungen über eine produktivitätsorientierte Lohnanpassung in Ostdeutschland noch für Unmut v. a. unter den ostdt. Delegierten gesorgt hatte, erhielt auf dem Parteitag als wirtschafts- und finanzpolitischer Sprecher und zweiter Mann neben SCHARPING große Zustimmung.

SPD-Sonderparteitag in Essen (25. Juni): Auch Gerhard Schröder, Oskar Lafontaine und Heidemarie Wieczorek-Zeul unterstützen die Wahl Rudolf Scharpings zum neuen Parteivorsitzenden

Wichtige Themen des Parteitags waren die Wirtschafts-, Finanz- und Arbeitsmarktpolitik, Kampfeinsätze der Bundeswehr im Ausland (abgelehnt) und die Bekämpfung der organisierten Kriminalität mittels des großen Lauschangriffs (angenommen). Als Schwerpunkt der Politik nach einer Regierungsübernahme nannte SCHARPING die Überwindung der Arbeitslosigkeit und die Wiederherstellung der sozialen Gerechtigkeit.

Sportchronik ▬▬

6. Januar. Der Österreicher ANDREAS GOLDBERGER gewinnt die dt.-österr. Vierschanzentournee der Skispringer.

12. Januar. STEFFI GRAF und MICHAEL STICH holen in Perth als erstes dt. Team den Hopman-Cup für Tennis-Mixed durch ein 2:0 über Spanien.

20. Januar. Die serb. Tennisspielerin MONICA SELES wird zum dritten Mal hintereinander Siegerin bei den Australian Open. Sie schlägt STEFFI GRAF mit 4:6, 6:3 und 6:2.

31. Januar. Der amerikan. Tennisspieler JIM COURIER gewinnt in Melbourne zum zweiten Mal nach 1992 die Australian Open durch einen 6:2, 6:1, 2:6 und 7:5-Erfolg über den Schweden STEFAN EDBERG.

7. Februar. Die dt. Eisschnelläuferin GUNDA NIEMANN wird in Berlin zum dritten Mal Vierkampf-Weltmeisterin vor der österr. Europameisterin EMESE HUNYADI.

7. Februar. Der dt. Zweierbob mit CHRISTOPH LANGEN und PEER JOECHEL setzt sich bei der Weltmeisterschaft in Igls vor den Schweizern GUSTAV WEDER und DONAT ACKLIN durch.

14. Februar. GUSTAV WEDER gewinnt mit Schweiz I in Igls zum dritten Mal die Viererbob-Weltmeisterschaft vor Österreich I mit HUBERT SCHÖSER.

14. Februar. Erstmals enden alpine Ski-Weltmeisterschaften ohne die Ermittlung aller Sieger. In Morioka in Japan fiel der Super-Riesenslalom der Herren den Witterungsbedingungen zum Opfer. – Titelträger Herren: Abfahrt URS LEHMANN (Schweiz); Slalom und Riesenslalom KJETIL-ANDRÉ AAMODT (Norwegen); Kombination LASSE KJUS (Norwegen). – Damen: Abfahrt KATE PACE (Kanada); Slalom KARIN BUDER (Österreich); Riesenslalom CAROLE MERLE (Frankreich); Super-Riesenslalom KATJA SEIZINGER (Deutschland); Kombination MIRIAM VOGT (Deutschland).

28. Februar. Abschluß der Nord. Ski-Weltmeisterschaften in Falun (Schweden). – Titelträger Langlauf Herren: 10 km (klassisch) STURE SIVERTSEN (Norwegen); 15 km (Freistil) und 30 km (klassisch) BJÖRN DAEHLIE (Norwegen); 50 km (Freistil) TORGNY MOGREN (Schweden); 4 × 10-km-Staffel Norwegen. – Langlauf Damen: 5 km (klassisch) LARISSA LATSINA (Rußland), 10 km (Freistil) STEFANIA BELMONDO (Italien), 15 km (klassisch) JELENA WÄLBE (Rußland), 30 km (Freistil) STEFANIA BELMONDO (Italien), 4 × 5-km-Staffel Rußland. – Skispringen: Normalschanze MASAHIKO HARADA (Japan), Großschanze ESPEN BREDESEN (Norwegen), Mannschaft Norwegen. – Nord. Kombination: Einzel KENJI OGIWARA (Japan), Mannschaft Japan.

28. Februar. Der Österreicher MARKUS PROCK und die Italienerin GERDA WEISSENSTEINER im Einsitzer sowie der Doppelsitzer mit HANSJÖRG RAFFL und NORBERT HUBER (Italien) gewinnen den Rodel-Weltpokal.

14. März. Bei den 4. Weltmeisterschaften in der Hallen-Leichtathletik in Toronto ist Rußland mit sieben Titeln am erfolgreichsten vor den USA mit fünf Siegen, darunter HARRY ›BUTCH‹ REYNOLDS über 400 m nach einer abgelaufenen Dopingsperre. Die Schweizerin JULIE BAUMANN gewinnt die 60 m Hürden. Hochsprung-Olympiasiegerin HEIKE HEN-KEL erleidet die erste Niederlage seit 1990 in einem Titelkampf und belegt mit 2,02 m hinter der Bulgarin STEFKA KOSTADINOWA (ebenfalls 2,02 m) den zweiten Platz. Weitere Silbermedaillen für Deutschland holen SUSEN TIEDTKE im Weitsprung und die Kugelstoßerin STEPHANIE STOLPE.

Am 14. März siegt bei den Weltmeisterschaften im Eistanz das russische Paar Usowa/Schulin

14. März. Kanada gewinnt bei den Eiskunstlauf-Weltmeisterschaften in Prag zwei Titel durch KURT BROWNING, der zum vierten Mal bei den Herren siegte, sowie durch das Paar ELISABETH BRASSEUR und LLOYD EISLER. Bei den Damen siegt überraschend die 15jährige Ukrainerin OKSANA BAJUL. Im Eistanz triumphiert das russ. Paar MAJA USOWA und ALEXANDER SCHULIN. Die einzige Medaille für Deutschland holen die Chemnitzer MANDY WÖTZEL und INGO STEUER als zweite des Paarlaufs.

20. März. In Düsseldorf gewinnt der dt. Boxer HENRY MASKE nach 12 Runden durch einen Punktsieg über Titelverteidiger CHARLES WILLIAMS den IBF-Weltmeistertitel im Halbschwergewicht.

21. März. Rußland gewinnt in Stockholm mit 28:19 über Frankreich die Handball-Weltmeisterschaft der Herren. Die Schweiz belegt Platz 4, Deutschland wird Sechster.

27. März. Der Wahl-Luxemburger MARC GIRARDELLI holt sich in Are zum fünften Mal den Sieg in der Gesamtwertung des alpinen Weltpokals.

28. März. ANITA WACHTER (Österreich) wird in Are Gewinnerin des alpinen Weltpokals vor KATJA SEIZINGER (Deutschland).

28. März. Der Österreicher ANDREAS GOLDBERGER holt sich in Planica den Weltpokal im Skisprung.

28. März. Zum vierten Mal hintereinander gewinnt die Düsseldorfer EG die dt. Eishockeymeister-

schaft mit 2:1 im fünften Play-off-Finalspiel über den Kölner EC.

11. April. BERNHARD LANGER (Deutschland) wird zum zweiten Mal nach 1985 Sieger der US-Golf-Masters in Augusta (Georgia).

11. April. LUDGER BEERBAUM gewinnt mit Ratina Z als erster Deutscher in Göteborg den Weltcup der Springreiter.

18. April. WITALI SCHERBO (Weißrußland) ist erfolgreichster Teilnehmer bei den Weltmeisterschaften der Kunstturner in Birmingham mit drei Titeln (Kürkampf, Barren und Pferdsprung). Bei den Turnerinnen holt sich die Amerikanerin SUSAN MILLER ebenfalls drei Titel: Kürkampf, Stufenbarren und Bodenturnen. ANDREAS WECKER (Berlin) holt zweimal Silber (Seitpferd und Ringe) sowie Bronze im Kürkampf.

30. April. MONICA SELES wird in Hamburg bei einem Anschlag durch einen Messerstich in den Rücken verletzt. Sie muß ihre sportl. Karriere unterbrechen und verliert im Juni den ersten Weltranglistenplatz im Damen-Tennis an STEFFI GRAF.

2. Mai. Rußland wird neuer Eishockey-Weltmeister. In München schlagen die Russen Titelverteidiger Schweden im Finale mit 3:1. Deutschland belegt Platz 5, Österreich wird Neunter, die Schweiz steigt ab.

12. Mai. Der AC Parma erringt in London durch einen 3:1-Erfolg über Royal Club Antwerpen den Fußball-Europapokal der Pokalsieger.

16. Mai. Zum zweiten Mal hintereinander gewinnt der Schweizer TONY ROMINGER die Spanien-Rundfahrt. Zweiter wird sein Landsmann ALEX ZÜLLE.

19. Mai. Juventus Turin ist Gewinner des UEFA-Pokals. Nach einem 3:1-Sieg bei Borussia Dortmund setzen sich die Italiener auch im Rückspiel mit 3:0 durch.

24. Mai. Mit drei Titeln schneidet China bei den Tischtennis-Weltmeisterschaften in Göteborg am erfolgreichsten ab. Die Einzelsiege gehen an den Franzosen JEAN-PHILIPPE GATIEN und die Südkoreanerin HYUN UNG WA. Mannschafts-Weltmeister werden die schwed. Herren und Chinas Damen.

26. Mai. Gewinner des Fußball-Europapokals der Landesmeister wird in München erstmals Olym-

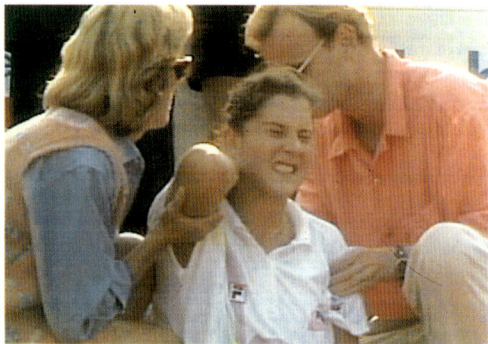

Ein Zuschauer verletzt am 30. April während der Pause des Viertelfinalspiels Monica Seles mit einem Messer am Rücken

Der Baske Miguel Indurain (im gelben Trikot) gewinnt am 25. Juli die Tour de France zum dritten Mal in Folge. Im Bild das Fahrerfeld auf den Pariser Champs Élysées kurz vor dem Ziel der Schlußetappe

pique Marseille mit RUDI VÖLLER durch einen 1:0-Erfolg über AC Mailand.

31. Mai. Der FC Lugano gewinnt in Bern den Schweizer Fußball-Pokal durch einen 4:1-Erfolg über Grasshoppers Zürich.

5. Juni. SV Werder Bremen ist zum dritten Mal Dt. Fußballmeister. Im Fernduell mit dem FC Bayern München, der 32 Runden lang an der Tabellenspitze der Bundesliga stand, setzt sich Bremen mit 3:0 beim Titelverteidiger VfB Stuttgart durch, während München bei Schalke 04 nur ein 3:3 erzielt.

5. Juni. Der FC Aarau erringt vorzeitig die Schweizer Fußballmeisterschaft.

5. Juni. STEFFI GRAF wird nach 1987 und 1988 zum dritten Mal Siegerin der Frz. Tennismeisterschaften in Paris. Im Finale besiegt sie die Amerikanerin MARY JOE FERNANDEZ 4:6, 6:2 und 6:4 und steht wieder an der Spitze der Weltrangliste. Die verletzte MONICA SELES kann in Paris nicht antreten. Im Herren-Finale am 6. Juni unterliegt der amerikan. Titelverteidiger JIM COURIER dem Spanier SERGI BRUGUERA mit 4:6, 6:2, 2:6, 6:3 und 3:6.

12. Juni. Bayer Leverkusen gewinnt das 50. Dt. Fußball-Pokalfinale der Herren in Berlin mit 1:0 gegen Hertha BSC Berlin Amateure. Bei den Damen geht der Pokal an den TSV Siegen, der Grün-Weiß Brauweiler nach Elfmeterschießen 6:5 (Spielstand nach Verlängerung 1:1) besiegt.

12. Juni. Austria Wien sichert sich zum 21. Mal die österr. Fußballmeisterschaft vor dem punktgleichen SV Salzburg.

3. Juli. STEFFI GRAF gewinnt zum fünften Mal insgesamt und zum dritten Mal hintereinander das Damen-Einzel in Wimbledon durch einen 7:6, 1:6 und 6:4-Sieg über die Tschechin JANA NOVOTNA. Der Weltranglistenerste PETE SAMPRAS (USA) bestreitet am 4. Juli sein erstes Wimbledon-Finale im Herren-Einzel und gewinnt gegen seinen Landsmann JIM COURIER 7:6, 7:6, 3:6, 6:3.

4. Juli. Deutschlands Basketballer erringen in München zum ersten Mal den Titel eines Europameisters durch einen 71:70-Erfolg über Rußland.

10. Juli. Deutschland erringt bei den Fecht-Weltmeisterschaften in Essen mit ALEXANDER KOCH (Herren-Florett) sowie den Mannschaften im Herren- und Damen-Florett drei Weltmeistertitel und zudem zwei Silber- und sechs Bronzemedaillen. Italien gewinnt drei, Rußland zwei, Estland und Ungarn gewinnen je einen Weltmeistertitel.

25. Juli. Der Spanier MIGUEL INDURAIN wird zum dritten Mal hintereinander Sieger der Tour de France. Der Schweizer TONY ROMINGER belegt mit 4:52 Minuten Rückstand den zweiten Platz.

26. Juli. Der österr. Läufer ANDREAS BERGER bestätigt im Fernsehen, daß er und seine Kameraden aus der 4×100-m-Nationalstaffel, GERNOT KELLERMAYER, THOMAS RENNER und FRANZ RATZENBERGER, das Dopingpräparat Methan-Dienon eingenommen haben.

1. August. Beide Europameistertitel der Springreiter gehen an die Schweiz. WILLI MELLIGER siegt in Gijon auf Quinta in der Einzelwertung. Auch der Mannschaftstitel geht an die Schweizer Equipe mit WILLI MELLIGER, LESLIE MCNAUGHT MÄNDLI, STEFAN LAUBER und THOMAS FUCHS.

8. August. Die Deutsche FRANZISKA VAN ALMSICK ist die erfolgreichste Teilnehmerin der Europameisterschaften im Schwimmen in Sheffield mit sechs Titeln und einer Silbermedaille. Beste Einzelschwimmerin wird KRISZTINA EGERSZEGI (Ungarn) mit vier Siegen. Deutschland schneidet mit 15 Meisterschaften und insgesamt 29 Medaillen vor Rußland (12 Siege und ebenfalls 29 Medaillen) am erfolgreichsten ab.

8. August. Der Schweizer ROLF BILAND holt sich in Anderstorp (Schweden) mit seinem Beifahrer KURT WALTISBERG vorzeitig zum sechsten Mal die Weltmeisterschaft der Motorrad-Seitenwagenklasse.

22. August. Bei den 4. Leichtathletik-Weltmeisterschaften in Stuttgart schneiden die USA mit 13 Titeln und insgesamt 26 Medaillen am erfolgreichsten ab. China stellt vier, Rußland, Großbritannien und Kenia stellen je drei Weltmeister. Deutschland ist zweimal siegreich durch die Weitspringerin HEIKE

DRECHSLER und den Diskuswerfer LARS RIEDEL und erringt zwei Silber- sowie vier Bronzemedaillen. Der schweizerische Kugelstoßer WERNER GÜNTHÖR holt sich zum dritten Mal hintereinander die Weltmeisterschaft. Der ukrain. Stabhochspringer SERGEJ BUBKA gewinnt seinen vierten WM-Titel. Bei den Wettbewerben werden vier neue Weltrekorde aufgestellt (→ Leichtathletik).

22. August. Mit sieben Titelgewinnen wird Deutschland bei den Kanu-Weltmeisterschaften in Kopenhagen die erfolgreichste Mannschaft, die zudem eine Silber- und sechs Bronzemedaillen holt. Ungarn folgt in der Nationenwertung mit fünf Siegen auf dem zweiten Rang.

29. August. Als zweiter Amerikaner wird LANCE ARMSTRONG in Oslo Straßen-Weltmeister der Radprofis vor dem Spanier MIGUEL INDURAIN und dem Deutschen OLAF LUDWIG. Den Titel der Amateure gewinnt der Deutsche JAN ULLRICH. Bei den Damen siegt die Niederländerin LEONTIEN VAN MOORSEL.

Am 26. September wird Dirk Raudies Weltmeister in der 125-cm³-Klasse durch den Sieg beim Großen Motorradpreis von Spanien

5. September. Kanada und Großbritannien schneiden bei den Ruder-Weltmeisterschaften im tschech. Roudnice mit je vier Titelträgern am erfolgreichsten ab. Deutschland erringt die meisten Medaillen (13), darunter die Titel im Damen-Einer (JANA THIEME) sowie bei den Herren im Doppelvierer und im Achter. Österreich wird Weltmeister im Leichtgewichts-Doppelvierer. Die Schweiz kommt auf zwei Silbermedaillen.

5. September. Deutschland stellt in Lipica (Slowenien) alle Europameister in der Dressur durch die Titelverteidigerinnen ISABELL WERTH (Grand Prix), NICOLE UPHOFF (Kür) und die Mannschaft (WERTH, UPHOFF, MONICA THEODORESCU und KLAUS BALKENHOL).

11. September. STEFFI GRAF gewinnt in Flushing Meadow zum dritten Mal die US Open durch einen 6:3, 6:3-Erfolg über die tschech. Tennisspielerin HELENA SUKOVA und feiert ihren dritten Grand-Slam-Erfolg 1993.

12. September. Der Amerikaner PETE SAMPRAS setzt sich bei den US Open im Tennis zum zweiten Mal nach 1990 im Herren-Einzel durch. Im Finale von Flushing Meadow besiegt er den Franzosen CÉDRIC PIOLINE 6:4, 6:4 und 6:3 und übernimmt wieder den ersten Platz der Weltrangliste.

12. September. Bei den Europameisterschaften der Amateurboxer in Bursa (Türkei) erringt DIRK EIGENBRODT den Titel im Mittelgewicht. Die dt. Mannschaft gewinnt außerdem zwei Silber- und drei Bronzemedaillen. Bulgarien schneidet mit drei Europameistern am erfolgreichsten ab.

12. September. Bei den nat. Sportspielen in Peking werden vier außergewöhnl. und Zweifel auslösende Weltrekorde durch chin. Läuferinnen aufgestellt (→ Leichtathletik).

22. September. Der frz. Fußballverband spricht wegen einer Bestechung zum Ende der Saison 1992/93 Olympique Marseille den Meistertitel 1993 ab. Der Gewinner des Europapokals der Landesmeister war bereits von der UEFA vom Pokalwettbewerb 1993/94 ausgeschlossen worden. Marseille kann auch nicht am Finale des Weltpokals sowie des europ. Supercups teilnehmen.

22. September. Das Internat. Olymp. Komitee (IOC) bestätigt in Monaco seinen Präs. JUAN ANTONIO SAMARANCH für weitere vier Jahre im Amt. Der 73jährige Spanier leitet seit 1980 das IOC.

23. September. Die austral. Stadt Sydney wird zum Ausrichter der XXVII. Olympischen Sommerspiele im Jahr 2000 gewählt (→ Olympische Spiele).

26. September. Der Deutsche DIRK RAUDIES wird Erster beim Großen Motorradpreis von Spanien in Jarama und gewinnt damit den Weltmeistertitel in der 125-cm³-Klasse. Die übrigen Weltmeister der Solo-Klassen: 250-cm³-Klasse TETSUYA NARADA (Japan); 500-cm³-Klasse KEVIN SCHWANTZ (USA).

3. Oktober. Süd-Korea schneidet bei den Judo-Weltmeisterschaften in Hamilton (Kanada) mit drei Titeln am erfolgreichsten ab. Deutschland stellt durch JOHANNA HAGN im Schwergewicht eine Weltmeisterin und holt drei Bronzemedaillen. Als Zweiter in der 65-kg-Klasse gewinnt mit ERIC BORN erstmals ein Schweizer eine Medaille bei Weltmeisterschaften.

13. Oktober. Ein Hamburger Amtsgericht verurteilt GÜNTER PARCHE, der am 30. April die Tennisspielerin MONICA SELES mit einem Messerstich in den Rücken verletzte, zu einer Freiheitsstrafe von zwei Jahren, die auf Bewährung ausgesetzt wird.

22. Oktober. Der Russe GARY KASPAROW gewinnt in London mit 12,5:7,5 Punkten über den Briten NIGEL SHORT die Schach-Weltmeisterschaft der World Professional Chess Association.

30. Oktober. Die Weltmeisterschaft des Schach-Weltverbands FIDE geht nach 21 Partien in den Niederlanden und Jakarta an den russ. Ex-Weltmeister ANATOLI KARPOW, der sich mit 12,5:8,5 Punkten gegen den niederländ. Herausforderer JAN TIMMAN durchsetzt.

6. November. EVANDER HOLYFIELD revanchiert sich in Las Vegas für die Vorjahresniederlage gegen seinen amerikan. Landsmann RIDDICK BOWE und holt durch einen Punktsieg die WBA- und IBF-Box-Weltmeisterschaft zurück.

7. November. Abschluß der Formel-1-Saison mit dem Großen Preis von Australien in Adelaide. Hinter dem zurücktretenden frz. Weltmeister ALAIN PROST (99 Punkte) belegen die weiteren Plätze der

Beim New York Marathon am 14. November gewinnen Uta Pippig aus Berlin (vorne) und der Mexikaner Andrés Espinoza

Brasilianer AYRTON SENNA (73), der Engländer DAMON HILL (69) und der Deutsche MICHAEL SCHU-MACHER (52), der in der Saison zwei Grand-Prix-Siege einfahren konnte. Die Teamwertung gewinnt Williams-Renault.

14. November. UTA PIPPIG aus Berlin gewinnt den New York Marathon in 2:26:23 Stunden, knapp zwei Minuten über dem Streckenrekord der Damen. Bei den Herren siegt ANDRÉS ESPINOZA aus Mexiko in 2:10:04 Stunden.

16. November. Die Chinesin XIE JUN verteidigt in Monte Carlo ihren Titel als Schach-Weltmeisterin gegen ihre georg. Herausforderin NANA IOSELANI mit 8,5:2,5 Punkten.

17. November. Die Schweiz qualifiziert sich für die Endrunde der Fußball-Weltmeisterschaft 1994 als Gruppenzweiter hinter Italien durch einen 4:0-Sieg über Estland in Zürich.

20. November. Das oberste Schiedsgericht des Internat. Leichtathletikverbandes bestätigt als letzte Instanz die Sperre gegen KATRIN KRABBE, GRIT BREUER und MANUELA DERR wegen ›unsportl. Verhaltens‹ (Einnahme verbotener Substanzen) bis zum 23. 8. 1995.

21. November. STEFFI GRAF gewinnt das Tennisfinale des Masters Turniers in New York gegen ARANTXA SANCHEZ VICARIO (Spanien) mit 6:1, 6:4, 3:6 und 6:1.

21. November. MICHAEL STICH folgt BORIS BECKER als ATP-Weltmeister nach. Er besiegt den Weltranglistenersten PETE SAMPRAS (USA) im Endspiel des ATP-Tour-Finales in Frankfurt am Main mit 7:6, 2:6, 7:6 und 6:2.

21. November. Mit neuen Gewichtsklassen wollen die Gewichtheber dopingfreie Rekorde und Titel erreichen. Bei den Weltmeisterschaften in Melbourne schneiden Bulgariens Herren (10 Titel) und Chinas Frauen (17) am erfolgreichsten ab. Deutschland erringt vier Gold-, vier Silber- und zwei Bron-

zemedaillen. Dabei gewinnt RONNY WELLER den Zweikampftitel im Superschwergewicht vor MANFRED NERLINGER.

25. November. Deutschlands Sportjournalisten küren die sechsfache Schwimm-Europameisterin FRANZISKA VAN ALMSICK und den Box-Weltmeister im Halbschwergewicht HENRY MASKE zu ›Sportlern des Jahres 1993‹. ›Mannschaft des Jahres‹ wird das dt. Basketball-Europameisterteam.

5. Dezember. Die Damen der dt. Handball-Nationalmannschaft werden nach drei Titeln für DDR-Auswahlen als erstes gesamtdt. Team Weltmeisterinnen. In Oslo erkämpfen sie den Sieg gegen Dänemark mit 22:21 nach Verlängerung.

5. Dezember. Die deutsche Herren-Tennismannschaft gewinnt in Düsseldorf nach drei Spieltagen den Davis-Pokal mit 4:1 Punkten gegen Australien. MICHAEL STICH siegt in beiden Einzeln und zusammen mit PATRIK KÜHNEN im Doppel, MARC-KEVIN GÖLLNER steuert einen Einzelsieg bei. Auf australischer Seite spielen RICHARD FROMBERG, JASON STOLTENBERG und TODD WOODBRIDGE/MARK WOODFORDE.

5. Dezember. Bei der Kurzbahn-Weltmeisterschaft der Schwimmer in Palma de Mallorca holt sich der Deutsche CHRISTIAN KELLER nach zwei Silbermedaillen den Titel über 200 m Lagen. Die größten Erfolge verbuchen die chin. Schwimmerinnen mit 16 Titelgewinnen und 15 Weltrekorden, werden aber mit (unbewiesenen) Dopingvorwürfen konfrontiert. FRANZISKA VAN ALMSICK fehlt wegen Krankheit.

12. Dezember. Der Tscheche PETR KORDA siegt im Finale des 4. Grand-Slam-Cups in München überraschend gegen MICHAEL STICH mit 2:6, 6:4, 7:6, 2:6, 11:9.

18. Dezember. Bei ihrem mit Spannung erwarteten Comeback belegt die zweifache Eiskunstlauf-Olympiasiegerin KATARINA WITT den zweiten Platz

Deutschlands Handballerinnen um Bianca Urbanke (Mitte), mit 36 Toren erfolgreichste deutsche Werferin des Turniers, bejubeln den Gewinn der Weltmeisterschaft am 5. Dezember

Dem Sarg des bei einem Anschlag im April getöteten Staatspräsidenten Premadasa folgen Hunderte von Menschen durch die Straßen der Hauptstadt Colombo

der dt. Meisterschaften in Herne hinter der 16jährigen TANJA SZEWCZENKO.

19. Dezember. In Las Vegas findet die Gruppenauslosung für die Fußball-Weltmeisterschaft 1994 in den USA statt. Deutschland trifft auf Bolivien, Spanien und Südkorea, die Schweiz spielt in einer Gruppe mit den USA, Kolumbien und Rumänien.

27. Dezember. Entgegen früherer Absichten übernimmt FRANZ BECKENBAUER, 1990 Teamchef der dt. Fußball-Weltmeisterelf, wieder ein Traineramt und löst ab Jan. 1994 ERICH RIBBECK beim FC Bayern München ab.

31. Dezember. Sieger des 69. Silvesterlaufs von São Paulo über 15 km wird zum zweiten Mal hintereinander der Kenianer SIMON CHIMWOYO in 43:20 min. Bei den Frauen ist HELLEN KIMWAYIO in 50:26 min erfolgreich.

Sri Lanka

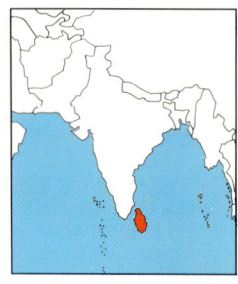

Hauptstadt: Colombo
Einwohner: 17,7 Mio.
Einwohner/km²: 269
Staatsoberhaupt:
D. B. Wijetunga
Regierungschef:
R. Wickremesinghe
BSP/Einwohner:
500 US-$

Trotz polit. Unruhen verzeichnete das Land ein steigendes Wirtschaftswachstum. Die Atmosphäre war vor den für Mai anberaumten Provinzwahlen sehr gespannt. Der United National Party (UNP) des Präs. RANASINGHE PREMADASA standen die Sri Lanka Freedom Party (SLFP) und die Democratic United National Front (DUNF) gegenüber. Die SLFP wurde von Sohn und Tochter SIRIMAVO BANDARANAIKES, ANURA BANDARANAIKE und CHAN-DRIKA KUMARANATUNGA geführt, die DUNF von den ehem. UNP-Min. GAMINI DISSANAYAKE und LALITH ATHULATHMUDALI, die sich von dem autokrat. PREMADASA getrennt hatten. ATHULATHMUDALI wurde während des Wahlkampfs im April erschossen. Der Mord konnte nicht aufgeklärt werden, die Anhänger ATHULATHMUDALIS verdächtigten die UNP. Wenige Tage später, während der Feierlichkeiten am 1. Mai, kam PREMADASA durch einen Bombenanschlag auf offener Straße um. Dafür wurden die Tamil Tiger verantwortlich gemacht. Die Wahlen brachten der UNP in sechs Provinzen den Sieg, in den Tamilprov. im N und O wurde nicht gewählt. In der Westprov. (Colombo und Umgebung) siegte die Allianz der Oppositionsparteien, und CHAN-DRIKA KUMARANATUNGA wurde MinPräs. der Provinzregierung. Damit profilierte sich diese temperamentvolle Frau für eine weitere polit. Karriere.

Auf nat. Ebene behielt die UNP die Vormacht. Der Premiermin. D. B. WIJETUNGA wurde Präs. und Industriemin. RANIL WICKREMESINGHE Premierminister. Sie setzten den wirtschaftl. Reformkurs fort. Der Widerstand der Tamil Tiger im N blieb jedoch ungebrochen. Sie hatten zu Beginn des Jahres einen empfindl. Verlust zu beklagen: KITTU, einer ihrer bedeutendsten Führer, war mit einem Schiff, das Waffen an Bord hatte, untergegangen. Es war von der ind. Kriegsmarine aufgebracht worden, und die ›Tiger‹ hatten es gesprengt, um der Gefangennahme zu entgehen. S. THONDAMAN, Führer der tamil. Teeplantagenarbeitergewerkschaft und langjähriger UNP-Min., hatte wohl im Einvernehmen mit PREMADASA den tamil. Separatisten einen Friedensplan vorgelegt, der den Föderalismus betont, den beide Seiten bisher abgelehnt hatten. Doch die ›Tiger‹ bestehen auf einer Vereinigung der Nord-mit der Ostprov., was von den singhales. Nationalisten abgelehnt wird. Eine Volksabstimmung hierzu wurde mehrfach vertagt.

Stahlkrise: Die für 1993 vorhergesagte Erholung auf den internat. Stahlmärkten blieb aus. Die dt. Hüttenwerke produzierten im ersten Halbjahr 1993 mit 18,59 Mio. t um 11,5% weniger Rohstahl als im gleichen Vorjahreszeitraum. In den alten

Bundesländern lag dabei die Rohstahlproduktion mit 17,21 Mio. t um 11,9% unter dem Vorjahresergebnis. Die Produktion in den neuen Bundesländern ging um 6,2% auf 1,38 Mio. t zurück. Im Mai wurde mit der Saarstahl AG der sechstgrößte Stahlkonzern Deutschlands (7 200 Beschäftigte) zahlungsunfähig und im Aug. mit der Krupp-Hütte in Rheinhausen (2 500 Beschäftigte) zum ersten Mal seit 1945 ein komplettes Stahlwerk geschlossen. Ausgehend von 155 000 Arbeitsplätzen Ende 1992, wird für 1993 und 1994 mit einem Abbau von jeweils rd. 18 000 Beschäftigten in der westdt. Stahlindustrie gerechnet. In den neuen Bundesländern hat sich die Zahl der Stahlarbeitsplätze von rd. 24 000 Ende 1992 auf 12 000 bis zum Jahresende 1993 halbiert. Für 1994 wird ein weiterer Abbau von 4 000 Stellen erwartet.

Im Nov. billigte die Europ. Kommission das von der Bundesreg. vorgelegte Sanierungskonzept für die EKO Stahl AG, Eisenhüttenstadt. Die Zustimmung der EG-Behörde wurde möglich durch den Kapazitätsabbau, der das brandenburg. Stahlwerk Henningsdorf trifft. Dieses ist Eigentum der italien.

Rund 2 000 Stahlarbeiter demonstrieren am 4. März vor der Krupp-Hauptverwaltung in Essen für den Erhalt der Stahlstandorte

Riva-Gruppe, die mit der Treuhandanstalt den Erwerb von 60% der EKO-Anlagen in Eisenhüttenstadt vereinbart hat. Der erzielte Kompromiß zugunsten von Subventionen stieß allerdings auf starken Widerstand der EG-Partner, bes. Großbritanniens. Trotzdem genehmigte der Europ. Minister-

STAHLSTANDORTE IN DEUTSCHLAND

Integrierte Hüttenwerke (Roheisen-, Rohstahl-, Walzstahlerzeugung)

Koheisenhersteller

Stahlwerke (Rohstahl-, Walzstahlerzeugung)

Warmwalzwerke

Kaltwalzwerke

Quelle: Wirtschaftsvereinigung Stahl Düsseldorf
Stand : 1/1994

Die ohnehin schwierige Suche nach wirtschaftlich sinnvollen Produktionsstrukturen in der deutschen Stahlindustrie wird dadurch erschwert, daß nun auch in Deutschland ein Subventionswettlauf begonnen hat. In der deutschen Stahllandschaft wird es tür private Unternehmen immer schwerer, gegen die hochsubventionierten Staatsbetriebe zu konkurrieren. Mit den Hilfen der Bundesländer für Saarstahl, Maxhütte, Georgsmarienhütte, Klöckner Stahl und EKO Stahl werden Fakten geschaffen, auf die die anderen Stahlunternehmen reagieren müssen, um im Markt zu bleiben (z. B. mit neuen Kostensenkungsprogrammen, Zusammenschlüssen, Stillegungen und Hilfsforderungen)

rat schließlich am 17. Dez. einstimmig das Sanierungskonzept und bewilligte Subventionen in Höhe von 813 Mio. DM. Damit sind die Voraussetzungen für eine Privatisierung von EKO Stahl nunmehr gegeben.

Standortsicherungsgesetz: Im Juli stimmte nach dem Bundestag auch der Bundesrat (gegen die Stimme Niedersachsens) dem S. zu, das die steuerl. Rahmenbedingungen für Investitionen und Arbeitsplätze in Deutschland nachhaltig verbessern soll. Es bringt u. a. eine deutl. Entlastung bei der Körperschaftsteuer (Höchstsatz 45% statt bisher 50%), eine geringere Besteuerung der ausgeschütteten Gewinne (Höchstsatz 30% statt 36%), einen geringeren Einkommensteuerspitzensatz für gewerbl. Einkünfte (Höchstsatz 47% statt 53%) und Steuerentlastungen für den Mittelstand (Einführung einer Ansparabschreibung für neue Ausrüstungsinvestitionen sowie eine Anhebung der Freibeträge bei der Erbschaftsteuer). Das Gesetz wird zum 1. 1. 1994 wirksam.

Der russische Präsident Boris Jelzin (rechts) und der scheidende Präsident der USA, George Bush, unterzeichnen im Wladimirsaal des Kreml den START-II-Vertrag

START II: Am 3. Jan. wurde der START-II-Vertrag zw. Rußland und den USA in Moskau unterzeichnet, der eine revolutionäre Neuerung darstellt, da erstmals Abrüstung an die Stelle von Umrüstung gesetzt wird. Er verringert die Anzahl der nuklearstrateg. Waffen drastisch und bringt in Verbindung mit den 1991 und 1992 verfügten unilateralen Abrüstungsschritten den Prozeß der Rüstungsmodernisierung im nuklearen Bereich fast zum Erliegen. Laut Vertrag soll bis 2003 die Anzahl der strateg. Gefechtsköpfe von jeweils über 10 000 auf 3 500 bis 3 000 verringert werden. Dies entspricht etwa einer Halbierung der im Rahmen von START I erlaubten Potentiale. Bes. hervorzuheben sind die qualitativen Einschränkungen: START II verbietet alle landgestützten Interkontinentalraketen mit Mehrfachsprengköpfen. Damit Rußland diesem Punkt zustimmte, fanden sich die USA bereit, ihre atomaren Sprengköpfe auf U-Booten um etwa die Hälfte zu verringern. Beachtlich ist auch die große Transparenz bei der Überwachung der Produktionsanlagen und der Vernichtung von Waffen. Noch ist allerdings fraglich, wann Rußland START II ratifi-

ziert, da es dies von der Umsetzung von START I abhängig gemacht hat. Jenes im Juli 1991 noch von der Sowjetunion unterschriebene Abkommen wurde von den Nachfolgestaaten Kasachstan, Rußland und im Nov. auch von der Ukraine ratifiziert, die jedoch die Verwirklichung des Vertrags von Sicherheitsgarantien und finanzieller Unterstützung abhängig macht und an einem Teil des atomaren Nachlasses der Sowjetunion festhält.

Ein weiteres Problem stellt die Entsorgung der Sprengköpfe dar. Allein auf russ. Seite werden hierdurch bis zu 100 t hochangereichertes Uran und 150 t Plutonium frei, und es gibt noch keine Vereinbarungen darüber, wie deren Endlagerung oder Weiterverwendung internat. zu kontrollieren ist.

Statt-Partei, → Hamburg.

Steinacker, Peter, ev. Theologe, *Frankfurt am Main 12. 12. 1943. – Der Theologe löste am 20. März HELMUT SPENGLER als Kirchenpräs. der Ev. Kirchen in Hessen und Nassau (EKHN) ab. S. studierte in Frankfurt am Main, Marburg und Tübingen ev. Theologie, promovierte 1973 in Marburg und habilitierte sich dort auch 1980, nachdem er in versch. Orten als Pfarrer tätig gewesen war. 1986 ernannte ihn die Univ. Marburg zum Honorarprof. für Systemat. Theologie. Innerhalb der EKHN arbeitet S. im Prüfungsamt und gilt als strenger Prüfer. Seit 1989 gehörte er der ›Perspektivkommission‹ der ev. Kirche an, die sich mit dem Kurs der Institution Kirche vor dem Hintergrund zahlreicher Kirchenaustritte und fehlender Vermittlung religiöser Wertvorstellungen in den Familien beschäftigt hatte. Im Dez. 1992 wurde S. schon im ersten Wahlgang von der Synode der EKHN zum Nachfolger H. SPENGLERS gewählt.

Steuerpolitik: Die Steuerpolitik des Jahres 1993 war gekennzeichnet einerseits durch den Versuch, zusätzl. Einnahmen zu erschließen, und andererseits durch Bemühungen, Investitionsklima und Attraktivität des Wirtschaftsstandorts Deutschland zu verbessern.

Das im Rahmen des Solidarpakts zustandegekommene ›Gesetz zur Umsetzung des Föderalen Konsolidierungsprogramms‹ vom 23. 6. 1993 brachte die folgenden Maßnahmen: 1) Erhebung eines zeitlich nicht begrenzten (›mittelfristig zu überprüfenden‹) Solidaritätszuschlages in Höhe von 7,5% der Einkommen- und Körperschaftsteuer ab 1. 1. 1995 (erwartete Einnahmen für 1995: 28 Mrd. DM). Bis zu einem zu versteuernden Einkommen von 14 127 DM (Verheiratete 28 295 DM) wird der Solidaritätszuschlag nicht erhoben. 2) Anhebung des Vermögensteuersatzes für privaten Grundbesitz und sonstiges Vermögen von 0,5% auf 1% ab 1. 1. 1995 bei gleichzeitiger Ausdehnung des allg. Freibetrages von bisher 70 000 DM auf 120 000 DM. Die Steuersatzanhebung gilt nicht für ›Produktivvermögen‹ (Betriebsvermögen von Einzelunternehmen und Personengesellschaften sowie im Privatvermögen gehaltene Beteiligungswerte wie Aktien und GmbH-Anteile). 3) Erhöhung der Versicherungsteuer ab 1. Juli um 2 Prozentpunkte auf 12% und ab 1. 1. 1995 auf 15% (Ausnahme: Feuerversicherungen). 4) Neuberechnung (Erhöhung) des einkommensteuerpflichtigen Ertragsanteils von Leibrenten entsprechend der gestiegenen Lebenserwartung (z. B. bei einem Rentenbeginn im 65. Lebensjahr von 24% auf 27%). 5) Das steuerlich verschonte Existenzminimum (bisher 5616 DM) wurde auf 10500 DM (1993), 11000 DM (1994) und 11500 DM (1995) erhöht. Damit wurde dem Auftrag des Bundesverfassungsgerichts vom 25. 9. 1992 zur Einkommensteuerfreiheit eines am Sozialhilferecht zu orientierenden Existenzminimums Rechnung getragen. Die daraus sich ergebenden Steuerausfälle werden auf 2,2 Mrd. DM (1993), 3,1 Mrd. DM (1994) und 3,8 Mrd. DM (1995) geschätzt.

Durch das ›Gesetz zur Verbesserung der steuerl. Bedingungen zur Sicherung des Wirtschaftsstandorts Deutschland im Europ. Binnenmarkt (Standortsicherungsgesetz)‹ vom 13. Sept. wurde der Körperschaftsteuersatz ab 1994 für einbehaltene Gewinne von 50% auf 45% und für ausgeschüttete Gewinne von 36% auf 30% gesenkt; der maximale Grenzsteuersatz der Einkommensteuer (53%) wurde für gewerbl. Einkünfte auf 47% reduziert (als befristeter Ausgleich für die Belastung durch die Gewerbesteuer bis zu deren Reform). Weitere Neuregelungen umfassen u. a. die Einführung einer Ansparabschreibung für kleine und mittlere Unternehmen, eines Wahlrechts zw. Verlustrück- und Verlustvortrag sowie eines Freibetrages von 500000 DM für Betriebsvermögen bei der Erbschaftsteuer und die Verlängerung der zunächst nur bis Ende 1994 vorgesehenen Aussetzung der Gewerbekapitalsteuer und der Vermögensteuer in den neuen Bundesländern bis zum 31. 12. 1995. Auf die als Gegenfinanzierung geplante Kürzung der degressiven Abschreibung für bewegl. Wirtschaftsgüter von 30% auf 25% wurde aus konjunkturellen Gründen verzichtet. Für 1994 werden insgesamt Steuermindereinnahmen in Höhe von 3,756 Mrd. DM erwartet (davon Bund: 1,449 Mrd. DM).

Das ›Gesetz zur Bekämpfung des Mißbrauchs und zur Bereinigung des Steuerrechts‹, von dem im ersten Jahr der vollen Wirkung Mehreinnahmen von 2,35 Mrd. DM (Bund 1,3 Mrd. DM) erwartet werden, wurde im Nov./Dez. vom Bundestag und Bundesrat verabschiedet. Es sieht v. a. die Einschränkung versch. steuersparender Gestaltungsmöglichkeiten (z. B. durch Verlagerungen von Gewinnen ins Ausland) vor. Daneben enthält das Gesetz (im Zusammenhang mit der geplanten Mineralölsteuererhöhung) eine Anhebung der Kilometerpauschale zum 1. 1. 1994 sowie zum 1. 4. 1994 eine Senkung der Kfz-Steuer (v. a. für umweltfreundlichere LKW). Die Arbeitnehmersparzulage wird auf einheitlich 10% gesenkt.

Der Weg zur Senkung der Kfz-Steuer für LKW und zu der geplanten Einbeziehung ausländ. LKW in die Anlastung der Wegekosten durch Einführung einer zeitbezogenen Vignette für LKW auf Autobahnen ab 1995 wurde freigemacht durch eine vom Rat der Wirtschafts- und Finanzmin. der EG am 25. Okt. verabschiedete EG-Richtlinie. Durch die Festlegung EG-einheitl. Mindestsätze der Kfz-Steuer für LKW (z. B. für einen 40-Tonner 700 ECU = ca. 1350 DM) wird sichergestellt, daß Länder mit niedrigeren Kfz-Steuern als Deutschland die Kosten für die vorgesehene ›Europa-Vignette‹ nicht durch weitere Steuersenkungen ausgleichen. Im Rahmen der mit dem Bundeshaushaltsentwurf 1994 verknüpften gesonderten Spargesetze ist die Anhebung der Mineralölsteuer um 16 Pf. je Liter Benzin und 7 Pf. je Liter Diesel vorgesehen.

Michael Stich bei seinem Finalsieg
im Stuttgarter ATP-Turnier im Februar

Stich, Michael, Tennisspieler, * Pinneberg 18. 10. 1968. – S. wurde beim ATP-Tennisturnier in Frankfurt am Main am 21. Nov. neuer ATP-Weltmeister; in der internat. Rangliste stieg er auf den 2. Platz auf.

S., Sohn eines Diplomkaufmanns, begann mit sechs Jahren Tennis zu spielen und wurde mit 16 erstmals dt. Jugendmeister. Im Gegensatz zu Boris Becker, der mit 15 zum Tennisprofi wurde, machte S. zunächst sein Abitur (1988) und entschied sich dann erst für den ›Beruf‹ des Tennisspielers. 1991 konnte S. gegen Boris Becker im Finale des Turniers von Wimbledon siegen. Im Doppel gewann er 1992 in Wimbledon mit J. McEnroe und bei den Olymp. Spielen in Barcelona mit B. Becker. 1992 konnte er sich außerdem den Gewinn des Grand Slam Cups sichern. S. gilt neben Pete Sampras als talentiertester Tennisspieler der Welt.

Stoiber, Edmund, Politiker (CSU), * Oberaudorf (Kreis Rosenheim) 28. 9. 1941. Am 28. Mai wurde der bisherige Innenmin. vom Landtag zum neuen MinPräs. des Freistaates Bayern gewählt. Er trat damit nach längeren innerparteil. Auseinandersetzungen die Nachfolge von Max Streibl an, der wegen der → Amigo-Affäre unter Druck geraten war und dem von großen Teilen seiner Partei nicht mehr zugetraut wurde, die absolute CSU-Mehrheit bei den Landtagswahlen 1994 zu verteidigen. Im Okt./Nov. führten öffentl. Äußerungen von S., daß ein Bruch mit der bisherigen Politik der europ. Integration und eine Verlangsamung des europ. Einigungsprozesses geboten sei, zu einer heftigen Diskussion – auch innerhalb der Unionsparteien.

Im Anschluß an sein Studium (Jura und Polit. Wissenschaft) in München begann S. seinen kontinuierl. Aufstieg in Reg. und Partei als persönl. Referent des Staatsmin. für Landesentwicklung und Umweltfragen (1972–74); 1974 wurde er MdL. Als GenSekr. der CSU (1978–83) vertrat er engagiert und medienwirksam die Positionen der Partei. 1982–88 leitete er unter F. J. Strauss die bayer. Staatskanzlei, zunächst als Staatssekr., ab 1986 als Staatsminister. Nach Strauss' Tod 1988 ernannte ihn MinPräs. Streibl zum Innenminister. Mit seinen prononcierten Aussagen zu Fragen der inneren Sicherheit und des Asylrechts profilierte er sich in den Augen sowohl seiner Unionsfreunde als auch der politischen Gegner im rechten Spektrum der CSU.

Als neuer Ministerpräsident des Freistaates Bayern wird am 28. Mai Edmund Stoiber vereidigt

Stolpe-Untersuchungsausschuß, → Brandenburg.

Stoltenberg, Thorvald, norweg. Diplomat und Politiker (Arbeiterpartei), * Oslo 8. 7. 1931. – Im April wurde S. zum Vermittler der UNO im Jugoslawienkonflikt ernannt; das Amt des norweg. Außenmin. gab er auf.
Nach einem Jurastudium trat S. 1959 in den diplomat. Dienst ein und war bis 1970 in Europa – u. a. auch in Belgrad – und Übersee tätig. Ab 1971 war er in versch. Ministerien Staatssekr., 1978/79 zusätzlich auch Vors. der Nord-Süd-Kommission der UNO. Als Verteidigungsmin. 1979–81 tarierte S. geschickt die Forderungen der USA nach Lagerung von schwerem Kriegsmaterial mit den Erwartungen der Sowjetunion aus. Der Entspannungspolitiker und Befürworter der europ. Integration wurde 1987 zum Außenmin. berufen. 1989 ging er als norweg. UNO-Botschafter nach New York und kandidierte erfolgreich für das Amt des UNO-Hochkommissars für Flüchtlinge. Doch schon Ende 1990 trat er von diesem Amt zurück und wurde unter MinPräs. Gro Harlem Brundtland erneut Außenminister.

Straßenverkehrsrecht: Die zum 1. April in Kraft getretene 12. VO zur Änderung der Straßenverkehrsordnung (StVO) brachte folgende Änderung mit sich:
1. Seitenstreifen sind nicht Bestandteil der Fahrbahn (§ 2 Abs. 1): Das bedeutet, daß das Benutzen von Standspuren (bes. zum Ausweichen von Fahrzeugstaus auf Autobahnen) nicht mehr gegen § 5 Abs. 1 StVO (Gebot des Linksüberholens) verstößt. Dieses Verhalten stellt aber nach wie vor einen Verstoß gegen § 2 Abs. 1 Satz 1 dar, wonach Fahrzeuge die ›Fahrbahn‹ benutzen müssen.
2. Rückhalteeinrichtungen für Kinder (§ 21 Abs. 1a StVO): Kinder bis zum vollendeten 12. Lebensjahr, die kleiner als 150 cm sind, dürfen in Kraftfahrzeugen auf Sitzen, für die Sicherheitsgurte vorgeschrieben sind, nur mitgenommen werden, wenn Rückhalteeinrichtungen für Kinder benutzt werden, die amtlich genehmigt und für das Kind geeignet sind. Bis zum 31. 12. 1997 gilt dies nicht für die Mitnahme von Kindern auf Rücksitzen in Taxen, soweit nicht eine regelmäßige Beförderung der Kinder gegeben ist. Abweichend hiervon dürfen Kinder auf Rücksitzen ohne Sicherung durch Rückhalteeinrichtungen befördert werden, wenn wegen der Sicherung von anderen Personen für die Befestigung von Rückhalteeinrichtungen für Kinder keine Möglichkeit mehr besteht.
3. Benutzung von Schutzhelmen: Nach § 21a Abs. 2 StVO müssen Fahrer von Krafträdern und ihre Beifahrer während der Fahrt Schutzhelme tragen, die amtlich genehmigt sind oder eine entsprechende Eignung besitzen.

Strehler, Giorgio, italien. Regisseur, Theaterleiter und Kritiker, * Barcola (heute zu Triest) 14. 8. 1921. – Der berühmte Theaterchef war Ende 1992 erstmals nicht wegen spektakulärer künstler. Erfolge in den Schlagzeilen. S. soll umgerechnet 800 000 Mark an Subventionsmitteln der EG nicht korrekt verwendet haben. Die Mailänder Staatsanwaltschaft eröffnete im Jan.1993 ein Betrugsverfahren gegen ihn. Trotz des noch laufenden Prozesses wurde S. im Juli 1993 als Direktor des ›Piccolo Teatro‹ bestätigt – allerdings soll die administrative Leitung künftig in anderen Händen liegen.

Streikrecht: Das Bundesverfassungsgericht (BVG) entschied am 2. 3. 1993, daß für den Einsatz von Beamten auf bestreikten Arbeitsplätzen eine gesetzl. Regelung notwendig ist. Bis zum Inkrafttreten eines entsprechenden Gesetzes ist ein Einsatz an Arbeitsplätzen Streikender rechtswidrig.
1980 hatte die Dt. Bundespost bei einem rechtmäßigen Streik den Einsatz von Beamten, denen nach Beamtenrecht zu streiken verwehrt ist, angeordnet. Nach Auffassung des BVG kann es dem Staat als Arbeitgeber nicht erlaubt sein – ebensowenig wie es einem privaten Arbeitgeber gestattet ist – die Solidarität der Arbeitnehmer in einem Streik durch den Einsatz Nichtstreikender zu brechen. Auch das Beamtenrecht enthält keine entsprechende Ermächtigung.

Suchocka, Hanna, poln. Politikerin (Demokrat. Union), * Pleszewo (Posen) 3. 4. 1946. – Die

Das noch aus der DDR bekannte
Zusatzzeichen des ›Grünen Pfeils‹
(hier in Leipzig) soll ab Januar 1994

bundesweit eingeführt werden. Es
erlaubt das Rechtsabbiegen bei roter
Ampel

Juristin wurde 1972 Prof. für Verfassungsrecht an der Univ. Posen. S. blieb der Regierungspartei fern, wurde aber als Mitgl. einer Satellitenpartei 1980 in das poln. Parlament (Sejm) gewählt. Als 1982 die unabhängige Gewerkschaft Solidarność für illegal erklärt wurde, begehrte S. auf, worauf ihre Parteimitgliedschaft suspendiert wurde.

1989 wurde sie als Kandidatin der Solidarność, 1991 und Mitgl. der Demokrat. Union in den Sejm gewählt. Sie beschäftigte sich dort mit verfassungsrechtl. Fragen und den Problemen der ethn. Minderheiten. Da die Regierungsbildung auch im Sommer 1992 noch keinen Abschluß gefunden hatte, wurde sie damit von Staatspräs. LECH WAŁĘSA im Juli 1992 betraut. Zwar wurde S. tatsächlich Regierungschefin, doch scheiterte sie im Mai 1993 an einem Mißtrauensantrag, worauf WAŁĘSA den Sejm auflöste und für Sept. 1993 Neuwahlen ansetzte. Ihr Nachfolger wurde WALDEMAR PAWLAK (Bauernpartei).

Südafrika

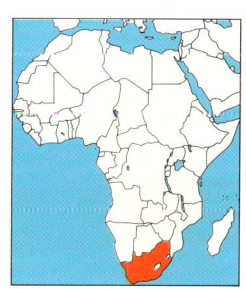

Hauptstadt: Pretoria
Einwohner: 39,8 Mio.
Einwohner/km²: 33
Staatsoberhaupt:
F. W. de Klerk
Regierungschef:
F. W. de Klerk
BSP/Einwohner:
2 520 US-$

Schwieriger Demokratisierungsprozeß

Nachdem es im Sept. 1992 zw. Präs. FREDERIK DE KLERK und dem Vors. des African National Con-

gress (ANC), NELSON MANDELA, zu einer Verständigung über die Wiederaufnahme der Verfassungsgespräche im Rahmen der CODESA (Convention for a Democratic South Africa) gekommen war, nahmen am 1. 4. 1993 in Kempton Park bei Johannesburg die beteiligten 26 Parteien und Organisationen die Verhandlungen wieder auf. Dem Verhandlungsforum gelang es am 2. Juli, sich mit der Mehrheit von 19 Delegationen auf den 27. 4. 1994 als Termin für Wahlen zur Verfassunggebenden Versammlung zu verständigen; daraufhin verließen die zur CO-SAG-Gruppe (Concerned South Africans Group; Zusammenschluß aller rechtsgerichteten Gruppierungen in S.) gehörenden Parteien Conservative Party (Abk. CP; nach dem Tod von ANDRIES TREURNICHT am 22. April von FERDIE HARTZENBERG geführt) und MONGOSUTHU BUTHELEZIS Inkatha Freedom Party (Abk. IFP) die Verfassungskonferenz. Während die CP einen autonomen Teilstaat für Weiße errichten will, fordert die IFP unter der Devise ›Selbstverwaltung der Zulu‹ eine weitgehende Autonomie bes. für das Homeland KwaZulu bzw. die Prov. Natal.

Anhänger des südafrikanischen ANC
demonstrieren mit einem
Protestmarsch am 17. April im

Zentrum Johannesburgs gegen die
Ermordung von Chris Hani

Der schleppende Verlauf der Verhandlungen verursachte im Frühjahr eine neuerl. Eskalation der polit. Gewalt. Am 10. April fiel der GenSekr. der mit dem ANC zusammenarbeitenden Communist Party (SACP), CHRIS HANI, einem Anschlag eines radikalen Afrikaanders zum Opfer; dies löste Streiks und schwere Unruhen aus. Auch ein unter Vermittlung der Kirchen am 23. Juni abgehaltenes Treffen der Führer von ANC und IFP, MANDELA und BUTHELEZI, vermochte nur wenig zur Deeskalation beizutragen. Zwei Tage später stürmten bewaffnete Anhänger der von EUGENE TERREBLANCHE geführten militant-weißnationalist. Afrikaans. Widerstandsbewegung das Tagungsgebäude der Verfassungskonferenz.

Am 7. Sept. stimmten die in Kempton Park sitzenden Parteien mehrheitlich für ein Gesetz, das einen Exekutivrat für die Übergangszeit (Transitional Executive Council, Abk. TEC) schuf und der am

7. Dez. seine Arbeit aufnahm. Die Aufgabe des TEC ist die Kontrolle der Reg. bis zu den allg. Wahlen im April 1994. Gegen das TEC-Gesetz stimmten die um ihre Eigenständigkeit fürchtenden schwarzen Homelands BophuthaTswana und Ciskei, der Stimme enthielten sich der militant-schwarznationalist. Pan African Congress (Abk. PAC) und die rechtsradikale weiße Afrikaander Volksunion (Abk. AVU). Ohne die weiterhin die Mehrparteiengespräche boykottierenden Parteien CP und IFP kam es zu einer Einigung über die Grundzüge einer neuen Verfassung. An der Spitze eines demokrat. S. soll künftig ein Exekutivpräs. einem für fünf Jahre gewählten Mehrparteienkabinett vorstehen; Nationalversammlung (200 Direktmandate und 200 Regionallistenplätze) sowie Senat (je 10 Vertreter aus den künftigen neun Regionen) bilden die Verfassunggebende Versammlung, die auf der Grundlage des vom Mehrparteienrat akzeptierten Verfassungsentwurfs (Paraphierung am 22. Sept., Unterzeichnung am 18. Nov.) eine Verfassung erarbeitete. Die neue Verfassung wurde am 23. Dez. vom Parlament verabschiedet.

Wirtschaftliche Entwicklung und Außenpolitik

Bereits 1992 hatte sich die Wirtschaftskrise verschärft: Das Bruttoinlandsprodukt (BIP) war um 2,1 % gesunken und das Haushaltsergebnis 1992/93 war mit einem Budgetdefizit von 8,6 % des BIP anstatt 4,5 % weit hinter der Planung zurückgeblieben. Vor diesem Hintergrund legte die Reg. am 9. März ein Fünfjahres-Wirtschaftsprogramm vor, das ein Wachstum von 4,5 % vorsieht und die Inflation auf 5 % halbieren soll, sowie einen Haushaltsentwurf für 1993/94, der bei einem erwarteten Defizit von 6,8 % des BIP u. a. durch eine Anhebung der Mehrwertsteuer von 10 % auf 14 % finanziert werden soll. Nach Paraphierung des Verfassungsentwurfs hoben die Organisation für Afrikan. Einheit (OAU) am 30. Sept., die UNO am 8. Okt. und später weitere Organisationen (z. B. die EG) die Wirtschaftssanktionen gegen S. auf. Gemeinsam mit Präs. DE KLERK wurde der ANC-Vors. MANDELA am 15. Okt. mit dem Friedensnobelpreis gewürdigt.

Im Frühjahr gab Präs. DE KLERK zu, daß S. von 1974 bis 1990 ein eigenes Kernwaffenprogramm verfolgt hatte, die bis dahin produzierten sechs Sprengköpfe dann aber zerstört worden seien; Fachleute vermuten jedoch, daß die Rep. S. noch etwa 200–300 g hochangereichertes Uran besitzt.

Sudan

Hauptstadt: Khartum
Einwohner: 26,7 Mio.
Einwohner/km²: 11
Staatsoberhaupt:
O. H. A. al-Bashir
Regierungschef:
O. H. A. al-Bashir
BSP/Einwohner:
390 US-$

Innenpolitische Lage

Auch 1993 wütete der mittlerweile zehn Jahre dauernde Bürgerkrieg, der einem Ausrottungskrieg gegen die schwarzafrikan. Nuba gleichkam, im vom Christentum und von Naturreligionen geprägten S. Allerdings setzte die Militärjunta unter Führung von OMAR HASSAN AHMAD AL-BASHIR ihre seit langem angekündigte ›letzte Offensive‹ gegen die Sudanes. Volksbefreiungsarmee (SPLA) des S aus. Dagegen lieferten sich die versch. Fraktionen

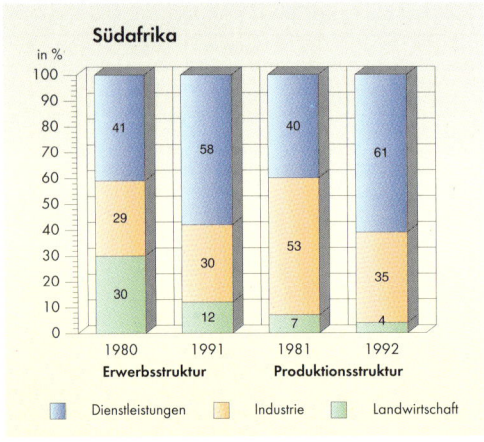

Südafrika
in %

Dienstleistungen — Industrie — Landwirtschaft

	1980	1991	1981	1992
Dienstleistungen	41	58	40	61
Industrie	29	30	53	35
Landwirtschaft	30	12	7	4

Erwerbsstruktur — Produktionsstruktur

der SPLA, die an den politisch und ökonomisch privilegierten muslim. N sezessionist. Forderungen stellen, untereinander heftige Kämpfe.

Die Lage der südsudanes. Bevölkerung verschlechterte sich so weit, daß die USA im März mit einer militär. Intervention drohten, um internat. Hilfsorganisationen Zugang zu den Kriegsgebieten zu ermöglichen. Nach Schätzungen waren im südl. Landesteil Hunderttausende akut von Hunger und Epidemien bedroht, wobei sich weitere drei Mio. Menschen auf der Flucht befanden.

Friedensverhandlungen zw. der islamistisch ausgerichteten Reg. und der SPLA, die im Mai/Juni im nigerian. Abuja stattfanden, blieben ohne nennenswerte Ergebnisse. Am 16. Okt. löste sich jedoch überraschend die Militärreg. auf; zum neuen Präs. ernannte der Nat. Revolutionsrat den bisherigen Staatschef AL-BASHIR; in dem entsprechenden ›Verfassungsdekret‹ wurden freie Präsidentschaftswahlen sowie Religionsfreiheit (jedoch mit dem Islam als Grundlage des Staates) in Aussicht gestellt. Die rivalisierenden Rebellengruppen der SPLA beschlossen zwar am 25. Okt. in Washington, ihren Streit beizulegen, dennoch kam es zu erneuten Kämpfen im S-Sudan.

Außenpolitik

Außenpolitisch spitzte sich der Grenzkonflikt mit Ägypten zu, als der S. Anfang des Jahres wiederholt vor der UNO Beschwerde gegen ›ägypt. Grenzverletzungen‹ einlegte. Darüber hinaus wurde der S. der Unterstützung islamist. Terrororganisationen mit Hilfe iran. Gelder bezichtigt, die v. a. die bilateralen Beziehungen zu den USA, Tunesien, Ägypten und Algerien verschlechterte. Im Aug. setzten die USA den S. deshalb auf die ›Terrorismusliste‹.

Südostasien

Die polit. und wirtschaftl. Entwicklung des südostasiat. Raums wurde 1992/93 durch Veränderungen im regionalen Gleichgewicht der Mächte bestimmt, die sich seit Beendigung des kalten Krieges vollzogen hatten. Wichtige Punkte markierten in diesem Zusammenhang der Abzug ehemals sowjet. Flottenverbände aus der Basis Cam Ranh in Vietnam sowie die Drosselung der russ. Wirtschaftshilfe v. a. für dieses Land. Von seiten der USA wurde der Abzug von den Militärbasen auf den Philippinen (Subic Bay) abgeschlossen.

Verstärkte wirtschaftliche Zusammenarbeit

Auf der wirtschaftl. Ebene wurde die Schaffung eines gemeinsamen europ. Marktes und die immer konkretere Gestalt annehmende Bildung einer Nordamerikan. Freihandelszone (→ NAFTA) von einigen südostasiat. Staaten als eine Intensivierung protektionist. Tendenzen gewertet. 1993 wurden deshalb erste konkrete Schritte zur Bildung der ASEAN-Freihandelszone AFTA (Abk. für ASEAN Free Trade Area) eingeleitet, deren Gründung auf der 4. Gipfelkonferenz der ASEAN-Staaten im Jan. 1992 beschlossen worden war: Eine Vorreiterrolle

Durch Krieg, Hunger und Epidemien auf der Flucht bedroht, sind rund 3 Mio. Sudaner

bei der schrittweisen Senkung der Zölle für bestimmte Warengruppen spielten Malaysia und Singapur, während sich Thailand und Indonesien hierzu erst für die kommenden Jahre bereit erklärt haben. Über eine umfassendere Form der wirtschaftl. Kooperation im asiat.-pazif. Raum bestand unter den ASEAN-Mitgliedern Uneinigkeit. Während z. B. Malaysia das Konzept eines die USA und Australien ausschließenden East Asia Economic Caucus (EAEC) vertrat, setzte sich v. a. Indonesien für die Weiterentwicklung des umfassenderen APEC-Forums ein (→ APEC), nicht zuletzt, um die USA wieder zu einem stärkeren Engagement in S. zu bewegen und das Interesse der amerikan. Wirtschaft sich nicht zu stark auf die NAFTA konzentrieren zu lassen. Die amerikan. Reg. befürwortete das APEC-Konzept und lud die Mitgliedstaaten Mitte Nov. zu einem Treffen nach Seattle ein.

Die Anbindung der indochin. Staaten Vietnam und Laos an die südostasiat. Staatengemeinschaft setzte sich auch 1993 fort. Schon im Juli 1992 hatten Vietnam und Laos ihren Beitritt zum ›Vertrag über Freundschaft und Zusammenarbeit‹ erklärt und Beobachterstatus in der ASEAN erhalten. Nachdem der Besuch des chin. MinPräs. LI PENG in Vietnam Ende 1992 bei einigen ASEAN-Staaten die Besorgnis genährt hatte, Vietnam könne zu einer Art chin. Vorposten in S. werden, verstärkten sie die Bemühungen, Vietnam noch enger in die ASEAN einzubinden. Der Handel zw. ASEAN und Vietnam weitete sich 1993 weiter aus. Singapur ist seit Mitte 1992 der wichtigste Handelspartner Vietnams. Auch der vietnames.-malays. Handel befindet sich im Aufschwung. Für Kambodscha stellten die neue Verfassung und der friedl. Verlauf der von der UNO organisierten Wahlen die wichtigsten Ereignisse des Jahres 1993 dar.

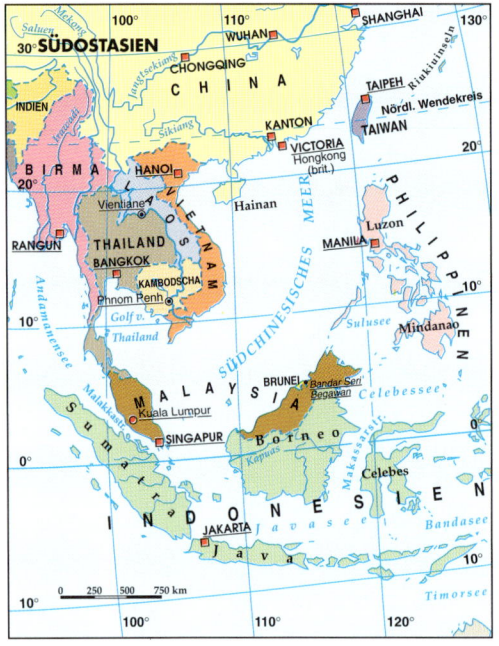

Neue sicherheitspolitische Überlegungen

Angesichts der veränderten Mächtekonstellation in
S. wurde die Zusammenarbeit in Fragen der Sicherheit intensiviert: Im Juli beschloß das ASEAN
Ministerial Meeting in Singapur die Bildung eines
ASEAN-Regionalforums, auf dem Fragen der Sicherheit erörtert wurden. Gespräche über Probleme
der Sicherheit im Anschluß an Treffen der ASEAN-
Außenmin. waren schon 1992 vereinbart worden,
ließen sich aber erst durchführen, nachdem die
neue amerikan. Administration multilateralen Si-
cherheitsinitiativen im asiat.-pazif. Raum zugestimmt hatte. Neben den sechs ASEAN-Staaten
nahmen an den Gesprächen die sieben ›Dialogpart-
ner‹ (Australien, die EG, Kanada, Japan, Süd-Korea, Neuseeland und die USA), drei Länder mit Beobachterstatus (Laos, Vietnam und Papua-Neugui-
nea) sowie Rußland und China als Gäste teil. Für
das Jahr 1994 ist in Bangkok das erste Treffen des
neugegr. Sicherheitsforums geplant.
Die Befürchtung einiger südostasiat. Staaten,
China könne in das durch die Reduzierung der russ.
und amerikan. Militärpräsenz in der Region entstandene Machtvakuum stoßen und etwaige expan-
sionist. Ziele im Südchin. Meer verfolgen, schwäch-
ten sich nach den Besuchen des philippin. und des
malays. Staatspräs. in Peking im Mai bzw. im Juni
ab. Die chin. Führung betonte, keine Großmacht-
ambitionen zu hegen und ihre territorialen Ansprüche auf die Spratley-Inselgruppe im Südchin. Meer
nicht mit militär. Gewalt durchsetzen zu wollen.
Die großangelegten Manöver chin. Verbände in der
Küstenprovinz Guangdong im Juli erregten jedoch
wieder die Besorgnis der südostasiat. Staaten.
Gleichzeitig übte der chin. Markt, v. a. der sich wirt-

schaftlich rasant entwickelnde südchin. Raum, eine
immer größere Attraktivität aus.

Supraleiter: Mit der Synthese neuer Hochtem-
peratur-S. konnte der seit 1988 bestehende Sprung-
temperatur-Rekord von 125 K (−148 °C) deutlich
übertroffen werden. Nachdem im März russ. und
frz. Wissenschaftler über eine Quecksilber (Hg) ent-
haltende Keramik mit einer Sprungtemperatur von
94 K berichteten, gab eine Gruppe der Eidgenöss.
Techn. Hochschule (ETH) in Zürich im Mai die
Synthese einer Hg-Ba-Ca-Cu-O-Keramik aus fünf
versch. Kristallphasen bekannt, die bei 133 K su-
praleitend wird. Im Sept. wurde an der Univ. Houston unter Verwendung derjenigen Phase, die die
supraleitenden Eigenschaften bewirkt, eine weitere
Steigerung auf 135 K, unter 150 kbar Druck sogar
auf 153 K erreicht. Eine noch nicht bestätigte
Sprungtemperatur von 250 K (−23 °C) vermeldete
Ende Dez. ein Pariser Forscherteam bei einer
schichtweise aufgetragenen Probe (Bi-Sr-Ca-Cu-O)
mit einer ungewöhnlich hohen Zahl von Cu-O-Ebe-
nen je Elementarzelle.

Surinam

Hauptstadt:
Paramaribo
Einwohner: 438 000
Einwohner/km²: 3
Staatsoberhaupt:
R. R. Venetiaan
Regierungschef:
J. Ajodhia
BSP/Einwohner:
3 610 US-$

Am 25. Febr. mißachtete Armeechef I WAN GRAAN-
OOGST ein Verbot der Reg., den 13. Jahrestag des
Militärputsches zu begehen. Erst der außenpolit.
Druck seitens Brasiliens, der USA und der Nieder-
lande half die Protesthaltung führender Militärs ge-
genüber der Ablösung GRAANOOGSTS durch ARTHY
GORRÉ (12. Mai) zu überwinden.

Swasiland

Hauptstadt: Mbabane
Einwohner: 792 000
Einwohner/km²: 46
Staatsoberhaupt:
Mswati III.
Regierungschef:
Mswati III.
BSP/Einwohner:
1 060 US-$

Im Königreich S. fanden zum ersten Mal seit 20 Jahren im Sept./Okt. Wahlen statt; der bisherige Premiermin. OBED UFANYANA DLAMINI verlor seinen Parlamentssitz und lehnte daher eine neue Ernennung durch König MSWATI III. ab. Damit stand der bisher als das ›Liechtenstein Afrikas‹ gepriesene Binnenstaat vor einer polit. Krise. DLAMINI galt v. a. bei der student. Jugend und der gebildeten städt. Schicht als Hoffnungsträger für eine stärker konstitutionell geprägte Monarchie. Bis zur Ernennung eines neuen Regierungschefs durch den König entscheidet dieser in allen polit. Fragen.

Syrien

Hauptstadt:
Damaskus
Einwohner: 13,3 Mio.
Einwohner/km²: 72
Staatsoberhaupt:
H. al-Assad
Regierungschef:
M. as-Subi
BSP/Einwohner:
1110 US-$

Die wirtschaftliche Entwicklung

In der Wirtschaft setzte sich der langsame Aufwärtstrend fort. Die Liberalisierungspolitik zeigte sich u. a. im Abbau von Subventionen und Handelsbeschränkungen. Weitreichende Investitionen wurden im Energiesektor geplant, um die tägl. konjunkturschädigenden Stromausfälle zu beheben.

Die Frage der Nachfolge al-Assads

Beträchtl. Umbesetzungen innerhalb der Sicherheitsdienste und Gerüchte über den angeblich schlechten Gesundheitszustand Präs. HAFIS AL-ASSADS warfen erneut die Frage nach seinem potentiellen Nachfolger auf. Präs. AL-ASSAD ist seit 1970 als Vors. der regierenden Baath-Partei an der Macht. Gestützt auf das Militär und die Sicherheitsdienste, leitet er mit fester Hand die Politik Syriens. Offiziell hat er keinen Kandidaten bestimmt, doch sind RIFAT AL-ASSAD, sein Bruder und früherer Rivale, sowie Vizepräs. ABD AL-HALIM KHADDAM im Gespräch.

Die Neuorientierung in der Außenpolitik

Die außenpolit. Beziehungen wurden vornehmlich durch die laufenden Nahost-Friedensverhandlungen geprägt. Wiederholt bekräftigte die Führung, daß sie noch nicht zu einem Separatfrieden mit Israel bereit sei. Ein Friedensschluß sei nur auf der Grundlage der UNO-Resolution 242 möglich, die die Rückgabe aller 1967 von Israel besetzten Gebiete fordere. Die Frage der Golanhöhen spielte für S. eine exponierte Rolle bei den Verhandlungen.

Die außenpolit. Neuorientierung, die nach dem Zusammenbruch des Warschauer Pakts ihren Anfang nahm, setzte sich 1993 fort: Ungeachtet gelegentlich geäußerter Kritik an den USA wurde die Politik der vorsichtigen Öffnung gegenüber dem Westen fortgeführt. Im Okt. wurde mit Außenmin. AS-SCHARAA erstmals seit rd. 20 Jahren ein syr. Regierungsmitgl. im Weißen Haus empfangen. Bei einem Besuch des amerikan. Außenmin. CHRISTOPHER in Damaskus im Dez. wurde ein Treffen zw. den Präs. CLINTON und AL-ASSAD für Jan. 1994 vereinbart. Dennoch konnte sich S. nicht von dem Vorwurf befreien, die Menschenrechte zu mißachten und in den internat. Terrorismus verwickelt zu sein.

Die Beziehungen zur Türkei wurden weiterhin von der Diskussion um die Verteilung des Euphratwassers und der Unterstützung S.s für die Kurd. Arbeiterpartei (PKK) bestimmt. Trotz ranghoher Treffen und des bereits 1992 geäußerten Zugeständnisses S.s, die PKK-Ausbildungslager im Libanon zu schließen, konnte kein entscheidender Durchbruch erzielt werden. Israel warf S. im Zusammenhang mit seiner Politik im Libanon vor, die Angriffe der Hizbollah auf israel. Territorium zu dulden.

T

Tadschikistan

Hauptstadt:
Duschanbe
Einwohner: 5,6 Mio.
Einwohner/km²: 39
Staatsoberhaupt:
E. Rachmanow
Regierungschef:
A. Samadow
(seit 27. 12. 1993)
BSP/Einwohner:
1050 US-$

Bürgerkrieg und autoritäre Restauration

Prägend für die Gesamtentwicklung des Landes blieb der Bürgerkrieg, dessen Ausdehnung über die afghan. Grenze hinaus verhindert werden konnte. Nachdem bis Dez. 1992 bereits 10 000–20 000 Todesopfer zu beklagen waren, konnte das Flüchtlingsproblem (etwa 160 000 in Afghanistan und in Berg-Badachschan) durch Verhandlungen und Amnestiegesetze entschärft, aber nicht gelöst werden; nur 30% der Geflüchteten zeigten sich rückkehrwillig.

Die im vergangenen Jahr bereits deutl. Restauration autoritärer Strukturen unter nationalen Vorzeichen fand ihren Ausdruck in Repressalien gegen die nationaldemokrat. und die islamist. Opposition sowie in der Nichtrealisierung der Autonomiedeklaration für Berg-Badachschan vom Dez. 1991.

Tausende von Menschen fliehen vor dem Bürgerkrieg in Tadschikistan über die Grenze zu Afghanistan. Ein Übergreifen der Kriegshandlungen auf das Nachbarland konnte verhindert werden

Nach der Verurteilung einer Reihe von Journalisten und Politikern folgte am 21. Juni mit dem Vorwurf der Anstiftung zum Bürgerkrieg und zum Sturz des Verfassungssystems das Verbot oppositioneller Parteien und Bewegungen, so daß die Kommunist. Partei mit 18 000 Mitgliedern (vor 1991: 160 000) als stärkste legale Partei gilt. Unruhen in und um Duschanbe, im Gebiet von Kurgan-Tjube, Kuljab und v.a. im autonomen Gebiet Berg-Badachschan wurde durch die Verhängung des Ausnahmezustandes und den Einsatz von Truppen begegnet. Ein Vertrag über ›Freundschaft, Zusammenarbeit und gegenseitigen Beistand‹ vom 25. Mai regelte dabei die militär. Unterstützung Rußlands mit der offiziellen Begründung, ›die slaw. Bevölkerung und die Grenzen der Rep. zu schützen‹. Bis zum Herbst hatten bereits über 300 000 von (1989) 380 000 Bürgern russ. Herkunft das Land verlassen. Ähnl. Beistandsabkommen wurden mit den Nachbarrepubliken geschlossen, um ein ›Übergreifen der Unruhen zu vermeiden‹.

jahreszeitraum) mit einem Überschuß von 3,13 Mrd. US-$ zugunsten T.s; dies entspricht 95 % des taiwanes. Gesamthandelsüberschusses im gleichen Zeitraum.

Ende Febr. wurde mit LIEN CHAN erstmals ein geborener Taiwanese zum MinPräs. ernannt; er löste HAO PEI-TSUN ab. Dadurch wurden die Kräfte der vom chin. Festland stammenden ›alten Garde‹ der Kuo-min-tang (KMT) aus der Reg. wie dem Parlament verdrängt. Allerdings konnten sie bei der Reorganisation der Parteiführung auf dem 14. Parteitag im Aug. noch einen Teil ihrer Stellung halten, v. a. wurde HAO zum neuen stellv. Parteivors. gewählt. Kurz vor dem Parteitag waren mehrere Führer der jüngeren Generation aus der KMT ausgetreten und hatten die neue Partei Chinese New Party (CNP) gegründet. Die CNP hat bislang bereits über 40 000 Mitgl. und über 4 % der Parlamentssitze. Sie gilt damit als die dritte polit. Kraft in Taiwan. Im Gegensatz zur KMT und der größten Oppositionspartei Democratic Progressive Party (DPP) will die CNP in ihrer Struktur keine leninist. Kaderpartei, sondern eine Wahlpartei nach dem Modell der USA sein. In der Politik hält sie an der chin. Einheit fest

Taiwan

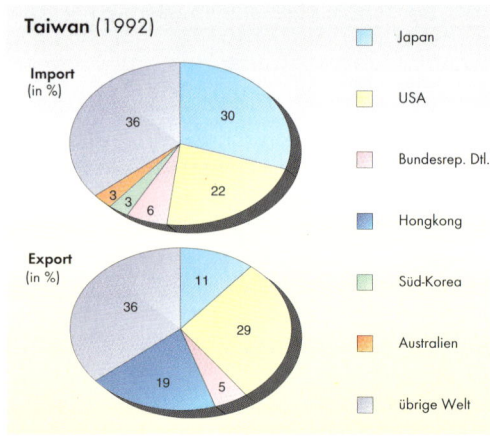

Hauptstadt: T'aipei
Einwohner: 20,5 Mio.
Einwohner/km²: 568
Staatsoberhaupt:
Li Teng-hui
Regierungschef:
Lien Chan
BSP/Einwohner:
10 196 US-$

Taiwan (1992)

Import (in %)
36, 30, 22, 3, 3, 6

Export (in %)
36, 11, 29, 19, 5

Japan
USA
Bundesrep. Dtl.
Hongkong
Süd-Korea
Australien
übrige Welt

Der indirekte Handel zwischen den beiden chin. Staaten, der über Hongkong abgewickelt wird, erreichte in den ersten sechs Monaten 1993 eine Höhe von 4,17 Mrd. US-$ (+22,4 % gegenüber dem Vor-

und lehnt eine endgültige taiwanes. Unabhängigkeit von China kategorisch ab.

Im April und Dez. fanden Verhandlungen zw. T. und China statt. Konkrete Vereinbarungen wurden dabei zwar nicht erzielt, aber Themen für weitere Gespräche verabredet.

Tal der verlorenen Gemeinden: Im März wurden in Jerusalem in der Gedenkstätte Yad Vashem drei Höfe im T. d. v. G. eröffnet, die dem Gedächtnis der rd. 800 jüdischen Gemeinden Deutschlands gewidmet sind, die in der Reichspogromnacht im Nov. 1938 zerstört wurden. An der Einweihung nahmen u. a. der MinPräs. von Mecklenburg-Vorpommern, SEITE, der Bremer Bürgermeister WEDEMEIER und der nordrhein-westfälische Innenmin. SCHNOOR teil.

Tansania

Hauptstadt: Daressalam
Einwohner: 27,8 Mio.
Einwohner/km²: 29
Staatsoberhaupt: A. H. Mwinyi
Regierungschef: J. S. Malecela
BSP/Einwohner: 100 US-$

Am 1. Jan. trat ein Verfassungszusatz in Kraft, der die Rechte des Präs. regelt. Dieser bleibt Oberbefehlshaber der Streitkräfte, kann auf einfache Weise das Parlament auflösen und bei Verfassungsbruch angeklagt werden. Ende Jan. wurde Innenmin. AUGUSTINE MREMA zum stellv. Premiermin. ernannt. Gleichzeitig wurde begonnen, Oppositionsparteien, die seit dem 1. 7. 1992 zugelassen sind, offiziell zu registrieren.

Wachsender islam. Fundamentalismus und Konflikte innerhalb der christl. Kirche führten zu anhaltenden religiösen Spannungen, die – gepaart mit ethn. Auseinandersetzungen – eine Aufheizung des innenpolit. Klimas brachten. Eine weitere Krise wurde durch den für nicht verfassungsgemäß erklärten Beitritt des Landesteiles Sansibar zur Organization of Islamic Conference (OIC) ausgelöst. Die 1986 eingeleitete Abkehr von der sozialist. Wirtschaftsordnung konnte mit einem neuen Dreijahresplan fortgesetzt werden; dieser sieht die Privatisierung der Staatsbetriebe sowie Liberalisierung des Marktes vor und erfüllte damit die Anforderungen von Weltbank und IWF. Darüber hinaus schlossen Ende Nov. Kenia, T. und Uganda in Arusha ein Wirtschaftsabkommen, das v. a. den Reise- und Handelsverkehr zw. den drei Ländern vereinfachen soll.

Tarifpolitik: Nach Jahren des Wirtschaftsaufschwungs und einer insgesamt positiv verlaufenen

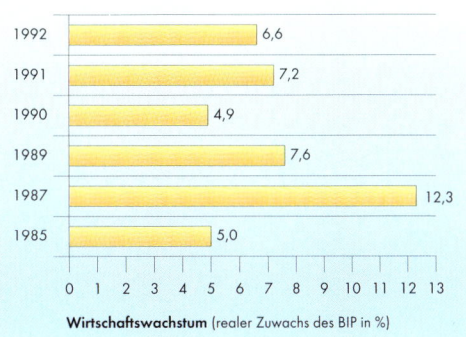

Taiwan

Jahr	Wirtschaftswachstum
1992	6,6
1991	7,2
1990	4,9
1989	7,6
1987	12,3
1985	5,0

Wirtschaftswachstum (realer Zuwachs des BIP in %)

Tarifrunde 1992 sahen sich die Gewerkschaften zur Jahreswende 1992/93 einer deutl. Rezession gegenüber. Während es 1992 noch gelang, Tarifabschlüsse zw. 5 % und 6 % durchzusetzen, stand 1993 das Ziel der Reallohnsicherung im Vordergrund. Unter Berücksichtigung aller 1993 wirksam gewordenen Tarifabschlüsse einschl. der in den Vorjahren vereinbarten Anhebungen ergab sich für 14,2 Mio. Beschäftigte eine durchschnittl. Erhöhung der Tarifverdienste gegenüber dem Vorjahr um 3,8 % (Vergleichswert 1992: 5,7 %). Hinter diesem Durchschnittswert verbarg sich eine erhebl. Streuung, die von 1,5 % im Energie-, Wasserversorgungs- und Bergbausektor über 3,7 % in den Investitions- und Konsumgüterbereichen bis zu 4,4 % im Baugewerbe reichte. Damit blieben die Einkommen deutlich unter der Preissteigerungsrate. (→ Viertagewoche)

Tarifkonflikt in der ostdeutschen Metall- und Stahlindustrie

Der Tarifkonflikt in der ostdt. Metallindustrie führte zum ersten großen Streik in den neuen Bundesländern; er stellte zugleich einen Grundsatzkonflikt um die Tarifautonomie dar. Bis Anfang März hatten die Arbeitgeber in der Metallindustrie in allen Tarifgebieten die außerordentl. Kündigung ausgesprochen. Danach rüsteten sich die Tarifparteien für den absehbaren Arbeitskampf. Auf dem Höhepunkt des zweiwöchigen Streiks, der auch auf die

Tarifpolitik. Am 15. April beginnt – wie hier in Erfurt – eine zweite Streikwelle in der Metallindustrie – Ostdeutschlands gegen die Aufhebung der Tarifverträge durch die Arbeitgeber

Stahlindustrie ausgedehnt wurde, waren in der Metallindustrie rd. 30 000 Arbeitnehmer aus rd. 75 Unternehmen an Arbeitskampfmaßnahmen beteiligt. Am 12. Mai nahmen rd. 430 000 Menschen im gesamten Bundesgebiet an Solidaritäts- und Protestkundgebungen teil. Am 14. Mai einigten sich dann die Tarifparteien zunächst in Sachsen auf einen neuen Tarifvertrag für die Metall- und Elektroindustrie, der an die Stelle des 1991 vereinbarten Stufenplans trat; als Pilotabschluß war er auch Grundlage für die Verträge in den übrigen ostdt. Metalltarifbezirken. Die Tarifanpassung wurde 1993 gestreckt und fiel insgesamt geringer aus. Die Löhne und Gehälter wurden bis zum 1. Dez. in drei Stufen auf 80% des Westniveaus angehoben, wobei die vollständige Angleichung auf 100% um mehr als 2 Jahre verschoben wurde. Die neue Härteklausel des Tarifvertrags sieht vor, daß die Vertragsparteien auf Antrag von Arbeitgeber oder Betriebsrat eine Vereinbarung treffen können, die ein befristetes Abweichen von den Tarifbestimmungen ermöglicht. Der Arbeitgeberverband Gesamtmetall erklärte auch im Namen seiner Mitgliedsverbände, daß die außerordentl. Kündigung kein geeignetes Mittel zur Lösung von Tarifkonflikten sei. Trotz dieser Erklärung kündigte Gesamtmetall am 28. Sept. die Tarifverträge für Löhne und Urlaub zum Jahresende. Auch in der ostdt. Stahlindustrie wurde Ende Mai nach drei Wochen Arbeitskampf ein Kompromiß vereinbart. Die Tarifparteien einigten sich auf eine stufenweise Anpassung der Einkommen an das Westniveau bis zum 1. 4. 1996. Daneben sah die Vereinbarung eine einmalige Sonderzahlung vor.

Westdeutscher Einzelhandel – Urabstimmungen

Als sich nach mehreren Verhandlungsrunden im westdt. Einzelhandel keine Bewegung abzeichnete, setzte die Gewerkschaft Handel, Banken und Versicherungen (HBV) Anfang Mai Urabstimmungen in Hamburg und Schleswig-Holstein an, die eine Streikbereitschaft von über 90% ergaben. Anfang Juni kam es dann in Baden-Württemberg zu einem ersten Tarifabschluß. Nach z. T. umfangreichen Warnstreiks und regulären Arbeitsniederlegungen folgten weitere Abschlüsse in Hessen, Hamburg, Rheinland-Pfalz, Bayern, Schleswig-Holstein, Bremen, Nordrhein-Westfalen sowie im Saarland. Die Lohn- und Gehaltstarife sollen zunächst um 3,3% und nach einem Jahr um weitere 3,3% erhöht werden.

TA Siedlungsabfall: Am 1. Juni trat die ›Techn. Anleitung (TA) Siedlungsabfall‹ in Kraft, die bundesweit geltende Regelungen zur Verwertung von Abfällen, Ausstattung von Deponien und zur Art der Abfälle vorsieht. Seitdem dürfen – weg von der ›klass.‹ Hausmülldeponie – nur noch erdkrustenartige Stoffe auf Deponien gelagert werden. D. h. die meisten Abfälle müssen verbrannt werden, nur die nach der Verbrennung verbleibenden Stoffe sollen auf die Deponie gelangen.

Taylor, Joseph Hooton jr., amerikan. Physiker und Astronom, * Philadelphia 29. 3. 1941. – Für die 1974 gelungene erste Entdeckung eines Pulsars in einem Doppelsternsystem wurde T. zus. mit Russell Hulse der Nobelpreis für Physik 1993 zuerkannt. T. promovierte 1968 an der Harvard-Univ. (Massachusetts) und arbeitete danach u. a. am Harvard College Observatory. Im Jahr 1974 war er Prof. an der Univ. von Massachusetts, Hulse sein Doktorand. Heute ist T. an der Princeton Univ. (New Jersey) tätig und befaßt sich weiterhin mit Radioastronomie.

Joseph H. Taylor (rechts) erhält gemeinsam mit Russell A. Hulse (Mitte) den Nobelpreis für Physik für die erste Entdeckung eines Pulsars in einem Doppelsternsystem

Ihre Entdeckung machten die beiden Astronomen 1974 mit Hilfe des 300-Meter-Radioteleskops bei Arecibo in Puerto Rico. Der betreffende Pulsar PSR 1913 + 16, der mit einer Pulsperiode von 59 ms Radiostrahlung aussendet, bewegt sich mit einer Umlaufperiode von knapp acht Stunden, sein Begleiter ist vermutlich ein anderer Neutronenstern. Die beiden Sterne besitzen jeweils einen Durchmesser von rd. 10 km (bei einer der Sonne vergleichbaren Masse) und sind etwa 1 Mio. km voneinander entfernt. In langjährigen Beobachtungen konnte T. mit Hilfe des Doppelsternsystems u. a. die allgemeine Relativitätstheorie in ausgezeichneter Weise bestätigen; so stimmen z. B. Vorhersagen und Beobachtungen zur Periheldrehung der Sternbahnen sowie zur gravitativen Rotverschiebung der Pulsarstrahlung im Schwerefeld des Begleitsterns mit hoher Genauigkeit überein. Außerdem nimmt man an, daß das System Gravitationswellen abstrahlt.

Tennis: Das Attentat auf Monica Seles am 30. April in Hamburg, bei dem die Weltranglistenerste eine Stichverletzung am Rücken erlitt, überschattete das Damen-Tennis. Sie kann erst im März 1994 wieder Wettkämpfe bestreiten und verlor so ihre durch den Sieg bei den Australian Open in Melbourne untermauerte Führungsposition an Steffi Graf, die das weitere Geschehen bestimmte. Sie gewann die Grand-Slam-Turniere von Paris, Wimbledon und Flushing Meadow sowie das Masters Turnier in New York. Mit insgesamt zehn Turniersiegen erreichte sie ihre zweitbeste Saison nach 1989.

Spanien errang mit Arantxa Sanchez und Conchita Martínez in Frankfurt (Main) den Federation-Cup. Deutschland mit der verletzten STEFFI GRAF verlor bereits zu Beginn gegen Australien.

Die Weltrangliste am Jahresende: 1. STEFFI GRAF (Deutschland), 2. ARANTXA SANCHEZ VICARIO (Spanien), 3. MARTINA NAVRATILOVA (USA), 4. CONCHITA MARTÍNEZ (Spanien), 5. GABRIELA SABATINI (Argentinien), ... 8. MONICA SELES (Jugoslawien), ... 10. ANKE HUBER (Deutschland), 11. MANUELA MALEEWA-FRAGNIÈRES (Schweiz), ... 21. JUDITH WIESNER (Österreich).

Bei den Herren startete JIM COURIER mit einem Sieg in Melbourne und der Finalteilnahme in Paris am besten. Danach trumpften jedoch PETE SAMPRAS und MICHAEL STICH auf. Der Weltranglistenerste SAMPRAS gewann acht Turniere, darunter Wimbledon und Flushing Meadow. STICH war sechsmal erfolgreich, wurde ATP-Weltmeister und kam ins Finale des Grand-Slam-Cups. THOMAS MUSTER gewann auf Sandplätzen sieben Turniere. BORIS BECKER fiel durch Verletzungen, Absagen und frühzeitiges Ausscheiden auf Rang 11 ab. Im Okt. trennte er sich von seinem Manager ION TIRIAC.

Mit 4:1 über Australien gewann Deutschland im Dez. in Düsseldorf zum dritten Mal nach 1988 und 1989 den Davis-Pokal. Dabei erwies sich MICHAEL STICH als die treibende Kraft. Der Vorjahresfinalist Schweiz stieg nach Niederlagen gegen Indien und Israel aus der Weltgruppe ab. Österreich behielt durch einen 3:2-Erfolg in Neuseeland seinen Platz in der Weltgruppe.

Die Weltrangliste am Jahresende: 1. PETE SAMPRAS (USA), 2. MICHAEL STICH (Deutschland), 3. JIM COURIER (USA), 4. SERGI BRUGUERA (Spanien), 5. STEFAN EDBERG (Schweden), ... 9. THOMAS MUSTER (Österreich), ... 11. BORIS BECKER (Deutschland), ... 16. MARC ROSSET (Schweiz).

Thailand

Hauptstadt: Bangkok
Einwohner: 56,1 Mio.
Einwohner/km²: 109
Staatsoberhaupt:
Rama IX.
Regierungschef:
Chuan Leekpai
BSP/Einwohner:
1 580 US-$

Wirtschaftspolit. Ziele waren die Verbesserung der Einkommensverhältnisse auf dem Lande durch Industrialisierung und Kooperation mit den Nachbarstaaten, die Erhaltung der Wettbewerbsfähigkeit über die Entwicklung des Standorts T., vorrangig durch Beseitigung der Infrastrukturengpässe, sowie die Entwicklung Bangkoks zum Dienstleistungszentrum für die aufstrebenden Länder der Region, v. a. durch Liberalisierung des Finanzwesens.

Am 4. Juli gewinnt Pete Sampras   Wimbledon
(USA) die begehrte Siegestrophäe von

Die Reg. CHUAN LEEKPAI, seit Sept. 1992 im Amt, arbeitete auf eine Dezentralisierung von Herrschaft, Wirtschaft und Wohlstand sowie auf die weitestgehende Eindämmung der Korruption hin. Der Einfluß des Militärs, bislang ein Haupthindernis für die demokrat. Entwicklung, wurde durch Pensionierungen und Versetzungen stark reduziert. Im Parlament machten sich jüngere Abgeordnete als ernsthafte Vertreter öffentl. Interessen bemerkbar.

Wirtschaftl. Interessen bestimmten die Außenpolitik. Bes. gepflegt wurden die Beziehungen zu den USA und China und zu den als Rohstofflieferanten wichtigen Nachbarstaaten am Mekong.

Theater

Mit gut 20 Uraufführungen (die der freien Theatergruppen nicht mitgezählt) und einer vergleichbaren Anzahl erstaufgeführter Theaterstücke aus anderen Ländern, z. B. ›Nirvana‹ von ARTHUR KOPIT (Münchner Kammerspiele) und TONY KUSHNERS ›Angels in America‹ (Zürcher Theater am Neumarkt) zeigte sich die Theaterwelt von einer Produktivität, die die Rede von *der* Theaterkrise widerlegte. In der Krise befindet sich das Bühnengefüge der Stadt- und Staatstheater. (→ Kultur)

Die bemerkenswerten neuen Gegenwartsstücke bewegten sich in einem offenen Spielfeld der dramaturg. Differenzierungen. Nicht überhörbar war die Absage an das Entlarvungstheater des Richtens und Rechtens. Als Ausnahme zu diesem Trend ist das umstrittene, von EINAR SCHLEEF inszenierte Stück ›Wessis in Weimar‹ von ROLF HOCHHUTH zu nennen, das im Febr. am Berliner Ensemble uraufgeführt wurde.

Vergangenheitsgegenwart – Verwirrung

Zu Beginn der Spielzeit 92/93 führte der Regisseur MANFRED KARGE mit ELFRIEDE JELINEKS Requiem

›Totenauberg‹ ein Stück im Wiener Akademietheater auf, das Theater-Formkunst pur demonstriert.

Der Plot: Martin Heidegger (Der alte Mann) und dessen einstige Studentin, die spätere Exilantin Hannah Arendt (Die Frau) begegnen sich an einem x-beliebigen Ort in der Alpenwelt Österreichs. Die Begegnung findet statt in der Zeit nach Grenzöffnung und Mauerfall. Zwischen den beiden Hauptfiguren stehen einige Einheimische und Sporttouristen v.a. aus dem Osten. – Die Form: ›Totenauberg‹ ist unter Verzicht auf Exposition und Handlung eine Komposition aus 23 Monologen. Das Geschehen bzw. das Geschehene wird in knappen Momentaufnahmen auf einer Filmleinwand ineinander geschichtet. In einer Bilderfolge erscheint hinter den Osttouristen ›ein alter Dokumentarfilm, ... jüd. Menschen sammeln sich zum Transport‹ (Regieanweisung); in einer anderen Sequenz werden Leichen von verunglückten Touristen gezeigt, und: über die Leinwand gehen ›jetzt wieder, im endlosen Zug, die Menschen aus dem alten Film‹.

In hemmungslosen Stakkatovariationen wickeln die Monologisierenden ihre (›geheideggerten‹) Gewißheiten ab. So die ›erbensgute Mutter‹, die sich in Beschwörungen des ›Gesunden‹ in einen Euthanasierausch gegen die ›Ballastexistenzen‹ hineinredet. Das Monologgefüge bringt das Wir-Gefühl der (Ein)Heimischen, die gegen die ›Fremdverkehrtheiten‹ (im zeitgenöss. Fall gegen die Menschen aus dem Osten) zu Felde ziehen, auf den Punkt: Das ›Wir‹ ist eine Täuschung. Die Figuren reden autistisch aneinander vorbei. Ihre banal-monströse Sprache läßt die zerstörende Wirkung von Worten unmittelbar körperlich spürbar werden. Heidegger ist Teil der ihn umgebenden Figuren. ›Die Frau‹ erklärt in der letzten Szene: ›Ich habe es mir nicht aussuchen können. Packen und Fortgehen ... Jetzt aber ist es Zeit zu feiern! Wir haben uns wiedergefunden!‹

Ein Theater in strengster Dramen- und knappster Dialogform vertritt auch die österr. Dramatikerin MARLENE STREERUWITZ, von der zwei Uraufführungen gezeigt wurden, im Jan. ›New York, New York‹ an den Münchner Kammerspielen (Regie JENS-DANIEL HERZOG) sowie gegen Ende der Spielzeit ›Elysian Park‹ am Dt. Theater in Berlin (Regie HARALD CLEMEN) – ein mörder. Spiel gedoppelter Figuren aus Vergangenheit und Gegenwart.

Im zweiten Teil seiner Trilogie ›Festung‹ läßt RAINALD GOETZ in Form der Montage einer Mega-Talkshow die Wirrungen der (Nicht-)Vergangenheitsbewältigung Revue passieren (Titel ›Festung in Festung‹). Kernszene ist ein Treffen in Berlin am 9. 11. 1989 (Tag des Mauerfalls) anläßlich des 50. Jahrestags der ›Reichskristallnacht‹. Der letzte Teil der Trilogie, ›Katarakt‹ (Uraufführung ebenso wie ›Festung in Festung‹ im Frankfurter Schauspiel), kulminiert in einem elfteiligen Gedankensplittermonolog eines alten Mannes. Fazit ist, daß sich die Vergangenheit nicht durch ›Erklärungsraster‹ bewältigen läßt.

Der chilen. Schriftsteller ARIEL DORFMAN erlebte mit dem Dreipersonenstück ›Der Tod und das Mädchen‹ einen einzigartigen Welterfolg. Nach der Uraufführung (1991 in London) von MIKE NICHOLS am Broadway inszeniert sowie in zahlreichen anderen Ländern nachgespielt, wurde das Stück im Anschluß an die deutschsprachige Erstaufführung am Wiener Theater in der Josefstadt vielerorts gezeigt. Der Ort ist ›ein Land, wahrscheinlich Chile, aber auch jedes andere Land, das sich zu einer demokrat. Regierung bekennt, kurz nach einer langen Zeit der Diktatur‹. Der Kern des Stücks, die Begeg-

Szene aus ›Wessis in Weimar‹, das im Februar im Berliner Theater am Schiffbauer uraufgeführt wird. Rolf Hochhuths Stück, dessen Inszenierung von Einar Schleef gegen den Widerstand des Autors aufgeführt wird, hat kontroverse Diskussionen zur Folge

Szene aus der in Lübeck von Gerhard Willert inszenierten Stasi-Farce ›Berlin Bertie‹ mit Hans-Jürgen Wildgrube als Berlin Bertie (Mitte), Jens Schäfer als Sandy (links) und Dagmar Laurens als Rosa

Stasi-Farce ›Berlin Bertie‹, die in Deutschland zwei parallele Erstaufführungen erlebte: am 10. März in Berlin am Dt. Theater und am 11. März in Lübeck. ›Berlin Bertie‹ ist ebenfalls eine schwarze Komödie: Ein Stasi-Offizier und Abhörexperte mit dem Decknamen Bertolt Brecht, der zum erfolgreichen Geschäftsmann für Videospiele mutiert, treibt mit der engl. Psychiaterin Rosa, die in der ehem. DDR mit einem Dissidentenpfarrer verheiratet war, das Spiel der Selbstbloßstellung. Zur Schau gestellt wird die eigene Verführbarkeit. Offen bleibt, ob die Aussage des Offiziers, der Dissidentenpfarrer sei ein inoffizieller Mitarbeiter gewesen, den Tatsachen entspricht oder als aktenkundig gemachte freie Erfindung der Stasi Verwirrung stiften soll. Rosa, nach London heimgekehrt, bringt ihrer Schwester ein ›Stück Mauer‹ mit, zu dem Sandy, ein junger Londoner Arbeitsloser, fragt: ›Von welcher Mauer?‹

Seelenguerilla

Auch PETER TURRINI nahm mit zwei neuen Stücken Abschied vom Aufklärungsdrama. In ›Alpenglühen‹, uraufgeführt am Wiener Burgtheater von CLAUS PEYMANN, setzt er ein wahres Täuschungsspiel in Szene; in den Hauptrollen KIRSTEN DENE als Jasmine (Hure oder gescheiterte Schauspielerin?) und TRAUGOTT BUHRE als (blinder?) Theaterdirektor, seit Jahrzehnten im Hochgebirge lebend, dem der Blindenverein mit Jasmine ein Geschenk macht. In der gleichen Art eines ›Seelenguerilla-Stücks‹ ist auch sein Verwechslungsspiel ›Grillparzer im Pornoladen‹ angelegt.
›Das Gleichgewicht‹ von BOTHO STRAUSS, das in einer Inszenierung von LUC BONDY im Rahmen der Salzburger Festspiele 1993 im Landestheater Uraufführung hatte, bewegt sich auf vergleichbarem Spielfeld. Die von JUTTA LAMPE dargestellte Hauptfigur Lilly Groth entfaltet darin gleichgewichtig den Seelenrealismus einer Doppelexistenz.

nung des Opfers mit seinem (wirkl. oder vermeintl.?) Folterer, entwickelt sich zu einem Psychothriller. Paulina ist mit verbundenen Augen gefoltert worden; Gerardo, ihr Mann, ist Rechtsanwalt und als solcher in eine Art Menschenrechtskommission berufen worden. Durch Zufall stößt er auf Roberto, den er in sein Strandhaus einlädt. In dem Arzt Roberto glaubt Paulina Stimme und Geruch des Mannes wiederzuerkennen, der sie zur Musik von SCHUBERTS ›Der Tod und das Mädchen‹ vergewaltigt hat. Paulina gelingt es, den Arzt in ihre Gewalt zu bringen. Das Verhältnis von Opfer und Täter verkehrt sich. Paulina erzwingt von dem Täteropfer ein schriftl. Geständnis. Der Schluß bleibt offen: Roberto könnte der Täter gewesen sein; es könnte aber auch eine Täuschung Paulinas gewesen sein, die sich so oder so von den ›Gespenstern‹ der Vergangenheit befreien will.
Der gebürtige Ungar GEORGE TABORI, der 1992 als erster nichtdt. Autor den Büchner-Preis erhielt, erklärte in seiner Preisrede: ›Der Fremde ist nicht unbedingt ein Ausländer ..., solch ein Fremdling ist ... wie ein Detektiv, der in dieser Zeit des Verbrechens, dem Opfer und dem Täter auf der Spur, versucht, beide zu verstehen ...‹. TABORI führte sein ›Requiem für einen Spion‹ im Juni am Wiener Akademietheater erstmals auf. Drei ehem. (brit.) Geheimdienstler treffen sich nach langer Zeit in einer Tiefgarage wieder. Das Treffen der Agenten Murdoch, Zucker und Maggie wird von einer Frage beherrscht: Wer hat wen verraten? Die Antwort: Keiner hat keinen verraten. Wahrscheinlich ist, daß jeder jeden verraten hat. Eine tiefschwarze Thrillerkomödie.
Nach dem Motto ›Spione sind international‹ schrieb der engl. Dramatiker HOWARD BRENTON die

Thüringen

Hauptstadt: Erfurt
Einwohner: 2,6 Mio.
Einwohner/km²: 159
Regierungschef: B. Vogel
BIP/Einwohner: 13 500 DM

Der erst im März verabschiedete Haushalt für 1993 hatte ein Volumen von 15,7 Mrd. DM und wies eine Deckungslücke von 375 Mio. DM auf. Die Kreditfinanzierungsquote des Etats betrug 19,8%. Der im Nov. vorgelegte Haushalt für 1994 hat einen Umfang von 17,6 Mrd. DM; er sieht eine Kreditfinanzierungsquote von 23,9% vor. Begründet wurde dies damit, daß man Einbrüche bei den Investitionen vermeiden wolle.

Sonneberger Bürger protestieren im Juni vor dem Landtag in Erfurt gegen Pläne des Innenministeriums zur Gebietsreform in Südthüringen

Im April legte der Verfassungsausschuß des Landtags den Entwurf der neuen Landesverfassung vor, die am 25. Okt. verabschiedet wurde. T. erhielt damit als letztes der neuen Bundesländer eine Verfassung, die auch plebiszitäre Elemente wie Bürgerantrag, Bürgerbegehren und Bürgerentscheid enthält. Auf heftigen Protest stieß die vom Kabinett im Mai verabschiedete Gebietsreform. Danach ist eine Reduktion der bisherigen 35 Kreise auf 16 und fünf kreisfreie Städte vorgesehen. Mit Protestaufrufen und einstimmigen Verweigerungsbeschlüssen der bestehenden Kreistage versuchten die zahlreichen Reformgegner vergeblich, die Neuordnung zu verhindern. Eine sich an den Grundsätzen der ›süddt. Ratsverfassung‹ orientierende Kommunalverfassung wurde im Sommer verabschiedet; sie wird mit der Kommunalwahl 1994 in Kraft treten. Im Bildungswesen wurde das zweigliedrige Schulsystem festgeschrieben. Neben dem auf zwölf Klassenstufen angelegten Gymnasium wird es nach der Grundschule nur eine Regelschule sowohl für den Hauptschul- als auch für den Realschulabschluß geben.
Hohen Symbolwert erlangte der wochenlange Hungerstreik der Kali-Kumpel in →Bischofferode, die sich gegen die Schließung des Werkes wandten. Den Streikenden wurden von der Landes- und der Bundesregierung weitgehende Angebote zur Sicherung ihrer Beschäftigung gemacht, die sie aber ablehnten.
Den Machtkampf innerhalb der Landes-CDU konnte im Jan. MinPräs. BERNHARD VOGEL für sich entscheiden, der WILLIBALD BÖCK als Parteivors. ablöste.

Tietmeyer, Hans, Finanz- und Wirtschaftsfachmann, * Metelen (Westfalen) 18. 8. 1931. – Nach seiner Ernennung zum neuen Präsidenten der Dt. Bundesbank im Juni trat T. sein neues Amt am 1. Okt. an.
Nach seinem Abitur 1952 studierte T. zunächst Theologie und ab 1954 Wirtschafts- und Sozialwissenschaften. 1959–62 war er Geschäftsführer der kath. Studienförderung Cusanuswerk, anschließend ging er als Hilfsreferent in das Bundesministerium für Wirtschaft. 1967 bekam er die Leitung des Grundsatzreferats übertragen, 1973 wurde er zum Leiter der Abteilung Wirtschaftspolitik ernannt. Lange Zeit galt T. als ›graue Eminenz‹ des Ministeriums mit hervorragendem volkswirtschaftl. Wissen. Internat. Erfahrung sammelte T. als Mitgl. (1972–82) des Ausschusses für Wirtschaftsfragen der OECD in Paris und des gleichen Ausschusses (Vors. 1978/79) der EG; ab 1982 war er im Währungsausschuß der EG. Als Staatssekr. im Finanzministerium 1982–89 hatte sich T. v. a. mit Währungsfragen zu befassen und hatte erhebl. Anteil an der Privatisierungspolitik der CDU/CSU-FDP-Koalition. Im Sept. 1988 war er Ziel eines mißglückten terrorist. Mordanschlags. 1990 wechselte er in das Direktorium der Dt. Bundesbank und beriet Bundeskanzler KOHL in den Verhandlungen mit der DDR über die Wirtschafts- und Währungsgemeinschaft. Im Juli 1991 ernannte die Bundesreg. T. zum Vizepräs. der Dt. Bundesbank und bestimmte ihn zum Nachfolger von Bundesbankpräs. SCHLESINGER ab Okt. 1993.

Togo

Hauptstadt: Lomé
Einwohner: 3,8 Mio.
Einwohner/km²: 66
Staatsoberhaupt: É. G. Eyadéma
Regierungschef: J. K. Koffigoh
BSP/Einwohner: 410 US-$

Das Land stand auch 1993 im Zeichen des seit 1991 andauernden Machtkampfes zw. dem diktatorisch regierenden Präs. ÉTIENNE GNASSINGBE EYADÉMA und der Übergangsreg. unter JOSEPH KOKOU KOFFIGOH. Die Ausrufung eines mehrmonatigen Generalstreiks durch die Opposition im Nov. 1992, gewaltsame Zusammenstöße nach einer Demonstration im Jan., das Scheitern der von Frankreich und Deutschland geleiteten Vermittlungsgespräche in Colmar (8. Febr.), die Einstellung internat. Hilfe, die Bildung einer Exilreg. durch die Opposition, der gescheiterte Umsturzversuch (25. März) und die Flucht Hunderttausender ins Ausland (v. a. nach

Benin und Ghana) ließen einen Bürgerkrieg befürchten und behinderten den Demokratisierungsprozeß. Druck der ehem. Kolonialmacht Frankreich führte im Juni zum Abschluß des Abkommens von Ouagadougou, das für Aug. freie Präsidentschaftswahlen unter internat. Aufsicht vorsah. Bei der Wahl vom 25. Aug., an der sich lediglich 36 % der Stimmberechtigten beteiligten und die kurzfristig von den meisten Oppositionskandidaten boykottiert und auch von internat. Beobachtern als offensichtlich undemokratisch verurteilt wurde, konnte EYADÉMA amtl. Angaben zufolge 96,5 % der Stimmen auf sich vereinigen.
Die für den 19. Dez. geplanten Parlamentswahlen wurden auf Jan. 1994 verschoben, womit sich die Reg. offenbar Forderungen der Oppositionsparteien nach mehr Vorbereitungszeit für die Mehrparteienwahl beugte.

Tonga

Hauptstadt:
Nuku'alofa
Einwohner: 97 000
Einwohner/km²: 130
Staatsoberhaupt:
Taufa'ahau Tupou IV.
Regierungschef:
Baron Vaea
BSP/Einwohner:
1 100 US-$

Treuhandanstalt: Die Berliner T. hat Mitte 1993 den Großteil ihres, mit Inkrafttreten des Treuhand-Gesetzes vom 1. 7. 1990 verliehenen Auftrages bewältigt, nämlich die unternehmer. Tätigkeit des Staates durch Privatisierung so rasch und so weit wie möglich zurückzuführen und damit zur Umstrukturierung und Modernisierung der Wirtschaft in der ehem. DDR beizutragen.
Am 30. Juni umfaßte der Bestand der T. noch 1 668 Unternehmen. Bis zu diesem Zeitpunkt haben die T.-Zentrale und ihre 15 Niederlassungen 5 370 Gesellschaften vollständig und 461 Unternehmen mehrheitlich an private Interessenten verkauft; weitere 1 360 Betriebe wurden reprivatisiert, 329 in kommunales Eigentum überführt; bei 2 800 Unternehmen wurden Maßnahmen zur Stillegung eingeleitet, und 57 Unternehmen wurden tatsächlich stillgelegt (liquidiert). Mit 730 Vertragspartnern wurden im Sept. Privatisierungsabschlüsse nachverhandelt. Insgesamt beliefen sich die Erlöse aus den Privatisierungen auf 43,5 Mrd. DM (Investitionszusagen: über 180,1 Mrd. DM, Beschäftigungszusagen: 1,47 Mio. Arbeitsplätze). Hinzu kam die ›kleine Privatisierung‹ (v. a. durch die ›Gesellschaft zur Privatisierung des Handels‹) von über 20 000 Ladengeschäften, Gaststätten, Hotels, Apotheken und Kinos.

Trinidad und Tobago

Hauptstadt:
Port of Spain
Einwohner: 1,3 Mio.
Einwohner/km²: 247
Staatsoberhaupt:
N. Hassanali
Regierungschef:
P. Manning
BSP/Einwohner:
3 620 US-$

Tschad

Hauptstadt:
N'Djamena
Einwohner: 5,9 Mio.
Einwohner/km²: 5
Staatsoberhaupt:
I. Déby
Regierungschef:
D. K. Koumakoye
(seit 6. 11. 1993)
BSP/Einwohner:
220 US-$

Am 6. April wählte die im Jan. von Präs. IDRIS DÉBY einberufene ›Souveräne Nationalkonferenz‹ (CNS) FIDÈLE MOUNGAR als Interimsministerpräs. und ein Übergangsparlament, den Conseil Supérieur de la Transition (Hoher Übergangsrat, mit 57 Mitgl.). Gleichzeitig trat eine vorläufige Verfassung für die nächsten zwölf Monate in Kraft, die die Machtbefugnisse des Präs. stark einschränkt. Gemäß den getroffenen Übereinkünften sollen spätestens im April 1994 ein Parlament und ein Präs. gewählt werden. Ein Putschversuch des Expräs. HISSÈNE HABRÉ (1982–90) wurde Anfang des Jahres verhindert.
MinPräs. MOUNGAR präsentierte am 24. Juni eine Übergangsreg., die vom Übergangsrat beaufsichtigt wird. Wie bereits im Febr. kam es im Aug. zu ethnisch und religiös motivierten Spannungen, die offen ausbrachen und mehrere hundert Tote forderten. Am 17. Aug. kehrte der ehem. Verteidigungsmin. und Oppositionspolitiker Oberst ABBAS KOTY in den T. zurück, der 1992 wegen Gerüchten um einen Umsturzversuch ins Exil gehen mußte. Am 16. Okt. schloß KOTY mit dem Präs. ein Abkommen, in dem er einwilligte, seine Bewegung Comité national de redressement du Tchad (CNRT, Nat. Komitee des Aufschwungs) in eine polit. Partei umzuwandeln und seine bewaffneten Kräfte in die nat. Streitkräfte zu integrieren. Doch schon eine Woche später wurde KOTY von Sicherheitskräften getötet, da er Regierungsangaben zufolge einen Putsch für den 24. Okt. geplant hatte. Am 29. Okt. setzte der

Conseil Supérieur de la Transition auf Betreiben des Präs. mittels Mißtrauensvotum den Übergangsministerpräsidenten ab, nachdem es im Sommer wegen des Fortgangs des Demokratisierungsprozesses zum offenen Konflikt zw. DÉBY und MOUNGAR gekommen war. Neuer MinPräs. wurde am 6. Nov. DELWA KASSIRE KOUMAKOYE.

Der Markt für Baumwolle, die das wichtigste Exportgut des T. darstellt, verzeichnete einen Preisverfall in Höhe von 37%. Um die Wirtschaft zu stärken, wurden für 1993 vermehrte Privatisierungen geplant. Für das Gebiet Salamat vergab der OPEC-Fonds ein Darlehen von 6,5 Mio. US-$.

Tschechische Republik

Hauptstadt: Prag
Einwohner: 10,3 Mio.
Einwohner/km²: 131
Staatsoberhaupt:
V. Havel
(seit 2.2.1993)
Regierungschef:
V. Klaus
(seit 1.1.1993)
BIP/Einwohner:
2 830 US-$

Wirtschaftliche Entwicklung und Außenpolitik

Mit der Auflösung der Tschechoslowakei entstanden am 1.1.1993 die souveränen Staaten T. R. und Slowak. Republik. Die wirtschaftl. Entwicklung des neuen Staates stagnierte 1993. Die Industrieproduktion fiel im 1. Halbjahr um 7% gegenüber dem vergleichbaren Vorjahreszeitraum. Mit einer Arbeitslosenquote von 2,6% wurde jedoch ein im Vergleich mit anderen europ. Staaten ungewöhnlich

Václav Havel (links) wird im Januar mit einfacher parlamentarischer Mehrheit zum Präsidenten der Tschechischen Republik gewählt; Parlamentspräsident Milan Uhde,

Ministerpräsident Klaus und der stellvertretende Ministerpräsident Josef Lux (von rechts nach links) applaudieren

niedriger Wert erreicht. Die Inflationsrate betrug ca. 17%. Fast die Hälfte des Außenhandels wurde mit den EG-Ländern abgewickelt, allein Deutschland ist etwa zu einem Viertel am tschech. Ex- und Import beteiligt. Der Handel mit der Slowak. Rep. ging zurück, nachdem diese im Febr. eine eigene Währung geschaffen hatte.

Die Außenpolitik der Reg. Klaus zielte auf eine möglichst baldige Mitgliedschaft in den EG. Daher zeigte sich Prag zunächst gegenüber der Kooperation unter den Visegrád-Staaten (Polen, Ungarn, Tschech. Rep., Slowak. Rep.) zurückhaltend, arbeitete dann jedoch in diesem Rahmen mit, zumal der Protektionismus der EG, der tschech. Exporte erschwerte, Enttäuschung hervorrief. Das Ergebnis der russ. Parlamentswahlen im Dez. löste auch in der T. R. Besorgnis aus. Im Dez. besuchten der frz. Präs. MITTERRAND und der österr. Präs. KLESTIL Prag.

Innenpolitik

Zum ersten Präs. der T. R. wurde am 26. Jan. VÁCLAV HAVEL gewählt. An der Regierung von VÁCLAV KLAUS sind mehrere Parteien beteiligt: das Wahlbündnis Demokrat. Bürgerpartei und Christlich-Demokrat. Partei (ODS/KDS), die Demokrat. Bürgerallianz (ODA) sowie die Christl.-Demokrat. Union – Tschech. Volkspartei (KDU-ČSL). Dank der breiten Zustimmung der Bevölkerung zur Wirtschaftspolitik (Mitte 1993 unterstützten sie 61%) besaß das konservative Regierungsbündnis trotz knapper Mehrheit im Parlament (105 von 200 Sitzen) einen breiten Handlungsspielraum. Über die Rückerstattung des früheren Kircheneigentums, v. a. an die kath. Kirche, kam es in der Koalition allerdings zu Spannungen. In dreiseitigen Verhandlungen zw. Regierung, Gewerkschaften und Unternehmern konnte indes der soziale Frieden stets gewahrt werden. Mit Besorgnis verfolgte die Öffentlichkeit das sprunghafte Ansteigen der Kriminalität und die Ausbreitung von Korruption.

Tschernomyrdin, Wiktor Stepanowitsch, russ. Politiker, * Tschornij Otrog (Gebiet Orenburg) 9. 4. 1938. – Mitte Dez. 1992 trat T. das Amt des russ. MinPräs. an, am 3. 10. 1993 wurde er von Präs. BORIS JELZIN anstelle des abgesetzten ALEXANDER RUZKOJ zusätzlich zum Vizepräs. ernannt.

Als promovierter Ingenieur stieg T. bis zum Direktor eines erdgasverarbeitenden Kombinats auf (1973–78). Nach einer ›Zwischenstation‹ im Apparat des ZK der KPdSU (1978–82) wurde er 1982 stellv. Min., 1985 Min. für die Gasindustrie und wechselte 1989 als Vorstandsvors. in den staatl. Gaskonzern Gasprom.

JELZIN machte ihn im Mai 1992 zu einem der stellv. MinPräs. mit dem Aufgabenbereich Energiewirtschaft, was reformfreundl. Kräfte als Zugeständnis des Präs. an die Industrielobby deuteten. T.s Ernennung zum MinPräs. war das Ergebnis eines wochenlangen Ringens zw. der reformfeindl. Mehrheit im Volksdeputiertenkongreß einerseits und den Reformern im Parlament und der Reg. Jelzin andererseits. Dieser konnte seinen Kandidaten, den amtierenden MinPräs. JEGOR GAIDAR, nicht durchsetzen

Der neue Regierungschef Wiktor Tschernomyrdin (links) mit dem russischen Präsidenten Boris Jelzin *während des Treffens mit Bundeskanzler Kohl im Kreml (Dez. 1992)*

Türkei

Hauptstadt: Ankara
Einwohner: 57 Mio.
Einwohner/km²: 73
Staatsoberhaupt:
S. Demirel
(seit 16. 5. 1993)
Regierungschef:
T. Çiller
(seit 18. 6. 1993)
BSP/Einwohner:
1 820 US-$

und wählte aus einem Dreiervorschlag des Parlaments notgedrungen T. aus. Während sich westl. Wirtschaftsfachleute und Teile der russ. Presse pessimistisch äußerten und T. Wahl als einen Sieg marktfeindl. Kräfte beklagten, äußerte der neue MinPräs. die Bereitschaft, die Reformen zu vertiefen. In dem schließlich blutigen Machtkampf im Sept./Okt. engagierte sich T. eindeutig und öffentlich auf seiten Präs. JELZINS.

Tunesien

Hauptstadt: Tunis
Einwohner: 8,4 Mio.
Einwohner/km²: 51
Staatsoberhaupt:
Zine al-Abidine
Ben Ali
Regierungschef:
H. Karoui
BSP/Einwohner:
1 510 US-$

In T. wurden die Stimmen lauter, die der Reg. vorwarfen, den versprochenen Demokratisierungsprozeß hinauszuzögern. Der Kampf gegen die Islamisten, so der Vorwurf vieler Tunesier, diene den Machthabern nur als Vorwand, um mit Hilfe verschärfter Repressionen die eigene Herrschaft auszubauen. Tatsächlich steht der alleinigen Regierungspartei Rassemblement Constitutionnel Démocratique (RCD) keine ernstzunehmende legale Opposition gegenüber, denn der stärksten oppositionellen Gruppierung, der islamist. Bewegung al-Nahda, war bereits 1986 die Zulassung als Partei verwehrt worden. Der seit 1987 amtierende Präs. ZINE AL-ABIDINE BEN ALI reagierte schließlich auf die Vorwürfe, indem er Parlaments- und Präsidentschaftswahlen für März 1994 ankündigte. Doch gilt es als gesichert, daß der RCD unter Regierungschef HAMED KAROUI aufgrund des Wahlmodus und der schwachen Opposition die Mehrheit im Parlament behalten und damit auch den Präs. stellen wird.

Widersprüchliche Tendenzen in der Wirtschaft

Die neue Reg. setzte die durch den verstorbenen Präs. ÖZAL verankerte markt- und exportorientierte Wirtschaftspolitik fort. Ungeachtet eines weiterhin hohen Wachstums wurden stabilisierende Zielsetzungen wie eine stärkere Privatisierung, ein deutl. Abbremsen der Inflation und die Senkung des Haushaltsdefizits nicht erreicht. Der Anteil der öffentl. Verschuldung am Bruttoinlandsprodukt (BIP) blieb trotz gestiegener Steuereinnahmen (infolge einer Steuerreform) inflationstreibend hoch. Die auf 12,5 % gestiegene Arbeitslosenquote (ohne daß bereits ein soziales Sicherungsnetz realisiert worden wäre) setzte der Forcierung der seit 1986 nur schleppend angelaufenen Privatisierung defizitärer Staatsbetriebe sozialpolitisch enge Grenzen. Hohe Zinssätze hemmten die Investitionsbereitschaft türk. Unternehmer, auch ausländ. Investitionen gingen zurück.

Außenwirtschaftlich größte Partner blieben die OECD-Länder mit zwei Dritteln der Ex- und Importe. Die Beziehungen zu den ehemaligen Sowjetrep., bes. Zentralasiens und des Kaukasus, wurden ausgebaut, wobei die anfänglich beiderseitige Euphorie einer nüchternen Akzeptanz der jeweiligen ökonom.-finanziellen Grenzen wich. Zum 1. Jan. wurden – mit Blick auf die 1996 angestrebte Zoll-

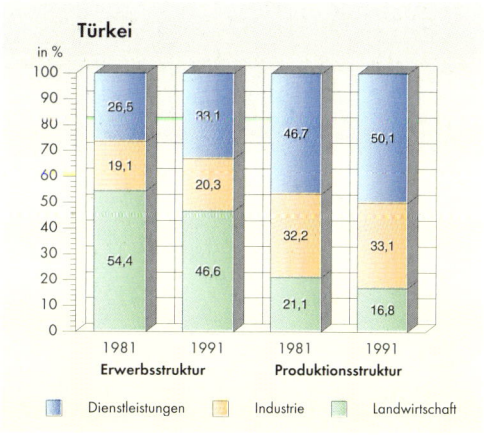

union – die Importabgaben um 10–20% gesenkt, ›ersatzweise‹ aber nichttarifäre Handelshemmnisse zum Schutz der einheim. Industrie eingeführt.

Innenpolitik

1993 war die türk. Innenpolitik wesentlich geprägt vom Tod des Präs. TURGUT ÖZAL am 17. April, von der Verschärfung der Kurdenfrage und der wachsenden Militanz islamist. Kräfte. Nachfolger ÖZALS wurde am 16. Mai SÜLEYMAN DEMIREL. TANSU ÇILLER wurde am 13. Juni zur MinPräs. gewählt. Die Koalitionsreg. der konservativen Partei des rechten Weges und der Sozialdemokrat. Volkspartei wurde mit verjüngter Ministerriege fortgesetzt.
Die Reg. war auch 1993 nicht bereit, die Rechte der → Kurden als nat. Minderheit oder gar Autonomieregelungen zu akzeptieren. Militäraktionen gegen die → PKK, die Arbeiterpartei Kurdistans, und die kurd. Zivilbevölkerung wurden verschärft, Sanktionen gegen kurd. Abgeordnete und krit. Journalisten nahmen zu. In zehn ›Kurdenprovinzen‹ wurde im Okt. der Ausnahmezustand verlängert. Die PKK begann ihrerseits, nachdem ihr einseitig verkündetes Friedensangebot ohne Wirkung blieb, mit der am 8. Juni angedrohten ›uneingeschränkten Kriegsführung‹. Trotz im Juli versprochener ›kultureller Zugeständnisse‹ und eines Plans zur Wirtschaftsförderung der Kurdenregion hielt die Reg. an einer militär. Lösung des Kurdenproblems fest.
Innenpolitisch destabilisierend wirkte auch der zunehmende Einfluß militanter Islamisten, auf deren Konto u. a. die Ermordung des Journalisten UGUR MUMCU (24. Jan.) und der 36 Tote fordernde Brandanschlag in Sivas (2. Juli) gingen.

Neue geopolitische Rolle

Die T. festigte ihre Position als relativ stabile Regionalmacht und – für die nordwestl. Industrieländer und die Golfstaaten – wichtiges Kräftependant zu Iran. Außenpolit. Aktivitäten bezogen sich sowohl auf ›ererbte‹ Themen wie die Anbindung an Europa und die Zypernfrage, als auch auf Probleme, die aus der geostrategisch neuen Rolle in drei konfliktreichen Regionen erwuchsen. So erfolgten eine

Im Osten der Türkei kommen bei Operationen der türkischen Armee und Überfällen von PKK-Guerillas immer wieder Menschen ums Leben. Im Bild eine Stellung türkischer Soldaten Ende Juli im Hochland bei Bitlis

Die neue Ministerpräsidentin der Türkei, Tansu Çiller, tritt im Juni ihr Amt an. Ihr Vorgänger Süleyman

Demirel war nach dem Tode Turgut Özals zum Staatspräsidenten gewählt worden

Festigung der Kontakte zu den zentralasiat. und Kaukasusrep., ein mit Irak, Iran und Syrien abgestimmtes Vorgehen gegen die Kurden, die Unterstützung für die Muslime in Bosnien, verbunden mit Forderungen an die westl. Partner, dort einzugreifen. Im Konflikt zw. Armenien und Aserbaidschan war die Haltung der T. gekennzeichnet durch Vermittlungsbemühungen und offizielle Nichteinmischung – bei Duldung inoffizieller Parteinahme. Im Verhältnis zu Saudi-Arabien und den Golfstaaten kam es zu einer Annäherung.
Die Beziehungen zu Deutschland blieben, trotz rechtsextremist. Ausschreitungen gegen Türken in Deutschland wie in → Solingen traditionell gut.

Turkmenistan

Hauptstadt:
Aschchabad
Einwohner: 3,9 Mio.
Einwohner/km²: 8
Staatsoberhaupt:
S. Nijasow
Regierungschef:
K. Achmedow
BSP/Einwohner:
1 700 US-$

Mit der Unterzeichnung des Erlasses ›Über das Privateigentum an Grund und Boden‹ vom 2. 2. 1993 erhielt jeder Bürger T.s (Turkmeniens) die Möglichkeit des kostenlosen Erwerbs von Grundstücken bis zu 50 ha zur Erbpacht. Die Heraufsetzung der Erdgaspreise auf 60 % des Weltmarktniveaus brachte dem Land zwar eine wirtschaftsstabilisierende Einnahmequelle, andererseits jedoch die Abnehmer in den GUS-Staaten in Zahlungsschwierigkeiten, die durch von Usbekistan erhobene Transitgebühren noch vertieft wurden. Verhandlungen über Zahlungsmodalitäten innerhalb der GUS brachten in der zweiten Jahreshälfte eine Entspannung des Verhältnisses zw. den Vertragspartnern. Sie machten aber auch die Position von Präs. SEPARMURAD NIJASOW deutlich, der auf den Treffen der GUS-Staaten eine gegenüber einer Wirtschaftsunion skept. Position vertrat und sich stärker bilateral orientieren möchte, wobei sich Iran als Partner zunehmend profilierte.

T. studierte u.a. am Massachusetts Institute of Technology und war 1974–77 Assistenzprof. an der Princeton University, 1980–86 Beraterin bei der Weltbank und 1989/90 Gastprof. an der Harvard Business School.

U

Tuvalu

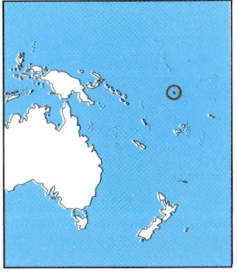

Hauptstadt: Funafuti
Einwohner: 12 000
Einwohner/km²: 462
Staatsoberhaupt:
Elisabeth II.
Regierungschef:
T. Puapua
BSP/Einwohner:
330 US-$

Uganda

Hauptstadt: Kampala
Einwohner: 18,7 Mio.
Einwohner/km²: 79
Staatsoberhaupt:
Y. Musevini
Regierungschef:
C. G. Adyebo
BSP/Einwohner:
160 US-$

Tyson, Laura D'Andrea, amerikan. Wirtschaftswissenschaftlerin, * in New Jersey 28.6.1947. – Im Dez. 1992 ernannte der neugewählte amerikan. Präs. BILL CLINTON T. zur Vors. des Rates der Wirtschaftsberater. Die Ernennung von T., die seit 1977 Ökonomieprof. an der Univ. Berkeley (Kalifornien) war, überraschte nur auf den ersten Blick, liegt sie doch mit ihren von der traditionellen Wirtschaftstheorie abweichenden Thesen auf der Linie CLINTONS. In Fragen der Handels- und Industriepolitik plädiert sie mit Verweis auf Japan und Deutschland für massive staatl. Unterstützung – selbst Handelssanktionen und Ausgleichszölle hält sie für denkbar. Konsequenterweise mißt sie auch dem amerikan. Haushaltsdefizit weniger Bedeutung bei als die meisten ihrer bekannteren Kollegen. Kritiker nennen T. eine Protektionistin und Verfechterin des gelenkten Handels.

Die wirtschaftl. Situation U.s verbesserte sich im Vergleich zu 1992 nur geringfügig. Die Politik der Privatisierung staatl. Unternehmen sowie der Öffnung gegenüber ausländ. Investoren, die Teil des von Präs. MUSEVINI und dem IWF vereinbarten Wiederaufbauprogramms war, wurde fortgesetzt. Durch die Kontrolle der Geldzufuhr und die strikte Einhaltung des Haushaltsplans konnte die Inflationsrate weiter verringert werden. Das Außenhandelsdefizit blieb aufgrund der niedrigen Weltmarktpreise für Kaffee nahezu unverändert.
Im Dez. 1992 legte eine unabhängige Verfassungskommission einen Entwurf für die zukünftige Verfassung U.s vor. Im Hinblick auf die Diskussion um die Wiedereinführung des Mehrparteiensystems galt dem Vorschlag der Kommission, die Entscheidung über ein neues polit. System um sieben Jahre aufzuschieben, bes. Aufmerksamkeit. Die endgül-

Uganda. Ronald Muwenda Mutebi II. wird in einer feierlichen Zeremonie zum Kabaka von Buganda gekrönt

tige Entscheidung über den Verfassungsentwurf stand Ende 1993 noch aus. Anfang Mai erteilte Präs. YOWERI MUSEVINI der Fortentwicklung des Mehrparteiensystems eine Absage und unterband die Neugründung der Islam. Revolutionspartei; den bisher bestehenden Parteien wurde die polit. Betätigung untersagt.

Im Juni 1993 wurde mit RONALD MUWENDA MUTEBI II. der 36. Kabaka von Buganda gekrönt. Für diese symbol. Wiedereinsetzung eines der ehem. vier Königreiche U.s sowie die Rückgabe königl. Eigentums hatte es einer Verfassungsänderung durch Präs. MUSEVINI bedurft.

Ukraine

Hauptstadt: Kiew
Einwohner: 52,2 Mio.
Einwohner/km²: 86
Staatsoberhaupt:
L. M. Krawtschuk
Regierungschef:
L. M. Krawtschuk
(seit 27. 9. 1993)
BSP/Einwohner:
2 340 US-$

Wirtschaftliche Krise

Ursachen der wirtschaftl. Krise, die sich für die Bevölkerung u. a. durch Energie- und Warenknappheit und aufgrund einer weitgehenden Preisfreigabe im Jan. als rasant steigende Inflation bemerkbar machten, waren der Verlust der früheren Absatzmärkte, verteuerte Energieimporte, ein riesiges Haushaltsdefizit sowie generell die in allen Bereichen vorherrschenden alten Strukturen. Wichtige Importe kamen fast nur noch über Bartergeschäfte (Tausch von Waren gegen Waren) zustande. Ohne ständige Zahlungsaufschübe und eine wachsende Neuverschuldung wäre der Handel mit Rußland fast ganz zum Stillstand gekommen.

Vor dem Hintergrund der schweren Wirtschaftskrise machte das Parlament am 21. Okt. seine Entscheidung rückgängig, die letzten beiden Blöcke des Kernkraftwerks Tschernobyl 1993 stillzulegen und hob den Baustopp für neue Kernkraftwerke auf. Außerdem kündigte Präs. KRAWTSCHUK am 11. Nov. die Rückkehr zu staatl. Planung und Kontrolle der Wirtschaft an.

Innen- und außenpolitische Entwicklung

Präs. KRAWTSCHUKS polit. Kurs wurde immer wieder von der reformfeindl. Parlamentsmehrheit korrigiert und gestoppt. Dies machte die vom Obersten Rat am 16. Mai beschlossene Wiederzulassung der Kommunist. Partei besonders deutlich. Auch die schmale Gruppe der zu gemäßigten Wirtschaftsreformen neigenden Kabinettsmitgl. um Regierungs-

chef KUTSCHMA scheiterte an der Parlamentsmehrheit, die sich weigerte, KUTSCHMAS Sondervollmachten zur Durchsetzung von Wirtschaftsreformen zu verlängern. Dieser trat am 21. Sept. zurück, Präs. KRAWTSCHUK übernahm auch die Vollmachten des Regierungschefs. Ein Ausdruck der zunehmenden Unzufriedenheit unter der Bevölkerung waren Bergarbeiterstreiks vom 7. bis 20. Juni. Unter deren Druck beschloß der Oberste Rat für Sept. eine Volksabstimmung über die Politik des Präs. und des Parlaments. Im Sept. entschied sich das Parlament statt dessen jedoch für vorgezogene Neuwahlen im Frühjahr 1994.

Weitgehend beigelegt zeigte sich der Konflikt mit Rußland um die Krim, deren Regierung sich mit dem Autonomiestatus innerhalb des ukrain. Staatsverbands abgefunden hat. Die Verhandlungen um die Zugehörigkeit der →Schwarzmeerflotte führten hingegen zu keiner endgültigen Lösung.

Stärker als diese Probleme belasteten die im Land verbliebenen Nuklearwaffen die Außenpolitik, v. a. nachdem der Oberste Rat am 5. Juli beschlossen hatte, vorläufig an der Stellung der U. als Atommacht (die über 176 ehemals sowjet. Interkontinentalraketen verfügt) festzuhalten. Die immer wieder verschobene Ratifizierung des START-I-Vertrags über die Begrenzung atomarer Langstreckenwaffen, dem sich Kiew im Lissabonner Protokoll von 1992 angeschlossen hatte, erfolgte am 18. Nov. durch das Parlament. Demzufolge werden innerhalb von sieben Jahren 36% aller Trägersysteme und 42% aller Atomsprengköpfe abgerüstet.

Ulmanis, Guntis, lett. Politiker (Bauernunion), * Riga 13. 8. 1939. – Am 7. 7. 1993 wählte das lett. Parlament U. zum neuen Staatspräsidenten.

Der ukrainische Präsident Krawtschuk   Unabhängigkeit der Ukraine
am zweiten Jahrestag der

1941 war U. Familie mit der Begründung, daß sein Großonkel KARLIS in den 1930er Jahren sein Amt als MinPräs. diktatorisch ausgeübt habe, für fünf Jahre nach Sibirien deportiert worden. 1964 schloß U. ein Wirtschaftsstudium ab und trat im folgenden Jahr in die KPdSU ein, hatte aber keinerlei polit. Ämter inne. 1989 trat er aus der Partei aus und engagierte sich in der lett. Unabhängigkeitsbewegung. Zwar errang seine Bauernunion bei den Parlamentswahlen am 5./6. Juni nur 12 von 100 Sitzen, doch als Koalitionspartner der regierenden Partei Lett. Weg erhielt ihr Kandidat U. im dritten Wahlgang die Mehrheit der Stimmen. U. versprach nach der Wahl, die von ANATOLIJS GORBUNOWS eingeleitete und auf Ausgleich gerichtete Politik gegenüber der russ. Minderheit fortzuführen.

Guntis Ulmanis, der neue Präsident Lettlands

Ungarn

Hauptstadt: Budapest
Einwohner: 10,5 Mio.
Einwohner/km²: 113
Staatsoberhaupt:
Á. Göncz
Regierungschef:
P. Boross
(seit 21. 12. 1993)
BSP/Einwohner:
2 690 US-$

Wirtschaftlicher Rückgang

Bedingt durch den Rückgang der Landwirtschaftsproduktion um 10%, schrumpfte das Bruttoinlandsprodukt um rd. 2%. Bei einem Exportrückgang von 15% und einem Importanstieg von 8% wurde mit einem Zahlungsbilanzdefizit von 1,8 Mrd. US-$ und dem Anstieg der Bruttoauslandsschulden um 1,5 Mrd. auf 24,5 Mrd. US-$ gerechnet. Das Haushaltsdefizit erreichte 1993 eine Rekordhöhe, die noch 20% über der im Nachtragshaushalt veranschlagten lag. Bei einer Inflationsrate von rd. 20% sank das Realeinkommen der Bevölkerung um durchschnittlich 2%. Die Arbeitslosenquote hat sich bei 13% stabilisiert.

Innen- und Außenpolitik

Mit der Kabinettsumbildung vom Febr. versuchte sich MinPräs. JÓZSEF ANTALL für die letzten 15 Monate der Legislaturperiode ein politisch schlagkräftigeres Kabinett zu schaffen. Überraschend kam nur der Rücktritt von Finanzmin. MIHÁLY KUPA, mit dessen Namen das Reformprogramm der Reg. für den Übergang zur sozialen Marktwirtschaft verbunden war. Trotz strikter Ausgabenpolitik war es ihm nicht gelungen, das Haushaltsdefizit auf das vom Internat. Währungsfonds (IWF) für die Kreditvergabe geforderte Maß zu begrenzen. In seiner die Regierungskoalition führenden Partei, dem Ungar. Demokrat. Forum, erwirkte ANTALL nach monatelangen Querelen im Juni den Ausschluß des radikalnationalist. Wortführers des rechten Flügels, ISTVÁN CSURKA. Mit diesem verließen zehn weitere Abgeordnete die Parlamentsfraktion des Forums und gründeten ihre eigene Partei. Die Regierung verfügt seither im Parlament nur mehr über eine Stimme Mehrheit. Am 12. Dez. starb ANTALL; zum neuen Min.Präs. wurde am 21. 12. 1993 PÉTER BOROSS gewählt.

In der Außenpolitik hatte das Bemühen um künftige Vollmitgliedschaft U.s in den EG sowie die Assoziierung in der WEU und der NATO unverändert Priorität. Mehr Gewicht erhielt 1993 das Bestreben, die von Minderheitenproblemen belasteten Beziehungen zu den Nachbarländern durch bilaterale Grundlagenverträge zu verbessern.

Ungarn

Jahr	Wirtschaftswachstum (realer Zuwachs des BIP in %)
1992	-4,4
1991	-11,9
1990	-4,3
1989	-0,2
1987	4,1
1985	-0,3

-12 -11 -10 -9 -8 -7 -6 -5 -4 -3 -2 -1 0 1 2 3 4 5

Wirtschaftswachstum (realer Zuwachs des BIP in %)

UN-Hochkommissar für Flüchtlinge, Abk. **UNHCR** (United Nations High Commissioner for Refugees): Nach einem im Nov. veröffentlichten Bericht des UNHCR stieg die Zahl der Flüchtlinge weltweit von 18,2 Mio. (1992) in den ersten zehn Monaten 1993 auf 19,7 Mio., darunter 800 000 vor dem Bürgerkrieg in Burundi geflohene Menschen. Als Ursache für die seit Ende des kalten Krieges stark ansteigenden Flüchtlingsbewegungen werden die zahlreicher gewordenen innerstaatl. Konflikte mit v.a. ethn. und religiösen Wurzeln angesehen.

Positiv bewertete der UNHCR-Bericht die Errichtung von Schutzzonen und Notaufnahmezentren in Bürgerkriegsgebieten; v. a. in Somalia und Sri Lanka habe sich dies als wirkungsvoll für die Verhinderung von Flüchtlingsströmen erwiesen. 2,4 Mio. Flüchtlinge, v. a. aus Afghanistan, Guatemala, Moçambique und Kambodscha, konnten aufgrund sich konsolidierender Friedensprozesse repatriiert werden. Schwächen wurden bei humanitären Hilfseinsätzen eingestanden, bes. im Hinblick auf Bosnien-Herzegowina. Hier vertrat der Bericht die Auffassung, daß mit dem UNHCR-Einsatz offensichtlich nur versucht worden sei, das Unvermögen der internat. Gemeinschaft, den Konflikt beizulegen, zu vertuschen. – Anfang Nov. wählte die UNO-Vollversammlung erneut die Japanerin SADAKO OGATA zur Hochkommissarin für Flüchtlinge – nach der ersten, dreijährigen Amtszeit diesmal für fünf Jahre.

Bundeswehrfahrzeuge, die für den UNO-Einsatz in Somalia weiß gestrichen und als UNO-Fahrzeuge kenntlich gemacht wurden, vor der Verladung in Emden (30. Juni)

UNO, Abk. für United Nations Organization (Vereinte Nationen): Am 1. 1. 1993 zogen Brasilien, Djibouti, Neuseeland, Pakistan und Spanien für zwei Jahre als nichtständige Mitgl. in den Sicherheitsrat ein. Sie lösten in dieser Funktion die fünf Staaten Belgien, Ecuador, Indien, Österreich und Simbabwe ab. Bis Ende 1993 gehörten außerdem Japan, Kap Verde, Marokko, Ungarn und Venezuela als nichtständige Mitgl. dem Sicherheitsrat an. Durch die Teilung der Tschechoslowakei in zwei souveräne Staaten am 1. 1. 1993 erhöhte sich die Zahl der UNO-Mitgl. zunächst auf 180, im April trat Makedonien unter der provisor. Bezeichnung ›Ehemalige Jugoslawische Republik Makedonien‹ als 181. Mitglied bei. Am 28. Mai beschloß die Generalversammlung die Aufnahme Monacos und Eritreas; als 184. Mitgl. wurde am 28. Juli Andorra aufgenommen.
Zum 1. März übernahm KOFI ANNAN aus Ghana als Untergeneralsekretär die Verantwortung für die internat. Blauhelmeinsätze; er löste den Briten MARRACK GOULDING ab, der im gleichen Rang das Referat für polit. Angelegenheiten übernahm. Der ebenfalls ausscheidende Untergeneralsekretär für Verwaltung und Management, der frühere amerikan.

Justizmin. RICHARD THORNBURGH, übte in seinem Abschlußbericht heftige Kritik an der Verwaltungsorganisation der UNO: Ein völlig antiquiertes Management, ein ausgedehntes Patronagesystem und ineffiziente Budgetpolitik machten es beispielsweise praktisch unmöglich, Fälle von Betrug und Veruntreuung durch Mitgl. des Stabes aufzuklären und zu unterbinden. THORNBURGH empfahl dem GenSekr., einen Generalinspekteur zu ernennen, der fortlaufend die Arbeitseffizienz im UNO-Apparat überwachen solle. Am 1. Mai trat der Norweger THORVALD STOLTENBERG formell die Nachfolge des Amerikaners CYRUS VANCE als UNO-Vermittler im Jugoslawienkonflikt an. Ende August kündigte UNO-GenSekr. BOUTROS BOUTROS GHALI Einsparungs-Sofortmaßnahmen an, da nur sieben Mitgliedstaaten alle ihre Beiträge geleistet hätten und nach Erschöpfung aller Reserven die Finanznot der Organisation ›beispiellos und nicht tolerierbar geworden sei‹. Nach Angaben des GenSekr. beliefen sich die Zahlungsrückstände der Mitgliedstaaten auf 1,92 Mrd. US-Dollar.
In zahlreichen Reden und Erklärungen forderte GHALI immer wieder eine präzisere Definition der neuen Aufgaben der UNO, die sich aus dem Ende der Ost-West-Konfrontation ergäben. Als wichtigste Aufgaben der Weltorganisation im 21. Jh. nannte er die Verwirklichung der Menschenrechte, die Bekämpfung von Armut und Umweltproblemen sowie die zunehmende Gefahr des Zerfallens bestehender Staaten. Seiner Einschätzung nach war in fast allen unterentwickelten Staaten ein Stillstand oder gar Rückgang der ökonom. Entwicklung zu beobachten. Hieraus resultierten neue totalitäre Strukturen bzw. die Verfestigung bestehender undemokrat. Regime. Er forderte eine engere Zusammenarbeit mit internat. Finanzinstitutionen, eine wesentl. Stärkung des Internat. Gerichtshofs, dessen Schiedssprüche von den UNO-Mitgl. verbindlich zu respektieren seien, und ein neues ›Gleichgewicht zw. der staatl. Souveränität und den Anforderungen einer zunehmend verflochtenen Welt‹. Die von GHALI eingeräumte Dominanz der USA könnte nach seiner Ansicht nur durch ein stärkeres finanzielles, polit. und militär. Engagement anderer Staaten im Rahmen der UNO ausgeglichen werden. Bes. an Japan und Deutschland ergingen mehrfach diesbezügl. Aufforderungen, so v. a. beim Bonnbesuch des GenSekr. im Jan.; allerdings erhielten beide Staaten bisher keine verbindl. Zusagen hinsichtlich eines ständigen Sitzes im Sicherheitsrat. Im Febr. beschlossen die Mitgl. des Sicherheitsrats, ein ›Internat. Tribunal für Kriegsverbrechen im ehem. Jugoslawien‹ zu schaffen (→ Kriegsverbrechertribunal). Völkerrechtsexperten vertraten hierzu die Ansicht, daß eine gerichtl. Verfolgung bereits jetzt möglich sei, da praktisch alle im ehem. Jugoslawien begangenen Verbrechen in der Völkermord-Konvention von 1948 niedergelegt seien.
Mit der Durchführung der immer häufigeren und umfangreicheren Blauhelmeinsätze (1993 waren es 13 ›Peace-Keeping‹-Missionen mit insgesamt 80 000 Mann) gelangte die UNO an techn. und

finanzielle Grenzen. In einigen Fällen des von ihr verfolgten Krisenmanagements (z. B. in Somalia und. im ehem. Jugoslawien) hatte die UNO kein strateg. Konzept vorzuweisen, in anderen Fällen (z. B. Kambodscha und Irak) hatte sie neben Erfolgen auch mit örtlich bedingten Schwierigkeiten sowie Interessenkonflikten zwischen ihren einzelnen Mitgl. zu kämpfen.

Die veränderte Rolle der Weltorganisation

Bewertet man die Leistungen der Vereinten Nationen seit dem Ende des Ost-West-Konflikts, so fällt das Ergebnis zwiespältig aus. Die Vereinten Nationen haben die Hoffnung, sie würden nach den Blockaden des kalten Krieges als Weltpolizist für Ruhe und Ordnung sorgen, nicht erfüllt. Der Golfkrieg war keine UNO-Aktion; den Bürgerkrieg in Bosnien-Herzegowina hat die UNO nicht beendet; ihre Intervention in Somalia führte zu einem Fiasko.

Dennoch sind die Vereinten Nationen kein Papiertiger. Ohne ihre dreizehn Friedenssicherungsaktionen gäbe es noch mehr Bürgerkriege in der Welt. Ohne die Generalversammlung wären viele kleine Staaten in der Weltpolitik stimmlos. Das Hauptquartier der UNO in New York ist wirklich zum Rathaus geworden, in dem sich die Welt trifft. Wären die Vereinten Nationen nicht wichtig, hätten sie sich längst aufgelöst.

Aber was können sie konkret leisten in der durch das Ende des Ost-West-Konflikts so drastisch veränderten Welt? Können sie als Weltregierung fungieren, wie manche hoffen? Können sie ein System der kollektiven Sicherheit ausbilden, wie sie es 1945 vorhatten, aber wegen des Ost-West-Konflikts nicht ausführen konnten? Oder sind sie heute mehr denn je nur eine ›Quatschbude‹, eine entbehrliche Ansammlung von Diplomaten und Bürokraten?

Kollektive Sicherheit: mit militärischem Zwang gegen Störenfriede?

Die Vereinten Nationen sind weder das eine noch das andere; am ehesten verstehen sie sich als System der kollektiven Sicherheit. Aber auch das ist ein Mißverständnis. Die Zwangsmaßnahmen des Kapitels VII der Charta können nur mit Zustimmung der fünf ständigen Sicherheitsratsmitglieder getroffen werden, sich nicht gegen diese großen Staaten wenden, die in der Regel die größten Störenfriede darstellen. Das Konzept der kollektiven Sicherheit enthält also einen nicht aufzuhebenden Widerspruch. Sind sich nämlich die fünf ständigen Sicherheitsratsmitglieder einig, so wird das Konzept nicht gebraucht. Sind sie sich, wie während des kalten Krieges, uneins, funktioniert es nicht. Natürlich könnte es gegen kleinere Staaten gerichtet werden. Es war die große Hoffnung von 1990, daß die ständigen Sicherheitsratsmitglieder auch künftig als kollektive Weltpolizisten auftreten würden. Aber aus diese Hoffnung trog. Zwar beschlossen sie im Sicherheitsrat, alle geeigneten Mittel einzusetzen, um den Irak wieder aus Kuwait zu vertreiben. Aber sie führten den Beschluß nicht im Rahmen der UNO, sondern in einer eigens gebildeten Koalition aus. Sonst hätten sie nämlich ihre Aktion dem Oberbefehl des UNO-Generalsekretärs und ihre Truppen einem UNO-Oberkommando unterstellen müssen. Dazu waren sie nicht bereit. Der Golfkrieg war, obwohl von den Vereinten Nationen genehmigt, keine UNO-Aktion. Die Anforderungen der kollektiven Sicherheit kollidieren eben nicht nur mit dem Vetorecht der Großmächte, sondern auch mit dem Prinzip der Staatssouveränität. Das Kapitel VII überfordert die Wirklichkeit der Vereinten Nationen. Sie sind nur eine internationale Organisation, praktisch nur eine andauernd tagende Botschafterkonferenz. Diese kann – wie zu zeigen sein wird – von großer politischer Bedeutung sein, wenn sie ihre Funktion richtig versteht. Greift diese Botschafterkonferenz, ohne die Auflagen des Kapitels VII zu erfüllen, zur militärischen Gewalt, dann verwandelt sie sich sehr schnell zurück in das alte Mächtekonzert des 19. Jahrhunderts. Die Ähnlichkeit kommt nicht von ungefähr. Die Gründungsväter wollten die Machtlosigkeit des Völkerbundes ersetzen durch die Fähigkeit des Sicherheitsrates, notfalls auch militärische Gewalt einzusetzen. Da sie sich aber nur gegen Friedensstörer in der (früher so genannten) dritten Welt richten kann und da diese Gewalt im einzelstaatlichen Besitz verbleibt, nicht der Organisation überstellt wird, erscheint sie leicht als die Fortsetzung der Kolonialpolitik mit anderen Mitteln. Genau das passierte in Somalia. Selbst der Golfkrieg wurde in weiten Teilen der arabischen Welt so interpretiert.

Umstrukturierung des Sicherheitsrates?

Nicht zuletzt deswegen drängen die Staaten außerhalb der OECD darauf, daß die Zusammensetzung des Sicherheitsrats verändert wird. In der Reform von 1965 war nur die Zahl der nichtständigen Sicherheitsratsmitglieder erhöht worden: von elf auf fünfzehn. Jetzt wollen die regionalen Vormächte an den Privilegien der ständigen Mitgliedschaft teilhaben. Eine Umfrage der Generalversammlung im Sommer 1993 ergab, daß Afrika, Lateinamerika

Der Autor:
Ernst-Otto Czempiel, geb. 1927. Forschungsgruppenleiter und geschäftsführendes Vorstandsmitglied bei der Hessischen Stiftung für Friedens- und Konfliktforschung. Professor em. für auswärtige und internationale Politik an der Universität Frankfurt am Main

Der UNO-Sicherheitsrat – im Bild von links nach rechts Julij Vorontsow (Rußland), David Hannay (Großbritannien), Edward Perkins (USA) – beschäftigt sich Mitte Dezember 1992 u. a. mit den Fragen des Waffenembargos gegen Bosnien-Herzegowina und der Schaffung eines Kriegsverbrechertribunals

und Osteuropa je einen, Asien zwei und die westlichen Industriestaaten drei der ständigen Sicherheitsratsitze erhalten sollen. Es geht also keineswegs nur um den Sitz Deutschlands und Japans im Sicherheitsrat, es geht um die Vorherrschaft der Industriestaaten. Sie soll gebrochen, die Vetomacht im Sicherheitsrat gleichmäßiger auf die Weltregionen verteilt werden.

Kommt es dazu, dann werden sich die Probleme nicht lösen, sondern die Blockaden der letzten Jahrzehnte sich wieder einstellen. Der Ost-West-Konflikt war ja nur der extreme Ausdruck dafür, daß es für den Einsatz kollektiver Waffengewalt keinen globalen, sondern höchstens einen selektiven Konsens gibt. Die Welt der Gegenwart ist keine Weltgesellschaft, die eine zentrale Sanktionsinstanz vertrüge. Sie ist, im Gegenteil, eine staatlich geordnete Gesellschaftswelt. Zwar gibt es einen weltweiten Konsens über die Verurteilung von Gewalt, es gibt den Gewaltverzicht des Artikels 2,4 der UN-Charta. Aber es gibt keine Zustimmung für den Einsatz von Gegengewalt. Als es im Sicherheitsrat zur Abstimmung gegen den Irak kam, hat sich China der Stimme enthalten. Indien, Nigeria und Brasilien werden, sollten sie zu ständigen Sicherheitsratsmitgliedern werden, mit ihrem Veto Gewaltanwendung durch die UNO in ihren Regionen verhindern, Japan vermutlich auch. Wie sich die Bundesrepublik in einem solchen Fall verhalten würde, ist zumindest offen.

Das Konzept der Friedenssicherung bei Zustimmung der Konfliktparteien

Im Kapitel VII steckt aber noch ein drittes Mißverständnis. Es betrifft die Zweckrationalität des Gewalteinsatzes überhaupt. Sie entstammt den Erfahrungen des 19. Jahrhunderts, sie bewährt sich auch heute noch, wenn es um die Abwehr einer Aggression geht. Aber in den Bürgerkriegen der Gegenwart sind die Gewaltursachen kaum zu entwirren. Der gesellschaftliche Konsens, der für die Errichtung einer neuen innerstaatlichen Ordnung erforderlich ist, läßt sich mit Gewalt von außen nicht herstellen.

Deswegen entwickelte 1956 der damalige UNO-Generalsekretär Dag Hammarskjöld die zutreffende Einsicht, daß sich die Mißverständnisse beseitigen, der Konsens und das Engagement der Staaten erheblich vergrößern ließen, wenn die Vereinten Nationen auf die Gewaltanwendung verzichten würden. Hammarskjöld ersetzte sie anläßlich des Suez-Konflikts mit dem Konzept der Friedenssicherung, das den Frieden nicht erzwingen, sondern mit der Zustimmung aller Betroffenen ihren Gewaltverzicht erzeugen und garantieren will. In der Charta der Vereinten Nationen nicht enthalten, reflektiert das Konzept des peace-keeping die Tatsache, daß es in der modernen Welt zwar keinen Konsens für die Gewaltanwendung, wohl aber einen gegen sie gibt. Sie wird noch praktiziert, und nicht zu knapp, aber nicht mehr akzeptiert. Deswegen ist die Friedenssicherung so modern und so beliebt. Sie stellt die Gewalt still, drängt auf die gewaltfreie Konfliktbearbeitung.

Allerdings: Für die dreizehn Friedenssicherungsaktionen des Jahres 1993 standen den Vereinten Nationen 3 Mrd. US-Dollar zur Verfügung, das ist weniger als der Preis für zwei moderne Tarnkappenbomber. Nicht einmal diese ärmliche Summe kommt zusammen, weil weder die USA noch Rußland, selbst die Bundesrepublik, die zu den pünktlichen UNO-Zahlern gerechnet wird, ihre Beiträge zur Friedenssicherung voll bezahlen. Vergleicht man diese Säumnisse und Summen mit den 50 Mrd. US-Dollar, die für den Golfkrieg aufgetrieben worden sind, so zeigt sich, daß die Modernisierung des politischen Denkens erst am Anfang steht. Es gibt sich immer noch damit zufrieden, eine erfolgte Aggression aufwendig zu bekämpfen, statt mit aller Kraft zu versuchen, der Aggression vorzubeugen, die Aggressivität abzubauen.

Zumindest müßte die Friedenssicherung erheblich ausgebaut werden. Solange und soweit die UNO der Zustimmung der Konfliktparteien sicher ist, könnte sie zur Ausführung ihres Mandates durchaus auch Gewalt einsetzen. ›Robuste Friedenssicherung‹ heißt dieses Verfahren. Der Generalsekretär Boutros Boutros Ghali hat angeregt, einmal verabredete Waffenstillstände, werden sie gebrochen, notfalls mit der Gewalt der Blauhelme wieder herzustellen. Deswegen schlägt die Friedenssicherung nicht in Friedenserzwingung um. Entscheidend ist nach wie vor der Konsens der Betroffenen. Mit ihm geht vieles, ohne ihn geht nichts.

Das haben die Vereinigten Staaten in Somalia lernen müssen, das haben die Europäer in Bosnien-Herzegowina berücksichtigt. Eine militärische Intervention von außen könnte den Bürgerkrieg höchstens niederhalten, nicht beenden. Das können nur die Konfliktparteien selbst. Aber die Friedenssicherungstruppen der Vereinten Nationen könnten in Bosnien-Herzegowina sehr viel mehr ausrichten. Sie könnten versuchen, die verabredeten Waffenstillstände durchzusetzen, die Lebensmittelversorgung der Bevölkerung zu sichern, notfalls eben mit Gewalt. Dieser erweiterte Einsatz wäre nicht ungefährlich, überschritte aber nicht die Zustimmung der Konfliktparteien, schon gar nicht die der betroffenen Menschen. Viel mehr können die Vereinten Nationen im ehemaligen Jugoslawien nicht tun, weil sie zu spät kommen. Auch politische Konflikte haben ihre Entwicklungsphasen; ist die Gewalt erst einmal ausgebrochen, kann sie sehr schwer zurückgedämmt werden.

Gewaltvermeidung und Friedenskonsolidierung durch Abrüstung, wirtschaftliche und demokratische Entwicklung

Allerdings setzt auch die Friedenssicherung, so modern sie ist, zu spät, nach dem Gewaltausbruch ein. Wer die Gewalt vermeiden will, muß, wie es Generalsekretär GHALI hervorgehoben hat, ›Konfliktprävention‹ und ›Friedenskonsolidierung‹ betreiben. Der Reichtum dieser beiden Strategien ist groß, er müßte aber den Politikern erst noch vermittelt werden. Andernfalls würden sie diese Strategien im großen Stil in Rußland anwenden, wo es noch nicht zu spät ist, den gewaltsamen Austrag ethnisch begründeter Minderheitenkonflikte zu verhindern. Doch wird daran weder im Sicherheitsrat noch in der Generalversammlung gedacht.

Eine konsequente Politik der Gewaltvorbeugung würde aber noch sehr viel mehr verlangen. Zwar haben die Vereinten Nationen im Januar 1993 den Chemiewaffenvertrag zustande gebracht. Ein Vertrag über die weltweite konventionelle Abrüstung ist aber noch nicht einmal ins Auge gefaßt worden. Die Vereinten Nationen haben ein Register für Waffenverkäufe aufgelegt; es wird exakt geführt. Wichtiger wäre es, diese Verkäufe zu unterbinden und die Abrüstung der konventionellen Waffen voranzutreiben. Mit ihnen sind bisher alle Kriege geführt worden; würde der Waffenhandel eingestellt, verringerte sich das Ausmaß der Gewalt. Daran aber sind die Regierungen, trotz ihrer Rhetorik in den Vereinten Nationen, faktisch nicht interessiert.

Auch um die Friedenskonsolidierung, um die Förderung von Demokratie und Marktwirtschaft, kümmern sich die Staaten bei weitem nicht im notwendigen Ausmaß. Während der langen Jahre des kalten Krieges hatten die Vereinten Nationen, auch um ihre politische Bedeutungslosigkeit zu kompensieren, die Entwicklungshilfe favorisiert. Die sechzehn Sonderorganisationen, angefangen von der für Landwirtschaft bis zur Weltbank, arbeiteten zusammen, um das Nord-Süd-Gefälle abzubauen. Das ist nicht gelungen, nicht zuletzt wegen des Bevölkerungswachstums. Auch heute noch sind die meisten Menschen arm und leben in diktatorial-autoritären Herrschaftssystemen. Nur wenige sind begütert und genießen die Vorzüge der Demokratie. Diese alte Problemfigur hat nach dem Ende des Ost-West-Konflikts eine neue Bedeutung gewonnen. Die Revolutionen in Osteuropa, die dort die kommunistischen Regime stürzten und damit den kalten Krieg beendeten, demonstrierten überdeutlich den Zusammenhang zwischen Demokratie und Frieden. GHALI hat in seiner ›Agenda‹ das richtige Gegenbild gezeichnet: ›Die tiefsten Konfliktursachen ... (sind) wirtschaftliche Not, soziale Ungerechtigkeit und politische Unterdrückung‹. Damit bekommt der entwicklungspolitische Aufwand, dem die Vereinten Nationen fast drei Viertel ihres Budgets widmen, eine ganz entscheidende friedenspolitische Bedeutung. Leider wird sie von den Staaten nicht richtig erkannt. Das Interesse der Geberländer an der Auslandshilfe läßt nach, nimmt keinesfalls zu. Seit der Ost-West-Wettbewerb nicht mehr besteht, gelten viele Empfängerländer als politisch uninteressant.

Im schwedischen Almnäs bei Södertälje erhalten UNO-Soldaten eine Waffen- und Schießausbildung

Daß die wirtschaftliche Entwicklung und die politische Demokratisierung dieser Länder die beste, wenn nicht sogar die einzige Friedenssicherung darstellt, wird in den Vereinten Nationen zwar angesprochen, von den Mitgliedstaaten aber nicht in eine veränderte Praxis umgesetzt. Deswegen hängt die Förderung der Menschenrechte, der sich die Vereinten Nationen seit den ersten Konventionen stets aktiv verschrieben haben, wirtschaftlich und politisch in der Luft. Die Wiener Menschenrechtskonferenz im Juni 1993 war zwar ein großer deklaratorischer Erfolg. Schon die Aufmerksamkeit, die

die Weltorganisation damit auf die Menschenrechtsverletzungen lenkte, trug zu deren Verringerung bei. Um die Menschenrechte zu verwirklichen, müßte die Organisation aber dafür sorgen, daß ihre Mitglieder den dafür erforderlichen gesellschaftlichen und ökonomischen Unterbau herstellen.

Das ist leichter gesagt als getan. Die Vereinten Nationen sind ja nur eine Versammlung der Mitgliedstaaten, ein Resultat ihrer Politiken. Die Mitglieder benutzen die Vereinten Nationen gern als Podium der Selbstdarstellung, höchst ungern aber als Forum konkreter politischer Entscheidungen. Sind sie gefragt, enthalten sich gerade die Deutschen meistens der Stimme.

Im Rahmen der im Februar mit der UNO abgestimmten Hilfsmaßnahmen für Bosnien bereitet die Mannschaft einer Transportmaschine der US Air Force Paletten mit Hilfsgütern für Ostbosnien zum Abwurf vor

Reform der UNO – Reform der Politik der Mitgliedstaaten

Statt von der Reform der Vereinten Nationen müßte eigentlich genauer von der Reform der Politik der Mitglieder gesprochen werden. Es war sicherlich nötig, das UNO-Sekretariat von der Überbürokratisierung zu befreien, die sich dort angesammelt hatte. Der Wirtschafts- und Sozialrat brauchte eine ähnliche Kur. Über das Prinzip, daß in der Generalversammlung jeder Staat eine Stimme führt, Liechtenstein also genausoviel politisches Gewicht hat wie China, muß man nachdenken.

Vor allem aber gilt es, das Verständnis von den Aufgaben und Möglichkeiten der internationalen Organisation zu verbessern. Dazu müssen erst die Mißverständnisse ausgeräumt werden: Der Sicherheitsrat ist keine Ersatzweltregierung, die Generalversammlung nicht deren Parlament. Deswegen muß dem Sicherheitsrat das Prestige als Club der Mächtigen genommen, muß statt dessen die Generalversammlung erheblich aufgewertet werden. Denn die Vereinten Nationen sind 1945 nicht gegründet worden, um kleine Aggressoren zur Räson zu bringen, sondern um zu verhindern, daß Konflikte zwischen den Staaten, auch zwischen den Großmächten, in Krieg und Gewalt umschlagen. Das ist ihre eigentliche Aufgabe, und sie ist außerordentlich wichtig.

Das Sicherheitsdilemma und sein Abbau durch permanente Zusammenarbeit der Staaten in der UNO

Die meisten Machtkonflikte und Kriege in der Neuzeit sind entstanden, weil in einer Welt ohne Weltregierung jeder Staat für seine eigene Verteidigung vorsorgt. Sie wird von den anderen Staaten als potentielle Bedrohung angesehen und mit eigenen Verteidigungsanstrengungen beantwortet. In diesem Wechselspiel kommt die Rüstungsdynamik in Gang, die Rüstungswettläufe und Rüstungskonflikte produziert und schließlich leicht zum Krieg führt.

Dieses Sicherheitsdilemma könnte in einem Weltstaat aufgehoben werden, es kann aber durch die internationale Organisation ausreichend abgeschwächt werden. Diese Einsicht wurde schon vor dreihundert Jahren gewonnen. Wenn alle Staaten in einer Organisation permanent zusammenarbeiten, werden auf diese Weise Kontakt und Kooperation institutionalisiert, Ungewißheit und Mißtrauen verringert, baut sich das Sicherheitsdilemma ab. Die Nachbarstaaten werden überschaubar. Ihnen muß nichts mehr unterstellt werden, weil jederzeit ausreichende Information zur Verfügung steht. Die internationale Organisation wirkt wie eine einzige große vertrauensbildende Maßnahme. Sie kann aufkommende Konflikte kanalisieren und einhegen, jedenfalls verhindern, daß sie durch das Sicherheitsdilemma zugespitzt und gewaltsam werden. 1947/48 hat die UNO bei dieser Aufgabe versagt, haben die Großmächte den entstehenden Konflikt zwischen ihnen nicht in den Vereinten Nationen und ihren Verfahrensvorschriften ausgetragen, sondern ihn aus der UNO herausgehalten und traditionellen Militärallianzen überstellt. Dieser Fehler hatte Folgen.

Er darf heute nicht wiederholt werden. Die Welt wird nicht so ruhig bleiben, wie sie es kurz nach dem Ende des kalten Krieges ist. Die Geschichte bleibt nicht stehen. Sie bewegt sich weiter und kann – wird – in absehbarer Zeit neue gewalthaltige Konflikte hervorrufen. Sie werden, weil es viel mehr Regionen und regionale Großmächte gibt, zahlreicher sein denn je.

Um so wichtiger ist die vertrauensbildende, Gewißheit verbreitende Aufgabe der Vereinten Nationen. Damit sie sie erfüllen kann, muß ihr Funktionsverständnis vom Kopf auf die Füße gestellt werden: Nicht der Sicherheitsrat ist wichtig, sondern die Generalversammlung mit ihren Plenen, Ausschüssen, Kommissionen. Die Friedenserzwingung wird zur seltenen Ausnahme, die Verbreitung von Informationen, die Einübung und Praktizierung der Zusammenarbeit zur wichtigen Hauptaufgabe. Sie muß natürlich nicht nur in New York, sondern von allen Staaten in allen ihren Beziehungen betrieben werden. Aber erst die Institutionalisierung der Kooperation in den Vereinten Nationen vermag das globale Klima der Verläßlichkeit und wechselseitigen Vergewisserung zu schaffen, das die größte Gefahr für den Frieden, das Sicherheitsdilemma, bannt.

Uruguay

Hauptstadt:
Montevideo
Einwohner: 3,1 Mio.
Einwohner/km²: 18
Staatsoberhaupt:
L. A. Lacalle Herrera
Regierungschef:
L. A. Lacalle Herrera
BSP/Einwohner:
2 860 US-$

Präs. LACALLE und sein Wirtschafts- und Finanzmin. IGNACIO DE POSADAS sahen sich massiver Kritik an ihrer neoliberalen Wirtschaftspolitik ausgesetzt. Nachdem schon am 14. 11. 1992 ein Referendum den Widerstand der Bevölkerung gegen die Umstrukturierungs- und Privatisierungsvorhaben der Regierung deutlich gemacht hatte, mißbilligten Anfang Mai 1993 die Gewerkschaften mit ihrem achten Generalstreik innerhalb von drei Jahren einen von DE POSADAS vorgelegten Plan zur wirtschaftl. Anpassung, der v. a. eine Reduzierung des Haushaltsdefizits zum Ziel hatte, und forderten die Ablösung des Ministers. Am 1. März führte U. eine neue Währung, den Peso Uruguayo, ein.
    Uruguay-Runde, →GATT.

USA

Hauptstadt:
Washington (D. C.)
Einwohner: 255,2 Mio.
Einwohner/km²: 27
Staatsoberhaupt:
W. J. Clinton
(seit 20. 1. 1993)
Regierungschef:
W. J. Clinton
(seit 20. 1. 1993)
BSP/Einwohner:
22 560 US-$

Clintons Präsidentschaft: Die Ausgangsbedingungen

Die weltpolit. Umbrüche der Jahre 1989–91 haben die internat. Umwelt der Vereinigten Staaten radikal verändert. Die allein übriggebliebene Weltmacht USA steht nunmehr vor der Aufgabe, ihre Außen- und Sicherheitspolitik an eine neue Weltlage ›jenseits der Eindämmung‹ anzupassen und zugleich ihr innergesellschaftl. Fundament grundlegend zu reformieren. Dieser doppelten Herausforderung muß die seit Jan. 1993 amtierende demokrat. Administration unter Präs. CLINTON Rechnung tragen. Sie ist mit dem Versprechen angetreten, die von den Republikanern über lange Zeit vernachlässigte Innenpolitik zum Schwerpunkt ihrer Arbeit zu machen und Vorschläge zur Haushaltssanierung, zur Schaffung von Arbeitsplätzen und zur Gesundheitsreform vorzulegen.

Haushalt und innenpolitische Vorhaben

Mit dem Inkrafttreten des Fünfjahres-Haushaltsplanes im Aug. und der Vorlage einer allg. Krankenversicherung Ende Sept. sind zwei zentrale Wahlversprechen der Demokraten eingelöst worden. Das Haushaltsgesetz soll das Budgetdefizit bis 1997 um 496 Mrd. Dollar senken, indem 242 Mrd. Dollar an zusätzl. Steuern eingenommen und 254 Mrd. Dollar an Ausgaben eingespart werden. Die im Rahmen der Gesundheitsreform vorgeschlagene Krankenversicherung ist durch Beiträge – zu 80% von den Arbeitgebern, zu 20% von den Arbeitnehmern – finanziert, bietet allen Amerikanern einen Versicherungsschutz und kostet – v. a. wegen der geplanten Zuschüsse an kleine und mittelständ. Unternehmen – bis 1997 rund 560 Mrd. Dollar. Diese Summe soll durch Beitragseinnahmen sowie Kürzungen bei den bestehenden Krankenversicherungen für Rentner (Medicare) und Arme (Medicaid) in Höhe von 380 Mrd. Dollar aufgebracht werden.

Expräsident George Bush und Frau Barbara verlassen nach dem Amtsantritt Bill Clintons Washington; sie fliegen in ihre Wahlheimat Houston (Texas)

Dagegen sind die Pläne für ein Arbeitsbeschaffungsprogramm im April gescheitert, weil es der demokrat. Senatsmehrheit nicht gelungen ist, ein ›filibuster‹ (Blockieren einer Gesetzesvorlage durch Dauerreden) der Republikaner durch Abstimmung zu beenden. Diese Niederlage sowie die äußerst knappen Mehrheiten für das Haushaltsgesetz (zwei Stimmen im Repräsentantenhaus und eine Stimme – die des Vizepräs. AL GORE – im Senat) zeigten, wie umstritten die innenpolit. Reformvorhaben des Präs. sind.
Auch ein noch nach den Kongreß- und Präsidentschaftswahlen vom November 1992 erstmals seit vielen Jahren wieder bestehendes ›unified government‹, bei dem Präs. und Kongreßmehrheit von einer

Als 42. Präsident und zweitjüngster Amtsinhaber nach John F. Kennedy wird am 20. Januar Bill Clinton (links, mit Ehefrau Hillary) vereidigt

Partei – den Demokraten – gestellt werden, garantiert keinesfalls die für Gesetzes- und Reformvorhaben notwendige Zustimmung des Parlaments, weil das amerikan. Regierungssystem mit seiner strikten Gewaltenteilung und dem fehlenden Fraktionszwang von seiner Struktur her auf die Kontrolle und nicht auf die Effizienz der Bundesreg. ausgerichtet ist. Dennoch ist es Präs. CLINTON in seinem ersten Amtsjahr gelungen, in der Innenpolitik mit dem Haushaltsgesetz und der allerdings noch zustimmungsbedürftigen Gesundheitsreform eine Trendwende in der jahrelang geübten Praxis der Steuersenkung durch die Republikaner und der Ausgabensteigerung seitens der Demokraten einzuleiten.

ESSEN AUF RÄDERN

Außen- und Sicherheitspolitik

Demgegenüber ist die außenpolit. Bilanz der Clinton-Administration eher gespalten. 1993 war noch kein neues außenpolit. Konzept zu erkennen, das die Anpassungsprobleme der Weltmacht USA an die veränderten weltpolit. Rahmenbedingungen lösen könnte. Lediglich im Nahen Osten, wo die Administration die entschlossene Vermittlerrolle ihrer Vorgängerin weiterführte, gelang mit dem Gaza-Jericho-Abkommen zw. Israel und der PLO im Sept. ein erster, wegweisender Durchbruch. Dagegen schwankten die USA im Frühjahr gegenüber dem andauernden Krieg in Bosnien zw. massiven Interventionsdrohungen und passiver Hinnahme der Greueltaten hin und her und ließen es zu, daß die noch von Präs. BUSH im Dez. 1992 als ›humanitäre Intervention‹ begonnene Militäraktion in Somalia im Laufe des Jahres 1993 zunehmend zu einem klass. Machtkonflikt mit dem Klanführer General AIDID eskalierte. Nachdem im Sept. und Okt. zunehmend auch Opfer unter den amerikan. Soldaten zu beklagen waren, wuchsen diejenigen Stimmen in der Öffentlichkeit und im Kongreß stark an, die einen Abzug der amerikan. Truppen forderten. Präs. CLINTON kündigte daraufhin im Okt. gleichzeitig eine sofortige massive Verstärkung der amerikan. Truppen in Somalia und für März 1994 deren vollständigen Abzug an. Verteidigungsmin. LES ASPIN, der neben Außenmin. WARREN CHRISTOPHER für die unklare Bosnien- und Somaliapolitik mitverantwortl. gemacht wurde und dessen Etat unter massiven Kürzungsanforderungen seitens des Finanzmin. stand, gab am 16. Dez. seinen Rücktritt aus Gesundheitsgründen zum 20. 1. 1994 bekannt. Auf dem Gebiet der konventionellen und der nuklearen Abrüstung gelang 1993 über die Unterzeichnung des START-II-Abkommens durch BUSH und JELZIN (3. Jan.) hinaus kein weiterer Fortschritt, da die Ukraine weiterhin auf ihrem Status als Atomwaffenstaat beharrte und erst am 18. 11. 1993 den noch mit der Sowjetunion 1991 abgeschlossenen START-I-Vertrag ratifizierte. Dadurch war das Inkrafttreten des weit einschneidenderen START-II-Abkommens blockiert. Für die USA sind Fort-

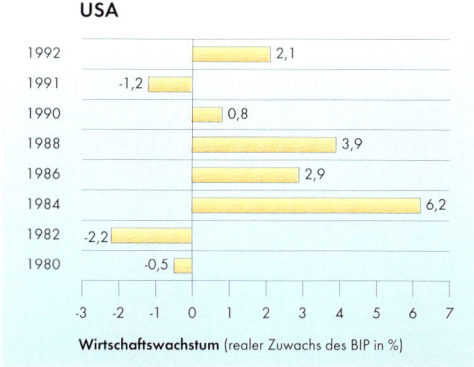

USA

Jahr	Wert
1992	2,1
1991	-1,2
1990	0,8
1988	3,9
1986	2,9
1984	6,2
1982	-2,2
1980	-0,5

Wirtschaftswachstum (realer Zuwachs des BIP in %)

USA

Jahr	Inflationsrate
1986	1,9
1988	4,1
1990	5,4
1991	4,2
1992	3,0

Inflationsrate (in %)

schritte v. a. bei der nuklearen Abrüstung jedoch von großer sicherheitspolit. Bedeutung, da die polit. Stabilität in der GUS und insbes. in Rußland 1993 noch nicht gesichert werden konnte.

Internationale Handels- und Wirtschaftspolitik

Auch auf dem für die amerikan. Volkswirtschaft zentralen Feld der internat. Handelsbeziehungen im Dreieck zw. den USA, den EG und Japan steht ein endgültiger Durchbruch noch aus. Zwar hat Präs. CLINTON im Mai der VR China die Meistbegünstigung im Handel mit den USA eingeräumt, gleichzeitig aber den EG und Japan immer wieder mit der Erhebung von Strafzöllen wegen ›unfairer Handelspraktiken‹ gedroht. Auch nach dem Gipfeltreffen der 17 Staaten der Asiatic Pacific Economic Cooperation (→ APEC), das im Nov. in Seattle stattfand, wird nicht gerade eine stürmische Weiterentwicklung der Wirtschaftskooperation im asiat.-pazif. Raum erwartet. Als polit. Erfolg konnte CLINTON im Nov. die Ratifizierung des Vertrages mit Kanada und Mexiko über die Nordamerikan. Freihandelszone (→ NAFTA) durch den Kongreß – wenn auch nur mit Hilfe republikan. Ja-Stimmen – verbuchen, die das Inkrafttreten des Freihandelsabkommens am 1. 1. 1994 sicherte. Die seit 1986 laufende Uruguay-Runde des Welthandelsabkommens GATT konnte nach erhebl. Konflikten mit den EG beim angestrebten Abbau der Agrarsub-

ventionen und unter Ausklammerung einiger ungelöster Fragen bis zum vorgesehenen Termin am 15. Dez. abgeschlossen werden.

Usbekistan

Hauptstadt: Taschkent
Einwohner: 21,5 Mio.
Einwohner/km²: 48
Staatsoberhaupt: I. A. Karimow
Regierungschef: A. Mutalow
BSP/Einwohner: 1 350 US-$

Von bes. Bedeutung war für U. der Bürgerkrieg in Tadschikistan. Grund hierfür sind vielfältige kulturhistor. Faktoren, v. a. aber die ethn. Situation: 37% der Bevölkerung U.s sind Tadschiken, 23% Usbeken. So sprach sich Präs. ISLAM A. KARIMOW als Organisator des Treffens zentralasiat. Regierungschefs in Taschkent Anfang Jan. für die Verankerung einer regionalen Verantwortung für Bürgerkriege und ökolog. Fragen aus. Die Angst vor einem Übergreifen der Konflikte veranlaßte ihn im März zur Bitte an den UNO-GenSekr., Beobachter in die Region zu entsenden. Innenpolitisch ließ er den Restaurationskurs der ehemaligen Kommunisten durch Repressalien gegenüber der Opposition fortsetzen. Im Nov. einigten sich U. und Kasachstan auf die gleichzeitige Einführung eigener Währungen (für U. der ›Som‹) und kündigten ihren Ausstieg aus der Rubelzone der GUS an.

V

Vance, Cyrus Roberts, amerikan. Politiker (Demokrat. Partei), *Clarksburg (West Virginia) 27. 3. 1917. – Im April 1993 wurde V. von THORVALD STOLTENBERG als Vermittler der UNO im Jugosla-

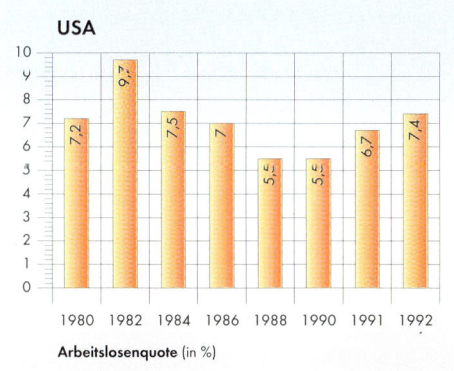

USA

Jahr	Arbeitslosenquote
1980	7,2
1982	9,7
1984	7,5
1986	7
1988	5,5
1990	5,5
1991	6,7
1992	7,4

Arbeitslosenquote (in %)

wienkonflikt abgelöst. Er hatte seit Herbst 1991 im Auftrag der UNO zunächst im serb.-kroat. Konflikt, danach im → Bosnischen Krieg meist vergeblich zw. den Kriegsparteien zu vermitteln versucht. Der Jurist V. wurde in den Jahren 1964–69 von Präs. Johnson regelmäßig und erfolgreich als Vermittler und Unterhändler an Brennpunkten der Welt eingesetzt, so u.a. bei den Vietnamgesprächen von 1968. 1977–80 war er unter Präs. Carter Außenmin., verlor aber stetig an Einfluß zugunsten von Sicherheitsberater Zbigniew Brzezinski.

Vance-Owen-Plan, Friedensplan der beiden Vermittler Cyrus Vance (für die UNO) und Lord Owen (für die EG) im Bosnischen Krieg, → Bosnien-Herzegowina.

Vanuatu

Hauptstadt: Vila
Einwohner: 157 000
Einwohner/km²: 13
Staatsoberhaupt:
F. Timakata
Regierungschef:
M. Carlot
BSP/Einwohner:
1 120 US-$

Vatikanstadt

Einwohner: 750
Einwohner/km²: 1 705
Staatsoberhaupt:
Johannes Paul II.
BSP/Einwohner: –

In die nachträgl. Aufstellung der Einahmen und Ausgabe des Heiligen Stuhls 1992 (181,8 Mio. US-$) wurden erstmals auch die Beiträge von Diözesen und Stiftungen aus aller Welt einbezogen, wodurch das Defizit auf 3,4 Mio. US-$ absank (1991: 87,5 Mio. US-$).
Auslandsreisen führten Papst Johannes Paul II. erstmals u.a. nach Albanien (mit Mutter Teresa, einer Albanerin) und in die drei balt. Staaten. Ein Bombenanschlag am 28. Juli zerstörte große Teile von Basilika und Palast San Giovanni in Laterano, die Sitz des Papstes als Bischof von Rom sind und zum Vatikanstaat gehören.

Cyrus Vance auf einer der zahlreichen   im ehemaligen Jugoslawien
Konferenzen über den Krieg   (30. 1. 1993)

Am 30. Dez. unterzeichneten Israel und der Vatikan ein Abkommen über die Aufnahme diplomat. Beziehungen. Dies ermöglicht dem Vatikan eine größere Einflußnahme im Nahost-Friedensprozeß.

Veil, Simone, frz. Politikerin, * Nizza 13. 7. 1927. – Zum zweiten Mal in ihrer Karriere wurde Frau V. im März 1993 Min. in einer frz. Regierung. Als Staatsmin. bes. herausgehoben, ist sie in der Reg. von Édouard Balladur für das Ressort Soziales, Gesundheit und Stadtpolitik verantwortlich und mußte sich zunächst mit der bankrotten Sozialversicherung und den Jugendunruhen in den Vorstädten auseinandersetzen.
Schon 1974–79 war sie unter Präs. Valéry Giscard d'Estaing Gesundheitsministerin. In ihrer Amtszeit bewegte die energ. und populäre Politikerin einiges: Gegen heftigen Widerstand der kath. Kirche und mit Unterstützung der oppositionellen Linken setzte sie die Reform des Abtreibungsrechts durch, leitete eine Krankenhausreform ein, erweiterte den Mutterschutz und initiierte eine Kampagne gegen das Rauchen. V. war 1979–82 Präs. des Europ. Parlaments und dort 1984–89 Vors. der Liberalen Fraktion.

Simone Veil, seit März   Gesundheit und Stadtentwicklung
Staatsministerin für Soziales,

Venezuela

Hauptstadt: Caracas
Einwohner: 20,2 Mio.
Einwohner/km²: 22
Staatsoberhaupt:
R. J. Velásquez
Mujica
(seit 6. 6. 1993)
Regierungschef:
R. J. Velásquez
Mujica
(seit 6. 6. 1993)
BSP/Einwohner:
2 610 US-$

Den Auftakt zu den innenpolit. Ereignissen des Jahres 1993 bildete im Jan. die Verurteilung von knapp 200 Militärs und Polizisten zu langjährigen Haftstrafen wegen Beteiligung am Putschversuch vom 27. 11. 1992. Zwei Monate später hob der Oberste Gerichtshof jedoch die Urteile des militär. Sondergerichts als verfassungswidrig auf.

Mehrfacher Präsidentenwechsel

Am 11. März beantragte der Generalstaatsanwalt die Einleitung eines Gerichtsverfahrens gegen Präs. CARLOS ANDRÉS PÉREZ RODRÍGUEZ und zwei seiner früheren Min., da diese 1989 bei einem über einen Geheimfonds des Innenministeriums abgewickelten Devisengeschäft über 11 Mio. US-$ unterschlagen hätten. Am 21. Mai billigte der Oberste Gerichtshof das Verfahren gegen den seine Unschuld beteuernden Präs. wegen Amtsmißbrauchs und Korruption (es begann am 27. Mai) und suspendierte ihn gleichzeitig von seinem Amt. Am 31. Aug. enthob der venezolan. Kongreß PÉREZ wegen ›absoluter Absenz‹ (deren Feststellung eigtl. für Notfälle wie Krankheit des Präs. gedacht ist) endgültig seines Amtes. Damit verliert PÉREZ die Möglichkeit, erneut Staatspräs. zu werden, selbst wenn sein Verfahren mit einem Freispruch endet. Senatspräs. OCTAVIO LEPAGE übernahm vorübergehend die Amtsgeschäfte, bis der Kongreß am 4. Juni mit großer Mehrheit den unabhängigen Senator RAMÓN JOSÉ VELÁSQUEZ zum Staatspräs. wählte. Als sein Nachfolger ging am 5. Dez. der frühere Präs. (1969–74) RAFAEL CALDERA RODRÍGUEZ aus der Präsidentschaftswahl mit 30,9% der Stimmen als Kandidat der Convergencia Nacional hervor; dieses Parteienbündnis umfaßt 17 Parteien, dem sowohl Kommunisten und Exguerilleros des Movimiento al Socialismo (MAS) als auch Anhänger des Exdiktators PÉREZ JIMÉNEZ angehören. CLAUDIO FERMIN (AD) kam – dem am 9. Dez. veröffentlichten Auszählungsergebnis zufolge – auf 23,6%, OSWALDO ALVAREZ PAZ (COPEI) auf 22,7% und ANDRÉS VELÁSQUEZ (Causa R), der den Vorwurf des Wahlbetrugs erhob, auf 21,9% der Stimmen.
Der zukünftige Präs. steht vor der Aufgabe, die sich weiter verschärfende Wirtschaftskrise zu bekämpfen. Mit einem Absinken der Wachstumsrate von (1992) 8,6% auf (1993) 0,5% wurde auch für die

nicht zur Ölindustrie gehörenden Wirtschaftszweige gerechnet. Die Inflationsrate soll von (1993) 33% auf (1994) rd. 45% steigen. Weitere Belastungen für die Wirtschaft stellten u. a. die Kapitalflucht dar und das Haushaltsdefizit von rd. 6% des BSP, wozu noch Ende 1993 sofort fällige Gehalts- und Bonuszahlungen an Staatsbedienstete in Höhe von umgerechnet 3,3 Mrd. DM kamen.
Das Föderale Territorium Amazonas im SO Venezuelas wurde zu einer von Soldaten geschützten Sicherheitszone erklärt, nachdem es im Aug. im Grenzgebiet zu →Brasilien zu einem Massaker an Yanomami-Indianern gekommen war.

Vereinigte Arabische Emirate

Hauptstadt:
Abu Dhabi
Einwohner: 1,7 Mio.
Einwohner/km²: 20
Staatsoberhaupt:
S. ibn Sultan
an-Nuhajan
Regierungschef:
M. ibn Rashid
al-Maktum
BSP/Einwohner:
20 140 US-$

Der Schwerpunkt der wirtschaftl. Aktivitäten in den VAE blieb die Erdöl- und Erdgasförderindustrie. Nachdem der Anteil von 9,5 Mrd. US-Dollar an den Kosten des zweiten Golfkriegs 1991 und 1992 an die Alliierten entrichtet worden war, standen 1993 die Erdöleinkünfte wieder dem Staatsbudget zur Verfügung. Der im März verabschiedete Gesamthaushalt für 1993/94 (zu 75% von Abu Dhabi und zu 13% von Dubai aufgebracht) sieht Ausgaben v. a. in der Energie- und Wasserwirtschaft sowie im Straßenbau vor. Bis 1996 soll die Rohölproduktion auf 2,6 Mio. Barrel pro Tag gesteigert werden. Die VAE profilierten sich zu einem Hauptumschlagplatz von Importgütern für die ge-

Die im November 1992 verhafteten venezolanischen Putschisten (Bild) werden Anfang 1993 zu langjährigen Haftstrafen verurteilt

samte Region, insbes. für Iran, Saudi-Arabien und Kuwait. 70 % dieses Transithandels werden über Dubai abgewickelt. Zur wirtschaftl. Stabilisierung trugen die Freihandelszone Djebel Ali und eine expandierende Tourismusbranche bei. Zugleich arbeiteten auch Branchen der verarbeitenden Industrie (Aluminium) erfolgreich.

Außenpolitisch versuchen die VAE eine Mittlerrolle am Golf einzunehmen. Das Verhältnis zu Iran ist aber durch wechselseitige Besitzansprüche auf Inseln im Golf belastet.

Vereinigungskriminalität, schlagwortartige Bez. für diejenige Kriminalität von Personen oder Personengruppen, die sich die Besonderheiten der dt. Vereinigung widerrechtlich zunutze machen. Schwerpunkte der kriminellen Handlungen bilden der Transferrubel- und der Währungsumstellungsbetrug, die Manipulation von Grundstücksgeschäften, z. B. durch Offiziere der ehem. Nat. Volksarmee, sowie die Verschiebung von Guthaben des ehem. Ministeriums für Staatssicherheit durch seine früheren Bediensteten. Nach Polizeiangaben löste jede dritte Überprüfung im Zusammenhang mit der Währungsumstellung ein Strafverfahren aus. 1993 warteten allein in Berlin rd. 7 000 Verfahren auf eine Bearbeitung. Die Strafverfolgung wird durch Personalmangel behindert. Der Schaden wird auf 20 bis 70 Mrd. DM geschätzt.

Verfassungskommission: Bundestag und Bundesrat setzten ›vereinigungsbedingt‹ eine Gemeinsame V. ein, die ihre Arbeit im Jan. 1992 aufnahm. Ihr gehörten 64 Mitgl. an, die den CDU-Abgeordneten RUPERT SCHOLZ und den Ersten Bürgermeister von Hamburg, HENNING VOSCHERAU (SPD), zu ihren Vors. wählten. Die Entscheidungen der V. sind nicht bindend für Bundestag und Bundesrat, die über Verfassungsänderungen mit Zweidrittelmehrheit entscheiden. 1993 beschäftigte sich die V. beratend mit 50 Grundgesetzartikeln und legte im Okt. ihren Abschlußbericht mit Empfehlungen zur Ergänzung und Änderung des GG vor, der auch die Minderheitsvoten zusammenfaßt. Sämtl. Empfehlungen, die in der V. eine Zweidrit-

telmehrheit erhielten, sollen in einem interfraktionellen Gesetzentwurf in die parlamentar. Beratungen eingebracht werden. Die SPD behielt sich vor, die wichtigsten ihrer Anliegen, die keine Zweidrittelmehrheit gefunden hatten (plebiszitäre Elemente, soziale Staatsziele), als eigene zusätzl. Gesetzentwürfe einzubringen.

Die umfassendste Änderung ist der neue Art. 23 des GG (sog. Europa-Art.), der die Mitwirkung des Bundestages und der Bundesländer an der Politik der EG regelt. Bürger aus EG-Staaten sollen nach Maßgabe des EG-Rechts das kommunale Wahlrecht erhalten. Das Ziel weiterer Änderungen ist eine Stärkung des Föderalismus und der kommunalen Selbstverwaltung sowie der Mitwirkung der Länder an Einzelheiten der Gesetzgebung. Im Grundrechtsteil des GG gelten die Empfehlungen der Durchsetzung der Gleichberechtigung von Frauen und Männern, dem Umweltschutz als Staatsziel und dem Schutz der Identität ethn., kultureller und sprachl. Minderheiten.

Kritik an der Arbeit der Verfassungskommission wurde u. a. von basisdemokrat., ökologisch orientierten und frauenpolit. Gruppierungen geübt. Verschiedene parteiübergreifende Fraueninitiativen arbeiteten an einer frauengerechten Neuformulierung der Grund- und Menschenrechte, die der Gleichheit und Verschiedenheit der Geschlechter Rechnung tragen soll, ohne jedoch in der V. ausreichend Gehör zu finden. Auch der Wortlaut der Formulierung zum Umweltschutz als Staatsziel wurde von Rechtswissenschaftlern und Umweltschützern als nicht weitgehend genug bemängelt.

Kritik kam aber auch aus der V. selbst. Ihr Vors. VOSCHERAU bedauerte, daß der Handlungsfähigkeit des Gremiums durch seine Konstruktion und Zusammensetzung Grenzen gesetzt waren, da sich die fraktionsgebundene Arbeitsweise der Bundestagsabgeordneten (die die Hälfte der Mitgl. stellten) durchgesetzt habe. Dem gesellschaftl. Wandel und auch der Politikverdrossenheit in der Bevölkerung sei in der Arbeit der V. nicht genügend Rechnung getragen worden.

Verfassungskommission. Mit einer am 3. März in Bonn gestarteten Plakataktion werben Frauen aus Wirtschaft, Kultur und Politik - darunter Bundestagspräsidentin Rita Süssmuth (2. von links) und Bundestagsvizepräsidentin Renate Schmidt (2. von rechts) - für mehr Frauenrechte im Grundgesetz

Verheugen, Günter, Politiker (SPD), *Bad Kreuznach 28. 4. 1944. – Elf Jahre nach seinem Wechsel von der FDP zur SPD wurde V. vom SPD-Parteitag im Nov. zum neuen Bundesgeschäftsführer der SPD gewählt, nachdem er bereits im Juli für dieses Amt nominiert worden war.

Der neue SPD-Geschäftsführer Günter Verheugen (links) im Gespräch mit seinem Vorgänger Karlheinz Blessing

1963–69 hatte V. in Köln und Bonn Politikwiss., Geschichte und Soziologie studiert. Schon 1960 war er den Jungdemokraten, der damaligen Jugendorganisation der FDP, beigetreten. 1969 wurde er unter Innenmin. HANS-DIETRICH GENSCHER Referent für Öffentlichkeitsarbeit, 1978 wurde er GenSekr. der FDP. Den Koalitionswechsel seiner Partei zur CDU/CSU im Jahre 1982 machte V. nicht mit. Innerhalb der SPD trat V., seit 1983 MdB, als Experte für außenpolit. Fragen, Parteisprecher (1986/87), Chefredakteur der Parteizeitung Vorwärts (1987 bis 1989) und zuletzt als parlamentar. Geschäftsführer der Bundestagsfraktion in Erscheinung.

Verjährungsfristen: Durch Gesetz vom 26. März und 27. Sept. wurde die Verjährung für Unrechtstaten des SED-Regimes in der ehem. DDR hinausgeschoben. Bei der Berechnung der V. bleibt die Zeit vom 11. 10. 1949 bis zum 2. 10. 1990 außer Ansatz, falls in dieser Zeit Straftaten nach dem Willen der Staats- und Parteiführung aus polit. Gründen nicht verfolgt wurden. Taten mit Höchststrafen von mehr als einem Jahr bis zu fünf Jahren verjähren frühestens mit Ablauf des 31. 12. 1997, Straftaten mit einer Höchststrafe bis zu einem Jahr oder Geldstrafen verjähren mit Ablauf des 31. 12. 1995.

Verkehrspolitik: Die V. der Bundesrepublik Deutschland war v. a. geprägt durch die Bundesverkehrswegeplanung, die ›Verkehrsprojekte Deutsche Einheit‹ und durch die → Bahnreform.

Bundesverkehrswegeplanung

Der 1993 beschlossene Bundesverkehrswegeplan sieht bis zum Jahr 2010 Ausgaben von insgesamt 500 Mrd. DM vor, davon jeweils etwa 40 % für das Schienennetz und für Bundesfernstraßen sowie kleinere Beträge für Bundeswasserstraßen und die Finanzhilfen für den Gemeindeverkehr. Erstmals wurde für das Schienennetz im Vergleich zu den Bundesfernstraßen eine geringfügig höhere Summe ausgewiesen, wobei allerdings zu erwarten ist, daß die Straßeninvestitionen eine stärkere Verkehrswirksamkeit entfalten. Aus Sicht der Umweltpolitik wurde am Bundesverkehrswegeplan kritisiert, daß die dabei zugrunde gelegte und damit ermöglichte massive Verkehrssteigerung mit Umweltzielen, insbes. mit dem – auch von Bundesreg. und Bundestag bestätigten – klimapolitisch gebotenen Absenkungspfad beim Verbrauch fossiler Energieträger und beim CO_2-Ausstoß (Reduktion um 30 % bis zum Jahr 2005) nicht vereinbar ist.

›Verkehrsprojekte Deutsche Einheit‹

Die Liste ›Verkehrsprojekte Deutsche Einheit‹ umfaßt 17 Projekte, die zur Verbesserung der Ost–West-Verbindung beschleunigt realisiert werden sollen. Der geschätzte Kostenumfang beträgt bei Straße und Schiene jeweils etwa 25 Mrd. DM, zusätzlich für den Ausbau der Wasserstraße Hannover–Berlin 4 Mrd. DM. Kritisch wurde gegenüber dem Beschleunigungsgedanken eingewendet, daß damit die rechtl. Möglichkeiten der Bürger und die sachl. Qualität der Entscheidungen gemindert werden könnten, so daß v. a. auch umweltunverträgl. Planungen erst dadurch durchsetzbar würden. Der Stand der Projekte war sehr unterschiedlich, bei Ausbauprojekten waren in nennenswertem Umfang Teilarbeiten bereits beendet, bei Neubauprojekten war teilweise trotz Beschleunigung das Planungsstadium nicht abgeschlossen.

Bahncard

Als wichtige Neuerung im Bahnverkehr ist die Bahncard hervorzuheben; ähnlich dem Schweizer Halb-Preis-Paß erhalten die Bahncard-Inhaber die Fahrscheine während der – jeweils einjährigen – Laufzeit der Bahncard zum halben Normalpreis. Durch die damit erzielte Kostenaufteilung in einen Grundpreis und einen geringen Arbeitspreis werden die Konkurrenzverhältnisse gegenüber dem Pkw übersichtl. gestaltet.

Preis- und Kostenstrukturen, Verkehrsmodelle auf regionaler und kommunaler Ebene

Ständiges verkehrspolit. Diskussionsthema waren Kosten und Preise im Verkehr. Nachdem versch. wiss. Institutionen (u. a. Prognos, DIW, Wuppertal Institut) auf die Bedeutung einer Kostensteigerung zur Erreichung angemessener Preise und in der Folge sachgerechter Verkehrsentscheidungen hingewiesen hatten, wurden im polit. Raum eine Reihe entsprechender Vorschläge entwickelt. Vor allem wurden versch. Modelle einer Mineralölsteuererhöhung, daneben auch Modelle für Straßenbenutzungsgebühren (Road pricing, ›Autobahn-Vignette‹) diskutiert; am 1. 1. 1994 stieg die Mineralölsteuer auf Benzin und Diesel um 16 bzw. 7 Pfennig je Liter. Die Verkehrspolitik in Ländern und Kommunen sieht sich in bes. Maße mit den Problemen des zunehmenden Verkehrsandrangs konfrontiert. Zur Abhilfe wurden in zahlreichen Kommunen Ver-

Very Large Telescope.
Den ersten der vier mit 8,2 m
Durchmesser größten Spiegelträger
der Welt übergeben die Schott
Glaswerke am 25. Juni offiziell der
Europäischen Sternwarte (ESO). Im
Bild: An 18 Saugnäpfen hängend,
wird der fertige Spiegelrohling auf die
unterstützende Struktur abgelegt

kehrsentwicklungspläne formuliert, die durch Förderung von Verkehrsberuhigungsmaßnahmen sowie von Fahrradverkehr und öffentl. Verkehr eine Entlastung im Automobilverkehr zu erreichen versuchen. In einigen größeren Städten wurden unter Beteiligung der Automobilindustrie Überlegungen zu versch. Formen eines sog. kooperativen Verkehrsmanagements angestellt, wodurch ein Zusammenwirken der Verkehrsträger sichergestellt werden soll. Diese stark auf elektron. Stützung abgestellten Modelle stehen teilweise im Gegensatz zu Vorstellungen einer sog. integrierten Verkehrsplanung, die der Integration von Siedlungsstruktur und Verkehrswesen bes. Gewicht beimißt. Über 350 europ. Städte und Gemeinden haben sich seit 1990 in dem ›Klima-Bündnis europ. Städte mit den indigenen Völkern der Regenwälder zum Erhalt der Erdatmosphäre‹ (Klima-Bündnis) zusammengeschlossen, darunter eine große Zahl dt. Städte; im Zuge der Selbstverpflichtung dieser Städte, die CO_2-Emissionen bis zum Jahr 2010 zu halbieren, nimmt die Eindämmung des Automobilverkehrs einen hochrangigen Platz ein.

Auf Länderebene wurden von versch. Seiten Entwürfe für Landes(nah)verkehrsgesetze (z. B. Hessen, Bayern, Nordrhein-Westfalen und Rheinland-Pfalz) formuliert, die insbes. im Vorgriff auf die anstehende Regionalisierung des Schienenpersonennahverkehrs Konzepte, Orientierungen und Standards für das jeweilige Verkehrsangebot auf Landesebene bestimmen; der Verfahrensstand war Ende des Jahres unterschiedlich: In Hessen ist es am 1. 1. 1994 in Kraft getreten, andere Länder dürften bald folgen.

EG-Verkehrspolitik

Auf EG-Ebene war die Verkehrspolitik weiterhin durch eine ambivalente Handlungsstrategie geprägt, die einerseits aus Gründen der allg. Wirtschaftsförderung und speziell der besseren Anbindung der peripheren Räume eine Orientierung an Verkehrserleichterungen und Verkehrserweiterungen, andererseits aus Gründen der Umweltbelastung die krit. Beurteilung von Kapazitätserhöhungen im Rahmen einer von der EG angestrebten

›dauerhaft umweltgerechten Mobilität‹ beinhaltet. In der Praxis setzte sich allerdings die erste, verkehrsexpansive Strategie durch. V. a. die Abschaffung der Grenzkontrollen im Personenverkehr und die nachhaltige Erleichterung des Grenzübertritts im Güterverkehr haben eine Ausweitung des Verkehrs gefördert. Die Umsetzung der großräumigen Infrastrukturprogramme für den Schnellverkehr wurde fortgesetzt, dagegen die bis Ende 1992 in Aussicht genommene Regelung zum zulässigen Höchstverbrauch der Fahrzeuge auch Ende 1993 noch nicht eingeführt.

Very Large Telescope, Abk. **VLT,** das z. Z. im Bau befindl. Großteleskop, das ab 1995/96 bei der Europ. Südsternwarte in den chilen. Anden auf dem Berg Cerro Paranal (2 664 m über dem Meeresspiegel) aufgestellt werden soll. Es setzt sich aus vier Einzelteleskopen zusammen, deren rd. 23 t schwere und 17,7 cm dicke Spiegelträger, bestehend aus der speziellen Glaskeramik Zerodur, von den Mainzer Schott Glaswerken gefertigt werden. Nach der Installation aller vier Teleskope wird das VLT das leistungsfähigste opt. Gerät zur Beobachtung des Weltalls sein.

Im Juli wurde in Mainz der erste Rohling – mit 8,2 m Durchmesser der weltweit größte jemals hergestellte Spiegelträger – verladen und per Schiff über Rhein, Ärmelkanal und Seine nach Paris transportiert, wo er beim frz. Unternehmen REOSC in zweijähriger Bearbeitungszeit feingeschliffen, poliert und mit Aluminium verspiegelt wird. Bereits in Mainz hatte die Fertigstellung mit Gießen, Abkühlen, Keramisieren, Schleifen und weiteren Vorbereitungen mehr als zwei Jahre in Anspruch genommen. Die übrigen Spiegelträger, jeweils im Wert von etwa 15 Mio. DM, sollen 1994 und 1995 von Schott ausgeliefert werden.

Viertagewoche, Arbeitszeitregelung, nach der der einzelne Arbeitnehmer an vier Tagen der Woche arbeitet, wobei die Zeit, in der der Betrieb arbeitet, sich auch auf fünf oder mehr Tage in der Woche erstrecken kann. Während bei Diskussionen in den achtziger Jahren die Alternative V. oder Siebenstundentag (in einer Fünftagewoche) im Vordergrund stand, hatte die Debatte seit Herbst 1993 eine neue Zielrichtung. Die Befürworter der V. sehen angesichts der hohen Arbeitslosigkeit in der Verkürzung der individuellen Arbeitszeit um 20% und der dadurch notwendigen Umverteilung der Arbeit ein geeignetes Mittel, gefährdete Arbeitsplätze zu sichern und Neueinstellungen von Arbeitslosen in größerem Umfang zu erreichen. Kontrovers wird insbes. die Frage des Lohnausgleichs diskutiert. Während Vertreter der Unternehmer eine proportionale Kürzung des Einkommens um 20% fordern, verlangen Gewerkschaften vollen Lohnausgleich, lassen aber durchblicken, daß sie unter Beschäftigungsaspekten zu Zugeständnissen bereit sind.

Auslöser der neuerl. Debatte waren eine Gesetzesinitiative der bürgerl. frz. Reg. Balladur (die allerdings im Nov. in der Nationalversammlung scheiterte), v. a. aber der Vorstoß der Volkswagen AG, die angesichts ihres Einbruchs bei Absatz und Produktion (→ Automobilindustrie) Arbeitnehmern und Öffentlichkeit die Alternative Einführung der V. oder Entlassung von 30 000 Arbeitnehmern der VW-Betriebe in Deutschland vorstellte. Dabei war die V. Teil eines umfassenden Personalkonzepts, das u. a. auch Regelungen über Jahresarbeitszeiten, Langzeiturlaube und Fort- und Weiterbildung enthielt. Bei den Tarifverhandlungen zw. VW und IG Metall wurde am 25. Nov. folgende Einigung über die Einführung der V. ab 1. 1. 1994 erzielt: Bei einer Arbeitswoche von 28,8 Std. müssen die Arbeitneh-

mer einen Verlust von 10% ihres Jahreseinkommens hinnehmen; VW spart 1,8 Mrd. DM Personalkosten; Entlassungen unterbleiben. Der Tarifvertrag hat eine Laufzeit von zwei Jahren.

Vietnam

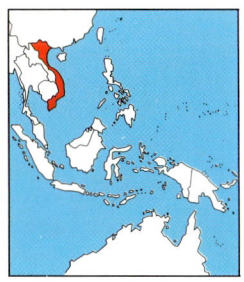

Hauptstadt: Hanoi
Einwohner: 69,5 Mio.
Einwohner/km²: 209
Staatsoberhaupt:
Le Duc Anh
Regierungschef:
Vo Van Kiet
BSP/Einwohner:
181 US-$

Die Aufgabe des amerikan. Vetos gegen ein Engagement der internat. Finanzorganisationen in V. brachte im Juli eine wichtige Erleichterung für die Fortsetzung der Reformpolitik (Doi Moi). Nach jahrelanger Isolierung kann V. künftig wieder internat. Kredite für den Ausbau der Infrastruktur und strukturelle Anpassungen in Anspruch nehmen. Aus Sicht der USA stand der Aufhebung des Handelsembargos allerdings die Frage der im Vietnamkrieg vermißten amerikan. Soldaten entgegen. Die Zahl und das Volumen der ausländ. Investitionen in V. nahm auch 1993 stetig zu. Der Großteil der v. a. im Bereich der Öl- und Gasexploration, in der verarbeitenden Industrie und im Tourismus getätigten Investitionen fließt weiterhin in den S, doch ist inzwischen auch ein wachsendes Interesse an Investitionen im N V.s zu erkennen. Die Schattenseiten der Reformen zeigten sich im Fehlen öffentlicher Mittel für Bereiche wie Bildung und Gesundheit, in der sehr angespannten Lage auf dem Arbeitsmarkt und in wachsenden sozialen Spannungen. Der pragmat. und seit Beginn der neunziger Jahre zunehmend differenzierte außenpolit. Kurs V.s zielt auf eine stärkere Integration in die regionale (ASEAN) und die internat. Staatengemeinschaft. Innenpolitisch hielt die KP V.s zwar unverändert an ihrem Machtmonopol fest, zeigte sich aber um Entspannung bemüht. Auch 1993 kam es allerdings zu Konflikten u. a. mit Buddhisten und Katholiken.

Viva Television, erster dt. über Kabel und Satellit ausgestrahlter TV-Musikkanal; Sitz des Senders: Köln. Gesellschafter sind neben der Viva Medien GmbH (1%) die vier großen Musikkonzerne Warner Music, Polygram, Sony und Thorn EMI (jeweils 19,8%) sowie der Inhaber von O. K. Radio Hamburg, FRANK OTTO (19,8%). Der Anteil der deutschsprachigen Musikproduktionen beträgt zunächst 20% und soll nach und nach auf etwa 40% steigen. Neben Musikvideos (60–65%) werden Magazine und Informationssendungen für ein jugendl. Publikum verbreitet. Programmstart: 24. 12. 1993.

Der vietnamesische Ministerpräsident Vo Van Kiet im Gespräch mit Bundesaußenminister Kinkel (3. April). Im Hintergrund eine Büste von Ho Chi Minh, der Symbolfigur des vietnamesischen Widerstands gegen Frankreich und die USA

Voß, Peter, Journalist, * Hamburg 28. 1. 1941. –
Seit 1. 4. 1993 ist V. als Nachfolger von WILLIBALD
HILF Intendant des Südwestfunks. V. – wie sein
Vorgänger CDU-Mitgl. – will den Wettbewerb, in
dem die öffentl.-rechtl. Rundfunkanstalten mit den
privaten Anbietern stehen, trotz notwendiger Ein-
sparungen durch die höhere Qualität der aktuellen
Information gewinnen.
Nach einem breit angelegten Studium (Deutsch,
Englisch, Soziologie, Jura, Ethnologie) und anschließender Tätigkeit beim Göttinger Tageblatt
(1968–71), wechselte V. in die Nachrichtenredak-
tion des ZDF. 1977/78 war er Korrespondent im
ZDF-Studio Berlin. 1978–81 arbeitete er beim
Bayer. Rundfunk als stellv. Leiter von ›Report
München‹. Ab 1981 wieder beim ZDF, war er zunächst stellv. Leiter, ab 1983 Redaktionsleiter des
›heute-journals‹, ab 1985 Hauptredaktionsleiter
Aktuelles (›heute‹, ›heute-journal‹, ›länderjournal‹
und ›ZDF-Mittagsmagazin‹) und ab Mai 1990 auch
stellv. Chefredakteur des ZDF.

Vox, seit 25. 1. 1993 ausgestrahlter privater Fern-
sehkanal. Urspr. als Info-Kanal geplant, stellte der
Kölner Sender nach hohen Anlaufverlusten und
Ausbleiben der erwarteten Zuschauerquote sein
Konzept eines ›Ereignisfernsehens‹ nach einigen
Monaten nahezu auf den Kopf, tauschte die gesamte Führungscrew aus und bietet seit Mitte des
Jahres mit Sport-Liveübertragungen (v. a. Tennis),
Krimis, Spielfilmen, Talk- und Gameshows ein un-
terhaltungsorientiertes Vollprogramm an. Tatsächlich konnte der Marktanteil auf diese Weise von
0,7 % auf 1,8 % verbessert werden, während der
Übertragung der US-Open sogar auf 3,7 %. Der Versuch der auch bei RTL und RTL2 beteiligten Bertelsmann-Tochter Ufa, die – medienrechtlich unzu-
lässige – 34,9 % der Vox-Anteile hält, ihre vom
Holtzbrinck-Konzern übernommenen Anteile von
14,5 % zu verkaufen, schlug fehl. Aber auch für die
nach Verlusten von 650 Mio. DM notwendige Ka-
pitalerhöhung bei Vox um 150 Mio. DM fand sich
bisher kein Geldgeber.

W

Wahlwerbung: Um die Ausstrahlung von
Wahlwerbespots rechtsradikaler und ausländerfeindl. Parteien in Hörfunk und Fernsehen zu unterbinden, startete der Intendant des NDR und
ARD-Vors. JOBST PLOG im Juni eine Initiative zur
Änderung der Rundfunkstaatsverträge mit dem
Ziel, die Sendeverpflichtung für Wahlspots zu streichen. PLOGS Vorstoß, der zur generellen Abschaffung der Wahlwerbung in Hörfunk und Fernsehen
hätte führen können, wurde zwar von Redakteuren,
Sendeanstalten und auch in der Öffentlichkeit unterstützt, fand jedoch bei den MinPräs. der Länder,
die die Rundfunkstaatsverträge aushandeln, keine
Mehrheit.

Waldheimer Prozesse, von der Justiz der
DDR im Zuchthaus von Waldheim (Sachsen) unter
Verstoß gegen elementare rechtsstaatl. Regeln von
April bis Juni 1950 durchgeführte Schnellverfah-

Mitglieder von Greenpeace fordern Bundestag auf, sich für ein
mit ihrer Aktion am 22. April den · Walfangverbot zu entscheiden

ren. Angeklagt und verurteilt wurden rd. 3 390 Personen wegen angebl. Kriegs- und nat.-soz. Verbrechen. Von den 32 verhängten Todesurteilen wurden
24 vollstreckt; nur 14 Verurteilte erhielten Freiheitsstrafen unter fünf Jahren. Nach weltweiten
Protesten wurden 1952 zahlreiche Verurteilte freigelassen oder das Strafmaß reduziert.
Nach der dt. Vereinigung wurden Strafverfahren
gegen beteiligte Angehörige der Justiz anhängig gemacht. Ein erstes Gerichtsurteil erging im Sept.
1993 nach zehnmonatiger Verhandlung in Leipzig
gegen den jetzt 86jährigen ehem. Richter OTTO
JÜRGENS aus Halle. Er wurde der gemeinschaftl.
Rechtsbeugung in sieben Fällen in Tateinheit mit
Freiheitsberaubung für schuldig befunden und zu
einer Freiheitsstrafe von zwei Jahren zur Bewährung verurteilt.

Walfang: Auf der 45. Jahrestagung der Internat.
Walfangkommission (IWC) im japan. Kyōto einigten sich die Delegierten im Mai darauf, das seit
1986 geltende Fangverbot für alle großen Walarten
um ein weiteres Jahr zu verlängern. Diese Regelung
stieß auf den Widerstand Norwegens und Japans,
die die Ansicht vertraten, der kommerzielle Fang
von Zwergwalen sei wieder möglich, da sich die Be-
stände im Nordatlantik (laut IWC-Schätzung etwa
86 000 Tiere) und in der Antarktis (etwa 400 000
Tiere) erholt hätten. Die frz. Delegation scheiterte
mit ihrem Antrag, südlich des 40. Breitengrades
eine Schutzzone für die dort lebenden Meeressäu-
getiere einzurichten. Im Sommer 1993 erlegten norweg. Walfänger vor den Lofoten entgegen der Vereinbarung mehrere Zwergwale.

Wasmosy Monti, Juan Carlos, paraguayischer
Politiker (Colorados), * Asunción 15. 12. 1938. –
Aus den nur formell uneingeschränkt freien Präsi-
dentschaftswahlen am 9. 5. 1993 (gleichzeitig mit

den Parlamentswahlen) ging W. M. überraschend als Sieger hervor. Am 15. Aug. trat er sein Amt an. Der Bauingenieur W. M. wurde als einer der Hauptaktionäre des Baukonsortiums, das die Wasserkraftanlagen Itaipú und Yaciretá-Apipé errichtete und sich zum heute größten Baukonzern Paraguays entwickelte, zum Millionär. Ende Juni 1992 trat W. M., kurz zuvor ins Kabinett von General ANDRÉS RODRÍGUEZ berufen, von seinem Amt als Integrationsmin. zurück, da er in den anderen Mitgliedstaaten des Mercosur (Gemeinsamer Markt im südl. Lateinamerika) keine Ansprechpartner fand. Seine Präsidentschaftskandidatur für die Colorados konnte er bei den innerparteil. Vorwahlen Ende Dez. 1992 erst nach einer umstrittenen zweiten Auszählung durchsetzen.

Wegfahrsperre, Wegfahrsicherung, elektron. Diebstahlsicherung für Automobile, die durch Unterbrechung von Anlasserstromkreis, Kraftstoffversorgung, Zündanlage, Motormanagement u. ä. Systemen den Betrieb des Fahrzeugs blockiert. Nachdem am 1. Juli eine vom Bundesaufsichtsamt für das Versicherungswesen genehmigte Änderung der ›Allg. Versicherungsbedingungen für die Kraftfahrtversicherung‹ in Kraft getreten ist, können die Versicherer im Falle eines Diebstahls eine prozentuale Schadensersatzkürzung (meist um 10%) vornehmen, falls nicht eine von ihnen anerkannte Diebstahlsicherung vorhanden ist.

Die Versicherungsunternehmen verlangen hierfür u. a. eine W., die selbstschärfend arbeitet, d. h. beim Verriegeln des Fahrzeugs automatisch aktiviert wird und nicht beim Kurzschließen bzw. Durchtrennen einzelner Leitungen oder durch mechan. Einwirkung auf das Schloß ausfallen kann.

Weißrußland

Hauptstadt: Minsk
Einwohner: 10,3 Mio.
Einwohner/km²: 50
Staatsoberhaupt:
S. Schuschkjewitsch
Regierungschef:
W. Kebitsch
BSP/Einwohner:
3 110 US-$

Weiterer wirtschaftlicher Rückgang

Obgleich es Ansätze gab, mit Hilfe ausländ. Investitionen und über Joint ventures die daniederliegende Wirtschaft – es kam in einzelnen Betrieben zu Produktionsstillständen – sowie die Infrastruktur des Landes zu modernisieren, ging der Transformationsprozeß nur äußerst langsam voran. Das im Jan. verabschiedete Privatisierungsgesetz konnte keine Erfolge zeitigen, da entsprechende Ausfüh-

rungsbestimmungen nicht verwirklicht wurden. Das am 1. Sept. in Kraft getretene Gesetz über das Recht auf Grund und Boden erlaubt seitdem auch privaten Landbesitz – jedoch nur für weißruss. Staatsbürger. Da trotz der im Jan. den GUS-Staaten gewährten Zollpräferenzen die EG-Märkte für weißruss. Produkte weitgehend verschlossen blieben, konnten auch nicht genügend für Investitionen benötigte Devisen erwirtschaftet werden.

Innenpolitik

Kennzeichnend für die innenpolit. Lage W.s (amtl. Bez.: Rep. Belarus) war das Ausbleiben dringend notwendiger Reformen. Die von Teilen der Öffentlichkeit und der nat. Opposition erhofften Neuwahlen blieben aus. Der Entwurf einer neuen Verfassung wurde zwar eingebracht, aber nicht verabschiedet. Die Aufhebung des nach dem Moskauer Putsch erlassenen Verbots der kommunist. Partei im Febr. zeigte die Übermacht der Nomenklatura an, aus der sich das Parlament überwiegend zusammensetzt. Dagegen verlor die einzige Oppositionskraft, die Weißruss. Volksfront, an Einfluß. Sie verwandelte sich praktisch in einen Zusammenschluß von acht Parteien unterschiedl. Couleur.

Mit nahezu allen Nachbarstaaten, aber auch etwa mit Kasachstan schloß W. Wirtschafts- und Kooperationsverträge. Seit Anfang des Jahres versuchte zudem der als Staatschef fungierende Parlamentspräs. STANISLAW SCHUSCHKJEWITSCH, die engen Verbindungen mit Moskau zugunsten einer stärker betonten Neutralitätspolitik zu verändern. Dies führte zu Spannungen mit der von WJATSCHESLAW KEBITSCH geleiteten Reg. und der Parlamentsmehrheit, die sich für eine Annäherung an Rußland aussprachen und einen Beitritt W.s zum Verteidigungspakt der GUS beschlossen. Wegen der Weigerung SCHUSCHKJEWITSCHS, diesen Beschluß zu ratifizieren, wurde am 1. Juli im Obersten Sowjet ein Mißtrauensvotum gegen ihn eingeleitet, das knapp scheiterte. Am 4. Febr. ratifizierte das weißruss. Parlament das START-I-Abkommen von 1991 und beschloß die Übergabe der 81 in W. stationierten SS-25-Raketen an Rußland.

Weizman, Eser, israel. Politiker, *Tel Aviv 15. 6. 1924. – W., der im März von der Knesset zum neuen Staatspräs. gewählt worden war, trat sein Amt am 13. Mai an.

Schon während der Unabhängigkeitskämpfe 1948/49 kämpfte W. als Pilot in der israel. Armee. In den Jahren bis 1969 erklomm er viele wichtige militär. Positionen, wurde aber nie Oberbefehlshaber. Als seine Karriere stagnierte, verließ er die Armee und schloß sich MENACHEM BEGINS konservativer Cherutpartei an. Das Verhältnis zu BEGIN war äußerst problematisch, mehrfache Zusammenstöße kumulierten 1980 in W. Rücktritt als Verteidigungsmin. und seinem Ausschluß aus der Cherutpartei. Dahinter stand die tiefgreifende Wandlung W. vom ›Falken‹ zur ›Taube‹. Er hatte sich aktiv für den ägyptisch-israel. Friedensprozeß eingesetzt und öffentlich verkündet, der Nahostkonflikt könne nur über die Lösung des Palästinenserproblems entschärft werden. 1984 schloß sich W. der Arbeiterpartei an, doch enttäuscht über den unbefriedigenden Fortgang des Nahost-Friedensprozesses zog er sich 1992 aus der aktiven Politik zurück. Das Gaza-Jericho-Abkommen zw. der PLO und Israel vom Sept. 1993 dürfte für W. eine späte Bestätigung seiner Ansichten sein.

Eser Weizman, der neue
Staatspräsident Israels

Weltbank: Die Kreditzusagen der W. beliefen sich im Geschäftsjahr 1993 (Abschluß: 30. Juni) auf 16,9 Mrd. US-$., die der W. zugeordnete IDA (International Development Association), die nur die 60 ärmsten Entwicklungsländer mit bes. zinsgünstigen Krediten bedient, kam auf Zusagen von 6,75 Mrd. US-$. Ausgezahlt wurden bei der W. 12,94 Mrd. US-$, was nach Abzug von Tilgungsrückflüssen einer Netto-Neuauszahlung von 2,43 Mrd. entspricht (Vorjahr: 1,82 Mrd.). Bei der IDA erreichten die Nettoauszahlungen mit 4,58 Mrd. US-$ fast die Brutto-Auszahlungen von 4,95 Mrd. Bes. stark erhöhte die W. ihre Kreditzusagen gegenüber Entwicklungsländern in Osteuropa und Zentralasien. Sie nahmen um 76 % von 2,1 auf 3,7 Mrd.US-$ zu. Bes. durch den Beitritt osteurop. Staaten stieg die Mitgliederzahl der W. von 160 auf 176.

Weltbevölkerung: Die Berichte der UNO über die W. (rd. 5,3 Mrd. Menschen) zeigen, daß diese jedes Jahr um rd. 95 Mio. Menschen wächst. Dieses Wachstum findet zu 97 % in den Entwicklungsländern statt. Während die Industriegesellschaften des Nordens zunehmend altern, steigt im Süden der Anteil der Kinder und Jugendlichen. Am schnellsten wächst die Bevölkerung in Afrika. Hier werden teilweise Zuwachsraten von 3,5 % und mehr erreicht. Dagegen hat sich das durchschnittl. Bevölkerungswachstum in Lateinamerika (1,9 %) und in Asien (1,8 %) deutlich verringert, am stärksten in Ostasien (1,3 %). Hier wird der Zusammenhang, der zwischen wirtschaftl. und sozialer Entwicklung und Bevölkerungswachstum besteht, ganz offensichtlich.

Das hohe Bevölkerungswachstum ist begleitet von einer unkontrollierten Ausdehnung der städt. Ballungszentren, in denen die Zuwanderer immer weniger mit Arbeit, Infrastruktur, Bildungs- und Gesundheitseinrichtungen versorgt werden können. Schon in den 1980er Jahren lagen in den Entwicklungsländern 72 von 100 Haushalten in Slums, in Afrika südlich der Sahara sogar 92 von 100. Der wachsende Bevölkerungsdruck erschwert Entwicklung, erzeugt Migrationsdruck und strapaziert die natürl. Lebensgrundlagen (Boden, Wasser, Energiequellen). Es sollte aber bei aller Besorgnis über die Bevölkerungsexplosion nicht übersehen werden, daß das in den Industrieländern lebende eine Viertel der W. weit mehr von den lebenswichtigen Ressourcen aufbraucht als der Rest der Menschheit.

Welthandel: Knapp drei Viertel des gesamten W. wird von den Mitgliedstaaten der OECD untereinander abgewickelt. Die Entwicklungsländer sind insgesamt mit rd. 21 % daran beteiligt, wobei allein die wenigen Schwellenländer einen Anteil von 10 % und die erdölexportierenden Länder – je nach Stand des Ölpreises – einen Anteil um 6 % erreichen. Der W. wächst trotz gelegentl. Konjunktureinbrüche – wie 1992/93 –, aber die Weltregionen sind an diesem Wachstum und an den Handelsgewinnen höchst ungleich beteiligt. Von den zehn Ländern mit dem höchsten Exportwachstum lagen zu Beginn der 1990er Jahre sieben in Ost- und Südostasien. Während das Handelsbilanzdefizit der USA auf hohem Niveau schwankte, erreichte der Handelsüberschuß Japans neue Rekordmarken. Allerdings zeichnete sich 1993 ab, daß die starke Aufwertung des Yen die japan. Exportoffensive zu bremsen begann. Der Druck der USA und der EG auf Japan, seinen Markt zu öffnen, verstärkte sich und wurde gelegentlich schon mit dem martial. Begriff des Handelskrieges umschrieben.
Es zeichnen sich neue weltwirtschaftl. Gravitationszentren ab, wobei Ostasien mit dem Pol Japan die größte Dynamik entfaltet und China auf dem Weg zur wirtschaftl. Großmacht ist. Schlechte Aussichten hat die Mehrzahl der Entwicklungsländer: Sie können größtenteils nur Rohstoffe exportieren, deren weltwirtschaftl. Bedeutung langfristig schwindet. Zwar haben sich zu Beginn der neunziger Jahre die Rohstoffpreise teilweise wieder stabilisiert und die Terms of Trade (Austauschverhältnis) zugunsten der Entwicklungsländer verbessert, aber die Exporterlöse reichen kaum zur Bedienung des Schuldendienstes aus. Aber auch dann, wenn sie ihre Exportstrukturen diversifizieren und industrielle Fertigprodukte herstellen, stoßen diese Länder auf neue Barrieren. Der wachsende Protektionismus der von Arbeitsmarktproblemen geplagten Industrieländer kostet die Entwicklungsländer nach Berechnungen der Weltbank mehr, als ihnen alle Entwicklungshilfe einbringt.
Die mehrjährige Blockade der Uruguay-Runde des GATT war ein Symptom für die Unsicherheit der künftigen Gestaltung des Welthandels. Unter dem Druck außenwirtschaftlicher Konkurrenzprobleme wurde zunehmend das ganze Regelwerk des GATT

und damit das Prinzip des freien W. in Frage gestellt. Auf dem Weltwirtschaftsgipfel in Tokio vom 7.–9. Juli einigten sich zwar die G 7 auf eine neue Initiative zur Uruguay-Runde des GATT, doch konnte erst nach weiteren schwierigen Verhandlungen und Konflikten, v. a. zw. den USA und Frankreich, das unter dem Druck seiner ›grünen Lobby‹ stand, zum 15. Dez. ein neues Abkommen ausgehandelt werden.

Weltkonferenz für Glauben und Kirchenverfassung, →Ökumene.

Wernicke, Herbert, Theaterregisseur und Bühnenbildner, *Auggen (Landkr. Breisgau-Hochschwarzwald) 24. 3. 1946. – Der am Basler Stadttheater tätige Regisseur inszenierte 1993 erstmals in Salzburg C. MONTEVERDIS Oper ›L'Orfeo‹. W. gilt als ›Spezialist‹ für das barocke Musiktheater, ohne sich allerdings darauf festlegen zu lassen.
Nach seiner Schulausbildung 1965 begann W. in Braunschweig ein Musikstudium und wechselte 1967 an die Kunstakademie in München. 1971 schloß er seine Ausbildung als Bühnenbildner ab, erste Stationen seiner Laufbahn waren Landshut und Wuppertal. Seit 1975 freiberuflich tätig, schuf er eine Reihe von Bühnenbildern (u. a. für das Nationaltheater in Mannheim). 1978 gab er in Darmstadt sein Debüt als Theaterregisseur in HÄNDELS Oratorium ›Belsazar‹. W. entdeckte in den von ihm inszenierten mehr als einem Dutzend Barockopern Verschüttetes und interpretierte es neu aus der Sicht unserer Zeit. Ebenso beschäftigte er sich indessen auch mit der Oper des 19. Jh. und inszenierte u. a. auch WAGNERS ›Ring des Nibelungen‹ (Brüssel 1991).

Wertstoffwirtschaft, →Duales System Deutschland.

Westeuropäische Union, Abk. **WEU,** am 6. 5. 1955 in Kraft getretener Beistandspakt, dem Großbritannien, Frankreich, die Benelux-Staaten, Italien, Deutschland, Spanien und Portugal (beide seit 1989) sowie Griechenland (seit 1992) angehören. – Am 5. April 1993 beschlossen die Außenmin. der WEU in Luxemburg, sich mit acht Zollbooten (davon vier dt.) und 350 Polizei- und Zollbeamten (davon 50–60 aus Deutschland) an der Durchsetzung des von der UNO verhängten Handelsembargos gegen Serbien und Montenegro auf der Donau zu beteiligen. Auf der Konferenz der Außen- und Verteidigungsmin. am 19. Mai in Rom wurde die Unterstützung des Vance-Owen-Plans für Bosnien-Herzegowina bekräftigt. Die Verteidigungsmin. der 13 Länder der früheren Unabhängigen Europ. Programmgruppe (IEPG) traten erstmals im Rahmen der WEU zusammen und billigten organisator. Vorkehrungen für die Überführung der IEPG in die WEU. Am 20. Mai tagte in Rom zum ersten Mal das Konsultationsforum der WEU (bestehend aus WEU-Ministerrat und den Außen- und Verteidigungsmin. Bulgariens, Estlands, Lettlands, Litauens, Polens, Rumäniens, Ungarns, der Slowak. Rep. und der Tschech. Rep.), das einen Rahmen für die Diskussion gemeinsamer Sicherheits- und Verteidigungsfragen bieten soll.

Westsamoa ■

Hauptstadt: Apia
Einwohner: 158 000
Einwohner/km²: 56
Staatsoberhaupt:
Malietoa
Tanumafili II.
Regierungschef:
Tofilau Eti Alesana
BSP/Einwohner:
960 US-$

Wissmann, Matthias, Politiker (CDU), *Ludwigsburg 15. 4. 1949. – Am 22. 1. 1993 trat W. als Nachfolger von HEINZ RIESENHUBER das Amt des Bundesmin. für Forschung und Technologie an, doch schon am 13. Mai übernahm er das Verkehrsministerium von Min. GÜNTHER KRAUSE, der aufgrund der →Putzfrauenaffäre zurücktreten mußte. Nach dem Abitur 1968 studierte W. Jura, Volkswirtschaftslehre und Politikwiss. in Tübingen und Bonn. 1978 legte er das 2. jurist. Staatsexamen ab und trat als Sozius in eine Anwaltskanzlei ein.

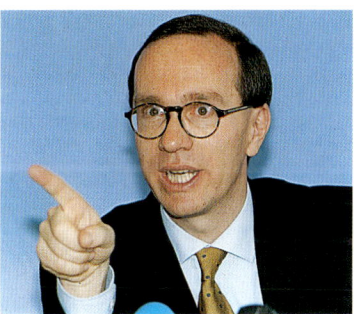

Matthias Wissmann wird im Januar Bundesforschungsminister und im Mai Bundesverkehrsminister

Schon 1965 war W. Mitgl. der Jungen Union (JU) geworden und hatte bis zu seinem Ausscheiden 1983 (seit 1973 als Bundesvors.) die JU in Baden-Württemberg und im Bund entscheidend geprägt: Es war ihm gelungen, durch geschickte Werbeaktionen junge Mitgl. zu gewinnen, dadurch den Altersdurchschnitt zu senken und die JU durch zukunftsbezogene Initiativen ins Gespräch zu bringen. Seit 1976 MdB, beschäftigte er sich v. a. mit Wirtschafts-, Familien- und Jugendpolitik (1981–83 Vors. der Enquetekommission ›Jugendprotest und demokrat. Staat‹). 1983–93 war er wirtschaftspolit. Sprecher der CDU/CSU-Fraktion.

Woche, Die, aktuelle Wochenzeitung für Politik, Kultur und Wirtschaft, die seit 18. 2. 1993 im Hoffmann und Campe Verlag (Hamburg) erscheint; Chefredakteur: MANFRED BISSINGER. Mit magazinartigem Charakter und illustrativem, erläuterndem Journalismus (visuelle Gliederung mittels farbig unterlegter Kästen, Grafiken und Schaubilder; hintergründig und interdisziplinär aufbereitete Themen; Transparenz durch ›gehaltvolle Kürze‹ will sie frischen Wind in das Marktsegment der überwiegend traditionsreichen Wochenzeitungen bringen und eine jüngere, gebildete, besserverdienende meinungsführende Schicht ansprechen.

Wochenpost, Wochenzeitung für Politik, Kultur, Wirtschaft und Unterhaltung. Gegr. 1953 in (Ost-)Berlin und nach der Wende zunächst nur im Osten verbreitet, erscheint die W. seit Febr. 1993 bundesweit im Verlag Gruner + Jahr, mit dem Ziel, durch Berichte und Kommentare von gesamtdt. Interesse, häufig geschrieben aus ostdt. Perspektive, eine Brücke zw. Ost- und Westdeutschland zu bilden. Allerdings hat das Blatt seinen Markt im Westen bislang noch nicht gefunden (verkaufte Aufl. in den neuen Bundesländern 1993 ca. 115 000, in den alten ca. 25 000 Exemplare).

Wolf, Christa, dt. Schriftstellerin, * Landsberg a. d. Warthe 18. 3. 1929. – Im Jan. bekannte sich die Schriftstellerin in der ›Berliner Zeitung‹ zu ihrer Tätigkeit als ›Informelle Mitarbeiterin‹ (IM) des DDR-Ministeriums für Staatssicherheit in den Jahren 1959–62. 1990 hatte sich anläßlich der Veröffentlichung ihrer bereits 1979 entstandenen autobiograph. Erzählung ›Was bleibt‹, in der sie ihre Überwachung durch die Stasi schildert, ein Literaturstreit über die Rolle der Intellektuellen in der DDR entzündet. 1993 trennte sich W. vom Aufbau-Verlag (Berlin) und wechselte zum Luchterhand Literaturverlag (Hamburg).

W. studierte in Jena und Leipzig Germanistik. Seit 1962 ist sie freiberufl. Schriftstellerin. Im Laufe der 1960er Jahre avancierte sie mit dem Roman ›Der

Der langjährige Spionagechef der ehemaligen DDR, Markus Wolf (Mitte), steht vor dem Düsseldorfer Oberlandesgericht unter der Anklage des fortgesetzten Landesverrats und der Bestechung

geteilte Himmel‹ und dem Bericht ›Nachdenken über Christa T.‹ zur prominentesten Autorin der DDR. Sowohl im Osten als auch im Westen wurden ihre Werke durchweg positiv kommentiert und z. T. mit hohen Auszeichnungen bedacht.

Wolf, Markus, ehem. Leiter der Auslandsspionage der DDR, * Hechingen (Württemberg) 19. 1. 1923. – Anfang Mai 1993 begann der Prozeß gegen W. vor dem Düsseldorfer Oberlandesgericht. Im Urteil vom 6. Dez. wurde er wegen Landesverrats und Bestechung zu sechs Jahren Freiheitsstrafe verurteilt.

Der Sohn des Schriftstellers FRIEDRICH W. und Bruder des Filmregisseurs KONRAD W. lebte während der nat.-soz. Herrschaft im Exil, u. a. in der Sowjetunion. Ab 1951 war W. mit dem Aufbau des Nachrichtendienstes der DDR betraut, 1958–87 war er Leiter der Hauptverwaltung Aufklärung im Ministerium für Staatssicherheit. W. perfektionierte die Strategie der vertikalen Unterwanderung der westdt. Gesellschaft. Seine Topleute (HANNSHEINZ PORST, FRIEDRICH CREMER, GÜNTER GUILLAUME, KLAUS KURON) sollten bürgerl. Karrieren machen und erst nach der Erlangung einflußreicher Stellungen ihre Spionagetätigkeit aufnehmen.

Unter dt. Juristen ist umstritten, ob nicht eine Ungleichbehandlung vorliegt, wenn ehem. DDR-Spione mit Strafverfolgung rechnen müssen, während Mitarbeiter des Bundesnachrichtendienstes straflos bleiben. Das Berliner Kammergericht hat diese Frage dem Bundesverfassungsgericht vorgelegt. Das Düsseldorfer Oberlandesgericht vertrat die Auffassung, daß Spionage gegen die Bundesrepublik immer ein Straftatbestand sei.

Z

Zafy, Albert, madagass. Politiker, * Ambilobe 1928. – Am 9. 3. 1993 ernannte das Verfassungsgericht in Antananarivo Z. zum neuen Präs. Er hatte in einer Stichwahl mit 66,7 % über den amtierenden Präs. DIDIER RATSIRAKA triumphiert.

1954 hatte Z. die Insel verlassen, um in Frankreich Medizin zu studieren. 1971 – inzwischen Chirurg –

Fordern die etablierten Wochenzeitungen heraus: ›Wochenpost‹ und ›Die Woche‹

kehrte Z. nach Madagaskar zurück, 1972–75 war er Gesundheits- und Sozialminister. Erst Ende der 1980er Jahre engagierte sich Z. wieder politisch, als er 1988 eine ökologisch orientierte Partei gründete und sich 1990 an die Spitze einer Protestbewegung gegen den amtierenden Präs. setzte. Der inzwischen sehr populäre Z. mußte von Staatschef RATSIRAKA zum Premiermin. einer Übergangsreg. ernannt werden. Im Aug. 1992 entkam Z. knapp einem Massaker. Schon im 1. Wahlgang erzielte Z. 48 % der Stimmen. Sein Hauptanliegen sind die Befriedung des Landes und die Ankurbelung der Wirtschaft.

Zaire

Hauptstadt: Kinshasa
Einwohner: 39,9 Mio.
Einwohner/km²: 17
Staatsoberhaupt:
Mobutu S. S.
Regierungschef:
E. Tshisekedi
BSP/Einwohner:
220 US-$

Der Machtkampf zw. Staatsoberhaupt MOBUTU SESE SEKO (seit 1965 an der Spitze der Rep.) und MinPräs. ETIENNE TSHISEKEDI, der im Sept. 1991 begonnen hatte, sowie die schwere Wirtschaftskrise führten im Jan./Febr. zu blutigen Unruhen, bei denen zair. Soldaten plündernd durch die Hauptstadt zogen. Bis zu 1 000 Zivilisten sollen bei dem Gewaltausbruch umgekommen sein; dabei starb auch der frz. Botschafter in Kinshasa. Daraufhin veranlaßten die frz. und belg. Reg. die Evakuierung ausländ. Staatsangehöriger (v. a. Belgier, Franzosen und Portugiesen). Der Transport der Ausländer wurde u. a. von Angehörigen der frz. Streitkräfte gesichert. Die Hauptgläubiger und wichtigsten Wirtschaftspartner Z.s, die USA, Frankreich und Belgien, forderten MOBUTU ultimativ auf, die Macht an TSHISEKEDI abzugeben. MOBUTU erklärte jedoch die Absetzung seines Rivalen und installierte im März eine Gegenreg. mit FAUSTIN BIRINDWA als MinPräs., so daß Z. faktisch zwei Reg. besaß. Die Gegenreg. wurde jedoch vom Übergangsparlament (Hoher Rat der Rep.), der einzigen demokratisch legitimierten Instanz des Landes, nicht anerkannt. Auch Sanktionen v. a. Frankreichs, Belgiens und der USA (Einstellung der Entwicklungshilfe, Durchsetzung einer Sperre beim IWF und der Weltbank) konnten das Regime nicht zu demokrat. Reformen zwingen. Zudem brachen in den Provinzen Kivu und Shaba alte ethn. Konflikte wieder auf und provozierten eine Massenflucht.
Die ohnehin großen wirtschaftl. Schwierigkeiten des Landes (v. a. Hyperinflation) wurden durch die Blockade aller Reformmaßnahmen und die ausländ. Sanktionen noch verstärkt. Im Herbst wurde durch ein Präsidentendekret der Neue Zaire (NZ) als legales Zahlungsmittel eingeführt (1 NZ entspricht 3 Mio. alten Zaire).

Zentralafrikanische Republik

Hauptstadt: Bangui
Einwohner: 3,2 Mio.
Einwohner/km²: 5
Staatsoberhaupt:
A.-F. Patassé
(seit 22. 10. 1993)
Regierungschef:
J.-L. Mandaba
(seit 24. 10. 1993)
BSP/Einwohner:
390 US-$

Im Febr. setzte der seit seinem Militärputsch 1981 diktatorisch regierende Präs. General ANDRÉ KOLINGBA die Übergangsreg. ab. Neuer Regierungschef wurde ENOCH DERANT LAKOUÉ. Die auf frz. Druck hin bereits am 22. Aug. stattfindende erste Runde der Präsidentschaftswahlen brachten KOLINGBA, der nur 12,1 % der Stimmen auf sich vereinigen konnte, eine vernichtende Niederlage; eindeutig Wahlsieger wurde mit einem Stimmenanteil von 37,3 % im ersten und 52,6 % im zweiten Wahlgang am 19. Sept. ANGE-FÉLIX PATASSÉ. Am 1. Sept. begnadigte KOLINGBA den Eximperator BOKASSA. PATASSÉ ernannte am 24. Okt. JEAN-LUC MANDABA zum Premiermin. Sein Kabinett umfaßt 19 Min. aus vier Parteien.

Zentralasien

Z. bezeichnet den geograph. Raum, der die vier im russ. Sprachgebrauch unter dem Namen ›srednaja asija‹ (Mittelasien) zusammengefaßten ehemaligen sowjet. Unionsrep. Usbekistan, Tadschikistan, Kirgisien und Turkmenistan sowie das sich hieran nördlich anschließende Kasachstan – ebenfalls eine frühere sowjet. Unionsrep. – umfaßt. Insgesamt ist diese Region gekennzeichnet durch ausgedehnte Gebirgs- und Wüstenlandschaften, die mit multiethnisch dicht besiedelten, landwirtschaftlich nutzbaren Gebieten durchsetzt sind. Trotz zahlreicher Gemeinsamkeiten der fünf Rep. zeigen sich vielfältige Unterschiede, die aus dem unterschiedl. Zeitpunkt, der Art und Weise der Islamisierung, aber v. a. der russ. und sowjet. Kolonialisierung resultieren.

Reformprogramme und die Frage ihrer Realisierung

Die Gestaltung neuer Handelsbeziehungen seitens der zentralasiat. Staaten leidet unter dem Problem, daß die ihnen benachbarten Länder über zu geringe Investitionskräfte verfügen und die westl. Industrienationen kaum daran interessiert sind, in eta-

361

blierten Branchen neue Konkurrenz zu fördern und auf die Nutzung von Rohstoffen (u. a. Baumwolle, Energieträger) orientiert bleiben. Das zunächst propagierte Ziel, marktwirtschaftl. Strukturen aufzubauen, wird inzwischen unterschiedlich gewichtet und interpretiert, zw. Programmen und deren Realisierung entstand eine Kluft.

Textilarbeiterinnen in Leninabad
(Tadschikistan)

Kasachstan hat auf der Basis eines ernstzunehmenden Reformprogramms mit Erfolg um westl. Kapital gerungen und eine wirtschaftlich hoffnungsvolle Entwicklung eingeleitet. Die relative polit. Stabilität und der Rohstoffreichtum des Landes, der Versuch, die russ. Bevölkerung mit ihren Sachkenntnissen in den Umwandlungsprozeß zu integrieren sowie die bisherige Konsequenz der Reformpolitik

unter Präs. NASARBAJEW boten entsprechende Voraussetzungen. Weniger günstig stellt sich die Lage für Kirgisien unter seinem liberalen Präs. AKAJEW dar. Die zweitschwächste Rep. der ehem. Sowjetunion neben Tadschikistan versucht konsequent, ihr Wirtschaftskonzept durchzuführen, und kann sich dabei auf die Hilfe der Weltbank mit einem Hilfsprogramm in Höhe von 400 Mio. US-$ stützen. Den Kurs restaurativer Stabilisierung gehen Usbekistan und Turkmenistan. Hier bieten die natürl. Voraussetzungen (Turkmenistan: 11 % der Erdgasförderung der ehem. UdSSR; Usbekistan: 60 % der ehem. Unionsproduktion an Baumwolle, 25 % der Goldförderung) günstigere Chancen einer positiven wirtschaftl. Entwicklung. Die bislang fast völlige Bindung an den ehem. Unionsmarkt soll allmählich durch ausländ. Kooperationsbeziehungen abgelöst werden, wobei sich die zögerl. Ratifizierung von Gesetzen bisher als Hemmschwelle erwies. Der Blick ins Ausland bei der Suche nach Antworten auf die Frage, wie ein lebensfähiger Nationalstaat geschaffen werden kann, der die akuten wirtschaftl., sozialen und ökolog. Probleme bewältigt, blieb v. a. an der Türkei haften. Die erste Euphorie über dieses ›Wirtschaftswunderland‹ wich jedoch bald einer allg. Ernüchterung, geblieben sind Erwartungen in die Vermittlerrolle des NATO-Mitglieds Türkei hinsichtlich einer Integration der jungen Rep. in das internat. System.

Verschärfung der ökologischen Probleme

Trotz zahlreicher Gesetze im Bereich des Umweltschutzes werden sich die ökolog. Probleme in Z. mittelfristig weiter verschärfen. Die zur Eindämmung der Umweltschädigungen notwendigen Investitionsmittel überschreiten bei weitem die wirtschaftl. Leistungskraft der betreffenden Staaten. An folgenden ›ökolog. Brennpunkten‹ knistert es:

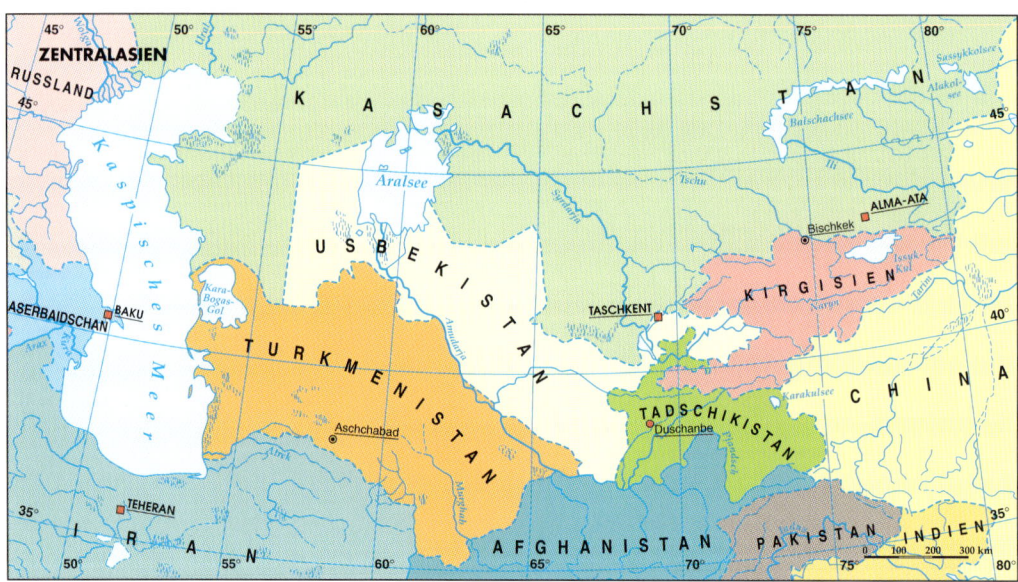

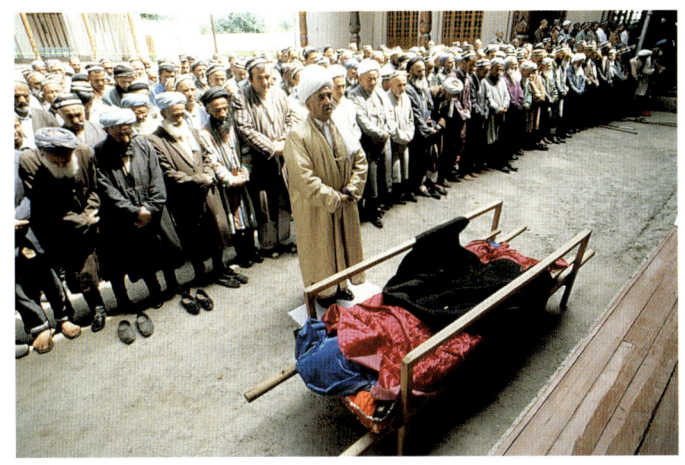

Morgenzeremonie in der
Kukschin-Moschee in Taschkent
(Usbekistan)

1) Der Aralsee büßte aufgrund der Bewässerung ständig erweiterter Baumwollfelder durch seine Zuflüsse Amudarja und Syrdarja bereits ein Drittel seiner Wasservorräte ein; im Jahr 2005 wird der See – falls sich die Situation nicht grundlegend ändert – wahrscheinlich gänzlich ausgetrocknet sein. Eine Veränderung des Mikroklimas in der Region durch die Seespiegelabsenkung ist bereits auszumachen. Der verantwortungslose Umgang mit Wasser und ineffiziente Bewässerungsmethoden haben zur Versalzung und Versumpfung weiter Flächen geführt, der massive Einsatz von Pestiziden und Düngern in den Baumwollanbaugebieten machte die aralseenahen Gebiete zu verseuchten Zonen, in denen enorm hohe Erkrankungsraten registriert werden. Die Lebenserwartung liegt hier bei 40 Jahren; jedes neunte Kind stirbt, bevor es ein Jahr alt ist; über die Hälfte aller jungen Frauen leidet an hochgradiger Anämie.

2) ›Mütterchen Wolga‹ ist eine einzige ›Kloake‹, die jährlich 367 000 t organ. Stoffe, 13 000 t Erdölrückstände, 45 000 t Stickstoff und 20 000 t Phosphor ins Kasp. Meer trägt.

3) Auf dem Territorium Kasachstans befinden sich weiterhin aus dem Bestand der alten sowjet. Armee stammende Kernwaffen. Es wird nicht nur Uran gewonnen und verarbeitet, es gibt auch neben Semipalatinsk mindestens noch 25 weitere Testgelände für strateg. Raketen, bakteriolog. und chem. Waffen. Nach bisherigen Berechnungen waren bis 1990 1,3 Mio. Menschen von den 467 ober- und unterird. Versuchen betroffen, 500 000 von ihnen sollen Strahlenschäden davongetragen haben. So halten die radioaktiv verseuchten Gebiete traurige Rekorde: Seit 1983 hat sich die Anzahl der angeborenen Anomalien verdreifacht, nirgendwo in den GUS-Staaten erkranken so viele Menschen an Tuberkulose und Krebs.

Bildung der Zentralasiatischen Union

Da erkannt wurde, daß die akuten wirtschaftl. und ökolog. Probleme allen zentralasiat. Staaten gemeinsam sind, wurde am 4. Jan. die Zentralasiat.

Union gegr., durch die nicht nur ein gemeinsamer Wirtschaftsmarkt geschaffen, sondern auch das Problem der Umweltzerstörungen gemeinsam angegangen werden soll. Nachdem eine Reihe von Staaten nat. Währungen eingeführt hatte, traten jedoch Fragen der Preisbildung, Schuldentilgung und Zahlungsmodalitäten als Hindernisse auf dem Weg der ökonom. Stabilisierung zutage. Abhilfe sollte diesbezüglich die am 7. Sept. vereinbarte neue Rubelzone der GUS-Staaten schaffen.

Die zur Eindämmung der Umweltschäden notwendigen finanziellen Mittel überschreiten die Leistungskraft der zentralasiatischen Staaten; im Bild der sterbende Aralsee

Anhaltende ethnische Konflikte und politische Krisen

War das Jahr 1992 gekennzeichnet durch die Deklaration demokrat. Grundrechte in Verwirklichung von Forderungen der KSZE und deren Festschreibung in Verfassungen, so war 1993 eine zunehmende Kluft zw. Worten und Taten feststellbar, die sich in der Diskriminierung und Verfolgung oppositioneller Kräfte durch die ›national gewendete‹ ehem. Nomenklatura der sog. ›Entwicklungsdiktaturen marktwirtschaftl. Ausrichtung‹ widerspiegelt. In enger Verzahnung von polit. und ethn. Machtstreben forderte der anhaltende Bürgerkrieg in Tadschikistan Zehntausende von Toten und ließ bis zu einer halben Mio. Menschen zu Flüchtlingen werden. Unter dem Vorwurf des ›Terrorismus‹ wurden führende Politiker der Opposition sowohl aus dem islamisch-fundamentalist. als auch dem demokrat. Lager inhaftiert, Parteien und Zeitungen verboten, die Rechte des Verfassungsgerichts stark eingeschränkt. Aus Angst vor einem Übergreifen der Auseinandersetzungen kam es sowohl an der Grenze zu Afghanistan als auch im Krisengebiet Bergbadachschan zu militär. Hilfeleistungen durch russ. und sog. Koalitionstruppen der Nachbarrepubliken. Die Niederlage der Volkskräfte in Tadschikistan ist zugleich ein Signal für die schwachen demokrat. Kräfte in allen zentralasiat. Staaten, denen man klar zu machen versucht, daß ›westl. Demokratie für Zentralasien untauglich‹ und der Aufbau nat. Macht und nat. Institutionen angesichts des drohenden wirtschaftl. Absturzes nur mit ›starker Hand‹ möglich sei.

Zivildienst: Die Zahl der Zivildienstleistenden in Deutschland erreichte mit 134 000 Dienstleistenden im Aug. 1993 ihren bisherigen Höchststand. Nachdem im Jahr 1992 die Zahl der Kriegsdienstverweigerer 133 868 betragen hatte und damit um 11 % unter dem Wert von 1991 (Jahr des Golfkriegs) lag, konnte entsprechend den Zahlen für das erste Halbjahr 1993 mit einer leichten Erhöhung für 1993 gerechnet werden. Insgesamt verweigert damit etwa ein Drittel aller jungen Wehrpflichtigen eines Jahrgangs den Kriegsdienst. Die Zahlen belegen zum einen eine hohe Verunsicherung bei jungen Männern, v. a. hinsichtlich der zukünftigen Rolle der Bundeswehr im Rahmen von NATO- und UNO-Einsätzen, zum anderen den im gesellschaftl. Ansehen gestiegenen Stellenwert des Zivildienstes.

Klaus Zwickel, der neue Vorsitzende der IG Metall

Zwickel, Klaus, Gewerkschaftsfunktionär (IG Metall), * Heilbronn 31. 5. 1939. – Am 2. 10. 1993 wählten die Delegierten des Gewerkschaftstages in Mainz Z. zum neuen Vors. der IG Metall. Bereits nach dem Rücktritt FRANZ STEINKÜHLERS wegen umstrittener Aktiengeschäfte hatte Z. im Mai den Vorsitz kommissarisch übernommen. Seine Wahl steht im Zeichen weiter wachsender Arbeitslosigkeit – nicht zuletzt im Organisationsbereich der IG Metall – und einer durch die Kündigung von Tarifverträgen eingeleiteten Offensive der Arbeitgeber. Der gelernte Werkzeugmacher – seit 1954 Mitgl.

der IG Metall – arbeitete in Heilbronn bei versch. Firmen, war 1960–65 Betriebsratsvors. bei der Firma Tuchel-Kontakt, wurde 1965 hauptamtlich Organisationssekr. beim DGB-Kreisvorstand und 1968 1. Bevollmächtigter der IG Metall in Neckarsulm. Ab 1984 in gleicher Funktion in Stuttgart, zählte er bald zu den Vertrauten STEINKÜHLERS. 1986 wurde er in den geschäftsführenden Vorstand der IG Metall gewählt und mit dem Ressort Tarifpolitik betraut. Ab 1989 2. Vors. der IG Metall, war Z. u. a. mit der Durchsetzung der 35-Stunden-Woche und dem Aufbau des Tarifvertragssystems in Ostdeutschland befaßt. Seit 1959 ist er Mitgl. der SPD.

Zypern

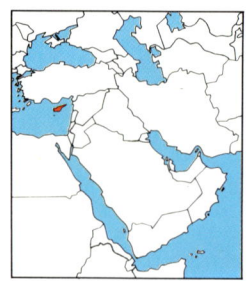

Hauptstadt: Nikosia
Einwohner: 708 000
Einwohner/km²: 75
Staatsoberhaupt:
G. Klerides
(seit 28. 2. 1993)
Regierungschef:
G. Klerides
(seit 28. 2. 1993)
BSP/Einwohner:
8 640 US-$

Wahlen in Süd- und Nordzypern

Anfang 1993 wurde die polit. Szene Z.s vom Präsidentschaftswahlkampf beherrscht. Bei einer Wahlbeteiligung von 90,2 % erreichte am 7. Febr. kein Kandidat die absolute Mehrheit. Daraufhin kam es zw. dem bisherigen Präs. GEORGIOS VASSILIOU (44,1 %), der auf die Stimmen der Linken zählen konnte, und dem vom rechten Zentrum und der Rechten unterstützten GLAFKOS KLERIDES (36,7 %) zur Stichwahl am 14. Febr., die KLERIDES mit 50,3 % der Stimmen gewann.

Für die Parlamentswahlen in Nordzypern am 12. Dez. gestand die Reg. unter türk. Druck die von den Oppositionsparteien verlangte Änderung des undemokrat. Wahlsystems zu. Bei den Wahlen erhielt keine der Parteien genügend Stimmen, um allein die Reg. zu übernehmen. Die Partei der Nat. Einheit (UBP) von MinPräs. DERVIS EROGLU erhielt 29,8 % der Stimmen (17 Sitze), die von Parlamentspräs. HAKKI AUTUN geführte Demokrat. Partei (DP) kam auf 29,1 % (15 Sitze). Die Republikan.-Türk. Partei (CTP) mit ihrem Vors. ÖSKER ÖZGUR erreichte 24,6 % der Stimmen (13 Sitze). Sie tritt als einzige Partei für eine konsequente Politik des Ausgleichs mit den Griechen ein und kritisiert die Einflußnahme und Truppenpräsenz der Türkei auf der Insel. Die Rettungspartei, die einen gemäßigten Kurs in der Zypernfrage unterstützt, erreichte 14,9 % (5 Sitze). Ziel v. a. der DP war es, eine Alleinherrschaft der UBP zu verhindern, da MinPräs.

EROGLU jeden Ausgleich zw. Nord- und Südzypern ablehnt.

Ungelöster Konflikt um Süd und Nord

KLERIDES nahm die Vorschläge für vertrauensbildende Maßnahmen, die UNO-GenSekr. BOUTROS BOUTROS GHALI aufgrund der Resolution 789 des UNO-Sicherheitsrats vorlegte, reserviert auf. Jeder als indirekte Teilanerkennung der ›Rep. Nordzypern‹ interpretierbare Schritt sollte vermieden werden. Die Verhandlungen scheiterten, als die weit weniger kompromißbereite türk.-zypriot. Seite am 15. Juni das Vorschlagspaket von GHALI ablehnte, das u. a. die Übergabe der ›toten Stadt‹ Varosa (Stadtteil von Famagusta) an die UNO vorsah. Am 6. Juli trat RAUF DENKTASCH, der Präs. der nur von der Türkei anerkannten Rep. Nordzypern, als Chef-unterhändler zurück, weil der nordzypr. MinPräs. DERVIS EROGLU jedes Zugeständnis zurückwies. Die türk. Seite verwarf die von den Griechen vertretene und von Teilen der türk.-zypriot. Opposition unterstützte Konzeption eines gemeinsamen Zypriotentums in einer Föderation und plädierte für eine lockere Konföderation zweier souveräner nat. Gemeinschaften. KLERIDES' Vorschläge, eine gesamtgriech. Konferenz zur Ausarbeitung einer gemeinsamen Z.-Politik einzuberufen und die griech. Truppen auf der Insel zu verstärken, lehnte Athen ab. Die EG nahm den Antrag der mit ihr seit 1972 assoziierten Rep. Z. auf Vollmitgliedschaft im Prinzip positiv auf, wünschte aber vorher eine Verständigung mit Nordzypern, das den Eintritt in die EG aus Furcht vor einer engeren Verbindung der Insel mit Griechenland ablehnt.

Abe, Kobo, japan. Schriftsteller, * 1924, † Tokio 22. 1. 1993

Abravanel, Maurice, span. Dirigent portugies. Herkunft, * 1903, † Salt Lake City (Ut.) 22. 9. 1993

Absalon, frz. Künstler israel. Herkunft, * 1964, † Paris 10. 10. 1993

Albertz, Heinrich, Politiker (SPD), * 1915, † Bremen 18. 5. 1993

Heinrich Albertz auf einer Bonner Friedensdemonstration

Anderson, Marian, amerikan. Sängerin (Alt), * 1902, nach anderen Angaben 1897, † Portland (Oreg.) 8. 4. 1993

Antall, Józef, ungar. Politiker, * 1932, † Budapest 12. 12. 1993

Antuñez, Nemesio, chilen. Maler, * 1908, † Santiago de Chile 19. 5. 1993

Ashe, Arthur, amerikan. Tennisspieler, * 1944, † New York (N. Y.) 6. 2. 1993

Augér, Arleen, amerikan. Sängerin (Sopran), * 1939, † Amsterdam 10. 6. 1993

Baecker, Werner, Fernsehjournalist, * 1917, † am Starnberger See 30. 12. 1993

Baggio, Sebastiano, italien. Kurienkardinal, * 1913, † Rom 21. 3. 1993

Barilla, Pietro, italien. Unternehmer, * 1913, † Parma 15. 9. 1993

Baudissin, Wolf Graf von, Friedensforscher, Gen.-Lt. a. D., * 1907, † Hamburg 5. 6. 1993

Baudouin I., König der Belgier, * 1930, † Modril (Spanien) 31. 7. 1993

Bauza, Mario, kuban. Jazzmusiker, * 1911, † New York (N. Y.) 11. 7. 1993

Bayrhammer, Gustl, Schauspieler, * 1922, † Krailling (bei München) 24. 4. 1993

Béalu, Marcel, frz. Schriftsteller, * 1908, † Paris 19. 6. 1993

Bechteler, Theo, Bildhauer, * 1903 † Augsburg 22. 6. 1993

Becker, Hellmut, Bildungsreformer, * 1913, † Berlin 16. 12. 1993

Beirer, Hans, österr. Sänger (Tenor), * 1911, † Berlin 24. 6. 1993

Berberova, Nina, amerikan. Schriftstellerin, * 1901, † Philadelphia (Pa.) 26. 9. 1993

Bérégovoy, Pierre, frz. Politiker, * 1925 † Nevers 1. 5. 1993 (Selbstmord)

Beyer, Uwe, Leichtathlet, * 1945, † Antalya 15. 4. 1993

Bihalji-Merin, Oto, jugoslaw. Schriftsteller, * 1904, † Belgrad 24. 12. 1993

Blech, Hans Christian, Schauspieler, * 1925, † München 5. 3. 1993

Blum, Lisa-Marie, Schriftstellerin, * 1911, † Hamburg 16. 3. 1993

Bochmann, Werner, Komponist, * 1900, † Schliersee 3. 6. 1993

Bortoluzzi, Paolo, italien. Choreograph, Tänzer, * 1938, † Brüssel 16. 10. 1993

Bosl, Karl, Historiker, * 1908, † München 18. 1. 1993

Arthur Ashe bei der Siegerehrung nach seinem Wimbledon-Sieg 1975

Pierre Bérégovoy

Bouygues, Francis, frz. Medienhändler, Bauunternehmer, * 1922, † Saint-Coulomb 24. 7. 1993

Bozo, Dominique, frz. Kulturhistoriker, * 1940, † Paris 28. 4. 1993

Bridges, James, amerikan. Filmregisseur, * 1936, † Los Angeles (Cal.) 6. 6. 1993

Burgess, Anthony, brit. Schriftsteller, * 1917, † London 25. 11. 1993

Burr, Raimond, amerikan. Schauspieler, * 1917, † Dry Creek (Cal.) 12. 9. 1993

Bussche, Axel von dem, Diplomat, * 1919, † Bonn 26. 1. 1993

Bußmann, Walter, Historiker, * 1912, † Karlsruhe 20. 4. 1993

Butts, Alfred, amerikan. Architekt, Erfinder des ›Scrabble‹, * 1900, † Rhinebeck (N. Y.) 7. 4. 1993

Caballero Calderón, Eduardo, kolumbian. Schriftsteller, * 1910, † Bogotá 3. 4. 1993

Caglayangil, Ihsan Sabri, türk. Politiker, * 1908, † Ankara 30. 12. 1993

Cau, Jean, frz. Schriftsteller, * 1925, † Paris 18. 6. 1993

Charteris, Leslie, eigtl. **Bowyer Yin,** brit. Schriftsteller chin. Herkunft, * 1907, † Windsor 15. 4. 1993

Chavez, Cesar, amerikan. Gewerkschaftsführer, * 1927, † San Luis (Ariz.) 23. 4. 1993

Chazot, Jacques, frz. Ballettänzer, * 1928, † Monthyon 11. 7. 1993

Christoff, Boris, italien. Sänger (Bass) bulgar. Herkunft, * 1919, † Rom 28. 6. 1993

Colombo, Gianni, italien. Künstler, * 1937, † Mailand 3. 2. 1993

Connally, John Bowden, amerikan. Politiker, * 1917, † Houston (Tex.) 15. 6. 1993

Constantine, Eddie, frz. Filmschauspieler, * 1917, † Wiesbaden 25. 2. 1993

Corti, Axel, österr. Regisseur, * 1933, † Oberndorf (bei Salzburg) 29. 12. 1993

Cremer, Fritz, Bildhauer, * 1906, † Berlin 1. 9. 1993

Cusack, Cyril, brit. Schauspieler, * 1911, † London 7. 10. 1993

Eddie Constantine

Dammann, Anna, Schauspielerin, * 1912, † München 30. 9. 1993

De Mille, Agnes, amerikan. Choreographin, * 1909, † New York 8. 10. 1993

Del Mestri, Guido, italien. Kurienkardinal, * 1911, † Nürnberg 2. 8. 1993

Delz, Christoph, schweizer. Komponist und Pianist, * 1950, † Basel 13. 9. 1993

Deuser, Erich, Sportphysiotherapeut, * 1910, † Düsseldorf 29. 6. 1993

Dickel, Friedrich, Politiker (DDR), * 1913, † Berlin 22. 10. 1993

Diebenkorn, Richard, amerikan. Maler, * 1927, † Berkeley (Cal.) 30. 3. 1993

Diwald, Hellmut, Historiker, * 1924, † Würzburg 26. 5. 1993

Dorsey, Thomas, amerikan. Jazzmusiker, * 1905, † Chicago (Ill.) 23. 1. 1993

Drew, Kenny, amerikan. Jazzmusiker, * 1929, † Kopenhagen 4. 8. 1993

Ebinger, Blandine, Diseuse und Schauspielerin, * 1899, † Berlin 25. 12. 1993

Eckstine, Billy, amerikan. Jazzmusiker, * 1914, † Pittsburgh (Pa.) 8. 3. 1993

Edel, Alfred, Schauspieler, * 1932, † Frankfurt am Main 17. 6. 1993

Esser, Wolfram, Fernsehjournalist, * 1934, † Heidelberg 18. 6. 1993

Faber, Gustav, Schriftsteller, * 1912, † Badenweiler 5. 4. 1993

Fellini, Federico, italien. Filmregisseur, * 1920, † Rom 31. 10. 1993

Ferden, Bruce, amerikan. Dirigent, * 1949, † New York (N. Y.) 19. 6. 1993

Ferré, Léo, frz. Chansonnier, * 1916, † Castellina in Chianti 14. 7. 1993

Franzen, Hans, Sänger (Bass), * 1935, † Zürich 17. 9. 1993

Frénaud, André, frz. Schriftsteller, * 1907, † Paris 21. 6. 1993

Galinski, Heinz, Vors. des Zentralrats der Juden in Deutschland, * 1912, † Berlin 19. 7. 1993

Geiser, Walter, schweizer. Komponist, * 1897, † Oberwil bei Basel 6. 3. 1993

Gillespie, Dizzy, amerikan. Jazztrompeter, -komponist, * 1917, † Englewood (N. J.) 6. 1. 1993

Gish, Lilian, amerikan. Schauspielerin, * 1896, † New York (N. Y.) 27. 2. 1993

Goeyvaerts, Karel, belg. Komponist, * 1923, † Antwerpen 3. 2. 1993

Goldberg, Szymon, amerikan. Pianist poln. Herkunft, * 1909, † Toyama (Japan) 19. 7. 1993

Dizzy Gillespie, der legendäre Jazztrompeter

Golding, William Gerald, brit. Schriftsteller, * 1911, † Perranarworthal 19. 6. 1993

Gollwitzer, Helmut, ev. Theologe, * 1908, † Berlin 17. 10. 1993

Gordon, Michael, amerikan. Filmregisseur, * 1910, † Los Angeles (Cal.) 29. 4. 1993

Gorvin, Joana Maria, Schauspielerin rumän. Herkunft, * 1922, † Wien 2. 9. 1993

Granger, Stewart, amerikan. Schauspieler brit. Herkunft, * 1913, † Santa Monica (Cal.) 16. 8. 1993

Greindl, Josef, Sänger (Bass), * 1912, † Wien 16. 4. 1993

Grünewald, Armin, Journalist, * 1930, † Aachen 9. 8. 1993

Gruhl, Herbert, Politiker (ÖDP), * 1921, † Regensburg 26. 6. 1993

Gsovsky, Tatjana, Tanzpädagogin russ. Herkunft, * 1901, † Berlin 29. 9. 1993

Hajek, Jiři, tschech. Politiker, * 1913, † Prag 22. 10. 1993

Hani, Chris, südafrikan. Politiker, * 1942, † Boksburg 10. 4. 1993 (ermordet)

Hardenberg, Henriette, Lyrikerin, * 1894, † London 26. 10. 1993

Frederico Fellini (rechts) zusammen mit Anita Ekberg und Marcello Mastroianni bei den Dreharbeiten zu ›Intervista‹ (1987)

Hayes, Helen, amerikan. Schauspielerin, * 1901, † Nyack (bei New York) 17. 3. 1993
Hearst, William Randolph, amerikan. Zeitungsmagnat, * 1908, † New York (N. Y.) 14. 5. 1993
Heilmann, Irmgard, Verlegerin, Schriftstellerin, * 1915, † Hamburg 8. 7. 1993
Hellwig, Judith, österr. Sängerin (Sopran), * 1908, † Wien 25. 1. 1993
Hepburn, Audrey, amerikan. Filmschauspielerin, * 1929, † Tolochenaz (Schweiz) 20. 1. 1993

Audrey Hepburn zusammen mit Rex Harrison im Filmmusical ›My Fair Lady‹ (1964)

Hersey, John, amerikan. Schriftsteller, * 1914, † Key West (Fla.) 24. 3. 1993
Hesselbach, Walter, Bankfachmann, * 1915, † Kanton St. Gallen 5. 11. 1993
Hibbert, Eleanor, brit. Schriftstellerin, * 1906, † zw. Griechenland und Ägypten 11. 1. 1993
Hodes, Art, amerikan. Jazzpianist, * 1904, † Park Forrest (bei Chicago) 4. 3. 1993
Hofmann, Gert, Schriftsteller, * 1931, † Erding 1. 7. 1993
Holley, Robert William, amerikan. Biochemiker, * 1922, † Los Gatos (Cal.) 11. 2. 1993
Hopf, Hans, Sänger (Tenor), * 1916, † München 25. 6. 1993
Hoppe, Heinz, Sänger (Tenor), * 1924, † Mannheim 7. 4. 1993
Horszowski, Mieczyslaw, poln. Pianist, * 1892, † Philadelphia (Pa.) 22. 5. 1993
Houphouët-Boigny, Félix, ivor. Politiker, * 1905, † Yamoussoukro 7. 12. 1993
Hourani, Albert, brit. Arabist libanes. Herkunft, * 1915, † Oxford 17. 1. 1993
Howe, Irving, amerikan. Schriftsteller, * 1921, † New York (N. Y.) 5. 5. 1993

Huber, Gusti, österr. Schauspielerin, * 1914, † Mount Kisco (N. Y.) 11. 7. 1993

Ibuse, Masuji, japan. Schriftsteller, * 1898, † Tokio 10. 7. 1993
Ilicak, Kemal, türk. Verleger (Tercüman), * 1932, † Istanbul 9. 4. 1993
Inokuma, Genichiro, japan. Maler, * 1903, † Tokio 17. 5. 1993

Jacobsen, Robert, dän. Bildhauer, * 1912, † Egtved 25. 1. 1993
Jonas, Hans, dt.-amerikan. Philosoph und Religionswiss., * 1903, † New York (N. Y.) 5. 2. 1993
Juan de Borbon y Battenberg, span. Thronprätendent, * 1913, † Pamplona 1. 4. 1993

Kamitz, Reinhard, österr. Politiker (ÖVP), * 1907, † 9. 8. 1993
Károlyi, Julian von, Pianist ungar. Herkunft, * 1914, † München 1. 3. 1993
Kempner, Robert W., amerikan. Jurist dt. Herkunft, * 1899, † Königstein 15. 8. 1993
Kettner, Gerhard, Graphiker, * 1928, † Dresden 14. 6. 1993
Kewenig, Wilhelm, Jurist und Politiker (CDU), * 1934, † Frankfurt a. M. 18. 6. 1993
Kirsch, August, Sportfunktionär, * 1925, † Köln 23. 12. 1993
Klos, Elmar, tschech. Filmregisseur, * 1910, † Prag 19. 7. 1993
Klug, Ulrich, Jurist und Politiker (FDP), * 1913, † Köln 7. 5. 1993

Wolfried Lier

Hans Jonas

Kolbenhoff, Walter, Schriftsteller, * 1908, † Germering bei München 29. 1. 1993
Kruft, Hanno Walter, Kunsthistoriker, * 1938, † Anguillara (n. a. A. Rom) 10. 9. 1993
Kusch, Polykarp, amerikan. Physiker dt. Herkunft, * 1911, † Dallas (Tex.) 20. 3. 1993
Kusniewicz, Andrzej, poln. Schriftsteller, * 1904, † Warschau 14. 5. 1993

Lamborghini, Ferrucio, italien. Automobilkonstrukteur * 1917, † Perugia 20. 2. 1993
Lanczkowski, Günter, Religionshistoriker, * 1917, † Heidelberg 1. 8. 1993
Larenz, Karl, Jurist, * 1903, † München 24. 1. 1993
Lebert, Hans, österr. Schriftsteller, * 1919, † Baden (bei Wien) 20. 8. 1993
Lecanuet, Jean, frz. Politiker, * 1920, † Neuilly-sur-Seine 21. 2. 1993
Ledoux, Fernand, frz. Schauspieler belg. Herkunft, * 1897, † Villerville 21. 9. 1993
Leinsdorf, Erich, amerikan. Dirigent österr. Herkunft, * 1912, † Zürich 11. 9. 1993
Liebherr, Hans, Baumaschinenhersteller, * 1915, † Biberach a. d. Riß 7. 10. 1993
Lier, Wolfried, Schauspieler, * 1917, † München 16. 12. 1993
Liewehr, Fred, österr. Schauspieler, * 1909, † Wien 19. 7. 1993
Lobo, Baltasar, span. Bildhauer, * 1910, † Paris 3. 9. 1993
Löwenthal, Leo, amerikan. Soziologe dt. Herkunft, * 1900, † Berkeley (Cal.) 21. 1. 1993
Lorentz, Kay, Kabarettist, * 1920, † Düsseldorf 29. 1. 1993

Loth, Wilhelm, Bildhauer, * 1920, † Darmstadt 17. 2. 1993
Lotman, Juri, russ. Literaturwiss., * 1922, † Dorpat 28. 10. 1993
Loy, Myrna, amerikan. Filmschauspielerin, * 1905, † New York (N. Y.) 14. 12. 1993
Ludat, Herbert, Historiker, * 1910, † Gießen 27. 4. 1993

Mackendrick, Alexander, amerikan. Filmregisseur, * 1912, † Los Angeles (Cal.) 22. 12. 1993
Manessier, Alfred, frz. Maler und Graphiker, * 1911, † Orléans 1. 8. 1993
Mankiewicz, Joseph L., amerikan. Filmproduzent, Regisseur, * 1909, † Bedford (N. Y.) 5. 2. 1993
Marshall, Thurgood, amerikan. Richter am Obersten Gerichtshof, * 1908, † Washington (D.C.) 24. 1. 1993
Maunz, Theodor, Jurist, * 1901, † München 10. 9. 1993
Meienberg, Niklaus, schweizer. Schriftsteller, * 1940, † Zürich 24. 9. 1993
Meyer, Friedrich, Komponist * 1915, † München 20. 8. 1993
Michel, Otto, ev. Theologe und Judaist, * 1903, † Tübingen 30. 12. 1993
Mnouchkine, Alexandre, frz. Filmregisseur russ. Herkunft, * 1908, † Neuilly 3. 4. 1993
Montoya, Carlos, amerikan. Gitarrist span. Herkunft, * 1903, † Wainscott (N. Y.) 3. 3. 1993
Moore, Robert (Bobby), brit. Fußballer, * 1941, † London 24. 2. 1993
Mortensen, Richard, dän. Maler, * 1911, † Kopenhagen 12. 1. 1993

Nabijew, Rahman, tadschik. Politiker (KP), * 1930, † Chudschand 10. 4. 1993
Negulesco, Jean, amerikan. Filmregisseur rumän. Herkunft, * 1900, † Marbella 18. 7. 1993

Kay Lorenz

Der Tänzer Rudolf Nurejew mit seiner Lieblingspartnerin Margot Fonteyn

Neudecker, Wilhelm, Sportfunktionär, * 1913, † München 24. 12. 1993
Niefer, Werner, Manager, * 1928, † Stuttgart 12. 9. 1993
Nienstedt, Gerd, Sänger (Bariton), * 1932, † Wien 14. 8. 1993
Nikolais, Alwin, amerikan. Choreograph, * 1912, † New York (N. Y.) 9. 5. 1993
Nonnenmann, Klaus, Schriftsteller, * 1922, † Pforzheim 11. 12. 1993
Nouira, Hédi, tunes. Politiker, * 1911, † Tunis 25. 1. 1993
Nurejew, Rudolf, russ. Tänzer und Choreograph, * 1938, † Paris 6. 1. 1993

Ochoa, Severo, amerikan. Biochemiker span. Herkunft, * 1905, † Madrid 1. 11. 1993
Özal, Turgut, türk. Staatspräs., * 1927, † Ankara 17. 4. 1993

Palucca, Gret, Tänzerin, * 1902, † Dresden 23. 3. 1993
Pareja Diezcanseco, Alfredo, ecuadorian. Schriftsteller, * 1908, † Quito 3. 5. 1993
Parkinson, Cyril Northcote, brit. Historiker und Schriftsteller, * 1909, † Canterbury 9. 3. 1993
Paul, Wolfgang, Physiker und Nobelpreisträger, * 1913, † Bonn 7. 12. 1993
Paul, Wolfgang, Schriftsteller, * 1918, † Berlin 5. 1. 1993
Pharaon, Henri, libanes. Politiker, * 1901, † Beirut 6. 8. 1993 (ermordet)
Pignon, Édouard, frz. Maler, * 1905, † La Couture-Boussey 14. 5. 1993

Piltz, Klaus, Wirtschaftsführer, * 1935, † bei Sölden (Tirol) 12. 4. 1993 (verunglückt)
Pleven, René, frz. Politiker, * 1901, † Paris 13. 1. 1993
Pochat, Werner, Schauspieler, * 1942, † Starnberg 18. 4. 1993
Pontecorvo, Bruno, italien. Atomphysiker, * 1913, † Dubna (Rußland) 24. 9. 1993
Popesco, Elvire, frz. Schauspielerin rumän. Herkunft, * 1896, † Paris 11. 12. 1993
Popp, Lucia, österr. Sängerin (Sopran), * 1939, † München 16. 11. 1993
Posados Ocampo, Juan Jesús, mexikan. Kardinal, * 1927, † 24. 5. 1993 (erschossen)
Premadasa, Ramasingh, srilank. Politiker, * 1924, † Colombo 1. 5. 1993 (ermordet)
Press, Volker, Historiker, * 1939, † Tübingen 16. 10. 1993
Pulitzer, Joseph III., amerikan. Verleger, * 1913, † Saint Louis (Mo.) 26. 5. 1993

Rabenalt, Arthur Maria, Film- und Theaterregisseur, * 1905, † Wildbad Kreuth 26. 2. 1993
Rauch, Hans Georg, Karikaturist, * 1939, † Worpswede 23. 12. 1993

Hans Werner Richter

Reichenbach, François, frz. Dokumentarfilmregisseur, * 1922, † Paris 2. 2. 1993
Renault, Michel, frz. Tänzer und Choreograph, * 1927, † Suresnes 29. 1. 1993
Rhein, Eduard, Schriftsteller und Journalist, * 1900, † Cannes 15. 4. 1993
Richter, Hans Werner, Schriftsteller, Mitbegr. der Gruppe 47, * 1908, † München 23. 3. 1993

Riess, Curt, Schriftsteller, * 1903,
† Scheuren (bei Zürich) 13. 5. 1993

Sabin, Albert Bruce, amerikan.
Virologe russ. Herkunft, * 1906,
† Washington (D. C.) 3. 3. 1993
Sachs, Hans, Jurist, * 1912, † Berlin
20. 6. 1993
Sahl, Hans, amerikan. Schriftsteller
dt. Herkunft, * 1902, † Tübingen 27. 4.
1993
Sälzer, Bernhard, Politiker (CDU),
* 1940, † 18. 12. 1993 (Unfall)
Salzinger, Helmut, Schriftsteller,
* 1935, † 2. 12. 1993
Sarduy, Severo, kuban. Schriftstel-
ler, * 1937, † Paris 8. 6. 1993
Schachtschabel, Hans, Volkswirt,
* 1914, † Oberkaiserbrunn i. O. 29. 10.
1993
Schmaus, Michael, kath. Theologe,
* 1897, † München 8. 12. 1993
Schmückle, Hans Ulrich, Bühnen-
bildner, * 1916, † Augsburg 2. 6. 1993
Schnyder, Franz, schweizer.
Regisseur, * 1910, † Münsingen (Kt.
Bern) 8. 2. 1993
Schoeck, Helmut, österr.
Soziologe, * 1922, † Niedernhausen
2. 2. 1993
Schürenberg, Siegfried, Schau-
spieler, * 1900, † Berlin 31. 8. 1993
Schumacher, Hans, schweizer.
Schriftsteller, * 1910, † Zürich 11. 3.
1993
Schwarz, Henning, Politiker
(CDU), * 1928, † Lübeck 13. 4. 1993
Seippel, Edda, Schauspielerin,
* 1928, † München 12. 5. 1993
Sekoto, Gerard, südafrikan. Maler,
* 1913, † Noyent-sur-Marne 20. 3.
1993
Simson, Otto von, Kunsthistoriker,
* 1913, † Berlin 23. 5. 1993
Sonnemann, Ulrich, Sozialphilo-
soph, * 1912, † Gudensberg (bei
Kassel) 27. 3. 1993
Stark, Dame Freya, brit. Schrift-
stellerin, * 1893, † Asolo 11. 5. 1993

Tatjana Troyanos (links) als ›Oktavian‹ in einer
Aufführung des ›Rosenkavaliers‹ an der Deutschen
Oper Berlin 1970. Rechts Edith Mathis als ›Sophie‹

Stocker, Werner, Schauspieler,
* 1955, † Starnberg 27. 5. 1993
Straßner, Fritz, Schauspieler,
* 1919, † München 7. 2. 1993
Suchon, Eugen, slowak.
Komponist, * 1908, † Preßburg 5. 8.
1993
Sun Ra, amerikan. Jazzmusiker,
* 1914, † Birmingham (Ala.) 30. 5.
1993

Tambo, Oliver Reginald, südafrikan. Politiker, * 1917, † Johannesburg
24. 4. 1993
Tanaka, Kakuei, japan. Politiker,
* 1918, † Tokio 16. 12. 1993
Testori, Giovanni, italien. Schriftsteller, * 1924, † Mailand 16. 3. 1993
Thalheim, Karl C., Wirtschaftswissenschaftler, * 1900, † Berlin 1. 6.
1993
Thomas, Jess Ford, amerikan.
Sänger (Tenor), * 1927, † San Fran-
cisco (Cal.) 11. 10. 1993
Tillon, Charles, frz. Politiker, * 1897,
† Marseille 13. 1. 1993

Todd, Ann, brit. Schauspielerin,
* 1910, † London 6. 5. 1993
Toepfer, Alfred C., Reeder, * 1894,
† Hamburg 8. 10. 1993
Tortel, Jean, frz. Schriftsteller,
* 1905, † Avignon 1. 3. 1993
Tran Duc Tao, vietnames.
Philosoph, * 1917, † Paris 24. 4. 1993
Treurnicht, Andries, südafrikan.
Politiker, * 1921, † Kapstadt 22. 4.
1993
Triffin, Robert, belg. National-
ökonom, * 1911, † Ostende 23. 2. 1993
Troyanos, Tatjana, amerikan.
Opernsängerin (Mezzosopran),
* 1938, † New York (N. Y.) 21. 8. 1993
Twitty, Conway, eigtl. Jenkins,
amerikan. Countrysänger, * 1933,
† Springfield (Mo.) 5. 6. 1993
Tyrlova, Hermina, tschech. Trick-
filmregisseurin, * 1901, † Zlin 3. 5.
1993

Wallington, George, amerikan.
Jazzpianist und -komponist, * 1928,
† New York (N. Y.) 15. 2. 1993
Wang Zhen, chin. Politiker, * 1908,
† Guangzhou 12. 3. 1993
Wannamaker, Sam, amerikan.
Filmregisseur, -schauspieler und
-produzent, * 1919, † London 18. 12.
1993
Weber-Kellermann, Ingeborg,
Volkskundlerin, * 1918, † Marburg
12. 6. 1993
Weitzmann, Kurt, amerikan.
Kunsthistoriker dt. Herkunft, * 1904,
† Princeton (N. J.) 7. 6. 1993
Well, Günther van, Diplomat,
* 1922, † Bonn 14. 8. 1993
Weston, Brett, amerikan.
Photograph, * 1912, † auf Hawaii
22. 1. 1993
Wiener, Hugo, österr. Kabarettist,
Schriftsteller, Komponist, * 1904,
† Wien 14. 5. 1993
Wimschneider, Anna, Schriftstel-
lerin, * 1919, † Pfarrkirchen 1. 1. 1993
Witter, Ben, Schriftsteller, * 1920,
† Hamburg 12. 12. 1993
Wolter, Jupp, Karikaturist, * 1917,
† Lohmar 21. 7. 1993

Zabaleta, Nicanor, span. Harfenist,
* 1907, † Puerto Rico 1. 4. 1993
Zakythinos, Dionysos, griech. Hi-
storiker, * 1905, † Athen 18. 1. 1993
Zanotelli, Hans, Dirigent, * 1928,
† Stuttgart 13. 7. 1993
Zappa, Frank, amerikan. Rock-
musiker, * 1940, † Los Angeles (Cal.)
4. 12. 1993
Zeemann, Dorothea, österr.
Schriftstellerin, * 1909, † Wien 11. 12.

Anna Wimschneider gemeinsam mit ihrem Ehemann Albert in einer Fernsehsendung

ABKÜRZUNGSVERZEICHNIS

Abb. ..... Abbildung
ABGB .... Allgemeines Bürgerliches Gesetzbuch (Österreich)
Abk. ...... Abkürzung
Abs. ...... Absatz
AG ...... Aktiengesellschaft
allg. ...... allgemein (Adj. u. Adv.)
AO ...... Abgabenordnung
Art. ...... Artikel
A.T. ...... Altes Testament
Aufl. ..... Auflage
Aug. ...... August
bes. ...... besonders, besonderer
Bez. ...... Bezeichnung
BGB ..... Bürgerliches Gesetzbuch
BGH .... Bundesgerichtshof
BIP ...... Bruttoinlandsprodukt
BSP ...... Bruttosozialprodukt
bzw. ...... beziehungsweise
ca. .... circa
chin. ..... chinesisch
D.C. ..... District of Columbia
Dez. ..... Dezember
dgl. ...... dergleichen, desgleichen
d.h. ...... das heißt
d.i. .... das ist
Distr. ..... Distrikt
dt. .... deutsch
DDR ..... Deutsche Demokratische Republik
ebd. ...... ebenda
EG .... Europäische Gemeinschaft(en)
EU ...... Europäische Union
ehem. ..... ehemalig, ehemals
eigtl. ..... eigentlich
einschl. ... einschließlich
EStG ..... Einkommensteuergesetz
europ. .... europäisch
ev. .... evangelisch
e.V. ...... eingetragener Verein
evtl. ...... eventuell
Ew. ...... Einwohner
Febr. ..... Februar
frz. .... französisch
geb. ...... geborene(r)
gegr. ..... gegründet(e)
Gem. ..... Gemeinde
GenSekr. .. Generalsekretär(in)
GG .... Grundgesetz
ggf. ...... gegebenenfalls
Ggs. ...... Gegensatz
GmbH .... Gesellschaft mit beschränkter Haftung
Gouv. ..... Gouverneur(in), Gouvernement
hebr. ..... hebräisch

Hg. .... Herausgeber(in)
HGB ..... Handelsgesetzbuch
hg. v. ..... herausgegeben von
hpts. ..... hauptsächlich
i.a. .... im allgemeinen
i.d.F.v. ... in der Fassung vom
i.d.R. .... in der Regel
i.e.S. ..... im engeren Sinn
insbes. .... insbesondere
Inst. ...... Institut
internat. .. international
i.w.S. ..... im weiteren Sinn
Jahrtsd. ... Jahrtausend
Jan. ...... Januar
Jh. .... Jahrhundert
jr. .... junior
kath. ...... katholisch
Kfz .... Kraftfahrzeug
KG .... Kommanditgesellschaft
Kr. .... Kreis
Kt. .... Kanton
Kw. ...... Kunstwort, Kurzwort
kW .... Kilowatt
l .... Liter
lat. .... lateinisch
Lit. .... Literatur
M- .... Mittel...
max. ...... maximal
MdB ..... Mitglied des Bundestages
MdEP .... Mitglied des Europäischen Parlaments
MdL ..... Mitglied des Landtages
min. ...... minimal
Min. ...... Minister(in)
mind. ..... mindestens
MinPräs. .. Ministerpräsident(in)
Mio. ...... Million
Mitgl. .... Mitglied
Mrd. ..... Milliarde
N .... Nord(en)
nat. ...... national
nat.-soz. .. nationalsozialistisch
n.Br. ..... nördliche Breite
n.Chr. .... nach Christi Geburt
nlat. ...... neulateinisch
NO .... Nordost(en)
Nov. ...... November
Nr. .... Nummer
NRW .... Nordrhein-Westfalen
N.T. ...... Neues Testament
NW ...... Nordwest(en)
N.Y. ...... New York
O .... Ost(en)
o.ä. ...... oder ähnlich
Okt. ...... Oktober
ö.L. ...... östliche Länge
OLG ..... Oberlandesgericht
OR .... Obligationsrecht (Schweiz)
orth. ...... orthodox
österr. .... österreichisch
Pl. .... Plural

portug. ... portugiesisch
Präs. ..... Präsident(in)
Prof. ..... Professor(in)
prot. ...... protestantisch
Prov. ..... Provinz
rd. .... rund
Reg. ...... Regierung
Rep. ...... Republik
s. .... siehe
S .... Süd(en)
S. .... Seite
s.Br. ..... südliche Breite
Sekr. ..... Sekretär(in)
Sept. ..... September
Sg. .... Singular
SO ...... Südost(en)
sog. ...... sogenannt
St. .... Sankt
Staatspräs. Staatspräsident(in)
Std. ...... Stunde
stellv. ..... stellvertretende(r)
Stellv. .... Stellvertreter(in)
StGB .... Strafgesetzbuch
StPO ..... Strafprozeßordnung
svw. ...... soviel wie
SW .... Südwest(en)
t .... Tonne
Tab. ...... Tabelle
Tsd. ...... Tausend
u.a. ...... und andere; unter anderem
u.a.m. ... und anderes mehr
u.ä. ...... und ähnlich
UdSSR.... Sowjetunion
u.d.T. .... unter dem Titel
Univ. ..... Universität
Urauff. ... Uraufführung
urspr. ..... ursprünglich
USA ..... Vereinigte Staaten von Amerika
usw. ...... und so weiter
u.U. ...... unter Umständen
u.v.a. .... und viele(s) andere
v.a. ...... vor allem
v.Chr. .... vor Christi Geburt
verh. ..... verheiratete(r)
versch. .... verschieden (Adj.)
Verw. ..... Verwaltung
vgl. .... vergleiche
VO .... Verordnung
Vors. ..... Vorsitzende(r)
VR .... Volksrepublik
W .... West(en)
wiss. ...... wissenschaftlich
...wiss. ....wissenschaft(en)
Wiss. ..... Wissenschaft(en)
w.L. ...... westliche Länge
z.B. ...... zum Beispiel
ZGB ..... Zivilgesetzbuch
ZPO ..... Zivilprozeßordnung
z.T. ...... zum Teil
zus. ...... zusammen
zw. ...... zwischen
z.Z. ...... zur Zeit

BILDQUELLENVERZEICHNIS

Archiv Dr. Karkosch, Inh. M. Kube, Gilching
Archiv für Kunst und Geschichte, Berlin
Artothek, J. Hinrichs, Peissenberg
The Associated Press, Frankfurt am Main
E. Baumann, Ludwigsburg
Bayer, Leverkusen
Presseagentur Becker & Bredel, Saarbrücken
F. Behrendt, Amstelveen, Niederlande
Bibliographisches Institut & F. A. Brockhaus,
    Mannheim
Bildarchiv Preußischer Kulturbesitz, Berlin
CCC Cartoon-Caricature-Contor H. Haitzinger,
    O. Schopf, J. Tomaschoff, München
Creditanstalt-Bankverein, Wien
Deutsches Allgemeines Sonntagsblatt, Hamburg
dpa Bildarchiv, Frankfurt am Main und Stuttgart
Evangelische Gemeinde Unser Lieben Frauen,
    Bremen
Gamma, Paris
W. Hanel, Bergisch Gladbach
C. Hoppens, Bremen
W. Horsch, Schöntal
M. P. Kage, Weißenstein
H. Kahnt, Mannheim
Kernforschungszentrum Karlsruhe, Projekt
    Mikrosystemtechnik
Keystone Pressedienst, Hamburg
A. Koch Kunstverlag, München
G. Mester, Wiesbaden
B. Mohr, Bonn
L. Murschetz, München
F. Mussil, Frankfurt am Main
Oper Frankfurt, Foto: D. Mentzos, Frankfurt
    am Main
U. Schendel, Frankfurt am Main
Schott Glaswerke, Mainz
Städtische Kunsthalle, Mannheim
WEREK Pressebildagentur, München
DIE WOCHE, Hamburg
Wochenpost, Berlin
DIE ZEIT, W. Schliephack, Hamburg

DIE MITARBEITER DES JAHRBUCHS 1993

Dr. Eva-Maria Auch, Greifswald
Christiane Auf, Hamburg
Prof. Dr. Walter Bernecker, Nürnberg
Dr. Dieter Bingen, Köln
Christoph Bläsi, Mannheim
Dr. Robert Bohn, Kiel
Dr. Heinz Brahm, Köln
Ariane Braunbehrens M. A., Mannheim
Dr. Michael Bröcker, Mannheim
Wolf-Michael Catenhusen, Bonn
Prof. Dr. Ernst Otto Czempiel, Frankfurt
Daniel Daul, Mannheim
Marcus Eickelpasch, Hamburg
Dr. Ulf Engel, Hamburg
Dr. Christel Fensterseifer, Ronnenberg
Dr. Stefan Fisch, München
Jürgen Folz, Schifferstadt
Dr. Eberhard Franz, Hamburg
Gabriele Gassen, Mannheim
Sieglinde Gauer-Lietz, Isernhagen
Axel Gehrmann M. A., Berlin
Volker Gerdesmeier, Efringen-Kirchen
Lic. Seraina Gilly, Winterthur
Prof. Dr. Hermann Glaser, Roßtal
Colin Gleichmann, Hamburg
Martina Graf, Seeheim
Prof. Dr. Horst Grienig, Berlin
Christina Gritzner, Hamburg
Dr. Martin Großheim, Passau
Heike Haug, Hamburg
Dr. Wolfgang Haus, Berlin
Dr. Marianne Hausleitner-Funk, Berlin
Achim Heidenreich M. A., Mainz
Dr. Wolfgang S. Heinz, Berlin
Prof. Dr. Gunnar Hering, Wien
Dr. Irina Hetsch, Berlin
Dr. Karoline Hille, Mannheim
Dr. Sabine Hofmann, Berlin
Rudolf Hofstätter, Salzburg
Dr. Paul Ingendaay, Frankfurt a. M.
Prof. Dr. Siegfried Jäger, Duisburg
Dr. Werner Karr, Erlangen
Dr. Nikolaus Katzer, Königstein
Dr. Annette Kleszez-Wagner, Kassel
Michael Köhler, Hamburg
Hans-Dieter Krebs, Bergheim
Harald Küppers, Hamburg
Dr. Hanna-Renate Laurien, Berlin
Hans-Peter Liederbach, Tübingen
Dr. Ingrid Mährdel, Berlin
Dr. Peter Malina, Wien
Dr. Rudolf A. Mark, Heidesheim
Gerlind Melzbach, Stuttgart
Dr. Berthold Meyer, Rodenbach
Dr. Werner Müller, Saarbrücken-Dudweiler
Dr. Wolfgang Müller, Mannheim
Dr. Werner Nell, Eltville
Peter Neulen, Mannheim
Dr. Yu-hsi Nieh, Hamburg

Antonie Nord, Hamburg
Dr. Elke Nowak, Stuttgart
Prof. Dr. Franz Nuscheler, Duisburg
Dr. Manfred Pohl, Hamburg
Dr. Joachim Pöhls, Hofgeismar
Dr. Klaus-Albrecht Pretzell, Hamburg
Jochen Proske, Ahrensburg
Prof. Dr. Jürgen Raschert, Berlin
Prof. Dr. Dietmar Rothermund, Heidelberg
Dr. Lutz Rühling, Göttingen
Helena Sabbagh, Hamburg
Dirk Sager, Moskau
Dr. Karl Otto Schallaböck, Wuppertal
Prof. Dr. Christian Scheer, Bonn
Peter Schier M. A., Hamburg
Prof. Dr. Helmut Schmidt, Saarbrücken
Prof. Dr. Manfred Schmidt, Heidelberg
Irja Schmitz, Hamburg
Beatrix Schneider-Nicolay, Mannheim
Friedrich Schorlemmer, Lutherstadt Wittenberg
Dr. Margot Schüller, Hamburg
Prof. Dr. Rainer-Olaf Schultze, Augsburg
Monika Schwab, Tübingen
Gerhard Schwabenthal, Frankfurt a. M.
Wolfram Schwachulla, Mannheim
Astrid Seyferth, Hamburg
Dr. Kathrin Sitzler-Vondung, München
Dorit Stenke, Wiesbaden
Prof. Dr. Roland Sturm, Tübingen
Prof. Dr. Holm Sundhaussen, Berlin
Prof. Dr. Rainer Tetzlaff, Hamburg
Bernd Georg Thamm, Berlin
Wolfgang Triebel, Hamburg
Gerd Trogemann M. A., Bonn
Dr. Guido Tschulena, Wehrheim
Wolf-Dieter Wabschke, Hamburg
Dorothee Wahl, Hamburg
Jörg Weber, Dortmund
Dr. Regina Wegemund, Hamburg
Philipp Wenzel, Hamburg
Katja Wiese, Hamburg
Hans-Jürgen Wischnewski, Bonn
Rudolf Witzel, Karben
Dr. Karl Henning Wolf, Mannheim
Rudolf Worschech, Frankfurt a. M.
Rolf Andreas Zell, Stuttgart
Björn Ziegert, Norderstedt
Swantje Ziegert, Norderstedt
Dr. Wilhelm Ziehr, Adlingenswil (Schweiz)
Norman Zurke, Hamburg

Vorbemerkung: Das Personenregister führt in alphabetischer Reihenfolge alle Personennamen auf, die im Einleitungsessay, in der Chronik und im Lexikon enthalten sind. Seitenzahlen in Normalschrift weisen auf Erwähnungen im Text hin, Seitenzahlen in *kursiver Schrift* auf Bildunterschriften. Ist eine Seitenzahl in **halbfetter Schrift** angegeben, so beginnt auf dieser Seite ein biographischer Artikel über die betreffende Person.